श्री गणेश पुराणम्

THE GAṆEŚA PURĀṆAM

ALL MAHAPURANAS AVAILABLE

Text with Sloka Index and Introduction

1. AGNI MAHA PURANA
2. BHAGAWAT MAHAPURANA (4 vols set)
3. BHAVISHYA MAHAPURANA (3 vols set)
4. BRAHMA MAHAPURANA
5. DEVIBHAGAWAT MAHAPURANA
6. GANESHA PURANA
7. GARUDA MAHAPURANA
8. HARIVANSHA PURANA
9. KURMA MAHAPURANA
10. LINGA MAHAPURANA
11. MARKANDEYA MAHAPURANA (Text with Hindi Translation with shloka index)
12. NARADA MAHAPURANA
13. PADMA MAHAPURANA (4 vols set)
14. SHIVA MAHAPURANA (2 vols set)
15. SKANDA MAHAPURANA - (8 vols set)
16. VAMANA MAHAPURANA
17. VARAHA MAHAPURANA
18. VAYU MAHAPURANA
19. VISHNUDHARMOTTAR PURANA
20. VISHNU MAHAPURANA (with two commentaries)
21. VISHNU MAHAPURANA (Text with Hindi translation with shloka index) 2 vols set
22. MATSYA MAHAPURANA (Text with Hindi translation with shloka index) 2 vols set
23. ADYUPA PURANA (Text with Hindi translation)
24. EKAMRA PURANA
25. KUBER PURANA (Text with study)
26. NARASIMHA PURANA
27. SAUR PURANA
28. SRIMADBHARGAVOPURANA
29. VASUKI PURANA

(TEXT WITH ENGLISH TRANS.)

30. HARIVANSHA PURANA - K P A MENON
31. VISHNU PURANA - H. H. Wilson (2 vols)
32. MATSYA PURANA - N. S. Singh (2 vols)
33. KALIKA PURAN A –B. Shastri
34. SHIVA PURANA (Uttar Khanda) U. N. Dhal
35. NARASIMHA PURANA S. Jena

श्री गणेश पुराणम्

THE GAṆEŚA PURĀṆAM

भूमिका

डॉ॰ रामकरण शर्मा

(विरतसेवः) संयुक्तशिक्षामन्त्रयिता भारतशासने, प्रवर्त्तकनिदेशको राष्ट्रिय संस्कृत संस्थानस्य,

कुलपतिः कामेश्वरसिंहदरभंगा-एवं सम्पूर्णानन्द-संस्कृत विश्वविद्यालययोः।

नागशरणसिंह सम्पादित श्लोकानुक्रमण्या च सहितम्

१. उपासना खण्ड २. क्रीडा खण्ड

नाग पब्लिशर्स

११. ए. यू. ए., जवाहर नगर, दिल्ली-११० ००७ (भारत)

नाग पब्लिशर्स
(1) 11–ए, यू. ए., जवाहर नगर, दिल्ली – 110007
(2) जलालपुरमाफी, चुनार, जिला – मिर्जापुर, उ. प्र.।
दूरभाष – 011 – 23857975, 23855883, 09818848356

ISBN 81-7081-279-8
प्रथम संस्करण : 1993
द्वितीय संस्करण : 2008
तृतीय संस्करण : 2015

मूल्य – रूपये 1500.00

श्री सुरेन्द्र प्रताप द्वारा नाग पब्लिशर्स, 11–ए, यू. ए., जवाहर नगर, दिल्ली : 110007 द्वारा प्रकाशित तथा जी प्रिंट प्रासेस, 308/2 शहजादाबाग, दयाबस्ती, दिल्ली : 110035 द्वारा मुद्रित।

INTRODUCTION

Śrīganeśapurāṇa was, perhaps, first published in 1892 (Bombay, Gopāla Nārāyaṇa Press) in ms. form, as edited by Uddhavācārya Aināpure and Kṛṣṇa Śāstrī Pitrye. Gaṇeśagītā - a section of this Purāṇa was published in 1906 together with Nīlakaṇṭha's commentary Gaṇapatibhāvadīpikā (edited by the Paṇḍits of the Ānandāśrama) by Ānandāśrama Press, Poona.

This Purāṇa finds a first place in Gaṇeśa Grantha Section of the illustrious work Śrī Gaṇeśakośa (ed. Amarendra Gadgil, Śrīrāma Book Agency, Pune, second edition 1981).

The edition of the Purāṇa together with Marathi translation by V.S.S. Viṣṇuśāstri Bapat, published by Damodar Lakṣmaṇa Lele (Modavṛtta Chāpakhāna, Wai, 1905-6) was perhaps the first attempt to popularise this illustrious text on Gaṇeśa. This has also been long out of print.

Thus it is quite in the fitness of things that M/S Nag Publishers should have thought of bringing out a reprint of Śrīgaṇeśa Purāṇa - one of the two Upapurāṇas (Mudgalapurāṇa being the other one) solely dealing with Gaṇeśa as the Supreme Divine Power.

The Gaṇeśapurāṇa itself describes itself as an Upapurāṇa :

अन्यान्युपपुराणानि वर्त्तन्तेऽष्टादशैव च ।
गाणेशं नारदीयं च नृसिंहादीन्यथापिच ॥ I. 1. 8

It, is, however not listed among the eighteen upapurāṇas mentioned in the Kūrmapurāṇas, as follows :

अन्यान्युपपुराणानि मुनिभिः कथितानितु ।
अष्टादश पुराणानि श्रुत्वा सक्षेपतो द्विजाः ॥
आद्यं सनत्कुमारोक्तं नारसिंहमतः परम् ।
तृतीयं [1] स्कान्दमुद्दिष्टं कुमारेण तु भाषितम् ॥
चतुर्थं शिवधर्माख्यं साक्षान्नन्दीशभाषितम् ।
दुर्वाससोक्तमाश्चर्यं नारदीयमतः परम् ॥
[2]कापिलं वामनञ्चैव तथैवोशनसेरितम् ।
ब्रह्माण्डं वारुणञ्चैव कालिकाह्वयमेव च ॥
माहेश्वरं तथा [3]साम्बं सौरं सर्वार्थसञ्चयम् ।
[4]पराशरोक्तं मारीचं तथैव भार्गवाह्वयम् ॥[5]

Preceding pāda reads as नन्दिकेश्वरयुग्मञ्च

The variants noted in the footnote are from the śabda-kalpaduma which defines Upapurāṇa as "(उपमितं पुराणैः) व्यासकृताष्टादशपुराणसदृशनानामुन्यादिप्रणीताष्टादश पुराणम् " and quotes the above verses with variants from "भक्तमासतत्त्वधृतकूर्मपुराणम्". The lexicon also defines दैवं as देवीपुराणम्. But the fact remains that neither the Venkateshvar press edition (Reprint, Nag Publisher, Delhi 1983) of the Kūrmapurāṇa nor the representative quotations therefrom as in the Śabdakalpadruma list Śrīganeśa-Purāṇa as an upapurāṇa. M W has slightly differernt a version of the Kūrmapurāṇa's listing of the upapurāṇas as follows :

"Upa-purāṇam n. a secondary or minor Purāṇa (eighteen are enumerated; the following

1. वायवीयं च । 2. कापिलं वारुणं शाम्बं । 3. कल्की दैवं सर्वार्थसिद्धिदम् । 4. पराशरोक्तमपरं मारीचं भास्कराह्वयम् । 5. Verse 19 bigins with नन्दिकेश्वरयुग्मं च ।

is the list in the Kūrma-Purāṇa: 1. Sanatkumāra. 2. Narasiṃha (fr. Nṛsiṃha). 3. *Bhāṃda*. 4. Śivadharma 5. Daurvāsasa. 6. Nāradīya. 7. Kāpila. 8. Vāmana. 9. Auśanasa 10. Brahmāṇḍa 11. Vāruṇa. 12. Kālikā-purāṇa. 13. Māheśvara 14. Sāmba. 15. Saura. 16. Pārāśara. 17. Mārīca. 18. Bhārgava)".

The above listing tallies with the one as in the Venkateshvar Press edition of the Kūrmapurāṇa except that the third upapurāṇa named here is *Bhāṃda* which could be a printing error for *Skānda*. There is no Vāyavīya, no kalkī, no Daiva here.

Are we now to conclude that Śrīgaṇeśapurāṇa was not known to the author of the Kūrmapurāṇa ? But the fact that at least the Gaṇeśagītā forming part of the Ganeśapurāṇa (as already available in print) was commented upon by Nīlakaṇṭha establishes the relative antiquity of this Purāṇa. Moreover, there is every reason to believe that Bhārgava and Gaṇeṣa Purāṇas are one and the same, inasmuch as the extant text of the Śrīgaṇeśa Purāṇa represents a dialogue between the Trikālajña Sage Bhṛgu and leprosy-stricken king of Saurāṣṭra-Somakānta. So this Purāṇa may have earlier been named as Bhārgava Purāṇa.

Like the two Great Epics and Dharmaśāstra, the Purāṇas are also traditionally categorised as "Smṛti". Corresponding to the transmission of the various Śākhās of Śruti from generation to generation in the respective families, through oral tradition, the various Purāṇas/upapurāṇas were also perhaps orally transmitted from generation to generation in the families concerned. Some beginning has already been made in the direction of stylistic studies into the distinctive features of the Mahābhārata as an oral composition (Vide Sharma, Elements of poetry in the Mahābhārata, Berkeley 1964; Reprint, Delhi 1988). No such a study seems yet to have been made with regard to the Purāṇas in general or even a specific Purāṇa. It is unfortunate that except four or five Purāṇas that have been critically edited and brought out under the auspices of the All India Kashiraj Trust no crticial editions of the Purāṇas or Upapurāṇas are yet available. Even the editions available are full of printing and other errors (except the Śrīmadbhāgavatam).

To my mind a stylistic study with special reference to oral poetic technique as reflected in the Purāṇas and identification of the oftrepeated poetic formula in the Noun-adjective combination, similes, vocatives etc. should be since qua non for all further Purāṇic studies. That will enable us to determine the common core and distinctive features of a given Purāṇa / Upapurāṇa. That will also help us in determining the relative priority or posteriority of a Purāṇa.

As regards this Purāṇa, it must have attained eminence centuries earlier than Nīlakaṇṭha (16thcen.). According to R.C.Hazra "it cannot be dated earlier than 1100 A.D." On the basis of some internal and external evidence, he further concludes that "the date of the Ganeśa P. falls between 1100 and 1400 A.D."

As stated above, the Purāṇas too form part of our oral tradition. We can certainly try to determine the date of a text when it was standardised in the process of its oral evolution and was written down. But it is perhaps not possible to determine even approximately, the date of the beginning of an oral tradition with regard to a particular text, specially when no critical edition representing the oldest available reading of the text is accessible to us. We can thus only conclude that the Ganeśa Purāṇas was written down long before the 16th cen. A.D, may be, between 1100 - 1400 A.D.

As usual, Ganeśa Purāṇa is also recited by Sūta in the naimiṣāraṇya in the course of the twelve-year sacrifice performed by Śaunaka. The sages have already grasped the eighteen Purāṇas. Now they request Sūta to recite other Purāṇas (anyāny api). So Sūta prefers to recite the first upapurāṇa dealing with Gaṇeśa. The order of transmission of this Ganeśapurāṇa is mentioned as Brahmā-Vyāsa-Bhṛgu.

The central story starts with the depictim of virtues of the king of Devanagar in Saurāṣṭra-Somakānta by name.

Eventually Somakānta suffers from leprosy. Despite the appeals to the contraryfrom his ministers, subjects, family members, he desperately prefers to relinquish his throne. The unwilling son-Hemakaṇṭha is compelled to succeed him. Somakānta, together with his wife Sudharmā and the two ministers - Subala and Jñānagamya quits his kingdom and ultimately reaches a beautiful forest. The king sleeps. The two ministers go somewhere in search for fruits etc. At that moment Sudharmā comes across a brilliant child on the bank of a pond and she relates the entire story of her husband's ailments to him.

The child is none else but cyavana himself who conveys the entire story to his father - Bhṛgu. Somakānta is summoned to Bhṛgu's hermitage. Being asked by the sage, somakānta tells him everything about himself as it happened in this life. The compassionate sage first starts telling him all that happened in Somakānta's previous life by way of determining the root cause of his present trouble.

Somakānta in his previous life was a Vaiśya-Kamanda by name. After his father's death, he became a wanton boy indulging in all sorts of undesirable activities; consequently his wife (kuṭumbinī) abandoned him. He went to a forest and started persecuting innocent passers by including Brahmins. Once a Brāhmin, Guṇavadhans by name was caught by him. Guṇavardhana tried his best to invite his compassionate treatment towards himself. But Mātañga did not spare him even and thereby subjected himself to his infallible curse. When he was old, he repented for his misdeeds and tried to donate the entire plundered wealth to the deserving Brahmins. But none of them agreed to oblige him due to his unpardonable deeds of the past. He then spent his accumulation on the repair of an old delepilated temple of Gaṇeśa. When he died and was about to be reborn, he was asked :

"What would you like to enjoy first–puṇya or Pāpa" ?

Mātanga preferred to enjoy puṇya first. So he enjoyed the royal honour, happiness, good health first. He has, thereafter, fallen a victim to the evil fruits of sinful acts in the form of leprosy in this birth.

Thus Bhṛgu tells Somakānta all about his previous birth and continuity of the fruits of his misdeeds. Somakānta does not however, believe in the story. At this, several birds start attacking him and eating his flesh. The sage, propitiated, however, saves the situation just through his Huṃkāra and the birds fly away. Somakānta is now fully convinced of the futility of his scepticism and falls at the feet of the sage and as advised by the latter has a dip in the pond. The sage also recites the name of Gaṇeśa one hundred and eight times and sprinkles the "mantrita" water on the king. Soon thereafter a monsterous Pāpapuruṣa comes out of the body of the king. The sage commands the Pāpapuruṣa to take shelter in a nearby tree. As soon as he enters the tree, it is burnt to ashes. The king is now free from ailments. The sage then advises him to listen to Gaṇeśapurāṇa and predicts that if he faithfully listens to him, slowly and gradually the fallen tree will start growing and as soon as it is grown up into a fullfledged tree, he will be absolutely free from all ailments. The sage further says that Vyāsa had originally obtained this story from Brahmā and that he was able to get it from Vyāsa himself. So at this stage Bhṛgu retales the story in the form of a dialogue between Brahmā and Vyāsa. It is stated that as Brahmā started working on the eighteen Purāṇas without propitiating Gaṇeśa, he was not able to go ahead with his plans, (ओषधीभिश्च मन्त्रैश्च भगवीर्यं इवाहिराट् । तस्तम्भे स्वात्मनि भृशं तद्धेतुं नाध्यगच्छत I.10.6) he approached Brahmā and sought his help. The Brahmā told him that all this happened due to the latter's negligence with regard to the propitiation of Gaṇeśa (स्मरणं वा गणेशस्य प्रारम्भे न्यस्य वा तथा । न कृतं च त्वया व्यास तेन भ्रान्तिस्तवाभवत् ।। id. 25). So Bhṛgu repeats the Gaṇeśapurāṇa as originally recited by Brahmā to Vyāsa.

Somakānta, faithfully, listens to Gaṇeśapurāṇa ending with Vyāsās Gaṇeśa-worship and the consequential boon of omniscience. So the king is not only free from all his ailments but he also attains divinity and leaves for his divine abode by a divine Vimāṇa revisiting Devanagara - his former capital in Saurāṣṭra.

This is in a nutshell, the central theme of Śrīgaṇeśpurāṇam. As usual, there are, however, hundreds of episodes, subepisodes within episodes relating to Gaṇeśa as a Supreme Divine Being who alone is responsible even for distribution of work among the great divine Trio. There comes the story of Tripura Vadha, Madhukaiṭabha-Vadha, Paraśurāma, Kārtikeya and other well knwon and also not too familiar mythological figures. Gaṇeśa Sahasra nāma (I.46) Dūrvamāhātmya (I.62-67), and Śrīmad-Gaṇeśagītā (II.138-148) are undoubtedly of special religious significance. Several Gaṇeśa Festivals and Gaṇeśa Tīrthas are also mentioned throughout as part of the episodes.

The Gaṇeśa Purāṇa is divided into two Khaṇḍas, viz. Upāsanākhaṇḍa and Krīḍākhaṇḍa. The former consists of 92 chapters (4093 verses) while the latter, of 155 chapters (6986 verses). Taken all together, there are 11079 verses in this Purāṇa.

For a more comprehensive study and a detailed information about this Purāṇa in general and the tradition of Gaṇeśa worship in particular, I would like to invite the attention of readers to the two scholarly articles by R.C. Hazra, viz. The Gaṇeśa Purāṇa (Journal of Gauganath Jha Research Institute, Vol.X, pp. 72-99) and Gaṇapati worship and the Upapurāṇas dealing with it (id

Vol. V. Part 4 pp. 263-276) reprinted in Dr. R.C. Hazra Commemoration Volume (of the Purāṇa Bulletion) Part I (All India Kashi Raj Trust, Varanasi) pp. 211-242. One of the specially interesting points specially observed by Hazra is quoted below :

"By its directions that in Gaṇeśa-worship, the twenty-one names of this deity are to be recited (Gan. I. 46. 215-7 and 69.46f), that twenty one fruits (I.69.55) and twentyone twigs of Dūrvā grass are to be offered to Gaṇeśa (I.49.62, 69.46 and 87.8), that the worshipper is to go around the images of the deity twenty one times (I.49.62), that at least twnetyone Brāhmins are to be honoured and fed on the occasion (I.51.45 and 87. 9-10), and that twentyone types of gifts are to be made to these Brāhmins (I.87.10) and that twenty-one coins (mudrāḥ) are to be given to the priest as his honorrarium (dakṣinā) (I.87.7), the Ganeśa Purāṇa seems to regard the number twentyone" as a sacred one" (Commem. Volume pp. 228-9).

As a student of imagery in Sanskrit literature, I am specially enamoured of the imagery (both traditional poetic formulaic as well as original) as found in Gaṇeśpurāṇa. I hope, scholars will pay special attention, also to this aspect of this Purāṇa.

I take this opportunity to congratulate M/S Nag Publishers for bringing out this Purāṇa and their assurances to bring out more and more Purāṇas and Upapurāṇas but for which we remain ignorant of our evergrowing great cultural Heritage.

Feb. 9, 1993 Ram Karan Sharma

Ex-
Director, Rashtriya Sanskrit Sansthan
Joint Educational Adviser Govt. of India
Vice Chancellor : Kameshhwara Singh
Darbhanga Sanskrit Vishvavidylaya
Sampuranand Sanskrit Vishvavidylaye

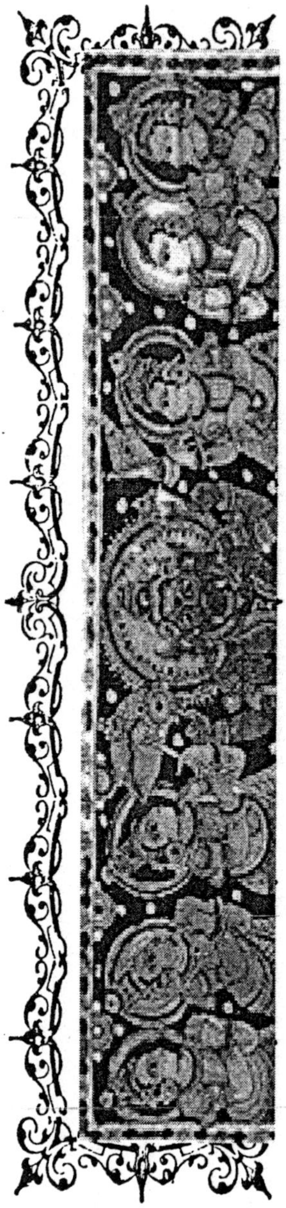

श्रीगणेश पुराण -उपासना खण्ड

अनुक्रमणिका

अध्याय	विषय	पृष्ठ
१.	राजासोमकान्तस्य कथा	१
२.	सोमकान्तस्य अङ्गेभ्य गलितकुष्टरोगस्य उद्भवः, वनं गन्तुं च विचारः	३
३.	सोमकान्तस्य पुत्रेभ्य उपदेशः-आचारादि निरूपणम्	५
४.	राजा वनं प्रविष्टः	८
५.	भृगुपुत्रच्यवनेन सहसमीपगमनम्	१०
६.	भृगो आश्रमे सोमकान्तस्य निवासः	१३
७.	सोमकान्तस्य पूर्वजन्मनः कथा	१५
८.	भृगोर्हुङ्कारेण नानाशङ्कानां निवारणम्	१७
९.	भृगोर्राजानं प्रति उपदेशः	१९
१०.	गणेशमङ्गलाभावे व्यासस्य भ्रान्तिः ब्रह्मदेवसमीपगमनञ्च	२२
११.	ब्रह्मदेवेन व्यासाय गणेशमन्त्रोपदेशः	२३
१२.	देवैर्गजाननस्य दर्शनम्	२५
१३.	गजाननस्योदरात् सृष्टिप्रभवाय ब्रह्मदेवेन स्तुतिः	२७
१४.	विध्नैर्व्याकुलो ब्रह्मदेव "तपः कुरु" इति आकाशवाणीं श्रृणोति	३०
१५.	ब्रह्मदेवस्य तपः गणेशदर्शनं तस्य पूजाविधिश्च	३१
१६.	मधुकैटभदैत्ययोरूर्त्पत्तिः-ब्रह्मदेवो देवीं प्रार्थयते	३३
१७.	महाविष्णुना शङ्करं प्रति गजाननस्य षडक्षरीमन्त्रोपदेशः	३५
१८.	महाविष्णुना गणेशाय दर्शनं वरप्रदानञ्च-सिद्धक्षेत्रस्योत्पत्तिः	३८
१९.	राजाभीमस्य राज्ञ्या कमलया पुत्रप्राप्तिः-पुत्रस्य वर्णनम्	४०
२०.	कमलापुत्रेण दक्षेण गणेशदर्शनम्	४३
२१.	मुद्गलदक्षेण गणेशमन्त्रस्य जापः	४६
२२.	गणेशभक्तबल्लालेन गणेशदर्शनम्	४९
२३.	वैश्यकल्याणस्य अवस्था	५३
२४.	दक्षेन कृतमनुष्ठानं शुभस्वपनञ्च	५५
२५.	राजा चन्द्रसेनस्य मृत्युः-राज्ञ्यःसुलभायाः शोकः	५६

अध्याय	विषय	पृष्ठ
२६.	दक्षस्य राज्यप्राप्तिः वंशविस्तारश्च	५८
२७.	रुक्मागदाभिषेकवर्णनम्	६०
२८.	मुकुन्देन रुक्मागदं प्रतिशापः नारददर्शनञ्च	६२
२९.	रुक्मागदं प्रति नारदकृतोपदेशः	६४
३०.	अहिल्यायाः पातिव्रत्यभङ्गम्	६५
३१.	गौतमेन इन्द्रं प्रति शापः	६७
३२.	गौतमेन षडाक्षरीमन्त्रेण देवानां स्तुतिः	६९
३३.	षडक्षरमन्त्रप्रभावात् इन्द्रस्य दिव्यदेहधारणम्	७१
३४.	इन्द्रेण तपः गणेशदर्शनम्-चिन्तामणितीर्थस्य वर्णनम्	७३
३५.	रुक्मांगदेन दिव्यदेहप्राप्तिः गजाननस्य लोकं प्रतिप्रयाणञ्च	७६
३६.	मुकुन्दा-इन्द्रसंयोगेन गृत्समदस्योत्पत्तिः तस्य गर्वमानयोश्च खण्डनम् । मात्रा पुत्रेण च परस्परं शापः	७९
३७.	गृत्समदो तपस्तपति गजानदर्शनं वरप्राप्तिश्च	८२
३८.	गृत्समदस्याद्भुत (त्रिपुरासुरस्य) त्रिपुरस्य तपः गणेशेन दत्तं वरदानञ्च	८५
३९.	त्रिपुरासुरेण इन्द्रस्य पराभवः	८८
४०.	त्रिपुरासुरेण ब्रह्मदेवस्य पराजयः देवैश्च तपः	९२

अध्याय	विषय	पृष्ठ
४१.	गजानेन, ब्राह्मणरूपेण त्रिपुरं पुरतः समर्पणम्	९६
४२.	शंङ्करत्रिपुरयोर्युद्धम्	९८
४३.	शङ्करस्य पराजय पार्वत्याश्च हिमालयसमीपगमनम्	१००
४४.	शङ्करेण तपः गजानेन दर्शनम्, शङ्करेण वरप्राप्तिः	१०३
४५.	शङ्कराय गणेशेन 'गणेशसहस्रनाम' स्तुतिं कर्तुमुपदेशयः	१०५
४६.	गणेशसहस्त्रनाम	१०८
४७.	शङ्करत्रिपुरयोद्धम् त्रिपुरदहनञ्च	११९
४८.	पार्वत्यारागमनम् पार्थिवपूजा (भाद्रपदस्य शुद्धचतुर्थीपर्यन्तम्) माहात्म्यम्	१२२
४९.	गणेशस्य पार्थिवपूजायां वर्णनम्	१२४
५०.	पार्थिवपूजा-पार्वतीहिमालययोर्संवादः	१२८
५१.	पार्थिवगणेशव्रते हिमालयस्यपार्वत्याश्च सहागमनम्	१३०
५२.	पार्थिव गणेश व्रते नृपनलस्य पूर्ववृतान्तम्	१३८
५३.	पार्थिव गणेश व्रते नृपचन्द्राङ्गदस्य कथा	१३९
५४.	पार्थिव गणेश व्रते राज्ञीन्दुमत्यै नारदेन व्रतं कर्तुमुपदेशः	१४२
५५.	पार्थिव गणेश व्रते पूजाव्रतप्रभावात् पार्वतीशङ्करयोर्मेलनम्	१४५
५६.	शूरसेनस्य राजधान्यां इन्द्रविमानस्य पतनम्	१४८

अध्याय	विषय	पृष्ठ
५७.	गणेशनामस्मरणप्रभावेण पापात्मना तन्तुवायेन भूशुंडीरूपधारणम्	१५०
५८.	सङ्कष्टचतुर्थीव्रतमहिमा - कृतवीर्यस्य कथा	१५४
५९.	संकष्टचतुर्थीव्रतेन कृतवीर्यस्योपलब्धिः	१५६
६०.	अङ्गारकचतुर्थ्याः व्रतस्य माहात्म्यम्	१५९
६१.	संकष्टचतुर्थीव्रतमहिमा - चन्द्रस्य शापोऽनुग्रहश्च दूर्वायार्माहात्म्यम् (अध्याय ६२-६७) पर्यन्तम्	१६२
६२.	सुलभक्षत्रियपत्नीसमुद्रया ब्राह्मणेन मधुसूदनेन च अन्योऽन्यं प्रतिशापः	१६६
६३.	दूर्वायाः प्रशस्तिः-कालानलासुरस्य कथा	१७०
६४.	कौण्डिन्यमुनेराख्यानम्	१७३
६५.	राजाजनकस्य सत्वहरणम्	१७५
६६.	विरोचना त्रिशिराभ्यां प्रदत्तयार्वया गजाननस्य तृप्तिः	१७८
६७.	एकस्यापि दूर्वाङ्कुरस्य कौण्डिन्यपत्न्यै आश्रयप्रदानेसामर्थ्यम्	१८१
६८.	कृतवीर्येण संकष्टचतुर्थीव्रताचरणम्	१८५
६९.	संकष्टचतुर्थीव्रतस्य साङ्गोपाङ्गमहिमा	१८७
७०.	पूर्वकाले संकष्टचतुर्थीव्रतं केन केन कृतम्	१९२
७१.	संकष्टचतुर्थीव्रतोद्यापनाविधिः	१९४
७२.	कृतवीर्येणाङ्गहीनस्य पुत्रस्य प्राप्तिः	१९६
७३.	कृतवीर्यपुत्राय प्रवालक्षेत्रानुष्ठानं गणेशदर्शनं (कृतवीर्येण) सहस्रभुजानां च प्राप्तिः	१९९
७४.	संकष्टचतुर्थीव्रतबोधकस्य चाण्डालस्य कथा	२०२
७५.	राजाशूरसेनेन चतुर्थीव्रताचरणं तत्फलञ्च	२०५
७६.	दूर्वापुत्रबुधस्य कथा, चतुर्थीव्रतस्य दूर्वानाम्नश्च महिमा	२०८
७७.	सहस्रार्जुनस्य जमदग्नेराश्रममागमनम् , भोजन प्रसङ्गश्च	२३१
७८.	कार्तवीर्येण (सहस्रार्जुनेन) कामधेनुं नेतुं प्रयत्नः	२१७
७९.	कामधेनुनोत्पन्नेन सैन्येन कार्तवीर्यस्य पराभवः जमदग्नेश्च हत्या	२२०
८०.	रेणुकया देहत्यागः	२२३
८१.	दत्तात्रेयस्य स्तुत्या पितराणामौर्द्ध्वदैहिकम्	२२५
८२.	रामेण मयूरेशक्षेत्रे तपः, मयूरेशेदर्शनम्, परशुप्राप्तिश्च	२२८
८३.	तारकासुरोत्पत्तिः	२३१
८४.	शङ्करस्य समीपं कामदेवस्य भस्मीभवनम्	२३५

अध्याय	विषय	पृष्ठ
८५.	स्कन्दोपत्तेरितिहासः	२३६
८६.	शङ्करेण स्कन्दाय गणेशव्रतकथनम्	२४०
८७	एलापुरक्षेत्रे स्कन्देन तपः, लक्षविनायकप्रभुना वरदानम् तारकासुर वधश्च	२४२
८८.	कामेन (अनङ्गेन) कृतं तपः, गणेशेन वरप्रदानम्	२४६
८९.	कामस्य (मदनस्य) पुनर्जन्म–शेषस्य कथा	२५०
९०.	नारदस्योपदेशानुसारं शेषेन कृतं तपः, गणेशप्रसादनञ्च	२५३
९१.	गजाननस्य स्तुतिः	२५७
९२.	गजाननस्य "सुमुखे" त्यादिद्वादशनाम्नां महत्त्वम्	२६०

श्री गणेश पुराण क्रीडाखण्डस्य

विनायक अवतार (कृतयुग) अनुक्रमणिका

अध्याय	विषय	पृष्ठ
१.	नारदस्योपदेशः	१
२.	नरान्तकदेवान्तकाभ्यां वरप्राप्तिः	५
३.	देवान्तकस्य विजयः	७
४.	नरान्तकस्य विजयः	११
५.	अदित्या वरप्राप्तिः	१३
६.	विनायकावतारः	१७
७.	विरजायाः राक्षस्याः विजयः	२०
८.	नक्रस्य शापमुक्तिः	२३
९.	हाहाहूहोर्भ्रमनिरासः	२६
१०.	नानानामनिरूपणम्	२९
११.	इन्द्रस्य गर्वभञ्जनम्	३२
१२.	निशाचरस्य वधः	३५
१३.	विघंटदन्तुरयोर्वधः	३८
१४.	राक्षसीजृम्भावधः	४१
१५.	नगरस्य वर्णनम्	४५
१६.	काशीराज्ञःभृशुण्डोराश्रमे गमनम्	४८
१७.	देवः भक्तमीलनस्तथा	५१
१८.	कपटीदैत्यस्य वधः	५५
१९.	कूपकन्दरयोर्वधः	५९
२०.	अन्धकाम्भासुरतुंगानांधः वधः	६२
२१.	राक्षसीभ्रमर्यार्व	६६

अध्याय	विषय	पृष्ठ	अध्याय	विषय	पृष्ठ
२२.	शुक्रविद्रुमसंवादः	७०	३९.	शिवस्य काश्याः प्रयाणम्	१२१
२३.	शुक्रस्य गृहे विनायकस्य भोजनम्	७४	४०.	पार्वत्या तेजात् सुतोत्पत्तिः	१२३
२४.	सनकसनन्दयोर्बोधः	७८	४१.	दुरासदस्य पराजयः	१२६
२५.	भक्तिप्रशंसा	८१	४२.	काशीस्थ षटपञ्चाशत् विनायकाः	१२९
२६.	राक्षसीभीमायारूद्धारः	८३	४३.	ढुंढीराजमाहात्म्यम्	१३१
२७.	साम्बस्य दुराचरणम्	८५	४४.	दिवोदासकथा	१३२
२८.	भीमस्यपूर्ववृतान्तः	८७	४५.	दिवोदास कथा	१३४
२९.	विरोचनवधः	९०	४६.	ढुंढीराज्ञः ज्योतिषीरूपं धाश्यति	१३७
३०.	वामनावतारकथा	९२	४७.	दिवोदासस्य राजपरित्यागः	१४०
३१.	बलेः पातालगमनम्	९५	४८.	कीर्त्तिप्राप्तं वरदानम्	१४३
३२.	शमीमहात्म्यम् कीर्त्याः कथा	९९	४९.	शमीमन्दारप्रभाववर्णनम्	१४७
३३.	कीर्त्तेःमृत्शरीरात् युवकोत्पत्तिः	१०२	५०.	गणेशलोकवर्णनम्	१४९
३४.	और्वशौनकयोकर्था	१०६	५१.	काशिराजस्य विमानारोहणम्	१५४
३५.	शमीमन्दारयोर्प्रशंसा	१०९	५२.	(काशिराजस्य) स्वानन्दभुवने आगमनम्	१५७
३६.	देवाङ्गनाभिः वरप्रदानम्	१११	५३.	काशीराजेन स्वानन्दप्राप्तिः	१६१
३७.	शमीमन्दारमाहात्म्यम्	११४	५४.	बालचरितम्	१६५
३८.	दुरासदचरित्रम्	११६	५५.	दूतस्य प्रेषणम्	१६९

अध्याय	विषय	पृष्ठ
५६.	नरान्तकस्य यात्रा	१७३
५७.	काशिराजस्य बन्धनम्	१७७
५८.	नरान्तकेन कालपुरुषरूपधारणम्	१८०
५९.	राज्ञो वर्णनम्	१८४
६०.	विनायकनरान्तकयोर्युद्धम्	१८६
६१.	दैत्यदमनं विराटरूपदर्शनञ्च	१९०
६२.	देवान्तकस्य नगराद् पलायनम्	१९३
६३.	शुक्रस्य दूरदेशगमनम्	१९७
६४.	अष्टसिद्धीनां पराजयः	१९९
६५.	बुद्धेर्विजयः	२०२
६६.	सिद्धीनां पराभवः	२०४
६७.	अस्त्रयुद्धम्	२०६
६८.	अस्त्रयुद्धम्	२०९
६९.	देवदैत्ययुद्धम्	२१२
७०.	देवान्तकस्य वधः पुरप्रवेशनञ्च	२१५
७१.	विनायकस्याऽऽश्रमेऽऽगमनम्	२१७
७२.	विनायकस्य स्वलोकगमनम्	२१९

अध्याय	विषय	पृष्ठ
	श्री मयूरेशावतारकथा (त्रेतायुगीनचरित्रम्)	
७३.	दैत्यसिन्धोरुत्पत्तिः	२२२
७४.	सिन्धवे सूर्येण वरप्रदानम्	२२६
७५.	देवानां पराजयः	२२९
७६.	विष्णोः पराक्रमः	२३१
७७.	सिन्धोरनन्वितकृत्याणि	२३३
७८.	देवैः वरप्राप्तिः	२३५
७९.	गौर्य्या मन्त्रप्रदानम्	२३७
८०.	पार्वत्यास्तपो वरदानञ्च	२४०
८१.	गणेस्यावतारः	२४१
८२.	सिन्धुदैत्येनेश्वराराधनम्	२४४
८३.	ग्रध्रासुरस्य वधः	२४६
८४.	बालासुरस्य वधः	२४९
८५.	गणेशकवचेन रक्षणम्	२५३
८६.	व्योमासुरस्य वधः	२५५
८७.	कमठासुरस्य वधः	२५७
८८.	दैत्यानां वधः	२६०

अध्याय	विषय	पृष्ठ	अध्याय	विषय	पृष्ठ
८९.	शलभासुरस्य वधः	२६२	१०६.	मयूरेशस्य विनोदः	३११
९०.	अविजयस्य वधः	२६५	१०७.	इन्द्रगर्वहरणम्	३१३
९१.	शैलासुरस्य वधः	२६७	१०८.	यमस्य गर्वहरणम्	३१६
९२.	पार्वत्या विश्वरूपदर्शनम्	२७१	१०९.	मुनिबालकैर्दैत्यवधः	३१८
९३.	चञ्चलदैत्यस्य वधः	२७४	११०.	युद्धायाहूतो नन्दी सिन्धोः समीपंगच्छति	३२०
९४.	गौतमस्य मोहनिवारणम्	२७७	१११.	मयूरेशस्य युद्धाय निश्चयः	३२१
९५.	वृकासुरस्य वधः	२७९	११२.	सिन्धोर्युद्धप्रारम्भः	३२४
९६.	गौरी-अदित्योश्च संवादः(गौर्य्यादित्योश्च संवादः)	२८२	११३.	मित्रकौस्तुभयोर्वधः	३२६
९७.	पक्षानां बन्धनम्	२८६	११४.	युद्धवर्णनम्	३२८
९८.	शिखण्डिने वरदानम्	२८८	११५.	सिन्धुदैत्येन विद्रूपरूपधारणम्	३३१
९९.	मयूरेशस्य नागलोकगमनम्	२९१	११६.	मयूरेशस्याधिपत्ये देवैराक्रमणम्	३३३
१००.	भगासुरस्य वधः	२९५	११७.	दुर्गायाः सिन्धवेरुपदेशः	३३६
१०१.	दैत्यसैन्यस्य वधः	२९८	११८.	कलविकलयोर्वधः	३३८
१०२.	कमलासुरेण संग्रामः	३००	११९.	सिन्धोः पुत्राणां वधः	३४०
१०३.	कमलासुरस्य वधः	३०२	१२०.	सिन्धोः पित्रा सह संवादः	३४२
१०४.	ब्रह्मदेवस्य गर्वहरण्	३०४	१२१.	सिन्धोः पराभवः	३४५
१०५.	विश्वदेवानां भेदबुद्धेर्नैराश्यम्	३०७	१२२.	दैत्यसेनायाः वधः	३४८

अध्याय	विषय	पृष्ठ
१२३.	सिन्धोर्वधः	३५१
१२४.	गणेशस्य गण्डकनगर्यां प्रवेशः	३५४
१२५.	मयूरेशस्य विवाहः	३५६
१२६.	मयूरेशचरित्रस्य फलश्रुतिः गजाननस्यावतारः (द्वापरयुगे)	३५९
१२७.	सिन्दुरासुरस्योत्पत्तिः	३६२
१२८.	सिन्दुरस्य पराजयः	३६४
१२९.	गौरीकथा	३६८
१३०.	गजाननस्याविर्भावः	३७०
१३१.	गन्धर्वानां पराजयः	३७३
१३२.	कैलाशपर्वते गमनम्	३७४
१३३.	पराशरदर्शनम्	३७६
१३४.	मूषकवाहनम्	३७८
१३५.	क्रौञ्चेन गन्धर्वाय शापः	३८०
१३६.	सिन्दूरेण सह युद्धम् श्रीमद्गणेश गीता (११अ.)	३८२
१३७.	सिन्दूरासुरस्य वधः	३८४
१३८.	श्री गणेशगीतायां सांख्ययोगसारार्थयोगः	३८७
१३९.	श्री गणेशगीतायां कर्मयोगः	३९१
१४०.	श्री गणेशगीतायां ब्रह्मार्पणयोगः	३९३
१४१.	श्री गणेशगीतायां कर्मसन्यासयोगः	३९६
१४२.	श्री गणेशगीतायां योगावृत्तिप्रशंसा	३९८
१४३.	श्रीगणेशगीतायां योगावृत्तिबुद्धियोगः	३९९
१४४.	श्री गणेशगीतायामुपासनायोगः	४००
१४५.	श्री गणेशगीतायां विश्वरूपदर्शनयोगः	४०१
१४६.	श्री गणेशगीतायां क्षेत्र क्षेत्रज्ञविवेकयोगः	४०३
१४७.	श्री गणेशगीतायामुपदेशयोगः	४०५
१४८.	श्री गणेशगीतायां गुणत्रयकृतियोगः	४०६
१४९.	व्यासेन गणेशस्य दर्शनम्	४०९
१५०.	व्यासाय वरप्रदानम्	४११
१५१.	सोमकान्तस्य विमानप्राप्तिः	४१२
१५२.	सोमकान्तेन देवनगराय गमनम्	४१४
१५३.	सोमकान्तस्य देवपदप्राप्तिः	४१७
१५४.	वाराणस्यां विनायकः	४१९
१५५.	फलश्रुतिः	४२०
१५६.	श्लोकानुक्रमणी	१

॥ अथ श्रीगणेशमहापुराणे उपासना खण्डं प्रारभ्यते ॥

अथ श्रीगणेशपुराणम

आरंभ नमस्काराः

श्रीगणेशायनमः । श्रीस्वानंदेशाय ब्रम्हणस्पतेयनमः । श्रीमहासिध्द्यैनमः । श्रीमहाबुध्द्यैनमः । श्रीलक्षायनमः । श्रीलाभायनमः । श्रीनग्नभैरवराजायनमः । श्रीमद् गणकाय परब्रह्मगुरवेनमः । श्रीमन् मुद्गलाय परमाचार्याय नमः । श्री भ्रूशूंडी गार्ग्य ग्रत्समद, भृगु, व्यासायनमः । श्रीमत् सकलगाणेशगुरुभ्यो आचार्येभ्यश्च नमोनमः । श्रीब्रम्हभूय महासिद्धिपीठाधीश्वर श्रीमद्गिरिजासुत योगीन्द्रायनमः । श्रीमद्गाणेश जगद्गुरवे श्रीमद्गणेशयोगीन्द्राचार्यायनमः । श्रीमदंकुशधारिणे सद्गुरवे योगीन्द्रायनमः । श्रीसद्गुरू हेरंबराजायनमः ।

अध्याय एक

नमस्तस्मै गणेशाय ब्रम्हविद्या प्रदायिने । यस्यागस्त्यायते नाम विघ्नसागर शोषणे ॥१॥ ऋषय ऊचुः । सूत सूत
महाप्राज्ञ वेदशास्त्र विशारद । सर्व विद्या निधे त्वत्तो वक्ताऽन्यो नोपलभ्यते । जन्मजन्मांतरीयं नः स्थितं पुण्यं महत्तरम् ।
तेन संदर्शनं जातं सर्वज्ञस्य सतस्तव ॥२॥ वयं धन्य तमा लोके जीवितं नः सुजीवितं । पितरो वेद शास्त्राणि
तपास्याश्रम एवच ॥३॥ अष्टादश पुराणानि विस्तरा च्छ्राविता निनः । अन्यान्यपि हिनः श्रोतु मिच्छानो
वद सत्तम ॥४॥ शौनकेये महासत्रे सक्ता द्वादश वार्षिके । त्वत् कथामृत पानान्नो नान्यद्विश्राम कारणम् ॥५॥
सूत उवाच । साधु पृष्टं महाभागा भवभ्दिः पुण्यकर्मभिः । साधूनां समचित्तानां मतिर्लोकोप कारिणी ॥६॥

ममापि परितोषोऽस्ति कथानां कथने द्विजाः । अतो ऽहं साधु वृत्तेभ्यः कथयिष्ये विशेषतः ॥७॥ अन्यान्युप पुराणानि वर्ततेऽष्टा दशैवच । गाणेशं नारदीयंच नृसिंहादिन् यथापिच ॥८॥ गणेशस्य पुराणं यत्तत्रादौ कथयाम्यहम् । दुर्लभं श्रवणं यस्य मर्त्यलोके विशेषतः ॥९॥ यस्य स्मरण मात्रेण कृतकृत्यो भवेन्नरः । प्रभावमस्य गदितुं नेशः शेष श्चतुर्मुखः ॥१०॥ संक्षेपतो ब्रवीम्येत त्तथापि भवदाज्ञया । बहुजन्मार्जितैः पुण्यैः रस्यतु श्रवणं भवेत् ॥११॥ पाखंडिनां नास्तिकानां न भवेत् पापकर्मिणाम् । नित्यत् त्वान्निर्गुणत्वाच्च अनादित्वाच्च तत्वतः ॥१२॥ गणेशस्य स्वरूपं न वक्तुं केनापि शक्यते । तथा प्युपासनासक्तै र्निर्गुणं तन्निरूप्यते ॥१३॥ ॐकार रूपी भगवान् यो वेदादौ प्रतिष्ठितः। यं सदा मुनयो देवाः स्मरन्तींद्रादयो न्हृदि ॥१४॥ यं पूजयन्ति सततं ब्रम्हेशानेन्द्र विष्णवः । यो हेतुः सर्व जगतां सर्व कारण कारणम् ॥१५॥ यदाज्ञया कः सृजते ऽथ विष्णु र्यदाज्ञया पालन मातनोति । यदाज्ञया संहरते हरोऽपि यदाज्ञया संचरते दिनेशः ॥१६॥ यदाज्ञया वाति समीरणोऽपि यदाज्ञयाऽपः प्रवहन्ति दिक्षु । यदाज्ञया भानि पतन्ति भूमौ यदाज्ञयाऽग्नि र्ज्वलति त्रिलोके ॥१७॥ तस्य यच्चरितं गुप्तं कस्यापि न निवेदितम् । तदहं वः प्रवक्ष्यामि सादरं श्रूयतां द्विजाः ॥१८॥ ब्रम्हणा कथितं पूर्वं व्यासायामित तेजसे । भृगवे कथितं तेन सोमकान्ताय तेन च ॥१९॥

व्रतै र्यज्ञै स्तपोभिश्च दानै स्तीर्थैश्च कोटयः भवन्ति येषां पुण्यानां तेषां बुद्धिः प्रजायते ॥२०॥ गणेशाख्य पुराणस्य श्रवणे द्विजसत्तमाः । माया येषां न संसारे न दारापत्य भूमिषु ॥२१॥ मयूरेश कथायांते सादरा मुनिसत्तमाः । श्रूयता मस्य महिमा, सोमकान्त प्रसंगतः ॥२२॥ सौराष्ट्रे देवनगरे सोमकान्तो ऽभवन्नृपः । वेदशास्त्रार्थ तत्वज्ञो धर्मशास्त्रार्थ तत्परः ॥२३॥ दशनाग सहस्त्राणि हयानां द्विगुणानिच । रथिनां षट् सहस्त्राणि प्रयान्त मनुयान्तिच ॥२४॥ पदातयो ऽप्यसंख्याता अग्नि शस्त्र धरारतथा । कोदंड धारिण श्चान्ये निषंगद्वय धारिणः ॥२५॥ बुध्द्या बृहस्पतिं जिग्ये संपदा धनदं च यः । क्षमया

पृथिवीं जिग्ये गांभीर्येण महोदधिम् ॥२६॥ सूर्या चन्द्रमसौ जिग्ये भासा कांत्याच यो नृपः । प्रतापे नानलं जिग्ये सौंदर्येण मनोभवम् ॥२७॥ यस्यामात्याः प्रबलिनः पंचासन, दृढविक्रमाः । नीति शास्त्रार्थ तत्वज्ञाः परराष्ट्र विमर्दिनः ॥२८॥ रूपवान्प्रथम स्तत्र विद्याधीश स्तथाऽपरः । क्षेमंकरो ज्ञानगम्यः सुबलः पंचमः स्मृतः ॥२९॥ राजकार्य करा नित्यं राज्ञः प्रियतमा भृशम् । एतै र्नानाविधा देशा आक्रान्ताः स्व पराक्रमात ॥३०॥ एतेऽति सुंदरा नाना भूषा वस्त्रैरलंकृताः । तस्य राज्ञो भवभ्दार्या सुधर्मा गुणशालिनी ॥३१॥ यद्रूप मवलोक्यैव रति रंभा तिलोत्तमाः । लज्जिता न सुखं क्वापि लेभिरे न च मेनिरे ॥३२॥ अनेक रत्न खचिते ताटंके कांचने शुभे । बिभ्रती कर्णयोः कंठे निष्कं मुक्ताफलानिच ॥३३॥

कटौ रत्नमयीं कांचीं तादृशे नूपूरेऽध्रिगे । अंगुलीया न्युत्तमानि करपादांगुलीषु च ॥३४॥ वासांस्यनेक वर्णानि महार्हाणि सहस्रशः । भगवभ्दजने सक्ता तथा चातिथि पूजने ॥३५॥ सेवनेऽहर्निशं भर्तुर्बचने च रता सदा । हेमकंठ इति ख्यातः पुत्रोऽभूदनयोः शुभः ॥३६॥ गजायुत बलो धीमान विक्रमी शत्रुतापनः । एवमासीत्सोमकांतः पृथिव्यां राजसत्तमः ॥३७॥ सर्वान् राज्ञो वशे कृत्वा चक्रे राज्यं धरातले । नित्यं धर्मरतो यज्वा दाता त्यागी द्विजोत्तमः ॥३८॥

इति श्रीगणेशपुराणे उपासनाखंडे सोमकांत वर्णन नाम प्रथमोऽध्यायः

अध्याय दो

सूत उवाच । श्रूयता मृषयः सर्वे सोमकांतस्य दुष्कृतम् । अकस्मा दभवत्तस्य गलत्कुष्टोऽति दुःखदः ॥१॥ धर्मशीलस्य राज्ञोऽथ पूर्वकर्म विपाकतः । शुभं वाप्यशुभं कर्म न मुंचति नरं क्वचित् ॥२॥ यस्यां यस्या मवस्थायां कृतं भवति कर्म

यत् । तस्यां तस्या मवस्थायां भुज्यते प्राणि भिर्ध्रुवम् ॥३॥ दुःखसागर मग्नोऽभू दप्लवो जलधौ यथा । वेदना मलभद्दग्हीं भुजंगेनेव दंशितः ॥४॥ नानाक्षत समाकीर्णः स्त्रवद्रक्त इतस्ततः । पूय शोणित वान्राजा ल्मिभि विव्हलीकृतः । अस्थि शेषो ऽ भव द्राजा यक्ष्मणेव समावृतः ॥५॥ चिन्तया व्याकुली भूतः सर्वेन्द्रिय रुजान्वितः । ततो ऽमात्यां जगौ राजा मनः संरूध्य यत्नतः ॥६॥

राजोवाच ॥ धिङ्मे राज्यं च रूपं च धिग् बलं जीवितं धनम् । केनेदं कर्मबीजेन व्यसनं समुपस्थितम् ॥७॥ कांत्या सोमो जितो येन सोमकांत स्ततो ऽभवम् । येन मे साधवो दीनाः श्रोत्रिया आश्रमा अपि ॥८॥ पालिता पुत्रवज्जान पदा लोकास्तथा ऽपरे । येन मे निर्जिता बाणैः शत्रवो घोररूपिणः ॥९॥ येन मे सकला पृथ्वी कृता स्ववश वर्तिनी । सम्य गाराधितो देवः परमात्मा सदाशिवः ॥१०॥ दुष्टसंगमहीनेन चित्त निग्रह कारिणा । येन मे वपुदा पूर्व मिष्ट गंधा निषेविताः ॥११॥ तदिदानीं पूति गंध मतो मे जीवितं वृथा । अतो ऽहं काननं यास्ये सर्वेषा मभ्यनुज्ञया ॥१२॥ हेमकंठं सुतं सर्व बुद्धि विक्रम संयुतम् । सिंचंतु राज्यहेतोर्मे पालयंतु पराक्रमैः ॥१३॥ इदानीं न प्रदर्शिष्ये मुखं लोके कथंचन । न मे राज्यं न दारै र्वा जीवितेन श्रियाऽपि वा ॥१४॥ प्रयोजनं महामात्याः करिष्ये स्वहितं बने । सूत उवाच । इत्युक्त्वा निपपातोर्व्यां तरुर्वात हतो यथा ॥१५॥ पूय शोणित घर्मौघे व्याप्तो ऽसौ द्विजसत्तमाः । कोलाहलो महानासी दमात्यानां च योषिताम् ॥१६॥ हाहाकारस्त लोकानां [illegible]मासी त्सुदारुणः वस्त्र प्रोंछन वाताद्यै रौषधैः क्षिप्र कारिभिः ॥१७॥ मंत्रिमंत्रप्रयोगैस्तं सचेतन मकारयन् स्वस्थे जाते नृपे तस्मिन् अमात्या प्र ब्रुवन्निदम् ॥१८॥ अमात्या ऊचुः ॥ तव प्रसादादमरेन्द्रतुल्यं भूक्तं सुखं सर्वजनेष्वसिद्धम् कथं त्विदानीं त्वदृते वसामः कथं च जीवेम पशुघ्नतुल्याः ॥१९॥ करोतु राज्यं तव सूनुरेकः प्रभूतकोशो बलवान्रिपुघ्नः विहाय सर्वं सुख मद्य राजन् सहैव यामस्तु वनाय गंतुम् ॥२०॥ सूत

उवाच ॥ ततः सुधर्मा वचनं जगाद वने नृपं सेवितु मेकवीरा व्रजे सहानेंन प्रधानवर्या प्रशिष्ट राज्यं सह मे सुतेन ॥२१॥ दुःखस्य भोक्ता न परोऽस्ति नैव सुखस्य वा पूर्वकृतस्य जन्तोः । यथा यथा कर्मफलं प्रसक्तं तदेव भोग्यं स्वयमेव तादृक् ॥२२॥ मयाऽपि नानाविध भोगवत्या सुखेन राज्यं परिभुक्त मस्य स्त्रीणांहि भर्ता गमनं सहैव परत्र लोके मुनिभिः प्रदिष्टम् ॥२३॥ ततः पुत्रो हेमकंठो विनीतः शोक संकुलः । उवाच तस्मिन्समये सोमकान्त मिदं वचः ॥२४॥ हेमकंठ उवाच । नमे राज्येन दारैश्च प्राणैर्धन चयै रपि । त्वां बिना नृप शार्दूल कृत्यं नैवास्ति यत् क्वचित ॥२५ ॥ यथा स्नेहं विना दीपो विना प्राणं.यथा तनुः । वृथा राज्यं तथा राजं स्त्वां बिना धर्म पालक ॥२६॥ सूत उवाच ॥ श्रुत्वा न्हृष्टमना राजा पुत्रं प्रोवाच धर्मतः । अमात्यानां सुधर्मायाः पुत्रस्य वचनामृतम् ॥२७॥ राजोवाच ॥ पितुर्वाक्यं रतो नित्यं श्रद्धया श्राद्धकृत्तथा । पिण्डदो यो गयायांतु स पुत्रः पुत्र उच्यते ॥२८॥ अतो नीत्या समायुक्तः कुरू राज्यं ममाज्ञया । अमात्ययुक्तः शाधित्वं पुत्रवच्याखिलाः प्रजाः ॥२९॥ धर्मशास्त्रार्थ तत्वज्ञो नीतिज्ञो ऽखिलतोषकृत् । पितृ नुद्धरते यस्तु पुत्रवान्पुत्र उच्यते ॥३०॥ अहं वनं गमिष्यामि गलत्कुष्टोऽस्ति गर्हितः पत्न्या सुधर्मया सार्धं मनुजानीहि सुव्रत ॥३१॥ (६९)

अध्याय ३

सूत उवाच ॥ तत उत्थाय राजास गृहीत्वा दक्षिणे करे । पुत्रं विवेश हर्म्याग्रं यत्र मन्त्रयते सदा ॥१॥ यत्र सिंहासनं दिव्यं कांचनं बहुरत्नयुक् । मुक्ता प्रवाल खचितं भाति शक्रपदं यथा ॥२॥ तत्राऽसतुः पिता पुत्रौ भातो द्वा-वप्यनेकधा । प्रतिरत्नं गतौ यस्मात् समुदाय वृताविव ॥३॥ आचारं प्रथमं प्राह नीतिं नानाविधां नृपः । पुत्राय करुणा-युक्तो यशसे स्वकुलस्य च ॥४॥ सोमकान्त उवाच ॥ याममात्रा वशिष्टायां निशायां जागृतः पुमान् । त्यक्त्वा शय्यां

शुचिस्थान उपविश्य गुरूं स्मरेत् ॥५॥ देवतां चिन्तयित्वेष्टां प्रणमेत् स्तुतिपूर्वकम् । प्रार्थ्य पृथ्वीं क्षमस्वेति पादस्पर्शं जगन्मये ॥६॥ प्रातर्नमामि गणनाथ मशेष हेतुं ब्रह्मादिदेव वरदं सकला गमाढ्यम् । धर्मार्थ काम फलदं जनमोक्ष हेतुं वाचामगोचर मनादि मनन्त रूपम् ॥७॥ प्रातर्नमामि कमलापति मुग्रवीर्य नानावतार निरतं निज रक्षणाय । क्षीराब्धिवास ममराधिप बंधुमीशं पापापहं रिपुहरं भवमुक्ति हे तुम् ॥८॥ प्रातर्नमामि गिरिजापति मिन्दुमौलिं व्याघ्राजिनावृत मुदस्तदयं मनोजं । नारायणेंद्र वरदं सुरसिद्धजुष्टं सर्पां स्त्रिशूल डमरून्दधतं पुरारिम् ॥९॥ प्रातर्नमामि दिननाथ मघापहारं गाढान्धकार हरमुत्तम लोकवन्द्यम् । वेदत्रयात्मक मुदस्त सुरारिमायं ज्ञानैक हेतु मरूशक्ति मुदारभावम् ॥१०॥ प्रातर्नमामि गिरिजां भवभूति हेतुं संसार सिन्धु पर पारकरीं त्रिनेत्राम् । तत्वादि कारण मुदस्त सुरारिमायां मायामयीं सुरमुनीन्द्र नुतः सुरेशीम् ॥११॥ एवमन्यांश्च संस्मृत्य देवान् मुनिगणांस्तया । मानसै रुपचारैश्च पूजयित्वा क्षमापयेत् ॥१२॥ ततो गच्छेत् सोदपात्रो ग्रामस्य नैर्ऋतीं दिशम् । मृदं गृहीत्वा सुश्वेतां ब्राह्मणः क्षत्रियो ऽरूणाम् ॥१३॥ वैश्य शूद्रौ तथा श्यामां न नदं तीरतः खनेत् । नोवरा या न वल्मीकाद्र ब्राह्मणागारतः क्वचित् ॥१४॥ तृणादिना च्छादयित्वा धरां मूत्र पुरीषयोः । कृत्वोत्सर्गं दिवारात्रा वुदग्दक्षिणदिङ्मुखः ॥१५॥ आदौ गुदं प्रमृज्यैव तृण काष्टादिना नरः । पंचवारं मृदाऽद्भिश्च क्षालये त्तदनंतरम् ॥१६॥ दशवारं वामहस्तं सप्तवार मुभौ करौ । लिंग तथैकवारं तु वामहस्तं त्रिवारतः ॥१७॥ मूत्रोत्सर्गे क्षालयीत द्वौ करौ च द्विवारतः । पादौ सदैकवारं तु गृहस्थ स्यैव मीरितम् ॥१८॥ व्रतवान् द्विगुणं कुर्यात् त्रिगुणं वनगोचरः । यतिश्चतुर्गुणं कुर्या द्रात्रा वर्धं तु मौनवान् ॥१९॥ अर्धं पादं दिवारात्रौ शौच स्त्री शुद्र एवच । तत आचम्य काष्ठं तु क्षीरकंटक वृक्षयोः ॥२०॥ गृहीत्वा प्रार्थना पूर्वं दन्तान्जिव्हां विशोधयेत् । बलमोजो यशस्तेजः पशुबुद्धि धनानिच ॥२१॥ मेधां ब्रह्मधियं चैव त्वं मे देहि वनस्पते । ततः शीतजलेः स्नानं कृत्वा मलहरं पुरा ॥२२॥ ततो मंत्रैश्च गृहचोक्तैः

सन्ध्योपासित ततश्चरेत् । जपं होमं च स्वाध्यायं तर्पणं देवपूजनथ् ॥२३॥ वैश्वदेवं तथातिथ्यं भोजनं द्विजसाक्षिकम् । पुराणश्रवणं दानं परनिन्दा विवर्जनम् ॥२४॥ परोपकारं कुर्याच्च द्रव्यप्राण वचोमृतैः । परापकारं नो कुर्या दात्म स्तवन मेवच ॥२५॥ गुरुद्रोहं वेदनिंदां नास्तिक्यं पापसेवनम् । अभक्ष्य भक्षणं चैव परदार निषेवणम् ॥२६॥ स्वदार वर्जनं चैव कुर्या दृतु गतिं चरेत् । माता पितृ गुरूणां च गवां शुश्रूषणं सदा ॥२७॥ दीनांध कृपणेभ्यश्च दद्यादन्नं सवस्त्रकम् । प्राणा त्यये ऽपि सत्यस्य त्यागं नैव समाचारेत ॥२८॥ ईश्वरानुग्रहो येषां साधूनां च प्रपालनम् । अपराधानुसारेण धर्मशास्त्रं विलोक्य च ॥२९॥ पृष्ट्वा वा पंडिता न्दंडं कुर्यान्नीति विशारदः । विश्वासो यस्य नैव स्या त्तत्र नो विश्वसे त्क्वचित् ॥३०॥ विश्वस्तेऽत्यंत विश्वासो न कर्तव्यो बुभूषता । कृत वैरेऽथ विश्वस्ते कदापि न च विश्वसेत् ॥३१॥ षड् गुणानां प्रयोगेण वर्धये द्राष्ट्र मात्मनः । दानं स्वशक्त्या कुर्वीत क्षीणता मन्यथा व्रजेत् ॥३२॥ परे व्याकुलिते यान मधमं परिचक्षते । चार दृष्टि दूत वक्त्रा उद्यद्दंडो नृपो भवेत् ॥३३॥ दंडस्यैव भया ल्लोकाः स्वे स्वे धर्मे व्यवस्थिताः । अन्यथा नियमो न स्या त्पारक्यं स्वीय मित्यदः ॥३४॥ अधमो यदि निंदेत स्तुवीत यदि वा क्वचित् । न क्रुध्येन्नच तुष्येच्च किं तया किं तयाऽपिच ॥३५॥ पूर्वापकारी यदिच पुनर्वा शरणं व्रजेत् । पूर्वं च धनिको यःस्या त्परिपाल्यः सदैव हि ॥३६॥ मंत्र गुप्तिः सदा कार्या तन्मूलं राज्यमुच्यते । कामादि षड्रिपून् हित्वा ततोऽन्यान् विजयीत च ॥३७॥ वृत्ति च्छेदं प्रजोच्छेदं देवतो च्छेद मेवच । आराम चैत्य यो च्छेदं न कुर्या न्नृपसत्तमः ॥३८॥ पर्वकाले ददेद्दानं यशसे त्याग मेव च । न मित्र वंचना कुर्यात् स्त्रिषु गोप्यं वदेन्नच ॥३९॥ ऋणतो ब्राह्मणं चैव पंकतो गां समुद्धरेत् । अनृतं न वदेत् क्वापि सत्यं क्वापि न हापयेत् ॥४०॥ अमात्यानां प्रजानांच भृत्यानां चित्तन्हृद्भवेत् । ब्राह्मणेभ्यो नमस्कुर्या द्देवताभ्यः सदैवच ॥४१॥ सूत उवाच ॥ इत्य न्यदपि शिक्षाप्य

हेमकंठं सुतं नृपः । आचारं सह धर्मेण नीतिशास्त्रं यथा श्रुतम् ॥४२॥ क्षेमंकरं रूपवंतं विद्याधीशं तथैवच । आव्हयामास चामात्यान् सुमुहूर्तं विलोक्य च ॥४३॥ संभारा नुप कल्प्यैव नानास्थान गता न्नृपः । ब्राह्मणान् वेद विदुषो यज्ञ कर्म सुनिष्ठितान् ॥४४॥ राज्ञोऽथ महतो राज पत्नीश्च सुन्हृदः स्वकान् । आव्हयामास नृपतिः श्रेणी मुख्यांश्च नागरान् ॥४५॥ अभिषेकावलोकाय पुत्रस्य रिपु घातिनः । गणेशं पूजयि त्वेष्ट देवतां च यथा विधि ॥४६॥ वाचयित्वा स्वस्त्ययनं मातृपूजन पूर्वकम् । कृत्वाऽभ्युदयिकं श्राद्धं ब्राह्मणांस्तर्प्य चान्धसा ॥४७॥ कारयित्वा मंत्र घोषै रभिषेकं सुतस्य सः । उवाच सोमकांत स्त्री न्मंत्रि मुख्या निदं वचः ॥४८॥ राजोवाच । ममायं सुत इत्येव ममात्या बुद्धि रस्तु वः । भक्ता मेव हस्तेषु सुत एष निरूपितः ॥४९॥ ममानु शासनं यद्वत्कृतं नीति विशारदैः । तथाऽस्य शासनं कार्यं श्रेणी मुख्य समन्वितैः ॥५०॥ (११९१)

इति श्री ग. पु. उ. खंडे आचारादि निरूपणं नाम तृतीयोऽध्यायः ॥३॥

अध्याय ४

सूत उवाच ॥ जातेऽभिषेके राजाऽसौ चकार द्विजपूजनम् । मणि मुक्ता प्रवालानि ददौ सांगं गवा युतम् ॥१॥ तोषयामास सर्वान्सता न्गज गोश्व धनां शुकैः । नाना देश्यानि वासांसि सुवर्णान्तरितानि च ॥२॥ नानाबर्णानि काश्मीर देश जानि महांति च । राजभ्यो राजपत्नीभ्यो ग्राम मुख्येभ्य एव च ॥३॥ तद् भृत्येभ्यो गुणिभ्यश्च ददौ राजा यथर्हतः । अमात्येभ्यो ददा वन्या न्ग्रामा न्बहु धनान्यपि ॥४॥ ततो वनं ययौ राजा दुःख शोक समन्वितः । पूर्व जन्मार्जितै र्दोषै रत्यंत मलिनोऽशुचिः ॥५॥ तस्मि न्प्रयाते लोकानां हाहाकारो महानभूत् । स्वं स्वं कार्यं विहायैव प्रतिजग्मु र्जनाधिपम् ॥६॥ अमात्या

राज भार्याच हेमकंठः सुन्हृद् गतः । उत्तिष्टन्प्रप पाताग्रे स्खलन् धावन्रूप्नपि ॥७॥ अमात्या नागरास्तं तु दुःखिता अप्य वारयम् । गव्यूति द्वितयं गत्वा तस्थौ राजा श्रमान्वितः ॥८॥ दृष्ट्वा वापीं शीतजलां नाना वृक्ष समन्विताम् । उवाच नागरा न्सर्वानमात्या न्स्वजनानपि ॥९॥ अपराद्धं मया यद्य चिवरं राज्यं प्रकुर्वता । तत् क्षंतव्यं नमाम्येष बद्धवांजलि पुटं जनाः ॥१०॥ कृपा विधया पुत्रे मे यदि दैवात् समागते । विज्ञापयामि वः सर्वान् मयि स्नेहो न हीयताम् ॥११॥ गच्छंतु नगरं सर्वे सस्त्री वृद्धाः समागताः । पुत्रेण पाल्यमाना मे तिष्टंतु विगत ज्वराः ॥१२॥ अनुजानंतु मां सर्वे सुदितो यास्यहं वनं । युष्मासु तु प्रयातेषु मनो मे निश्चलं भवेत् ॥१३॥ उपकारं महांतं मे कुर्बन्तु कृपयाऽखिलाः । दुःखितो निष्ठुरं वक्तुं मर्तुकामोऽपि नोत्सहे ॥१४॥ महत्पापं मयै वैत ज्जन्मजन्मांतरा र्जितम् । यद् वियोगोहि राज्यस्य लोकानां हितकारिणाम् ॥१५॥ परंतु किं करोम्येष यद् गलत्कुष्टवान हम् । सर्वोऽपि स्वकृतं भुंक्ते सुकृतं दुष्कृतं तथा ॥१६॥ सूत उवाच ॥ इति श्रुत्वा वचो राज्ञो मूर्छिताः सुन्हृदः स्तथा । घ्नंतः केचित् पाणितलैः शिरांसि भृश दुःखिताः ॥१७॥ केचित् परस्परं चक्रु रभिज्ञाः पंडिताश्चये । सांत्वनं पूर्व जातानां नृपाणां चरितै र्नृपे ॥१८॥ अनिर्वाच्या मवस्थां तत् समीक्ष्ये युरथा परे । यथा स्वरूपे विज्ञाते योगिनो ज्ञानवृत्तयः ॥१९॥ दुःखितं सोमकांतं तं वनं गंतु समुत्सुकम् । नियम्य दुःखं धैर्येण धीराः केचि दथा ब्रुवन् ॥२०॥ जना ऊचुः ॥ पोषयित्वा पालयित्वा ननस्त्वं त्यक्तुमर्हसि । यथा न त्यजते शैत्यं जल मौष्ण्यं तनूनपात् ॥२१॥ मर्यादां जलधिर्वाऽपि सूर्यः प्राकाश्यमेव च । कथं वा नगरं याम स्त्वांविना जनवत्सल ॥२२॥ यथोडु पतिना हीनं व्योम तारान्वितं नृप । पुरं तद्वन्न शोभेत त्वां विना शत्रु कर्षण ॥२३॥ सहैव याम स्तीर्थानि द्वित्राणि वयमप्युत । रूपं ते कांति मत्कांत भविता तीर्थ सेवनात् ॥२४॥ ततः सहैव यास्यामो नगरं ध्वज संकुलम् । हर्षेण महता युक्ता वाद्य बंदि पुरः सराः ॥२५॥ सूत उवाच ॥ इति तद्वचनं श्रुत्वा क्रोध दुःख समन्वितः । उवाच राजा तान्नत्वा मैवं मैवं

पुनः ॥२६॥ ततोऽब्रवी द्धेमकंठं सामात्यो वत्सलं नृपभ् । स्नेह कारूण्य भावेन विनयेन समन्वितः ॥२७॥ पुत्र उवाच ॥ विना त्वां नोत्सहे गंतुं कर्तुं राज्यं च जीवितुम् । न मया दृष्ट पूर्वस्ते विरहस्तं सहे कथम् ॥२८॥ राजो वाच ॥ एतदर्थं मया पूर्वं धर्मशास्त्रं सुनीति मत् । उपदिष्टं तव शुभं न वृथा कर्तुमर्हसि ॥२९॥ श्रूयते जामदग्येन जननी निहता पुरा । पितृवाक्यानुरोधेन नीतिज्ञेन सुधीमता ॥३०॥ रामस्तु राज्यं त्यक्त्वैव वनं यातः सहानुजः । अपृष्ट्वा कारणं सीतां तत्याज लक्ष्मणो वने ॥३१॥ हेमकंठ पुरं शीघ्र ममात्यै स्त्रिभिरन्वितः । प्रती ममाज्ञया गच्छ कुरु राज्यं मयार्ऽपितम् ॥३२॥ विज्ञे यथा कार्य सक्ते चित्तं तस्य परात्मनि । यथाव स्थापिते वित्ते चित्तं लोकस्य वर्तते ॥३३॥ तथा मयि वनं याते स्वान्तं मे त्वयि वर्तते । दैव योगेन सुभगो जातो यास्ये पुनर्गृहम् ॥३४॥ भविष्यति तथा धर्मो मद्वाक्यं कारिणस्तव । न तथा सह यातेन तस्माद्गच्छ व्रजामि च ॥३५॥ सूत उवाच ॥ अमात्या नागराः पुत्रः प्रयातुं कृत मानसा । कष्टेन महता युक्ता नमश्चक्रुर्नृपं तदा ॥३६॥ अनुज्ञाता स्तत स्तेन आशी भि रभिनन्द्य च । प्रदक्षिणी कृत्य नृपं निवृत्ता नगरं प्रति ॥३७॥ अग्रे कृत्वा महासेनां गजाश्व रथ पत्ति नीम् । छत्र ध्वज युतो मानी हेमकंठोऽगम त्पुरीम् ॥३८॥ (१५७)

इति श्रीगणेशपुराणे उपासना खंडे चतुर्थोऽध्यायः ।४।

अध्याय ५

सूत उवाच ॥ ततो मातर मभ्येत्य स्नेह कातरया धिया । तां जगाद कथं मात स्त्यजसेऽन पराधिनम् ॥१॥ पुत्र उवाच ॥ सहैव यातु पुत्रोऽय मिति वाच्य स्त्वया पिता । तव वाक्यानुरोधेन यदि मां सहनेष्यति ॥२॥ तदा वां सेवनं कुर्यां न मे राज्ये मति स्तथा । [किं तद्राज्यं सुखं दद्याद्भवद्भ्यां रहितस्य मे ॥३॥ सुधर्मो वाच ॥ एतावद् दुःखशोकाभ्यां युक्तो

राजा न मे वच । करिष्यति महाबाहो तस्माग्दच्छ ममाज्ञया ।।४।। पातिव्रत्येन धर्मेण परवत्यस्मि बालक । भर्तु रन्यो न देवोऽस्ति योषितां मान्य एवच ।।५।। सूत उवाच ।। इत्याकर्ण्य नमश्चक्रे मातरं स सुन्हत् सुतः । प्रदक्षिणी कृत्यंततोऽनुज्ञां प्राप्य परं ययौ ।।६।। अलंकृतं नागरिकैः पताका ध्वज पल्लवैः । सिक्त मार्गं सुगंधाढ्यं यथेन्द्रं नगरं तथा ।।७।। दत्वा तांबूल वासांसि विसृज्य स्वजना नृपः । प्रविवेश गृहं श्रीमद् हृर्ष शोक समन्वितः ।।८।। चकार राज्यं धर्मेण सुतवत् पालयन् प्रजाः । धर्मार्थ काम मोक्षेषु यथा शिक्षं मनोदधे ।।९।। ऋषय ऊचुः ।। कथं राजा सोमकांतः किं वनं समुपागतः । किं सहायश्च किं चक्रे कर्म नो वद विस्तरात् ।।१०।। सूत उवाच ।। हंत वः कथयिष्यामि सोमकान्तो यथा वनम् । गत्वा चकार यत्कार्यं सादरं श्रणुता नघाः ।।११।। सुबल ज्ञानगम्याभ्याम् अमात्याभ्यां सुधर्मया । धर्मपत्न्या युतोऽरण्यं प्रविवेश दुरासदम् ।।१२।। अग्रतः प्रकृति र्याता मध्ये राजाऽथ पृष्टतः । धर्मपत्नी सुधर्माऽगात् सीतेव राम पृष्टतः ।।१३।। एकाशनाश्च चत्वार एकचित्ता स नालयाः । समदुःख सुखाश्चापि वनाद्वन मुपाययुः ।।१४।। क्षुधा तृषा श्रमैर्वापि निम्नोन्नत गताध्वभिः । अत्यंतं कर्षिता छाया माश्रित्योपा विशन् क्वचित् ।।१५।। पुनर्वनांतरं गत्वा दद्यशुस्ते सरो महत् । यत्र मातंग सदृशा नक्रा भांति सकच्छपाः ।।१६।। ताला स्तमालाः सरलाः प्रियाला बकुलाः शुभाः । सरलाः पनसा जंबु निंबाश्वत्थ वटादयः ।।१७।। वृक्षा नाना लता जालै र्वेष्टिताः परितो बभुः । यत्रास्ते तिमिरं गाढं गिरिदर्युदरे यथा ।।१८।। यत्र वायुः सुखस्पर्शः पद्मकादंब गंधवान् । यस्मान्नयंति मुनयः कुसुमानि फलानिच ।।१९।। यत्र हंसा बका श्येनाः शुभाः काकाश्च कोकिलाः । सारिकाश्चक्रवाकाश्च नाना रावान् विकुर्वते ।।२०।। न यत्र शीतोष्ण करांशु संधि र्नाना लता पुष्प कुजाश्रिता नाम् । क्षुतृड भयं यत्र न चैव मृत्युः स्वर्गे यथा पुण्यवतां द्विजेन्द्राः ।।२१।। तत्र गत्वाजलं सर्वे पपुः शीतं श्रमापहम् । स्नात्वा नित्य क्रियां कृत्वा फलानि बुभुजश्चते ।।२२।। सुष्वापच क्षणं राजा कच्छे कोमल वालुके । धर्मपत्नी सुधर्मा च पाद संवाहने

स्थिता ॥२३॥ तस्यानुमत माज्ञाय द्वावमात्या व गच्छताम् । आदातुं कन्दमूलानि फलानि च बिसा निच ॥२४॥ ददर्श तत्राद्भुत रूप मुग्रं बालं सुधर्मा प्रभया ज्वलंतम् । उत्कृष्ट रूपत्य कृतेस्मरं तं जातं पुरा बालमिति स्म मेने ॥२५॥ दृष्ट्वैव तं सा जन्हृषे सुधर्मा मेने च तं सा हितकारिणं च । क्षुब्धं प्रसन्नं न्हृदयं समीक्ष्या प्रकारिणं चोपकारं हि वक्ति ॥२६॥ पप्रच्छ तं कश्च कुतः प्रयातः कस्यापि पुत्रौ जननी च काते । वद स्व शब्दामृत धारया मे सखेव कर्णौ परितोष याशु ॥२७॥ सूत उवाच ॥ इति स्म पृष्टः स जगाद बाल स्तां राजपुत्रीं सुधयागिरा मे । पिता भृगु र्भामिनि मे पुलोमा । माता जलार्थी स्वगृहादि हागाम ॥२८॥ च्यवनः खलु नाम्नाहं पितुराज्ञा करः शुभे । त्वं च का कतमोऽयं ते कथं वनमिदं गतः ॥२९॥ स्त्रवंति कथ मंगानि वर्षा काले गिरे रिव । अति दुर्गंधता चास्य केन वा वद कर्मणा ॥३०॥ कृमिभार समाकीर्ण ममुं वा सेवसे कथम् । स्वयं चारूतरा भूत्वा सुकुमारि सुलोचना ॥३१॥ चारू प्रसन्न वदना चारूसर्वांग शोभिनी । कच्चित् पूर्वं न पित्रा ते सुन्हृद्भि र्भ्रातृ भिर्द्विजैः ॥३२॥ विजातोऽयं वरः कुष्टी कृमि भारा कुलोऽपिच । कथमेनं वृत्त वती दुर्गमं चागता वनम् ॥३३॥ सुत उवाच ॥ इति पृष्टा सुधर्मा सा मुनिपुत्रेण धीमता । व्याचष्टे सकलं तस्मै शोकहर्ष समन्विता ॥३४॥ सुधर्मो वाच ॥ सौराष्ट्र देशे विख्यातं देवताख्यं पुरं महत् । तत्रायं सोमकांतो मे भर्ता राज्यं चकार ह ॥३५॥ अति मानी वदान्यश्च शूरो दृढ पराक्रमः । असंख्यात बलोपेतो रिपु राष्ट्र विमर्दनः ॥३६॥ यज्वाऽति सुन्दरः श्रीमान् सुन्हृदानंद कारकः । विवेक्ता सर्व कार्याणाम् नीतिशास्त्र विशारदः ॥३७॥ राज्यं स्वं बुभुजे राजा बहुकालं द्विजोत्तम । इमामवस्थां संप्राप्तः पूर्वं कर्म विपाकतः ॥३८॥ अमात्य द्वय संयुक्तो वनमेतत् समागतः । भ्रमन्ति पृष्ट लघ्नाऽस्य पुत्रे राज्यं प्रयच्छतः ॥३९॥ सुबल ज्ञानगम्याभ्यां प्रकृतिभ्या मिहागता । राज्ञोऽनुज्ञां समादाय फलार्थं तौ गतौ वने ॥४०॥ इहास्मान् राक्षसाः प्रेता भूतानि मृग पक्षिणः । नाना विधा भीषयन्ति कथं नो भक्षयन्ति न ॥४१॥ न जाने दुःख भोगाय स्थापयन् त्यग्रतोऽपिच ।

दुःखस्यांतं न पश्यामि कर्मणो दुष्कृतस्य च ॥४२॥ कटु तिक्ताम्ल लवण मधुर स्निग्ध भोजने । न तथा रूचिरस्याभूत् परीतस्य द्विजातिभिः ॥४३॥ यथे दानीं कंद मूल कषायाम्ल फलादिषु । दरिद्राणां महाहारः पाकोऽपि भक्षितस्य च ॥४४॥ न तथां श्रीमतां शक्ति रशने पाक एव च । यः शेत कोमले दिव्ये शयनं स्म मनोरमे ॥४५॥ इदानीं यत्र कुत्रापि पश्य कालावपर्ययम् । यस्य दिग् व्यापिन श्चासन नाना परिमलाः शुभाः ॥४६॥ पूय शोणित दिग्धस्य पूति गंधोऽपि सांप्रतम् । य आनन्दमये सिंधौ मग्नो भूत् पंडितैर्वृतः ॥४७॥ स इदानीं दुःखमये कृमिभिः परिवारितः । कथं तरेम दुःखाब्धिं न जाने भृगुनन्दन ॥४८॥ भवपोत इवागाधे मज्जंतं नौरि वार्णवे ॥४९॥

इति श्रीगणेश पुराणे उपासना खंडे सुधर्माच्यवन संवादो नाम पंचमोध्यायः ॥५॥

अध्याय ६

सूत उवाच ॥ इति तद्वचनं श्रुत्वा च्यवनो भृगुनन्दनः । त्वरया स्व मुपादाय कलशं जल संभृतम् ॥१॥ दुःखितः पर दुःखेन तूष्णी मेवा गमद् गृहम् । तं भृगुः परिप पृच्छ विलंब कारिणं सुतम् ॥२॥ भृगुरुवाच । किमपूर्वं त्वया दृष्ट लक्ष्यसे चकितो यथा । विलंबश्च कथं जातो वद पुत्र ममाग्रतः ॥३॥ पुत्र उवाच ॥ सौराष्ट्रे देशे विख्याते दैवते नगरे मुने । सोमकांत इति ख्यातो राजा राजीव लोचनः ॥४॥ चक्रे राज्यं बहुतिथं धार्मेण पालयन् प्रजाः । दुर्भगत्वं गतो दैवात् पुत्रे राज्यं निवेश्य सः ॥५॥ पत्न्या सुधर्मया युक्तो भर्तुराज्ञा भृता पितः । सुबल ज्ञान गम्यांभ्यां प्रकृतिभ्याम् इहागतः ॥६॥ गलत् कुष्टी कृमियुतो विभ्रमन् दुर्गमं सरः । सहस्र भगतां प्राप्तो यथेन्द्रो गौतमान् मुनेः ॥७॥ क्व सा सुधर्मा चार्वंगी क्व गलत् कुष्टवान्

पतिः । इति मे पृच्छतो वृत्तं तदीयं गतवान् क्षणः ॥८॥ तदीयैः करुणा वाक्यैर्मनो मे कलिलं त्वभूत् । ततोऽहं कलशं पूर्णं कृत्वा शीघ्र मुपागतः ॥९॥ सुत उवाच ॥ सर्वं चा कथयत् तस्मै तथा यत् कथितं वचः । श्रुत्वा तच्च पुनः पुत्रं च्यवनं भृगुरब्रवीत् ॥१०॥ भृगुरवाच ॥ सर्वानानय तां शीघ्रं पुत्र गच्छ ममाज्ञया । द्रक्ष्यामि कौतुकं तेषां स्वीयं वा दर्शयामि तान् ॥११॥

सूत उवाच ॥ इत्थं स चोदितः पित्रा च्यवनः करूणानिधिः । जगाम सरसो भूमिं सुधर्मां द्रष्टु मुत्सुकः ॥१२॥ तस्मिन्नेव क्षणेऽमात्यौ फलकन्द भरान्वितौ । सुबल ज्ञानगम्यौ तावा गतौ राजसन्निधिम् ॥१३॥ तत् ऊचे स तु मुनिः सुधर्मां चारूलोचनाम् । पिता मे स्वाश्रमं सर्वान् आकारयति सुव्रते ॥१४॥ इति तद्वचनं श्रुत्वा सुधर्मा शोक विव्हला । तदैव साव धानाऽभूत् तनुः प्राण इवागते ॥१५॥ सुशीला राजपत्नी सा पीत्वा तद् वचनामृतम् । अगमत् सा सुचार्वंगी प्रकृति द्वय संयुता ॥१६॥ सोमकान्तेन पतिना मुनिपुत्र पुरःसरा । गणेश स्कन्द सहिता शिवेर्वाशिव संयुता ॥१७॥ शुशुभे मार्गमध्ये सा वाचस्पति पुरःसरा । मंत्रघोष युतं प्राप भृगोराश्रम मंडलम् ॥१८॥ नाना पुष्प लता कीर्णं नाना पक्षि विनादितम् । मार्जारा बकुलाः श्येना गजा गावो मयूरकाः ॥१९॥ भुजंगाः पक्षिणः सिंहाव्याघ्राः क्रीडन्ति यत्र च । न च वायु र्भृशं वाति न सूर्यस्तपते भृशम् ॥२०॥ न वर्षति भृशं मेघो वर्ष तिच तदिच्छया । विविशुस्ते हर्षयुता मुनिपुत्र पुरःसराः ॥२१॥ तत्राद्भुतं व्याघ्र मृगाजिनस्थं । ददर्श सूर्य प्रतिमं भृगुं तम् । राजाऽथ पत्नी प्रकृति द्वयंच । न नाम बद्धांजलि रब्रवीच्च ॥२२॥ राजोवाच ॥ अद्याशिषो मे सुफला द्विजेन्द्र । द्विजेरिता धर्म च यस्तपोऽपि । आजन्म तोऽहं परिपूत एष । पितु र्जनन्याश्च सुजीवितं मे ॥२३॥ भवदृशिः संप्रति हन्त्यथैनः । पूर्वार्जितैः पुण्य च यैः कृताऽपि । आगामि कल्याण करी मुनीन्द्र । कालत्रये जन्म करोति पूतम् ॥२४॥ सौराष्ट्र देशे खलु देवताख्ये पुरे कृतं राज्य ममोघ दृष्टं भीतेन पापाद् द्विज देवतादि पूजा

कृता नीतिमता मुनीन्द्र ॥२५॥ आकस्मिकं मे दुरितं किमेतत् प्रादुर्बभू बोग्रतरं दुरंतम् । येनाह मी दृक कुदशां प्रणीतो जाने न किंचित् प्रतिकार मत्र ॥२६॥ अपायतां यान्ति कृता उपाया युष्मत् कृतोपाय मुपाय मीहे । निर्वैरतां यांति हि जातिवैरा स्तवाश्रमे वां शरणं प्रपन्नः ॥२७॥ सूत उवाच ॥ श्रुत्वेति वचनं तस्य भृगुस्तु करूणायुतः । उवाच सोमकांतं तं ध्यानेनालोक्य सुव्रतः ॥२८॥ भृगुरूवाच ॥ उपायं वच्मिनृपते न चिंतां कर्तुमर्हसि । ममाश्रम गता दुःखं न हि विंदंति जन्मिनः ॥२९॥ जन्मांतर कृतं चैव दुरितं ते नृपोत्तम । येनेमां गमितोऽवस्थां कथयिष्ये तदप्यहम् ॥३०॥ कुर्वन्तु भोजनं सर्वे चिरकालं बुभुक्षिताः । वनात् वनान्तरं याताः श्रान्ता क्लान्ता [illegible]ना भृशम् ॥३१॥ सूत उवाच ॥ इत्युक्त्वा स्नापयामास सुतैला भ्यंग पूर्वकम् । भोजयामास चान्नानि षड्रसानि त्वनेकशः ॥३२॥ बुभुजुस्तेऽपि विश्रान्ता भृगोरमित तेजसः । आज्ञया मुनिवर्यस्य संप्राप्ताः सुष्ट्वलंकृताः ॥३३॥ सुषुपुर्मृदु शय्यायां हित्वा चिंतां दुरत्ययाम् । मुनिना कल्पितायां ते स्वराज्यं गमिता इव ॥३४॥ (२४०) इति श्रीगणेशपुराणे उपासनाखंडे भृगोराश्रम गमनं नाम षष्टोध्यायः ॥ ६ ॥

अध्याय ७ — ऋषय ऊचुः ॥ तत्र गत्वा किमकरोत् सोमकान्तो नृपस्तदा । उपायः कथितः को वा भृगुणा सर्ववन्दिता ॥१॥ कथयस्व कथामतां शृण्वतां नो द्विजोत्तम । न तृप्ति मधिगच्छामः पीत्वा त्वद् वचनामृतम् ॥२॥ सूत उवाच ॥ सम्यक् पृष्टं महाभागा यूयं तु ज्ञानसागराः । यः कथांतं न प्रयाति श्रोता वक्ताऽथवा द्विजाः ॥३॥ लिख्यमानं वाचयति पुस्तकं हरतेऽपि वा । न पृच्छति च यः शिष्यो गुरुः पृष्टो न वक्ति चेत ॥४॥ उभौ तौ मूकबधिरौ लोके दृष्टौ द्विजोत्तमाः । शृण्वन्तु कथयिष्यामि सोमकान्तं कथामतः ॥५॥ तस्या रात्र्यां व्यतीतायां दिननाथे तथोदिते । स्नानं संध्यां जपं होमं कृत्वा स भृगुसत्तमः ॥६॥ स्नाताय कृत जप्याय पत्नी प्रकृति संयुजे । पूर्वंजन्म [illegible]थं तस्मै राज्ञे कथितु मारंभत् ॥७॥ भृगुरुवाच । कोल्हार नगरे रम्ये विंध्याचल समीपतः । चिद्रूप इति विख्यातो वैश्यो बहुधनोऽभवत ॥८॥ तस्य भार्या तु सुभगा नाम्ना

ख्याता सुलोचना । सुशीला दानशीलाच पति वाक्य परा सति ॥९॥। तस्यास्त्वं पुत्रतां यातो भवे पूर्वे नृपोत्तम । कामंद इति ते नाम चक्रतु स्तौं द्विजेरितौ ॥१०॥ अति स्नेहं दिवारात्रा वति लालन मेकके । वार्धक्य कालजे तौतु पितरौ त्वयि चक्रतुः ॥११॥ विवाह चक्रतु स्तौतु धन कौतुक मंगलैः । मृगाक्षी सुकुमारांगी नाम्ना ख्याता कुटुंबिनी ॥१२॥ अनुरुक्ता त्वयि सदा द्विजदेवातिथि प्रिया । बभूव यो विद्यो षित्सु रत्नभूताऽति सुंदरी ॥१३॥ कुटुंबिनीति स्वं नाम विदधे सार्थकं तुं सा । सप्तपुत्रा पंचकन्या पंचबाण प्रिया नु किम् ॥१४॥ ततो बहुतिथे काले पंचत्व मगमत्पिता । माता तव सती तेन सहं दग्धा दिवं गता ॥१५॥ ततस्त्वं सखि वर्गैस्तद् द्रव्यं नाशितवान् बहु । नीतं नष्टं भक्षितंच विनाश मगमद्धनम् ॥१६॥ चिंतया धर्मपत्नी त्वां निराकृत वती भृशम् । न गृहीतं तु तद्वाक्यं ततो विक्रीतवान् गृहम् ॥१७॥ गता सा बालकैः सार्धं मनुज्ञाता पितुर्गृहम् । अपत्य पोषण कृते ऋते त्वां वंशकंटकम् ॥१८॥ तत उद्वृत्ततां यातं उन्मत्त इव मद्यपः । अन्यायकारी नगरे जातो मत्त इव द्विपः ॥१९॥ परस्वहारो वनितासु जारो ग्रामेषु चोरो जनतापकारः । द्यूतेषु वीरो वृजिनौघ सारो हिंसा विहारो बलहीन शूरः ॥२०॥ येये जनास्ते सुखसंग तृप्ता स्तेभ्यो गृहीत्वा बहुवित्तमादः । निक्षेपतः पितृकृतात्सु न्हृद्भ्यो । मिषात् कुतश्चिन्नगर स्तितेभ्यः ॥२१॥ शपथा ननृतांश्चकर्थ नून मनृतानां प्रमदा जनेषु साक्ष्यम् । इति सर्व जनाः सुभीति मा पुरू रगात् सद्मगता दिवोग्र वीर्यात् ॥२२॥ असहयता तेन जनस्य यातो गोक्षूरकः पायसगो यथैव । राज्ञो गृहीत्वाऽनुमतिं जनास्ते निर्वा पयामा सुरतः पुरात्वाम् ॥२३॥ वने स्थित स्त्वं बहुजन्तुघाती स्त्री बाल वृद्धान् विनिहंसि नित्यम् । महाजनं वीक्ष्य पलायसेच सिंहं निरीक्ष्येव वृको मृगो वा ॥२४॥ मत्स्यान् बकान् सारस कुकुटांश्च वृकान् मृगान् वानर कोकिलांश्च । हत्वाऽत्सि खड्गां शशकांश्च गोधा मुधा स्वदेहं वृजिनादपोषः ॥२५॥ सिंहान् व्याघ्रांश्च जंबूका न्निःसार्य गिरिगव्हरात् । नाना स्थान गतां

श्चोरान् मेलयित्वा सुदुर्धरान् ।।२६।। काष्ठै र्लोष्ठश्च पाषाणैश्चकर्थ गृहमुत्तमम् । विशालं कोश विस्तारं नाना कौतुक मंडितम् ।।२७।। पित्रा भीतेन पत्नीसा प्रापिता बालकैः सह । गृहागतं ते सदनं राजतो जनतोऽपिच ।।२८।। नानालंकार वसना बालका अपि तेजसा । देवांगने व शुशुभे त्वंच चोर समन्वितः ।।२९।। त्वंच मार्गे जनान् दीनान् हत्वा हत्वा गृहां गतः । चौरैः स बाल योषिद्भि र्भासि राजेव तद्गतः ।।३०।। कदाचिद् ब्राह्मणो विद्वान् विख्यातो गुण वर्धनः । मध्यान्हे मार्गमध्ये तु त्वया दृष्टः स एककः ।।३१।। गृहीत्वा दक्षिणं पाणिं तं विप्रं धृतवानसि । स वेपमान स्त्वद् बुद्धि जानन् धर्षणया तया ।।३२।। ऊचे त्वां स्वांतकं मत्वा मूर्छितो जीवितेच्छया । अत्यंतं करूणा वाक्यै र्बोधयंस्त्वां सहेतुकैः ।।३३।। गुणवर्धन उवाच ।। धनवान् सुभगोभूत्वां कथं मां हंतेमिच्छसि । द्विजं नवोढा भर्तारं शांतं चानपरा धिनम् ।।३४।। दुर्बुद्धि वासनां त्यक्त्वा सद्धर्मेषु मतिं कुरू । प्रथमा मे गता कान्ता प्राप्ता कांततराऽपरा ।।३५।। स्वाचारा परमोदारा साध्वी सर्व गुणाकरा । पितृणा मनृणार्थाय धर्मसंतान वृद्धये ।।३६।। कृता साऽति प्रयत्नेन गार्हस्थं धर्म मिच्छता । मद्विना तद्विना वांहि जन्मनी भवतो वृथा ।।३७।। पिता मे हि भव त्वंच माता पुत्रोऽप्यंह तव । जीवदाता भयत्राता पिता शास्त्रे निगद्यते ।।३८।। दस्यवोऽपि हि रक्षंति द्विजं वा शरणां गतम् । द्विजं योग्यं शरण्यं मा मतस्त्वं मोक्तुमर्हसि ।।३९।। नोचेत् कल्प सहस्रं त्वं निरयान् प्रतिपद्यसे । भोक्तारः सर्व एवैते स्त्री पुत्राः सुन्हदो जनाः ।।४०।। न पाप भागिनस्त्वेते सुखिन स्त्वत् प्रतारकाः । कियद्भि र्जन्मभिः पापं भोक्ष्यसे न वितर्कये ।।४१।। (२८१) इति श्रीगणेशपुराणे उपासनाखंडे सोमकान्त पूर्वजन्म कथनं नाम सप्तमोध्यायः ।। ७ ।।

अध्याय ८ — भृगुरुवाच ।। इति ते नोदितं वाक्यं मुहुर्ग्लानिं प्रकुर्वता । करुणायुत माकर्ण्य नोद्भिन्नं न्हदयं तव ।।१।। वज्रात् सार तरं किं नु ब्रह्मणा त्वयि निर्मितम् । हिंसनाद् बहु जन्तू नाम मनुष्याणां सहस्रशः ।।२।। अति निष्ठुरतां प्राप्तं कृतघ्नस्येव मानसम् । अवोचस्त्वं ततस्तं तु कृतांत इव निष्ठुरः ।।३।। चोर उवाच ।। किं ते वाक्य चयै विप्र वृथा मयि

नियोजितैः । अश्रोतरि च पांडित्यं न्युब्जे कुंभे यथा जलम् ॥४॥ क्वेयं मम मति र्मूढा क्वोपदेश स्तवाप्ययम । तत्व चिंते व मधुपे सांप्रतं मे न रोचते ॥५॥ अर्थासक्तस्य न क्वापि पितृबंधु विचारणा । यथा कामातुर स्यापि न भीतिर्हीश्च विद्यते ॥६॥ शुद्धिः काकै द्यूतकारे सत्यं धैर्यं नपुंसके । कामशांतिः स्त्रियां सर्पे क्षमो दृष्ट्वा त्वया नु किम् ॥७॥ अंतिके त्वं निसृष्टोऽसि व्यापार रहितस्य मे । विधात्रा दैवयोगेन न त्वां मुंचामि कर्हिचित् ॥८॥ भृगुरूवाच ॥ इत्युक्त्वा निशितं खड्गं हस्त आदाय दक्षिणे । चकर्ताथ शिरस्तस्य बिडाल इव मौषकम् ॥९॥ एवं ते ब्रह्महत्यानां संख्यां कर्तुं न शक्यते । स्त्री बाल वृद्ध जन्तूनां हत्यानां च विशेषतः ॥१०॥ संख्याता पर पापानां विभागी जायते यतः । ततो बहुतिथे काले गते कामंद ते जरा ॥११॥ आगताऽथ कफो ग्लानिः स्वेदो हिक्वाऽथ वेपथुः । अभूत् तन्द्री चोपविष्टे प्रसुप्ते न च साऽभवत् ॥१२॥ अनादरं च चक्रुस्ते पुत्रां दास्योऽथ सेवकाः । सुन्हदश्च सुताश्चापि नप्तारोऽस्थापि मित्रकाः ॥१३॥ एक एवा भवत्तत्र दृष्ट आप्तो रहस्य कृत् । अनिवार्य गतिर्विप्रः स चापि प्रेषितस्त्वया ॥१४॥ आकारयितुं सर्वांस्तान् मुनीन् कानन वासिनः । ते चापि त्वद् भयादेव द्विजवाक्यात् समागताः ॥१५॥ अब्रवीस्तान् नमस्कृत्य मत्तो दानानि गृह्यताम् । तेऽब्रुवन् न च गृण्हीमो दानानि पतितस्य ते ॥१६॥ याजना ध्यापना द्यौनात् संबंधात् भाषणादपि । पर संचरते पापं सह याना सना शनात् ॥१७॥ इति ते भाषमाणा स्त्वां गत्वा च निजमाश्रमम् । स स्नुः सचैल सर्वेऽपि पावमानी स्ततोऽजपन् ॥१८॥ ततोऽनुतापो मनसि जातः कामंद ते भृशम् । आमयात् स्वजनै स्त्यागाद् ब्राह्मणैः परिवर्जनात् ॥१९॥ जीर्ण देवालयोद्धारेऽ भवत्ते मति रूर्जिता । धनं स्वं विपुलं वीक्ष्य कुप्यरत्नादि संयुतम् ॥२०॥ ततोऽनादिः परा मूर्ति गणेशस्य वने शुभा । जीर्ण देवालये क्षुद्रे स्थिता ते कथिता द्विजैः ॥२१॥ ततोऽति विस्तृतं दीर्घं चतुस्तोरण संयुतम् । चतुर्द्वारं सुरूचिरं चतुः शिखर शोभितम् ॥२२॥ नाना स्तम्भ चितं नाना वेदिभिः परिवारितम् । मुक्ता प्रवाल रत्नाद्यैः खचितं रूचिरांगणम् ॥२३॥

नाना पुष्प द्रुमयुतं नाना फल द्रुमैश्चितम् । चतुर्दिक्षु चारु वारिमय वापि विराजितम् ॥२४॥ प्रासादं निर्मितवत स्तद् द्रव्यं ते व्ययं गतम् । किंचित् स्त्रिया च पुत्रैश्च सुन्हृद्भिर्बन्धुभि र्हतम् ॥२५॥ ततो नातिचिरे काले पंचत्वं च गतो भवान् । याम्य दूतैः कशा घातैःर्बद्ध संताडितो भृशम् ॥२६॥ कंटकै विद्ध सर्वांगः शिलायां पोथितोऽपिच । मज्जितो नरके घोरे पूय शोणित कर्दमे ॥२७॥ एवं नीतस्तु तै र्दूतै श्चित्रगुप्त यमान्तिके । यमेन पृष्टः किं पुण्य मुत भोक्ष्यसि पातकम् ॥२८॥ त्वम वोचः पुण्यमहं पूर्वं भोक्ष्यामि सूर्यज । ततः सौराष्ट्र देशे त्वं राजत्वेन विनिर्मितः ॥२९॥ इति ते कथितं पूर्वजन्म पाप करं मया । शरणागत कारुण्या त्तपोबल समाश्रयात् ॥३०॥ कान्त प्रासाद करणात् सोमकान्तोऽभवो नृपः । कान्तया कान्ततरया भासि कान्त्या शशी यथा ॥३१॥ सूत उवाच ॥ भृगुणाऽभिहितं श्रुत्वा सोमकान्तो नृपाधमः । तद्वाक्ये संशया पन्न आसीदश्मेव निष्क्रियः ॥३२॥ वेद शास्त्रार्थ विदुषो भूत भावि भव द्विदः । तपस्विनो भृगोर्वाक्ये यतः स संशयं दधौ ॥३३॥ निरगन्क्षणमात्रेण तस्यांगात् पक्षिणो भृशम् । नाना वर्णा कृति धरा बभक्षु र्नृपतिं तदा ॥३४॥ उड्डीयोड्डीय चंचच्चग्रैर्ददंशु र्नृपशुं दृढैः । उत्कृत्यो त्कृत्य मांसानि जक्षुस्ते मुनिसन्निधौ ॥३५॥ ततोऽति दुःखित तनुं शरणं पुनरागतः । अवदद्दीनया वाचा भृगुं ज्ञान तपोनिधिम् ॥३६॥ राजोवाच ॥ त्वद्वने जाति वैराणां परस्पर भयं न हि । त्वत्समक्षं कथमिमे मृतं मां मारयन्ति च ॥३७॥ त्वत्पाद प्रवणं दीनं सकुष्टं शरणागतत् । इदानी मोचय मुने सर्व सत्त्वा भयंकर ॥३८॥ सूत उवाच ॥ इत्युक्तः पुनरप्याह भृगुस्तं दीन वत्सलः । मद्वाक्य संशयादित्थ मनुभूतं नृप त्वया ॥३९॥ प्रतीकारं वदिष्यामि स्वस्थो भव क्षणं नृप । मम हुंकार मात्रेण गमिष्यन्ति द्विजा इमे ॥४०॥ सूत उवाच ॥ द्विजस्य हुंकृतिं श्रुत्वा द्विजाश्चान्तर्हिता स्तदा । तुतोष नृपति श्चापि पत्न्यमात्य समन्विता ॥४१॥ (३२२) इति श्रीगणेशपुराणे उपासनाखंडे नाना पक्षिनिवारणं नामाष्टमोऽध्यायः ॥ ८ ॥ अध्याय ९ — सूत उवाच ॥ ततो भृगुः क्षणं ध्यात्वा पुनस्तं प्राह भूपतिम् ।

अत्यंत विव्हलो दुःख वीक्ष्य तत्पूर्व कर्मजम् ॥१॥ क्व पाप निकरास्ते तू क्वोपायाः कथिता मया । तथाऽप्येकं ब्रवीमि त्वाम्
उपाय मद्यनाशनम् ॥२॥ गणेशस्य पुराणंत्वं श्रोष्य से यदि सत्वरम् । तदैव मोक्ष्यसे दुःख सागरान्नात्र संशयः ॥३॥ इत्युक्त्वां
तं गणेशस्य नामाष्टशतमुत्तम् । जप्त्वा जलं मंत्रयित्वा सिषेच नृपतिं तदा ॥४॥ सिक्त मात्रे जले तेन तन्नासा रंध्रतो
लघुः । कृष्णास्यः प्राप तद् भूमौ वदृधे तत् क्षणादसौ ॥५॥ सप्तताल प्रमाणोऽभूद् व्यादितास्यो भयंकरः । कराल जिव्हो
रक्ताक्षो दीर्घबाहु जंटाधरः ॥६॥ मुखादुरू वमन् अग्नि क्षणाच्च पूय शोणिते । नेत्राणा मंधतां कुर्व न्नंधकार इवापरः ॥७॥
आलोक्य दुद्रुवुः सर्वे तदाश्रम निवासिनः । दंष्ट्रा रावै र्दशदिशः पूरयंतं तमद्भुतम् ॥८॥ अपृच्छत्तं द्विजवर स्तत्समक्षम् तु
पूरुषम् । विद्वानपीति कोऽसित्वं नाम ते किम् वदस्वमे ॥९॥ प्रत्युवाच मुनिं तं तु परिपृष्टो द्विजेन सः । प्राणि मात्र शरीरस्थो
नाम्नाहं पापपूरुषः ॥१०॥ त्वन्मंत्र जलपातेन निःसृतो राजदेहतः । क्षुधातुरो भक्ष्य मीहे देहि मह्यं न चेत्तदा ॥११॥
भक्षयिष्ये मुने लोकान् सोसकान्त तवाग्रतः । वद मे वसतिं रम्या मितो निःसारितस्यच ॥१२॥ ततस्तु बहिरभ्येत्य तमुवाच
मुनिः पुनः । अस्मिन् रसाले सरले विरसे वस कोटरे ॥१३॥ गलितानिच पत्राणि भक्षयस्व ममाज्ञया । नो चेत्वां भस्मसात्
कुर्यां नानृतं मे वचोऽधम ॥१४॥ सूत उवाच ॥ इति तन्मुनि वाक्यान्ते शुष्कं स वृक्षमस्पृशत् । भस्मसा दभवद् वृक्षो
द्विजास्तत् स्पर्शमात्रतः ॥१५॥ मुनेः संदर्शनाद्भीत स्तस्मिन् भस्म न्यलीयतः । तस्मिन् विलीने स मुनिः सोमकांतं पुनर्जगौ
॥१६॥ भृगुरुवाच ॥ पुराण श्रवणाद्यते जात पुण्यं नृपोत्तम । अयं यावच्च्यूत तरू रत्र चोत्तिष्टते पुनः ॥१७॥ तावत्
संपादयास्मिस्तद् भस्मन्येव दिने दिने । विवृद्धेऽस्मिन् स्तरौ राजन् निष्पाप स्त्वं भविष्यसि ॥१८॥ राजोवाच ॥ गणेशस्य
पुराणं यन्नदृष्टं न च वै श्रुतम् । कुत्र तल्लभ्यते ब्रह्मन् व्याकर्ता तस्य वा मुने ॥१९॥ मुनिरुवाच ॥ ब्रह्मणा कथितं पूर्वं
वेदव्यासाय धीमते । व्यासाच्च विदितं मह्यं पुराणं पापनाशनम् ॥२०॥ अहं तेच प्रवक्ष्यामि तीर्थे स्नानं समाचर । श्रोष्ये

पुराण मितिच संकल्वं कुरू सुव्रत ॥२१॥ सूत उवाच ॥ भृगुणा नोदितः स्नात्वा भृगुतीर्थेऽति विश्रुते । सोमकान्तो मुदा-युक्त स्ततः संकल्प माचरत् ॥२२॥ गणेशस्य पुराणं यत् तच्छ्रोष्येऽद्य प्रभृत्यहम् । संकल्पमात्रे तु कृतें बभौ राजा निरामयः ॥२३॥ भृगु प्रसादा न्नीरक्तः कृमिक्षत विसर्जितः । गृहीत्वा तं भृगुरगा द्विस्मितं हर्षितं नृपम् ॥२४॥ उपविश्यासने स्वीये दापयत्तस्य चासनम् । उपविष्टो बभाषे तं दिव्यकान्ति र्नृपोत्तमः ॥२५॥ राजोवाच ॥ भवत् प्रसादात् सकला गरिष्टा संकल्प मात्रेण गता व्यथा मे । आश्चर्य भूत सकलं वदस्व पुराण मेतद् द्विरदाननस्य ॥२६॥ भृगुरुवाच ॥ शृणुष्वा वहितो भूत्वा तत्पुराणं वदाम्यहम् । अनन्त पुण्य निचयै र्यस्य श्रवण गोचरा ॥२७॥ भतिरुत् पद्यते पुसां नान्यथा पापकारिणाम् । यस्या कर्णन मात्रेण सप्त जन्मार्जिता न्यपि ॥२८॥ लघु शुष्कार्द स्थूलानि पापानिच महान्त्यपि । तत् क्षणा द्विलयं यांनि गणेशस्य प्रसादतः ॥२९॥ अव्ययस्या प्रमेयस्य निर्गुणस्य निराकृतेः । मनोवाग निरुप्यस्य केवलानन्द रूपिणः ॥३०॥ यस्य स्वरूपं न विद्र्ब्रंह्मेशा नादयः सुराः । सहस्त्रवदनो यस्य महिमानं न च क्षमः ॥३१॥ यावद्विशेष विदपि प्रवक्तुं राजसत्तम । मया यथा श्रुतं पूर्वं तत्पुराणं सुपुण्यदम् ॥३२॥ अतीन्द्रिय ज्ञानवतो व्यासाच्चा मिततेजसः । यज्ञ विध्वंस शोकार्तो दक्षः शुश्राव मुद्गलात ॥३३॥ यस्य भक्ति र्दृढा राजन् गणेशे सर्व सिद्धिदे । स एत च्छृणुयान्नित्यं न वाच्यं तादृशे तरे ॥३४॥ यदि सर्वेऽपि कुर्वीरन् विघ्नराजस्य सेवनम् । क्व तदा विघ्ननिचया विहरेयुर्यथा सुखम् ॥३५॥ दुःखान्यनुभवेयुः के नाना विरह जान्युत । चकारेदं पुरा व्यासो भूत भव्य भविष्यवित् ॥३६॥ वेदार्थज्ञान रहितान् वेदा-ध्ययन वर्जितान् । वर्णाश्रमाचार शून्यान् जाति संकर कारिणः ॥३७॥ कलौ विलोक्य तु जनान् कुटिलान् पापकारिणः । अष्टादश पुराणानि कृतवान् धर्मगुप्तये ॥३८॥ तावन्त्युप पुराणानि ततोऽर्थान् बुबुधुर्जनाः । तत एव गणेशस्य रूपं जानन्

त्यमी जनाः ॥३९॥ इति श्रीगणेशपुराणे उपासनाखंडे राजोपदेशकथनं नाम नवमोऽध्यायः ॥ ९ ॥ अध्याय १० —
भृगुरुवाच ॥ नारायणांश संभूतः पाराशर्यो महामुनिः । अतीता नागतज्ञानी वेदशास्त्रार्थ तत्ववित् ॥१॥ कृत्वा वेदं चतुर्भागं
तदर्थं ज्ञानसिद्धये । स विद्यामद गर्वेण पुराणं कर्तुमारभत् ॥२॥ समाप्ति साधनं नैव कृतवान्मंगलं पुरा । गणेशस्य नतिं वापि
स्तुतिं वा तस्य वा क्वचित् ॥३॥ ततो विघ्नाभिभूतः सन्नर्थं कंचन नास्मरत् । भ्रान्ति रेवाभवत्तस्य लौकिकेऽलौकिके
पथि ॥४॥ नित्ये नैमित्तिके काम्ये श्रौते स्मार्ते च कर्मणि । व्याख्यातुर्वेद शास्त्राणां सर्वज्ञस्य सतोऽपि हि ॥५॥ ओषधी-
भिश्च मन्त्रैश्च भग्नवीर्य इवाहिराट् । तस्तंभे स्वात्मनि भृशं तद्धेतुं नाध्यगंच्छत ॥६॥ ततोऽगच्छत् सत्यलोकं धातारं
प्रष्टुमादरात् । विस्मयाक्रान्त ह्रदयो व्हीणः पाराशरो मुनिः ॥७॥ नमस्कृत्वा देवगणान् देवर्षीन् कमलासनम् । पूजितो
ब्रह्मणा दत्ते निषसादासने शुभे ॥८॥ पाणिना चास्पृशत् पादौ पाराशर्यो महामुनिः । प्रणयावनतो भूत्वा ब्रह्माणं
प्रष्टुमारभत् ॥९॥ व्यास उवाच ॥ ब्रह्मन्नद्भुत मेतद्धि किं मे दैवादुपस्थितम् । वेदार्थानि पुराणानि कर्तुं मे बुद्धिरादृता
॥१०॥ आवीक्षतोऽखिलाँ ल्लोकां ज्ञानाचार विवर्जितान् । कलौ कर्मजडान् स्तब्धा न्नास्तिकान् वेदनिंदकान् ॥११॥ विधिं
चैव निषेधं च ज्ञास्यन्ति मम वाक्यतः । ममैव तु गतं ज्ञानं भ्रान्तः क्षीब इवाभवम् ॥१२॥ न हेतुं तत्र पश्यामि स्फूर्तिः
काऽपि न जायते । तद्धेतुं स्फूर्ति हेतुं च प्रष्टुं त्वामहमागतः ॥१३॥ अन्यं कं शरणं यामि विना त्वां चतुरानन । सर्वज्ञः
सर्वकर्ता त्वं मम भ्रांतिं निवारय ॥१४॥ वद हेतुं मम भ्रान्ते र्नारायण स्वरूपिणः । नित्याचाररतो ब्रह्मन् सर्वज्ञस्य
सतोऽपि च ॥१५॥ सूत उवाच ॥ एवमाकर्ण्य तद्वाक्यं विचार्य कमलासनः । प्रणतं मुनिमभ्याह प्रहसन्विस्मयन्निव ॥१६॥
ब्रह्मोवाच ॥ हन्त ते कथयिष्यामि गतिं सूक्ष्मां हि कर्मणाम् । विचार्य सम्यक्कर्तव्यं कर्म साध्वितरच्च यत् ॥१७॥ अन्यथा
कुर्वतः पुंसः कृतं भवति चान्यथा । बुद्धया युक्त्यार्जवेनापि गुरूणि च लघूनि च ॥१८॥ कार्याणि साधयेद्धीमान्न गर्वान्न च

मत्सरात्। वाहनत्वं समापन्नो गर्वेण तु खगेश्वरः ॥१९॥ मत्सराज्ञाशितं सर्वं माम्बिकेय सुतेन च। मत्सरादेव रामेण क्षत्रमुत्सादितं पुरा ॥२०॥ योऽनादिर्निधनो देवो जगत्कर्ता जगन्मयः। जगद्धाता जगद्धर्ता सदसद् व्यक्तमव्ययम् ॥२१॥ योऽकर्तुमन्यथा कर्तुं शक्तः कर्तुं च सर्वदा। यस्याज्ञावशगा नित्यं देवा इन्द्रपुरोगमाः ॥२२॥ अहं विष्णुश्च रुद्रश्च सूर्याग्नि वरुणादयः। यो विघ्नहर्ता भक्तानां विघ्नकर्ते तरस्य च ॥२३॥ तस्मिंस्त्वं कृतवान् गर्वं स्वविद्याबलसंश्रयात्। सर्वज्ञताभिमानेन न कृतं पूजनं त्वया ॥२४॥ स्मरणं वा गणेशस्य प्रारंभे न्यस्य वा तथा। न कृतं च त्वया व्यास तेन भ्रांतिस्त्वानघ ॥२५॥ आरंभे सर्वकार्राणां प्रवेशे वापि निर्गमे। श्रौते स्मार्ते लौकिके योऽस्मृतो विघ्नं करोतिच ॥२६॥ यमाहुः परमानंद यमाहुः परमां गतिम्। यमाहुः परमं ब्रह्म वेदशास्त्रार्थ दर्शिनः। तं गच्छ शरणं वत्स द्विरदानन् मादरात् ॥२७॥ स चेत्प्रसन्नो भगवान् वांछितं ते करिष्यति। नो चेद्वर्ष सहस्रेण न स्ववांछा मवाप्स्यसि ॥२८॥ व्यास उवाच ॥ कोऽसौ गणेशः किं चास्य रूपं वेद्यं कथं च तत्। कस्य वाऽयं प्रसन्नोऽभूत् पूर्वं हि चतुरानन ॥२९॥ कति वा ह्यवताराश्च किं किंकार्यं च वै कृतम्। पूर्वं च पूजितः केन कस्मिन्काले स्मृतोऽपि च ॥३०॥ मम विक्षिप्त चित्तस्य पृच्छतः प्रपितामह। एतत्सर्वं सुविस्तार्यं ब्रूहि मे करुणानिधे ॥३१॥(३९२) इति श्रीगणेशपुराणे उपासनाखंडे व्यास प्रश्न वर्णनं नाम दशमोऽध्यायः ।१०।

अध्याय ११ – भृगुरुवाच ॥ जगाद भूयश्चतुराननस्त, मेवं कृत प्रश्न विवक्षयाऽथ। क्रमेण सर्वं कथयामि तेऽहं, गणेश–मंत्रान् बहुधा विचार्य ॥१॥ ब्रह्मोवाच ॥ अनन्ता हि मुने मन्त्रा गणेशस्य महात्मनः। उपासनं वदिष्यामि शीघ्रं सिद्धि करस्य ते ॥२॥ सप्तकोटि महामंत्रा गणेशस्यागमे स्थिताः। तद्रहस्यं शिवो वेद किंचित् किंचिदहं मुने ॥३॥ षडक्षरैकाक्षरयोः श्रेष्ठत्वं तेषु विद्यते। ययोः स्मरण मात्रेण सर्व सिद्धिः करे भवत् ॥४॥ जीवनमुक्ता भवन्त्येव यदुपासनया मुने। त एव धन्यास्ते पूज्यास्ते नमस्याः सुरैरपि ॥५॥ यदुपासनया दास्यं येषां कुर्वन्ति सिद्धयः। इच्छाविहाराः सर्वज्ञा

नानारूपा भवन्ति ते ॥६॥ ये कुर्वन्ति गणेशस्य भक्ति भावसमन्विताः । न येषां भक्तिलेशोऽपि तेषां जन्म निरर्थकम् ॥७॥ नालोकयेन्मुखं तेषां विमुखा ये गजानने । तेषां दर्शनमात्रेण विघ्नानि स्युः पदे पदे ॥८॥ विघ्नान्युपशमं यान्ति तदुपासक । दर्शनात् । नमस्यन्ति च भूतानि स्थावराणि चराणि च ॥९॥ अतस्तेऽहं प्रवक्ष्यामि मंत्रमेकाक्षरं शुभं । तदनुष्ठान मात्रेण वांछितं समवाप्स्यसि ॥१०॥ अनुष्ठानं प्रवक्ष्यामि यथोक्तं शंभुना मम । स्नानं कृत्वा धौतवस्त्रे परिधाय शुचिर्नरः ॥११॥ चैलाजिनं कुशैः कृत्वा स्वासनं साधकः सुधीः । तस्मिन् स्थित्वा भूतशुद्धिं प्राणानां स्थापनं तथा ॥१२॥ अंतर्बहिर्मातृकाणां न्यासं कृत्वा त्वतंद्रितः । प्राणायामं ततः कृत्वा मूलमंत्रं जपन् न्हदि ॥१३॥ मंत्र संध्या मुपासीत आगमोक्तां यथाविधि । आपादमस्तकं देवं ध्यात्वा निश्चल चेतसा ॥१४॥ मानसैरूपचारैरतं पूजयेत् सुसमाहितः । ततो जपेद्यथाशक्ति पुरश्चरण मार्गतः ॥१५॥ अनुकूलो भवेद्यावद्ववद्वरं दातुं गजाननः । स्व रूपं दर्शयेद्याव त्तावज्जपपरो भवेत् ॥१६॥ भृगुरूवाच ॥ एवमुक्त्वा मुनिं व्रह्मा विलोक्य शुभवासरम् । एकाक्षरं मंत्रराज मेकार्णं गणपस्य च ॥१७॥ अशिक्षय त्तदा सर्वं संभ्रांतं मुनिसत्तमम् । ब्रह्मोवाच ॥ सूर्यकोटि प्रतीकाशं वरं दातुं समागतम् ॥१८॥ यदा द्रक्ष्यसि तं देवं तदा चित्तं स्थिरी कुरू । ममैव न्हदये नित्यं स्थिरो भव गजानन ॥१९॥ वृणीश्वेति वरं तस्मात्स ते दास्यत्य संशयम् । न्हदि स्थिते तत्र देवे दिव्यं ज्ञान मवाप्स्यसि ॥२०॥ भूतं भावि भवच्चैव ज्ञास्यसि त्वमशेषतः । हित्वा भ्रांतिं दृढां वत्स नाना ग्रंथान् करिष्यसि ॥२१॥ व्यास उवाच ॥ गता भ्रांतिर्मम पितरुपदेश कृते त्वया । अनुष्ठानं करिष्यामि पितामह तवाज्ञया ॥२२॥ ब्रह्मोवाच ॥ एकांते निर्जने देशे व्यग्रतः हेतु वर्जिते । अनुष्ठानं कुरू विभो गजानन मनुस्मरन् ॥२३॥ नास्तिके निंदके क्रूरे नाचारे च खले शठे । न वक्तव्यो मन्त्रराज स्तादृशे शरणागते ॥२४॥ दृढभक्तौ श्रद्दधाने विनीते वेदवादिनि । साकांक्षे निरनुक्रोशे

शास्त्रज्ञे च प्रकाशय ॥२५॥ प्रापयत्येव नरकान् दश पूर्वान् दशापरान् । मंत्रराजस्तु वक्तार मप्रकाश्ये प्रकाशित: ॥२६॥ यो जपेद्भक्ति पूर्वं तु स लभेदीप्सितं फलम् । पुत्रपौत्र समायुक्तो धनधान्य समन्वित: ॥२७॥ एकदंत प्रभावेण लब्ध्वा ज्ञानं सुनिर्मलं । इह भुक्त्वाऽखिलान् भोगानन्ते मोक्षमवाप्नुयात् ॥२८॥ (४२०) इति श्रीगणेशपुराणे उपासनाखंडे मंत्रकथनं नामैकादशोऽध्याय: । अध्याय १२ प्रारंभ:– सूत उवाच ॥ इति श्रुत्वा तु वचनं निर्गतं ब्रह्मणो मुखात् । हर्षेण महता युक्तो मुनि: पप्रच्छ तं पुन: ॥१॥ व्यास उवाच ॥ अवधानं मया प्राप्तं पीत्वा वागमृतं तव । इदानीं श्रोतुमिच्छामि मन्त्रराज मिमं पित: ॥२॥ को जजाप कथं सिद्धिमवाप च गजाननात् । एतं मे संशयं छिन्धि त्वत्तोऽन्यो नास्ति मे गुरू: ॥३॥ भृगुरुवाच ॥ इत्येवं मुनिना पृष्टो जगाद वदतां वर: । कृपयाऽवनतं ब्रह्मा तं व्यास राज सत्तम ॥४॥ ब्रह्मोवाच ॥ साधु साधु त्वया पृष्टं पुण्यवानसि सांप्रतम् । न ह्यपुण्यवतां ब्रह्मन् कथाया: श्रवणे रति: ॥५॥ उपासना मार्गमिमं सम्यक्त्वां बोधयाम्यहम् । स्निग्धे प्रज्ञाधिके शिष्ये यतो गोप्यं न किंचन ॥६॥ ॐकाररूपी भगवानुक्तसे गणनायक: । यथा सर्वेषु कार्येषु पूज्यतेऽसौ विनायक: ॥७॥ निर्विघ्न कामना वद्भि र्नोचेद्विघ्नं करोति स: । तथोंकार बीजयुक्ता ॐकार पल्लवान्विता: ॥८॥ मंत्रा: सर्वागमे प्रोक्ता अन्ये ये निष्फलाश्च ते । सद सद्व्यक्त मव्यक्तं सर्वं हि गणनायक: ॥९॥ एवं सर्वे देवसिद्ध मुनिराक्षस किन्नरा: । गंधर्वा श्चारणा नागा यक्षगुह्यक मानवा: ॥१०॥ उपासका गणेशस्य सर्वे लोकाश्चराचरा: । अत एव गणेशाद्धि परं किंचिन्न विद्यते । इदानीं कथयिष्यामि कथामेकां पुरातनीम् ॥११॥ मंत्र राज जपेनाय यथा तुष्टो गजानन: । कदाचि द्दैव योगेन प्रलये समुपस्थिते ॥१२॥ वायुभि: पर्वताभिन्ना: पतिता: परितो दिशम् । तपन्ति द्वादशादित्या: शोषयित्वा जलं

महत् ॥१३॥ ज्वालामाली महावन्हि रखिलं ज्वलयत्यपि । सवर्तका महामेघा वर्षन्ति परितो जलम् ॥१४॥ हस्ति
हस्तोपमा भिस्तु धाराभि र्द्विजसत्तम । उल्लंघयंति मर्यादां सागराः सरितोऽपिच ॥१५॥ एवं सर्वे विनश्यन्ति आब्रम्ह
स्थावरादयः । एवं मायामये नष्टे विकारेऽसौ गजाननः ॥१६॥ अणुभ्योऽणुतरं रूपं कृत्वा क्वापि व्यवस्थितः । ततः काले
बहुतरे गतेंऽधतमसा वृते ॥१७॥ एकाक्षरं पुन र्ब्रह्म नादयुक्त मजायत । वैकारिकं पुना रूपं यदानंद मयं स्थितम् ॥१८॥
मायाविकार मासाद्य तवेवा भूद् गजाननः । तत एव च संभूता गुणाः सत्वं रजस्तमः ॥१९॥ ततस्त्रयः समुत्पन्ना विष्णु
र्ब्रह्मा हरोऽपिच । मामया रचितं सर्वं त्रैलोक्यं सचराचरम् ॥२०॥ ततस्तन् मायया भ्रांता बभ्रमुस्ते सुरास्त्रयः । तमेव
जनक स्वस्य द्रष्टुं प्रष्टुं समुत्सुकाः ॥२१॥ किमस्याभिः कर्म कार्य मिति जिज्ञासया मुने । एकविंशति स्वर्गाणि पूर्वमूर्ध्वं
विलोक्य ते ॥२२॥ अंतरिक्षं तया तिर्यक् पश्चात् पाताल मामयुः । अदृष्ट्वा परमात्मानं तपश्चेरू स्ततो भृशम् ॥२३॥
निराहारा जपपरा दिव्य वर्ष सहस्रकम् । श्रांताः खेद मनुप्राप्ता स्ततस्ते पृथिवीं पुनः ॥२४॥ विचिन्वंतो ययुर्द्रष्टुं वनान्युप
वनानि च । सरितः सागरान् शैलान् शिखराणि गुहापि च ॥२५॥ ततो जलाशयं ते तु महांतं ददृशुः पुरः । नाना जलचरै
र्वृक्षैः पक्षिभि र्विविधै र्युतम् ॥२६॥ बलाका भिश्चक्रवाकै र्हंसैः कारंडकैरपि । नादितं नलिनी जालं बिसखंडा शने रतैः
॥२७॥ स्नात्वा विश्रम्य तत्तीरे समुत्तीर्य पुरो ययुः । नाना वीचि समायुक्तं महांतं तं जलाशयम् ॥२८॥ सुदुस्तर तरं
पुंसां झषनक्र समाकुलम् । इक्षां चक्रुः सुदुर्दर्शं प्रलयानल सन्निभम् ॥२९॥ कोटि सूर्य प्रतीकाशं तेजोराशिं पुरो मुने ।
चिंता मापुः परां ते तु तेजसा न्हतदृष्टयः ॥३०॥ ततो गगन मार्गेण तेजोमध्या द्विनिर्गताः । क्षुधा तृषा परिश्रांता निश्वसंतो

मुहुर्मुहुः ॥३१॥ निंदतश्च शपंतश्च स्वात्मानं जातसाध्वसाः । ततोऽति करूणाविष्टो लोकाध्यक्षो ऽ खिलार्थवित् ॥३२॥ दर्शयामास तान् रूपं मनोनयन नंदनम् । पादां गुली नखश्री र्भिर्जित रक्ताब्ज केसरम् । ।३३॥ रक्तांबर प्रभावास्तु जित संध्यार्क मंडलम् । कटिसूत्र प्रभा जालै र्जित हेमाद्रिशेखरम् ॥३४॥ खड्ग खेट धनुः शक्ति शोभिचारू चतुर्भुजम् । सुनासं पूर्णिमाचंद्र जित कांति मुखांबुजम् ॥३५॥ अर्हर्निशं प्रभायुक्तं पद्म चारु सुलोचनम् । अनेक सूर्य शोभाजिन् मुकुट भ्राजि मस्तकम् ॥३६॥ नानातारांकित व्योम कान्तिजि दुत्तरीयकम् । वराहदंष्ट्रा शोभाजि देकदन्त विराजितम् ॥३७॥ ऐरावतादि दिक्पाल भयकारि सुपुष्करम् । दृष्टै व सहसा देवं प्रणेमुस्ते मुदा मुने । पादांबुज मुपस्पृश्य ततः स्तोतुं प्रचक्रमुः ॥३८॥ इति श्रीगणेशपुराण उपासनाखंडे गजाननदर्शनं नाम द्वादशोध्यायः ॥१२॥ अध्याय १३ प्रारंभः- व्यास उवाच ॥ पंचास्य श्चतुरास्यश्च सहस्त्र मस्तकोऽपिच । गजास्यं वरदं देवं कथमेते प्रतुष्टवुः ब्रम्होवाच ॥१॥ प्रसादोन्मुख विघ्नेश कृपापांग निरीक्षणात् । प्राप्त बुद्धि-प्रसादास्ते केशास्तं नुनुवुस्तदा । ब्रम्हविष्णु महेश्वरा ऊचुः ॥२॥ अजं निर्विकल्पं निराकार मेकं । निरालंब मद्वैत मानंद पूर्णम् । परं निर्गुणं निर्विशेषं निरीहं । परब्रह्म रूपं गणेशं भजेम् ॥३॥ गुणातीत माद्यं चिदानंद रूपं । चिदाभासकं सर्वगं ज्ञानगम्यम् । मुनिध्येय माकाश रूपं परेशं । परब्रह्मरूपं गणेशं भजेम ॥४॥ जगत्कारणं कारणाज्ञान हीनं सुरादिं सुखादिं युगादिं गणेशम् । जगद् व्यापिनं विश्ववंद्यं सुरेशं । परब्रह्मरूपं गणेशं भजेम् ॥५॥ रजो योगतो ब्रह्मरूपं श्रुतिज्ञं । सदाकार्य सक्तं ह्रदाऽचिन्त्यरूपम् । जगत्कारकं सर्व विद्यानिधानं । सदा "ब्रह्म" रूपं गणेशं नताःस्मः ॥६॥ सदासत्वयोगं मुदा क्रीडमानं । सुरारीन् हरंतं जगत्पालयंतं । अनेकावतारं निजाज्ञानहारं । सदा "विष्णु" रूपं गणेशं नताःस्मः ॥७॥ तमोयोगिनं रुद्ररूपं त्रिनेत्रं । जगद् धारकं तारकं ज्ञान हेतुम् । अनेकागमैः स्वंजनं बोधयंतं । सदा "शिवं" रूपं गणेशं नताःस्मः ॥८॥ तमस्तोम हारं जनाज्ञान हारं । त्रयोवेदसारं परब्रह्मपारं । मुनिज्ञानकारं विदूरे विकारं सदा "ब्रह्म" रूपं गणेशं नताःस्मः ॥९॥

निर्जरौषधं स्तर्पयंतं करौधैः । सुरौधान् कलाभिः सुधास्त्राविणीभिः । दिनेशांशु संतापहारं द्विजेशं । "शशांक" स्वरूपं गणेशं नताःस्म ॥१०॥ प्रकाश स्वरूपं नभोवायुरूपं । विकारादिहेतुं कलाकाल भूतम् । अनेक क्रियानेक शक्ति स्वरुपं सदा "शक्ति" रुपं गणेशं नताःस्मः ॥११॥ प्रधान स्वरुपं महत्तत्वरुपं धरावारिरुपं दिगीशादिरुपं । असत् सत् स्वरुपं जगद् हेतु भूतम् । सदा "विश्व" रुपं गणेशं नताःस्मः ॥१२॥ त्वदीये मनः स्थापये दंध्रियुग्मे । जनो विघ्नसंघान्न पीडां लभेत् । लसत् सूर्य बिंबे विशाले स्थितेऽयं । जनोध्वांतबांधा कथंवालमेत ॥१३॥ वयं भ्रामितः सर्वथाऽज्ञानयोगा । दलब्ध्वा तवांध्रि बहुन् वर्ष पूगान् । इदानी मवाप्ता स्तवैव प्रसादात् । प्रपन्नान् सदा पाहि विश्वंभराद्य ॥१४॥ ब्रह्मोवाच ॥ एवं स्तुतो गणेशस्तु संतुष्टोऽभून् महामुने । कृपया परयो पेतोऽभि धातुं तान् प्रचक्रमे ॥१५॥ श्रीमद् गणेश उवाच ॥ यदर्थं क्लेशिता यूयं यदर्थमिह चागताः । प्रीतोऽह मनया स्तुत्या वरं मत्तो वृणीत तम् ॥१६॥ कृतं च मम यत् स्तोत्र भवद्भि र्भावितात्मभिः । स्तोत्रराज मिति ख्यातं भविष्यति मदाज्ञया ॥१७॥ इद यः पठेत् प्रातरुत्थाय धीमान् । त्रिसंध्यं सदा भक्ति युक्तो विशुद्धः सपुत्रां श्रियं सर्व कामान् लभेत । परब्रम्हरुपो भवेदंतकाले ॥१८॥ ब्रम्होवाच ॥ इति तद् वचनं श्रुत्वा संतुष्टास्ते तम ब्रुवन् । तदीक्षया रजः सत्व तमोगुण समुद् भवाः ॥१९॥ त्रय ऊचुः ॥ यदि तुष्टोऽसि देवेश सृष्टि संहार कारक तवांध्रि कमले नोऽस्तु भक्तिर व्यभिचारिणी ॥२०॥ किं चास्माभिः प्रकर्तव्य माज्ञापयतु नो भवान् । अयमेव वरोऽस्माकं वांछितो द्विरदानन ॥२१॥ इति श्रुत्वा वच स्तेषां पुनः प्राह गजाननः । भविष्यति महाभागा मयि भक्ति र्दृढा हिवः ॥२२॥ संकष्टानि यथा यूयं तरिष्यथ महांत्यपि । भवत् ख्यात्यै प्रवक्ष्यामि कार्याणिच पृथक् पृथक् ॥२३॥ सृष्टिकर्ता भव ब्रह्मन् रजोगुण समुद् भवः । पालनं कुरु विष्णो त्वं व्यापकः सत्व संश्रयः ॥२४॥ हर संहर सर्वं त्वं तमोगुण समुद्भवः । ब्रह्मोवाच ॥

वेदशास्त्र पुराणानि सृष्टि सामर्थ्य मेव च ॥२५॥ ददौ गणेशोऽन्यां विद्यां ब्रम्हणे मत्द्यमादरात् । विष्णवे भगवान् प्रादा
द्योगात् स्वच्छंद रूपताम् ॥२६॥ एकाक्षरं षडर्णं च मंत्रं सर्वागमा स्तथा । हराय भगवान् प्रादाच्छक्तिं संहरणेऽपि च ॥२७॥
ततश्चाहं दीनमना स्त्रैलोक्येशं जगद् गुरुम् । उवाच प्रांजली भूत्वा वरदं तमिभाननं ॥२८॥ ब्रह्मोवाच ॥ यथाऽगृहीत
शक्तिस्तु वाच्यावाच्यं विवक्ति न । तथाऽनेक विधां सृष्टि मद्दृष्ट्वा क्वापि किंचन ॥२९॥ कर्तुं वापि विभो राज्ञा विमेदं
कथमुत्सहे । इतः कूप इती वापी त्येवं प्राप्तं मया कथम् ॥३०॥ ततो गजाननः प्राह दिव्यं चक्षुः प्रदाय तम् । ब्रम्हाणं
वेदशास्त्रज्ञं तथा व्याकुलितं प्रभुः ॥३१॥ गजानत उवाच ॥ बहिरंतः शरीरे मे संख्यातीतानि पद्मज । ब्रम्हांडानि त्वमद्यैव
विभ्रमंनि विलोकय ॥३२॥ ब्रह्मोवाच ॥ ततो गजाननेनाहं स्वोदरे श्वास वायुना । नीतो ददर्श धाताऽपि ब्रम्हांडानि
त्वनेकशः । औदुंबरा णीव तरौ तेषु वा मशकानिव ॥३३॥ भेदयामास तत्रैकं परमेण स्वतेजसा । तदंतः सकलां सृष्टिं
ददर्शाथ पुनः पुनः ॥३४॥ ब्रम्हाणं चापरं तत्र विष्णुमिंद्रं प्रजापतिम् । शंकरं भास्करं वायुं वनानि सरितोंऽबुपम् ॥३५॥
सागरान् यक्ष गंधर्वा नप्सरःकिन्नरो रगान । ऋषीन् पुण्यजनान् साध्यान् मनुष्यान् पर्वतान् द्रुमान् ॥३६॥ उद्भिज्जां जारंजा
जंतून स्वेदजान् अंडजानपि । पृथ्वी सप्त पाताला न्यव्यया न्येक विंशतीम् ॥३७॥ ददर्श विश्वं चाहं वै भावाभावं
चराचरम् ॥३८॥ यद्यच्चाहं भेदयामास चांडं तस्मि स्तस्मिन् सर्व मेवं ददर्श । दृष्ट्वा भ्रांतिं पूर्ववत् संप्रपेदे तेषामंतं सर्वथा
नाध्यगच्छम् ॥३९॥ न स्थातुं नैव वा गंतुं शशाक कमलासने । उपविश्य ततो ब्रम्हं स्तुष्टाव द्विरदाननम् ॥४०॥ ब्रह्मोवाच ॥
वन्दे देवं देवदेवं गणेशं ब्रम्हांडानां नैव संख्या यदंगे । अम्भोडूनां सागरे वा झषाणां कः संख्याता शर्कराणां च तीरे ॥४१॥
लज्जा न मेऽत्रास्ति सुरेंद्र वंद्य पादारविंदं तव यद्विलोक्य । भ्रांतोऽभवं ज्ञाननिधौ प्रसन्ने मोक्षोऽपि तुच्छः किमुतान्य वार्ता
॥४२॥ दृष्टं च नानार्थयुतं सुरेश ब्रम्हांडकूटं जठरे त्वदीये । स्थातुं बहिर्गंतु मपीह नेशस् त्वदन्य देवं शरणं न चामि ॥४३॥

ततः प्रसन्नो भगवा ननंतो वं गजाननः बहि निष्कासया मास तदा मां खिन्नमानसम् ॥४४॥ नासिका रंध्र मार्गेण हरिं मदनुयायिनम् । तामसं च हरं देवो विष्णुना सह संगतम् ॥४५॥ निःसारयामास विभुः श्रुतिरंध्राद् गजाननः । शयाते स्म तदंगे तावुभौ हरिहरौ सुखम् ॥४६॥ इति श्रीगणेशपुराण उपासनाखंडे ब्रम्हस्तुतिवर्णनं नाम त्रयोदशोऽध्यायः ॥१३॥

अध्याय १४ प्रारंभः – राजोवाच ॥ ततः किम करोद् ब्रम्हा वीक्ष्यांडानि सहस्रशः । कथं च सृष्टि मकरो दाज्ञां प्राप्य गजाननात् ॥१॥ भृगुरुवाच ॥ अभव ग्दर्व संपन्नः स्वात्मन्येव विचारयन् । वेद्मि शास्त्राणि वेदांश्च पुराणान्यागमानपि ॥२॥ ज्ञान विज्ञान संपन्नः शापानुग्रह शक्तिमान् । ब्रम्हांडानि च दृष्टानि सृष्टीनां रचनास्तथा ॥३॥ इदानीं सृष्टि करणेऽशक्यं मे नैव किंचन । इत्येवं सर्वसंपन्ने सृष्टयर्थं कमलोद्भवे ॥४॥ विघ्ना नाना विधा भूप प्रादुरासन्सहस्रशः । तं वेष्टयित्वा ब्रम्हाणं स्थिताः परमदारुणाः ॥५॥ यथा मत्ताः पुष्परसैः सरधा मधुजालकम् । त्रिनेत्राः पंचहस्ताश्च कूपास्याः तप्तपाणयः ॥६॥ त्र्यंध्रयः पंचतुंडाश्च सप्ततुंडाः षडंध्रयः । दशास्याः पंचपादाश्च तालदंता व्र कोदराः ॥७॥ नानारूपा महासत्वाः संख्यातुं न च ते क्षमाः । चकंपे द्रुहिण स्तेषां नानारावान् निशम्य तान् ॥८॥ केचित्तं मुष्टिभिर्जघ्नु र्नेमुश्च नुनुवुः परे । चतुः शिखासु संगृह्य दोलयामासुरा दरात् ॥९॥ चत्वार्यपि मुखान्यस्य जहसुस्तं तथाऽपरे । निर्निंदुश्च प्रशंसा च चक्रुः केचित् सिषेविरे ॥१०॥ मोचमायामा सुरपरे बबंधुरपरे पुनः । मोचितं पुनरस्यन्ये विचकर्षु रितस्ततः ॥११॥ आलिलिंगुश्च तं केचि च्चुचुंबुः शिशुत्परे । अष्ट श्मश्रुषु तं धृत्वा ननर्त काष्ट हस्तवान् ॥१२॥ एवं स परवान्ब्रम्हा चिंता-शोक समन्वितः । अखर्वं सृष्टिगर्वं तं तत्याज न्हृदि संगतम् ॥१३॥ जगाम महती मूर्छां निराशः स्वस्य जीवने । मुहूर्त मात्रे तु गते सस्मार मनसा विभुम प्रार्थयामास कारुण्या द्रुदन्निव गजाननम ॥१४॥ ब्रह्मोवाच ॥ न चायुष्यं स्वल्पं विविध जनने सक्त मनसो । न मे तत्व ज्ञानं भवजलधितारं सुविमलं । जनुर्भूमौ लब्ध्वा तव भजनतो यामि परमां । कदा भुक्ति मुक्ति

निरुपमसुखां वाऽखिलगुरो ॥१५॥ त्वत् कटाक्षामृते नावतो भक्तः सीदति तं विभो । इयं लज्जा तवैवास्तां न मे मृत्यु
श्चिरायुषः ॥१६॥ भृगुरुवाच ॥ इत्यसौ प्रार्थयन्नेव शुश्राव गगनेरिताम् । गिरं तपस्वेति ततः प्रार्थयामास तां पुनः ॥१७॥
अंतर्हिताश्च ते विघ्नाः श्रुतायां नभसो गिरि । नानारूपा महावीर्या मुक्त्वा तं कमलासनम् ॥१८॥ स मुक्त श्चिंतयामास
पद्मयोनि र्महायशाः । विनामंत्रं विनास्थानं कथं तप्स्ये तपो महत् ॥१९॥ इति व्याकुल चित्तोऽसौ बभ्राम जलमध्यतः ।
अनन्य मनसा ध्यायन् गजानन मनामयम् ॥२०॥ मुकुटेन विराजतं मुक्ता रत्न युजा शुभम् । रक्त चंदन लिप्तांगं सिंदूरारुण
मस्तकम् ॥२१॥ मुक्ता दाम लसत् कंठं सर्पयज्ञोपवीतिनम् । अनर्घ्य रत्न घटित बाहु भूषण भूषितम् ॥२२॥ स्फुरन्
मरकत भ्राज दंगुली यक शोभितम् । महाहि वेष्टित बृहन्नाभि शोभिम्महोदरम् ॥२३॥ विचित्र रत्न खचित कटि सूत्र विरा
जितम् । सुवर्ण सूत्र विलस द्रक्तवस्त्र समावृतम् ॥२४॥ भालचंद्रं लसद्दंत शोभाराजत करं परम् । एवं ध्यायति तस्मिंस्तु
पुनरेव नभोवचः ॥२५॥ उदियाय वटं पश्य वटं पश्येति सुंदरम् । श्रुत्वेति वचनं ब्रह्मा पुन श्चिंता मवाप सः ॥२६॥
इति श्री गणेशपुराण उपासनाखंडे ब्रह्मचिंतावर्णनं नाम चतुर्दशोऽध्यायः ॥१४॥ **अध्याय १५ प्रारंभः —** भृगुरुवाच ॥
व्यासाया कथयच्चाग्रे ब्रम्हा लोकपितामहः । सोमकांत प्रवक्ष्यामि कथां शृणु सादरम् ॥१॥ ब्रह्मोवाच ॥ ततोऽहं सुमह-
त्स्वप्नं ददर्श मुनिसत्तम । भ्रमता भ्रमता व्योम जले दृष्टो वटो महान् ॥२॥ महावाता तपाद्भिस्तु नष्टे स्थावर जंगमे ।
अवशिष्टः कथमय मेक एव वटो महान् ॥३॥ एवं संशयमापन्न स्तत् पत्रे बालकं लघुम् । चतुर्बाहुं समुकुटं कुंडलाभ्यां
विराजितम् ॥४॥ मणिमुक्तामयं दाम बिभ्रत्कंठे सुशोभितम् । अर्धचन्द्र रक्तवस्त्रं कटिसूत्रं तथैवच ॥५॥ एकदन्तं नखपु
र्गजास्यं तेजसा ज्वलत् । दृष्ट्वैवं तर्कयामास बालकं कथमत्र वै ॥६॥ पुष्करेण च तद्बालं जलं मन्मस्तकेऽक्षिपत् । ततोऽह
माजहा सोच्चै श्चितानंद समन्वितः ॥७॥ मय्या हसति बालः स उत्ततार वटात्ततः । स ममांकं समागत्य मंजुवाक्यं जगाद

ह ॥८॥ बाल उवाच ॥ लवोर्लघुतरोऽसि त्वं वृथा वृद्धोऽपि मूढधीः । विघ्नैरभि हतोऽसि त्वं सृष्टिचिंता समावृतः ॥९॥ तपश्चिता परो नित्यं बिभ्रमं जलमध्यगः । सर्वं चिंताहरं तेऽह मुपायं चतुरानन ॥१०॥ उपादिशामि ते मंत्र मेकाक्षर मिमं मम । पुरश्चरण मार्गेण दशलक्षं जपस्व तम् ॥११॥ ततः प्रत्यक्षतां यास्ये दास्ये सामर्थ्य मुत्तमम् । दृष्ट्वैवं स्वप्नमाश्चर्यं प्रतिबुद्धोऽभवं ह्यहम् ॥१२॥ शुशोच च कदा मे स्याद्दर्शनं परमेशितुः । दृष्ट स्वप्नोऽभवं मग्न आनंदमय सागरे ॥१३॥ ततः स्नात्वा परं मंत्रं जजाप बहुवासरम् । एकपादेन कमले तिष्टन् ध्यायन् गजाननम् ॥१४॥ जितेन्द्रियो जिताहारः काष्टपाषाणवत् स्थिरः । दिव्यवर्ष सहस्रं स तपस्तेपे परं महत् ॥१५॥ ततो मे मुखतो ज्वालाः प्रादुरासन् दुरासदाः । ताभिः सर्वाणि भूतानि पीडामापुः सुदारुणाम् ॥१६॥ ततो गजाननो दृष्ट्वा तां निष्ठां मम सुदृढाम् । तुतोष परया भक्त्या प्रादुरासीत्ततः पुरः ॥१७॥ कोटि सूर्य समान श्री ज्वलामालीव हव्यभुक् । दहन्निव त्रिलोकीं स संहरन्निव रोदसी ॥१८॥ परशुकमलधारी दिव्य माया विभूषः । सकल दुरित हारी सर्व सौन्दर्य कोशः । करिवर मुख शोभी भक्तवांछा प्रपोषः । सुर मनुज मुनीनां सर्व विघ्नैक नाशः ॥१९॥ तेजोराशि महं दृष्ट्वा चकम्पे व्यास सन्मुने । चिंता मवाप परमां व्यग्रचित्तो जपाच्च्युतः ॥२०॥ आच्छादिता नीक्षणानि स्मृतिश्च विलयं गता । दृष्ट्वे दृशी मवस्थां तां शीघ्रं प्राहाथ विघ्नराट् ॥२१॥ गणेश उवाच ॥ न भयं कुरू लोकेश स एवाहं समागतः । येन ते मन्त्र आदेशि स्वप्न एकाक्षरः शुभः ॥२२॥ तेन सिद्धि रनुप्राप्ता वरं दातुं समागतः । सौम्यभाव प्रपन्नोऽस्मि वरं वरय सुव्रत ॥२३॥ दास्यामि ते प्रसन्नोऽहं यद्यत्ते न्हृदि वर्तते । मयि प्रसन्ने सर्वं तद् भविता नाम संशयः ॥२४॥ मुनिरूवाच ॥ इत्थं निशम्य गणनाथ वचो विशुद्धं ब्रम्हा जहर्ष परम

प्रसमीक्ष माणः । नत्वा चराचर गुरुं सकलैः शिरोभिः प्राह प्रसन्न ह्दयः सफलं जनुर्मे ॥२५॥ ब्रह्मोवाच ॥ यो वेदानां सशास्त्राणां ज्ञानिनां योगिनामपि । सर्वोपनिषदां चैव गोचरो न कदाचन ॥२६॥ स पुण्य निचयैर्सेऽद्य यातः प्रत्यक्षतां विभुः । अनादि निधनो ऽ नंतो ऽ प्रमेयो निर्गुणोऽपि च ॥२७॥ यदि प्रसन्नो देवेश विघ्नेश करूणाकर । तव भक्तिं दृढां देहि यया दुःख न नः स्पृशेत् ॥२८॥ इदानीं देहि सामर्थ्यं नाना निर्माणने मम । विघ्नानिच शमं यान्तु यदि तुष्टोऽसि मे प्रभो ॥२९॥ स्मृत मात्रः सदा मे त्वं सर्वं कार्यं समापय । अन्ते मुक्तिं स्थिरां देहि ज्ञानं च विमलं मम ॥३०॥ गजानन उवाच ॥ एवमस्तु कुरूष्व त्वं सृष्टिं नानाविधां बहुम । मां स्मृत्वा सर्व विघ्नानि नाश यास्यन्ति सर्वतः ॥३१॥ दृढा भक्तिः शुभं ज्ञानं मत्प्रसादा द्भविष्यति । निःशंकं कुरू कार्याणि सर्वाणि चतुरानन ॥३२॥ मुनिरूवाच ॥ एवं लब्धवरो ब्रम्हा पूजयामास तं विभुम् । यद्यच्चिचते ऽ चिंतयत् स तत्त देवोपतिष्टते ॥३३॥ पूजार्थं देवदेवस्य गणेशस्य प्रसादतः । दक्षिणावसरे द्वेतु कन्यके समुपस्थिते ॥३४॥ चारुप्रसन्न नयन वदनैः सुविराजते । अनेक रत्न खचित नानालंकार शोभिते ॥३५॥ दिव्यगन्ध युते दिव्य वस्त्र माला विभूषते । ते तस्मै दक्षिणार्थं स कल्पयामास पद्मभूः ॥३६॥ रंभा गर्भेण नीराज्यं दिव्य पुष्पांजलिं ददौ । सहस्त्रनामभिः स्तुत्वा प्रदक्षिण मथाकरोत् ॥३७॥ नमस्य प्रार्थयामास दीनानां शंकरो भव । एवं संपूजितस्तेन ब्रम्हणा परमेष्टिना ॥३८॥ ततः प्रसन्नो भगवान् विघ्नहर्ता गजाननः । सिद्धिबुद्धी गृहीत्वा ते अन्तर्धान मगाद्विभुः ॥३९॥ कस्ततः कारयामास सृष्टिं पूर्वं वदायताम् । आज्ञया परमेशस्य प्रसादाच्च प्रसन्नधीः ॥४०॥ (५५०) इति श्रीगणेशपुराण उपासनाखंडे गजानन पूजा निरूपण नाम पंचदशोऽध्यायः ॥१५॥ **अध्याय १६ प्रारंभः** – राजोवाच ॥ श्रुत्वा कथां

गणेशस्य हर्ष श्चेतसि जायते । पुनश्च वद विप्रर्षे न तृप्यामि कथामृतम् ॥१॥ अन्तर्हिते भगवति गणेशे परमात्मनि । कथं
विनिर्ममे सृष्टि ब्रम्हा त द्वर्णय प्रभो ॥२॥ यच्चाग्रे कथयामास व्यासायाख्यानकं विधिः । तदहं विस्तरेणैव श्रोतुमिच्छामि
सन्मुने ॥३॥ भृगुरुवाच ॥ सिद्धक्षेत्रस्य माहात्म्यं व्यासाया कथयत्प्रभुः । आनपूर्व्येण तत्तेऽहं कथयिष्येऽ सृजच्च यत् ॥४॥
स ब्रम्हा निर्ममे पूर्व मनसा सप्त पुत्रकान् । आह तान् सृष्टि साहाय्यं सृजध्वं स्व स्वबुद्धितः ॥५॥ ते तु तद्वचनं श्रुत्वा
तपसे कृत निश्चयाः । तपस्तप्त्वा सुविपुलं परं ब्रम्ह समागताः ॥६॥ ततोऽन्यान् कल्पयामास सप्त पुत्रान प्रजापतिः ।
तेऽत्यन्त ज्ञानसंपन्ना न चक्रुः सृष्टि मुत्तमाम् ॥७॥ मतः स्वयं समारेभे सनकादीन् विलोक्य तान् । मुखतो ब्राम्हणानग्नि
मसृजत् कमलासनः ॥८॥ बाहुरुपादतोऽन्यां स्त्रीन् वर्णाश्चन्द्रमसं न्हदः । चक्षुभ्यां च रविं श्रोत्रान् मारुतं प्राणमेव च ॥९॥
अन्तरिक्षं तथा नाभेः शिरसो दिवमेव च । भूमिं पद्भ्यां दिशः श्रोत्रा दन्याँ ल्लोकानकल्पयत् ॥१०॥ अन्य दुच्चावचं विश्वं
स्थावरं जंगमं च यत् । समुद्रान् सरितः शैलां तृण गुल्म महीरुहान् ॥११॥ ततः कतिपयाहः सु गतेषु मुनिसत्तमाः ।
निद्रितस्य महाविष्णोः श्रोत्राज्जातो महासुरौ ॥१२॥ मधु कैटभ नामानौ विख्यातो भुवनत्रये । दंष्ट्रा करालवदनौ पिंगाक्षौ
दीर्घनासिकौ ॥१३॥ महाकायौ महासारा वत्युच्चौ पर्वताविव । वर्षा मुदिर शब्दौ तौ गर्जन्तौ भृशगर्वितौ ॥१४॥ वचोभि
र्बहुभि र्दुष्टौ धिक्कारं तस्य चक्रतुः । विप्रान् देवान् ऋषीन् साधून् शास्त्राणिच निनिन्दतुः ॥१५॥ तयोः शब्देन धरणी
चकम्पे शेष एवच । उद्विग्न मासित् सकलं ब्रम्हांडं स्वनस्तयोः ॥१६॥ ततस्तौ क्रोध रक्ताक्षौ कं तं खादितु मुद्यतौ ।
ततोऽसौ वरदां देवीं विष्णु मोहन कारिणीम् ॥१७॥ विष्णु नेत्र गतां निद्रां तुष्टाव कमलासनः । मधकैटभ नाशाय प्रबो-

धाय हरेरपि ॥१८॥ गजानन प्रसादेन विष्णु हस्तात्तयो र्वधम् । ज्ञात्वा सम्यग् विचार्यैव चिंता हर्ष समन्वितः ॥१९॥
ब्रह्मोवाच ॥ स्वाहा स्वधा रुपधरा सुधा त्वं मात्रार्ध मात्रा स्वरूपिणी च । कर्त्री च हर्त्री जननी जनस्य सतोऽसतः शक्ति
रसि त्वमेव ॥२०॥ श्रुतिः स्वरा कालरात्रि रनादि निधना क्षपा । जगन्माता जगद्धात्री सृष्टि स्थित्यंत कारिणी ॥२१॥
सावित्री च तथा संध्या महामाया तृषा क्षुधा । सर्वेषां वस्तुजातानां शक्ति स्त्वमसि पार्वति ॥२२॥ त्रैलोक्य कर्ता त्वन्नाथो
दैत्यदानव सूदनः । निद्रया व्याप्त लित्तौऽसौ ज्ञानविज्ञान वान्हरिः ॥२३॥ जगदुत्पाद्यते येन पाल्यते ह्रियते पिच । सोऽपि
त्वयाऽवताराणां संकटे विनियोज्यते ॥२४॥ दुष्टात्मानौ मोहयैतौ त्वं दैत्यौ मधुकैटभौ । हन्तुमेतौ दुराधर्षौ ज्ञानमस्य
प्रदीयताम् ॥२५॥ अहमाराधित श्चाभ्यां पूर्वजन्मन् यतव्रितम् । वरान् बहुविधान् प्रादा मवध्यौ मम तावुभौ ॥२६॥ तयो
रूचा वचां शब्दा नतोऽह मसहं बहु । मामेव हंतुकामौ तौ स्तुतौ नानाविधै स्तवैः ॥२७॥ तथापि मद्वधातौ न निवृत्तौ
दुष्ट भावतः । अतस्त्वां प्रार्थये देवि विष्णु बोधन हेतवे ॥२८॥ (५९८) इति श्रीगणेशपुराण उपासनाखंडे देवीप्रार्थनं नाम
षोडशोऽध्यायः ॥१६॥ **अध्याय १७ प्रारंभः** – यावत्तिष्टते विष्णु स्तावत्ताभ्यां त्रिविष्टपम् । आक्रांत मिन्द्रसदनम्
याम्यं कौबेर मेव च ॥१॥ तौ दृष्ट्वा सर्वतो देवाः पलायन परा बभुः । निपेतु र्बभ्रमुः केचिन् मुमूर्च्छुश्च स्खलुः परे ॥२॥
ततो देव्या विनिर्मुक्तो निद्रया हरिरीश्वरः । आश्वास्य सर्व देवांस्तां स्ताभ्यां युद्धं चकार ह ॥३॥ आक्रमं सर्व देवानां कृतं
ताभ्यां निवारितुम् । शेषादि सर्वे नागानां मुनीनां यक्षरक्षसाम् ॥४॥ शुशुभे स हरि स्तत्र शंखचक्र गदाधरः । किरीट
कुंडलधरो नीलमेव घनच्छविः ॥५॥ ततः स भगवान् शंखं प्रदध्मौ भृश वेगवान् । तेन शब्देन महता क्षोभयामास रोदसी
॥६॥ पांचजन्य स्वनं श्रुत्वा बिभिदे न्हदयं तयोः । ततस्तौ भय संविग्नौ परस्पर मथोचतुः ॥७॥ भूमंडलं च पातालं

स्वर्गाणा मेकविंशतिः । आक्रान्ताः सम्यगावाभ्यां तदाऽयं न श्रुतः स्वनः ॥८॥ वज्रसारमयं येन चकंपे ह्रदयं द्वयोः । तस्मादनेन योद्धव्यं पुरुषेण बलीयसा ॥९॥ रणकंडूति शांत्यर्थं विजयायेतराय वा । रिपुमेनं हनिष्यावो गच्छावो वा पुनर्भवम् ॥१०॥ एवं तौ निश्चयं कृत्वा युयुत्सुं हरि मूचतुः । रणकंडूति शांत्यर्थं दृष्टोऽसि पुरुषोत्तम ॥११॥ कथमुत्तमतां यासि आवयो दृष्टिगोचरः । मुनिरूवाच ॥ इति वाक्यं तयोः श्रुत्वा जगाद विष्टरश्रवाः ॥१२॥ हरिरूवाच ॥ सम्यगुक्तं महादैत्यौ यथेष्टं युध्यतं मया । न हि कामयते कश्चिन्मरणं स्वयमा मनः ॥१३॥ तावूचतुः । चतुर्भुजोऽसि देवेश बाहुयुद्धं ददस्वनौ । मुनिरूवाच ॥ एवमुक्तो हरिस्ताभ्यां तथेत्याह मुदान्वितः ॥१४॥ त्यक्त्वायुधानि युयुधे द्वाभ्यामेक च्चतुर्भुजः । जघ्नतुस्तौ शिरो मूर्ध्ना जंघाभि रथ जंघयोः । कूपरो कूपरैः स्वीयैं र्बाहु बाहुभिरेवच ॥१५॥ गुल्लौ गुल्फैः कटिं ताभ्यां नासिकाभ्यां च नासिकाम् । मुष्टिभ्यां मुष्टिदेशंच पृष्ठाभ्यां पृष्ठमेवच ॥१६॥ आस्फोटन विकर्षाभ्यां बाहुमि र्मंडलैरपि । एवं परस्परं युद्धं प्रापर्तत चिरं तदा ॥१७॥ सहस्त्रं पंचगुणित मतिक्रान्त महामुने । वर्षाणां न तु तौ जेतुं शशाक हरि-रीश्वरः । ततो दधार रूपं स गांधर्वं गीत केविदम् ॥१८॥ गत्वा वनांतरं चारू वीणागानं चकारः सः । हरिणाः श्वापदा लोका देव गन्धर्व राक्षसाः ॥१९॥ स्व स्व व्यापार रहिता सर्वे तत्परतां ययुः । आलापं तस्य गिरिशः कैलासे श्रुतवान्मुहुः ॥२०॥ निकुंभं पुष्पदंतं च जगाद भगतेत्रहा । एतमानयतं शीघ्रं योऽसौ गायति कानने ॥२१॥ तौ गत्वा दर्शनं तस्य गृहीत्वा वै तमूचतुः । तव गीतस्वनं श्रुत्वा शंकरो हर्षनिर्भरः ॥२२॥ त्वां समाव्हयते देवो गानं श्रुतुं तवानघ । आवाभ्यां सह याहि त्वं शीघ्रं याम तदंतिकम् ॥२३॥ तयोर्वाक्य मिति श्रुत्वा गंधर्वो हरिभक्तिमान् । ताभ्यां सह ययौ तत्र

यत्र देवो महेश्वरः ॥२४॥ ददर्श पार्वतीकांतं चंद्रार्धकृत शेखरम् । गजचर्म परीधानं रुंडमाला विभूषितम् ॥२५॥ राजत् पिंगटजटाभारं सर्पयज्ञोपवीतिनम् । ननाम भुवि विश्वेशं प्रणतार्ति विनाशनम् ॥२६॥ उत्थाप्य गिरिशः स्नेव प्राणिनात-धोक्षजम् । आसनं च ददौ तस्मै पूजयामास शंकरः ॥२७॥ ततो जगाद स हरि रद्य मे सफलं जनुः । यतोऽद्य दर्शनं तेऽभूद्धर्मकामार्थ मोक्षदम् ॥२८॥ तोषयामास तं देवं गंधर्वो गान तत्परम् । वीणारवैः कलपदै रालापै र्विविधैरपि ॥२९॥ स्कंदं गणेश्वरं देवीं पार्वतीं च सुरानृषीन् । ततो महेश्वरः प्रीत्या लिलिंग प्रकटं हरिम् ॥३०॥ शंख चक्र गदा पद्म पीतांबर धरं शुभम् । उवाच च हरे मत्तो वृणु कामानशेषतः ॥३१॥ दास्यामि तव गानेन परा मुद मुपागतः । भृगुरुवाच ॥ तत ऊचे स्वभूस्त तु वृत्तान्तं दैत्ययोः परम् ॥३२॥ हरिरुवाच ॥ मयि क्षीराब्धि शयने निद्रिते मधुकैटभौ । उत्पन्नौ कर्णमलतो ब्रम्हाणं भक्षितुं गतौ ॥३३॥ तेन निद्रा स्तुता भर्ग तयाऽहं प्रतिबोधितः । युद्धं च कृतवांस्ताभ्यां मल्ल लीला मुपागतः ॥३४॥ नास्मि शक्ता विलेतुं तौ तत एतत्कृतं मया । इदानीं तद्वधोपायं वद मे करुणानिधे ॥३५॥ भर्ग उवाच ॥ विनायक मनर्च्यैव गतोऽसि रणभूमिकाम् । शक्तिहीनश्च तेनासि सुभृशं क्लेशवानपि ॥३६॥ गणेशं पूजयित्वैव व्रज युद्धाय मारिव । सचतौ मायया मोहय वशतां प्रापयिष्यति ॥३७॥ मत्प्रसादेन दुष्टौ तौ वधिष्यसि न संशयः । हरिरुवाच ॥ कथं विनायकं देवमुपासे भर्ग तद्वद ॥३८॥ ईश्वर उवाच ॥ उक्ता गणेश्वर स्यैव मंत्रणां सप्तकोटयः । तत्रापि च महामंत्रा स्तेष्वप्येकाक्षरो महान् ॥३९॥ षडक्षरश्च भगव स्तयोरेकं वदामि ते । तत एकाक्षरं त्यक्त्वा सिद्धारिचक्र योगतः ॥४०॥ ऋणं धनं शोधयित्वा तं जगाद षडक्षरम् । महामंत्रं गणेशस्य सर्वसिद्धिप्रदं शुभम् ॥४१॥ अस्यानुष्ठान मात्रेण कार्यं ते

सिद्धिमेष्यति । ततो जगाम स हरि रनुष्ठानाय सत्वरः ॥४२॥ (६४०) इति श्रीगणेशपुराण उपासनाखंडे मंत्रोपदेशो नाम
सप्तदशोऽध्यायः ॥१७॥ अध्याय १८ प्रारंभः — सोमकांत उवाच ॥ कथ जजाप हरिः कुत्र वा मंत्र मुत्तमम् । सिद्धि
चावाप स कथं वद मे तत् सविस्तरम् ॥१॥ भृगुरूवाच ॥ सिद्धिक्षेत्र मिति ख्यातं भुवि सिद्धिकरं परम् । तत्र गत्वा
महाविष्णु स्तताप परमं तपः ॥२॥ ध्यायन् विनायकं देवं षडक्षर विधानतः । आराधया मास तदा जित्वा खानि प्रयत्नतः
॥३॥ बाणास्त्रेण तु कृत्वैव पूर्व दिग्बंध मादृतः । भूतशुद्धि विधायैव प्राणानां स्थापनं तथा ॥४॥ कृत्वांतर्मातृका न्यास
माधारादि क्रमेण तु । बहिश्च मातृका न्यासं मस्तकादि क्रमेण च ॥५॥ प्राणानायम्य मूलेन ध्यात्वा देवं गजाननम् ।
आवाहनादि मुद्राभिः पूजयित्वा मनोमयैः ॥६॥ द्रव्यै र्नाना विधै श्चैव षोडशै श्चोपचारकैः । जजाप परमं मंत्र विष्णु
र्योगेश्वरेश्वरः ॥७॥ गते वर्षशते काले परमात्मा गणाधिपः । प्रत्यक्षतां ययौ तस्य कोटि सूर्याग्नि सन्निभः ॥८॥ अति
प्रसन्न-हृदयो बभाषे गुरुडध्वजम् । याचस्व त्वं वरान्भक्तो यांस्त्वं कामयसे हरे ॥९॥ ददामि तानहं सर्वांस्तपसाऽनेन तोषितः ।
पूर्व मेवार्चितः स्यां चेद्विजयस्ते ध्रुवं भवेत् ॥१०॥ हरिरुवाच ॥ ब्रह्मेशाना बिन्द्र मुख्याश्च देवां यं त्वां द्रष्टुं नैव शक्ता—
स्तपोभिः । तं त्वां नानारूप मेकस्वरूपं पश्ये व्यक्ताव्यक्त रूपं गणेशम् ॥११॥ त्वं योऽणुभ्योऽणु स्वरूपो महद्भ्यो व्योमा
दिभ्यस्त्व महान्सत्वरूपः । सृष्टिं चान्तं पालनं त्वं करोषि वारंवारं प्राणिनां दैवयोगात् ॥१२॥ सर्वस्यात्मा सर्वगं सर्व-
शक्तिः सर्वव्यापी सर्वकर्ता परेशः । सर्व द्रष्टा संहार कर्ता पाता धाता विश्वनेता पिताऽपि ॥१३॥ एता दृशस्य ते देव
दर्शनान्म सिद्धयः । संभविष्यन्ति सर्वत्र तथाऽप्येकं वदामि ते ॥१४॥ ममैव योगनिद्रान्ते श्रुतेर्मल समुद्भवौ । मधुकैटभौ
महासत्वौ कं खादितु मुद्यतौ ॥१५॥ ताभ्यामहं ततो युद्धं कृतवान् बहुवत्सरम् । ततः क्षीणबलं स्त्वाऽहं शरणं समुपागतः ।

अतो यथा तयो र्मत्तो वधः स्यात्तद्विचार्यताम् ॥१६॥ अन्येषामपि दैत्यानां जयेन यश उत्तमम् । देहि मे परमेशान भक्ति
ते ह्यचन पाविनीम् ॥१७॥ ययामे किर्ति रतुलां त्रैलोक्यं पावयिष्यति । गणेश उवाच ॥ यद्यते प्राथितं विष्णो तत्तत्ते
भविता ध्रुवम् ॥१८॥ वशो बलं परा किर्ति रविघ्नश्च भविष्यति । मुनिरूवाच ॥ एवमुक्त्वा महाविष्णुं तत्रै यान्तर्दधे
विभुः ॥१९॥ तत आनंदपूर्णोऽसौ मेने तावसुरौ जितौ । प्रासादं निर्ममे तत्र स्फाटिकं भूरि रत्नकम् ॥२०॥ लसत्कांचन
शिखरं चतुद्वार सुशोभनम् । प्रतिमां स्थापयामास गंडकी योपलैः कृताम् ॥२१॥ देवाश्च मुनयः सिद्धि विनायक इति प्रथाम् ।
चक्रुरत्र यतः सिद्धिः प्राप्तेयं हरिणा शुभा ॥२२॥ सिद्धक्षेत्रं ततस्तत्तु पप्रथे भुवि सर्वशः । ततो जगाम स हरि र्यत्र तौ मधु
कैटभौ ॥२३॥ दृष्ट्वा तौ हरिमायांतं जहसतु र्निनिन्दतुः । मेघश्यामं मुखं तेऽद्य दर्शितं नौ कुतः पुनः ॥२४॥ आवां तु
ते महामुक्ति दास्यावोऽतः पुनः किल । लघुतां च प्रयातोऽसि किमर्थं रणमागतः ॥२५॥ हरिरूवाच ॥ सहसा दहते सर्वं
लघुरेव हुताशनः । लघुदीपो महद्रात्रौ यथा संहरते तमः ॥२६॥ तथा वामहमद्यैव शक्तो नाशाय दुर्मदौ । मुनिरूवाच ॥
इति तस्य वचः श्रुत्वाऽति क्रुद्धौ मधुकैटभौ ॥२७॥ सहसा जघ्नतुर्विष्णुं मुष्टिभ्यां हृदये भृशम् । ततः पुनर्मल्लयुद्धं तयो–
स्तस्य व्यवर्धत ॥२८॥ युध्द्वा बहुदिनं ताभ्यां वरं दातुं सुमुत्सुकः । उवाच श्लक्ष्णया वाचा हरिस्तौ मधुकैटभो ॥२९॥ मम
प्रहारान्हि युवां सहार्थ बहुलाः समाः । युवयोः पुरुषार्थेन प्रीतोऽहं दैत्य पुंगवौ ॥३०॥ युवयोः सदृशौ नैव संभूतौ न भविष्यतः
तावूचतुः । अस्मत्तस्त्वं वरान् ब्रूहि दास्य वस्तान्हरे बहून ॥३१॥ आवांहि तव युद्धेन संतुष्टौ च भृशं त्वयि । मुनिरूवाच ॥
तयोर्वचन माकर्ण्य मायामं हितयो र्हरिः ॥३२॥ श्रुत्वा बभाण सैत्यौ मे वरान्दातुं समुद्यतौ । तदा मे वध्यतां यातं वर एष

वृतो मया ॥३३॥ तदा सर्वं जलमयं दृष्ट्वा तौ मधुकैटभौ । ऊचतुः परमप्रीतौ तव हस्तान्मृतिः शुभा ॥३४॥ अन्ते त्वचिंतनात्सद्यो मुक्ति यान्ति सनातनीम् । यत्र नोर्वी जलमयी तत्र नौ जहि माधव ॥३५॥ सर्वं त्यजावो नो सत्यं सत्ये सर्वं प्रतिष्ठितम् । मुनिरुवाच ॥ तयोरित्थं वचः श्रुत्वा जघने तौ दधार ह ॥३६॥ चक्रेण क्षुरधारेण चिच्छेद शिरसी तयोः । ततो देवा मुमुदिरे ववर्षुः कुसुमानि च ॥३७॥ गन्धर्वा ननृतुः सर्वे जगु रप्सरसां गणाः । ततस्तु विष्णुरभ्येत्य ब्रम्हाणं परमेष्टिनम् ॥३८॥ कथयामास वृत्तान्तं तवं हर्ष विनिर्भरः । हरिरुवाच ॥ यदाऽशक्तो विजेतुं तौ तदाहं गिरिशं गतः ॥३९॥ शंकरेणो पदिष्टोऽहं षडर्णं मन्त्रमुत्तमम् । आराधय महं तेन देवं विघ्नेश्वरं विभुम् ॥४०॥ तेन दत्ता वरा मह्यं नाना कामफलप्रदाः । तत् प्रभावान् मया दृष्टौ निहतौ मधुकैटभौ ॥१४॥ स्तुतः संपूजितः सोऽथ तदैवान्तर्दधे विभुः । विज्ञातो महिमा तस्य गणेशस्य महात्मनः ॥४२॥ शंकरस्य प्रसादेन हनिष्ये दैत्य दानवान् । देवाश्च मुनयः सर्वे स्तुत्वा देवं गजाननम् ॥४३॥ ब्रह्माणं शकरं मां च ययुः स्वं स्वं निकेतनम् । य इदं शृणुयान्नित्ये माहात्म्यं पापनाशनम् ॥४४॥ कस्मादपि भयं न स्या ल्लभते सार्वकामिकम् ॥४५॥ (६८५) इति श्रीगणेशपुराणे उपासनाखंडे सिद्धक्षेत्रोत्पत्ति कथनं नामाष्टादशोऽध्यायः ॥१८॥

अध्याय १९ प्रारंभः — भृगुरुवाच ॥ श्रुत्वाख्यान मिदं व्यासः षडर्ण विधि मप्यथ । पुनरूचे विधातारं नाति पूर्णाशयो यथा ॥१॥ व्यास उवाच ॥ सिद्धक्षेत्रस्य माहात्म्यं गणनाथस्य चैव हि । श्रुतं पापहरं सर्वं कामदं पुण्यवर्द्धनम् ॥२॥ पुनश्च वद मे ब्रम्हन् विनायक कथानकम् । तृप्ति न याति परमां पिबन्नपि कथामृतम् ॥३॥ ब्रह्मोवाच ॥ पाराशर्य महाख्यानं कथयामि तवाग्रतः । सर्वदेवाधिदेवस्य गणेशस्य विभोः शुभम् ॥४॥ विदर्भदेशे राजाऽभू द्दानशूरो महाबली । नाम्ना भीम इति ख्यातो दाता भीम पराक्रमी ॥५॥ कौंडिण्य नगरे तस्य निवासोऽभून्महामते ।

सामन्ताः करदा यस्य करदा इतरे नृपाः । वाजिनां वारणानांच पत्तीनां कोटयो दश ॥६॥ रथानामगतो यान्तं यान्ति तत्पृष्टतौऽपि च । ब्राम्हणानां सहस्त्राणि यमाश्रित्य मुदं ययुः । तस्य भार्या महाभागा नाम्नाऽभू च्चारूहासिनी ॥७॥ विकसत् पद्मवदना मृगशा वाक्षि लोचना । ब्रम्हण्या दैवतपरा नित्यं धर्मपरायणा । पतिव्रता पतिप्राणा पतिवाक्य रता सदा ॥८॥ अपुत्रा दैवयोगेन जाता सा वरवर्णिनी । तां निरीक्ष्य तदा भीम श्चारूसर्वांग शोभिनीम् ॥९॥ अवदद् दुःखितो वाक्यं पुत्रहीनो नृपोत्तमः । सर्वं राज्यं परित्यज्य गन्तव्यं वनमुत्तमम् ॥१०॥ अपुत्रस्य गति र्यैव स्वर्गो वा सुखमेव च । देवा हव्यं न गृण्हन्ति पितरः कव्यमेव च ॥११॥ वृथा मे जननी जन्म पिता गेहं धनं कुलम् । विफलं सकलं कर्म विना पुत्रेण निश्चितम् ॥१२॥ स एव निश्चयं कृत्वा द्वामात्यौ समाव्हयत् । मनोरंजन नामैकः सुमन्तु र्नामकोऽपरः ॥१३॥ आन्वीक्षिकीं त्रयीं वार्तां जानतौ षोडशीः कलाः आगत्य तत्क्षणादेव नृपं तं नेमतु र्मुने ॥१४॥ तावुवाच ततो भीमो राज्यं मे परिपाल्यताम् । मम वा मम पत्न्या वा दुरितं पूर्वजन्मजम् ॥१५॥ तेन नौ नास्ति सन्तान मुभयंत्र सुखावहम् । यद्यहं पुनरागन्ता तदा तन्मन दीयताम् ॥१६॥ नो चेदुभाभ्यां मे राज्यं विभज्य परिगृह्यताम् । एवं निश्चित्य स नृपः स्वस्तिवाच पूर्वकम् ॥१७॥ कृत्वा दानानि बहुशो ब्राम्हणेभ्यो ययौ पुरात् । सपत्नीको नृपवरोऽ मात्याभ्यां सह नागरैः ॥१८॥ गव्यूति मात्रां गत्वा तु विससर्जा खिलांस्तदा । अमात्या वूचतु राजन्नावां याव: सहैव ते ॥१९॥ सुन्हदो नागराश्चैन रुरूदु र्भृश दुःखिताः । तानुवाच न भीः कार्याऽमातौ वोऽधिपती कृतौ ॥२०॥ यथाऽहं वस्तथैवै तौ पालनं स करिष्यतः । इति तान् स मनुश्वास्य तावुवाच पुनर्नृपः ॥२१॥ दत्तं राज्यं भावद्भ्यां मे रक्षतं सर्वथा पुरम् । इति सर्वान् विसृज्यैव सपत्नीको ययौ पुरात् ॥२२॥ भ्रममाणो ददर्शैकं कासारं कमलैर्युतम् । पुष्पित द्रुम संशोभि नाना जलचरा न्वितम् ॥२३॥ ततोऽस्य निकटे रम्य माश्रमं

पश्यतः शुभम् । राजा च राजपत्नी च सर्वानन्द विवर्धनम् ॥२४॥ यत्र वैरं न चक्रुस्ते जातिवैरा गजादयः । सिंहाश्च नकुलाः सर्पा विडाला मूषकादयः ॥२५॥ ददर्शतु स्तत्र मुनिं विश्वामित्र कुशासने । शिष्यैः परिवृतं शान्तं वेदाध्ययन तत्परैः ॥२६॥ प्रणिपत्य महात्मानं कृतांजलि पुटावुभौ । पुनः पुनर्नमस्कारान् पादौ धृत्वा प्रचक्रतुः ॥२७॥ उत्थाप्य मुनिशार्दूलो विश्वामित्र स्तपोनिधिः । उवाच श्लक्ष्णया वाचा विज्ञातार्थो नृपं तदा ॥२८॥ विश्वामित्र उवाच ॥ भविता ते सुतो राजन् गुणयुक्तो सहायशाः । कुतस्त्वमागतः किं ते नगरं नाम तद्वद ॥२९॥ ततस्ते पापनाशार्थं यतिष्ये नृपसत्तम । भीम उवाच । विदर्भ विषये स्वामिन् कौडिन्यं नगरं मम ॥३०॥ भीम इत्येव नाम पत्नीयं चारुहासिनी . पुत्रार्थं च कृतो यत्न स्तपो दान व्रतादिभिः ॥३१॥ नागता करूणा देवे पूर्वजन्म कृतादघात । त्यक्त्वा राज्यं वने यातौ दृष्टवौ त्वच्चरणौ मुने ॥३२॥ भ्रमन् वनानि बहुशो दैवे नेहोपसादितः । साधूनां संगतिः सद्यो पदाति फलमुत्तमम् ॥३३॥ अतो मे भवदाशीर्भि जतिः पुत्रो न संशयः । विद्या व्रत तपोदान यज्ञ स्वाध्याय कारिणः ॥३४॥ दया दम वतस्तेऽद्य नाशी व्यर्था भवेन्मुने । परतु कलुषं मे किं पूर्वजन्म कृतं मुने ॥३५॥ वद तत्र प्रतिकारं सर्वज्ञोऽसि मतो मम । ब्रह्मोवाच ॥ इति तस्य वचः श्रुत्वा विश्वामित्रो महामुनिः । तमँ राज्ञे पूर्वकथां कथयामास सादरम् ॥३६॥ विश्यामित्र उवाच ॥ कुलधर्मा स्त्वया त्यक्ता: श्रीमदान्धेन दुर्मते । वेदे शास्त्रे पुराणे च लौकिके चप्रतिष्ठिताः ॥३७॥ ते सर्वे पूर्वजा नित्यं पुपूजू गणनायकम् । तस्य क्रोधवशान्नैव सन्तति स्तव जायते ॥३८॥ येन ते कुलदेवत्वं संप्राप्तोऽसौ गजाननः । भणे तत्ते महावीर शृणु सादर मादितः ॥३९॥ सप्तमः पुरूष स्वत्तः पूर्वं भीमो नृपोऽभमत् । रूपवान् धनसंपन्नो वल्लभो नाम सत्तमः । तस्यापि बहुकालेन शिशुरेकोऽभव न्नृप ॥४०॥ अथ तस्या भवद्देहौ मूको बधिर एव च । अति दुर्गंधवत् पूय स्र.ववान् कुब्ज एव च ॥४१॥

तं दृष्ट्वा जननी वस्य कमला दुःखिता भृशम् । अचिन्तयत् स्वांतमध्ये लोके सम्य गपुत्रता ॥४२॥ नैतादृशं पुत्रवत्वं
श्लाध्यं दुःखकरं भृशम् । मरणं मे विधात्रा किं नास्य वा क्रियतेऽधुना ॥४३॥ कथं वा मुखद्याहं दर्शयिष्ये सुन्हज्जनान् ।
एवं विलपती दुःखा द्रुरोह भृशदारूणम् ॥४४॥ श्रुत्वा तद्रुदितं भर्ता सूतिकागार मागमत् । दृष्ट्वा तथाविधं गालं भृश
पत्नीं च दुःखिताम् ॥४५॥ बभाण मृदुवाक्येन सांत्वयन् कर्म मार्गवित् । मा दुःखं कुरू कल्याणि कर्मणां गतिरीदृशी ॥४६॥
पूर्वजन्म कृतात् पापा ज्जायते दुःख भाङ्नरः । दुःखवान्सुख माप्नोति सुखवानपि तत्पुनः ॥४७॥ न हि शोच्यो हि बालोऽयं
समीचीनो भविष्यति । यथाऽस्य पूर्ववृत्तं स्यात्तथैवास्य भविष्यति ॥४८॥ वयं च प्रयतिष्यामो मणि मंत्र महौषधैः ।
तपोभिश्च जपै र्देवपूजा यात्रा विधानतः ॥४९॥ सम्यक् कर्तुं शिशुं सुभ्रु प्रस्तुतं यत्समाचर । एवं प्रबोधिता साध्वी त्यक्त्वा
शोकं शिशुंततः ॥५०॥ क्षालयित्वा जलैस्तं तु जहर्ष सखिभिः सह । सर्व माभ्युदय चक्रे पुत्रस्य जननोचितम् ॥५१॥
पूजयामास विप्रान् स सा तत् पत्नी रनेकशः ॥५२॥ (७३७) इति श्रीगणेशपुराणे उपासनाखंडे कमलापुत्र वर्णनं
नामैकोनविंशति तमोऽध्यायः ॥१९॥ अध्याय २० **प्रारंभः** – ब्रह्मोवाच ॥ ततःस ब्राम्हणान् साधून् दैवज्ञान् वेदनिष्ठि-
तान् आकार्य प्रतिपूज्यादौ रत्न वासोधनादिभिः ॥१॥ पृष्ट्वा तान्दक्ष इत्येव नाम चक्रे सुतस्य सः । जप मंत्र प्रयोगांश्च
चकारौषध संचयान् ॥२॥ स्वयं च द्वादशाब्दानि चकार परमं तपः । पुत्र रोग विमुक्त्यर्थं स्वसंतानस्य वृद्धये ॥३॥
नापश्यद्रोगनिर्मुक्तं पुत्रं तं स सदा नृपः । तदा निर्वेदमापन्नो जगाद क्रोधमूर्छितः ॥४॥ गच्छ मे भवनाद्राज्ञि कमले
पुत्रसंयुता । नेमं पुत्रं न च त्वाहं द्रष्टुं शक्त इतःपरम् ॥५॥ इति निर्भर्त्सिता तेन वल्लभेन तदा सुतम् । आदाय कमला

तस्मान्नगरात् प्रस्थिता वनम् ॥६॥ रुदती शोक संविग्ना दुःखिताऽश्रु प्रमार्जती । वहन्ती पृष्ठभागे तं क्षुत्तृट्श्रम विकर्शिता ॥७॥ ग्रामाद् ग्रामान्तरं याता भिक्षाचारा भृशातुरा । तस्करै र्लुंठितं तस्या वसनं भूषणादिकम् ॥८॥ ततो ग्रामान्तरं गत्वा न्यस्य पुत्रं शिवालये । भिक्षायै पुरमध्ये सा बभ्राम नृपवल्लभा ॥९॥ कदाचित् सह पुत्रेण भिक्षितुं सा पुरं ययौ । कस्यचिद् द्विजमुख्यस्य वायुस्पर्शेन सोऽर्भकः ॥१०॥ भक्तेरतिशयात् साक्षात्कृतो लंबोदरेण सः । चक्षुष्मान् श्रुतिसंपन्नो दिव्यदेहोऽभवत्तदा ॥११॥ जहर्ष कमला त्यक्त्वा सर्वं दुःखं निरीक्ष्य तम् । मंजुलां सुखदां वाच मुच्चरन्तं मुहुर्मुहुः ॥१२॥ तर्कयामास कमला मणिमंत्र महौषधैः । अनुष्ठानै र्महाहोमैर्न सम्यग्यो बभूव ह ॥१३॥ स कथं मारुत स्पर्शात् समीचीनोऽभवत्सुतः । अथ तं पुरुषं क्वाहं द्रक्ष्ये दुष्कर्म नाशनम् ॥१४॥ इत्युक्त्वा सुत मालिंग्य सा तस्थौ विगतज्वरा । तमादाय गता भिक्षां कर्तुं तन्नगरे पुनः ॥१५॥ नागरा भोजयामासुरूभावा मन्त्र्य सादरम् । नाना पक्वान्न शाकाद्यैः शर्करा घृत पायसैः ॥१६॥ एवं प्रतिदिनं तौ तु भुक्त्वाऽनु दिवसं मुदा । आपतु र्धन वस्त्राणि नूतनानि वराणि च ॥१७॥ तमपृच्छन्नागरिकः पितुस्ते नाम वे वद । को देशः किं पुरं ज्ञातिः का च ते वृत्तमेवच ॥१८॥ इति तग्दिर माकर्ण्य दक्षो नाम तमब्रवीत् । ततो मातर मागम्य पितरं नगरं कुलम् ॥१९॥ वृत्तं च परिपपृच्छ ततस्तं पुनरब्रवीत् । कर्नाटे भानु नगरे वल्लभो मे पिता महान् ॥२०॥ क्षत्रियो बलसंपन्नः ख्यातो रिपुबलार्दनः । तस्येयं कमला जाया सुतोऽहं दक्षसंज्ञकः ॥२१॥ उत्पन्नोऽहं यदा ब्रम्हन्नन्धो बधिर एव च । अनेक क्षतसंपन्नो माता त्यक्तुं तदोद्यता ॥२२॥ पित्रा निषिधिता सा च यत्नं बहु तथाऽकरोत् । द्वादशाब्दं तपस्तप्त्वा पिता पुण्यं न्यवेदयत ॥२३॥ न च मे पाटवं देहे पश्यतिस्म पिता यदा । तदा विसर्जयामास मातरं

मां च नागर ॥२४॥ इति सर्वं जगौ तस्मै दक्षो मातृमुखोद् गतम् । अत्राहं सुभगो जातो वायुस्पर्शेन कस्यचित् ॥२५॥
श्रुत्वैवं तु गते तस्मिन् पुरुषे पुरवासिनि । दक्षो जगाम त्वरितो मातरं प्रति नन्दयन् ॥२६॥ ततस्तन्नगरे तौ द्वावुपदिष्टौ
द्विजन्मना । गणेशाराधन विधौ करुणायुत चेतसा ॥२७॥ ततः सा कमला दक्षो निर्वाणं परमास्थितौ । एकांगुष्टेन तपसा
गणेशाराधने रतौ ॥२८॥ देवनाम चतुर्थ्यन्त मोंकार पल्लवान्वितम् । अष्टाक्षरं परं मंत्रं जपन्तौ भक्तितत्परौ ॥२९॥
वायुभक्षौ शुष्कतनू निरीक्ष्य भगवांस्तदा आविरासीत्तयोरग्रे करूणाब्धि विनायकः ॥३०॥ चतुर्भुजो महाकायो वारणास्योऽ
तिसुंदरः । अनेक सूर्य संकाशो निशि सूर्य इवोदित ॥३१॥ रत्नकांचन मुक्तावन् मुकुट भ्राजिमस्तकः । पीत कौशेयवसनो
हाटकांगद भूषणः ॥३२॥ एकजानु निपातेन संनिविष्टो महासने । कटिसूत्र कांचनीयं मुद्रिकां रत्नसंयुताम् ॥३३॥ महाहि
जठरे बिभ्र देकदंतं गजार्धकम् । एवं रूपं ददृशतुः पुनश्च द्विजरूपिणम् ॥३४॥ जगाद स द्विजस्तौ तु भवन्निर्वाण तोषितः ।
आगतोऽहं वरं दातुं वृणुतं मनसीप्सितम् ॥३५॥ विश्वामित्र उवाच ॥ एवं प्रसन्ने विघ्नेशे प्रत्यक्षे द्विज–रूपतः । ननाम
परया भक्त्याऽभणद् बद्धांजलिश्च तम् ॥३६॥ दक्ष उवाच ॥ पूर्वजन्म कृतं पुण्यं फलितं मे द्विजोत्तम । यन्मयाऽदर्शि रूपं
ते द्विविधं परमं महत ॥३७॥ वैनायकं च वैप्रं च जन्म मेऽजनि सार्थकम् । कारणानां परं त्वं च कारणं छन्दसामपि ॥३८॥
परं ज्ञेयं परं ब्रह्म श्रुति मृग्यं सनातनम् । त्वमेव साक्षी सर्वस्व सर्वस्यान्त र्बहिस्तथा ॥३९॥ त्वमेव कर्ता कार्याणां लघुस्थूल
शरीरिणाम् । नाना रूप्येकरूपी त्वं निरूपश्च निराकृतिः ॥४०॥ त्वमेव शंकरो विष्णु स्त्वमेवेन्द्रोऽ नलोऽर्यमा । भूवायु
खस्वरूपोऽपि जल सोमर्क्ष रूपवान् ॥४१॥ विश्वकर्ता विश्वपाता विश्वसंहार कारकः । चराचर गुरोर्गोप्ता ज्ञानविज्ञान
वानपि ॥४२॥ भूतं भावि भवच्चैव त्वमेवेन्द्रियदेवता । कला काष्टा मुहूर्ताश्च श्रीधृतिः कान्तिरेवच ॥४३॥ त्वमेव

सांख्य योगश्च शास्त्राणि श्रुतिरेव च । पुराणानि चतुःषष्टि कला उपनिषत्तथा ॥४४॥ त्वमेव ब्राह्मणो वैश्यः क्षत्रियः शूद्र एवच । देशो विदेशस्त्वं क्षेत्रं पुण्यक्षेत्राणि यान्युत ॥४५॥ त्वं प्रमेयोऽप्रमेयश्च योगिनां ज्ञानगोचरः । त्वमेव स्वर्गः पातालं वनान्युपवनानि च ॥४६॥ ओषध्योऽथ लतावृक्ष कन्दमूल फलानि च । अंडजा जारजा जीवाः स्वेदजा उद्भिजा अपि ॥४७॥ कामः क्रोधः क्षुधा लोभो दम्भो दर्पो दया क्षमा । निद्रा तन्द्री विलासश्च हर्षः शोक स्त्वमेव च ॥४८॥ विश्वामित्र उवाच ॥ इति दक्षवचः श्रुत्वा सुप्रसन्नो विनायकः । मेघगंभीरया वाचा स्मयन्निव जगाद तम् ॥४९॥ गजानन उवाच ॥ प्रीतोऽहं ते महाभाग स्तुत्या गंभीरयाऽनया । वरं दातुं समुत्कंठ स्तथापि न ददामि ते ॥५०॥ यद्यहं वरदः स्यां ते क्रुध्येद् भक्तो ममोपरि । स एव दास्यति वरं यदंकस्य प्रभंजनात् ॥५१॥ दिव्य देह मनुप्राप्त श्चक्षु श्रोत्र समन्वितः । जातस्त्वं तस्य नामापि वदामि मुद्गलेति च ॥५२॥ स ध्यात मात्रो विप्रेशः स्वरूपं दर्शयिष्यति । यान्यान् कामयसे कामान् स ते सर्वान् प्रदास्यति ॥५३॥ इत्युक्त्वा परमात्माऽसौ तत्रै वान्तरधीयत । तस्मिन्नन्तर्हिते दक्षो रुरोद भृशदुःखितः ॥५४॥ दरिद्रेण निधौ लब्धे गते तस्मिन्यथैव सः । गतायां गवि वत्सो वा रोरवीति यथा भृशम् ॥५५॥ मुंचन्नश्रूणि नेत्राभ्यां पपात धरणीतले । क्व गतः क्व गत इति मुहुर्जल्पन्निरर्गलकः ॥५६॥ (७९३) इति श्रीगणेशपुराणे उपासनाखंडे दक्षस्तुतिर्नाम विंशति तमोऽध्यायः ॥२०॥ अध्याय २१ प्रारंभः विश्वामित्र उवाच ॥ इतस्ततो भ्रमन् धावन् वल्लभस्यात्मजस्तदा । न विदेह गतं वस्त्रं भूषणं चातिविह्वलः ॥१॥ पप्रच्छ ब्राह्मणान्मार्गे वृक्षांश्चैव विनायकम् । विनायको गतः कुत्र क्वचिद् दृष्टो गदंतु मे ॥२॥ स एवं भ्रान्तहृदयो भ्रमचक्षु नृपोत्तम । निपपात धरापृष्टे क्षणं विगत चेतनः ॥३॥ एतस्मिन्नंतरे स्वप्नेऽपश्यद् ब्राह्मणमग्रतः । दत्तं तवेप्सितं बाल मुद्गलेन मया हि तत् ॥४॥ यत्वया याचितं पूर्वं विघ्नेशाद् दृष्टिगोचरात् ।

इत्युक्त्वा प्रस्थिते तस्मिन् ब्राह्मणे नृपसत्तम ॥५॥ सुप्तोत्थित इव प्रायो दक्षो हृष्टमनाऽभवत् । कस्मैचित् परिपप्रच्छ त्वरिताय द्विजातये ॥६॥ अन्तिकं दर्शितं तेन बहुशिष्योपशोभितम् । मुद्‌गलस्याति भक्तस्य गजानन रतस्य च । आश्रमं परमं दिव्यं सर्व सत्वाभयप्रदम् ॥७॥ मुद्‌गलं मनसा ध्यायन् भ्रमन्यातस्तदाश्रमम् । नानाऽऽश्चर्य युतं रम्य सत्कानन्दनातिगम् ॥८॥ ददर्श मुद्‌गलं तत्र पराध्र्यासनगं द्विजं । वेदवेदांग तत्वज्ञं सर्वशास्त्र विशारदम् ॥९॥ योगाभ्यास बलैर्नाना रूपिणं सूर्यतेजसम् । वैनायकीं महामूर्ति रत्नकांचन निर्मिताम् ॥१०॥ चतुर्भुजां त्रिनयनां नानालंकार शोभिनीम् । उपचारैः षोडशभिः पूजयंतं विधानतः ॥११॥ ननाम दक्षस्तं दृष्ट्वा दंडवत् पृथिवीतले । मुंचन्नश्रूणि नेत्राभ्यां निश्वसंश्च मुहुर्मुहुः ॥१२॥ विश्वामित्र उवाच ॥ पप्रच्छ मुद्‌गलस्तं तु कस्त्वं कस्मादिहागतः । नुदामि दुःखं किं तेऽस्ति वद सर्वमशेषतः ॥१३॥ एवं विप्रवचः श्रुत्वा कमलानन्दन स्तदा । सावधानमना भूत्वा जगाद द्विजपुंगवम् ॥१४॥ दक्ष उवाच ॥ सत्यमेव वदे ब्रह्मन्नभिप्रायं तवान्तिके । कर्णाटदेशे राजाऽभून्नगरे भानुसंज्ञिके ॥१५॥ वल्लभो नाम नीतिज्ञो ज्ञानी दाता दयान्वितः । तस्य पत्नी तु कमला जनयामास मां यदा ॥१६॥ तदा दुर्गन्धिक्षतयुक् शोणित स्राविनासिकः । अंधः कुब्जः कर्णहीनः शब्दहीनः श्वसन्बहु ॥१७॥ अभवन्नागरा दृष्ट्वा त्यजैनमिति चाब्रुवन् । पिता मे द्वादशाब्दानि नानायत्न मथाकरोत् ॥१८॥ शरीरपाटवार्थं मे नालभत्तन्महेश्वरात् । उपायं स ततो मां च मातरं कमलां च मे ॥१९॥ बहिर्निष्कासयामास निर्दयं नान्तरात्मना । ततो मे जननी खेदादटमाना पुरं पुरम् ॥२०॥ आगत्य कौंडिन्यपुरं मया सह क्षुधार्दिता । भिक्षाटनं क्रियमाण

पूर्वपुण्य प्रभावतः ॥२१॥ अभवद्दर्शनं तेवामन्धस्येव यथा दृशिः । तव गात्र भवाद्वायोः स्पर्शाद्दो बा गता मम ॥२२॥
रघुनाथांघ्रि संस्पर्शादहल्याया यथा पुरा । दिव्यदेहं समापन्नः प्रसादात्तव सुव्रत ॥२३॥ न मया विदितं किंचिज्जनन्या मे
निवेदितम् । अहं च विस्मितो भूत्वा निश्चयं कृतवान् ऱ्हदि ॥२४॥ यदंग वायुस्पर्शेन दिव्यदेह महं गतः । त्वद्दर्शनं यदास्यान्मे
तदा देहं धराम्यहम् ॥२५॥ एवं भ्रमन्बहुदिनं ततोऽसौ करुणानिधिः । आविरासीन् मत्पुरतः कोटिसूर्य समप्रभः ॥२६॥
उभयोस्तपसा तुष्टो देवदेवो गजाननः । तं दृष्ट्वा कमला कामान् संप्राप्ता—मनसीप्सितान् ॥२७॥ ततो मामब्रवी द्द्य प्रसन्नो
मंजुलां गिरम् । यदर्थं नियमं कृत्वा भ्रमन्खेद मुपागतः ॥२८॥ सोऽहं ते दर्शनं यातो मुद्गलो ब्राम्हणोत्तम । श्रुत्वा तद्वचनं
ऱ्हष्ट मभवन्मानसं मम ॥२९॥ ततो गजानन महं स्तुतवान् विविधैः स्तवैः । उवाच सुप्रसन्नात्मा वरं वृणु महामते ॥३०॥
अहं चाकथयं तस्मै यद्यन्मे मनसीप्सितम् । ततो ब्राम्हणरूपं तत् त्यक्त्वाऽन्यद्रूप मादधे ॥३१॥ चतुर्भुजं महाकायं मुकुटा
टोप मस्तकम् । परशुं कमलं मालां मोदकाना वहत्करैः ॥३२॥ दिव्याम्बरधरं भ्राज द्विषाण करपुष्करम् । कुंडले प्रावहच्छ्रुत्योः सूर्यबिम्बे इवा परे ॥३३॥ दिव्दालंकार संयुक्तं भुजंग वलयोदरम् ; देवर्षि गंधर्व गणैः किन्नरै रूपशोभितम्
॥३४॥ तत आनन्दपूर्णोऽहं दृष्ट्वा रूपं तथाऽभवम् । पूर्ण चंद्रं यथा दृष्ट्वा पूर्णो भवति वारिधिः । तनोक्तं मुद्गलः सर्वान्
कामांस्ते परिपूर्यति ॥३५॥ तदेवांर्तार्हितं रूपं दृष्टं यावन्न सादरम् । यथा स्वप्नगतं सर्वं जागरे नैव दृश्यते ॥३६॥ ततोऽहं नितरां
खिन्नो न्यपतं भुवि मूर्च्छितः । प्रतिलभ्य ततः संज्ञां वरं वृण्विति संस्मरन् ॥३७॥ ययाचे देवदेवेशं सर्व व्यापिन मीश्वरम् । गृहे मे
सुस्थिरा लक्ष्मीर्भक्तिर्मे तादृशी तव ॥३८॥ दृष्टश्चेत् पूर्वपुण्येन द्वयमेतत् प्रदीयताम् । ततोऽहं श्रुतवान्दत्त मिति वाचं नभोगताम्

॥३९॥ ततो ह्रष्टमना विप्र तव सान्निध्य मागतः । मुद्गलस्त्वं द्विपास्योऽसौ द्विपास्यस्त्वं स मुद्गलः ॥४०॥ इति मे मनसि स्पष्टं भाति सर्वं गजाननः । भृगुरूवाच ॥ इति तद्वचनं श्रुत्वा मुद्गलो वाक्यमब्रवीत् ॥४१॥ सभाग्यः कृतकृत्योऽसि भक्तिमान् कमलासुत । महिमा तव भक्तेर्हि वक्तुं शक्यो न केनचित् ॥४२॥ तपामि सुदृढं चाहं दशवर्षशतं तपः । न म एतादृशो देवो दृष्ट आसीत् कदाचन ॥४३॥ यः सर्व जगतां नाथ श्चराचर गुरोर्गुरूः । यो रजः सत्व तमसां नेना नित्यं गुणाश्रयः ॥४४॥ यो ब्रह्मशिवविष्णूनां शरीराणि करोति हि । भूतानां च विभूतीनां मात्रेन्द्रिय धियामपि ॥४५॥ यं न देवा विदुः सम्यक् न वेदा नर्षयोऽपि च । एवं गजाननं त्वं हि प्रत्यक्षं दृष्टवान् स्फुटम् ॥४६॥ अहं त्वच्चरणौ वन्दे यतस्त्वं भक्तिमान्परः । ततः परस्परं तौ तु नेमतु श्चार्लिलिगतुः ॥४७॥ गुरुबंधू चिरंकाल मेकचित्तौ समागतौ । तत एकाक्षरं मंत्रं सजप ध्यानपूर्वकम् ॥४८॥ मुद्गलो राजपुत्राय नम्रायोपदिदेश ह । उवाच चैनं भूयोऽपि मंत्रस्यास्य दिनेदिने ॥४९॥ अनुष्ठानं कुरूष्व त्वं प्रसन्नस्ते भविष्यति । गजाननो ददेत् कामान् मनसा वांछितांस्त्वया ॥५०॥ एनं चेत्यजसे मन्त्रं सर्वशो नाशमेष्यसि । यद्यस्य भक्ति सुचिरं लोकेऽस्मिन् विचरिष्यसि ॥५१॥ इन्द्रादि लोकपालानां गणो वश्यत्व मेष्यति । इह भुक्त्वाऽखिलान् भोगानन्ते मोक्ष मवाप्स्यसि ॥५२॥ (८४५) इति श्रीगणेशपुराणे उपासनाखंडे मन्त्रोपदेश वर्णनं नामैक विंशतितमोऽध्यायः ॥२१॥

अध्याय २२ प्रारंभः – राजोवाच ॥ आश्चर्यभूतं कथितं दक्षपुत्रस्य चेष्टितम् । विस्मयो मे महां स्तत्र संजातो मुनिसत्तम ॥१॥ अंधः कुब्जः स्त्रवद्रक्तः पूतिगन्धा समन्वितः । वाचा विहीनोऽमेध्यश्च श्वासमात्रा वशेषितः ॥२॥ कथं मुद्गल देहोत्थ वायुना दिव्यदेह भाक् । संजातः केन पुण्येन मुक्तो वा पातकात् कुतः ॥३॥ दिव्य वर्ष गहस्त्रं यस्तताप परमं तपः । कथं

तस्या भवन्नैव दर्शनं देवकांक्षितम् ॥४॥ कथं वल्लभपुत्राय देवदेव इभाननः । प्रत्यक्षोऽभूद्विना क्लेशैः स च कः पूर्वजन्मनि ॥५॥ एतत्संशय जातं मे नुद सर्वज्ञ ते नमः । न तृप्यामि पिबन्नित्यं गजानन कथामृतम् ॥६॥ विश्वामित्र उवाच ॥ सम्यक् पृष्टं त्वया राजन् संशयच्छेदनाय ते । वदामि निखिल सम्यक् शृणु च्वैकमना नृप ॥७॥ सिंधु देशेऽस्ति विख्याता पल्लीं नाम्नाऽभवत्पुरी । तस्या मासीद्धनी वैश्यः श्रेष्ठः कल्याण संज्ञकः ॥८॥ वदान्यः कुशलो धीमान् द्विजदेव परायणः । इन्दुमतीति विख्याता पत्नी तस्य शुभानना ॥९॥ पतिव्रता पतिप्राणा पतिवाक्य परायणा । तयोः कालेन संजातो गुणवान् पुत्र उत्तमः ॥१०॥ कल्याणः प्रददौ धेनू वस्त्रालंकरणानि च । ब्राह्मणेभ्योऽथ रत्नानि कांचनं भूरि दक्षिणाम् ॥११॥ ज्योति विद्धि निगदितं नाम चक्रे सुतस्य सः । बल्लाल इति विख्यातं बलदय्वा च्छुभं तदा ॥१२॥ स च कालेन महता वयस्यैश्च समन्वितः । देवपूजा रतो नित्यं ग्रामाद् बहिरयान्मदा ॥१३॥ एकदा ते वनं याता बल्लाल प्रमुखाः सुता । नाना क्रीडारताः स्नाता उपले स्थाप्य सुन्दरम् ॥१४॥ गणेश बुध्द्या संपूज्य दुर्वाकुर सुपल्लवैः । केचिध्यानरता स्तस्य नाम जाप्यं प्रचक्रिरे ॥१५॥ केचिच्च ननृतु स्तत्र यथेष्टं देवभक्तितः । केचिच्च गानकुशला जगुर्देवस्य तुष्टये ॥१६॥ केचित्काष्टैः पल्लवैश्च मंडपं चक्रु रोजसा । केचिद्भित्ति परीवेषं केचित्प्रासाद मुत्तमम् ॥१७॥ केचिन्मानसपूजाभिः केचित्पुष्पलतादिभिः । धूपं दीपं च नैवेद्यं फलतांबूल दक्षिणाः ॥१८॥ निवेद्य पुपुजुस्तस्मै मुदा परमया युताः । केचिच्च पंडिता भूत्वा पुराणान्य ब्रुवंस्तथा ॥१९॥ व्याचक्रु धर्मं शास्त्राणि ग्रंथा नन्यांश्च केचन । एवं देवरताः सर्वे निन्युर्वै दिवसान्बहून् ॥२०॥ न क्षुधा न तृषां कोऽपि जानन्देवस्य भक्तितः । एकदा जनकास्तेषां कल्याण वैश्यमन्वयुः ॥२१॥ अब्रुवन् रोषिता। सर्वे स्वबल्लालं निवारय । शिशून् सर्वान् समाहूय वनं याति दिने दिने ॥२२॥ नायान्ति प्रातराशाय मध्यान्हे निशामुखे । कृशा नो बालका

जाताः स्वसुतं शिक्षयाधुना ॥२३॥ नो चेद्वयं निबद्ध्वैनं ताडयाम इतः परम् । पुराधिप मथाभ्येत्यं त्वां बहिः करवामहि ॥२४॥ इति तेषां वचः श्रुत्वाऽश्रुत पूर्वं कदाचन । रोषावेशात्स कल्याणो जपाकुसुम लोचनः ॥२५॥ महान्तं दंडमादाय ताडनार्थं सुतं ययौ । दण्डाघातेन गत्वैव मंडपं प्रबभंज ह ॥२६॥ बालकाश्च ततः सर्वे जग्मुर्दश दिशो नृप । एक एव स बल्लालो दृढभक्त्या स्थिरोऽभवत् ॥२७॥ दृढमुष्ट्या स तं धृत्वा दंडेना ताडयद् भृशम् । यथा सर्व शरीरात्तु धाराः शोणित संभवाः ॥२८॥ प्रादुरासन् वारिधारा वर्षाकाले यथा गिरे । चिक्षेप दूरतः पश्चाद्देवं सिंदूर सुंदरम् ॥२९॥ बबंध तं सुतं वृक्षे वल्लीपाश शतैर्दृढम् । पुत्रस्नेहं परित्यज्य यमदूत इवापरः ॥३०॥ मुक्तो दन्तैर्न हस्ताभ्यां पादाभ्यां म यथा भवेत् । उवाच पश्चात्तं पुत्रं देवस्त्वां मोचयिष्यति ॥३१॥ स दाता भोजनं पानं गोपनं च करिष्यति । यदि चेद् गृहमायासि तदा सत्यं मरिष्यसि ॥३२॥ मुनिरूवाच ॥ विभज्य देवालयमाशु यातः कल्याणवैश्योऽतिरूषानिविष्टः । स्वमन्दिरं बध्य वने स्वपुत्रं दैवस्य योगादभवत् सुदुष्टः ॥३३॥ तस्मिन्प्रयाते स च वैश्यपुत्रः शुशोच देवं मनसा विचिन्त्य । विघ्नारि रित्येव कथं नु देव नामाभवत् सर्वजनेषु गीतम् ॥३४॥ दुष्टांश्च विघ्नानि न नाशयेस्त्वं दुष्टान्तकत्वेन कथं प्रसिद्धः । शेषोऽर्वानं वा सविताऽथ दीप्ति चन्द्रोऽमृतं वन्हिरथोष्णतां च ॥३५॥ त्यजेत्स्वभक्तान्न च संत्यजेथा वेदेषु शास्त्रेषु कथं प्रसिद्धिः । एवं विलप्याथ निजं शशाप कल्याण संज्ञं पितरं सुदुष्टं ॥३६॥ येनेदं मम विध्वस्तं देवालय मनुत्तमम् । गणेशमूर्ति विक्षेपं ताडनं च ममाकरोत् ॥३७॥ स चान्धो बधिरः कुब्जो मूको भवति निश्चितम् । यदि मे सुदृढा भक्ति द्विरदानन उत्तमा ॥३८॥ तदोक्तं मम सत्यं स्यात्तस्य सर्वं मयोदितम् । न बद्धे भक्तिमनसो शक्तोऽसौ देहबन्धने ॥३९॥ अनन्य बुध्द्या

परिचिन्त्य देवं, त्यजामि देहं विजने वनेऽस्मिन् । पलायनं नैव कृतं यदैव, तदैव देहोऽर्पित एष देवे ॥४०॥ तस्यैवं निश्चयं बुध्द्वा प्रादुरासीद्गजाननः । ब्राह्मणस्य स्वरूपेण बल्लालस्य प्रभावतः ॥४१॥ यथा निशातमोपाये च्छोमूर्य उदयाचले । तथैव बन्धनान्यस्य तेजसा शिथिलानि च ॥४२॥ जातानि तत एनं स नमश्चक्रेऽथ दंडवत् । देहस्य चारुता जाता न क्षतं न च शोणितम् ॥४३॥ ज्ञानं च निर्मलं जातं देवदेवस्य दर्शनात् । तुष्टाव विविधै र्वाक्यै र्यथामति गजाननम् ॥४४॥ बल्लाल उवाच ॥ त्वमेव माताऽसि पिताऽसि बन्धुस्त्वमेव कर्ताऽसि चराचरस्य । निर्मासि दुष्टांश्च खलांश्च साधू न्योनौ वियोनौ विनियुंक्ष्यथापि ॥४५॥ त्वमेव दिक् चक्र नभोधराब्धि, गिरीन्द्र कालानल वायुरूपः । रवीन्दु ताराग्रह लोकपाल वर्णेन्द्रि-यार्थौषधि धातुरूपः ॥४६॥ मुनिरुवाच ॥ इति स्तुतिं समाकर्ण्य सुप्रसन्नो गजाननः । आलिंग्य निजभक्तं त मुवाच घननिस्वनः ॥४७॥ गजानन उवाच ॥ प्रासादो येन भग्नो मे नरके स पतिष्यति । तव शापोऽपि तस्यैवं भविष्यति ममाज्ञया ॥४८॥ अन्धोऽथ बधिरः कुब्जो मूकोऽसृक् स्रावसंयुतः । मम शापं समासाद्य भविष्यति न संशयः ॥४९॥ पिता समातृकं चैनं करिष्यति गृहाद् बहिः । अन्यत्ते वांछितं ब्रूहि दुष्प्राप मपि ते ददे ॥५०॥ मुनिरुवाच ॥ बल्लालोऽथा ब्रवीद्देवं त्वयि भक्तिर्दृढाऽस्तु मे । अस्मिन्क्षेत्रे स्थिरो भूत्वा लोकान् रक्षस्व विघ्नतः ॥५१॥ गणेश उवाच ॥ त्वन्नामपूर्वं मन्नाम भविष्यति जने शुभम् । बल्लाल विनायकेति नगरे सुप्रतिष्ठितम् ॥५२॥ मयि चित्तं स्थिरं ते स्याद् भक्तिरव्यभिचारिणी । यात्रा मम करिष्यन्ति नगरे पल्लिसंज्ञिके ॥५३॥ भाद्रपदशुल्कचतुर्थ्यां ये तेषां कामान्ददाम्यहम् ॥५४॥ भृगुरुवाच ॥ इति दत्वा वरं देव स्तत्रैवान्तरधीयत । ततो पिनायकं स्थाप्य बल्लालो ब्राह्मणैः सह ॥५५॥ प्रासादं कारयामास नाना शोभा समन्वितम्

विश्वामित्र उवाच ॥ बल्लालवैनायकेति कथितं ते कथानकम् ॥५६॥ यच्छ्रुत्वा सर्वपापेभ्यो मुक्तः कामानवाप्नुयात
॥५७॥ (९०२) इति श्रीगणेशपुराणे उपासनाखंडे बल्लालविनायक कथनं नाम द्वाविंशोऽध्यायः ॥२२॥
अध्याय २३ प्रारंभः – भृगुरूवाच ॥ विश्वामित्र वचः श्रुत्वा भीमः पप्रच्छ तं पुनः । वैश्याचरित वार्तायाः श्रवणे
परमोत्सुकः ॥१॥ सोमकान्त नृपश्रेष्ठ कथयामि शृणुष्व तत् । भीम उवाच ॥ श्रुतं दक्षस्य चरितं विश्रान्तं मम मानसम्
॥२॥ कथं कल्याण वैश्यस्य गतिरासी द्वदस्व ताम् । विश्वामित्र उवाच ॥ शृणुष्वैकमना भीम कथामेतां वदामिते ॥३॥
बल्लालशापात् कल्याण देहात् सुस्राव शोणितम् । असंख्य क्षत संयुक्तः स्रावो वाधिर्य मंधता ॥४॥ मूकता पूति गन्धित्वं जातं
तस्य दुरात्मनः । ददर्शेन्दुमती तस्य दशामाकस्मिकीं ततः ॥५॥ किमिदं किमिदं कस्माज्जातमेवं शुशोच तम् । ज्ञानिनोऽस्य
वदान्यस्य देवद्विच रतस्य च ॥६॥ धर्मशास्त्रार्थ निष्ठस्य स्वदार परितोषिणः । अवस्थेयं कथं जाता मम भर्तुर्निरेनसः ॥७॥
मुनिरूवाच ॥ एवं विलप्य बहुधा निश्वसन्ती पुनः पुनः ॥८॥ तेन बद्धं वने पुत्रं निशम्य रुदती मुहुः । पौरैः सह ययौ तत्र
यत्र बद्धो वने सुतः ॥९॥ तत्र देवालयं देवं ददर्श गणनायकम् ॥१०॥ चतुर्भुजं त्रिनयनं सिन्दूरारुण विग्रहम् । बल्लालं
च सुतं तत्र पूजयन्तं गजाननम् ॥११॥ मुक्तं निर्व्रण मव्यंगं निरीक्ष्य पुरवासिनः । उवाचेन्दुमती क्रुद्धा भर्त्सयन्ती पुनःपुनः
॥१२॥ कथं प्रतारिता तथ्य वादिभि र्भर्तृसन्निधौ । तादृशं तं परित्यज्य पुत्रस्नेहा दिहागता ॥१३॥ पश्यंतु देवर्भावित मे
पुत्रं कुर्वन्त मीदृशीम् । मुनिरूवाच ॥ विस्मिताः सर्व एवैते न किंचित् प्रोचुरण्वपि ॥१४॥ केचिदूचु र्महाभक्ते र्महिमा केन
गम्यते । वीक्ष्य सिंदूर रक्तांगं रक्तचन्दन चर्चितम् ॥१५॥ रक्ताम्बरं रक्तपुष्प मालाभि रूपशोभितम् । निर्ममं निरहंकार

मशुंडमिव विघ्नपम् ॥१६॥ निरीक्ष्य तादृशं पुत्र त्यक्त्वा शोकं ननन्द सा । आलिलिंग तदा तं तु स्नेहस्नुतपयोधरा ॥१७॥ आहतं स्वगृहं याव। पितुस्ते व्यसनं महत् । उत्थितं तत्र किंचित्त्वं कुरूपायं महामते ॥१८॥ आवां धन्य तमौ लोके ययोः पुत्रस्त्वमीदृशः । सर्वांग क्षतवान् रक्त स्राववान् पूतिगंधवान् ॥१९॥ श्यामास्यः कृशतायुक्तो बधिरोऽथान्ध एव च । एवं विधः पिता तेऽस्ति तं निर्वेदतु मागता ॥२०॥ पितृधर्मेण तेन त्वं ताबितोऽनर्थ कृद्यपि । तत्रापराधो नैवास्ति श्रुतिस्मृति पुराणतः ॥२१॥ पुत्रधर्मान्निरीक्षस्व कुर्वारोग्य विचारणम् । त्वया श्लाध्यतमो लोके पिता ते पितृवत्सल ॥२२॥ माता पितृवचः कार्यं सत्पुत्रेण यशस्विना । पूजनं च तयोः कार्यं पोषणं पालनं तथा ॥२३॥ औषधान्मंत्रतश्चापि देवताप्रार्थनादपि । उपायं कुरू पुत्र त्वं मयि दृष्टि निवेशय ॥२४॥ यशस्ते भविता लोके सौभाग्यं मम बालक । इति तस्या वचः श्रुत्वा बल्लालो वाक्यमब्रवीत् ॥२५॥ बल्लाल उवाच ॥ कस्य माता पिता कस्य कस्य पुत्रोऽथवा सुन्हृत् । विघ्नराज कृतं सर्वं मानुषंग्यखिलं स्मृतम् ॥२६॥ तस्मान्मम पिता भद्रे माता देवो विनायकः । यो यथा कुरुते कर्म स तथा फलमश्नुते । मया समर्पितो जीवो देवदेवे गजानने ॥२७॥ तेन जीवस्तथा ज्ञानं मम दत्तं सुभक्तितः । प्रासादभंजनाद्देव क्षेपणात्ताडनान्मम । विनायकाति भक्तस्य तथा प्राप्तं फलं शुभे ॥२८॥ पिचार्यमाणे न त्वं मे माता वा स पिताऽपि च । सर्वस्य हि पिता देवो माता देवो गजाननः ॥२९॥ स एव ज्ञानस्त्राता संहर्ता कालरूपवान् । सर्वस्वरूपो देवेन्द्रो ब्रह्मविष्णु शिवात्मकः ॥३०॥ वृथा मयेन दुष्टेन ताडनं निर्घृणेन च । कृतं देवस्य विक्षेपः प्रासादस्यापि भंजनम् ॥३१॥ तस्यास्य दर्शने दोषः पतितस्य महान्भवेत् । स्नेहं त्यक्त्वा मदीयं त्वं पतिं स्वं परिषेवय ॥३२॥ दिश्वामित्र उवाच ॥ इति पुत्रवचः श्रुत्वा सा तं पुनरथाब्रवीत् ।

मातोवाच ॥ कृपयाऽनुग्रहात् स्नेहादुच्छापं वक्तुमर्हसि ॥३३॥ पुत्र उवाच ॥ भवान्तरेऽस्य जननी भवितासि वरार्थिनी । अयमेता दृशः पुत्रो भविता तव सुव्रते ॥३४॥ कल्याण नामा भविता वल्लभः क्षत्रियर्षभः । कमलेति च विख्याता नाम्ना त्वं च भविष्यसि ॥३५॥ दक्ष इत्येव पुत्रस्य नाम ख्यातं भविष्यति । ततो द्वादश वर्षाणि वल्लभ स्तप्स्यते तपः ॥३६॥ अन्धतां बधिरत्वं च क्षतानि मूकतां तथा । व्यपनेतुं तु दक्षस्य परं नियममास्थितः ॥३७॥ अलब्ध्वा स फलं तस्मात्सुपुत्रां त्वां शुभाननें । निराकरिष्यते गेहाद्विदेशस्था भविष्यसि ॥३८॥ कस्यचिद् द्विजवर्यस्य द्विरदानन चेतसः । दैवात् स्पर्शेन भद्रे ते सम्यक्पुत्रो भविष्यति ॥३९॥ तत्रैव गणनाथस्य दर्शनं च भविष्यति । तदा स दिव्यदेहत्वं प्राप्स्यते द्विरदाननात् ॥४०॥ इति सर्वं समाख्यात मुच्छापकारणं शुभे । भविश्यं कथितं तेऽद्य यथेष्टं गम्यता त्वया ॥४१॥ विश्वामित्र उवाच ॥ एवं निराकृता तेन जननी निरगात्तदः । दुःखशोक समायुक्ता किंचिद्धर्ष युताऽपि च ॥४२॥ स चारुरोह तद्दिव्यं विमानं भवित-भावितम् । गजाननेन विहितम् बल्लालोऽथागमद्दिवम् ॥४३॥ इति ते सर्वमाख्यातं यत् पृष्टोऽहमिव त्वया । या गतिस्तेन वैश्येन संप्राप्ता जन्मनोर्द्वयोः ॥४४॥ यथा जगाद बल्लालः सर्वं तदभवत्तदा । सा जज्ञे कमला भूत्वा सोऽभवत् क्षत्रियर्षभः ॥४५॥ (९४७) इति श्रीगणेशपुराणे उपासनाखंडे भविष्यकथनं नाम त्रयोविंशोऽध्यायः ॥२३॥

अध्याय २४ प्रारंभः – भीम उवाच ॥ दक्षेण मुनिशार्दूल राजपुत्रेण धीमता । अनुष्ठान कृतं कुत्र कथं वा कस्य वा मुने ॥१॥ एतद्विस्तार्य ब्रूहि त्वं शृण्वंस्तृप्याम्यहं न च । विश्वामित्र उवाच ॥ अविदूरे पुरस्तस्याः कौंडिन्यस्य महावनम् ॥२॥ रम्य नानावृक्षयुतं नाना श्वापदसंकुलम् । नानापक्षिगणैर्युक्तं लताजाल विराजितम् ॥३॥ सन्मनो निर्मलपयः सरोवापी विराजितम् । जीर्ण प्रासादमध्यस्थ गजानन विराजितम् ॥४॥ तत्र स्थित्वा तपश्चक्रे गजानन सुतोषकम् । मुद्गलेनोपदिष्टेन

मन्त्रेणैकाक्षरेण सः ॥५॥ तोषयामास तं देवं वर्षैर्द्वादशसंमितैः । स्नानैर्वस्त्रैः सुगंधैश्च माल्यैर्धूपैश्च दीपकैः ॥६॥ नैवेद्यं कन्दमूलैश्च भक्षणीयैरकल्पयत् । मनसा कल्पयामास दक्षिणां क्षत्रियर्षभः ॥७॥ एवं तस्यागमन्भूप दिनानि त्वेकविंशतिः । ततः प्रभातसमये स्वयमेवं ददर्श सः ॥८॥ एकं महामतंगंच सिंदूरारक्तं सुशोभितम् । मदस्राविसुगंडाभ्यां सुंदरं गिरिसन्निभम् ॥९॥ चारूप्रसन्नवदनं दन्तशोभिमहत्करम । भ्रमरालिसमाकीर्णं गजानन मिवापरम् । तेन तत्कंठदेशे तु रत्नमाला समर्पिता ॥१०॥ तत उत्थाप्य तं स्कन्धे स्थापयामास दन्तिराट् । स दन्ती नगरं यातः पताका ध्वजशोभितम् ॥११॥ ततः स प्रतिबुद्धः सन्पपृच्छ जननीं निजाभ् । कमले वद मातस्त्व मस्याभि प्रायमद्य मे ॥१२॥ आरोहणं गजस्कन्धे शुभं वा यदि वाऽशुभम् । कमलोवाच ॥ धन्यस्त्वमसि दृष्टोऽयं गजरूपी विनायकः ॥१३॥ आरोहण फलं राज्यप्राप्तिरेव न संशयः । दक्ष उवाच ॥ यदि राज्यस्य प्राप्तिः स्यात्तदा तुभ्यं ददाम्यहम् ॥१४॥ नरयानं तथा ग्रामान् दीर्दिकां मौक्तिक स्रजम् । धर्मं च कारयिष्यामि गवाष्टा पददानतः ॥१५॥ व्रतानि नियमांश्चैव दाना न्यन्यान्यनेकशः । मुनिरूवाच ॥ श्रुत्वेत्थं कमला न्हृष्टा जगाद तनयं प्रति ॥१६॥ त्वयि राज्यस्थिते पुत्र परमानन्दता मम । सद्धर्मे रमतां चेतः सतः सार भृतस्तव । आयुष्य विपुलं तेऽस्तु द्विजदेवार्चने रतिः ॥१७॥(९६४) इति श्रीगणेशपुराण उपासनाखंडे स्वप्नकथनं नाम चतुर्विशोऽध्यायः ॥२४॥

अध्याय २५ प्रारंभः— विश्वामित्र उवाच ॥ शृणु राजन् महाश्चर्यं दैवकालकृतं शुभम् । कौंडिन्ये नगरे राजा चन्द्रसेनो महामतिः ॥१॥ स्वकर्मपरिपाकेन निधनं कालयोगतः । अगमद्दिव्ययानेन धर्म बाहुल्यतो दिवम् ॥२॥ तच्च नागरिकाः श्रुत्वा हाहाकारं प्रचक्रिरे । धावमाना ययुस्तत्र त्यक्त्वा कार्याण्यनेकशः ॥३॥ शिरांसि च विनिघ्नंतः पाणिभिः शोककर्शिताः ।

चस्खलुश्च पतन्तश्च ददृशुः प्रेतभूपतिम् ॥४॥ नेमुः पादौ प्रगृह्यैव दुःखमोहवशं गताः । केचिद्धस्तं गृहीत्वैव स्वस्वमूर्ध्नि-
न्यवेशयन् ॥५॥ रूरुदुः सुस्वरं केचित्पाणिपृष्टमुखस्वनाः । मृता इव निपेतुश्च स्नेहातिशयतोऽपरे ॥६॥ तस्य पत्नी तु
सुलभा रुरोद करुणस्वरा । पाणिभ्यां निघ्नती स्वीयं ह्रदयं भृशदुःखिता ॥७॥ विकीर्ण भूषणा मूर्च्छामागता पतितः भुवि ।
समानव्यसनाभिः सा पुरस्त्रीभिर्धृता तदा ॥८॥ विललाप तदा कान्ता चन्द्रसेनस्य सुंदरी । निर्लज्जा निरनुक्रोशा नाथ
नार्थेति जल्पती ॥९॥ रे धातर्न दया तेऽस्ति बालवच्चरितं तव । युनक्षि स्नेहभावेन विनियुंक्ष्य कृतार्थकम् ॥१०॥ राजन्न
पृष्ट्वा क्व गतो वद मां करूणानिधे । दिने दिने वदस्येव यामि भद्रासनं प्रिये ॥११॥ अद्य निष्ठुरतां केन गमितोऽस्यागसा
मम । तत्क्षमस्व नमाम्येषा जनमध्ये गतत्रपा ॥१२॥ नय मां यत्र यातोऽसि प्रियां ते प्रियकारिणीम् । त्रिलोकीं पश्यतीं
शून्यामपुत्रां पतिता विना ॥१३॥ मुनिरूवाच ॥ सुमन्तुः प्रकृतिस्तस्य मनोरंजन एवच । द्वावप्यवोदितां तत्र किं राजस्य
भविष्यति ॥१४॥ आवाभ्यामविचार्यैव क्व गतो नृपसत्तम । कस्मान्न वदसे राजन् किमर्थं मौनमास्थितः ॥१५॥ न पश्यसि
प्रियां भार्यामनाथामिव विव्हलाम् । सहैव यावो नृपते त्यक्त्वा सर्वं गृहाश्रमम् ॥१६॥ अनाथं नगरं तेऽद्य राष्ट्रं वा कोऽथ
पास्यति ॥१७॥ मुनिरूवाच ॥ एतस्मिन्नंतरे तत्र बभाण ब्राह्मणः सुधीः ॥१८॥ वेदशास्त्रार्थतत्वज्ञः प्रस्तुतं निष्ठुरं वचः ।
सर्वे स्वार्थपरा यूयं नाप्तः कश्चन विद्यते ॥१९॥ सुन्हदां रोदनाश्रूणि मुखे प्रेतस्य यान्ति हि । पृथिव्यां भारतां याति
प्राणहीनं कलेवरम् ॥२०॥ ब्रह्मांड गोलके को नु मृतमन्योऽनुगच्छति । इयं च सुलभा राज्ञी रोदते जीविताशया ॥२१॥
यस्या मनोऽनुगत्यर्थं न सा रोदिति कर्हिचित् । यूयं सर्वे नागरिकाः स्वकार्य गमनाकुलाः ॥२२॥ सूर्यवंश्याः सोमवंश्या ये

राजानो मृता न किम् । तस्मादुत्थाय सर्वेऽपि राज्ञः कुर्वन्तु संस्कृतिम् ॥२३॥ मृतसंस्कारकारी यः स एवाप्तो न चापरः ।
एतदर्थं हि लोकस्य ज्यायसी पुत्रगृध्नुता ॥२४॥ तस्मादानीयतां धर्मपुत्रो वाऽप्यन्य एव च । स हि क्रियामारभतु सर्वेदद्य
स्तिलांजलिः ॥२५॥ मुनिरुवाच ॥ ततस्ते नागराः सर्वे द्वावमात्यौ स्त्रियश्च ताः । प्रबोधिता ब्राह्मणेन चक्रुस्तस्यौर्ध्व देहिकम्
॥२६॥ सुमंतुना कृतं सर्वं सर्वेर्दत्त स्तिलांजलिः । पुनःस्नात्वा तु ते सर्वे नगरं विविशुश्चिरात् ॥२७॥ अश्नन्ति पिचुमन्दस्य
पत्रं नत्वेश्वरं जनाः । सान्त्वयित्वा तु सुलभां ययुः स्वं स्वं निकेतनम् ॥२८॥ त्रयोदशाहे निर्वृत्ते राज्ञ्यै दत्त्वाऽम्बराणि ते ।
चक्रुस्ते भोजनं प्रीत्या प्रत्यहं बहुवासरम् ॥२९॥ एकदा नागराः सर्वे द्वावमात्यौ नृपप्रिया । सर्वे संशयिता आसन् प्रजापालन
कर्मणि ॥३०॥ एतस्मिन्नंतरे तत्र मुद्गलो मुनिराययौ । उवाच सर्वाशय विदस्य राज्ञो महागजः ॥३१॥ गहनो नाम
गृण्हातु मालां पुष्कर निर्मिताम् । समाजे यस्य कंठे तां निक्षिपेत्स नृपो भवेत् ॥३२॥ तथेति च तदा सर्वे साधु साध्वित्य-
पूजयन् । अतीन्द्रिय ज्ञानवतो वचो मुद्गलशर्मणः ॥३३॥ (९९७) इति श्रीगणेशपुराण उपासनाखंडे पंचविंशोऽध्यायः ॥२५॥
अध्याय २६ प्रारंभः – विश्वामित्र उवाच ॥ एकस्मिन्दिवसे शुभग्रहयुते लग्ने शुभे वासरे । योगे चारुफले जने च नगरे
नानाविधे मेलिते । मालां रत्नमयीं ददौ नरपते राज्ञी करेणोः करे । संप्रार्थ्य द्विरदं कुरूष्व नृपतिं लोकेषु यस्ते मतः ॥१॥
तामाज्ञां प्रतिगृह्य वारणपतिः संरंजितो धातुभि । बंभ्राम द्विजबन्दि चारण गणैराशासितः सर्वतः । नानावाद्य करैर्वृतो
नृपभटै राज्यार्थिभिः पूरूषै । जिघ्रन् सर्वजनं सभापरिगतं यातो बहिः पत्तनात् ॥२॥ नार्यस्तन्नगरे शिशूनथ पतीन् कृत्वा
पुरोऽवस्थितान् । सज्यार्थं विविधा नराश्च बहुधा श्रेणीमुखाश्चस्थिताः । ते सर्वे विमनस्कतां परिगताः स्वं स्वं गृहं चागता ।

यातेऽस्मिन् गहने करिण्यथ पुरो याता बहिश्चापरे ॥३॥ गजस्तु यातः कमलासुतं तं संपूजयन्तं द्विरदाननं तम् । दृष्ट्वैव तस्मिन्निदधे स मालां पश्यत्सु लोकेषु सुरेषु नाके ॥४॥ वस्त्राणि माल्यानि च भूषणानि दक्षाय दत्तानि तदैव लोकैः । ज्ञात्वा मतं पौरजनस्य राजा राज्ञः प्रकृत्योरुभयोस्तदैव ॥५॥ ववदु र्वाद्यसंघाश्च दिव्याभौमा अनेकशः । मुमुचुः पुष्पवर्षं ते देवा हर्षयुताः शुभम् ॥६॥ उपविष्टा स्तदा लोका यथास्थानं यथाक्रमम् । नेमुश्च तं दक्षनृप ममात्य द्वय संयुतम् ॥७॥ ताम्बूलानि च वस्त्राणि जनेभ्यः प्रददौ नृपः । ब्राह्मणान् पूजयित्वैव दत्त्वा दानान्यनेकशः ॥८॥ संपूज्य मातरे तां तु वस्त्रालंकरणादिभः । दापयामास दानानि ब्राह्मणेभ्यो यथाविधि ॥९॥ नरयाने समारोप्य स्वयमारुरुहे गजम् । अलंकृतं सिक्तमार्गं पताकाध्वजसंयुतम् ॥१०॥ अश्वारुढावमात्यौ तौ पुरस्कृत्य ययौ पुरम् । स्तुवन्ति बन्दिनः पौरा नृत्यन् त्यप्सरसः पुरः । गंधर्वा गाननिष्णाता धावित्वा यान्त्यमु पुरः ॥११॥ जयशब्दै र्नमः शब्दो वाद्यशब्दोऽगमद्दिवम् । नृपद्वारं समासाद्य नत्वा केचिद्गृहं ययुः ॥१२॥ सभायां विविशुः सर्वे संख्यातीता नृपास्तदा । नृयानं प्रेषयामास मुद्गलाय महामतिः ॥१३॥ छत्रं ध्वजं चामरं च सुमन्तुं प्रकृतिं तथा । आयान्तं मुद्गलं दृष्ट्वा स्वासनात्पुरतो ययौ ॥१४॥ सकिरीटेन शिरसा पादयोः प्रणनाम तम् । न्यवेशयत् स्वासने तं तेनाज्ञप्तोऽन्य आसने ॥१५॥ उपविष्टो राजसंघैः पूजयामास तं मुनिम् । गां चापि प्रददौ तत्र ब्राह्मणाय महामतिः ॥१६॥ उवाच तं नृपो दक्षो भो मुद्गल महामुने । अद्य ते महिमा ज्ञातो लोकैरेतैर्महानयम् ॥१७॥ शरीरे चारुता राज्यप्राप्तिश्च त्वत्प्रसादतः । क्व साऽवस्था पूर्वतनोः क्वेदृगराज्यं महामुने ॥१८॥ विनायकमहं जाने त्वामेव मुनिसत्तम । पुनर्मे मस्तके ब्रह्मन्निधेहि करपंकजम् ॥१९॥ येनाहं सर्वकामानां भाजनं स्याच्चिरं मुने ।

विश्वामित्र उवाच ॥ आकर्ण्य वचने तस्य मुद्गलोऽथाब्रवीच्च तम् ॥२०॥ न ते भयं रिपुकृतं भविष्यति कदाचन । यं यं कामयसे कामं सर्वतस्ते भविष्यति ॥२१॥ ततस्तस्मै ददौ ग्रामान् वासो रत्न धनादिकम् । अन्येषां ब्राह्मणानां च गोधना-न्यंशुकानि च ॥२२॥ आर्शिभि रभिनन्द्याथ ययुस्ते ब्राह्मणा गृहम् । अमात्याभ्यां गृहेभ्यश्च ददौ ग्रामाननेकश ॥२३॥ प्रासादं कारयामास गणेशस्य बृहत्तरम् । कुंडिने नगरे तस्मिन् प्राक्तनं संस्थितं लघुम् । विसर्जयामास सभां प्रविवेश गृहं नृपः ॥२४॥ आययौ वल्लभस्तत्र श्रुत्वां वार्ता जनेरिताम् । वीरसेनो नरपतिः स्वां सुतां पतिमिच्छतीम् ॥२५॥ ददौ तस्मै स्वप्नगत गणेशस्याज्ञया शुभम् । दक्षाय राज्ञे महते त्रिलोकश्रुतकीर्तये ॥२६॥ तस्मात्तस्यां भवत्पुत्रो बृहद्भानु रिति श्रुतः । ततोऽभवत् खड्गधरः सुलभस्तत् सुतो भवत् ॥२७॥ पद्माकर स्तत्तनयो वपुर्दीप्तस्तु तत्सुतः । चित्रसेन स्तत्सुतो ऽ ऽभूच्चित्रसेनात्त्वमेव हि ॥२८॥ ब्रह्मोवाच ॥ विश्वामित्र मुखात्सर्वं श्रुत्वा वंशपरंपराम् । ततः स नरशार्दूलो भीमो नाम महीपतिः ॥२९॥ संतोष्य तं मुनिं प्रार्थ्यं पप्रच्छ द्विजपुंगवम् । भीम उवाच ॥ विनायकः कदा मे स्यात् सुप्रसन्नो महामुने ॥३०॥ तमुपायं वद विभो येन मे तदनुग्रहः । कदाऽहं कृतकृत्यः स्या दृष्ट्वा देवं गजाननम् ॥३१॥ (१०२८)

इति श्रीगणेशपुराणे उपासनाखंडे परंपरावर्णनं नाम षड्विंशोऽध्यायः ॥२६॥

अध्याय २७ प्रारंभः— व्यास उवाच ॥ क उपायस्तु मुनिना विश्वामित्रेण धीमता । कृपावता तु भीमाय कथितस्तं वदस्व मे मन्मनोमोहपटलं मृत्योरिव विनिःसृतम् ॥१॥ तत्कथामृतपानेन पितामह मृतायथा । ब्रह्मोवाच ॥ भीमाय कथितस्तेन य उपायः शृणुष्व तम् । एकाक्षर महामंत्रं भीमाया कथयन्मुनि ॥२॥ पाराशर्य मुनिश्रेष्ठ कथयामि शृणुष्व तम् । उवाच तं प्रसन्नात्मा विश्वामित्रः सुधर्मवित् ॥३॥ विश्वामित्र उवाच ॥ अनेनाराधय विभुं दैवतं गणनायकम् । अनुष्ठानं कुरुष्व

त्वं प्रासादे दक्षनिर्मिते । विनायकः प्रसन्नस्ते सर्वान्कामान् प्रदास्यति ॥४॥ धर्ममर्थं तथा कामं मोक्षमन्यदपेक्षितम् । गच्छ वा स्वपुरं भीम चिन्तां कामपि मा कुरू ॥५॥ ब्रह्मोवाच ॥ इत्युक्तः स तदा तेन तं प्रणम्य ययौ नृपः । सपत्नीको ददर्शाथ पत्तनं स्वं जहर्ष च ॥६॥ अमात्यौ सेनया सार्द्धं नागरैरीयतुर्नृपम् । आलिलिंगुर्नृपं केचिन्नेमुर्दूरात्तथाऽन्तिके ॥७॥ प्रविवेश पुरं राजा सर्वैः साकं ध्वजालिमत् सिक्तमार्गं चारुगंधं नानावादित्रशद्वितम् ॥८॥ ऊचुः परस्परं लोकाः पुरीयं शोभतेऽधुना । यथा नारी पतिं प्राप्य यथाऽन्धो वापि सदृशम् ॥९॥ इति शृण्वन्नृयानस्थ स्तथा सा चारूहासिनी । वस्त्रालंकारशोभाढ्यौ स्तूयमानौ मृदान्वितौ ॥१०॥ उभौ विविशतु रम्यं पुरं नानर्द्धिसंकुलम् । विसृज्य सर्वलोकं तौ वस्त्रालंकार मौक्तिकैः ॥११॥ तांबूलै स्तेषु यातेषु भवनं स्वमगच्छताम् । ततः शुभे दिने राजा दक्षप्रासाद मागतम् ॥१२॥ यत्कौंडिन्यपुरेऽकारि पुरा दक्षेण धीमता । तत्रार्चयामास विभुं सर्वदा तं विनायकम् । उपवासपरो नित्यं तन्मंत्र मवलोडयन् ॥१३॥ भोजने शयने याने वचने श्वसनेऽपि च । तमेव चिंतयन्नित्यमनन्यमनसा नृपः ॥१४॥ जले स्थले नभोमार्गे स्वर्गे देवे नरे द्रुमे । भक्ष्ये पेये नृपोऽपश्यद्विनायक मनुत्तमम् ॥१५॥ यं यं पश्यति तं नौति दृढालिंगनतत्परः । नगरे तं जनाः सर्वे पिशाच इति मेनिरे ॥१६॥ ततो विनायकोऽभ्येत्य धृत्वा पाणितले नृपम् । आह तं नृप मुक्तोऽसि किं वांछसि वदस्व तत् ॥१७॥ तमुवाच नृपो नान्यं जाने त्वच्चरणाम्बुजात् । ततो विनायकः प्राह पुत्रस्ते चारुदर्शनः ॥१८॥ भविता मत्प्रसादेन गुणी स्वर्णतनुर्नृप । व्रज स्वं भवनं देवद्विज पूजापरो भव ॥१९॥ स गत्व भवनं राजा तच्चकार तथैव च । देवानां ब्राह्मणानां च पूजनं तर्पणं तथा ॥२०॥ अकरोत्सर्वभावेन गणेशः प्रीयतामिति । अल्पेनैव तु कालेन पुत्रस्तस्या भवच्छुभः ॥२१॥ ददौ दानान्यनेकानि

पुत्रजन्म निमित्ततः । रुक्मांगदेति नामास्य चक्रे द्विजवरोदितम् ॥२२॥ ववृधे बालको नित्यं शुक्लपक्षे यथा शशी । चकार गुरूसात्तं स शिक्षार्थं नृपतिः सुतम् ॥२३॥ स च श्रवणमात्रेण जग्राह गुरूणोदितम् । सर्वविद्यानिधानेन दत्तं यत्कपिलेन च ॥२४॥ सोऽपि विद्यानिधिरभूद् गजकर्ण इवापरः । रुक्मांगदोऽति बलवान् सर्वशास्त्र विशारदः ॥२५॥ तस्मै पट्टाभिषेकं स चकार गुणराशये । ददौ च द्विजमुख्येभ्यो दासोरत्न धनानि च ॥२६॥ ततोऽधिकां महाभक्तिं सोऽपि चक्रे विनायके । जजापैकाक्षरं मन्त्रं पितुः प्राप्तं दिने दिने ॥२७॥ एकस्मिन्दिवसेऽरण्यं युवराजा विवेश ह । मृगयां व्यचरद्दूस्ति जघान नवयान्मृगान् ॥२८॥ अतिश्रान्तो ददर्शाथ मुनेः कस्यचिदाश्रमम् । नानावृक्ष लताजालं त्यक्त वैरं मृगान्वितम् ॥२९॥ (१०५७) इति श्री गणेशपुराणे उपासनाखंडे रुक्मांगदाभिषेक वर्णनं नाम सप्तविंशोऽध्यायः ॥२७॥

अध्याय २८ प्रारंभः – ब्रह्मोवाच॥ ततो रूक्मांगदोऽपश्यद्दृषि वाचक्नवि शुभम् । मुकुन्दां तस्य पत्नीं च स्निग्ध मंजुळ भाषिणीम् ॥१॥ अतिश्रान्तो नरपति र्नमश्चक्र उभावपि । तस्मिन्मुनौ गते स्नातुं ययाचे नृपसत्तमः ॥२॥ मातुर्मुकुन्दे मे देहि शीतलं जलमुत्तमम् । विना जलं मम प्राणा गमिष्यन्ति यमक्षयम् ॥३॥ आकर्ण्य तस्य वाचं सा जगाद मदनातुरा । त्वादृशं पुरूषं क्वापि मारादप्यति सुन्दरम् ॥४॥ न देवेषु न नागेषु यक्षगंधर्व पुंजयोः । पश्यामि चारू सर्वांगं मते मे ऱ्हदयं त्वयि ॥५॥ अत्यासक्तं त्वदधरामृतपाने च देहि तत् । मुनिरूवाच ॥ व्यलीकं स तु श्रुत्वैव श्रान्तत्वाद् भृशदुःखितः ॥६॥ तिलोत्तमोत्तमां तां स जितेन्द्रिय तया जगौ । त्यज प्रौढिं न मे चित्तं पारदार्ये विगर्हिते ॥७॥ विनायक प्रभावेण सक्तं नैवात्र कर्हिचित् ।

न जलं पातुमिच्छामि त्वया दत्तं सुदुष्टया ॥८॥ ऋषेराश्रम इत्येवं यातो यास्य इतोऽशुभे । तं गन्तुमुद्यतं पाणिं धृत्वा ऽ
वीवददातुरा ॥९॥ मुकुन्दोवाच ॥ बलात्कारेण योऽन्यस्य स्त्रियं धर्षितुमिच्छति । स एव नरकं याति न स्वयं यातितामपि
॥१०॥ कृते त्रेतायुगे ब्रह्मा स्त्रीणां स्वातन्त्र्यमभ्यधात् । न करोषि यदा वाक्यं तदा भस्म भविष्यसि ॥११॥ अथवा
राज्यविभ्रष्टं करिष्ये वनचारिणम् । मुनिरुवाच ॥ इत्युक्त्वा धावमाना सा काममार्गणपीडिता ॥१२॥ रभसाऽऽलिंगयामास
चुचुम्बे वदनं हठात् । ततो रूक्मांगदस्तां तु बलाच्चिक्षेप दूरतः ॥१३॥ मूर्छिता पतिता भूमौ रम्भेव मरूता हता ।
उत्थितां तां तदा प्राह परदार विरक्तधीः ॥१४॥ रूक्मांगदो महाभागे मुनिपत्न्यविवेकिनि । परपुंसि मनो यस्याः सा वै
निरयभाग्भवेत् ॥१५॥ न मे मनश्चलेत् क्वापि यदि शुष्येन् महोदधिः । एवं निराकृता तेन तं शशाप रुषान्विता ॥१६॥
यथाऽहं कष्टमगमं तथा त्वं कुष्टभाग्भव । यतस्ते वज्रात् सारभूतं न च द्रुतम् ॥१७॥ इत्थं वदंतीं तां राजा निर्भर्त्स्य
बहुधा ततः । त्वरया निर्गत स्तस्मा दाश्रमाद् भृशदुःखितः ॥१८॥ स्वं ददर्श शरीरं स श्वेतं बक शरीरवत् । कुष्टरोगयुतं
कान्त्या हीनं च भृश कुत्सितम् ॥१९॥ चिन्तार्णवे तदा मग्न इदमाह गजाननम् । किमपराद्धं मया तेऽद्य कथमत्रागतोऽ
प्यहम् ॥२०॥ प्राप्तः कथं नु दुष्टाया मुनिपत्न्याः समागमम् । त्वया नूनं सिद्धिपते दुष्टाः संबाधिता भृशम् ॥२१॥
अवतारांश्च साधूनां रक्षणाय बिभर्षि हि । इयं न नाशिता दुष्टा स्वैरिणी रुपगर्विता ॥२२॥ कथं मम शरीरं तत् कांचन-
स्पर्द्धि सुंदरम् । इवामवस्थां संप्राप्तः केन वा दुष्टकर्मणा ॥२३॥ तव भक्तिं यथा पूर्वं सदा कुर्वे यथाविधि । त्वदन्यं नैव

शरणं यामि नाथ गजानन ॥२४॥ नेदं शरीरं वक्त्रं वा दर्शयिष्ये जनं प्रति । प्रायोपवेशनेनेदं शोषयिष्ये कलेवरम् ॥२५॥
निश्चित्यैवं नरपतिरास न्यग्रोधसन्निधौ । भृत्या इतस्ततो धावन्नेक्षन्ते स्म च तं नृपम् ॥२६॥ प्रवृत्तायां निशायां च जग्मुः
स्वं स्वं निकेतनम् । स्वामि सेवकयोर्जाता गतिश्चक्राव्हयोरिव ॥२७॥ (१०८४) इति श्रीगणेशपुराण उपासनाखंडे
प्रायोपवेशनं नामाष्टाविंशतितमोऽध्यायः ॥२८॥

अध्याय २९ प्रारंभः – मुनिरूवाच ॥ तस्मिन्वटे समासीनः कस्मिंश्चिद्दिवसे नृपः । दूराद्ददर्श देवर्षिं नारदं मुनिपुंगवम् ॥१॥
ननाम प्रार्थयामास क्षणं विश्राम्यतामिति । उत्ततार नभोमार्गा न्नारदः करूणानिधिः ॥२॥ पूजयित्वा यथाशक्ति प्रपच्छ
मुनिमादरात् । अहं रुक्मांगदो नाम भीमपुत्रो महाबलः ॥३॥ मृगयां व्यचरन्वाचक्नवे राश्रममागतः । जलयाच्चा कृता तत्र
तृषितेन मयाऽनघ ॥४॥ तस्य पत्नी भृशं नष्टा कामार्ता मामचुंबत । तस्मिन्मुनौ गते स्नातुं दुष्टभावेन चेतसा ॥५॥
उवाच मां भजस्वेति कामबाण प्रपीडिता । जितेन्द्रिय तया देव प्रसादात्सा निराकृता ॥६॥ अशपद् दुःखिताऽत्यन्तं सा मां
निष्ठुर चेतसा । कुष्टी भव महादुष्ट सकामां त्यजसे यतः ॥७॥ श्रुत्वैवं दुष्टवचनं निर्गतोऽहं तदाश्रमात् । श्वेतकुष्टी तदा
जातो वद मे निष्कृतिं मुने ॥८॥ वियोगान्मम भीमोऽपि मग्नः स्याद् दुःखसागरे । श्रुत्वेत्थं वचनं तस्य नारदः प्राह
विश्ववित् ॥९॥ उपायं तस्य कुष्टस्य नाशाय करुणायुतः । नारद उवाच ॥ आगच्छता मया मार्गे दृष्ट माश्चर्य मुत्तमम्
॥१०॥ विदर्भे नगरं ख्यातं कदम्बमिति संज्ञया । तत्प्रासादे मया दृष्टा मूर्ति र्वैनायकी शुभा ॥११॥ चिंतामणिरिति
ख्याता सर्वेषां सर्वकामदा । तस्याग्रतो महाकुंडं गणेश पदपूर्वकम् ॥१२॥ कश्चिच्छूद्रो महाकुष्टी जराजर्जरितो नृप ।

तीर्थयात्रा प्रसंगेन कदम्बपुरमागतः ॥१३॥ गणेशकुंडे स्नात्वैव दिव्यदेहमवाप सः । विनायकस्वरूपैस्तु गणैरानतितम्बरात्
॥१४॥ विमानवरमारूह्य स गतः स्थानमुत्तमम् । यत्र गत्वा न शोचन्ति न पतन्ति पुनः क्वचित् ॥१५॥ दृष्टो मयैव
राजेन्द्र तत्र स्नानाय सांप्रतम् । स्नात्वा देवं समभ्यर्च्य चिन्तितार्थप्रदं विभुम् ॥१६॥ देहि दानानि विप्रेभ्यः सद्यः पूतो
भविष्यसि । जीर्णां त्वचं परित्यज्य सुरूपी भुजगो यथा ॥१७॥ ब्रह्मोवाच ॥ इति वाणीं नारदोक्तां निशम्य नृपसत्तम ।
न किंचिदुक्तवान् वाक्यं मग्न आनंदसागरे ॥१८॥ गंतुं समुद्यते तस्मिन्नारदे मुनिपुंगवे । प्राणिपत्य ततोऽपृच्छत् प्रपूज्य च
मुनिं पुनः ॥१९॥ रूक्मांगद उवाच ॥ तस्मिन्क्षेत्रे पुरा केन सिद्धिः प्राप्ता शुभानघ ॥२०॥ मूर्तिश्च स्थापिता केन
मणिरत्नमयीं शुभा । वैनायकीति मे शंस परं कौतूहलं मुने ॥२१॥ भवादृशानां साधूनां परोपकरणे मतिः । अन्यथा
भ्रमणे कृत्यं न लोकेषु प्रदृश्यते ॥२२॥ लोकेषु वर्षते मेधः शेषेण ध्रियते धरा । उपकाराय मुर्योऽपि भ्रमते हर्निशं द्विज
॥२३॥ समस्य सर्वं भूतेषु सर्वज्ञस्य तवाग्रतः । अनभिज्ञेन मूढेन किं वक्तव्यं दयानिधे ॥२४॥ पृच्छे तथापि देवर्षे
संशयच्छेदनाय वै । नारद उवाच ॥ साधु पृष्टं त्वया भूप लोकानुग्रहकारक ॥२५॥ तृप्तोहं तव वाक्येन सर्वं च
कथयामि ते ॥२६॥ (१११०) इति श्रीगणेशपुराण उपासनाखंडे नारदागमनं नामैकोनत्रिंशोऽध्यायः ॥२९॥
अध्याय ३० प्रारंभः – नारद उवाच ॥ कदाचिदमरावत्यां शक्रं दृष्टुं गतोऽस्म्यहम् । स मां संपूज्य विधिवदुवाचा वनतो
भृशम् ॥१॥ इन्द्र उवाच ॥ किंचिदाश्चर्यभूतं मे संतोषाय मुने वद । भ्रमसे सर्वलोकांस्त्वं विदितं सर्वमस्ति ते ॥२॥
नारद उवाच ॥ मृत्यूलोके मया दृष्टो गौतमस्याश्रमो महान् । नाना वृक्ष लता जालै र्नानापक्षिगणैर्युतः ॥३॥ अहिल्यासहितं

तत्र गौतमं दृष्टवानहम् । रूपं विलोक्य तस्यास्तु जातोऽहं कामविव्हलः ॥४॥ यस्या रूपेण सावित्री शची लक्ष्मी गिरीन्द्रजा उर्वशी मेनका रम्भा लोके ख्याता तिलोत्तमा ॥५॥ केशाबाला ययाऽकारि साऽनसूयाऽप्यरून्धती । छाया संज्ञा रवेर्भार्या कश्यपस्य च याऽदितिः ॥६॥ सदृशी नैव काऽपिस्यान्नागपत्नीषु वा क्वचित् । न च मे रोचते गानं न पूजा न च भोजनम् ॥७॥ ब्रह्मचर्यं च मे स्वीयं निद्रां च न लभे क्वचित् । त्वरावानह मायातो दृष्टुं साध्वमरावतीम् ॥८॥ तुच्छां पश्य इमां देवीं विनाताममरावतीम् । नारद उवाच ॥ इति शक्रं ब्रुवन्नन्तर्हितोऽहं नृपते वर ॥९॥ अन्तर्हिते मयि तदा मद्वाक्यं मनसा स्मरन् । जम्भभेदी मत्सकेतु विद्धो मूर्छामवाप सः ॥१०॥ पश्ये कदा मुनेर्भार्यां गौतनस्येत्य चिन्तयत । कदाऽधरामृतं प्राप्य मुच्येयं मदनानलात् ॥११॥ जीवितुं नैव पश्येऽन्यं तदाश्लेषं विना शुभम् । एवं निश्चित्य संकल्पं गौतमोऽभूत्सजम्भहा ॥१२॥ चिंतयन्नेव तां मार्गे मुनेराश्रममाययौ । ददर्श तामहल्यां तु स्नातुं याते स गौतमे ॥१३॥ अभ्यंतरगतः प्रोचे प्रिये शय्यां शुभां कुरू । सा चोवाच जपं त्यक्त्वा कथमद्यागतो गृहम् ॥१४॥ दिवैव सुरतेच्छां किं कुरूषेऽतिविगर्हिताम् । गौतम उवाच ॥ अहं स्नातुं गतो यावत्तावद्देवा वराप्सराः ॥१५॥ तत्रैव स्नातुमायाता जाता नग्नाऽक्षिगोचरा । बिम्बाधरा सुचार्वंगी चारुपीन पयोधरा ॥ ॥१६॥ न लग्नं मे मनो देवि जपे कामास्त्र पीडितम् । ततोऽहमाश्रमं यातो रतिं देहि प्रियेऽधुना ॥१७॥ नोचेत्कामाग्निना दग्धं मृतं मां क्क नु पश्यसि । शपे त्वां प्रव्रजिष्ये वा निग्रहीष्ये मनोभृशम् ॥१८॥ अहल्योवाच । स्वाध्यायं देवपूजां च त्यक्वात्वा किं प्रार्थ्यंत रतिः । नोचितं तव ब्रम्हर्षे तथाऽप्याज्ञां करोम्यहम् ॥१९॥ भर्तुः शुश्रुषणादन्यो धर्मो नास्ति स्त्रियाः क्वचित् । नारद उवाच । स्वराकृति स्वभावैः सा ज्ञात्वा तंस्वामि नंनिजम् ॥२०॥

विवेश शयने रन्तु महल्या सह वज्रिणा । निःशंकं चुम्बनाश्लेष नीवीविस्त्रं सनार्दभिः ॥२१॥ आकृत्या गौतमस्यैवं चिक्रीडे जन्भहा तया । दिव्यान्गन्धानुपाघ्राय चकिता शंकिता भृशम् ॥२२॥ तर्कयामास मनसि किमयं कूटरुपवान् । कलंकोऽयं मम भृशं चन्द्रस्येव भवेन्नुकिम् ॥२३॥ उभे कुले मे नष्टे किं दुष्टस्यास्य तु संगमात् । दर्शयिष्ये कथं लोकेऽद्यश्यामं मुख त्विदम् ॥२४॥ नयिष्यति गति कां मे प्रियो भर्ता तु मां मुनिः । पप्रच्छ तं शठं कोपात् कोऽसि त्वं कूटरुपधृक् ॥२५॥ विश्वस्ता स्वामि रुपेण वद नो चेच्छपामि ते । इत्युक्तः शापभीतोऽसा वाविश्चक्रे निजं वपुः ॥२६॥ दिव्याभरण संयुक्तं किरीट कटकान्वितम् । कुंडलाभ्दुत दीप्ताभि र्विलसन्मुखपंकजम् ॥२७॥ उवाच स ततस्तां तु विद्धि मां त्वं शचीपतिम् लावण्य दर्शनात्तेऽहं विव्हलो मदनाग्निना ॥२८॥ न लेभे कुत्रचिच्छर्म तत इत्थं कृतं मया । इतोऽपि मां भजस्व त्वं त्रैलोक्येश्वर मादरात् ॥२९॥ श्रुत्वेत्थं वचनं तस्य मुनिपत्नी रुषान्विता । वमन्तीव मुखाज्ज्वालां जगाद त्रिदशाधिपम् ॥३२॥ अस्य ते वपुषो मूढ मभ्दर्तरि समागते अवस्था का भवेन्मन्द न जानेऽहं शतक्रतो ॥३१॥ पातिव्रयं त्वया भग्नं दुष्ट पापीयसा मम । कामवस्थां गमिष्यामि शापाद् गौतमवाग् भवात् ॥३२॥ (११४२) इति श्रीगणेशपुराण उपासनाखंडेऽहल्याधर्षणं नाम त्रिंशतितमोऽध्यायः ॥३०॥

अध्याय ३१ प्रारंभ : – रुक्मांगद उवाच । आगते गौतमे को वा वृत्तान्तोऽभून्महामुने । वद मे सकलं तं तु जिज्ञासा महती मम ॥१॥ नारद उवाच । नित्यकर्म समाप्यैव स्वाश्रमं गौतमो ययौ । आकार्य निजपत्नीं तां देहि पादोदकं मम- ॥२॥ किमर्थं नागताऽद्य त्वं संमुखं मम पूर्ववत् । नानीतमासनं कस्मात्कथं चाटु न भाषसे ॥३॥ श्रुत्वेत्थं वचनं तस्य

वेपमाना लतेव सा । अधोमुखी विनिर्गम्यं मुहूर्तान्मुनिमाययौ ॥४॥ साष्टांगं पतिता भूमौ तत्पादो परिमस्तका । विह्वला शापभीता सा शनैरथ जगौ मुनिम् ॥५॥ उषसि त्वं प्रयातोऽसि स्नानं कर्तुं निजं विधिम् । तवरुपधरो दुष्टो देवेन्द्रो मामुवाच ह ॥६॥ दृष्टा वराऽप्सरोभ्योऽपि सुंदरी कामिनी मया । न मे मनो जपे दैवे विधौ नित्ये स्थिरं भवेत् । परावृत्यागतस्तस्माद्रतिं मे देहि शोभने ॥७॥ त्वमेवेति मया भ्रान्त्या कृतं वाक्यं तथैव तत् । दिव्यगन्धानुपाघ्राय विकल्पो मेऽभवत्पुनः ॥८॥ दुरात्मन् कोऽसि नो ब्रूहि नोचेद्भस्म भविष्यसि । इति शापभयाज्जातः प्रकटो बलसूदनः ॥९॥ तावदेव भवद्वाक्यं श्रुतं तु मुनिसत्तम । लज्जयाऽनागता शीघ्रमपराधं क्षमस्व मे ॥१०॥ स्वयं निवेदनेऽदोषो दोषोऽपर निवेदने । मन्त्रायु गृहरुध्र श्री रतयश्चौषधानि च ॥११॥ मानापमान दानानि प्रकटानि न कारयेत् । इत्थं निशम्य स मुनिः कोप व्याकुलितेन्दियः ॥१२॥ शशाप वनिनां स्वीयां दुःशीलं त्वं शिला भव । नाज्ञासीर्मे स्वरुपं तं स्वभावं चेष्टितानि च ॥१३॥ परे पुंसि निमग्नं ते यतश्चेतोऽतिकामुके । यदा दाशरथी रामो भ्रमद्राजा वने वने ॥१४॥ तस्याघ्रि स्पर्शनादेव स्वं रुपं प्रतिपत्स्यसे ; नारद उवाच । तदैव सा शिला जाता तपोनिधी वचोबलात् ॥१५॥ तस्या शापं समाकर्ण्य चकम्पे पाकशासनः । प्रकम्पनस्य संयोगाद्धिमवत् पर्वतो यथा ॥१६॥ तर्कयामास मनसि कथं कार्यं मयाऽधुना । समुद्रमध्ये कूपे वा तडागे कमलेऽथवा ॥१७॥ लीनो भूत्वा तदा स्थास्ये तदा ज्ञास्यति मां मुनिः । अतो बिडालरूपेण विचचार स वज्रभृत ॥१८॥ गौतम स्तम चक्षाणो गृहे द्वारि तथाश्रमे । क्व गतो दानवरिपु र्यो मे भार्याविदूषकः ॥१९॥ ध्यानेन बुबुधे तं तु क्षणेन मुनिसत्तमः । न ते भस्म करिष्यामि देवेन्द्रोऽसियतःखलः ॥२०॥ शपामि त्वां शचीभर्तः सहस्रभगवान्भव ।

श्रुतवान्वचनं यावद्रोषेण मुनिनेरितम् ॥२१॥ तावद्ददर्शं स्वं देहं सहस्रभग चिन्हितम् । ततो दुःखार्णवे मग्नः शुशोच बलवृत्रहा ॥२२॥ इन्द्रउवाच । अहं शिक्षापितो वृद्धै र्नाना धर्माननेकशः । वृद्धानां वचनं यन्मे न विचारित मादरात् ॥२३॥ स्व बुद्धीर्हित कृत्सर्वा विनाशाय परेरिता । गुरोर्गरीयसी बुद्धिः क्षयदा कामिनीमतिः ॥॥२४॥ कुतो नारदवाक्येन यातोऽहं तार्मानिंदिताम् । देवराजो भवन्नास्यं लोकांना दर्शये कथम् ॥२५॥ दिव्यदेहो गतः क्वाद्य निजभार्यां वदे नु किम् । धिग्मा च धिक्स्मरं येन प्रापितो गर्हितां दशाम् ॥२६॥ प्राणिभि भुंज्यते कर्म शुभं वा यदि वाऽशुभम् । तिर्यंग् योनि समासाद्य क्षपयिष्येऽघमात्मनः ॥२७॥ नलिनी कुड्मले तिष्टे हीन्द्र गोपकरूप धृक । ॥२८॥ (११७०)

इति श्रीगणेशपुराण उपासनाखंडे शक्रशापवर्णनं नामैकत्रिंशतितमोऽध्यायः ॥३१॥

अध्याय ३२ प्रारंभ :– नारद उवाच । शक्रे तु नलिनीं याते तत्पुरं त्वहमागतः । बृहस्पति पुरोगांस्तां स्तत्रापश्यं स्थितान् सुरान् ॥१॥ तेभ्यो हयकथयं सर्वमुभयोः शापकारणम् । अहल्याया महेन्द्रस्य संयोगं च विरूपताम् ॥२॥ सहस्रभगतां यातः शक्रो गौतमशापतः । अहल्या धर्षणाद्देवा स्तत्संगात्सा शिलाऽभवत् ॥३॥ ब्रम्होवाच । श्रुत्वा ते नारदोक्तं तत् सर्वे देवाः शुचान्विताः अतिदुःखा द्रुदन्तस्ते निश्वासो च्छ्वास विभ्रमैः ॥४॥ देवा ऊचुः । येनाकारि शतं यज्ञा दानवा येन निर्जिताः । त्रैलोक्यं पालितं येन भुक्तमैंद्रं पदं शुभम् ॥५॥ पूजिता बहवो देवा ब्राम्हणा ब्रम्हवित्तमाः । भुक्ता नानाविधा भोगा अन्येषामतिदुर्लभाः ॥६॥ कुत्र स्थास्यत्यसौ देवो भोक्ष्यते स्वप्स्यते कथम् । कमद्य शरणं यामः स्वकृते तत्कृतेऽपि वा ॥७॥ पालयिष्यति कांऽस्मान्वै पदमैन्द्रं शचीं तथा । कथं प्रसन्नतां यायाद् गौतमो मुनिसत्तमः ॥८॥ स्वीय

भार्या वियुक्तः सं स्तत् कृतागः स्मरन् रूषा । अन्योपायं न पश्चामो गौतमस्य प्रसादतः ॥९॥ तस्मान्नारद यास्यामो
गौतमं सान्त्वितुं मुनिम् । एवं ते निर्ययुर्देवा नारदेन समन्विताः ॥१० ॥ गौतमं ते समासाद्य बद्धांजलिपुटा मुनिम् । तुष्ट
वु र्विविधै र्वाक्यै स्तमेव शरणं गताः ॥११॥ देवा ऊचुः । तव प्रभावं वक्तुं नो मुने शक्तिर्न विद्यते । गरिमाणं वदेत् को
नु मेरोर्हिमवतोऽपि च । वृष्धारा रजो भूमेर्गंगायाः सिकता अपि ॥१२॥ कमम्बुधे र्गुणान्विष्णो र्गणयेत्को नु मूढधीः ।
प्रातरेवोप्तबीजानां मध्यान्हे सस्यसंपदः ॥१३॥ संपादिता स्त्वया पूर्वं मविता ऋषिसत्तमाः वालखिल्यै र्यजि कृत्वा पर
इन्द्रो विनिर्मितः ॥१४॥ ब्रम्हादिभिः प्रार्थितास्ते पक्षिणां तमकल्पयन् । पयसां निधिरेकेन प्राशितश्चुलकेन यत् ॥१५॥
अपरा सृष्टिरारब्धा गाधिपुत्रेण धीमता । स्तम्भितो भुज इन्द्रस्य च्यवनेन महात्मना ॥१६॥ तस्मात्सर्वात्मना पुंसां भवतां
सेवनं र्नतिः । दर्शनं भाषणं पूजाऽ स्पर्शनं पापनाशनम् ॥१७॥ उपकारे रतानां च दीनानुग्रह कारिणाम् । इन्द्रार्थे शरणं
यातान्कृपां कर्तुं त्वमर्हसि ॥१८॥ गौतम उवाच । भवतां दर्शनं चर्मचक्षुषां नैव जायते । मम पुन्येन जातं तत् कामसंपा-
दनं नृणाम् ॥१९॥ जन्माश्रम तपोदानं देह आत्मा व्रतानि च । सार्थकानी क्षणेनैव जातानि भवतां खलु ॥२०॥ इदानीं
प्रार्थितं कि वस्तन्निरुप्यं ममाग्रतः । शक्यं चेत्तत् करिष्येऽहं भवत्स्मृति बलेन तत् ॥२१॥ मुनिरुवाच । इति तद्वचनं
श्रुत्वा जन्हषुरते दिवौकसः । चन्द्रोदये यथा हर्षं प्राप्नोति जलधिः स्फुटम् ॥२२॥ यथा वा बालभाषाभिः पितरौ मुदमी-
यतुः । प्रार्थना चक्रिरे सर्वे गौतमं तं महामुनिम् ॥२३॥ देवा ऊचुः । ईश्वरस्यापराधेन कामो भस्मत्वमागतः । आग-
स्कारी त्वया शक्रो न च प्राणैर्वियोजितः ॥२४॥ इदानीं स यथास्यानं स्वकीयं प्राप्नुयान्मुने । क्षमित्वा तस्य चागांसि

सर्वेषां वचनाद्धि नः ॥२५॥ कृते तस्मिन्प्रसादे तु सर्वेषां वांछितं भवेत् । नारद उवाच । श्रुत्वा देवसमूहस्य वचनानि स गौतमः ॥२६॥ प्रहस्य प्रत्युवाचेदं सर्वान् देवगणान्प्रति । गौतम उवाच । नामापि तस्य न ग्राह्यं पतितस्य कृतागसः ॥२७॥ कपटस्य शठस्यापि दुष्टस्याप्य विवेकिनः । अनुताप विहीनस्य निष्कृतिर्नैव विद्यते ॥२८॥ तथापि भवतां वाक्यात्करिष्ये तत्प्रियं सुराः । भवन्तोऽपि यदा रुष्टास्तदा शापः पतेन्ययि ॥२९॥ पूतो भवति जन्तुर्हि बहुभिर्यो ऽनु गृह्यते । अत एकं वदे मन्त्रं तस्मै तं प्रदिशन्तु च । ॥३०॥ सर्वकर्ता सर्वहर्ता सर्वपाता कृपानिधिः । विनायको देवदेवो ब्रम्हविष्णु शिवात्मकः ॥३१॥ षडक्षर स्तस्य मन्त्रो महासिद्धि प्रदायकः उपदेशे कृते तस्य दिव्यवेहो भवेत्तु सः ॥३२॥ भगानि तस्य यावन्ति तावन्नेत्रो भविष्यति । स्वराज्यं प्राप्स्यते शक्र इति सत्यं वदामि वः ॥३३॥ अभिधाय सुरानित्थं तूष्णी मासीत्स गौतमः तं च ते पूजयित्वा तु नमश्चक्रु र्मुदान्विताः ॥३४॥ प्रदक्षिणी कृत्य पुनः प्राप्यानुज्ञां ययुः सुराः । प्रशंसन्तो मुनिं तत्र यत्रास्ते बलवृत्रहा ॥३५॥ गौतमा ज्ञानसंपन्नात् सात्विकोऽन्यो न वर्तते ॥३६॥

(१२०६) इति श्रीगणेशपुराण उपासनाखंडे मन्त्रकथनं नाम द्वात्रिंशोऽध्यायः ॥३२॥

अध्याय ३३ प्रारंभः - नारद उवाच । ऊचुर्देवा वृत्रहणं बहिर्याहि शतक्रतो। वयं हि सहितास्तत्र नारदेन सुरर्षिणा ॥१॥ तं गत्वा गौतमर्मुनिं प्रसाद्य त्वामिहागताः । उपायस्तेन कथितो वरो दत्तस्तवापि च ॥२॥ दोषे जाते स्वयं सन्तः ख्यापयन्ति जनेषु तम् । तत्र प्रतिविधिं सम्यक्कुर्वन्ति तन्निरर्थकम् ॥३॥ आच्छादने दोषवृद्धिः ख्यापने तु लये भवेत् । तस्मात्त्वमपि देवेन्द्र बहिरागत्य तं वद ॥४॥ देवर्षिं प्रति तं ब्रूहि कुरुपायं मुनीरितम् । वैनायकं महामन्त्रं गृहाण त्वं षडक्षरम् ॥५॥

ब्रम्हा ददर्श चांगुष्टं विवाहे गिरिजेशयोः । चस्कन्द स तदा रेतो लज्जितोऽवाङ्मुखो गतः ॥६॥ ज्ञात्वा महेशः कृतवान्नि-र्दोषं तमुपायतः । इति वाणीं स श्रुत्वैव देवर्षि गणनिर्मिताम् ॥७॥ आजगाम बहिः शक्रो नलिनी कोशतो नृप । सर्वेषां तत्र देवानां श्रुवा वाक्यानि सादरम् ॥८॥ पूयशोणित दिग्धांगो मलिनः पूतिगन्धवान् । दृष्ट्वा तथाविधं देवा नेमुः सर्वे सुरेश्वरम् ॥९॥ आच्छाद्य घ्राणरन्ध्राणि वस्त्राग्रै नृपसत्तम । सुस्नातं पुनराचान्तं तमिन्द्रं वाक्पतिस्तदा ॥१०॥ षडक्षरं महामन्त्रं गणेशस्योपदिष्टवान् । उपदेशे कृते तेन दिव्यदेहोऽभवच्च सः ॥११॥ सहस्रनयनः श्रीमान्बभौ सूर्य इकवारः । ततो वाद्य निनादैश्च जयशब्दैर्दिवौकसाम् ॥१२॥ गन्धर्वाणां गानरवैर्नादिता विदिशो दिशः । मुमुचुः पुष्पवर्णाणि सर्वे देवा मुदा-न्विताः ॥१३॥ आशिषोऽथ ददुः सर्वे मुनयो नारदादयः । आलिगुर्मुदा देवा स्तुऽटुवुश्चापरे च तम् ॥१४॥ केऽप्यूचुस्तं सुमनसः सनाथा हि वयं त्वया । विना त्वां नैव शोभामो विना चंद्रं नभो यथा ॥१५॥ विना स्वपितरौ बाला न सुखं यान्ति सर्वथा । तथा विना वमं त्वां हि लभामः शर्म न क्वचित् ॥१६॥ मुनिरुवाच । श्रुत्वेथं देववचनं जहर्ष च शतक्रतुः । उवाच च प्रसन्नात्मा तथ्यं वाक्यं सुरान्प्रति ॥१८॥ इन्द्र उवाच । मया कृतं कर्मं सुदुष्करं यद् देवर्षि वाक्येन विमोहितेन । लब्धं फलं दुःसहमद्य सर्वं, रुद्धारितोऽहं दुरितप्रकोपात् ॥१८॥ नमामि सर्वानमर प्रबर्हां, नृपींश्च सर्वान् सुगुरु प्रभावान् । उद्धर्तु मात्मान मतोऽखिला मां, संजातुमर्हाः शरणं प्रपन्नम् ॥१९॥ कथं प्रयत्नो रचितो भवद्भिः, प्रसाद नायास्य हि गौत-

मस्य । कथं नु मन्त्रं परमं मदर्थं, स उक्तवांस्तत् कथयन्तु सर्वे ॥२०॥ देवा ऊचुः । मुनिं पुरस्कृत्य गुरूं वयं च, गता मुनिं तं प्रणिपत्य सम्यक् । प्रसादितो वागमृतै र्विचित्रैः, स याच्य मानोऽप्यवदत् स्वमन्त्रम् ॥२१॥ यस्योपदेशेन सहस्त्रनेत्रो, जातो भवान्सर्व सुखाय देव । प्रयाहि देव त्वमरावतीं स्वां, प्रशाधि सर्वान् विबुधांश्च लोकान् ॥२२॥ इन्द्र उवाच । नाहं प्रयास्बे स्वपुरीं प्रसादं, विना गणेशस्य सुरर्षिवर्याः । व्रजन्तु यूयं कृतसाधुकृत्या, धामानि दिव्यानि मुदा रमन्तः ॥२३॥ एतावताऽलं प्रकटी कृतोऽहं, लज्जाविलीनो बहुदुर्गतिश्च । प्रसादितो यन्मुनिरुग्रतेजा, भवत् प्रसादाद् बहुनेत्रता मे २४

(१२३०) इति श्रीगणेशपुराण उपासनाखंडे त्र्यस्त्रिशतितमोऽध्यायः ॥३३॥

अध्याय ३४ प्रारंभ :- नारद उवाच । कदंबवृक्षस्य तले निधाय, नासाग्रदृष्टिं परमासने सः । मनो निरूध्याथ जजाप मन्त्रं, षडक्षरं जम्भरिपुर्नरेन्द्र ॥१॥ सहस्त्रवर्षाणि गतानि तस्य, मरूत्पते र्मारुत भक्षणस्य। वल्मीक गुल्मानि शरीरदेशे, जातानि वैभूधरवत्स्थिरस्य ॥२॥ ततःप्रसन्नो भगवान् गणेशो, यः सर्वगः सर्वविदुग्र तेजाः । स्वतेजसा बन्हि शशीनतेजां, स्याच्छादयन्सर्व विलोचनानि ॥३॥ चतुर्भुजो रत्नकिरीट माली, चावंगदः कुंडलमंडिगंडः । मुक्तामयं दाम च नूपुरे च, बिभ्रन् महार्घे कटिमूत्रमुच्चैः ॥४॥ यः पुष्कराक्षः पृथु पुष्करोऽपि, बृहत्करः पुष्करशालि मालः । आविर्बभूवाखिल देवमूर्तिः सिन्दूरशालि पुरतो मघोनः ॥५॥ तं दृष्ट्वा भयभीतोऽभूत् किमिदं किमिवागतम् । कथं च जीवितं मे स्या दस्थिप्राण

मयस्य च ॥६॥ विघ्नोऽयं किं महानद्य न जाने केन निर्मितः । स्वेदस्त्रावि शरीरं मे कम्पते बोधिपत्रवत् ॥७॥ इत्थं विक्लवितं तस्य बुबुधेऽखिल दृग्विभुः । विनायको महेन्द्रं त मुवाच मंजुलं वचः ॥८॥ विनायक उवाच । मा भयं कुरू देवेश मां न वेत्सि कथं सुर । यन्निर्गुणं निर्विकारं चिदानन्दं सनातनम् ॥९॥ कारणातीत मव्यक्तं जगत्कारण कारणम् । यं ध्यायसि सदा देवं मन्त्रेणानेन निश्चलः ॥१०॥ श्रान्तोऽसि सहु कालं त्वम् इति प्रत्यक्षतां गतः । तपसाऽनेन तुष्टोऽहं वरं दातु मिहागतः ॥११॥ ब्रम्हांडाना मनन्ताना मुत्पत्ति प्रलयावनम् । मत्त एवेति विद्धि त्वं वृणु यद्वांछसेऽनद्य ॥१२॥ नारद उवाच । श्रुत्वा तस्य वचो रम्यं बुबुधे बलभेदनः । भगवन्ते महाकायं देवदेवं विनायकम् ॥१३॥ ननाम परया भक्त्या तत उत्थात सत्वरः । अवीवद च्छचीकान्तः प्रत्यक्षं ब्रम्हरुपिणम् ॥१४॥ इन्द्र उवाच । ब्रम्हादयोऽपि नो देवा विदुस्त्वां सदिगीश्वराः । गुणां स्तव महाबाहो सृष्टि स्थित्यन्त कारिणः ॥१५॥ पदं तु कृत्रिमं मह्यं शतयज्ञ समुद्भवम् । दत्तं तत्राप्यन्तराया भवन्ति बहुधा मम ॥१६॥ मया कथं तु विज्ञेयो महिमा ते गजानन । यस्य तेऽनुग्रहः पूर्णो भविष्यति महेश्वर ॥१७॥ स एव महिमानं ते जानीया द्विघ्न कारण । तस्य ते गुणरूपाणि वक्तुं शक्ति र्भविष्यति ॥१८॥ निराधारोऽखिलाधारो नित्यज्ञानोऽजरोऽमरः । नित्यानन्देन संपूर्णो मायावी क्षर एवच ॥१९॥ अक्षरः परमात्माच विश्वरूपोऽखिलेश्वरः । उग्रैस्तपोभिस्त्वां ज्ञात्वा निर्वृत्ता सनकादयः ॥२०॥ षडक्षर प्रभावेण दृष्टोसि परमेश्वर । पुराऽयं ब्रम्हणादिष्टो मन्त्रो मेऽनुग्रहेण वै ॥२१॥ उक्तवांश्चैव मां ब्रम्हा यदाऽमुं विस्मरिष्यसि । तदैव भ्रश्यसे स्थानद्दुर्दशां चैव यास्यसि ॥२२॥ नतो मयाऽति लुब्धेन तुर्भाग्य वशगेन ते धर्षिता मुनिपत्नीं सा ततो दुर्गति माप्तवान् ॥२३॥ पुनश्च धिषणोक्तेन तेन मंत्रेण

दृष्टवान । स्वरूप तव देवेश सहस्रनयनोऽधुना ॥२४॥ अन्यमेकं वरं याचे यतस्त्वं चिन्तितार्थद : इदं कदम्बपगर चिन्तामणिपुरं त्विति ॥२५॥ अनुष्ठान फलं प्राप्तं यत्तै दृढपदाम्बुजम् । इदानीं तु वर याचे यं तं मे देहि मिघ्नप ॥२६॥ तव विस्मरणं देव न भवेन्मे तथा कुरू । मनो मे रमतां तव पादाम्बुजे विभो ॥२७॥ अद्य प्रभृति लोकेऽस्मिन् ख्यातिं यातु गजानन । चिन्तामणीति तीर्थं तु सरश्च प्रथतामिदम् ॥२८॥ अस्मिन्स्सानेन दानेन धर्मकामार्थ मुक्तयः । जनानां सिद्धायः सन्तु प्रसादात्ते जगद्गुरो ॥२९॥ मुनिरूवाच । आकर्ण्य वचनं शाक्रं मेघगंभांर निस्वनः उवाच श्लक्षणया वाचा विघ्नेशो जगतां पति : ॥३०॥ विनायक उवाच । इदं संपत्स्यते सर्वं यत्त्वया प्रार्थितं विभो । अन्य एको वरस्तेऽस्तु स्वपदे त्वं स्थिरो भव ॥३१॥ अविस्मृतश्च सततं मम तेऽस्तु सुरेश्वर । यदा च संकटं ते स्यात्तदा मां स्मर वासर ॥३२॥ आविर्भाविन ते कार्यं सर्वं संपादयेऽनिशम् इदं चिन्तामणि पुरं ख्यातं भुवि भविष्यति ॥३३॥ कदम्बपुर मित्येत त्तीर्थं चिन्तामणीति च । अत्र स्नानेंन सर्वोषां सिद्धयोऽपि करे स्थिताः ॥३४॥ चिंतितं च प्रदास्यामि चिंतामणि विनायकः । नारद उवाच । एवं वरं ततो कब्ध्वा स्वतःसिधुमाजयद्धरिः ॥३५॥ कृत्वाभिषेकं तद्द्वारापूजयामास तं विभुम् । गजाननं महाभागं परिवार समन्वितभ् ॥३६॥ पूजितः सुरनाथेन तत्रैवान्तर्दघे विभुः । स्थापयामास शक्रोऽपि स्फाटिकां मूर्तिमादरात् ॥३७॥ वैनायकीं शुभां दिव्यां सर्वावियव सुंदराम् । कारयामास विपुलम् प्रासादं रत्नकांचनै ॥३८॥ नत्वा प्रदक्षिणी कृत्य शक्रः स्वं पदमभ्यगात् । तदेतभ्दुवि विख्यांत चिंतामणि सरो महत् ॥३९॥ अद्यापि सा शुभजला गंगा शक्रस्य शासनात् । कृत्वाऽभिषेकं तन्मूर्तौयाति स्वं धाम सर्वदा ॥४०॥ एवं ते क्षेत्र महिमा कथितोऽभ्दुत दर्शनः । सर्व दोषहरः

श्रीमान् सर्वकामप्रदः शुभ ॥४१॥ तत्र गत्वा महीपाल स्नानं कुरू यथाविधि । सर्वदोष विनिर्मुक्तो भविष्यसि न संशयः ॥४२॥ ब्रम्होवाच । ततो ययौ मुनिः शीघ्र मनुपृच्छ्य च तं नृपम् । आशीर्भि रभिनन्द्यैव स रूक्मांगद मादरात् । ॥४३॥ (१२७३) इति श्री गणेशपुराण उपांसनाखंडे चिंतामणि तीर्थ वर्णनं नाम चतुस्त्रिंशोऽध्याय ।

अध्याय ३५ प्रारंभ – व्यास उवाच । देवर्षौ तु गते तस्मिन्नृपः किमकरोत्तदा । रूक्मांगदो मे कथय कथामेतां मनोरमाम् ॥१॥ ब्रम्मोवाच । कृत्वोपदेशं सुमहान्त मेवं, गते मुनौ नारद नाम्नि पुत्र । रुक्मांगदो हर्षयुतो ददर्श, सेनां स्वकीयां चतुरंगिणींताम् ॥२॥ तयाऽपि दृष्टो नृपति विरुपो यः स्वर्णकान्ती रतिभर्तृरुपः । आसीत् पुरेत्थं कथमेष जातः, संशय्य पप्रच्छ नृपं निमित्तम् ॥३॥ सेनान्य ऊचुः । गिरीन्वनानि सरितो भ्रान्त्वा च वयमागतः । क्षुत्तुट् परीता राजेन्द्र त्वद्दर्शन समुत्सुकाः ॥४॥ पदे पदे प्रपश्यन्तः संप्राप्तास्ते पदाम्बुजम् । इमामवस्थां दृष्ट्वा ते दुःखाद् दुःखतरं गताः ॥५॥ कि निमित्तमभूत्तन्नः कथयस्व नृपोत्तम । नृप उवाच । अहमग्रे समायात स्तृषितः क्षुधितश्च ह ॥६॥ अपश्यं पुरतः शीघ्रं वाचक्नवि गृहाश्रमम् । तत्र गत्वा मया दृष्ट्वा तस्य पत्नी शुभानना ॥७॥ नाम्ना मुकुंदेति शुभा याचिता सां जलं मया । सा तु दुष्टा स्वैरिणी च मामुवाचाशुभं वचः ॥८॥ रतिं कुरु मया सार्धं नो चेच्छापं ददामि ते । निराकृता मया सा तु बलाच्छुद्धेन चेतसा ॥९॥ तद् भर्तरि गते स्नातुं सा मां दुष्टाऽशपद्रुवा । ततस्तु वृक्षमुलेऽह मुपविष्टो हि दुःखितः ॥१०॥

प्रभावात् पूर्वपुण्यस्य दृष्टवान् नारदं मुनिम् । तेन मे कथितोऽरिष्ट नाशको विधिरूत्तमः ॥११॥ चिन्तामणि क्षेत्रगतो गणेशतीर्थं संश्रितः । महिमा कथितस्तेन तस्य तीर्थस्य विस्तरात् ॥१२॥ तत्र स्नानं समाख्यातं मुनिना दिव्य चक्षुषा । अतः स्नातुं गमिष्यामि स्वदोष स्यापनुत्तये ॥१३॥ यान्तु सर्वे मया सार्धं तत्र स्नातुं यदीच्छथ । स्नात्वा दत्त्वा यथाशक्ति संपूज्य च विनायकम् ॥१४॥ पूतास्तयोः प्रभावेण यास्यामः स्वपुरं ततः । क उवाच । इति ते निश्चयं बुद्ध्वा जग्मू राजपुरःसराः दृष्ट्वा तीर्थं गणेशाख्यं दिव्यदेहो बभौ नृपः ॥१५॥ तप्त कांचन वर्णाभो यथापूर्वं मुनीश्वर । ततो रुक्मांगदो मेने नारदोक्तमृतं वचः ॥१६॥ तत्र स्नात्वा ददो दानान्यनेकानि नृपस्तदा । रुक्मांगदो ब्राम्हणेभ्यो मूदा परमया युतः ॥१७॥ विनायकं पूजयित्वा तेजोराशिं ददर्श सः । विमानमर्कप्रतिमं ब्राम्हणाः सेवकाश्च ते ॥१८॥ विनायक गणैं जुंष्ट मप्सरः किन्नरै युंतम् । नत्वा नृप स्तान् पप्रच्छ के यूयं कुत आगताः ॥१९॥ दूताः कस्य किमत्रास्ति कार्यं तद्ब्रूत सादरम् ब्रम्होवाच - श्रुत्वा नृपति वाक्यानि मंजुलानि विमानगाः ॥२०॥ दूता विनायक स्योचु र्धन्योसि नृपसत्तम । येन ते सर्वभावेन ध्यातश्चिंतामणिः प्रभुः ॥२१॥ तीर्थयात्रा कृता सम्यग्दानं दत्वा यथाविधि । चिन्तामणिः पूजितश्च कृत-कृत्योऽसि सांप्रतम् ॥२२॥ चिन्तितस्य प्रदानाद्धि चिन्तामणि रयं स्मृतः । वयं च कृतकृत्याः स्मो दर्शनात्तव सुव्रत ॥२३॥ महिमानं न जानीम स्तव भक्ते नृपोत्तम - कःयेन वचसा बुद्ध्या जीवस्याप्यर्पणेन च ॥२४॥ आराधिता स्त्वया देव सर्व-ब्रम्हांड नायकः । विनायक स्तस्य दूता स्तेन च प्रेषिता नृप ॥२५॥ उत्सुकः स उवाचास्मान् मद्भक्तं शीघ्रयायिनः ।

रुक्मांगदं विमानेन आनयन्तु ममान्तिकम् ॥२६॥ इति श्रुत्वा वयं याता आरोहस्व नभोगमम् । याहि शीघ्रतरं देव सहास्माभि र्विनायकम् ॥२७॥ ब्रम्होवाच । इति श्रुत्वा वचस्तेषा माह रुक्मांगदो नृपः । क्वाहं मन्दमति र्दूताः क्व चाखंडित विग्रहः ॥२८॥ अप्रमेयेऽ प्रतवर्यश्च चिन्मात्रो विभुरव्ययः । सर्गस्थित्यप्ययानां यः कारणं कारणातिगः ॥२९॥ तस्यादरो मयि कथं न जाने तीर्थजं फलम् । जन्मान्तर गतं किं मे फलितं पुण्यमुत्तमम् ॥३०॥ तेन वो दर्शनं जात मग्रेऽपि फलदं शुभम् । यूयं धन्यतरा येषां प्रत्यक्षोऽर्हनिशं विभुः ॥३१॥ इत्युक्त्वा पूजयामास नत्वा चरणपंकजम् । प्रार्थयामास सर्वास्तान्पिता मम नृपोत्तमः । ब्रम्हण्यः सत्य वादी च भीमो भीमपराक्रमः ॥३२॥ विना तं कथमायामि मातरं चारुहासिनीम् । तयाऽप्याराधितो देवो देवदेवो विनायकः ॥३३॥ जन्मावधि न चान्यं सा मनुते देवन्तांतरम् । दूत उवाच । एवं चेत्तर्हि तीर्थेऽस्मिन्कुरु स्नानं तयोरपि । श्रेयस्तस्मै च तस्यै च पित्रे मात्रे प्रदीयताम् ॥३५॥ ततस्तावपि नेष्यामो विमान वरमास्थितौ ॥३६॥ ब्रम्होवाच । इति तद् वचनं श्रुत्वा कृत्वा प्रतिकृति कुशैः । कुशोऽसि कुशपुत्रोऽसि ब्रम्हणा निर्मितः पुरा । ॥३७॥ त्वयि स्नाते तु स स्नातो यस्येदं ग्रन्थिबंधनम् । एवं मन्त्रं सम्मुच्चार्य सर्वेषा मानु पूर्वशः ॥३८॥ ग्राम्याणां सर्वलोकानां चक्रे स्नान विधि नृपः । चिन्तामणि क्षेत्रगतं तीर्थे गाणेश संज्ञके ॥३९॥ ततो रुक्मांगदो राजा सबलो दूतवाक्यतः । विमानवरमारूह्य कौंडिन्यंपु रमाययौ ॥४०॥ वाद्यघोषैं ब्रंम्हघोषैं र्गन्धर्वाप्सरर्भा रवैः । नादितंग गनं तेन विमानेन

दिशो दश ॥४१॥ मातापितृभ्यां प्रददौ श्रेयो रुक्मांगदो नृपः । सर्वेषा मेव लोकानां स्नानश्रेयो विनायके ॥४२॥ दत्तमात्रे तु कौशेय स्नानजे श्रेयसि ध्रुवम् । विनायकाज्ञयाऽन्यानि विमानानि समाययुः ॥४३॥ प्रत्येकं ते समारुढा एकेकं गगने चरम् । एवं रुक्मांगदो भीम स्तन्माता चारुहासिनी ॥४४॥ सर्वे लोका ययुस्तत्र यत्र देवो विनायकः । एवं तन्नगरं सर्व माबालश्वपचावधि ॥४५॥ पुण्याद् गणेश तीर्थस्य स्नानजात् स्वर्गति गतम् । क उवाच। इति ते कथितं सर्वं यद्यत् पृष्टं त्वया मुने ॥४६॥ चिन्तामणि क्षेत्रगतं माहात्म्यं तीर्थसम्भवम् । यः शणोति नरो भक्त्या सोऽपि तद् गति माप्नुयात् ॥४७॥ इति श्रीगणेशपुराण उपासना खंडे कादम्बपुर गत वर्णनं नाम पंच त्रिशत्तमोऽध्यायः (१३२०)

अध्याय ३६ प्रारंभ :– व्यास उवाच । श्रुतं गणेशतीर्थस्य माहात्म्य कमलासन । रूक्मांगदस्य चरितं कौण्डिन्य पुरवासिनाम् ॥१॥ तथापि ब्रूहि मे ब्रम्हन् मुकुंदाचरितं शुभं । ब्रम्होवाच । गते रूक्मांगद सा तु जज्वाल मदनाग्निना ॥२॥ दावाग्निना यथा ग्रीष्मे महावनस्थला सुत ः मुकुंदा नालभच्छर्म वने शीतल मारूते ॥३॥ लतापुष्पमये स्थानें चंद्रचंदन वोऽपि च । तस्या न रोचते हास्ययं गीतं नृत्यं कथान्तरम् ॥४॥ अन्नं जलं विव्हलापा स्सचित्ताया मुनीश्वर । क्षुतृट् श्रमेण तस्यास्तु क्षणं निद्रा समाययौ ॥५॥ तामिद्रो बुबुधे कांता प्रसुप्ता विजेने वनें । कामातुरां विव्हलां च रूक्मांगद कृते सुत ॥६॥ धृत्वा रौक्मांगदं रूपं बुभुजे चामुकां तु ताम् आलिलिंग मुदा शक्रो मुकुंदा जन्हेषे भृशम् ॥७॥ साऽपि रूक्मांगदं तं तु चुचुम्बे सुभृश सुत । सोऽपि तस्याः कुचौ पीनों ममर्द दृढमुष्टिना ॥८॥ व्यंशुकां व्यंशुको रेमे निःशंकं स

तया सह । ततः सा लज्जमानेव स्वगृहं प्रत्यपद्यत ॥९॥ इंद्रो रुक्मांगदो भूत स्तत्रैवान्तर्दधे सुत । मेने रुक्मांगदो भुक्त स्ततो गर्भ दधौ तु सा ॥१०॥ सुषुवे नवमे मासि सुवेलायां सुतं शुभम् । चारुसर्वा नवद्यांगं रूपेण मदनातिगम् ॥११॥ तस्य शब्देन महता धरण्या पतितस्य तु । सनादं दशदिग् वृंद मभूत्खं भूरसातलम् ॥१२॥ पक्षिणो बभ्रमुः सर्वे उड्डीयो-ड्डीय सर्वतः । वाचक्नविः समायात स्त्यक्त्वा स्वनित्यकर्म च॥१३॥ मुकुंदाचरितं तेन नैव बुद्धं कदाचन जातकर्मादिकं सर्व चकार भृषहर्षितः ॥१४॥ ददौ दानं यथाशक्ति ब्राम्हणेभ्यो यथार्हतः । दशाहे तु व्यतीते स नामकर्मा करोन्मुनिः ॥१५॥ गृत्समेत्यनुज्ञातो ज्योतिःशास्त्र परैर्द्विजैः । ततस्तु पंचमेऽब्देऽस्य व्रतबन्ध चकार ह ॥१६॥ वेदव्रतानि चत्वारि चकार बटु-कस्य सः । सकृन्निगदमात्रेण गृह्णाति ब्रम्हतेजसा ॥१७॥ वेदशास्त्र निधिर्जातः स्वकर्मं कुशलोऽपि च । कदाचित् सुमुहूर्ते तु पिता वाचक्नविः सुतम् ॥१८॥ गणानांत्वेति ऋङ्मन्त्र महांत मुपदिष्टवान् । उवाच च महामन्त्रो वैदिकोऽखिल सिद्धिदः ॥१९॥ आगमोक्तेषु मन्त्रेषु सर्वेषु श्रेष्ठ एव च । ध्यात्वा गजाननं देवं जपैनं स्थिरमानसः ॥२०॥ परां सिद्धि समाप्यैव ख्यातिं लोके गमिष्यसि । ततो गृत्समदो विप्रा मन्त्रं प्राप्य पितुर्मुखात् ॥२१॥ अनुष्ठानरतो भूत्वा जपध्यान परोऽभवत् । एवं बहुतिथे काले गते तु मुनिपुंगवे । तस्मिन् मगधदेशे यो राजा मगधसंज्ञितः ॥२२॥ चारुरूपा महामानी दानशरोऽरिमर्दनः । नानालंकार शोभाढ्यो महार्हासन संश्रितः ॥२३॥ सुधर्मासनगो धीरः पुरुहूत इवापरः । चतु-रंग बलोपेतो ज्ञानीं पंडितमानदः ॥२४॥ अमात्यों द्वौ ज्ञाननिधी वाचस्पत्यधिकौ गुणैः अंबिका नाम भार्याऽस्य चारु-

रूपा गुणाधिका ॥२५॥ पतिव्रता महाभागा शापानुग्रहणें क्षमा । तस्य राज्ञः पितुश्राद्धे समाजग्मु र्महर्षयः ॥२६॥ राज्ञा–
हूता र्वसिष्ठात्रि प्रमुखाः श्रुतिपारगाः । आकारितो गृत्समद स्तपस्वी शुचिमानसः ॥२७॥ ततः शास्त्र प्रसंगेन प्रौढिं गृत्स-
मदोऽवदत् तमत्रि र्धिग् धिगित्येव मब्रवीन् मुनिसंन्निधौ ॥२८॥ तपस्वीति भवान्मान्यो न मुनिस्त्वं यतस्तव । जन्म
रूक्मांगदाज्जांतं राजपुत्राद्विचारय ॥२९॥ नास्मत्समक्षो पूजार्हं इतो गच्छ स्वमाश्रमम् । इत्यत्रिवचन श्रुत्वा क्रोधदीप्त
इव ज्वलन् ॥३०॥ दहन्निव त्रिलोकीं स भक्षयन्निव तान्मुनीन् । अपेर त्वपलायन्त सिंहं दृष्ट्वा यथा मृगाः ॥३१॥
उवाच तत्र सदसि वसिष्ठादिन् मुनीन्प्रति । गृत्समद उवाच । यर्हि रूक्मांगदस्याहं न भवेयं मुनीश्वराः । तदा शापाग्निना
युष्मान्कुर्या भस्मावशेषितान् ॥३२॥ ब्रम्होवाच । इत्युक्त्वा तान्मुनीं न् सर्वान् प्रययौ मातरं प्रति । पप्रच्छ तां गृत्समदा
वद दुष्टेऽतिकामुके ॥३३॥ मुकुंदे वद मे तातं नो चेद् भस्म भविष्यसि । आकर्ण्यैवं वचस्तस्य चकम्पे भृशविव्हला ॥३४॥
मुकुंदा मारूतेनेंव कदली कुङ्मलान्विता उवाच दीनया वाचा बद्धांजलिपुटा सतीं ॥३५॥ मुकुंदोवाच । मृगयासक्त
चित्तोऽभूद्धष्टसार्थो नृपोत्तमः । त्रैलोक्यसुभगो दृष्टो मया रूक्मांगदः शुभः ॥३६॥ अनुष्ठानरते वाचक्नवौ मे भर्तरि
प्रिये । अनिवार्याः स्त्रिय इति स्मृत्वा वांक्यं विधीरितम् ॥३७॥ तस्मिन् नृपे सक्तमना जाताऽस्मि स पिता तव । श्रुत्वेत्थ
वचनं तस्या मोंनवान्स ययौ मुनिः ॥३८॥ लज्जयाऽधोमुखः शाप मभ्यधाज्जननीं प्रति पुत्र उवाच । दुष्टे मूढे पापरते

कानने कंटकी भव ॥३९॥ असंख्येय फला सर्वैः प्राणिभिः परिवर्जिता । साऽपि शापं ददौ तस्मै क्रोधाविष्टा सुताय हि ॥४०॥ जननी त्वमनान्हत्य यतः शप्ता खलु त्वया । अतः शपामि त्वां पुत्र त्वत्तः पुत्रोऽति दारुणः ॥४१॥ त्रैलोक्य-भयदो दैत्यो भविष्यति महाबलः । एवं शशपतुस्तौ तु मातापुत्रौ परस्परम् ॥४२॥ क उवाच । सा तदैव शरीरं तत् त्यक्त्वाऽभूद् बदरी बनें । वर्जिता पक्षिसंघातै र्जारजैरंडजैरपि ॥४३॥ ततोऽन्तरिक्षे वागासी दिन्द्राद् गृत्समदोह्यभूत् स तु गृत्समदो ब्रम्हन्ननुष्ठानाय जग्मिवान् ॥४४॥ इदं गृत्समदाख्यानं यः शृणोति नरोत्तमः । न स संकटमाप्नोति वांछितं लभतेऽखिलम् ॥४५॥ (१३६५)

इति श्री गणेशपुराण उपासनाखंडे गृत्समदोपाख्यानं नाम षट्त्रिंशत्तमोऽध्यायः ॥३६॥

अध्याय ३७ प्रारंभ :– ब्रम्होवाचः भ्रमन्मुनिर्ददर्शाग्रे वनं पुष्पकसंज्ञितम् नानाद्रुम लताकीर्ण पुष्पप्रकार शोभितम् ॥१॥ शोभितं निर्झर जलैर्निर्जरै र्मुनिसत्तमै । ननाम तान् गृत्समदो न्यवसच्च तदाज्ञया ॥२॥ तत्र स्नात्वा जपं चक्रे पादांगुष्टाग्रधिष्टितः । स्थिरेण मनसा ध्यायन्देवं विघ्नेश्वर विभुम् ॥३॥ नासाग्र न्यस्तदृष्टिः सन्निरीक्षन्न दिशोदिश । जितेन्द्रियो जितश्वासो जितात्मा मारुताशनः ॥४॥ दिव्यवर्ष सहस्र स तपस्तेपे सुदारुणम् । उन्मील्य नयनं पश्यद्यदा गृत्समदो मुनिः ॥५॥ तदा नेंत्रोद्भवो वन्ही त्रिदशान्पर्य तापयत् । शशंकिरे तदा देवाः कस्यायं पदभाग्भवेत् ॥६॥ अपरं गलितं पत्रं भक्षयन्नेकमेव च । यत्नमास्थाय परम स्थाणुभुतोऽति निश्चलः ॥७॥ दशपंचसहस्राणि तेपे निश्चल मानसः । ततो

विनायको दृष्ट्वा तपनं तस्य दुर्घटम् ॥८॥ अनुग्रहाय तस्याथ प्रादुरासीत् सुदीप्तिमान् । यथा धेनुर्वत्सखं श्रुत्वा धावति सत्वरम् ॥९॥ तथा विनायको देवः शीघ्र गृत्समदं ययौ । भासयं स्तेजसा विश्वं सहस्त्ररवि सन्निभः ॥१०॥ चलत्क-र्णतालो बृहद्दन्तिलीलो, मुदा चारूखेलो लसच्चन्द्रभालः । बृहत्पद्ममालो जगत्कार्य मूलः, करकंजनालो नमत्सविमेलः ॥११॥ सिंहारूढो दशभुजो व्यालयज्ञोपवीतवान् । कुंकुमागरू कस्तूरी चारूचंदन चर्चितः ॥१२॥ सिद्धिर्बुद्धि युतः श्रीमान् कोटिसूर्याधिक द्युतिः । अनिर्वाच्य स्वरुपोऽपि लोलयाऽऽसीत्पुरो मुनें ॥१३॥ तत्तेजसा ह्तं तेजा मुनेस्तस्य महा-त्मनः । ब्रघ्नस्य तेजसा यद्वन् नाक्षत्रं चंद्रजं महः ॥१४॥ निमीत्य नयने सोऽथ चकम्पे भृशविव्हलः । पपात मूर्छितो भूमौ विस्मृत ध्यानमंगलः ॥१५॥पुनश्चमनसा ध्यायन् गजानन मनामयम् । मनसा तर्कयन् विघ्न निमित्तं व्याकुलो मुनिः ॥१६॥ किमेतत् क्षोभजननं सहसा समुपस्थितम् । अद्य प्रभृति यत्तप्तं तत्कथं मे वृथा गतम् ॥१७॥ पाहिदेवेश सर्वात्मन् विघ्ना-दस्माद् भयानकात् । त्वामृते शरणं यामि कमन्यं जगदीश्वरम् ॥१८॥ महद्दुःखं सदा देव प्राप्त केन च हेतुना । नास्मत् पंक्तौ पूजनीय इति यद्वहते मनः ॥१९॥ ब्रम्होवाच । इति तद्वचनं श्रुत्वा जगाद स विनायकः । गणेंशउवाच । अनुग्रहाय संप्राप्तं विद्धि मां गणनायकम् । २० सनकादिभि रप्राप्यं चिरं नियममास्थितैः । त्यक्त्वा भयं ब्रूहि यत्ते वांछितं मुनिसत्तम ॥२१॥ एकांगुष्ठेन तपसा तोषितोऽहं त्वयाऽनिशम् । ब्रम्होवाच । निशम्येत्थं वचस्तस्य देवदेवस्य शोभनम्

॥२२॥ दंडवत् प्रणनामैनं निजानंद परिप्लुतः । उवाच परमप्रीतो वरदं तं विनायकम् ॥२३॥ गृत्समद उवाच । अद्य मे सफलं जन्म तपसो नियमस्य च । अखंडानंद रूपो यो ब्रम्हभूयो निराकृतिः ॥२४॥ मुंचन्नश्रूणि नेत्राभ्या मानंदेन ननर्तं च। चिदानंद घनो वेद शास्त्राणामप्यगोचरः ॥२५॥ सद्यो दृष्टो मया साक्षादतः कि प्रार्थये विभो । तवाज्ञया तथाऽप्येकं प्रार्थये द्विरदानन ॥२६॥ चतुरशीति लक्षासु योनिषु श्रेष्ठतासु च । मनुष्याणां महाभाग वर्णास्तत्र महत्तराः ॥२७॥ तत्रापि ब्राम्हणाः श्रेष्ठा स्तत्रापि ज्ञानिनः पराः । ज्ञानिष्वनुष्ठानपरा स्तेषु च ब्रम्हवेदिनः ॥२८॥ ब्रम्हज्ञानं तथा ज्ञानं दे हि मे जगदीश्वर । त्वयि भक्ति च सुदृढा मविस्मरणमेव च ॥२९॥ तव भक्तेषु सर्वेषु श्रेष्ठतां च गजानन । अन्यं चैकं वरं याचे तं च मे देहि शंकर ॥३०॥ तव भक्त्यैक मिलयं त्रैलोक्याकर्षण क्षमम् । विख्यातं त्रिषु लोकेषु नमस्यं सुर-मानुषैः ॥३१॥ एवं मां करू विघ्नेश यदि तुष्टोऽखिलार्थकृत् वनं च पुष्पक नाम्ना ख्याति यातु सुरेश्वर ॥३२॥ अस्मिन् स्थित्वा च भक्तानां कामान्पूरय नित्यदा । इदं च पुष्पकपुरं चतुर्दिक्षु विशेषतः ॥३३॥ गणेशपुर मित्येवं प्रथां यातु गजा-नन । ब्रम्होवाच । इति तद्वचनं श्रुत्वा जगाद द्विरदाननः ॥३४॥ गणेशउवाच । साधु साधु महाबाहो प्रसन्ने मयि दुर्ल-भम् । भक्तांनां त्रिषु लोकेषु न किंचन् मुनिपुंगव ॥३६॥ त्वया यत्प्रार्थितं विप्र तत्ते सर्व भविष्यति । विप्रत्वं दुर्लभतरं प्रसन्नेन मयार्पितम् ॥३६॥ गणानां त्वेति मन्त्रस्य वैदिकस्य यतस्त्वया । जपः कृतो मुनेस्तस्व मृषिरस्य भविष्यसि ॥३७॥ ब्रम्हादिषु च देवेषु वसिष्ठादि मुनिष्वपि । ख्यातिं यास्यसि सर्वत्र परं श्रैष्ठ्यमुपागतः ॥३८॥ सर्वेष्वारब्ध कार्येषु पूर्वं ते मम चापरम् । स्मरणं ये करिष्यन्ति तेषां सिद्धिर्भविष्यति ॥३९॥ कृते ज्ञानादृवर्तपि च्छन्दसां कर्म निष्फलम् । पुत्रश्च बलवान, सर्वं देवानां सुभयंकरः ॥४०॥ भविष्यति महाख्याति त्रिषु लोकेषु यास्यति । अजेयः सर्व देवानां विनाश्चं भाविष्यति ॥४१॥ मद्भक्तो मद्गतप्राणो मन्निष्ठो मत्परायणः । इदं च नगरं देव युगे पुष्पक संज्ञितम् ॥४२॥ अेसायां मणि-

पूरंच भानकं द्वापरेऽपि च । कलौ तु भद्रकं नाम ख्यातं लोके भविष्यति ॥४३॥ अत्रास्नानेन दानेन सर्वान्कामा नवाप्नु-यात् । ब्रम्होवाच । एवं दत्वा वरांस्तस्मै तत्रैवान्तर्दधे विभुः ॥४४॥ तस्मिन्नंतर्हिते तत्र स्थापयामास वै मुनिः गमेशमूर्ति प्रासादं कारयामास सुन्दरम् ॥४५॥ वरदेति च तन्नाम स्थापयामास शाश्वतम् । सिद्धिस्नानं च तत्रासीद् गणेशस्य प्रसा-दतः ॥४६॥ कामान्पुष्णाणि सर्वेषां पुष्पकं क्षेत्रमित्यपि । पूजयामास तां मूर्ति भक्तिभाव समन्वितः ॥४७॥ इमां कथां यः शृणुयान् मुनीन्द्र, श्रीविघ्नराजस्य वरप्रकाशाम् सभेत कामा नरिपलान् गणेश, भक्ति दृढा संसृतिमोचनीं च । ४८ (१४१३) इति श्रीगणेशपुराण उपासनाखंडे वरदाख्यानं नाम सप्तत्रिंशत्तमोध्यायः ॥३७॥

अध्याय ३८ प्रारंभ :—व्यास उवाच । ततो गृत्समदस्यासीत् कथं वृत्तिः सुरेश्वर । तन्ममाचक्ष्व यत्नेन श्रद्दधानस्य पद्मज ॥१॥ ब्रह्मोवाच । ततः सर्वे मुनिगणा मानयामासुरादरात् । ब्रम्हन् मुनिवरश्रेष्ठं नेमुर्गृत्समदं च तम् ॥२॥ वरदानाद् गणेशस्य व ब्रुस्तं यज्ञकर्मणि । सर्वारम्भे गणेशस्य पूजनादौ च सस्मरः ॥३॥ एवं विख्याति मगमत् स मुनिर्गणनायके । भक्ति परमिकां चक्रे जपन्मत्र सुनिश्चलः ॥४॥ कदाचित् स मुनिर्व्यास चुक्षुवे बलमुत्तरम् । दिशो नभश्च पृथिवीं नाद-यन् गिरिगव्हरान् ॥५॥ अपयश्यत् पुरतो यावत् तावद्बाल भयंकरम् । रक्तवर्ण महानादं जपाकुसुम सन्निभम् ॥६॥ तेजोराशिं च भुष्णंतं नेत्रालोकपथं मुहुः । दृष्ट्वा स तादृशं वालं चकम्पे भयविव्हलः ॥७॥ तर्कयामास मनसा विघ्नः कोऽयमिहागतः : न जानें गणनाथेन दत्तः पुत्रो ममाभ्दुतः ॥८॥ पश्यति स्म पुनः सोऽमुं चारूवक्त्रं सुलोचनम् । चारू रूक्मांगदं चारु मुकुटं चारूनूपुरम् ॥९॥ चारूणा कटिसूत्रेण राजत्क्रटितटं सुतम् । पप्रच्छ तं मुनिः कोऽसि कस्यासि

किंचिकीर्षसि ॥१०॥ क्व च ते पितरौ स्थानं दद तेजोनिधेऽर्भक । क उवाच । श्रुत्वेत्थं वचनं तस्य जगाद बालको मुनिम् ॥११॥ बालक उवाच । भुतभावि भवज्ज्ञानी किं मां त्वं परिपृच्छसि । तथाऽप्याज्ञावशो वच्मि क्षुतात्तव जनिर्मम ॥१२॥ त्वमेव जनको माता कृपां कुरू ममोपरी । पालयस्व पितर्मां त्वं दिनानि कतिचिन्मुनें ॥१३॥ त्रैलोक्याक्रमणें शक्तो देवेन्द्रं वशवर्तिनम् । करिष्यामि न सन्देहो वीक्ष्यसे पौरूषं मम ॥१४॥ ब्रम्होवाच । इत्याकर्ण्य वचस्तस्य भयहर्षं समन्वित, । उवाच श्लक्ष्णया वाचा मुनिर्गृत्समदो वचः ॥१५॥ यद्ययं जात मात्रोऽपि शक्त त्रैलोक्य कर्षणें । तस्मादस्य प्रदास्यामि स्वं मन्त्रं स्वात्मजस्य हि ॥१६॥ येनास्य वांछितं देव : परितुष्टो विनायकः । प्रदास्यति जगन्नांथो मम कीर्तिं र्भविष्यति ॥१७॥ एवं संचित्य मनसा तस्मै स्वं मन्त्रमादिशत् । गणानां त्वेति तं चाह कुर्वनुष्ठान मादरात् ॥१८॥ जपस्व वैदिकं मंत्र चित्तं स्थाप्य गजाननें । संतुष्टस्ते यदा पुत्र सर्वान् कामान् प्रदास्यति ॥१९॥ एवं प्राप्त महामंत्रो जगाम तपसे वनम् । एकांगुष्ठे नावतस्थे निराहारो जितेन्द्रियः ॥२०॥ ध्यायन् गजाननं देवं मनसा निश्चेलन सः । जपतस्तस्य वर्षांणि सार्धायुत मितानि च ॥२१॥ गतानि तस्य मुखतो बभूवाग्नि दिशो ज्वलन। भयं बभूव देवानां दैत्याना तलवासिनाम् ॥२२॥ ततस्तत् तपसा तुष्ट आविरासीद् गजाननः । दिशो वितिमिराः कुर्व छादयन् भानुमंडलम् ॥२३॥ भ्रामयन् पुष्पकरं चारू सुविषाणं मुदा युतः । तद् बृंहित खं श्रुत्वा बालको विव्हलाऽभव ॥२४॥ उन्मील्य नेंत्रे सोऽपश्यद्देवं

तं पुरतः स्थितम् । चतुर्भुजं महाकायं नानाभूषा विभूषितम् ॥२५॥ परशुं कमंल माला मोदकांन् बिभ्रतं करैः । तेजसा धर्षित स्तस्य धैयं कृत्वा ननाम सः ॥२६॥ बद्धांजलिपुटो भूत्वा प्रार्थयामास तं विभुम् । बालक उवाच । किं मां धर्षयसे देव भक्तं त्वां शरणागतम् ॥२७॥ भव सौंम्यतरो देव देहि मेऽखिलवांछितम् । ब्रम्होवाच । इत्याकर्ण्य वचस्तस्य संजहार स्वकं महः ॥२८॥ उवाच परमप्रीतो सावधान भवार्भक । यं ध्यायसि दिवारात्रो सोऽहं ते वरदोऽधुना ॥२९॥ ममेदं परमं रूपं स्वप्रकाशं जगन्मयम् । न विदुर्ब्रम्ह रूद्राद्याः कुतो वेत्सयन्ति मानवाः ॥३०॥ देवाश्च मुनयः सर्वे न च राज-र्षयोऽपरे । नासुराः सिद्धगन्धर्वा न नागा न च दानवः ॥३१॥ सोऽहं तव तपोबद्धो वरं दातुमिहागतः: । वरयस्व वरा न्मत्तो यान्यांस्त्वं मनसेच्छसि ॥३२॥ स उवाच ततो बालो धन्योऽहं तव दर्दनात् । पिता धन्यतरो मेऽद्य सार्थकं जन्म मे तपः ॥३३॥ स्तुतिं कर्तुं न जानामि बालभावात्सुरेश्वर । यतस्त्वं सर्वंजगतां कर्ता पाताऽपहारकः ॥३४॥ त्वद् भासा भासयत्येव रविरग्निश्च चन्द्रमाः । चराचरं चेतयसे स्वमाहात्म्यान् महामते ॥३५॥ महिमानं महान्त ते केशा अपि न वै विदुः । यदि मे वरदोऽसि त्वं तन्मे देदि गजानन ॥३६॥ त्रैलोक्याकर्षणें शक्तिं विशिष्टां देहि मे विभो । देवदानव-गन्धर्व मनुष्यो रगराक्षसा ॥३७॥ वश्या मम सदा सन्तु मुनिकिन्नर चारणाः ।मनसा चिन्तितं यन्मे तत्तत् सिध्यतु सर्वदा ॥३८॥ इंद्रादयो लोकपालाः सेवां कुर्वन्तु मे सदा । इह भोगा ननेकान्मे मुक्ति चान्ते प्रयच्छ च ॥३९॥ अन्यं च ते वरं याचे पुरमेतत् तवाज्ञया । प्रथां यातु यतश्चात्र तपमुग्रं तपो मया ॥४०॥ गणेंशपुरमिति च ख्यातिं यातु जनेष्टदम् । गणेंशउवाच । त्रवाणामपि लोकानामाक्रमं त्वं करिष्यसि ॥४१॥ सर्वेभ्यो न भयं तेऽस्ति सर्वे वश्याश्च ते सदा । आयसं

कांचनं रौप्यं मया दत्तं पुरत्रयम् ॥४२॥ अभेद्यं सर्वदेवानां कामगं शंकरं विना । त्रिपुरेति च ते नाम ख्यातिं लोके गमिष्यति ॥॥४३॥ यदैकेन च बाणेन शिवो भेत्स्यति ते पुरम् । तदैव यास्यसे मुक्तिं नात्र कार्या विचारणा ॥४४॥ अन्यत्ते वांछितं सर्व मत्प्रसादाद् भविष्यति । ब्रम्हौवाच । दत्वेत्थं स वरान्देव स्तत्रैवान्तर्दधे विभुः विषाद मगमद्देव वियोगात् त्रिपुरासुरः ॥४५॥ हर्षं च विपुलं लेभे वरान्प्राप्य यथेप्सितान् त्रैलोक्यविजय कर्तु यततेस्म ततो बलात् ॥४६॥ (१४५९)

इति श्रीगमेशपुराण उपासनाखंडे वरप्रदानं नामाष्ट त्रिंशत्तमोऽध्याय ॥३८॥

अध्याय ३९ प्रारंभ : –

व्यास उवाच । ततः किमकरोद् ब्रम्हं स्त्रिपुरो वरदर्पितः । तत्सर्व कौतुकं महयं वक्तुमर्हस्य शेषतः ॥१॥ ब्रम्होवाच । ततः काश्मीर पाषाण भवां मूर्ति गजाननीम । स्थापयामास विधिवद् ब्रम्हणैमन्त्र कौविदैः॥२॥ महांतं कांचनं दिव्यं मणिमुक्ता विभूषितम् । गणेंशपुरमध्ये स प्रासांद कृतवान्शुभम् ॥३ ॥ उपचारैः षोडशभिः पूजयामास तं विभुम् । नमस्कारै रसंख्यातैः स्तुतिभिः प्रार्थनैरपि ॥४॥ क्षमाप्य देवदेवेश मनुज्ञोप्य ययौ बहिः ।ददौ दादान्यनेंकानि ब्राम्हणेंभयो यथार्हतः ॥५॥ ततस्त दभवत्स्थानं बंगाले त्रिपुरस्य ह । गणेंशपुर मित्येवं सर्वेषां सर्वसिद्धिदम् ॥६॥ ततः स त्रिपुरो दैत्यो गजानन वरोद्धतः । नृलोकान्पालयायास देवानामाक्रमे रतः ॥७॥ पदातय स्तुरंगाश्च गजाश्च रथिनस्तथा । दशदिग्भ्यो ययुस्तं तु सेवार्थं बलवत्तराः ॥८॥ राजानः सेवका जाता आनुकूल्येन तस्य ह । प्रतिकूला गता मृत्युं युद्ध

कर्तु मनीश्वराः ॥९॥ एवमाक्रम्य भूखंड ततोऽगा दमरावतीम् तत इंद्रो देवगणै र्नानायुद्ध करै र्वृतः ॥१०॥ ऐरावत समारूढो ययौ युद्धाय दंशितः । सोऽपि सेनां त्रिधा चक्रे चतुरंगां महाबलः ॥११॥ भीमकायं महादैत्यं वज्रदंष्ट्रं च दानवम् धानुर्युद्धे गदायुद्धे शस्त्रयुद्धे च कोविदम् ॥१२॥ अस्त्रयुद्धे मल्लयुद्धे निष्णातं दैत्यपुंगवम् । भीमकाय मवोचत्स नृलोक स्याधिपो भव ॥१३॥ कालकूटं वज्रदंष्ट्रं जगाद त्रिपुरो वली । त्रिभागयाऽनया याहि सेनयात्वं रसातलम् ॥१४॥ शेषमुख्यान सर्वनागान् वशान्करू ममायज्ञा । अहं त्रिभागया शक्र माक्रमिष्येऽखिलान्सुरान् ॥१५॥ भौमकायो वज्रदंष्ट्रो यथाज्ञप्तो प्रतस्थतुः । चतुरंगबलैर्युक्तः स्वयं नन्दन माययौ ॥१६॥ दिव्यान् वृक्षान् बभंजुस्ते वार्यमाणास्तु सैनिकाः । तत्र स्थित्वा दैत्यराजो दूतान् शक्राय प्राहिणोत् । अत्रा नयन्तु तं शक्रं दर्शनाय त्वरान्विताः वदन्तु मम वाक्यं वा मृत्युलोकं व्रजाधुना ॥१८॥ तत्र त्वां पालयिष्यामि साम्ना देहयमरावतीम् यदि युद्धे च ते बुद्धि स्तदाशीघ्र प्रयाहि माम् ॥१९॥ ते गत्वा शक्र माचख्यु स्त्रिपुरासुर चेष्टितम् । श्रुत्वे थं वचनं तेषां वज्राहत इवाचल ॥२०॥ चकम्मे चाचलरिपु र्वायुनेव यथा तरूः । चिन्तया व्याकुलीभूतः किमेतदिति चिन्तयन् ॥२१॥ क्रोधानलेन जज्वाल संरक्ता खिललोचनः । कुर्वन्भ-स्मेव लोकानां शोषयन्निव वारिधीन् ॥२२॥ उवाच दूतान् गच्छन्तु यान्तु युद्धाय सत्वराः । स्वयमैरावतारूढो जगर्ज सुर-शत्रुहा ॥२३॥ तेन नादेन महता क्षोभयन्भुवनत्रयम् । श्रुत्वा तद्वचनं ते तु गता दूतः यथागतम् ॥२४॥ विबुधाश्चापि सन्नद्धा नानाशस्त्रासिपाणयः । भिण्डिपालकराः केचित् केचिच्छक्त्यर्ष्टि पाणयः ॥२५॥ मुद्गरासिधाराः केचिद्धनुर्बाण

कराः परे । गदाखेट कराः केचित् केचित्तु दंडपाणयः ॥२६॥ एवं देवगणैर्युक्तो वज्रभृन्निर्ययौ बहिः । कृत स्वस्त्ययनो विप्रैर्नाना वादित्र निस्वनैः ॥२७॥ त्रिपुरो दूतवाक्येन ज्ञात्वा युद्धोद्यमं तु तम् । सन्नद्धाम करोत्सेनां प्रहृष्टां चतुरंगिणीम् ॥२८॥ असंख्यातां समादाय हयारूढोऽभि निर्ययौ । परस्परं ददृशतुस्ते सेने वीरभूषणे ॥२९॥ कोलाहलो महानासीद् बृंहितै र्हेषितैरपि । क्ष्वेडितै रथघोषैश्च वाद्यघोषै रनेकधा ॥३०॥ ततो हुंकारमात्रेण नोदिता स्त्रिपुरेण ते । वीरा युयु-धिरे देवै : स संमर्दो महानभूत् ॥३१॥ नाभूत् स्वपर बोधोऽपि जघ्नुरेव परस्परम् । एवं सुतुमुले जन्ये मृतास्ते दानवा बहु ॥३२॥ सुमनसोऽपि पतिता दैत्यशस्त्र प्रपीडिताः। बभुस्ते सैनिकास्तत्र पुष्पिता इव किंशुकाः ॥३३॥ अशय्याः शयिताः केचिदंघ्रिहीना स्तथाऽपरे क्रमेलका गजाध्यक्षा रथाश्वाश्च पदातिनः ॥३४॥ ततः पलायनपरा दैत्या याता दिशो दश । सिंहं दृष्ट्वैव सहसा मृगा जीवनकांक्षिणः ॥३५॥ ततो निवार्य तत्सैन्यं वृन्दारकरिपुः स्वयम् । क्रोधानल महा-ज्वालो गर्जन्मेघ इवापरः ॥३६॥ शक्र सान्निध्य मगमद् भञ्जयन्निव रोदसी । स्वखड्गे नाहनत्तीव्रं हस्तं वज्रधरं हरेः ॥३७॥ वज्रंपपात तद्धस्तात् तदद्भुत मिवाभवत् । तदा दाया हनद्दैत्य स्तेनै वैरावतं गजम् ॥३८॥ ऐरावतः प्रहारेण पलायनपरो ययौ । ततो जघान स हरिं मुष्टिना दैत्यपुंगवम् ॥३९॥ सक्षणं पतितो भूमौ तत उत्थाय वेगवान् । जघान मुष्टिना शक्रं धरण्यां तमपातयत् ॥४०॥ ततउत्थाय मघवा दैत्यं प्राह रूषान्वितः । इदानीं मल्लयुद्धाय सज्जीभावा सुरेश्वर ॥४१॥ ततः स विस्मयाविष्ट उवाच बलगर्वितः । किमर्थत्वं निजप्राणे निर्दयोऽसि सुरेश्वर ॥४२॥ कृमिकीट

पतंगानां प्राणोऽतीव प्रियो मतः । गच्छ देव धरण्यां ते स्थानं दत्तं मया शुभम् ॥४३॥ ब्रम्होवाच । इति तद्वचनं श्रुत्वा जगाद बलवृत्रहा । यद्यहं जीविताच्वांहि मोचयामि न चेद्रिपो ॥४४॥ तदाऽहं धरणीं यामि त्वदाज्ञा वशगोऽधम । त्वमेव हतमूर्धाऽद्य धरणीं यास्यसे खल ॥४५॥ वदत्येवं तु देवेन्द्रे दैन्येन्द्रो निजधाम तम् । मुष्टिनाऽन्हृदये दुष्ट स्ततो युद्ध मभूत्तयोः ॥४६॥ चाणूर कृष्ण योर्यद्वत् परस्पर जयैषिणोः । न्हृदय न्हृदयेनैव हस्तं हस्तेन जघ्नतुः ॥४७॥ जानुभ्यां जानुनीं चोरू ताभ्यां तौ च निजघ्नतुः । मस्तकं मस्तकेनैव कूर्परं कूर्परेण तू ॥४८॥ पृष्ट पृष्टेन पादाभ्यां पादौ तावभि जघ्नतुः । पादों गृहीत्वा दैत्योऽस्य भ्रामयित्वा मुहुर्मुहुः ॥४९॥ तत्याज दूरत। शक्रं यथा न ज्ञायते क्वचित् । आरूरोह स्वयं तं तु चतुर्दन्तं गजेश्वरम् ॥५०॥ ततों देवगणाः सर्वे हिमवद् गिर्रि गव्हरम् । ययुः शक्रं विचिन्वन्तो दैत्य संत्रास तापिताः ॥५१॥ कुत्र वा पतितो देवो द्रक्ष्यामो वा कथं विभुम् । एवं संचिंतयन् तस्ते भ्रमंतो ददृशुश्चतम् ॥५२॥ अधोमुखं समायान्त देवेन्द्रं तं तदैव ह । प्रमेमु र्देवसंघास्त मालिलिंगु स्तथाऽपरे ॥५३॥ पूजयामासुरपरे बीजयामास कश्चन । पाद संवाहनं चास्य चक्रुः केचन भक्तितः ॥५४॥ तत्रैव न्यवसन् सर्वे गुप्तरूपाः सुरास्तदा । दैत्य स्त्वैरावता रूढो ययौ ताममरावतीम् ॥५५॥ देवस्थानानि दैत्याना मिंद्रासन गतः स्वयम् । ददौ विभज्य प्रत्येकं मानपूर्वं सुरद्विषाम् ॥५६॥ दिव्य वादित्र निर्घोषैः शृण्वन् गांधर्व निस्वनान् । किन्नरैः सेव्यमानस्तु रेमे चाप्सरसां गणैः ५७ (१५१६)

इति श्रीगणेशपुराण उपासनाखंडे इन्द्रपराजयो नामैकोन चत्वारिंशोऽध्यायः ॥३९॥

अध्याय ४० प्रारंभ :-

ब्रम्हौवाच । आक्रम्य देवधिष्ण्यानि दैत्योऽगाद् ब्रम्हणः पदम् । पराक्रमं दैत्यकृतं श्रुत्वा देव मुखात्परा ॥१॥ ब्रम्हा ययौ नाभिपद्मं विष्णुः क्षीरनिधिं ययौ । दैत्यस्य मानसौ पुत्रो प्रचंडश्चंड एव च ॥२॥ प्रचंडं स्थापयामास ब्रम्हलोकेऽधि-नायकम् । ततश्चंड च वैकुंठे चकार स्वामिनं स्वयम् ॥३॥ ततः कैलास मगमत् तं च दौर्भ्यांम चालयत् । भयभीता च गिरिजालिलिंगे शंकरं भृशम् ॥४॥ ततः कैलास मगमद्युद्धाकांक्षी महासुरः । तेन तुष्टो महादेवो दैत्यस्य पौरूषेण च ॥५॥ बहिर्ययौ वरं दातुं निजभक्त सुखप्रदः । ददर्श त्रिपुरं दैत्यं वरं वृणि त्यथाब्रवीत् ॥६॥ स वव्रे यदि तुष्टोऽसि देहि कैलास मद्य मे । गच्छ मन्दार शिखरं यावन्मम मनोरथः ॥७॥ शंकरोऽपि ददौ तस्मै कैलासं स्वल्पकालिने । स्वयं जगाम गिरिशो मन्दाराद्रि गणैर्वृतः ॥८॥ कैलासशिखरारूढो जहर्ष त्रिपुरासुरः एवं देवान्वशे कृत्वा पुनरायाद्रसातलम् ॥९॥ भीमकायोऽपि बलवानू भूमंडल गतो बलात् । वशे चकार नृपतीन् ऋषीन् सर्वान् बबन्ध च ॥१०॥ अग्निकुंडानि सर्वाणि देवतृप्ति कराणि च । आश्रमांश्च बभंजाशु तीर्थानि च विशेषतः ॥११॥ तापसांस्त्रास यामास कारागार समाश्रयात् । स्वाहास्वधा वषट्कारान् वेदस्याभ्यसनानि च ॥१२॥ सदाचारान् सदा द्वेष्टि सर्वगर्व समन्वित । वज्रदंष्ट्रोथ सप्तापि पातालानि वशेऽनयत् ॥१३॥ शेषं च वासुकिं चैव तक्षकं सर्वं भोगिनः निर्विषान् स विषांश्चैव चकार वशवर्तिलः; । वज्रदंष्ट्रो रत्नजातं बुभुजे प्रेषयच्च तम् ॥१४॥ नागांगना भिश्च कुतूहलेनरेमे सदाऽसौ समदोऽति हर्षात् । भोगान् विभुंजन् विविधानि रत्ना न्यादाय यात त्रिपुरान्तिके

स, ॥१५॥ पातालवश्यतां शंसन् लेभे मानं ततोधिकम् ॥१६॥ वस्त्राणि च महार्हाणि ग्रामान् दासा ननेकशः । एवं त्रिलोकान्वशगान् कृत्वा दैत्यो ननन्द ह ॥१७॥ देवाः सर्वे गुहावासा श्चिन्तयामा सुरन्वहम् । कथमस्य वधः कस्मिन्काले वापि भविष्यति ॥१८॥ कस्माद्वेति न जानीमो लब्धोऽनेन वरं कुतः । एवं व्याकुलचित्तेषु सुरेषु मुनिसत्तम ॥१९॥ आययौ नारदस्तत्र त्रैलोक्यचर इच्छया । ददर्श दीनान्देवांस्ता नुत्ततार नभः पथात् ॥२०॥ दृष्ट्वा सर्वे नारदं त मुत्तस्थु सहसाऽऽदरात् आलिलिंगुश्च नेमुश्च पुपूजुश्च यथाक्रमम् ॥२१॥ विश्रान्तं परिपप्रच्छु स्त्रिपुरस्यवरादिकम् । देवा ऊचुः । त्रिपुरेण समाक्रान्तं त्रैलोक्यं सचराचराम् ॥२२॥ स्थाथानि नो गृहीतानि केशास्तेनापि निर्जिताः । शरणं कं व्रजामोऽद्य कथं तस्य वधो भवेत् ॥२३॥ वराश्च केन दत्ता नो वदास्य त्रिपुरस्य भोः । नारद उवाच । कथयामि समासेन दैत्यस्य चिष्टितं महत् ॥२४॥ दिव्यवर्ष सहस्र स ततप परमं तपः । प्रसाद यामास विभुं गणेशं देवनायकम् ॥२५॥ तेनास्मै दुर्धरा दत्ता वराः सर्व भयंकराः । देवर्षि पितृभूतेभ्यो यक्षरक्ष पिशाचतः ॥२६॥ न नागेभ्यो भयं दत्तं विनैकं शंकरं विभुम् । प्रसादयन्तु देवेशं द्विरदानन मादरात् ॥२७॥ आराधयन्तु सर्वेऽपि विघ्नेशं सर्वसिद्धिदम् । देवा ऊचुः कथमाराधनं तस्य देवदेवस्य धीमतः ॥२८॥ कर्तव्यं मुनिशार्दूल कृपया तद्वदस्व नः । नारद उवाच । अहमेकाक्षरं मन्त्रं कथयाम्यखिलान् प्रति ॥२९॥ तेन मन्त्रेण ते सर्वे मया दत्तेन भक्तितः । अनुष्ठांनं प्रकुर्वन्तु सर्वेऽपि स्थिरमानसाः ॥३०॥ यावत् प्रत्यक्षता मेति देवोऽसौ गणनायकः । स एव तद्वधोपायं वदिष्य त्यखिलान्प्रति ॥३१॥ नान्योपायं प्रपश्यामि तस्मात् कुर्वन्तु मे

वचः । ब्रम्होवाच । इत्युक्त्वा नारदः सर्वा नुद्दिश्य मनुं च तम् ॥३२॥ जगाम तत्क्षणादेव वीणागान रतो मुनिः । ततः सर्वे सुरवरा गणेश ध्यानतत्पराः ॥३३॥ एकपादस्थिताः केचित्केचितपद्मासनस्थिताः । केचिद्वीरासनयुताः केचिन्मीलित लोचना निराहारा जितश्वासा जेपुर्मन्त्रं मुनीरितम् ॥३४॥ ततो बहुगते काले करूणाब्धि र्गजाननः अनुष्ठानं निरीक्ष्यैषां देवानां चिरकालजम् ॥३५॥ आविर्बभूव गणप स्तेषामग्रे वरप्रदः । उल्लसत् स्वर्णमुकुट श्चारूकुंडलमंडितः ॥३६॥ दन्तन्यस्त करो राजत् कटिसूत्र वरांगद । पाशं सृणिं च परशुं कमलं च भुजैर्दधत् ॥३७॥ रक्तचन्दन कस्तूरी सिन्दूर शशिभूषणः। विद्युत्तेजो लसत्कान्तिः कोटिसूर्यसमप्रभः ॥३८॥ दृष्ट्वैवं सहसा देवं विनायक मनामयम् । तेजसा धर्षितः सर्वे भयमापुश्च केवन ॥३९॥ प्रणेमुः सहसा केचिद्देवास्तं द्विरदाननम् । पूजयामा सुरपरे हर्षगद्गद भाषिणः ॥४०॥ स्वसंकष्ट विनाशाय तुष्टुवु कोऽपि तं त्रिभुम प्रसाद सुमुखं देवं सुमुखं संकटापहम् ॥४१॥ देवा ऊचुः नमो नमस्ते परमार्थरूप नमो नमस्तेऽखिलकारणाय । नमो नमस्तेऽखिलकारणाय, सर्वेन्द्रियाणा मधिवासिनेऽपि ॥४२॥ नमो नमो भूतमयाय तेऽस्तु नमो नमो भूतकृते सुरेश । नमो नमः सर्वधियां प्रबोध नमो नमो विश्वलयोभ्दवाय ॥४३॥ नमो नमो विश्वभृतेऽखिलेश नमो नमः कारण कारणाय । नमो नमो वेदविदामदृश्य, नमो नमः सर्ववर प्रदाय ॥४४॥ नमो नमो वागविचार भूत, नमो नमो विघ्ननिवारणाय । नमो नमोऽभक्त मनोरथघ्नें, नमो नमो भक्त मनोरथज्ञ ॥४५॥ नमो नमोऽभक्तमनोरथेश, नमो नमो विश्वविधानदक्ष । नमो नमो दैत्यविनाशहेतो, नमो नमः संकटनाशकाय ॥४६॥ नमो नमः कारूणिकोत्तमाय

नमो नमो ज्ञानमयाय तेऽस्तु । नमो नमोऽज्ञानविनाशनाय, नमो नमो भक्त विभूतिदाय ॥४७॥ नमो नमोऽभक्तविभूति हन्त्रे, नमो नमो भक्त विमोचनाय । नमो नमोऽभक्त विबन्धनाय, नमो नमस्ते प्रविभक्त मूर्ते ॥४८॥ नमो नमस्तत्व विबोधकाय, नमो नमस्तत्व विदुत्तमाय । नमो नमस्तेऽखिल कर्म साक्षिणें, नमो नमस्ते गुणनायकाय ॥४९ ब्रम्होवाच । एवं स्तुत सुरैर्देवो द्विरदानन ईश्वरः । उवाच परमप्रीतो हर्षयत् सुरसत्तमान् ॥५०॥ गणेंश उवाच । स्तोत्रेण तपसा चैव सुराः संतुष्टिमागतः । ददामि सकला भीष्टं तद् वृणुध्वं सुरेश्वराः ॥५१॥ देवा ऊचुः । यदि तुष्टोऽसि देवेश त्रिपुरं जहि दानवम् । सर्वेषा मधिकाराान्नो गृहीत्वा यस्तु तिष्टति ॥५२॥ त्वयैवास्याभयं दत्तं सर्वामर समूहतः । अतः स्म संकटं प्राप्ताः संकटान्मोचयाश नः ॥५३॥ त्वामे । शरणं प्राप्ता एष एव वरो हि नः । गणेंशउवाच । वारयिष्ये भयं सर्वं तस्माद् घोर ताराद्धि वः ॥५४॥ भवत्कृत मिद स्तोत्रमति प्रीतिकरं मम् । संकष्टनाशनमिति विख्यातं च भविष्यति ॥५५॥ पठतां शृण्वतां चैव सर्वकामप्रदं नृणाम् । त्रिसन्ध्यं यः पठेदेतत् संकष्टं नाप्नुयात क्वचित् ॥५६॥ ब्रम्होवाच । इति दत्वा वरं तेषां सुराणां जगदीश्वरः । पश्यतां मुनिदेवानां तत्रैवान्तर्दधे विभुः ५७ (१५७३)

इति श्रींगणेंशपुराण उपासनाखंडे स्तोत्र निरूपणं नाम चत्वारिंशोऽध्यायः ॥४०॥

अध्याय ४१ प्रारंभ :- व्यास उवाच । वरदेन गणेशेन प्रभुणा सर्व कारिणां । किं कृतं तन्ममाचक्ष्व पृच्छते चतुरानन ॥१॥ ब्रम्होवाच । ततो गजाननो विप्र रूपेण त्रिपुरं ययौ । महार्हासन संविष्टं ददर्श द्विजसत्तमः ॥२॥ स उत्थाय नमस्कृत्य स्वासने चोपवेशयत् । संपूज्य परिपप्रच्छ कुत आगम्यते द्विज ॥३॥ का विद्या किं च ते नाम पृच्छते ब्रूहि मे द्विज। प्रयोजनं च किं तेऽस्ति शक्तिश्चेत् करवामहे ॥४॥ द्विज उवाच । सायंगृहा वयं दैत्य सर्वज्ञाः सर्ववेदिनः । इच्छाविहारा लोकानां भ्रमाभो हितकाम्यया ॥५॥ कलाधरेत्येव नाम्ना विख्याता भुवनत्रये । दृष्टु कामा वैभवं ते संप्राप्ता भव तवनं ॥६॥ अखिला : संपदस्ते तु दृष्ट्वा तृप्ताः स्म सांप्रतम् । न कैलासे न वैकुंठे ब्रम्हलोकेऽपि नैदृशी ॥७॥ पदे शाक्रे न वै संपद्यादृशी दृश्यते तव । दैत्य उवाच । नाममात्रं कलाधारः किं वा जानासि तां द्विज ॥८॥ संपदः सर्वलोकेषु याभ्य एता प्रशंससि । जानासि चेद्दर्शय मे तासां मध्ये महोत्कटाम् ॥९॥ दृष्ट्वा दास्ये वांछितं ते प्रियं प्राणमपि द्विज । न स्मरे परिहासेऽपि वितथं भाषितं मुने ॥१०॥ कलाधार उवाच । परेषां संपदं दृष्ट्वा किं स्यात्तव सुरद्विष । विनायासे प्रसन्नोऽहं कलया ते ददामि वै ॥११॥ कांचनं राजतं लौहं त्रिपुरं शरसंस्थितम् । रम तत्र स्थिरो दैत्य चिरकालं यथा-सुखम् ॥१२॥ अभेद्यं देव गंधर्व मनुषै रूरगैरपि । कल्पितार्थ प्रदं तत्ते कामगं कामदं शुभम् ॥१३॥ यदैवैकेन बाणेन कस्मिश्चित् कालपर्यये । भेत्स्यते तद्धरो दैत्य तदा नाश मुपैष्यति ॥१४॥ ब्रम्हो वाच । इत्युक्त्वा धनुरादाय संस्तभ्य शरमन्तरा । पुरत्रयं निर्ममेऽसौ भुवनत्रय सन्निभम् ॥१५॥ विचित्रै भवनै रम्यै दीर्घि कारामं संयुतैः । नानानक्षि गणै-

जुंष्टं सर्वकामप्रदं खगम् ॥१६॥ मायया मोहितो दैत्य स्तत्रस्थों चन्हषे भृशम् । जगर्ज घनवद्दैत्यो लोकत्राय विकम्पनः
॥१७॥ न मत्तः श्रेष्ठ इत्येवं गर्वदर्प समन्वितः । त्रैलोक्यं क्षोभयामास ब्राम्हणं तमथाब्रवीत् ॥१८॥ याचस्व दुर्लभतरं
तत्ते दास्ये द्विजोत्तम । इत्युक्त्वा स द्विजः प्राह तं दैत्यं निस्पृहोऽपिसन् ॥१९॥ द्विज उवाच । अहं कैलासमगमं दृष्टवान्
मूर्ति मुत्तमाम् । शिवेन पूजितां सम्यग् गाणेशीं चिन्तितार्थदाम् ॥२०॥ तामानय त्वं मे देहि शक्तिर्यद्यसुरेश्वर । नेता–
दृशी मया मूर्ति स्त्रैलोक्यं चरतेक्षिता ॥२१॥ अतो मम मनस्तस्या मासक्तं दैत्यसत्तम । तां प्राप्य कृतकृत्योऽहं भविष्याम्य
सुरेश्वर ॥२२॥ कीर्ति ते प्रथयिष्यामि त्रैलोक्ये सचराचरे । न दाता त्रिपुराच्छ्रेष्ठो वांछितं यः प्रयच्छति ॥२३॥
दैत्य उवाच । शंकर किंकरं मन्ये गणये न च देवताः । आनयित्वा प्रदास्यामि तां मूर्ति द्विजपुंगव ॥२४॥ ब्रम्होवाच ।
इत्युक्त्वा पूजयामास तं कलाधर मादरात् ददौ तस्मै दश ग्रामान् गोवस्त्र भूषणानि च ॥२५॥ मुक्ताफलानि भूरीणि
महार्हाणीतराणिच । रत्नानि च प्रवालानि रांकवास्तरणानि च ॥२६॥ दासीदास शतं नाना भूषायुक्तं ददेऽसुरः । सद-
श्वान् सवरूथांश्च स्वर्णाक्षान् राजतान् रथान् ॥२७॥ प्रगृहय तत् बलाद्दत्तं प्रययों स कलाधर । स्वाश्रमं हर्षयन् पत्नी
सर्वानाश्रमवासिनः ॥२८॥ ब्रम्होवाच । एवं च सर्व वृत्तान्तं नारदोऽकथयत्सुरान् । तेऽपि कालं प्रतीक्षन्तो दिवसानतिच-
क्रमुः ॥२९॥ (१६०२) इति श्रीगणेशपुराण उपासनाखंडे कलाधरगमनं नामैकचत्वारिंशत्तमोऽध्यायः ।४१।

अध्याय ४२ प्रारंभ – व्यांस उवाच । कृतवान् किमु दैत्यः स गते तास्मिन्कलाधरे । कथमानीय दत्ताऽस्मै मूर्ति श्चिन्तामणेः शुभा ॥१॥ एतत्कथय मे सर्व विस्तार्य चतुरानन । लींला गजाननीः शृण्वन् न तृप्यामि समासतः ॥२॥ ब्रम्होवाच तस्मिन्गते यदकरोत् स दैत्यो मुनिसत्तम । तत्सर्व कथयिष्यामि शृणुष्वा वहितो मुने ॥३॥ दूतौ संप्रेषयामास मन्दराद्रि स्थितं शिवम् । अशिक्षयच्छिवं गत्वा वूतं मद्वाक्य मादरात् ॥४॥ मूर्ति श्चिन्तामणें स्तेऽस्ति गृहे सर्वार्थदा शुभा । देहि तां दैत्य राजाय साम्नैव गिरिजापते ॥५॥ पाताले स्वर्गलोके वा मर्त्ये वा पुनरम्दुतम् । तत्सर्व तेन दैत्यैन हयानीतं स्वगृहे तलात् ॥६॥ शीघ्रमानीयतां देव यावो दैत्यं महाबलम् । नदास्यसे यदा साम्ना तदा दैत्यः पराक्रमी ॥७॥ ग्रही–ष्यति बलात्तांतु ततो दुःख मवाप्स्यसि । इति दैत्यवचः श्रुत्वा जग्मतुस्तौं शिवं प्रति ॥८॥ आहतुस्तौ महादेवं दैत्यराजेन शिक्षितम् । इत्थं दूतवचः श्रुत्वा त्रिनेत्रः क्रोधमूर्छितः ॥९॥ उवाच दूतौं दूतौ वा मिति कृत्वा क्षमे वचः । कामस्येव भवेम्दस्म नो चेद्वां नात्र संशयः ॥१०॥ किं कार्यं तेत दैत्येन तृणीभूतेन मे विभोः । आयातु युद्ध मेवास्तु मर्तुकामो ममान्तिकम् ॥११॥ नेयं मूर्तिस्तेन शक्या प्राप्तुं जन्मशतैरपि । प्रलयाग्निः पतंगेन किं शान्तिमधिगच्छति ॥१२॥ मेरोः पांतो मूषकेन शक्यः कर्तु किमोजसा । असंख्य जल निष्काशाच्छुष्कः स्यात्किं महोदधिः ॥१३॥ ब्रम्होवाच :– श्रुत्वा तु शांकरी वाणीं दैत्यो यातौयथागतम् । अब्रूतां स्वामिनं वाक्यं शंभुना यदुदोरितम् ॥१४॥ तदाकर्ण्य प्रजज्वाल दैत्यो वाक्यार्थ कोविदः । क्रोधानलेन दीप्तोऽसौ त्रैलोक्यं प्रदहन्निव ॥१५॥ आज्ञापयच्च युद्धाय स्वसेनां चतुरंगिणीम् । निर्गता सहसा

सेना मन्दराचल संमुखा । १६ भूतलं छादयामास निर्मर्यादो यथाऽम्बुधिः । अनेकसूर्य संकाशा विकोशैः शस्त्रसंचयैः ॥१७॥
गर्जन्ती घनवद्घोरं मृत्योर्मानस कम्पिनीं । दैत्य स्त्रिपुर मारूहय विमानसदृशं महत् ॥१८॥ मनोवेगं ततः पश्चाजिघांसुः
शंभुमाययौ । बृहन्मणिमयं चारू कवचं कुंडलेऽगदे ॥१९॥ मुक्तामालां मुदिकाश्च कटिसूत्रं च कांचनम् मुकुंट रत्नखचितं
महार्घं बिभ्रदुल्लसत् ॥२०॥ यस्य शब्देन महता चकम्पे हरमानसम् । तद्धनुः स निषंगं च कौर्मं खेटमसिं दृढम् ॥२१॥
शुशुभे शक्तिका दिव्याऽवह्यां दैत्यपुंगवः । गायमाना नर्तमाना गंधर्वाप्सरसां गणाः ॥२२॥ बन्दिनश्चारणा श्चापि ययु-
रस्याग्रतो मुदा । शंकरो दूतवाक्येन श्रुत्वा दैत्यं ममागतम् ॥२३॥ असंख्य बतसंयुक्तं युयुत्सुं कालकर्षितम् । शूलपा-
णिरपि तदा संपूज्य द्विरदाननम् ॥२४॥ प्रणम्य तं परिक्रम्य पुरस्कृत्य बलं बलात् । आययौ क्रोध दीप्दाक्षः स्वस्थलाद्
गणमंडलम् ॥२५॥ ते वीरा वीरशब्देन नादयन्तो दिशो दश । अभिजग्मुः प्रहरणैः परस्पर वधेप्सवः ॥२६॥ अभूतां मीलिते
सेनेंरजस्तिमिरसंकुले । स्वपरज्ञानरहिते जघ्नतू रणमूर्धनि ॥२७॥ अभवत्तुमुलं युद्धं न प्राज्ञायत किंचन । गजाश्व रथ वीराणां
हतानां शोणितोक्षिते ॥२८॥ शान्ते रजस्य युध्यन्त वीरा वीरैः पृथक् पृथक् । केचित् प्रासैः केऽपि खड्गैः केचिद्बाणै शिला-
शितैः ॥२९॥ ऋष्टिभि र्मुष्टिभिः केचित् केचित् परशु तोमरैः । हतानां तत्र वीराणां हयानांच पदातिनाम् ॥३०॥ असृङ्-
नदी समभवत् केशशैवल वाहिनी । खेटकूर्मा खड्गमत्स्या शिरः कमलक्षूषणा ॥३१॥ छत्रावर्ता घोरतरा कवन्ध वृक्ष-
वाहिनी । वीर संतोषजननी गृध्रगोमायु हर्षकृत् ॥३२॥ दृष्ट्वा नदीं तु गिरिशो ययौ दैत्यान्तिकं बली । दैत्योऽपि त्रिपु

रारूढो ययौ तस्य पुरः पुरः ॥३३॥ नायकौ संगतौ दृष्ट्वा द्वन्द्वशोऽन्ये परस्परम् । अव्याकुले युयुधिरे दैतेयाः शाम्भवा स्तदा ॥३४॥ नाना प्रहरणै दिव्यैः शस्त्रैरस्त्रै द्रुमैरपि । तेषां युद्धानि नामानि कथयिष्ये समासतः ॥३५॥ (१६३७)

इति श्रीगणेशपुराण उपासनाखंडे युद्धवर्णनं नाम द्विचत्वारिंशत्तमोऽध्यायः ।४२।

अध्याय ४३ प्रारंभ :– ब्रम्होवाच । अयुध्यतां द्वन्द्वशोऽथ गिरिशासुर नायकौ । षण्मुखेन प्रचंडश्च नन्दिना चंड एव च
॥१॥ युयुधे पुष्पदन्तोऽपि मीमकायेन वीर्यवान् । भृशुंडी कालकूटेन विषवत्प्राणहारिणा ॥२॥ अयुध्येतां वीरभद्र वज्रदंष्ट्रौ महाबलौ । इन्द्रोऽपि युयुधे तत्र दैत्यामात्येन वीर्यवान् ॥३॥ दैत्यपुत्रेण बलिना जयन्तो युद्धदुर्मदः । काव्येन युयुधे तत्र सुराचार्योऽस्त्रवित्तमः ॥४॥ देवानां चैव दैत्यानामेवं द्वन्द्वान्यनेकशः । वर्णितुं नैव शक्यानि मया वर्षं शतैरपि ॥५॥ रथिनो रथिभिः सार्धं गजिनौ गजिभिः सह । अश्वारोहाः स्वसदृशैः पदाताश्च पदातिभिः ॥६॥ युयुधुः संयुगे घोरे नानावाद्य निनादिते ।हेषितै बृंहितैः क्ष्वेडैर्नेमिनादैश्च शब्दिते॥७॥केचिच्च मल्लयुद्धेन युयुधु र्विविधेन तु । जघ्नुरंगानि चांगेषु त्यक्त्वा शस्त्राणि संयुगे ॥८॥ ततः प्रचंडो नवभि स्ताडयामाम षण्मुखम् । आकर्णाकर्षं निसृतै दृढैर्बाणैः शिलाशितैः ॥९॥ अप्रा–प्तानेव तांश्छित्त्वा शरैः सन्नतपर्वभिः । कार्तिकेयः पंचभिस्तं ताडयामास सायकैः ॥१०॥ संमूर्छितोऽपतद्भूमौ प्रचंडो भ्रान्त मानसः । नन्दिनाऽपि हतश्चंडः पंचभि र्निशितैः शरैः ॥११॥ मूर्छा मवाप सहसा पतितो धरणीतले । भीमकायः पुष्पदन्त

मविध्यद्दशभिःशरैः ॥१२॥ छेदयामास समरे स्वशरै निशितैः स तान् । त्रिभिरे वाहनत्तं च सोऽपि भूतलमाश्रितः ॥१३॥
कालकूटं भृशुंडीस्तु पातयामास पंचभिः । शरै मँहाबलस्तत्र वीरभद्रौ रूषा युतः ॥१४॥ वज्रदंष्ट्र ततो जघ्ने चतुर्भिर्निशि-
तै शरैः । तान्निवार्य स्वयं जघ्ने वीरभद्रं त्रिभिःशरै ॥१५॥ तानापतत एवाशु वीरभद्रोऽच्छिनत् त्रिभिः । पातयामास वेगेन
वज्रदंष्टं त्रिभिःशरैः ॥१६॥ इन्द्रोऽपि वज्रपातेन दैत्यामात्यं न्यपातयत् । उद्यम्य निशितं खड्गं दैत्यपुत्रः समाययौ ॥१७॥
हन्तुकामौ जयन्तं तं वीरेषु पतितेषु च । तं निरीक्ष्य तथाऽऽयान्तं खड्गंचिच्छेद पत्रिणा ॥१८॥ जयन्तोऽभ्य हनच्छीघ्रं
दैत्यसूनुं त्रिभिः शरैः । तैराहतो वमन्रक्तं न्यपतन्मोह संयुतः ॥१९॥ एवं सर्वेषु सैन्येषु प्रभग्नेषु समन्वतः । दृष्ट्वा पला
यनपरा न्दैत्यान्देवगणार्दितान् ॥२०॥ अधावन्पृष्टतः केचित्प्रमया जयशालिनः । एवं जयत्सु देवेषु स्वसैन्ये विद्रुतेऽपि च
॥२१॥ आययौ स्वयमेवेशं त्रिपुराधिष्टितोऽसुरः । शस्त्रयुद्धं पुरा कृत्वा युध्येतां मस्त्रतो ह्युभौ ॥२२॥ वारूणास्त्रं जहौ
दैत्यो वृष्टिर्घोर तराऽभवत् । नीहार बहुले युद्धे न प्राज्ञायत किंचन ॥२३॥ क्वचिद् विद्युत्प्रकाशेन स्वपरज्ञान कारिणा ।
युद्धमासीत्तु तुमुलं घोररूपं दुरासदम् ॥२४॥ विलोक्य सैन्यं तत्सर्वं वृष्टिवात प्रपीडितम् । शिलापात भयाद्याते स्वसैन्ये
तु दिशोदश ॥२५॥ वायव्यमस्त्रं गिरिशो मोचयामास सत्वरम् । महावाता न्महामेघा विशीर्णाः खंडशोऽम्बरे ॥२६॥
वातेन घूर्णिता सेना दैत्यानां सर्वतो दिशम् । जगलुः पक्षिपिच्छानि वीरोष्णीषाणि दूरतः ॥२७॥ पतिताश्चूर्णिताः केचिद्र-
थाश्च गजपत्तयः । उन्मूलिता लता वृक्षाश्छादयन्ति स्म सैनिकान् ॥२८॥ पन्नगास्त्रेण तं वायुं तथा दैत्यो न्यवारयत् ।

आकर्णं धनुराकृष्य तूणाद्बाणं प्रगृह्य च ॥२९॥ मन्त्रयन्ननलास्त्रेन शिवसैन्ये न्यपायत् । अंगारवृष्टिः सहसा पतिता सर्व-
दाहिनो ॥३०॥ प्रलयं मेनिरे सर्वे ज्वाला माला भिरर्दिताः । ज्वालाभ्यो दीप्यमानाभ्यो महाभीतिकरः पुमान् ॥३१॥
आविरासीन्महाकायो लिख न्मूर्धनां नभस्तलम् । दंष्ट्रा करालवदनो महारावः क्षुधातुरः ॥३२॥ लालयन्रसनां घोरां शत-
योजन विस्तृताम् । नासापवन वेगेन भ्रामयन्कुंजरान्रणे ॥३३॥ भक्षयास तां सेनामुरगा निव पक्षिराट् । अपीपलद्भर्ग-
सेना तेन पुंसा प्रपीडिता ॥३४॥ शिवपृष्टं समासाद्य रक्ष रक्षेति चाब्रवीत् । मा भैष्टेत्यभयं तस्यै दत्त्वा वन्हि न्यवारयत्
॥३५॥ पर्जन्यास्त्रप्रपातेन तत्क्षणाद् गिरिजापतिः बाणेनैकेन तं घोरं पुरुषं स न्यपातयत् ॥३६॥ तत उत्थाय दुरुक्तो
बभक्ष शिवसैनिकान् । ययुः पलायनपराः प्रमथा भयविव्हलाः ॥३७॥ स्खलन्तो निपतन्तश्च निश्वसन्तश्च कंपिरे ।
शिवोऽपि निःसहायत्वा द्दरीमेवान्वपद्यत ॥३८॥ षडाननादयो वीरा अनुसस्रुस्तमेव हि । जिघृक्षु र्गिरिजां दैत्यो विचिन्त्यै-
काकिनीं गिरौ ॥३९॥ विहाय रणभूमिं तु ययौ कैलासमेव सः । दूराद्दृष्ट्वा तमायान्तं चकम्पे गिरिजा तदा ॥४०॥
उवाच पितरं गत्वा दैत्यो मां किं नु नेष्याति । तस्या स्तद्वचनं श्रुत्वा नीत्वा तां दुर्गमांगुहाम् ॥४१॥ अविज्ञातां स्वेतरेण
स्थापयामास निर्भयाम् । सोऽपि दैत्यस्ततो हैमं गिरिं तद्ग्रहणेच्छया ॥४२॥ आगतो न ददर्शाथ गिरिजां क्वापि सत्तम ।
भ्रमन्ददर्श तत्रैकां मूर्तिं चितामणेः शुभाम् ॥४३॥ सहस्रसूर्य संकाशां नानालंकार शोभिनीम् । त्रैलोक्यसुंदरां सद्यो गृहीत्वा
स्वस्थलं ययौ ॥४४॥ नानावादित्र निर्घोषैः स्तुवद्भिर्बन्दिभिर्वृतः । ततः पातालमभ्रमत् सर्वत्र विजयी बली ॥४५॥
गच्छतस्तस्य दैत्यस्य हस्तेऽप्यन्तर्हिता तदा । मूर्तिश्चिंतामणेः सा तु तदद्भुत मिवाभवत् ॥४६॥ तमेवाशकुनं मत्वा तत्पुरं
पुनराविशत् । अत्यन्तं विमनाश्चिन्तां दुरुतां समुपागतः ॥४७॥ (१६८४)

इति श्रीगणेशपुराण उपासनाखंडे त्रिचत्वारिंशत्तमोऽध्यायः ॥४३॥

अध्याय ४४ प्रारंभ :– व्यास उवाच । ततः किमकरोच्छम्भु स्त्रिपुरेण पराजितः । कथं तमजयद्दैत्यं त्रिपुरं जयशालिनम्
॥१॥ ब्रम्होवाच । ततः शम्भुः परां चिन्ता मापेदे मनसाऽसकृत । स्वाहा स्वधा विहीनं तु भूतलं परिचिन्तयन् ॥२॥
कदा स्वस्थानगा देवा भविष्यन्ति गतज्वराः । केनोपायेन वासः स्याद् दुर्जयस्य पराजयः ॥३॥ एवं चिन्तातुरे तस्मिन्
नारदो मुनिसत्तमः । आययौ शंकरं दृष्टुं देवान् सर्वान् यदृच्छया ॥४॥ तं दृष्ट्वा जन्हृषे देवो मर्त्यः प्राप्य यथाऽमृतम् ।
पूजयामास विधिवत् कृतासन परिग्रहम् ॥५॥ आलिंग्य तमुवाचेत्थं शिवश्चितातुरो भृशम् । देवानां हितमन्विच्छन् दैत्य–
स्य वधमेव च ॥६॥ शिव उवाच । दैत्येन सर्वदेवानां कदनं कृतमोजसा । तद्रणे भग्नसंकल्पाः सर्वे देवाः पलायिताः ॥७॥
याता दश दिशो ब्रम्हन् कः कुत्रास्ते न वेद्म्यहम् । ममाप्यस्त्राणि तेनास्त्रैः प्रभग्नानि सहस्रशः ॥८॥ ब्रम्होवाच । श्रुत्वा
शिववचः सोऽमु मवादीन् मुनिसत्तम । मन्वानः परमाश्चर्यं त्रैलोक्येश पराभवम् ॥९॥ नारद उवाच । सर्वज्ञे सर्वं विद्येशे
सर्वेशे सर्वकर्तरि । सर्वानने सर्वहरे सर्वस्यापि नियन्तरि ॥१०॥ शक्ते कर्तुमकर्तु वाऽन्यथाकर्तुमपि प्रभो । अणिमादि गुणो
पेते षडैश्वर्य विलासिनि ॥११॥ किं वक्तव्यं मया देव सर्ववक्तृवरे त्वयि । मुनिना गानसक्तेन त्रिलोकीं भ्रमताऽनिशम्
॥१२॥ तव वाक्यानुरोधेन विचार्य प्रब्रवीम्यहम् । एवमुक्त्वा क्षणं ध्यात्वा पुनः प्राह शिवं मुनिः ॥१३॥ मुनिरुवाच ।
युद्धाय गन्तुकामेन नार्चितो गणपस्त्वया । अतः पराभवं प्राप्तो वन्हिनेत्रः पिनाकधृक् ॥१४॥ इदानीमर्चय पुरा विघ्नेशं
विघ्नवारणम् । प्रसाद्य तद्वरं लब्ध्वा याहि युद्धाय सादरम् ॥१५॥ पराजेष्यसि तं दैत्यं नात्र कार्या विचारणा । ब्रम्होवाच

। तेनापि तपसा देवो महताराधितः पुरा ॥१६॥ तेन तस्मै वरो दत्तोऽखिल विघ्नौघ हारिणा । महेश्वरं विना मृत्युर्न केनापि भवेत्तव ॥१७॥ तस्माद् गिरिश तस्येदं कामगं तु पुरत्रयम् । एकेषुणा दारयस्व जयोपायोऽयमीरितः ॥१८॥ प्रहर्षमतुलं लेभे श्रुत्वा गजानन गिरं पूर्वाक्तां प्राह तं मुनिम् ॥१९॥ शिव उवाच । सत्यमुक्तं त्वया ब्रम्हं स्त्रवद्वाक्येन स्मृतं मया । उपदिष्टौ पूर्वमेव मन्त्रौ तेन मुने मम ॥२०॥ षडक्षरै काक्षरौ तौ सर्वसंकट हारकौ । युद्धे व्यासक्त चित्तेन न जप्तौ न च संस्मृतौ ॥२१॥ सर्व विघ्नहरो देवो न स्मृतो हि गजाननः । सर्वेषां कारणं कर्ता पाता हर्ता विनायकः ॥२२॥ मुनिरूवाच । तं तोषय महादेव महादेवं गजाननम् । ब्रम्होवाच । विसर्ज्य नारदं देवो जगाम तपसे शिव। ॥२३॥ दंडकारण्यदेशे तु पद्मासनस्थितोऽजपत् । प्रणिधाय बलात्खानि नियम्य ध्यानतत्परः ॥२४॥ सोऽतपत्तप उग्रं तु शतवर्षाणि शंकरः । ततस्तस्य मुखाम्भोजान् निर्गतस्तु पुमान्परः ॥२५॥ पंचवक्त्रो दशभुजो ललाटेन्दुः शशिप्रभः । मुंटमालोः सर्पभूषो मुकुटांगद भूषणः ॥२६॥ अग्न्यर्क शशिनो भाभि स्तिरस्कुर्वन्दशायुधः । तद्भासा र्घर्षितो देवोऽपश्यदुग्रं पुरःस्थितम् ॥२७॥ विनायकं पंचमुखं पंचास्यमपरं शिवम् । तं दृष्ट्वाऽतर्कयद्देवः किमहं द्विविधोऽभवम् ॥२८॥ किवा ममैव रूपेण त्रिपुरोऽयमिहागतः । त्रयस्त्रिंशत्कोटि देवेष्वपरः पंचवक्त्रवान् ॥२९॥ अथवा स्वप्न एवायं दृष्टो दीर्घंतरो मया अथवा मे वरं दातु

मागतोऽयं गजाननः ॥३०॥ सर्वविघ्नहरं देवं यं ध्यायामि दिवानिशम् । ब्रम्होवाच । एवमाकर्ण्य तद्वाक्य मुवाच द्विरदाननः ॥३१॥ अन्तर्य स्तर्कितो देवः सोऽयं विघ्नहरो विभुः । न मे स्वरूपं जानन्ति देवर्षि चतुराननाः ॥३२॥ न वेदाः सोप निषदः कुतः षट्शास्त्र वेदिनः । अशेष भुवन स्याहं कर्तापाताऽपहारकः ॥३३॥ ब्रम्हादि स्थावरचर त्रिगुणामहं प्रभुः । तपसाऽनेन तुष्टौऽहं वरं दातु मिहागतः ॥३४॥ वरान्वृणु महादेव यावतो मत्त इच्छसि ॥३५॥ (१७१९)

इति श्रीगणेशपुराण उपासनाखंडे तपोवर्णनं नाम चतुश्चत्वारिंशोऽध्यायः ॥४४॥

अध्याय ४५ प्रारंभ :– मुनिरुवाच । तूतः प्रसन्ने विघ्नेशे देवेशे विघ्नहारिणि । वरान् दित्सति शर्वाय किं किं वव्रे सदाशिवः ॥१॥ ब्रम्होवाच । गणेशवचनं श्रुत्वा शिवो वाक्य मथा ब्रवीत् । स्मृत्वा गजाननं तं तु स्वस्वरूपं वरप्रदम् ॥२॥ शिव उवाच । दशापि नेत्राणि ममाद्य धन्या, न्यथो भुजाः पूजनतस्तवाद्य । तवानते पंच शिरांसि धन्या, न्यथः स्तुतेः पंचमुखानि देव ॥३॥ पृथ्वी जलं वायुरथो दिशश्च, तेजश्च कालः कलनात्म कोऽपि । नभो रसो रुपमथानि गंधः, स्पर्शश्च

शब्दो मन इन्द्रियाणि ॥४॥ गंधर्वयक्षाः पितरो मनुष्या, देवर्षयो देवगणाश्च सर्वे । ब्रम्हेन्द्ररुद्रा वसवोऽथ साध्या, स्त्वत्तः
प्रसूता सचराचरश्च ॥५॥ सृजस्यदो विश्वमनन्य बुद्धे, रजोगुणात्पासि समस्तमेतत् । तमोगुणात्संहरसे गुणेश, नित्यो निरी
हा खिलकर्मसाक्षी ॥६॥ ब्रम्होवाच । ततोऽह मब्रुवं देवं गणेशं तं शिवाज्ञया । नाम चाकरवं तस्य यत्तच्छुणु महामते
॥७॥ त्वन्नाम बीजं प्रथमं मातृकाणा मोंकार रुपं श्रृति मूलभूतम् । यतो गणानां त्वमसीह ईशो, गणेश इत्येव तवास्तु
नाम ॥८॥ ओमित्यथोक्ते गणनाथ केन, तुतोष शर्वः प्रददौ वरांश्च । यः सर्व कार्येषु तवेश कुर्यात्, स्मृति तदन्तं स लभेद
विघ्नम् ॥९॥ विनास्मृतिं तेन लभेच्च कोऽपि वांछार्य सिद्धि कृमिकीट कोऽपि । शैवे स्त्वदीयै रथ वैष्णवैश्च शाक्तैश्च
सौरे रथ सर्वकार्ये ॥१०॥ शुभाशुभे वैदिक लौकिके वा त्वमर्चनीयः प्रथमं प्रयत्नात् । यन्मंगलं सर्वजनेषु देव सयक्ष विद्या
धर पन्नगेषु ॥११॥ तस्येश्वरो मंगलमूर्तितां त्वं ततो यतो मंगल कृत् स्वभक्ते । अहं पुराऽनर्चय तस्तवेश त्वय्यस्मृते दैत्य-
वरस्य युद्धे ॥१२॥ अवंदनाच्चाप पराभवं तं तत स्तवांध्रि शरणं प्रपन्नः । क्षमापराधं मम सर्वशक्ते जयं प्रयच्छाखिल-
जन्य काले ॥१३॥ ये सर्वथा त्वांन भजन्ति देव, जडा दरिद्राः प्रभवन्तु तेऽपि भजंति ते भक्ति युता मनुष्याः, प्राप्स्यन्ति
सिद्धिनिखिलार्थदात्रीम् ॥१४॥ क उवाच । इन्थं निशम्याखिल वाक्य सार वेत्ताऽवद द्वाक्यमिदं गिरीशम् । यदा यदा मे

स्मरणं विद्ध्या स्तदाऽन्तिकं तेऽहमिया मुमेउ ॥१५॥ मन्नाम बीजेन निमंत्रयैकं बाणं तु तेनैव पुरत्रयं तत् । निपातया स्मन् महसा महेश, कृत्वा स दैत्यं खलु भस्मसात्वम् ॥१६॥ ततः स्वनाम्ना भवदत् सहस्रं गणाधिपोऽस्मै प्रणताय सम्यक् । शिवाय भक्त्या परितुष्ट चित्तो, जयप्रदं कामकरं जनानाम् ॥१७॥ उवाच चैनं रणकाल एतत् पठस्व दैत्यान्विनिहंसि शीघ्रम् । त्रिसंध्य मेतस्य जपान्नराणां सिध्यन्ति कामाः सकला अभीष्टाः ॥१८॥ श्रुत्वातु वाक्यं द्विरदाननस्य, तं पूज्य सम्यक्शिव उज्जहर्ष । संस्थापयामास महागणेशं प्रासाद मुच्चै र्दृढमाशु चक्रे ॥१९॥ संतर्प्य देवान् मुनि सिद्ध संघान् दानानि दत्वा द्विजपुंगवेभ्यः । पुनश्च संपूज्य नमश्चकार देवं गिरीशो वरदं गणेशं ॥२०॥ उवाच सर्वान् मणिपूरियं तु विख्याति माग च्छतु सर्वलोके । देवेन सर्वैश्च तथोदितै स्तैं रन्तर्दधुस्ते गणनांथमुख्याः ॥२१॥ अन्तर्हिते मुनिगणे ससुरे गणेशे, शर्वोप्यगात् स्वनिलयं स्वगणै रुपेतः । गन्धर्व यक्ष निवहैरमरांगनाभि र्वृत्तं निजं परमुदा गिरिजामुवाच ॥२२॥ श्रुत्वा तदाऽमृतवचः सकलं गिरीशा द्देवेश्वरा मुमुदिरे मुनयः सदाराः । योगीश्वराश्च निहतं त्रिपुरं स्वधिष्ण्य ममंसताप्यधिगतं गिरिश प्रसादात् ॥२३॥ ('१७४२)

इति श्रीगणेशपुराण उपासनाखंडे शिवस्य वरदानं नाम पंचचत्वारिंशोऽध्यायः ॥४५॥

अध्याय ४६ प्रारंभ :– व्यास उवाच । कथं नाम्नां सहस्त्रं तद् गणेश उपदिष्टवान् शिवदं तन्ममाचक्ष्व लोकानुग्रह तत्पर ॥१॥ ब्रम्होवाच । देवः पूर्वं पुरारातिः पुरत्रयजयोद्यमे । अनर्चनाग्दणेशस्य जातो विघ्नाकुलः किल ॥२॥ मनसा स विनिर्धार्य ततस्तद्विघ्नकारणं । महागणपतिं भक्त्या समभ्यर्च्य यथाविधी ॥३॥ विघ्नप्रशमनोपायमपृच्छत्तं पराजितः । संतुष्टः पूजया शंभोर्महागणपतिः स्वयम् ॥४॥ सर्वविघ्नप्रशमनं सर्वकामफलप्रदं । ततस्तस्मै स्वस्य नाम्नां सहस्त्रमिदमब्रवीत् ॥५॥ अस्य श्रीमग्दणेशदिव्यसहस्त्रनामामृतस्त्रोत्रमालामहामंत्रस्य श्रीमहागणपतिर्ऋषिः । श्रीस्वानंदेशो ब्रह्मणस्पतिर्देवता । नानाविधानि च्छंदासि । हुमिति बीजं । तुंगमितीं शक्तिः । स्वाहाशक्तिरिति कीलकं । सकलविघ्नविनाशनद्वारा श्रीब्रह्मणस्पति–प्रीत्यर्थं जपे विनियोगः । अथ न्यासाः । गणेश्वरो गणक्रीड इत्यंगुष्ठाभ्यां नमः । कुमारगुरुरीशानेति तर्जनीभ्यांनमः । ब्रह्मांडकुंभश्चिद्व्योमेति मध्यमाभ्यां नमः । रक्तोरक्तांबरधर इत्यनामिकाभ्यां नमः सर्वसद्गुरुसंसेव्य इतिकनिष्ठिकाभ्यां नमः । लुप्तविघ्नः सुभक्तनामिति करतलकरपृष्ठाभ्यां नमः । अथ हृदयादिन्यासाः । छंदश्च्छंदोग्दव इतिहृदयाय नमः । निष्कलो निर्मल इति शिरसे स्वाहा । सृष्टिस्थितिलयक्रीड इति शिखायै वषट् । ज्ञानं विज्ञानमानंद इतिकवचायहुम् । अष्टांगयोगफलभृदिति नेत्रत्रयाय वौषट् । अनंतशाक्तसहित इत्यस्त्रायफट् । इति दिग्बंधः । अथध्यानम् । रक्तांभोधिस्थपोतोल्लसदरुणसरोजाधिरुढं त्रिनेत्रं । पाशं चैवांकुशाढ्यं परशुमभयदं बाहुभिर्धारयंतं । शक्त्या युक्तं गजास्यं पृथुतरजठरं सिद्धिबुद्धीसमेतं । रक्तं चंद्रार्धमौलिं सकलभयहरं विघ्नराजं नमामि ॥१॥ श्रीसिद्धिबुद्धिसहिताय सलक्षलाभाय श्रीस्वानंदेशाय ब्रह्मणस्पतये सांगाय सपरिवाराय सशक्तिकाय सायुधाय सवाहनाय सावरणाय नमः । इति नाममंत्रेण मानसैः पंचोपचारैः संपूज्य पठेत् । । श्रीमहागणपतिरूवाच । गणेश्वरो गणक्रीडो गणनाथो गणाधिपः । एकदंष्ट्रो वक्रतुंडो गजवक्त्रो महोदरः ॥१॥ लंबोदरो धूम्रवर्णो विकटो विघ्ननायकः । सुमुखो दुर्मुखो बुद्धो विघ्नराजो गजाननः ॥२॥ भीमः प्रमोद आमोदः सुरानंदो महोत्कटः ।

हेरंबः शंबरः शंभुर्लंबकर्णो महाबलः ॥३॥ नंदनो लंपटो भीममेघनादो गणंजयः । विनायको विरूपाक्षो बीरशूरवरप्रदः ॥४॥
महागतिर्बुद्धिप्रियः क्षिप्रप्रसादनः । रुद्रप्रियो गणाध्यक्ष उमापुत्रोऽघनाशनः ॥५॥ कुमारगुरुरीशानपुत्रो मूषकवाहनः । सिद्धि–
प्रियः सिद्धिपतिः सिद्धिः सिद्धिविनायकः ॥६॥ अविघ्नस्तुंबरुः सिंहवाहनो मोहिनीप्रियः । कटंकटो राजपुत्रः शाकलः संमि
तोऽमितः ॥७॥ कूष्मांडसामसंभूतिर्दुर्जयो धूर्जयो जयः । भूपतिर्भुवनपतिर्भूतानां पतिरव्ययः ॥८॥ विश्वकर्ता विश्वमुखो विश्व
वंद्यो बिनिर्गुणः । कविः कवीनामृषभो ब्रह्मण्यो ब्रह्मणस्पतिः ॥९॥ ज्येष्ठराजो निधिपतिर्निधिप्रियपतिप्रियः । हिरण्मयपुरांतःस्थः
सूर्यमंडलमध्यगः ॥१०॥ कराहतिध्वस्तसिंधुसलिलः पूषदंतभित् । उमांककेलिकुतुकी मुक्तिदः कुलपालनः ॥११॥ किरी-
टिकुंडलिहारिवनमालिमनोमयः । वैमुख्यहतदैत्यश्रीः पादाहत्येजितक्षितिः ॥१२॥ सद्योजातः स्वर्णमुंजमेखली दुर्निमित्तहृत्
। दुःस्वप्नदुष्टशमनो गुणी नादप्रतिष्ठितः ॥१३॥ सुरूपः सर्वनेत्राधिवासो विभ्राजिनूपुरः पीतांबरः खंडरदः खंडवैशाखसंस्थि-
तः ॥१४॥ चित्रांगः श्यामदशनो मालचंद्रो हविर्भुजः । योगाधिपस्तारकस्थपुरुषो गजकर्णकः ॥१५॥ गणाधिराजो विजयः
स्थिरो गजपतिर्ध्वजी । देवदेवः स्मरप्राणदीपको वायुकीलकः ॥१६॥ विपश्चिद्वरदोन्नादो नादभिन्नमहाचलः । वराहवदनो
मृत्युंजयो व्याघ्राजिनांबरः ॥१७॥ इच्छाशक्तिभवो देवत्राता दैत्यविमर्दनः । शंभुवक्त्रोद्भवः शंभुकोपजः शंभुहास्यभूः
॥१८॥ शंभुतेजाः शिवाशोकहारी गौरीसुखावहः । उमांगमलजो गौरीतेजोभूः स्वर्धुनीभवः ॥१९॥ मत्तकायो महानादो
गिरिवर्ष्मा शुभाननः । सर्वात्मा सर्वदेवात्मा ब्रह्ममूर्द्धा ककुप्श्रुतिः ॥२०॥ ब्रह्मांडकुंभश्चिद्व्योमभालः सत्यशिरोरुहः ।
जगज्जन्मलयोन्मेषनिमेषोऽग्न्यर्कसोमदृक् ॥२१॥ गिरींद्रैकरदो धर्माधर्मोष्ठः सामबृंहितः। ग्रहर्क्षदशनो वाणीजिव्हो वासव–
नासिकः ॥२२॥ भ्रूमध्यसंस्थितकरो ब्रम्हविद्यामदोदकः । कुलाचलांसः सोमार्कघंटो रुद्रशिरोधरः ॥२३॥ नदीनदभुजः
सर्पांगुलीकस्तारकानखः । व्योमनाभिः श्रीहृदयो मेरुपृष्ठोऽर्णवोदरः ॥२४॥ कुक्षिस्थयक्षगंधर्वरक्षःकिन्नरमानुषः । पृथ्वीकटिः

सृष्टिर्लिंगः शैलोरुर्दंस्त्रजानुकः ॥२५॥ पातालजघो मुनिपात्कालांगुष्ठस्त्रयीतनुः । ज्योतिर्मंडललांगूलो हृदयालाननिश्चलः ॥२६॥ हृत्पद्मकर्णिकाशाली वियत्केलिसरोवरः ; सद्भक्तध्याननिगडः पूजावारीनिवारितः ॥२७॥ प्रतापी काश्यपो यंता गणको विष्टपी बली । यशस्वी धार्मिको जेता प्रथमः प्रथमेश्वरः ॥२८॥ चिंतामणिद्वीपपतिः कल्पद्रुमवनालयः । रत्नमंडपमध्यस्थो रत्नसिंहासनाश्रयः ॥२९॥ तीव्राशिरोद्धृतपदो ज्वालिनीमौलिलालितः । नंदानंदितपीठश्रीर्भोगदाभूषितासनः ॥३०॥ सकामदायिनीपीठः स्फुरदुग्रासनाश्रयः । तेजोवतीशिरोरत्नं सत्यानित्यावतंसितः ॥३१॥ सविघ्नाशिनीपीठः सर्वशक्त्यंबुजालयः । लिपिपद्मासनाधारो वन्हिधामत्रयालयः ॥३२॥ उन्नतप्रपदो गूढगुल्फःसंवृतपार्ष्णिकः । पीनजंघः श्लिष्टजानुः स्थूलोरुः प्रोन्नमत्कटिः ॥३३॥ निम्ननाभिः स्थूलकुक्षिः पीनवक्षा बृहद्भुजः । पीनस्कंधः कंबुकंठो लंबोष्ठो लंबनासिकः ॥३४॥ भग्नवामरदस्तुंगासव्यदंतो महाहनुः । ह्रस्वनेत्रत्रयः शूर्पकर्णो निबिडमस्तकः ॥३५॥ स्तबकाकारकुंभाग्रो रत्नमौलिर्निरंकुशः । सर्पहारकटीसूत्रः सर्पयज्ञोपवीतवान् ॥३६॥ सर्पकोटीरकटकः सर्पग्रैवेयकांगदः । सर्पकक्षोदराबंधः सर्पराजोत्तरच्छदः ॥३७॥ रक्तो रक्तांबरधरो रक्तमाल्यविभूषणः । रक्तेक्षणो रक्तकरो रक्तताल्वोष्ठपल्लवः ॥३८॥ श्वेतः श्वेतांबरधरः श्वेतमाल्यविभूषणः । श्वेतातपत्ररुचिरः श्वेतचामरवीजितः ॥३९॥ सर्वावयवसंपूर्णः सर्वलक्षणलक्षितः । सर्वाभरणशोभाढ्यः सर्वशोभासमन्वितः ॥४०॥ सर्वमंगलमांगल्यः सर्वकारणकारणं । सर्वदैककरः शार्ङ्गी बीजपूरी गदाधरः ॥४१॥ शुभ्रांगो लोकसारंगः सुतंतुस्तंतुवर्द्धनः । किरीटी कुंडली हारी वनमाली शुभांगदः ॥४२॥ इक्षुचापधरः शूली चक्रपाणिः सरोजभृत् । पाशी धृतोत्पलः शालीमंजरीभृत्स्वदंतभृत् ॥४३॥ कल्पवल्लीधरो विश्वाभयदैककरो वशी । अक्षमालाधरो ज्ञानमुद्रावान्मुग्दरायुधः ॥४४॥ पूर्णपात्री कंबुधरो विधृताक्षः सुमोदकः ; करस्थाम्रफलश्चूतकलिकाभृत्कुठारवान् ॥४५॥ पुष्करस्थस्वर्णघटपूर्णरत्नांबुवर्षकः । भारतीसुंदरीनाथो विनायकरतिप्रियः ॥४६॥ महालक्ष्मीप्रियतमः सिद्धलक्ष्मी—

मनोरमः । रमारमेशपूर्वांगो दक्षिणोमामहेश्वरः ॥४७॥ महिवराहवामांगो रतिकंदर्पपश्चिमः । आमोदमोदजननः सप्रमोदप्र-
मोदनः । ॥४८॥ समेधितसमृद्धश्रीर्ऋद्धिसिद्धिप्रवर्धनः । दंतसौमुख्य-सुमुखकांतिकंदलिताश्रयः ॥४९॥ मदनावत्याश्रितांघ्रि-
कृतसौमुख्यदुर्मुखः । विघ्नसंपल्लवोद्विग्नसेवोन्निद्रमदद्रवः ॥५०॥ विघ्नकृन्निम्नचरणद्राविणीशक्तिसंवृतः । तीव्राप्रसन्नवदनो
ज्वालिनीपालितैकदृक् ॥५१॥ मोहिनीमोहनो भोगदायिनीकांतिमंडितः । कामिनीकांतयुक्तश्रीस्तेजिन्यधिष्ठितैकदृक्
॥५२॥ वसुधारामदोन्नादो महाशंखनिधिप्रियः । नमद्वसुमतीमौलिप्रन्हः पद्मनिधिप्रभुः ॥५३॥ सर्वसद्गुरुसंसेव्यः शोचिष्के-
शहृदाश्रयः । ईशानमूर्द्धा देवेंद्रशिखः पवननंदनः ॥५४॥ प्रत्युग्ननयनादित्यो दिव्यास्त्राणां प्रयोगवित् । ऐरावतादिसर्वाशावा-
रणोवारणाप्रियः ॥५५॥ वज्राद्यस्त्रपरीवारगणचंडसमाश्रयः । जयाजयपरिकरो विजयाविजयावहः ॥५६॥ अजयार्चितपा-
दाब्जो नित्यानित्यावलंबितः । विलासिनीकृतोल्लास–शौंडीसौंदर्यमंडितः ॥५७॥ अनंतानंतसुखदः सुमंगलसुमंगलः । ज्ञाना-
श्रयः क्रियाधार इच्छाशक्तिनिषेवितः ॥५८॥ सुभगासंश्रितपदो ललितालिताश्रयः । कामिनीपालनः कामकामिनीकेलिला-
लितः ॥५९॥ सरस्वत्याश्रयो गौरीनंदनः श्रीनिकेतनः गुरुगुप्तप्रदो वाचासिद्धो वागीश्वरीपतिः ॥६०॥ नलिनीकामुको
रामावामाज्येष्ठामनोरमः । रौद्रीमुद्रितपादाब्जो हुंबीजस्तुंगशक्तिकः ॥६१॥ विश्वादिजननत्राणस्वाहाशक्तिसुकीलकः ।
अमृताब्धिकृतावासो मदाघूर्णितलोचनः ॥६२॥ उच्छिष्टोच्छिष्टगणपगणेशो गणनायकः । सार्वकालिकसंसिद्धिर्नित्यसेव्यो
दिगंबरः ॥६३॥ अनापायोऽनंतशक्तिरप्रमेयोऽजरोऽमरः । अनाविलोऽप्रतिहतिरच्युतोऽमृतमक्षरं ॥६४॥ अप्रतर्क्योऽक्षयोऽ
जय्योऽनाधारोऽनामयोऽमलः । अमेयसिद्धिरद्वैतमघोरोऽप्रमिताननः ॥६५॥ अनाकारोऽब्धिभूम्यग्निबलघ्नोऽव्यक्तलक्षणः ।
आधारपीठ आधार आधाराधेयवर्जितः ॥६६॥ आखुकेतन आशापूरक आखुमहारथः । इक्षुसागरमध्यस्थ इक्षुभक्षणलालसः
॥६७॥ इक्षुचापातिरेकश्रीरिक्षुचापनिषेवितः । इंद्रगोपसमानश्रीरिंद्रनीलसमद्युतिः ॥६८॥ इंदीवरदलश्याम इंदुमंडलमंडितः

। इध्मप्रिय इडाभाग इडाधर्मेंदिराप्रदः ॥६९॥ इक्ष्वाकुविघ्नविध्वंसी इतिकर्तव्यतेप्सितः । ईशानमौलिरीशान ईशानप्रिय-ईतिहा ॥७०॥ ईषणात्रयकल्पांत इहामुत्र्रविवर्जितः । उपेंद्र उडुभृन्मौलिरुंदूरकपर्तिप्रियः ॥७१॥ उन्नतानन उत्तुंग उदार उदारत्रिदशाग्रणीः । ऊर्जस्वानूष्मलमद ऊहापोहदुरासदः ॥७२॥ ऋग्यजुःसामनयन ऋद्धिसिद्धिसमर्पकः । ऋजुचित्तैकसुलभ ऋणत्रयविमोचनः ॥७३॥ लुप्तविघ्नः सुभक्तानां लुप्तशक्तिः सुरद्विषाम् । लुप्तश्रीर्विमुखार्चानां लूताविस्फोटनाशनः ॥७४॥ एकारपीठमध्यस्थ एकपादकृतासनः । एजिताखिलदैत्यश्रीरेधिताखिलसंश्रयः ॥७५॥ ऐश्वर्यनिधिरैश्वर्यमैहिकामुष्मिकप्रदः । ऐरावतसमोन्मेष ऐरावतनिभाननः ॥७६॥ ओंकारवाच्य ओंकार ओजस्वानोषधीपतिः । औदार्यनिधिरौद्धत्य-धुर्य औन्नत्यनिः स्वनः ॥७७॥ अंकुशःसुरनागानामंकुशाकारसंस्थितः । अः समस्तविसर्गाणां पदेषु परिकीर्तितः ॥७८॥ कमंडलुधरः कल्पः कपर्दी कलभाननः । कर्मसाक्षी कर्मकर्त्ता कर्माकर्मफलप्रदः ॥७९॥ कदंबगोलकाकारकूष्मांडगणनायकः । कारूण्यदेहः कपिलः कथकः कटिसूत्रभृत् ॥८०॥ खर्वःखर्वप्रियःखड्गी खांतरस्थः खनिर्मलः । खल्वाटशृंगनिलयः खट्वांगी खदुरासदः ॥८१॥ गुणाढ्यो गहनो गस्थो गद्यपद्यसुधार्णवः । गद्यगानप्रियो गर्जगीतो गीर्वाणपूर्वजः ॥८२॥ गुह्याचाररतो गुह्यो गुह्यागमनिरूपितः । गुह्याशयो गुडाब्धिस्थो गुरुगम्यो गुरोर्गुरुः ॥८३॥ घंटाघर्घरिकामाली घटकुंभो घटोदरः । ङकारवाच्यो ङाकारो ङकाराकारशुंडभृत् ॥८४॥ चंडश्चंडेश्वरश्चंडश्चंडेशश्चंडविक्रमः । चराचरपिता चिंतामणिश्चर्वणलालसः ॥८५॥ छंदश्छंदोद्भवश्छंदोदुर्लक्ष्यश्छंदविग्रहः । जगद्योनिर्जगत्साक्षी जगदीशो जगन्मयः ॥८६॥ जपो जपपरो जाप्यो जिव्हासिंहासनप्रभुः । झलज्झलल्लोल्लसद्दानो झंकारिभ्रमराकुलः ॥८७॥ टंकारस्फारसंरावष्टंकारमणिनूपुरः । ठद्वयपल्लवांतःस्थसर्वमंत्रेषु सिद्धिदः ॥८८॥ डिंडिमुंडोडाकिनीशो डामरो डिंडिमाप्रियः । ढक्कानिनादमुदितो ढौंकोढौंढविनायकः ॥८९॥ तत्वानां प्रकृतिस्तत्वं तत्वंपदनिरूपितः । तारकांतरसंस्थानस्तारकस्तारकांतकः ॥९०॥ स्थाणुःस्थाणुप्रियः स्थाता स्थावरंजंग

मंजगत् । दक्षयज्ञप्रमथनो दाता दानं दमो दया ॥९१॥ दयावान्दिव्यविभवो दंडभृद्दंडनायकः । दंतप्रभिन्नभ्रमरो दैत्यवार-
णदारणः ॥९२॥ दंष्ट्रालग्नद्विपघटो देवार्थात्तगजाकृतिः । धनं धनपतेर्बंधुर्धनदो धरणीधरः ॥९३॥ ध्यानैकप्रकटो ध्येयो
ध्यानं ध्यानपरायणः । ध्वनिप्रकृतिचीत्कारब्रह्मांडावलिमेखलः ॥९४॥ नंद्यो नंदप्रियो नादो नादमध्येप्रतिष्ठितः । निष्कलो
निर्मलो नित्यो नित्यानित्यो निरामयः ॥९५॥ परंव्योम परंधाम परमात्मा परंपदं । परात्परः पशुपतिः पशुपाशविमोचनः
॥९६॥ पूर्णानंदः परानंदः पुराणपुरुषोत्तमः । पद्मप्रसन्ननयनः प्रणताज्ञाननाशनः ॥९७॥ प्रमाणप्रत्ययातीतः प्रणतार्तिविनाशनः
। फणिहस्तः फणिपतिफूत्कारफाणितप्रियः ॥९८॥ बाणार्चितांघ्रियुगलो बालकेलीकुतूहली । ब्रह्म ब्रम्हार्चितपदो ब्रम्हचारी
बृहस्पतिः ॥९९॥ बृहत्तरो ब्रम्हपरो ब्रम्हण्यब्रम्हवित्प्रियः । भ्रूक्षेपदत्तलक्ष्मीको भर्गो भद्रो भयापहः ॥१००॥ भगवान्भ-
क्तिसुलभो भूतिदो भूतिभूषणः । भव्यो भूतालयो भोगदाता भ्रूमध्यगोचरः ॥१०१॥ मंत्रो मंत्रपतिर्मंत्री मदमत्तो मनोमयः
। मेखलाहीश्वरो मंदगतिर्मंदनिभेक्षणः ॥१०२॥ महाबलो महावीर्यो महाप्राणो महामनाः । यज्ञो यज्ञपतिर्यज्ञगोप्ता यज्ञफ-
लप्रदः ॥१०३॥ यशस्करो योगगम्यो याज्ञिको याचकप्रियः । रसो रसप्रियो रस्यो रंजको रावणार्चितः ॥१०४॥ राज्य-
रक्षाकरो रत्नगर्भो राज्यसुखप्रदः । लक्ष्यो लक्ष्यपतिर्लक्ष्यो लयस्थो लड्डुकप्रियः ॥१०५॥ लानप्रियो लास्यपरो लाभकृल्लो-
कविश्रुतः । वरेण्यो वन्हिवदनो वंद्यो वेदांतगोचरः ॥१०६॥ विकर्ता विश्वतश्चक्षुर्विधाता विश्वतोमुखः । वामदेवो वज्रि-
नेता वज्रिवज्रनिवारणः ॥१०७॥ विवरबन्धनो विश्वाधारो विश्वेश्वरो विभुः । शब्दब्रम्हमयप्राप्यः शंभुशक्तिगणेश्वरः
॥१०८॥ शास्ता शिखाग्रनिलयः शरण्यः शंबरेश्वरः । षड्ऋतुकुसुमस्त्रग्वी षडाधारः षडक्षरः ॥१०९॥ संसारवैद्यः सर्वज्ञः
सर्वभेषजभेषजं । सृष्टिस्थितिलयक्रीडः सुरकुंजरभेदकः ॥११०॥ सिंदूरितमहाकुंभः सदसद्व्यक्तिदायकः । साक्षी समुद्रमथनः
स्वयंवेद्यः स्वदक्षिणः ॥१११॥ स्वतंत्रः सत्यसंकल्पः सामगानरतः सुखी । हंसो हस्तिपिशाचीशो हवनं हव्यकव्यभुक्
॥११२॥ हव्यं हुतप्रियो हृष्टो हृल्लेखामंत्रमध्यगः । क्षेत्राधिपः क्षमाभर्त्ता क्षमापरपरायणः ॥११३॥ क्षिप्रक्षेमकरः क्षेम-

नंदः क्षोणीसुरद्रुमः । धर्मप्रदोऽर्थदः कामदाता सौभाग्यवर्धनः ॥११४॥ विद्याप्रदो विभवदो भुक्तिमुक्तिफलप्रदः । अभिरू-
प्यकरो वीरश्रीप्रदो विजयप्रदः ॥११५॥ सर्ववश्यकरो गर्भदोषहा पुत्रपौत्रदः । मेधादः कीर्तिदः शोकहारी दौर्भाग्यनाशनः
॥११६॥ प्रतिवादिमुखस्तंभो रुष्टचित्तप्रसादनः । पराभिचारशमनो दुःखहा बंधमोक्षदः ॥११७॥ लवस्त्रुटिः कला काष्ठा
निमेषस्तत्परक्षणः । घटी मुहूर्तं प्रहरो दिवानक्तमहर्निशं ॥११८॥ पक्षोमासोऽयनं वर्ष युगः कल्पो महालयः । राशिस्तारा
तिथिर्योगोवारः करणमंशकं ॥११९॥ लग्नं होरा कालचक्रं मेरुः सप्तर्षयो ध्रुवः । राहुर्मंदः कविर्जीवो बुधो भौमः शशी
रविः ॥१२०॥ कालः सृष्टिः स्थितिर्विश्वं स्थावरं जंगमं जगत् । भूरापोऽग्निर्मरुद्व्योमाहंकृतिः प्रकृतिः पुमान् ॥१२१॥
ब्रम्हा विष्णुः शिवो रुद्र इंद्रः शक्तिः सदाशिवः । त्रिदशाः पितरः सिद्धा यक्षा रक्षांसि किन्नराः ॥१२२॥ साध्या विद्याधर
भूता मनुष्याः पशवः खगाः । समुद्राः सरितः शैला भूतं भव्यं भवोद्भव ॥१२३॥ सांख्यं पातंजलं योगः पुराणानि श्रुतिः
स्मृतिः । वेदांगानि सदाचारो मीमांसान्यायविस्तरः ॥१२४॥ आयुर्वेदो धनुर्वेदो गांधर्वं काव्यनाटकं । वैखानसं भागवतं
मानुषं पांचरात्रिकं ॥१२५॥ शैवं पाशुपतं कालमुखं भैरवशासनम् । शाक्तं वैनायकं सौरं जैनमार्हतसंहिता ॥१२६॥
सदसद्व्यक्तमव्यक्तं सचेतनमचेतनं । बंधो मोक्षः सुखं भोगयोगः सत्यमणुर्महान् ॥१२७॥ स्वस्तिहुंफट्स्वधास्वाहाश्रौषड्वौ
षंड्वषण्नमः । ज्ञानं विज्ञानमानंदो बोधः संवित्समोऽसमः ॥१२८॥ एक एकाक्षराधार एकाक्षरपरायणः । एकाग्रधीरेकवीर
एकानेकस्वरूपधृक् ॥१२९॥ द्विरूपो द्विभुजो द्व्यक्षो द्विरदो द्वीपरक्षकः । द्वैमातुरो द्विवदनो द्वंद्वहीनो द्वयातिगः ॥१३०॥
त्रिधामा त्रिकरस्त्रेता त्रिवर्गफलदायकः । त्रिगुणात्मा त्रिलोकादिस्त्रिशक्तीशस्त्रिलोचनः ॥१३१॥ चतुर्बाहुश्चतुर्दंतश्चतुरात्मा
चतुर्मुखः । चतुर्मखमयोपायश्चतुर्वर्णाश्रमाश्रयः ॥१३२॥ चतुर्विधवचोवृत्तिपरिवृत्तिप्रवर्तकः । चतुर्थीपूजनप्रीतिश्चतुर्थीतिथि-
संभवः ॥१३३॥ पंचाक्षरात्मा पंचात्मा पंचास्यपंचपंचकृत् । पंचाधारः पंचवर्णः पंचाक्षरपरायणः ॥१३४॥ पंचतालः

पंचकरः पंचप्रणवमातृकः पंचब्रह्ममयस्फूर्तिः पंचावरणवारितः ॥१३५॥ पंचभक्ष्यप्रियः पंचबाणः पंचशिवात्मकः । षट्कोणपीठः षट्चक्रधामा षड्ग्रंथिभेदकः ॥१३६॥ षडंगध्वांगविध्वंसी षडंगुलमहाह्रदः । षण्मुखः षण्मुखभ्राता षट्शक्तिपरिवारितः ॥१३७॥ षड्वैरिवर्गविध्वंसी षडूर्मिभयभंजनः षट्तर्कदूरः षट्कर्माः षड्गुणः षड्रसाश्रयः ॥१३८॥ सप्तपातालचरणः सप्तद्वीपोरुमंडलः । सप्तस्वर्लोकमुकुटः सप्तसप्तिवरप्रदः ॥१३९॥ सप्तांगराज्यसुखदः सप्तर्षिगणवंदितः । सप्तच्छदोनिधीः सप्तहोता सप्तस्वराश्रयः ॥१४०॥ सप्ताब्धिकेलिकासारः सप्तमातृनिषेवितः । सप्तच्छंदोमोदमदः सप्तच्छंदोमखप्रभुः ॥१४१॥ अष्टमूर्तिध्येयमूर्तिरष्टप्रकृतिकारणं । अष्टांगयोगफलभृदष्टपत्रांबुजासनः ॥१४२॥ अष्टशक्तिसमानश्रीरष्टैश्वर्यप्रदायकः । अष्ठपीठोपपीठश्रीरष्टमातृसमावृतः ॥१४३॥ अष्टभैरवसेव्योऽष्टवसुवंद्योऽष्टमूर्तिभृत् । अष्टचक्रस्फुरन्मूर्तिरष्टद्रव्यहविःप्रियः ॥१४४॥ नवनागासनाध्यासी नवनिध्यनुशासिता । नवद्वारपुरावृत्तो नवद्वारनिकेतनः ॥१४५॥ नवनारायणस्तुत्यो नवदुर्गानिषेवितः । नवनाथमहानाथो नवनागविभूषणः ॥१४६॥ नवरत्नविचि गो नवशक्तिशिरोधृतः । दशात्मको दशभुजो दशदिक्पतिवंदितः ॥१४७॥ दशाध्यायो दशप्राणो दशेंद्रियनियामकः । दशाक्षरमहामंत्रो दशाशाव्यापिविग्रहः ॥१४८॥ एकादशादिभीरुद्रैः–स्तुतश्चैकादशाक्षरः । द्वादशोद्दंडदोर्दंडद्वादशास्त्रनिकेतनः ॥१४९॥ त्रयोदशभिदाभिन्नविश्वेदेवाधिदैवतं । चतुर्दशेंद्रवरदश्चतुर्दशमनुप्रभुः ॥१५०॥ चतुर्दशादिविद्याढयश्चतुर्दशजगत्पतिः । सामपंचदश; पंचदशीशीतांशुनिर्मलः ॥१५१॥ षोडशाधारनिलय; षोडशस्वरमातृकः । षोडशांतपदावास; षोडशेंदुकलात्मक; ॥१५२॥ कलासप्तदशीसप्तदश; सप्तदशाक्षरः । अष्टादशद्वीपपतिरष्टादशपुराणकृत् ॥१५३॥ अष्टादशौषधिसृष्टिरष्टादशविधिस्मृत; । अष्टादशलिपिव्यष्टिसमष्टिज्ञानकोविदः इति पाठान्तरम् — अष्टादशलिपिकृतिरष्टादशविजातिकृत् ॥१५४॥ एकविंशत्पुमानेकविंशत्यंगुलिपल्लव; । चतुर्विंशतितत्वात्मा पंचविंशाख्यपूरुष; ॥१५५॥ सप्तविंशतितारेश; सप्तविंशतियोगकृत् । द्वात्रिंशद्भैरवाधीशश्चतुस्त्रिंशन्महाह्रदः ॥१५६॥ षट्त्रिंशत–

त्वसंभूतरष्टत्रिंशत्कलातनुः । नमदेकोनपंचाशन्मरुद्वर्गनिरर्गलः ॥१५७॥ पंचाशदक्षरश्रेणी पंचाशद्रुद्रविग्रहः । पंचाशद्विष्णुशक्तीशः पंचाशन्मातृकालयः ॥१५८॥ द्विपंचाशद्वपुःश्रेणी त्रिषष्टयक्षरसंश्रयः । चतुःषष्ट्यर्णनिर्णेता चतुःषष्टिकलानिधिः ॥१५९॥ चतुःषष्टिमहासिद्धयोगिनीवृंदवंदितः । अष्टषष्टिमहातीर्थक्षेत्रभैरवभावनः ॥१६०॥ चतुर्नवतिमंत्रात्मा षण्णवत्यधिकप्रभुः । शतानंदः शतधृतिः शतपत्रायतेक्षणः ॥१६१॥ शतानीकः शतमखः शतधारवरायुधः । सहस्रपत्रनिलयः सहस्रफणिभूषणः ॥१६२॥ सहस्रशीर्षा पुरुषः सहस्राक्षः सहस्रपात् । सहस्रनामसंस्तुत्यः सहस्राक्षबलापहः ॥१६३॥ दशसहस्रफणिभृत्फणिराजकृतासनः । अष्टाशीतिसहस्रौघमहर्षिस्तोत्रपाठितः ॥१६४॥ लक्षाधारप्रियाधारो लक्षाधारमनोमयः । चतुर्लक्षजपप्रीतिश्चतुर्लक्षप्रकाशकः ॥१६५॥ चतुरशीतिलक्षाणां जीवानां देहसंस्थितिः । कोटिसूर्यप्रतीकाशः कोटिचंद्रांशुनिर्मलः ॥१६६॥ सप्तकोटिमहामंत्रमंत्रितावयवद्युतिः । शिवोद्भवाद्यष्टकोटिविनायकधुरंधरः ॥१६७॥ त्रयस्त्रिंशत्कोटिसुरश्रेणीप्रणतपादुकः । अनंतदेवतासेव्यो ह्यनंतशुभदायकः ॥१६८॥ अनंतानामानंतश्रीरनंतानंतसौख्यवः । अनंतशक्तिसहितो ह्यनंतमुनिसंस्तुतः । अनंतमुनिसंस्तुत ओं नम इति ॥१६९॥ इति वैनायकं नाम्नां सहस्रमिदमीरितं । इदं ब्राह्मे मुहूर्ते वै यः पठेत्प्रत्यहं नरः ॥१७०॥ करस्थं तस्य सकलमैहिकामुष्मिकं सुखं । आयुरारोग्यमैश्वर्यं धैर्यं शौर्यं बलं यशः ॥१७१॥ मेधा प्रज्ञा धृतिः कांतिः सौभाग्यमतिरूपता । सत्यं दया क्षमा शांतिर्दाक्षिण्यं धर्मशीलता ॥१७२॥ जगत्संवननं विश्वसंवादो वेदपाटवं । सभापांडित्यमौदार्यं गांभीर्यं ब्रह्मवर्चसं ॥१७३॥ ओजस्तेजःकुलं शीलं प्रतापो वीर्यमार्यता । ज्ञानं विज्ञानमास्तिक्यं धैर्यं विश्वासता तथा ॥१७४॥ धनधान्यादिवृद्धिश्च सकृदस्य जपाद्भवेत् । वश्यं चतुर्विधं विश्व जपादस्य प्रजायते ॥१८५॥ राज्ञो राजकलत्रस्य राजपुत्रस्य मंत्रिणः । जपते यस्य वश्यार्थं स दासस्तस्य जायते ॥१७६॥ धर्मार्थकाममोक्षाणामनायासेन साधनं । शाकिनीडाकिनीरक्षोयक्षग्रहभयापहं ॥१७७॥ साम्राज्यसुखदं सर्वसपत्नमदमर्दनं । समस्त

कलहध्वंसी दग्ध बीच प्ररोहणम् ॥१७८॥ दुःस्वप्ननाशनं क्रुद्धस्वामिचित्त प्रसाधनम् । षट्कर्माष्टमहासिद्धित्रिकालज्ञान–कारणं ॥१७९॥ परकृत्यप्रशमनं परचक्रविमर्दनं । संग्रामरंगे सर्वेषामेदमेकं जयावहं ॥१८०॥ सर्ववंध्यत्वदोषघ्नं गर्भरक्षै-ककारणं । पठ्यते प्रत्यहं यत्र स्तोत्रं गणपतेरिदं ॥१८१॥ देशे तत्र न दुर्भिक्षमीतयो दुरितानि च । न तद्देहं जहाति श्रीर्यत्रायं जप्यते स्तवः ॥१८२॥ क्षयः कुष्ठः प्रमेहार्शौ भगदंरविषूचिके - गुल्मं प्लीहा न वल्मीकमतिसारं महोदरं ॥१८२॥ कासं श्वास गुदावर्तं शूलं शोफं जलोदरं । शिरोरोगं वमिं हिक्कां गंडमालामरोचकं ॥१८४॥ वातपित्तकफद्वंद्वत्रिदोष-जनितज्वरं । आगंतुं विषमं शीतमुष्णं चैकाहिकादिकं ॥१८५॥ इत्याद्युक्तमनुक्तं वा रोगं दोषादिसंभवं । सर्वं प्रशमय–त्याशु स्तोत्रस्यास्य सकृज्जपः ॥१८६॥ प्राप्यतेऽस्य जपात्सिद्धिः स्त्रीशूद्रपतितैरपि । सहस्रनाममंत्रोऽयं जप्तव्यस्तु शुभाप्तये ॥१८७॥ महागणपतेः स्तोत्रं सकामः प्रजपन्निदं । इच्छया सकलान् भोगानुपभुज्येह पार्थिवान् ॥१८८॥ मनोरथफलैर्दि-व्यैर्व्योमयानैर्मनोरमैः । चंद्रेंद्रभास्करोपेंद्रब्रह्मशर्वादिसद्मसु ॥१८९॥ कामरूपः कामगतिः कामद कामदेश्वरः । भुक्त्वा यथे-प्सितान्भोगानभीष्टैःसहबंधुभिः ॥१९०॥ गणेशानुचरो भूत्वा महागणपतेः प्रियः । नंदीश्वरादिसानंदैर्नंदितः सकलैर्गणैः ॥ ॥१९१॥ शिवाभ्यां कृपया पुत्रनिर्विशेषेण लालितः। शिवभक्तः पूर्णकामो गणेश्वरवरात्पुनः ॥१९२॥ जातिस्मरो धर्मपरः सार्वभौमोऽभिजायते । निष्कामस्तु जपन्नित्यं भक्त्या विघ्नेशतत्परः ॥१९३॥ योगसिद्धिं परां प्राप्य ज्ञानवैराग्य-संस्थिति । निरंतरोदितानंदे परमानंदसंज्ञिते ॥१९४॥ विश्वोत्तीर्णे परे पूर्णे पुनरावृत्तिवर्जिते । लीनो वैनायके धाम्नि रमते नित्यनिर्वृते ॥१९५॥ इदं प्रजप्तं पठितं पाठितं श्रावितं श्रुतं । व्याहृतं चर्चितं ध्यातं विमृष्टमभिनंदितं ॥१९६॥ इहामुत्र अविश्लेषं सर्वेश्वर्यप्रदायकं । स्वच्छंदचारिणाऽप्येष येन संधार्यते स्तवः । स रक्ष्यते शिवोद्भूतैर्गणैरप्यष्टकोटिभिः

॥१९७॥ लिखितं पुस्तके स्तोत्रं मंत्रभूतं प्रपूजयेत् । तत्र सर्वोत्तमा लक्ष्मीःसन्निधत्ते निरंतरं ॥१९८॥ दानैरशेषैरखि-लैर्व्रतैश्च । तीर्थैरशेषैरखिलैर्मखैश्च । न तत्फलं विंदति यद्गणेशसहस्रनाम्नां स्मरणेन सद्यः १९९ एतन्नाम्नां सहस्त्रं पठति दिनमणौ प्रत्यहं प्रोज्जिहानें । सायं मध्यंदिने वा त्रिषवणमथवा संततं वा जनो यः । स स्यादैश्वर्यधुर्यः प्रभवति वचसां कीर्तिमुच्चैस्तनोति। दारिद्र्यं हंति विश्वं वशयति सुचिरं वर्धते पुत्रपौत्रैः ॥२००॥ अकिंचनोऽप्येकचित्तो नियतो नियताशनः । प्रजपंश्चतुरो मासान् गणेशार्चनतत्परः ॥२०१॥ दरिद्रतां समुन्मूल्य सप्तजन्मानुगामपि । लभते महती लक्ष्मीमित्याज्ञा पारमेश्वरी ॥२०२॥ आयुष्यं वीतरोगं कुलमतिविमलं संपदः श्रेणिदानाः । कीर्तिः पुण्यावदाता भणतिरभिनवा कांतिरव्याधिभव्या ॥ पुत्राः संतः कलत्रं गुणवदभिमतं यद्यदन्यच्च तत्तनित्यं यः स्तोत्रमेतत् पठति गणपतेस्तस्य हस्ते समस्तं ॥२०३॥ गणंजयो गणपतिहेरंबो धरणीधरः । महागणपतिर्बुद्धिप्रियः क्षिप्रप्रसादनः ॥२०४॥ अमोघसिद्धिरमितमंत्रश्चिंतामणिर्निधिः । सुमंगलो बीजमाशापूरको वरदः कविः ॥२०५॥ काश्यपो नंदनो वाचासिद्धो ढुंढिविनायकः । मोदकैरेभिरत्रैकविंशत्या नामभिः पुमान् ॥२०६॥ यः स्तौति मद्गतमना मदाराधनतत्परः । स्तुतो नाम्नां सहस्त्रेण तेनाहं नात्र संशयः ॥२०७॥ नमो नमः सुखरपूजितांघ्रये । नमो नमो निरुपममंगलात्मने ॥ नमो नमो विपुलसाधकसिद्धये । नमो नमः करिकलभाननाय ते ॥२०८॥ किंकिणीगणरचितचरणः । प्रकटितगुरुमितचारुकरणः ॥ मदजललहरीकलितकपोलः । शमयतु दुरितं गणपतिर्नृप नाम्ना ॥२०९॥ इति श्रीमदादि श्रीमन्महागाणेश्वरे महापुराणे उपासनाखंडे ईश्वरमहागणपतिसंवादे श्रीमद्गणेशदिव्यसहस्रनामामृतस्तोत्र कथनंनाम संपूर्णम् ॥ श्रीमद्गणेशार्पणमस्तु ॥ इति श्रीमद्गणेशसहस्रनाममालामंत्रात्म-कस्तोत्र समाप्त ॥ श्रीस्वानंदेशार्पणमस्तु ॥ षट्चत्वारिंशोऽध्यायः । ४६

अध्याय ४७ प्रारंभ :— व्यास उवाच । नाम्नां सहस्त्रे संप्राप्ते प्रसन्ने च गजानने । ततः किमकरोद, ब्रम्हन् हरस्तत् कथयस्व मे ॥१॥ ब्रम्होवाच । गणेश वरदानेन नाम्नां चौवोप देशतः । प्रन्हृष्टः शंकरो नृत्यं जगर्ज च महास्वनः ॥२॥ आहूय स्वगणान्देवान् युद्धावसरमा दिशत् । ते च हर्षेण महता ययुर्देवाः शिवान्तिकम ॥३॥ ब्रम्हा कुबेरोऽथ पुरन्दरोऽग्नि, र्वायुश्च सोमो वरुणोऽर्यमा च । गंधर्व यक्षा ग्रहकिन्नराश्च, सर्वे नमस्कृत्य शिवं स्तुवन्तः ॥४॥ देवा ऊचुः। महादेव जगन्नाथ जगदानन्द दायक । त्वया हतं महादैत्यं कदा द्रक्ष्यामहे वयम् ॥५॥ स्थान भ्रष्टा वयं तेन कृता विश्व विघातिना । ब्रम्होवाच । एवं देववचः श्रुत्वा पिनाकी निर्ययौ मुदा ॥६॥ गणेशं मनसा ध्यायन्युद्धाय कृतनिश्चयः । वेगेन भवनं प्राप्य देवगंधर्व संयुतः ॥७॥ तावच्च दैत्यं चारैस्तु वृत्तान्तः सन्निरुपितः । आगतः सुरसैन्येन युद्धाय गिरिजा–पतिः ॥८॥ तस्यसैन्यान्यन हृयन्त शस्त्रै रत्नैश्च कंचुकैः । सच दैत्यो महानादो युद्धभूषण भूषितः ॥९॥ वीरानानन्दयामास वासः स्त्रग्भूषणैर्धनैः । अनेकयान संस्थेषु योद्धुषु त्रिपुरं स्वयम् ॥१०॥ आरुरोह महादैत्यो नादयान्वि दिशो दिशः । ततो युद्धं समभवत्सेनयो रुभयोर्महत् ॥११॥ शस्त्रैर्नानाविधै र्बाणै र्मर्मभेदि भिरायसैः । असृङ् नदी प्रवाहोऽभून् मार्गरोधन कारकः ॥१२॥ शस्त्राहता बभुर्योधाः पुष्पिताः किंशुका हव । केचिच्च दृढवैरेण जीवग्राह ममारयन् ॥१३॥ केचित्कचेषु धृत्वैव शिरांसि चिच्छि दुर्बलात् । धावतां रथिवीराणा मश्वांना करिणामपि ॥१४॥ अङ्घ्रिपातभवो रेणु र्व्यानिशे रोदसी क्षणात् । अंध-कारे घोरतरे न प्राज्ञायत किंचन ॥१५॥ चक्रुरेवं तदा युद्धं वीरा नानाविधा भृशम् । जीविताशां परित्यज्य मर्तव्ये कृत–निश्चयाः ॥१६॥ अदृश्यन्त मृता देवा गते रजसि वायुना । विद्रुते सुरसैन्ये च हर्षिते ॥१७॥ आययौ समरश्लाघी वज्र-हस्तः पुरन्दरः । शतकोटिं निरीक्ष्यैव दुद्रुवु दैत्यदानवाः ॥१८॥ स वज्रपातै रसुरांश्चूर्णयामास वज्रभृत । तत्यजु र्जीवितं ते तु चण्डवज्र प्रहारतः ॥१९॥ केचिच्च भग्नचरणाः केचिद्भग्न शिरोधराः । केचिद्विदीर्ण जठरा श्छिन्नस्कन्ध भुजाः परे

॥२०॥ छिन्नाश्वानां च वीराणां वाजिनां रथिनां तथा । केषांचि दुखो भिन्ना जंघासु च हताः परे ॥२१॥ छिन्न गुल्फाः परे पेतुर्मिषात्पेतु रथापरे । निहतानामसृक्पातै र्जज्ञिरे निम्नगा बहु ॥२२॥ उत्साहवर्धना स्तेषां वीराणां जयकांक्षिणाम् । ततः शनै र्गजमानो ददर्श त्रिपुरासुरः ॥२३॥ निहतं बहुधा सैन्यं शक्रं योद्धु मथाययौ । बभांण शक्रं दृष्ट्वैव किमर्थ मर्तु-मिच्छसि ॥२४॥ अपैहि युद्धा ज्जीवंस्त्वं न पुष्टं हन्मि वासव । का ते शक्तिर्मया युद्धं कर्तुं तव शचीपते ॥२५॥ अजः सिंहेन किं युद्धं करिष्यति वदस्व मे । एहि युद्धंस्व शक्तिश्चेन्नोचेद् गच्छ यथासुखम् ॥२६॥ एवमुक्ते स्थिते शक्रे ववर्षं सायकान्बहून् । सज्यं कृत्वा धनुर्दैत्यो देवसेना मताडयत् ॥२७॥ एकस्मान्मंत्रिताद् बाणा दसंख्याता ययुः शराः । मृद्गन्तो देवगंधर्वान् रोदसी समपूरयन् ॥२८॥ अन्धकारं पुनरभूद् बाणजालै र्निरन्तरम् । तद् बाणैरपि ते देवा व्यंगाः पेतुर्धरातले ॥२९॥ बलहा न्यपतत् भूमौ प्रहारवपीडितः । सवेषु देववर्येषु मूर्छितेषु महेश्वरः ॥३०॥ श्लाघन्तं बहुगर्जन्तं युध्यन्तं नाभ्यरोचयत् । मनसाऽपूजयच्छम्भु स्तस्य दैत्यस्य पौरुषम् ॥३१॥ एतस्मिन्नंतरे तत्र नारदो दृष्टुमाययौ । पूजितः प्रावद-च्छम्भुं शृणुश्व नीललोहित ॥३२॥ नारद उवाच । त्वया चिन्ता न कर्तव्या त्रिपुरस्य वधं प्रति । वक्ष्ये तस्य वधोपाय तं कुरुश्व महेश्वर ॥३३॥ तेन पूर्वं तपोऽकारि दुष्करं ब्रम्हणोऽपि हि । आराधितो गणपतिः स तस्मै सर्व वांछितम् ॥३४॥ यद्यत्तेन वृतं देवो दत्तवान विचारितम् । पुरत्रयं कामगम मेकबाणाश्रितं महत् ॥३५॥ मरुद्गति विहीनं त दभेद्यं सवैं निर्जरैः । स एव मुक्तवान् गुह्यं शरणैकेन यस्तव ॥३६॥ पुरत्रयं भेत्स्यते ते तस्मान् मृत्यु मवाप्स्यसि : एवमुक्त्वा गते तस्मिन्नारदे मुनिसत्तमे ॥३७॥ मूर्छितान्विबुधान् शर्वः सावधानमथा करोत् । सस्मारेभ मुखं वाक्यं स्मारितो नारदेन तु

॥३८॥ महाप्रयत्न मारेभे दैत्यराज वधाय सः । तेजसा सर्वनाशाय शक्तो देवो निजेच्छया ॥३९॥ रथं कुरूपं शशिसूर्य चक्रं, यन्तार मिन्दी वरजं चकार । धानुर्गिरीन्द्रं शरमच्युतं स धुर्याशिवने यावयुज ग्दिरीशः ॥४०॥ आचम्य देवं मनसा विचिन्त्य, तेनोपदिष्टं च जजापनाम्नाम् । सहस्र मेकाक्षर मन्त्रयुक्त ममंत्रयत्तेन पिनाकभुग्रम् ॥४१॥ अमन्त्रयन्महाबाणं विष्णुरुपं यदा शिवः । चकम्पे धारणी शेषो वनानि गिरयोऽपि च ॥४२॥ बभ्रमुः खगणाः सर्वे चुकूजुश्च महारवान् । शब्देना जगवस्यापि विभ्रान्ताः सुरमानुषाः ॥४३॥ अमुंचत्तं यदा बाणं तदा दग्धं नभस्तलम् । भूमंडलं सपातालं ज्वाला-माला भिरंजसा ॥४४॥ दृष्टृवा पपाल दैत्येन्द्रः ससैन्यः पुरसंश्रयः । जवेनागाच्छरः सोऽप्य दहद्दैत्यं पुरत्रयम् ॥४५॥ दैत्यदेहगतं तेजो भर्गं देहे लयं ययौ । पश्यतां सर्वं सैन्यांनां दैत्यदानव रक्षसाम् ॥४६॥ ततोऽन्तरिक्षे वागासीन् मुक्तो दैत्यः शिवाहतः । ततस्ते तुष्टुवुर्देवा मुनयोऽपि त्रिलोचनम् ॥४७॥ जगुर्गंन्धर्व निचया श्चारणाः श्रुति-तत्पराः । ननृतुश्चाप्सरः संघाः किन्नरा वाद्यवादकाः ॥४८॥ मुमूचुः पुष्पवर्षांणि नारदाद्याः सुरर्षयः । ययुः शिवाज्ञया देवाः स्वं स्वं स्थानं निराधयः ॥४९॥ नमस्कृत्य महेशानं त्रिपुरासुर घातिनम् । मुनयोऽपि निरुद्वेगाः स्वस्वानुष्ठान तत्पराः ॥५०॥ आसंस्तस्मिन्हते दैत्ये वेदवेदांग शालिनः । अग्निहोत्राणि यज्ञांश्च दानानि च ब्रतानि च ॥५१॥ चक्रुः सर्वजना भूमौ पुनरुत्साह संयुताः । शैलादि गणपस्कन्द्रैः सर्वैः पारिषदैं रपि ॥५२॥ कृतावना मस्त्रयक्षयोऽपि विभज्य तं महारथम्। जयशब्दैः स्तूर्यशब्दै र्देव दुंदुभि निस्वनैः ॥५३॥ अलंकृतं शैलराजं कैलासं मुदितो ययौ ।त्रिपुरारि रिति स्पष्ट ततो नामा-

स्य पप्रथे ॥५४॥ एवं महागणपते र्मन्त्र सामर्थ्यं मिदमीरितम् । सहस्रनाम्ना मपि च प्रभावोऽयं निरुपितः ॥५५॥ न विज्ञातो मदन्येन कस्यापि न निवेदितः । पठना च्छ्रवणा दस्य सर्वकामफलं लभेत् ॥५६॥ (२०२१)

इति श्रीगणेशपुराण उपासनाखंडे शिवविजयोनाम सप्तचत्वारिंशत्तमोऽध्यायः ॥४७॥

अध्याय ४८ प्रारंभ :- व्यास उवाच । श्रुतं मया महाख्यानं त्रिपुरस्य वधाश्रयम् तथापि श्रोतुमिच्छामि क्व स्थिता जगदम्बिका ॥१॥ कथमाविर्बभूवैषा तिथौ दग्धः क्व दैत्यराट् । एतत्सर्वं सविस्तारं कथयस्व पितामह ॥२॥ ब्रम्होवाच । बाहुले पौर्णमास्यां स सायं दग्धो महासुरः । दिवायुद्धं महाघोरं प्रागेव वर्णितं हि तत् ॥३॥ यतोर्ऽचितः सुरैः सर्वे जयशाली सुरारिहा । अतस्तस्यां दीपदानं कुर्वन्ति भुवि मानवाः ॥४॥ तस्यां स्नानं च दानं च जपहोमादिकं च यत् । बहुलं जायते यस्मात्तस्मात्सा बाहुली स्मृता ॥५॥ तस्यां ये तु न कुर्वन्ति त्रिपुरारि महोत्सवम् । न लभंते जयं क्वापि दग्धपुण्या भवन्ति ते ॥६॥ अतस्तस्यां पौर्णमास्यां प्रातरर्चन्ति ये शिवम् । निशि यत्तैः कृतं पापं विलयंप्रतिपद्यते ॥७॥ आजन्मतः कृतं पापं मध्यान्हार्चन तस्तथा । सप्तजन्मार्जितं पापं प्रदोषार्चनतो मुने ॥८॥ आविर्भावं शिवायास्त्वं कथ्यमानं मया शृणु । तस्य मृत्युं शिवाज्ज्ञात्वां भयादन्तर्हिता शिवा ॥९॥ आविरासीज्जगन्माता हिमाचल गुहामुखात् । ददर्श पर्वतं घोरं सिंहव्याघ्र मृगाकुलम् ॥१०॥ अपश्यन्ती शिवं सा तु विरहाकुल मानसा । विललाप भृशं भीता हा तात हा शिवेति च ॥११॥ कथं माम् न विजानीषे सर्वज्ञः सन्सदाशिव । वन एकाकिनीं घोरे क्रंदंतीं कुररीमिव ॥१२॥ कदा मे दर्शनं ते

स्यात् किं मां विस्मृतवानसि । शक्ता न जीवितं धर्तुं सोढ़ुं वा विरहं हर ॥१३॥ तातत्त्वमपि कुत्रासि न मे शोकं शृणोषि किम् । त्वां विना शरणं कं वा यामि किं वा करोम्यहम् ॥१४॥ योजयस्व पुनर्मां त्वं शिवेनच शिवेन च । इदानीं पुनरु–त्पन्नां जानीह जठरात्तव ॥१५॥ वरं तमेह शीघ्रं मे गवेषय सदाशिवम् । नो चेद्देहपरित्यागं भृगोरस्मात् करोम्यहम् ॥१६॥ क उवाच । एवं रुदन्त्यास्तस्यास्तु श्रुत्वा तां गिरमुत्तमाम् । न्यवेदय द्धिमवते कश्चिदागत्य धीवरः ॥१७॥ धीवर उवाच । कार्चिन्नितम्बिनी बाला सर्वाभरण भूषिता । ताटंके बिभ्रती श्रुत्यो मंडले इव भास्यतः ॥१८॥ नानारत्न लसद्दीप्ति मुकुटं मस्तके भृशम् । ललाटे तु चतुष्कोणं मुक्ताषोडश शोभितम् ॥१९॥ पुष्पं कांचन रत्नाढयं मुक्तादाम विलम्बितम् । सीमन्तान्तर्गतं चारु नासिके स्वर्णमौक्तिकम् ॥२०॥ अंगदे चारुणी बाव्हो र्हस्त यो र्वलयानि च । लसत्कांचन रत्नाढयं प्रत्येक मंगुलीयकम् ॥२१॥ मुक्ताफलमयीं मालां लसत्कंचुक संश्रिताम् । हेमरत्नमयीं कांचीं कटी क्षौमावृते शुभाम् ॥२२॥ गुल्फयोः शृंखले हैमे सिंचच्चारू सुनूपरे । पादांगुली ष्वपि पृथक् त्तत्तद्भूषण मुत्तमम् ॥२३॥ एवं सर्वानवद्यांगीं रूदती विव्हला भृशम् । द्रुष्टा पृष्टा न मां वक्ति गृण्हाति सा तवाभिधाम् ॥२४॥ ब्रम्होवाच। इत्थं निशम्य हिमवांस्त्वरितस्तां सुतां ययो । सन्त्वयन्हेतु गर्भाभि र्वाग्भिस्ता मब्रदत्सुधीः ॥२५॥ हिमवानुवाव । किमर्थं शोचसे सुभ्रु सृष्टि स्थित्यन्तहेतुके । सर्वलक्षण संपूर्णे सर्वशक्तियुतेऽनघे ॥२६॥ अकर्तुंमन्यथाकर्तुं कर्तुमीशे महेश्वरि । अवाप्त सर्वकामे च सर्वप्राण्यन्तरं गते ॥२७॥ न वियुक्ता शिवेन त्वं

सर्वान्तर्यामिणी शुभे । अथापि योजयिष्ये त्वां शिवेन शिवकारिणा ॥२८॥ उत्तिष्ठेति गृहीत्वा तामाययौ निजमन्दिरम् । ननन्द पार्वती तत्र दृष्ट्वा मेनां सुतान्विताम् ॥२९॥ निश्वासपरमाऽप्यासीच्छिवं द्रष्टुं समुत्सुका । उवाच पितरं नत्वा साधूपायं वदस्व मे ॥३०॥ व्रतं दानं तपो वापि दुष्करं शिवलब्धये । करिष्ये तमहं तात पूर्ववत्तप उत्तमम् ॥३१॥ ब्रम्होवाच । अवदज्जनकस्तां तु विचार्य मनसा सकृत् । कार्यसिद्धि करं शीघ्र मुपायं शृणु तं मुने ॥३२॥ हिमवानुवाच । शृणु पार्वति वक्ष्यामि साधूपायं शिवाप्तये । उपास्ति विघ्नराजस्य धर्मार्थकाम मोक्षदाम् ॥३३॥ अनुष्ठितां महेन्द्राद्यै र्देवैश्च नारदादिभिः । प्राप्ताश्च सिद्धयस्तास्ताः शक्रादि पदलक्षणाः ॥३४॥ ब्रम्हणः सृटिसामर्थ्यं दत्तं तेन महात्मना । विष्णोश्चावनसामर्थ्यं दत्तं सर्वेश्वरण ह ॥३५॥ शिवस्यापि च तेनैव सामर्थ्यं संन्हतौ दृढम् । शेषस्यापि च तेनैव सर्व विघ्न हरेण च ॥३६॥ धराधरणसामर्थ्यं दत्तं सर्वेश्वरेण ह । यस्य स्वरुपं न विदुर्ब्रम्हाद्या मुनयोऽपिच ॥३७॥ वाचामगोचरो योऽसौ मनसोऽथाप्य गोचरः । गजानन स्वरूपेण परिदृष्योऽयमीश्वरः ॥३८॥ अतस्तेनैव रुपेण सर्वारिंभेषु पूज्यते । तमुपासस्व सर्वेशं मया प्रोक्तेन वर्त्मना ॥३९॥ (२०६०) इति श्री गणेशपुराण उपासनाखंडे अम्बाविर्भावो नामाष्टचत्वारिंशत्तमोऽध्यायः ॥४८॥

अध्याय ४९ प्रारंभ :– पार्वत्युवाच । दयानिधे गिरीन्द्र त्वं पितर्मे वद तत्त्वरम् । उपासनां गणेशस्य सर्वेशस्य जगद्गुरो ॥१॥ यया शिवं समभ्येत्य शिवं प्राप्स्यामि शाश्वतम् । मर्त्यलोकेऽपि लोकाना मुपकारो भविष्यति ॥२॥ हिमवानुवाच । तवस्नेहवशाद्देवी रहस्यं परमं शुभम् । लोकानां चोपकाराय वक्ष्ये शृण्वेकचेतसा ॥३॥ प्रत्यूषकाल उत्थाय नैऋती दिश-

मादजेत् । आच्छाद्य धरणीं पूर्वं तृणकाष्ट दलैरपि ॥४॥ उर्वरां वर्जयेत्तिष्ट न्नुत्सर्पं च बुद्धिमान् । त्यक्त्वा मूत्रपुरीषे तु यथोक्तं शौचमाचरेत् ॥५॥ दन्तजिव्हा विशुद्धि च कृत्वा स्नातुं ततो व्रजेत् । नदीं तडागं वापीं वा सरः कूप मथापि वा ॥६॥ कृत्वा पूर्वं मलस्नानं मन्त्रस्नानं ततश्चरेत् । मृदा वा चन्दनेनापि तिलकं कुंकुमेन वा ॥७॥ कुर्याद्धौते वाससी वा परिधाय शुभासने । उपविश्यैकचित्तस्तु सर्वं नित्यं समाप्य च ॥८॥ मृत्तिकां सुन्दरां स्निग्धां क्षुद्रपाषाण वर्जिताम् । सुविशुद्धा मवल्मीकां जलसिक्तां विमर्दयेत् ॥९॥ कृत्वा चारुतरां मूर्तिं गणेशस्य शुभां स्वयम् । सर्वावयव संपूर्णां चतुर्भुज विराजिताम् ॥१०॥ परश्वादि स्वायुधानि दधतीं सुन्दरां घनाम् । स्थाप्य पीठे ततः पाणी प्रक्षाल्य मेलयेत्सुधीः ॥११॥ पूजाद्रव्याणि सर्वाणी जलादीनि प्रयत्नतः । अष्टगंधा नक्षतांश्च रक्तपुष्पाणि गुग्गुलुम् ॥१२॥ त्रिपंच सप्तभिः पत्रै र्युतान् दूर्वांकुरान् शुभान् । अष्टोत्तरशतं नीलाऽन् श्वेतानानीय सुन्दरान् ॥१३॥ घृतदीपं तैलदीपं नैवेद्यं विविधं शुभम् । मोदकापूप लड्डुकान् पायसं शर्करायुतम् ॥१४॥ मूक्ष्मं च तंदुलान्न च व्यंजनानि बहुनि च । सचन्द्र पूगचूर्णाढ्यं खाद्यखादिर संयुतम् ॥१५॥ एलालवंग संमिश्रं ताम्बूलं केसरान्वितम् । जम्वाम्रपनसादीनि द्राक्षारम्भा बलानि च ॥१६॥ तत्तदृतु भव नीशे नारिकेलानि चानयेत् । बहुप्रकार मालिक्यं कांचनीं दक्षिणां तथा ॥१७॥ एवं संभृत संभार एकान्तस्थळ मास्थितः । चैलाजिने कुशमये आसने च कृतासनः ॥१८॥ भूतशुद्धि प्रकुर्वीत प्राणानां स्थापनं तथा । दिग्बंध पूर्वं देवांश्च गणेशादी न्नमेत्पुरा ॥१९॥ अन्तर्बहि मातृकाश्च न्यसेदागम मार्गतः । सन्निधामा दिका मुद्रा दर्शये द्गुरू मार्गतः । मन्त्रन्यासं ततः कृत्वा षडंगन्यास मेव च ॥२०॥ पूजाद्रव्याणि संशोध्य ततो ध्यायेद् गजाननम् । एकदन्तं शूर्पकर्णं गजवक्त्रं चतुर्भुजम् ॥२१॥ पाशांकुश धरं देवं मोदकान् बिभ्रतं करैः । रक्तपुष्पमयीं मालां

कंठे हस्ते परा शुभाम् ॥२२॥ भक्तानां वरदं सिद्धि बुद्धि बुद्धिभ्यां सेवितं सदा । सिद्धिबुद्धिप्रदं नृणाम् धर्मार्थकाम मोक्षदम् । ब्रम्हरुद्रहरीन्द्राद्यैः संस्तुतं परमर्षभिः ॥२३॥ आगच्छ जगदाधार सुरासुर वरार्चित । अनाथनाथ सर्वज्ञ गीर्वाण परिपूजित ॥२४॥ स्वर्णसिंहासने दिव्यं नानारत्न समन्वितम् । समर्पितं मयादेव तत्र त्वं समुपाविश ॥२५॥ देवदेवेश सर्वेश सर्वतीर्थाऽऽहृतं जलम् पाद्यं गृहाण गणप गन्धपुष्पाक्षतैर्युतम् ॥२६॥ प्रवाल-मुक्ताफल पुत्र रत्न, तांबूल, जांबूनद मष्टगंधम् । पुष्पाक्षतायुक्त ममोघशक्ते, दत्तं मयाऽर्घ्यं सफली कुरुष्व ॥२७॥ गंगां-दि सर्व तीर्थेभ्यः प्रार्थितं तोय मुत्तमम् । कर्पूरैला लवंगादि वासितं स्वीकरु प्रभो ॥२८॥ चम्पकाशोक बकुल मालती मोगरादिभिः । वासितं स्निग्धता हेतु तैलं चारु प्रगृह्यताम् ॥२९॥ कामधेनु समुद्भूतं सर्वेषां जीवनं परम् ; पावनं यज्ञ हेतुस्ते पयः स्नानार्थ मर्पितम् ॥३०॥ धेनुदुग्धसमुद्भूतं शुद्धं सर्वजनः प्रियम् । मयाऽऽनीतं दधिवरं स्नानार्थं प्रतिगृह्यताम् ॥३१॥ नवनीत समुत्पन्नं सर्वसंतोष कारणम् । यज्ञांगं देवताहारो घृतं स्नातुं समर्पितम् ॥३२॥ पुष्पसारघ संभूतं सर्व-तेजो विवर्धनम् । सर्व पुष्टिकरं देव मधुस्नानार्थ मर्पितम् ॥३३॥ इक्षुसार समुद्भूतां शर्करा सुमनोहराम् । मलापहारिणीं स्नातुं गृहाणत्वं मयार्पिताम ॥३४॥ सर्व माधुर्यताहेतुः स्वादुः सर्व प्रियंकरः । पुष्टिकृत् स्नातु मानीत् इक्षुसार भवो गुडः ॥३५॥ कांस्ये कांस्येन पिहितो दधिमध्वाज्य परित; । मधुपर्को मयाऽऽनीतः पूजार्थं प्रतिगृह्यताम् ॥३६॥ सर्वतीर्थाऽऽहृतं तोयं मया प्रार्थनया विभो । सुवासितं गृहाणेदं सम्यक्स्नातुंसुरेश्वर ॥३७॥ रक्तवस्त्रयुगं देव लोकलज्जा निवारणम् । अनर्घ्यं मतिसूक्ष्यं च गृहाणेदं मयार्पितम् ॥३८॥ राजतं ब्रह्मसूत्रं च काचनं रत्नसंयुक्तम् भक्त्योप पादितं देव गृहाण

परमेश्वर ॥३९॥ अनेक रत्नयुक्तानि भूषणानि बहूनि च । तत्तदंगे कांचनानि योजयामि तवाज्ञया ॥४०॥ अष्टगन्धा समायुक्तं रक्तचन्दन मुत्तमम् । द्वादशांगेषु ते देव लेपयामि कृपां कुरू ॥४१॥ रक्तचन्दन संमिश्रां स्तदुलां स्तिलकोपरि । शोभायै संप्रदास्यामि गृहाण जगदीश्वर ॥४२॥ पाटलं कर्णिकारं च बंधूकं रक्तपंकजम् । मोगरं मालतीपुष्पं गृह्यतां परमेश्वर ॥४३॥ नाना पंकज पुष्पैश्च ग्रथितां पल्लवैरपि । बिल्वपत्रयुतां मालां गृहाण सुमनोहराम् ॥४४॥ दशांगं गुग्गुलं धूपं सर्वं सौगंधा्य कारकम् । सर्वपाप क्षयकरं त्वं गृहाण मयार्ऽपितम् ॥४५॥ सर्वज्ञ सर्वलोकेष तमोनाशन मुत्तमम् । गृहाण मंगलं दीप देवदेव नमोऽस्तुते ॥४६॥ नाना पक्वान्न संयुक्तं पायसं शर्करान्वितम् । नाना व्यंजन शोभाढ्यं शाल्योदन मनुत्तमम् ॥४७॥ दधिदुग्ध घृतै र्युक्तं लवंगैला समन्वितम् । मरीचि चूर्णसहितं क्वथिका वटकान्वितम् ॥४८॥ राजिकाधान्य संयुक्तं मेथीपिष्टं सतक्रकम् । हिंगुजीरक कूमांड मरीचि माष पिष्टकैः ॥४९॥ संपादितैः सुपक्वैश्च भर्जितै र्वटकैर्युतम् । मोदकापूप लड्डूक शष्कुली मंडकादिभिः ॥५०॥ पर्पटैरपि संयुक्तं नैवेद्य ममृतान्वित् ः हरिद्रा हिंगुलवण सहितं सूपमुत्तमम् ॥५१॥ ससामुद्रं गृहाणेदं भोजनं कुरु सादरम् । सुतृप्तिकारकं तोयं सुगन्धंच पिबेच्छया ॥५२॥ त्वयि तृप्ते जगत्तृप्तं नित्य तृप्ते महात्वनि । उत्तरा पोशनार्थ ते दद्मि तोयं सुवासितम् ॥५३॥ मुखपाणि विशुद्ध्यर्थ पुनस्तोयं ददाम्नि ते । दाडिमं मधुरं निम्बु जम्बवाम्र पनसादिकम् ॥५४॥ द्राक्षारंभा फलं पक्व कर्कन्धूः खार्जुरं फलम् । नारिकेलं च नारिंग मांजिरं जम्बिरं तथा ॥५५॥ उर्वारुकं च देवेश फलान्येतानि गृह्यताम् । मुखपाणि विशुद्ध्यर्थ पुनस्तोयं ददाम्नि ते ॥५६॥ गृहाण चन्दनं चारु करांगोद्वर्तनं शुभम् । नाना परिमल द्रव्यै र्निमितं चूर्णमुत्तमम् ॥५७॥ सुगन्धि नामकं

पुण्य गन्धि चारु प्रगृह्यताम् । चारुशालु रसंभूतं वंशसार समुद्भवम् ॥५८॥ सीमन्त भूषणं चूर्ण लाक्षारंजित मस्तु ते । सचन्द्रपूग चूर्णाढयं खाद्यखादिर संयुतम् ॥५९॥ एलालवंग संमिश्रं ताम्बूलं केसरान्वितम् । न्यूनातिरिक्त पूजायाः संपूर्ण फलहेतवे ॥६०॥ दक्षिणां कांचनीं देव स्थापयामि तवाग्रतः । सितपीतै स्तथा रक्तैं र्जलजैः कुसुमैः शुभैः ॥६१॥ ग्रथितां सुन्दरां मालां गृहाण परमेश्वर । हरिताः श्वेतवर्णा वा पंचत्रिपत्रसंयुताः ॥६२॥ दुर्वांकुरा मयादत्ता एकविंशति संमिताः । एकविंशति संख्याकाः कुर्याद्देव प्रदक्षिणाः ॥६३॥ पदे पदे ते देवेश नश्यन्तु पातकानि मे । औदुंबरे राजते वा कांस्ये कांचन-संभवे ॥६४॥ पागे प्रकल्पितान् दीपान्गृहाण चक्षुरर्पकान् । पंचारार्ति पंचदीपै र्दीपितां परमेश्वर ॥६५॥ चारुचन्द्रनिभं दीप गृहाण वीचिवारणम् । यथाऽस्य नेक्ष्यते भस्म तथा पापं विनाशय ॥६६॥ स्तोत्रैर्नाना विधैः सूक्तैः सहस्रनामभि स्ततः । उपविश्य स्तुवीतैनं कृत्वा स्थिरतरं मनः ॥६७॥ दीनाधीश दयानिधे सुरगणैः संसेव्यमान द्विज, ब्रम्हेशान महेन्द्र शेष गिरिजा गंधार्व सिद्धैः स्तुत । सर्वारिष्ट निवारणैक निपुणः त्रैलोक्यानाथं प्रभो, भक्ति मे सफलां कुरुष्व सकलां क्षान्त्वाऽप-राधान्मम ॥६८॥ इति मूर्ति समभ्यर्च्य दंडवत्प्रणिपत्य च । जपेन्मन्त्रं ततो देवि सर्वसिद्धि प्रदायकम् ॥६९॥ (२१२९)

इति श्रीगणेशपुराण उपासनाखंडे गणेश पार्थिवपूजा निरूपणं नामैकोन पंचाशत्तमोऽध्यायः ॥४९॥

अध्याय ५० प्रारंभ :– पार्वत्युवाच । अहं मन्त्रे न जानामि गिरीन्द्र मे वद स्वयम् । अनुग्रहं गणेशस्य यामि यामि शिवं शिवम् ॥१॥ हिमावानुवाच । मन्त्रा नानाविधा देवि नानासिद्धि प्रदायकाः । असंख्याता गणेशस्य कांश्चित्तेषु वदामि ते

॥२॥ कृत्वा पद्मासनं सम्यङ्नियम्य खानि सर्वशः । कृत न्यासविधिः पश्चाज्जपं कुर्यान्निजेच्छया ॥३॥ एकाक्षरस्यमन्त्रस्य लक्षं लक्षार्धमेव च । षडक्षरस्य मन्त्रस्य नियतं चायुतं तथा ॥४॥ तथा पंचाक्षरस्यापि दशाष्टाक्षर योरपि । अष्टाविंश द्वर्णमन्त्रो जप्तव्योऽयुत संख्यया ॥५॥ एवं नानाविधान्मंत्रा ज्जपन्ति स्वेष्टसिद्धये । त्वं तु पार्वति मे वाक्यं शृणुष्वैकाग्रमानसा ॥६॥ एकाक्षरं षडर्णंच गृहाण मन्त्रमुत्तमम् । नभः शुक्लचतुर्थ्यां त्वमारम्भं कुरु सुव्रते ॥७॥ अनुष्ठानं मासमात्रं कुरु कार्य भविष्यति । शिवं प्राप्स्यसि सुव्यक्तं मन्यद्यच्चापि वांछितम् ॥८॥ पार्थिवी पूजिता मूर्तिः स्त्रिया वा पुरुषेण वा । एका ददाति सा काम्यं धानपुत्रपशूनपि ॥९॥ असाध्यं साधयेन्मर्त्यो मूर्तिद्वय प्रपूजनात् । त्रिमूर्ति पूजनाद्राज्यं रत्नानि सर्वं सम्पदः ॥१०॥ चतुर्मूर्तिः पूजयेद्यो धर्मार्थं काम मोक्षभाक् । सार्वभौमो भवेद्राजा पंचमूर्ति प्रपूजनात् ॥११॥ षण्मूर्ति पूजया सृष्टि स्थिति प्रलय कृद् भवेत् । सप्ताष्ट नव मूर्तिनां पूजया सर्वविद्भवेत् ॥१२॥ भूतं भव्यं भविश्यं च वेत्ति देवप्रसादतः । त्रयस्त्रिंशत्कोटि देवा वन्हीन्द्र शिवविश्णवः ॥१३॥ सनकाद्या मुनिगणाः सेवन्ते दशपूजनात् । एकादशार्चना देव दशरुद्राधिपो भवेत् ॥१४॥ द्वादशादित्य राज्यं च लभेच्च द्वादशार्चनात् । अतिसंकट वेलासु कुर्याद् वृध्द्या प्रपूजनम् ॥१५॥ अष्टोत्तरशतं यावत्तावत्तत्त दवाप्नुयात् । महामुक्ति मवाप्नोति लक्षपूजन तोऽन्वहम् ॥१६॥ कारागृहान्मुक्ति कामः कारयेन्मूर्ति पंचकम् । त्रिसप्त रात्रान्मुच्येत गणेशानुग्रहान्मुने ॥१७॥ सप्तमूर्तीः प्रकुर्वीत प्रत्यहं पंचवत्सरम् । महापापात्प्रमुच्येत गणेशे भक्तिमान्नरः ॥१८॥ आजन्म मरणादेकां पूजयेत्पार्थिवी नरः । गणेशः स तु

विज्ञेयो दर्शनाद्विघ्न नाशनः ॥१९॥ तमेव सर्वकामेषु पूजयेन्न गणाधिपम् । तस्यैव पूजया प्रीतो न देवःस्यात्तथा स्वयम् ॥२०॥ सर्वं रोगप्रपीडासु मूर्तीनां त्रयमुत्तमम् । नवाहं पूजयेद्यस्तु सर्वपीडां व्यपोहपि ॥२१॥ सौवर्णी राजती ताम्री रीतिकांस्य समुद्भवा । मौक्तिकीं च प्रवाली च सर्वमेतत्प्रयच्छति ॥२२॥ एवं कृते व्रते देवि सर्वान कामा नवाप्स्यसि । यावद्भाद्रपदे मासि चतुर्थी परिलभ्यते ॥२३॥ तस्यां महोत्सवः कार्यो यथाविभव मादरात् । रात्रौ जागरणं कार्यं तत्कथा वाद्यगायनैः ॥२४॥ प्रभाते विमले स्नात्वा पूर्ववत्पूजये द्विभुम् । गणेशं वरदं देवं ततो होमं समारभेत् ॥२५॥ कुंडे सांगं स्थंडिले वा हूयाज्जप दशांशतः । पूर्णा हुतिं ततः कुर्याद् बलिदान पुरःसरम् ॥२६॥ आचार्यं पूजयेत् पश्चाद् गोभ्वा–सोधनादिभिः ♠ ब्राम्हणां स्तोषयेत् पश्चा द्धोमशेषं समापयेत् ॥२७॥ तर्पयेत्तद्दशांशेन तद्दशांशेन भोजयेत् । ब्राम्हणान्वेद विदुषः सपत्नीकांश्च कांश्चन ॥२८॥ तेभ्यो भूषण वासांसि दद्याच्छक्तया च दक्षिणाम् । दद्यात् स्त्रीणामलंकारान् योषिद्–भ्यश्च सकुंचुकान् ॥२९॥ तुष्टये गणनाथस्यसिद्धिबुद्धि युतस्य ह । वित्तशाठयं न कुर्वीत यथाविभव माचरेत् ॥३०॥ ततः सुन्हज्जन युतः स्वयं भुंजीत सादरम् । अपरस्मि न्दिने मूर्ति नृयाने स्थापयेन्मुदा ॥३१॥ छत्रध्वज पताकाभि श्चामरै रुपशो-भिताम् । किशौरै र्दण्डयुद्धेन युध्यद्भिश्च पुरःसरम् ॥३२॥ महाजलाशयं गत्वा विसृज्य निनयेज्जले । वाद्यगीत ध्वनि–युतो निजमन्दिर माव्रजेत् ॥३३॥ (२१६२) इति श्रीं गणेशपुराण उपासनाखंडे हिमवग्दिरिजा संवादे चतुर्थीव्रत कथनं नाम पंचाशत्तमोऽध्यायः ॥५०॥

अध्याय ५१ प्रारंभ :– पार्वत्युवाच । तव वाक्यामृतेनांहं पितः प्रीताऽस्मि सांप्रतम् परन्तु संशयो मेऽस्ति त नुदस्व हिमालय । ॥१॥ केन केन कृतं पूर्वं व्रतमेत न्महीधर । आख्यानं केन वा कस्मै क कां सिद्धिमितोऽगमत् एतत्सविस्तरं ब्रूहि

संशयच्छेदनाय मे । यश्च पृच्छति यो वक्ति गजानन कथा शुभाः ॥३॥ शृणोत्यन्योऽपि यो मर्त्यस्त्रयस्ते पुण्यभागिनः । जीवितं सफलं तेषां जन्म ज्ञानं च कर्म च ॥४॥ ब्रम्होवाच । एवं तया कृत प्रश्नो हिमवानभ्यभाषत ; वरदस्य गणेशस्य नानाजन कृतं व्रतम् ॥५॥ हिमवानुवाच । शृणु पार्वति वक्ष्यामि संवादं ते पुरातनम् । सेतिहासं व्रतस्यास्य सर्वसिद्धिक-रस्य ह ॥६॥ कैलासे गिरिवर्ये तु सुखासीनं जगद्गुरुम । क्रीडमानं मुदा देवै र्गन्धर्वैः परमर्षिभिः ॥७॥ नत्वा स्तुत्वा महातेजाः परिपप्रच्छ षण्मुखः ॥८॥ स्कन्द उवाच । देवदेव जगन्नाथ भक्तानामभयंकर । नानाख्यानानि दिव्यानि श्रुतानि त्वत्प्रसादतः ॥९॥ तृप्तिं नात न गच्छामि पायं पायं सुधामिव । अधुना ब्रूहि मे देव व्रतं सर्वार्थ सिद्धिदम् ॥१०॥ अनुष्ठानेन यस्याथ करस्था सिद्धयो नृणाम् । जायन्ते साधकांना तु वरदस्य प्रसादतः ॥११॥ शिव उवाच । साधु पृष्टं त्वया स्कन्द सर्वेषा हितकारकम् । कथयामि तव प्रीत्या महासिद्धिप्रदं भुवि ॥१२॥ विनायकप्रियं तात व्रतानामुत्तमं व्रतम । सर्वेषां पुरुषार्थानां साधकं कृत्तिकात्मज ॥१३॥ विना यज्ञै स्तथा दानै र्जप हौमादि र्भिर्विना । सर्वसिद्धिकरं स्कन्द पुत्र-पौत्र प्रवर्धनम् ॥१४॥ राजानं राजपुत्रं वा तन्मन्त्रिण मथापि वा । वशमानयति क्षिप्रं व्रतमेतन्मऽहत्तमम् ॥१५॥ महापापोप पापैश्च बहुजन्म सुसंचितैः । व्रतस्यास्य प्रभावेण तैः पुमान्मुच्यते क्षणात् ॥१६॥ भाजनं सर्वसिद्धीनां जायते मानवो भुवि । प्रीतिदं तु गणेशस्य नानेन सदृशं क्षितौ ॥१७॥ स्कन्द उवाच । तात कस्मिन्भवेन्मासि कृतमेतन्मन्महोत्तमम् निधानं कीदृशं चास्य केन वाऽऽचरितं पुरा ॥१८॥ सर्वमेतन्ममाचक्ष्व यद्यस्ति करुणा मयि । शिव उवाच । नभः शुक्ल-चतुर्थ्यां तु स्नात्या गुरुगृहं व्रजेत् । प्रणम्य तं गुरुं पश्चात्पूजयित्वा यथाविधि ॥१९॥ पाद्याचमन वस्त्राद्यै र्भूषैणैश्च महत्तरेः । तोषयित्वा तु तं सम्यगाज्ञया प्रारभेद् व्रतम् ॥२०॥ सर्वसिद्धिकरं तात व्रतं गाणेश्वरं गुरो । त्वमेव श्रीगणेशोऽसि दिश

कामप्रदं प्रभो ॥२१॥ उपदिष्टे व्रते तेन सार्धं गंगातटं व्रजेत् । तडागं वा देवखातं तत्र स्नाया द्यथाविधि ॥२२॥ श्वेत-
सर्षप युक्तेन तिलकल्केन षण्मुख । स्नात्वा धात्री युतेनेह कृत्वा नित्यं गृहं व्रजेत् ॥२३॥ उपविश्यासने शुद्धे पूजयित्वा
गणाधिपम् । गुरुपदिष्ट मार्गेण व्रतं पश्चात्समारभेत् ॥२४॥ मृदामूर्तिं गणेशस्य चतुर्थ्यां श्रावणस्य तु । प्रत्यहं पूजयेत्कृत्वा
यावद् भाद्रचतुर्थिका ॥२५॥ ब्रम्हचर्यव्रते स्थित्वा कर्तव्यं व्रतमुत्तमम् । उपवासैक भक्ताभ्यां नक्तेनायाचितेन वा ॥२६॥
चतुर्थकाले भुंजीत हविष्यान्नं समाहितः । अक्षरं मधुरं भुंजन् भक्तिमाना चरेद् व्रतम् ॥२७॥ जपन् गाणेश्वरीं विद्यां
षडानन षडक्षरीम् । द्विचतुरक्षरां वापि तथैवैकाक्षरामपि ॥२८॥ दशाक्षरामथ स्कन्द द्वादशार्णा मथापि वा । नियुतं
वाऽयुतं वापि प्रत्यहं जप इष्यते ॥२९॥ तदर्धं वा तदर्धं वा दशांशं होम माचरेत् । ध्यायन् गजाननं देव महोरात्रं मतद्रितः
॥३०॥ प्राप्ते प्रोष्टपदे मासि चतुर्थ्यां तु गजाननम् सौवर्ण पलमानेन तदर्धार्धेन वा पुनः ॥३१॥ मयूरवाहनं कुर्यादथवा
ऽऽखुगतं शुभम् । कृत्वा मंडपिकां तत्र धान्यराशिं प्रकल्पयेत् ॥३२॥ सौवर्ण राजतं ताम्रं कलशं स्थपयेत्ततः । तस्योपरि
न्यसेत्पात्रं रुक्मराज तताम्रकम् ॥३३॥ वस्त्रयुग्मेन संवेष्ठय सपात्रं कलशं ततः । पंचपल्लव संयुक्तं पंचरत्न समन्वितम्
॥३४॥ पीठपूजां पुरा कृत्वा स्थापयेत्तम तं विभुम् - मूलमंत्रैश्च वेदोक्तैः पूर्वोक्तैरपि षण्मुख ॥३५॥ ध्यात्वा गजाननं
देव माविाह्य परया मुदा । आसनं च तथा पाद्यं दद्यादाचमनीयकम् ॥३६॥ अर्ध्यं रत्नयुतं स्कन्द स्नानं पंचामृतैः शुभम् ।

सुवासिताभि रद्भिच स्नापयेत् परमेश्वरम् । रक्तवस्त्रयुगं दद्या दुपवीतं तथोत्तमम् ॥३७॥ नानाविधै राभरणैं भूँषयेत् परमेश्वरम् । गंधाक्षतै धूँपदीपै नैंवेद्ये र्विविधैंरपि ॥३८॥ वटकापूपलड्डूक शाल्यन्न पायसादिभिः । पंचामृतै व्यंजनैश्च भोंजयेत् परमेश्वरम् ॥३९॥ उद्वर्तन करे दद्यात्फलं ताम्बूल मेव च । कांचनीं दक्षिणां दद्याच्छत्रं व्यंजनचामरे ॥४०॥ नीराजनं मंत्रपुष्पं दत्वा स्तोत्राण्युदीरयेत् । सहस्रनामभिः स्तुत्वाब्राह्मणान्पूजयेत्ततः ॥४१॥ रात्रौ जागरणं कृत्वा गीत-नृत्यादि मंगलैः । प्रभाते विंमले स्नात्वा नित्यं कृत्वा यथाविधि ॥४२॥ पूजयेत्पूर्ववद्देवं ततो होंमं समाचरेत् । द्रव्यै र्नांना विधै र्हूत्वा कुर्यादाचार्यं पूजनम् ॥४३॥ गोभूतिल हिरण्याद्यं गुखे तन्निवेदयेत् । अन्येभ्यो ब्राम्हणेभ्यश्च प्रदद्याद्भूरि दक्षि-णाम् ॥४४॥ ब्राह्मणान् भोजयेत् पश्चा च्छतमष्टोत्तरं तथा । अधिकान्यदि शक्तिश्चेदथवाऽप्येकविंशतिम् ॥४५॥ दीनांध कृपणेभ्यश्च दद्यादन्नं सपायसम् । पुनश्च दक्षिणां दद्यात् प्रगृह्यार्शिष मुत्तमाम् ॥४६॥ सुन्हृद् बन्धुयुतो मौनी स्वयं भुंजीत सादरम् ॥४७॥ शिव उवाच । एवं ते कथितं स्कन्द वरदस्य व्रतं शुभम् । भुक्ति मुक्तिप्रदं नृणां सर्वंकाम फलप्रदम् ॥४८॥ पुरातन मितिहास मस्मिन्नर्थे वदामि ते । महाधर्मंपरो राजा पुराऽभूत्कर्दमाभिधः ॥४९॥ पालयामास वसुधां सागरान्तां स्वतेजसा । गुणै-र्यस्य न्हता देवा नित्यं यत्सदसि स्थिताः ॥५०॥ कदाचिद्दैव योगेन भृगुस्तस्य गृहं ययौ । तत उत्थाय राजा स बहुमान पुरःसरम् ॥५१॥ उपविश्यासने श्रेष्ठे पूजितो गुरुवत्ततः । भुक्त्वा स्थितं मुनिवरं राजा वचनमब्रवीत् ॥५२॥ राजोवाच । भगवन् सर्व तत्वज्ञ किंचित् पृच्छामि तद्वद । पूर्वंजन्मनि कश्चाहं किं मया सुकृतं कृतम् ॥५३॥ येनेदृशं मयाराज्यं प्राप्तं निहत-

कण्ठकम् । प्राप्तं नैव नृपैरन्यैर्न च प्राप्स्यन्ति चापरे ॥५४॥ देवानामपि पूज्योऽहं गंधर्वो रगरक्षसाम् । कुबेर संपदातुल्या सम्पदं पश्य मे मुने ॥५५॥ त्रिलोक्यां रत्नभूतं यत्तदानीतं स्वतेजसा । यं यं पदार्थ मिच्छामि तं तं पश्यामि वेश्मनि ॥५६॥ केनेत्थं कर्मणा प्राप्तं तद्वदस्व मम प्रभो । कामये तत्पुनः कर्तुं पुण्यं पुण्यवतां वर ॥५७॥ भृगुरुवाच । कथयामि नृपश्रेष्ठ प्रणिधान बलादहम् । त्वमासीः पूर्वजन्मनि क्षत्रियो दुर्बलः शुचिः ॥५८॥ कुटुंब भरणार्थं त्वं नाना कर्माण्यथा करोः । क्रियमाणं च तत्कर्म न चासीत् फलदं तव ॥५९॥ अत्यंत निष्ठुरै र्वाक्यै र्दारापत्यैश्च पीडितः । अप्रष्ट्वा पुत्रदारांस्त्वं गतवान् गहनं वनम् ॥६०॥ बिभ्रमन्दिक्षु सर्वासु दृष्टवानसि सौभारिम् । सिद्धासने समासीनं सेवितं मुनिपुंगवैः ॥६१॥ कथयन्तं महाविद्यां शिष्येभ्यो दुःखनाशिनीम् । दृष्ट्वा तं सौभरिं दिव्यमन्यांश्चर्णि गणानृप ॥६२॥ दण्डवत् पतितोऽसि त्वं भुवितैश्चाभिनन्दितः । उपविष्टः स्वासने च मुनिना तेन दर्शिते ॥६३॥ पृष्टवानसि तं दिव्यं लब्ध्वाऽवसर मादृतः । क्षत्रिय उवाच । स्वामिन् संसार दुःखेन बहुधा क्लेशितो मुने ॥६४॥ दारापत्य सुन्हृद्भिश्ज वाग्बाणै र्भृशताडितः । न वैराग्यं मनो याति निष्ठुरेषु सुन्हत्सु च ॥६५॥ शीतोष्ण क्षुत्पिपासाभिः पीड़ितोऽपि भृशं मुने । उपायं वद मे किंचिद् दुःखसागर तारकम् ॥६६॥ शिव उवाच । इति श्रुत्वा वचस्तस्य सौभरिः कृपया युतः । उपायं चिन्तयामास नृप दुःखविनाशनम् ॥६७॥ ततस्तं क्षत्रियं प्राह सर्वपाप विमोचनम् । ऋषिरुवाच । व्रतं यत्कथयिष्यामि कुरु निश्चित मानसः ॥६८॥ यस्यानुष्ठान मात्रेण सर्व दुःख लयो भवेत् । ब्राम्हणैः क्षत्रियै र्वैश्यै स्तथा ब्रम्हर्षिभिः कृतम् ॥६९॥ मुक्तास्ते सर्वं दुःखेभ्यः प्राप्ताः सिद्धि ममुत्ताम् । वरदस्य गणेशस्य धर्मार्थं काम मोक्ष कृत् ॥७०॥ क्षत्रिय उवाच । कोऽसौ गणेशः किंशीलः किं रुपः कि-

स्वभाववान् । किं कर्मा कथमुत्पन्न स्तत्सर्वं कथयस्व मे । यदि मे श्रवणायालं यद्यनुग्राह्यता मयि ॥७१॥ ऋषि रुवाच ।
यद् ब्रम्ह नित्यं विरजं विशोकं ज्ञानस्वरुपं परमार्थभूतम् अनादि मध्यांन्त मनन्तपारं, गणाधिपं तं प्रवदन्ति सन्तः ॥७२॥
यस्मादोंकार संभूति र्यतो वेदा यतो जगत् । येन सर्वमिदं व्याप्तं तं विद्धि गणनायकम् ॥७३॥ जगत् सर्जन सर्जन कामेन
ब्रम्हणां यस्य तुष्टये । अब्दानां तु शतं पूर्ण तपस्तप्तं सुदुष्करम् ॥७४॥ ततो न्हृष्टमना वेधाः प्रसन्नं तमपूजयत् ।
नानाविधोपचारैश्च दिव्यरत्नैः फलैस्तथा ॥७५॥ सिद्धिबुद्धी उभे कन्ये मनसा कल्पिते ददौ । तुष्टो देवो ददौ तस्मै
विद्यामेकाक्षरीं विभुः ॥७६॥ ततो लब्धवरो ब्रम्हा चकार सकलं जगत् । षडक्षरेण मन्त्रेण विष्णुना तोषितः पुरा ॥७७॥
कृत्वा मूर्तिं गणेशस्य पूर्वोक्त विधिना व्रतम् । अव्यंगं वर्षमेकं तु नियमान् कृतवान् हरिः ॥७८॥ वरं लब्ध्वा गणेशात्तु
पालयामास वै जगत् । एवंविधं विजानीहि गणेशं भुवि संस्तुतम् ॥७९॥ विश्वरुप मनादिं च सर्वकारणकारणम् ।
तमाराधय यत्नेन सर्वदुःखाद्वियुंक्ष्यसे ॥८०॥ क्षत्रिय उवाच । कस्मिन्काले प्रकर्तव्यं मेतद् व्रतमनुत्तमम् । विधिना केन मे
ब्रूहि सांप्रतं मुनिसत्तम । करिष्ये वचनात्तेऽहं सर्वदुःख प्रशान्तये ॥८१॥ मुनिरुवाच । श्रावणे बहुले पक्षे चतुर्थ्यामारभेद्
व्रतम् । कुर्वीत परया भक्त्या यावद्भाद्र चतुर्थिका । उपचारैः षोडशभिः पार्थिवं गणनायकम् । प्रप्यहं पूजयेद्भक्त्या ब्राम्हणा
न्भोजये त्ततः ॥८२॥ त्वमेतत्कुरु भूपाल सर्वाःकामा नवाप्स्यसि । इति श्रुत्वा व्रतं तस्मात्कृतवानसि सुव्रत ॥८३॥ समाप्ते

तु व्रते तत्र सौभर्याश्रम मंडले । तावत्तस्य गृहं दिव्यं गणेशस्य प्रसादतः ॥८४॥ दिव्यनारीनरयुतं दासीदास समन्वितम् । वेद घोष समायुक्तं जातं गोधन संकुलम् ॥८५॥ दिव्यवस्त्र समायुक्ता नानालंकार संयुता । अपत्यै स्तादृशै र्युक्ता विस्मिताऽऽसीत् प्रतीक्षतीं ॥८६॥ आयास्यति कदा भर्ते त्येवं चिन्तापराऽभवत् । तावत्त्वं मुनिमामन्त्र्य गतोऽसि निजमालयम् ॥८७॥ दिव्यं तच्छरणं हित्वा स्वगृहं परिमार्गयन् । तावद्भार्या प्रेषिता त्वां निन्युस्तद्भुवनं नराः ॥८८॥ ततस्त्वयाऽपि विज्ञातः प्रभावो वरदस्य सः तद्व्रतस्य प्रभावेण राज्यभागिह जन्मनि ॥८९॥ शिव उवाच । इति श्रुत्वा भृगोर्वाक्यं कर्दमो हर्ष निर्भरः । चकार सकलं राजा भृगुणा यत्समीरितम् ॥९०॥ व्रतस्यास्य प्रभावेण ज्ञानवैराग्यवान्नृप । भुक्त्वा भोगान्यथा कामं स्थाप्य पुत्रान्निजे पदे ॥९१॥ गतो गाणेश्वरं धाम यतो नावर्तते पुनः । सर्वार्थसाधकं स्कन्द व्रतानां व्रतमुत्तमम् ॥९२॥ नैतादृशं व्रतं दानं श्रुतमन्यत्कदाचन । सर्वार्थ साधकं स्कन्द व्रतं कुरु यदीच्छसि ॥९३॥ देवदानव गन्धर्वै ऋषिभिर्मनुजैः कृतम् । नलेन इन्दुमत्याच राज्ञा चन्द्रांगदेन च ॥९४॥ संप्राताः सर्वकामांस्ते गता गाणेश्वरं पदम् । गिरिरुवाच । इति ते कथितं सर्वं सेतिहासं व्रतं महत् । कुरुत्वं मनसा ध्यात्वा वरदं गणनायकम् ॥९५॥ व्रतमेतन्महाभागे शंकरं प्राप्स्यसे ततः । स्नेहेन कथितं तेऽद्य प्रकाशं कुरु मा व्रतम् ॥९६॥ (२२५८) इति श्रीगणेशपुराण उपासनाखंडे हिमवत् पार्वती संवादो नामैकपंचाशत्तमोऽध्यायः ॥५१॥

अध्याय ५२ प्रारंभ :– पार्वत्युवाच । नलेनेदं कृतं कस्मात् को नली त्वद मे पितः । मनो विश्रान्ति मायाति शृण्वन्त्या मे

कथानकम् ॥१॥ हिमवानुवाच । निषधेषु महाराजो नलो नामा भवत्पुरा । ब्रह्मण्यो वेदविच्छूरो दानी मानी धनी मुनिः ॥२॥ रथी खड्गी शरी चापी निषंगी कवची बली । कृतास्त्रो देवपूज्यश्च त्रिलोकी गमनः शुचिः ॥३॥ शेषोऽपि मूकतां याति वर्णितुं यद्गुणानपि । न संख्या विद्यतेऽश्वानां गजानां रथिनां तथा ॥४॥ धानुष्काणां शस्त्रभृतां अग्निशस्त्र भृतामपि । चकम्पु र्यद् भयाद्देवा इन्द्राद्याः सदिगीश्वराः ॥५॥ दमयन्तीति भार्याऽऽसीद्यस्य सौंदर्यमन्दिरम् । दमयित्वाऽखिलान्ब्रह्मा सारं प्रगृह्य च ॥६॥ दमयन्तीति विख्याता यतस्तेनेति निर्मिता । दमयन्त्यै त्रिलोकस्थ नारीणां चारुतामदात् ॥७॥ नानालंकार संयुक्ता नानामणिविभूषिता । मुक्ताहार लसत्कंठा सद्गुणाढ्या सुशोभना ॥८॥ यस्यामात्यो महानासीत् पद्महस्तः पराक्रमी । बुद्धया बृहस्पति समो नये चांगिरसा समः ॥९॥ तुंगत्वे मेरुसदृशो गांभीर्ये चोदधेः समः । कदाचि दुपविष्टोऽसौ नलो राजा महामनाः ॥१०॥ निषसाद सभागेहे नृपमंडल मध्यगः । नृत्यन्त्यप्सर सस्तस्य पुरतश्चारु दर्शनाः ॥११॥ स्तुवन्ति बन्दिनस्तं च ब्रम्हर्षिगण संयुतम् । एतस्मिन्नेव काले तु गौतमो नृपतिं ययौ ॥१२॥ उत्थाय सादरं राज्ञा स्वासने विनिवेशितः । पूजितः परया भक्त्या ततः पप्रच्छ तं नलः ॥१३॥ नल उवाच । स्व.मिन्ननुगृहीतस्ते दर्शनेन महामुने । जन्म राज्यं पिता माता कुलं जीवितमद्य मे ॥१४॥ सफलं स्वागमे हेतुं वद तूर्णं महामुने । गौतम उवाच । ममासीन्महती वांछा दृष्टुं ते वैभवं नृप ॥१५॥ स्तुवंति देवाः स्वर्गस्था ब्रम्हेद्र हरि शूलिनः । धन्योऽसि मर्त्यलोकस्यो मर्त्यै

दॆवैश्च शस्यसे ॥१६॥ नित्य तृप्तोऽप्यहं तृप्तः पूजां दृष्ट्वा च वैभवम् । इदानी मनुजानीहि गमिष्ये स्वाश्रमं प्रति ॥१७॥
नल उवाच । वेदवेदांगविद् ब्रह्मन् सर्वशास्त्र प्रवर्तक । दयानिधे क्षणं स्थित्वा छिन्धि मे संशरं मुने ॥१८॥ मुनिरुवाच ।
साधु पृष्टं महाराज स्थितोऽहं स्नेहभावतः । नागा नृपाश्च देवाश्च यत्ते नाज्ञा विलंघिनः ॥१९॥ नृप उवाच । ममैव
विस्मयो ब्रह्मन् निरीक्ष्य वैभवं स्वकम् । इत्थं ममाभवत्केन पुण्यन तपसाऽपि वा ॥२०॥ वद तत्त्वेन कश्चाह मभवं पूर्व-
जन्मनि । मुनिरुवाच । गौंडदेशात्परे देशे पुरे पिप्पल संज्ञिके ॥२१॥ त्वमासीः क्षत्रियः पूर्वं दरिद्रो ज्ञानवान् शुचिः जाया-
पत्यैः सुन्हृद्भिश्च वाक्शरैः स्ताडितो भृशम् ॥२२॥ रात्राव पृष्ट्वा सर्वास्त्वं निर्वेदाद् गहनं वनम् । गतवान्वृक्षवल्लो भिः
सिंहव्याघ्र गजैर्मृगैः ॥२३॥ सेवितं शीतलजलै सरोभिर्जल जादिभिः । आश्रमोऽथ त्वयाऽदर्शि भ्रमता भ्रमता वने ॥२५॥
तपोनिधेः कौशिकस्य वेदघोष निनादितः । तत्र गत्वा मुनिं तं त्वं प्रणतो भक्तिभावतः ॥२५॥ उत्थापितः कौशिकेन दीना-
नाथ दयावता । दुःखितं त्वां विदित्वा स आशीर्वाद मवीवदत् ॥२६॥ गजाननो मे देवेशो भविता ते शुभंकरः । श्रुत्वा
तदाशिषं सौम्यां प्राप्तोऽसि परमां मुदम् ॥२७॥ पृष्टवानसि तं विप्र मुपायं सर्वकामदं । दारिद्रय नाशकं राजन् भुक्ति-
मुक्ति प्रदं शिवम् ॥२८॥ गणेशाराधनं तुभ्यं कथयामास कौशिकः । कौशिक उवाच उवाच । व्रतं कुरु गणेशस्य मास-
मात्रं नराधिप ॥॥२९॥ कुरु मूर्तिं गणेशस्य मृन्मयीं चारुदर्शनाम् । पूर्वोक्त विधिना पूजां कुरु शृणु कथानकम् ॥३०॥
दिने दिने मासमात्रं ततः सिद्धि मवाप्स्यसि । मुनिरुवाच । इति श्रुत्वा कौशिकं तं पप्रच्छ भूमिपः पुनः ॥३१॥ गजाननं

गजाननं न जानामि तत्स्वरुपं वदस्व मे । ज्ञात्वा तं देव देवेशं करिष्ये व्रतमुत्तमम् ॥३२॥ इति तेन कृते प्रश्ने जगाद मुनिसत्तमः । अनिर्वाच्य स्वरुपस्य परब्रम्ह स्वरुपिणः ॥३३॥ वैकारिक स्वरुपाणि गजानन कृतानि तम् ॥३४॥ कौशिक उवाच । यः कर्ता सर्वं लोकांना पिता माता जगद्गुरुः । ब्रम्हेद्र शिव विष्णूनां ध्येयो यः स गजाननः ॥३५॥ मुनिरुवाच । इति श्रुत्वा तु तद्वाक्यं प्रणिपत्य मुनीश्वरम् । अनुज्ञात स्ततस्तेन गतोऽसि निजमंदिरम् ॥३६॥ आरभ्य श्रावणे शुद्धे चतुर्थ्यां व्रतमुत्तमम् । अकरोन्मृमयीं मूर्तिं गणेशस्य यथोदिताम् ॥३७॥ स्थाने च वचने मौंने गमने शयने भुंजि । ध्यायन्गजाननं देवं प्रायाः सिद्धि मनुत्तमाम् ॥३८॥ नाना गजरथा श्वाद्यै र्गोधनै र्धनं संचितैः । दासीदास युतः श्रीमांजातो व्रतप्रभावतः ॥३९॥ दत्तमानसि दानानि सर्वाणि देवतुष्टये । गणेशस्य महामौल्यं प्रासादं कृतवान्मुदा ॥४०॥ भुक्त्वा भोगान्यथा कामं कालेन निधनं गतः । जातोऽसि निधधे देशे नृपस्त्वं नलनामकः ॥४१॥ अतस्त्वय्यचला लक्ष्मी स्त्रिलोकी जनवन्दिते । इदानी मनुजानीहि यत्पृष्टं तन्निरुपितम् ॥४२॥ हिमवानुवाच । एवं गते गौतमे तु व्रतं चक्रे नलो नृपः । तद्वाक्या ज्जात विश्वासो मूर्तिं कृत्वा सुशोभनाम् ॥४३॥ श्रुत्वा कथां गणेशस्य प्रत्यहं पूज्य भक्तितः । अनभत्सर्व कामान्स व्रतस्यास्य प्रभावतः ॥४४॥ इति ते कथितं कन्ये नलेनेत्थं कृतं व्रतम् । उपदिष्टं गौतमेन पूर्वजन्मकृतं व्रतम् ॥४५॥ यस्य प्रभावः संपूर्णो वक्तुं केनापि नेष्यते ॥४६॥ (२३०४)

इति श्री गणेशपुराण उपासनाखंडे नलव्रत निरुपणं नाम द्विपंचाशत्तमोऽध्यायः ॥५२॥

अध्याय ५३ प्रारंभ :- हिमवानुवाच । इदानीं कथयिष्यामि राज्ञा चन्द्रांगदेन च । सपत्न्या च कृतं ह्येतदिन्दुमत्या

शुभानने ॥१॥ मालवे विषये ख्यातं नगरं कर्णनामकम् । तत्र चन्द्रांगदो राजा बभूवाति पराक्रमी ॥२॥ अणिमादि गुणोपेतः सर्वशास्त्रार्थ तत्ववित् । यः वा दानी महाज्ञानी वेदवेदांग पारगः ॥३॥ अतिक्रान्ता सभा यस्य सुधर्मां मतिमानुषीम् । मुष्णाति चक्षुषस्तेजो रविकान्त मरीचिभिः ॥४॥ अतिस्वच्छानि वासां रत्नस्तंभा श्रयात्सुते । नील लोहित पीतत्वा च्चित्रतां यान्ति कानिचित् ॥५॥ अतिसाध्वी महाभागा पतिशुश्रूषणे रता । धर्मशीला व्रतपरा श्वश्रूश्वशुरसेविनी ॥६॥ गृहकृत्येषु चाव्यग्रा देवता तिथिपूजिका । नाम्ना चेन्दुमति ख्याता सर्वावयव सुन्दरा । धर्मशीलोऽपि नृपति रमात्यैः प्रार्थितो भृशम् । जीवहिंसा महाघोरां पापर्द्धिं परिवर्जय ॥७॥ कदाचिद्दैव योगेन मृगयां क्रीडितुं ययौ । तरक्षुरुरुवाराह मृगपक्षियुतं वनम् ॥८॥ नीलकंचुक सवीतो नीलोष्णी षेत्तरच्छदः । बद्धगोधां गुलित्राणः शस्त्रिका खड्गखेटवान् ॥९॥ जवेनाश्व समारुढो शरचापकरो बली । तादृशै र्वीर निकरै रमात्यैः सेवकैर्वृतः ॥१०॥ निघ्नन् मृगान् वराहांश्च प्रेषयन्नगरं प्रति । भ्रममाणो वने राजा दृष्टो राक्षस पुंगवैः ॥११॥ चकम्पे राक्षसान् दृष्टवा शीतज्वर युतो यथा । दरीमुखान् गर्तनेत्रान् व्यादिता स्यान्नभस्पृशः ॥१२॥ दृष्टवा तान् विद्रुताः सर्वे वीराः सेविजना अपि । केचिद्यम क्षयं याता मूर्छिताः केऽपि भूगताः ॥१३॥ तत्रैका राक्षसी क्रूरा दृष्ट्वा कामाति सुंदरम् । तं नृपं परिरभ्यैव चुचुंबे काममोहिता ॥१४॥ तस्यामा-त्यान्भगे कृत्वा भक्षयामास सेवकान् । एतस्मिन्नंतरे राजा पलायनपरो ययौ ॥१५॥ कासारमध्ये मग्नोऽभून्नाद्राक्षीं द्राक्षसी च तम् । स धृतो नागकन्याभि र्नीतः पातालमन्दिरम् ॥१६॥ भूषितो नागकन्याभि र्वस्त्रालंकार भूषणैः । पप्रच्छु र्नाग-कन्यास्तं कुत आगमनं तव ॥१७॥ कोसि कस्यासि किं तात वद सत्यं नरोत्तम । इति तद्वचनं श्रुत्वा ता जगाद नराधिपः

अहं चन्द्रांगदो नाम हेमांगद सुतो बली । मालवे विषये कर्णनगरे वमतिर्मम ॥१९॥ राक्षसीभय वित्रस्तः प्रविष्टः सलिलं महत् । भवती भिरि हानीतो यत्पृष्टं तन्निवेदितम् ॥२०॥ भक्षिताः सर्वलोका मे मृगयाभिरतस्य ह । सरोजल प्रसादेन जीवंस्तिष्टामि सांप्रतम् ॥२१॥ इति ता वचनं श्रुत्वा पुनरुचु र्नृपं तदा ॥॥२२॥ ताऊचुः ; भवास्माकं पतिरिह सर्वं सेत्स्यति ते प्रियम् अस्मांक नागकन्यानां भोगश्चातीव दुर्लभः ॥२३॥ तासामिति वचः श्रुत्वा प्रोवाच नृपसत्तमः । एक–पत्नीव्रतं मेऽस्ति मातरस्तत्कथं त्यजे ॥२४॥ सोमवंश प्रसूतानां राज्ञां धर्मान्ब्रवीमि वः । परद्रव्यं परद्रोहं परदारांस्तथैव च ॥२५॥ परनिन्दां च नेच्छन्ति नृपाः सौम्याश्च साधवः । अधीति र्यजनं दानं शरणागत पालनम् ॥२६॥ निषिद्धाचरणं नैव विध्यर्थं प्रतिपालनम् । एते धर्मा त्रिवर्णानां याजनादि त्रयं द्विजे ॥२७॥ अधिकं सर्व वर्णाना मातिथ्यं परमं मतम् । इति श्रुत्वा नृपवचोऽखिला नागकुमारिकाः ॥२८॥ प्रशेपुस्तं वियुक्तस्त्वं बहुधा स्वस्त्रिया भव । बबन्धु र्निगडैस्तं ता दुःखिताः कामविव्हलाः ॥२९॥ राक्षसी तु जलं प्राश्य तद्वर्थे तत्सरोगतम् । भक्षयित्वा जलचरान्ना तृप्यत्परमं तदा ॥३०॥ इमं वृत्तान्त मशृणो द्राज्ञी राजीव लोचना । पर्यंकस्था स्वदूतात्सा राक्षसीतोऽवशेषितात् ॥३१॥ मग्नं निशम्य नृपतिं दुःखिता पतिता भुवि । मूर्छा मवाप महतीं सखीभिः परिव्रीजिता ॥३२॥ सिक्ता शीतल तोयेन रुदन्तीभि र्मुहुर्मुहुः । उपविष्टा प्ररुदति घ्नंति वक्षः शिरो मुखम् ॥३३॥ शुशोच परमालापै र्भर्तः कान्तेति जल्पती । क्कगतः प्राणनाथो मे हित्वा मां

प्रियवादिनीम् ॥३४॥ सर्वावयव संपूर्णां प्रणतां प्रियकारिणीम् । भर्तृकार्यरतां नित्यं नित्यं चातिथि पूजिकाम् ॥३५॥ कुत्र भोक्ष्यति मे नाथो निंद्रां वा कुत्र यास्यति । काचनं शयनं हित्वा पराध्यास्तरणे वृतम् ॥३६॥ कथं स्नास्यति कान्तो मे हित्वा तैलं सुगंधिकम् । लोकानां पालनं कोऽद्य विना तेन करिष्यति ॥३७॥ प्रजानां सर्वलोकानां बालानां रंजनं च कः । अस्तं यातो गुणनिधिः प्रताप निधिरद्य किम् ॥३८॥ दिशः शून्याः प्रपश्यामि विना तेन महात्मना । क्वाहं सुखं प्रपश्यामि क्क सुखं सोऽपि यास्यति ॥३९॥ इहलोके परे वापि न सुखं कुलयोषिताम् । हीनानां स्वामिनां देव यदेतत्स्वामिना सह ॥४०॥ शरणागत गुप्ति च दीनानां कः करिष्यति । एवं बहुविधं दीना रुदती भृशविव्हला ॥४१॥ तत्याज त्रोटयित्वा सा भूषणानि च दूरतः । कंकणानि च सर्वाणि बभंज च मुमूर्छ च ॥४२॥ (२३४६)

इति श्रीगणेशपुराण उपासनाखंडे चन्द्रांगदोपाख्याने त्रिपंचाशत्तमोऽध्यायः ॥५३॥

अध्याय ५४ प्रारंभ :– पार्वत्युवाच । तस्यां तु मूर्छितायां तु किमकुर्वन् जनास्तदा । तन्मे विस्तरतो ब्रूहि न्हदयानन्दनं पितः ॥१॥ हिमवानुवाच । तदा सर्वे नागरिका नानावाक्य विशारदाः प्रमृज्य स्वानि चाश्रूणि समादध्रु नृपस्त्रियम् ॥२॥ नना ऊचु :– । मातरुत्तिष्ट मा शोकं कुरु पुत्रे ननः कृथाः । प्रेतं दहति शोकाश्रु तमाद्भूतंहितं कुरु ॥३॥ मर्त्येषु न हि दृष्टोऽस्ति चिरजीवी शुभानने । यथा जीर्णं परित्यज्य वासोऽन्यद् गृहयते जनैः ॥४॥ वर्ष्मापि देहिना तद्वत् त्यक्त्वाऽन्यद्–गृहयतेशुभम् । अत्याश्चर्य मिदं भद्रे स्वयं मृत्युमुखे स्थितः ॥५॥ शोचते मृतमपरं स्वयं मरण धर्मवान् । स्वदेहेन वियोगं

च न वेत्ति भाविनं जनः ॥६॥ मदीयं मन्यते सर्वं दैवकालवशे स्थितम् । ब्रम्हादि स्थावरान्तं यद्विश्वं सान्धि चराचरम् ॥७॥ ज्ञात्वा तं नश्वरं शोकं त्यक्त्वोत्तिष्ट सुपुत्रिणि । धर्मवान् पुण्यशीलस्ते भर्ता मुक्तिगतो भवेत् ॥८॥ जीवन्यदि भवेत्स्वर्गं तदा यास्यति कर्हिचित् । अतिपुण्यान् मानवोऽपि याति स्वर्ग गतः पुनः । अथवा परिपृच्छामो मुनिं कंचिदिहागतम् ॥९॥ अतीताना गतविद कथयिष्यति सोऽखिलम् । अनन्तरं हि यत्कार्यं तत्सर्वं विदधामहे ॥१०॥ हिमवानुवाच । एवं प्रबोधिता लोकैः क्षणमिन्दुमतीतमदा । आश्वस्ता सर्ववाक्येन प्रमृज्याश्रूणि वाससा ॥११॥ विसर्जयामास तदा लोकान्सर्वान् समागतान् । त्यक्त्वा सौभाग्य चिन्हानि प्रपेदे कृशतां भृशम् ॥१२॥ रुदती शोचती तस्थौ श्वसती मूर्छिता मुहुः । ततो द्वादशवर्षान्ते नारदो दिव्यदर्शनः ॥१३॥ आजगाम गृहं तस्या यदृच्छा विचरन्मुनिः । दृष्ट्वा तं विललापाशु वदन्ती भर्तुर्चेष्टितम् ॥१४॥ दुःख चाकथयत्तस्मै जातं द्वादशवार्षिकम् । निशम्य रुदितं तस्या हर्षयन्मुनिर ब्रवीत् ॥१५॥ नारद उवाच । क्वापि तिष्टति ते भर्ता न तं शोचितु मर्हसि । शिरच्छादय नीलेन वाससा कर्णभूषणे ॥१६॥ कर्णयोः कुरु भाले त्वं बिभ्रती कुंकुमं शुभम् । वलयानि च करयोः कंठे मंगलसूत्रकम् ॥१७॥ हिमवानुवाच । सर्वज्ञस्य मुनेर्वाक्या द्विश्वस्ता सत्यवादिनः । तत्कालं सर्वमानाय्य हर्षिता सा तथाऽकरोत् ॥१८॥ आकार्य ब्राम्हणान् सर्वान् संपूज्य नारदं पुरा । संपूज्य सकलांस्तांस्तु ददौ दानान्यनेकशः ॥१९॥ वादयांमास वाद्यानि शर्करां च गृहेगृहे । प्रेषयामास च तदा हर्षादिन्दुमती शुभा । ॥२०॥ वस्त्रताम्बूल दानेन दहावाज्ञां जनस्य सा । प्रणिपत्य पुनर्देवं मुनिं नारद मादरात् ॥२१॥ स्वभर्तृप्राप्तयेऽ प्रच्छ

दुपायं राजकन्यका । इन्दुमत्युवाच । कुत्र तिष्टति मे भर्ता कथं तिष्टति वा मुने ॥२२॥ केनोपायेन वेदज्ञ दर्शनं तस्य मे भवेत् । अनुग्रहं कुरु मुने तमुपायं वदस्वमे । व्रतं दानं तपो वापि दुःसाध्य मपि यद्भवेत् ॥२३॥ नारद उवाच । व्रतं तु परमं तेऽहं कथयामि समासतः । नभः शुक्लचतुर्थ्यां त दारभेत्परया मुदा ॥२४॥ नद्यां तडागे वाप्यां वा दन्तधावन पूर्वकम् स्नानं प्रभात समये कुरु संकल्प पूर्वकम् ॥२५॥ शुक्लवासा गृहं गत्वा मृन्मयीं मूर्तिमूत्तमाम् । कुर्याच्चतुर्भुजां सम्यग् गणेशस्य मनोरमाम् ॥२६॥ उपचारैः षोडशभिः पूजयेत् स्थिर चेतसा । एकान्न मेकभुक्तं वा स्वयं कुर्यात्पयत्नतः । उपोषणं वा कुर्वीत यावद्द्वाद्र चतुर्थिका ॥२७॥ गीतवादित्र नृत्याद्यैं ब्राम्हणानां च भोजनैः । महोत्सवं प्रकुर्वीत विभवे सति शोभने ॥२८॥ एवं व्रतं कुरु शुभे भर्त्रासह समेष्यसि । पाताले नागकन्या भो रुद्धेन जीविता शुभे ॥२९॥ सत्यं ब्रवीमि ते सत्ये नान्यथा मम भाषितम् । हिमवानुवाच । इत्युक्ता तेन मुनिना व्रतं प्रारभ दादरात् ॥३०॥ गते मुनौ नभोमासि दिनैः कति भिरागते । द्विरदानन मूर्तिं सा चकार पार्थिवीं शुभाम् ॥३१॥ पूर्वोक्त विधिना पूजां चकार सुमनोहराम् । दिव्य–गन्धैं दिव्यवस्त्रैं दिव्यैश्च कुसुमैरपि ॥३२॥ दिव्यैर्नाना विधैश्चैव नैवेद्यैः फलकांचनैः । दीपैः पुष्पांजली भिश्च प्रक्रमैर्नतिभिः स्तवैः ॥३॥ तन्नामस्मरणैं ध्यानैं स्तोषयामास तं विभुम् । गीतवादित्र नृत्याद्यै ब्राम्हणानां च भोजनैः ॥३४॥ पलमात्रं पयो भुक्त्वा चकार व्रतमुत्तमम् । नभः शुक्लचतुर्थ्यादि चिरनष्ट प्रियाप्तये ॥३६॥ नारदस्य मुने र्वाक्या द्यावद्द्वाद्र चतुर्थिका ॥३६॥ (२३८२)

इति श्री गणेश पुराण उपासनाखंडे इन्दुमती नारद संवादे चतुःपंचाशत्तमोऽध्यायः ॥५४॥

अध्याय ५५ प्रारंभ :– हिमवानुवाच । समाप्ते तु व्रते तस्या गणेशस्य प्रसादतः । पाताले नागकन्याना मन्यथाऽभून्मति-
स्तदा ॥१॥ मोचयामासू राजानं पुपूजुश्च यथाविधि । वस्त्रैराभरणैश्चैव नानारत्न महाधनैः ॥२॥ अश्वं मनोजवं दत्त्वा
व्यिससर्जु नृपं तदा । कासाराद् बहिरागत्य बद्ध्वा चाश्वं महाद्रुमे ॥३॥ स्नाति यांवन्नागरिकैं र्दृष्टः कतिपयैं र्नृपः । अपरै
प्रतिपत्यैनं पप्रच्छुः को भवानिति ॥४॥ कुत्रत्यः कुत आयातः किं नामा वद नः प्रभो । इति तेषां वचः श्रुत्वा पप्रच्छ
नृपसत्तमः ॥५॥ इन्दुमत्याः कुमारस्य कुशलं खेदसंयुतः । ततो बुबुधिरे ते त मालिलिंगुर्मुदा जनाः ॥६॥ ऊचुश्च नृप ते
भार्या स्नात्वेदानीं गता गृहम् । उपवास व्रतवती कृशा धमनिसंयुता ॥७॥ कुमारे जीवमास्थाय जीवमात्रा वशेषिता ।
केचिच्च नगरं गत्वा शुभां वार्ता मघोषयन् ॥८॥ अत्याप्त जनवाक्येन श्रुत्वा सा नृपमागतम् । आनन्दाब्धौ निमग्नाऽभूद्
व्रम्हज्ञानीव योगवित् ॥९॥ ततोऽमात्यान्पुरस्कृत्य सैन्यान्य प्रेषयच्च तम् । चित्रध्वज पताकाभि रशोभयत सा पुरम् ॥१०॥
वीथीरासिं चयामास सभाः संपाद्य यत्नतः । स्वात्मानं भूषयामास वासोऽलंकार भूषणैः ॥११॥ गोभू हिरण्य दानाद्यै स्तोष-
यित्वा द्विजान् बहून् । आरार्तिक्यं करे दत्त्वा पतिव्रत् स्त्री जनस्य सा ॥१२॥ गीत वादित्र घोषेण पुरःसर उपागमत् ।
अमात्यास्तु पुरो गत्वा प्रणम्य नृपपुंगवम् ॥१३॥ आलिलिंगुर्मुदा सर्वे प्रणेमुश्च यथाक्रमम् । उपविष्टे तु नृपता वुपविष्टा
स्तदाज्ञया ॥१४॥ सर्वान्कुशल प्रश्नाद्यै स्तोषयित्वा यथाक्रमम् । मानयित्वा तथा लोकान्दत्वा ताम्बूलवाससी ॥१५॥
स्वयं जगाम शिबिर मिन्दुमत्या नृपोत्तमः । कारयामास स विधिं द्वादशाब्ददृशैं द्विजैः ॥१६॥ पुण्याहवाचनं कृत्वा गणेशा-

चंन पूर्वकम् । संपूज्य शंकरं सम्यग् द्विजांश्च दक्षिणादिभिः ॥१७॥ बभंज श्रीफलं त्यक्त्वा ततस्तत्पुरतो ययौ । ददर्श तत्रेन्दुमती मिन्दोः शेषां कलामिव ॥१८॥ नीराजयित्वा राजानं युवतीभिः सभर्तृभिः । लाजपुष्प मयीं वृष्टिं ताभिःसाऽ—कार यत्तदा ॥१९॥ प्रमृज्य नयने सम्यगानन्दा श्रु परिप्लुते । हर्षशोकान्वितौ तौ तु परस्पर मथोचतुः ॥२०॥ परस्पर वियोगाधिं कथयामासतुः शुचा । अनिवार्यं प्रकृतिभिः सान्वितौ बहुलोध्वितभिः ॥२१॥ आनयित्वा तु राजानं समारोह्य महागजे । नानालंकार संयुक्ते पताका छत्र संयुते ॥२२॥ पादचारैः परिवृते चतुर्घंटा विराजिते । शतं यष्टिधरा स्तस्य वारयन्तो ययुः पुरः ॥२३॥ अग्नि शस्त्र धराश्चाश्व रथारोहा अनेकशः । सव्य दक्षिणतो राज्ञो गजलक्षं ययुर्लघु ॥२४॥ नटा नृत्यांगना वाद्यवादका बन्दिनः पुरः । ततः पश्चाद् गजानीकाः पुरं विविशुरादरात् ॥२५॥ सैन्येन रजसा व्याप्ते दिननाथे हतप्रभे । अलंकृते पूरे तस्मिन्न प्राज्ञायत किंचन ॥२६॥ ततः परस्परं नत्वा जग्मुः स्वं स्वं निवेशनम् । मुख्या राजगृहं नीताः पुना राज्ञा प्रपूजिताः ॥२७॥ वस्त्र ताम्बूल दानेन तेनाज्ञाता गृहं ययुः । राजाऽथ ब्राह्मणान्भोज्य बुभुजे ज्ञातिभिः सह ॥२८॥ ततो रात्रौ सुषुपतुः पर्यंके चारुनिर्मिते । परार्ध्या स्तरणोपेते परिच्छदुपधान्विते ॥२९॥ ऊचतुः स्व स्व दुःखं तौ शोचन्तौ च पुनः पुनः । पुरोधसा सान्वितौ तौ शयाते स्म सुखं ततः ॥३०॥ श्रुत्वा विनायकव्रत महिमानं नृपोत्तमः । पत्न्याऽभूतं सकलं स्वयं कर्तुं मनोदधे ॥३१॥ आगते श्रावणे मासि राजा चन्द्रांगद स्तदा । महोत्सवेन कृतवान् व्रतमेत च्छुभानने ॥३२॥ ऋषिरुवाच । एवं पितृवचः श्रुत्वा पार्वती भृशहर्षितः । नभोमासं

समासाद्य चकार व्रतमादरात् ॥३३॥ यथोक्त विधिना मूर्तिं कृत्वा पूजां च यत्नतः । भक्षयन्ती पयोमात्रं ध्यायन्ती द्विरदाननम् ॥३४॥ ततश्चंचलता यातं शंकरस्यापि मानसम् । आससा दाश्रमं तस्याः पार्वत्याः शूलभृत् स्वयम् ॥३५॥ गणेशस्य चतुर्थ्यां तु संपूर्णे तद्व्रते शुभे । पश्यति स्म हरं देवी वृषारुढं निजाश्रमे ॥३६॥ उत्थाय प्रणनामास्य पादाम्बुज युगं मुदा । पूजयामास विधिवच्छंकरं लोकशंकरम् ॥३७॥ उवाच च महादेवं पार्वती प्रेमविव्हला । देव्युवाच । कथं मां त्यज्य गतवान्कि मां विस्मृतवानसि ॥३८॥ त्वद्वियोगा न्निमेषोऽपि कल्पकल्पोऽ भवद्विभो । गणेशस्य व्रतमिदं पित्रा दिष्टं कृतं मया ॥३९॥ वरदस्य प्रसादेन संप्राप्तं दर्शनं तव ॥४०॥ ब्रम्होवाच । एतस्मिन्नेव काले तु हिमवानुप जग्मिवान् । सत्याः करं करे तस्य न्यवेदयत सादरम् ॥४१॥ ततो देवाः सगंधर्वा द्विरदानन मादरात् । पूजया मासुरथ तौ शिवौ शिव करौ सताम् ॥४२॥ देवदुंदुभयो नेदुः पुष्पवृष्टिः पपात ह । सर्वे गजाननं नत्वा स्तुत्वा च विविधैः स्तवैः ॥४३॥ जयशब्दैः शंकरोऽपि तुष्टाव द्विरदाननम् । अर्धांगे पार्वतीं कृत्वा वृषमारुह्य सत्वरः ॥४४॥ ययौ कैलास शिखरं सर्वे स्वं स्वं पदं ययुः ॥४५॥ ब्रम्होवाच । इति ते कथितं सर्वं व्यास पृष्टं त्वया तु यत् । महात्म्यं गणनाथस्य व्रतस्य च महामुने ॥४६॥ इदानीं पुनरन्यचे कथयामि कथानकम् । यच्छ्रुत्वा सर्वपापेभ्यो मुक्तः कामाँ ल्लभेनर ॥४७॥ (२४२९)

इति श्री गणेशपुराण उपासनाखंडे शिवपार्वती संयोगोनाम पंचपंचाशत्तमोऽध्यायः ॥५५॥

अध्याय ५६ प्रारंभ :— भृगुरुवाच । एवं ते कथितं राजन् माहात्म्यं सकलं मया । पुनश्च शृणु व्यासेन यच्छ्रुतं ब्रम्हणो मुखात् ॥१॥ सोमकान्त उवाच । कथं श्रुतं ब्रम्हमुखाद् व्यासेना मितबुद्धिना । न तृप्ति मधिगच्छामि तन्मे वद महामुने ॥२॥ भृगुरुवाच । एवं श्रुत्वा कथां व्यासोऽपृच्छद् ब्रम्हाण मादरात् । स चापि कथयामास सादरं पृच्छतेऽनघ ॥३॥ व्यास उवाच । पुनः कथय मे ब्रम्हन गणनाथ कथां पराम् । तृष्णा मे वर्धते भूयः श्रोतुं विघ्नेश सत्कथाम् ॥४॥ ब्रम्होवाच । अपरां शृणु मे व्यास कथां कौतुक संयुताम् । शूरसेन प्रभृतिभि रनुभूतां गजाननीम् ॥५॥ मध्यदेशे भवद्राजा शूरसेनो महाबली । सहस्राख्य पुरे रम्ये वेदवेदांग पारगः ॥६॥ धनवान् रुपवान् दाता होता पाता जनस्य ह । शक्ति त्रययुतो मानी षाडगुण्य परिनिष्ठितः ॥७॥ उपायानां चतुर्णांच चालने चतुरोऽरिहा । चतुर्विध बलोपेतो द्विजदेवेषु भक्तिमान् ॥८॥ पृथिवी मंडलं यस्य वशवर्त्यं भवत्सदा । नगरं शक्रनगरा द्विशिष्टं भाति भूतले ॥९॥ यस्य पत्नी पुण्यशीला नाम्नाऽभूत् पुण्य शालिनी । यस्या रुपेण सदृशी नासीत् त्रैलोक्यमंडले ॥१०॥ पातिव्रत्य गुणं र्यस्या लज्जां प्राप्ताऽप्यरुंधती । असूया त्यागयोगेना प्यनसूयाऽभवल्लघुः ॥११॥ स कदाचिन्नृपोऽमात्यैः संवृतो वीरसत्तमैः । उपविष्टो नृपसभां ददृशे गगनेचरम् ॥१२॥ विमानं वन्हिसदृशं नेत्रतेजोहरं परम् । गान श्रवण सक्तास्ते राज्ञा सह सभासदः ॥१३॥ विव्हलास्ते किं किमिति ज्ञातुं दूतानचोदयन् । ते दूताः प्रागमन्द्रष्टुं विमानं सूर्यसन्निभम् ॥१४॥ कस्यचि द्वैश्यपुत्रस्य राजदूतस्य कुष्ठिनः । पतितं दृष्टिपातेन तद्विमानं महीतले ॥१५॥ ततों दूताः समागम्य शशंसु नृपतिं तदा । तद्विमानं महाराज पुण्यकृद्देव संयु–

तम् ॥१६॥ दैदिप्यमानं पतितं दुष्टदृष्टया महीतले । ततोऽति हर्षितो राजा प्रकृति द्वयसंयुतः ॥१७॥ अश्वारुढो ययौ तत्र विमानं द्रष्टुमुत्सुकः । मन्यमानो महाभाग्यं स्वजनैः परिवारितः ॥१८॥ अनेकवाद्य निर्घोषैः विमान स्यान्तिकं ययौ । ददृशु स्तत्र शक्रं ते नेमुरुत्तीर्य यानतः ॥१९॥ नानालंकार संयुक्तं सर्व देवगणैं र्युतम् । बद्धांजलि पुटो राजा प्रोवाच बल-सूदनम् ॥२०॥ धन्येयमद्य धरणी धन्यं जन्म च संपदः । पूर्वजाः सर्वंचक्षूंषि धन्यान्यद्य शचीपते ॥२१॥ यद्दर्शनं मृत्यु-लोके भवतां सानुगस्य मे । यस्य ते वशगा लोका ब्रम्हेशानादयः सुराः ॥२२॥ शताश्वमेधतो दृश्यो नान्यथा जायते क्वचित् । न जाने केन पुण्येन सोऽद्य दृष्टोऽखिलैर्जनैः ॥२३॥ इदं च ते विमानं यत् कथं निपतितं भुवि । एतन्मे संशयं देव छेत्तुमर्हसि सांप्रतम् ॥२४॥ यतवान्कुत्र च भवान्गन्ता वा शंस मे प्रभो । शक्र उवाच । राजन् छूणु महाश्चर्यं कथितं नारदेन मे ॥२५॥ तदहं कथयिष्ये त्वां शृणुष्वैकमना नृप । नारद उवाच । मृत्युलोकं गतः शक्र भ्रुशुंडेराश्रमं प्रति । गणेशस्य स्वरुपेण तिष्टतो जपतोऽनिशम् ॥२६॥ तद् ध्यानात्तत्स्वरुपस्य दृष्टं कौतुक मद्भुतम् । पूजितस्तेन मुनिना गजा-नन स्वरुपिणा ॥२७॥ न वा तं मुनिमापृच्छ्य दर्शनार्थं तवागतः । भूमौ सारूप्यता नैव दृष्टाऽन्यत्र शतक्रतो ॥२८॥ शक्र उवाच । अहं च नारदं पूज्य विसृज्य च क्षणेन तम् । अत्युत्सुक तया यातो मुनिं दृष्टुं तथाविधम् ॥२९॥ विमानवर मास्थाय मनोमरुत वेगवत् । मुनिं दृष्ट्वा च संपूज्य द्विरदानन रुपिणम् ॥३०॥ भ्रुशुंडि प्रणिपत्याथ तस्य पूजां प्रगृह्य च । चलितः सपरीवारो गन्तुकामोऽमरावतीम् ॥३१॥ यावत्ते नगराभ्याशे विमानमिद मागतम् । तावद् दूतस्य ते दृष्ट्या कुष्टिनः पापकारिणः ॥३२॥ पतितं भूमिभागेऽस्मि न्सर्व ते कथितं नृप । शूरसेन उवाच । तपसा केन वा शक्र गजानन

स्वरुपता ॥३३॥ प्राप्ता भ्रुशुंडिना तेन तद्वदस्व मम प्रभो । न हि मे तृप्तिरस्तीह शृण्वतस्त त्कथामृतम् ॥३४॥
इति श्री गणेशपुराण उपासनाखंडे षट्पंचाशत्तमोऽध्यायः ५६ (२४६३)

अध्याय ५७ प्रारंभ :- शक्र उवाच । हन्त ते कथयिष्यामि कथोमेतां पुरातनीम् । यथा तेनापि सादृश्यं गणनाथस्य भक्तितः ॥१॥ दंडकारण्य देशेषु नगरे नंदुराभिधे । एकः कैवर्तको दुष्टो नाम्ना नामैव विश्रुतः ॥२॥ आबाल्या च्चौर्य निरतो यौवने जारकर्मकृत्। प्रत्यक्षं दृष्टिविगमा द्धरते च शपत्यपि ॥३॥ शपथान्कुरुते मिथ्या परम्हन्द्रूद कारकान् । ततो निःसारितो ग्रामाद् द्यूतमद्यरतो यतः ॥४॥ लोकैर्बहि र्दूरतरं गिरि कन्दर कानने । स्थितः कान्तायुतो मार्गे जघान पथिकान्बहून् ॥५॥ एवं बहुधनो जातो नानालंकरणैः स्त्रियम् । भूषयामास ससुतां तोषयामास मायया ॥६॥ शस्त्रं खड्गं च खेटं च पाशान्धनु रनुत्तमम् । दंडं चोभयतो लोहं बहन्पूर्णे महेषुधी वृक्षाग्रे कोटरे वापि स्थितो मारयते बहून् ॥७॥ नानाविधानि वस्तूनि वासांस्याभरणानि च । गृहे संचयते नीत्वा विक्रीणाति पुरान्तरे ।।८॥ यथेष्टं भजते नित्यं विषयान्मन्दिरे निजे । एवं पापसमाचारो हन्त्यरण्ये पशूनपि ॥९॥ एकदा कस्यचित् पृष्टे धावितो योजनावधि । स तु तस्माद्गतो दूरं स्खलित्वा पतितो भुवि ॥१०॥ तत उत्थाय कष्टेन शनैः शनैर्ययौ खलः । अपश्यत्पथि गच्छन्स तीर्थं गाणेश्वरं शुभं ॥११॥ अकरोन्मज्जनं तत्र श्रममेव व्यपोहितुम् । ततोऽगच्छन्स्वविषयं ददर्श पथि मुद्गलम् ॥१२॥ जपन्तं गणना-

थस्य मन्त्रं नामसमन्वितम् । खड्ग मुद्यम्य निष्कोशं मुद्गलस्यान्तिकं ययौ ॥१३॥ कैंवर्तको नाम नामा हन्तुं कृतमतिस्तदा । जगलुस्तस्य शस्त्राणि खड्गोऽपि दृढमुश्टितः ॥१४॥ अन्यथा चाभवद् बुद्धिस्तस्य दुश्टस्य तत्क्षणात् । द्विरदानन भक्तस्य मुद्गलस्य प्रभावतः ॥१५॥ जहास मुनिमुख्योऽसौ दृश्ट्वा तं तु तयाविधमू । पप्रच्छ संयतः कस्माच्छस्त्राणि गलितानि ते ॥१६॥ बद्धान्यपि च सर्वाणि पतितानि कुतो वद । इन्द्र उवाच । गणेशतीर्थं स्नानेन मुनेरालोकनेंन च । ज्ञान वैराग्य युवतोऽ सा वब्रवीन, मुद्गरुं वचः ॥१७॥ कैंवर्तक उवाच । आश्चर्य परमं मत्ये कुंडस्नानेंन मे मतिः । विपरीता भवद् ब्रम्हन् विशेषा द्दर्शनेन ते ॥१८॥ बाल्यात् प्रभृति मे दुष्टा बुद्धिः पापरताऽ भवत् । असंख्यातानि पापानि कृतान्यद्यावधि प्रभो ॥१९॥ इदानी मेव निर्विण्णा मतिर्मे त्वत्प्रसादतः । नादास्ये पुनरेतानि शस्त्राणि पतितानि मे ॥२०॥ कुरूमेऽनुग्रहं पूर्णं मुद्धरस्व भवार्णवात् । साधवो हयनुगृण्हन्ति दीनान. दुष्कृतिनोऽवि च ॥२१॥ न साधु संगमः क्वापि वृथा दृष्टो महामुने । यथा शेवधि सम्पर्को न धातुषु वृथा भवेत् ॥२२॥ शक्र उवाच । एंवमुक्तो मुद्गलोऽ सौ तं जगाद कृपान्वितः । शरणागत संत्यागे रमरन्दोषं विशेषतः ॥२३॥ मुद्गल उवाच । विधिप्रयुवते दानादौ नाधिकारोऽस्ति कुत्रचित् । तथापि नामजपं कथयामि प्रसादतः ॥२४॥ गजाननस्य परमं सर्वसिद्धिकरं नृणाम् । ततः प्रणाम मकरोत् कैंवर्तो मुद्गलं मुनिम ॥२५॥ गणेशाय नम इति नाममंत्र मुपादिशत् ॥२६॥ स्व यष्टि रोपयामास पुरस्तस्य धरातले ।

उवाच चैनं संप्रीत्या यावदागमनं मम ।।२७।। तावज्जपस्व नामेदं यावद्यष्टिश्च सांकुरा । एकासन गतो वायुभक्ष एकाग्रमानसः ।।२८।। सायं प्रातर्जलं देहि यष्टिमूले निरन्तरम् ।।२९।। शक्र उवाच । उपदिष्टो मुद्गलेन नामा कैवर्तक स्तदा । निराशो जीविते तस्थौ तस्मिन्नन्तर्हिते मुनौ ।।३०।। एकासन गतोऽरण्ये जनाप नाममंत्रकम् । पुरोधाय मुनेर्यष्टि वृक्षच्छाया समाश्रितः ।।३१।। निराहारो निरीहश्च जितेन्द्रिय गणो वशी । एवं सहस्त्रवर्षान्ते सा यष्टिः सांकुराऽभवत् ।।३२।। ततः प्रतीक्षा मकरोन्मुनें रागमनस्य यः । वल्मीक वेष्टित तनु र्लताजाल समन्वितः ।।३३।। ततो मुनि र्मुद्गलोऽपि दैवाचं देशमाययौ । सस्मार च तदा यष्टि तं च कैवर्तकं यदा ।।३४।। ददर्श भ्रममाणः स सांकशं यष्टि मुत्तमाम् । वल्मीकाक्रान्त देहं च तं च कैवर्तकं मुनिः ।।३५।। दुश्चरं मुनिभिः सर्वै रास्थितं तप उत्तमम् । लक्षितं नेत्रमात्रेण यतता मुनिना तदा ।।३६।। उत्साद्य तस्य देहस्थं वल्मीकं मुनिसत्तमः । मंत्रितेन जलेनास्य सिषेचांगं च सर्वशः ।।३७।। सदैव दिव्यदेहं तं जगाद मुनिसत्तमः । प्राप्तवन्तं गणेशस्य सारूप्यं करयो गतः ।।३८।। द्विकरं प्रजपंतं च नाम वैनायकं शुभम् । उन्मीलीते तदा नेत्रे मुनिना बोधितस्तु सः ।।३९।। तस्य नेत्रोभ्दवे वन्हि र्विद्युद्वद गगनं गतः । त्रिलोकी मुद्यतो दग्धुं युनिना वारितो यतः ।।४०।। सोऽपि तं मुनिमानम्य स्वगुरुं करूणायुतम् । आलिलिग मुदा युक्त स्तनयः पितरं यथा ।।४१।। उपदिष्ये मुद्गलेन नाम कैवर्तक स्तदा । वल्मीकात् पुनरूत्पन्नं मानया मास तं सुतम् ।।४२।।

चकार नाम कर्मास्य मुद्गलो मुनिरादरात् । भ्रुशुंडीति ततो नृप ॥४३॥ एकाक्षरं च मन्त्रं च तस्मै प्राहाथ मुद्गल ॥४४॥ वरानस्मै ददौ पश्चाभ्दव त्वं मुनिसत्तमः । इन्द्रादि देवगंधर्वैः सिद्धैरर्च्यतमो भव ॥४५॥ यथा गजाननो देवो ध्यातो दृष्टोऽघनाशनः । तथाहि त्वमपि मुने भ्रूशुंडिः प्रथितो भव ॥४६॥ यस्य ते दर्शनं स्यात्स कृतककृत्ये भवेन्नर । आयुश्च कल्पलक्षं ते भविता मम वाक्यतः ॥४७॥ एवं बहुविधा तस्मै वरान्यच्छति मुद्गले । ययुरिन्द्रा दयो द्रष्टुं मुनयो नारदादयः ॥४८॥ ऊचुस्तं प्रणिपत्यैव भ्रूशुंडे तव दर्शनात । सार्थक जन्म नो विद्या पितरौ च तपो यशः ॥४९॥ त्वमेव गणनाथोऽसि पूजनीयोऽसि नो मुने । स तु संपूज्य वान्सर्वान् प्रणम्य च विसृज्य च ॥५०॥ पुनः पद्मासन गतो जजापैकाक्षरं मनुम् । पुरो मूर्ति प्रतिष्ठाप्य गणेशस्य मनोहराम् ॥५१॥ उपचारैः षोडशभि रपूपुजद्दिनेदिने । आश्रमश्च बभौ वापी सरोवृक्ष लतादिभि : ॥५२॥ त्यक्तवैरैः सिहमृगै नकुलै र्भूजगोत्तमैः । ततो वर्षशतस्यान्ते प्रसन्नोऽभूद् गजाननः ॥५३॥ उवाच मत्स्वरूपस्त्वं किमर्थं तपसे तपः । कृतकृत्योऽसि सन्युज्य मायुषोऽन्ते च लप्स्यवे ॥५४॥ इदं क्षेत्र सुविख्यातं नामलेति भविष्यति । अनुष्ठान कृतामंत्र नानासिद्धिप्रदं नृणाम् ॥५५॥ मन्मूर्ति दर्शनादत्र व पुनर्जन्म भाग् भवेत् । अपुत्रश्च लभेत पुत्रान, विद्यार्थी ज्ञानमाप्नुयात् ॥५६। शक्र उवाच । इति ते कथितं सर्व शूरसेन नृपोत्तम । यत्वया परिपृष्टं मे किमन्यच्छोतु मिच्छसि ॥५७॥ ॥५७॥ (२५२०)

इति श्री गणेश पुराण उपासनाखंडे भ्रूशुंड्युपाख्यानं नाम सप्तपंचाशत्तमोऽध्यायः ॥५७॥

अध्याय ५८ प्रारंभ :— व्रम्होवाच । एवं श्रुत्वा शूरसेनो मरुत्वद् वाक्यमुत्तमम् । पुनः पप्रच्छ तं व्यास प्रतिः श्रुत्वा कथामतम् ॥१॥ शूरसेन उवाच । केनोपायेन देवेशं यानं ते गगनं व्रजेत् । तमुपायं कुरु विभो वद वा किं करोमि ते ॥२॥ व्रम्होवाच । एवं पुनः कृत प्रश्नं नृपं प्राह सुरारिहा । शृण्वतां सर्वलोकानां स्मयमान इदं वचः ॥३॥ इन्द्रउवाच । कश्चित्स्यादिह संकष्टचतुर्थी व्रतकारकः । विप्रो वा क्षत्रियो वापि नगरे ते नृपोत्तम ॥४॥ तस्याब्द कृतपुण्येन सम्यग् दत्तेन भूभुज । इदांनी प्रचले देसन्नान्यथाऽ घुतपूरूषं ॥५॥ नृप उवाच । कथं व्रतं तु संकष्ट चतुर्थ्या वद मे मुने । किं पुण्यं किं फलं तस्य को विधिः कस्य पूजनम् ॥६॥ पुरा केन कृतं चात्र सिद्धिर्यस्मिध् कृतेऽभवत् । एतत्सर्वं शुनाशीर कृपया वद विस्तरात् ॥७॥ शक्र उवाच । अत्रा प्युदाहरन्तीम मितिहासं पुरातनम् । कृतवीर्यस्य संवाद नारदेन महात्मना ॥८॥ बभूव बलवान्राजा कृतवीर्यो महीनले । सत्यशीलो वदान्यश्च यज्वा मानी यहारथः ॥९॥ जितेन्द्रियो मिताहारो देवद्विज निषेवकः । यस्याश्व गजयोधानां रथिनां सर्वधन्विनाम् ॥१०॥ न संख्या विद्यते राजन् सह्याद्रि विषयासिनाम् । मन्दिरे यस्य सौवर्णाः पर्यंका भाजनानि च ॥११॥ नासीदौदुंबरं पात्रं पाकार्थमपि सर्वदा । यम्य द्वादश साहस्त्रा ब्राम्हणाः पंक्तिभोजिनः ॥१२॥ सुगन्धा नाम यस्यासीत्पत्नी धर्मपरायणा । पतिव्रता पतिप्राणा त्रैलोक्येऽतिमनोरमा ॥१३॥ नानालंकार सुभगा द्विजदेवा तिथिप्रिया । एवं तौ दंपती राजन्नपुत्रौ संबभूवतुः ॥१४॥ पुत्रार्थं सर्वदानानि व्रतानि च तपांसि च । चक्रतु र्नियमा नन्यान् यज्ञांश्च बहुदक्षिणान् ॥१५॥ नानातिर्थानि क्षेत्राणि जग्मतुः पुत्रलिप्सया । तथापि

नाभवत् पुत्रो जन्मान्तर कृतंनसोः ॥१६॥ एकदा दुःखितो राजा समाहूय स मन्त्रिणः । राज्यं मुद्रां च कोशं च जनांजन
पदास्तथा ॥१७॥ तेभ्यो निवेद्य सर्व तौ जग्मतु र्वनमूत्तमम् । वल्कलाजिन संवीतौ दम्पती तप आस्थितौ ॥१८॥
जितेन्द्रियौ जिताहारौ जीर्णपर्णा निलाशिनौ । चक्षु र्मत्रिण लक्ष्यौ तौ दृष्टवाऽय नारदो मुनिः ॥१९॥ जनकं कृतवीर्यस्य
पितृलोकस्थ मब्रवीत । अपुत्रत्वात प्रायगतो विद्यते तनय स्तव ॥२०॥ कृतवीर्यो मृत्युलोके श्वःपरश्वो मरिष्यति ।
यदि तस्य भवेत्पुत्रो नाकलोक प्रदर्शकः ॥२१॥ कृतवीर्यं स्तदा जीवेन्मृतो वा स्वर्गमाप्नुयात् । इत्युक्त्वा नारदो यातः
पश्यति स्माभ्दुतं भुवि ॥२२॥ भ्रुशुंडेः पितरौ पुत्रौ तस्य पत्नीं सकन्यकाम् । अग्निज्वाला कुले घोरे कुम्भीपाके ह्यधोमुखान्
॥२३॥ याम्यदूतै स्ताड्यमानान् क्रन्दन्तो विविधान् रवान् । तेषा माक्रन्दितं श्रुत्वा नारदः करुणानिधिः ॥२४॥ आगत्य
कथयामास तेषां दुःखं भ्रुशुंडये । नारद उवाच । शक्रादयो देवगणा मुनयः कपिलादयः ॥२५॥ यस्य ते दर्शनं कर्तुं
यान्ति हेरम्बरुपिणः । तत्कथं पितरौपत्नी पुत्रा पुत्र्यश्च किंकराः ॥२६॥ यमलोके कुम्भिपाके पच्यन्ते तव दोषतः ।
त्वं चापि ज्ञानसंपन्नः कथं तन्नावबुध्यसे ॥२७॥ पूर्वजानां त्वमुद्धारे यत्नं कुरु महामुने । शक्र उवाच । भ्रूशुंडिरति
संतप्तो वाक्यं श्रुत्वा मुनीरितम् । दुःखितः पितृदुःखेन भृशं जज्वाल वन्हिवत् । उपायं चिन्तयामास तेषामुद्धार कारकम् ।
ददौ श्रेय स संकष्ट चतुर्थी व्रतजं तदा ॥२९॥ दिलोक्य प्रणिधानेंन भ्रुशुंडी स परोक्षवित् । ध्यात्वा गजाननं देवं करे
धृत्वा शुभं पयः ॥३०॥ उवाच पितृनुद्दिश्य याचन्देवं गजाननम् । भ्रुशुंडिरुवाच यदि भक्त्या कृतं मेऽस्ति गणनाथ

व्रतं तव ॥३१॥ तदा तस्य प्रभावेन शीघ्रमुद्धर पूर्वजान् । एवमुक्त्वा तु तचोयं गजानन करेऽक्षिपत् ॥३२॥ क्षिप्तमात्रे तदा तोये गजानन प्रसादतः । विमानानि समारुह्य सर्वे ते देवरूपिणः ॥३३॥ सेव्यमाना अप्सरोभिः स्तूयमानाश्च चारणैः । गंधर्वै र्गीयमानास्ते गणेशस्थान माप्नुवन् ॥३४॥ अन्येऽपि कुंभिपाके च नरा दुष्कृतिनोऽभवन । तेऽपि सर्वे विमानस्थाः पदं गाणेश्वरं ययुः । ॥३५॥ एवं व्रतस्य महिमा मया ते परिकीर्तितः । यदेक दिन पुण्येन सर्वे सद्गति गतः । ॥३६॥ जन्मावधि कृतं येन संकष्टं व्रत मादरात, । शेशोऽपि तस्य पुण्यस्य संख्या कर्तुं न वै क्षम : ॥३७॥ अतस्तस्य प्रभावेन विमानं प्रचलेन्मम ॥३८॥ (२५५८)

इति श्री गणेशपुराण उपासनाखंडे संकष्ट चतुर्थी वत कथनं नामाष्ट पंचाशत्तमोऽध्यायः

अध्याय ५९ प्रारंभ :- राजोवाच । कुंभीपाका द्विनिःसृत्य तेषु यातेषु वैदिवम् कमुपायं स कृतवान् कृतबोर्य पिता तदा ॥१॥ शक्र उवाच । ब्रम्हलोकं जगामाशु ददर्श कमलासनम् दुःखितो नारदाच्छुत्वा वंशविच्छेद मात्मनः ॥२॥ प्रणम्य तमपृच्छत्स वंशविच्छेद कारणम् । मम पुत्रोऽतिधर्मात्मा वदान्यो यज्ञकारकः ॥३॥ देवता तिथि भक्तश्च मान्य मानयिता भृशम् । नानाविध प्रयत्नं स पुत्रार्थं कृतवान विधे ॥४॥ तथापि नाभवत्कस्मात्तस्य पुत्रः सुरेश्वर । राज्यं प्रकृति सात्कृत्वा वायुभक्षः स्थितो वने ॥५॥ अस्थिमात्रावशेषोऽसा वद्य श्वो वा मरिष्यति । जन्मांतरीयं तस्यैनो येन

गच्छेल्लयं प्रभो ॥६॥ तमुपायं दयां कृत्वा वद मे कमलासन । तं प्रापयिष्ये तत्राहं स्ववंशस्य विवृद्धये ॥७॥ एवं सुललितां वाणीं श्रुत्वोवाच तथा विधिः । श्रूयतां तव पुत्रस्य पूर्वजन्म मयेरितम् ॥८॥ सामनाम्ना भवेत्पूर्वं तत्रैव नगरेऽन्त्यजः । दुष्कर्माऽतितरां यस्य दर्शनं पुण्यनाशकृत् ॥९॥ एकदा तेन विचश्य लोभेन पथि घातिताः । द्वादश ब्राम्हणाः शान्तास्त्यक्तास्तेन गुहांतरे ॥१०॥ सर्व तदीय मादाय निशि स्वगृह मागतः । माघकृष्ण चतुर्थ्यां स उदयें शशिनो नृप ॥११॥ गणेशेति गणेशेति पुत्रमाहूय सत्वरम् । अलब्धान्न जलस्तेन सहैव बुभुजे मुदा ॥१२॥ कालेन तव पुत्रोऽसौ पंचत्व मगमन्निशि । चन्द्रोदये चतुर्थ्यां तु कृष्णायामेव भूभुज ॥१३॥ अज्ञान कृत संकष्ट चतुर्थीव्रत संभवात् । पुण्यार्द्वैनायकं धाम जगाम सुखद तु सः ॥१४॥ विमान वरमारुढो वीक्ष्यमाणोप्सरो गणैः । वैमानिकैः स्तुयमानो दिव्यपुष्पं रथार्चितः ॥१५॥ तेनैव पुण्यशेषेण कृतवीर्या भिधो नृपः । तवपुत्र समापेदे पुत्रत्वमधुना भुवि ॥१६॥ तदघौघक्षयात्तस्य पुत्र उत्पत्स्यतेऽनघ । इति ब्रम्हवचः श्रुत्वा चकम्पेस नृपोत्तम ॥१७॥ पप्रच्छपुनरेवासावुपायं दापनाशनम् । कृतवीर्य पितोवाच । ब्रम्हहत्या कृतं तस्य पापं नश्येत्कथं विधे ॥१८॥ तद्वदस्व दयासिंधो यद्यपि स्यात्सु दुष्करम् । ब्रम्होवाच । स चेद्व्रतं तु संकष्ट चतुर्थी संज्ञकं तव ॥१९॥ सुतः करिष्यते सम्यक्तदा पापात्प्रमोक्ष्यते । राजोवाच । कथं तत्क्रियते ब्रम्हन्कस्मिन्मासे व्रतं शुभे ॥२०॥ तत्सर्व वद मे स्वामिन्येन पापं लयं व्रजेत् । ब्रम्होवाच ।

चतुर्थी भौमवारे दु माघे कृष्णे भवेद्यदि ॥२१॥ शुभे मुहूर्ते चन्द्रे च कुर्यात्प्रारंभ मस्य ह । दन्तधावन पुर्वाणिस्नानांनि चैकविंशतिम् । ॥२२॥ कुर्वीत नित्यकर्माणि जपेन्मंत्रं ततः परम् । निराहारो भवेन्मौनि परनिन्दा विवर्जितः । दुष्टकर्म च तांबूलं वर्जयेन्नियमेन च । वर्जयेज्जलपाणं च परद्रोहं च वैशुनम् ॥२४॥ तिलामलक कल्केन दिनान्ते स्नान माचरेत् । एकाक्षरं शडर्णं वा जपेद्वा वैदिकं ममुम् ॥२५॥ गणेसप्रीतये तस्य नाममन्त्रं यथाविधि । ध्यायेत् स्थिरेण मनसा देवदेवं गजाननम् ॥२६॥ मुहुर्तमात्रेण ततः पूजयेद्गणनायकम् । उपचारैः षोडशभिः नैवेद्यै विविधैरपि ॥२७॥ मोदकापूप शष्कुली लड्डूकै वंटकैरपि । पायसै विविधै रन्नै व्यंजनै र्लेह्य चोष्यकैः ॥२८॥ फलैर्नाना विधैः पूग तांबूलै र्दक्षिणादिभिः । एकविंशति दूर्वाभि र्दीपैश्च कुसुमैरपि ॥२९॥ चन्द्रोदयेऽर्घ्यदानेन तिथये मन्त्रपूर्वकम् । गजाननाय पश्चात्तु चन्द्राय च ततः परम् ॥३०॥ निवेद्य पूजनं नत्वा क्षमाप्य च ततः पुनः । ब्राम्हणान्भोजये भ्दक्त्या शक्त्या वा चैकविंशतिम् ॥३१॥ दश द्वादश वाऽशक्तो दक्षिणाभिः सुतोषयेत् । कथां श्रुत्वा ततः सम्यक् स्वयं भुंजीत वाग्यतः ॥३२॥ गीतवादित्र घोषेण शेषां रात्रि ततो नयेत् । एवं व्रतं चैकवर्षं कृतं चेधत्नतो नृप ॥३३॥ सर्वपाप क्षयात्तस्य भविता पुत्र उत्तमः । अन्य वा चिन्तयेत्कामं यं यं तं प्राप्नुयान्नरः ॥३४॥ सर्वसंकटनाशः स्यात् परचक्राद् भयं न हि । शमीमूले जपंस्तिष्ट न्नुपवास परायणः ॥३५॥ आचन्द्रोदय पर्यन्त व्रतमेतत्समाचरेत् । अन्धों मूको जडः पंगु स्तदीप्सित मवाप्नुयात् ॥३६॥ दारान् पुत्रान् धनं राज्यं लभते नात्र संशयः । श्रवणादिषु मासेपु घृतलड्डवादिकं

पृथक् ॥३७॥ भक्षेय द्वर्ष पर्यंतं तस्य सिद्धि रनुत्तमा । श्रावणे सप्त लड्डुका नभस्ये दधिभक्षणम् ॥३८ आश्विने चोपवासं च कार्तिके दुग्धपानकम् । मार्गशीर्षे निराहारं पौषे गोमूत्र पानकम् ॥३९॥ तिलांच भक्षयेन्माघे फाल्गुने घृतशर्करांम् । चैत्रमासे पंचगव्यं वैशाखे शतपत्रिकाम् ॥४०॥ घृतस्य भोजनं ज्येष्टे आषाढे मधुभक्षणम् । कृतवीर्यपितो वाच । अंगारक चतुर्थ्यां तु विशेषोऽभिहितः कुतः ॥४१॥ वद त्वं कृपया ब्रम्हन् प्रश्रया वनताय मे । शृण्वतो न च मे तृप्ति गंजानन कथां शुभाम् ॥४२॥ (२६००)

इति श्रीगणेशपुराण उपासनाखंडे चतुर्थीव्रतकथनं नामैकोनषष्टितमोऽध्यायः ॥५९॥

अध्याय ६० प्रारंभ :– ब्रम्होवाच । अंगारक चतुर्थ्यास्त महिमानं महीपते । शृणुष्वा वहितो भूत्वा कथयामि समासतः ॥१॥ अवन्ती नगरे राजन् भारद्वाजो महामुनि । वेदवेदांग वित्प्राज्ञः सर्वशास्त्रविशारदः ॥२॥ अग्निहोत्र रतो नित्यं शिष्याध्ययन तत्परः । नदीतीर गत स्तिष्टन्ननुष्टारती मुनिः ॥३॥ एकस्मिन्नेव समये दृष्टा तेनाप्सरोवरा । तां दृष्ट्वा चकमे भोक्तुं भारद्वाजो महामुनिः ॥४॥ अकस्मात् कामिनीं दृष्टवा कामासक्तोऽ भवन्मुनिः । कामबाणाभिभूतः स न्निपपात महितले ॥५॥ अतिविव्हल गात्रस्य तस्य रेत प्रचस्खेल । प्रविष्टं तस्य तद्रेतः पृथिवी बिलमध्यतः ॥६॥ तत एकः कुमारोऽभू ज्जपा कुसुम सन्निभः । तं धरित्री स्नेहवशात पालयामास सादरम् ॥७॥ जनुः स्वं तेन धन्यं सा

मनुते पितरौ कुलम् । ततः स सप्तवर्षस्तां पप्रच्छ जननीं निजाम् ॥८॥ मयि लोहितिमा कस्मान्मानुषं देहमास्थिते । कश्च मे जनको मात स्तस्ममाचक्ष्व सांप्रतम् ॥९॥ धरण्युवाच । भारद्वाजमुनें रेतः स्खलितं मयि संगतम् । ततो जातोऽसि रे पुत्र वर्धितोऽसि मया शुभम् ॥१०॥ स उवाच । तर्हि तं मे मुनि मातर्दर्शयस्व तपोनिधिम् । ब्रम्होवाच । तमादाय तदा देवी भारद्वाजं जगाम कुः । ॥११॥ उवाच प्रणिपत्यैनं त्वद्वीर्य प्रसवं मुतम् । वर्धितं तं पुरोधार्य स्वीकुरुष्व मुनेऽधुना ॥१२॥ तदायज्ञा ययौ धात्री स्वधाम रुचिरं तदा । भारद्वाजः सुतं लब्धा मुमुदे चालिंलिगतम् ॥१३॥ आघ्राय शिर उत्संगे स्थापयामास तं मुदा । सुमुहूर्ते शुभे लग्ने चकारोपनयं मुनिः ॥१४॥ वेदशास्त्राण्युपादिश्व गणेशस्य मनुं शुभम् । उवाच कुर्वनुष्ठानं गणेशप्रीतये चिरम् ॥१५॥ संदुष्टो दास्यते कामा न्सर्वांस्तव मनोगतान् । ततः स नर्मदातीरे पद्मासनगतो मुनिः ॥१६॥ संनियम्येन्द्रियाण्याशु ध्यायन्हेरंब मन्तरा । जजाप परमं मन्त्रं वायुभक्षो भृशं कृश. ॥१७॥ एवं वर्षसहस्त्रं स तपस्तेपे सुदारुणम् । माघकृष्ण चतुर्थ्यात मुदये शशिनोऽमले ॥१८॥ दर्शयामास रूपं स्वं गणनाथोऽथ दिग्भुजम् । दिव्यांबरं भालचन्द्रं नानायुध लसत्करम् ॥१९॥ चारुशुंड लसदत्तं शूपकर्णं सकुंडलम् । सूर्यकोटि प्रतिकाशं नानालंकार मंडितम् ॥२०॥ ददर्श रूपं देवस्य स बालः पुरतः स्थितम् । उत्थाय प्रणिपत्यैनं तुष्टाव जगदीश्वरम् ॥२१॥ भौम उवाच । नमस्ते विघ्ननाशाय नमस्ते विघ्नकारिणे । सुरासुराणा मीशाय सर्व शक्त्युप बृंहणे ॥२२॥ निगमयाय

नित्याय निर्गुणाय गुणच्छिदे । नमो ब्रम्हविदां श्रेष्ठ स्थितिसंहार कारिणे ॥२३॥ नमस्ते जगदाधार नमस्त्रैलोक्य पालक । ब्रम्हादये ब्रम्हविदे ब्रम्हणे ब्रम्हरूपिणे ॥२४॥ लक्ष्यालक्ष्य स्वरूपाय दुर्लक्षणभिदे नमः । नमः श्रीगणनाथाय परेशाय नमो नमः । इति स्तुतः प्रसन्नात्मा परमात्मा गजाननः ॥२५॥ उवाच श्लक्ष्णया वाचा बालकं संप्रहर्षयन् । गजानन उवाच । तवोग्र तपसा तुष्टो भक्त्या स्तुत्याऽनयाऽपि च ॥२६॥ बालभावेऽपि धैर्याचे ददामि वांछितान् वरान् । एवमुक्तो भूमिपूत्रो वच ऊचे गजाननम् ॥२७॥ भौम उवाच । धन्या दृष्टि र्जनन मपि मे दर्शनाचे सुरेश, धन्यं ज्ञान कुलमपि विभो भूः सशैलाऽद्य धन्या । धन्यं चैतत्सकलमपि तपो येन दृष्टोऽखिलेशो, धन्यावाणी वसतिरपि यया संस्तुतो मूढभावात् ॥२८॥ यदि तुष्टोऽसि देवेश स्वर्गे भवतु मे स्थितिः । अमृत पातु मिच्छामि देवैः सह गजानन ॥२९॥ कल्याणकारि मे नाम ख्याति मेतु जगत् त्रये । दर्शनं मे चतुर्थ्यां ते जातं पुण्यप्रदं विभो ॥३०॥ अतः सा पुण्यदा नित्यं सर्वसंकष्ट हारिणी । कामदा व्रत कर्तृणां त्वत् प्रसादात् सदाऽस्तुच ॥३१॥ गणेश उवाच । अमृतं पास्यसे सम्यग् देवैः सह धरासुत । मंगलेति च नाम्ना त्वं लोके ख्यातिं गमिष्यासि ॥३२॥ अंगारकेति रक्तत्वा द्रसुमत्या यतः सुतः । अंगारक चतुर्थी ये करिष्यन्ति नरा भुवि ॥३३॥ तेषामब्द समं पुण्यं संकष्टीव्रत संभवम् । निर्विघ्नता सर्वकार्ये भविष्यति न संशयः ॥३४॥ अवन्तीनगरे राजा भविष्यासि परन्तप । व्रतानांमुत्तमं यस्मात्कृतं ते व्रतमुत्तमम् ॥३५॥ यस्य संकीर्तनान्मर्त्यः सर्वान् कामा नवाप्नुयात् । ब्रम्होवाच । इति दत्वा वरो देवः पिदधे द्विरदाननः । ॥३६॥ ततस्तु मंगले देवं स्थापयामास भक्तितः । शुंडामुखं दशभुजं सर्वावयव सुंदरम् ॥३७॥ प्रासादं कारयामास गजानन मुदावहम् । संज्ञा मंगलमूर्तीति देवदेवस्य सोऽकरोत् ॥३८॥ ततोऽभवत् काम दातृ क्षेत्रं सर्व जनस्य तत् । अनुष्ठानात् पूजनाच्च

दर्शनात् सर्वं मोक्षदम् ॥ ३९ ॥ ततो विनायको देवो विमानवरमुत्तमम् । प्रेषयामास स्वगणैं भौंम मानेतु मन्तिकम् ॥ ४० ॥ ते गत्वा तेत देहेन तं भौंम मानयन् बलात् । गणेशस्यान्तिकं राजं स्तद्भुत् मिवाभवत् ॥ ४१ ॥ ततो भौमोऽभवत् ख्यात स्त्रैलोक्ये सचराचरे । यतो भौमेन संकष्ट चतुर्ती भौम संयुता ॥४२॥ कृता प्राप्तं च स्वर्गं चामृतपानं सुरैः सह । अतश्चांगारक युता चतुर्थी प्रथिता भुवि ॥४३॥ चिन्तितार्थ प्रदानेंन चिन्तामणि रिति प्रथाम् । प्रयातो मंगलमूर्तिः सर्वानुग्रहकारकः ॥४४॥ पारिनेंरात्तु नगरात् पश्चिमे प्रथितोऽभवत् । चिन्तामणि रिति ख्यतः सर्व विघ्न निवारणः ॥४५॥ अधुना सिध्द गंधर्वैं पूज्यते स विधूदये । ददाति वांछितानर्थान् पुत्रपौत्रादि संपद ॥४६॥ (२६४६)

इति श्रीगणेशपुराण उपासनाखंडेऽ अंगारक चतुर्ती व्रतोपाख्येन् षष्टितमोऽध्याय: ॥६०॥

अध्याय ६१ प्रारंभ :– ब्रम्होवाच । एकदाऽहं गतो राजन्कैलासं गिरिशालयम् । उपविष्टः सभामध्येऽपश्यन्नारद मागतम् ॥१॥ तनापूर्वं फलं चैकं शंकराय निवेदितम् । ययाचे गणपदस्तु कुमारोऽपि च शम्भवे ॥२॥ कस्मै देयं फलमिद मपृच्छच्छं करोऽपि माम् अहं प्रोवाच बलाय कुमारायेति तं तदा ॥३॥ दत्तं शिवेन तस्मै तच्चुक्रोध च गजाननः । ततो ब्रम्हा स्वभवनं गत्वा स्त्रष्टुमियेष सः ॥४॥ तत्रो विघ्नकरो विघ्नं चकार परमाद्भुतं । उग्र रुपं समास्थाय भीषयामास मां तदा ॥५॥ मयि भ्रान्तेऽथ स विधुर्दृष्टवा क्रूरतरं तु तम् । अहसत्परं चन्द्र स्वगणैं द्विरदाननम् ॥६॥

ततः परमक्रुध्दोऽसा वशपत्तं विभुं तदा । अदर्शनीय स्त्रैलोक्ये मद्दन्यात्वं भविष्यसि ॥७॥ कदाचित्केन दृष्टः स महापातकवान्भवेत् । एवं षत्वा गतो देवो निजधाम गणैर्वृतः ॥८॥ चन्द्रास्तु मलिनो दीनो लीनश्चिन्तामये ह्रदे । अणिमादिगुणोपेते जगत्कारणं कारणे ॥९॥ कथमाचरितं दीप्टच मज्ञाना द् बालबन्मया । अदर्शनीयः सर्वेषां विवर्णो मलिनोऽभवम् ॥१०॥ कथं सुरूपो वन्द्यश्च कलाभिः सुरतोषकः । एतस्मिन्नंतरे देवैः श्रुतः शापो महान्विधोः ॥११॥ तत्रेयुर्वन्हि शक्राद्या यत्रास्तेऽसौ गजाननः । विजिज्ञपुः सुरोघास्ते विघ्नकारण कारिणे ॥१२॥ देवा ऊचुः । त्वं देवदेव जगतामसि वन्दनीय, स्त्वं पासि हंसि विदधासि यथेष्टमीश । त्वं निर्गुणोऽपि गुणकृद् गुणिनां त्र्यधीश, त्वामेव देव शरणं वयमद्य याताः ॥१३॥ पाहीश नोऽखिलजगत्तव शापभीतं, चन्द्रेऽपराधिनि कथं पतितं सुकष्टम् । तस्माद् वयं च जगदीश चगच्चचन्द्रः, शर्माप्नुयाम भुवनेश तथाविधेहि ॥१४॥ कष्टे निपतितं विश्व मदृश्ये शशिनि प्रभो । अनुग्रहं च चन्द्रेऽस्मिन्स्त्रैलोक्ये कर्तुमर्हसि ॥१५॥ नाज्ञासीद्यस्य ते रूपं र्महिमानं श्रुतित्रयम् । स कस्य स्तवनीयः स्या त्तथापि स्तूयवेऽखिलैः ॥१६॥ कृतकृत्या वयं तेऽद्य दर्शनाश्दाषणाः दपि । शरणं ते प्रपन्नाः रूम प्रपन्नार्ति हराव्यःच ॥१७॥ इति तद्वचनं श्रुत्वा जगाद द्विरदाननः । सुप्रसन्नः स्तवैस्तेषां धर्मकामार्थ मोक्षदः ॥१८॥ विकट उवाच । प्रसन्नोऽहं सुराःस्तुत्या वृणुध्वं वांछितं महत् । असाध्यमपि वो दद्यां त्रिषुलोकेषु यभ्दवेत् ॥१९॥ देवा ऊचुः । सुधाकरेऽनुग्रहं ते सर्वं ईहामहे

वयम् । अनुगृहीते तस्मिस्तु सर्वेषां नो ग्रहो भवेत ॥२०॥ गणेश उवाच । एकाब्दं वा तदर्ध वा तदर्धार्धं मथापि वा ।
अदर्शनीयोऽस्तु शशी ब्रूतान्यं वा वरं सुराः ॥२१॥ ततस्ते दंडवत्सर्वे प्रणेमु द्विरदाननम् । उवाच प्रणतां स्तांस्तु विकटो
भावपूर्वकम् ॥२२॥ अप्रमाणं कथमहो वचनं कर्तुमुद्यतः । शरणं च प्रपन्नानां न त्यागं कर्तुमुत्सहे ॥२३॥ मेरूश्चलेत्
पतेत् सूर्यो वन्हिः शीतो भवेद्यदि । मर्यादा मुत्सृजेत् सिंधु र्वचो मे नानृतं भवेत् ॥२४॥ जथापि गढतो वाक्यं शृणुध्वं
सुरसत्तमः । भाद्रशुक्ल चतुर्थ्यां यो ज्ञानतोऽज्ञानतोऽपि वा ॥२५॥ अभिशापी भवेच्चन्द्र दर्शनाद् भृश दुःखभाक् ।
इति तद्वचनं श्रुत्वा देवा मुमुदिरेऽखिलाः ॥२६॥ ओमिति प्रणिपत्योचुः पुष्पवृष्टिं च चिक्षिपुः । तदनुज्ञां गृहीत्वेयु
र्देवाश्चन्द्रमसं प्रति ॥२७॥ तमूचुस्त्वं मूढतरो योऽहसद् द्विरदाननम् । त्रैलोक्यं संकटे क्षिप्तं त्वया श्रेष्ठापराधिना ॥२८॥
त्रैलोक्यनायके देवे जगत् त्रय विधायिनि । अव्यये निर्गुणे नित्ये परब्रम्ह स्वरूपिणि ॥२९॥ गजाननेऽखिलगुरा वपराधं
यतोऽचरः । एवं नियमितं तेन सर्वलोक हितेप्सुना ॥३०॥ अस्माभिः परमक्लेशात् प्रसन्नोऽसौ कृतो विभुः । भाद्रपद
चतुर्थ्यां त्वं न द्रष्टव्यः कदाचन ॥३१॥ त्वं चापि शरणं याहि देवदेवं गजाननम् तत्प्रसादा च्छुद्धतनुः परां ख्याति
मवाप्स्यसि ॥३२॥ इति चन्द्रो वचऽ श्रुत्वा देवानां हितमात्मनः । जगाम शरणं देव शरणागत वत्सलम् ॥३३॥ गजाननं
सुरेशानं महेशानादि वन्दितम् । जजाप परमं मन्त्र मेकाक्षर मघापहम् ॥३४॥ विधुरिन्दो पदिष्ट स परमेण समाधिना ।

दश द्वादश वर्षाणि तपस्तेपे सुदारूणम् ॥३५॥ गंगाया दक्षिणे तीरे सर्वसिद्धि प्रदायिनि । ततः प्रसन्नो भगवान् पुरो यातो गजाननः ॥३६॥ रक्त माल्यांबर धरो रक्तचंदन चर्चितः । चतुर्भूजो महाकायः सिन्दूरारूण विग्रहः ॥३७॥ प्रभया भासयंल्लोकान कोटिसूर्याधिक प्रभाः । तेजः समूहं दृष्टवा तं प्रचकंपे भृशं शशी ॥३८॥ परमं धैर्यं मास्थाय कृतांजलिपुरः पुरः । कर्कयामास मनसा प्रायोऽयं द्विरदाननः ॥३९॥ वरं दादुमिहायात इति मत्वा ननाम तम् । तुष्टाव परया भक्त्या देवदेवं गजाननम् ॥४०॥ चन्द्र उवाच । नमामि देवं द्विरदाननं तं, यः सर्वविघ्नं हरतेजनानाम् । धर्मार्थ कामां स्तनुतेऽखिलामां, तस्मै नमो विघ्नविनाशनाय ॥४१॥ कृपानिधे ब्रम्हमयाय देव, विश्वात्मने विश्वविधान दक्ष । विश्वस्य बीजाय जगन्माय, त्रैलोक्य संहार कृते नमस्ते ॥४२॥ ययीमयाया खिल बुद्धि दात्रे, बुद्धि प्रदिपाय सुराधिपाय । नित्याय सत्याय च नित्यबुद्धे, नित्यं निरीहाय नमोऽस्तु नित्यम् ॥४३॥ अज्ञान दोषेण कृतोऽपराध. स्तं क्षन्तुमर्होऽसि दयाकर त्वम् । तवापि दोषः शरणागतस्य, त्यागे महात्मन् कुरु मेऽनुकंपाम् ॥४४॥ ब्रम्होवाच ।इति तद्वचनं श्रुत्वा सुप्रसन्नो गजाननः । तस्मै वरान्ददौ देवः स्तुत्या नत्या सुतोषितः ॥४५॥ यथापूर्वं स्थितं रुपं तथा तत्ते भविष्यति । भाद्रशुक्लचतुर्थ्यां त्वां यो नरः संप्रपश्यति ॥४६॥ तस्याभिशापो नूनं स्यात्पापं हानिश्चं मूखर्ता । तस्याम दर्शनीयोऽसि यदुक्तं मे सुरैः सह ॥४७॥ कृष्णपक्षे चतुर्थ्यां तु व्रतं यत्क्रियते नरैः । तवो दयेहं पूज्यसत्वं पूजनीयः

प्रयत्नतः ॥४८॥ दर्शनीयः प्रयत्नेन विपरिते व्रतं वृथा । ललाटे कलया तिष्ट मम प्रीतीकरः शशिन् ॥४९॥
प्रतिमासं द्वितीयायां नमस्यश्च भविष्यसि । एवं लब्धवर श्चन्द्रो यथापूर्वोऽभवत्तदा ॥५०॥ स्थापयामास वरद मूर्ति
देवर्षिभिः सह । भालचन्द्रेति नामास्य च क्रुस्ते मुनयः सुराः ॥५१॥ प्रासादं कारयामास कांचनं रत्नसंयुतम् । उपचारैः
षोडशभिः पूजयायास सादरम् ॥५२॥ पूजयित्वा सुराः सर्वे मुनयश्च वरान्ददुः । सिद्धिक्षेत्र मिदं लोके विख्यातं तु
भविष्यति ॥५३॥ अनुष्ठान वतामत्र सर्वसिद्धिकरं भवेत् । ततस्ते देव मुनयो नत्वा तं द्विरदाननम् ॥५४॥
ययुः प्रसन्नमनसः स्वं स्वं स्थानं मुदा युताः । यातेषु देवमुनिषु देवोऽपि पिधदे वपुः ॥५५॥ अन्तर्हिते भालचन्द्रे चन्द्रौ
न्हृष्टमना इव । स्वं धाम प्रतिपदैव स्वं धामप्रययौ तदा ॥५६॥ (२७०२)

इति श्रीगणेशपुराण उपासनाखंडे चन्द्रशापानु ग्रहदर्णनं नामैकप्पषष्टितमोऽध्यायः ॥६१॥

अध्याय ६२ प्रारंभ :- कृतवीर्य पितोवाच । चतुर्थ्यां कृष्णपक्षे तु भक्तिचन्द्रोदये यतः । क्रियते तन्निमितं यत्पृष्टं तन्मे
निरुपितम् ॥१॥ दुर्वांकुरार्पणस्यापि श्रोतु मिच्छामि कारणम् । किमर्थं गणानाथस्य प्रिया दुर्वांकुरा वद ॥२॥
ब्रम्होंवाच । हन्त ते कथयिष्यामि दुर्वांकुर समर्पणे । यत्फलं गणानाथस्य श्रूयंता त न्नृपोत्तम ॥३॥ जाम्बेति नगरी

ख्याता देशे दक्षिणतोऽभवत् । क्षत्रियः सुलभोऽस्यां तु गुणी दानी धनी बली ॥४॥ विवेकयासिन् मान्यमानी शमी
दमपरायणः । सर्व शास्त्रार्थं तत्वज्ञः सर्व वेदार्थं तत्दवित् ॥५॥ विकटे भक्तिमान्नित्यं स्तुतिस्तोत्र परायणः । तस्य
भार्या सुमुद्राऽऽसिन्नाम्ना परम विश्रुता ॥६॥ अत्यन्त सुन्दरी साध्वी स्वरुपाद्धिक् कृताप्सराः । देव विप्रातिथिपरा
पत्युश्चिता नुर्वातिनी ॥७॥ पतिव्रतानां सर्वासां मान्या श्रेष्ठतमा नृप । एकस्मिन् दिवसे तौं तु दम्पती स्नाननिर्मलो
॥८॥ उपविष्टौ पुराणार्थं परस्पर मनोनुगौ । यावत्तावत् समायातो ब्राम्हणो मधुसूदनः । भिक्षाभिलाप्पी सततं परमेश्वर
चिन्तकः ॥९॥ कुचैलश्च दरिद्रत्वात् साम्बरोऽपि दिगंबरः । सुलभस्तं तु दृष्ट्वैव प्रणनाम मुदायुतः ॥१०॥ जहास
चैनं सहसा मोहाविष्टो द्विजोत्तमम् । स उवाच ततः शापं प्रतिक्षुब्धो महामुनिः ॥११॥ क्रोधसंरक्त नयन स्त्रैलोक्यं
प्रदहन्निव । हलकर्षण को नित्यं नित्यं दुःखसमन्वितः ॥१२॥ वृषो भव कुबुद्धे त्वं योऽहसद्विवृतै द्विजैः । भर्तुः शापं
परिश्रुत्य सुमुद्रा क्रोधमूर्छिता ॥१३॥ अशपत्तं द्विजं रुष्टा सर्पिणीव पदाहता । यतस्त्वयाऽविवेकेन शापो दत्तः पतेर्मम
॥१४॥ अतस्त्वं चक्रिवान्भूत्वा विष्टाशी भव कुद्विन । सोऽपि तामशपत्क्रूरं श्रुत्वा शापं तदीरितम् ॥१५॥ स्त्रीत्वात्त्व
मशपो यस्मात्त्वं चांडाली भविष्यसि । दरिद्रा दोषबहुला विण्मूत्रादाऽशुभंकरी ॥१६॥ एवं परस्परं शप्त्वा त्यक्त्वा देहान्
सुदुर्लभान । सुलभो वृषभो जातो हलकर्षण वान्भवत् ॥१७॥ न विश्रांतिः क्षणं तस्य विप्रशापात्तदाऽभवत् । द्विजोऽपि
रासभे योनौ जातोऽसौ मधुसूदनः ॥१८॥ जाता सुमुद्रा चाण्डाली दुष्टा प्राणिविहिंसिका । दरिद्रा पैशाचवती विण्मूत्राशन

तत्परा ॥१९॥ अति शुष्क शरीरा सा दन्तुरा विकटानना । कदाचि दटमाना सा सा दक्षिणे नगरस्य तु ॥२०॥ प्रासादं गणनाथस्व ददर्श परमाभ्दुतम् । नानावृक्ष लता जालै र्नाना पक्षि गणैर्युतम् ॥२१॥ यत्र योगीश्वरा केचि दनुष्ठान रताः सदा । उपासका गणेशस्य नियमस्था वसन्ति हि ॥२२॥ केचित्कामार्थिनः केचित् पुत्र मोक्ष धनार्थिनः । कदाचिभ्दाद्र मासस्य चतुर्थ्यांतु गृहे गृहे ॥२३॥ तस्मिन्पुरे संप्रवृत्तो गणनाथ महोत्सवः । अतिवृष्टिः प्रवृत्ता च महाप्रलय सूचिका ॥२४॥ चांडाली वृष्टि भीता सा याति यद्यग्निशनम् । ततस्ततोऽखिलजनं निरस्ता ताडनादिभिः ॥२५॥ ततो देवालयं याता पाणावग्निं प्रगृह्य सा । तत्राप्य तादयन् केचि द्योगिभिस्ते निराकृताः ॥२६॥ प्रज्वाल्य सा तृणैरग्नि मुष्णान्यंगाणि कुर्वंती । अकस्माद् वायुना प्रागादेको दूर्वांकुर स्तदा ॥२७॥ पतितो गणनाथस्य मस्तके दैवयोगतः । स रासभः शीन मीतो यातो देवालयं तदा ॥२८॥ तदा वृषो लांगलात्तु मुक्तो दैवात्समाययौ । प्रासादं गणनाथस्य भाविनोऽर्थस्य गौरवात् ॥२९॥ उभावपि तृणं तस्याश्चांडाल्यास्तौ बभक्षतुः । परिसुप्ते जने तत्र ययोर्युद्ध मवर्तत ॥३०॥ लत्ताभ्यां चैव श्रंगाभ्यां गजानन समीपतः । तयोरास्या न्निपतितौ शुंडायां च पदे तदा ॥३१॥ दुर्वाकुरो गणेशस्य तुतोषच गजानन । ततः सा यष्टिमादाय देवान्तिक मुपागमत् ॥३२॥ अहन्नतौ खर वृषौ स्वयं पूजां बभक्ष च । खुरशब्दं तयोः श्रुत्वा बुबुधे निद्रितो जनः ॥३३॥ बहिश्चकार दंडेन मुष्टिकूर्पर घाततः । पलायन परा साऽपि ताडिता

शर्करादिभिः ॥३४॥ चांडाल्या रासभस्यापि स्पर्शशंकाकुलै र्जनैः । स्नापित स्तीर्थतोयेन मन्त्रितेन गजाननः । पूजितः परया भक्त्या नानाद्रव्यै रनेकशः ॥३५॥ नृप रासभ चांडाली रतिदुष्टा जनाः पुनः ताडयामासुर व्यग्रा लगुडै र्जानुभिस्तलैः । देवद्वारे च पिहिते गतिस्तेषां न विद्यते ॥३६॥ भ्रमतां क्रंदतां तेषां त्रयाणां दारूणैः स्वरैः मनस्तु देवदेवस्य विकटस्य तदा ऽहृतम् ॥३७॥ एतेषां तु प्रसंगेन पुनः पूजा ममाभवत् । एतैश्च पूजितश्चाह मेकदूर्वांकुरन्दिभिः ॥३८॥ प्रदक्षिणा बहुतरा कृता दुष्टेशु सत्स्वपि । भाद्रशुक्ल चदुर्थ्यां मे दूर्वांमेकां समर्पयेत् ॥३९॥ स मे मान्यश्च पूज्यश्च यश्च कुर्नात्प्रदक्षिणाम् । तस्मादेतां विमानेंन स्वधाम प्रापयाम्यहम् ॥४०॥ एवं विमान मप्रैषीत् स्वगणै रूपलक्षितम् । स्वरूपधारिभिर्देवो गन्धर्वाप्सरसां गणैः ॥ ४१ ॥ युतं वादित्र निचयैः पुष्पैऽ परिमलैरपि । दिव्यभोग समायुक्तं पताकाध्वज मंडितम् ४२॥ तानादाय गणास्ते तु गजाननस्वरूपिणः । तस्मिन् विमानें निक्षिप्य दिव्यदेहा– न्मुदायुतान् ॥४३॥ गजाननज्ञया तस्य धाम संप्रापयं जवात् । पश्यतां सर्वं लोकाना माश्चर्य मभवद्धृदिः ॥४४॥ एतेषां पूर्वपुण्येन गतिरेषेति चाब्रुवन् । ततो योगीश्वराः केचित्त्यक्त्वा ध्यानं गता गणान् ॥४५॥ पप्रच्छु कथमेतेषां ब्रूत पुण्या गति र्ध्रूवा । अति पातकिना मेषां पुण्यलेशो न विद्यते ॥४६॥ गतिः सुदुर्लभा कस्मात् प्राप्ता नो नदता नधाः । तदेवाशु चरिष्याम स्त्यक्त्वाऽनुष्ठांन मात्मनः ॥४७॥ असंख्यातो गतः कालो न देवो दृक्पथं गतऽ । विरक्तानां वायुभुजा मनुष्ठानदतां सदा ॥४८॥ धामप्राप्तिः कदा नः स्याद् गणेशस्य वदन्तु नः ॥४९॥ (२७५१)

इति श्रीगणेशपुराण उपासनाखंडे दूर्वोपाख्यानं नाम द्विषष्टितमोऽध्यायः ॥६२॥

अध्याय ६३ प्रारंभ :- गणा ऊवाच । शृणुध्वं योगिनः सर्वे स्थिरीकृत्य मनश्चलम् यन्न शेषो भवेद् वक्तुं समर्थ श्चतुराननः ॥१॥ तद् वक्तुं कः समर्थःस्या द्यथाशक्ति वदाम च । कुर्वन्ति स्तवनं यस्य सर्वदाऽजशिवादयः ॥२॥ तस्य को गणनाथस्य महिमानं वदेत् स्फुटम् । इत्थं तदीयां लीलां वा तथापि शृणुतानघाः ॥३॥ दूर्वांकुराणां महिमा न ज्ञातो मुनिभिऽ सुरैः । यज्ञै दानै स्तपोभिश्च व्रतै र्होमै र्न वाप्यते ॥४॥ अत्राप्युदाहरन्तीम मितिहासं पुरातनम् । वासवस्य च संवादं नारदस्य महात्मनः ॥५॥ एकदा नारदोऽगच्छ द्वासवं द्रष्टुमुत्सुकः । पूजिता परया भक्त्या कृतासन परिग्रहम् ॥६॥ मुनि पप्रच्छ बलहा दूर्वामाहात्म्य मादरात् । इन्द्र उवाच । किमर्थं देवदेवस्य गणेशस्य महात्मनः । विशेषतः प्रिया ब्रम्हन् महादूर्वांकुरा मुने ॥७॥ मुनिरूवाच । कथयामि यथा ज्ञातं दूर्वामाहात्म्य मुत्तमम् । स्थावरे नगरे पूर्व कौंडिन्योऽभून्महामुनिः ॥८॥ उपासको गणेशस्य तपोबल समन्वितः । रमणीयतरस्तस्य ग्राम दक्षिण भागतः ॥९॥ आश्रमः सुमहानासी ल्लतावृक्ष समन्वितः । सरांसि फुल्लपद्मानि यत्रासन् सुमहांति च ॥१०॥ भ्रमरै रुपजुष्टानि हंसकारंडकै रपि । चक्रवाकै र्बकैश्चैव कच्छपैर्जल कुक्कुटैः ॥११॥ स तु ध्यानरत स्तत्र प्रारभत्तप उत्कटम् । पुरः स्थाप्य महामूर्ति गणेशस्य चतुर्भुजाम् ॥१२॥ सुप्रसन्नां सुवरदां दुर्वायुक्तां सुपूजिताम् । जजाप परमं मन्त्रं षडर्णं देवतोषकम् ॥१३॥ पप्रच्छ संशयाविष्टा पत्नी नाम्नाऽऽश्रयाऽस्य तम् । आश्रयोवाच । स्वामिन् गजानने

देवे दूर्वांभारं दिनेदिनें ॥१४॥ समर्पयसि कस्मात्त्वं तृणैः कोऽपि न तुष्यति । अस्ति चेत् पुण्यमेतेन तन्मे त्वं कृपया वद ॥१५॥ कौडिन्य उवाच । शृणु प्रिये प्रवक्ष्यामि दूर्वामाहात्म्य मुत्तमम । धर्मस्य नगरे पूर्वं मासी दुत्सव उत्तम : ॥१६॥ सर्वे देवा सगन्धर्वा आहूता श्चाप्सरो गणाः । सिद्ध चारण नागाश्च मुनयो यक्ष राक्षसाः ॥१७॥ तिलोत्तमाया नृत्यन्त्याः प्रावारो न्यपतत् भुवि । ददर्श तस्याः स यमः कुचौ चारू बृहत्तमौ ॥१८॥ अभवत्कामसंतप्तोऽविश्रान्तो निरपत्रपः । इयेषा लिंगितुं तस्या श्चुम्बितुंच तदाननम् ॥१९॥ सदसो निर्गत स्तस्माल्लज्जयाऽधो मुखो यमः । गच्छतस्तस्य रेतश्च स्खलितं पतितं भुवि ॥२०॥ ज्वालामाल्य भवत्तस्मास् पुरुषो विकृताननः । कुर्वन्दंष्ट्राखं क्रूरं त्रासयन, भुवनत्रयम् ॥२१॥ ददाह पृथिवीं सर्वां जटाभिर्गगनं स्पृशत् । चकम्पे तस्य शब्देन त्रिलोकी मानसं भृशम ॥२२॥ तदैव विष्णू मगमंस्ते तु सर्वे सभासदः । स्तुतिं नानाविधां कृत्वा नानास्तोत्रैर्यथामति ॥२३॥ प्रार्थयामासुरव्यग्राः सर्वलोकहिताय तम् । स तैः सर्वैः समगमद् गजानन मनामयम् ॥२४॥ तस्यं नाशं ततो ज्ञात्वा तुष्टुवुः सर्व एव तम् । देवामुनयश्चोचुः। नमो विघ्नस्वरुपाय नमस्ते विघ्नहारिणे ॥२५॥ नमस्ते सर्वरूपाय सर्वसाक्षिन्नमोऽस्तुते । नमो देवाय महते नमस्ते जगदादये ॥२६॥ नमः कृपानिधे तुभ्यं जगत्पालन हेतवे । नमस्ते पूर्णतमसे सर्वं संहार कारिणे ॥२७॥ नमस्ते भक्तवरद सर्वदात्रे नमोनमः । नमस्तेऽनन्य शरण सर्वकाम प्रपूरक ॥२८॥ नमस्ते वेदविदुषे नमस्ते वेदकारिणे । कमन्यं

शरणं यामः को नु नःस्याद् भयापह ॥२९॥ अकाल एव प्रलयः कथं लब्धो जनैरयम् । हा गजानन देवेश हा हा विघ्नहराव्यय ॥३०॥ सर्वेषां मरणे प्राप्ते कथमस्मानुपेक्षसे । इति तद्वचनं श्रुत्वा करूणाब्धि र्गजाननः ॥३१॥ आविरासित्पुरस्तेषां शिशुरूपोऽरिभीतिहा । बिभ्रत् कमलनयने शतचन्द्र निभाननम् ॥३२॥ कोटिसूर्यप्रभाजालः कोटिकन्दर्पजि द्वपुः । कुंदकुड्मल शोभाजि द्दशनोऽधर्रविबजित् ॥३३॥ उन्नसो भ्रुकुटी चारुनयनः कंबुकंठयुक् । विशालवक्षा जानुस्पृग् भुजद्वययुतो बली ॥३४॥ गंभीर नाभि विलस दुदरोऽति लस त्कटिः । रंभाशोभा परिस्पर्धि गुरू रूश्चास जानुयुक् ॥३५॥ सुचारू जंघा गुल्फश्री विलसत् पादपद्मकः । नानालंकार शोभाढयो महार्घवसनावृतः ॥३६॥ एवं देवं निरीक्ष्यैव नगरस्य पुरो भुवि । उतस्थु र्देव मुनयो जयशब्द पुरःसरम् ॥३७॥ प्रणेमुर्दंडवद् भूमौ वयमेवं विजानीमो शक्रं देवगणा यथा । देवा ऋषय ऊचुः । को भवान, कुत आयातः किं कार्यं वदनोविभो ॥३८॥ ब्रम्हैव बालरूपधृक् । अनलासुर संत्रासात् त्यक्त्वा कर्माणि संस्थितान् ॥३९॥ आविर्भूतं तु न स्त्रातुं दुष्टसंहार कारकम् । इति तद्वचनं श्रुत्वा शिशुरूपी गजाननः ॥४०॥ बभाषे हास्यवदनः सर्वान् देव मुनीन् प्रति । बाल उवाच । भवन्तो ज्ञानसंपन्ना यदुक्तं सत्यमेव तत् ॥४१॥ अहं तस्य वधायैव दुष्टस्य परपीडिनः । निजेच्छया बालरूपी वेगेनागां सुरर्षयः ॥४२॥ उपायं वच्मि वस्तस्य वधे तं कुरूतानघाः । सर्वेभंवद् भिस्त दृष्ट्वा नोदनीयो बलादहम् ॥४३॥ हर्षनिर्भरा ॥४४॥ उचुः परस्परं सर्वे न द्रष्टव्यं कौतुकं तस्य मम चैव महत्तरम् । एवं श्रुत्वा कृपावाक्यं सर्वे ते हर्षनिर्भरा ॥४४॥ उचुः परस्परं सर्वे न जानीमोऽस्य पौरुषम् । ईश्वरो बालरूपेण कर्तुमस्य वधं नु किम् ॥४५॥ अवतीर्णो भवेत् त्रातुं पीडितं भुवनत्रयम् । इत्थमुक्त्वा तु ते सर्वे प्रणेमुः सादरंच तम् ॥४६॥ एतस्मिन्नेव काले तु कालानल स्वरूप धृक् : दहन दश दिशो

भक्षन्नरलोकं समाययौ ॥४७॥ कोलाहलो महानासी ल्लोकानां क्रन्दतां तदा । दृष्ट्वैव सर्वे मुनयः पलायन परा ययुः ॥४८॥ तं च ते मुनयः प्रोचुः शीघ्रं कुरू पलायनम् । नो चेद्धिसिष्यते त्वाद्य सुमहाननलो ध्रुवम् ॥४९॥ तिमिंगिलो यथा मीना नुरगान गरूडो यथा । इति तद्वचनं श्रुत्वा परमात्मा गजाननः ॥५०॥ बालरूपधरोऽतिष्टत् पर्वतो हिमवानिव । सुरर्षयो ययुर्दरात त्यक्त्वा तत्रैव बालकम् ॥५१॥ (२८०२)

इति श्रीगणेशपुराण उपासनाखंडे दुर्वामाहात्म्ये त्रिषष्टितमोऽध्यायः ॥६३॥

अध्याय ६४ प्रारंभ :– आश्रयोवाच । देवर्षिषु प्रयातेषु बाले चाचलवत्स्थीते । किमासीत् कौतुकं तत्र बाल कालानलोभ्दवम् ॥१॥ तत्सर्वं विस्तरान्महयं कथयाशु महामुनें । नारद उवाच । एवं तया कृतः प्रश्नः कौण्डिन्यो मुनिसत्तमः ॥२॥ यदब्रबी च्छचीभर्तं स्तत्त्वं शणु मयोदितम् . कौंडिन्य उवाच । अचले चलवद्बाले स्थिते तस्मिन्गजाननें ॥३॥ कालानल इवाक्षोभ्य आययौ सोऽनलासुरः । तस्मिन्क्षणेऽचला वाऽपि चचाला चलसंयुता ॥४॥ नमोदघ्वान सदृश घनगर्जित निःस्वनैः । निपेतु वृंक्ष शाखाभ्यः पक्षिवृन्दानि भूतले ॥५॥ निर्वारि वारि घिर्जातो वृक्षा उन्मूलिता स्तदा । प्रकम्पनेन महता न प्राज्ञायत किंचन ॥६॥ तस्मिन्नेव क्षणे देवो बालरूपी सजाननः । वधारा

नलरूपं तं दैत्य मायाबलेन हि ॥७॥ प्राशत्सर्वेषु पश्यत्सु जलधिं कुम्भजो यथा । ततः सोऽचिन्तय द्देवो यद्ययं जठरे
गतः ॥८॥ दहेत् त्रिभुवनं कुक्षौ दृष्टमाश्चर्यं मुत्कटम् । ततः शक्रो ददौ चन्द्रं तस्य वन्हेः प्रशान्तये ॥९॥ भालचन्द्रेति
तं देवा स्तुष्टुवु र्मुनयोऽपि च । तथापि न च शान्तोऽभू दनलः कंठमध्वग ॥१०॥ ततो ब्रम्हा ददौ सिद्धि बुद्धी मानस
कन्यके । रम्भोरू पद्मनयने केशशं वैलसंयुते ॥११॥ चन्द्रवक्त्रेऽमृतगिरौ कूपना भी सरिद् बली । मृणालमध्ये प्रवाल
हस्ते शैत्यस्य कारणे ॥१२॥ उवाचेमे समालिंग्य तव शान्तोऽनलो भवेत् । तयो रा लिंगने शान्तः किंचिदेव हुताशनः
॥१३॥ ददौ सुकोमलं तस्मै कमलं कमलापतिः । पद्मपाणिरिति प्रोचु स्तं सर्वे सुरमानुषाः ॥१४॥ अशान्तेऽग्नौ तु
वरूणः सिषेच शीतलैर्जलैः । सहस्त्रफणिनं नागं गिरिशोऽस्मै ददावथ ॥१५॥ तेन बद्धोदरो यस्माद् व्यालबद्धो दरोऽ
भवत् । तथापि शैत्यं नापे दे कंठोऽस्या नलसंयुतः ॥१६॥ अष्टाशीति सहस्त्राणि मुनयस्तं प्रपेदिरे । अमृता इव दूर्वास्ते
प्रत्येकं सेकर्विशतिम् ॥१७॥ आरोपयन् मस्तकेऽस्य ततः शान्तोऽनलोऽभवत् तुतोष परमात्माऽसौ दूर्वांकुर भराचितः
॥१८॥ एवं ज्ञात्या तु ते सर्वे पुंपूजुस्तं गजाननम् । दूर्वांकुरै रनेकैस्तै र्चहर्षासौ गजाननः ॥१९॥ उवाच च मुनीन
देदान् मत्पूजा भवितर्निमिता । महती स्वल्पिका वापि वृथा दूर्वांकुरैर्विना ॥२०॥ विना दूर्वांकुरैः पूजा फलं केनापि
नाप्यते । तस्मादुषसि मद् भक्तै रेकावाऽप्येकर्विशतिः ॥२१॥ भक्त्या समर्पिता दूर्वा ददाति यत्फलं महत् । न तत्क्रतु

शतै र्दानै र्व्रतानुष्ठान संचयैः ॥२२॥ तपोभिरुग्रै र्नियमैः कोटिजन्मार्जितै रपि । प्राप्यते मुनयो देवा यद् दूर्वाभिरवाप्यते ॥२३॥ कौंडिन्य उवाच । इति त द्वचनं श्रुत्वा देवा दूर्वांकुरैः पुनः । आनर्चुः परमात्मानं देव देवं गजाननम् ॥२४॥ जगर्जानन्द युक्तोऽसौ नादयन्रोदसी भृशम् । न्हष्टानां सर्व देवानां मुनीनां च नृणामपि ॥२५॥ अनेकशो वरान् दत्वा पिदधे बालरूप धृक् । कालानल प्रशमन इति तं ते समूचिरे ॥२६॥ प्रासादे निर्मिते सर्वे स्थाप्य मूर्ति गजाननीम् । विघ्नहरोऽयमि त्यस्याभिधां चक्रुर्मुदा सुराः ॥२७॥ अत्र स्नानं तथा दानं तपोऽनुष्ठान मेव च । अनन्तं जायते विघ्न हरस्यास्य प्रसादतः ॥२८॥ जयः प्राप्तो यतस्तेन पुरं च विजयाभिधम् । सर्वेषां च हता विघ्ना विघ्नहर्तेति सोऽभवत् ॥२९॥ कौंडिन्य उवाच । इति ते कथितं सर्वं दूर्वामाहात्म्य मुत्तमम । श्रवणात् पठनाच्चास्य सर्वपापक्षयो भवेत ॥३०॥ पुरातन मितिहासं शृणु मे गदतः प्रिये ॥३१॥ (२८३३)

इति श्रीगणेशपुराण उपासनाखंडे दूर्वामाहात्म्य वर्णनं नाम चतुःषष्टितमोऽध्यायः ॥६४॥

अध्याय प्रारंभ ६५ :– कौंडिन्य उवाच । कस्मिश्चित्समये वेवि सुखासिनं गजाननम् । नारदो मुनिरभ्यागाद् दृष्टुं तं बाहु वासरैः ॥१॥ साष्टांग प्रणिपत्यैनं प्राह नः सार्थकं जनुः । यत्पुण्य निचयै र्जातं दर्शनं ते गजानन ॥२॥ इत्युक्त्वा स्वांजलि बधूद्वा तस्थौ तत्पुरतो मुनिः । धृत्वा करेण तत्पाणि मुपवेश यदासनें ॥३॥ गजाननो महाभागो

महाभागं महामुनिम् । नारदो भगवांस्तेन संतुष्टो मुनिपुंगवः ४ उवाच तं गणाधिश माश्चर्यं ह्हृदि मेऽस्ति यत् । तन्निवेदितु मायातो नत्वा त्वा पुनराव्रजे ॥५॥ गजानन उवाच । किमाश्चर्षं त्वया दृष्टं ह्हृदि किं तेऽभिवर्तते । वद सर्वं विशेषण ततो व्रज निजाश्रमम् ॥६॥ नारद उवाच । मैथिले विषये देव जनको राजसत्तमः । अतिमानी वदान्यश्च वेदवेदांगपारगः ॥७॥ अन्नदानरतो नित्यं ब्राम्हणान् पूजयत्तसौ । नानालंकार वासोभि र्दक्षिणाभि रनेकशः ॥८॥ दीनान्ध कृपणेभ्यश्च बहु द्रव्यं ददात्यसौ । याचकै र्याच्यते यद्यत्तत्तेन प्रदीयते ॥९॥ तथापि न व्ययं याति द्रव्य तस्य महात्मनः । गजाननस्य संतुष्ट्या द्रव्यं तद् वर्धते नु किम् ॥१०॥ इत्याश्चर्यं महद्दृष्टुं प्रयातस्तद् गृहानहम् । ब्रम्हज्ञानाभिमानेन उपहासं ममाकरोत् ॥११॥ अहं च तमुवाचेत्थं धन्योऽसि नृपसत्तम । चिन्तितं तेऽपि भक्त्याऽयं प्रयच्छति गजाननः ॥१२॥ स तु गर्वादुवाचेत्थ महमीशो जगत् त्रये । अहं दाता च भोक्ता च पाता दापयिता तथा ॥१३॥ मत्स्वरूपं विना नान्यद् विद्यते भुवनत्रये । कर्ता च कारणं चाहं करणं मुनिसत्तम ॥१४॥ नारद उवाच । इति तद्वचनं श्रुत्वा क्रोधेनाहं जगाद तम् । ईश्वराज्जगतः कर्ता नान्यः कश्चन विद्यते ॥१५॥ त्वं तु धर्ममिमं राजन् दम्भेनैव करोषि किम् । दर्शयिष्ये साक्ष्यमस्य स्वल्पकालेन तेऽनघ ॥१६॥ इत्युक्त्वा तमहं यात स्त्वदन्तिक मिभानन । कौंडिन्य उवाच । आकर्ण्येत्थं मुनेर्वाक्यं पूजयामास तं विभुः ॥१७॥ अर्घ्यादि भिरलंकारै दिव्यैःपुष्पैः सचंदनैः । मुनिराज्ञां प्रगृह्यैव वैकुंठे विष्णुमभ्यगात् ॥१८॥ गजाननोऽपि मिथिलां राजर्भावित परीक्षितुम् । कुत्सितं वेषमादाय सर्वज्ञोऽपि

समाययौ ॥१९॥ अनेकक्षत संयुक्तं स्त्रवद्रक्त ममंगलम् । मक्षिका निचयाक्रांतं रदहीन मिवातुरम् ॥२०॥ गच्छंतं तादृशं दृष्टवा नरा नासा निरोधनम् । कुर्वन्ति वाससा केचित ष्टीवनं च यथातथा ॥२१॥ स्खलन् मूर्छन् पतन् गच्छन् अर्भकावलि संयुत। । नृपद्वारं समागम्य द्वारपाला नुवाच सः ॥२२॥ राज्ञे निवेद्यनां दूता अतिथिं मां समापतम् । ब्राम्हणं क्षुधितं वृद्ध मिच्छाभोजन कांक्षिणम् ॥२३॥ ते तद्वाक्यं तथाचरण्यु गंत्वा तं जनकं नृपम् । आनीयता मिति प्राह दूता द्रष्टुं तु कौतुकम् ॥२४॥ ते दूता प्रापयामासः कुचैल मलिनं नृपम् । ददर्श दूरा ज्जनको कम्पन्तं मक्षिकावृतम् ॥२५॥ असृक् स्त्रवन्तं वृद्धं तं ब्राम्हणं श्रमवारिणम् । तर्कयामास जनक ईश्वरो रूप धृङ्नु किम् ॥२६॥ छलितुं मां समायातो यदि पुण्यं भवेन्मम । समाधास्ये मनो ह्यस्य भविष्यं नान्यथा भवेत् ॥२७॥ इत्येवं चिंतयत्येव जनके नृपसत्तमे । प्रवेशितो द्वारपालै ब्राम्हणः पर्यदृश्यतं ॥२८॥ ब्राम्हण उवाच । चन्द्रांशु धवलां कीर्ति श्रुत्वा तेऽहं समागतः । देहि मे भोजनं राजन् क्षुधितस्य चिराद् भृशम् ॥२९॥ मम तृप्ति र्भवे द्याय त्तावदन्न प्रदीयताम् । तवक्रतुशतं पुण्यं भविष्याति नरेश्वर ॥३०॥ कौंडिन्य उवाच । इति वाचं निशम्यासौ गृहमध्ये निनायतम् संपूज्य विधिवच्चेन स्वाद्वन्न मुपवेशयत् ॥३३॥ तद्दत्तं पुरतस्तस्य बभक्ष तत्क्षणेन सः । असंख्यातेषु पात्रेषु पंक्तुं क्षिप्तः सुतंदुलाः ॥३४॥ दीयते पुरतस्तस्य यः सिद्ध श्चोदनोऽभवत् । स भक्षयाति सर्वं तं तत ऊचे जनो नृपम् ॥३५॥ राक्षसोऽयं भवेत्प्रायः किमर्थं दीयते बहु । राक्षसेभ्यः प्रदानेंन न किंचित् पुण्यमाप्यते ॥३६॥ केचिदूचु स्त्रिभुवने भक्षितेऽप्यस्य नो भवेत् । तृप्तिः परमिका

राजन् धान्य मस्मै प्रदीयताम् ॥३७॥ ततो धान्यानि सर्वाणि गुहे भूमौ स्थितानि च । आनीय चिक्षिपुस्तस्य पुरग्राम गतानि च ॥३८॥ पुंसोऽस्य द्विजरूपस्य सर्वभक्षस्य चार्ति थेः । न नृप्ति मगमत्सोऽथ भक्षितेषु च तेषु च ॥३९॥ ततो दूता नृपं प्रोचु र्धान्यं क्वापि न लभ्यते । इति दूतवचः श्रुत्वा जनकेऽधोमुखे स्थिते ॥४०॥ स्वस्ती त्युक्त्वाऽगमद्विपो न तृप्तोऽसौ गृहं गृहं दीयता मन्न मित्याह ते जनास्त जगुस्तदा ॥४१॥ सर्वेषां गृहगं धान्य सर्वं राज्ञा समान्हतम् । जग्धं त्वयाऽखिलं ब्रम्हन् गम्यतां यत्र ते रुचिः ॥४२॥ द्विज उवाच । कीर्तिरस्य श्रुता लोकान् न दाता जनकात्परः । तृप्तिकामः समाग्रातो हचतृप्तोऽहं कथं व्रजे ॥४३॥ तूष्णीं भूतेषु लोकेषु बभ्रमन् स ददर्श ह । विरोचना त्रिशिरसो मंन्दिरं द्विजयोर्वरम् ॥४४॥ तन्मध्यं प्राविशत्सो हि गृहस्वामीव सत्तया । सर्वोपस्कार रहितं धातुपात्र विवर्जितम् ॥४५॥ (२८७८) इति श्रीगणेशपुराण उपासनाखंडे पंचषष्टितमोऽध्यायः ॥६५॥

अध्याय ६६ प्रारंभ :– कौंडिन्य उवाच । धरामात्रासनौ तौ तु नभःप्रावार संयुतौह : दिगम्बरौ सर्वधातु संस्पर्श वर्जिता वुभौ ॥१॥ अयाचित भुजौ नित्यं जलेनैवाखिलाः क्रियाः । द्विजरूप धरोऽपश्यत् कुर्वाणौ सत्वशुध्दये॥२॥ गृहं च माक्षिकापुंजै र्मशकै रभितो वृतम् । मूर्ति च गणनाथस्य पूजितां पुष्पपल्लवैः ॥३॥ अनन्यभावतया ताभ्यां च तत्पराभ्यां ददर्श सः । तावूचे श्रूयंतां वाक्यं यन्मया प्रोच्यतेऽ नघौ ॥४॥ मिथिलधिपतेः कीर्तौ श्रुत्वाहं क्षुधितो

भृशम् । तृप्तिकामः समायातो न स तृप्ति समाकरोत् ॥५॥ कर्मणा दांभिकेनैव सत्वं न परिरक्ष्यते । मम तृप्तिकरं किंचिद् गृहे चेदस्ति दीयताम् ॥६॥ दम्पती ऊचतुः । चक्रवर्ती नृपो योऽसौ तेन तृप्तिर्न ते कृता । आवाभ्यां तु दरिद्राभ्यां किं देयं तृप्तिकारकम् ॥७॥ नदी नद जलैं रब्धि रसंख्यैर्यो न पूर्यते । बिन्दुमात्रेण पयसा स कथं पूर्यते वद ॥८॥ द्विज उवाच । भक्त्या दत्तं स्वल्पमपि बहुतृप्तिकरं मम । अभक्त्या वाऽथ दम्भेन बहु दत्तं वृथा भवेत् ॥९॥ तादूचतुः । आवयो र्न गृहे किंचिच्छपथस्ते द्विजोत्तम । पूजार्थं गणनाथस्य प्रातर्दूर्वा कुरा हृतः ॥१०॥ पूजितो गणनाथस्तैस्तत एकोऽवशिष्यते । द्विज उवाच । भक्त्या दत्तः स एकोऽपि तृप्तयेस्यात् प्रदीयताम् ॥११॥ कौंडिन्य उवाच । विरोचना ददौ तस्मैं श्रुत्वा वाक्यं तदीरितम् । एकं दूर्वांकुरं भक्त्या तेन तृप्तोः भवद्द्विजः ॥१२॥ शाल्यन्नं पायसान्नं च नाना पक्वान्न मेव च । व्यंजनानि च सर्वाणि लेह्व चोष्यान्यनें कधा ॥१३॥ विरोचना ददौ कल्प्य तस्मिन् दूर्वांकुरे च तम् । गृहीत्वा ब्राम्हणस्तं तु बबक्ष परया मुदा ॥१४॥ तस्मिन् दूर्वांकुरे भक्त्या दत्ते ते नाथ भक्तितः । प्रशशाम द्विजस्यास्य तत्क्षणाज्जठरानलः ॥१५॥ तृप्तिश्च परमा तेन प्राप्ता तत् क्षणमात्रतः । आलिलिंग त्रिशिरसं तृप्तो हर्षाद् द्विजस्तदा ॥१६॥ तत्याज कुत्सितं रूपं प्रकटोऽभूद् गजाननः । चतुर्भुजोऽरविन्दाक्षः शुंडादंड विराजितः ॥१७॥

कमलं परशुं मालां दन्तं करतलैर्दधत् । महार्ह मुकुटो राजत्यर्ण कुंडल मंडितः ॥१८॥ दिव्यवस्त्र परीधानो दिव्यगन्धानु लेपनः । उवाच तौ प्रसन्नात्मा दम्पती स गजाननः ॥१९॥ वृणीतं तं वरं शीघ्रं मनसा यं यमिच्छथः । ता वूचतुः । जन्मनी यत्र नौं स्यातां तत्र ते दृढभक्तिता ॥२०॥ मुक्तिर्वा दीयतां देव दुस्तराद् भवसागरात् । न चावां चित्तयो रन्य रपेक्षित मिभानन ॥२१॥ कौंडिण्य उवाच । इति तद्वाक्य माकर्ण्य तथेत्युक्त्वा गजाननः । पुनरालिंग्य पिदधे भवत त्रिशिरसं मुदा ॥२२॥ एतस्मात्कारणाद् दूर्वाभारोऽस्मै दीयते मया । असंख्य भक्षणाद्यो न तृप्ति देवः समाययौ ॥२३॥ दूर्वांकुरेण चैकेन स तृप्ति परमां ययौ । इ तेति कथितः सम्यगाश्रये महिमा शुभः । दूर्वासमर्पणभवः श्रवणात् सर्वकामदः ॥२४॥ इतिहासमिमं भक्त्या शृणुते श्रावयेच्च यः स पुत्र धन कामाढ्यः परत्रेह च मोदते ॥२५॥ गजानने लभेद् भक्ति निष्कामो मुक्तिमाप्नुयान । गणा ऊचुः । श्रुत्वापीत्थ मितीहास माश्रया संशयं पुनः ॥२६॥ प्रपेदे ह्हदि तं ज्ञात्वा कौंडिन्यः पुनरब्रवीत् । आश्रये शृणु मे वाक्यं संशयस्याप नुत्तये ॥२७॥ यद्ब्रवीमि ह्हदिस्थस्य मया ज्ञातस्य तेऽनघे । एकं दूर्वांकुरं गृह्य गच्छ शीघ्रं बिडौजसम् ॥२८॥ वदाशीर्वचनं पूर्वं पश्चाद्याचस्व कांचनम् । दूर्वांकुरेण तुलितं गृहीत्वा त्वदिहानय ॥२९॥ न न्यूनं नाधिकं ग्राह्यं तस्य भाराच्छुभानने ॥३०॥ गणा ऊचुः । इति वाणीं तस्य श्रुत्वा गृहीत्वैकं तदाश्रया । दूर्वांकुरं ययौ शक्रं भर्तृवाक्य परायणा ॥३१॥ (२९०९)

इति श्रीगणेशपुराण उपासनाखंडे षट्षष्टितमोऽध्यायः ॥६६॥

अध्याय ६७ प्रारंभ :- गणा ऊचुः । आज्ञप्ता तेन मुनिना स्वाभिप्रेतार्थसिद्धये । एकं दूर्वांकुरं गृह्य शक्रसंनिधि मामयौ ॥१॥ तमुवाचाश्रया शक्र देहि मे कांचनं शुभम् । याचितुं त्वां समायाता भर्तृवाक्यात् सुरेश्वर ॥२॥ इन्द्र उवाच । किमर्थं त्वमिहायाता यद्याज्ञा प्रेषिता भवेत् । मया संप्रेषितं स्याचे जातरूपं स्वशक्तितः ॥३॥ आश्रयो वाच । दूर्वांकुरस्य तुलया यद् भवेत् कांचनं सुर। तद् गृहीष्ये शचीभर्त नं न्युनं न च वाधिकम् ॥४ ॥ शक्र उवाच । दूतैनां नय शीघ्रं त्वं कुबेर भवनं प्रति । स दास्यति सुवर्णं च दूर्वांकुर मितं शुभम् ॥५॥ गणा ऊचुः । आज्ञया देवराज्यस्य देवदूत स्तया सह । प्रायात् कुबेर भवनं शक्रस्य वचनात्तदा ॥६॥ अस्यै दूर्वांकुर मितं जातरूपं प्रदीयताम् । इन्द्रेण प्रेषिता साध्वी मुनिपत्नी मया सह । प्रापिता भवनं तेऽद्य यामि देव नमोऽस्तु ते ॥७॥ कुबेर उवाच । अत्याश्चर्यं मह मन्ये मुनिः शक्र स्तथाऽऽश्रया । मोहाविष्टा न जानन्ति दूर्वांकुर मितं कियत् ॥८॥ कांचनं तेन किं वा स्याद् बहुलं किं न याचितम् । गणा ऊचुः । एवमेव ददौ तस्यै बहुलं कांचनं सह ॥९॥ न जग्राह भयाद् भर्तुर्न्यूना धिक विशंकया । स्वर्णकार तुलायां तं दूर्वांकुर मधारयत ॥१०॥ नाभवत्तुलया तस्य पर्याप्तं तत्तु हाटकम् । वणिक् तुला समानीता तत्रापि नाभवत् समम् ॥११॥ तैलकार तुलायां तु दूर्वांकुर समं न च । घटोबद्ध स्ततस्तत्र हाटकं दत्तमेकतः ॥१२॥ दूर्वांकुरोऽपरत्रापि यातिपत्र मधस्तदा । अन्यदन्यद्दधौ तत्र कुबेरः कांचनं बहु ॥१३॥ तच्चापि नाभवत्तेन समं दूर्वांकुरेण

च । सर्वं कोशगतं द्रव्यं दत्तं तेन गिरीन्द्रवत् ॥१४॥ तथापि नाभवत्साम्यं तेन दूर्वांकुरेण तत् । पत्नी माहूयः तां प्राह
कुबेरः कौतुकान्वितः ॥१५॥ कुरू मद् वाक्यतः सुभ्रु घटारोहण मग्रतः । न समं चेत् समारोक्ष्ये निजसत्त्वरि रक्षया
॥१६॥ पतिव्रताऽऽज्ञया तस्य घटमारुरुहे तदा । न समा साऽपि तेनासीत्ततः सर्वां पुरीं ददौ ॥१७॥ घटमध्ये कुबेरोऽसौ
न चोर्ध्वं जायतेंऽकुरः । श्रुत्वा दूत मुखादिन्द्रो गजारूढः समाययौ ॥१८॥ स्वकीय द्रव्य सहितो घटमारुरुहे स्वयम् ।
दूर्वांकुरो न चोर्ध्वं स तथापि समजायत ॥१९॥ अधोमुखो गर्तश्चितां किमेतदिति चिन्तवन् । विष्णूं हरं च सस्मार
तत्रारोहण काम्यया ॥२०॥ तत्रागतौ सनगरौ घटमारुहतां तदा । तथापि नोर्ध्व मगमत्तदा दूर्वांकुरं स्फुटम् ॥२१॥
ततस्ते तत उत्तेरुः शिवविष्णु धनेश्वराः । वरुणेन्द्राग्नि मरुतः कौंडिन्यमभितो ययुः ॥२२॥ देवा देवर्षयःश्चैव सिद्ध
विद्याधरो रगाः । दिनान्ते समनुप्राप्ते स्वं नीड मिव पक्षिणः ॥२३॥ नमस्कृत्य मुनि सर्वे प्रोचुरूद्विग्न तेतसः । सर्व
ऊचुः । वृजिनं विलयं यातं दर्शनात्तव भो मुनें ॥२४॥ पूर्व पुण्य भवादग्रे कल्याण नो भविष्यति । तव पत्न्या न्हृतं
सत्त्वं सर्वेषामद्य नः स्फुटम् ॥२५॥ महिमानं न जानीमो दूर्वांकुर समुभ्दवम् । एक दूर्वांकुर तुलां त्रैलोक्य मपि नालभत्
॥२६॥ गजानन शिरस्थस्य त्वया भक्त्यार्ऽपितस्य च । जनीयान् महिमानं कः सम्यग् दूर्वांकुरस्य ह । यज्ञदान व्रत तपः
स्वाध्यायोऽपि न तत्समः ॥२७॥ गजाननैक भक्तस्य जपतस्तपतोऽनिशम् । तवापि महिमानं को जानीयात्सर्व देहिनः
॥२८॥ एवमुक्त्या मुनि सर्वे पूर्वं पूज्य गजाननम् । सर्वे सभार्य पुपूजु स्तुष्टुवुर्ननृतु जंगुः ॥२९॥ न ब्रम्हा न हरिः

शिवेन्द्र मरूतो, नाग्निर्विवस्वान् यमः । शेषो शेष कलानिधिश्च वरुणो, नो चन्द्रमा नाश्विनो । नो वाचामधिपो न चैव
गरूडो, नो यक्षराण् नांगिरा । महात्म्यं परिवेद देव निगमैः रज्ञात रुपस्य ते ॥३०॥ एवं संतोष्य सर्वे ते देवदेवं
गजाननम् । मुनिं च समनुज्ञाप्य ययुः स्वं स्वं निकेतनम् ॥३१॥ आश्रयाऽपि ततो ज्ञात्वा दूर्वामहात्म्य मुत्तमम् ।
विश्वस्त भर्तृवाक्ये सा दूर्वाभिः प्रत्यपूजयत् ॥३२॥ विघ्नेश्वरं सर्व देवं सर्वैर्दुर्वा भिरर्चितम् । प्रणनाम च कौंडिन्यं
भर्तारं सत्यवादिनम् ॥३३॥ उवा च सुप्रसन्ना सा स्वात्मानं निन्दती भृशम् । आश्रयोवाच । मादृशी नैव दृष्टाऽस्ति
याते वाक्ये संशया ॥३४॥ विशेष विदुषां स्वामिन विशेष विदुषा त्वया । सम्यक् कृत मम विभो सर्वभूत दयावता
॥३५॥ तत्क्षम् स्वापराधं मे त्वामहं शरणागता । ततः प्रातः समुत्थाय दूर्वा आदाय सत्वरौ॥३६॥ स्नात्वा देवं
समभ्यर्च्यं दूर्वार्पण मकुर्व ताम् । अनन्यभवस्या ज्ञात्वा तां दूर्वामहात्म्य मुत्तमम् ॥३७॥ सायंप्रातर्देव देवं पूजयन्तौ
निरन्तरम् । त्यक्त्वा यज्ञव्रतं दानं ज्ञात्वा देवो गजाननः ॥३८॥ कृपया परयाविष्टः स्वधाम प्रत्यपादयत् । गना ऊचुः ।
अगाधं वर्णितं दूर्वामाहात्म्य मिदमुत्तमम् ॥३९॥ अशेष वर्णने शेषो नेशो नेशौ हरीश्वरौ । त्रैलोक्यं तुलया यस्याः
पत्रैणैवा भवत्समम् ॥४०॥ दूर्वेति स्मरणात् पापं त्रिविधं विलयं व्रजेत् । तत् स्मृतो स्मर्यते देवो यतः सोऽपि गजाननः
॥४१॥ इति चिंतामणि क्षेत्र महिमा वर्णितः स्फुटम् । श्रवणात् कीर्तनात् ध्यानाद् भुवतिमुक्ति फलप्रदः ॥४२॥
एतस्मात् कारणाद्यानं त्रयाणां प्रेषितं शुभम् । रासभस्य मुखाद् दूर्वा गता देवे वृषस्य त्र ॥४३॥ चांडाल्या शीतनाशाय

त्वानीता तृणभारतः । वायुनाप्रबलेनापि गता दूर्वां गजानने ॥४४॥ यतस्तस्य प्रिया दूर्वां संतुष्टोऽसौ विनायकः ।
निष्पापत्वात् त्रयाणां स सान्निध्यं दत्तवान्निजम् ॥४५॥ गन्धमात्रेण दूर्वायाः संतुष्टो जायते विभुः । प्रसंगेन तु भक्त्या
वा किं पुनर्मस्तकार्पणात् ॥४६॥ ब्रम्होवाच । इति दूत मुखाद्राज्ञा स श्रुतो महिमा तदा । दूर्वाया मुनिभिः सर्वं नं दृष्टो
न च संश्रुतः ॥४७॥ स्नात्वा दूर्दाकुरान् गृह्य पुपूजुस्ते विनायकम् । सेवकाश्चापि दूर्वाभि रानर्चुः । श्रीगजाननम्
॥४८॥ आसन्सर्वे दिव्यदेहा स्तेजशा सूर्यवर्चसः । शृण्वन्तो देववाद्यानां नानारावान् समन्ततः ॥४९॥ विमानवर-
मारूढा दिव्यवस्त्रानुलेपिनः । याता वैनायकं धाम केचित्तद्रूप धारिणः ॥५०॥ नरा नागरिकाः केचि दाग तास्त
महोत्सवम् । द्रष्टुं दूर्वाभिरानर्चु रेकविंशतिभिः पृथक ॥५१॥ भुक्त्वा भोगांश्च ते सर्वे गाणेशं स्थानमागमन् । विमानं
चापि चलित मूर्ध्वं तत् पुण्यपुंजतः ॥५२॥ तस्माद् गणेश भक्तेन कार्यं दूर्वाभिरर्चनम् । न करोती नरो यस्तु प्रमोदा-
त्ताभि रर्जनम् ॥५३॥ स चांडालस्तु विज्ञेयो नरकान् प्राप्नुयाद बहुन् । न तन्मुखं निरीक्षेत कदाचिदपि मानव ॥५४॥
यस्तु दूर्वाभि रर्चेत्तं देवदेवं गजाननम् । तस्य दर्शन तोऽन्योऽपि पापी शुद्धिमवाप्नुयात् ॥५५॥ अलाभे बहू दूर्वाणामेक
यैवाभि पूजयेत् । तेनापि कोटि गुणिता कृता पूजा न संशयः ॥५६॥ ब्रम्होवाच । इति नानाविधो राजन् महिमा
कथितस्तव सेतिहासस्तु दुर्वाणां श्रवणात्पाप नाशनः ॥५७॥ नाख्येयो दुष्टबुद्धेस्तु प्रिये पुत्रे निवेदयेत् । इन्द्र उवाच ।
इति ब्रम्हमुखा च्छुत्वा परमाख्यान मृत्तमम ॥५८॥ ननन्द परमप्रीतो ननाम कमलासनम । तदाज्ञया ययौ स्थानं
स्वकीयं विस्मयान्वितः ॥५९॥ (२९६८) इति श्रीगणेशपुराण उपासनाखंडे दूर्वामाहात्म्ये सप्त षष्टितमोऽध्यायः ॥६७॥

अध्याय प्रारंभ ६८ :- शूरसेन उवाच । अन्यां कथय शक्रत्वं गणनाथ कथां पुनः । कृतवीर्यस्य जनकः किं चकार ततः परम् ॥१॥ इन्द्र उवाच । श्रुत्वाऽऽख्यानं तु संकष्ट चतुर्थ्यां राजसत्तमः । दूर्वाख्यानं तु संश्रुत्वा चिन्ताविष्टो नृपोऽभवत् ॥२॥ अपुत्रस्य गति र्नास्ति पुत्रो मे भविता कथम् । स्वप्ने ददर्श पितरं कार्तवीर्य स्तथा विधिः ॥३॥ सगद्गदाभ्यां कंठाभ्यां नोचतुस्तौ परस्परम् । आलिलिंगतु रन्योन्यं प्रेमविह्वल चेतसा ॥४॥ ततः पुत्रं करे धृत्वा पर्यंकेऽस्थापयत् पिता । उवाच च त्वया पुत्र पुत्रार्थं बहुधा श्रमः ॥५॥ क्रियते चाहमप्येक मुपायं वच्मि तेऽनघ । मृत्युलोकादागतेन कथितं नारदेन मे ॥६॥ तदैवाहं गतः पुत्र ब्रम्हणः सदनं प्रति ॥७॥ पप्रच्छाहं नमस्कृत्य ब्रम्हाणं सर्ववेदिनम् । कथं मे भविता पुत्रः सन्ततिः कमलासन ॥८॥ कथितं तेन संकष्ट चतुर्थी व्रतमुत्तमम् । क उवाच । अस्मिन् व्रते कृते पाप क्षये जाते नृपोत्तम ॥९॥ संततिस्तव पुत्रस्य भविष्यति न संशयः । पितोवाच । तदा तथैव लिखितं ब्रम्हणा कथितं यथा ॥१०॥ गृहाण पुस्तकं चैतद्यथाव कुरु च व्रतम् । यावदब्दं समाप्येत तावत् सिद्धि विनायकः ॥११॥ प्रसन्नो भविता देवः सर्व संकष्ट हारकः । तस्मिन् प्रसन्ने पुत्रस्ते भविता नात्र संशयः ॥१२॥ इत्युक्त्वाऽन्तर्हितस्तस्य पुत्रस्य जनको नृप । जजागार ततो राजा कृतवीर्यस्तु वै बली ॥१३॥ ददर्श पुस्तकं हस्ते स्वप्नार्थान् परिसस्मरे ॥१४॥ मुमोचाश्रूणि नेत्राभ्यां शोकानन्द परिप्लुतः । पितुर्वियोगा च्छोकार्तः पुस्तकाप्तेश्च हर्षितः ॥१५॥ तावत्तस्या गता-

मात्याः परिवार्या ब्रुवन्नृपम् । अमात्या ऊचुः । जहि प्रमादं राजं स्त्वं सावधान मना भव ॥१६॥ त्यज शोकं वदास्मान्कि कारणं शोककारकम् । अस्मानपि समाविष्ट स्त्वच्छोकाच्छोक उत्कटः ॥१७॥ इन्द्र उवाच । श्रुत्वा वाक्य ममात्यानां कार्तवीर्यो जगाद तान् । मया स्वप्नें पिता दृष्ट स्तेन मे विह्वलं मनः ॥१८॥ पुस्तकं चैव संकष्ट चतुर्थी व्रत बोधकम् । दत्तं मम करे तेन पिदधे तत्क्षणाच्च सः ॥१९॥ तद्वियोगेन शोचामि गतार्थं निर्धनो यथा । उक्तं च तेन मे वाक्यं पुत्रार्थं कुर्विदं व्रतम् ॥२०॥ प्रबुद्धोहं यदामात्या हस्ते दृष्टं च पुस्तकम् । आश्चर्य हर्ष शोकैश्चा प्यश्रु मुंचामि नान्यथा ॥२१॥ अमात्या ऊचुः । यः पिना सर्व लोकानां मनुष्यो रग रक्षत्याम् । स एव पितृरुपेण परितुष्टो गजाननः ॥२२॥ उपाय मवदत्ते स सन्तत्यै राजसत्तम । अन्यथा पुस्तकं क्व त्यं स्वप्नार्थः क्व प्रमाभवेत ॥२३॥ विना प्रसादं स्वप्नोऽपि विपर्य यमुदाम्हतः । इन्द्र उवाच । इत्यमात्य वचः श्रुत्वा सावधान मना नृपः ॥२४॥ आहूय परिपप्रच्छ पंडितान् सुन्हदोऽपि च । वदन्तु पुस्तकस्यार्थं प्रसादात्तस्य भो द्विजाः ॥२५॥ त ऊचुः पुस्तकं दृष्ट्वा तस्यार्थ सर्वसंसदि । द्विजा ऊचुः । ब्रम्हणः कृतवीर्यस्य संवादोऽत्र महान्नृप ॥२६॥ चतुर्थी सर्व संकष्ट नाशिन्यत्र निरुपिता । चन्द्रोदये गणेसशस्य पूजा प्रोक्ता सविस्तरा ॥२७॥ अंगारक चतुर्थ्यास्तु महिमा बहुशोऽपि च । तिथिदेव विधूनां च अर्ध्यदानं समंत्रकम् ॥२८॥ एकविंति विप्राणां भोजनं चैव पूजनम् । नाना दानानि तेभ्यश्च देयानीति निरुपितम् ॥२९॥ दूर्वा समर्पण फलं श्वेतदूर्वा फलं पृथक् । एतद् व्रतं महाभाग भाग्यात् प्राप्तं त्वयाऽनघ ॥३०॥ न दुष्टं न श्रुतं लोके

भविष्य त्युपकारकम् । श्रवणात स्मरणाच्चापि संकष्टहरणं नृणाम् ॥३१॥ इन्दं उवाच । श्रुत्वा तत्पंडित मुखा द्राजा सर्वजनश्च ह । आश्चर्यानन्द संयुक्तः पुपूजे स द्विजोत्तमान् ॥३२॥ वस्त्रालंकार रत्नानि धनं धान्यं ददौ बहु । अत्रि माहूय राजाऽपि गुरुं निजकुलस्य ज ॥३३॥ सुमुहूर्ते ततोऽगृण्हात् परिपूज्य यथाविधि । देवं विनायकं तं च विद्यातेकाक्षरां शुभाम् ॥३४॥ जजाप मन्त्रं तमनन्य भक्त्या, ध्यायन गणेशं विजितेन्द्रियः स व्रतं च चक्रे गणनाथ तुष्टयै, सुताप्तये संकटनाशनं तत् ॥३५॥ (३००३)

इति श्रीगणेशपुराण उपासनाखंडे व्रतनिरूपणं नामाष्टष्टितमोऽध्यायः ॥६८॥

अध्याय ६९ प्रारंभ :— शूरसेन उवाच । ब्रह्मणा कथमादिष्टं कृतवीर्यास सिद्धिदम् । तन्ममाचक्ष्व संकष्ट चतुर्थी व्रतमुत्तमम् ॥१॥ इन्द्र उवाच । सत्यलोके सुखासीनं सर्वज्ञं चतुराननम् । कृतवीर्यपिता गत्वा पप्रच्छ प्रणतो नृपः ॥२॥ कृतवीर्य उवाच । देवदेव जगद्धातः प्रणतार्ति निवारण । वर्तते न्हृदये यन्मे पृच्छामि त्वां वदस्वतत् ॥३॥ आपत्सु वर्तमानानां नृणां व्याकुलचेतसाम् । चिन्तया व्यग्र मनसां वियोगे सुन्हदां तथा ॥४॥ दुर्लभ प्राप्तये नृणां कार्यसिद्धिः कथं

भवेत् । अर्थसिद्धिः कथं नित्वं पुत्रसौभाग्य सम्पदा ॥५॥ सर्वसंकष्ट नाशार्थं कार्यं किं मानवैः प्रभो । ब्रम्होवाच । शृणु राजन् प्रवक्ष्यामि सर्वसिद्धिप्रदं व्रतम् ॥६॥ यस्यानुष्ठान मात्रेण चिन्तितं प्राप्नुयान्नरः । ओषधीभिः शुक्लतिलैं दिवा स्नायात् प्रसन्नधीः ॥७॥ संकल्पं कारयेत् सम्यग् ध्यात्वा देवं गजाननम् । गणेश पूजयेद् भक्त्या मन्त्रैरागमसंभवैः ॥८॥ कृष्णपक्षे चतुर्थ्यांच निशि चन्द्रोदयेऽपि च । नृप उवाच । कथं संपूजयेद् ब्रम्हन् देवदेवं गजाननम् ॥९॥ विस्तरेण मम ब्रुहि प्रणयात परिपृच्छते । ब्रम्होवाच । नित्यकर्म समाप्याथ तिशायामुदये विधाः ॥१०॥ शुचौ देशे गोमयेन लिप्ते मंर्डपिकान्विते । तत्रपीठं गणेशस्य पूजयेत् कुंकुमाक्षतैः ॥११॥ स्थापयेत् कलशं तत्र पंचरत्न समन्वितम् । तस्योपरि न्यसेत्पात्रं सौवर्ण कलशान्वितम् ॥१२॥ तदभावे नु रौप्यं वा ताम्रं वैणवमेवच । तस्योपरि न्यसेद्वस्त्रं क्षौमंवा शक्ति-- संयुतः ॥१३॥ तस्योपरि लिखेद्यन्त्र मागमोक्त विधानतः । तत्र मूर्ति गणेशस्य सौवर्णी लक्षणान्विताम् ॥१४॥ एकदंतं महाकायं तप्तकांचन सन्निभम् । लंबोदर विशालाक्षं ज्वलत् पावक लोचनम् ॥१५॥ आखुपृष्ठ समारूढं चामरैं वीजितं गणैः । शेष यज्ञोपवीतं च चिन्तयेत्तं गजाननम् ॥१६॥ ध्यानम् । आगच्छ देवदेवेश संकटान्मां निवारय । यावद्व्रतं समाप्येत तावत्त्वं सन्निधौ भव ॥१७॥ सहस्त्रशीर्षे त्यावाहनम् । गणाधीश नमस्तेऽस्तु सर्व सिद्धिप्रदायक । आसनं गृह्यतां देव संकटान्मां निवारय ॥१८॥ पुरुष एवे ० आसनम् । उमापुत्र नमस्तेतु नमस्ते मोदकप्रिय । पाद्यं गृहाण देवेश संकटं मे निवारय ॥१९॥ एतावानस्य ० पाद्यम् । लंबोदर नमस्तेऽस्तु रत्नयुक्तं फलान्वितम् : अर्घ्यं गृहाण देवेश संकटं मे निवारय । त्रिपादूर्ध्वर्तयर्घ्यम् ॥२०॥ गंगादि सर्वतीर्थेभ्यः आन्हतं तोयमुत्तमम् । गृहाणा चमनीयार्थं

संकटं मे निवारय । तस्माद्विराळ० आचमनीयम् ॥२१॥ पयो दधि घृतं चैव शर्करामधु संयुतम् । पंचामृतं गृहाणेदं संकटं मे निवारय ॥२२॥ मन्त्रैः पंचामृतम् । नर्मदा चंद्रभागा च गंगासंगमजै र्जलैः । स्नापितोऽसि मया भक्त्या संकटं मे निवारय । यत्पुरुषेणेति स्नानम् ॥२३॥ इभवक्त्र नमस्तुभ्यं गृहाण परमेश्वर । वस्त्रयुग्मं गणाध्यक्ष संकटं मे निवारय । तं यज्ञमिति वस्त्रम् ॥२४॥ विनायक नमस्तुभ्य नमः परशुधारिणे । उपवींत गृहाणेदं संकटान्मे निवारय । तस्मा० यज्ञोपवीतम् ॥२५॥ ईशपुत्र नमस्तुभ्यं नमो भूषकवाहन । चन्दनं गृह्यतां देव संकटं मे निवारय । तस्माद्यज्ञादिति चंदनम् ॥२६॥ घृतकुंकुम संयुक्ता स्तन्दुलाः सुमनोहराः । अक्षतास्ते नमस्तुभ्यं संकट मे निवारय । अक्षतः ॥२७॥ चंपकं मल्लिका दूर्वां पुष्पजाति रनेकशः । गृहाणत्वं गणाध्यक्ष संकटं मे निवारय । तस्मादश्वेति पुष्पम् ॥२८॥ लम्बोदर महाकाय धूम्रकेतो सुवासितम् । धूपं गृहाण देवेश संकटं मे निवारय । यत्पुरुषमिति धूपः ॥२९॥ विघ्नांधकार संहार कारक त्रिदशाधिपः । दीपं गृहाण देवेश संकटं मे निवारय । ब्राम्हणोऽस्येति दीपः ॥३०॥ मोदकापूपल ड्डूक पायसं शर्करान्वितम् । पक्वानं सघृतं देव नैवेद्यं प्रतिगृह्यताम् । चन्द्रमा मनस इति नैवेद्यम् ॥३१॥ नारिकेल फलं द्राक्षां रसालं दाडिमं शुभम् । फलं गृहाण देवेश संकटान्मे निवारय । नाभ्या आसीदिति फलम् ॥३२॥ क्रमुकैला लवंगादि नागवल्ली दलानि च : तांबूलं गृह्यतां देव संकट मे विनाशय । इति तांबूलम् ॥३३॥ सर्वप्रीतिकरं देव हिरण्यं सर्वसिद्धिदय् । दक्षिणार्थं गृहाणेदं संकट मे विनाशय । सप्तास्यासन्निति दक्षिणाम् ॥३४॥ ततो दूर्वांकुरान गृह्य

विंशत्येकं च भविततः । एभिर्नामपेदे देव मर्चयेत्सु समाहितः ॥३५॥ (गणाधिपत्य नमः ।१। उमापुत्राय नमः ।२। अघनाशनाय नमः ।३। एकदन्ताय नमः ।४। इभवक्त्राय नमः ।५। मूषकवाहनाय नम ।६। विनायकाय नमः ।७। ईशपुत्राय नमः ।८। सर्वसिद्धि प्रदाय नमः ।९। लंबोदराय नमः ।१०। वक्रतुंडाय नमः ।११। मोदकप्रियाय नमः ।१२। विघ्नविध्वंस कर्त्रे नमः ।१३। विश्ववंद्याय नमः ।१४। अमरेशाय नमः ।१५। गजकर्णाय नमः ।१६। नागयज्ञोपवीतिने नमः ।१७। भालचन्द्राय नमः ।१८। पशुधारिणे नमः ।१९। विघ्नाधिपाय नमः ।२०। विद्याप्रदाय नमः ।२१। कर्पूरानल संयुक्तं शेषाघौघ विनाशनम् । नीराजनं गृहाणेश संकटान्मां विमोचय । नीराजनम् ॥३६॥ चम्पकाशोक बकुलः पारिजात भवैः शुभैः । पुष्पांजलिं गृहाणेमां संकटान्मां विमोचय । यज्ञेनेति पुष्पांजलिः ॥३७॥ त्वमेव विश्वं सृजसीभवक्त्र. त्वमेव विश्वं परिपासि देव । त्वमेव विश्वं हरसेऽखिलेश त्वमेव विश्वात्मक आविभासि ॥३८॥ इति स्तुतिः । नमामि देवं गणनाथ मीशं विघ्नेश्वरं विघ्नविनाश दक्षम भक्तार्तिहं भक्ति विमोक्ष दक्षं, विद्याप्रदं वेदनिधान माद्यम् ॥३९॥ नमस्काराः । एवं स्तुवीत विधिवत् प्रणमेत पुनः पुनः । प्रदक्षिणां प्रकुर्वीत यथा शक्त्यैक विंशतिम् ॥४०॥ ये त्वामसंपूज्य गणेश नूनं वांछंति मूढा विहितार्थं सिद्धिम् । त एव नष्टा नियतं हि लोके ज्ञातो मयाते सकल प्रभावः ॥१४॥ प्रार्थना । आचार्यस्त्वं द्विचाध्यक्ष सर्वसिद्धि प्रदायक । वायन गृह्यतां ब्रम्हन् संक्रटान्मां निवारय ॥४२॥ फलपुष्पाक्षतैर्युक्तं जलं ते दक्षिणान्विनम् । विशेषार्घ्यं मया दत्तं संक्टान्मां निवारय ॥४३॥ इति षोडशोपचारै मंन्त्रेणानेन पूजयेम् ।

ॐ नमो हेरंब मदमोदित मम संकटं निवारय स्वाहा । इन्द्रादि लोकपालांश्च समन्तात् पूजयेत् सुधीः ॥४४॥ पक्वमुद्-
गतिलैर्युक्तान् मोदकान् घृतपाचितान् । भक्ष्यान्यन्यानि ताम्बूलं यथाशक्ति प्रकल्पयेत् ॥४५॥ ततो दूर्वांकुरान्गृह्य
विंशत्येकं च भक्तितः । एभिर्नाम पदं देव मर्चयेत् सुसमाहितः ॥४६॥ गणाधिप नमस्तुभ्य मुमापुत्रा भयप्रद । एकदन्ते
भवत्वत्रेति तथा मूषक वाहन ॥४७॥ विनायकेश पुत्रेति सर्वसिद्धि प्रदायक । लम्दोदर नमस्तुभ्यं वक्रतुंडाघनाशन ॥४८॥
विघ्नविध्वंस कर्त्रेति विश्ववन्द्या मरेश्वर । गजवक्र नमस्तुभ्यं नागयज्ञोपवीतिनें ॥४९॥ भालचन्द्र नमस्तुभ्यं नमः
परशुधारिणे । विघ्नाधिप नमस्तुभ्यं सर्व विद्याप्रदायक ॥५०॥ एवं संपजयेद्देव दूर्वाभिश्च पृथक् पृथक् । यदुद्दिश्य
कृतं सम्यग् यथा शक्ति प्रपूजनम् ॥५१॥ तेन तुष्टो भवाशु त्वं न्हृत्स्थान्कामान्प्रपूरय । विघ्नान्नाशय मे सर्वान्
दुष्टांश्च समुपस्थितान् ॥५२॥ त्वत्प्रसादेन सर्वाणि कार्याणीह करोम्यहम् । शत्रूणां बुद्धिनाशं च मित्राणामुदयं कुरू
॥५३॥ इति विज्ञाप्य देवेशं प्रणिपत्य पुनः पुनः । ततो होमं प्रकुर्वीत शतभष्टोत्तरं व्रती ॥५४॥ मोदकैर्वाणकं कार्यं
व्रतसंपूर्णं हेतवे । लड्डूकं वँटकाद्यैर्वा त्रिसप्त फलसंयुतम् ॥५५॥ रक्तवस्त्रण संछाद्य स्वाचार्याय निवेदयेत । गणाधिप
नमस्तुभ्यं सर्व संकल्पसिद्धिद ॥५६॥ वायनस्य प्रदानेन संकटान्मां निवारय । इति वायनमंत्रः । कथां श्रुत्वा ततः
पुण्यां दद्या दर्ध्यं समाहितः ॥५७॥ तिथीनामुत्तमे देवि गणेश प्रिय वल्लभे । संकटं हर मे देवि गृहाणार्घ्यं नमोऽस्तुते
॥५८॥ इति तिथ्यर्घः । लंबोदर नमस्तुभ्यं सततं मोदकप्रिय । संकटं हरमे देव गृहाणार्घ्यं नमोऽस्तु ते ॥५९॥
इति देवार्घः चन्द्राय सप्तवारं तु मंत्रेणानेन पार्थिव । क्षारोदार्णव संभूत अत्रिगोत्र समुद्भव । गहाणार्घ्यं मया दत्तं

रोहिण्या सहितः शशिन् । चंद्रार्घमंत्र ॥६०॥ ततः क्षमापयेद्देवं ततो विप्रांश्च भोजयेत् । स्वयं भुंजीत तच्छेषं ब्राम्हेणभ्यो यर्दापतम् ॥६१॥ सप्तग्रासान् मौनयुक्तो यथाशक्त्या यथासुखम् । इत्थं कुर्यात्तु मासेषु चतुर्ष्वपि विधानतः ॥६२॥

(३०६५) इति श्रीगणेशपुराण उपासनाखंडे एकोनसप्ततितमोऽध्यायः ॥६९॥

अध्याय ७० प्रारंभ :– राजोवाच । व्रतं पुरा कृतं केन भुवि केन प्रकाशितम् । किं पुण्यं किं फलं चास्य तद्रूपाद्वद मे प्रभो ॥१॥ ब्रम्होवाच । पुरा स्कन्दे गते चैव पार्वत्यैव कृतं व्रतम् । चतुर्ष्वपि च मासेषु शिववाक्येन पार्थिव ॥२॥ पंचमे मासि दृष्टस्तु कार्तिकेयो ह्यपर्णया । अगस्त्येन कृतं पूर्वं समुद्रं पातुमिच्छता ॥३॥ त्रिषु मासेषु विघ्नेश प्रसादात् पीतत्रानमुम् । षण्मासावधि राजेन्द्र दमयन्त्या पुरा कृतम् ॥४॥ नलमन्वेष यन्त्या तु ततो दृष्टो नलस्तया । प्रद्युम्नस्य सुतं राजं श्चित्रलेखाऽनयत्पुरा ॥५॥ क्व गतः केन नीतो वा इति शोचन्त माकुलम । प्रद्युम्नं पुत्रशोकार्तं रुक्मिणी प्रत्यभाषत ॥६॥ शृणु पुत्र प्रवक्ष्यामि यद्व्रतं स्वस्य मन्दिरे । शम्बरेण पुराऽऽनीते बालके त्वयि षड्दिने ॥७॥ त्वद्वियोगज दुःखेन न्हृदयं मे व्यदूयत । कदा द्रक्ष्याम्यहं पुत्र मपूर्व मतिसुंदरम् ॥८॥ अन्यस्त्रीणां सुतं दृष्ट्वा मम चेतसि जायते । ममापि पुत्रो भविता सावनेंन प्रमाणतः ॥९॥ इति चिन्ताकुलाया मे गतान्यह्यानि भूरिशः । ततो मे दैवयोगात्तु

लोमशो मुनिरागतः ॥१०॥ तेनोपदिष्टं संकष्ट चतुर्थी व्रतमुत्तमम् । सर्व चिन्ताहरं पुत्र चतुर्वारं कृतं मया ॥११॥
तत्प्रसादात, त्वमायातो हत्वा शम्बर माहवे । त्वमप्येतत् कुरू व्रतं ततो ज्ञास्यसि तं सुतम ॥१२॥ ब्रम्होवाच । प्रद्युम्नेन
कृतं पूर्व गणनाथ सुतोषकम् । श्रुतो बाणासुरपुरे निरुद्धो नारदात् पुरा ॥१३॥ उद्धवस्याज्ञया कृष्णः कृतवान
व्रतमुत्तमम् । भीत ईश्वर संग्रामा देकवारं यथाविधि ॥१४॥ गत्वा स शोणितपुरं जित्वा बाणासुरं मृधे । आनीत उषया
साध्र्दं मनिरुद्धः क्षणान्नृपः ॥१५॥ मयाऽपि सृष्टिकामेन कृतमेतन् नृपोत्तम । कृता नानाविधा सृष्टिर्व्रतस्यास्य प्रभावतः
॥१६॥ अन्यैर्देवासुरनरैः कृतं विघ्नोपशांतये । ऋषिभि र्दानवै र्यक्षैः किन्नरो रगराक्षसैः ॥१७॥ आपद्य पि च कष्टायां
कुर्यात्तच्छांतये व्रतम् । नानेन सदृशं लोके सर्वसिद्धि करं व्रनम् ॥१८॥ तपोदानं जपस्तीर्थ मन्त्रो विद्या न च क्वचित् ।
इमां श्रुत्वा कथां राजन् स्वयं भुंजीत वाग्यतः ॥१९॥ जानुमध्ये कर कृत्वा गणेशं न्हृदि चिन्तयेत । द्विजातीनां च यच्छेषं
भोक्तव्यं सह बांधवैः ॥२०॥ कार्यं बव्हल्प मासैस्तु सिधद्यते नात्र संशयः । बहुनात्र किमुक्तेन नान्यत्स्या च्छीघ्र
सिद्धिदम् ॥२१॥ नोपदेश्य मभक्ताय नास्तिकाय शठाय च देयं पुत्राय शिष्याय भक्तियुक्ताय साधवे ॥२२॥ मम प्रियोऽसि
राजेन्द्र धर्मिष्टः क्षत्रियर्षभः । कार्यं कर्ताऽसि लोकाना मुपदिष्ट मथो व्रतम् ॥२३॥ तस्मात सर्वं व्रतेष्वेतत् कर्तव्यं प्रथमं

त्वया । सिद्धिं यास्यंति कार्याणि नान्यथा भाषितं मया ॥२४॥ यदा यदा पश्यति कार्य मुद्यतं, नारी नरो वा विदधातु सद्व्रतम् । सिद्ध्यन्ति कार्याणि मनीषितानि, किं दुर्लभं विघ्नहरे प्रसन्ने ॥२५॥ सूत उवाच । इत्थं स श्रुत्वा विधिव- न्नृपोत्तमो, व्रतं चकाराखिल दुःख शान्तये - व्रतप्रभावा ज्जितवान्स वैरिणो बुभोज राज्यं स सुतैरकंटकम ॥२६॥ (३०९१)

इति श्रीगणेशपुराण उपासनाखंडे चतुर्थी व्रतोपाख्यानं कृतवीर्य नाम सप्ततितमोऽध्यायः ॥७०॥

अध्याय ७१ प्रारंभ :- राजोवाच । उद्यापनं कथं कार्य व्रतस्यास्य महामते । तन्मे विस्तरतो ब्रूहि लोकानां हितकाम्यया ॥१॥ ब्रम्होवाच । प्रथमे मासि कर्तव्यं पंचमे सप्तमेऽथवा । उद्यापनं मनुष्येन्द्र व्रत संपूर्ण हेतवे ॥२॥ पूर्वोक्तेन विधानेन पूजयेद् भक्तिमान्नरः । पुष्पमंडपिका कृत्वा नानावस्त्र विचित्रताम् ॥३॥ कृत्वा तु सर्वतो भद्रं नानारंग विचित्रतम् । पूजयेत्तम देवेशं कलशोपरि पूर्ववत् ॥४॥ चन्दनेन सुगन्धेन पुष्पैर्नाना विधैरपि । नारिकेल फलेनैव दद्यादर्घ्यं समाहितः ॥५॥ तिथीनामुत्तमे देवि गणेशप्रिय वल्लभे । संकटं हर मे देवि गृहाणार्घ्यं नमोऽस्तु ते ॥६॥ लंबोदर नमस्तुभ्यं सतत मोदकप्रिय । संकष्टं हर मे देव गृहाणार्घ्यं नमोऽस्तु ते ॥७॥ क्षीरोदार्णव संभूत अत्रिगोत्र समुद्भव । गृहाणार्घ्यं मया दत्त रोहिण्या सहितः शशिन् ॥८॥ भोज्यं भक्ष्यं चलेह्यं च पेयं चोष्यं निवेदयेत् । फलैरन्यैश्च बहुभि स्तोषयेद् गणनायकम् ॥९॥ आचार्य वरयेत्तत्र ऋत्विजश्चैक विंशतिम् । गणानात्वेति

मन्त्रेण अयुतं होममाचरेत् ॥१०॥ अथवा मूलमन्त्रेण सहस्त्रं वा तदर्धकम् । अष्टोत्तरशतं चापि बलिदानं ततश्चरेत् ॥११॥ पूर्णाहुतिं हुनेत्पश्चाद् वसोर्धारा च पातयेत् । होमशेषं समाप्यैवं ब्राम्हणान् भोजयेत्ततः ॥१२॥ वस्त्रयुग्मं च कलशान् दक्षिणासन संयुतान। तेभ्यो दद्याद्यथाशक्ति वित्तशाष्ठ्यं न कारयेत ॥१३॥ आचार्य पूजयेत् पश्चाद् वस्त्रालंक-रणादिभिः । तस्मै भुक्तवते दद्याद् वायनं फलसंयुतम् ॥१४॥ शूर्प पायस संपूर्ण रक्तवस्त्रेण वेष्टितम् । सौवर्ण तं गणाधीशं तस्मै दद्यात सदक्षिणम् ॥१५॥ तिलानामाढकं दद्याद् व्रत संपूर्ण हेतवे । ततो गां कपिलां दद्यात् सवत्सां सविभूषणाम् ॥१६॥ ततः क्षमापयेद् विप्रान विघ्नेशः प्रीयतामिति । व्रतस्योद्यापनं कृत्वा हयमेध फलं लभेत् ॥१७॥ पितोवाच । एवं मे ब्रम्हणादिष्टं व्रतं लोकोपकारतः । तदेतत् कथितं तेऽद्य कुरू पुत्रार्थ मादरात् ॥१८॥ इन्द्र उवाच । यथायथा समादिष्टं पित्रातेन महाव्रतम् । तथा तथा कृतं तेन कार्तं वीर्येण धीमता ॥१९॥ व्याख्याय कथितं सम्यक् पंडितै र्व्रतमुत्तमम् । सिद्धिबुद्धि युतां मूर्ति स्थाप्य कांचननिर्मिताम् ॥२०॥ महामंडपिकामध्ये ब्राम्हणैः पठयते क्वचित् । क्वचित् पुराणं पांडित्यं क्वचित् गायन नर्तने ॥२१॥ नानाविधानां वाद्यानां ध्वनयो निर्गता दिवम् । विवदंते जनाः क्वापि मध्यस्थाः केचनाभवन् ॥२२॥ स तु राजा महाधीमान जजाप परमं मनुम् । जप्त्वा हुत्वा पूजयित्वा भोजयित्वा द्विजान्बहून् ॥२३॥ गा ददावयुतं तेभ्योऽलंकृतेभ्यो ह्यलंकृतः । दीनान्ध कृपणेभ्योऽन्नं ददौ दानान्यनेकशः ॥२४॥

संतुष्टांना स सर्वेषां पुत्राशींर्जगृहे नृपः । तेषां द्विजांना तपतां सर्वदा सत्यवादीनाम ॥२५॥ आशिर्भिः स्वल्पकालेन ससत्वाऽभून्नृपांगना । सुषुवे शुभवेलायां पुत्रं लक्षणसंयुतम् ॥२६॥ ददौ दानान्यनेकानि पुत्रजन्मप्रहर्षितः । व्रतबंध विवाहं च काले तस्या करोन्नृपः ॥२७॥ ज्ञानविज्ञान संपन्नं पुत्रं राज्येऽभिषिच्य च । सत्पुत्रो भोगसंपन्नो जगामान्ते पदं विभोः ॥२८॥ ऋत्विग्भ्यः पंडितैः सार्धं प्रेक्षकैः सकलैरपि । तस्य पुण्येन ते सर्वे गाणेशं धाम चागमन् ॥२९॥ (३१२०)

इति श्रीगणेशपुराण उपासनाखंडे एकसप्ततितमोऽध्यायः ॥७१॥

अध्याय ७२ प्रारंभ :– शूरसेन उवाच । व्रते जाते कथमभ त्तयोः पुत्रः शतक्रतो । तत्सर्वं मे वद विभो विस्तरात् परिपृच्छतः ॥१॥ इन्द उवाच । किं किं न जायते राजन् परितुष्टे गजानने । प्रसादात्तस्य सा राज्ञी गर्भं दध्रे नृपस्य यत् ॥२॥ प्रसूता नवमे मासि मंगलं पुत्रमैक्षत । द्विस्कन्धं चारुवदनं बाहुहस्त विवर्जितम् ॥३॥ सुनासं पद्मनयन मूरू जानु विवर्जितम् । जंघा पादविहीनं तं दृष्ट्वा माता रुरोद ह ॥४॥ सोवाच । दुर्भगायाः कथमभू दीदृशो बालको मम । करपाद विहीनोऽयं कथं दत्तो गजानन ॥५॥ आसं शुभाऽहं वंध्यैव किमीदृक् पुत्रवत्यहम् । कथं न जातो नाशो मे पूर्वजन्म कृतैनसः ॥६॥ कथं प्रसादः फलित स्तवापि द्विरदानन । कथं ब्राम्हण वाक्यानि निष्फलानी दृशानि मे ॥७॥

पाणिभ्यां निघ्नती वक्षो ललाटं च मुहुर्मुहुः । तस्यां रुदत्यां सर्वास्ता रूरूदु स्तत्र याःस्थिताः ॥८॥ तासां कोलाहलं श्रुत्वा नृपोऽपि तत्र चागमत् । तस्यापि रुदितं श्रुत्वा प्रधाना अपि चागमन् ॥९॥ तेषां च रुदितं श्रुत्वा नागरा रूरूदुस्तदा ॥१०॥ राजोवाच । कथं दीनानुकंपित्वं तव देव गजानन । कथं दया कृता तेऽद्य महचमेवं प्रदर्शिता ॥११॥ कथं स्मरणमात्रेण पापानि हरसेऽनघ । जपः स्तपः स्मृति दान पूजनं द्विजतर्पणम् ॥१२॥ अनुष्ठानं तथा होमः सर्वं व्यर्थ गतं मम । तस्माद्यैवं हि बलवत् प्रयत्नस्तु निरर्थकः ॥१३॥ न ज्ञायते कर्मगतिः कदा किं वा भविष्यति । मूषक प्राप्यते यद्वत् पर्वतस्य विदारणात् ॥१४॥ तथां मेऽजानि पुत्रेऽय माजन्म कृतयत्नतः । तत ऊचु : प्रकृतयो नृपं शोकाकुलं तदा ॥१५॥ प्रधाना ऊचुः । अलं शोकेन भूपाल कथं भाव्यन्यथा भवेत् । रामः किं न मृगं वेद तत्पृष्टं गत एव सः ॥१६॥ धर्मराजो न किं वेद निषिध्दं द्युतकर्म तत् । तथापि स गतो रन्तुं सर्वं हित्वा वनं गतः ॥१७॥ चारुता न भवेदस्य भृशमाक्रन्दिते सति । अदृष्टं चेद् भवेत् सम्य गग्रे चारुरयं भवेत् ॥१८॥ पुष्पं फलं वा कालेन यथा याति महीरूहाम् । तथा कालेन भविता सम्यक्च पृथिवीपतिः ॥१९॥ इन्द्र उवाच । इत्यमात्य वचः श्रुत्वा सावधानोऽभवनृपः । उवाच नृपपत्नीं तामुत्तिष्टोतिष्ट मा शुचः ॥२०॥ स्वयं च सुमना राजा समाहूय द्विजोत्तमान् । गणेश पूजनं चक्रे स्वस्तिवाचन मेव च ॥२१॥ कृत्याऽभ्युदयिक श्राद्धं ददौ दानान्यनेकशः । माल्यालंकार वासांसि गावो रत्नान्यनेकशः ॥२२॥ सुन्हृत् संबन्धि भृत्येभ्यो वस्त्राणि विविधानि सः । नाना वादित्र जीवेभ्यो ददौ राजा यथार्हतः ॥२३॥ बन्दिचारण दीनान्ध

कृपणेभ्यश्च सर्वशः । गृहे गृहे च तांबूल शर्करा दापयच्च सः ॥२४॥ कार्तवीर्येति नामास्य चकारैका दशेऽहनि । भोजयामास नगरं महोत्साह पुरःसरम् ॥२५॥ ततो द्वादश वर्षाणि व्यतितानी सुतस्य ह । आययौ स्वेच्छया तस्य दत्तात्रेय स्तदा गृहम् ॥२६॥ पादयोः स्वशिरः स्थाप्य कृतवीर्यो ननाम तम् । आलिलिंग मुनिस्तं स उत्थाय नृपसत्तमम् ॥२७॥ उपविश्यासनें रम्ये पूजयामास सादरम् । विष्टरं पाद्यमर्घ्यं च गां च वस्त्रोपवीतकम् ॥२८॥ ददौ धुपं च दिपं च नैवेद्यं विविधं फलम् । उद्वर्तनं च तांबूलं रत्नकांचन दक्षिणाम् ॥२९॥ सुप्रसन्नं सुखासीनं पादसंवाहनादिभिः । उवाच राजा सम्यक्तं दत्तात्रेयं महामुनिम् ॥३०॥ जन्मजन्मातरीयं मे पुण्य फलितमद्य वै । यच्चर्म चक्षुषां जातं साक्षात्ते दर्शनं मुनें ॥३१॥ अग्रे शुभतरं भावि प्रसादात्तव सुव्रत । यतो भवादृशां नैव दर्शनं पापकर्मणाम् ॥३२॥ कृतवीर्य वचः श्रुत्वा दत्तात्रेय स्तमब्रवीत । अपूर्वं तनयं तेऽद्य द्रष्टुकामोऽहमागतः ॥३३॥ तत आनंन्दयुक्तोऽसौ नृपः प्राह मुनिं पुनः । नृप उवाच । अनुष्ठानं तपो दानं वृथा मम गतं व्रतम् ॥३४॥ जगदीशेन दत्तोऽयं पुत्रो न्हृच्छल्य एव सः । अनेना दर्शनीयेन गतश्चादर्शनीयताम् ॥३५॥ इन्द्र उवाच । आनीय बालकं तस्मै मुनयेऽदर्श-यन्नृपः । आच्छादय न्नेत्रकंजे तत्सुतं वीक्ष्य सन्मुनिः ॥३६॥ ज्ञात्वा ध्यानेंन तत्कर्म मुनिस्तं पुनरब्रवीत् । अयमेव सुतो राजन् कर्ता सर्वांनृ विजित्य ह ॥३७॥ नाचान्तोऽसि विजृम्भ्य त्वं संकष्टी व्रत जागरे । निन्दितो व्रतराजस्तु सर्वं

संकष्टनाशनः ॥३८॥ अंगहीनः सुतो जात उपायात् सांगतामियात् । राजोवाच । ऋतमुक्तं त्वया स्वामिन् कृपां कृत्वा वदस्व मे ॥३९॥ येनोपायेन सांगो मे त्वत्प्रसादात् सुतो भवेत् । इन्द्र उवाच । मुनिः स कृपयाविष्ट स्तत्सुताय तदाऽब्रवीत ॥४०॥ मन्त्र मेकाक्षरं सांगं तत ऊचे पुनश्च तम् । आराधनं गणेशस्य मन्त्रेणानेन भवितः ॥४१॥ उपवासैक भक्तानां नियमान् कुरू सुव्रत । द्वादशाद्वं ततस्तुभ्यं दर्शनं स च दास्याति । ४२॥ तद्दृष्टिपात मात्रेण दिव्यदेहो भविष्यसि । इत्युक्त्वा नृपमामन्त्र्य पिदधे मुनिपुंगवः ॥४३॥ गते मुनौ ततः पुत्रः पादहीनो महामनः । जगाद कृतवीर्यं स गहनं प्रापयस्य माम् ॥४४॥ गजानन प्रसादार्थ मनुष्ठानं करोम्यहम् । रुदितः पितरौ तस्य श्रुत्वा वाणीं तदीरिताम् ॥४५॥ अप्रेषय द्वनं चारु नरयानेंन तं पिता । भृत्वाः पर्णकुटीमध्ये संस्थाप्य नगरं ययुः ॥४६॥ तस्थौ तत्र स्वयं सम्यक् तपसे कृतनिश्चयः ॥४७॥ (३१६७)

इति श्रीगणेशपुराण उपासनाखंडे द्विसप्ततितमोऽध्यायः ॥७२॥

अध्याय ७३ प्रारंभ :– इन्द्र उवाच । गुरुपदिष्टं मन्त्रं जजाप नियमेन सः । ध्यायन् गजाननं देवं निष्ठामास्थाय नंष्टिकीम् ॥१॥ वायुभक्षो निराहारो लोष्ट पाषाण सन्निभः । एवं द्वादश वर्षाणि व्यतीतानि तपस्यतः ॥२॥ हस्तपाद विहीनस्य बालकस्य महात्मनः । निर्वाणं तस्य तद्दृष्टवा द्वाद्वशाब्दं गजाननः ॥३॥ तडागमध्या दुत्तस्थौ

प्रवालमय मूर्तिगः । उवाच संमुखो भूत्वा निष्ठा भवित सुतोषितः ॥४॥ गणेश उवाच । निर्जनेऽस्मिन् वने यस्मात्सिह
व्याघ्र निषेविते । निकुंज बहुले तिष्टद्यतो द्वादशवार्षिकम् ॥५॥ अतस्तेऽहं वरं दास्ये शृणु यत्ते मनोगतम् । श्रुत्वा वाणीं
तदुदिता मास्थितो देहभावनाम् ॥६॥ कृतवीर्यसुतो नत्वा प्रोवाच द्विरदाननम् । शृण्वत्सु सर्वमुनिषु विमानस्थेषु भूरिशः
॥७॥ पुत्र उवाच । त्वत्पाद युगले देव भक्तिरव्यभिचारिणी । अस्तु मे सततं नान्य दुत्साहो मे प्रयाचि म ॥८॥
तथापि याचे देवेश पित्रोः संतोष हेतवे । शरीरे चारुतां देहि सर्व संतोषकारिणीम् ॥९॥ इन्द्र उवाच । श्रुत्वा वाक्यं
तदीयं तु मायावी स गजाननः । अणिमानं समास्थाय विवेशोदर मादरात् ॥१०॥ तस्मिन् प्रविष्टे पुत्रोऽसौ
दिव्यदेहोऽभवन्नृप । सहस्त्रभुजवान्जातः कृतवीर्यत्मज स्तदा ॥११॥ ऋजुपाद द्वययुतः स्थितः पर्वत सन्निभः । ववर्षुः
पुष्पवर्षाणि देवा देवर्षयोऽपि च ॥१२॥ तुष्टुवुस्तं च देवंच गीतवादित्र निस्वनैः । जगर्ज कार्तवीर्योऽसौ सहस्त्रभुजमंडितः
॥१३॥ तस्य शद्बं समाकर्ण्यं घनगर्जित सन्निभम् । समवर्ती भृश त्रस्त॰ परेषां गणना कुतः ॥१४॥ पृथिव्यां सर्वराजानः
समकंपंत तभ्दयात् । अयं पंचशतं बाणान् संगामे मोचयेदिति ॥१५॥ ब्रम्हादय स्ततो याना दुत्तीर्याथ तमब्रुवन् ।
स्मरणात्तव देवानां प्राप्तिः स्याद् गत वस्तुनः ॥१६॥ ऱ्हदिस्थं सर्वलोकाना मामयं त्वं विनेष्यसि । यतः साक्षाद्विष्णुरूपः
महस्त्रार्जुन संज्ञया ॥१७॥ त्रिषु लोकेषु विख्यातो यावत् कल्पं भविष्यसि । साधुत्राणे च निरतः शरणागत पालकः
॥१८॥ विजेता सर्व शत्रूणां पृथिवी मंडलाधिपः । इति नाना वरान् दत्वा पिदधुर्देवता गणः ॥१९॥ हस्त्यश्व नरयानानि

छत्रचामर दीपिकाः । रथानुपाय नान्यन्या न्याजव्हरू रखिला नृपाः ॥२०॥ ततः संस्थापयामास महाप्रासाद मध्यगाम् ।
प्रावालीं गणनाथस्य मूर्ति द्विजपुरःसरः ॥२१॥ प्रवालगणपश्चेति तस्य नाम दधुर्द्विजाः । ददौ ग्रामान् ब्राम्हणेभ्यः पूजार्थं
स्थापिताश्च ये ॥२२॥ प्रवालक्षेत्र मिति तत् पप्रथे भुवि सिद्धिदम् । तत्र शेषो धरां धर्तु मनुष्ठांन परोऽभवत् ॥२३॥
प्रापतस्माद् गणेशात्तु वरान् बहुतरा नपि । धराधरण सामर्थ्यं सर्वज्ञात्वं तथैव च ॥२४॥ मूर्ध्नां सहस्त्रं श्रैष्ठ्यं च नवनाग
कुलेष्वपि । अति संतुष्ट मनसा तेन यत् स्थापितं पुरा ॥२५॥ धरणीधर इत्येवं द्वितीयं नाम पप्रथे । स्मरतां शृण्वतां
चापि सर्वकाम फलप्रदम् ॥२६॥ संपूज्य सर्वान् द्विजपुंगवांस्तान्, राज्ञश्च सर्वा ननुपृच्छ्य चैतान् । सहस्त्रबाहु र्नगरं
स्वकीयं, द्रष्टुं स्वमातापितरावथागात् ॥२७॥ जहर्षतु स्तौ तं दृष्ट्वा नगरं च तथाविधम् । ददतु र्द्विज मुख्येभ्यो
नानादानानि सर्वशः ॥२८॥ इन्द्र उवाच । अभ्यधापि तु संकष्ट चतुर्थी महिमाऽद्भुतः । कृतवीर्य सुताच्चायं मृत्युलोकं
गतः शुभः ॥२९॥ अनुभूतः सुरगणै श्चन्द्रसेनादिभि र्नृपैः । अतिपुण्य तमश्चायं स्मरणादपि सिद्धिदः ॥३०॥
एतत्प्रसादात् संप्राप्ता रावणेनाखिला ज्ञता । एतत् प्रसादात संप्राप्त पुरा राज्यं च पांडवैः ॥३१॥ एतद्व्रतस्य यत्पुण्यं
हस्ते मे दीयते यदि । तदैव तद्विमानं तु प्रचले दमरावतीम् ॥३२॥ क उवाच । इति शक्रमुखात्तस्य व्रतस्य महिमा श्रुतः ।
शूरसेनेन भूपेन स्वानन्दाब्धौ निमज्यताम् ॥३३॥ वन्दिते पादकमले शक्रस्य प्रतिगर्जिता । तमुवाच ततः प्रीतः

शूरसेनो नृपोत्तमः ॥३४॥ श्रुत्वा कथां दिव्य रुपां चतुर्थी व्रतसंभवाम् । स उवाच । फलितं पूर्वपुण्यं मे येनाश्रा वीदृशं व्रतम् ॥३५॥ नह्येतस्मात् पुण्यतरं त्रिषु लोकेषु किंचन । इत्युक्त्वा शक्रमारेभे व्रतं कर्तुं स्वयं ततः ॥३६॥ (३२०३)

इति श्रीगणेशपुराण उपासनाखंडे चतुर्थी व्रतमाहात्म्यं नामत्रिसप्ततितमोऽध्यायः ॥७३॥

अध्याय ७४ प्रारंभ :– व्यास उवाच । ब्रम्हन् कथं कृतं तेन शूरसेन भूभुजा । सेतिहासं शक्रमुखाच्छ्रुत्वा सादरमुत्तमम् ॥१॥ ब्रम्होवाच । ततःस्वदूतान् प्राहेदं गच्छन्तु नगरं प्रति । स आनेयस्तु संकष्ट चतुर्थी व्रतकारकः ॥२॥ ते दूतास्त्वरया याताः पप्रच्छुस्ते गृहं गृहं । ददृशु र्भ्रममाणास्ते विमानं सुंदर शुभम् ॥३॥ याऽभवद् दुष्ट चांडाली गलत् कुष्टा स्त्रवन्मुखा । मक्षिका कृमिभोरण दुर्गन्धेन समावृता ॥४॥ शुष्कोदरी दीर्घकेशा शुष्कदन्ताक्षि नासिका । अत्यन्तर्मलिना दीर्घ श्रोत्ररन्ध्रा घनस्वना ॥५॥ नेंतुं तामीदृशीं दूतै रानीतां गणपस्य हि । अत्याश्चर्य मिदमिति राजदूताः प्रणम्य ताम् ॥६॥ ऊचुस्ते देवदूतास्तान् गणनाथस्य किंकरान् । अत्यंतं कुत्सिता जात्या ह्नियं स्वर्गगा कथम् ॥७॥ केयमासीत्पुरा दूताः कथमी दृग् बभूव च । केन पुण्येन युष्याभिः स्वर्गं तु नियते कथम् ॥८॥ एतद्वदन्तु सर्वं नो यदि वक्तुं क्षमं भवेत् । देवदूता ऊंचुः । आसीद् बंगाल विषये सारंगधर नामतः ॥९॥ क्षत्रियस्तस्य कन्येयं सुन्दरा नाम सुन्दरी । पिककंठा शशिमुखी रति लावण्य जित्वरा ॥१०॥ यद्दास्य करणे नार्हाः प्रसिद्धा अष्टनायिकाः । योगिनामपि या चेतः कटाक्षेन विमोहयेत् ॥११॥ युवानो मुमुचुः शुक्रं केचित्तद्रूप वीक्षणात् । जारमार्गेषु निरता साऽभवद्विश्व

मोहिनी ॥१२॥ महार्हवस्त्रा लंकारा नानाविषय भोगिनी । बंगाल नगरे ख्याता वेश्येवासीद् गतत्रपा ॥१३॥ भर्तारं चित्रनामानं वंचयत्येव सर्वदा । न्ययादसंख्य द्रव्यस्य पित्रा संपादितं पुरा ॥१४॥ कदाचिच्छयनें तं सा हित्वा सुंदर वेषभृत् । निशीथे चलिता तेन हस्तेऽधारि रूषावशात् ॥१५॥ उवाच भर्त्सयंस्तां च चित्रनामा पतिस्तदा । धिक् त्वां पापसमाचारे या जारे निरताऽनिशम् ॥१६॥ तद्वाक्य मिथ्यमाकर्ण्य शान्तकोपाऽभवत्तदा । अभ्यक्ष्य भक्षणेनासौ मत्ता बलवती भृशम् ॥१७॥ अन्धे तमसि संगृह्य शस्त्रिकां दक्षहस्ततः । तया तदुदरं भित्वा चित्रनाम पतेस्तदा ॥१८॥ गता तं पुरुषं रन्तुं यो जारो मनसि स्थितः । यावत्सा रमते तत्र तावत्पर्यन्त वासिना ॥१९॥ जाग्रता चरितं तस्या ज्ञात्वा राज्ञे निवेदितम् । तदद्दूतास्तमसि स्थित्वा तावत्सा गृहमागता ॥२०॥ दधुस्तां राजदुतास्ते निन्यू राजसमीपतः । निजघ्नुस्तां बहिर्नीत्वा दूता राजाज्ञया तदा ॥२१॥ सा नीता नरके घोरे यमदुतै स्तदायज्ञा । अधोमुखी स्थिता तत्र संदष्टा कृमिभिर्भृशम् ॥२२॥ अत्यंतं बुभुजे दुःखं स्मरन्ती पूर्वचेष्टिकम् । कल्पान्ते मृत्युलोकेऽभू च्चांडाली दुर्भगा भृशम् ॥२३॥ एकदा मदिरां पीत्वा मत्ता सुप्ता दिवैव सा । निशायां प्रथमे यामे प्रबुद्धा क्षुधिता भृशम् ॥२४॥ तदैव भिक्षितुं याता गृहं सा व्रतकारिणः । तेनान्नमस्यै दत्तं यत्तया भुक्तं विधूदये ॥२५॥ गणेशेति च जल्पन्त्या स्वेच्छया दैवयोगतः । तदैव गणनाथेन विमानं प्रेषितं शुभम् ॥२६॥ ब्रम्होवाच । देवदूतवचः श्रुत्वा पुनरूचुर्नमस्य ते । राजदूता ऊचुः ।

इदमत्यद्भुतं दृष्ट मस्माभिः कार्यंकारिभिः ॥२७॥ राज्ञा यदुपदिष्टं नो वाक्यमेत न्निबोधत । शक्रो गृत्समदं दृष्टुं
विमानवर मास्थितः ॥२८॥ स्त्रुशुंडिमाययौ देवैर्दृष्ट्वा नत्वा प्रपूज्य तम् । तदनुज्ञां च पूजां च गृहीत्वा स्वां पुरीं ययौ
॥२९॥ गच्छतस्तस्य यानं तच्छूरसेनपुरेऽपतत् । कुष्टिनो वैश्यपुत्रस्य दृष्टिपातेन तत् क्षणात् ॥३०॥ शूरसेनो गतस्तत्र
नमस्कृत्य प्रपूज्य तम् । विमान पतनेऽपृच्छ दुपायं गमनेऽपि च ॥३१॥ इन्द्रेणोक्तं तु संकष्टचतुर्थी व्रत संभवात् । पुण्यात
प्रस्थास्यते यानं तदर्थे यत्नमाचर ॥३२॥ वयं तदाज्ञया दूता स्तं गवेषितु मागतः । अनया चेद्व्रतमिदं देवदूताः कृत
यदि ॥३३॥ तर्हीयं नीयतां शूरसेनं भूमिपतिं प्रति । श्रेयो दास्यति चांडाली संकष्टी व्रतसंभवम् ॥३४॥ पुनर्द्विगुण
पुण्येयं विमानं प्रति यास्यति । विमानमपि शक्रस्य स्वपुरी मागमिष्यति ॥३५॥ युष्माकमस्या अस्माकं कार्यं राज्ञः
शचीपतेः । एवं कृते तु भविता क्रियतां यदि रोचते ॥३६॥ इति तद्वचनं श्रुत्वाऽभिदधु र्देवसेवकाः । आज्ञानो नो गणेशस्या
स्तीमां दातुं परस्य हि ॥३७॥ इत्युक्त्वा तां समुत्थाय विमाने निदधुर्यदा । तदैव सा दिव्यकान्ति र्दिव्यवस्त्रांग भूषणा
॥३८॥ देवदूतैस्तु सा नीता दिव्यवादित्र निःस्वनैः । गजानन समीपे सा राजदूता यथागतम् ॥३९॥ यमुस्ते शूरसेनं तं
वृत्तान्तं समनुब्रुवन् । ब्रुवत्सु तेषु तद्यानं चांडाल्या सह संव्रजेत् ॥४०॥ ददृशुस्ते दीप्यमानं भासयत् प्रदिशो दिशः ।
तस्या दृष्टि र्निपतिता तस्मिन् याने शचीपतेः ॥४१॥ विमान वायु संस्पर्शा द्विमान मूर्ध्वमाययौ । पश्यत्सु सर्वलोकेषु
विस्मितेषू सुरर्षिषु ॥४२॥ स्वं स्वं स्थानं ययुः सर्वे शक्रे यातेऽमरावतीम् । साऽपि वैनायकं धाम संप्राप्ता दिव्य देह

भाक् ॥४३॥ पापं हित्वा तु संकष्ट चतुर्थी व्रत पुण्यतः । इदं यः शृणुयात् सम्यक् श्रावयेद्वा प्रयत्नतः ॥४४॥ प्राप्नुयात् सकलान् कामान् संकष्ट नाशनं नरः ॥४५॥ (३२४८)

इति श्रीगणेशपुराण उपासनाखंडे चतुःसप्ततितमोऽध्यायः ॥७४॥

अध्याय ७५ प्रारंभ :- क उवाच । श्रुत्वा दृष्ट्वा शूरसेनो महिमानं व्रतोभ्दवम् । स्वयं कर्तुं मनाःप्राह वसिष्ठं मुनिपुंगवं ॥१॥ राजोवाच । मुहूर्तं वद संकष्ट चतुर्थीव्रत हेतवे । व्रतं कर्तू मिहेच्छामि सद्यः प्रत्ययकारकम् ॥२॥ वसिष्ठ उवाच । माघे कृष्णे भौमवारे कुरुष्व व्रतमुत्तर्मम् । सर्वसिद्धिकरं सर्वं कामदं राजसत्तम ॥३॥ ब्रम्होवाच । राजा संभृत संभारः सपत्नीकोऽति भक्तिमान् । अचिरेणैव संप्राप्ते वसिष्ठोक्तदिने शुभे ॥४॥ प्रारीप्समानः संकष्टचतुर्थी व्रतमुत्तमम् । प्राप्तःस्नानं विधायाथ नित्यकर्म समाप्यच ॥५॥ गणेशं पूजयित्वैव स्वस्तिवाच्य द्विजर्षभान् । पूजयित्वा वशिष्ठं स ततोऽनुज्ञां समाप्य च ॥६॥ गणेशे मन आधाय तन्नाम जप तत्परः । एकांगुष्ठ स्थित स्ताव द्यावद्रस्तमियादविः ॥७॥ पुनःस्नानं चकाराशु सायंसंध्या मुपास्य च । प्रारभत्पूजनं सम्यग्वसिष्ठेन समन्वितः ॥८॥ महामंडपिकां कृत्वा कदलीस्तंभ मंडिताम् । नानालंकार वस्त्राढयां छत्रचामर शोभिताम् ॥९॥ आदर्शपंक्ति रुचिरां पुष्पमाला विभूषिताम्।

नानामणि प्रभायुक्तां दीपमाला विराजिताम् ॥१०॥ तन्मध्ये स्वर्णकलशे स्थापयित्वा गजाननीम् । सौवर्णी प्रतिमा चारु सर्वावयव सुंदराम् ॥११॥ नानालंकार रुचिरां नानारत्न विभूषिताम् । पठत्सु द्विजमुख्येषु गायत्सु गायकेषु च ॥१२॥ नदत्सु सर्वतूर्येषु नृत्यत्सु नर्तकेषु च । वैदिकैश्चैव पौराणै स्तां मूर्ति समपूजयत् ॥१३॥ उपचारैः षोडशभिः पंचामृत पुरःसरम् । मोदकापूप लड्डूक पायसान्नं सशर्करम् ॥१४॥ नानाव्यंजन शोभाढ्यं पंचामृत समन्वितम् । नैवेद्यं पुरतः स्थाप्य जलं च चारूगंधयुक् ॥१५॥ समर्पयामास नृपो गजानन सुतुष्टये । फलानि पूग तांबूलं दक्षिणां रत्नकांचनीम् ॥१६॥ दूर्वां निराजनं मन्त्र पुष्पांजली ननेकधा । तिथये गणनाथाय चन्द्रायार्घ्यं ददावथ ॥१७॥ ब्राम्हणान्पूजयामास सादरं चाप्यबूभुजत् । अयुतं गा ददौ तेभ्यो वस्त्रालंकार दक्षिणाः ॥१८॥ ततः सुन्हद् बंधुयुतः स्वयं च बुभुजे नृपः । रात्रौ जागरणं चक्रे गीतवाद्य कथादिभिः ॥१९॥ प्रभाते विमले स्नात्वा पुनः संपूज्य पूर्ववत् । मूर्ति तां गणनाथस्य वसिष्ठाय सदक्षिणाम् ॥२०॥ सोपस्करां ददौ राजा ततस्तुष्टो गजाननः । विमानं प्रेषयामास सर्वसंपद् विराजितम् ॥२१॥ तद्दूतैः स्थापितस्तत्र गजानन स्वरूपवान् । पश्यतां सर्वलोकानां मन आनन्दयन मुहुः ॥२२॥ चलितो देवलोकाय राजा पुण्यप्रभावतः । तमूचु र्देवदूतास्ते गजाननस्वरूपिणः ॥२३॥ नानालंकार शोभाढ्या मुकुटाक्रांत मस्तकाः । विनायकेन तुष्टेन विमानं प्रेषितं तव ॥२४॥ त्वद्दर्शनौत्सुक्यधता ततो वय मुपागताः । इति तद्वचनं श्रुत्वा मुमोचाश्रूणि भूमिपः॥२५॥ जगाद गद्गद गिरा रोमांचांचित विग्रहः । तानुवाच ततो राजा शूरसेनः स्मयन्निव ॥२६॥ अव्यक्तस्या प्रमेयस्य नितस्य

जगदीशितुः । वाङ्नो गोचरस्यापि न हेतु र्मम दर्शने ॥२७॥ न समर्थाश्च यं वेदाः शास्त्राणि च निरूपितम् ; यंच स्मरन्ति सततं केशाद्या देवतागणाः ॥२८॥ तेनाहं चेत् स्मृतो दूता, स्तर्हि भाग्यं महन्मम । इत्याकर्ण्य तु तद्वाक्यं दूता ऊचुः पुनर्नृपम् ॥२९॥ न जानीमो वयं राजन् भक्तानां महिमा कथम् । निर्गुणं यन्निराकारं येन साकारता मियात्॥३०॥ राजोवाच । एका मे महती वांछा तुष्टे देवे भवत्सुच । तुष्टेषु नगरीं हित्वा कथं यायां गजाननम् ॥३१॥ न भक्षितं विनाऽप्येतै र्मया हालाहलं क्वचित् । स कथं परमानन्दं भोक्ष्य एतैर्विनाऽनघाः ॥३२॥ पुनरूचुश्च तं दूता स्त्वदिच्छा परिपूर्यताम् । न चेद् गजाननः क्रोधा त्ताडयिष्यति नोऽखिलान् ॥३३॥ ब्रम्होवाच । ततः सर्व जनं नेतुं विमाने निदधुः क्षणात् । चतुरा करजा ब्रम्हन्निक्षिप्ताः सर्वजन्तवः ॥३४॥ सर्वे दिव्याम्बरा दिव्यवस्त्रालंकार शोभिनः । ऊचुः परस्परं सर्वे किमेत दद्भुतं महत् ॥३५॥ अस्माभिर्न कृतं पुण्यं विमानं कथमीदृशम् । अपरे चाब्रुयं स्तत्र राजपुण्य बलादिदम् ॥३६॥ यथा निधिबला द्धातु मात्रस्य हाटकं भवेत् । अतिपापे यथा साधुवचसा सिद्धिमाप्नुयात् ॥३७॥ तथैव राजपुण्येन वयं सर्वे समुद्धृताः । ततो वैनायका दूता गतिमूर्ध्वामकल्पयन् ॥३८॥ जडीभूतं विमान तन्नोदतिष्टन् महीतलात् । ततः संशयितं सर्वं कथमेत द्दिवं व्रजेत् ॥३९॥ ऊचुः परस्परं लोका निर्दैबस्य निधिः कुतः । आरूरूक्षेत् कथं भिक्षापात्रं शिबयं महत्तरम् ॥४०॥ ददृशुः सर्वतः केचित् कुष्टी दृष्टिपथं गतः । उवाच कश्चिद्राजानं कुष्टिनं त्वमिमं त्यज ॥४१॥

आस्मिन्नधो गते यान मूर्ध्वमेतद् भविष्याति । शूरसेन उवाचैतान् दूतांस्तं त्यक्तुमिच्छतः ।४२॥ अहं पापसमाचार स्त्याज्यो नेयः इमेऽखिलाः । अथवा कथ्यता मस्य पूर्वपापं च जन्म च ॥४३॥ मत् स्नेहात् सर्व वेतृत्वा दुपायं कृपयाऽपि च । दूता ऊचुः । न कार्या नृपते चिन्ता वदिष्यामो वयं तव ॥४४॥ जन्मपाप मुपायं च कुष्टिनो दुष्ट कर्म च ॥४५॥ (३२९३)

इति श्रीगणेशपुराण उपासनाखंडे पंचसप्ततितमोऽध्यायः ॥७५॥

अध्याय ७६ प्रारंभ : – दूता ऊचुः । गौंडे तु विषये गौड नगरेऽभूत्पुरा द्विजः । तपस्वी ज्ञानवान् प्राज्ञो देवब्राम्हण पूजकः । तस्य पुत्रोऽयमजनि जननी चास्य शाकिनी ॥१॥ तस्य पत्नी तु सावित्री सावीत्रीव पतीव्रता । एकपुत्र स्नेंहवशा दलंकारै रलंकृतः ॥२॥ अत्यंत सुंदरतरो रतिभर्तेव शोभते । तन्माता पितरौ तस्य वियोगं नेंच्छतः क्षणम् ॥३॥ स तु यौवन मापन्नो निजभार्यां विहाय ताम् । परदाररतो नित्यं परनिंदा परायणः ॥४॥ अभवत्पाप निष्ठश्च पितृवाक्यावमर्दनः । एकदा नगरे तस्मिन् वेश्या नर विमोहिनी ॥५॥ आगता तद्गतमना यच्चक्रेऽसौ शृणुध्व तत् । स्वालंकारान् पेटिकायां निष्कास्या स्थापयद्बलात् ॥६॥ मातापित्रोः समक्षं च पश्चाण्चौर्य पुनश्च तान् । वेश्वायै प्रतिपाद्यैतां रिचक्रींड सुभृशं तया ॥७॥ हित्वेन्द्रियार्थान सकलान् सुगंधद्रव्य संयुतः । तदेकनिष्ठः संजातो योगी ब्रम्हपरो

यथा ॥८॥ कामाग्नि विव्हलश्चासीत् क्षीबो मद्यबलाद्यथा । पिता तु खेदसंपन्नः क्षतङ्घ्यां परिवर्जितः ॥९॥
विलोकयामास सुतं नगरे प्रतिमन्दिरम् । अलब्ध दर्शनस्तस्य श्वासोच्छ्वास परायणः ॥१०॥ निशीथे स्वप्रीयां प्राह बुधः
पुत्रो गतः क्व नु । विना तेन वृथा गेहं विना दीपं यथा निशी ॥११॥ विना जलं वृथा वापी विनापत्यं यथाऽबला ।
कदा नु दर्शनं तस्य भविता प्राणरक्षकम् ॥१२॥ शाकिन्युवाच । क्षुधातृषा परिश्रान्ता चिन्ताशोक समन्विता । तिष्टामि
नाथ नो जानें क्व गतः प्रियबालकः ॥१३॥ यदि मे दर्शनं तस्य स्याज्जीवामि न चान्यथा । पुनश्च चाल दूर्वः स
यष्टिमादाय मुष्टिना ॥१४॥ यं यं पश्यति मार्गेऽस्मि स्तं तं पृच्छति चात्मजम् । यदा श्रान्तः क्षुधाक्रान्तस्तदा भ्रान्तश्च
सोऽभवत् ॥१५॥ अनिवृद्धो महाभीमो नाम्ना भीमोऽन्त्य वर्णजः । स तेन पृष्टस्तनयं तेनाप्युक्तं परं स्फुटम् ॥१६॥
भीम उवाच । वेश्यागृहे ते तनयो बुधोऽसौं, बुधः सुखं क्रीडति कामसक्तः । कस्यात्मजो वा जननी पिता वा, वृथैव खेदं
कुरुषे द्विजेंद्र ॥१७॥ दूर्व उवाच । कथं मम सुतो जातो वेश्यायां निरतो बुधः । तस्यागृहं जगामाशु दुष्टवांस्तत्र तं
सुतम् ॥१८॥ उन्मत्तं मदिरारक्त नयनं मदविव्हलम् । पिता दधार तं हस्ते रुषाशिक्षापयत्सुतम् ॥१९॥ त्वत्तः
कंटकवृक्षोऽयं पाषाणो वा मतोऽधिकः । कथं न त्यजसे प्राणान् किं स्यात्तै जीवित खल ॥२०॥ ब्रम्होवाच । पितृवाक्यं
समाकर्ण्य रोषाविष्टो बुधः सुतः । तलप्रहारं तंडेऽस्य दत्तवान् पितुरेव सः ॥२१॥ उक्तवान् कृमिकीटादी साधारणमुखे
कथम् । कृतवानसि मे विघ्नं क्रीडाकाले नराधम ॥२२॥ अकस्मात्काकस्य शकृत पतितं मयि वा कथम् । पुनर्लत्ताप्रहारेण

प्राणांस्तस्य गृहीतवान ॥२३॥ पित्रा प्राणेशु त्यक्तेषु हरेश्वरेति सोऽवदत् । ननन्द स सुतः पादे बद्ध्वा तं दूरतोऽक्षिपत् ॥२४॥ मधु पीत्वा पुनः रेमे वेश्यया स यथेच्छकम् । प्रातर्जगाम स्वगृहं ददर्श जननी च तम् ॥२५॥ आलिलिंग सुतं हर्षात स्नेहस्नुत पयोधरा । बभाण क्व गताश्चाऽसि क्व स्थितः किं कृतं त्वया ॥२६॥ वद मे विस्तरा द्वत्स पिता ते दुखितो भृशम् । अहं चापि निराहारा निर्जला निशि जाग्रती ॥२७॥ प्रतीक्षमाणा वत्स त्वां पिताऽन्वेष्टुं गतश्चिरात् । गच्छं त्वं पितरं द्रष्टुमित्युवाच पुनःपुनः ॥२८॥ तयाज्ञप्तमिति क्रोधाच्छुष्ककाष्टेन तां सुतः । ताडयामास शिरसि पतिता सा धरातले ॥२९॥ निश्चेतनां परिज्ञाय बद्ध्वा पावेऽक्षिपद् बहिः । स्वयं वेश्यागृहं गत्वा चिक्रीड भृशहर्षितः ॥३०॥ ददहुस्ते जनाः सन्तो दंपती स्व स्वकाष्टतः । न शास्ति राजा दंड्यं तं ब्राम्हणत्वाद् द्विजाधमम् ॥३१॥ पुनर्गृहागतं तं तु पत्नीवाक्यं शनैर्जगौ । सावित्र्युवाच । प्राणनाथ वदाम्येकं तच्छृणुष्व महामते ॥३२॥ अतिख्यातेऽतिविमले वर्णे जन्म भवादृशाम् । आचार श्चान्यथा दुष्टस्त्यक्तव्यः स विवेकतः ॥३३॥ इहलोके तु तत्कार्यं येन सौख्यं परे भवेत् । पुर्वे वयसि तत्कार्यं येन शं बार्धके भवेत् ॥३४॥ अष्टमासेषु तत्कुर्याद्येन वर्षासु शं भवेत् । दिवसे कर्म तत्कार्यं येन रात्रौ सुखं भवेत ॥३५॥ पितुः प्रितत्वाद्राजाऽपि ब्राम्हणत्दात् क्षमत्यसौ । सर्वावयवसंपूर्णा सुन्दरा मनुसारिणीम् ॥३६॥ त्यक्त्वा माम् धर्मपत्नीं त्वं वेश्यायां निरतः कथम् । लोको निन्दति सर्वत्र भयात्त्वां न वदत्यसौ ॥३७॥ स मां जनः प्रतिब्रूते

पतिस्ते कीदृशः शुभे । लज्जयाऽधोमुखी प्राणांस्त्यक्तुमीहे तदैव च ॥३८॥ यथेष्टं चेन्मया सार्धं रमतेऽहर्निशं पते । न कोऽपि किंचिद् ब्रूयात्त्वां दोषो वा न भवेन्महान् ॥३९॥ हितं चेत्कुरू मद्वाक्यं त्यक्त्वा तां स्वविवेकतः । अज्ञानाद्वा प्रमादाद्वा कृतं कर्म त्यजेद्बुधः ॥४०॥ इदं कृतं ममैव स्या दिष्टं नैव कृतं यदि । अनिष्टं सर्वथा मे स्यात्तन्न कार्यं विनिश्चयात् ॥४१॥ अन्यथा कुर्वतः पुंस इहलोको न वा परः । इति स्त्रिया वाक्यबाणै र्बुधो विद्धो हि मर्मसु ॥४२॥ रोषाविष्टो महाक्रूरो जगाद प्रज्वलन्निव । बुध उवाच । निर्लज्जे निष्टुरे प्रौढे दुष्टे रुष्टे मयि स्फुटम् ॥४३॥ गमिष्यासि गतिं तां त्वं यथा तौ पितरौ गतौ । सावित्र्युवाच । येन पित्रोर्न मर्यादा शिक्षित्रोश्च स्वतंत्रयोः ॥४४॥ रक्षिता तद् विपरीतां स मां त्राता कथं भवेत् । भर्तृहस्तान्मृतिः श्रेयः परत्रेहच सातूस्त्रियाः ॥४५॥ ब्रम्होवाच । एवं ब्रुवन्त्यां पत्न्यां स धम्मिल्लं सहसाऽग्रहीत् । काष्टै र्लोष्टै र्मूष्टिभिश्च पाषाणै स्तामताडयत् ॥४६॥ सा रामं भर्तृरूपेण सस्मार पूर्वपुण्यतः । प्राणां स्तत्याज सहसा भिन्ना मर्मसु तेन ह ॥४७॥ स्वर्गं गत्वा दिव्यदेहा बुभुजे परमं सुखम् । आकृष्य चरणे तां स चिक्षेप दूरतो निशि ॥४८॥ निरंकुशो हर्षयुतो रेमे वेश्या समन्वितः । त्वदर्थं नाशिता सर्वे बुधस्तामिति सोऽब्रवीत् ॥४९॥ ततो वहुगते काले बुधोऽगात्कालभे गृहम् । तस्मिन् स्नातुं गते दुष्टो भार्यां तस्याग्रहीत्कचे ॥५०॥ अत्यंतं सुंदरतरा

मालिलिंग चुचुम्ब च । निःशकं शयनें नीत्वा ममर्द कुचमंडलीम् ॥५१॥ रेमे तया यथेष्टं स ततः सा तं शशाप ह । सुलभोवाच । कथं नाम कृतं दुष्टं पितृभ्यां सुलभेति मे ॥५२॥ अहं ते सुलभा जाता दुष्टबुद्धे नराधम । स्नातुं गते भर्तरि मे कालभौ मुनिपुंगवे ॥५३॥ बलात्कारो मयि कृतो दुष्टः कुष्टी भविष्यसि । जन्मान्तरे ते नामापि न गृण्हीयाज्जनः क्वचित् ॥५४॥ ब्रम्होवाच । ततो भितो ययौ वेश्यागृह मेव बुधः पुनः । रेमे तया सुरां पीत्वा न किंचिदपि चिन्तयन् ॥५५॥ एवं दुष्टानि कर्माणि वक्तव्यानि कथं मया । पुण्यक्षयो भवेत्तस्य परदोषं य ईरयेत् ॥५६॥ स कालान्निधनं प्राप्तो दूतैर्नीतो यमालयम् । यमेनोक्तं किमानीतों नीयतां नरकेष्ययम् ॥५७॥ यमवाक्यं समाकर्ण्य दूता निन्यु स्तदैव तम् । चिक्षिपु र्नरके ताव द्यावदाभूतसंप्लवम् ॥५८॥ भुक्तभोगः स वैश्यस्य गृहे जन्म समाप्तवान । ऋषिपत्न्याः स शापेन कुष्टी जातो भृशं तदा ॥५९॥ पितृहा मातृहा स्त्रीहा मद्यपी गुरुतल्पगः । तस्य संस्पर्शना देव सचैलं स्नानमाचरेत् ॥६०॥ नामाप्येतस्य न ग्राह्यं महादोषकरं यतः । एतादृशोऽयं दुष्टात्मा यदा त्यक्त इतस्तदा ॥६१॥ विमानं यास्यते चोर्ध्वं नूनं नास्त्यत्र संशयः ॥६२॥ ब्रम्होवाच । श्रुत्वेत्थं वचनं तेषां दूतानां भृशकंपितः ॥६३॥ शूरसेन उवाचैता न्न मयाऽज्ञायि दुष्कृतम् । पुनरुत्थाय राजाऽसौ प्रणनाम भृशातुरः ॥६४॥ प्राहतान्देव दूतान्स कृपां कृत्वा वदन्तु मे । उपायमस्य दुष्टस्य सर्वदोषापनुत्तये ॥६५॥ दूता ऊचुः । उत्तिष्टोत्तिष्ट नृपते ब्रूमो दोषापनुत्तये । उपायं राजशार्दूल शृणुश्वैक मना भव ॥६६॥ गणेशस्य भवेन्नाम यत ख्यातं चतुरक्षरम् । जप तत् कर्णरन्ध्रेऽस्य सर्वदोषक्षयो भवेत् ॥६७॥

उदये दिननाथस्य यथा सर्वतमः क्षयः । नान्योपायेऽधिकारोऽस्य यतो नामैव जप्यताम् ॥६८॥ ब्रम्होवाच । शूरसेनो दूतवाक्याज्जयपूर्व जजाप ह । त्रिवारं वैश्यकर्णे तु नाम य च्चतुरक्षरम् ॥६९॥ गजाननेति श्रुत्वैव दिव्यदेहोऽभवच्च सः । भासयं स्तेजसा सर्व मरुणो भुवनं यथा ॥७०॥ सर्वपापक्षये जाते नामश्रवणमात्रतः । दीपयन् सर्वं दिग्देशान् विमानं चाध्यरोहत ॥७१॥ तद्विमानं क्षणाद् दूतैः सर्वलोक समन्वितम् । नीतं वैनायकं धाम विघ्नराज्यस्य शासनात् ॥७२॥ इति सर्व समाख्यातं यद्यत्पृष्टं त्वयाऽनघ ॥७३॥ महापुण्यं च संकष्ट चतुर्थी व्रतमुत्तमम् । धर्म्यं यशस्य मायुष्यं श्रवणात् सर्व सिद्धिदम् ॥७४॥ सर्वपीडाप्रशमनं सर्व विघ्न विनाशनम् । दूर्वानाम प्रभावश्च किमन्य च्छोतुमिच्छसि॥७५॥ (३३६८)

इति श्रीगणेशपुराण उपासनाखंडे षट्सप्ततितमोऽध्यायः ॥७६॥

अध्याय ७७ प्रारंभ :— व्यास उवाच । अन्येनाकारि केनेदं वद तत्कौतुकं महत् । ब्रम्होवाच । जामदग्न्येन रामेण व्रतमेतत् पुरा कृतम् ॥१॥ सोऽपि कीर्ति जयं ज्ञान मायुर्दीर्घं च लब्धवान् । व्यास उवाच । रामः कथं समुत्पन्नः कस्मात् कस्यां पितामह ॥२॥ एतत्सर्वं सुविस्तार्यं ब्रूहित्वं मम पृच्छतः । ब्रम्होवाच । श्वेतद्वीपेऽति विख्यातो जमदग्नि र्महामुनिः ॥३॥ मनसा सृष्टि संहारान्निग्रहा नुग्रहानपि । यः करोति त्रिकालज्ञ स्ततो देवाश्च कम्पिरे ॥४॥ यस्यासीत् पत्न्यपि

तथा रेणुका नाम नामतः । यस्या लावण्य गुंजापि पत्न्याः । कामस्य नामवत् ॥५॥ रतिरित्येव लोकेषु विख्याताऽभूत्तस्तु सा । यया संमोहयते सर्वं क्षमस्तद्वर्णनें तु कः ॥६॥ यन्नेत्र शोभा संप्राप्त्यै चकोरा जलवासिनः । हरिणाश्च तपश्चेस वंने छन्दतृणाशिनः ॥७॥ यदास्य शोभा संप्राप्त्यै सेवते चन्द्र ईश्वरम्।अनादिनिधना देवी मूलप्रकृति रिश्वरी ॥८॥ स्यामजनि रामोऽसौ विष्णुर्योगेश्वरो यथा । जमदग्ने र्महाभागात् साक्षादीश्वर रूपिणः ॥९॥ अतिसुन्दर गात्रोऽसौ साक्षान्मन्मथ मन्मथः मातापितृवचः कर्ता विख्यात बलपौरुषः ॥१०॥ देवद्विजगुरु प्राज्ञ गोबोधि पूजनें रतः । वेदवेदांग शास्त्राणां स्मृतीनामपि पाठकः ॥११॥ वाक्ये बृहस्पति समः क्षमया पृथिविसमः । गांभीर्येऽब्धि समो यस्तु पित्रोर्वाक्य परायणः ॥१२॥ पित्रो राज्ञां गृहीत्वा स निमेषारण्य माययौ । अनेक विद्याभ्यसने मतिं कृत्वा परां स्थिराम् ॥१३॥ तस्मिन्गते तदा राजा कार्तवीर्यो महाबलः । यस्य प्रतापा दभवद्वश्यं भूमंडलं सदा ॥१४॥ यस्मिल्लक्ष्मी स्थिरा विष्णो रंशभूतेऽखिलार्थदे । आजौ पंचशतं बाणान् सृजते रिपुघातकान् ॥१५॥ इन्द्रादि वृन्द सेव्योऽसौ विख्यात बलपौरुषः । असंख्याता गजा यस्य रथवाजि पदातगः ॥१६॥ यस्य निर्गमनें सैन्याश्छादयन्ति महीतलम् । वर्षाकाले यथा मेघा धाराभि र्व्योममंडलम् ॥१७॥ यस्य कंबुस्वनं श्रुत्वा द्विषो यांति दिशो दश । यथा सिंहस्वं श्रुत्वा मत्तमातंग कोटयः ॥१८॥ यदा ताली पंचशतं स्वेच्छया कुरुते नृपः । तदा सनादं ब्रम्हांडं कम्पते मुनिसत्तम ॥१९॥ असौ यदृच्छाया यत्त श्चतुरंग बलान्वितः ।

नीलवस्त्र धरो नील छत्रस्तादृशसंनिकः ॥२०॥ बनानि सरितो दुर्गान् पर्वतांश्च विलोडयन् । नानामृग गणान्वीक्ष्य
विनिघ्नन्नापि कांश्चन ॥२१॥ ततः सह्याद्रि शिखरेऽपश्यदाश्रम मुत्तमम । यथा कैलासशिखरे गिरिशालय मुत्तमम्॥२२॥
अपृच्छत् सेवकान् राजा कस्येद मुत्तमं स्थलम् ॥२३॥ भृत्य उवाच । जमदग्नि रिति ख्यातः साक्षात्सूर्य इवापरः ।
मुनिरास्ते महाभाग शापानुग्रह कारकः ॥२४॥ यस्य दर्शनतः पाप कोटयो यान्ति संक्षयम् । इच्छा चेत्तम गन्तव्यं दर्शनं
ते भविष्याति ॥२५॥ तवप्रसादात् सर्वेषा मुपकारो भविष्यति । ब्रम्होवाच । इति तद्वचनं श्रुत्वा गमनायोद्यतो नृपः
॥२६॥ न्यषेधयत् सर्वबलं श्रेष्ठानादाय तत क्षणात् । ययौ तं मुनिशार्दुलं जमदग्नि तपोनिधिम् ॥२७॥ ददर्श तं
कुशासीन ज्वलन्तमिव पावकम् । प्रणनाम स साष्टांगं ते सर्वे सहयायिनः ॥२८॥ नानाविशालशालासु कुंजवृक्षावलीषु च।
निषेदुः सैनिकास्ते तु राजा तस्थौ मुनेः परः ॥२९॥ आसनें मुनिना दिष्टे चतुर्भि परिवारितः । निषसाद तदा राजा
कृतवीर्यसुतो बली ॥३०॥ अपूजयत् तान्सर्वान् पाद्यार्घ्य विष्टरादिभिः : सु मुनिः प्रददौ गाश्च शिष्यैः सर्वानपूजयत्
॥३१॥ नानासरोवर जले निर्मले चारूशीतले । अमज्जन्त तवा सर्वे सैनिका मृगयार्दिताः ॥३२॥ शृण्वन्वेदनिनादांश्च
शास्त्रशब्दांश्च पुष्कलान् । अभितो वादशब्दांश्च तच्छिष्यैः समुदीरितान् ॥३३॥ अब्रवीन्मुनिमुख्यं तं राजा राजीवलोचनः।
अद्य मे पितरौ धन्यौ जन्म ज्ञानं तथा तपः ॥३४॥ पुण्यवृक्षोऽद्य फलितो यज्जातं तव दर्शनम् । अद्य मे संपदो धन्याः कुल

धन्यं यशोऽपि मे ॥३५॥ परब्रम्हेति यत् प्रोक्तं तदेव त्वं न संशयः । आतिथ्यं तव दृष्टवैवं परितुष्टं मनो मम ॥३६॥
इति श्रुत्वा तु तद्ब्राम्हीं स्मयन्निव प्रसन्नधीः । कोऽसि कस्यासि किं नाम किं कार्यं तव वर्तते ॥३७॥ इति तं परिपप्रच्छ
जानन्नपि मुनिस्तदा । राजोवाच । राज्ञां स्वकार्यं कर्तृणां भवादृश निरीक्षणात् ॥३८॥ नान्यत् प्रयोजन मुक्त श्रेयसाऽजनि
तत्स्फुटम् । कृतवीर्यसुतोऽहं च कार्तवीर्य इति श्रुतः ॥३९॥ अनुज्ञातो गमिष्यामि ततोऽहं नगरं प्रति । मुनिरुवाच ।
मयाऽश्रावि महाकीर्तिस्तत राजन्यसत्तम ॥४०॥ आसीत्व दर्शनाकांक्षा जाता पुण्यैन सत्फला । देह आत्मा तपो ज्ञान
माश्रमो मम सांप्रतम् ॥४१॥ अभूत्त्वदागमाद्राजन् सार्थकाः सर्वसम्पदः । अकृत्वा भोजनं किंचित्कथं त्वं गंतुमर्हसि ।४२॥
मम श्लाघा भवेल्लोके न्यूनं किं तव विद्यते । किंचिद् भुक्त्वा व्रज विभो सनाथं कुरु मां प्रभो ॥४३॥ राजोवाच । सत्यं
भोजनकालोऽस्ति भोक्तव्यं च तवाज्ञया । अन्नाभावे श्रोणियाणां जल याच्च पिबेदपि ॥४४॥ तथाऽप्येतान् विहायाहं
सैनिकान् गणनातिगान् । जलं पातुं न शक्नोमि कथं भोक्तुं समुत्सहे ॥४५॥ जानेऽहं मनसा ब्रम्हन्न शक्तिः सर्वभोजने
भवद्दर्शन मात्रेण कृतकृत्यो व्रजेऽधुना ॥४६॥ मुनिरुवाच । चिन्तां मा कुरू राजर्षे भोजयिष्ये ससैनिकम् । चतुर्विधेन
चान्नेन किमसाध्यं तपस्विनाम् ॥४७॥ गृहे ते वाहिनी या स्या त्तामप्याकारय प्रभो । क्षणं विश्राम्यतां तीरे नद्याश्चारुतरे
शुभे ॥४८॥ यावत्सिद्धं भवेदन्नं पश्चाद द्रक्ष्यसि कौतुकम् । क उवाच । अन्तः स विस्मयाविष्टो जगाम कृतवीर्यजः ॥४९॥

वाक्य माकर्ण्य तु मुनें नंदीतीरं सुशोमनम् । मुनि पत्नीं समाहुय वृत्तांतं तं जगाद ताम् ॥५०॥ आहूय कामधेनुं तौं पुपूजतुः क्षणेन ताम् । प्रार्थयामासतु रुभौं लज्जां नो रक्ष धेनुके ॥५१॥ असंख्यात बलो राजा भोजनाय निमंत्रितः । यथारूचि भवेत्तस्य स सैन्यस्य भुजिः शुभे ॥५२॥ तथा कुरू क्षणेन त्वं नो चेत् सत्यं लयं व्रजेत । अकीर्तिश्च भवेल्लोके यथेच्छसि तथा कुरू ॥५३॥ एव संप्रार्थिता ताभ्यां कामधेनु र्महापुरम् । निर्माय स्वप्रभावेन नानां मंदिर सुंदरम् ॥५४॥ नानारत्नमय स्तम्भ शोभिनाना सभागृहम् । नानापुष्पलताचारू वाटिकाराम मंडितम् ॥५५॥ नानाध्वजपताकाढयं नानावादित्र निस्वनम् । अष्टापदानां भांडानां नाना पंक्ति विराजितम् ॥५६॥ चतुर्विधान्नसंपन्न नानाभोजन पंक्तिमत् । महातोरण शोभाढयं परिखा वलयांकितम् ॥५७॥ अनेंकदासदासीभि बिलसच्चारू वेदिकम् । निवारयन्ति लोकाश्च यत्र तत्र स्थिता नराः ॥५८॥ पुरो गंतुं न चाज्ञाऽस्ति जमदग्नि मुनेंरिति । परिविष्टेषु पात्रेषु संख्यातीतेषु सर्वतः ॥५९॥ दीपप्रभा भासुरेषु नानाव्यंजन शालिषु । सूप पायस पक्वान्न पंचामृत युतेषु च ॥६०॥ सखाद्य लेह्य चोष्यादि पेय पंक्तिविराजिषु । सामुद्र पक्व निम्बाम्रामृत बिल्वादिशालिषु ॥६१॥ सिद्धेषु पात्रेषु मुनिस्तदाऽसा, वाकार यच्छिष्य गणं तदानीम् । श्रीकामधेनोः परिपूर्ण तोषाद् , भोक्तुं ससैन्यं कृतवीर्यपुत्रम् ॥६२॥ (३४३०)

इति श्रीगणेशपुराण उपासनाखंडे सप्तसप्ततितमोऽध्यायः ॥७७॥

अध्याय ७८ प्रारंभ : – क उवाच । ततो मुनिः शिष्यगण मुवाच त्वरया व्रज । आकारयितुं नृपंति नदीतीर निवासिनम ॥१॥ ते शिष्यास्तं नृपं गत्वा गृह्य तत् प्रणतिं पुरा । दत्वाऽऽशीर्वचनं तस्मै मनेराज्ञां तथाब्रुवन ॥२॥ चल

राजन्नवहितो भोजनाय ससैनिकः । पात्राणि परिविष्टानि संख्यातीतानी षड्रसैः ॥३॥क उवाच । तत उत्थाय राजाऽऽसौ
समाहूय ससैनिकान्ः । सुस्नातः सर्वसैन्येन कार्तवीर्यो नृपो ययौ ॥४॥ मुनिवेश्म ततोऽपश्यन्न दृष्टं न च वै श्रुतम् । एतादृशं
त्रिलोकेषु गृहतोरण मापसा ॥५॥ स निषिद्धो वेत्रधरैं र्मुनिसंकेत कामुकैः । ते निषिद्धाः शिष्यगणै स्ततोऽगाद्
भोजतालयम् ॥६॥ स्थित्वा मध्ये पश्यति स्म राजाऽसौ संपदं मुनेः । अमन्यत् तदा स्वान्ते नेदृशीं श्रीर्हरौ हरे ॥७॥
पालकेऽपालके स्त्रष्टर्यपि ब्रम्हणि नेदृशी । ततो मुनिः पुरो भूत्वा प्रतिपात्रे न्यवेशयत् ॥८॥ राजानुमति माज्ञाय पंक्तौ
पंक्तौ ससैनिकान् । दापयामास पात्राणि ये बहि र्भोजिनश्च तान् ॥९॥ उपविष्टेषु सर्वेषु राजान मुपवेशयत् । बुभुजुस्ते
तदा वाद्ये वादिते सर्वं एव हि ॥१०॥ अदृष्टपूर्वाण्यन्नानि स्वादुमूल फलानि च । परस्परं च पप्रच्छुः किमिदं किमिदं
त्विति ॥११॥ आश्चर्यं मेनिरे सर्वे यामेनेत्थं कथं कृतम् । यथेष्ठं भुंजते सर्वे तृप्ताश्चान्नानि तत्यजुः ॥१२॥ ते प्रक्षालन
पात्राणि प्रतिपात्रे न्यवेदयन् । मुनिशिष्यांजल चापि शलाका अपि चारवः ॥१३॥ गजाश्ववृष वृन्देभ्यः शिष्याः शेषान्न
मर्पयन । ततोऽन्यस्मिन् गृहे सर्वे विस्तीर्णे कृतसंस्तरे ॥१४॥ इक्षु द्राक्षाम्र पनस दाडिमानि बभक्षिरे । एलालवंग
कर्पूर चूर्णखादिर पूगकान् ॥१५॥ जगृहुर्मुनि दत्तांस्ते नागवल्लीदल युतान । ततो ददावलंकारान् वासांसि च मुदा
मुनिः ॥१६॥ तेभ्यो यथार्हं सर्वेभ्यो राज्ञेऽनर्घ्यं तराणि च । मुनिरुवाच । किं मया भोजनं देयं मुनिना वन्यवृत्तिना॥१७॥
अवाप्त सर्वकामाय राज्ञे ते विष्णुरूपिणे । यशोऽकारि त्रिलोके मे त्वया मद्वाक्य कारिणा ॥१८॥ जमदग्ने गृहे राज्ञा

ससैन्येन भुजिः कृता । अतिपुण्यवतो लोके साधुशब्दः प्रयुज्यते ॥१९॥ महान् क्षुद्रस्य वाक्यं चेत् कुरुते सोपि साधुताम् । प्राप्नोति सर्व लोकेषु कीर्ति स्फीतां समुत्कटाम् ॥२०॥ मद्वाक्य करणे तेऽपि दूरेऽरिष्टं गतं महत् । ब्रम्होवाच । इति वाणीं ससाकर्ण्य जमदग्नि समीरिताम् ॥२१॥ पप्रच्छ राजा तं तत्र विस्मयाविष्ट मानसः । राजोवाच । नार्दाश प्रथमं किं चदिदं किं मायया कृतम् ॥२२॥ तपः प्रभावाद्वाऽकारि सत्वं मे वदसुव्रत । मुनिरुवाच । अनृतं नोक्तपूर्वं मे परिहासेऽपि वा नृप ॥२३॥ अतः सत्यं ब्रवीमि त्वां कामधेन्वाऽखिलं कृतम् । ब्रम्होवाच । कुमतिस्तस्य भवति यस्य दैव मदक्षिणम् ॥२४॥ अनिष्टं बलवद्भावि दुष्टग्रहकृतं मुने । भुक्त्वा तृप्तोऽपि राजाऽसौ सम्यक् स वलवाहनः ॥२५॥ आदानें कामधेनोः स मतिं चक्रेऽब्रवीदिदम् । राजोवाच । मुनीनां शांतचित्तानां कंदमूल फलाशिनाम् ॥२६॥ मनसा सृष्टि संहार कर्तृणामस्पृहावताम् । जितेन्द्रियाणां विशानां नेक्षे धेन्वा प्रयोजनम् ॥२७॥ वन्यमारुत भक्ष्याणां मोक्षसाधन कारिणाम् । वेदाभ्यसन शीलांना सम्पदा किं प्रयोजनम् ॥२८॥ शास्त्रपाठन शीलांना धर्मशास्त्रार्थ वेदिनाम् । योगाभ्या-सरतानां च कामधेनोः प्रयोजनम् ॥२९॥ कार्यास महते स्यात्तु महद्वस्तु महद्गतम् । अरण्यवासिने तुभ्यं महद्रत्नं च नोचितम् ॥३०॥ तस्माद्देया काम धेंनुर्मम ब्रम्हन् मुदा त्वया । मयि स्थिता तवैवास्ति चेतसि त्विति धार्यताम् ॥३१॥ मर्यादा रक्ष तां ब्रम्हन्नुक्तमेवं पुरस्तव । नो चेद्राज्ञां किमग्राहयं लोकेषु बलशालिनाम् ॥३२॥ स्वराष्ट्रे परराष्ट्रे वा चतुरंग बलैः सह । ब्रम्होवाच । श्रुत्वैवं वचनं तस्य कार्तवीर्यस्य दुर्मतः ॥३३॥ प्रतिजज्वाल रोषेण जमदग्नि र्महामुनिः ।

सर्पिषा बहुलेनैव जातवेदा यथा द्विजः ॥३४॥ उवाचारक्त नयनः शिक्षयन्निव भूमिपम् । मुनिरुवाच । साधुः शुद्धो महान् राजा प्रार्थितां भोजनायहि ॥३५॥ कौटिल्यं तव न ज्ञातं बकस्येव न्हृदि स्थितम् । यथा वा कोकीला काक बालं पुष्णाति मायया ॥३६॥ अन्ते तत् काकभावेन भक्ष्याभक्ष्यरतिं व्रजेत् । अहमेवा भवं भ्रान्तो य इमां राजमित्रताम् ॥३७॥ न दृष्टां न श्रुतां लोके नानुभूतां च केनचित् ॥३८॥ (३४६८)

इति श्रीगणेशपुराण उपासनाखंडे कार्तवीर्योपाख्यानं नामाष्टसप्ततितमोऽध्यायः ॥७८॥

अध्याय ७९ प्रारंभ :– मुनिरुवाच । उपकार स्त्वयाऽरम्भि साधुवृत्तानुसारिणा । आत्मघातं पुरस्कृत्वा कामधेनुं त्वमिच्छसि ॥१॥ भ्रान्तोऽसि नृप सत्यं त्व मप्राप्यं योऽभिवांछसि । त्रैलोक्यनाशजं पापं तव मूर्ध्नि पतिष्यति ॥२॥ ब्रम्होवाच । इति वाक्शर विद्धोऽसौ प्रलयानल सन्निभः । राजा बभूव रोषेण मुखादनल मुद्गमन् ॥३॥ उवाच परमक्रूद्धो जमदग्निं मुनिं तदा । राजोवाच । न मया दुष्टवचनं कस्यापि श्रुयते शठ ॥४॥ किं करोमि द्विजोऽसि त्व मिति क्षान्तं वचः कटु । क उवाच । तत उत्थाय राजाऽसौ दूतानाज्ञाप्य सत्वरम् ॥५॥ मुक्त्वा कीलात् कामधेनुं शीघ्र यान्तु ममान्तिकम् । आवेष्टयं स्तदा दूताः कामधेनुं तदाज्ञया ॥६॥ फूत्कारेणैव तस्यास्ते त्यक्त्वा प्राणान्दिवं ययुः । अन्यान्

क्रोधानले नासौ राजदूतान ददाह च ॥७॥ श्वास मारुतवेगेन व्योम्नि वीराः परेऽभ्रमन् । आच्छाद्य मंडल भानोर्न प्राज्ञायत किंचन ॥८॥ दिशः स तिमिरा जाता व्योमापि न च भासते । धराकम्पः समभवद् वृक्षाः पेतुः प्रकम्पिताः ॥९॥ सैनिकाश्च ततो भीता यान्ति सर्वे दिशो दश । केनचित्ताडिता सा गौः कशाघातेन दूरतः ॥१०॥ उड्डीयोड्डीय सा धेनुरधावत् सैन्यमेव तत् । गजवृन्दं यथा सिंहो गरुत्भा नुरगानिव ॥११॥ हाहाकारो महानासी द्वीराणां तत्र धावताम् । तानुवाच न भीः कार्या कार्तवीर्यो महाबली ॥१२॥ मया ध्माते मुदा शंखे भीता यास्यति मन्दिरम् । कामधेनुः कियच्चास्ति पश्यन्तु कौतुकं मम ॥१३॥ ततो दध्मौ महाशंखं त्रैलोक्यं पूरयन् रवैः । न बिभ्यत् कामधेनुस्तां ताडयामासुरोजसा॥१४॥ यष्टिभि र्लोह निचयैः सर्वे ते राजसेवकाः । यत्र यत्र प्रहारोऽस्याः शरीरे जायते ततः ॥१५॥ सन्नद्धाः सर्वं शस्त्राढ्या नानावीराः विनिःसृताः । शकाश्च बर्बरा आसंस्तस्या केशसमुद्भवाः ॥१६॥ पटच्चराः पाददेशा देवं सर्वं प्रजज्ञिरे । नानायवन जातीया नानावींरा स्तथाऽपरे ॥१७॥ वाजिवारण संघाश्च रथिनो बलवत्तराः । ते चैव युयुधुस्तत्र कार्तवीर्यस्य सैनिकैः ॥१८॥ न्यपतन् कार्तवीर्यस्य सैनिकास्तैः प्रहारिताः । अपरे मिलितास्तत्र निशि वृक्षे पतंगवत् ॥१९॥ परस्पर। घातहता निपेतुः शतशो नराः । भङ्त्वा शस्त्रैश्च शस्त्राणि मल्लयुद्धं प्रचक्रिरे ॥२०॥ एवं सुतुमुले जन्ये शस्त्रेषु निपतत्सु च । स्वीयो वा परकीयो वा न प्राज्ञायत किंचन ॥२१॥ रजसाच्छादिते सूर्ये जघ्नुरेवं परस्परम् । कोलाहलो महानासीद

हन्यतां हन्यतांमिति ॥२२॥ हेषितै बृंहितैः क्ष्वेडै निबिडो रथनेमिभिः । मृदंग ताल वेणूनां भेरीणां निनदैरपि ॥२३॥ एवं गव्यैः कार्तवीर्यै रथ्यश्व गजपत्तिभिः । अभवत् सुमहद् युद्धं भूतराक्षस भीतीदम् ॥२४॥ पक्षिजम्बूक सुखदं वीरपत्नी भयप्रदम् । केषाञ्चिज्जानुनी भग्ने केषांचिच्च शिरांसिच ॥२५॥ खड्ग खेटक भल्लांनां शराणां धनुषामपि । भग्नानां न च संख्याऽस्ति वीराणां रथिनामपि ॥२६॥ प्रपेतुः कार्तवीर्यस्य शेषा ये सैनिकास्तदा । पृष्टलग्ना ययुर्गव्या हसन्तो न च जघ्निरे ॥२७॥ निनिन्दु मुनिना किं वोऽनिष्टं कृतमितीह ते । पूर्वदोष प्रसंगेन राज्ञो जाता सुदुर्मतिः ॥२८॥ एवं प्रभग्नें सैन्ये स उत्तस्थौ कृतवीर्यजः । हस्तयो र्जगृहे पंच शतं बाणान् धनूंषि च ॥२९॥ दत्वा भूमौ वामजानु धनूंष्याकृष्य वेगवान् । चिक्षेप शरजालं स गव्ये सैन्ये महाभुज ॥००॥ फलहीन मभूत्तस्य शरजालं नृपस्य तत् । अनीते श्चरितं तद्वद वन्ध्यायाः सुरतं यथा ॥३१॥ पुनः पुनर्जहौ बाणां स्तावतो राजसत्तम । कामधेनो र्न चैकोऽपि वीरो भग्नोऽभवत्तदा ॥३२॥ शरजाले वृथा याते संतप्तोऽमू न्नृप स्तदा । क्व गतं मम सामर्थ्यं मिति चिन्तातुरोऽभवत् ॥३३॥ व्याकुले न प्रहर्तव्य मिति सर्वं ययुर्दिवम । कामधेनुर्मुदा [illegible] किं युद्धं लघुना सह ॥३४॥ गतायां कामधेनौ स कार्तवीर्यो मुनिं ययौ । रोषेणोवाच्च ते ब्रम्हन् कापट्यं विदितं मया ॥३५॥ नस विप्रोऽभि मन्तव्यो यस्य स्यात्कपटं न्हृदि । इत्येकं बाण मादाय विव्याध द्विजपुंगवम् ॥३६॥ लग्नें न्हृदि महाबाणे प्राणत्यागं चकार सः रेणुका तं नृपं प्राह ब्रम्हहत्या वृथा कृता

। ॥३७॥ स ऊचे रक्तनयनः क्रोधाविष्टो नृपस्तु ताम् । तूष्णीं तिष्ट न चेद् हन्मि त्वामपीह मुनिप्रिये ॥३८॥ एकविंशति बाणैस्तां दुष्टो राजाऽहनद्रुषा । सस्मार मनसा साऽपि जमदग्नि मुनिं तदा ॥३९॥ पश्चादुवाच नृपति दुष्ट चांडाल किं कृतम् । अपराधं विना कस्मा दावां निहतवानसि ॥४०॥ तवापि भविता नाशो मूजानां नात्र संशयः । श्रुत्वेत्थं वचनं तस्यास्ततो यातो नृपस्तदा ॥४१॥ अल्पावशिष्ट सैन्येन चिन्ताक्रान्तो ययौ पुरीम् । विनिन्दन् ऱ्हदि चात्मानं शोचंश्च मृतसैनिकान् ॥४२॥ निरुत्साहो निरुद्योगो विवेश निजमन्दिरम् ॥४३॥ (३५११)

इति श्रीगणेशपुराण उपासनाखंडे कार्तवीर्योपाख्यान एकोनाशीतितमोऽध्यायः ॥७९॥

अध्याय ८० प्रारंभ : – क उवाच । रेणुका तु गते तस्मिन् शुशोच भृशविव्हला । क्व गता मम पुत्रास्ते संहारेऽस्मिन्नुपस्थिते ॥१॥ मृते भर्तरि किं कुर्यां बाणजाल समावृता । क्व गतोऽसौ महाक्रोधी रामो मे प्रियबालकः ॥२॥ तस्मिन् दृष्टे मम प्राणा गमिष्यन्ति सुरालयम् । स्मृतमात्रस्तया रामो ययौ मातुस्तदाऽन्तिकम् ॥३॥ बाणजाल चितां तां च पितरं मृतमैक्षत । कार्तवीर्येण दुष्टेन दृढबाणहतं ऱ्हदि ॥४॥ पपात मूर्छया भुमौ वातभग्न इव द्रुमः । पितरं मातरं चैव रुरोद भृशदुःखितः ॥५॥ राम उवाच । अद्यान्धकारः सर्वत्र अद्य शून्या दिशो दश । मेरुहिना यथा पृथ्वीं

शक्रहीनाऽमरावती ॥६॥ नाश्रमः शोभते तद्वत् पित्रा हीनोयऽद्य मे । त्रिलोकी गंगया हीना तद्वदाश्रम मंडली ॥७॥
न शोभते रेणुकया हीनाऽप्याश्रम मंडली । गतं भयं तु देवानां मुनयोऽद्य निरीश्वराः । यदासी त्तपसा चास्य किमयं वा
गृहिष्यति ॥८॥ एवं बहुविधा कारं चक्र आक्रंदनं तु सः । अचेष्टत भृशं रामो मत्स्यो नीरं विना यथा ॥९॥ ततः
पुनर्मातरं स रुदन्नेंव समाययौ । निष्काशयामास शरा नंके कृत्वा शिरोधराम् ॥१०॥ चक्रन्द च पुना रामो मातृदुःखेन
दुःखितः । त्रैलोक्यं भस्मसात् कर्तु या क्षमा जननी मम ॥११॥ सा कथं पतिता भूभौ दुष्टबाण प्रपीडता । न विस्मरसि
मा नित्यं क्षणं क्रीडा गतं पुरा ॥१२॥ त्यक्त्वा मां कथमद्य त्वं कुत्र वा गन्तुमुद्यता ।दादसि मे पयो भूरि वस्त्राण्यन्नानि
शोभनें ॥१३॥ फलमूलानि चारूणि यासि त्यक्त्वा कथं नु सा । मातापितृभ्यां हीनस्य धिङमे जीवितमद्य मे ॥१४॥
ब्रम्होवाज । इति पुत्रवचः श्रुत्वा रेणुका भृशदुःखिता । प्रमृज्या श्रूणि पुत्रस्य जगाद भृशविह्हला ॥१५॥ अहं ते निकटे
स्थास्ये न शोकं कर्तुमर्हसि । शृणु बार्तां पुरा वृत्तां राजाऽसौ कृतवीर्यजः ॥१६॥ मध्यान्हे सह सैन्येन प्राप्त आश्रममंडलम् ।
पित्रा ते मानितः सम्यग् भोजितो बलसंयुतः ॥१७॥ कामधेनोः प्रसादेन भुक्त्वाऽयाचत धेनुकाम । तूर्णीं भूते मुनौ कोपात्
कामधेनुं मुमोच सः ॥१८॥ स्पृष्टमात्रा च सा धेनुः ससर्ज बलमुत्कटम् । चतुरग ततो युद्ध मभवद्राजसैनिकैः ॥१९॥
भग्नास्तेऽप्यपलन्सर्वे राजा युद्धमथाकरोत । स च पंचशतं बाणान् वारंवार मथासृजत् ॥२०॥ सोऽपि भग्नो गृहं यातः
काम धेनु दिवं गता । पुनरागत्य दुष्टोऽसौ बाणेनैकेन वक्षसि ॥२१॥ जघान पितरं कोपा देक विंशति सायकैः । अपराधं

विना मां च ताडयित्वा गतःखलः ॥२२॥ तस्मात्त्वयाऽद्य दुष्टस्य नाशः शीघ्रं विधीयताम् । एकविंशति वारं च कुरु निःक्षत्रियां धराम् ॥२३॥ एकविंशति बाणा मे देहे तेन यतोऽर्पिताः । अन्यदेकं वदे पुत्र तत्कुरुष्व वचो मम ॥२४॥ संस्कारं कुरु नौ तत्र यत्र कोऽपि न दाहिताः । दत्तात्रेयं मुनिवर माकार्य सर्व वेदिनम् ॥२५॥ कुरु कर्मान्तरं नौ त्वं त्रयोदश दिनावधि । तदैव गति माप्स्यावो नान्योवक्ताऽस्ति तादृशः ॥२६॥ इत्युक्त्वा रेणुका देहं त्यक्त्वा धामाप दुर्गमम् रामस्तत् सर्वं मकरो त्तयादिष्टं महामनाः ॥२७॥ (३५३८)

इति श्रीगणेशपुराण उपासनाखंडे रामोपाख्यानेंऽशीतितमोऽध्यायः ॥८०॥

अध्याय ८१ प्रारंभ :– क उवाच । रामस्तु वपनं कृत्वा स्नात्वा सम्यग्विधानतः । उत्थान श्राद्ध मकरोद् ब्राम्हणैः कथितं यथा ॥१॥ विश्रान्तिस्थान मारभ्य मन्त्राग्नि मुभयोरदात् । तदैव प्रययौ तं तु दत्तात्रेयं मुनिं प्रति ॥२॥ कुवेषं शिष्य सहितं श्वहस्तं मलिनं कृशम् । ध्यानेनालोक्य तं रामो ननाम मुनिपुंगवम् ॥३॥ बद्धांजलिपुटोऽतिष्ट द्यामार्ध तत्पुरो द्विजः । दत्तात्रेयोऽपि सर्वज्ञो बुद्ध्वा तस्याशयं मुनि ॥४॥ उवाच राममामन्त्र्य ज्ञातं तव प्रयोजनम् ।अथापि पृच्छे विज्ञातुं किमर्थं त्वमिहागतः ॥५॥ क उवाच । स उवाच ततो रामो वृत्तान्त मादितः स्फुटम् । राम उवाच । कृतवीर्यात्मजो

राजा पितुराश्रम मागतः ॥६ भोजितः परमान्नेन नानापक्वान्न शालिना । भुक्तः स सेनया सार्धं कामधेनु मयाचत ॥७॥ यदा न दत्ता पित्रा मे बलान्नेतुं मनों दधे । सा ताडीताऽथ सुषुवे सैनिकानां गणान् बहून् ॥ ८॥ तैर्मग्नो बलिभी राजा ससैन्योऽगान्निजालयम् । कामधेनु र्गता स्वर्गं ततो राजा रूषान्वितः ॥९॥ जमदग्ने र्हृदि शर महनद् दृढमोजसा । एकविंशतिकान् बाणान् मातुरंगेऽहनद्रुषा ॥१०॥ नाहं तत्र स्थितो ब्रम्हन् पश्चादागत्य दृष्टवान् । मन्त्राग्निना तु दग्धौतौ मातुर्वाक्या दिहागतः ॥११॥ दत्तात्रेयं विना नान्यो वक्ता काऽर्योत्र कर्मणि । कृते कर्मणि सर्वस्मि स्त्रयोदशदिनावधि ॥१२॥ पश्चाद्राजा निहंतव्यः कृतवीर्यात्मजो बलि । एकविंशति वारं च कार्या निःक्षत्रिया महि ॥१३॥ इत्थमाज्ञापयन्महयं जननीं रेणुकामम । इत्यर्थमिह संप्राप्त स्तस्माकुरु कृपां मयि ॥१४॥ ब्रम्होवाच । इति रामवचः श्रुत्वा रेणुकायाः सखा मुनिः । शोकसंविग्न र्हृदयो राममूच इदं वचः ॥१५॥ दत्तात्रेय उवाच । यद्गृहे भुक्तमत्यंतं तेन नेष्टा विरोधिता । यदि दुष्टेन साऽकारिद्रष्टा तत्फल मन्तिकात् ॥१६॥ इदानीं तु तयोः सभ्यगौर्ध्व देहिक माचर । ब्रम्होवाच । तत आश्रम मागत्य दत्तात्रेय युतस्तु सः ॥१७ रामश्चकार भक्त्यैव पित्रोरुत्तर कर्म तत् । दत्तात्रेयोक्त मन्त्रैः स द्वितीय दिवसावधि ॥१८॥ समाप्ते कर्मणि मुनि र्गन्तुं कोल्हापुरं मनः । चक्रे तदाऽब्रवींद्राम. कदा याति भवान्पुनः ॥१९॥ मुनिः प्रोचे यदा त्वं मे स्मरणं वै करिष्यसि । एहि दत्तात्रेय इति तदा मां द्रक्ष्यसेऽनद्य ॥२०॥ कृत्वा कर्म व्रजत्येव भिक्षितुं स दिनें दिने । अशौचिनो न भोक्तव्य मन्नमित्यभि चिन्तयन् ॥२१॥ पंचमे दिवसे कर्म

समाप्त मुनिपुंगवः । गृडित्वाऽऽज्ञां गतो याव त्तावद् व्याघ्रःसमाययौ ॥२२॥ मातमार्ततः क्व याम्यद्ये त्येवं चुक्रोश तद् भयात् । आविराभूत्तदा माता रेणुका मम वाक्यतः ॥२३॥ असंपूर्णं शिरोमात्रा पुत्रस्नेहवशेन हि । यदि द्वादश रात्रात्साऽऽहूता स्याद् भार्गवेण तु ॥२४॥ आगता स्यात्सा संपूर्णा सर्वावयव शोभिनी । उवाच तं किमाहूता वद बाल प्रयोजनम् ॥२५॥ आलिलिंग तदा स्नेहाद्रामं स्नुतपयोधरा । दत्तात्रेयः पुनरगात् षष्टे थ दिवसे मुनिः ॥२६॥ अपश्य द्रेणुकां तत्र तादृशीं राममब्रवीत् । मध्यएव किमाहूता न्यूनदेहा समागता ॥२७॥ सपिडीकरणा दूर्ध्वं यद्याहूता तदा खिला आगता स्याद्रेणुकेयं तव स्नेहाद् द्विजर्षभ ॥२८॥ राम उवाच । बालभावाद् भयाद् ब्रम्हन् स्वभावान्मातरि त्यहम् । उक्तवान् मुनि शार्दूलं दृष्टवानीदृशी मिमाम् ॥२९॥ वृषोत्सर्गं च कृत्वानेकादशदिने द्विजः । सपिडीकरणं चैव द्वादशे कृतवान द्वयोः ॥३०॥ ततः परेन्हि पाथेयं श्राध्दं पुण्याहवाचनम् । ददौ दानान्यनेकानि ब्राम्हणेभ्यो यथार्हतः ॥३१॥ जमदग्नि र्दिव्यदेहो ब्रम्हलोक मथागमत् । तस्थौ सा रेणुका भूमौ स्थाने स्थानें च तादृशी ॥३२॥ पूरयत्यखिलान् कामान् जनानां भक्तिकारिणाम् । माहात्म्यं विस्तृतं तस्याः स्कान्दे प्रोक्तं विशेषतः ॥३३॥ अतिविस्तार भीत्याऽत्र न प्रोक्तं मुनिसत्तम ॥३४॥ (३५७२)

इति श्रीगणेशपुराण उपासनाखंडे रामोपाख्यानं एकाशीतितमोऽध्यायः ॥८१॥

अध्याय ८२ प्रारंभ :– व्यास उवाच । कथं रामो बाल एव कृतवीर्यसुतेन ह । एकाकी बहुसैन्येन सहस्त्रभुज शालिना ॥१॥ अजयत्तं महावीरं तन्मे कथय विस्तरात् । क उवाच । एकस्मिन् दिवसे रमो मातरं परिपृष्टवान् ॥२॥ राम उवाच । यस्मादिन्द्रादयो देवा बिभ्यति त्रासकम्पिताः । अनन्तं यस्य सैन्यं तच्चतुरंग समन्वितम् ॥३॥ कथं विजेष्ये तं मात रुपायं मेऽखिलं वद । एकविंशतिवार च कथं निःक्षत्रियां धराम् ॥४॥ करिष्ये वद तत्सर्वं त्वत्प्रसादा ज्जयो भवेत् । अतुला मम कीर्तिश्च सर्व लोकेषु विश्रृता ॥५॥ मातोवाच । विजयस्ते भवेत्पुत्र शंकराराधनं कुरु । तुष्टे तस्मिन्महादेवे सर्वं सेत्स्यति वांछितम् ॥६॥ इति तद्वचनं श्रृत्वा रामः कैलास माययौ । प्रणम्य मातृचरणा वाशिषं प्रतिगृहृच च ॥७॥ तत्रापश्यन्महादेवं रत्नसिंहासनें स्थितम् । बद्धांजलि पुटो रामो नत्वा तुष्टाव तं तदा ॥८॥ राम उवाच । नमो देव देवेश गौरीश शम्भो । नमो विश्वकर्त्रे नमो विश्वभर्त्रे । नमो विश्व हर्त्रे नमो विश्वभर्त्रे । नमो विश्वधाम्नें नमःश्चन्द्र धाम्ने ॥९॥ नमो निर्गुणायामल ज्ञान हेतो : निराकार साकार नित्याय तेऽस्तु । नमो देदवेदान्त शास्त्रातिगाय । नमोऽव्यक्त व्यक्तात्मनें सत्स्वरूम ॥१०॥ गुणत्रय प्रबोधाय गुणातीताय ते नमः । नमः प्रपंचविदुषे प्रपंचरहिताय ते ॥११॥ क उवाच । इति स्तोत्रं समाकर्ण्य परितुष्टो महेश्वरः । उवाच राममामन्त्र्य तृप्तो वाक्यामृतेन ते ॥१२॥ वरं वृण्वीश मत्तस्त्वं यं यं कामयसे न्हृदि । जानामि जामदग्न्यं त्वां रेणुकातनयं द्विज ॥१३॥ राम उवाच । कार्तवीर्येण दुष्टेन कामधेनु मपेक्षतां । जमदग्ति र्हतो रोषाद अपराधं विना

प्रभो ॥१४॥ रेणुका ताडिता बाणैः समन्ताज्जननी मम। एकविंशति संख्याकै भुंक्त्वाऽपि सेनया सह ॥१५॥ जहि तं दुष्ट नृपति मिति मात्रा नियोजितः। त्वामहं शरणं यात उपायं वद त द्वधे ॥१६॥ त्रिःसप्तवारं तेनैव कुर्यां निःक्षत्रियां महीम्। क उवाच। एवं विदित तत्वार्थो महादेवो जगाद् तम् ॥१७॥ आलोक्य प्रणिधानेन जयोपायं सुखावहम्। षडक्षरं महामन्त्रं द्विरदानन तोषकम् ॥१८॥ कथयामास रामाय जपं कुरू प्रयत्नतः। लक्षमात्रं च होमं च दशांशेन समाचार ॥१९॥ तपणं तद्दशांशेन तद्दशांशेन भोजनम्। ब्राम्हणानां महाभक्त्या प्रसन्नो भविता भुवि ॥२०॥ गजाननो देवदेवः सर्वकार्यं करिष्यति। इति तद्वचनं श्रुत्वा प्रणम्य भवमादरात् ॥२१॥ आज्ञां गृहीत्वा रामोऽसा वचलायां भ्रमन्भ्रमन्। कृष्णाया उत्तरे देशेऽपश्यत्स्थानं मनुत्तमम् ॥२२॥ नानावृक्ष लताजालै रभिरामं सुसिद्धिदम्। तत्राकरो दनुष्ठानं यथोक्तं ते न शम्भुना ॥२३॥ इन्द्रियाणां च मनसो वृत्ति स्थाप्य गजानने। आवर्तयन् महामन्त्र मेकांगुष्ट स्थितो द्विजः ॥२४॥ जुहाव तर्पयामास भोजयामास नै द्विजान्। दशांशेन दशांशेन दशांशेन यथाक्रमम् ॥२५॥ ततः प्रसन्नो भगवानाविरासीद् गजाननः। चतुर्भुजो महाकायो महामायोऽति सुन्दरः ॥२६॥ नागयज्ञोपवीती च नानालंकार शोभितः। मुकुटी कुंडली भ्राज च्चारुगंडो लसन्मुखः ॥२७॥ मुक्ताप्रवाल मालाभि र्भ्राज द्वक्षा महाभुजः। परशुं कमलं दन्तं मोदकांश्च दधद्भुजैः ॥२८॥ पुष्करं पुष्करे धृत्वा भ्रामयन् स्वेच्छया विभुः। प्रभया भासयन् सर्वा दिशो विदिश एव

च ॥२९॥ ददर्श रामोऽकस्मात्तं न्यमीलयत चाक्षिणी । तत्तेजसा प्रतिहते तत्तस्तुष्टाव तं द्विजः ॥३०॥ राम उवाच । सहस्त्रादित्य संकाश नमस्ते जगदीश्वर । नमस्ते सर्वविघ्नेश सर्वसिद्धि प्रदायक ॥३१॥ विघ्नानां पतये तुभ्यं नमो विघ्ननिवारण । सर्वान्तर्यामिणे तुभ्यं नमः सर्वप्रियंकर ॥३२॥ भक्तप्रियाय देवाय नमो ज्ञान स्वरूपिणे । नमो विश्वस्थ कर्त्रे ते नमस्तत्पालकाय च ॥३३॥ निवारय महाविघ्नं तपोनाश करं मम । क उवाच । इति स्तुतिं समाकर्ण्य सौम्यतेजा गजाननः ॥३४॥ उवाच रामं संभ्रान्तं स्वस्यैव तिग्मतेजसा । गणेश उवाच । यं ध्यायसि दिवारात्रौ मन्त्रं जप्त्वा षडक्षरम् ॥३५॥ वरं दातुं समायातः सोऽहं राम तवाधुना । वरं वृणीश्व मत्तस्त्वं यद्यद् वांछसि चेतसा ॥३६॥ ब्रम्हांडानामनेकानां सृष्टा पाताऽपहारकः । नैव जान्नन्ति मे रुपं ब्रम्हाद्या मुनयोऽपि च ॥३७॥ राजर्षयश्च सर्वेऽपि सोहं ते दर्शनं गताः । राम उवाच । योऽप्रमेयोऽखिलाधारः सृष्टिसंहार कारकः ॥३८॥ यो न वेदैर्नं तपसा न यज्ञैर्व्रतं संचयैः । न दानैर्नैव योगैश्च जनानां दृष्टिगोचरः ॥३९॥ सोऽहं त्वं हि मया दृष्टोऽनुग्राहात्तव विघ्नप । किमन्य द्वरये देव भक्तिं देहि निजां दृढाम् ॥४०॥ गणेश उवाच । भविता मम भक्ति स्ते दृढा राम द्विजोत्तम् । प्रलोभितस्यापि वरै र्नते बुद्धिः सुविव्हला ॥४१॥ परशु मे गृहाण त्वं सर्वशत्रु निबर्हणम् । नाम ते परशुरामेति त्र्यैलोक्ये ख्यासिमेष्यति ॥४२॥ क उवाच । एवं तस्मै वरं दत्त्वा परशुंच गजाननः । पश्यतां सर्वलोकाना मन्तर्धानं ययौ तदा ॥४३॥ रामोऽपि स्थापयामास महागणपतिं तदा । ब्राम्हणै र्वेद वेदांग शास्त्रविभ्दिः समं मुदा । ब्राम्हणान्भोजयामास दत्त्वा दानान्यनेकशः ॥४४॥ प्रासादं कारयामास रत्नस्तंभयुतं दृढम् । संपूज्य तं परिक्रम्य प्रणिपत्य गजाननम् ॥४५॥ रामः प्रसन्नमनसा

प्रययौ निजमन्दिरम् । ततो रामो जुहावोच्चै कार्तवीर्य धरापतिम् ॥४६॥ युद्धे तु शातयामास राज्ञो बाहुसहस्त्रकम् । निःक्षत्रियां च पृथिवीं चक्रे त्रिसप्तवारतः ॥४७॥ ब्राम्हणेभ्यो ददौ पृथ्वीं यज्ञं कृत्या सदक्षिणम् ः पुपूजुस्तं तदा लोका ज्ञात्वा विष्णुं तमीश्वरम ॥४८॥ दृष्ट्वा पराक्रमं तस्य सर्वदेवातिगं दृढम । एवं नानाविधो ब्रम्हन् महिमा ते निरूपितः ॥४९॥ गजाननस्य देवस्य संक्षेपेण मया सुत । निखिलेन न शेषोऽपि क्षमो वक्तुं मुनिश्वर ॥५०॥ उपासनाखंडमिदं शृणुयान्मासवो भुवि । सर्वान्कामा नवाप्नोति गणेशं धाम चाप्नुयात् ॥५१॥ यथेष्टं रमते तत्र यावदाभूत संप्लवम् ॥५२॥ (३६२४)

इति श्रीगणेशपुराण उपासनाखंडे रामवरदानं नाम द्व्यशीतितमोऽध्यायः ॥८२॥

अध्याय ८३ प्रारंभ :- मुनिरूवाच । कस्मिन् स्थाने तपोऽकारि रामेण परमाभ्दुतम् । तन्मे कथय लोकेश तृप्ति मे नास्ति शृण्वतः ॥१॥ क उवाच । मयूरेश्वर नाम्ना यत्क्षेत्रं ख्यातं चतुर्युगे । यत्रावतीर्णो देवेशो मयूरारूढ एव सः ॥२॥ कमलासुर नामान महनद् दैत्य पुंगवम् । यस्मान् मयूर मारूढो मयूरेश इति स्फुटम् ॥३॥ संस्तुतो देवमुनिभि र्लोके तां ख्याति मागमत् । तत्रानुष्ठान मकरो दवाप परशुं ततः ॥४॥ स्वयं परशुरामोऽभू न्नाम्ना ख्यात स्त्रिञ्जिष्टपे । इतिहासं

प्रवक्ष्यामि शृणु तं मुनिसत्तम ॥५॥ तारकोनाम दैत्योऽभून्महाबल पराक्रमः । दिव्यवर्ष सहस्त्रं स तपस्तेपे सुदारूणम् ॥६॥ ततः प्रसन्नो ब्रम्हाऽस्मै ददौ सर्वाभयं द्विज । देवर्षि यक्ष गन्धर्वो रग राक्षस हस्ततः ॥७॥ तच्छस्त्रास्त्र गणान् मृत्युर्न ते क्वापि भवेदिति । उत्पत् स्यते यदा स्कन्द स्ततस्ते मरणं भवेत ॥८॥ इति तद्वच माकर्ण्य बलगर्व समायुतः । तारकोऽपीडयल्लोकां स्त्रैलोक्ये वसतो मुनें ॥९॥ वेदाध्ययन निष्ठांश्च तपोऽनुष्ठान कारिणः । अग्निहोत्र रता नन्यान् कारागारेऽक्षिपद् द्विजान् ॥१०॥ सर्वान् राज्ञोऽथ नागांश्च वशे कृत्वा दिवं ययौ । इन्द्रादय स्तदा देवा हिमाचल गुहां गतः ॥११॥ तद् भयान्नाभवत् क्वापि यजनं पूजनं तथा । अहमेवेश्वरो देवो ब्राम्हणः कुलदेवता ॥१२॥ अहं नमस्य पूज्यश्च नान्यो जगति वर्तते । यश्चान्यान् प्रणमेत् क्वापि पूजयेद्वा कदाचन ॥१३॥ स दण्डच स्ताडनीयः स्याद् गच्छेद्वा यमसादनम् । एवं सर्वेषु लोकेषु ख्यापयामास दूततः ॥१४॥ ततः सर्वे जना रिक्ता जाताः सज्जनवर्जिताः । निःस्वाध्याय वषट्कारा यज्ञदान विवर्जिताः ॥१५॥ उच्छिन्न कुलधर्माश्च स्वाचार रहिताः खलाः । मुनयः साधवः सर्वे गिरिगव्हर माश्रिताः ॥१६॥ देवं ते प्रार्थयामासुः कथं दैत्यो विवर्द्धितः । विना त्वां शरणं शम्भो यामः कं जगदीश्वरम् ॥१७॥ निर्मांता रक्षिता धाता संहर्ता जगतां विभो । दावानलो वनमिव दहतेऽस्मान्स दर्पतः ॥१८॥ यदि ते संजिहीर्षा स्यात संहरस्व स्वयं जगत् । नोचेत् संहर दैत्य त्वं तारकं सर्व पीडकम् ॥१९॥ एवं संप्रार्थ्य तेपुस्ते दुष्करं तप उत्तमम् । पत्रभक्ष्या वायुभक्ष्या निराहारा जलाशिनः ॥२०॥ एवं स्थितेषु मुनिषु तेनाज्ञातेषु दैत्यराट् । ऐन्द्रं पदं समास्थाय ब्रम्हाणं

समताडयत् ॥२१॥ विष्णुस्ततोऽगमत् क्षीरसागरं निद्रितुं मुनें । त्यक्त्वा कैलास मगमच्छंकरोऽपि गुहान्तरम् ॥२२॥
दिक्पाला दिग्गजाश्चापि नानागव्हर माश्रिताः । तेषां स्थानेंऽस्थापयत्स दैत्यानन्यांश्च दैत्यराट् ॥२३॥ अचलामचल
स्तिष्टन् पालयामास वै प्रजाः । गर्जते स्वस्वभावेन कम्पतेऽथ त्रिपिष्टपम् ॥२४॥ तत इन्द्रादयो देवास्तुष्टुवु र्गिरिगव्हरे ।
गिरिशं गिरिजानाथं गिरा गंभीरया मुदा ॥२५॥ देवा ऊचुः । देवाधिभूमि गगनें नशशिस्वरूप । वाय्वग्निरूप यजमान
जलस्वरूप । त्वंस्थावरानथ चरान् सृजसेऽवसीश । त्वं सर्वमेव हरसे निजयेच्छयेश ॥२६॥ तन्नोचित त्वयि परे
परदुःखहारिन् स्वीयं यशःपरगतं बहुधाऽद्य कर्तुम् । तन्नाशयै नमथवा सकलान् मुनींश्च । देवान् द्वयोश्च भजनं परिविष्ट–
चित्तान् ॥२७॥ कं वा व्रजेम शरणं त्वदृते गिरीश । कं बा भजेम भगवंस्त्वदृते महेश । कं वा वदेम वृजिनार्दन
पार्वतीश । को वाऽक्तिुं प्रभवति त्वदृतेऽखिलेश ॥२८॥ क उवाच । एवं ते तुष्टुवुर्यावि च्छुश्रुवु स्तावदेव हि । नभोवाणीं
सर्वदेवा हरपुत्रो यदा भवेत् ॥२९॥ तदाऽस्य नाशो भविता यत्नं कुरूत तत्र वै । नभोवाणीं समाकर्ण्य सर्वे हर्षं समन्विताः
॥३०॥ कैलासं देवनिलय मापुरिन्द्रादयः सुराः । नापश्यच्छंकरं तत्र ददृशु पुरतोऽमरः ॥३१॥ मूलप्रकृति रूपां ता मुमां
सर्वे विजिज्ञपुः । तारके तारकज्ञान प्रदे तारय तारकात् ॥३२॥ त्रैलोक्यपीडकाद् दुष्टात पदभ्रष्टान् मुनीन् सुरान् । तथा
विचिन्त्यतां मातस्तस्य नाशो भवेद्यथा ॥३३॥ मातस्त्वां प्रणमाम देवजननीं त्रैलोक्यरक्षाकरे । शर्वाणि त्रिपुरे परात्परकले
ब्रम्हादिभिः संस्तुते । त्वं वेदैर्निरूपिते कुरू जगत् कल्याणमीश प्रिये । स्वेच्छोपात्त सुविग्रहे सुरहरे वैश्वादि भूतेऽनघे

॥३४॥ क उवाच । एवं संप्रार्थिता देवी विश्वमाता जगाद तान् नभोवाणी मया ज्ञाता शंकरः शं करिष्यति ॥३५॥
सहैव यान्तु सर्वेऽपि मया यत्र स शंकरः । परं नियम मास्थाय कुरूते परमं तपः ॥३६॥ इत्युक्त्वा सर्व देवान्सा भिल्लीवेश
मधारयत् । यां दृष्ट्वा परमो योगी कामबाणार्दितो भवेत् ॥३७॥ देवा अपि तदा केजिज्जाता मदन विव्हलाः । उर्वशी
मेनका रम्भा पूर्वचित्ती रतिस्तथा ॥३८॥ लज्जितां तां निरीक्ष्यैव सर्वावयव सुन्दराम् । ते देवाःसा च गिरिजाप्राप्ता
ब्रम्हन् शिवान्तिकम् ॥३९॥ स्थाणुं तं स्थाणुभूतं च ध्याननिश्चल लोचनम् । ध्यायन्तं मनसा ब्रम्ह जपन्तं निष्परिग्रहम्
॥४०॥ ददृशुः सर्वदेवास्ते भिल्ली चापि त्रिलोचनम् । तत ऊचेऽखिलान्देवा नुमोपायं सुखावहम् ॥४१॥ देहातीत इवास्तेऽसौ
तपोनिष्टः सदाशिवः । एतस्य देहभावार्थं कामं विज्ञापयन्तु च ॥४२॥ तेनेषुणा यदा विद्ध एकनिष्टः सदाशिवः । यास्यते
देहभावं स तदा कार्यं भविष्यति ॥४३॥ ततो देवाः सर्व एव कामं सस्मरू रुत्कटम् । समागतं तमूचुस्ते स्वकार्यं
कृतनिश्चयाः ॥४४॥ प्रार्थयामासुरपरे स्वकार्या य मनोभवम् । विभुस्त्वमसि लोकानां चरेषु स्थावरेषु च ॥४५॥ त्वयैव
जायते सृष्टि स्त्वया व्याप्त मिदं जगत् । अबला कामिनः सर्वे त्वयैव बलवत्तराः ॥४६॥ त्वया विना वृथा सर्वं जगत्
स्थावर जंगमम् । अतस्त्वयैव कर्तव्यं सर्वेषां कार्यमुत्कटम् ॥४७॥ काम उवाच । यद्यप्यहं विसामर्थ्य स्यथा युष्मत्
प्रसादतः । करिष्यामि वचः कार्यं मादेह पतनावधि ॥४८॥ सुमं धनुर्मराला ज्येषुः कटाक्षोऽथ योषितः । विजष्येऽथापि

सकला नमरान् छंकरावधि ॥४९॥ वसन्तं प्रतिलभ्यैव सहायं सकलं सुराः । क उवाच । एवमुक्त्वा गतः कामो यत्रास्तेऽसौ सदाशिवः ॥५०॥ मोहितुं शंकरं देवं देवानां कार्यसिद्धये ॥५१॥ (३६७५)

इति श्रीगणेशपुराण उपासनाखंडे त्र्यशीतितमोऽध्यायः ॥८३॥

अध्याय ८४ प्रारंभ :- क उवाच । एवमुक्त्वा गतः कामः सुरकार्यार्थसिद्धये । अपश्यच्छंकारं स्थानं वृक्षवल्लो समाकुलम् ॥१॥ सिंह शार्दूल जुष्टं च पक्षि श्वापद संयुतम् । स्वयं च निर्ममे मायावाटिकां तत्क्षणेन सः ॥२॥ सरोवराणि भूरीणि सुधारूप जलानि च । अनेक कुसुमान् वृक्षा नागव्यूतिं सुगन्धिभिः ॥३॥ जम्ब्वाम्र वदरी वृक्षान् सुपक्व फलशालिनः । तथैव रम्भा पनसा नारिकेलीः सखर्जुरीः ॥४॥ एलालवंग मारीच वृक्षा नन्याननेंकशः । अगृह्यमाणो गन्धोऽसौ हरनासापुरं ययौ ॥५॥ उषःकाले हरोऽपश्य ज्ज्योत्स्ना जलयं मनोहरम् । अनेंक फलपुष्पाढयं कामकानन मद्भुतं ॥६॥ तदैव भेदयामास मानसं शूलिनस्तु सः । स्वीयामशोक वनिकां धिक्चक्रे मनसा शिवः ॥७॥ देहभावं गतो देव श्चिन्तयामास कारणम् । कृतं केन तपोविघ्नं कृतमेतद्वनं शुभम् ॥८॥ अकस्माद्रचितं केन दुष्टेनेंद गतायुषा । आबद्ध्य भ्रुकुटीं रोषा द्वारक्त नयनोदरः ॥९॥ कामस्तु भयसंत्रस्तो लीनः क्वापि न गृह्यते । इन्द्रादीनां स सस्मार स्मृतास्ते नात्र ते ययुः ॥१०॥ विमानानि समारूढाः कार्यसिद्धीच्छया सुराः । शिवेन ददृशे तावन् मदनोऽगत लघुः कृशः ॥११॥ उद्घाटयं

स्तृतीयं स नेत्रं दग्धं मनोभवम् । चकम्पे पृथिवी सर्वा स्वर्गः पातालमेव च ॥१२॥ मा जहीति ब्रुवन्देवा यावत्तावत्स नेत्रजः । चकार भस्मसात् कामं भस्ममात्रा वशेषितम् ॥१३॥ ततो भिल्ली महेशानं प्रार्थयामास सादरम् । नमस्कृत्वांऽजलिं बद्ध्वा त्रैलोक्यहितकाम्यया ॥१४॥ त्रैलोक्यदाहकं वन्हि मुपसंहर शंकर । ब्रम्हलब्धवरो दैत्य स्तारकोऽति महाबली ॥१५॥ आक्रान्तं तेन त्रैलोक्यं निःस्वाध्यायं निराहुति । स्थानच्युताः सुरा सर्वे त्वां दृष्ठ्वा तपसि स्थितम् ॥१६॥ त्वरया काम मामन्त्र्य देहभावाय तेऽनघ । अप्रेषयन्स वै भस्म जातः श्रेष्ठापराधतः ॥१७॥ इदानीं देव रक्षास्मां स्त्वामेव शरणं गतान् । विख्यात स्त्रिषु लोकेषु शरणागत पालकः ॥१८॥ क्षमस्व कृपणानां त्वं देवानां शरणैषिणाम् । अपराधं महादेव करुणाकर शंकर ॥१९॥ क उवाज । इति तस्या वचः श्रुत्वा स्वाङ्घ्रिस्थशिरसो मुने । जगाद हास्यवदनो वन्हि संन्हृत्य शंकरः ॥२०॥ उत्तिष्टोत्तिष्ट देवानां रक्षणं कृतमद्य मे । पादयोः पतितायास्ते वचसा प्रणयेन च ॥२१॥ तत आलिंग्य सहसा भिल्लीमंकमथानयत् । वृषभारुह्य च तया सार्द्धं कैलास मागमत् ॥२२॥ (३६९७)

इति श्रीगणेशपुराण उपासनाखंडे कामदहनं नाम चतुरशीतितमोऽध्यायः ॥८४॥

अध्याय ८५ प्रारंभ :- क उवाच । शिवस्यालिंगनाद् भिल्ली मदनानलदीपिता । नाप क्वापि सुखं देवी निर्जले शफरी यथा ॥१॥ पतिता जलमध्ये सा शीतलोशीर शालिनी । न शर्म लेभे तत्रापि स्थले निद्रां न चालभत् ॥२॥ कर्पूर

चन्दनं तस्या अधिकं तापमादधे । न शीतल पदार्थोऽस्याः कोऽपि संतोष मादधे ॥३॥ एवं बहुतिथे काले साऽस्थिचर्माव-शोषिता । ततो गिरिशमागम्य गिरिजा गिरमब्रवीत् ॥४॥ न त्वं मृशसि मां देव कामवस्थां गताऽस्मिह । दग्धोऽपि मदनो महय मत्यन्तं पीडयत्यहो ॥५॥ नानोपायाः कृतास्तस्य शान्तये न च साऽभवत् । येनोमायेन शान्तिः स्यात्स तं कुरु मम प्रभो ॥६॥ इति वाक्यं समाकर्ण्यं प्रियायाः प्रियकृद्धरः । रहस्येतां करे कृत्वा पर्यंके पर्यवेशयत् ॥७॥ रेमे तया यथेष्टं स मदनेन वशीकृतः मृतेनापि कृतं तेन महत्कार्य सुरेरितम् ॥८॥ अनंगेन समो नैव धन्वीति यश आप्तवान् । तयोस्तु क्रीडतो याताः षष्टिसाहस्त्रवत्सराः ॥९॥ भ्रष्टस्थाना मुनिसुराः श्रुत्वा मदनचेष्टितम् । कैलासं पुनरायाता स्तत्र क्रीडारतं हरम् ॥१०॥ ज्ञात्वा दूष्णीं स्थितास्तत्र चिन्ताव्याकुल चेतसः । तारकासुर भीतास्ते पुनर्गव्हर मागता ॥११॥ कदा वधो भवेदस्य कदा स्थानानि याम च । करिष्यति कदा शम्भु रस्मांकं दुःखनाशनम् ॥१२॥ इति चिन्तार्णवे मग्ना यावद् ब्रम्हादयः सुराः । तावदूचे सुराचार्यो वाक्यं मे शृणुतानघाः ॥१३॥ प्रेषयन् त्वखिला वन्हि रूपान्तर धरं हरम् । स हरं बोधयित्वाशु भवत्कार्य भविष्यति ॥१४॥ ततस्ते वन्हिमाकार्यं तुष्टुवुर्विविधैः स्तवैः । देवा ऊचुः । त्वत्तो यज्ञक्रिया ब्रम्हन् संस्काराः सर्वं एव हि ॥१५॥ अपां त्वमसि हेतुश्च देवानां मुखमेव च । अग्निहोत्रप्रणेता त्वं गार्हपत्यादिनामभिः ॥१६॥ त्वमेव पिबसीशाब्धि वारि नित्यं महत्तरम् । त्वमेव पचसे नृणाम् जठरे षड्रसानपि ॥१७॥ त्वमेव सर्वं जन्तूनां सन्धौ

सन्धौ विचेष्टसे । त्वया त्यक्तं प्रेतसंज्ञां लभते दह्यते त्वया ॥१८॥ हेतुस्त्वमसि देवेश जन्तूनां प्राणधारणे । त्वयाभिदश्च विना नान्नं पक्तूं शक्यं न च क्वचित् । त्वमेव ब्रम्हा रुद्रश्च सूर्यश्चानेक रुप धृक् ॥१९॥ त्वमेव जायसे मूलं क्रोधस्य जगदीश्वर । यत्र तत्र भवेत्तेज स्तत्तद्रूपं तवैव च ॥२०॥ अतस्त्वां प्रार्थयामोऽद्य त्रिलोक्या उपकारक । त्रैलोक्याक्रमणं तेन तारकेण कृतं विभो ॥२१॥ जानासि तन्नभोवार्णी कामस्यापि च तां गतिम् । पार्वतीहरयो र्बोधं चिरक्रिडा निमग्नयोः ॥२२॥ कुरू गत्वाऽन्यरूपेण भिक्षां याचस्व तत्र वै । एवं कृते जगत्कार्य मस्माकं च भविष्यति ॥२३॥ ब्रम्होवाच । इति देववचः श्रुत्वा काषायवसनो द्विजः । भूत्वा शुष्मा ययौ तत्र यत्रास्तां पार्वतीश्वरौ ॥२४॥ क्रीडासक्तौ बहि स्थित्वा भिक्षां देहीत्युवाच सः । त्रिवारं प्लुत शब्देन द्वाभ्यामपि श्रुतः स्वनः ॥२५॥ ऊचतु र्विस्मितौ तौ तु परस्पर मुभौ वचः । परिधत्तां शुके स्वे स्वे कुतोऽत्रायं समागतः ॥२६॥ किमस्मै च प्रदातव्यमिति चिन्तां च चक्रतुः । उमांजलावधाद्वीयमशक्ता तस्य धारणे ॥२७॥ जानती भाविनं चार्थं ददौ सा भिक्षुकाय तत् । भूमौ त्यक्तं दहेदेतत् त्रैलोक्यं सचराचरम् ॥२८॥ हरवीर्यं मित्यपि ब वन्हिः शापभयात्तयोः । गर्भवाननलो जातो लज्जावानपि तापवान्॥२९॥ तत्र यत्र ययौ वन्हिः शर्म लेभे न तत्र वै । उपस्युत्थाय गंगायां तुलासंस्थे दिवाकरे ॥३०॥ स्नातुं यावतस शौचादि कुरूते तावदेव ह । आगताः षट् स्त्रियसत्र स्नातुमूर्जे समाहिताः ॥३१॥ अग्निना यत्समुत्सृष्टं गंगेयं च हरप्रिया । धारयिष्यति

शक्ताचे ज्जलरूपा सूशीतला ॥३२॥ शीववीर्यंच तत्ताभिः प्राशितं षड्विभागतः । तस्मिन्नेंव क्षणे सोऽग्निरन्तर्द्धि समपद्यत
॥३३॥ अंकुशानि च यातानि दूरदेशं गतेऽनले । परिधाय स्ववस्त्र तास्ततो याता निजं गृहम् ॥३४॥ ददृशुः पतयस्तासां
मुखान्यत्युज्ज्वलानि च । गर्भिण्य इति ते ज्ञात्वा ज्ञानदृष्टया मुनीश्वराः ॥३५॥ बहिश्चक्रु र्गृहात् सर्वां न प्रदर्श्य मुखं
त्विदम् । ताः समेत्य पुनर्गंगां तीरे शर सुशोभिते ॥३६॥ मुमुचुः स्व स्व गर्भं ताः शुद्धाः स्नाता गृहान्ययुः । षट्सु तासु
प्रयातासु स्वं स्वं गर्भं विमुच्य वै ॥३७॥ षण्मुखो द्वादशभुजो बालस्तत्र व्यजायत । तस्य हुंकारमात्रेण निपेतुर्भानि रवाद्भुवि
॥३८॥ चकम्पे धरणी सर्वा शेषः पातालमेव च । द्रुमा उन्मीलिताः सूर्यो नीदाराच्छादितोऽभवत् ॥३९॥ एतस्मिन्नंतरे तत्र
नारदो दिव्यदर्शनः । कैलासं गिरिशं दृष्टुं गच्छन्मार्गे ददर्शतम् ॥४०॥ अतिदीप्ततरं बालं दुर्दशं बलवत्तरम् । प्रणिधानेन
तं ज्ञात्वा तूष्णीं कैलासमाययौ ॥४१॥ उवाच पार्वतीं शम्भुं वृत्तांतं सर्वमेव च । जहर्षं पृथिवी सर्वा ज्ञात्वा तं गिरिशात्मजम्
॥४२॥ देवदुन्दुभयो नेंदु र्गन्धर्वा जगुरद् भुतम् । नारद उवाच । आगच्छता मया दृष्टो गौरि मार्गे तवात्मजः ॥४३॥
षण्मुखो द्वादशभुजो सूर्यंकोटि समप्रभः । गंगातीरे निपतित स्त्यक्तस्ते षण्मुखो नु किम् ॥४४॥ कोटिकन्दर्प शोभाढ्यो
गर्जित क्षोभिताखिलः । कथं निष्ठुरताऽकारि गौरि सुन्दरबालके ॥४५॥ क उवाच । इत्युक्त्वाऽन्तर्हिते तस्मिन्गौरी
बालकमभ्यगात् ॥४६॥ (३७४३)

इति श्रीगणेशपुराण उपासनाखंडे स्कन्दोपाख्यानं नाम पंचाशीतितमोऽध्यायः ॥८५॥

अध्याय ८६ प्रारंभ :- क उवाच । दृष्ट्वा सा तादृशं वालं । स्नेंहस्नुत पयोधरा । आलिलिंग मुदा बालं तद्धस्त न्हृदया सती ॥१॥ तामूचे मम बालोऽयं गंगागंभीरनिस्वना । ममायमिति तां प्राह वन्हिर्बालो गिरेः सुताम् ॥२॥ कृत्तिकाद्याश्च तां प्राहुरस्मज्जातोऽयमर्भकः । अस्माकमेव बालोऽयमिति चुक्रुशुरातुराः ॥३॥ एवं विवदमानास्ता याता वन्हिपुरोगमाः । कैलासे देवनिलये गिरिशं चन्द्रशेखरम् ॥४॥ गौंरी विवेश प्रथमं कटिन्यस्त स्वबाल काः । शिवो गृहित्वा तं स्वांके शिरस्याघ्राय मन्त्रतः ॥५॥ रमया मास परया मुदा देव स्त्रिलोचनः । गंगा वन्हिः षट्स्त्रियस्ता गृहं जग्मुर्यथा गतम् ॥६॥ तन्नामकरणार्थाय ब्रम्हणं च बृहस्पतिम् । आहूय शिव ऊचे तौ नामास्य क्रियतामिति ॥७॥ ब्रम्हा बृहस्पतो ऊचतुः । कार्तिके मासि जातोऽयं कार्तिकेय इति स्फुटम् । नामास्य प्रथमं देव पार्वती नन्दनोऽपिच ॥८॥ शरद्वीपेऽयमुत्पन्नः शर जन्मा ततोऽपि च । कृत्तिकाभ्योऽपि जातत्वात् कार्तिकेय इति स्मृतः ॥९॥ यतोऽस्य मातर षट् ताः स षाण्मातुर इत्यपि । अयं पुत्र स्तारकजि त्तारकं च विजेष्यति ॥१०॥ देवसेनापति र्भावी सेनानी रिति शब्दितः । तत एव महासेनः षण्मुखत्वात् षडाननः ॥११॥ स्कन्नं त्रिवारं रेतो यत् तेन स्कन्दोऽयमुच्यते । तयोस्तु वदतोरेवं शक्राद्या आययु सुराः॥१२॥ आननन्दुश्च नेंमुस्तं पुपूजुस्तुष्टुवुर्जगुः । व्यानशे रोदसी दिव्य वाद्य शब्दो रसातलम् ॥१३॥ ततस्ते प्रार्थयामासुः सेनान्यं प्रणिपत्य च । त्रैलोक्य कंटकं देव जहि त्वं तारकासुरम् ॥१४॥ नानाभिषेक सम्भारैः सेनापत्येऽभिषिच्य तम् । वंदिकै

स्तान्त्रिकै र्मन्त्रै र्नानामुनि समीरितैः ॥१५॥ ततोऽनुज्ञां गृहीत्वा ते देवाः स्वस्थान मागमन् । ऋषयोऽपि निरुद्योगा स्पतस्तेपु र्यथां पुरा ॥१६॥ सेनान्यां विद्यमाने नो न भयं विद्यते क्वचित् । स बालो ववृधेऽत्यन्तं शुक्लपक्षे यथा शशी ॥१७॥ एकदा बालभावात्स उड्डीय शशिनं ययौ । गृहितुं ब्रम्हणाऽवारि नेंदृशं साहसं कुरू ॥१८॥ बुद्ध्या बृहस्पति शक्त्या जिगायेन्द्रं च सोऽर्भकः । एकदा सुखमासीनं पार्वत्या सहितं शिवम् ॥१९॥ प्रणम्य परिपप्रच्छ सर्वकामार्थ सिद्धये स्कन्द उवाच । पितर्मयाऽश्रावि महा कथा नानाविधाः शुभाः ॥२०॥ सर्वसिद्धिकरं देव पुत्रसंपत् प्रवर्धनम् । सर्वपापहरं चैव धर्मार्थ काममोक्षदम् ॥२१॥ त्रैलोक्यस्य गुरीस्त्वत्तस्तृप्तिर्नास्ति तथापि मे । वद मे सर्वशत्रूणां जयकारि व्रतं शुभम् ॥२२॥ ईश्वर उवाच । सम्यक्पृष्टं त्वया स्कन्द सर्वलोकोपकारकम् । व्रतं तेऽहं प्रवक्ष्यामि सर्वसिद्धिकरं नृणाम् ॥२३॥ सर्वपापक्षयकरं धर्मार्थकाम मोक्षदम् । सर्वशत्रुक्षयकरं पुत्रसंपत् प्रवर्धनम् ॥२४॥ अलक्ष्मीसंकटहरं गणनाथ स्य तोषकृत । यः करोति नरो भक्त्या सपूज्य स्त्रिदशैरपि ॥२५॥ इच्छाविहारी भवति सृष्टिस्थित्यन्त कृच्च सः । दर्शनात्तस्य चान्येषां महापापं लयं व्रजेत् ॥२६॥ नात्येषां स्कन्द वरद चतुर्थी व्रतसाम्यता । एवमाकर्ण्य वचनं सेनानीः शंकरेरितम् ॥२७॥ पुनः पप्रच्छ पितरं महिमानं व्रतस्य सः । स्कन्द उवाच । विस्तरेण मम ब्रूहि माहात्म्यं व्रतसम्भवम् ॥२८॥ कस्मिन्मासि

दिनें चास्य प्रारम्भ क्रियते हर । को विधिः कि फलं चास्य कस्या भूत् प्रत्ययोऽस्य च ॥२९॥ एतन्मे सकलं ब्रूहि यदि तुष्टोऽसि शंकर । सर्वलोकोपकाराय व्रतस्यास्य प्रसिद्धये ॥३०॥ (३७७३)

इति श्रीगणेशपुराण उपासनाखंडे स्कन्दोपाख्याने षटशीतितमोऽध्यायः ॥८६॥

अध्याय ८७ प्रारंभ :– शंकर उवाच । अहं ते कथयिष्यामि व्रतस्यास्य विधि परम् । श्रावणे तु सिते पक्षे चतुर्थ्या– मारभेद् व्रतम् ॥१॥ तिलामलककल्केन प्रातःस्नानं विधाय च । नित्यनैमित्तिकं सर्व समाप्य क्रोधवर्जितः ॥२॥ शुचौ मण्डपिकां कृत्वा कदलीस्तम्भमंडिताम् । इक्षुचामर पुष्पाढया मादर्शा वलि शोभिताम् ॥३॥ तन्मध्ये कलशम् स्थाप्य वस्त्रयुग्मेन वेष्टितम् । तत्र चाष्टदलं पद्मं कारयेच्चन्दनेन तु ॥४॥ गुरोराज्ञां गुहीत्वा च पूजाद्रव्याणि प्रोक्षयेत् । उपचारैः षोडशभिः पूजयेद् गणनायकम् ॥५॥ कांचनं राजतं वापि स्वस्वशक्त्या विनिर्मितम् । एकविंशति पक्वान्नै रेकविंशति संख्यकैः ॥६॥ गजाननाय देवाय नैवेद्यं परिकल्पयेत् । एकविंशति मुद्रास्तु दक्षिणार्थं निवेदयेत् ॥७॥ सौवर्णी राजतीर्वापि वित्तशाठ्य विवर्जितः । एकविंशति दूर्वाश्च श्वेता वा हरिता अपि ॥८॥ अर्पयेद्देवदेवाय मन्त्रपुष्पांजलिं तथा । ब्राम्हणान्वेद विदुषः पूजयेदेकविंशतिम् ॥९॥ भोजयेत्तादृशान्नेंन तावद्दानानि दापयेत् । नमेत् क्षमापयेत् पश्चा दच्छिद्रमिति वाचयेत् पार्थिवस्य गणेशस्य विधानं कथितं पुरा । पूजाप्रकारः सोऽप्यत्र सर्व एव उदाम्हतः ॥११॥ कथां तामेव शृणुयात् पश्चाद्

बन्धु युतः स्वयम् । ध्यायन् गणेशं भुंजीत मौनेनोंपवसेत वा ॥१२॥ एवं मासव्रतं कुर्याद्यावद् भाद्रचतुर्थिका तस्यां महोस्तवः कार्यो यथाविभव मादरात् १३॥ पूर्वोक्तेन विधानेंन पूजयेद् गणनायकम् । रात्रौ जागरणं कार्यं गीतवादित्र निःस्वनैः ॥१४॥ पुराणश्रवणै रन्यै र्नानाख्यान वरैरपि । सहस्त्रनाम मन्त्रेण स्तुवीत द्विरदाननम् । प्रभाते विमलं स्नात्बा पूजयेद् द्विरदाननम् ॥१५ ब्राम्हणान् भोजयेद् भक्त्या शतं चैवैक विंशतिम् । गोभूकांचन वस्त्राणि भूषणानि धनानि च ॥१६॥ तेभ्यो दद्याद्यथाशक्ति दीनान्ध कृपणेषु च । अशक्तौ भोजयेदेक विंशत्येकं तु वाडवान् ॥१७॥ ब्राम्हणाय प्रदातव्या मूर्तिश्चेद्धातु निर्मिताः । अन्यथा परमोत्साहै र्जलमध्ये विसर्जयेत् ॥१८॥ दिव्यवादित्र निर्घोषै र्नरयान स्थितां ज ताम् । छत्रध्वज पताकाभि र्वेदगीतादि निःस्वनैः ॥१९॥ बालानां दण्डयुद्धैश्च तां विसृज्य गृहं व्रजेत । व्रतमेवं तु यः कुर्यादेकवारं षडानम ॥२०॥ सर्वान कामा नवाप्यैव गाणेशं पदमाप्नुयात् । ब्रम्हणाऽकारि सृष्ट्यर्थं एकार्णं जपता मनुम् । प्रत्यक्षो बिकटस्तस्य सामर्थ्यं विविधं ददौ ॥२१॥ विष्णूनाऽप्रापि शक्तिश्च पालने कुर्वता व्रतम् । षडक्षरं महामन्त्रं जपता परमाभ्दुतम् ॥२२॥ स्वेच्छावतार सामर्थ्य ततः प्राप्तं षडानन । मयाऽप्यकारि पुत्रैत ज्जपताऽष्टाक्षरं मनुम् ॥२३॥ वृत्रं च शम्बरं दैत्य शक्रेण मदनेंन च । जिघांसताऽकारि व्रतं तौ तौ जेतुं च शेकतुः ॥२४॥ नाना सामर्थ्य वानस्मि संहरामि जगत् त्रयम् । यक्षगन्धर्व मुनिभिः किन्नरो रगराक्षसैः । अकारी स्वेष्ट सिद्ध्यर्थ सिद्धचारण मानवैः ॥२५॥ एतत्त्वं स्कन्द वरदचतुर्थीव्रत माचर । भविष्यासि रणेऽजेयो विख्यातो भुवनत्रये ॥२६॥ षडक्षरं च मन्त्रं ते ददामि वरदस्य ह ।

ब्रम्होवाच । सुमुहूर्ते ददौ तस्मै शिवो दीक्षां षडक्षरीम् ॥२७॥ तदैव स ययौ स्कन्द स्तपस्तप्तुं द्विजोत्तम । सुनिर्मलतरे
देशे वृक्षवल्ली समाकुले ॥२८॥ बहुमूलफले रम्ये सरोवापी सुशोभिते । एकपादस्थितः स्कन्द स्तपस्तेपे सुदारुणम् ॥२९॥
व्रतं चकार विधिव द्यथोक्तं शम्भुना पुरा । अनुष्ठानाच्च मन्त्रस्य व्रतस्यास्य प्रभावतः ॥३०॥ प्रसन्नोऽभूत्तदैवास्य
परमात्मा गजाननः । दर्शयामास सेनान्ये योगिध्येय मनुत्तमम् ॥३१॥ निजं रुपं महातेजा श्चतुर्भुज विराजितम् ।
महामुकुट संशोभि कुंडलांगद शोभितम् ॥३२॥ एकदन्तं भालचन्द्रं शुण्डादण्ड विराजितम् । पाशांकुश करं माला दन्तहस्तं
सुशोभनम् ॥३३॥ मुक्तामणि गणोपेतं सर्पराज युतोदरम् । दिव्यस्त्र परीधानं दिव्यगन्धानुलेपनम् ॥३४॥ अनेक–
सूर्यसंकाशं तेजोज्वाला सुदीपितम् । ददर्श षण्मुख स्तत्र विस्मयोत् फुल्ल लोजनः ॥३५॥ व्याकुलीभूत चित्तोऽसौ किमेत
दित्यचिन्तयत् । मया यच्चिन्त्यतेऽन्यद्वा तद्वा विन्द्यांन चाप्यहम् ॥३६॥ ततः पप्रच्छ तूष्णीं स को भवा न्किच नाम ते ।
गजानन उवाच । चिन्त्यते यो दिवारात्रौ त्वयैकाग्रेण चेतसा ॥३७। सोऽहं प्राप्तो वरं दातुं वद ते न्हृदि वांछितम् ।ददामि
तुष्ट स्तपसा षडानन गजाननः ॥३८॥ स्कन्द उवाच । विदुर्न देवा न च शास्त्रकारा । ब्रम्हादयः शेषमुखाश्च नागाः । तव
स्वरूपं जगदीश सम्यक् । ददर्शि तन्मे द्विरदाननाद्य ॥३९॥ तेनैव जातः परिपूर्णकामः । तथापि याचे तव देववाक्यात् ।
पराजयो मे न कदापि भूयात् । प्रत्यक्षतामेहि विचिन्त्यमानः ॥४०॥ अविस्मृतिः स्यात् तव पादपद्मे सर्वेषु देवेषु वरिष्ठता

च ॥४१॥ अलक्ष्यो लक्ष्यतां यातः ततो लक्षविनायकः । नाम्ना ख्यातो भवात्र त्वं भक्तकाम सुरद्रुमः । लक्ष उवाच । सर्वं तद् भविता स्कन्द यद्यत् प्रार्थित मद्यमे ॥४२॥ अविस्मृतिश्च सान्निध्यं चिन्त्यमानस्य मे भवेत् । पराजयो रिपूणां ते देवश्रैष्ठ्यं भविष्यति ॥४३॥ ब्रम्होवाच । एवं वरान् ददौ देवो मयुरं निजवाहनम् ददौ स्कन्दाय सुप्रीतो विनयाच्च तपोबलात् ॥४४॥ मयूरध्वज इत्येवं नाम ख्यातं ततोऽभवत् । गजानन उवाच । मृतिं यास्यन्ति हस्तात्ते तारकाद्या महासुराः ॥४५॥ लक्षविनासक इति नाम्नाऽहं भक्तवत्सलः । भविष्यामि चिरादत्र क्षेत्रे त्वद्वाक्यतोऽनघ ॥४६॥ ब्रम्होवाच । एवमुक्त्वा तु विकट स्तत्रैवान्तर्हितोऽभवत् । ततः स्कन्दो महामूर्ति कृत्वा स्थाप्य द्विजैः सह ॥४७॥लक्षविनायक इति नाम चक्रे शुभं तदा । मोदकै र्लक्षसंख्याकैः पुष्पै र्दूर्वांकुरै रपि ॥४८॥ पूजयामास तां मूर्तिमन्यै र्द्रव्यै स्थताविधैः । ब्राम्हणान् भोजयामास तावत् संख्या युतान् द्विजान् ॥४९॥ स्तुत्वा नत्वा ययौ स्कन्दः शंकरं लोकशंकरम् । मयूरमारूह्य ततः सर्वं चाकथयच्च तम् ॥५०॥ मयूरध्वज इति च नाम देवकृतं जगौ । तारकासुर नाशाय ययौ स्कन्दः शिवाज्ञया॥५१॥ स्मृत्वा गजाननं देवं परिगृह्य शिवाशिषः । देवसेनापतित्वेऽसा वभिषिक्तः सुरर्षिभिः ॥५२॥ सेनानी स्तारकं दृष्ट्वा युद्धं चक्रे महाबलः । लक्षवर्षान्तरे तं स मारयामास शक्तितः ॥५३॥ युद्धं तद् वर्णितुं शक्तिः शेषस्यापि न वै भवेत तारके निहते दैत्ये ननन्दुः सर्वदेवताः ॥५४॥ मुनयो लोकपालाश्च नागाश्च मानवास्तथा । मुमुचुः पुष्पवर्षाणि स्कन्दस्योपरि निर्वृताः ॥५५॥ सर्वदेवाश्च लोकाश्च स्वं स्वं स्थानं ययुस्तदा । स्वाहास्वधा वषट्कारान् यथापूर्वं च चक्रिरे ॥५६॥

ब्रम्होवाच । एवं प्रभावो देवोऽसौ कथितस्ते गजाननः । व्रतप्रभावोऽपि मया यथावत्ते निरूपितः ॥५७॥ त्रयस्त्रिशत् कोटिसुरै रवध्योऽसौ महासुरः । स्कन्देन निहतः संख्ये देवव्रत प्रभावतः ॥५८॥ इन्द्रादि देवता वृन्दैः पूजनीयोऽभवच्च सः । व्यास उवाच । अनुष्ठानं कृतं तेन कस्मिन् स्थाने समाधिना ॥५९॥ परमेण विशाखेन तन्मे ब्रूहि प्रजापते । ब्रम्होवाच । अनुष्ठानं कृतं तेन यत्रास्ते घृषणेश्वरः ॥६०॥ प्रसिद्धो वर्तते नाम्ना आसीललक्ष विनायकः । एलोऽभूत्तत्र नगरे पश्चाद् राजाऽभि विश्रुतः । तन्नाम्ना नगरं ख्यातं ततस्त दभवन् मुने ॥६१॥ (३८३४)

इति श्रीगणेशपुराण उपासनाखंडे तारकवधो नाम सप्ताशीतितमोऽध्यायः ॥८७॥

अध्याय ८८ प्रारंभ :- मुनिरुवाच । श्रुतमाख्यानकं ब्रम्हन् गजानन व्रताश्रयम् दग्धश्चेन्मदन स्तेन शंकरेण रुषाग्निना । ॥१॥ दृश्यते सर्व लोकेषु मदनोऽद्यापि तत्कथम् । एतत्कथय मे सर्व विस्तराच्चतुरानन ॥२॥ ब्रम्होवाच । तृतीयं तु तदा नेत्रं रुषोद्घाटित वान्हरः । अपराधं तु विज्ञाय मदनस्य रतिस्तदा ॥३॥ आक्रन्दती मृतं कामं हरान्तिक मुपागमत् । साष्टांग प्रणिपत्यैनं तुष्टाव च यथामति ॥४॥ रतिरुवांच । नाममि देवं गिरिजासहायं वृषध्वजं भालविलोचनं च । यः पाति

लोकान् खलु सत्वयुक्तो निर्माति लोकान् रजसागुणेन ॥५॥ यः स्वेच्छया संहरतेऽखिलेशो जगत्तमोविष्टतनुर्महेशः । यो नुः कपालं बहते जनानां भिक्षाशनः पूरयतेऽखिलार्थान् ॥६॥ दीनानुकम्पी भगवान् महेशो गतप्रियायाः शरणं ममास्ताम् । कर्तु तथाऽकर्तु मदीन सत्त्वः शक्तोऽन्यथा कर्तुमपीह देवः ॥७॥ स मे विधत्तां शरणं गताया सौभाग्यमुच्चैर्मृत जीवनेन । नो चेदहं प्राण विसर्जनेन यशः करीष्ये विपरीत मीश ॥८॥ ब्रम्होवाच । एवं तया स्तुता शम्भुः प्रसन्नस्ता मथाब्रवीत् । शम्भुरुवाच । वरं वृणु महाभागे कामपत्नि शुभानने ॥९॥ ददामि तुष्टः स्तोत्रेण सर्वान्कामान् ह्हृदि स्थितान् । इत्थं शिववचः श्रुत्वा रतिर्ह्हृष्टा प्रणम्य तम् ॥१०॥ सौभाग्यकामा तं देवं निजगाद भृशातुरा । रतिरुवाच । स्वामिन् यदि प्रसन्नश्चेच्छ्रणु मे परमं वचः ॥११॥ रसायां दिवि भूमौं वा कान्ताः स्युः कामिनीगुणाः । मम लावण्यलेषो न तेषु काऽपि त्रिलोचन ॥१२॥ मां दृष्ट्वा मुमुचुः शक्रमुख्या वीर्यमपत्रपाः । ततो मे महती लज्जा जातामेता मपाकुरू ॥१३॥ लावण्यं च वृथा जातं विना कामेन शंकर । अयशो दहते मह्यं रतिः सा विधेवति च ॥१४॥ भर्तुदानेन देवेश मां जीवय दयानिधे। एवं तया प्रार्थितोऽसौ शंकरो लोकशंकरः ॥१५॥ उवाच श्लक्षणया वाचा हर्षयन् कामयोषितम् । शिव उवाच । चिन्ता मां कुरू कल्याणि न लज्जां कर्तुमर्हसि ॥१६॥ स्मृतमात्र स्त्वया बाले कामः स्याद् दृष्टिगोचरः । मनसा चिन्तितो वापि मनोभूरिति संज्ञितः ॥१७॥ पूरयिष्यति ते कामान् मान्या त्वंच भविष्यसि । विष्णोः सकाशा त्त्पत्ति रमायां प्रापस्यते यदा ॥१८॥ भर्ता तव जनें ख्यातो नाम्ना प्रद्युम्न संज्ञितः । भूविष्यति महाभागे गच्छेदानीं निजालयम् ॥१९॥ साऽगता

शिववाक्येन मन्दिरं भृशसुंदरम् । सस्मार तं पतिं सा तु पुरोऽनंगः समाययौ ॥२०॥ ईश्वरेच्छा वशात्तस्याः प्रत्यक्षं समजायत । इतिश्चाश्चर्ययुक्ता सा जन्हषे पतिना सह ॥२१॥ ततोऽनंगो ययौ शंम्भुं प्रणम्याभिदधे वचः । अनंग उवाच । विनाऽपराधं देवेश गमितोध्नंगतां कथम् ॥२२॥ इन्द्रादि देवता वृन्दै स्तारकासुर पीडितैः । मुनिभिश्च विशाखस्य त्वत्त उत्पत्तिवेदिभिः ॥२३॥ प्रार्थितस्तव निंष्ठाया भंगं कर्तुमहं विभो । उपकाराय सर्वेषामकार्षं कर्म तादृशम् ॥२४॥ उपकारसमं पुण्यं न चास्ति भुवनत्रये । विपरीतं तु तज्जातं मम दैवाद् सुरेश्वर ॥२५॥ त्रयस्त्रिंशत्कोटि देवेष्वहं चारुतरः पुरा । उपमा चारुपुरुषे भमैव दीयतेऽखिलैः ॥२६॥ कथं तिष्टामि देवेश स्वांगहीनः परेतवत् । अतो मयि महादेव कृपयांऽनुग्ररं कुरू ॥२७॥ ब्रम्होवाच । तत एकाक्षरं मन्त्रं गणेशस्य ददौ शिवः । अनंगाय प्रणमतेऽनुष्ठानं चादिशच्च तम् । ॥२८॥ ततोऽनंगो ययौ रम्यं जनस्थानं सुसिद्धिदम् तत्रानुष्ठान मकरोदनंगः शंकराज्ञया ॥२९॥ संवत्सर शतं पूर्णं तताप स तपो महत् । एकाक्षरं जपन्मन्त्रं गणेशध्यान तत्परः ॥३०॥ वायुमात्रा शनो नित्यं सदा रति सहायवान् । ततः प्रसन्नो भगवान् देवदेवो गजाननः ॥३१॥ आविरासी द्दशभुजो महामुकुट शोभितः । ज्वलद्रत्न प्रभाचारू कुंडलांगद मंडिताः ॥३२॥ कोटिसूर्य प्रतीकाशो मुक्तामाला विभूषितः । दिव्यमाल्यांबरधरो दिव्यगन्धानुलेपनः ॥३३॥ सिन्दूरारुण शुंडास्यो दशायुध लसत्करः । शेषालंकृत नाभिश्च नानालंकार राजितः ॥३४॥ सिंहस्कन्धो महाश्रीमांश्चीत्कार त्रासिताखिलः । इन्द्रादयोपि मुनय आविर्भूते गजानने ॥३५॥ आययु रप्सरोभिश्च यक्षगन्धर्व किन्नरैः । दिव्यवादित्र निर्घोषैः पुपूजुस्ते गजाननम् ॥३६॥ उपचारैः षोडशभि र्भक्त्या देवं पृथक्पृथक् । कामोऽपि तत उत्थाय प्रणिपत्या खिलान् सुरान् ॥३७॥

ववन्दे देवचरणौं पूर्व नत्वा मुनींनपि । प्रशशंस तदा देवं विकटं करूणाकरम् ॥३८॥ काम उवाच । धन्यस्त्वमसि देवेषु
परव्रम्ह स्वरूपवान् । निराकारोऽपि साकारो जातोऽसि भक्तवत्सल ॥३९॥ अद्य धन्यं ममजनुस्तपो धन्यतरं च मे ।
यत्तवांङ्घ्रि युगं दृष्टं लर्वदुःख विमोचनम् ॥४०॥ कारणं सर्वसिद्धिनां धर्मार्थ काम मोक्षदम् । धन्ये नेत्रयुगे मेऽद्य याभ्यां
दृष्टः परः पुमान् ॥४१॥ यं न जानन्ति वेदाग्ताः सांख्याः पातंजलादयः । नेंति नेत्य भवंस्तूष्णीं वेदोऽपि यत्र कुंठित ॥४२॥
अनन्त कोटि ब्रम्हांड रोमकूपोऽखिलेश्वरः । येन मन्त्रेण सोऽदर्शि मन्त्रो धन्यतरोऽपि सः ॥४३॥ गणेश उवाच । सम्यगुक्तं
रतिपते न मां ब्रम्हादयो विदुः । यदा साकारतां यामि तेऽपि जानन्ति मां तदा ॥४४॥ ममैवानुग्रहात्काम दृष्टवानसि मां
तदा । यतोऽहं परितुष्टस्ते तपसा मनुना तथा ॥४५॥ वृणु यत्तोऽखिलान् कामान् कामे कामं ददामि ते । ब्रम्होवाच ।
इति देववचः श्रुत्वा पुनरुचे मनोभवः ॥४६॥ आनुपूर्व्येण सकलं वृतान्तं शिवकारितम् । तस्मै चाकथयत्कामः प्रसन्नार्थं
प्रदायिने ॥४७॥ अनंगतां स्वस्य रते राक्रन्दं मनुमेव च । अनुष्ठानं चिरकृतं शिवदत्तं वरं तथा ॥४८॥ वृणोति स्म वरं
तस्मात् सुप्रसन्नाद् गजाननात् । काम उवाच । यदि प्रसन्नो भगवांस्तन्मे देदिं सदेहताम् ॥४९॥ मान्यतां सर्व देवेषु
प्राग्वल्लावण्य मेव च । भक्ति दृढां त्वच्चरणे त्रैलोक्य विजयं तथा ॥५०॥ (३८८४)

इति श्रीगणेशपुराण उपासनाखंडे ष्टाशीतितमोऽध्यायः ॥८८॥

अध्याय ८९ प्रारंभ :– गणेश उवाच । यद्यत्ते प्रार्थितं काम तत्तत्ते भविताऽखि लम । रमोदरा ज्जनिं प्राप्य सांगस्त्वं सर्वसुन्दरः ॥१॥ भविता सर्वमान्यश्च त्रैलोक्यविजयी तथा । पुष्पं फलं किसलयं कामिन्यवयवा मरुत् ॥२॥ उद्बोधकानि ते सन्तु ज्योत्स्ना चन्दन नीरजे । मरालाण्डज शब्दश्च जेतास्येतै र्हरादिकान ॥३॥ दर्शनात् स्मरणादेषां मनस्यपि भविष्यसि । मनोभूः स्मृतिभूरेवं नामापि स्याच्जनेषु ते ॥४॥ अविस्मृति र्मच्चरणे दृढा भक्तिश्च ते भवेत् । स्मृताऽहं पुरतः स्यां ते महत्कार्य उपस्थिते ॥५॥ व्रम्होवाच । एवं तस्मै वरान् दत्त्वा कामायाथ गजाननः । अन्तर्दधे महाभाग पश्यत्सु च सुरर्षिषु ॥६॥ तत्र कामो महामूर्ति गणेशस्य तथाविधाम् । संपाद्य स्थापयामास पूजयामास तां तदा ॥७॥ रतिं निर्मित पक्वान्ने र्मोदकै र्लड्डुकादिभिः । महोत्कटेति नामास्प तेजस्वित्वात्तथाऽकरोत् ॥८॥ प्रासादं निर्ममे कान्तं रत्नस्तम्भविराजितम् ; रूक्मिण्या उदराज्जात स्त्यक्तो दैत्येन वारिधो ॥९॥ मत्स्येन गिलितस्तत्र स मत्स्यो धींवरै स्ततः । शम्बरा यार्पितेनापि मायावत्ये निवेदितः ॥१०॥ विभिन्नेऽर्स्मि स्तदुदरा न्निर्गतो र्वद्धितस्तया । नारदोऽकथयत्तस्यै कामोऽयं वर्द्धितस्त्वया ॥११॥ उपदिष्टोऽनेकमायाः शम्बरं स ततोऽवधीत् । गणेशस्य प्रसादेन बहुनेको व्यजिग्यत ॥१२॥ मायावत्या शिक्षिताभि र्मायाभिर्बहुभिश्च सः । प्रद्युम्न इति विख्यातः सरस्वत्याः पुरं ययौ ॥१३॥ सर्वदेवेषु मान्यश्च त्रैलोक्य

जयकारकः । गजाननप्रसादेन बभूवानन्दनिर्वृतः ॥१४॥ रुक्मिणि प्रभृति स्त्रीभिर्दृष्टः कृष्ण इवापरः । तत उत्थाय
याताभिर्लज्जिताभिः समन्ततः ॥१५॥ बुद्ध्वा पुत्रं नारदस्य वाक्येन मुमुदुश्च ताः आलिलिंगु स्तमभ्येत्य प्रणनाम रतिश्च
ताः ॥१६॥ सर्वा पुरी हर्षयुता तस्मिञ्जाते बभूव सा । क उवाच । एवं जन स्थानगत गणेशस्य महामुने ॥१७॥ महिमा
कथितो यत्र रामेणाच्छेदि नासिका । शूपणख्या स्नतस्तत्तु नाम्ना ख्यातं तु नासिकम् ॥१८॥ तत्राद्यापि हि दृश्यन्त उपला
मोदका इव । एव नाराधित स्तेन कामेनासौ गजाननः ॥१९॥ षडक्षरेण मन्त्रेण शेषेणाराधितो यथा । रतिश्च मदनश्चापि
ननन्द तुरुभौ यथा ॥२०॥ व्यास उवाच । कथमाराधितो ब्रम्हन् शेषेणासौ गजाननः । किमर्थं किं च तेनाप्तं सुप्रसन्नाद्
गजाननात् ॥२१॥ एतत् सविस्तरं ब्रूहि पृच्छतश्चतुरानन । प्रष्टुः श्रोतुश्च वक्तुश्च यतः पुण्यं विवर्धते ॥२२॥ ब्रम्होवाच ।
सम्यक्पृष्टं त्वया ब्रम्हन् कथयामि कथामृतम् । शृणुष्वा वहितो भूत्वा सर्व सत्यवती सुत ॥२३॥ कस्मिश्चित्समये शम्भुः
पार्वत्या सहितो मुने । सुखासीनो गिरिवरे रम्यसानु शिलोच्चये ॥२४॥ नानाद्रुम लताकीर्णे निर्झरारावशब्दिते ।
गुन्जन्ति भ्रमरा यत्र रुक्मपंकजवासिनः ॥२५॥ चम्पकाशोक बकुल मालती कुसुमानिलः । आनन्दयति चित्तानि वसतां
यस्य शेखरे ॥२६॥ आययु स्तत्र गन्धर्वा अप्सरो यक्षकिन्नराः । देवाश्च मुनयो नागास्तं दृष्टुं गिरिजापतिम् ॥२७॥ केचित्तं
प्रणिपातेन साष्टांगेनाभ्यवादयन् । उच्चैर्जगुश्च गन्धर्वा ननृतुश्चाप्सरोगणाः ॥२८॥ पुपूजुस्तं दशभुजं व्याघ्राजिनधरं
हरम् । नन्दि भृंगिगणाकीर्णं भालचन्द्रं त्रिशूलिनम् ॥२९॥ भस्मांगं शेषशिरसं शंकरं वृषभध्वजम् । अपरैरर्चितं देव

मुपचारै मनोमयैः ॥३०॥ निमील्य नयने तस्थुः केचिद् ध्यानपरायणाः । वसिष्ठो वामदेवश्च जमदग्निस्त्रितो द्विजः ॥३१॥
अत्रिः कण्वो भरद्वाजो गौतमाद्या मुनीश्वराः । तुष्टुवु विविधैः स्तोत्रैः स्तत्र तं पार्वतीपतिम् ॥३२॥ स्तुवस्तु तेषु मुनिषु
शेषो गर्वं परं ययौ । अहमेव श्रेष्ठतरो लोकेषु त्रिषु नापरः ॥३३॥ यतः श्रेष्ठतरः शम्भु स्तस्याहं शिरसि स्थितः ।
धराधरण सामर्थ्यं मयि नान्यत्र कुत्रचित् ॥३४॥ वासुके रज्जूभूतान्मत् कुलीनाद मृतं सुरैः । प्राप्तं ततोऽमरत्वंच
तस्मान्नान्योऽस्ति मत्परः ॥३५॥ तद्धदिस्थं तदा गर्वं ज्ञात्वा शम्भू स्त्रिलोककृत । विज्ञायाखिलद्वृत्तूष्णी मुत्तस्थो सहसा
शिवः ॥३६॥ आस्फालयद्धरा पृष्टे शेषं तादृशगर्वितम् । एकैको मस्तकस्तस्य दशधा दशधाऽभवत् ॥३७॥ मूर्छितः
प्रहरार्द्धं स गतप्राण इवाभवत् । ततः प्रभृत्यसौ जातः सहस्त्र फणिमंडितः ॥३८॥ जीवशेषः शुशोचाथ शेषोऽशेषाहि भूषणः ।
अलंकरण भूतोऽहं त्रैलोक्येश हरस्य ह ॥३९॥ इमामवस्थां संप्राप्तो न जानें केंन कर्मणा । चलितुं नैव शक्नोमि पक्षहीन
इवाण्डजः ॥४०॥ किं करोमि क्व गच्छामि को मे त्राताऽधुना भवेत् । को मे निजपद प्राप्तावुपायं कथयेच्छुभम् ॥४१॥
कौ वा मेऽपनयेंद्दुःख मितिचिन्तापरस्तु सः । ददर्श तेन मार्गेण गच्छन्तं नारदं मुनिम् ॥४२॥ जहर्षं किंचिन्नागेन्द्रः
स्वप्नं प्राप्येव भिक्षुकः । अति कष्टामवस्थां तां नारदोऽलोकयत्पुरः ॥४३॥ निश्चेष्टं निरनुश्वासं ध्याननिष्टं यथा मुनिम् ।
अशेष विषयज्ञोऽपि शेषं पप्रच्छ नारदः ॥४४॥ (३९२८)

इति श्रीगणेशपुराण उपासनाखंडे एकोननवतितमोऽध्यायः ॥८९॥

अध्याय ९० प्रारंभ :- नारद उवाच । किमर्थमेवं जातोऽसि निस्तेजा दुःखितो भृशम् । कथं भग्न शिरा
कस्याचरोऽप्रियतरं मुने ॥१॥ किं वा क्षुब्धो गिरीशस्तेऽकारि गर्व स्त्वयाऽथ किम् । वद यत्कारणं शेष प्रतीकारं पुरा वदे
॥२॥ त्वां विना कारयेत्को नु चराचरयुतां धराम् । अनुवतर्वात तस्मिस्तु स्वयमेवा ब्रवीन्मुनिः ॥३॥ उपायं नागराजस्य
स्वस्थान प्रापकं शुभम् । नारद उवाच । अवधारय मे वाक्यं शेषाशेषकला निधे ॥४॥ सुपर्वाणश्च केशाद्या येन स्यु
किङ्करा इव । धरिष्यसे धरां मूर्ध्नि पुष्पमाला मिवार्भकः ॥५॥ शेष उवाच । किंचित् पुरातनं पुण्य मासीच्चे दृर्शनं तव ।
अजन्य कस्मादग्रेऽपि सम्यङ्मे स्यान्न संशयः ॥६॥ अन्यथा कृतपुण्यानां दर्शनं तु कथं भवेत् अति विव्हल गात्रत्वा दशवतो
भूमिधारणे ॥७॥ तं प्रयत्नं वद मुनें येनाहं स्यां यथा पुरा । नारद उवाच । भणे महामनुं तेऽद्य तस्य देवस्य नागराट्॥८॥
यस्य प्रसादा दिन्द्राद्या स्तत्तत् पदमवाप्नुवन् । केशा यदाज्ञयाऽशेष सृष्टि स्थित्यन्त कारिणः ॥९॥ यस्मिन् प्रसन्ने सर्वेशे
पूर्वावस्था मवाप्स्यसि । कारुण्यं तव दृष्टवैव विलग्नं मे सर्वमानसम् ॥१०॥ अतः षडक्षरं मन्त्रं गणेशस्य ददामि ते ।
अस्यानुष्ठान मात्रेण प्रत्यक्षस्ते गजाननः ॥११॥ सर्वान् विधास्यते कामान्यान्यांस्त्वं वृणुषे ततः ॥१२॥
क उवाच । कृत्वोपदेशं शेषाय नारदोऽन्तर्हितोऽभवत् । शेषोऽपि तपसे कृत्वा निश्चयं परमं शुभम् । निरूद्धा
शेषकरणो ध्यात्वा देवं गजाननम् ॥१३॥ जजाप परम मन्त्रं सहस्त्रपरि वत्सरम् । तदन्ते पुरतोऽपश्यद् देवदेवं

गजाननम् ॥१४॥ सिंहारूढं त्रिनेत्रं दशभुज मुरगं कुंडले चांगदे च । मुक्तामालां वहंतं सुललित मुकुटं रत्नमुद्राक्षसूत्रम् ।
नानादेवर्षिवृन्दै रनुगत मनिशं वक्रतुण्डं गजास्यं । भक्तेच्छोपात्त देहं सुरनर परदं चिन्तये देकदन्तम् ॥१५॥ एवं गजान-
नस्तस्य दर्शनार्थं समायथौं । सिद्धिबुद्धियुत स्तादृग् यादृग् ध्यातोऽहिनापुरा ॥१६॥ सहस्त्रसूर्यं सदृशो दीप्त्या क्रान्त
दिगन्तरः । तेजसा तस्य शेषोऽपि घर्षितोऽन्ध इवाभवत् ॥१७॥ चकम्पे भयसंविग्नो व्यग्रचित्तोऽति विव्हलः । स्वस्थो
मुहूर्तमात्रेण चिन्तयामास चेतसि ॥१८॥ किमिदं तेज आयातं प्रलयानल सन्निभम् । तच्चेद्दहेत सर्वलोकानिदं मामेव
धक्ष्यति ॥१९॥ कल्याणे कर्मणि कथं क्रियमाणे शुभं भवेत् । अथवा नारदेनोक्तं द्रक्ष्यामि गणनायकम् ॥२०॥एवं चिन्तातुरे
तस्मिन्नुवाच द्विरदानन । मा भैः कुतर्ककुशल वरदोऽहं समागतः ॥२१॥ यं ध्यायसि दिवारात्रौ वृणु यत्ते न्हदि स्थितम् ।
अहमेव जगत्कर्ता पाता हर्ताऽखिलेश्वरः ॥२२॥ मत्तेजसा भाति चन्द्रो वन्हिः सूर्यश्च भानि च । परब्रम्हस्वरूपोऽपि तपसा
तव तोषितः ॥२३॥ अविर्भूतो वरं दातुं लोकोपकृतयेऽपि च । त्वं तु मत्तो वरान्ब्रूहि यान्यान् कामयसेऽखिलान् ॥२४॥
शेष उवाच । तेजसा धर्षितो देव द्रष्टुं वक्तुं च नोत्सहे । अनुग्रहश्च पूर्णस्ते मयि सौम्यो भवानघ ॥२५॥ क उवाच ।
एवं संप्रार्थित स्तेन करूणाब्धि र्गजाननः । अभवत् कोटि चन्द्राभः सौम्यतेजाः सुरेश्वर ॥२६॥ ततो वव्रे वरान् शेषो

नत्वा स्तुत्वाऽखिलेश्वरः । अनादिनिधनं देव वन्देऽहं गणनायकम् ॥२७॥ सर्वव्यापिन मीशानं जगत्कारण कारणम् सर्वस्वरूपं विश्वेशं विश्ववन्द्यं नमाम्यहम् ॥२८॥ गजाननं गणाध्यक्षं गरूडेशस्तु तं विभुम् । गुणाधीशं गुणातीतं गणाधीशं नमाम्यहम् ॥२९॥ विद्यानामधिपं देव देवदेवं सुरप्रियम् । सिद्धिबुद्धिप्रियं सर्व सिद्धिदं भुक्तिमुक्तिदम् ॥३०॥ सर्वविघ्नहरं देवं नमामि गणनायकम् । क उवाच । एवं स्तुत्वा तु देवेशं वरदं द्विरदाननम् ॥३१॥ वरयामास यान् कामांस्तांशृणुष्व महामुने । शेष उवाच । अद्य धन्यं तपो ज्ञान पिता माता जनुर्मम ॥३२॥ देहो नेत्राणि भूरीणि मस्तकानि बहूनि च । त्वां स्तोतुं संप्रवृत्ता या धन्यस्या रसना मम कुलं शीलं च धन्यं मे त्वदङ्घ्रियुगदर्शनात् । अखंडितं ते भजनं देहि मेऽखण्डविक्रम ॥३४॥ दुःखं किं किं नु वक्तव्यं सर्वज्ञे त्वयि विघ्नराट् । अखर्वं गर्वकरणात् स्फुटिता मस्तका मम ॥३५॥ महारुषा महेशेना स्फालितस्य महीतले नारदस्य प्रसादेन दृष्टं ते चरणाम्बुजम् । इदानीं देव मे देहि श्रेष्ठतां भुवनत्रये ॥३६॥ पाटवं सर्दशिरसि सामर्थ्यं धारणे भुवः। अचलं देहि मे स्थानं दर्शनं ते निरन्तरम्॥३७॥ सान्निध्यं शंकरस्यापि कुलश्रैष्ठ्यं शिवे रतिम् ।गणपतिरुवाच यदि ते दशधा जातो मस्तको भुजगाधिप ॥३८॥ तदा सहस्त्रवदनः महस्त्रफणिमण्डितः । भविष्यासि जने ख्यातो यावच्चन्द्रार्कतारकाः ॥३९॥ धराधरणसामर्थ्यं दृढं तव भविष्यति । पंचास्यपंच शिरसि मत्प्रसादात स्थितिं स्थिराम्॥४०॥ लप्स्यसे भुजगश्रेष्ठ मत्सान्निध्यं निरन्तरम् । अन्यत्ते वांछितं शेष तदशेषं भविष्यति ॥४१॥ क उवाच । एवं वरान् ददौ तस्मै स्वोदरे तं बबन्ध ह । व्यालबद्धोदर इति नाम प्राप गजाननः ॥४२॥ शेषस्य मस्तके हस्त मभयार्थं ददौ विभुः । स्वयं विराट्स्वरूपं स्वं शेषायादर्शयन् मुवा ॥४३॥ शब्देनापूरयद् व्योम भूतलं विदिशं दिसः । यस्य पादताले भूमिर्दिशः

श्रोत्रेऽक्षिणी रविः ॥४४॥ ओषध्यो यस्य रोमाणि नरवा यस्य धराधराः । मेघाः स्वेदोदकं यस्य प्रजनश्चतुराननः ॥४५॥ कुक्षौ यस्य जगत्सर्वं चत्वारश्चैव सागराः । अतन्तानन एको योऽप्यनन्त नयनः स्वराट् ॥४६॥ अनन्तरूपी चानन्त शक्ति-रत्यन्त दीप्तिमान् । यद्रोमकूपे भान्ति स्म ब्रम्हाण्डानि सहस्त्रशः ॥४७॥ दृष्ट्वा तं तादृशं शेषो भीत्या भ्रान्त इवाभवत् । प्रार्थयामास विघ्नेशं पुनः सौम्यो भवेति च ॥४८॥ ततो दशभुजो देवः सिंहारूढोऽभवच्च सः । उवाच वरदो देवो नेदृग् दृष्टः सुरैरपि ॥४९॥ मदनुग्रहतोऽदर्शि त्वया शेषाद्य भाग्यतः । अचलं मयि ते स्थानं पातालेऽपि शिवेऽपि च । मया दत्तं प्रसन्नेन धर पुष्पमिवाद्य गाम् ॥५०॥ शेष उवाच । धरे धरां स्वशिरसि धरणीधर इत्यपि । ममापि तेऽपि विख्यातं नाम लोकेऽस्ति विश्रुतम् ॥५१॥ अस्मिन्क्षेत्रे स्थिरो भूत्वा भक्तकामान् प्रपूरय । ब्रम्होवाच । ओमिति तमथोक्त्वाऽसौ विघ्नेशोऽन्तर्दधे स्वयम् ॥५२॥ शेषोऽपि तादृशीं मूर्ति कृत्वाऽस्थापय दादरात् । अकरोद् बहु रत्नाढ्यं प्रासादं कांचनं शुभम् ॥५३॥ धरणीधर इत्येत न्नामास्य परिकल्पयत् । हरेः शयनतां प्राया दवहत् पुष्पवद्धराम् ॥५४॥ स्थिरोऽभून्नाभि पद्मेऽपि विघ्नराजस्य भूषणम् । एवं ते कथितो व्यास विघ्नेशमहिमाऽद्भुतः ॥५५॥ प्रवालनगरे ख्यातो गणेशो धरणीधरः एतदर्थंहि शेषेण कृतमाराधनं विभोः ॥५६॥ (३९८४)

इति श्रीगणेशपुराण उपासनाखंडे शेषोपाख्यानं ष्टाशीतितमोऽध्यायः ॥९०॥

अध्याय ९१ प्रारंभ :– व्यास उवाच । अन्यत् कथय मे देव गणेशस्य कथान्तरम । शृण्वतो मे मनोऽत्यन्त मुत्सुकं भवति प्रभो ॥१॥ ब्रम्होवाच । एकदा प्रलये वृत्तेऽज्ञापयन्मां गजाननः । सृष्टि नानाविधां ब्रम्हन् कुरू त्वं हि ममाज्ञया ॥२॥ अहं प्रकल्पयामास पुत्रान् सप्त न्हदा तदा । तेषां नामानि ते वच्मि कश्यपो गोतमोऽपि च ॥३॥ जमदग्नि र्वसिष्ठश्च भरद्वाजोऽत्रिरेव च विश्वामित्रश्च सप्तैते सर्वविद्या विशारदः ॥४॥ सर्वे मामब्रुवन ब्रम्हन्नाज्ञापय सुरेश्वर । मया तु कश्यपोऽज्ञापि बुद्धिमांस्तेषु चाधिकः ॥५॥ मत्कार्यं विविधां सृष्टि कुर्वित्या ज्ञापित स्तदा । असावोमिति मामुक्त्वा जगाम तपसेवनम् ॥६॥ जजापैकाक्षरं मन्त्रं दिव्यवर्षसहस्त्रकम् ।ततः प्रसन्नो भगवान् द्विरदानन ईश्वर ॥७॥ चतुर्भूजोऽरविन्दाक्षो महामुकुटमण्डितः ।पाशांकुशधरो मालादन्त हस्तः शुभांगदः । सुवर्णमणि रत्नाढ्य मुक्तामाला लसद्गलः ॥८॥ सर्पोदरः कोटिसूर्य विलसद्दीप्ति मण्डलः । विकसन्नेत्र विभ्राज च्चारूशुण्डा लसन्मुखः ॥९॥ आविरासीत् कश्यपस्य पुर एवं गजाननः । क्षुद्रघण्टा नू पुराणां रवान् मुखरिता ङ् घ्रि युक् ॥१०॥ दृष्ट्वा ननर्त तं देवं कश्यपो हर्षनिर्भरः । नत्वा सम्पूजयामास नानामंगल वस्तुभिः ॥११॥ बद्धांजलि रूवाचेदं सुप्रसन्नो गजाननम् । धन्यो मे जनको माता तपो ज्ञानं वपुश्च दृक् ॥१२॥ धन्येयं धरणी तात वीरूद् वृक्ष फलानि च । धन्य एकाक्षरो मन्त्रो येन दृष्टोऽखिलेश्वरः ॥१३॥ गजाननः प्रसन्नात्मा परमात्मा परात्परः । यत्र कुण्ठा श्चतुर्वेदा वेदान्ता मूकतां गतः ॥१४॥ अगोचरो मनस्तर्कं सोऽयं देवो

मयेक्षितः । यस्मादाविर्भवन्तीमे हरेशाग्नि मुखाः सुराः ॥१५॥ पातालानि च सप्तैव भुवनानि चतुर्दश । यत्र तानि लयं यान्ति सोयं देवो मयेक्षितः ॥१६॥ यो निर्गुणो निराधींशो गुरूगम्यो निराकृतिः । ब्रम्हेति यं विदुः केचित् सोयं देवो मयेक्षितः ॥१७॥ क उवाच । एवं वाक्यामृत रसैः परितुष्टो गजाननः : उवाच कश्यपं मन्त्रं स्तुवन्तं विविधैः स्तवैः ॥१८॥ गणेश उवाच । भक्तेः स्तवादनुष्ठानात् प्रीतस्तेऽहं मुनेऽघुना । वरं वरय मत्तस्त्वं यं यं स्वमनसेच्छसि ॥१९॥ कश्यप उवाच । सृष्टिं नानाविधां कर्तुं सामर्थ्यं देहि मे प्रभो । त्वदङ्ध्रि कमले भक्ति मविस्मरणमेव च ॥२०॥ यायाः प्रत्यक्षता तत्र स्मरेत्त्वां यत्र चाप्यहम् । तादृशं देहि मे पुत्रं नाम्ना कश्यपनन्दनम् ॥२१॥ गणेश उवाच । सर्वं ते वांछितं मत्तो भविताऽशु महामुने । भक्तिर्मेऽविस्मृति स्यात्ते संकटे चान्तिक व्रजे ॥२२॥ करिष्यसि विचित्रां त्वं सृष्टिं मम प्रसादतः । क उवाच । एव मुक्त्वा मुनिं देव स्तत्रैवान्तरधीयत । कश्यपोऽपि मुदा युक्तो निजस्थानं तदा ययौ ॥२३॥ कदाचित् कश्यपोऽकस्मा दशरीर प्रपीडितः । न चालभत् क्वापि शर्म गृहमध्यं ततोऽगमत् ॥२४॥ नित्यं नैमित्तिकं काम्यं कर्म ध्यानं च नास्मरत् । तं तथा विह्वलं दृष्ट्वा योषितोऽस्य चतुर्दश ॥२५॥ दित्यदितिर्दनुः कद्रु विनता द्याः पुरः स्थिताः । बुभुजे क्रम शस्तास्तु नानागारेषु कश्यपः ॥२६॥ काले यथोक्ते सुषुवे दितार्दैत्या ननेकशः अदिति

देंव गन्धर्वान् दनुश्च दानवानथ ॥२७॥ क्रमेण किन्नरा यक्षाः सिद्धचारण गुह्यकः । पशवश्च तथारण्या
ग्राम्याश्चासन्ननेकशः॥२८पृथिवी पर्वता वृक्षाः समुद्राः सरितो लताः।धान्यानि धातवो रत्ना मुक्ताः कृमि पिपीलिकाः॥२९॥
सर्पाः पक्षिगणास्ताभ्यः सर्वमासीच्चराचरम् । एवं दृष्ट्वा स संन्तानं जातं नानाविधां तदा ॥३०॥ जहर्ष कश्यपो
धीमान्नाना मन्त्रान् समादिशत् । शोधयित्वा ऋणधानं सिध्दारिचक्र मीक्ष्य च ॥३१॥ षोडशार्णं च कस्मैचित्तथाऽष्टा
दशवर्णकम् । एकाक्षरं च कस्मैचि दन्यस्मै च षडक्षरम् ॥३२॥ पंचार्णमष्टाक्षरं च द्वादशाक्षर मेव च । कस्मैचिच्च
महामन्त्रं ददौ स मुनिपुंगवः ॥३३॥ कुर्वन् त्वनुष्ठितं ताव द्यावद्देवो निरीक्ष्यते । गजाननोऽखिलाधारः सर्वसिध्दि
प्रदायकः । ॥३४॥ एवमाज्ञा पयत्तांश्च ते च जग्मुस्तदैव हि । तपसे बहुशो देशान् जेपुः स्वं स्वं मनुं तदा ॥३५॥
आसने भोजने देवं निद्रायां जागरेऽपि च । अनन्यभक्त्या देवेशं सस्मरुस्ते गजाननम् ॥३६॥ दिव्यवर्षसहस्त्रान्ते
परितुष्टो गजाननः । आविरासि दनेकात्मा तत्पुरः करूणानिधिः ॥३७॥ यो यथा ध्यातवान्देवं तादृश स्तत्परोऽभवत् ।
कस्यचित् पुरतश्चासीन् मेघाभोऽष्ट महाभुजः ॥३८॥ कस्यचित्पुरतस्त्वासी च्छशिवर्ण श्चतुर्भुजः । अग्रे कस्य
चिदारक्तः षड्भुजोऽसौ गणेश्वरः ॥३९॥ सहस्त्रनयन स्तावद् भुजोऽसावपि कस्यचित् । भाति बालस्वरूपोऽपि युवा
वृध्दोऽपि भासते ॥४०॥ दशद्वादश दोर्दण्डो धूम्रवर्णो महन्महः । अष्टादश भुजोऽप्यासीत् कोटिसूर्य समप्रभः ॥४१॥
तेजोरूपो महाकाय आखुवाहन पृष्टगः । सिंहगो बर्हिगो वापि गजास्यो नेक वक्त्रवान् ॥४२॥ दृष्ट्वा देवं तु ते
सर्वेऽनेकधा तुष्टुवुर्मुदा । । बध्दांजलिपुटा नम्रा भक्त्या देवं गजाननम् ॥४३॥ सर्वे ऊचुः । यतोऽनन्तशक्ते रनन्ताश्च
जीवा । यतो निर्गुणाद प्रमेयाद् गुणास्ते । यतो भाति सर्वं त्रिधा भेद भिन्नं । सदा तं गणेशं नमामो भजामः ॥४४॥

यतश्चाविरासि ज्जगत् सर्वं वेत्तु । स्तथाऽब्जासनो विश्वगो विश्व गोप्ता । तथेन्द्रादयो दैत्यसंघा मनुष्याः । सदा तं गणेशं नमामो भजामः ॥४५॥ यतो वन्हि भानू भवो भूर्जलं च । यतः सागरा श्चन्द्रमा व्योम वायुः । यतः स्थावरा जंगमा वृक्षसंघाः । सदा तं गणेशं नमामो भजामः ॥४६॥ यतो दानवाः किन्नरा यक्ष संघा यतश्चारणा वारणाः श्वापदाश्च । यतः पक्षिकीटा यतो वीरुधश्च । सदा तं गणेशं नामामो भजमः ॥४७॥ यतो बुध्दिरज्ञान नाशो मुमुक्षो। येतः सम्पदो भक्तसंतोषकः स्युः । यतो विघ्ननाशो यतः कार्यसिध्दिः । सदा तं गणेशं नामामो भजामः ॥४८॥ यतः यतः पुत्रसम्पद्यतो वांछितार्थों । यतो भक्तिविघ्नास्तथाऽनेकरूपाः । यतः शोकमोंहो यतः काम एव । सदा तं गणेशं नमामो भजामः ॥४९॥ यतोऽनन्त शक्तिः स शेषो बभूव । धराधारणे ऽनेकरूपे च शक्तः । यतोऽनेकधा स्वर्गलोकाहि नाना । सदा तं गणेशं नमामो भजामः ॥५०॥ यतो वेदवाचो विकुण्ठा मनोभिः सदा नेंति नेतीति ता यं गृणन्ति । परब्रम्हरूपं चिदानन्दभूतं । सदा तं गणेशं नमामो भजामः ॥५१॥ (४०३५)

अध्याय ९२ प्रारंभ :- क उवाच । एवं नत्वाच स्तुत्वाच सर्वे ते तु गजाननम् । पुनरुचुर्गणाध्यक्ष मद्य धन्यतमा वयम् ॥१॥ धन्यं तपो नो दानं च ज्ञानं यज्ञश्च पूर्वजाः । अद्य नो दृष्टयो धन्या याभिदृष्टो गजाननः ॥२॥ एव

वाक्यामृतै स्तेषां स्तुतिभिः परितोषितः । उवाच शृण्वन्ता तेषां गाम्भीर्याद् द्विरदाननः ॥३॥ नैतादृशं मयाऽदर्शि ब्रम्हविष्णुशिवादिषु । यत् साक्षाद् दृश्यते सर्वं रूपं मे निर्गुणस्य यत् ॥४॥ अतितुष्टोऽनया स्तुत्या वरान् दातुमिहागतः । यद्यद्वो वांछितं तत्तद् वृणुध्वमखिलं तु यत् ॥५॥ एवमुक्ता स्तदा तेन विकटेन मुनीश्वर । यस्य यद्वांछितं तत्त द्वव्रुस्तस्माद् गजाननात् ॥६॥ असंख्यत्वा त्तद्वराणां नास्ति शक्तिश्चतुर्मुखैः । गदितुं सर्वथा तस्मादुक्तं संक्षेपतो मया ॥७॥ तांस्तान् ददौ वरान्यान्यान् सर्वे वव्रुर्गजाननम् । पुनरप्य वदत् सर्वानिदं स्तोत्रं मम प्रियम् । त्रिसन्ध्यं यः पठेदेतद् विद्यावान् पुत्रवान् भवेत् । आयुरारोग्य मैश्वर्यं यशो वृद्धि जयोदयम् । प्राप्नुयाद्वांछितानर्थांनन्ते च परमं पदम् । पुनरुचे गणाधीशः स्तोत्र मेतज्जपेन्नरः । त्रिसन्ध्यं त्रिनिदं तस्य सर्वं कार्यं भविष्यति ॥८॥ यो जपेदष्टदिवसं श्लोकाष्ट–कमिदं शुभम् । अष्टवारं चतुर्थ्यांतु सोऽष्टसिध्दिरवाप्नुयात् ॥९॥ यः पठेन्मासमत्रं तु दशवारं दिने दिने । स मोचयेद् बन्धनात्तं राजबध्दं न संशयः ॥१०॥ विद्याकामो लभेत् विद्यां पुत्रार्थी पुत्रमाप्नुयात् । वांछितं लभते सर्व मेकविंशति वारतः ॥११॥ यो जपेत् पराया भक्त्या गजाननपरो नरः । एवमुक्त्वा ततो देवः सर्वेषामेव पश्यताम् ॥१२॥ अन्तर्दधेऽखिलाधारः सुमुखोऽसौ गजाननः । ते च चक्रुस्तदा मूर्ति गणेशस्य शुभाननाम् ॥१३॥ प्रयिष्ठाप्य च तां स्थूले प्रासादे रत्ननिर्मिते । सुमुखेति च तस्यास्ते नाम चक्रुःसुविश्रुतम् ॥१४॥ संपूज्य च नमस्कृत्वा स्वं स्वं स्थानं ययुय सुराः । सर्वेते मुनयो लोका सर्वकार्यरता स्तदा ॥१५ केचित्तस्या नाम चक्रु रेकदन्त इति स्फुटम् । गन्धर्वै किन्नरै रन्या स्थापिता मूर्तिरूत्तमा ॥१६॥ प्रासादे कांचनें श्रेष्ठेऽनेकधा परिपूज्य च । कपिलेति च नामास्याः स्थापयामासुरुत्तमम्

गुहचकाश्चारणाः सिद्धा मूर्तिमन्या प्रचक्रिरे । महालये प्रतिष्ठाप्य नेमुश्च पुपुजुश्च ताम् ॥१८॥ गजकर्णेति नामास्या
श्चक्रुस्ते तु स्फुटार्थकम् । तत् प्रभावा द्विमानस्थाः सर्वे ते दिवमाक्रमत् ॥१९॥ लम्बोदरेति नाम्ना च स्थापिता सर्वं
॥२२॥ मानवैः । श्वापदैरखिलै रन्या स्थापिता मुर्तिरुत्तमा ॥२०॥ विकटेति च नाम्ना तां पुपूजुस्ते ययुर्वनम् गिरयश्च
द्रुमाश्चान्यां मूर्तिस्थाप्य प्रपूज्यच॥२१॥विघ्नाशन इत्येवं नाम कृत्वा स्थितास्तु कौ। तत्प्रसादश्च ते ख्याताः पर्वताश्च द्रुमस्तथा
सर्वै पक्षिगणैर्मूर्तिः स्थापिता रत्नकांचनी गणाधिपेति नाम्ना तैः पूजिता च नमस्कृता ॥२३॥
सर्वैर्विषधरैरेका स्थापिता गणनायकी । यस्या हूतिः कृता तैस्तु धुमकेतुरिति स्फुटा ॥२४॥ सर्वैर्जलाशयैरेका प्रतिमा
स्थापिता शुभा । गणाध्यक्षेति नाम्ना सा पूजिता परमोत्सवैः ॥२५॥ कृमिकीटादि निचयै र्वनस्पत्योषधीगणैः । स्थापिता
परमा मूर्ति र्भालचन्द्रेति विश्रुता ॥२६॥ अन्यैः सचेतनै रन्या रत्नप्रासाद मध्यगा । वैनायकी महामूर्तिः पूजिता
भक्तिभावतः ॥२७॥ गजाननाख्यया ख्याता सर्वेषां सर्वकामदा । ते ते जगत्त्रये ख्यातारतत्तज्जात्या बभूविरे ॥२८॥
सुश्विनः स्वस्वकार्येषु दक्षा देव प्रसादतः । प्रत्येक नाम कथनें न शक्तिर्मम वर्तते ॥२९॥ सारं सारं प्रगृह्यैव कृतं नाम्ना
सहस्रकम् । ततोऽपि सारभूतानि प्रोक्तानि द्वादशैव तु ॥३०॥ समुद्रमथनाद्यद्वद् रत्नानी व चतुर्दश । एवं संक्षेपतो ब्रम्हन्

महिमा तेऽभिवर्णितः ॥३१॥ विस्तराद् गदितुं शेषा नेशो नेशोऽप्यहं हरिः इन्द्रादि मशकानां च जीवानां यक्षरक्षसाम् ॥३२॥ तत्र का गणना कार्या मया सत्यवतीसुत । तस्मात् सर्वेषु कार्येषु पूजनीयो गजाननः ॥३३॥ यो न पूजयते देव देवविघ्नविनाशनम् । स दुरात्मा परित्याज्य श्चांडाल इव दूरतः ॥३४॥ मुनिरुवाच । अनुक्रमेण कथय नामानि द्वादशैव मे । श्रवणात् पठनादेषां सर्वं निर्विघ्नतामियात् ॥३५॥ ब्रम्होवाच । सुमुखश्चैकदन्तश्च कपिलो गजकर्णकः। लम्बोदरश्च विकटो विघ्ननाशो गणाधिपः ॥३६॥ धूम्रकेतु र्गणाध्यक्षो भालचन्द्रो गजाननः । द्वादशैतानि नामानि यः पठेच्छृणुयादपि ॥३७॥ विद्यारम्भे विवाहे च प्रवेशे निर्गमे तथा । सङ्ग्रामे संकटे चैव विघ्नस्तस्य न जायते ॥३८॥ शुक्लाम्बरधरं देवं शशिवर्णं चतुर्भुजम् । प्रसन्नवदनं ध्यायेत् सर्वविघ्नोपशान्तये ॥३९॥ कोटिकन्याप्रदानानि कोटियज्ञ व्रता निच । तपांसि यानि सर्वाणि तीर्थान्यायतनानि च ॥४०॥ स्वर्णभारसहस्राणि कोटिदानानि यान्यपि । कृच्छ्राणि तप्तकृच्छ्राणि पराकेन्दु व्रतानि च ॥४१॥ शतांशमेषां पुण्यस्य तानि नाम्नां न यान्ति च । इमानि प्रातरुत्थाय शुचिर्भुत्वा समाहितः ॥४२॥ यः पठेन्मानवो भक्त्या विघ्ना नो यांति तं नरम् । सिद्ध्यन्ति सर्वकार्याणि मोक्षमन्ते व्रजत्यसौ ॥४३॥ तस्य दर्शनतो लोका देवाः पूता भवन्ति च । अत एव मुने सर्वाः शाक्ताः शैवाश्च वैष्णवाः ॥४४॥ उक्त्वा द्वादश नामानि सर्वकार्याणि कुर्वते । गाणेशा अपि कुर्वन्ति किमत्रापि च कौतुकम् ॥४५॥ न सिद्ध्यन्ति हि कार्याणि द्वादशान्य तमस्य ह । उच्चारणं विना ब्रम्हं स्तस्मादेकं समुच्चरेत् ॥४६॥ दुष्टानां नारितकानां च कार्यं यद्यद्वि

सिद्ध्यति । तेऽपि बीजं समुच्चार्य मध्यानादपि कुर्वते ॥४७॥ एवं ते महिमा सर्वः कथितो लेशतो मुने । उपासनाफलं
नाना यथामति निरू पितम् ॥४८॥ विष्णूनां कथितं यावत् तावत्तव निरूपितम् । सोऽपि नान्तं जगामास्य गणेशोपास–
नस्य ह ॥४९॥ गणेशनाम महिमा पूर्णो ज्ञातो न तेन च । भृगुरुवाच । एवं ते कथितां राजन्नद्भुतो महिमा मया
॥५०॥ ब्रम्हणा सुप्रसन्नेन यो व्यासाय निरुपितः । उपासनाखंड मिदं वर्णितं नृपते मया ॥५१॥ यदि ते श्रवणे
श्रद्धा तदान्यदपि वर्णने । चरितं गणनाथस्य सोमकांताघनाशनम् ॥५२॥ सूत उवाच । इति वः कथितं नानाकथान्तर
समन्वितम् । उपःसनं गणेशस्य शौनकाद्या महर्षयः ॥५३॥ वेदव्यासाय मुनये ब्रम्हणा यत्समीरितम् । भृगुणा
सोमकान्ताय वर्णितं पापनाशनम् ॥५४॥ शृणुयाद्यो गणेशस्य पुराणमिदमुत्तमम् । स सर्वामापदं हित्वा भुक्त्वा भोगान–
नेकशः ॥५५॥ पुत्रपौत्र समायुक्तो ज्ञानविज्ञानसंयुतः । लभते परमां मुक्तिं गणेशस्य प्रसादतः ॥५६॥ न तस्य
पुनरावृत्तिः कल्पकोटि शतैरपि । यः श्रावयेन महाभक्त्या यथोक्त फलभाग् भवेत् ॥५७॥ यथाप्तं सोमकान्तेन शृण्वता
परमादरात्।इति श्रीगणेशपुराण उपासनाखंडे ब्रम्हव्यास भृगुसोमकान्त संवादे गजाननाम निरूपणं नाम द्विनवतितमोध्यायः
॥९२॥ (४०९३)

॥ श्रीमद्गजाननार्पणमस्तु ॥

॥ इति श्रीगणेशमहापुराणे उपासना खण्डं समाप्तम् ॥

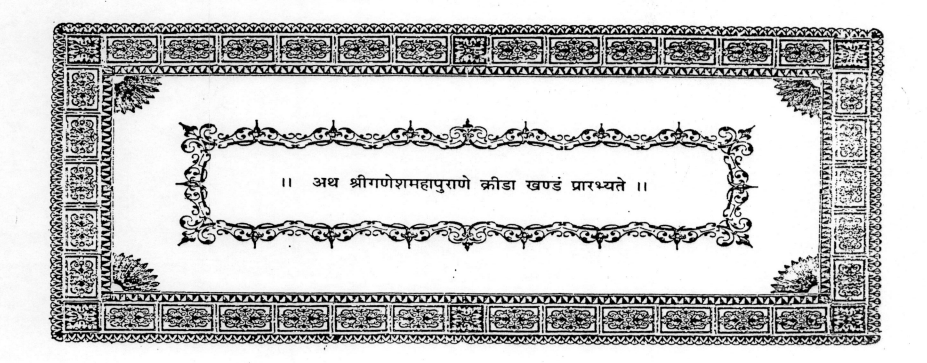

।। अथ श्रीगणेशमहापुराणे क्रीडा खण्डं प्रारभ्यते ।।

गणेश पुराण

अध्याय १

श्रीगणेशपुराणम्- उत्तरार्ध (क्रीडाखंड भाग १)

श्रीगणेशायनमः श्रीमहासिद्धि महाबुद्धि लक्ष लाभ नग्नभैरव राज चरणाभ्यां नमः । सकल गाणेशगुरूभ्यो नमः । मुनय ऊचुः । सम्यगाख्यान माख्यातं त्वया सूत महामते । सादरं श्रुतमस्माभिर्न च तृप्ति गता वयम् ॥१॥ यथा न तृप्यते जन्तुरन्नमश्नन्दिने दिने । अन्यत्कथान्तरं ब्रूहि येन तृप्यामहे वयम् ॥२॥ सूत उवाच । उक्तं चोपासनाखंडं क्रीडाखंडं वदामि वः । यथा कृतं गणेशेन नानादैत्य विहिंसनम् ॥३॥ साधुद्विजगवां चैव पालनं परमादरात् । तदहं संप्रवक्ष्यामि श्रूयतां स्थिरचेतसा ॥४॥ मुनय ऊचुः । यावद्यावत् कथ्यते तत् पुराणं, तावत्तावद वर्धते श्रोतुमिच्छा । तस्मात् सम्यक् कथ्यतां सर्वलोकः संसाराब्धेर्येन सद्यः प्रमुच्येत् ॥५॥ सूत उवाच । यदुक्तं ब्रम्हणा पूर्वं व्यासायामिततेजसे । भृगुणा सोमकान्ताय तदेतद्वो ब्रवीम्यहम् ॥६॥ व्यास उवाच । पद्मयोने वद विभो गणेशचरितं शुभं । यद्यद्रूपं समास्थाय यद्यच्च कृतवान् विभुः ॥७॥ कृपावता त्वया ब्रम्हन् ममवाक्यादुदीर्यताम् । उपासनाखंडमिदं श्रुत्वा तृप्ति न यामि च ॥८॥ येन येनवतारेण यं यं दैत्यं महाबलम् । अहनद् विकट स्तत्तत् कर्मास्य वक्तुमर्हसि ॥९॥ तदीयं बालचरितं लीला नानाविधा अपि । श्रुत्वा त्वद् वदनांभोजान् मनो निर्वृतिमेष्यति ॥१०॥ सूत उवाच । श्रुत्वा नानाविधान् प्रश्नानुवाच कमलासनः कथां नानाविधां दिव्यां व्यासाय परिपृच्छते ॥११॥ ब्रम्होवाच । साधु पृष्टं त्वया व्यास हृदयानन्दकारिणा । वक्तुर्विवर्धते प्रीतिः सादरे

श्रोतरि प्रभो । ॥१२॥ अवाच्यमपि वक्तुं मे पुण्यश्लोके भवेत् त्वयि । शक्तिर्गरीयसी यद्वद् वक्तुः श्रोतरि कथ्यताम् ॥१३॥
इदानीं सर्वमाख्यासे गणेशचरितं तव । नानावतारान् कृत्वा स भूभारं-हृतवान् विभु : ॥१४॥ हत्वा नानाविधान् दैत्यान्
स्वस्थानेऽस्थापयन् सुरान् । साधूनां पालनरतो दुष्ट निर्मूलन क्षमः ॥१५॥ इतिहासं शृणु, मुने गणेशाख्यान संश्रयम् ।
विष्टरश्रवसा प्रोक्तं श्रवणात् सर्व कामदम् ॥१६॥ विष्णुरुवाच । युगे युगे भिन्न नामा गणेशो भिन्नवाहनः भिन्नकर्मा भिन्नगुणो
भिन्नदैत्यापहारकः ॥१७॥ सिंहारुढो दशभुजः कृते नाम्ना विनायकः तेजोरुपी महाकायः सर्वेषां वरदो वशी ॥१८॥ त्रेतायुगे
बर्हिरुढः षड्भूजोप्यर्जुनच्छविः । मयूरेश्वर नाम्ना च विख्यातो भुवनत्रये ॥१९॥ द्वापरे रक्तवर्णोऽसा वाखुरूढश्चतुर्भुजः ।
गजानन इतिख्यातः पूजितः सूरमानवैः ॥२०॥ कलौ तु धूम्रवर्णोऽसावश्वारूढो द्विहस्तवान् । धूम्रकेतुरिति ख्यातो
म्लेंच्छानीकविनाशकृत् ॥२१॥ यं यं स दैत्यं हन्ति स्म तदिदानीं ब्रुवे मुने । अंगदेशीयनगरे रौद्रकेतुरभूद्द्विजः ॥२२॥
सर्वशास्त्रार्थतत्वज्ञो वेदवेदांगपारगः । समोजीवेनाग्निहोत्री सुरगोद्विपूजकः ॥२३॥ ईश्वरोपासको नित्यं सर्वागमविशारदः ।
यस्य पत्नी शारदाख्या रूपलावण्यशोभिता ॥२४॥ ईदृशी नाप्सरेःमध्ये नाष्टासुनायिकास्वपि । यद्वस्त्रनिर्जितश्चन्द्रश्चिन्तया
क्षयमीयिवान् ॥२५॥ अनेकदिव्याभरणैर्भासयन्ती धरातलम् । यथा नक्षत्रमालाभिर्भासते व्योममंडलम् ॥२६॥ कदाचित्सा

गर्भवती शारदोत्पललोचना । शारदा शारदे मासि शरच्चन्द्रसुशोभिते ॥२७॥ शरीरतेजसा यस्या न प्राज्ञायत किंचन ।
दोहदान्पूरयत्येष यं यं सा कामयत्सती ॥२८॥ एवं सा नवमे मासि यमलौ सुषुवे सुतौ । अतिकान्ततरौस्वान्तनन्दननावु–
भयोरुभौ ॥२९॥ अजानुबाहू दीर्घाक्षौ दृष्ट्वा प्रोवाच तत्पिता । अद्याहमनृणो जातो धन्यमद्य तपो मम ॥३०॥ वंशो धन्यो
जनुर्धन्यं यत्पुत्रौ विक्षितौ मया । अर्घ्याद्यैर्द्विजवर्यान्स संपूज्य च गणाधिपम् ॥३१॥ स्वस्तिवाच्यं चकराशु मातृपूजनपूर्वकम् ।
भक्त्याऽभ्युदयिकं श्राद्धं जातकर्मा करोद्द्विजैः ॥३२॥ संपूज्यब्राह्मणान्भक्त्या ददौ दानान्यनेकशः । सुन्हृदो मानयामास
वासोरत्नधनादिभिः ॥३३॥ नानावादित्र निर्घोषैः शर्करां च गृहे गृहे । दापयामास तांबूलं पुत्रजन्मसुनिर्वृतः ॥३४॥ यथा
धान्यपरो योगी प्राप्य सद्वस्त्वनुत्तमम् । ततो दशाहेऽतीतेऽसावाकार्य द्विजपुंगवान् ॥३५॥ समर्च्य परया भक्त्या ज्योतिःशा–
स्त्रविशारावान् । पप्रच्छ चैतयोर्नाम किं कार्यं द्विजसत्तमाः ॥३६॥ अतीतानागतज्ञानाद्विचार्य कथयन्तु मे । ते चोचुः
प्रणिधानेन देवान्तकनरान्तकौ ॥३७॥ नामनी अनयोर्ब्रम्हन्नन्वर्थे कुरू नोमते । इति तद्वचनं श्रुत्वा द्विजभक्तिरतो द्विजः ॥३८॥
स्वशाखोक्तेन विधिना नामनी विदधे तथा । ब्राह्मणान्भोजयामास सर्वांश्च नागरांस्तथा ॥३९॥ ववृधाते ततस्तौ तु
मेरूमन्दारसन्निभौ । यथा कच्छाश्रितौ तालौ यथा वंशांकुरौ बलात् ॥४०॥ यत्र यत्र पदन्यासं कुर्वाते तौ यदृच्छया ।

रसातलगतस्याग्र शेषस्य नमते शिरः ॥४१॥ दृश्यते मंडलं भानो स्त्विष्टतोः शिरसि स्थितम् । पित्रोः प्रदर्शयन्तौ तौ कौतुकानि भृशं तयोः ॥४२॥ कदाचिन्नारदोऽकस्माद्रौद्रकेतुगृहं ययौ । श्रुत्वा कीर्ति बालकयोः कौतुकादग्रहीत्तु तौ ॥४३॥ मूर्ध्न्याघ्रायांकमारोप्य पितरावववदत्तयोः । नारद उवाच । श्रुत्वा कीर्ति समायातः पुत्रयोरभ्दुतां शुभाम् ॥४४॥ अग्रेऽभ्दुत-तरा चापि भविष्यत्यनयोर्मुने । महद्भाग्यं तव मुने यल्लब्धावीदृशौ सुतौ ॥४५॥ दृष्ट्वाऽन्यो हर्षमायाति का वार्ता स्वजनस्य ह । इत्याकर्ण्य शुभं वाक्यं नारदेन समीरितम् ॥४६॥ तावाहतुर्मुनिं नत्वा पितरौ नारदं तदा । तव प्रसादाद् बव्हायुः पुत्रयोरस्तु सांप्रतम् ॥४७॥ अनुग्रहं कुरु तथा यथैतौ वीर्यवत्तरौ । भवेतां लोकविख्यातौ सर्वज्ञौ रिपुदंडिनौ ॥४८॥ क उवाच । रुद्रकेतोः शारदायाः पुत्रयोर्भक्तिमीक्ष्य सः । पंचाक्षरीं महाविद्या मुभयोरूपदिष्टवान् ॥४९॥ उवाच पुत्रौ कामारिरनया संप्रसाद्यताम् । मस्तकेऽभय हस्तं च स्थाप्यानुष्ठानमादिशत् ॥५०॥ एवमुक्त्वा तमामन्त्र्य रौद्रकेतुं महामुनिः ततस्त्वन्तर्दधे ब्रम्हन्नारदो दिव्यदर्शनः ॥५१॥ अंतर्हिते मुनौ तौ चावदतां पितरौ मुदा । अनुष्ठानाय नावज्ञां भवद्भ्यां संप्रदीयताम् ॥५२॥

इति श्रीमन्महागाणेश्वरे महापुराणे क्रीडाखंडे नारदोपदेशो नाम प्रथमोऽध्यायः ॥१॥

अध्याय २ प्रारंभ :— व्यास उवाच । अनुष्ठानं कथं ब्रम्हन् कुत्र वा तौ प्रचक्रतुः तत्सर्वं विस्तराद्ब्रूहि सादरं मम पृच्छतः ॥१॥ ब्रम्होवाच । साधु पृष्टं त्वया व्यास सर्वं ते कथयेऽधुन । चाक्रतुस्तावनुष्ठानं देवान्तकनरान्तकौ ॥२॥ पित्रौराज्ञां गृहीत्वैव जग्मतुर्गहनं वनम् । गत्वारो यत्र वायोर्नानाद्रुमलताकुलम् ॥३॥ वापीकासारसहितं पुष्पपल्लव शोभितम् । विशालगव्हरगिरि नानाप्रस्तरशालि च ॥४॥ तत्र स्थितावुभावेतौ प्रारभेतां महत्तपः । एकांगुष्ठे स्थितौ चौभौ तत्र तौ स्थिरचेतसा ॥५॥ जपन्तौ नारदप्रोक्तां विद्यां पंचाक्षरीं शुभाम् । ध्यायन्तौ शंकरं देवं सहस्त्रपरिवत्सरान् ॥६॥ निराहारौ वायुभक्षौ शरदां द्विसहस्त्रकम् । सहस्त्रवर्षं पत्राणि पक्वानि जक्षतुश्च तौ ॥७॥ एवं दशसहस्त्राणि वर्षाणि जपतोर्ययुः । विवृद्धे भूरितपसि ततश्च तेजसा तयोयः ॥८॥ सूर्योऽभून्मन्दकिरणो भस्मोध्दूलित देहयोः । व्याघ्राजिने चाक्षमाले बिभ्रतो गजचर्मणी ॥९॥ पुपूजतुरुषःकाले शम्भुं कुसुमपल्लवैः । तस्मिंस्तपोवने तात तयोरद्भुत तेजसा ॥१०॥ जातिवैराः सुनिर्वैरा आसन्सिह गजादयः । एवं तत्तपसा तुष्टः पंचवक्त्रस्त्रिलोचनः ॥११॥ दशबाहूरपर्णांगो व्याघ्रेभचर्म शूलवान् । बिभ्रच्छिरसि गंगां च डमरुं दक्षिणे करे ॥१२॥ फणिहारसमायुक्तो रुंडमालालसद्गलः । वृषारुढो नीलकंठः प्रभया भासितांबरः ॥१३॥ नानालंकारसंयुक्तः श्वेतांगश्चंद्रशेखरः । दृष्ट्वा तौ तादृशं देवं हर्षमाषतुरुत्तमम् ॥१४॥ ननतंतुरुभौ पश्चात्साष्टांग

प्रणिपेततुः । बद्धांजलिपुटौ तौ तं देवदेवं समूचतुः ॥१५॥ धन्यौ नौ पितरौ देवजनुषी नयने तपः । धन्यं कुलं च देहौ च यतो दृष्टो महेश्वरः ॥१६॥ वेदांतागोचरोऽगम्यो वाचो यस्मादुपावृत्ताः । आगमः कुंठितो यत्र षट्शास्त्राण्यथ मानसम् ॥१७॥ सहस्त्रवदनः स्तोतुं न क्षमः सनकादयः । न शक्ताः सर्वजगतः कर्ता पाताऽपहारकः ॥१८॥ रंकं करोति राजानं राजानं रंकमेव च । सर्पं करोति वलयं वलयं सर्पमेव च ॥१९॥ अधनं यो धनाढ्यं च धनाढ्यमधनं तथा । श्रुत्वैवं स तयोर्वाणीं प्रोवाच च उमापतिः ॥२०॥ साधु साधु श्रुतं वाक्यामृतं वां समुदा मया । तपसा परितुष्टो वां वृषारूढा सहोमया ॥२१॥ आगतो ध्याननिष्ठाभ्यां याचेतां वांछितान् वरान् । क उवाच । अंधकारेरिदं वाक्यं श्रुत्वा तौ प्रोचतुस्तदा ॥२२॥ हर्षगद्गदया वाचा देवान्तकनरान्तकौ । यदि तुष्टोऽसि देवेश सर्वेश जगदीश्वरः ॥२३॥ यदि त्वया वरा देया यद्यनुग्राह्यता च नौ । तदा देवमनुष्येन्द्र यक्षरक्षः पिशाचतः ॥२४॥ मानवोरगगन्धर्वाप्सरः किन्नरतोऽपि च । सर्व शस्त्रास्त्रतो वन्यग्राम्यपश्वादितोऽपि च ॥२५॥ ग्रहनक्षत्र भूतेभ्यो दानवा सुरतोऽपि च । न दिवा न च रात्रौ वा कृमिकीटादितोऽपि वा ॥२६॥ मृत्युः कदापि नौ स्याचे प्रसादाज्जगदीश्वर । त्रैलोक्यराज्यं नौ यच्छ भक्ति ते चरणेऽपिच ॥२७॥ क उवाच । तौ जगाद ततः शूली प्रसन्नस्तपसा तयोः । समाकर्ण्य वरान् सर्वान् भक्तयोर्वृषभध्वजः ॥२८॥ शिव उवाच । यदिष्टं वांछितं सर्वं

तत्तथा न तदन्यथा । अभयं सर्वतोऽमृत्यु त्रैलोक्ये राज्यमेव च ॥२९॥ लप्स्यथो लप्स्यते चापि भवद्भ्यामन्तको भयम् । तयोः शीर्ष्णोरधाच्छम्भुरभयं करपंकजम् ॥३०॥ एवं प्राप्येप्सितान् कामानन्तर्धानं ययो शवः । तावनुज्ञां ततो गृह्य तस्मिन्नन्तर्हिते गृहम् ॥३१॥ ईयतुस्तं परिक्रम्य प्रणम्य च प्रपूज्य च । हर्षेण पितरौ दृष्ट्वा नेमतुर्भृश हर्षितौ ॥३२॥ आलिंग्य पितरौ तौ तु निजवृत्तान्तमूचतुः । आघ्राय मस्तकं प्राह पिता तौ तनयौ मुदा ॥३३॥ युवयोः सुवरप्राप्त्या दर्शनाच्छंकरस्य च । पावितं जन्म च कुलमर्जितं सुमहद्यशः ॥३४॥ श्रुत्वोदन्तं शीतलानि जातान्यंगानि मे सुतौ । जाता चामृतपानस्य परा तृप्तिर्न संशयः ॥३५॥ मात्राभ्यक्तौ बुभुजतुस्ततोऽन्नं विविधं शुभम् । पित्रासमं ब्राम्हणैश्च वेदशास्त्रविशारदैः ॥३६॥ ततः सा पूजयामास नानालंकारभूषणैः तौ पुत्रौ ब्राम्हणांश्चैव तेभ्यो गृह्याशिषो बहु । विससर्ज प्रणम्यैतान्व्यतीयतुरुभौनिशाम् ॥३७॥ (८९)

इति श्रीमन्महागाणेश्वरे महापुराणे क्रीडाखंडे द्वितीयोऽध्यायः ॥२॥

अध्याय ३ प्रारंभ :– क उवाच । ततः प्रातः समुत्थाय गुरूंद्धात्वा सभाज्य च । स्मृत्वा नत्वाऽखिलान्देवान् जग्मतु नैंऋती दिशम् ॥१॥ कृत्वा मुत्रपुरीषे तु दन्तजिव्हा विशोध्य च । स्नात्वा सन्ध्यामुपास्यैता विष्टन्देवान्पुपूजतुः ॥२॥

संपूज्य ब्राम्हणानभक्त्या ददतुर्धनवाससी । आज्यमालोक्य कांस्यस्थं ददतुर्ब्राम्हणाय तत् ॥३॥ सदक्षिणं समालोक्य दर्पणं निर्मलं तथा । परिधाय च वासांसि विचारं चक्रतुस्तु तौ ॥४॥ज्येष्ठ उवाच । अहं विजेष्ये स्वर्लोकान् वरदानान्महेशितुः । मृत्युलोकं च पातालं जय त्वं तत्प्रसादतः ॥५॥ क उवाच । एवं तौ निश्चयं कृत्वा विलोक्य शुभवासरं । एको ययौ स्वर्गलोकं वायुवेगसमो जवे ॥६॥ यातोऽमरावतीं तत्र बभंजाराममंडलम् । बद्ध्वा परिकरं तस्थौ शक्रस्य पुरतो बली ॥७॥ कोलाहलो महानासी-द्देवानां धावतां भृशम् । कोऽयं कोऽयं कथं यातोऽकस्मादिन्द्रसमीपतः ॥८॥ घ्नन्तु बध्नन्तु सुदृढं दूरीकुर्वन्त्वमुं नरम् । इति ते धावमानास्ते सर्वे तेन निराकृताः ॥९॥ उड्डीयोड्डीय सहसा निपत्य च पुनःपुनः । तदुड्डानान् निपतिताः स्त्रीगर्भाश्च महाद्रुमाः ॥१०॥ कम्पिता पृथिवी सर्वा सपर्वत वनाकरा । तदंगदीप्त्या श्यामास्ते जाता विबुधसत्तमाः ॥११॥ यथाऽऽमयजितो मर्त्यो याति सद्यो विवर्णताम् । तद्दर्शनात्सर्वे विवर्णत्वं गताः सुराः ॥१२॥ इन्द्रोऽपि विव्हलो जातो विवर्णश्च तदा मुने । केचिद्दश दिशो याताः सन्नद्धा केऽपि चाभवन् ॥१३॥ केचित्तं शरणं याता अत्यधीराः सुराधमः । तत इन्द्रश्चतुर्दन्तं वज्रहस्तः समारुहत् ॥१४॥ जगर्ज सुमहाभीमं चकम्पे भुवनत्रयम् । किं पश्यतेत्युवाचैनान् सन्नद्धान् सुरसत्तमान् ॥१५॥ पौरुषं क्वगतं तावद्यावदत्रा गतोऽसुरः । ततस्ते पुरतो जग्मुः संग्रामाय कृतोद्यमाः ॥१६॥ सद्योत्सुकान् सुरान्प्रेक्ष्य प्रोचे देवान्तको हरिम् । किमर्थं श्रमसे शक्र विचारय वरान्मम ॥१७॥ अन्तको भयसंत्रस्तः पलायनपरो गतः । तृणप्रायं तु ते वज्रं मन्येऽहं शंकराज्ञया ॥१८॥

मच्छ्वासात्सर्वतो यान्ति देवास्त्वद् दृष्टिवर्तिनः । श्रूयतां मद्वचः शक्र साम्नैव दीयतां मम ॥१९॥ पदानि स्वानि सर्वाणि
स्थीयतां यत्रकुत्रचित् । अन्यथा सकलं हित्वा वृथा मृत्युं प्रयास्यसि ॥२०॥ देवान्तकेति मन्नाम न जानासि कथं सुर ।
क उवाच । इति तद्वचनं श्रुत्वा बिभिदे हृदयं हरेः ॥२१॥ शक्रस्य च मुखादग्निः प्रबलो निर्गतो बहिः । अतितप्ते यथा
तैले जलपाताद्यथा भवेत् ॥२२॥ तत ऊचे महेन्द्रस्तं क्रोधावेशसमन्वितः । त्वादृशाः कति कति न निहता दानवा मया ॥२३॥
त्वमिदानीं वराद्गर्वादागतोऽस्वसुराधम । वज्रपाताद्धतो नूनं धरण्यां निपतिष्यसि ॥२४॥ अन्यपदप्रधानो हि समासोन्नाम्नि
ते बली । ततः शक्रोऽहनत्तं तु वज्रेण दृढमुष्टिना ॥२५॥ वज्रं तच्छतधाभिन्नमामभांडं च्युतं यथा । देवान्तकोऽच्छिन्नरो–
माऽतिष्टदाजौ निराकुलः ॥२६॥ ततोऽसौ मुष्टिना पृष्टे जघान सुरसत्तमम् । तेनासौ पतितो भूमौ वाताहत इव द्रुमः ॥२७॥
पौरुषं तस्य बुद्धदैव पपाल बलसूदनः । अधावद्वेगतः पृष्टे सिंहो मृगगणानिव ॥२८॥ व्यादाय भीषणं वक्त्रं पलन्तं तमुवाच
सः । पलायसे किमधना वलगना क्व गता तव ॥२९॥ संमुखो भव शक्र त्वं सर्वदेवगणैः सह । असंमुख पलायन्तं न हन्ति
वीरसत्तमः ॥३०॥ स्वयं तत्पुरतो भूत्वा मारयामास तान्सुरान् । मुखे चपेटिकां दत्त्वा गतासूंस्तानपातयत् ॥३१॥

भ्रामयित्वा ततश्चैकं पोथयामास भूतले । लत्तया मुष्टिनाकांश्चित्कुर्पराघाततोऽपरान् ॥३२॥ कंठेऽगृहीत्प्राणघातं चकर्ष
चापरान्सुरान् । केषाञ्चिज्जानुनी भीत्त्वा केषाञ्चिच्च भुजावपि । उरुयुग्मं च केषाञ्चिच्चिक्षेप दूरतोऽपि तान् ॥३३॥
उत्तानाः पतिताः केचित्केचिन् न्युब्जास्तथा सुराः । केचिन्मुखप्रहारं च चक्रूर्गन्तु मनीश्वराः ॥३४॥ केचित्तु तर्कयामा–
सुर्मनसा दुःखितेन च । अकस्मात्प्रलयं किं नु प्रारभज्जगदीश्वरः ॥३५॥ सुविशीर्णाः सुराः सर्वे गजा सिंहार्दिता यथा ।
ततः स्वयं जगर्जाशु जयशाली सुरान्तकः ॥३६॥ यथा मेघेषु गर्जत्सु गर्जते बर्हिमंडली। भास्करीं भास्करस्त्यक्त्वा यातो दूरतरं
ततः ॥३७॥ सर्वेऽपि पपलुर्देवास्त्यक्त्वा स्वस्वपदानि च । ततः स्वयं शक्रपदे तस्थौ निर्भयचेतसा ॥३८॥ सर्वे सुरा गता
हैमगिरिगव्हरमुत्तमम् । कन्दमूलफलान्यादन्निन्युर्दुःखेन वासरान् ॥३९॥ ततोऽगुर्भूतलाद्दिग्भ्योऽसंख्येया दैत्यदानवाः ।
चक्रुर्नानाविधै र्द्रव्यै र्नानातीर्था-हृतैर्जलैः ॥४०॥ नानर्षि मन्त्रनिचयै रभिषेकं सुरान्तके । शंख भेरि मृदंगादि दुन्दुभीनां च
निस्वनैः ॥४१॥ ऊचुस्तं स्वामिनं दैत्या स्त्वादृग्दैत्यकुले न च । जातो वा भविता वापि भवानाज्ञां करोतु नः ॥४२॥
क उवाच। एवमेकाकिना तेन जिताः शक्र पुरोगमाः । राज्यं चकार देवानामरक्षच्चामरावतीम् ॥४३॥ ततोऽ
यात्सत्यलोकं स दैत्य कोटिसमन्वितः । ब्रम्हाऽपि प्रययौ तत्र यत्र देवाः पुरागताः ॥४४॥ तत्रैकं नायकं स्थाप्य वैकुंठ
मगमच्च सः । ब्रम्हणो यानमारुह्य कदाचिच्छाक्रमेव च ॥४५॥ लक्ष्म्या सह ततः पूर्व क्षीराब्धिमगमद्धरिः । अत्याप्तं

परमं दैत्यं तत्र स्थाप्य व्यचारयत् ॥४६॥ किं मया न जितं दैत्या ब्रुवन्तु यामि तत्र वै । तेऽ ब्रुवन्नैव शेषोऽस्ति देवानां विषयःक्वचित् ॥४७॥ लोकपालपदे स्थाप्य नानादैत्यान्जनस्य च । निरातंको निरुद्योगः संरक्षस्वामरावतीम् ॥४८॥ इत्यमात्यवचः श्रुत्वा मुदा परमया युतः । देवान्तकश्चकारासौ तद्वाक्यं सम्यगीरितम् ॥४९॥ (१३८)

इति श्रीमन्महागाणेश्वरे महापुराणे क्रीडाखंडे तृतीयोऽध्याय; ॥३॥

अध्याय ४ प्रारंभ – व्यास उवाच । देवांतकस्य चरितं श्रुतं भक्त्या तवाननात् । इदानीं वद मे ब्रम्हन् नरांतक विचेष्टितम् । ॥१॥ क उवाच । शृणुष्वावहितो ब्रम्हन् सम्यक् सत्यवती सुत । कथयिष्येऽधुना तत्तु दृष्ट्वा ते परमादरम् ॥२॥ नरांतको महीं गत्वा नानादैत्यगणान्वितः । चकारकदनं राज्ञां मारयामास कांश्चन ॥३॥ सर्वे तं शरणं याता दृष्ट्वा राज्ञो हतान्बहून् । यद्यत्सैन्यं पश्यति स्म तत्तद्याति दिशो दश ॥४॥ यथा ज्ञानेंन चाज्ञानं यथा सूर्योदये तमः । एवं भूमंडलं सर्वं वशे चक्रे नरान्तकः ॥५॥ ये तु तं शरणं यातास्तदीयत्वात्पदे स्थिताः । ये हतास्तत्सुता स्तेन स्थापिताः करदाः कृताः ॥६॥ ये तु यद्धोद्यता भूपास्तेऽपि सेवाकृतोऽभवन् । तेषां पदेषु दैंत्यान्सोऽ स्थापयत्स्वस्य संमतान् ॥७॥ पालयामास पृथिवीं, समुद्र वलयांकिताम् आतंकभार संतप्ता देवदानव किन्नराः

॥८॥ मुनयोऽर्युगिरिगुहां यज्ञ स्वाध्याय वर्जिताः । वेदत्यागस्य दोषेण मनसा चाभ्यसं श्रुतीः ॥९॥ आतंकाक्रान्तमनसो न तपस्यां च चक्रिरे । ततो नरान्तको दैत्यान्नागलोक जिगीषया ॥१०॥ प्रास्थापयत् सुबलिनो नानामायाविशारदान् । ते तार्क्ष्यरूपाः संयाता बभक्षुरुरगोत्तमान् ॥११॥ असंख्याता भक्षितास्तै स्ततः शेषो ययौ पुरः । मुक्ताफलानि रत्नानि सहनागांगनायुतः ॥१२॥ अनेक दिव्यवस्त्राणि प्रगृह्य रुचिराणि सः । तानि सर्वाणि दत्त्वैव साम चक्रेऽसुरै सह ॥१३॥ शासनं परिजग्राह नरान्तक समीरितम् । करभारं वार्षिकं स स्वीचक्रेऽनन्त शीर्षक। ॥१४॥ तथापि दैत्य स्तत्राप्य स्थापयद्दैत्यपुंगवम् । अनेक दैत्यसहितं सर्वाध्यक्षं रसातले ॥१५॥ आज्ञापयामास च तं तत्रस्थं स नरान्तकः । यदैव विकृतिं पश्ये रुरगाणां तदैव नः ॥१६॥ दूतमुखात् सूचयस्व हनिष्यामोऽखिलानहीन् । इत्थं शिक्षाप्य तं ते तु दैत्याः सर्वे नरान्तकम् ॥१७॥ मृत्युलोके स्थितं याता वृत्तांतं सर्वमब्रुवन् । नरान्तकः सदाऽप्रैषीन् मृत्युपाताल लोकजम् ॥१८॥ देवान्तकाय वृत्तान्तंम सर्वस्य यमनुष्ठितम् । उपायनानि सर्वाणि स्वर्लोके दुर्लभानि च ॥१९॥ देवान्तकोऽथाप्रैषीत्तं दुर्लभं यच्च भूतले । एवं त्रैलोक्यराज्यं तौ चक्राते परया मुदा ॥२०॥ सोमकान्त उवाच । कथमेतौ हतौ केन रूपेण तद्वदस्व मे । केनास्त्रेण च शस्त्रेण अवतारेण केन च ॥२१॥ भृगुरुवाच । एवमेव कृतप्रश्नो व्यासमूचे चतुर्मुखः । यां कथां परया प्रीत्या तामेव त्वां

ब्रवीम्यहम् ॥२२॥ क उवाच । दुर्जयौ वरगर्वौ तौ येन रूपेण घातितौ । येनावतारेण मुनें येन शस्त्रेण चास्त्रतः ॥२३॥
संप्राप्ता ब्रम्हणा लोका देवाश्च स्वपदे स्थिताः । तत्सर्वं कथयिष्यामि सादरं श्रूयतां मुनें ॥२४॥ (१६२)

इति श्रीमदादि श्रीमन्महागाणेशपुराणे क्रीडाखंडे चतुर्थोऽध्याय। ॥४॥

अध्याय ५ प्रारंभ -- ब्रम्होवाच । ममैव मानसः पुत्रः कश्यपो बुद्धिमत्तरः । पुण्यवान् धर्मशीलश्च तपस्वी विजितेन्द्रियः ॥१॥
अतिकारुणिको लोके दुःखशोका वमर्दनः । वर्तमानं भूतभावि जानाति मीलितेक्षणः ॥२॥ मनसा सृष्टिसंहार कर्ता वेदान्त पारगः ।
सर्वशास्त्रार्थतत्वज्ञ समलोष्ठाश्म कांचनः ॥३॥ अदितिर्यस्य ज्येष्ठाऽऽ सीत्पत्नी नाम्नाऽतिवल्लभा । सर्वलक्षण संपूर्णाऽनुपमा सा
त्रिविष्टपे ॥४॥ त्रिलोकीं भस्मसात् कर्तुं पातिव्रत्येन तेजसा । शेषो यस्या गुणान्वक्तुं नेशो वक्त्रसहस्त्रकैः ॥५॥ सेवन्ते यां सदा
चाष्टनायिका गुणलब्धये । शक्रादि सुरवृन्दानि जनयामास याऽनघा ॥६॥ मूलप्रकृतिरूपा सा तादृग्रूपं समाश्रिता । सा कदाचित्
स्वकं कान्तं मुदितं मुदिताऽब्रवीत् ॥७॥ स्वामिन् विज्ञप्तुमिच्छामि कृपां कृत्वा वदस्व तत् ॥८॥ पतिं विना न चान्याऽस्ति
गतिं सद्योषितां प्रभो । कश्यप उवाच । सम्यगुक्तं त्वया भद्रे मम प्रीतिकरेऽनघे ॥९॥ तद्ब्रवीमी समापृच्छ यत्ते मनसि

वर्तते । अदितिरुवाच । इन्द्रादयो देवगणाः स्वस्य पुत्रत्वमागताः ॥१०॥ परमात्मा चिदानन्द ईश्वरो यः परात्परः । यदा स्वपुत्रतामेष्ये त्तदा मे स्यात्स्थिरं मनः ॥११॥ तस्य सेवां कर्तुमीहे उपायं तत्र मे वद । येन स पुत्रतामेष्येत् कृतकृत्यं मनो भवेत् ॥१२॥ मुनिरुवाच । साधु प्रोक्तं महाभागे वचनं परितोषकम् । यथा जलं तृषार्तस्य क्षुधितस्य च भोजनम् ॥१३॥ तथा मे वचनं जातं तव देवि सुतोषकृत् । विना पुण्यं कथं यायात्परमात्मा स्वपुत्रताम् ॥१४॥ तत्रोपायं वदे तं च न्हृदि कुरु स्थिरं प्रिये । योऽगोचरः श्रुतीनां च ब्रम्हादीनामगोचरः ॥१५॥ निर्गुणो निरहंकारो निरीहो निर्विकल्पकः । यो मायाविषयो मायानर्तको मायिमोहनः ॥१६॥ मायातीतोऽपि मायाया आधारः कारणातिगः । मायाविस्तारकारी च कार्यकारणकारणम् ॥१७॥ कथं साकारतां गच्छेदनुष्ठानं विना प्रिये । अदितिरुवाच । कस्य ध्यानं कथं कार्यमनुष्ठानं मयाऽधुना ॥१८॥ केनमन्त्रेण वा कुर्वे तद् वदस्व महामुने । क उवाच । एवं पृष्टो मुनिस्तस्यै नाममन्त्रंसमादिशत् ॥१९॥ पंचाक्षरं चतुर्थ्यन्तमोंकारपल्लवान्वितम् । नमोन्तं ध्यानसहितं न्यासदैवतसंयुतम् ॥२०॥ पुरश्चरणमार्गं च सर्वं तस्यै न्यवेदयत् । ततः सा मुदिता ब्रम्हन् प्रणिपातपुरःसरम् ॥२१॥ कश्यपं निजभर्तारं पूजयामास सादरम् । तदनुज्ञां समादाय

जगाम तपसे वनम् ॥२२॥ स्नाता पवित्रवसना ध्यायन्ति स्थिरचेतसा । विनायकं देवदेवं न्यासं कृत्वा यथाविधि ॥२३॥ स्थाने द्रुमलताकीर्णे निर्वाते निरुपद्रवे । अदिती रुद्धकरणा शुभासनपरिग्रहा ॥२४॥ जजाप परमं मन्त्रं स्मरन्ती सा विनायकम् । अनन्यवृत्ति मनसा साक्षात्कारमभीप्सती ॥२५॥ निराहारा वायुभक्ष्या जपध्यानपरायणा । तस्यास्तपः प्रभावेन निर्वैरा प्राणिनोऽभवन् ॥२६॥ धर्षिता देवताः सर्वा किमियं साधयिष्यति । एवं वर्षशतं तेपेऽदितिः सा परमं तपः ॥२७॥ क्लेशान् बहुविधांस्तस्या दृष्ट्वा देवो विनायकः । स्त्रीभावे च तथा धैर्यं माविरासीद्विनायकः ॥२८॥ तेजोराशिः पुरस्तस्याः सुर्यकोटिसमप्रभः । गजाननो दशभुजो कुंडलाभ्यां विराजितः ॥२९॥ कामातिसुंदरतनुः सिद्धिबुद्धि समायुतः । मुक्तामालां च परशुं बिभ्रद्यो मेघपुष्पजम् ॥३०॥ कांचनं कटिसूत्रं च तिलकं मृगनाभिजम् । उरगं नाभिदेशे तु दिव्यांबर विराजितम् ॥३१॥ महोराशिं पुरो दृष्ट्वा चकम्पे त्वदितिर्भृशम् । निमील्य नयनें मूर्छामियाय न्यपतद्भुवि ॥३२॥ जपं ध्यानं विसस्मार चिन्तयामास चेतसा । किमागतं मम पुरो भाव्यं किमिदमभ्दुतम् ॥३३॥ विस्मृताहं जपं ध्यानं किं वाऽयं परमेश्वरः । वरं दातुं समायातो महसा भासयन्दिशः ॥३४॥ एवं सा विव्हला यावत् तावद्देवो जगाद ताम् । विनायक उवाच । सोऽहं देवि दिवारात्रौ यं ध्यायसि च चेतसा ॥३५॥ दृष्टवा निष्ठां तपो घोरं वरं

दातुमुपस्थितः । वरयस्व वरान्मत्तो यान्यान्कामयसे न्हदा ॥३६॥ तांस्तान्दास्यामि संतुष्ट स्तपसाऽनेन सुव्रते । क उवाच । तदीय वाक्यमाकर्ण्यं स्वस्था जाताऽदितिस्तदा ॥३७॥ बद्धांजलि पुटा दीना प्रणनाम विनायकम् । अवदच्च तदा देवमतर्क्यं मनसा सदा ॥३८॥ अदितिरुवाच । त्वमेव सृजसे विश्वं प्रासि हंस्यखिलेश्वरः । नित्यो निरंजनो देवो निर्गुणो निरहंकृतिः ॥३९॥ नानारूपधरो नित्यो योगगम्योऽखिलार्थकृत् । इदानीं सौम्यरूपेण वरं देहि विनायक ॥४०॥ यदि तुष्टोऽसि देवेश यदि देयो वरो मम । तदा मे पुत्रतां याहि ततो मे कृतकृत्यता ॥४१॥ ततस्ते सेवनं यास्ये साधूनां पालनं भवेत् । दुष्टानां निधनं देव लोकानां कृतकृत्यता ॥४२॥ विनायक उवाच । अहं ते पुत्रता यास्ये पास्ये साधूंश्च कंटकान् । हनिष्ये सकलां वांछां पूरयिष्ये तवापि च ॥४३॥ क उवाच । एवमुक्त्वांऽन्तर्दधेऽसो देवदेवो विनायकः । सादितिः कश्यपं गत्वा सर्वं वृतान्त मब्रवीत् ॥४४॥ अदितिरुवाच । तवाज्ञया गताऽरण्यं तपस्तप्तं महत्तरम् । वरं दातुं महोरूप आगतोऽसौ गजाननः ॥४५॥ दृष्ट्वा स्वरूपं भीताऽस्मि ततो प्रार्थि विनायकः । तेन नानाविधा दत्ता वरा मे मुनिसत्तम ॥४६॥ यास्ये पुत्रत्व मित्युक्त्वाऽन्तर्दधेऽसौ विनायकः । सिद्धकार्या तव बलादागता स्वाश्रमं मुने ॥४७॥ क उवाच । इति तस्या वचः श्रुत्वा वरदानं सुधोपमम् । जहर्ष मुनिमुख्योऽसौ तया सह मुनीश्वर ॥४८॥ रेमाते परयप्रीत्या अमृतादिव निवृतौ ॥४९॥

इति श्रीमदादि श्रीमन्महागाणेशपुराणे क्रीडाखंडे पंचमोऽध्यायः ॥५॥

अध्याय ६ प्रारंभ :- भृगुरुवाच । अथ सा मेदिनी दुष्टदैत्यभार प्रपीडिता । वेषान्तरं समस्थाय जगाम कमलासनम् ॥१॥ दीना हस्तांजलीं बद्ध्वा जगाद पद्मसंभवम् । भूमिरुवाच :- जाताऽहं मलिना दीना हीना यज्ञव्रतादिभिः ॥२॥ स्थानभ्रष्टास्तथा देवाः सेन्द्राः सर्षिगणा विधे । अतिभाराऽतिसंतप्ता कं त्वाऽहं शरणं गता ॥३॥ येनोपायेन दुष्टानां नाशः स्यात्तद्विधीयताम् । नो चेद्रसातलम् यास्यं सपर्वत जनाकुला ॥४॥ भृगुरुवाच । इति वाक्यं धरित्र्याःसश्रुत्वा कस्तामथाब्रवीत् । अहं सर्वे लोकपाला इन्द्राद्या देवतागणाः ॥५॥ ऋषयोऽपि स्वधास्वाहारहिता दुःखिताभ्रशम् । भ्रष्टस्थाना भ्रष्टमन्त्रा भ्रष्टाचारा यथालये ॥६॥ सर्वे वय प्रार्थयामो देवदेवं विनायकम् । ब्रह्मरूपं निराकारं जगत् कारणकारणम. ॥७॥ यदा साकारतां याया लोकानां दैवयोगतः । तदा शं सर्वलोकानां स्यात्तवापि वसुन्धरे ॥८॥ भृगुरुवाच । इत्युक्त्वा तुष्टुवुर्देवं ब्रह्मर्षिगणा मुदा । निराकारं च साकारं बद्धांजलिपुटा स्तदा ॥९॥ नमो नमस्तेऽखिल लोकनाथं । नमो नमस्तेऽखिल.लोकधामन् । नमो नमस्तेऽखिललोककारिन् । नमो नमस्तेऽखिललोकहारिन् ॥१०॥ नमो नमस्ते सुरशत्रुनाश । नमो नमस्ते न्हतभक्तपाश । नमो नमस्ते निजभक्तपोष नमो नमस्ते लघुभक्तितोष ॥११॥ निराकृते नित्यनिरस्तमाय । परात्पर ब्रह्ममय स्वरूप । क्षराक्षरातीत गुणैर्विहीन । दीनानुकम्पिन् भगवन्नमस्ते ॥१२॥

निरामयायाखिल कामपूर । निरंजनायाखिल दैत्यदारिन् । नित्याय सत्याय परोपकारिन् समाय सर्वत्र नमो नमस्ते ॥१३॥
एवं स्तुत्वा पुनः प्रोचुर्देवदेवं विनायकम् । ते सर्वे मुनयो देवा विव्हला भृशदुःखिताः ॥१४॥ हाहाभूतं जगत्सर्वं
स्वधास्वाहाविवर्जितम् । वयं मेरुगुहां याता आरण्याः पशवो यथा ॥१५॥ अतोऽमुं त्वं महादैत्यं जहि विश्वम्भराधुना ।
एवं स्तुवतस्तु सर्वेषु प्राह वाणी नभोगता ॥१६॥ कश्यपस्य गृहे देवोऽवतरिष्यति सांप्रतम । करिष्यत्यद्भुतम् कर्मं पदानि
वः प्रदास्यति ॥१७॥ दुष्टानां निधनं चैव साधूनां पालनं तथा । भृगुरुवाच । एवमाकर्ण्य तां वाचं ब्रम्हा प्रोवाच मेदिनीम्
॥१८॥ क उवाच । स्वस्था भव धरे देवि नभोवाणी विनिश्चयात् । देवाः सर्वे मृत्युलोकेऽवतरिष्यन्ति त्वत्कृते । हरिष्यति
महाभार मवतीर्णो विनायकः ॥१९॥ भृगुरुवाच । इत्युक्त्वा सा तदा तेन ब्रह्मणा न्हृष्टमानसा । स्वस्थान मगमत्साथ
स्वस्थ चित्ता धरा तदा ॥२०॥ ततो बहुतिथे कालेऽदितिः सा गर्भमादधे । तेजोऽति ववृधे तस्या दिने दिने यथा शशी
॥२१॥ संपूर्णे नवमे मासे सुषुवे पुत्रमुत्तमम् । ब्रह्मवाक्यादभूत्ख्यातो नाम्ना कश्यपनन्दनः ॥२२॥ दशभुजो बहूबलः
कर्णकुंडलमण्डितः । कस्तुरी विलसद्भालो मुकुटभ्राजिमस्तकः ॥२३॥ सिद्धिबुद्धियुतः कंठे रत्नमालाविभूषितः ।
चिन्तामणिलसद् वक्षा जपापुष्पारुणाधरः ॥२४॥ उन्नसो भ्रुकुटीचारूललाटो दन्तदीप्तिमान् । देहकान्त्या हततमा दिव्याम्बर

युतः शुभः ॥२५॥ एतादृशं निरीक्ष्यैनं बालं तत्पितरौ तदा । तत्तेजसा हतदृशौ किंचिद्दृष्टुं न शेकतुः ॥२६॥ बलादुन्मील्य नयने दृष्ट्वा तद्रूपमुत्तमम् । ननन्द तुरुभौ पश्चाद् बाल स्ताविदमब्रवीत् ॥२७॥ बालउवाच । मातस्त्वया यतः पूर्वं सहस्त्रपरिवत्सरम् । येन रूपेण सन्ध्यातस्तनयत्वेन याचितः ॥२८॥ तदा नानावरान्दत्वा पुत्रत्वं ते गतोऽधुना । सोऽहं भूभारहरणं विधास्ये सेवनं द्वयोः ॥२९॥ ब्रह्मादीनां पदप्राप्तिर्दुष्टदैत्यविनाशनम् । भृगुरुवाच । इत्थमाकर्ण्य तद्वाक्यं सानन्दाश्रू बभूवतुः ॥३०॥ चक्रवाकौ यथा वीक्ष्य नभसीव दिवाकरम् । ऊचतुस्तं तदा पुण्यमभ्दुतं नौ समुद्यतम् ॥३१॥ येन नौ पुत्रतां यातः परमात्मा विनायकः । धन्यं कुलं नौ पितरौ जनुषी ज्ञानमेव च ॥३२॥ यतश्चराचरगुरु सर्वसाक्षी निराकृतिः । नित्यानन्दमयः सत्यः पुत्रत्वमगमच्छुभम् ॥३३॥ यस्मिश्चराचरं प्रोतं सूत्रे मणिगणाइव । यः सर्वगः सर्ववेत्ता स एव त्वं न संशयः ॥३४॥ इदं रूपं परं दिव्य मुपसंहर साम्प्रतम् । प्राकृतं रूपमास्थाय क्रीडस्व कुहको यथा ॥३५॥ यदा यद्रूपकृत्यं ते तदा तत्त्वं विधास्यसि । इत्थमाकर्ण्य तद्वाक्यं पिदधे रूपमात्मनः ॥३६॥ द्विभुजः प्राकृतो बालो रुरोद धरणीतले । रसातलं च गगनं नादयन्विदिशोदिशः ॥३७॥ तच्छब्द श्रवणाद् वन्ध्या जाता गर्भवती द्रुमाः । नीरसा सरसाः शक्रो जन्हषे देवतागणैः ॥३८॥ भयं बभूव दैत्यांना ववृधे धरणी तदा । चकार जातकर्मास्य कश्यपो ब्रांम्हणैःसह ॥३९॥ प्राशयित्वा मधु

घृतं पस्पर्श मन्त्रतश्च तम् । अपाययत् स्तनौ बालं मन्त्रपाठ पुरःस्सरम् ।।४०।। छित्वा नालं तु संक्षाल्य बालं प्रास्वापयच्च सा । ददौ दानान्यनेकानि ब्राह्मणेभ्यौ मुनिस्तदा ।।४१।। अदापयत् प्रतिगृहं सप्तमे दिवसेऽदितिः । इक्षुसारं पंचमे तु वायनानि महामुदा ।।४२।। महोत्कटेति नामास्य चक्र एकादशे पिता । बालोऽपि ववृधे शीघ्रं शुक्लपक्षे यथा शशी ।।४३।। सर्वेभ्य उत्कटो यस्मान् महोत्कट इति स्मृतः ।।४४।। (२२५)

इति मदादि श्रीमन्महागाणेश्वरे महापुराणे क्रीडाखंडे षष्टोऽध्यायः ।।६।।

अध्याय ७ प्रारंभ :– ब्रह्मोवाच । वसिष्ठ वामदेवाद्या मुनय स्तनयं तदा । जातं महोत्कंट श्रुत्वा दर्शनाय प्रतस्थिरे ।।१।। याता गृहं कश्यपस्य तेनाथ परिपूजिताः । विष्टरं पाद्यमर्घ्यं च दत्त्वा गां चापि दक्षिणाम् ।।२।। बद्धांजलिपुटोऽवोचद् धन्योऽहं पितरौ तपः । यदिन्द्र हरिपूज्यं वः पादपद्मं मयेक्षितम् ।।३।। कंचिदागमने हेतुं ज्ञातुमीहे तपोधनाः । तेषां मध्ये श्रेष्ठतमो वसिष्ठः प्राह तं मुनिम् ।।४।। वसिष्ठ उवाच । श्रुतस्ते तनयो ब्रह्मन् नारदात् सुमहोत्कटः । तं दृष्टुं त्वां च संप्राप्ता नान्यत्किंचित् प्रयोजनम् ।।५।। क उवाच । तत्कालं साऽदितिर्बालं दृष्टुं तेषामथानयत् । उत्कटान्येष कर्माणि

करिष्यति महोत्कटः ॥६॥ द्वात्रिंशल्लक्षणयुतो वसिष्ठः प्राह तं मुनिम् । अवतीर्णो महातेजाः परमात्मा विनायकः ॥७॥ अनेकान्यस्य विघ्नाति भविष्यन्ति महामुने । तानि सर्वाणि नश्यन्ति रक्षणीयः क्षणेक्षणे ॥८॥ यतोऽस्य रक्तौ चरणौ ध्वजांकुश विराजितौ । ततः संपूजयामास मुनिः कश्यपनन्दनम् ॥९॥ प्रार्थयामास सर्वैस्तं भूभारहरणं कुरू । साधूनां पालनं देव दुष्टदानवघातनम् ॥१०॥ ते सर्वे मुनयो जग्मुस्तं प्रणम्य यथागतम् । ततः स ख्याति मगमन्नाम्ना कश्यपनन्दनः ॥११॥ एकस्मिन्दिवसे प्रातः स्नातुं याते मुनौ बहिः । अस्वापयत् स्वतनयमदितिर्गृह मायया ॥१२॥ चकारयज्ञसंभारां स्तावदेका निशाचरी । विरजेत्यभिविख्याता विकरालेक्षणानना ॥१३॥ हलदन्ती दरीनासा पादचूर्णितभूधरा । दीर्घस्तनी ललज्जिव्हा गोपुरस्पर्द्धि सद्भगा ॥१४॥ जग्राह बालकं सा तु सर्वभक्ष्या निशाचरी । क्षुधिताऽभक्षयच्छीघ्रं पक्वं रंभाफलं यथा ॥१५॥ शनैर्जगाम गगनं जलं पातुं भुवं ययौ । पपौ जलं बहुतरं पपात पृथुलोदरा ॥१६॥ मूर्छामवाप महतीं सर्पदृष्टो नरो यथा । लुलोल धरणीपृष्टे महाशूलवती यथा ॥१७॥ मुंच मुंचेति जल्पन्ती पदं गंतुमथाक्षमा । हाहाकारं प्रकुर्वती घ्नंति वक्षः शिरो मुखम् ॥१८॥ तावद्देहान्तरे तस्या ववृधे मुनिनन्दनः । विदार्य जठरं तस्या वक्षस्येव स्थितोऽभवत् ॥१९॥ यथा जालं विदार्यैव बहिर्याति महाझषः । सा तदैव महारावं कृत्वा प्राणान्जहौ खला ॥२०॥ चूर्णयामास देहेन

पंचयोजनगान्द्रुमान् । विरजा विरजास्तेन प्रापिता निजधाम सा ॥२१॥ दृष्टे स्पृष्टे कृपासिंधौ जगदीशे कथं भवेत् ।
ज्ञानदे मोक्षदे नृणा मावृत्तिर्भवसागरे ॥२२॥ अदितिर्गृहकार्याणि संपाद्य बहिरागता । न ददर्श तदा बालं रुरोद भृशदुःखिता
॥२३॥ गृहे गृहे निरिक्ष्यैव नालभत् क्वापि बालकम् । ततोऽपतद्धरापृष्टे हाहाकारं प्रकुर्वती ॥२४॥ अन्याश्च रुरुदुस्तस्याः
श्रुत्वा रोदनमुच्चकैः । आश्चर्यं परमं चक्रुः सर्वलोका भयातुराः ॥२५॥ सा शुष्कवदना दीना विललाप मुहुर्मुहुः । मुखं च
सांजने नेत्रे मृजन्त्यश्रु जलाकुले ॥२६॥ कल्पद्रुम इव प्राप्तः केन नीतो ममार्भकः । वरदानं कथं तस्य वृथा स्या ज्जगदीशितुः
॥२७॥ दत्तं निधानं देवेन केन नीतं दुरात्मना । कथं मूढतरा जाता लब्धविज्ञानसागरा ॥२८॥ कथं दरिद्रा जाताऽहं
लब्ध्वा कांचनपर्वतम् । एवं विलपती वक्षो घ्नंन्ति साऽप्याननं शिरः ॥२९॥ आश्रमाद् बहिरागच्छत् क्रोशमात्रं निशाचरीम् ।
ददर्श पतितां तस्य वक्ष्यस्येव च तां शिशुम् ॥३०॥ क्रीडन्तं हास्यवदनं प्रबुद्धमिव कामिनम् । धावमाना तमादाया लिलंग च
चुचुम्ब च ॥३१॥ उवाचानन्दपूर्णा सा महद्भाग्यं ममाधुना । यद्राक्षसी शयान्मुक्तो बालकोदैवयोगतः ॥३२॥ ययौ स बाला
स्नात्वा सा निजमाश्रम मंडलम् । वृत्तान्नं सर्वमाचष्टे श्रुत्वा सोऽप्याह कश्यपः ॥३३॥ भूतभावि विशेषज्ञैरुक्तं
यन्मुनिभिः प्रिये । तदेतत् सत्यमभवत् तदाशीर्वचनादयम् ॥३४॥ जीवितोऽखिल भक्ष्याया बालकः पुण्य योगतः । ततो रक्षां

चकारासौ ददौ दानान्यनेकशः ॥३५॥ शान्तिकं कारयामास स्वस्तिवाचनपूर्वकम् । क्षणमात्रं न हातव्योऽदितिमेव समादिशत् ॥३६॥ (२६१)

इति श्रीमदादि श्रीमन्महागाणेशपुराणे क्रीडाखंडे विरजाराक्षसीमोक्षणं नाम सप्तमोऽध्यायः ॥७॥

अध्याय ८ प्रारंभ :- क उवाच । विरजां निहतां श्रुत्वा राक्षसीं बलवत्तराम् । उद्धतो धुन्धुरश्चापि राक्षसौ बलवत्तरौ ॥१॥ आगतावाश्रमपदं कश्यपस्य महात्मनः । शुकरूपधरौ बालो दृष्ट्वा प्रोचेऽदितिं तदा ॥२॥ त्यक्त्वा स्तनं दीयतां मे उभौ रन्तुं शुकाविमौ । सोचे तं खगमौ शक्यौ भूगया न स्त्रिया क्वचित् ॥३॥ अथापि धर्तुं याता चेदुड्डीयैतौ गमिष्यतः । कटेरुत्तीयं जग्राह बालस्तौ श्येनवत्तदा ॥४॥ पक्षाघातेन चंच्वा च जघ्नतुस्तौ भृशं च तम् । तावदास्फाल यत् सोऽपि तौ बलेर्न धरातले ॥५॥ जहतुस्तौ तदा प्राणान् निजरूप धरावुभौ । तद्देह भारभीत्या भूर्भृशं विव्हलिताऽभवत् ॥६॥ भग्नवृक्षौ सनिनदौ देहौ निपतितौ तयोः । गव्यूतिमात्रं तौ दृष्टवाऽदितिस्तं पुनरग्रहीत् ॥७॥ शरीरे ददृशे तेन मुनिना विस्तृते तयोः । छित्वा ददाह तौ लोकः काष्टसंचययोगतः ॥८॥ चकाराभ्दुत शान्ति च बालकाभ्युदयेच्छया । आश्चर्यं परमं चक्रे शिशोर्दष्ट्वा पराक्रमम् ॥९॥ उवाच परमप्रीतोऽदितिं पुत्रयुतां तदा । यौ न देवेन शक्रेण न हतौ राक्षसेश्वरौ

॥१०॥ शुकरूप धरावेतौ लीलया शिशुना हतौ । अर्दितं च चुकोपासौ किमर्थं मोचितस्त्वया ॥११॥ रक्षितो जगदीशेन क्वायुष्यं नास्य विद्महे । अविस्मरो रक्षणीयो बालोऽयं यत्नतःसति ॥१२॥ कथं च निहतावेतौ गिरिसारौ निशाचरौ । निशाचर स्थलमिदं कथं जीवेच्छिशुर्मम ॥१३॥ क उवाच । उक्त्वा परस्परं तौ तु स्नाप्य बालं तथाविधम् । स्नात्वा सुषुपतु स्तत्र दम्पत्ती विस्मयान्वितौ ॥१४॥ ततश्चतुर्थे वर्षे स स्वाश्रमात् परतो ययौ । कासारं जलजैर्युक्तं नक्र मत्स्यगणैर्युतम् ॥१५॥ तमालवृक्ष सरल जम्ब्वाम्र पनसान्वितम् । नाना वृक्ष लताकीर्णं फलपुष्प सुशोभितम् ॥१६॥ नानापक्षिगणाकीर्णं नानामुनिगणान्वितम् । अति स्वच्छजलं रम्यं सुजनस्येव मानसम् ॥१७॥ व्यतीपाते सोमवत्यां स्नातु तत्रागमद्दितिः । उपवेश्य स्वकं बाल माकंठं जलगाऽभवत् ॥१८॥ बाल उड्डीय तां गन्तुं जलमध्ये पपात ह । चिक्रीड स जले यावत् तावन्नक्रोदधारतम् ॥१९॥ धाव धावेति जननी चुक्रोश जलमध्यगा । आगत्य जननी बालं गृहीतुं नैव चाशकत् ॥२०॥ आकृष्यते जले तेन जनन्या बहिरेव सः । स नक्रो बालसहितां दूरे दूरे चकर्ष ह ॥२१॥ बालोवदत् ततस्तां स न मोच्योऽहं सुत स्त्वया । सह त्वया सहैवाहं मरिष्ये न बलं मम ॥२२॥ दृष्ट्वा स बालामाकंठ मग्नां तां विव्हलां भृशम् । निष्कासितुं बलाच्छिष्या उड्डीय पतिता वने ॥२३॥ तस्माद् बलवतो नक्रात्तेऽपि शक्ता न चाभवन् । ततोऽत्यन्तं बलं

तस्य दर्शयामास बालकः ॥२४॥ लीलयैव तदा नक्रं पृथिव्यां जलतोऽक्षिपत् । वायुर्यथा फलं पक्वं ग्रावाणं बालको यथा
॥२५॥ शरीरं दृश्यते तस्य विशीर्णं पतितं भुवि । गतचेष्टं गतप्राणं योजनायतमद्भुतम् ॥२६॥ सबाला सहशिष्यैः सा
मुदं प्राप्ताऽदितिस्तदा । ततो दिव्य वपुश्चित्रगन्धर्वस्तमुवाच ह ॥२७॥ अहमासं पुरा राजा गन्धर्वाणां गजानन । विवाहे
सर्वं गन्धर्वा मम गेहमुपागताः ॥२८॥ पूजिताः परया भक्त्या न भृगुः पूजितो मया । वैवाहिकानि कार्याणि कुर्वता कुपितो
मुनिः ॥२९॥ शशाप मां नक्रवरो भविष्यसि सरोगतः । समाकर्ण्य मुनेः शापमुपशापं तमर्थयम् ॥३०॥ ततो भृगुरुवाचेत्थं
यदा कश्यपनन्दनः । गजाननः स्पृशेत् त्वांतु तदा स्वं वपुराप्स्यसि ॥३१॥ इदानीमसि विज्ञोतो बालरूपी गजाननः । त्वमेव
जगतां नाथः कर्ता पाताऽपहारकः ॥३२॥ निर्गुणो निरहंकारःसदसत्कारणं परम् । नानावतारैर्भक्तानां पालको दुष्टनाशनः
॥३३॥ सर्वव्यापी पूर्णकामोऽनेकब्रम्हांडनायकः । मुनीनामप्यगम्यस्त्वं मनोवागनिरूपितः ॥३४॥ इति स्तुत्वा च नत्वा च
संपूज्य बालरूपिणम् । गजाननं प्रयातोऽसौ कृत्वा प्रदक्षिणां मुहुः ॥३५॥ अदितिर्बालकं गृह्य लालयित्वा स्तनं ददौ ।
आश्चर्य मानसा याता प्रसन्ना निजमन्दिरम् ॥३६॥ प्रणम्य कश्यपं सर्वं वृत्तान्तं समभाषत । स विस्मितोऽब्रवीच्चेना मयं तु
परमेश्वरः ॥३७॥ लीलाविग्रहवान्मन्ये मानुषं देहमाश्रितः । अत्यभ्दुतानि चान्यानि कर्माण्येष करिष्यति ॥३८॥

देवासुरैरशक्यानि द्रष्टव्यानि प्रसादतः । अस्मिन् भक्तिर्दृढां कार्याजनैरात्महितेप्सुभिः ॥३९॥ (३००)

इति श्रीगणेशपुराणे क्रीडाखंडे नक्रमोक्षणं नाम अष्टमोऽध्यायः ॥८॥

अध्याय ९ प्रारंभ – क उवाच । अन्यत्ते कथयिष्यामि चरितं बालरूपिणः : गजाननस्याघहरं शृणुष्वैकमना मुने ॥१॥
एकस्मिन्समये हाहा हूहू स्तुम्बुरुरेव च । वीणागानरता वीणा स्ता हरिपरायणाः ॥२॥ शंखचक्रगदापद्म तुलसी
दामभूषणाः । गोपीचन्दन लिप्तांगाः पीताम्बरधरा शुभाः ॥३॥ कैलासं गन्तुकामास्ते कश्यपस्याश्रमं ययुः । अति
संमानितास्तेन पूजिताश्च यथाविधि ॥४॥ उवाच प्रणतस्तान्सोऽनायासेन सतां दृशिः । केन पुण्येन संजाता धर्मार्थ
काममोक्षदा ॥५॥ धन्यं तपो जनिर्माता पितरौ ज्ञानमाश्रमः । प्रयोजनं न जानेऽहं चलने तद्वदन्तु मे ॥६॥ इति तद्वचनं
श्रुत्वा संपृष्टास्ते तमब्रुवन् । कैलासं गन्तुकामानां जातं त्वद्दर्शनं हिनः ॥७॥ दुरितं विलयं यातं जातं च सफलं जनुः ।
अदूरे परमा सिद्धिर्विश्रान्तिः परमा च नः ॥८॥ अनुजानीहि गच्छामो गिरीशं द्रष्टुमुत्सुकाः । श्रुत्वा वाक्यानि तेषां तु
पुनरूचे तपोनिधिः ॥९॥ भुक्त्वा व्रजन्तु विश्राम्याप्यभुक्त्वेतो न को गतः । मज्जनाय जलं तेभ्यो दत्त्वा पाकमकारयत्

॥१०॥ देवार्चनरताः स्नात्वा गभूवुर्मुनिसत्तमाः । तेऽपि संपूज्य शर्वाणीं शर्वं विष्णूं विनायकम् ॥११॥ रविं विष्णुमयं
ध्याननिष्ठा आसन् मुहूर्ततः । तदा विनायको बालो रमित्वा बालकैर्बहिः ॥१२॥ आगतोऽन्तर्गृहं तावत् पंचमूर्ति ददर्श सः ।
गृहीत्वा बहिरेवाशु चिक्षेपाग्नि गृहं ययौ ॥१३॥ भस्मांगरांग सर्वत्र कृत्वा लीनोऽभवच्च सः । विसृज्य ध्यानं नापश्यन्
मूर्तीस्ते पुरतः स्थिताः ॥१४॥ ततस्ते विस्मिताः सर्वे परस्परमथाब्रुवन् । केन दैत्येन नीता नो मूर्तयः कर्महेतवः
॥१५॥ गन्धर्वा राक्षसा यक्षा नेतुं मूर्तीः किमागताः । किं वा सत्व परीक्षार्थं अंतर्धानं गता इमाः ॥१६॥ ततः क्रोधेन महता
कश्यपं प्रष्टुमागताः । भवद्गृहे कथं ध्याननिष्ठानां मूर्तयो गताः ॥१७॥ क्रीडन्ति जातिवैरास्त आश्रमे इतरेतरम् । देवा
बिभ्यति तत् कस्मादाश्रमेदस्यवःस्थिताः ॥१८॥ इति श्रुत्वा वचस्तेषां कश्यपोऽतिरुषान्वितः । अभोजिनो विनिश्चित्य
मूर्तिप्राप्ति विना च तान् ॥१९॥ ततः शिष्यान् समाकार्य कश्यपो मुनिसत्तमः । तानुवाच न मे जन्मावध्यत्र तस्करोऽभवत्
॥२०॥ दैवादिदानीं को जातो दस्युस्तत्र वदन्तु मे । क्रोधवाक्यं निशम्येत्थमूचुः शिष्या गुरुं प्रति ॥२१॥ न वयं तस्कराः
स्वामिन्पुत्रस्ते विदितस्तव । दोषानुवर्णने दोषा अस्माकं तन्न चक्ष्महे ॥२२॥ तेषां ब्राम्हीं समाकर्ण्य यष्टिहस्तो मुनिस्तदा ।
पुत्रमन्वेषयन्यातो वन्ह्यागारे ददर्श तम् ॥२३॥ तेषां पुरः समानीतो दृष्टस्तैः शिवसन्निभः । उवाच तत्समक्षं तं कश्यपः
क्रोधसन्निभः ॥२४॥ मूर्तीरानय शीघ्रं त्वं नो चेत्पुत्र मरिष्यसि । मया न नीतास्तास्तात प्रत्युवाच स निर्भयः ॥२५॥
ब्रवीषि शपथं यं यं तं तमेव करोम्यहम् । एवं वदन्पितुर्भीत्या रुरोद भृशमर्भकः ॥२६॥ प्रसार्य वदनं भूमौ पतितो

भृशविव्हलः । जननी च तदा याता तामुवाच ततोऽर्भकः ॥२७॥ यदि मे भक्षिता देवा स्तर्ह्यास्ये दृश्यतां मम । प्रसारिते तदास्ये सा ददर्श विश्वमन्तरा ॥२८॥ विस्मिता मूर्छिता भूमौ पतिता भयविव्हला । ततस्ते ददृशुस्तत्र गंधर्वाः कश्यपोऽपि च ॥२९॥ कैलासं शंकरं सांगं वैकुंठं विष्णुमेव च । ब्रम्हाणं सत्यलोकं च शक्रं चैवामरावतीम् ॥३०॥ सपर्वत वनाकीर्णां धरणीं लोकसंयुताम् । सरितः सागरान्यक्षान् रक्षांसि पन्नगानपि ॥३१॥ वृक्षान्पक्षिगणांश्चैव भुवनानि चतुर्दश । इन्द्रादि सर्वलोकांश्च पातालानि दिशो दश ॥३२॥ ततो माता प्रबुद्धा सा स्तनपानं ददौ मुदा । ननाम कश्यपस्तं तु दृष्ट्वेत्थं विश्वरूपिणम् ॥३३॥ तर्कयामास मनसि साक्षादीश्वर एव यः । अवतीर्णो मम गृहें तमहं ताडितुं गतः ॥३४॥ ततः स कश्यपः प्राह भुज्यतामिति तान्प्रति । नायं बालस्ताडयितुं मया शक्यो महाबलः ॥३५॥ भीषयन्तूग्ररूपेण समष्टिर्व्यष्टिरूपवान् । भवतां यदि शक्तिश्चेत्ताडयतां मूर्तिहेतवे ॥३६॥ त ऊचुर्न वयं किंचिद् भक्षयामस्तवालये । अन्नं वा कन्दमूलादि पंचायतनमन्तरा ॥३७॥ इत्युक्तवन्तो ददृशुर्बालकं पंचधाऽपिते । शिवाशिवेरविशेभाननरूपं तमेव हि ॥३८॥ प्रणेमुः स्थिरचित्तास्ते पुपूजुस्तुष्टुवुर्जगुः । क्षणं ददृशुर्बालं क्षणं पंचस्वरूदिणम् ॥३९॥ क्षणं महाभीतिकरं क्षणं तं विश्वरूपिणम् । ततस्तस्मै निवेद्यान्नं षड्रसं बुभुजुश्च ते ॥४०॥ ततस्ते नुनुवुर्भक्त्या बालं तं विश्वरूपिणम् । ॥४१॥ त्रय ऊचुः । अज्ञानेन विमोहितं जगदिदं संसारचक्रे भ्रमन् । नानाभेदधिया स्वरूपविमुखं नानाविधि भ्रामितम् । नानापाशनियंत्रितं निजकृतैः

कर्मांकुरैर्भ्रंशितं । नानारूपमरूपमेकसगुणं हित्वा भवन्तं विभो ॥४२॥ अन्ये ते चरणारविन्दनिरता हित्वा फलं याजका । आत्मानं स्वपरेषु वर्ष्मसु सदा संचिन्तयन्तोऽमलाः । ते ज्ञानेन विधूय सर्वकलुषं दग्ध्वांऽकुरान्कर्मजां । त्वामेवाशु विशन्ति सर्व सरितो वार्द्धि यथा मेघजाः ॥४३॥ ये केचिद्भजनानुरक्तमनसः सिद्धिं गता भूयसीं । ते तत्रैवं निमग्न मानसतया विस्मृत्य पादाम्बुजम् । ते कृच्छ्रादुपरुह्य चोत्तमपदं तस्मात्पतन्तो निजाद् । अज्ञानान्नविदु विषं हि पिबतो हित्वाऽमृतं दुर्लभम् ॥४४॥ तस्मान्नो जननं भवेद्यदि शुभं यद्वाऽशुभं त्वन्स्मृति । रास्तां तत्र निरन्तरं शुभकरी भक्तिश्च दुःखाशिनी । एवं चेद्भ्रमतां कदापि हि भवेत् संसारपाथोनिधो । नैस्तारो भवतः कृपेक्षणवशात्सर्वात्मने ते नमः ॥४५॥ तवावतारान्न हि कोऽपि शक्तो वेत्तुं कथं वा कतिचित्कदेति । योगीश मायेश गुणेश भूमन्नमो नमस्ते भगवन्नमस्ते ॥४६॥ क उवाच । एवं स्तुत्वा गतास्ते तु कैलासं गिरिशालयम् । पंचायतनमर्चन्तो विस्मिता बालचेष्टितम् ॥४७॥ (३४७)

इति श्रीगणेशपुराणे क्रीडाखंडे बालचरिते हाहाहूहूदि स्तुतिर्नाम नवमोऽध्यायः ॥९॥

अध्याय १० प्रारंभ :— क उवाच । ततस्तु पंचमे वर्षे सचौलं व्रतबंधनम् । चकार कश्यपो धीमान् सूत्रोक्तविधिना शुभम् ॥१॥ शुभे मुहूर्ते लग्ने च ब्राम्हणैर्वेदपारगैः । आकारिताः शिष्यगणैर्देव दानव राक्षसाः ॥२॥ मुनयो यक्षनागाश्च तथा राजर्षयोऽपि च । वैश्याः शूद्रा स्तथा याता नानोपायनपाणयः ॥३॥ ववदुर्बहु वाद्यानि नृदेवैराहतानि च । गणेशपूजनं चक्रे स्वस्तिवाचनमेव च ॥४॥ मंडपस्थापनं चक्रे मातृकापूजनं तथा । चकाराभ्युदयश्राद्धं ब्राम्हणानां तथाऽर्चनम् ॥५॥

सुन्हदां वस्त्रदानं च चकार स यथार्हतः । अन्येषां च तथा तेऽपि वस्त्राणि निदधुः पुनः ॥६॥ होमान्ते पुनरानर्च ब्राम्हणान्कश्यपस्ततः । अन्तःपटं वेदिकायां धारयित्वा स सत्वरम् ॥७॥ कृत्वाऽग्निस्थापनं पूर्वमुपनिन्युश्च बालकम् । सुवासिन्यो ब्राम्हणास्तमक्षताभिरवाकिरन् ॥८॥ तन्मध्ये राक्षसाः पंच सुदुष्टा ब्रम्हलिंगिनः । अस्त्रैस्तमाकिरन्दुष्टा स्तत्प्राणहरणेच्छया ॥९॥ विघातश्चैव पिंगाक्षो विशालः पिंगलस्तथा । चपलश्च महापुंड्रा अक्षमालाविभूषिताः ॥१०॥ जलपात्रभृतोऽनर्घ्यं वस्त्राम्बरधराः शुभाः । विशीर्णोऽजायता देहः कुमारस्य तदस्त्रतः ॥११॥ ज्ञात्वा कुमार स्तान्दुष्टान्मत्रयामास तंडुलान् । महोत्कटः प्रचिक्षेप तंडुलान्पंच पंचसु ॥१२॥ तदैव निर्गतःप्राणा निजरूपं समाश्रिताः । करालाः पतिता भूमौ विशीर्णा दशयोजनम् ॥१३॥ वज्राघाताद्यथा पेतुर्गिरयस्तु बिडौजसः । कोलाहलो महानासीद्रजसाच्छादितादिशः ॥१४॥ कथं व्यापादिताः पंच राक्षसाः कूटरूपिणः । क्षणेनानेन बालेन न जानीमोऽखिला अमुम् ॥१५॥ अवतीर्णो भुवो भारं हर्तुं किं परमेश्वरः । एवं ततो गरिष्टे ते ब्रम्हाद्या देवतागणाः ॥१६॥ ववर्षुः पुष्पवर्षाणि विमानवरमाश्रिताः । नीतेषु तेषु प्रेतेषु ब्राम्हणाः कश्यपोऽपि च ॥१७॥ उपनीते तत्र शिशौ वासश्च मेखलामपि । उपवीताजिने दंडं ददुस्तस्मै स्वमन्त्रतः ॥१८॥ ततोऽर्जालिं पूरयित्वा प्रोद्वीक्ष्य मंडलं रवेः । होमं सर्वं समाप्यैनं सावित्रीं कश्यपोऽब्रवीत् ॥१९॥ पादमर्धं ततः सर्वां भिक्षां माता पुरा ददौ । असंख्यातास्ततो भिक्षा ददुस्ते सर्व आगताः ॥२०॥ उपदिश्य ततश्चैनं शौचाचारानेकशः । पुनश्च ब्राम्हणान्पूज्य वासांसि कांचनं च गाः ॥२१॥ महत्यरिष्टेऽतीतेऽस्मि स्तेभ्यो भक्त्या ददौ मुनिः । वसिष्टंस्तं सभामध्ये निनाय ब्रम्हणोऽन्तिकम् ॥२२॥ सोऽपि कमंडलुजलैरस्यतीर्थं गृहीतवान् । सर्वदा विकसत्पद्मं ददावस्मै करस्थितम् ॥२३॥

ब्रम्हणस्पतिरित्येवं नाम चक्रे तदाऽस्य सः । संपूज्य नाम चक्रेऽस्य भारभूतिर्बृहस्पतिः ॥२४॥ रत्नमालां ददौ चास्मै कुबेरोऽपि गलस्थिताम् । सुरानन्देति नामास्य संपूज्य च चकार ह ॥२५॥ सर्वप्रियेति नामास्य दत्त्वा पाशमपां पतिः । शृण्वत्सु सुरसंघेषु चकार शंकरोऽपि च ॥२६॥ त्रिशुलं डमरुं दत्त्वा विरूपाक्षेति चाभ्यधात् । दत्त्वा चन्द्रकलां नाम भालचन्द्रेति चाकरोत् ॥२७॥ रामस्य जननी चास्मै सखी बालाय चार्पयत् । परशुं परशुहस्तेति नाम चक्रे स्फुटं मुदा ॥२८॥ पुनः संपूज्य सिंहं सा ददौ वाहनमुत्तमम् । सिंहवाहन इत्येवं चक्रे नामातिसुन्दरम् ॥२९॥ उपादिशद्दुष्टनाशं कुरु शीघ्रं विनायक । सागरो द्विजरूपेण मुक्तमालां ददावथ ॥३०॥ मालाधरेति नामास्य कृतवान्परिपूज्य च । आसनार्थं ततस्तस्मै शेषः स्वात्मानमर्पयत् ॥३१॥ फणिराजासनेत्येवं नाम चक्रे स्वयं मुदा । दाहशक्ति ददौ वन्हिर्धनंजयेति नाम च ॥३२॥ प्रभंजनेति नामास्मै वायुश्च बलमुच्चकैः । एवं सर्वे यथाशक्त्या दत्त्वा नामानि चक्रिरे ॥३३॥ तेषां निर्वचने शक्तिर्न कस्यापि भवेन्मुने । अपुपूजन्न चैनं स शक्रो मदविमोहितः ॥३४॥ न वा किंचिद्ददौ चैनमुपायनवरं शुभम् ॥३५॥ अहं त्रिलोकीनमितः सुरेशो, वृद्धोऽमृताशी लघुमर्भकं तम् । गजेन्द्रगामी हरिशूलपाणि, प्रपूजितः कश्यपजं नमस्ये ॥३६॥ सिंहो यथा नात्तितृणं समुद्रः, पल्वलोदकम् । न याचति तथाऽन्यं वा कल्पवृक्षोऽखिलं ददत् ॥३७॥ एवं तस्याशयं बुद्ध्वा कश्यपः प्रणिधानवान् । उवाच धर्मसंयुक्तं वचस्तद्धितकाम्यया ॥३८॥ यत्राद्भुतानि कर्माणि यत्र स्युश्च गुणाकराः । स नमस्यश्च पूज्यश्च ब्राम्हणोऽपि च निर्गुणः ॥३९॥ (३८६)

इति श्रीगणेशपुराणे क्रीडाखंडे नानानामनिरूपणं नाम दशमोऽध्यायः ॥१०॥

अध्याय ११ प्रारंभ :— कश्यप उवाच । अयं तु मदगृहे कोऽपि ह्यवतीर्णः परः पुमान् । अतिवर्चाच्य गुणो हीनो गुणैस्त्रि–भिरनावृतः ॥१॥ एतद्विरोधं यः कुर्यात् स पदभ्रंशतामियात । एतस्याद्भुत कर्माणि शृणु मे गदतः सुर ॥२॥ विरजा राक्षसी घोरा हन्तुमेनं समागता । सा हता तेन बालेन पतिता हि द्वियोजना ॥३॥ उध्दतश्चैव धुन्धुश्च दैत्यो परम दुर्मदौ । शुकरूप धरावेनं निहन्तुं समुपागतौ ॥४॥ पक्षे धृत्वा पोथितौ तौ शिलायां गतजीवितौ । निपेततुर्धरापृष्टे विशालौ सर्वदृग्गतौ ॥५॥ तथैव चित्रगन्धर्वो जले नक्रत्वमागतः । एतस्य स्पर्शमात्रेण गतो दिव्यशरीरताम् ॥६॥ हाहाहूहूतुम्बुरूणां सत्वसंशोधनाय सः । जहार पंचायतनं पंचधा स्वयमप्यभूत् ॥७॥ सर्वेषां च समक्षं वो निहता पंच राक्षसाः । एवं मुनिवचः श्रुत्वा बभाण बलवृत्रहा ॥८॥ इन्द्र उवाच । न दृष्टोऽस्य गुणोत्कर्ष स्तावन्मान्यो भवेत्कथम् । क उवाच । ततो दिदेश वायुं स नयेनं व्योममंडलम् ॥९॥ तस्यानुज्ञापदं वायुर्युगान्त सदृशो ववौ । आन्दोल्लयंन्सर्वलोकं भ्रामयन् कुधरान्भृशम् ॥१०॥ अकालः प्रलयः किं नु प्रारब्धो लोकनाशनः । इत्येवं भृशसंविग्ना ऋषयश्च चकम्पिरे ॥११॥ बटुं नेतु समायातो महाशक्त्या प्रभंजनः । न चासनं त्वस्य चलं रोम वा समपद्यत ॥ ॥१२॥ भग्ने वायौ तु संप्राह शुष्माणं पाकशासनः । दहैनं त्वं बटुं शीघ्रं द्रष्टव्या शक्तिनरद्य ते ॥१३॥ तदाज्ञां शिरसा गृह्य जगाम तमुषर्बुधः । निर्दहन्निव त्रील्लोकांन्प्रलयानलसन्निभः ॥१४॥ भस्मीकर्तुं द्रुमान्सर्वान्शोषयन्सर्वसागरान् । तं दहन्तं जनान्सर्वान्दृष्ट्वा कश्यपनन्दनः ॥१५॥ तत्क्षणादगिलद्रोगी भेषजं गुटिकामिव । मिलिते तादृशे वन्हौ क्रोधसंरक्तलोचनः ॥१६॥ सहस्त्रलोचनो लोकांल्लोचनैः सर्वलोचनैः । तावदद्दर्श तं तत्र

सहस्राधिकलोचनम् ॥१७॥ असंख्यशीर्षमुकुट मनन्तश्रोत्रसंयुतम् । अनन्त हस्तचरण मनन्तोदारविक्रमम् ॥१८॥ शशिसूर्याग्निनयनं शिखाव्याप्तनभस्तलम् । सप्तपातालचरणं सप्तलोकैकमस्तकम् ॥१९॥ असंख्यसूर्यसंकाशमसंख्येन्द्र सुसेवितम् । असंख्यकेशसंयुक्तं नानाब्रम्हांडरोमकम् ॥२०॥ आमूलाग्राद्यथा वृक्षे भवन्त्यौदुम्बराणि वै । औदुम्बरे वा मशकः संख्यातीता भवन्ति हि। ।२१॥ तथैवैकैकरोमांचं संख्यातीताडसंयुतम् । पश्यंस्तत्रैवैकतरं भ्रान्तः शक्रो विवेश ह ॥२२॥ पश्यति स्म स तन्मध्ये त्रैलोक्यं सचराचरम् । अरण्यकदलीकोश पत्रे पत्रे यथा फलम् ॥२३॥ असंख्यातं जगत्तत्र पश्यति स्म शचीपतिः । बभ्रामभ्रान्तचित्तोऽसौ नालभन्निर्गमं ततः॥२४॥ ततो ननाम मूर्ध्नाऽसावेदं भग्नमनोरथः । प्रार्थयामास देवेशं तदा शक्रो गजाननम् ॥२५॥ शक्र उवाच। भूभारहरणार्थं यो जातः कश्यपनन्दनः । अचिन्त्यो महिमा यस्य किमु वर्ण्यो भवेन्मम ॥२६॥ निर्गमं देहि देवेश कुक्षेरत्यन्तविस्तरात् । अदृष्टपाराद्वर्षाणि द्वादश भ्रमता मया ॥२७॥ तव कुक्षौ मयाऽदर्शि भुवनानि चतुर्दश । स्थानें स्थानें विभक्तानि प्रतिरोमांचमेकराट ॥२८॥ समष्टिव्यष्टिरूपाणि महाविस्तारवन्ति च । दृष्टानि तव रूपाणि सुसौम्यानीतराणि च ॥२९॥ अभ्दुतान्यप्यसंख्यानि वक्त्राणि नयनानि च । दृष्ट्वा दुर्दर्शरूपाणि जगत्क्षोभकराणि ते ॥३०॥ दैत्यदानवपूर्णानि सुरमानववन्ति च । यक्षरक्षः पिशाचादि चतुराकरवन्ति च ॥३१॥ विकराल महोरूप मुपसंहर विश्वकृत् । गतो मोहं स्मृतिर्लब्धा प्रसादान्निखिलेश्वर ॥३२॥ कायेन मनसा बुध्या वाचा त्वां शरणं गतः । प्राकृतं दर्शय विभो रूपं ते भक्तवत्सल ॥३३॥ क उवाच एवं यावत्प्रार्थयते स्वात्मानं तावदेव सः : सभामध्यगतं तं च ददर्श

ब्रम्हचारिणम् ॥३४॥ पश्यतां सर्वलोकानां साष्टांगं प्रणनाम तम् । अतिविस्मितचित्तोऽसौ लज्जाहर्ष समन्वितः ॥३५॥
शृण्वस्तु सर्वदेवेषु नुनाव ब्रम्हचारिणम् । जातं मुनिगृहे शांन्तं क्रीडामानुषरूपिणम् ॥३६॥ शक्र उवाच । जाने न
त्वाऽनन्तशक्ति परेशं, विश्वात्मानं विश्वबीजं गुणेशम् । विश्वाभासं विश्ववन्द्यं त्रिसत्यं, त्रेधाभूतं जन्मरक्षार्तिहेतुम् ॥३७॥
एकं नित्यं सच्चिदानन्दनरूपं, सर्वाध्यक्षं कारणातीतमीशम् । चेष्टाहेतुं स्थावरे जंगमे च । वांछापूरं सर्वगं त्वाऽभिवन्दे
॥३८॥ सर्वेशानं सर्वविद्यानिधानं, सर्वात्मानं सर्वबोधावभासम् । सर्वातीतं वाङमनोगोचरं त्वां, सर्वावासं सर्वविज्ञानमीडे
॥३९॥ क उवाच । एवं स्तुत्वा च नत्वा च संपूज्य स्वांकुशं ददौ । कल्पवृक्षं ज दास्यौ द्वे विनायक इति स्फुटम् ॥४०॥
चकार नाम शक्रोऽथ स्मरणात्सर्व सिद्धिदम् । जयशब्दैर्नमःशब्दैर्वाद्यशब्दैरनेकधा ॥४१॥ गन्धर्वगीतनिनदैरप्सरोनृत्य–
निःस्वनैः । व्याप्तमासीत्पुष्पवर्षै स्तदा व्योम धरातलम् ॥४२॥ प्रतिकूलवहा नद्य आसन्पूर्व वहाः शुभाः । प्रसन्नमासी–
द्दिक्चक्रं ववुर्वाताः सुखावहाः ॥४३॥ प्रदक्षिणार्चिषः शान्ता आसन्सर्वत्र वन्हयः । ततः प्रसन्नः शक्राय ददावभय मेकराट्
॥४४॥ भविता न भयं क्वापि तव शक्र रणाजिरे । पठस्व स्त्रोत्रमेतत्वं त्रिसन्ध्यं भक्तितत्परः ॥४५॥ अन्योऽपि यः
पठेद्भक्त्या श्लोकत्रयमिदं नरः । स सर्वानाप्नुयात् कामान् सर्वत्र विजयी भवेत् ॥४६॥ ततः शक्रो नमस्कृत्य वरं प्राप्य
शुभावहम् । ततः सर्वे नमस्कृत्य स्वं स्वं स्थानं ययुर्मुदा ॥४७॥ (४३३)

इति श्रीगणेशपुराणे क्रीडाखंडे बालचरिते एकादशोऽध्यायः ॥११॥

अध्याय १२ प्रारंभ – क उवाच। ततस्तु सप्तमे वर्षे प्रवृत्तेऽसौ विनायकः। स्नात्वा नित्यविधिं कृत्वा मुकुटभ्राजि मस्तकः ॥१॥ आयुधानि च चत्वारि सिंहारूढो दधार सः। अंकुशं परशुं पद्मं पाशं सर्वभयापहम् ॥२॥ दंडाजिने कुंडले च कांचने रत्नसंयुते। बिभ्रत्कमंडलुं दर्भान्कौशेयं पीतमुत्तमम् ॥३॥ कस्तुरीतिलकं चन्द्रं ललाटे क्षीणतेजसम्। मुक्ताफलमयीं मालां कंठे नाभौ फणीश्वरम् ॥४॥ रोदसी कम्पयन्नुच्चैर्जगर्जासौ स्वलीलया। मेघस्वन इति भ्रान्त्या चातका व्याददुर्मुखम् ॥५॥ उत्छलन्त्यो महानद्यः सिषिचुर्व्योममंडलम्। तदाननन्दतुरुभावदितिः कश्यपोऽपि च ॥६॥ धन्या वयं पूर्वजा न इत्यात्मानं प्रशंसतुः। एतस्मिन्समये काशीराजोऽप्याश्रममभ्यगात् ॥७॥ परस्परालिंगनेन मुमुदुस्तेऽखिलास्तदा। न्यविशन्तासने सर्वे नमस्कृत्य परस्परम् ॥८॥ स्वाद्वन्नं भोजयामास मुनिस्तं षड्रसैर्नृपम्। विश्रान्तं परिपप्रच्छ किमागमनकारणम् ॥९॥ श्रीमतां दर्शनं नोऽद्य जातं पुण्यवशान्नृप। पुरोहितस्य मे न त्वं वृत्तान्तं किं गृहीतवान् ॥१०॥ क उवाच। एवं मुनिवचः श्रुत्वा जगाद नृपसत्तमः। क्षमापराधं मे ब्रम्हन्राज्याकुलित चेतसः ॥११॥ पुत्रस्य मे विवाहोऽस्ति त्वामाकारयितुं प्रभो। आगतोऽहं मुने जातः कृतार्थस्तव दर्शनात् ॥१२॥ चल शीघ्रं विवाहं त्वं संपाद्य पुनरेव हि। न श्लाघ्यो लोकवर्येषु विना चैवागमं तव ॥१३॥ अहमेव समायातोऽतस्त्वां नेतुं महामुने। मुनिरुवाच। नाहमेष्ये नृपश्रेष्ठ चातुर्मास्यरतोऽधुना ॥१४॥ पुत्रं नय समर्थं मे यदीच्छसि जनाधिप। राजोवाच। पुत्रमाज्ञापय मुने गमिष्यावो जवान्वितौ ॥१५॥ एवं नृपवचः श्रुत्वा मुनिः पुत्रमथाब्रवीत्। वचोनुरोधाद्राज्ञोऽस्य प्रेषये त्वाम् विनायक ॥१६॥ विद्यमाने

तु महति दुःखे विरहजे तव । तामाज्ञां शिरसा वन्द्य चरणावुभयोरपि ॥१७॥ मातापित्रोर्बहिरगादाज्ञा चारोपितो रथे । सोऽपि नत्वा तयोः पादौ स्वयमारुरुहे रथम् ॥१८॥ आजगामादितिस्तं च प्रावदन्नृपसत्तमम् । अयं मे बालको राजन् रक्षणीयो निरन्तरम् ॥१९॥ उत्पातो जायते तत्र यत्र मे बालको भवेत् । अतोऽयं यत्नतो रक्ष्यः पक्ष्मणीव कनीनिकाम् ॥२०॥ यथा नयसि पुत्रं मे तथाऽत्र त्वं समानय । ओमित्युक्त्वाऽदितिं राजा प्रणिपत्य विसृज्य ताम् ॥२१॥ सह तेन ययौ शीघ्रं रथेनानिलरंहसा । गच्छता रथ मार्गेण राज्ञा प्राप्ता महाटवी ॥२२॥ नरान्तक पितृव्यस्य स्थानं तच्चातिसुन्दरम् । रौद्रकेतोर्बली भ्राता धूम्राक्षो नाम नामतः ॥२३॥ दशवर्षसहस्त्रं स तपस्तेपे सुदारुणम् । सहस्त्रकिरणं नित्यं नित्यमारा–धयन्मुदा ॥२४॥ प्रार्थयन्सर्वं संहारकर मायुधमुत्तमम् । त्रयाणां भुवनांना स इच्छंःवश्यत्व मात्मनः ॥२५॥ वृक्षस्कन्धाल–म्बिपादोऽधोमुखो धूममापिबन् । एवं बहुगते कालेऽमोघं शस्त्रमुपस्थितम् ॥२६॥ प्रेषितं भानुना तस्मै राक्षसाय तपस्यते । व्योमव्यापी यस्य तेजो ददर्श स विनायकः ॥२७॥ शीघ्रमुड्डीय जग्राहगरुत्मानीव पन्नगम् । तदा विस्मयमापेदे काशिराजो महामनाः ॥२८॥ तर्कयामास मनसि लाभे हानौ च जीवने । नास्ति दैवातिरेकेण निमित्तं भुवनत्रये ॥२९॥ मम नैवाभवत्प्राप्तिः सहसा तस्य तस्य या । ज्ञातुं तदस्त्रसामर्थ्यं तोलयित्वाऽक्षिपच्च सः ॥३०॥ उध्वं गतं तदैवाशु रवं कृत्वा भयानकम् । धूम्राक्षे पतितं तत्तु स तदैव द्विधाऽभवत् ॥३१॥ गंडशैला द्रुमास्ताभ्यां खंडाभ्यां चूर्णिता भ्रशम् । धनुः पंचशतं पृथ्वी पदद्भ्यां व्यापिता तदा ॥३२॥ ततस्तस्य सुतौ ख्यातौ जघनो मनुरेव च ।

शुश्रूषायां रतौ तस्य पितरं वीक्ष्य तादृशम् ॥३३॥ क्रोधाविष्टौ ददृशतु स्तं विनायकमन्तिके । दुद्रुवतुः प्रसार्यैवं वक्त्रं
कालान्तकोपमम् ॥३४॥ बटुमानीय पितरं कथं घातितवानसि । इत्यूचतुः काशिराजं रोषाविष्टौ निशाचरौ ॥३५॥
रक्षितोऽसि पुरा पित्रा मम पूर्वं नरान्तकात् । तं मारयित्वा यत्नेन कथं जीवसि रे नृप ॥३६॥ क उवाच । इत्याकर्ण्य
नृपो वाक्यं चकम्पे भृशविव्हलः । तर्कयामास मनसि कथमानीतवानहम् ॥३७॥ नन्दनं कश्यपस्यैनमपस्मारमिव स्थितम् ।
क्रुद्धो नरान्तकश्चेन्मे बलाद्राज्यं ग्रहीष्यति ॥३८॥ तदा मे रक्षिता कः स्यात्ततः शपथमारभत् । नृप उवाच । एतदर्थं
मयाऽनीतो नैवायमर्भकः क्वचित् ॥३९॥ ब्राम्हणेश्वरयोरत्र शपथो मे निशाचरौ । पुरोहितस्य पुत्रोऽयं विवाहार्थं समान्हतः
॥४०॥ न विघ्नं कुरुतं तत्र नीयतां बालको ह्ययम् । इत्यस्य वचन्ताते स मुनिपुत्रो जगाद तम् ॥४१॥ कथं बद्ध्वा
शत्रुहस्ते शिशुं मां त्वं प्रयच्छसि । अदितिं कश्यपं वापि वदिष्यसि किमुत्तरम् ॥४२॥ क्रुद्धश्चेत्कश्यपस्त्वांहि कुर्याद् भस्म
न संशयः । एवं वदति तस्मिंस्तु बालके मुनिनन्दने ॥४३॥ भक्षितुं तं समायातौ बिडालौ मूषकं यथा । प्रसार्य वदनं
बालो घोरं शब्दमथाकरोत् ॥४४॥ चकम्पे च त्रिभुवनं तौ च निश्वासयोगतः । संप्राप्तौ मेघपटलं वात्ययैव यथा तृणम्
॥४५॥ मुहूर्तद्वितये जाते व्यस्तौ द्वौ तौ निपेततुः नरान्तकस्य नगरे जघनो मनुरेव च ॥४६॥ गिरिशीर्षे गंडशैलो
महावातेरितौ यथा । पतद्भ्यां तच्छरीराभ्यां चूर्णितानि गृहाणि च ॥४७॥ मुखहस्त रवा आसन् हाहाकारो महानभूत् ।
किमिदं किमिदं दूता धावमाना ययुस्तदा ॥४८॥ मृतौ धूम्राक्षतनयौ श्रुत्वा सम्यग् व्यलोकयन् । सचेतनौ च तौ दृष्ट्वा

सावधानावकुर्वत ॥४९॥ दूतांस्तां वूचतुः सर्वं वृत्तान्तमनुपूर्वशः । वधं पितुः काश्यपेयात्तस्य श्वासान्निपातनम् ॥५०॥ स गच्छति स्यन्दनेन काशीराजेन संयुतः । एवं दूता निशम्यैनं नरान्तक मथाब्रुवन् ॥५१॥ पितृव्यं निहतं श्रुत्वा सापराधं नरान्तकः । ऋषिपुत्रं तथा यान्तं काशीराजेन संयुतम् ॥५२॥ क्रोधेनारक्तनयनः पुरः पश्यन्निशाचरान् । अज्ञापयात्तमानेतुं सहस्त्रप्रमितांस्तदा ॥५३॥ धृत्वाऽनेयो मुनेः पुत्रो युद्धकृच्चेत्स हन्यताम् । काशीराजरथो वापि शीघ्रं गच्छन्तुराक्षसाः ॥५४॥ आज्ञामात्रेण ते जग्मुस्त्वरया वातरंहसः । काश्यपेयं च नृपतिं ददृशुस्ते च तौ च तान् ॥५५॥ ततो विनायकश्चक्रे भीमशब्दं भयावहम् । ततो निशाचराः पेतुस्त्यक्ता प्राणांस्तु केचन ॥५६॥ केचित्पलायिताः केचिद् भग्नपादाः प्रपेदिरे । केषाच्चिन्मस्तका भिन्नाः केचिच्छीर्णोदराः शरैः ॥५७॥ भग्नास्या भग्ननेत्राश्च भग्नोरुबाहवः परे । प्रपलाय्य गता ये तु आगतास्ते नरान्तकम् ॥५८॥ उदन्त सर्वमाचख्युर्विनायककृतं तदा ॥५९॥ (४९२)

इति श्रीगणेशपुराणे क्रीडाखंडे निशाचरवधो नाम द्वादशोऽध्यायः ॥१२॥

अध्याय ९ प्रारंभ – दूता ऊचुः । विनायकं रथस्थंतमाज्ञां प्राप्य गता वयम् । सर्वे रवे तदा दृष्टः कृतान्तसदृशस्तु सः ॥१॥ सर्वे निशाचराः स्वामिन् मृतास्तद्भीतितोऽनघ । वयं तव प्रसादेन जीवन्तस्त्वां समागताः ॥२॥ ईश्वरीय कृपायोगात् सिंहवृन्दाद् गजा इव । त्रैलोक्ये तु पुमान्नास्ति यो युध्येत्सह तेन वै ॥३॥ क उवाच । इत्थं निशम्य तद्वाक्यं जगदे स नरान्तकः । किं वा वदथ बालिश्यात् क्व बालःक्व नरान्तकः ॥४॥ किं कर्तव्यं पतंगेन प्रलयानल सन्निधौ ।

मेरुगिरिः पतेत्किं वा खनता मूषकेन च ॥५॥ ततःश्चाज्ञापयद्दैत्यान् काशिराजपुरीं प्रति । लुंठनं यत्र कर्तव्यं येन व्यग्रो भवेन्नृपः ॥६॥ तस्मिन् व्यग्रे सोऽपि भवेत् कश्यपस्य सुतोऽपि च । नो चेदुभौ निहन्तव्यौ सर्वैः सर्वप्रयत्नतः ॥७॥ ततो ददौ महार्हाणि तेभ्यो रत्नान्यनेकशः । वस्त्राणि च विशिष्ठानि शस्त्राणि विविधानि च ॥८॥ ते तं तदा नमस्कृत्य ययुः काशीशपत्तनम् । परस्परं समूचुस्ते दिक्चक्रं व्याप्य सेनया ॥९॥ तत्रयोऽन्भूमहासेना नीरेवं सोऽदिशत्तदा । यस्य दृष्टिगतो दैत्याः स तु तेन निहन्यताम् ॥१०॥ अन्यथा मम दंड्स्य तस्याहं प्राणनाशकृत् । एवं तेन समादिष्टः दैत्या जग्मुर्दिशो दश ॥११॥ विनायकस्तेन राज्ञा रथस्थेन गतः पुरीम् । नानाध्वज पताकाभिश्चित्रितां रंगमालया ॥१२॥ वाद्यंदुंदुभि निर्घोषैः पूजाद्रव्यैरनेकधा । अमात्या नागराश्चैव प्रतिजग्मुर्विनायकम् ॥१३॥ उपचारैः षोडशभिर्भक्त्या सर्वेप्यपूजयन् । राजानं च ततो जग्मुर्नगरी मन्तराऽखिलः ॥१४॥ तस्मिन्प्रविष्टे प्रासादान्रुरु हुर्योषितोऽखिलाः । काश्चिदद्रष्टुं बहिर्याता व्यस्तालंकरणाम्बराः ॥१५॥ अनादृतपितृभ्रातु भर्तृमातृ सुन्हज्जना : । त्यक्त्वा भोजनपात्रं च भुक्तवन्त पतिच काः ॥१६॥ एका निरुद्धा सर्वैः सा ध्यात्वा देवं विनायकम् । भक्त्या निमील्य नयने जव्हौ प्राणांस्तदभ्दुतम् ॥१७॥ लाजवर्षैः पुष्पवर्षैर्वर्षुस्तं कुमारिकाः । विमानस्था देवगणा ददृशुस्तं महोत्सवम् ॥१८॥ ब्राह्मणाः परमात्मानं पश्यन्ति स्म विनायकम् । क्षत्रियास्तं महावीरं पश्यन्ति स्म रणोत्सुकम् ॥१९॥ वैश्यास्तं ददृशुः सर्वे रुद्रं संहारकारकम् । शूद्रास्तं हरिरूपेण नृपरूपेण चालुकन् ॥२०॥ यस्य यस्य यथा भावस्तादृशंसोऽभ्यर्वाक्षत । यथा रवते सितेपीते स्फटिकस्तादृशाकृतिः ॥२१॥ एक

एव पुमान्यद्वत् पिता भ्राता च शालकः । ततो विनायकोऽपश्यत् पुरमध्ये महासुरौ ॥२२॥ विघटं दन्तुरं रन्तुं समाह्वयत सादरम् । तौ त्यौ दुष्टमनसौ बालकैः समुपागतौ ॥२३॥ आलिंगितुं कृतोद्योगौ तेन ज्ञातौ दुराशयौ । आलिंग्य चूर्णयामास पुष्पं हस्तगतं यथा ॥२४॥ त्यक्तौ भूमिगतौ तौ तु रेजतुर्दशयोजनौ । काशिराजश्च लोकाश्च दृष्ट्वाऽऽश्चर्यं तु मेनिरे ॥२५॥ मुमुचुः पुष्पवर्षाणि देवास्तस्मिन् भोगताः । साधु साध्विति शब्दैश्च जयशब्दैश्च केचन ॥२६॥ मुनयश्चैव देवाश्च तुष्टुवुस्तं विनायकम् । मायामानुषरूपेण चरन्तं बाललीलया ॥२७॥ शक्रादीनामजेयौ यौ तावनेन हि चूर्णितौ । तथो वीथीरतिक्रम्य रथो यातोऽप्रतोऽप्रतः ॥२८॥ ततोऽन्यावसुरौ दृष्टौ हन्तुमेनं समीयतुः । पतंग विधुलौ नाम्ना वात्यारुपौ महाबलौ ॥२९॥ ततो व्याकुलितो लोको रजसाच्छादितोऽखिलः । प्रासादा वृक्षसंख्याश्च पतिता वसुधातले ॥३०॥ प्रावारनिचया भान्ति गगने पक्षिसन्निभाः । केषाच्चि न्मस्तकात् पेतुरुष्णिवाणि दिशोदश ॥३१॥ कोलाहलो महानासीन्न प्राज्ञायत किंचन । रथोऽपि गगनं गन्तु मुद्यतस्तम्भितोऽमुना ॥३२॥ निःसार मनुजाः येतु सद्यो जाता इवात्रनीम् । ततोऽतिबलिनौ ज्ञात्वा दधार शिखयोरुभौ ॥३३॥ एकेन मुष्टिना देवो भ्रामयित्वा बलाच्चिरम् । तत्याज स धरापृष्टे व्यसू तौ ददृशे जनः ॥३४॥ तर्कयामास देवोऽयं कश्यपस्य सुतो बली । यतोऽनेन हतावेतावसुरौ योजनायतौ ॥३५॥ अस्मिन्वयसि कस्यापि नेदृशं वीक्ष्यते बलम् । एतावद् दुष्टसामर्थ्यं काशिराजोऽप्यनन्दत ॥३६॥ अवप्लुत्य रथात्तस्मात्तं ननाम विनायकम् उवाच च महायोगिन्बालस्यापि न ते कृतिः ॥३७॥ ब्रम्हादिज्ञानविषया कुतःस्याच्चर्म चक्षुषः । जगदुत्पादकोऽनेक

रूपोऽस्य वन हेतवे ॥३८॥ न संख्या वर्तते स्वामिन्नवताराणां च ते विभो ॥३९॥ ततोऽग्रतो रथो यातस्त्वरया नृपतेर्गृहम् ॥४०॥ ततो ददर्श बालोऽसौ दैत्यं पाषाणरूपिणम् । ततोऽहनत् परशुना शतधा सोऽभवत्तदा ॥४१॥ तस्माद्विनिःसृतो भीमो दंष्ट्रादशनभासुरः । श्मश्रुलो दीर्घकायश्च पुरुषः पिंगलो महान् ॥४२॥ ततस्ते बालकाः सर्वे लोकाश्चान्येऽपि दुद्रुवुः । तं चापि न्यहनन्मुष्टया स चापि न्यपतद्भुवि ॥४३॥ असंमत जना बालं भगवन्तं धृताकृतिम् । ततो राजा न्हृष्टमना रथादुत्तीर्य बालकम् ॥४४॥ अन्तःप्रवेशयामास स्वयमादाय सत्वरम् । रत्नवर्ण मयेस्वीय आसने चोपवेश्य तम् ॥४५॥ उपचारैः षोडशभिः प्रपूज्य च यथाविधि । महार्हवस्त्राभरणैर्दिव्यैश्चैव सुगन्धिभिः ॥४६॥ परमाल्हाद संयुक्त स्तुष्टाव च ननाम च । अन्नं च षड्रसं नाना पक्वान्नं व्यंजनान्वितम् ॥४७॥ सुन्रम्भिर्भोजयामास परमान्न मनेकधा । ततो नानाफलान्याशु ददौ तेभ्यो नराधिपः ॥४८॥ ततोऽष्टांगं च ताम्बूलं रत्नकांचनसंयुतम् । ततः स्वयं बुभोजाशु शिशुभिः परिवारितः ॥४९॥ ततः प्रस्वापयामास कृतसन्धयार्विधि च तम् । पर्यंके रुचिरे दीप वितानपरिशोभिते ॥५०॥ स्वयं तदाज्ञया राजा सुष्वाप प्रियया सह । अत्याप्तां श्चतुरः स्थाप्य जागराय तदन्तिके ॥५१॥ (५४३)

इति श्रीमदादि श्रीमन्महागाणेशपुराणे क्रीडाखंडे बालचरितं नाम त्रयोदशोऽध्यायः ॥१३॥

अध्याय १४ प्रारंभ :– क उवाच । ततः प्रभात उत्थाय शौचं कृत्वा यथाविधि । चकार मज्जनं सोऽथ सन्ध्यां चक्रे यथाविधि ॥१॥ होमं चकार समिधं स्थाप्य कृष्णाजिनं शुभम् । निधाय दंडम् चिक्रीड बालकैः स विनायकः ॥२॥ निशम्य

कीर्ति तत्रत्यो ब्राम्हणो वेदशास्त्रवित् । धर्मदत्त इति ख्यातो मुनिपुत्रदिदृक्षया ॥३॥ आगतो नृपवर्यस्य काशिराजस्य वेश्म
सः । राज्ञा संमानितः सोऽथ प्रपच्छ नृपसत्तमम् ॥४॥ क्वासौ महाबलः पुत्र कश्यपस्य वदस्व मे । ततो लोका जगुरयं
क्रीडते बालकैः सह ॥५॥ तत उत्थाय विप्रोऽसौ पाणौ धृत्वाऽवदच्च तम् । मम मित्र सुतस्त्वं हि श्रुता कीर्तिर्मया तव ॥६॥
अतस्त्वां स्वगृहे नेतुमागतोऽहं न संशयः । पुनीहि पादरजसा सर्वं नः सफलीकुरू ॥७॥ परब्रम्हस्वरूपोऽसि परमात्मा
परात्परः । भूभारहरणार्थाय जातोऽसि कश्यपालये ॥८॥ क्रीडामानुषरूपोऽसि जाने त्वां तत्वतोऽर्भक । ततो विनायकः प्राह
किमर्थं त्वमिहागतः ॥९॥ आज्ञामात्रेण ते तात कथं नायामि तेऽन्तिकम् । इत्युक्त्वा त्वरया यायाद्धर्मदत्तपुरः सरः ॥१०॥
धूलिमुद्धूल यब्दिस्तै र्वालकैरनुगैं र्बली । मार्गे दु गच्छतस्तस्य नरान्तक समीरितौ ॥११॥ कामसंज्ञश्च क्रोधश्च द्वावेतौ
राक्षसाधमौ । परस्परं युध्यमानौ हन्तुमन्तिकमागतौ ॥१२॥ युध्यमानौ निपतितौ बालके दुष्टमानसौ । खररूपौ यथा वन्हि
पतंगाविव दुर्मदौ ॥१३॥ ततस्ते बालकाः सर्वे दुद्रुवुस्ते दिशोदश । ततो विनायको धृत्वा तयोः पादौ बलेन सः ॥१४॥
भ्रामयामास बहुधा पोथयामास भूतले । ततस्तौ पतितौ भूमौ व्यसू लोका व्यलोकयन् ॥१५॥ समकम्पत् त्रिभुवनं
पतद्देहरवात्तदा । लोकवार्तासु विश्वासं धर्मदत्तोऽन्वपद्यत ॥१६॥ दृष्ट्वा तस्य महत्कर्म प्रत्यक्षेण महामुनिः । ततो ययौ
धर्मदत्तस्तेन साकं पुरःसरः ॥१७॥ ददर्श कुंजरं मत्तं गूढरूपं महाबलम् । इतस्ततो विद्रवन्तं जनं हन्तुं समुद्यतम् ॥१८॥
इतस्ततो महावीराः पलायनपरा ययुः । कोलाहलो महानासीज्जनानां तत्र धावताम् ॥१९॥ रजसाऽव्यापि सकलं नीहारेणेव
पर्वताः । गजो यातो राजगजान्मत्तान् हन्तुं महाबलः ॥२०॥ गजयुद्धं महाघोरं प्रासादस्था व्यलोकयन् । बभज्जुरश्वशालां ते

दृष्ट्वा बद्धान् हयानपि ॥२१॥ उद्बंधना हया याता गजाश्च ककुभो दश । धर्मदत्तो गृहीत्वा तं गृहान्तर्गन्तुमुद्यतः
॥२२॥ आस्फाल्य तत्करं बालो रुरोह करिणं बलात् । बिभेद गंडं सृणिना वारंवारं विनायकः ॥२३॥ असृक्प्रवाह
परितो निपपात महीतले । स गजो बृंहितं कृत्बा सर्वलोकभयावहम् ॥२४॥ पतता तेन भग्नानि विस्तीर्णे
नायतेन च । संख्यातीता न्यगाराणि सर्वोपस्करवन्ति च ॥२५॥ चकम्पे पृथिवी सर्वा सपर्वत वनाकरा ।
ततोऽन्धकारे विगते तत्रेयुर्नागराजनाः ॥२६॥ भीतभीता महारौद्रे मृते तस्मिन् निरीक्ष्य तम् । बालं तु
बलिनो गत्वा तस्मादुत्तारयन्बलात् ॥२७॥ धर्मदत्तः पुनश्चैनं कटावेवाभ्यधारयत् । गृहमध्ये निनायाशु पुनरुत्पात
शंकया ॥२८॥ निवृत्तेस्वनिमित्ते स द्विजातिभ्यो ददौ धनम् । पूजयामास चैवैनमुपचारैः पृथक्पृथक् ॥२९॥ वस्त्रालंकार
कुसुमैर्नाना नैवेद्य संचयैः । भोजयामास विधिवत् सिद्धिबुद्धि उभे ददौ ॥३०॥ दक्षिणार्थं धर्मदत्तो ननाम दंडवत्क्षितौ ।
उवाच च प्रसन्नात्मा हर्षगद्गदया गिरा ॥३१॥ मम भाग्यं तु फलितं यद्दृष्टं चरणाम्बुजम् । जगदीशो जगत्कर्ता
जगत्साक्षीजगद्गुरूः ॥३२॥ मम व्राक्यादिहायात उध्दर्तु मम पूर्वजान् । एवं ब्रुवन्नेव मुनिः स्वासने सन्निवेशितः ॥३३॥
विनायकेन देवेन पूजितो बहुभक्तितः । ततोऽतिशुशुभे बालः सिद्धिबुद्धि युतोभृशम् ॥३४॥ गंगागौरियुतो यद्वच्छूलपाणि
स्त्रिलोचनः । एतस्मिन्नन्तरे तत्र जृम्भा नाम्न्यागता शुभा ॥३५॥ पीताम्बरधरा चारूकंकणा चारूभूषणा । अतिदुष्टमना:
सा तु पत्नी धूम्राक्षरक्षसः ॥३६॥ सोवाच मधुरां वाचं निधानमिदमुत्तमम् । इत्यरिष्टानि जायन्ते तानि नश्यन्त यत्नतः ॥३७॥
कथंचारू भवेद्भोगो मातापित्रोरमुष्य वै । एवमुक्त्वा स्त्रियः सर्वा उवाच च विनायकम् ॥३८॥ महद्भाग्यं मम विभो

यज्जातं तव दर्शनम् । परिश्रान्तोऽसि देवेश नानादुष्ट विनाशनात् ॥३९॥ अभ्यंगं कुरू तैलेन सुगंधेन महामते । अंगं ते मर्दयिष्यामि तैलमुद्वर्तनं तथा ॥४०॥ ओमित्युक्ते ततस्तेन विषहस्ता समादधे । तैलेन चरणौ तस्य विषोत्कर्ष विधायिना ॥४१॥ ममर्द जृम्भती जृम्भा लोकास्तां साधु मेनिरे । सा सिषेवे भावदुष्टा [illegible]त्वा पतिं यथा ॥४२॥ ततस्तस्य शरीरस्य दाह एवा भवन्महान् । ततो ज्ञानेन बुद्ध्वा तां दुष्टभावां निशाचरीम् ॥४३॥ नारिकेल फलेनाशु मस्तके तां जघान सः । ततः सा पतिता भूमौ निजरूपं समास्थिता ॥४४॥ असृक् प्रवाह मध्ये सा विस्तीर्णा योजनद्वयम् । धर्मदत्तश्च लोकाश्च तदाश्चर्ययुता बभुः ॥४५॥ पूजयामास विधिवद्भोजयामास तं पुनः । पक्वान्नं विविधं स्वादुरसैः षड्भिः समन्वितम् ॥४६॥ अस्मिन्नवसरे देवाः पुष्पवर्षं प्रचक्रिरे । नीराजनं लाजवर्षमंगनाः पूजनानि च ॥४७॥ ततः स काशिराजस्तमाकारयितु मागमत् । रथोपरि निवेश्यैनं वाद्यघोष समन्वितः ॥४८॥ गन्धर्वा गानसहिता नृत्यन्त्यप्सरसः पुरः । निनायस्वगृहं राजा विनायकमनामयम् ॥४९॥ गच्छन्स ददृशे बालः सिंहारूढो धृतायुधः । अनेक वीरसंयुक्तो देवैरिव शतक्रतुः ॥५०॥ सिद्धिबुद्धियुतो भाति गंगोमाभ्यां यथा शिवः । नानाबन्दि स्तूयमानः प्रविवेश नृपालयम् ॥५१॥ एवंबालचरित्रं यः शृणुयाज्जगदीशितुः । सर्वान् कामानवाप्नोति नारिभिर्बाध्यते क्वचित् ॥५२॥ (५९५)

इति श्रीगणेशपुराणे क्रीडाखंडे बालचरित्रे नाम चतुर्दशोऽध्यायः ॥१४॥

अध्याय १५ प्रारंभ :– क उवाच । अपरस्मिन्दिनेराजा लोकैः सहसभांययौ । विनायकेन सहितो मित्रामत्य समन्वितः ॥१॥ तानुवाच ततः सर्वान्बालकस्य गुणान्बहून् । गुणवन्तं प्रधानं तं पुरस्कृत्य महाशयम् ॥२॥ अहं हि कस्यपं यात आकारयितु मन्तिकम् । विवाहस्य च सिध्यर्थं पुत्रस्तेनेहयोजितः ॥३॥ प्रस्थितोऽनेन यावच्च तावद्राक्षसराड्हतम् । अरिष्टानां समूहं च न दृष्टं न चवै श्रुतम् ॥४॥ आदावनेन निहतो धूम्राक्षो राक्षसाधिपः । जघनश्च मनुश्चापि सहस्त्रा–द्वंयुतो हतः ॥५॥ यो व्योम नीतवानेनं नगरे दन्तुरो हतः । विघंटो बालरूपश्च विधूलश्च महाबलः ॥६॥ पतंगश्चैव नगरे वातरूपधरो हतः । कूटो नाम हतोऽनेन द्वारि पाषाणरूपधृक ॥७॥ कामक्रोधावपि हतौ खरवेषधरावुभौ । गजरूप–धरः कुंडो हतोऽनेन निशाचरः ॥८॥ यानि चान्यान्यरिष्टानि नाशयिष्यति बालकः । इदानीं निश्चयः कार्यो विवाहस्य द्विजैः सह ॥९॥ देवतास्थापनस्यापि हरिद्रामंडपस्य च । विवाहोपस्करार्थं च ज्योतिःशास्त्र विशारदैः ॥१०॥ क उवाच । एवमाकर्ण्य तद्वाक्यममात्यावूचतुर्नृपम् । अयं बालः पुरे यावद्वर्तते नृपसत्तम् ॥११॥ तावद्विवाहो न भवेदिति नो भाति निश्चितम् । अस्मिन्स्थिते महोत्पाता भविष्यन्तिदिनेदिने ॥१२॥ पक्षे मासे गते राजन्विवाहं कर्तुमर्हसि । ओमित्युक्ते नृपेणाथ जग्मुः सर्वेनिजालये ॥१३॥ राजा विनायकश्चापि भुक्त्वा सुषुपतुः सुखम् । ततो निशीथे संप्राप्ते सुप्ते सर्वजने मुने ॥१४॥ ज्वालामुखो व्याघ्रमुखो दारूणोऽथ त्रयोऽसुराः । इच्छन्तोऽपचितिं पूर्वं हतानां दैत्यरक्षसाम् ॥१५॥ संपूर्णां नगरीं दग्धुमाद्य ऐच्छत्तदाऽसुरः । दारुणो वायुरूपेण तत्सहायार्थमुद्यतः ॥१६॥ व्याघ्रास्यो भक्षितुं तत्र पलायनपरानभूत् । एवं ते निश्चयं कृत्वा प्राक्रोशन् सुमहास्वनैः ॥१७॥ त्रैलोक्यं कम्पितं सर्वं तदा संशयितं भृशभ् । प्रलयः परचक्रं वा किमागतमिति ब्रुवन् ॥१८॥

व्याघ्रास्यः सुमहाकाय स्थाप्योष्ठं धरणीतले । पूर्वं परं च गगने मध्ये जिव्हा नदी इव ॥१९॥ उत्सृजन्मुखतो ज्वालाः साम्बरं पत्तनं दहन् । यथा हनुमता दग्धा नगरीं पुच्छवन्हितः ॥२०॥ तथा ददाह नगरीं दुष्टोऽसौमुखवन्हितः । दग्धा वृक्षा लतारामाः प्रासादनिचयास्तदा ॥२१॥ कोलाहलो महानासीन्मुख हस्तरवस्तथा । हित्वा सर्वाणि कार्याणि विद्रवन्ति जनादिशः ॥२२॥ नगराद्बहिरायान्तं व्याघ्रास्यो ग्रसते नरम् । तदेव भोजनं तस्य बालकाश्चोपदंशकाः ॥२३॥ केचिद्विस्त्रस्त वसना विवस्त्रा चापरे ययुः । स्त्रियः कूर्पासकाः काश्चित्काश्चित्पत्यंशुका ययुः ॥२४॥ व्याघ्रास्य त्रिवरं मत्वा विविशुर्जीवितेच्छया । अन्यानाकारयन् त्यस्तानभक्षयतसोऽसुरः ॥२५॥ अकाले प्रलये प्राप्ते काशिराजो विनायकम् । सर्वं विहाय राज्यं स्वंस्त्रीपुत्रादिस्ववस्तु सः ॥२६॥ स्कन्धे गृहीत्वा भ्रमते नानास्थाने गृहे गृहे । अतिदुःखेन संतप्तस्तेजसा चैव शुष्मिणः ॥२७॥ कथं मया बाल एष सर्वारिष्टप्रवर्तकः । सर्वस्वहारको मौढ्याद् दुर्निमित्तस्य कारणम् ॥२८॥ विनैनं किमहं ब्रूमामदित्यै कश्यपाय च । निरस्तानि च पूर्वाणि महारिष्टान्यनेन हि ॥२९॥ आस्ते तूष्णी मिदानीं किं न जानेऽवापि कारणम् । एवं शोचन्दुर्गमुच्चै रुरोह सह तेन सः ॥३०॥ तयौपि दहनो वायु सहायः समुपागमत् । कुम्भैश्च मृन्मयैः पात्रैः सिषिचुः सेवकास्तदा ॥३१॥ तत्पन्यो निर्ययुर्हित्वा व्रीडां बालयुता बहिः अवतीर्य ततोराजा विव्हलोऽघः समाययौ ॥३२॥ अश्वाश्वतर वीराश्च रथनाग पदातयः । निर्ययुर्नगरात्सर्वे पौराश्च सहगोधना ॥३३॥ विनायकः काशिराजं काशिराजो विनायकम् । गवेषयामास तदा वर्तमानेजनक्षये ॥३४॥ सर्वेषु

लोकेषु गतेषु मध्ये स ध्याघ्रतुंडोननिमील तुंडम् । यावन्न तुंडे विशति स्म देवो विनायकोऽनन्त गुणो महात्मा ॥३५॥ उदयेतु रेवजति ददर्शाथ विनायकः । व्याघ्रास्यं दग्धनगरं जनपूर्णं च तन्मुखम् ॥३६॥ वन्हिं च निकटे वीक्ष्य विवेश तन्मुखं बलात् । तस्मिन्गते निजास्ये तु न्यमीलयत् सोऽसुरः ॥३७॥ आस्यं गव्हरसंकाशं सर्वसंहरणेच्छया । दारितुं बालकस्तत्र ववृधेऽतीव तत्क्षणात् ॥३८॥ पाटयामास तद्देहं व्याघ्रदेहेन रोदसी । अभूच्चटचटा शब्दो वंशानां पाटयतामिव ॥३९॥ ततो द्वेधाऽभवद्दैत्यो गतासुर भवत्क्षणात । तदेकं शकलं तस्य गगने स तु चिक्षिपे ॥४०॥ वायुना भ्रमति स्मैतद्दूरे देशे पपात च । अर्धेन पतता तेन चूर्णितं गहनं वनम् ॥४१॥ अपरं चाभवत् क्रीडागृहं बालमुदावहम् । उदतिष्टं स्ततो लोका अपरानप्य बोधयन् ॥४२॥ ततोऽग्निमपिबत्सर्वं पादाघातादचूर्णयत् । विदारणमहाकायं ज्वालासुरयुतं तदा ॥४३॥ एवं निहत्य तान्दुष्टान् योगमायाबलेन सः । अजीवयन्मृतान् सर्नान्नगरं च यथा पुरा ॥४४॥ अकार्षीच्च जगर्जाशु केसरीव विनायकः । सर्वलोकाश्च राजा च ततस्तं तुष्टुवुर्मुदा ॥४५॥ नमोऽनन्तशक्ते गुणानामधीश । नमोऽरिष्ट हन्त्रे नमः सृष्टिकर्त्रे । नमो विश्वपात्रे नमो विघ्नहन्त्रे । नमो ज्ञानदात्रे । नमोऽज्ञानहन्त्रे ॥४६॥ अकालप्रलयाद्देव वीतिहोत्रा ज्जगत्पते । लीलवतारदैत्योभ्यो रक्षिता लीलया त्वया ॥४७॥ कस्य सामर्थ्य मेतावद्वन्हिं पातुं महाबलम् । भूगोलसदृशास्यं को हन्यादन्यो महासुरम् ॥४८॥ मृतानां जीवनं को नु त्वदन्यः कर्तुमुत्सहेत् । त्वमेव जननी देव त्वमेव जनकोऽविता ॥४९॥ महाभाग्ये जनानां मे येन ते सन्निधिः कृतः । एवमुक्त्वाऽऽरुरोहाश्वं सिहयानं विनायकः

।।५०।। स्वं स्वं वाहनमारूढाः सर्वे वीराः सहस्त्रशः । सुखेन मन्दिरं गत्वा नित्यकर्म करोन्मुदा ।।५१।। स्वं स्वं च मन्दिरं
याता सर्वे पौरा निरामयाः । वाद्यस्तु सर्ववाद्येषु तुष्टुर्नन्दिनो नृपम् ।।५२।। काशिराजोऽथ विप्रेभ्यो ददौ दानान्यनेकशः ।
स्वस्ति वाच्य पुपूजाशु देवांस्तंच विनायकम् ।।५३।। उपायनानि देवाय नानालोका ददुस्तदा । विनायकोऽपि विप्रेभ्यो ददौ
तानि यदृच्छया ।।५४।। अमात्यांना च वीराणामंशुकानि ददौ नृपः । विसृज्य सर्वान् भुक्त्वा तौ सुखेनस्वापनीयतुः ।।५५।।
य इदं शृणुयाद् भक्त्या नगरीमोक्षणं नरः । सर्वान्कामानवाप्नोति नारिष्टैर्बाध्यतेक्वचित् ।।५६।। (६५१)

इति श्रीगणेशपुराणे क्रीडाखंडे बालचरिते नगरीमोक्षणं नाम पंचदशोऽध्यायः ।।१५।।

अध्याय १६ प्रारंभ :– क उवाच । शृणुव्यास प्रवक्ष्यामि कथामाश्चर्य कारिणीम् । या श्रुत्वा मानवो भक्त्या
सुखमत्यन्तमश्नुते ।।१।। उत्थाय कल्पे राजाऽसौ नित्यं कृत्वा ययौ बहिः । विनायकालयं गत्वा नत्वा तं परिपूज्य च ।।२।।
संप्रार्थयद्भोजनार्थं ततो बालं विनायकम् । ततो ददौ स उद्गारं नानापक्वान्न तृप्तिजम् ।।३।। शेषं ददर्श तत्रासौ
लड्डुकान्पायसादिकम् । अपूपान्वटकान्पुण्यमोदनम् सूप संयुतम् ।।४।। दधि दुग्धं मधु घृतं कथिकापात्रसंचयम् ।
मणिमुक्तामयीं मालां नानालंकरणानि च ।।५।। अपश्यत्तस्य देहेऽसावनर्घ्याणि नवानि च । पुनर्नत्वा च पप्रच्छ नृपतिस्तं
विनायकम् ।।६।। केन भक्तेन पूजेयं कृता ते जगदीश्वर । तमहं ज्ञातुमिच्छामि द्रष्टुं च त्वत्प्रसादतः ।।७।। एवमुक्तो
नृपेणाथ वदति स्म विनायकः । भक्ताय काशीराजाय निजभक्तकृतार्हणाम् ।।८।। देव उवाच । शृणु राजन् प्रवक्ष्यामि

यत्पृष्टोऽहमिह त्वया । तदहं ते प्रवक्ष्यामि संक्षेपेण नृपात्मज ॥९॥ दंडकारण्यदेशीये पुरे नामलसंज्ञके । भ्रूशुंडनाम्ना भक्तोऽभूम्द्भूतभव्य भविष्यवित् ॥१०॥ सृष्टुं पातुं च संहर्तुं शक्तस्त्रैलोक्यमाशु यः । ब्रम्हा भवश्च विष्णुश्च नित्यं यद्दर्शनार्थिनः ॥११॥ सर्वकालं ममध्यानध्वस्तपापो जितेन्द्रियः । पुरा तपस्यतस्तस्य भ्रूमध्यान्निसृतः करः ॥२१॥ भ्रूशुंडीति ततः ख्यातस्त्रिषुलोकेषु सर्वदा । अतिभक्त्या मृत्युलोके सादृशं प्रापितो मम ॥१३॥ अद्य शुक्ल चतुर्थ्यां तु पूजयामास मां मुदा । घृतं दुग्धं दधि मधु पश्य मेंगात् स्त्रवनृप ॥१४॥ भुक्तशेषमिदं चान्नं दृष्टं ते नृपसत्तम । क उवाच । तत ऊचे काशिराजो देवदेव जगत्पते ॥१५॥ तमहं द्रष्टुमिच्छामि कथं सोऽत्रागयिष्यति । विनायक उवाच । गच्छ राजंस्त्वमद्यैव तस्य चाश्रममंडलम् ॥१६॥ संपूज्य प्रणिपत्यापि विवाहाय तमाव्हय । प्रार्थनीयः प्रयत्नेन वाच्यं च मद्वचोऽपि च ॥१७॥ विनायको मम गृहमागतोऽस्ति यतो मुने । स चातितृप्तस्त्वत् कृतात् पूजनाद् भक्तितो मुने । सोऽपि त्वद्दर्शनाकांक्षी तेनेह प्रोषिता वयम् ॥१८॥ ममापि दर्शने कांक्षा महती पूजने तव । गृहं च सम्पदो मे त्व मागत्य सफलीकुरू ॥१९॥ एवमुक्ते त्वया राजन, श्रुते चमम नामनि । भ्रूशुंडी मम भक्तः सतत्क्षणादागमिष्यति ॥२०॥ क उवाच । एवमुक्तः स तेनाथ प्रस्थितः परिपूज्य तम् । तूणीर कार्मुकधरो हयमारूह्य शीघ्रगम् ॥२१॥ नदीवनानि च गिरीनतिक्रम्य शनैर्ययौ । प्राप तस्याश्रमं राजाऽवरुरोह हयात्ततः ॥२२॥ दृष्ट्वा मुनिं भ्रूशुंडि स प्रणिपातं चकार ह । तेनापि मानितः सोऽथ पुपूजे तमृषिं मुदा ॥२३॥ पश्यति स्म महारण्य मुपविष्ट स्तदाज्ञया । ररोवृक्षलता पुष्पैः फलै रम्यं तदाश्रमम् ॥२४॥ कैलासो

विष्णुलोकोऽथ सत्यलोको न तादृशः । वेदघोषैः शास्त्रघोषैर्गीतनृत्यैर्विराजितम् ॥२५॥ अग्निहोत्रैश्च कासारैः पक्षिभिर्जलजैरपि । दृष्ट्वा तमाश्रमं राजा मुमुदे हृष्टमानसः ॥२६॥ दंडवत् प्रणिपत्यासौ तं मुनिं सर्वमब्रवीत् । विवाहकृत्यं तत्पूजामाज्ञां वैनायकीमपि ॥२७॥ तस्माद्देहि मम गृहमिति च प्रार्थयन्नृपः । ऋषि उवाच । कस्त्वं वद महाराज कोऽसौ तेऽपि विनायकः ॥२८॥ नृप उवाच । काशिराज इति ख्यातं मां विद्धि रविवंशजम् । कश्यपस्य य सुतः सोऽपि दैवतं ते विनायकः ॥२९॥ तं भोक्तुकामेन मया श्रुता कीर्तिं स्तवापि च । चतुर्थ्यां पूजितः सम्यङ्नानोपहार संचयैः ॥३०॥ ते तत्र दर्शितास्तेन तृप्तेन नगरे मम । तेनोक्तं मम नाम्नैवा यास्यति स मुनिर्नृप ॥३१॥ अतोऽहमेव संयातः प्रार्थितुं त्वां महामुने । तवापि दर्शनं मत्वा दुर्लभं चर्मचक्षुषाम् ॥३२॥ क उवाच । एवमुक्तो नृपतिना भ्रूर्शुंर्डिविस्मयान्वितः । उवाच किमिदं सत्यमुत वाऽसत्यमेव च ॥३३॥ योऽगोचरो वेदविदां वेदान्तानां च चेतसः । स कथं त्वद्गृहे तिष्टेदिति संदिह्यते मनः ॥३४॥ त्रयस्त्रिंशत्कोटि देवा दर्शनार्थं समागताः । स कथं तव वाक्येन यामीत्युक्त्वा स्वमाश्रमम् ॥३५॥ यदि तिष्टति देवोऽसौ तव गेहे नराधिप । स्वरूपं वद तस्याहं ततो यास्यामि ते गृहम् ॥३६॥ नृप उवाच । अनन्तानि स्वरूपाणि गणितुं न क्षमो विधिः । शेषो वा तस्य कोऽन्यो हि ववतुमीशो भवेद्द्विज ॥३७॥ अवतीर्णः साम्प्रतं स कश्यपस्य गृहे मुने । विनायकेति नाम्नाऽपि विख्यातो भुवनत्रये ॥३८॥ अत्यद्भुतेन रूपेण सप्तवर्षात्मकेन च । अभ्दुतानि च कर्माणि महान्ति जगदीश्वरः ॥३९॥ अशक्तो यानि कर्तुं वै तानि तेन कृतानि च । स्वरूपं तेऽभिवक्ष्यामि येन रूपेण मे गृहे ॥४०॥

वसते देवदेवोऽसौ ब्रम्हचारि स्वरूपतः । अवतीर्णो यदा सोऽभूद्दिव्यकान्ति श्चतुर्भुजः ॥४१॥ दिव्यमाल्यांबरधरो दिव्यालंकार संयुतः । दिव्यायुधधरो धीमान् दिव्यगन्धानुलेपनः ॥४२॥ प्रार्थितः कश्यपेनासौ प्राकृतोऽभूत्तदैव सः । मुनिरुवाच । नायं देवो मम ध्यानगोचरो राजसत्तम ॥४३॥ यस्य प्रभावान्मे शुंडा जाता देवर्षिदुर्लभा । यत्र कुत्रापि यास्येऽहं स चेदाकारयिष्यति ॥४४॥ क उवाच । एवं श्रुत्वा मुनिवचश्चिन्ताविष्टोऽब्रवीन्नृपः । मम भाग्यमभाग्यं च महदेत दुपस्थितम् ॥४५॥ त्वदाशया महाघोरान्पर्वतान् गहनानि च । अतिक्रम्येहं संप्राप्तः प्राप्तं त्वद्दर्शनं महत् ॥४६॥ बलात्करो न मेऽत्रास्ति गन्तुं चैवालयं विभो । ततो मुनिः करूणया नृपमूर्ध्निं करं ददौ ॥४७॥ निमील्याक्षिणी राजन्नित्युक्तः स तथाऽकरोत् । उन्मील्य नयनेऽपश्यत् क्षणमात्रादसौ नृपः ॥४८॥ गृहान्तर्गतमात्मानं पूर्ववत्तदनुग्रहात् । विनायकाय तं सर्वं वृत्तान्तं समभाषत ॥४९॥ दर्शनाद्धर्षसंपन्नो नागतो दुःखसंयुतः । नागतस्तव वाक्येन मम यत्नान् मुनिस्तु सः ॥५०॥ ब्राम्हणेषु बलात्कारो भस्म सर्वं करिष्यति ॥५१॥ (७०२)

इति श्रीगणेशपुराणे क्रीडाखंडे बालचरिते नृपप्रत्यागमो नाम षोडशोऽध्यायः ॥१६॥

अध्याय १७ प्रारंभ :— क उवाच । आगतं राजशार्दूलं पुनः पप्रच्छ सादरम् । मेघगम्भीरया वाचा सर्वज्ञोऽपि विनायकः ॥१॥ त्वया किमुक्तं तत्राथ तेन वा भाषितं नु किम् । वद मे नृप तत्सर्वं श्रुत्वा वक्ष्यामि ते मतिम् ॥२॥

नृप उवाच । तस्मै ते कथितं वाक्यं मयाऽपि प्रार्थितं बहु । स उवाच मुनिः कस्त्वं कोऽसावपि विनायकः ॥३॥ उपास्यरूपं बिभृयात्तदा यास्ये तमीक्षितुम् । एवं निराकृतस्तेन मार्गचिन्तापरं समाम् ॥४॥ प्रेषयामास स्वगृहं दत्त्वा मूर्ध्नि करं मम । निमीलित दृशं चक्रे क्षणादुन्मील्य लोचने ॥५॥ तावद्ददर्श पुरतः स्थितं त्वां स्वगृहे सुर । स्मृत्वाऽऽश्रमपदं तस्य हर्षश्चेतसि जायते ॥६॥ अहसीदिति श्रुत्वैव वाक्यं तस्य विनायकः । विनायक उवाच । श्रान्तोसि नृप शार्दूल पुनर्गच्छ तमाश्रमम ॥७॥ गजाननेति मन्नाम श्रुत्वा यास्यत्यसौ मुनिः । एवं वदति तस्मिंस्तु सर्वरूपे विनायके ॥८॥ तावद्ददर्श भ्रुशुंडेरात्मानमाश्रमे स्थितम् । पुनर्दष्ट्वा स नृपतिं न्हृदि तर्कानथाकरोत् ॥९॥ किमर्थं पुनरायातो राजा किं वा वदिष्यति । तत ऊचे नमस्कृत्य राजा तं मुनिपुंगवम् ॥१०॥ आकारयति त्वां विप्र स्वामी तव गजाननः । नाममात्रे श्रुते तस्य जहर्ष च मुमूर्छ च ॥११॥ रोमांचित शरीरोऽसौ आनन्दाश्रु मुमोच ह । यदि पक्षौ भवेतां मे तदोड्डीय गतोऽभवम् ॥१२॥ इत्युत्कंठतया विप्रः प्रतस्थे भूभुजा सह । भ्रूशुंडौ चलिते पृथ्वी कदाऽप्यचलिते मुनौ ॥१३॥ चचाल संमुखी भूत्वा कम्पन्ती तमथाब्रवीत् । रक्ष मां मुनि शार्दूल न भीर्मत्तो धरे तव ॥१४॥ गजाननं निजं नाथं दृष्टुं यामि त्वरान्वितः । इत्युक्त्वा तां पुरो यातुं चलितोऽसौ द्विजोत्तमः ॥१५॥ पदे दत्ते तृतीये तु दर्शयामास तां पुरीम् । दृष्ट्वा पुरीं नृपो हर्षादुवाच मुनिपुंगवम् ॥१६॥ त्वत्प्रसादा-दिदं प्राप्तं पत्तनं वेगवत्तया । तपतां जपतां दुर्ज्ञो महिमाभवतां मुने ॥१७॥ इत्युक्त्वा शीघ्रमनयत् स्वगृहं तं नृपोत्तमः । उपवेश्य भ्रूशुंडि तम् आसने कांचनोत्तरे ॥१८॥ अपूजयन् महाभक्त्या पाद्यार्घ विष्टरादिभिः । ऋषिरुवाच । प्रतारितोऽहं

नृपते नेक्षे तावद्गजाननम् ॥१९॥ तं प्रदर्शय नो चेत्त्वां शप्त्वा यास्ये निजाश्रमम् । नृप उवाच । क्रीडते बालभावेन बालमध्ये गजाननः ॥ ।२०॥ वीरो यथा धूलिलिप्तस्तथैवायं विराजते । ददर्श च मुनिस्तं तु शुंडादंडविराजितम् कोटिसूर्य-प्रतीकाशं द्विभुजं द्विरदाननम् ॥२१॥ उवाच नृपतिं क्रोधात् कथमेनं नमाम्यहम् । धिक्तं महान्तं यो राजन् नमतेऽसौ-लघीयसे ॥२२॥ तृणमत्ति कथं सिंहो गजगंडविदारणः । क उवाच । श्रुतं तेन मुनेर्वाक्यं तमुवाचततोऽर्भकः ॥२३॥ कौतुकाविष्टचित्तोऽसौ लीलाविग्रहवान् विभुः । विनायक उवाच । कीदृक्ते स भवेत्स्वामी भ्रूशुंडेवदसाम्प्रतम् ॥२४॥ मुनिरुवाच । दिव्याम्बरो दशभुजो मुक्तामालाविभूषितः । सिद्धिबुद्धियुतः कर्णकुंडलाभ्यां विराजितः ॥२५॥ शुंडादंडमुखो लम्बकर्णः सिन्दूरमंडितः । अहिशोभि महानाभिः क्वणचरणनूपुरः ॥२६॥ महामुकुट शोभाढ्यो दशायुध लसत्करः । एकदन्तो भालचन्द्रः क्षुद्रघंटा विराजितः ॥२७॥ मयूरवाहनो देववृन्द वन्दित पादुकः । क उवाच । इति तद्वचनं श्रुत्वा पद्मासनगतःस्वयम् ॥२८॥ ताद्वग्रूपोऽभवद् बालः सृष्टिरक्षापहारकृत् । भ्रूशुंडी तं निरीक्ष्यैव स्वयोपास्यं गजाननम् ॥२९॥ लुलुंठ भूमौ प्रेम्णास प्रतिपत्ति पराङ्मुखः । ननर्त परमानन्दो रोमांचित शरीरवान् ॥३०॥ देहभावं प्रपद्याथ प्रणनाम यथाविधि । पूजयामास विधिवदुपचारैः पृथक्पृथक् ॥३१॥ ऊचे राजा महापुण्यं फलितं पूर्वजन्मजम् । देवभक्तभवं सौख्यं दृष्टमद्य मयाऽद्भुतम् ॥३२॥ उभाभ्यां प्रणिपत्याथपुपूज च यथाविधि । महासनगतौ तौ तु परस्पर मथोचतुः ॥३३॥ आलिंग्य दशदोर्दंडैः परमात्मा जहर्ष च । सगद्गदौ निरीक्ष्यंतौ साश्रू राजा ततोऽध्यभूत् ॥३४॥ गजानन उवाच । तव निष्ठा

मयाऽज्ञायि राज्ञा चापिनिवेदिता । अत एष धृतो वेषो दशदोर्दंडमंडितः ॥३५॥ यथा यथा जनोऽन्योऽपि ध्यात्वा माम् भजते मुने । तथा तथाऽहं रूपाणि करोमि च ददामि च ॥३६॥ वांछितं तस्य लोकस्य विश्वासेन भजत्यसौ । दुष्टभार भयाक्रान्ता धरित्री सत्यलोकगा ॥३७॥ ब्रम्हाणं शरणं याता तेनाहं प्रतिबोधितः । आदित्याश्च वरेणाहं जातः कश्यपनन्दनः ॥३८॥ भुवो भारं हरिष्यामि शक्रादींश्च निजे पदे । स्थापयिष्यामि दैत्यानां नाशं कृत्वाऽप्यनेकधा ॥३९॥ तवोत्कटमनुष्ठानं दृष्ट्वाऽहमीदृशोऽभवम् । देवान्तकं सह भ्रात्रा हत्वा यामि निजं पदम् ॥४०॥ ऋषिरुवाच । दृष्ट्वा तवाङ्घ्रियुगलं सर्वलोक सुखावहम् । सर्व क्लेशहरं देव वन्द्यं कांक्षितदं प्रभो ॥४१॥ कृतकृत्यः पवित्रश्च जातोऽहं तव दर्शनात् । वरं मे देहि विश्वात्मन् स्तेन तृप्तो भवाम्यहम् ॥४२॥ यदा यदाऽहं ध्यायामि रूपेणानेन विघ्नप । तदा तदा मे प्रत्यक्षो भवेथाः करुणानिधे ॥४३॥ आशापूरक इत्येवं नाम तें ख्याति मेतु च । गजानन उवाच । यदा यदा वांछसे त्वम् तदा यास्यामि तेऽन्तिकम् ॥४४॥ भक्तिभावादिदं नाम त्वयोक्तं ख्यातिमेष्यति । क उवाच । एवं वरौ समाकर्ण्यं प्रणनाम मुदा मुनिः ॥४५॥ प्रणते तु मुनौ तस्मिन् पुनः प्रोचे गजाननः । निधाय मस्तके हस्तम् शनैस्तस्य द्विजस्य सः ॥४६॥ यद्यते वांछितं ब्रम्हन् स्तत्सर्वं सिद्धिमेष्यति । अविस्मृतिश्च भविता मम नित्यं मुने तव ॥४७॥ क उवाच । एवमुक्ता बालरूपश्चिक्रीड स विनायकः । सोऽपि पद्मासनगतो ध्यानमेवान्वपद्यत ॥४८॥ आश्चर्यं परमं चक्रुः सर्वलोकास्तदाद्भुतम् । निरीक्ष्य बालरूपस्य चरितं परमात्मनः ॥४९॥ काशिराजोऽवदत्तत्र धन्योऽहं जगतीतले । दर्शनं प्राप्तवानस्य ब्रम्हादीनां

सुदुर्लभम् ॥५०॥ तं च बालं करे धृत्वा निनायान्तगृहं मुदा । भोजयामास स्वाद्वन्नं शाययामास पूर्ववत् । आज्ञां गृहीत्वा सुष्वाप स्वयं च पूर्ववन्मुनें ॥५१॥ (७५३)

इति श्रीगणेशपुराणे क्रीडाखंडे बालचरिते सप्तदशोऽध्यायः ॥१७॥

अध्याय १८ प्रारभ :– व्यास उवाच । अपरेऽह्नि संप्राप्ते का कथा समपद्यत । तां मे कथय लोकेश शृण्वंस्तृप्यामि न क्वचित् ॥१॥ क उवाच । शृणुष्वावहितो ब्रम्हन् कथयामि समासतः । विनायककृतां दिव्यां कथां पापापनोदिनीम् ॥२॥ उदिते तु दिवानाथे नित्यकर्म समाप्य तौ । क्रीडार्थ मगमद्बालो राजा भद्रासनं तया ॥३॥ दैत्योऽथ ब्राम्हणो भूत्वा ज्योतिःशास्त्रविशारदः । तालीयं पुस्तकं वामे मालां दक्षे करे दधत् ॥४॥ पाटलं परिधानं च शिरोवस्त्रं महत्तरम् । गोपीचन्दन सम्भूतांस्तिलकान् द्वादशापि च ॥५॥ अतिदीर्घतम श्मश्रु राजगाम नृपान्तिकम् । समीपमागतं यावत्तावद्राजा ननाम तम् ॥६॥ उत्थाय तं समीपे स स्वासने संन्यवेशयत् । प्रपच्छ कुशलं तस्मै कार्यं चागमनं कुतः ॥७॥ किं च ते नाम विप्रेन्द्र किं ज्ञानम् किं च ते तपः । वद सत्यं मुने कृत्वा कृपां मयि कृपानिधे ॥८॥ क उवाच । एवं पृष्टः स तेनाशु दत्त्वाशीर्वचनं पुरा । अनुक्रमेण सकलं निजगाद महामुने ॥९॥ हेमज्ज्योतिर्विदित्येवं नाम मे नृपनन्दन । गन्धर्वलोकादायातो वस्तुं तव समाश्रये ॥१०॥ भूतं भवद्भविष्यं च शान्तिकानि च वेद्म्यहम् । प्रश्नांश्च कथयिष्यामि यान्यांस्त्वं पृच्छसेऽनघ ॥११॥ अरिष्टान्यत्र जातानि ज्ञातानि तानि मे नृप । भावि ते दुष्टचिन्हं च विज्ञायाहं समागतः ॥१२॥ त्वदाश्रयेण वस्तुं

मे वांच्छाऽस्ति नृपसत्तम । नृप उवाच । किंनिमित्तमरिष्टानि जायन्तेऽत्र महामुने ॥१३॥ अग्रेऽपि कानि भावीनि सत्यमेव
वदस्व मे । तव प्रतीतौ जातायां स्थापयिष्ये निजे गृहे ॥१४॥ बृत्तिं च कल्पयिष्यामि योगक्षेमकरीं तव । गणक उवाच ।
यावद्विनायकस्तेऽस्ति गृहे कश्यपनन्दनः ॥१५॥ तावद्विघ्नानि जायन्ते यतो विघ्नाधिपस्तु सः । असंचारे वनें चैनं त्यक्त्वा
याहि नृपात्मज ॥१६॥ न भविष्यति विघ्नं ते नगरे वा गृहेऽपिच । अस्मिन् स्थिते जलं सर्वं नगरं प्लावेयिष्यति ॥१७॥
तस्मिन्कथंचिन्नष्टे तु पर्वता वायुनोदिताः । चूर्णयिष्यन्ति नगरं नृप नास्त्यत्र संशयः ॥१८॥ एतत्कथं न जानीषे पूर्वं
नासन्नुपद्रवाः । राज्ञा विश्वसितव्यं नो कपटे लुब्धकेऽशुचौ ॥१९॥ अतिशूरे स्वोकटे च स्वात्मपातं प्रपश्यता । एते घ्नन्ति
च राजानं राज्यकामा महाशयाः ॥२०॥ एतत् कथयितुं यातो ज्ञात्वा राज्यच्युतिं तव । हिताहित मवश्यं हि वक्तव्यं
जानता नृपे ॥२१॥ विविच्य नृप मे वाक्यं यथेच्छसि तथा कुरू । क उवाच । एवमाकर्ण्य तद्वाक्यं राजा तं पर्यभाषत
॥२२॥ राजोवाच । अतीतानागतज्ञानादुक्तं सर्वं त्वया मुने । मिथ्यैव भासते मह्यं तत्वज्ञाने प्रपंचवत् ॥२३॥ त्वदुक्तप्रत्यये
जाते दास्यामि वेतनं तव । न ज्ञातो बालकश्चायं त्वया गणकसत्तम् ॥२४॥ ब्रम्हाणं कमलाकान्तमपरं शूलिनं हरम् ।
जनयिष्यति वांछाचेद् ब्रम्हांडामि बहूनि सः ॥२५॥ यदि ते निश्चयो वाक्ये स्वकीये ब्राम्हणोत्तम । नयैनं
गहनं घोरं त्यक्त्वैनं पुनरेहि च ॥२६॥ लोकद्वेषकृतोऽनेन निहता बलवत्तराः स्वदेशटारं कथमयं न जाने
स्थापयिष्यति ॥२७॥ अनिष्टमस्य मनसि न वयं चिन्तितुं क्षमाः । अनेन नगरी राज्यं त्रातमुत्पाततो बहुः

॥२८॥ करोतीन्द्रमनिन्द्रं वाऽशक्तं शक्तं लघुम् गुरुम् । उच्चं नीचं तथा नीचमुच्चमीशमनीश्वरम् ॥२९॥
संश्रुत्य वाणीं नृपतेर्गणकोऽभूद्रुषारुणः । राजानं पुनरारेभे वक्तुं किंचिदवाङ्.मुख ॥३०॥ मया तवहितं
प्रोक्तमनिष्टं तव भासते । न जातु लंघयेत्कोऽपि भाविसृष्टु तथेतरत् ॥३१॥ नृपते दर्शयैनं मे बालकं लक्षणानि ते ।
कथयिष्ये ततो बालान् सर्वानाकारयन्नृपः ॥३२॥ अग्रे विनायकः प्राप्तो धावमानास्ततोऽखिलाः । गणकं स नमस्कृत्य पप्रच्छ
कुत आगतः ॥३३॥ सामुद्रलक्षणज्ञोऽसि ज्योतिःशास्त्रविशारदः । भूतभाविभविष्यज्ञ वद मे भाग्यजं फलम् ॥३४॥ क उवाच ।
सधैर्यं बालवाक्य तदाकर्ण्य कपटी द्विजः । तर्कयामास मनसि कथं स्वस्ति गतिर्भवेत् ॥३५॥ अनेन निहता दुष्टा बलिनोऽने–
करूपिणः । शिशोर्हस्तं गृहित्वा स वदतिस्म शुभाशुभम् ॥३६॥ चतुर्षु दिवसेषुत्वं कूपमध्ये पतिष्यसि । चेन्निर्गतः कथंच्चित्वं
सिन्धौ मज्जनमेष्यसि ॥३७॥ ततोऽपि जीवितश्चेत्तु ध्वान्तमग्नो भविष्यसि । ततोऽपिजीविते शैलस्त्वयि कोऽपि
पतिष्यति ॥३८॥ महान्तौ कालपुरुषौ जीवन्तं भक्षयिष्यतः । एतान्यरिष्टानि तव भविष्यन्ति न संशयः ॥३९॥ प्रतीकारं
ब्रवीम्यत्र निर्भयार्थं कुरूष्व तम् । ततोऽन्यत्र मयासार्थं याहि दिनचतुष्टयम ॥४०॥ पुनरत्रानयिष्यामि शपथो मे
तचाङ्.घ्रिजः । निशम्य वाचं बालोऽसौ जगमान्तगृहं शनैः ॥४१॥ राज्ञो हस्तात् प्रगृह्याशु मुद्रिकां रत्ननिर्मिताम् । कृत्वा
तां स्वकरे बालो वदतिस्म द्विजं प्रति ॥४२॥ गणकाशु वद त्वं नो गतंवस्तु महत्तरम् । केन नीतं तदा प्राप्तं भूयात्ते

प्रत्ययो भवेत् ॥४३॥ इत्युक्तः स तु बालेन विचार्य जनसंसदि । बभाण हास्यवदनो मुद्रिका यदि लभ्यते ॥४४॥ ममैव
यदि देयासा तदेदानीं ब्रवीम्यहम् । तथेति बालके नोक्ते तवैव करगेति सा ॥४५॥ इत्थमुक्तो जिम्रवेष धारिणा वाडवेन
सा । तया मन्त्रितया बालो न्यवधीत्तं न्हृदि क्षणात् ॥४६॥ स तया भिन्नन्हृदयो वज्राहत इवाचलः । निपपात धरापृष्टे
चालयन् वसुधां भृशम् ॥४७॥ पतता तस्य देहेन चूर्णितं नगरं कियत् । काशिराजो जनाः सर्वे आश्चर्यं मेनिरे तदा ॥४८॥
जहर्षुर्देवता सर्वाः पुष्पवृष्टिं सुचक्रिरे । स्वर्गभूवाद्यघोषैर्द्यौर्व्याप्ताऽभूद् भूतलं तदा ॥४९॥ जना ऊचुः । कथं ज्ञातोऽनेन
दुष्टोब्राम्हणो ब्रम्हवेषभृत् । राज्ञाऽपि न कृतं दैवाद् वाक्यं तस्य दुरात्मनः ॥५०॥ अयं बालो न मन्तव्यो भूभारहरणेऽमरः
अवतीर्णः कश्यपस्य गृहे सौ करूणानिधिः ॥५१॥ मुद्रिकाघातमात्रेण कथं प्राणान् जहौ बलि । इत्युक्त्वा पुपूजुः सर्वे नेमुस्तं
तुष्टुवुर्जगुः ॥५२॥ ददौ दानानि विप्रेभ्यो राजा राजीवलोचनः । द्विजचारण बन्दिभ्यौ दीनेभ्यश्चाप्यनेकशः ॥५३॥
नागरान् मानयित्वा तान् विससर्ज ततः सभाम् । बालोऽपि बालकैः रन्तुं ययौ पूर्ववदज्ञवत् ॥५४॥ (८०७)

इति श्रीगणेशपुराणे क्रीडाखंडे बालचरिते कपटि दैत्यवधो नामाष्टादशोध्यायः ॥१८॥

अध्याय १९ प्रारंभ —क उवाच। बालकेन हतं श्रुत्वा ब्राम्हणवेषधारिणम्। नरान्तको महादैत्यो कूपकं कन्दरासुरम् ॥१॥ प्रेषयामास बलिनं ब्रह्मलब्धवरं तदा। दत्वा बहूनि वस्त्राणि रत्नानि विविधानि च ॥२॥ दैत्य उवाच। गच्छ तं सुमुहूर्तेन हन्तुं बालं तमाशुच। नानोपायैर्मारितानां कुरू तन्निष्कृतिं बलात् ॥३॥ क उवाच। एवं तेन समाज्ञप्ता वसुरौ कूपकन्दरौ। सेनया चसुरंगिण्या गव्यूतिं सम्प्रतस्थतुः ॥४॥ निवृत्य सेनां च तत ईयतुर्भुश हर्षितौ। विचार चक्रतुर्मार्गे कूपोऽहं कूपतामियाम् ॥५॥ बालो भव क्रीडमानं मयि तं क्षिप यत्नतः। मंडूकरूपः कूपस्थो भक्षयिश्यामितत्क्षणात् ॥६॥ अन्तर्धानं करिष्यावः कृत्वा कायं महत्तरम्। एवं तौ निश्चितस्तौ काशिराजपुरम् महत् ॥७॥ प्रापंतुरभवत् कोपो महान्नृप नृपाजिरे। कन्दरो बालरूपोऽभूद्रन्तुं तेषु मनो दधे ॥८॥ राजाऽथ ददृशे कूपं सुजलम् तं जहर्ष च। यावत् पश्यति मध्येऽसौ मंडूकं तं ददर्श ह ॥९॥ नदन्तं मंजुलाम् वाणीं पीतवर्ण भयानकम्। कन्दरो बालमध्यस्थो जगाद तं विनायकम् ॥१०॥ बहिर्याहि महाबाहो पश्य कूपं मनोहरम्। ददर्श कूपं बालैः स बहिरागत्य तत्क्षणात् ॥११॥ अत्यन्तं सुन्दरं दृष्ट्वा तं कूपं बालकैः सह। चिक्रीडे विविधैर्भावैर्नाना निलयनैरपि ॥१२॥ मध्यान्हे जलमध्यस्थाः सिषिचुस्ते परस्परम्। मज्जनोन्मज्जनं चक्रु कारयन्तः परस्परम् ॥१३॥ उड्डानम् जलमध्ये ते दूरादागत्य चक्रिरे। एवं रमित्वा ते तत्र गृहान् गन्तुम् समुद्यताः ॥१४॥ तावद्विनायकोऽपश्यज्जलमध्ये निजं वपुः। जानंस्तर्तु जले सर्वान् पश्यन्नासीद्वहिः पुरा ॥१५॥ तावन्नुनोद तम् दुष्टो जलमध्ये स कन्दरः। अगाधं तज्जलं ज्ञात्वा लोडयामास लीलया ॥१६॥ स्वेच्छया रमणो लक्ष्म्या क्षीराब्धिमिव वाडवः।

अधो यातिमुहूर्तम् स उपरिष्टात्तथैव च ॥१७॥ मायामास्थाय स गणो मज्जितुं समजायत । चरणौ हस्तकमले चिक्षेप
बहुधा शिशुः ॥१८॥ लुलुपुः सर्वशो बालास्तावत्तेन धृतो बलात् । चरणे कन्दरो नीतस्तत्कूप तलमादरात् ॥१९॥
अमज्जयद्बलात् तं च मुंच मुंचेति सोऽब्रवीत् । विनायकोऽपि तम् प्रोचे मुंचमुंचेति मामपि ॥२०॥ उभौ समबलौ तौ तु
मज्जनोन्मज्जने रतौ । हिरण्यकशिपुर्लक्ष्मी नृसिंहाविव दुर्धरौ ॥२१॥ अधस्थाद्बहुकालं तौ गतौ ज्ञात्वाऽखिलार्भकाः ।
चक्रुरार्तस्वरं दुष्टं मृतो बाल इतिस्फुटम् ॥२२॥ अपशद्वं तथा श्रुत्वा ययुःस्त्रीवृद्धबालकाः । काशिराजोऽपि चुक्रोश किं
कार्यमिति चाब्रवीत् ॥२३॥ अगाधनीरे कूपेऽस्मिन् कथं जीवेत्सबालकः । कोऽप्यूचे चापरः प्राह शीघ्रं निःसारितो
यदि ॥२४॥ उपायो भविता कश्चिज्जीवमायास्य निश्चितम् । येन यत्प्रार्थ्यंते दास्ये तदस्मै जीवितं स्वकम् ॥२५॥
निष्काश्यतां बहिर्बालो वेगेन च बलेन च । इति राजवचः श्रुत्वा कूपमध्ये गताश्रयः ॥२६॥ मग्नास्ते दैत्यकृतया मायया
नापरो जनः । अवर्तंतु मनश्चक्रे ततो राजा शुशोच तम् ॥२७॥ राजो वाच । किं मयाऽकारि दुरितं येन मे दुःखमीदृशम् ।
कथं बालो मयाऽऽनीतः सुखार्थं दुःखदोभवत् ॥२८॥ दर्शयिष्ये कथं तस्य पितृभ्यां मुख मेव च । जनाय वा कथमिदं
कथमस्य मृतिर्भवेत् ॥२९॥ निरस्तान्यत् अरिष्टानि महान्ति बालकेन ह । कथमस्म वशं यातो न जाने देवचेष्टितम् ॥३०॥
एवं सर्वेषुशोचत्सु स्त्रीवृद्धबालकेषु च । मंडूकरूपी कूपस्थो व्यादाय मुखमास्थितः ॥३१॥ तावदेवागतो बालो नोदितः

कन्दरेण सः । तेनापि नोदितो दैत्यो दैत्यास्ये न्यपतत्खलः ॥३२॥ भक्षयामास कूपस्तं मत्स्यो मत्स्यमिवालघुः । गिलितो बाल इति स निजरूपं समास्थितः ॥३३॥ कूपोऽपि गगनस्पर्धां चक्रे श्लाघ्यां यशोर्जिताम् । सर्वेषामेव नैत्यानामानृण्यं गतवानहम् ॥३४॥ इत्युज्जहर्ष मनसा मत्वा देवमविक्रमम् । कन्दरस्तु रूषाविष्टो विदार्यास्य महोदरम् ॥३५॥ निर्गम्य वेगमास्थाय स बालोऽन्तर्हितः क्षणात् । विदारितं मे जठरमिति कूपोऽपि कन्दरम् ॥३६॥ अदशत् कंठदेशे स जीवग्राहं रूषा तदा । एवं परस्पर वधात् पतितौ विव्हलो भृशम् ॥३७॥ पादहस्तावमर्दन चूर्णितं नगरम् कियत् । यथा सुन्दोपसुन्दौ तु परस्पर वधान् मृतौ ॥३८॥ परस्परवधात्तद्वन मृतौ तौ कूपकन्दरौ । राजभृत्यैरपाकृष्य त्यक्तौ तौ नगराद्बहिः ॥३९॥ तत्क्षणादजिरे कूपो पिदधे स विनायकः । ददृशे पूर्ववत् क्रीडन् सर्वबालयुतो जनैः ॥४०॥ आश्चर्यं मेनिरे तत्र बाला राजा जना अपि । ऊचुः परस्परं केचित् कापटचं येन युज्यते ॥४१॥ आमूलान् नश्यते सोऽथ स्वयमेव न संशयः । पतंगो दीपनाशार्थमायाति नश्यते यथा ॥४२॥ अस्य चालयितुं शक्तो न स्यात्कालोऽपि रोम च । दृष्टं बहुविधं चास्य सामर्थ्यमवतारिणः ॥४३॥ जेतुमीशं गतः कामः स्वयं भस्मत्वमागतः । काशिराजस्तु तच्छ्रुत्वा सत्यं सत्यमिति ब्रुवन् ॥४४॥ ददौ दानानि विप्रेभ्यो विससर्ज प्रपूज्य तान् । विनायकं नमस्कृत्य गता लोका निजान् गृहान् ॥४५॥ केचिदालिंग्य तं बालं ययूराज्ञा प्रपूजितम् । देवाश्च पुष्पवर्षाणि मुमुचुस्तुष्टुवुर्जनाः ॥४६॥ क उवाच । एवं न ज्ञायते ब्रह्मन् कार्याकार्यमरुद्बलम् ।

मायास्वरूपं पुभाग्यं राक्षसाचरणं मुने ॥४७॥ अवतारगुणा वापि न ज्ञेया परमात्मनः ॥४८॥ (८५५)

इति श्रीगणेशपुराणे क्रीडाखंडे कूपकन्दरवधोनामैकोनविंशतितमोऽध्यायः ॥१९॥

अध्याय २० प्रारंभ :– व्यास उवाच । काशिराज गृहे ब्रम्हन् विवाहः स कदाऽभवत् । तन्ममाचक्ष्व भगवन् विस्तरा–च्चतुरानन ॥१॥ क उवाच । एकैकं नश्यतेऽरिष्ट मपरं याति वै पुनः । अस्मिन्नष्टे करिष्यामीत्येवं यावद्विचार्यते ॥२॥ कूपे च कन्दरे नश्टे त्रयोऽप्यन्ये उदीरिताः । अन्धकोऽम्भासुर स्तुंगो राक्षसाः क्रूरदर्शनाः ॥३॥ जिघांसया गता बालं ततो युद्धमवर्तंत । श्रुत्वा येषां तु संग्रामम् ब्रम्हाद्याः प्रापलन् भयात् ॥४॥ दिग्गजा मर्दिता यैस्तु विबुधानां तु का कथा । कदायं कश्यपसुतो भविता दृष्टिगोचरः ॥५॥ नाशयामोऽनेकधा तमिति व्यवसिता भृशम् । यावन्तः प्रेषिता वीरास्तावन्तो निधनं गताः ॥६॥ वयमेनं हनिष्यामोऽजित्वा यामो न वै गृहान् । वन्हिरूपं समास्थाय दाहयामो मुनेः सुतम् ॥७॥ अन्धकस्त्व–ब्रवीत्तत्र तमसा व्याप्य खं दिशः । अन्धकारं करिष्यामि धरायामथ सर्वतः ॥८॥ ततः परस्परदृशिर्नस्या त्तेषां कदाचन । अम्भासुरोऽब्रवीत्तत्र महीं सर्वां जलेन ह ॥९॥ आपुरं प्लावयिष्यामि समन्तान्न गतिर्भवेत् । तुंगोऽब्रवीदहं तुंगो गिरिर्भूत्वा पुरीं तु ताम् ॥१०॥ आलोडय चूर्णयिष्यामि सपक्ष इव पर्वतः । अन्धकारे जले वन्हौ पर्वते सर्वतः स्थिते ॥११॥ कोऽपि गन्तुं न शक्नोति कथं बालो गमिष्यति । एवं निश्चित संकल्पा जगर्जुंस्ते त्रयो भृंशम् ॥१२॥ तेषां गर्जितशब्देन कम्पितं भुवनत्रयम् । तत्यर्जुर्निजवेलान्तं सागराः क्षुभितोदकाः ॥१३॥ ततो रविं समाच्छाद्य तस्थौ तत्रान्धकासुरः । अन्धकारे

महाघोरे न प्राज्ञायत किंचन ॥१४॥ अकस्माद्रजनी प्राप्ता व्यवसायपरैर्जनैः । स्नानासक्तैर्जपासक्तेर्होमासक्तैर्नृभिस्तदा ॥१५॥ तपःसु वेदघोषेषु विवाहोपनयादिषु । कीर्तनेषु पुराणेषु द्विजदेवार्चनादिषु ॥१६॥ सक्तैर्नानाविधैर्लोकैर्निशा प्राप्ता व्रतादिषु । जजल्पुः किमु विन्ध्योऽयं रुणद्धि सूर्यमंडलम् ॥१७॥ अथवा प्रलयो भावी वोपरागः समागतः । सभायामूचुरासीनं राजा नर्मिति पंडिताः ॥१८॥ तर्कयन्ति यावदेव गावोऽगुः स्वगृहान्तरम् । असंभावितवेलासु चक्रुर्दीपान् गृहे गृहे ॥१९॥ कथमस्तमिति र्जाता न पाको न च भोजनम् । व्यस्मयन्त तदा नार्यो दुदुहुर्गाश्च काश्चन ॥२०॥ दीपिकाभिः काष्टदीपै र्व्यवहारं जनास्तदा । चक्रुर्दुःखेन कार्याणि वाणिजो ब्राम्हणादयः ॥२१॥ सेवकानां महानन्दः कामिनां चाभवत्तदा । सालसानां प्रसुप्तानां निद्रालूनां तथैवच ॥२२॥ एवं कृते चान्धचेन नाम्ना चाम्भासुरस्तदा । मेघरूपेण ववृषे धारा हस्तिकरोपमाः ॥२३॥ शम्पाप्रकाशतो लोका : क्षणमीक्षां प्रचक्रिरे । जलधारा भयात्सर्वे गृहमध्ये स्थिरास्तदा ॥२४॥ प्रासादा न्यपतन्केचिद् गृहाणां भित्तिका अपि । अन्तः केचिद्वहिः केचिन्मृता जनचयास्तदा ॥२५॥ झंझावात हता वृक्षा पतिता धरणीतले । सौदामिनीभिर्निर्दग्धा द्रुमा गृहचया बहू ॥२६॥ उत्तीराभिर्नदीभिः सा समुद्रैरिव संप्लुता । नगरी सर्वलोकाढया सर्वसत्व समाकुला ॥२७॥ क उवाच । प्रलयं दैत्यमायां च ज्ञात्वा स करुणाकरः । विनायकोऽकरोन्माया बलेन वटमुच्चकैः । ॥२८॥ निर्ममे तत्क्षणादेक लतागुल्मैः सुशोभितम् । शतयोजन विस्तीर्णं जटाशाखा समन्वितम् ॥२९॥ पक्षिरूपेण तत्रासौ स्थितो गगनलेहिनी । पक्षौ भूमौ प्रतिष्ठाप्य स्पृशंच शिरसानभः ॥३०॥ प्रकाशयामास पुरीं पीत्वा

चंच्वा जलं महत् । करेणाशोषयद्वन्य करीव पल्वलोदकम् ॥३१॥ जना हर्षाद्धि जगदु र्गतो विघ्नो गतं जलम् । गतेऽन्धकारे ददृशुर्वटं सान्द्रतरं च तम् ॥३२॥ पक्षिणं चाभ्दुताकारं न दृष्टं न च वै श्रुतम् । सर्वे जना ययुस्तत्र न्यग्रोधे स्थातुमुत्सुकाः ॥३३॥ अश्वैर्गजैरथैरुष्टैः शिबिकाभिर्नृभिस्तु तैः । स्त्रीभिर्दासैः काशिराजो वटस्याधः समाययौ ॥३४॥ पशवः सारमेयाश्च बिडाला वन गोचराः । विनायकप्रभावेण न वृष्टिस्तत्र नो तमः ॥३५॥ चक्रुः सर्वे पूर्ववत्ते वर्णाः कर्म यथाविधि । पौराः सद्व्यवसायेषु समसज्जन्त पूर्ववत् ॥३६॥ सर्वेषां रक्षणं कर्तुं पक्षिरूपमधारत् । जगदीशो गणेशो नु न जानीमोऽत्र किंचन ॥३७॥ विस्तार्य पक्षान् वृष्टि यो न्यषेधीद्दैत्य कारिताम् । वृष्टि सोल्कां सकरकां स्वयं सेहे सुखेन सः ॥३८॥ इति लोकास्तर्कयित्वा स्थिता निर्व्याकुलास्तदा । एकादशगता घस्रा एवं तत्र स्थितस्य च ॥३९॥ नाज्ञासीत् कोऽपि चरितं विनायक कृतं द्विज । दृष्ट्वा विनायकं बालं क्रीडन्तं बालयूथगम् ॥४०॥ ततो दैत्यो क्षीणशक्ती निश्चेष्टौ समपद्यताम् । तुंगो जगर्ज बहुधा नादयन् प्रदिशो दिशः ॥४१॥ गिरिरूपं समास्थाय हनिष्ये पक्षिणं क्षणात् । ब्रुवन्नेवं बभूवाशु पर्वतो भूत्तदैव सः ॥४२॥ सरोनदी समायुक्तः पंचयोजन विस्तृतः । दिव्यौषधीभिर्दीप्ताभि र्भासयन् गगनं दिशः ॥४३॥ नानापक्षि समायुक्तो वाडवाश्रम मंडितः । सपक्षं पर्वतं दृष्ट्वा पतमानं स पक्षिराट् ॥४४॥ उड्डीय परिबभ्राम वारयामास तज्जलम् । घूर्णयन् पक्षवातेन जंगमाजंगमम् जगत् ॥४५॥ प्रस्था निपतिता भग्नौ पर्वतानामितस्ततः । चंच्वादध्रे स तुंगाद्रिम् काश्यपिः फणिनं यथा ॥४६॥ सहतेनाभ्रमन् खेऽसौ लक्षयन्

दानवा वुभौ । अन्धकं चरणैकेन परेणाम्भासुरं च सः ॥४७॥ अतिक्रम्य भुवर्लोक मियाय स महाखगः । अतिभ्रमण खिन्नास्ते तप्ताश्च सूर्यरश्मिभिः ॥४८॥ निपेतुर्व्यसवो भूमौ त्रयः पर्वतसन्निभाः । पतन्तश्चूर्णयामासुर्वनान्युपवनानि च ॥४९॥ द्रष्टुं दैत्यशरीराणि स्त्रीबालसहिता जनाः । ययुस्ते नगराभ्याशे वीक्ष्याश्चर्यं परं ययुः ॥५०॥ खंडानि तच्छरीराणां गंडशैला इवाबभुः । निरस्य मायां दैत्यानां ततो ततो लोका विसिष्मिरे ॥५१॥ वटं तम् देवरूपेण ददृशुर्न च वै पुनः । अन्तर्हिते वटे पक्षिरूपं तत्याज सोऽर्भकः ॥५२॥ ततो विनायकं बालं काशिराजो लिलिंग ह । पृष्ट्वा कुशल संप्रश्नं नागराश्च नृपश्च तम् ॥५३॥ पुपूजुः परमप्रीत्या विघ्ननाशं विनायकम् । प्रशशंसुर्मुदा देवम् कश्यपस्य सुतं जना ॥५४॥ न जानीमो वयं देवं मायां दैत्यकृतां पराम् । सामर्थ्यं ते गुणांश्चापि यत्र वेदा विकुंठिता ॥५५॥ लीलया रक्षितःसर्वे मोचिता बहुसंकटात् । वातागता विनाशं च उत्पाताश्चैव वृष्टयः ॥५६॥ भाति बिम्बं रवेः सम्यगन्ध-कारे गते लयम् । मनांसि सर्वलोकांना प्रसन्नानि मुदा तदा ॥५७॥ नद्यः प्रसन्नसलिलाः सर्वभासीद्यथा पुरा । ववर्षुः पुष्पवर्षाणि देवदेवे विनायके ॥५८॥ नानावाद्यनिनादैस्तेऽलंकृतं पुरमाविशन् । ददुर्दानानि विप्रेभ्यो देवो नः प्रीयतामिती ॥५९॥ शान्तिहोमं विधायासौ नृपोऽदाद् गोधनं बहु । विसृज्य सर्वान् बुभुजे विनायकयुतो नृपः ॥६०॥ (९१५)

इति श्रीगणेशपुराणे क्रीडाखंडे बालचरिते दैत्यत्रयवधोनाम विंशतितमोऽध्यायः ॥२०॥

अध्याय २१ प्रारंभ :– क उवाच । शणु द्विज महाश्चर्यं कथ्यमानं मया तव । विनायकस्य चरितं सर्वपापहरं नृणाम्
॥१॥ अम्भासुरस्य यो मूर्धा स गतो निजमन्दिरम् । भ्रमराया निरैक्षिष्ट सरवी सा तां न्यबोधयत् ॥२॥ प्रसुप्तां कांचने
तप्ते सोत्थायांगणमाययौ । पौत्रं शिरो निरीक्ष्यैव मूर्छिता पतिता भुवि ॥३॥ निघ्नती निजवक्षः सा कराभ्यां
शोकनिर्भरा । निपतत् भूषणा खिन्ना नागामृष्टेव पद्मिनी ॥४॥ विभिन्नवलया छिन्न कूर्पासा तनुमध्यमा । दृश्यादृश्य
महद्गात्रा लुंठती भुवि विव्हला ॥५॥ निषिध्यमाना सखिभिर्भ्रातृभिः स्वजनैरपि । त्रिमुहूर्तैः प्रबुद्धा सा किंचिद वक्तु
प्रचक्रमे ॥६॥ उत्थाय च कराभ्यां तु निजघान पुनः शिरः । भ्रमर्युवाच । येनेयं पृथिवी सर्वा त्रासिता सामरावती ॥७॥
मूर्ध्ना सहस्त्रं शेषस्य भ्रूकटाक्षेन कम्पितम् । येन राज्येऽभिषिक्तौ तौ देवान्तक नरान्तकौ ॥८॥ यस्य क्ष्वेडितमात्रेण रोदसी
कम्पिता भृशम् । स कथं पतितः कुत्र निहतः केन वा सुतः ॥९॥ यं दृष्टवा कम्पितः कालः स कथं निधनं गतः । एवमाक्रन्दती
दीना विवत्सेव पयस्विनी ॥१०॥ एवं विलपतीं तां तु न्यषेधयत् सखीजनः । न दृष्ट्वा सखि केनापि मृतेन सह वै मृतिः
॥११॥ अतिशोकेन शोकोऽन्यः प्राप्यते मूढजन्तुभिः । यदि स्नेहेन पुत्र त्वम् शोचेसऽस्य हितं कुरु ॥१२॥ चारान्प्रेषय
वृत्तान्तग्रहणायास्य सर्वतः । दहयतां मस्तको मन्त्रैरेवमस्य हितं कुरू ॥१३॥ सुन्हृदामश्रु पतितं प्रेतस्य तन्मुखे पतेत् ।
दहत्येनं न नतत्त्याज्यमित्याहुः परमर्षयः ॥१४॥ एवमाकर्ण्य तद्वाक्यं सोवाच तां सखीं रुषा । अयं मूर्ध्ना महाभागे स्थाप्यतां

यत्नतः सखि ॥१५॥ आनयिष्येऽदितेः पुत्रमस्तकं सह तेन च । दाहयिष्याम्यमुं तस्मात् स्थाप्यतां तैलमध्यतः ॥१६॥ सा राक्षसी राक्षसवर्यं युक्ता समाययौ राजपुरीं निहन्तुम् । विनायकं तं निजरूपगोपिनी पतंगपत्रीव धनंजयान्तिकम् ॥१७॥ आगताऽदितिरूपेण भासयन्ती दिशो दश । अति लावण्यनिलया सर्वालंकार शोभिनी ॥१८॥ दाडिमी बीजदशना बिम्बोष्टी तनुमध्यमा । विलसत् पद्मनयना मुक्तादामलसत् कुचा ॥१९॥ वीरा मुमुहिरे दृष्ट्वा तादृशीं नृपसद्मगाम् । मनसा कामयन्ति स्म यदालिंगन चुम्बने ॥२०॥ तर्कयामासुरपरे रम्भा किं नु तिलोत्तमा । मेनका वा घृताची वा नागी यक्षी शिवा नु किम् ॥२१॥ उर्वशी वा रती राज्ञी कश्यपस्यादितिर्नु किम् । ज्ञात्वा तु राजपत्नीं ताम् प्रणनामार्लिंति मुदा ॥२२॥ पूजयामास सौभाग्यद्रव्यैर्भूषां शुकादिभिः । उवाच च सुचार्वंगी प्रेमगद्गदया गिरा ॥२३॥ महाभाग्येन दृष्टासि त्वं देवजननी मया । विनायक प्रसादेन ववान्यथा दर्शनं तव ॥२४॥ राज्ञीमेवं ब्रुवन्तीं तु साश्रुकंठाऽवदद्वचः । अदितिरुवाच । मम बालो बहुदिनं स्थापितः कुत्र वर्तते ॥२५॥ अत्युत्कंठतया सुभ्रु दर्शनार्थ मिहागता । स्त्रीणां स्वभावं जानासि माया व्याकुल चेतसाम् ॥२६॥ शोकसंतप्तगात्राऽहं तमालिंगामि चार्भकम् । तत्संसर्ग सुशीतांगी प्राप्स्ये संतोषमुत्तमम् ॥२७॥ इति तद्वचनं श्रुत्वा सादरा सा ससम्भ्रमा । गवेषितुं तु तं बालं राज्ञी दूतानचोदयत् ॥२८॥ अन्ये चख्युः काशिराजं कश्यपस्त्रियमागताम् । स स्नात्वा गृहमागत्य तां दृष्ट्वा हर्षमाप ह ॥२९॥ ताम् प्रणम्य महाभक्त्या प्रोचे बद्धांजलिर्नृपः । मे राज्यं जन्म पितरौ

धनं दृष्टिः श्रुतं तपः ॥३०॥ दृष्ट्वा शक्तिर्देवमाता जगज्जननकारिणी । न शक्तिर्वर्तते सम्यग् वर्णितुं ते गुणान्मम ॥३१॥
बालो विनायकस्तेऽयं शक्रादधिक विक्रमः । अवदानान्यनेकानि कृतानि बहुधा सुरैः ॥३२॥ अशक्यानि मया वक्तुं रक्षसां
निधनानि च । तस्यापि वर्णितुं नास्ति गुणानां शक्तिरल्पिका ॥३३॥ विश्राम्यतां क्षणं मातर्मम भाग्यं महत्तरम् । पदनेन
हता मायाबल माश्रित्य दानवाः ॥३४॥ अपरिक्षितेन वपुषा बालस्ते वसते सुखम् । त्वं किमर्थमिहायाता याता चेत् स्थीयतां
क्षणम् ॥३५॥ निवृत्तेऽस्मिन्विवाहे तु प्रापयिष्ये उभावपि ऽ सोवाच । किमिदं भाषसे राजन्वियोगादस्य मेऽभवत् ॥३६॥
महान्खेदो न च सुखं लेभे क्वापीह किंचन । क उवाच । एवं वदत्यां तस्यां स आगतोऽसौ विनायकः
॥३७॥ प्रेषितो बालकैः सर्वैरागता जननी तव । सा लिलिंग ततो बालमश्रुपूर्णा मुदा जगौ ॥३८॥ चिरकालं
स्थितोऽस्यत्र मां विहायार्ति निष्ठुर । त्वद्वियोगेन संतप्ताऽऽगता सर्वं विहाय च ॥३९॥ जीविताशां परित्यज्य
त्वदर्थे तप आचरम् । अतिक्लेशेन लब्धोऽसि तान् क्लेशान्वेत्तिचेश्वरः ॥४०॥ विना त्वया क्षणो मेऽतो युगकल्पसमोऽभवत् ।
एवं लाघव वाक्याऽसौ दुष्टभावेन भामिनी ॥४१॥ अतिप्रेमबलात्सा तं कटिदेशे दधार ह । सोऽपि तच्चेष्टितं ज्ञात्वाऽऽगस्त-
स्याःपरिचिन्तयन् ॥४२॥ गूढाभिसन्धिस्तां प्रोचे पूर्वं किं मे त्वयाऽऽहृतम् । एवं तस्मिन्ब्रुवत्येव लड्डुकं सा ततो ददौ ॥४३॥
अत्तेऽस्मिन्पुनरन्यं सा महाविषयुतम् ददौ । अत्तेऽस्मिन्पुनरन्यं स ययाचे लड्डुकं बलात् ॥४४॥ काशिराजश्च पत्नी च

प्रार्थयामास तुस्तदा । उत्तिष्ठोत्तिष्ट मातस्त्वं सबाला भोजनं कुरू ॥४५॥ यावदुत्तिष्ठते सा तु तावद्बुद्धाऽभंकेण सा । गिरीन्द्रसारवपुषा सा ततो विव्हला भवत् ॥४६॥ मुंच मुंचेति तं प्राह माताऽहं तव बालक । बहुकालेन दृष्टं त्वामागता स्नेहपाशतः ॥४७॥ कथं चूर्णयितुं माम् त्वमुद्यतोऽसि गिरियंथा । कराभ्यां नुनुदे सा तं तावन्निद्रां ययो च सः ॥४८॥ प्रसार्य चरणौ हस्तौ श्वसोच्छ्वास परायणः । इति राजा न्यषेधत्तां विव्हलां भारपीडिताम् ॥४९॥ मा निद्राभंगमस्याशु कुरु त्वं जननी सती । उद्धर्तुं बालकं केचिच्चक्रुःकरुणया मनः ॥५०॥ उत्थापितुं चालितुं वा सर्वे नाशक्नुवंस्तदा । प्रार्थयामासुरपरे बालं राजीवलोचनम् ॥५१॥ अनुक्रोशं कुरू शिशो जननी ते मरिष्यति । चालयामास चरणौ हस्ते साऽथशिरोधराम्॥५२॥ किमिदं क्रियते बाल पितरं किं वधिष्यसि । एवं वदत्सु लोकेषु सा मृताऽथ निशाचरी ॥५३॥ वशयोजन वेहेन व्यापितं भूतलं तया । पलायनपराः केचित्तां दृष्ट्वाऽतिभयानकाम् ॥५४॥ ययुः केचिच्च तां दृष्टुं विचित्र जनवृत्तयः । राजा च विस्मितस्तत्र जनः सर्वे विलोक्यताम् ॥५५॥ कथं कपटरूपेयमागता बालघातिनी । ऋषिपत्नीस्वरूपेण ज्ञाता न राक्षसीति च ॥५६॥ अत्यद्भूतमं ज्ञानमस्य सामर्थ्यं च विलोकितम् । इति ब्रुवाणास्तु नरास्तत्समीपं मुदा ययुः ॥५७॥ बालमुत्थाप्य तस्यास्तु पुष्पभारसमं जगुः । अपनेयेति तेऽप्याहुर्दुष्टा दुष्टस्वरूपिणी ॥५८॥ परस्यानिष्टमिच्छेद्यः स एव निधनं व्रजेत् । तुष्टुवुः परिपूज्यैनं काशिराजो जना अपि ॥५९॥ ऋषयो लोकपालाश्च भक्त्या देवं विनायकम् । नाथस्त्वमसि देवानां मनुष्योरगरक्षसाम् ॥६०॥ यक्षगन्धर्वविप्राणां गजाश्वरथ पक्षिणाम् । भूतभव्यभविष्यस्य बुद्धीन्द्रियगणस्य च ॥६१॥ हर्षस्य

शोकदुःखस्य सुखस्य ज्ञानमोहयोः । अर्थस्य कार्यजातस्य लाभहान्योस्तथैव च ॥६२॥ स्वर्गपाताललोकानां पृथिव्या जलधेरपि नक्षत्राणां ग्रहाणां च पिशाचानां च वीरुधाम् ॥६३॥ वृक्षाणां सरितां पुंसां स्त्रीणां बालजनस्य च। उत्पत्तिस्थिति संहारकारिणे ते नमो नमः ॥६४॥ पशूनां पतये तुभ्यं तत्वज्ञानप्रदायिने। नमो विष्णू स्वरूपाय नमस्ते रुद्ररूपिणे ॥६५॥ नमस्ते ब्रह्मरूपाय नमोऽनन्तस्वरूपिणे । मोक्षहेतो नमस्तुभ्यं नमो विघ्नहराय ते ॥६६॥ नमोऽभक्तविनाशाय नमो भक्तप्रियाय च। अधिदैवाधिभूतात्मं रतापत्रय हराय ते ॥६७॥ सर्वोत्पातविघाताय नमो लीलास्वरूपिणे। सर्वान्तर्यामिणे तुभ्यं सर्वाध्यक्षाय ते नमः ॥६८॥ अदित्या जठरोत्पन्न विनायक नमोऽस्तु ते । परब्रह्मस्वरूपाय नमः कश्यपसूनवे ॥६९॥ अमेयमायान्वित विक्रमाय, मायाविने मायिक मोहनाय । अमेयमायाहरणाय मायामहाश्रयायास्तु नमो नमस्ते ॥७०॥ एवं स्तुत्वा तु ते सर्वे ययुः स्वं स्वं गृहं मुदा। त्यक्त्वा ताम् राक्षसीं छित्वाखंडशो दूरतःपुरात् ॥७१॥ य इदं पठते स्तोत्रं त्रिसन्ध्योत्पात नाशनम्। न भवन्ति महोत्पाता विघ्ना भूतभयानि च ॥७२॥ त्रिसंध्यं यः पठेत्स्तोत्रं सर्वान् कामानवाप्नुयात् । विनायकः सदा तस्य रक्षणं कुरुतेऽनघ ॥७३॥ (९८८)

इति श्रीगणेशपुराणे क्रीडाखंडे बालचरिते राक्षसीवधो नामैकविंशतितमोऽध्यायः ॥२१॥

अध्याय २२ प्रारंभ :— क उवाच । अपरस्मिन् दिने राजा प्रातःस्नानकृतोद्यमः । पौराः सर्वे वितर्क्यैवं नायं देवो न मानुषः ॥१॥ न देवश्चेत् कथं पंच महान्तो देवदुर्धराः । अजेयाः शक्रहरिभिःर्हता दैत्या महाबलाः॥२॥देवएव भवेद्

बालमध्येऽयं क्रीडते लघु । इति तर्क्य ततस्तावदागता राजदर्शनम् ॥३॥ राजाऽपि भद्रमगमदुवाच सकलान् प्रति । निरूपयन्तु यत्कार्यं तद्वः सिद्धिं प्रयास्यति ॥४॥ किमर्थं प्रातरेवेह पौरा यूयं समागताः । त ऊचुर्न रहस्यं यत् स्वाभिप्रेतमृते वचः ॥५॥ त्वयाऽयं हि समानीतो मुनिपुत्रो विनायकः । नास्य दास्यमभून्नो हि किंचित् क्वापि कदाचन ॥६॥ त्वया तु पूजितोऽनेकवारं स्वशरणे स्थितः । यद्यत्तव गृहे याति तत्तन्नः प्रेषयस्यहो ॥७॥ अयं तु न कथं राजन् प्रेषितो नु विनायकः । राजोवाच । सम्यगुक्तं यत्र जना विभज्य भुज्यते तु यत् ॥८॥ अमृतं याति च विषं विषमन्यद् भवेत्तु तत् । अस्मिन्यस्य भवेद् भक्तिर्देवे वा मानुषेऽपि वा ॥९॥ स एनं स्वगृहे नीत्वा पूजयेद्भोजयेदपि । जनास्तु त्रिविधाः पौरा रजःसत्त्वतमो गुणैः ॥१०॥ परीक्षन्तेऽमरा दुष्टाः पुण्यवन्तो भजन्त्यपि । केचिदेनं विनिन्दन्ति प्रशंसन्ति च केचन ॥११॥ यस्य स्वभावो यादृक्स्यात्स तथा वर्तते नरः । न जहाति घृष्यमाणश्चन्दनः स्वसुगन्धिताम् ॥१२॥ कस्तुरी कर्दमयुतः पलांडुर्वा निजं गुणम् । भवतां यदि भक्तिश्चेदनन्याऽस्मिन्सुते मुनेः ॥१३॥ नीयतां पूजयन्त्वाशु भोजनाय प्रियाय च । परीक्षार्थं न नेयोऽसौ जनको जननी मम ॥१४॥ मया कथं नरा वाच्या नीत्वैनं पूजयन् त्विति । अस्य शक्ति दृढां दृष्ट्वा मम भक्तिर्विशिष्यते ॥१५॥ नायं चेन्मत्पुरी वत्स्या कृतो यूयं क्व चाप्यहम् । इति राजवचः श्रुत्वा पुनरूचुश्च नागराः ॥१६॥ यथा वदसि कल्याण तत्तथा न तदन्यथा । अस्माकं कार्यसिद्धिर्या तां कुरुष्व

जनाधिप ॥१७॥ नीत्वेमं स्वगृहे बालं पूजयामो यथार्हतः । एतस्मिन्नन्तरे बालोऽवदत्तान् सदसिस्थितान् ॥१८॥ जानन्नन्तर्गतं तेषां सर्वसाक्षी जगद्गुरुः । विनायक उवाच । किमर्थं माम् प्रार्थयन्तो भवन्तोऽति महत्तराः ॥१९॥ अहं बालो मुनिसुतो मत्पूजनफलं नु किम् । भविष्यति न जानेऽहं भवतां व्ययकारिणाम् ॥२०॥ विवाहो व्रतबन्धो वा यज्ञो वाऽन्यो महोत्सवः । तदा भवद्गृहं यास्ये हव्यं कव्यं यदा भवेत् ॥२१॥ असंख्याता भवन्तो हि कथमेको गृहं व्रजे । वकेशिनीं किमर्थं वा गां धोक्ष्यथ भवद्विधाः ॥२२॥ वांछितार्थी कथं याचेत्त्यक्त्वा कल्पद्रुमं द्रुमम् । अन्यत् क्षुद्रं वांछितं वा तद्वद्यूयं समुत्सुकाः ॥२३॥ क उवाच । विनायक वचः श्रुत्वा श्रेणीमुख्या जगुः पुनः । अस्मिन्विवाहे सम्पन्ने न स्थास्यति क्षणं भवान् ॥२४॥ राज्ञः प्रसादाद्दृष्टोऽसि भक्ति न सफलीकुरू । अवाप्तकामस्य च ते सृष्टि स्थित्यन्तकारिणः ॥२५॥ सर्वान्तर्यामिणः सर्वं चित्तवृत्ती विजानतः । कर्तुं वाप्यन्यथा कर्तुमकर्तुं वा क्षमस्य ह ॥२६॥ चिदानन्दस्य नैवास्ति पूजाभिर्नः प्रयोजनम् । भक्तिप्रियो देव इति निगमं न वृथा कुरू ॥२७॥ निशम्येति वचस्तेषां तानूचेऽथ विनायकः । एवं चेद्भवतां भक्तिस्तदा यास्ये नृपाज्ञया ॥२८॥ एवमाकर्ण्य तद्वाक्यं सर्वेऽपि स्वगृहान् ययुः । मंडपान् विदधुः केचित् केचिद्वस्त्रगृहाणि च ॥२९॥ तोरणान् विदधुर्भवत्यादर्शशोभाभ्दुतानि च । भाजनानि महार्हाणि सुगन्ध चन्दनानि च ॥३०॥ द्रव्याणि च सुगन्धीनि मृगनाभि भवानि च । फलानि च विचित्राणि वासांस्या भरणानि च ॥३१॥ पक्वान्नानि

विचित्राणि पंचामृतयुतानि च । स्थापिता मूर्तयो नानामुक्तामाला विभूषिताः ॥३२॥ एवं गृहे गृहे सर्वे सामग्रीं चक्रुरुत्सुकाः । एकोऽभून्नगरप्रान्ते ब्राम्हणो वेदशास्त्रवित् ॥३३॥ शुक्ल नाम्ना शुक्लवृत्तिः शान्तो दान्तः क्षमान्वितः । श्रौतस्मार्त कर्मनिधिर्ब्रह्मनिष्ठोऽतिथिप्रियः ॥३४॥ यस्य पत्नी महाभागा विद्रुमा नाम नामतः । निस्पृहा ज्ञानसम्पन्ना सर्वावयवसुन्दरा ॥३५॥ दरिद्रा ज्ञाननिष्ठा सा पतिप्राणा पतिव्रता । तस्या गृहगतं दृश्यं नभस्तारांकितंस्फुटम् ॥३६॥ न स्वर्णं राजतं ताम्रं भाजनं रीतिजं न च । गौरा वल्कलसंविता तेजोज्वाला सुशोभना ॥३७॥ यदंगतेजसा व्याप्तं दृश्यमानं न दृश्यते । तेन वृत्तेन तुष्टा सा गृहशोभाविधायिनी ॥३८॥ तस्यास्तोषेण तुष्टोऽभूद्विनयेन च सेवया । स्वस्थःस्थितो ज्ञानिष्टस्तिष्टत्यक्तभोजनः ॥३९॥ कदाचिभ्दिक्षितुं यातो वारितस्तु गृहेगृहे । महोत्सवं प्रकुर्वद्भिर्विनायक कृते,जनैः ॥४०॥ यल्लब्धं तेन तुष्टोऽसौ भार्यामित्या ब्रवीदिदम् । श्रूयतां पत्नि नगरे वारितोऽहं गृहेगृहे ॥४१॥ आयास्यति प्रतिग्रहं पूजार्थं स विनायकः । योऽवतीर्णो मुनिगृहं भूभार हरणोद्यतः ॥४२॥ आयास्यति गृहं चेत्स पूजार्थे यत्नमाचर । साऽब्रवीन्महतीं पूजां त्यक्त्वाऽन्नंत्वद्गृहेकथम् ॥४३॥ भवतां सोऽकिंचनानां कथं वा गृहमेष्यति । गन्धपुष्प पर्युषितं पक्वं कन्दफलं मुने ॥४४॥ भविष्यति कृतं सम्यगसम्यक् स्वल्पमप्यहो । किं वा प्रयोजनं तस्य गृहेण भवतां प्रभो ॥४५॥ इति प्रियावचः श्रुत्वा पुनरूचे मुनिः प्रियाम् । स माम् भक्तं विजानाति दीनानाथ प्रभुः प्रभुः॥४६॥ भक्तिप्रियोऽस्ति देवोऽयं न लोभवशगो विभुः। अर्णसा च

पलाशेन पुष्पेण प्रीयतेहि सः ॥४७॥ सुवर्णनिचयैर्वापि न हि दम्भात् समर्पितैः । इत्याकर्ण्य वचस्तस्य विद्रुमा पुनरब्रवीत् ॥४८॥ एवं चेत्तर्हि यत् सिद्धं तदेतस्मै निवेद्यताम् । ततोऽष्टादश धान्यानाम् कृत्वा पिष्टं पपाच सा । ॥४९॥ ओदनश्च कृतो जीर्ण तन्दुलानां जलाधिकः । मुष्टिपिष्टं पर्णपुटे पक्त्वा भुंक्ते दिनेदिने ॥५०॥ तत्तेन दिनमानेन द्रव्येण चैलमानयत् । गन्धाक्षतं च पुष्पाणि धूपं दीपं महार्तिके ॥५१॥ वन्यं फलं वल्कलं च स्थापयामास चैकतः । शुष्कामलक खंडानि मुखवासार्थमेव च ॥५२॥ प्रसार्य दर्भनिचयं सुसिक्ते स्वांगणे ध्वजम् । चकार कशिपू नासौ ध्याननिष्ठोभवन् मुनिः ॥५३॥ नैवेद्यं वैश्वदेवं च कृत्वा पूर्वं प्रयत्नतः ॥५४॥ (१०४२)

इति श्रीमदादि श्रीमन्महागाणेशपुराणे क्रीडाखंडे बालचरिते नाम द्वाविंशतितमोऽध्यायः ॥२२॥

अध्याय २३ प्रारंभ — क उवाच । स बालो बालमध्ये तु चिक्रीडे कौतुकान्वितः । राजा भद्रासनगतो नृत्यं सर्वजनैः सह ॥१॥ यावत्पश्यति वेश्यानां तावदेवागतावुभौ । देवलोकात्सदो रम्यं सनकश्च सनन्दनः ॥२॥ उद्भासितं तयोर्दीप्त्या सूर्याग्न्योरिव तत्सदः : आसनादुदतिष्टत्स नृपतिः सहसेक्ष्य तौ ॥३॥ स्थिरः स्थाप्य पादपद्मे साष्टांगं प्रणनाम तौ । बद्धांजलि रुवाचाथ अद्य धन्यं कुलं मम ॥४॥ राज्यं ज्ञानं च देहश्च पत्नीपुत्रादिकं च यत् । इत्युक्त्वा पाणिना धृत्वा स्वासने चोपवेश्य तौ ॥५॥ उपचारैः षोडशभिरपूजयत भक्तितः । तौ च विश्रामयामास पादसंवाहनादिभिः ॥६॥ पुनः पुनः

प्रणम्यासौ वक्तुं समुपचक्रमे । राजोवाच । मुनीनां न्यस्तदंडानां निस्पृहाणां च सर्वदा ॥७॥ कार्यलिप्सा न काचित्स्या–
दाज्ञामीहे तथाप्यहम् । तपो राज्यं कुलं शीलं सार्थकं कर्तुमुद्यत ॥८॥ तावूचतुः । अवाप्तसर्वकामोऽसौ परब्रम्हस्वरुपवान् ।
लीलावतारी भगवान् कश्यपस्य सुतस्तव ॥९॥ गृहे नानाकौतुकानि कुरुतेऽद्भुतविक्रमः । श्रुत्वाऽवदानं तस्यात्र द्रष्टुमावां
समागतौ ॥१०॥ अन्यथा शक्रभवनत्यागे किं नः प्रयोजनम् । गृहे यस्य कस्पतरुः सोऽन्यं किं याचयिष्यति ॥११॥
तस्योङ्.घ्रिकमलं नत्वा गच्छावः स्वस्थलं नृप । एवं तयोरागतयोः श्रुत्वा वाक्यं विनायकः ॥१२॥ वदतोरागतः क्रीडां
त्यक्त्वा मोदक हस्तकः । पंचखाद्यमयं भक्ष्य मोदकं लीलयादधत् ॥१३॥ तयोस्तं दर्शयामास नृपो हास्यपरो मृदु । सोऽयं
समागतो देवो यद्दर्शन समुत्सुकौ ॥१४॥ आगतो यच्च कर्तव्यं कुरुतं तद्यथेष्टतः । तं निरीक्ष्य मुनी तौ तु परस्परमथोचतुः
॥१५॥ अनेन दूषितो नूनं कश्यपो मुनिसत्तमः । तत्पुत्रतां समासाद्य स्वाचारं त्यजता भृशम् ॥१६॥ स्पृष्टास्पृष्ट
विचारोऽस्य भक्ष्याभक्ष्यविधिर्न च । दर्शने स्पर्शने चास्य महान्दोषो भवत्खलु ॥१७॥ कथं स्वनियमां स्त्यक्त्वा स्थितः
क्षत्रियवेश्मनि । स्वधर्मे नः स्थितानां तु दर्शनेनास्य किं भवेत् ॥१८॥ शुश्राव तां गिरं देवो नृपसन्निहित स्तदा । उवाच
वाक्यं वाक्यज्ञो वाचस्पतिरिवापरः ॥१९॥ क्व गतं भवतो ज्ञानं वृथा श्रमवतोर्मुनी । स्वर्गं त्यक्त्वा कथमिह संप्राप्तौ
प्राकृताविव ॥२०॥ श्रुत्वेत्थं वचनं तस्य नृपतिं तावथोचतुः । मायामयस्य देवस्य मायया मोहितो भृशम् ॥२१॥ देह्यनुज्ञां
गमिष्यावो निजमाश्रम मंडलम् । ततो नृपति शार्दूलो दृढभक्ति प्रणोदितः ॥२२॥ स्थीयतां श्रूयतां वाक्यं मदीय मित्युवाच

तौ । भवप्या च प्रार्थयामास स्नात्वा भुक्त्वाऽनुगम्यताम् ॥२३॥ निशम्य प्रार्थनां तस्य मोचतुर्मुनिपुंगवौ । न भुज्येते राजकीयमन्नम् तस्माद् व्रजावहे ॥२४॥ तदनुज्ञां समासाद्य मणिकर्णी ततो गतौ । विनायकः सर्वबालैरनुयातो मुदा रमन् ॥२५॥ स्नातना गतः शुक्लगृहं ज्ञात्वा तद्भक्तिमादृतः । यथा धावति गौर्वत्सं यथा माता रुदच्छिशुम् ॥२६॥ यथा कृष्णः सभानीतां द्रौपदीं शरणागताम् । दृष्ट्वा तौ दम्पती देवं पादयोर्विनिपेततु ॥२७॥ आनन्दाश्रूणि मुंच्चन्तौ वाचा गद्गदया गिरा । लिलिंगतुर्मुदा देवं ननृतुर्हर्षनिर्भरौ ॥२८॥ न विन्दतुः प्रकर्तव्यं देहातीता विवासतुः । रोमांच्चांच्चितगात्रौ तौ बाष्पधाराममुंच्चताम् ॥२९॥ मुहूर्तांल्लब्धसंज्ञौ तौ नेमतुर्जगदीश्वरम् । तत ऊचे मुनिर्देवं दीननाथेति यत्तव ॥३०॥ विख्यातं त्रिषु लोकेषु नाम पापहरं शुभम् । सार्थकं कृतमद्यैव जन्म नः पाददर्शनात् ॥३१॥ प्रासाद निचप्रांस्त्यक्त्वा गतः पर्णकुटीमिमाम् । धन्यो वंशो मदीयोऽद्य जन्म ज्ञानं तपो वयः ॥३२॥ अपूजयत्ततस्तं स कुशासन गतं मुनिः । प्रक्षाल्य चरणद्वन्द्वं जलं तच्छिरसाऽदधत् ॥३३॥ गन्धाक्षतं पुष्पमालां धूपं दीपं ददावथ । दूर्वांकुरान् शमीपत्रं सुतैलं केतकं शुभम् ॥३४॥ खाद्यं स्वल्पं पुरः स्थाप्य फलमारण्यकं तथा । पुष्पाजंलिं मन्त्रपूतां दत्त्वा नत्वा स लज्जितः ॥३५॥ कदन्नं कथमस्मै तद्देयमित्येव चिन्तयन् । अभिप्रायं विदित्वा त देवदेवो विनायकः ॥३६॥ याचे मातः किमन्नं ते गृहे तद्दीयतां मम । भक्त्या दत्तं कदन्नं मेऽधिकं स्यादमृतादपि ॥३७॥ विषं भवति यद्दत्तं दम्भेनाश्रद्धयान्वितम् । विस्तीर्णमोदनं शुष्कं भास्करीं बहुधान्यजाम् ॥३८॥ आस्थापयत् पुरस्तस्य मुनिपत्नीन्हियान्विता । तैलं च सकलं दृष्ट्वा प्राहसंस्तं च बालकाः

॥३९॥ अभक्षयत्स पक्वान्नसदृशं परमादरात् । प्रतिग्रासं जलं पीत्वा जघास बलवत्तरम् ॥४०॥ ततस्तेनोदनः पात्रे निक्षिप्तो मुनिनाऽखिलः । तज्जलं चलितं दिक्षु बालो रोद्धुं न चाशकत् ॥४१॥ ततोऽभवद्दशभुजो बुभुजे चौदनं च तैः । आश्चर्यं दद्दृशुर्लोका हसन्तो हस्ततालतः ॥४२॥ अपूर्वः पाचितोऽयं नु जानुदघ्नजलेन यः । इत्यूचुर्बुभुजुर्बाला रुच्या पायसकल्पया ॥४३॥ साकं तेन च वैर्भुक्तं गतास्ते देवतुल्यताम् । अशोचन्नितरे पश्चाद्येऽहसन्विवृतै रदैः ॥४४॥ कोलाहलो महानासीन्नगरे क्व विनायकः । केचिदूचुः शुक्लगृहे भुनक्ति शीर्णमोदनम् ॥४५॥ रोध्दुं कृता दशभुजो ओदनं च भूनक्ति तैः । भुक्ते तस्मिन्विशुद्धे स शुष्कमामलकं ददौ ॥४६॥ मुखशुद्धिं तेन चक्रे जगदात्मा विनायकः । प्रसन्नः शुक्लमवदत् प्रीतो भावेन तेऽनघ ॥४७॥ वरान्वृणु महाभाग मत्तो यानभिकांक्षसे । शुक्ल उवाच । सर्वान्नागरिकां स्त्यक्त्वा भोतुक् रुक्षान्नमागतः ॥४८॥ अयमेव वरो मह्यं यज्जातं तव दर्शनम् । प्रभुवाक्यानुरोधेन याचे भक्तिं त्वयि स्थिराम्॥४९॥ अन्ते मोक्षं च मे देहि येन नावर्तते पुनः । न संसारसुखे चित्तं रमते ते विनायक ॥५०॥ क उवाच । एवमस्त्विति तं प्रोच्य पूर्ववद् द्विभुजः शिशुः । गृहं तस्मै शक्रगृहाद्वरं सद्रत्नकांचनम् ॥५१॥ अत्युत्तमं स्वरूपं च ज्ञानं सम्पदमर्पयत् । अनुज्ञातो ययौ ताभ्यामन्यत्र बालकैर्वृतः ॥५२॥ (१०९४)

इति श्रीगणेशपुराणे क्रीडाखंडे बालचरित्रे शुक्लवर प्रदानं नाम त्रयोविंशतितमोऽध्यायः ॥२३॥

अध्याय २४ प्रारंभ :— क उवाच । व्यलोकयंस्तं नगरे तस्मिन् सर्वे महाजनाः । विधाय पूजा सामग्रीं भोजनस्याप्यनेकधा ॥१॥ गृहे गृहे राजगृहे सर्वामात्यगृहेऽपि च । गवेषयन्ति स्म जनास्तदा कश्यपनन्दनम् ॥२॥ अपृच्छन्त जनाः सर्वे क्वचिद्दृष्टो विनायकः । नेति नेति श्रुतिर्वक्ति यं स कस्याक्षि गोचरः ॥३॥ भवेन्नालोकितोऽस्माभिरिति तत्रावदज्जनाः । पुरप्रान्ते तु ये तत्र तेऽशृण्वज्जनवाक्यतः ॥४॥ स चागतः शुक्लगृहं ततस्ते तद्गृहं ययुः । नापश्यंस्तमथापृच्छं स्तेनोक्तं स इतो गतः ॥५॥ स तु मायामयो बालो जनान्वंचितुमुत्सुकः । विसृज्य बालकान् पश्चाद् द्वारेणागत्य सुप्तवान् ॥६॥ केचित्तं ददृशु. सुप्तं हर्यक्षमिव गव्हर । केचित्तं क्रोधावशगा निनिन्दुर्बालको लघुः ॥७॥ पिशाच इव किं यातो दरिद्रस्य गृहं प्रति । ईशश्चेत् सर्वभावज्ञः सर्वेषां प्रियमाचरेत् ॥८॥ उत्थाप्य तं करे धृत्वा याहीति शरणं शुभम् । सफलं कुरु नः सर्वं त्वदर्थमुपकल्पितम् ॥९॥ गतः खेदो भ्रमणजो दृष्ट्वा त्वच्चरणाम्बुजम् । याहि याहि गृहान्नस्त्वं भोक्तुं बालगणैः सह ॥१०॥ स ऊचे साम्प्रतं भुक्तं पुनरूचुर्जनास्तु तम् । दरिद्रस्य गृहे किं ते भुक्तंस्याद्दैक्ष्यवर्तितः ॥११॥ नापोऽपि पिबते क्वान्नं कथं भुक्तं त्वया विभो । गणेशउवाच । उदरं परिपूर्णं मे यातुं शक्तिश्चनास्ति मे ॥१२॥ क उवाच । ततः सर्वे विदित्वा तं भुक्तं शुक्लगृहे जनाः । निराशा भग्नसंकल्पा रूष्टा दीना विचेतसः ॥१३॥ सम्भारा व्यर्थतां याता नानावकेशार्थं संचिता: ।

बुभुजुस्तान् स्वयं दुष्टा दाम्भिका भक्तिवर्जिताः ॥१४॥ ये भक्तास्ते निराहारास्तस्थुर्ध्यानपरायणाः । एवं सर्वेषु लोकेषु ज्ञात्वा ध्यानस्थितेषु सः ॥१५॥ एको नानाष्वरूपोऽभूद् घटाकाश इव स्फुटम् । जलपूर्णेषु कुम्भेषु रविर्नाना यथेक्ष्यते ॥१६॥ क्वचित् पर्यंकशयनः क्वचित् जपपरायणः । क्वचिद्दानरतः क्वापि भोजनाय समुत्सुकः ॥१७॥ क्वचित् पाठयते शिष्यान् सांगवेदंसहार्थकम् । क्वचित् व्याकुरूते शास्त्रं क्वचिच्च पठतिस्वयम् ॥१८॥ एवं नानास्वरूपैः स नानागृहगतो बभौ अयमस्मद् गृहं यातः पूर्वमित्यभिमेनिरे ॥१९॥ तैलमुद्ववर्तनं स्नानं पूजनं भोजनं ददुः । एवं सर्वे जन्हषिरे काशिराजसमन्वितम् ॥२०॥ दृष्ट्वा देवं परमया मुदा साधुविनायकम् । पुपूजुर्भोजयामासुर्द्विजान् सुन्हृद्गणानपि ॥२१॥ पंचामृतं च पक्वान्नं व्यंजनं पायसौदनौ । अन्यद्रुचिकरं सर्वं बुभूजुस्ते यथारुचि ॥२२॥ एवं द्विजेषु देवेषु काशिराजे सुन्हृत् स्वपि । आशीर्वत्सु सभाविष्टः काशिराजो न्वपृच्छत ॥२३॥ मायया मुनिपुत्रस्य मोहितोऽनेकधाकृतेः । राजोवाच । विनायको गतो भोक्तुं नानागृह इतिस्फुटम् ॥२४॥ अयं मे निकटेऽप्यस्ति को नु भुंक्ते गृहे गृहे । क्वचिच्च शिबिकारूढो याति भोक्तुं विनायकः। ॥२५॥ गजारूढः क्वचिद्याति हयारुढश्च कुत्रचित् । एवं सर्वेषु लोकेषु पूजाव्यग्रेषु बालके ॥२६॥ ततस्तौ नगरीं यातौ तत्र तत्र विनायकम् । अपश्यतां भुक्तवन्तं परावृत्य समीयतुः ॥२७॥ यत्र यत्र गृहे यत्तौ तत्र तत्र विनायकम् । निर्वृत्य सकलं नित्यं भिक्षार्थं पर्यगच्छताम् ॥२८॥ शयानं शयने दिव्ये भक्षयन्तं फलानि च । चर्वयन्तं च ताम्बूलं क्वचित्गन्धादि–

चर्चितम् ॥२९॥ क्वचिन्नृत्यं प्रपश्यन्तं गणिकानां गणान्वितत् । क्रीडन्तमक्षैः कुत्रापि क्वचिद् बुद्धिबलेन च ॥३०॥
नानालंकार संयुक्तं दिव्यवस्त्रान्वितं क्वचित् । पठन्तं च जपन्तं च ध्यानेन तमपश्यताम् ॥३१॥ स्तूयमानं क्वचिद् भक्तै
स्तुवन्तं जगदीश्वरम् । दर्शयन्तं विभूतिं स्वां भक्तयानेकश.क्वचित् ॥३२॥ युवानं रमयन्तं स्वाःस्त्रियोऽत्यन्त मनोरमाः ।
चिकित्सयन्तं वृद्धं च सेवन्तं रसमुत्तमम् ॥३३॥ रिंगंतं भक्षयन्तं च मृदं कुत्रचिदंगणे । परिश्रान्तं पिबन्तं कं क्रीडाभिःकन्दु–
कादिभिः ॥३४॥ एवं तौ क्षुधितौ श्रान्तौ पर्यटन्तौ गृहे गृहे । सर्वत्र दृष्ट्वा तं देवं परस्परमथोचतुः ॥३५॥ अत्रास्ति निर्मलः
शुक्लो ब्राम्हणो नगरे शुचिः । यावो भोक्तुं तस्य गृहे इत्युक्वा तत्र जग्मतुः ॥३६॥ तत्रापि सोंऽगणगतो दृष्टस्ताभ्यां
विनायकः । नगरे नात्र भोक्तव्यं न तु शेषं विनायकात् ॥३७॥ इत्युक्त्वा बहिरायातौ पुरो दृष्ट्वा विनायकम् । तिर्यग्
गतिधरौ भूत्वा ततोऽपि समपश्यताम् ॥३८॥ प्राच्यां प्रतीच्यां च दिशि तमेवेतौ समन्वतः । अधश्चवोर्ध्वं सर्वगतं
विनायकमपश्यताम् ॥३९॥ विनायक स्वरूपं च तौ पुर्नविश्वरूपिणम् । सर्वं विनायकमयं वस्तुमात्रमपश्यताम् ॥४०॥
अथाभावयतां शम्भुं विष्णुं तौ भृशबिस्मितौ । अपश्यतां न्हृदि तदा तं च तं च विनायकम् ॥४१॥ निमील्य नयने
चान्तस्तमेव मुनिसत्तमौ । उद्घाटय नयने चापि स्वान्त एनमपश्यताम् ॥४२॥ किरीटिनं कुंडलिनं मुक्तामालाम्बरांगदम् ।
कटिसूत्रेण हैमेन मुद्रिकाभिश्च भूषितम् ॥४३॥ सिंहारूढं दशभुजं सिद्धिबुद्धियुतं शुभम् । भालचन्द्रं मृगमदतिलकं

नागभूषणम् ॥४४॥ सूर्यकोटिप्रभं सृष्टिस्थितिसंहारकारिणम् त्यक्त्वा भेदं तत्त्वविदौ नेमतुश्चरणाम्बुजम् ॥४५॥ नुतःस्म परया भक्त्या देवदेवं विनायकम् । तस्यैव करूणाप्राप्त प्रबोधौ तौ मुनीश्वरौ ॥४६॥ (११४०)

इति श्रीगणेशपुराणे क्रीडाखंडे विनायकभोजनकथनं नाम चतुर्विशतितमोऽध्यायः ॥२४॥

अध्याय २५ प्रारंभ :— तावूचतुः । सर्वेषां कारणानां त्वं कारणं कारणातिगः । ब्रह्मस्वरूपो ब्रह्मांडकारणं व्यापकः परः ॥१॥ पासीदं सृजसे विश्वं त्वमेव हरसेऽनघ । नानारूपैररूपस्त्वं नानामाया बलान्वितः ॥२॥ त्वमेव पंचभूतानि यक्षगन्धर्व राक्षसाः । कस्त्वां स्तोतुं समर्थः स्याच्चराचरस्वरूपकम् ॥३॥ नेति नेति ब्रवीति स्म त्वद्रूपाज्ञानतः श्रुतिः । आवाम् विमोहितौ ज्ञातुं नेशाथे रूप मुत्तमम् ॥४॥ महिमानं न जानीवोऽनेकरूपस्य ते विभो । कृतकृत्यो भवत्पाद दर्शनात्स्वः प्रभोऽधुना ॥५॥ नानावतारैर्भूभारं हरसेऽनन्तशक्तितः । क उवाच । एवं तयोः स्तुतिं श्रुत्वा प्रीत्याप्रोवाचतावुभौ ॥६॥ विनायको बालरूपी कौतुकी मायिकोऽपि च । तत्वज्ञौ मत्प्रसादाच्च सर्वज्ञौ च भविष्यथः ॥७॥ एवं दत्वा वरं देवस्तत्रैवान्तरधीयत । ततस्तौ मूर्तिमतुलां कृत्वा सम्यग्विनायकीम् ॥८॥ कृत्वा प्रासादामतुलं रत्नकांचन संयुतम् । स्थापयामासतुरुभौ सनकश्च सनन्दनः ॥९॥ आख्यां च चक्रतुस्तस्या वरदोऽयं विनायकः । गणेशकुंड मिति च कृतं ताभ्यां सरोवरम् ॥१०॥ अत्र स्नात्वा पूजयेद्यो वरदं तं विनायकम् । स कामानखिलान् प्राप्य भुक्त्वाभोगाननेकशः ॥११॥ अवाप्यपुत्रान् पौत्राश्च विद्यामायुर्यशो—

महत् । धनं धान्यं यशश्चापि तत्वज्ञानं च शाश्वतम् ॥१२॥ अन्ते वैनायकं धाम याति नास्त्यत्र संशयः । क उवाच । यत्र देवाःसगन्धर्वायक्षाश्चाप्सरसां गणाः ॥१३॥ दृष्ट्वा सम्पूज्य देवेशं तत्रैवान्तर्हिताः क्षणात् । संप्राप्त विस्मयौ तौ च जग्मतुर्दिवमुत्तमम् ॥१४॥ काशिराजोऽपि तत्रैत्य सामात्यःसप्रजस्तु तम् । नानाद्रव्यैरलंकारैर्वस्त्रैरुच्चावचैरपि ॥१५॥ पक्वान्नैश्चाप्यनेकैश्च फलैर्नानाविधैरपि । रत्नैर्मुक्ताफलैः पुष्पैर्दक्षिणाभिरनेकशः ॥१६॥ पुपूज परया भक्त्या ब्राह्मणैःसह मन्त्रतः । ब्राह्मणान् पूजयामास वस्त्रालंकार कांचनैः ॥१७॥ आशिषः परिगृह्यैव नगरं पुनरागमत् । तथैव ताः प्रकृतयः पुपूजुस्तं विनायकम् ॥१८॥ तथैव ब्राह्मणान् पूज्य जगृहुराशिषः पराः । ततः प्रजास्तं पुपूजुर्यथाशक्ति विनायकम् ॥१९॥ सर्वे ते न्हृष्टमनसा पुरं प्रविविशुस्तदा । इति ते सर्वमाख्यातं विनायकविचेष्टितम् ॥२०॥ सर्वपापपहरं पुण्यं किमन्यच्छ्रोतु-मिच्छसि । मुनिरुवाच । श्रुतं चरित्रं शुक्लस्य शुक्लभिक्षारतस्यच ॥२१॥ धातुस्पर्शविहीनस्य गृहं यातौ विनायकः । भुजैर्दंशभिरादाय ह्यचोदनं शिथिलं जलैः ॥२२॥ जग्ध्वा त्यक्त्वा श्रमं तृप्तो दारिद्र्यंचव्यनाशयत् दत्तं गृहं तु शुक्लस्य शक्रस्य नगराद्वरम् ॥२३॥ सम्पदोऽपि तथा दत्ता याः सन्ति ह्यलकाधिपे । स्वरूपं च तथा दत्तं यन्नास्ति मकरध्वजे ॥२४॥ ज्ञानं तस्मै तथा दत्तं यन्नास्ति चतुरानने । अत्र किं कारणं ब्रह्मन्स्तन्मे व्याख्यातुमर्हसि ॥२५॥ क उवाच । सम्यक्पृष्टं त्वयाव्यास परमेशकथा यतः । पुनाति प्राश्निकं श्रोतृन्वक्तारंभक्तितश्रुता ॥२६॥ मनो मे हि स्थितं वक्तुं तत्पृष्टंहित्वया विभो । सम्यक्तेऽहं वदिष्यामि भक्तिगम्यस्यचेष्टितम् ॥२७॥ सर्वज्ञः सर्वदर्शी च सर्वगः सर्वचित्तवित् । भक्त्यैव

तुष्यते देवो भावाहि तोषकारणम् ॥२८॥ भक्त्यान्हतं पलाशं च जलं पुष्पं मनोहरम् । तेनैव परितुष्टोऽसावात्मानं च प्रयच्छति ॥२९॥ दम्भेन हेलया वापि लज्जयाऽपि परस्य वा । महाधनं महावित्तं रत्नानि विविधानि च ॥३०॥ कांचनं राजतं मुक्ता दत्तं सर्वं वृथा भवेत् । शमीपत्रेण तुष्टोऽसौ व्याधायादात् सलोकताम् ॥३१॥ प्रसंगतोऽपि दत्तेन भावं कृत्वा दृढं न्हृदि । अनायासेन लब्धेन तस्माद्भक्तिर्गरीयसी ॥३२॥ (११७२)

इति श्रीगणेशपुराणे क्रीडाखंडे बालचरिते भक्तिप्रशंसा कथनं नाम पंचविंशतितमोऽध्यायः ॥२५॥

अध्याय २६ प्रारंभ – मुनिरुवाच । किं कर्म कृतवान् व्याधः कथं पत्रं सर्मर्पितम् । किं नामास कथं प्राप्तः सालोक्यं तद्वदस्व मे ॥१॥ क उवाच । विदर्भदेशे नगर मदिषाख्यं बभूव ह । विख्यातं त्रिषु लोकेषु कुबेर नगरोपमम् ॥२॥ भीमो नामाभवद् व्याधो नगरे मांसविक्रयी । परेषां दोषकथने दोषो यद्यपि वर्तते ॥३॥ प्रश्ने कृते तु वक्तव्यो याथातथ्यान्न मत्सरात् । स भीमो दोष बहुलो बाणकोदंडवान्वने ॥४॥ शरपूर्णेषुधी खड्गी चापं बिभ्रच्च शस्त्रिकाम् । अवधीत् प्राणिनो नित्यं कुटुम्बभरणे रतः ॥५॥ पथिकान्ब्राम्हणांश्चापि निर्दयो निर्जने वने । कदाचिन्नगरे तस्मिन् समारब्धो महोत्सवः ॥६॥ प्रातरेव वनं यातो बहुमांस जिघृक्षया । विक्रयेच्छुर्द्रव्यलुब्धो कुटुम्बस्यापि पोषकः ॥७॥ जघान मृगयूथास्तान्मांसभारयुतः पुरम् । यावत्प्रविशतेतावदागतो राक्षसो महान् ॥८॥ मनुष्यगन्धन्हृष्टोऽसौ ययौ तस्यान्तिकं क्षणात् पिंगाक्षो नामतः पिंग–

नेत्रः सर्वभयंकरः ॥९॥ मनुष्यश्वापदाशी स दुष्पूर इव हव्यभुक् । चकम्पे स च तं दृष्ट्वा व्याधो भूमावथापतत् ॥१०॥
पतितानि च शस्त्राणि नेत्रेऽप्याच्छादिते बलात् । उन्मील्य नयनेऽपश्यच्छमीवृक्षं समीपतः॥११॥ आरुरोह च भीमस्तं राक्षसोऽपि
समारुहत् । तावच्चिक्षेप शाखांस तत्पत्रं वायुनेरितम्॥१२॥पपात गणनाथस्य वामनास्थापितस्य ह । मस्तके तेन तुष्टोऽसावु-
भाभ्यां पूजितः स्फुटम्॥१३॥वामनाय वरान्दातुं स्फुटो योभूद् गजाननः । बलिं विजेतुकामाय कश्यपस्यात्मजाय सः ॥१४॥
अत्यन्तं तुष्यते देवोदूर्वया च शमीदलैः । रत्नकांचनसंयुक्ता दिव्यवस्त्रसमन्विता॥१५॥दुर्वांकुरविना पूजा निष्फला जायते नृणाम् ।
शमीपत्रेण वा सा स्यात्सफला नान्यथा क्वचित् ॥१६॥ यज्ञदानव्रतैरन्यैस्तपोभिर्नियमैरपि । तथा न प्रीयते देवः कांचनै रत्नसंचयैः१७
दूर्वाभिश्च शमीपत्रैर्यथा सुप्रीयते विभुः । तयोस्तुष्टो देवदेवः प्रेषयद्यानमुत्तमम् ॥१८॥ स्वरुपधारिभिर्युक्तं किंकरैर्निजलोकतः
तेषां निरीक्षणान्नष्टाः पापपर्वत राशयः ॥१९॥ कृपया च गणेशस्य तयो राक्षसभीमयोः । यथाग्निकण सम्मर्कान्नश्यन्ते
तृणपर्वताः ॥२०॥ व्यक्त्वा देहो दिव्यदेहौ गृहीत्वा यान मास्थितौ । दूतैः सम्पूजितौ नानावस्त्रभूषाविलेपनैः ॥२१॥ नाना-
वादित्र निर्घोषैः स्त्रीगन्धर्वैर्युतं महत् नीतौ तौ देवनिकटे नेमतुस्तौ विनायकम् ॥२२॥ अशेष पाप निर्मुक्तौ
प्रापतुस्तौ सरुपताम् । आकल्पं स्थापितौ तेन गणेशेन निजस्थले ॥२३॥ एवं भावप्रियो देवः प्रीयते भक्तिभावतः । तथैव
मुष्टिमात्रान्नात्सन्तुष्टोऽयं द्विजस्यसः शुक्लस्य प्रददौ दिव्यमलकासदृशं गृहम् ॥२४॥ तस्माद्दूर्वा शमीपत्रैर्विना पूजा वृथा

भवेत् । न महत्या दाम्भिकया पूजया प्रीयते तथा ॥२५॥ भक्ति भावेन कृतया स्वल्पयाऽसौ गजाननः ॥२६॥ ((११९८)
इति श्रीगणेशपुराणे क्रीडाखंडे भीमराक्षसमोक्षणं नाम षड्विंशति तमोऽध्यायः ॥२६॥

अध्याय २७ प्रारंभ :– व्यास उवाच । पूर्वंजन्मनि व्याधोऽसौ क आसीद्राक्षसोःपि सः । किं शीलं किंसमाचार स्तन्म–
माचक्ष्व नाभिज ॥१॥ अनुष्ठानं कृतं तेन वामनेन कथं प्रभो कथं तस्मै वरो दत्तो गजाननस्वरुपिणा ॥२॥ लोको गणेशस्य
कथं पृथगन्यत्र तिष्टति । कथं शमी प्रिया तस्य सर्वमेतद्वदाशु मे ॥३॥ क उवाच । शृणु वक्ष्यामि ते सर्वं यद्यत्पृष्टं त्वया
मुने । राजाऽसीत्पूर्वजनुषि स व्याधो वेदपारगः ॥४॥ सर्वं शास्त्रप्रवक्ता च सर्वलक्षणलक्षितः । यज्वा विनीतो न्हीमाश्च
देवतातिथिपूजकः ॥५॥ गजाश्वरथपत्तीनां संख्या यस्य न विद्यते । दाता शुरश्च मेघावी समृद्धो मघवानिव ॥६॥ ध्वजश्च
शत्रुजिद्यस्य प्रधानौ बुद्धिमत्तरौ । यतोऽधरीकृतः काव्यो गिरां पतिरपि स्फुटम् ॥७॥ यौ तौ क्षितितले जेतुं समर्थौ शस्त्रते–
जसा । पत्नी सुलक्षणास्यासीन्नाम्ना च मदनावती ॥८॥ पतिव्रता धर्मशीला सुमुखी सर्ववेदिनी । न तया सदृशी काचित्त्रिषु
लोकेषु कामिनी ॥९॥ दीनानाथवृद्धजने कृपालुरतिथिष्वपि । यजतोर्ददतोरेवं रतयोः पूजने सताम् ॥१०॥ तयोर्वृत्तेन तुतुषुः
पौरा जानपदा जनाः । अमित्रा अपि गृण्हन्ति षड्गुणान् साधुसंमतान् ॥११॥ एवं स पुण्यकीर्तिः संशशास पृथिवीमिमाम् ।
बहुसंवत्सरं दैवात्कालधर्ममुपेयिवान् ॥१२॥ मरिष्यमाणश्चक्रेऽसौ गोसहस्रं यथाविधि । महादानान्यपि ददौ दशाष्टौ चेत–
राणि च ॥१३॥ मृतेऽस्मिन्नगरी सर्वा शुशोच नृपतिं तदा । अपुत्रत्वात्सहैवास्य पत्नी सहगतिं ययौ ॥१४॥ मन्त्रिणौ सर्व–

संस्कारान्कारयामासतुर्द्विजैः एकादशाहेददतुर्नाना दानानि भक्तितः ॥१५॥ गते मासे मन्त्रयतो राज्याहं कुलजं नरम्। धीमन्तं सत्वसम्पन्नं शूरं मत्यपराक्रमम् ॥१६॥ दुर्धर्षस्य सुतं तस्य दायादस्य महाबलम् । क्षेत्रजं साम्यनामानं राज्ञाशिष्टं च तावुभौ ॥१७॥ अमात्यौ निश्चयं कृत्वा राज्यं दातुं तु तस्य ह । पौरजानपदान् सर्वान् ब्राम्हणान् परिपृच्छ्य च ॥१८॥ शुभे मुहूर्ते लग्ने च नाना सम्भार संचयैः । कारयामास तुरुभावभिषेकं द्विजैः सह ॥१९॥ मुनिरुवाच । कथं क्षेत्रात् समुत्पन्नः किंजातीयः पितामह । स साम्ब स्तन्ममाचक्ष्व सर्वज्ञोऽसि कृपानिधे ॥२०॥ क उवाच । दूर्धर्षेण कृता यत्नाः पुत्रार्थं बहुधा मुने । न च जातः सुपुत्रोऽस्य दुष्टदैवयुतस्य ह ॥२१॥तस्य पत्न्या प्रमदया कैवर्तासक्त चित्तया। जनितः सुमुहूर्ते सनज्ञातो जारजस्त्विति ॥२२॥ यावन्ति राजचिन्हानि तावन्ति ददतुश्च तौ । निवेद्य कोशसहितं सर्वं राज्यं सराष्ट्रकम् ॥२३॥ अमात्य पदनिष्टौ तौ जातावास्तां यथा पुरा । स राज्यं प्राप्य दुर्द्धर्षसुतो मत्तः श्रियाऽभवत् ॥२४॥ स्त्रीमांसमदिरासक्तो मत्तो गज इवालसः । दुराचाररतो नित्यं नयमार्गं पराङ्मुखः ॥२५॥ आदाय धनिनां सर्वं धनं तान्निरवासयत् । अपमानं चकाराशु ब्राम्हणांनां सतामपि ॥२६॥ बहिश्चकार तान् सर्वान् वृत्तिमाच्छिद्य सान्ततिम् । शिष्टः स्म प्रकृती नीतिं न तद्वाक्यं समाददे ॥२७॥ वारंवारं यदा तौ तं शिष्टऽस्म करुणायुतौ । अमात्यौ स बबन्धाशु निगडाभ्यां रुषान्वितः ॥२८॥ शिक्षापयन्तौ पितरौ तस्य तं दुर्हृदं सुतम् । यत् प्रसादात् त्वया प्राप्तं राज्यं निहतकंटकम् ॥२९॥ विनिग्रहं कथं साध्वोस्तयोस्त्वं कुरुषे खल । अना–

दृत्य तु तद्वाक्यं पीयूषमिव पामर ॥३०॥ शृंखलाभ्यां निबद्धौ तौ कारागारेऽध्यवासयत् । अतिदुष्टो दुष्टबुद्धिनामाऽभूत्तत् सखाऽनिशम् ॥३१॥ तमेव सचिवं चक्रे दत्त्वाऽश्वं कांचनं गजम् । रत्नानि दिव्यवासांसि रांक्वास्तरणानि च ॥३२॥ दासी दासान् असंख्यातान् पानान्यन्नं च तारिकम । न करोत्यस्य वाक्यं यस्तस्य छेत्स्ये शिरो बलात् ॥३३॥ इत्युक्त्वा सर्वलोकेषु साम्बोऽन्तःपुरमाययौ ॥३४॥ (१२३२)

इति श्रीगणेशपुराणे क्रीडाखंडे बालचरिते सप्तविंशती तमोऽध्यायः ॥२७॥

अध्याय २८ प्रारंभ – क उवाच । स राजकार्यं कुरूते स्वयं भुंक्ते वरस्त्रियः । राष्ट्रे शृणोति रामांसोऽर्पांत वा सर्पांत तथा ॥१॥ बलादानयते भोक्तुं क्रन्दतां रुदनामपि । न वा गणयते ज्ञातिभेदं विषयलम्मटः ॥२॥ या चोन्नतकुचा नारी तस्य दृष्टिपथं गता । तामालिंग्यत्यसौ कामी चुम्बतीमांयमत्यपि ॥३॥ परद्रव्याणि गृण्हाति स्त्रियोऽपि स बलात् पुनः । सोऽपि तादृग्गुणो मन्त्री दुष्टबुद्धिपथे रतः ॥४॥ एवं दुराचाररतौ न कन्यां न च मातरम् । न वर्जयन्तः सम्भोगे भगिनीमपि निर्घृणो ॥५॥ न ब्रम्हहत्यां मनुतो न स्त्रीबालवधं तथा । एवं पापसमाचारौ पामस्य पर्वताविव ॥६॥ आस्तामुभौ दुष्टबुद्धी राजामात्यौ सुदूःसहौ । न ब्राम्हणो यतिर्वापि तद्गृहे यातिर्भिक्षितुम् ॥७॥ न राष्ट्रे नाम तस्यापि गृण्हाति प्रकृतेरपि । एकदा मृगयार्थं तौ यातः स्म गहनं वनम् ॥८॥ घ्नतः स्म मृगयूथानि पक्षियूथान्यनेकशः । तानि प्रापय्य नगरमश्वारूढो स्वयं पुनः ॥९॥ वैनायकं महास्थानं पथि तौ पश्यतः स्म ह । यस्मिन् विराजिते मूर्तिर्जीर्णा वैनायकी शुभा ॥१०॥ स्थापिता

रामपित्रा सा पुत्रार्थं कुर्वता तपः । भक्त्या साक्षात्करो यत्र देवदेवो विनायकः ॥११॥ दशाक्षरेण मन्त्रेण ध्यायता बहु वासरम् । दत्त्वा तस्मै वरान् देवो विधते वांछितानपि ।१२॥ ततो वसिष्ठहस्तेन तेनेयं स्थापिता दृढा । वरदेति च नामास्या वसिष्ठेन कृतं ततः अस्य दर्शनतो नृणां पुरूषार्थाश्चतुर्विधः । स्मरणात् पूजनाद्वापि सेत्स्यते नात्र संशयः ॥१३॥ एवं वसिष्ठवाक्येन स्थानं तभ्दुवि पप्रथे । गणेशभजनेनास्य स्सरणेनार्चनेन च ॥१४॥ रामलक्ष्मणभरतः शत्रुघ्नसहिताः सुताः । जाता लोकेषु विख्याताः सर्वज्ञाः शूरसंमतः ॥१५॥ एवं दृष्ट्वा महारम्यं प्रासादं राजनिर्मितम् । उत्तरेतुरश्वपृष्टाद्राजामात्यौ पुपूजतुः ॥१६॥ पत्रैः पुष्पैर्नमतुस्तं सर्वपापाहरं विभुम् । प्रदक्षिणी कृत्य विभुमीयतुः क्षणमात्रतः ॥१७॥ एतदेव परं पुण्यं दैवाज्जातं तयोस्तदा । एवं पापसमाचारौ राज्यं कृत्वाऽथ ममृतुः ॥१८॥ बध्वा पाशैर्याम्यदूतैर्नीतौ तौ शमनान्तिकम् । चित्रगुप्तं समाहूय पप्रच्छ स शुभाशुभम् ॥१९॥ तेनोक्तं न तयोरस्ति पुण्यलेशो रवेः सुत । पापानां गणना नास्ति दूतांश्चैवेदमब्रवोत् ॥२०॥ बध्यतां बध्यतामेतौ लोहदंडेन पात्यंताम् । कुंडे वीचिमये पंक्ति सहस्रपरिवत्सरान् ॥२१॥ एकै-कस्मिन् क्रमेणैतौ कुंडे भुक्त्वाऽघसंचयान् । क्षिप्यतां मृत्युलोके च नीचयोनि गतावुभौ ॥२२॥ अनयोः पुण्यलेशोऽस्ति दूताः शणूत तत्कृतिम् । प्रसंगार्दाचतो दृष्टो देव आभ्यां गजाननः ॥२३॥ तेन पुण्येन सोऽप्येता वुद्धरिष्यती तत्र वै । एवमाकर्ण्य तद्वाक्यं दूतैर्बद्धौ हतौ दृढम् ॥२४॥ कुम्भीपाके शोणितोदे निरये रौरवेऽपि तौ । निक्षिप्तौ कालकूटे च क्रमशः शतवत्सरान् ॥२५॥ तामिस्रे चान्धतामिस्रे पूयशोणित कर्दमे । कंटके तु क्षतांगौ तौ संतप्तौ तप्तवालुके ॥२६॥ विक्षतौ कृमिभिस्तत्र भृशं

सूचीमुखैरुभौ । असिपत्रवने घोरे ततो नीतावुभावपि ॥२७॥ यत्र शस्त्राभि घातेन वर्ष्म भिद्यति तापिनाम् । ततस्तप्त–
शिलायां तौ निष्पिष्टौ घनघाततः ॥२८॥ भुंजंतौ नरकानेकविंशति बहुवासरम् । न दुःखं शक्यते वक्तुं शेषेणाशेषतस्तयोः
॥२९॥ एवं कृति सहस्राणि भुक्त्वा भोगाननेकशः । निस्तीर्णभोगौ तौ पापशेषेण भुवमागतौ ॥३०॥ एको जातः काकयोनौ
कौशिकोऽभूत्परोऽपि च । तत एको दर्दुरोऽभूदपरः सरटोऽभवत् ॥३१॥ तत एको विषधरोऽपरोऽभूद् वृश्चिकोऽपि च ।
तत्रापि कुर्वंतः पापं नानालोकान्विदंशतः ॥३२॥ श्वमार्जारयोर्योनौ जातौ नकुल सूकरौ । वृकजम्बूकयोर्योनौ जातौ
घोटकगर्दभौ ॥३३॥ तत उष्ट्र गजौ जातौ ततो नक्र महाझषौ । ततो व्याघ्रमृगौ जातौ ततौ वृषभ माहिषौ ॥३४॥ एवं
नानायोनिगतौ जातौ चांडालकीटकौ । राक्षसीभिल्लयोर्योनौ ततश्चान्ते समीयतुः ॥३५॥ पिंगाक्षो दुर्बुद्धिरिति नाम्ना
ख्यातौ च भूतले । आजन्मकृतपापस्य कथ्यते बहुदोषता ॥३६॥ यदा तौ राजप्रकृती आस्तां पापरतौ पुरा । एकं पुण्यं
तयोरासीन् मृगयायां प्रसर्पतोः ॥३७॥ विनायकस्य नमनं दर्शनं च प्रदक्षिणा । अर्चनं फलपुष्पाद्यैस्तुष्ट आसीद् गजाननः
॥३८॥ अगाधं तत्तयोः पुण्यमासीत्तज्जन्म संचितम् । यदा पुरा राक्षसोऽसौ भीमं भक्षितुमागतः ॥३९॥ स आरूढः शमीवृक्षं
तत्पत्राणि च मस्तके । पतितानि गणेशस्य तुष्टोऽभूत्स द्वयोरपि ॥४०॥ दिव्यदेहं तयोर्दत्त्वा स्वर्लोकं प्राप्रयद्विभुः । एतत्ते
कथितं पूर्वं जन्मकर्म मया तयोः ॥४१॥ शमीपत्रार्चनादेव तुष्टोऽभूत्स गजाननः । यथाऽयं स्थापितस्तेन वामनेन तदप्यहम्

॥४२॥ कथयामि मुने सर्वं तदनुष्ठानमेव च । यथा च गणनाथोऽस्य प्रसन्नो वरदो भवत् ॥४३॥ (१२७५)

इति श्रीगणेशपुराणे क्रीडाखंडे बालचरिते भीमराक्षस योर्जन्मवर्णनं नाणाष्टाविंशति तमोऽध्यायः ॥२८॥

अध्याय २९ प्रारंभ :– क उवाच ॥ मयाज्ञप्तः कश्यपोऽसौ सृष्टिं नानाविधां कुरु । सविनीतो महाज्ञानी भूतभविष्य–वित् ॥१॥ अतिवैश्वानररवितेजाः सुतपसां निधिः । सृष्टिसामर्थ्यसंप्राप्तौ तताप सुमहत्तपः ॥२॥ षडक्षरेण मन्त्रेण ध्यात्वा देवं गजाननम् : दिव्यवर्षसहस्रान्ते स देवो वरदोऽभवत् ॥३॥ ईप्सितानस्य सर्वान्संददौ नानावराञ्शुभान् । ततोऽसौ मनसा यद्यदकल्पयत लाघवात् ॥४॥ तत्तदग्रे पश्यति स्मवरदानप्रभावतः । चतुर्दशसु पत्नीषु ऋतुदानादनेकधा ॥५॥ चकार तेजसा सर्वं जगत्स्थावरजङ्गमम् । तासु श्रेष्ठे च द्वे पत्न्यौ दित्यदितीति नामतः ॥६॥ अदित्याऽपि तपस्तप्तं विष्णुप्रीणनहेतवे । संवत्सराणामयुतं ततस्तुष्टो जनार्दनः ॥७॥ जगत्याः पालनायासौ धर्मसंस्थापनाय च । शक्रादितत्सुतानां च दुष्टानां निग्रहाय च ॥८॥ पुत्रतामगमत्तस्यास्तया पूर्वं प्रसादितः । अथ सा स्वामिनं प्राह दितिर्होमाय सादरम् ॥९॥ ऋतुं मे देहि भगवन्बाधते मदनानलः । इत्याकर्ण्य वचस्तस्या मुनिस्तां प्राह सादरम् ॥१०॥ अयं कालो घोररूपो होमकाल उपस्थितः । क्षणमाचर धैर्यं त्वं पश्चाद्रंस्ये त्वया सह ॥११॥ अस्मिन्काले भवेद्दुष्टमपत्यं देवधर्मध्रुक् । इति स्वामिवचः श्रुत्वा हस्ते धृत्वा ननाम तम् ॥१२॥ उवाच रक्तनयना दग्धुकामा जगत्रयम् । इदानीमेव मे वाञ्छा न कृता चेत्त्वया मुने ॥१३॥ देहत्यागं

करिष्यामि विह्वला मदनाग्निना । । यथा तथास्थां दैवान्मे अपत्यं देवधर्मध्रुक् ॥१४॥ इति तद्वचनं श्रुत्वा शरणागतवत्सलः। ददावृतुं तदा तस्य होमं स्नात्वा चकार ह ॥१५॥ ततश्चास्याः सुतो जज्ञे हिरण्याक्षो महाबलः । हिरण्यकशिपुश्चोभौ चेरतुस्तप उत्कटम् ॥१६॥ पञ्चाक्षरं महामंत्रं पितुस्तौ बहुवत्सरम् । एकाङ्गुष्ठस्थितौ वायुमात्रभक्षौ सवल्मिकौ ॥१७॥ अथाययौ महादेवो वरं दातुं कृपानिधिः । तुष्टुवतुस्ततस्तं तौ भक्त्या देवं त्रिलोचनम् ॥१८॥ कृताञ्जलीपुटौ चोभौ प्रणिपातपुरःसरम् । यथाशक्ति यथाज्ञानं तद्दर्शनस्फुरन्मती ॥१९॥ यो देवो वृषवाहनो दशभुजश्चन्द्रार्द्धनागान्वितो नानारूपगणैर्गिरीन्द्रतनयायुक्तो जगत्कारणम् । यो व्याघ्राजिनकृत्तिमांस्त्रिनयनो यः शूलधृक्वामहा भक्तेच्छापरिपूरणैकनिलयो धर्मार्थमोक्षप्रदः ॥२०॥ इति स्तुत्वा महादेवं सर्वव्यापिनमीश्वरम् । नमश्च चक्रतुर्देवं भक्तवाञ्छासुरद्रुमम् ॥२१॥ तावुवाच ततस्तुष्टो वृणुतं वरमित्यसौ । वृणुतस्तौ वरान्देवादमृतिं यक्षरक्षसः ॥२२॥ किन्नरैर्मानुषश्रेष्ठैः पिशाचैश्चारणादिभिः । न शस्त्रैर्नाद्रिशुष्कैश्च जन्तुभिर्जलजैरपि ॥२३॥ स्थावरैर्जङ्गमैरन्यैर्न दिवा न निशासु च । न पृथिव्यां न चाकाशे नान्तराले तथोषसि ॥२४॥ तथेथि तावुवाचेशस्तथा चान्तर्दधे हरः । तदैव तावजयतां रोदसी च रसातलम् ॥२५॥ देवस्थानानि सर्वाणि बलादाक्रम्य तौ स्थितौ । हिरण्यकशिपोर्जातः प्रल्हादो नाम नामतः ॥२६॥ तनयो विष्णुभक्तेषु गरीयान्वंशकण्टकः। जपन्नारायणं देवं पित्रा संताडितो भृशम् ॥२७॥ अनेकयातनायां स रक्षितोऽनेकधाऽमुना । जले स्थले विषादग्नेर्विष्णुना

करूणावता ॥२८॥ हिरण्यकशिपुः सायं सर्वलोकभयंकरः । नारसिंहेन वपुषा नखैरः स विदारितः ॥२९॥ वाराहेण हतः पूर्वो दंष्ट्रया वसुधाहृता । विरोचनः सुतस्तस्य बलिस्तस्याभवत्सुतः ॥३०॥ विरोचनः सूर्यभक्तो मुकुटं प्राप्तवांस्ततः । ऊचिवांस्तं च सप्ताश्वः परहस्तो यदा स्पृश्येत् ॥३१॥ मुकुटस्य तदा ध्वंसो भविता नात्र संशयः । स सूर्यवरदानेन चक्रे त्रिभुवनं वशे ॥३२॥ च्युतस्थानास्ततो देवा अच्युतं शरणं ययुः । स चिन्तां महतीं कृत्वा निश्चयं नाध्यगच्छत ॥३३॥ ततस्तेन धृतं रूपं सर्वयोषिदृरं स्त्रियः । तेन तं रमयामास बहुकालं विरोचनम् ॥३४॥ ततः स सुरतं कर्तुं मुद्यतोऽभूत्कुबु-द्धिमान् । ततस्तं सुदती प्राह ममैका वासनाऽस्ति भोः ॥३५॥ अभ्यंगं कुरु पूर्वं त्वं ततो हि रंस्यसे मया । इति श्रुत्वा स तद्वाक्यं कामासक्तोऽन्वमोदत ॥३६॥ उत्तार्य मुकुटं साधर्मूर्ध्नि तैलं व्यमर्दयत् । स तदा शतचूर्णोऽभूत्तत्सारूप्यं स आप्तवान् ॥३७॥ (१३१२) इति श्रीगणेशपुराणे क्रीडाखंडे बालचरिते विरोचनवधो नामैकोत्रिंशोऽध्यायः ॥२९॥

अध्याय ३० प्रारंभ :— क उवाच । बलिस्तु हरिभक्तत्वान्न किञ्चिदन्वतप्यत । वेदवेदाङ्गवित्प्राज्ञः सर्वशास्त्रविशारदः ॥१॥ परनिन्दापरद्रव्यपरद्रोहपराङ्मुखः दाता यज्वा मानयिता मान्यानां परमादरात् ॥२॥ गच्छन्वदन्स्वपन्भुञ्जंस्तिष्ठन्नपि जपन्पिबन् । ध्यायति स्म हरिं नित्यं भक्त्या संस्थिरचेतसा ॥३॥ एकदा शुक्रमाहूय परिपूज्य यथाविधि । पप्रच्छ त

बलिर्नोति शक्रो भुङ.क्तेऽमरावतीम् ॥४॥ कथं च भागो नास्माकं भ्रातृत्वे सततं स्थिते । इति मे संशयं प्राज्ञ छेत्तुमर्ह-
स्यशेषतः ॥५॥ शुक्र उवाच । तव पूर्वैरतेदर्थं कृतं वैरं निरन्तरम् । सुरैः सार्द्धं महाभाग ते सर्वे नाशमापिताः ॥६॥
देवैर्विष्णुसहायैस्तु नानामायाबलाश्रयात् । त्यक्त्वा वैरं भवान्साधु यजतां शतसंख्यया ॥७॥ तत्पुण्यस्य बलादैन्द्रं पदं
पूर्णमवाप्स्यसि बलिरुवाच । सम्यगुक्तं त्वया ब्रह्मन्नीतिशास्त्रविशारद ॥८॥ साम्नो दानविधेर्भेदाज्जघन्यो निग्रहो मतः ।
सोऽपि पुण्यबलात्सिध्येत्तस्मात्पुणं दृढं मतम् ॥९॥ क उवाच । एवं स निश्चयं कृत्वा वसिष्ठादीन्समाहूयत् । भृग्वादींश्च
मुनीन्पूज्य सुमुहूर्ते समारभत् ॥१०॥ यज्ञं महासमारम्भं सर्वानन्दकरं परम् । सर्वे ते यज्ञकुण्डानि प्राचीसाधनपूर्वकम् ॥११॥
चक्रुश्च कारयामासुर्यज्ञसम्भारसंचयान् । वेदिकामण्डपादींश्च भूमिशोधनपूर्वकम् ॥१२॥ कृत्वाऽभ्युदयिकं श्राद्धं स्वस्तिवा-
चनपूर्वकम् । मातृणां पूजनं कृत्वा स्थापयामासुरादरात् । मन्त्रैर्नानाविधैर्विप्राः सर्वा मण्डपदेवताः ॥१३॥ रेजाते दम्पती तत्र
श्वेतवस्त्रावलङ्.कृतौ । अमात्यराजसुहृदां पौराणां च गणैर्वृतौ ॥१४॥ सम्मानिताः स्त्रियोऽपश्यन्गवाक्षैस्तं महोत्सवम् ।
अन्वारब्धा ब्राह्मणास्ते पूर्वाग्ङ.ानि न्यवर्तयन् ॥१५॥ आलभन्त पशुं वेदकल्पवाक्यानुसारतः । तत्तद्देवाय तन्मन्त्रैर्जुहुति स्म
विधानतः १६ यज्ञवाटे चतुद्वारं सर्वेषामनिवारिते । आयान्ति यान्ति सर्वेऽपि पूजितास्त्रिविधा जनाः ॥१७॥ विवदन्ते
महावादैरेकतो विदुषां जनाः । नृत्यन्त्यप्सरसोऽन्यत्र पठन्ते वैदिकाः क्वतः ॥१८॥ गायन्ति वैष्णवाः शैवा मृदङ्गता-

लवादनैः । भुंजते ब्राह्मणाः स्वेच्छा भोजनं षड्रसैः क्वचित् ॥१९॥ कथयन्ति कथा नानाकथाः शृण्वन्ति मोदकाः । एवं सुवितते यज्ञे वसिष्टाद्या महर्षयः ॥२०॥ वसोर्धारां सुमहतीं पातयामासुरग्निषु । उत्तरांङानि संपाद्य रथे तौ स्थाप्य दम्पती ॥२१॥ कर्तुं चावभृथस्नानं सर्वे लोका विनिर्ययुः । नानावादित्र निर्घोषैर्वरबन्दीरवैरपि ॥२२॥ वेदघोषैर्बहुविधैः सामगानै-र्हरिप्रियैः । स्नात्वाऽऽगत्य हरिं सोऽथ तोषयामास तान्द्विजान् ॥२३॥ अनेकरत्ननिचयैर्धनैर्वस्त्रैरनेकशः । गोभिरश्वैर्गजैर्गन्धै-रिच्छाविषयपूरणैः ॥२४॥ एकोनशतमेवं ते तस्य यज्ञानपारयन् । शते यज्ञे समारब्धे शक्रश्चिन्तां परां ययौ ॥२५॥ कनीयांसं स शरणं स्वपदभ्रंशशङ्कया । क्षीरसागरमध्यस्थं शेषशायिनमीश्वरम् ॥२६॥ मया संवाहितपदं सेव्यमानं सुरैरपि । गीयमानं नारदेन वीणाहस्तेन सादरम् ॥२७॥ तुम्बुरुप्रमुखैरन्यैरप्सरोगणकिन्नरैः अस्तौदसौ हरिर्दृष्ट्वा तं हरिं स्वेष्टसिद्धये । प्रणम्य सम्पुटं कृत्वा पाण्योर्भाविन सादरम् ॥२८॥ शक्र उवाच । नमोऽनन्तशक्ते नमो विश्वयोने नमो विश्वभर्त्रे नमो विश्वकर्त्रे । नमो दैत्यहन्त्रे नमोऽनेकरूप नमः सक्तचित्तार्थदायास्तु नित्यम् ॥२९॥ क उवाच । एवं स्तुत्वाऽब्रवीदेनं वासवो बलिचेष्टितम् । बलिर्विरोचनसुतो विख्यातो भुवनत्रये ॥३०॥ प्रहीष्यति मम पदं मखाच्छतगुणादयम् । यावतस्य भवेद्वाणी सर्वं ज्ञातं तु विष्णुना ॥३१॥ तत ऊचे स भगवानिन्द्रं संकटचिन्तया । मम भक्तो बलिः शक्र तपस्वी विजितेन्द्रियः ॥३१॥ तपसः फलमेतेन भोक्तव्यं श्रुतिवाक्यतः ।न जायते वृथा कर्म शुभं वा यदि वाऽशुभम् ॥३३॥ साधयिष्ये

भवत्कायं स्थिरी कुरु मनो हरे । ततः स गर्भतां पेदे अदित्या जठरे विभुः ॥३४॥ सुषूवे नवमे मासि साऽदितिस्तनयं शुभम् । प्रभया तस्य ते दीपा निष्प्रभत्वमुपागतन् ॥३५॥ स्नात्वा शीतजलेनाशु जातकर्मं यथाविधि । चकार कश्यपो धीमान्स्वस्ति-वाचनपूर्वकम् ॥३६॥ कृत्वा पित्रमहायज्ञं मातृपूजनपूर्वकम् । ददर्श बालकं पश्चात्प्राशयित्वा घृतं मधु ॥३७॥ ऱ्हस्वं पृथुलमूर्धानं लघुपादं बृहत्तनुम् । दिव्यज्ञानसमायुक्तं दिव्य देह चतुर्भुजम् ॥३८॥ नानालंकारसंयुक्तं ज्ञात्वा विष्णुमथानमत् । उवाच च प्रसन्नात्मा तपो वंशोऽद्य चक्षुषी ॥३९॥ ज्ञानं तथाऽऽश्रमो धन्यो धरा स्वर्गो रसातलम् । धन्यस्तद्दर्शनादेते सच्चिदानन्दरूपिणः ॥४०॥ क उवाच । एवमाकर्ण्य तद्वाक्यमुवाच जगदीश्वरः । अदित्यास्तपसा तुष्टः पुत्रत्वमहमागतः ॥४१॥ हर्तुं भूभारमतुलं ज्येष्ठकार्यं च साधितुम् इत्युक्त्वा प्राकृतो भूत्वाऽरुदत्स्तन्यं पपावथ ॥४२॥ नामनिष्क्रमणं कर्म चक्रेऽन्नयाशनं मुनिः । तृतीये चौलमब्दे स पंचमे व्रतबन्धनम् ॥४३॥ (१३५५)

इति श्रीगणेशपुराणे क्रीडाखंडे बालचरिते वामनावतारकथनं नाम त्रिंशोऽध्यायः ॥३०॥

अध्याय ३१ प्रारंभ :– क उवाच । वेदांश्व चतुरः साङ्गानध्यापयत तं मुनिः । एकस्मिन्दिवसे तातं वामनः पर्यपृच्छत ॥१॥ केनोपायेन देवानां पदप्राप्तिर्भविष्यति । भूभारहरणं तन्मे यथावद्वक्तुमर्हसि ॥२॥ कश्यप उवाच । उपदेशं करिष्यामि

मन्त्रस्य सिद्धिदस्य ते । षडक्षरस्य विघ्नेशतोषकस्य ममात्मज ॥३॥ तस्मिन्प्रसन्ने विघ्नेशे जगत्स्थित्यन्तकारिणि । अनेकब्रह्मांडविधौ सर्वकारणकारणे ॥४॥ सर्वे कामाः प्रसिध्यन्ति तदर्थं यत्नमाचर । क. उवाच । एवमुक्त्वा ददौ तस्मै सुमुहूर्ते महामनुम् ॥५॥ तदैव चलितस्तस्मादाश्रमाद्धर्षसंयुतः । प्रणम्य तमनुज्ञाप्य जगाम तपसे शिशुः ॥६॥ भ्रमता ददृशे तेन विदर्भे स्थानमुत्तमम् । लतावृक्षसमाकीर्णं कासारपरिशोभितम् ॥७॥ तत्र पद्मासनं कृत्वा जजाप तं मनुं शुभम् । षडक्षरं वर्षमात्रं निराहारो जितेन्द्रियः ॥८॥ निर्वाणं तस्य तज्ज्ञात्वाऽऽविरासीत्सिद्धिबुद्धियुक् ॥९॥ मयूरवाहनो देवः शुण्डादण्डविराजितः । विलसद्दशदोर्दण्डो रत्नमाला विभूषितः ॥१०॥ आशीविषलसन्नाभिर्नालंकारशोभितः । आगतो दृढभक्तं तं धेनुर्वत्समिवादरात् ॥११॥ वामनस्तं पुरो दृष्ट्वा सर्वतेजोभिभाविनम् । सर्वसिद्धिकरं देवं सर्वविघ्ननिवारणम् ॥१२॥ नुनाव परया भक्त्या देवदेवं गजाननम् ॥१३॥ वामन उवाच । अव्यक्तं व्यक्तहेतुं निगमनुतनुं सर्वदेवाधिदेवं ब्रह्माण्डानामधीशं जगदुदयकरं सर्ववेदान्तवेद्यम् । मायातीतं स्ववेद्यं स्थितिविलयकरं सर्वविद्यानिधानं सर्वेशं सर्वरूपं सकलभयहरं कामदं कान्तरूपम् ॥१४॥ तं वन्दे विघ्नराजं विधिहरमुनिभिः सेव्यमानं सनागैस्तेजोराशिं त्रिसत्यं त्रिगुणविरहितं तत्त्वमस्यादिबोध्यम् । भक्तेच्छोपात्तदेहं निजजनसुखदं तत्त्वबुद्धि प्रकाशं साम्बाद्यैः स्तूयमानं सकलतनुगतं भुक्तिमुक्तिप्रदं तम् ॥१५॥ क उवाच । इति स्तुतो देवदेवः प्रसन्नः प्राह वामनम् । वरं वरय तुष्टोऽयं यत्ते मनसि वर्तते ॥१६॥ स्तोत्रेण

तपसा चैव परितुष्टो ददामि तत् । वामन उवाच । न ते स्वरूपं विदूरब्जजाद्या ब्रह्मर्षयो ये सनकादिकाद्याः । दृष्टोऽसि स
त्वं जगतामधीश त्वत्तः कमन्यं वरमद्य याचे ॥१७॥ अथापि ते वाक्यभिदा भयात्त्वां याचे वरं तं मम नाथ देहि । पराजयो
मे न भवेत्कदापि कार्येऽखिले विघ्नभयं न च स्यात् ॥१८॥ उद्यतोऽस्ति बलिः शक्रपदमत्तुं क्रतोर्बलात् । स च मां शरणं
यातस्तस्य सिद्धिर्यथा भवेत् ॥१९॥ तथा कुरु जगत्कर्तर्यदि तुष्टोऽसि मेऽनघ । गजानन उवाच । एतत्ते भविता सर्वं
स्मरणान्मम सुव्रत ॥२०॥ सेत्स्यन्ति सर्वकार्याणि महान्ति च लघूनि च । क उवाच । एवमुक्त्वा गते देवे वामनोऽकारय-
च्छुभाम् । काश्मीरोपलजां सोऽथ स्थापयन्मूर्तिमुत्तमाम् ॥२१॥ चतुर्भुजा त्रिनयना शुण्डादण्डविराजिताम् । प्रसन्नकं-
रिहस्ताभ्यां भक्तानामभयप्रदाम् ॥२२॥ स्मरणाद्दर्शनाद्ध्यानात्पूजनात्सर्वकामदाम् । प्रासादं कारयामास रत्नकांचन-
निर्मितम् ॥२३॥ तत्रैकं ब्राह्मणं स्थाप्य ग्रामं दत्वा धनानि च । त्रिकालं पूजनं तस्य कारयामास ते नसः ॥२४॥ आगतः
स्वगृहं नत्वा पितरं सर्वमब्रवीत् । तपश्च तत्फलं चाथ यज्ञं गन्तुमपृछत ॥२५॥ कश्यपेनाभ्यनुज्ञातो वामनो दर्भदण्डभृत् ।
सूत्रकृष्णाजिनधरो मेखली यज्ञमाययौ ॥२६॥ ह्रस्वाकृतिं मुनिं दृष्ट्वा मुनयो विस्मितास्तदा । नायं मुनिर्यतस्तेजो दृश्यते
परमाद्भुतम् ॥२७॥ तं दृष्ट्वा परमायान्तं बलिरुत्थाय सत्वरम् । कोऽसि त्वमिति पप्रच्छ नत्वा तं कुत आगतः ॥२८॥
किं वांच्छसि वद विभो पिता माता च कस्तव । वसतिस्तव कुत्रास्ति तत ऊचे स वामनः ॥२९॥ न स्मरे पितरौ

राजन्ननाथं विद्धि मां कृशम् । त्रैलोक्ये वसतिर्मेऽस्ति याचे भूमिं त्रिभिः पदैः ॥३०॥ मितां कर्तुं पर्णकुटीं शक्तिश्चेदस्ति दीयताम् । क उवाच । इति वाक्यं मुनेः श्रुत्वा ह्रदि ज्ञात्वा कृपायुतम् ॥३१॥ तं दातुमुद्यतं भूमिमूचे काव्यो बलिं तदा । शुक्र उवाच । नब्राह्मणो हरिरयं कपटं रूपमास्थितः ॥३२॥ हरिष्यति त्रिभुवनं पदत्रयमिषेण तु । मा दीयतामस्य किञ्चिदिति सत्यं ब्रवीमि ते ॥३३॥ तमुवाच महादैत्यो मूढ किं वदसे वचः । हरिश्चेद्विमुखो गच्छेत्सर्वं मे सुकृतं नयेत् ॥३४॥ अस्मात्पात्रं किमन्यत्स्यादस्मै दत्तमनन्तकम् । इत्युक्त्वा तं पुनः प्राह वामनं दैत्यपुंगव ॥३५॥ ब्रह्मन्दत्तर मया भूमिः संकल्पः क्रियतामिति । वामनः प्राह राजानं संकल्पयितुमुद्यतः ॥३६॥ तावद्धारां निरुध्यैव स्थितः शक्रोऽन्यदेहतः । ददौ शलाकां तत्पात्रे भग्ननेत्रो बहिर्गतः ॥३७॥ ततः पाणितले तस्य वामनस्य जलं ददौ । स्मृत्वा गणेशं ववृधे वामनो हर्षनिर्भरः ॥३८॥ मूर्ध्न्याक्रम्य स्वर्गलोकमेकपादेन रोदसी । पातालान्यपरेणापि दत्तं तन्मस्तकेऽपरम् ॥३९॥ तत ऊचे बलिं देवो गच्छ त्वं धरणीतलम् । त्वां विनाऽहं कथं यामीत्येवमाह बलिस्तु तम् ॥४०॥ इत्याकर्ण्य वचस्तस्य पुनस्तं प्राह वामनः । सानिध्यं मम तत्रापि भविता त्वदनुग्रहात् ॥४१॥ इन्द्रो मां शरणं यातः प्रियं कार्यं हि तस्य मे । तवापि मम भक्तस्य प्रियं पश्चाद्भविष्यति ॥४२॥ ऐन्द्रे पदे निवृत्तेऽस्य पदं यास्ये तवैव तत् । ततो ब्रह्मादयो देवास्तुष्टुवुर्वामनं विभुम् ॥४३॥ मुमुचुः पुष्पवर्षाणि वाद्यानि ववदुः सुराः । पुपूजुस्तेऽपि सर्वे च जगुश्च ननृतुः परे ॥४४॥ ततश्चान्तर्दधे देवो वामनोऽनन्तविक्रमः । स्वं स्वं स्थानं गता देवा यथापूर्वं मुदान्विताः ॥४५॥ क उवाच ।

एवं तेन कृता मूर्तिर्विख्याताऽभूज्जगत्रये । गजाननस्य देवस्य सर्वेषां कामदा नृणाम् ॥४६॥ इत्येतत्कथितं सर्वं प्रसङ्गाद्व–
लिचेष्टितम् । लाघवं वामनस्यापि महिमा सुमुखस्य ह ॥४७॥ अदोषाख्ये पुरे तेन स्थापितस्य महात्मना । दशबाहोः
प्रसिद्धस्य देवदक्षिणभागतः ॥४८॥ प्रियत्वं तस्य शम्यास्ते कथयिष्येऽधुना स्फुटम् ॥४९॥ (१४०४)

इति श्रीगणेशपुराणे क्रीडाखंडे बालचरिते एकत्रिंशोऽध्यायः ॥ ३१॥

अध्याय ३२ प्रारंभ – क उवाच । शृणुश्वावहितो ब्रह्मन्नितिहासं पुरातनम् । प्रियव्रतायाकथयत्स्वयमेव गजाननः ॥१॥
गजानन उवाच । शमीपत्रस्य महिमा शृणुष्वार्य महाबलम् । न यज्ञैर्न च दानैश्च व्रतैः कोटिशतैरपि ॥२॥ न जपैः पूजनैर्वापि
मम तोषस्तथा भवेत् । न पद्मैर्नान्यकुसुमैः शमीपत्रैर्यथा भवेत् ॥३॥ शमीति कीर्तनादेव पापं नश्यति वाचिकम् । स्मरणा–
न्मानसं पापं स्पर्शनात्कायजं तथा ॥४॥ नित्यं तत्पूजनाद्ध्यानाद्वन्दनाच्चैव भक्तितः । निर्विघ्नकरमायुष्यं ज्ञानं पापक्षयोऽपि
च ॥५॥ वाञ्छासिद्धिरचापल्यं जायते नात्र संशयः । मुनिरुवाच । कोऽसौ प्रियव्रतो राजा किंशीलः कुत्र वाऽभवत् ॥६॥
कथं वै तस्य कथिता गुणाः शम्या महात्मना । एनं मे संशयं ब्रह्मन्कृपया नुद सुव्रत ॥७॥ क उवाच । अत्राप्युदाहरन्तीममि-
तिहासं पुरातनम् । शंकरस्य च संवादं पार्वत्या सह पुत्रक ॥८॥ पार्वत्युवाच । कथं शमी प्रिया देव सर्वज्ञ जगदीश्वर ।
गजाननस्य मे शंस यदि ते मय्यनुग्रहः ॥९॥ शंकर उवाच । शृणु प्रिये प्रवक्ष्यामि कथामेकां शुचिस्मिते । यथा प्रिया
गणेशस्य शमीति ज्ञास्यते तथा ॥१०॥ प्रियव्रतो नाम राजा पूर्वमासीन्महामतिः । सत्यवान्धर्मसंपन्नो धर्मात्मा शंसितव्रतः
॥११॥ तेजस्वी च वदान्यश्च वेदशास्त्रार्थतत्त्ववित् । सर्वलक्षणसंपन्नश्चतुरङ्बलाधिकः ॥१२॥ पालयामास पृथिवीं प्रजाः

पुत्रानिवौरसान् । कौर्तिश्च प्रथम भार्या प्रभा तस्यापराऽभवत् ॥१३॥ धूर्तश्च कुशलस्तस्य प्रकृती संबभूवतुः । कुशलौ नीतिशास्त्रेषु षडाननपराक्रमौ ॥१४॥ बुद्ध्या पराक्रमेणापि रसा सर्वा वशीकृता । स तु राजा वंश नीतः प्रभया तस्य भार्यया ॥१५॥ क्रीडतेऽर्हन्निशं सोऽथ नानालंकारशोभया । यौवनाक्रान्तवपुषा रम्भादिभ्योऽतिरम्यया ॥१६॥ क्षणमात्रं न सहते वियोगं स तया सह । धिक्करोति सदा जेष्ठां तद्वचो न शृणोत्यपि ॥१७॥ रुषा निरीक्षेत तां स तन्मूर्तिं चिन्तयत्यपि। स्वयं न भाषते किञ्चिन्न गृण्हाति तयार्ऽपितम् ॥१८॥ ततस्तस्याभवत्पुत्रः प्रभयां पतिसन्निभः । जातकर्म च राजाऽस्य कृत्वा धर्मसनेकधा ॥१९॥ नाम चास्याकरोत्पद्मनाभिरित्थं द्विजेरितम् । शुक्लपक्षे यथा चन्द्रो ववृधे सोऽपि बालकः ॥२०॥ बुद्धिमान्कुशलो युद्धे पितृतोऽप्यधिकोऽभवत् । पंचमे व्रतबन्धं च चकारास्य नृपस्तदा ॥२१॥ प्रियव्रतो महाबुद्धिर्मद्राणामधियो बली । पांचालराजकन्यां स भार्यां तस्याप्यमेलयत् ॥२२॥ अतिवैभवयुक्तौ तौ विवाहं चक्रतुस्तयोः । कदाचिदस्य सा पत्नी ज्येष्ठा दासीत्वमापिता ॥२३॥ पादसंवाहनं कर्तुमागता भर्तृसन्निधिम् । निपपात महीपृष्ठे सपत्न्यां चरणाहता ॥२४॥ दुःखिता रुदती ह्रीणा जगाम निजमन्दिरम् । कमहं शरणं यायां को मे दुःख व्यपोहयेत् ॥२५॥ सपत्न्याऽमानितायाः मे त्राता स्याद्धरिरव्ययः । स्मृतमात्रस्तु यस्त्राता द्रौपद्या करुणानिधिः ॥२६॥ यां नैव मनुते भर्ता न कोऽपि मनुतेऽपि ताम् । अतो न जीवितेनार्थः शोषयिष्ये कलेवरम् ॥२७॥ पिबे हालाहालं वापि पते वापीं जलान्विताम् न मनो निश्चयं याति तस्या

विव्हलचेतसा ॥२८॥ एतस्मिन्नन्तरे दैवाद्देवलो ब्राह्मणोत्तमः । पुरोहितः समायातः स जगाद गजाननीम् ॥२९॥ उपासनां क्लेशहन्त्रीं सर्वकामफलप्रदाम् । सा तदैव प्रपद्याशु मूर्ति मन्दारनिर्मिताम् ॥३०॥ गजाननस्य संपूज्य स्नात्वा शुद्धदिने तु सा उपविष्टा पूजयितुं परमेणसमाधिना ॥३१॥ त्यक्त्वा हरं हरिं चाम्बां तेजोयुक्तं परं रविम् । सर्वैः संपूज्यते देवदेव आदौ गजाननः ॥३२॥ विचार्यमाणे पंचानां भेदो नैवोपलभ्यते । यो भेदेनेक्षते चैतान्स याति नरकान्नरः ॥३३॥ एक एव परानन्दपूर्णोऽसौ परमेश्वरः । स्वेच्छया पंचधा जातो लोकानुग्रहकारणात् । एक एव पुमान्यद्वत्पुत्रमातुलनामभिः ॥३४॥ सा सम्यक्षोडशभिस्तमुपचारैः पुपूज ह । दूर्वापुष्पैर्दक्षिणाभिर्नमस्कारैरनेकधा ॥३५॥ कृत्वा करपुटं सा तु तुष्टाव जगदीश्वरम् । कीर्तिरुवाच । त्वमेव जगदाधारस्त्वमेव सर्वकारणम् ॥३६॥ त्वमेव ब्रह्मा विष्णुश्च बृहभ्दानुस्त्वमेव हि चन्द्रो यमो वैश्रवणो वरुणो वायुरेव च ॥३७॥ त्वमेव सागरा नद्यो लताकुसुमसंहतिः । सुखं दुखं तयोर्हेतुस्त्वं नाशस्त्वं विमोचकः ॥३८॥ इष्टविघ्नकरो नित्यं महाविघ्नकरो विराट् । त्वमेव पुत्रलक्ष्मीदस्त्वमेव सर्वकामधुक् ॥३९॥ त्वमेव विश्वयोनिश्च त्वमेव विश्वहारकः । त्वमेव प्रकृतिस्त्वं वै पुरुषो निर्गुणो महान् ॥४०॥ त्वमेव शशिरूपेण सर्वमाप्यायसे जगत् । त्वमेव भूतभव्यं च भाविभावात्मकः स्वराट् ॥४१॥ शरण्यः सर्वभूतानां शत्रूणां तापनः परः । कर्मकाण्डपरोयज्वा ज्ञानकाण्डपरः शुचिः ॥४२॥ सर्ववेत्ता सर्वविधिः सर्वसाक्षी च सर्वगः । सर्वव्यापी सर्वविष्णुः सर्वसत्यमयः प्रभुः ॥४३॥ सर्वमायामयः सर्वमन्त्रतन्त्रविधानवित् ॥४४॥ (१४४८)

इति श्रीगणेशपुराणे क्रीडाखंडे बालचरिते नाम द्वाविंशोऽध्यायः ॥३२॥

अध्याय ३३ प्रारंभ :- क उवाच । एवं साऽनुदिनं पूज्य तुष्टावतं विनायकम् । एकस्मिन्दिवसे तस्याः सख्यो दूर्वार्थमाययुः ॥१॥ शुक्रमासवशान्नापुः क्वापि दूर्वांकुरान्शुभान् । शमीपत्राणि भूयांसि गृहित्वा तु तदन्तिकम् ॥२॥ आययुः परमश्रान्ता दूर्वाभावं न्यवेदयन् । शमीपत्रैः पुपूजैनं सर्वोपचारपूर्वकम् ॥३॥ दूर्वां विना निराहाराऽतिष्ठत्सा नियमे रता । तस्य तुष्टिः परा जाता शमीपत्रैः समर्पितैः ॥४॥ अशेत तत्पुरः स्वप्नमपश्यत्सा महाद्भूतम् । अब्दान्ते सैव मूर्तिस्तामिसां वाचमुवाच ह । ॥५॥ वरं ददामि ते सुभ्रु शमीपत्रैः सुतोषितः । सा नोवाच यदा किंचित्कीर्तिः सा तां पुनर्जगौ ॥६॥ मूर्तिरुवाच । वश्यस्ते भविता कान्तो भोगाश्वानेकशः शुभाः । त्मभ्दक्तिनिरतः पुत्रो भमिष्यति महाबलः ॥७॥ क्षिप्रप्रसादनेत्येवं कुरु नामास्य सुन्दरम् । तुर्येऽब्देऽस्य विषान्मृत्युर्भविष्यति पुनः क्षणात् ॥८॥ गृत्समदो द्विजोभेऽत्यं पुनस्तं जीवयिष्यति । राज्यकर्ता चिरायुश्च धर्मशीलो भविष्यति ॥९॥ इदं स्तोत्रं पठेद्यस्तु मम संतोषकारणम् । तस्य वश्यो भवेद्राजा किमन्यः प्राकृतो जनः ॥१०॥ पुत्रवान्धनसंपन्नौ वेदवेदाङ्पारगः । बुद्धिश्च वर्धते तस्य मेघावृद्धिर्भवेद्दृढा ॥११॥ वाञ्छितांल्लभते सोऽर्थांस्त्रिसन्ध्यं यः पठेदिदम् । मम भक्तिर्दृढा तस्य मोक्षश्चान्ते भविऽष्यति ॥१२॥ एवं दत्त्वा वरान्स्वप्ने स देवोऽपिदधे क्षणात् । जागृता साश्रुनयना विस्मिता मानसेऽवदत् ॥१३॥ दीनानाथेन महती कृपा मयि नियोजिता । अनुग्रहो महान्मह्यं यद्दत्तं दर्शनं स्वयम् ॥१४॥ विनायकेन देवेन पाषिता परमादरात् । अद्याहं तेन देवेन सर्वभूतानुकम्पिना ॥१५॥ इयमेव

परा सिद्धिरिदमेव तपःफलम् । अयमेव परो लाभो यदवोचन्मया सह ॥१६॥ क उवाच । ततः प्रभाते स्नाता सा परमानन्दनिर्भरा । पुपूज परया भक्त्या गणेशं वरदं शुभम् ॥१७॥ समाप्य नियमं मूर्ति पूर्वस्थाने न्यवेशयत् ॥१८॥ पुरोहितं समानीय पूजयामास भक्तितः । गणेशं मनसा ध्यात्वा वदन्ती नाममालिकाम् ॥१९॥ स्मरन्ती तद्वरान्कीर्तिः समयं च प्रतीक्षती । ततः कालेन महता प्रभा सा निष्प्रभाऽभवत् ॥२०॥ रक्तपित्तवती जाता प्रारब्धादीश्वरेच्छया । करौ पादौ च नासा च तस्याः क्षरति नित्यशः ॥२१॥ अतिबीभत्सरूपां तां तत्याज मनसा पतिः न वक्ति नेक्षते ज्ञात्वा प्रयत्नान्निष्फलान्बहून् ॥२२॥ ततः कीर्तेर्गृहं यातस्तपसा सुन्दराकृतेः । कृपया गणराजस्य स्वयं वश्योऽभवच्च सः ॥२३॥ स गृहीत्वा करे तां तु मंचकं समुपानयत् । चिक्रीड स्वेच्छया कीर्त्या तन्निष्ठस्तत्परायणः ॥२४॥ न वियोगं क्षणं तस्याः सहते नृपसत्तमः । साऽपि भोगानलङ्कारानननन्तान्बुभुजे सती ॥२५॥ साऽपि गर्भवती जाता कालेन सुषुवे सुतम् । शुभे मुहूर्ते राजाऽसौ ददौ दानान्यनेकशः ॥२६॥ पुत्रजन्मप्रहृष्टः सन्ब्राह्मणेभ्यो यथार्हतः । दिक्षु स्थाप्य द्विजान्पच्च जातकर्म चकार सः ॥२७॥ क्षिप्रप्रसादनेत्येवं नाम चक्रे ततोऽस्य ह । तुतोष पुत्रं दृष्ट्वैव नानालङ्कारसंयुतम् ॥२८॥ अतिप्रीतिमती कीर्तिरभवत्पुत्रदर्शनात् प्रभा च दुःखिता पुत्रं सपत्न्या वीक्ष्य सुन्दरम् ॥२९॥ एष एव भवेद्राजा ज्येष्ठपुत्रोऽयमित्युत । दध्योदनं तु सविषं कीर्तिपुत्राय सा ददौ ॥३०॥ स तु विह्वलतां यातो विवृत्तनयनः क्षणात् । प्रभैव च महाशब्दं कृत्वाऽरो–

दीर्भ्दृशातुरा ॥३१॥ तस्या शब्दं समाकर्ण्य कीर्तिस्तमगमत्तदा । तमुदन्तं सा पतये न्यवेदयत सादरम् ॥३२॥ भिषजोऽपि ददुस्तस्मा औषधानि नृपाज्ञया । परीक्ष्य विषबाधां ते तस्मै राज्ञे न्यवेदयन् ॥३३॥ न गुणाय भवन्ति स्म नानामन्त्रौषधानि च । प्रभा तु धिक्कृता भर्त्रा निरस्ता दूरतो गृहात् ॥३४॥ कीर्तिस्तं बालकं गृह्य सखीभिः काननं ययौ । नगराद्योजनं याति तावद्बालो ममारसः ॥३५॥ अंके कृत्वा तु तं बालं रुरोद शोकविव्हला । मूर्छिता पतिता भूमौ लतेव वायुनेरिता ॥३६॥ च्युतालंकरणाध्वस्त कंकणा मस्तकांचला । क्षणेन किंचिदाश्वस्ता सस्मार द्विरदाननम् ॥३७॥ उत्पतेः स्मरती बालचेष्टितं निघ्नती स्वहृत् । दैवात्तेनैव मार्गेण प्रययौ मुनिसत्तमः ॥३८॥ नाम्ना गृत्समदः साधुः साक्षात्सूर्यं इवापरः । गणेशभक्तप्रवरस्तपसां परमो निधिः ॥३९॥ स तस्थौ करुणाविष्टः सा कीर्तिः प्रणनाम तम् । उवाच श्वसती सा तं गणनाथप्रसादजः ॥४०॥ अयं बालो मम मृतो जीवयैनं तपो बलात् । क्षिप्रप्रसादन इति नाम देवाज्ञया कृतम् ॥४१॥ सपत्न्या दुष्टभावेन विषमस्मै सर्मार्पितम् । ततोऽनेन समप्रापि मुने मरणमीदृशम् ॥४२॥ न सतां दर्शनं व्यर्थमिति याचे तपोधन । शरणंसंत्यागं गेहन्ते साधवो जनाः ॥३३॥ इति तस्या वचः श्रुत्वा मुहुर्तं ध्यानतत्परः । अभवन्मुनिशार्दूलस्ततो गृत्समदोऽब्रवीत् ॥४४॥शृणू देवि प्रवक्ष्येऽहमुपायं पुत्रजीवनें । अज्ञानतः शमीपत्रैस्त्वयाऽपूजि विनायकः ॥४५॥ तत्पुण्यमस्य हस्तेत्वमर्पयस्व ममाज्ञया । तत्प्रसादादाशु सुत उत्थास्यति तवाधुना ॥४६॥ सा तु तद्वचनस्यान्ते

कीर्तिर्हर्षसमन्विता । ददौ तस्मै शमीपूजासंभवं पुण्यमुत्कटम् ॥४७॥ उत्तस्थौ सुकुमारोऽस्या अमृतेनोक्षितो यथा । सा तु हर्षान्मुनेः पादौ ववन्दे शिरसा पुनः ॥४८॥ उवाच तं मुनिं ज्ञातं कथं शम्याप्रपूजनम् । महिमानं वद मुने शमीपूजनसंभवम् ॥४९॥ येन संजीवितो बालो मुक्तश्च यमकिङ्करैः । ज्ञात्वा तं च करिष्यामि नित्यं शम्याः प्रपूजनम् ॥५०॥ येन वै बहुधा क्रूरा यमदूता दुरासदाः । निरस्ता गणनाथस्य दूतैर्बहु रणाजिरे ॥५१॥ जीवयित्वा शिशुं मे ते गता धाम गजाननम् । येन पुण्येन बालो मे विषं त्यक्त्वा सुखी पुनः ॥५२॥ संजीवन्नुत्थित शीघ्रं सुप्तोत्थित इवापरः । अतोऽहं परिपृच्छामि महिमानं शमीभवम् ॥५३॥ क उवाच । इति तद्वचनं श्रुत्वा प्रोचे गृत्समदस्तु ताम् । गृत्समद उवाच । उच्चारिते नाम्नि यस्याः कोटिपातकनाशनम् ॥५४॥ महिमानं हि कस्तस्याः साकल्येन वदेद्भुवि । संक्षेपेण तु वक्ष्यामि महिमानं यथामति ॥५५॥ व्रतदान तपोभिश्च नानातीर्थऽनिषेवणैः । पंचाग्निसाधनैरप्सु निवासैर्हेमकालिकैः ॥५६॥ न तत्फलमवाप्नोति यत्स्याच्छम्याप्रपूजने । प्रातःकाले त्रिसन्ध्यं वा शमीं नित्यं स्मरेत्तु यः ॥५७॥ वन्दयेदर्चयेद्वापि भक्तिभावसमन्वितः । ध्यात्वा गजाननं देवं तस्य तुष्टो विनायकः ॥५८॥ ददाति वांछितानर्थानन्ते मोक्षं न संशयः । अत्राप्युदाहरन्तीममितिहासं पुरातनम् ॥५९॥ नारदस्य च संवादं शक्रस्य च महात्मनः ॥६०॥ (१५०८)

इति श्रीगणेशपुराणे क्रीडाखंडे बालसंजीवन नाम त्रयस्त्रिंशोऽध्यायः ॥३३॥

अध्याय ३४ प्रारंभ :– कीर्तिरुवाच । ब्रून्हि ब्रह्मन्नशेषेण संवादं नारदेन्द्रजम् । श्रुत्वा तं संशयं त्यक्त्वा तृप्ताः स्याममृ–
तादिव ॥१॥ क उवाच । इति तस्या वचः श्रुत्वा वक्तं समुपचक्रमे । स मुनिरितिहासं तं संवादं नारदेन्द्रजम् ॥२॥
मुनिरुवाच । कदाचित्पर्यटन्सुभ्रु नारदो दिव्यदर्शनः । यदृच्छया गतः शक्रं त्रिलोकीभ्रमणेरतः ॥३॥ शक्रस्तं परिपूज्यैव
पप्रच्छौरवचेष्टितम् । यदाह नारदो धीमांस्तच्छृणुष्व महामुने ॥४॥ नारद उवाच । देशे मालवसंज्ञात औरवो नाम वै द्विजः ।
वेदवेदांगवित्साक्षाब्दानुरस्तं विना यथा ॥५॥ शक्तो यो मनसा स्रष्टुं पातुं हर्तुं चराचरम् । धर्मपत्नीरतो नित्यं समलोष्ठा–
श्मकांचनः ॥६॥ मेधावी तपसा श्रेष्ठो जातवेदा इवापरः । सुमेधा नाम तस्यासीत्पत्नी परमधार्मिका ॥७॥ लावण्यलहरी
कान्ता नानालंकारशोभना । रूपेण निर्जितरर्तिधिवकृताप्सरसोगणा ॥८॥ पतिशुश्रूषणरता लालिता परमादरात् । तयोःसम–
भवत्कन्या साऽपि ताभ्यां सुलालिता ॥९॥ नामास्याश्वकृतुरुभौ शमीकेति निजेच्छया । यद्यत्प्रार्थयते सा तं तद्ददाति पिता
विभुः ॥१०॥ सा तु कन्या रूपवती संजाता सप्तवार्षिकी । तदर्थं चिन्तयामास वरार्थमौरवो गतः ॥११॥ धौम्यपुत्रं स
शुश्राव वेदशास्त्रांगपारगम् । शौनकस्यमुनेः शिष्यं तेजोराशिं परं मुनिम् ॥१२॥ गुरुवाक्यरतं दातं गुरुशुश्रूषकं परम् ।
मन्दारनामकं शान्तं समाहूयं शुभे दिने ॥१३॥ तां ददौ गृह्य विधिना पारिबर्हं ददौ बहु । जाते विवाहे मन्दारो ययौ
स्वस्याश्रमं प्रति ॥१४॥ यौवनस्थां तु तां ज्ञात्वा शमीकां पुनरराययौ । मन्दारो मानितः सम्यग्गौरवेण सुपूजितः ॥१५॥

संभोज्य सुमुहूर्तेन दत्त्वा वस्त्रादि कांचनम् । प्रास्थापयदुभौ विप्रो जामातरमथाब्रवीत् ॥१६॥ इयं सुता मम ब्रम्हन्दत्ता तुभ्यं विधानतः । पालयस्व बहुस्नेहादद्ययावन्मया यथा। ॥१७॥ प्रणिपत्याथ श्वशुर ओमित्युक्त्वा जगाम सः । स्वमाश्रमपदं प्राप्य चक्रीड निजभार्यया ॥१८॥ कदाचिद्ऋषिमुख्योऽसौ भ्रुशुण्डी तस्य चाश्रमम् । मन्दारस्य समायातो द्विरदाननभक्तिमान् ॥१९॥ रुष्टोऽसावनलः साक्षात्तुष्टश्वेदीश्वरोपमः । तपसा निर्गता शुण्डा भ्रुशुण्डीति च सोऽभवत् ॥२०॥स्थूलोदरो बृहत्कायो नानालंकारमण्डितः । ददर्शतुरुभौ तं तौ मन्दारः शमिका तदा ॥२१॥ विरूपमिव तंदृष्ट्वा जसहर्तुमुदा तदा । सोऽपमानभयात्त्रस्तश्चुकोपारुणलोचनः ॥२२॥ उवाच तं मन्दमते न जानासि मदोद्धतः । अहसीद्विवृतैर्दन्तैः पत्न्या सह यतस्तु माम् ॥२३॥ अतो यातं वृक्षयोनौ सर्वप्राणिविर्वजितौ । क उवाच । शापं श्रुत्वाऽतिकठिनं संतप्तौ तौ बभूवतुः ॥२४॥ प्रणम्य प्रोचतुर्विप्रमुच्छापं वक्तुमर्हसि । तत ऊचे भ्रुशुण्डी स जानन्करुणया युतः ॥२५॥ शुण्डां दृष्टवा कृतं हास्यं युवाभ्यां मूढभावतः । शुण्डावान्देवदेवोऽसौ सुप्रसन्नो भवेद्यदा ॥२६॥ तदा युवां निजं रूपं प्राप्स्येथे नात्र संशयः । एवमुक्त्वा गतो यावन्मुनिराश्रममण्डलम् ॥२७॥ तावत्तौ वृक्षतां यातौ त्यक्त्वा देहौ तु मानुषौ । मन्दारतां च मन्दारो ब्राम्हणः प्राप तत्क्षणात् ॥२८॥ शमिका शमितां प्राप्ता सर्वतः कण्टकैर्वृता । उभौ वृक्षौ प्राणिमात्रैर्वर्जितौ मुनिवाक्यतः ॥२९॥ अनागतौ तु तौ ज्ञात्वा शौनकश्चिन्तयान्वितः । मासमात्रे गते नैव याति कस्मान्महाबलः ॥३०॥ मन्दारो यामि तं दृष्टुं शिष्या यान्तु

मया सह । शीघ्रमौरवमागम्य पप्रच्छ शनकैरिदम् ॥३१॥ अनितुं शमिकां प्राप्तो मन्दारः क्वास्ति तद्वद । औरव उवाच । मयाऽप्रेषि तदैवाशु दत्त्वा कन्यां तु तत्समम् ॥३२॥ नागतश्चेत्स्वाश्रमं स न जाने क्व गतो ह्यसौ । चिन्तयामासुरथ ते औरवः शौनकादयः ॥३३॥ किमुभौ भक्षितौ मार्गे वृकव्याघ्रतरक्षुभिः । अथवा निहतौ चोरैर्दष्टावाशीविषेण वा ॥३४॥ ततस्ते त्वरिता जग्मुस्तदुदन्तबुभुत्सया । क्वचित्क्वचिज्जना ऊचुर्मासमात्रमितो गतौ ॥३५॥ ततोऽरण्ये पदे दृष्टे स्त्रीपुंसो-श्चारुत्रपिणी । अनूपेते तयोर्ज्ञात्वा स्नात्वा ध्यात्वा विलोकयन् ॥३६॥ ज्ञात्वा भ्रुशुण्डिना शप्तावुपहासरुषावशात् । वृक्षतां गमितौ सर्वपक्षिकीटविवर्जितौ ॥३७॥ मन्दारतां तु मन्दारः शमिका शमितामपि । शोचाते तावुभौ विप्रौ औरवः शौनकोऽपि च ॥३८॥ धौम्यपुत्रः साधुरयमध्ये तुं समुपागतः । अधीतविद्यः स कथं गमितो द्रुमतां बलात् ॥३९॥ पिता श्रुत्वा त्यजे-त्प्राणान्पृष्टः किं वा वदामि तम् । औरवोऽपि शुशोचैनां शमिकां निजकन्यकाम् ॥४०॥ क उवाच । तावुभौ परिचिन्त्यैवं न भेदो भक्तदेवयोः । गणेशं परिरांध्यैवं मोचयाव इमावघात् । ॥४१॥ जितेन्द्रियावूर्ध्वदृश्टी निराहारौ दृढव्रतो । एकांगुष्ठ-स्थितावुर्व्यां तोषयामासतुर्मुदा ॥४२॥ ततस्तौ कृपयाविष्टौ तेपाते परमं तपः । षडक्षरेण मन्त्रेण देवदेवं विनायकम् ॥४३॥ एवं द्वादशवर्षाणि चेरतुस्तप उत्तमम् । औरवः कन्यकार्थं च शिष्यार्थं शौनकोऽपि च ॥४४॥ (१५५२)

इति श्रीगणेशपुराणे क्रीडाखंडे बालचरिते चतुस्त्रिंशोऽध्यायः ॥३४॥

अध्याय ३५ प्रारंभ :– क उवाच । ततस्तुष्टः पाशपाणिर्दृष्ट्वा क्लेशं तथा तयोः । आविरासीन्महातेजा दशबाहु-
र्विनायकः ॥१॥ किरीटं कुण्डले मालामंगदे कटिसूत्रकम् । बिभ्रत्सर्पोपवीतं च सिंहारूढोऽग्निसन्निभः ॥२॥ पश्यतः स्म
परामूर्ति कोटिसूर्यसमप्रभाम् । तुष्टुवतुरुभौ देवं नत्वा बद्धाज्जली उभौ ॥३॥ तावुचतुः । विश्वस्य बीजं परमस्य पाता
नानाविधानन्दकरः स्वकानाम् । निजार्चनेनादृतचेतसां त्वं विघ्नप्रहर्ता गुरुकार्यकर्ता ॥४॥ परात्परस्त्वं परमार्थभूतो
वेदान्तवेद्यो हृदयातिगोपी । सर्वश्रुतीनां च न गोचरोऽसि नमाव इत्थं निजदैवतं त्वाम् ॥५॥ न पद्मयोनिर्न हरो हरिश्च
हरिः षडास्यो न सहस्रमूर्द्धा । मायाविनस्ते न विदुः स्वरूपं कथं नु शक्यं परिनिश्चितुं तत् ॥६॥ तवानुकम्पा महती यदा
स्याद्विभुंजतः कर्म शुभाशुभं स्वम् । कायेन वाचा मनसा नमे त्वां जीवंश्च मुक्तो नर उच्यते सः ॥७॥ त्वं भावतुष्टो
विदधासि कामान्नानाविधाकारतयाऽखिलानाम् । संसृत्यकूपारविमुक्तिहेतुरतो विभुं त्वां शरणं प्रपद्ये ॥८॥ गणेश उवाच ।
तुष्टोऽहं परया भक्त्या तपसा परमेण च । अनया परया स्तुत्या ब्राह्मणौ वृणुतं वरान् ॥९॥ कुजन्मनाशकमिदं मम स्तोत्रं
पठेत्तु यः । त्रिसन्ध्यं च त्रिवारं च सर्वान्कामानवाप्नुयात् ॥१०॥ षण्मासाज्जायते विद्या लक्ष्मीर्नित्यजपादपि । पंचवार-
जपान्मर्त्यं आयुरारोग्यमाप्नुयात ॥११॥ क उवाच । श्रुत्वा गणेशवाक्यं तावूचतुः परमादृतौ । और्वस्य सुतो देव शमिका
नामतः शुभा ॥१२॥ मन्दाराय सुता दत्ता वेदशास्त्रार्थदर्शिने । शौनकस्य च शिष्याय धौम्यपुत्राय धर्मिते ॥१३॥ उभौ

प्रहसितौ मोहाद्दृष्ट्वा मार्गे भ्रुशुण्डिनम् । स च मत्वा निजावज्ञां शशाप परया रुषा ॥१४॥ तच्छापद्वृक्षतां यातौ मन्दारः शमिकाऽपि सा । तयोश्च मातापितरौ शोचन्तौ भृशदुःखितौ ॥१५॥ आवां च क्लेशितौ देव सर्वेषां नः प्रियं कुरु । एतयोः कुजतां दूरीकुरु शीघ्रं गजानन ॥१६॥ गजानन उवाच । असंभावि वरं दास्ये कथं विप्रौ कथं वृथा । करिष्ये भक्तवचनं तस्मात्तुष्टो ब्रुवे वरम् ॥१७॥ अद्यप्रभृति मन्दारमूलं स्थास्यामि निश्चलः । मृत्युलोके स्वर्गलोके मान्योऽयं च भविष्यति ॥१८॥ मन्दारमूलेमें मूर्ति कृत्वा यः पूजयेन्नरः । शमीपत्रैश्च दूर्वाभिस्त्रितयं दुर्लभं भुवि ॥१९॥ यतः शमीमधिष्ठाय सर्वदाऽहं स्थिरो मुनी । अयमेव वरो दत्तो वृक्षयोरतिदुर्लभः ॥२०॥ भवद्वाक्यानुरोधेन न भ्रुशुण्डीवचोऽन्यथा । दूर्वाभावेऽथ मन्दारो द्वयाभावे शमी मता ॥२१॥ उभयो सा फलं दद्यान्नात्र कार्या विचारणा । नानायज्ञैर्न तत्पुण्यं नानातीर्थव्रतैरपि ॥२२॥ दानैश्च नियमैश्चैव पुण्यं तत्प्राप्नुयान्नरः । यत्स्यान्मम शमीपत्रैः पूजनेन द्विजोत्तमौ ॥२३॥ नाहं प्रीये धनकनकच-यैर्नान्नदानैर्नं वस्त्रैर्नानापुष्पैर्न च मणिगणैर्नैव मुक्ताफलैश्च । यद्वच्छम्या दलनिचयकृतैः पूजनैर्ब्राह्मणानां मन्दाराणां कुसुम-निचयैः सर्वकालं मुनीन्द्रौ ॥२४॥ यः शमीं प्रातरुत्थाय पश्मेद्वन्देच्च पूजयेत् । स संकष्टं च रोगं च न विघ्नं न च बन्धनम् ॥२५॥ प्राप्नोति मत्प्रसादेन दारान्पुत्रधनानि च । पशुनन्यांश्च कामांश्च मुक्तिमन्ते मदाश्रयाम् ॥२६॥ इदमेव फलं प्रोक्तं मन्दारैरपि पूजने । मन्दारमूर्तिपूजाभिरहं गृहगतोऽभवम् ॥२७॥ नालक्ष्मीर्न च विघ्नानि नापमृत्युर्न च ज्वरः ।

नाग्निचोरभयं तत्र कदाचिदपि जायते ॥२८॥ वेदवेदांगविद्विप्रः क्षत्रियो विजयी भवेत् । वैश्यस्तु वृद्धिप्राप्नोति शूद्रः सद्गतिमाप्नुयात् ॥२९॥ क उवाच । एवमुक्त्वा स्थितो देवो मूले मन्दारके तदा । शमीमूलेऽपि तस्थौ स देवदेवो विनायकः ॥३०॥ औरवोऽपि सपत्नीकस्तपस्तप्तुं स्थिरोऽभवत् । तस्य मूले तपस्तप्त्वा त्यक्त्वा देहं दिवं गतः ॥३१॥ शमीगर्भगतो दुःखादौरवो दृढयोगतः । शमीगर्भ इति ख्यातो जातोऽसौ हव्यभुक्ततः ॥३२॥ अत एव शमीकाष्ठं मथ्नन्तीहाग्निहोत्रिणः । शौनकोऽपि वचः श्रुत्वा गजाननसमीरितम् ॥३३॥ कृत्वा मन्दारमूलस्य मूर्ति चारुगजाननीम् । मन्दारैश्च शमीपत्रैर्दूर्वाभिश्चार्चयन्मुदा ॥३४॥ ददौ वरान्शौनकाय परितुष्टो गजाननः । ततः स्वमाश्रमं यातः सर्वदाऽपूपूजच्च तम् ॥३५॥ गृत्समद उवाच । तदारभ्य शमी तस्य गणेशस्य प्रियाऽभवत् । इति ते सर्वमाख्यातं पुनश्च कथयामि ते ॥३६॥ (१५८८)

इति श्रीगणेशपुराणे क्रीडाखंडे बालचरिते शमीमन्दारप्रशंसानाम पञ्चत्रिंशोऽऽध्यायः ॥३५॥

अध्याय ३६ प्रारंभ :– गृत्समद् उवाच । सह्याद्रिपर्वते देवो न्यवसद्गिरिजायुतः । स्वगणैर्मुनिभिर्युक्तः पुण्यक्षेत्रे महाबले ॥१॥ दिदृक्षुः प्रययौ तत्र ब्रह्मा लोकपितामहः । पत्नीद्वयसमायुक्तो देवगन्धर्वकिन्नरैः ॥२॥ दृष्टवा तु शंकरं पूज्य स्वाभिप्रायं न्यवेदयत् । आकारयामास तदा परमर्षीन्सदाशिवः ॥३॥ जमदग्निं वसिष्ठं च मार्कंण्डेयं च नारदम् ।

कपिलं पुलहं कण्वं विश्वामित्रं त्रितं द्वितम् ॥४॥ त आययुः शिवाहूता अन्ये सर्वे दिदृक्षवः । उषःकाले मुहूर्तं ते निष्काश्य प्रारभन्मखम् ॥५॥ त्वरावन्तोऽथ विस्मृत्य पूजां वैनायकीं शुभाम् । सावित्रीं गृहकार्येषु सक्तां त्यक्त्वा मुनीश्वराः ॥६॥ गायत्रीमुपवेश्यैव पुण्याहवाचनं च ते । कारयित्वाऽभ्युदयिकं मातृपूजनपूर्वकम् ॥७॥ अस्थापयन्नग्निकुण्डे यावद्वैश्वानरं च ते । सावित्री तावदायातारम्भं दृष्ट्वा रुषान्विता ॥८॥ उवाच क्रोधरक्ताक्षी वीक्ष्य सर्वान्सभासदः । सावित्र्युवाच । मामनादृत्य यागोऽयं समारब्धो न सेत्स्यति ॥९॥ ऋषिरुवाच । मुञ्चन्ती मुखतो ज्वाला दग्धुकामा चराचरम् । शशाप सा देवमुनीन्जडा यूयं भविष्यथ ॥१०॥ नियुक्त्वाऽनधिकारां तां गायत्रीं सर्व एव यत् । ततो देवाः प्रणम्यौच्चैः प्रार्थयामासु–रुत्सुकाः ॥११॥ सावित्रीं सर्वजननी ऽनयोरैक्यतः शुभे । जलरूपा भविष्यामो नदीनदस्वरूपिणः ॥१२॥ तथेत्युक्ते तया देव्या नदीरूपत्वमागताः । वेण्या नाम्ना महेशोऽभूत्कृष्णः कृष्णाऽभवन्नदी ॥१३॥ तत्तन्नाम्ना बभूवुस्ते सरितः सर्वदेवताः । यत्र पूर्वं विघ्नराजो नार्च्यते ज्ञानदुर्बलैः ॥१४॥ तत्र विघ्ना भवन्त्येवं शंकरस्य यथा पुरा । पुरत्रयवधे जाता विघ्नास्तस्या–प्रपूजनात् ॥१५॥ ब्रह्मा चिन्तां परां प्राप मखविघ्न उपस्थिते । मन्निमित्तं सुराः सर्वे धुनीरूपमुपागताः ॥१६॥ विमानं सर्वलोकेषु गमितः केन कर्मणा । संकल्पबाधश्च कथमद्य प्राप्तो दुरत्ययः ॥१७॥ विघ्नहर्ता जगन्नाथो न स्मृतो न च वाऽर्चितः । सर्वेषां चैव देवानां यतो मोहः समाविशत् ॥१८॥ तं प्रसन्नं करिष्यामि ततो यज्ञो भविष्यति । एवं यावच्चिन्तयते ब्रह्मा तावत्सुरांगनाः ॥१९॥ देवान्वै तादृशाञ्ज्ञात्वा समीयुर्ब्रह्मणोऽन्तिकम् । पुलोमजा च गिरिजा छायाऽपि कमलाऽपि च ॥२०॥ अन्या अपि समूचुस्तं सर्वास्ताः कमलाननम् । कथं यज्ञः समारम्भि मान्या नो मानिता कथम् ॥२१॥

नापूजि च कथं विघ्नहर्ता पूर्वं गजाननः । त्वयि विस्मरणं चैव न वाऽस्मारि सुरैः कथम् ॥२२॥ किमस्माभिरनुष्ठेयं देवैर्वा जलरूपिभिः । कं याम शरणं देव त्वदृते कमलोद्भव ॥२३॥ इति तासां वचः श्रुत्वा मा भयं कुरुतेति कः । ता उवाच यजिष्येऽहं यथा सर्वं भवेच्छुभ्रम् ॥२४॥ किमसाध्यं हि भक्तानां सुप्रसन्ने गजानने । सर्वाः कुरुध्वं तद्भक्तिं स वः सर्वप्रियं चरेत् ॥२५॥ प्रसादयिष्येऽहमपि जगदीशं विनायकम् । अनादिनिधनं देवं सर्वकारणकारणम् ॥२६॥ इत्युक्तास्ता गता दूरं देशं कर्णाटकं शुभम् । मन्दारमूलं विघ्नेशं स्थित्वा ध्यातुं तदीरिताः ॥२७॥ रामेण स्थापितं पूर्वं वक्रतुण्डेति नामतः । यद्वरैर्विजयी रामो हत्वा राक्षसपुंगवान् ॥२८॥ दशाननं च विख्यातं ययौ पत्न्या निजं पदम् । तेपुस्तत्र तपो घोरं सर्वास्ताः सुरयोषितः ॥२९॥ काचिन्नामजपं चक्रे काचिन्मन्त्रजपं तथा । काचित्पद्मासनं तस्थौध्यायन्ती परमेश्वरम् ॥३०॥ काचिद्वीरासनगता निराहारा तथाऽपरा । सामार्जयन्ती द्वाराणि चत्वराणि गृहाणि च ॥३१॥ प्रदक्षिणानमस्कारैः कुर्वन्ती भक्तिमुत्तमाम् । काचिदेकांगुष्ठगता तस्थौ ध्यात्वा विनायकम् ॥३२॥ काचिन्निमील्य नयने स्तोत्राण्येवापठत्तदा । बहुकाले व्यतिक्रान्ते न तुतोष विनायकः ॥३३॥ तदा चिन्तां परां जग्मुः किं कुर्म इति विह्वलाः । ततः सुमनसां भारान्दूर्वाभारांस्तथाऽपरा ॥३४॥ समर्प्य पुपुजुर्देवं धूपदीपान्नकांचनैः । मन्दारपुष्पैरन्याश्च शमीपत्रैरथापराः ॥३५॥ नभोवाणीं ततः श्रुत्वा शमीपत्रं विना विभुः । न संतुष्येदिति तदा सर्वा एव शमीदलैः ॥३६॥ पुपूजुः परया भक्त्या देवदेव गजाननम् । ततः

परमकारुण्यात्सुप्रसन्नः शमीदलैः ॥३७॥ आविरासीत्पुरस्तासां लसच्चारुचतुर्भुजः। किरीटकेयूरधरो हारकुण्डलमण्डितः ॥३८॥ लम्बकर्णो लसद्‌गंडो विषाणद्वयमण्डितः । सिद्धिबुद्धियुतश्चाखुवाहनः पीतवस्त्रवान् ॥३९॥ सर्वास्ता ददृशुर्देवं कोटिसूर्यसम– प्रभम् । निमील्य नयने नेमुर्दण्डवत्पृथिवीतले ॥४०॥ तुष्टुवुस्ताः करपुटं कृत्वा सौम्य महाव्रतम् । अतिप्रसन्नवदनाः परमानन्दनिर्भराः ॥४१॥ (१६२९) इति श्रीगणेशपुराणे क्रीडाखंडे बालचरितेषट्‌त्रिंशत्तमोऽध्यायः ॥३६॥

अध्याय ३७ प्रारंभ – कीर्तिरुवाच । कथं स्तुतिः कृता ताभिस्तां मे वद महामुने । मुनिरुवाच । श्रूयतां सा स्तुतिः कीर्ते शृणुष्वावहिता च ताम् ॥१॥ ता ऊचुः । नमस्ते सर्वरूपाय सर्वान्तर्यामिणे नमः । नमः सर्वकृते तुभ्यं सर्वदात्रे कृपालवे ॥२॥ नमः सर्व विनाशाय नमस्तेऽनन्तशक्तये । नमः सर्वप्रबोधाय सर्वपात्रेऽखिलादये ॥३॥ परब्रह्मस्वरूपाय निर्गुणाय नमो नमः । चिदानन्दस्वरूपाय वेदानामप्यगोचर ॥४॥ मायाश्रयायामेयाय गुणातीताय ते नमः । सत्यायासत्य– रूपाय गुणाविक्षोभकारिणे ॥५॥ शरणागतपालाय दैत्यदानवभेदिने । नमो नानावताराय विश्वरक्षणतत्पर ॥६॥ अनेका– युधहस्ताय सर्वशत्रुनिबर्हण । अनेकवरदात्रे ते भक्तानां हितकारक ॥७॥ क उवाच । एवं स्तुत्वा पुनर्नत्वा याचन्ति स्म वरान्बहून । देवानां जलरूपाणां स्वरूपाणि प्रयच्छ भोः ॥८॥ नास्मृतिः सर्वदा ते स्यात्तथा कर्तुमिहार्हसि । गणेश उवाच । ददामि वांछितं वोऽहमनुष्ठानवशीकृतः ॥९॥ स्तुत्याऽनयाशु संतुष्टस्तथाऽस्तु वचनं तु वः । सावित्र्या वचनाज्जाता जलभूताः

सुराः शुभाः ॥१०॥ तद्वाक्यमन्यथा कर्तु न हि शक्तः पितामहः निजं स्वरूपं यास्यन्ति स्थित्वांऽशेन तथाविधान् ॥११॥ स्वाधिकारान्प्रपत्स्यन्ते नान्यथा भाषितं मम । शमीपत्रैः पूजयन्तु यूयं देवास्तु मामिह ॥१२॥ येनार्पितं शमीपत्रं भुवनं तेन चार्पितम् । सुवर्णशतभाराणां फलं प्राप्तं न संशयः ॥१३॥ क उवाच । एवं ब्रुवति विघ्नेशे स्वरूपधारिणः सुराः । स्थिता अंशान्नदीरूपा ददृशुस्ते विनायकम् ॥१४॥ तेऽपि संप्रार्थयामासुर्नत्वा स्तुत्वा गजाननम् । क्षमापराधं नो देव बुद्धिमोहव्यपाश्रयात् ॥१५॥ त्यक्त्वा ज्येष्ठां भवन्तं च प्रारभामो यजि च ताम् । दृष्टं तु तत्फलं सद्यः प्रसादात्ते पुनर्नवाः ॥१६॥ जाताः स्म परमानन्दं प्राप्ताः स्म कृपया तव । एवमुक्त्वा पुपूजुस्ते शमीपत्रैर्विनायकम् ॥१७॥ सोऽपि तान्प्रतिनन्द्याथ पिदधे विघ्ननाशनः । ततस्ते सुन्दरां मूर्ति कृत्वा पाषाणतः शुभाम् ॥१८॥ चतुर्भुजां करिकराननां हेरम्बनामतः । प्रासादं परमं कृत्वा स्थापयामासुरादरात् ॥१९॥ ऊचुश्च सर्वलोकानामुपकाराय ते सुराः । इमं यः पूजयेद्भक्त्या विद्याधीशं सुपत्तने ॥२०॥ तस्य प्रसन्नो भगवान्सर्वान्कामान्प्रदास्यति । वन्दनात्स्मरणाद्वापि नमनान्नात्र संशयः ॥२१॥ या तत्रासीन्महामूर्तिर्मन्दारतरुनिर्मिता । तां गृहीत्वा ययाविन्द्रः स्वपुरं परमर्द्धिमत् ॥२२॥ सपत्नीकः पूजयते भक्त्येदानीमपि प्रभुः । सर्वे देवाः स्वस्वपदे ततो मन्दारवृक्षजाम् ॥२३॥ कृत्वा मूर्ति गणेशस्य शमीपत्रैरपूजयन् । मुदं प्रापुः स्वयोषिद्भिरापुः कामाननुत्तमान् ॥२४॥ ब्रम्हा द्वादशवर्षाणि तपः कृत्वा महत्तरम् । कृत्वा प्रसन्नं विघ्नेशं पुनर्यागमकारयत् ॥२५॥ सोऽपि मन्दारजां मूर्ति

पुपूजे परमादरात् । विघ्नराजस्य वरदां शमीपत्रैरनेकधा ॥२६॥ स्वर्णपत्रैश्च दूर्वाभिर्मन्दारैः केतकैरपि । श्वेतदूर्वांकुरैश्चापि सर्वकामफलप्रदाम् ॥२७॥ गृत्समद उवाच । एवं ते वर्णितो मातर्महिमा लेशतः शुभे । मन्दारस्य च शम्याश्च श्रवणात्पापनाशनः ॥२८॥ ततःप्रभृति देवस्य प्रियाऽत्यन्तं शमी शुभा । अपूजि स त्वयाऽज्ञानात्तेनासौ पुत्र उत्थितः ॥२९॥ मन्दारस्यापि महिमा मया सम्यंनिरूपितः । इदानीमनुजानीहि गमिष्ये निजमन्दिरम् ॥३०॥ क उवाच । श्रुत्वा च महिमानं सा शमीमन्दारसंभवम् । प्रणिपत्य मुनिं पुत्रजीवनं विससर्ज ह ॥३१॥ श्रुत्वेदमाख्यानवरं गणेशप्रीतिवर्द्धनम् । न स संकष्टमाप्नोति सर्वांकामाँल्लभेन्नरः ॥३२॥ यः स्मरेत्प्रातरुत्थाय शमीं मन्दारमेव च । गणेशं च सदा भक्त्या निष्पापः स सुखी भवेत् ॥३३॥ १६६२)

इति श्रीगणेशपुराणे क्रीडाखंडे बालचरिते शमीमन्दारमाहात्म्यं नाम सप्तत्रिंशोऽध्यायः ॥३७॥

अध्याय ३८ प्रारभ :- कीर्तिरुवाच । सम्यगुक्तं त्वया ब्रह्मंशमीमाहात्म्यमादरात् । मन्दारस्यापि कथितं तेन मे तुष्यते मनः ॥१॥ जीवितश्च कुमारोऽयमुपदिष्टः षडक्षरम् । न चोच्चारयितु शक्यं बालभावान्मुनीश्वर ॥२॥ सुगमं सुप्रसादं च स्वराज्यप्रापकं मुने । जप्तं शक्यं बालकेन मन्त्रमस्मै दिशाधुना ॥३॥ मुनिरुवाच । सम्यगदृष्टा तव मतिर्गजाननपदाम्बुजे । अतोऽहमस्य दास्यामि निजं मन्त्रं सुखप्रदम् ॥४॥ सर्वस्य जगतो हेतुर्नाम यच्चतुरक्षरम् । शुभाशुभस्य च द्रष्टदुंष्टदैत्यहरस्य

च ॥५॥ सर्वधर्मपरित्रातुर्दिवोदासोपकारिणः । द्विजरूपधरस्यापि वाराणस्यां स्थितस्य ह ॥६॥ विश्वेश्वरस्याविमुक्तप्राप्त्यै यत्नं प्रकुर्वतः । सर्वान्तर्यामिणश्चापि विश्वेश्वरनुतस्य ह ॥७॥ जगतः पालनार्थाय जनार्दननुतस्य च । ध्यातस्य पूजितस्यापि ब्रम्हणा सृष्टिहेतवे ॥८॥ अर्चितस्य शिवेनापि सर्वसंहारहेतवे । पुलोमजाधवेनापि पूजितस्य सुभक्तितः ॥९॥ दैत्यानां निधनार्थाय देवराज्यसुखाप्तये । सूर्येण वरुणेनापि शशिना च यमेन च ॥१०॥ अग्निना वायुना स्वस्वगुणोत्कर्षाय पूजिताः। बृहस्पत्यशनोभ्यां च स्वस्वोत्कर्षाय पूजितः ॥११॥ शेषेणाराधितो ढुण्ढिर्धराधरणहेतवे । गन्धर्वकिन्नरा यक्षाः सिद्धचारण-राक्षसाः । ऋषयः पशवः सर्वे स्थावरा जंगमाः शुभाः ॥१२॥ आराधयन्ति विश्वेशं स्वस्वकार्यार्थसिद्धये । अपारगुणपारोऽयं ढुण्ढीराजोऽखिलेश्वरः ॥१३॥ गुणान्तं न ययुर्यस्य ब्रम्हविष्णुशिवादयः । तस्मिंस्तु पूजिते भक्त्या शमीपत्रेण भावतः ॥१४॥ पुत्रस्ते भविता राज्यभागी शत्रुनिबर्हणः । कीर्तिरुवाच । श्रुतो मे महिमा ब्रह्मन्ढुण्ढिराजाश्रयोऽखिलः ॥१५॥ किंकर्मा कथमुत्पन्नः कस्यांशः किंपराक्रमः । केनास्य च कृतं नाम केनासौ पूजितः पुरा ॥१६॥ इमं मे संशयं ब्रह्मंश्छेत्तुमर्हस्यशेषतः । मुनिरुवाच । सम्यक्पृष्टं त्वया भद्रे ज्ञानाधिकतया शुभे ॥१७॥ भक्त्या निवेदितश्चायं संशयस्मं नुदामि ते । यथा दुरासदो दैत्यो हतोऽनेन तु राक्षसाः ॥१८॥ मायावतारो मोहाय यातो दिवोदासं नृपम् । अविमुक्तं समानीतो यथा विश्वेश्वरो हरः ॥१९॥ ढुण्ढिराजेति नामास्य येन जातं नृपांगने । तत्सर्वं कथयिष्यामि यथा स्कन्दाछ्रुतं

मया ॥२०॥ अगस्त्याय कथयता शृणुश्वैकमनाः शुभे । स्कन्द उवाच । शृणुष्वावहितो ब्रह्मन्नविमुक्ताश्रयांकथाम् ॥२१॥ यस्याः श्रवणमात्रेण सर्वपापैः प्रमुच्यते । कश्यपाय हरिः प्राह सृज नानाविधाः प्रजाः ॥२२॥ प्ररूढनपसा सोऽथ ससृजे जारजा प्रजाः । एकविंशतिसाहस्त्रमण्डजाः स्वेदजास्तदा ॥२३॥ उर्भ्दीजाश्चैव तावन्त्यो मानष्यं तासु दुर्लभम् । पुण्येन लभते तच्च ब्राम्हण्यं बहुपुण्यतः ॥२४॥ तच्चेत्संरक्षितं सम्यग्धर्मा-धर्मव्यवस्थया । ददाति परमं स्थानं यद्गत्वा न निर्वतते ॥२५॥ चतुराशींतिलक्षेषु नो चेत्पतितजन्मसु । दुराचारा नरा याम्ययातनासु पतन्ति वैं ॥२६॥ कर्मक्षये ततो जाते बहुकालेन ते पुनः । मृत्युलोकं समायान्ति काणाः कुब्जा दरिद्रिणः ॥२७॥ तदेषामनुकम्पार्थं ब्रह्मेशानादयः सुराः । ऋषयश्व महाभागा नानातीर्थानि चक्रिरे ॥२८॥ क्षेत्राणि च महार्हाणि प्राणिपापहराणि च । विलयन्तः स्थितास्तत्र पापं देवर्षयस्तदा ॥२९॥ यत्र स्थितानां जन्तूनां पापस्य विलयो भवेत् । जन्तून्पापातपरित्रातुं स्थिता देवर्षयः सदा ॥३०॥ सर्वश्रेष्ठां सर्वगुणां भुक्तिमुक्तिप्रदां शुभाम्। विश्वेश्वरो निर्ममेऽथ ध्यातृज्ञा-तृविमुक्तिदाम् ॥३१॥ सर्वतीर्थमयीं रम्यां नाम्ना वाराणसीं पुरीम् । यत्र चक्रे सरः ख्यातं विष्णुना प्रभविष्णुना ॥३२॥ तपस्यता कृतं चारु स्नानमात्रेण मुक्तिदम् । यद्दृष्ट्वा कन्धराकम्पाच्छिवस्य कुण्डलान्मणिः ॥३३॥ पतितस्तत्र संजाता नाम्ना सा मणिकर्णिका । ततो भगीरथाहूता जाता भागीरथीं नदीं ॥३४॥ अत्र कीटपतंगानां मुक्तिर्मरणतो भवेत् ।

त्रिवारनामस्मरणात्काशीवासफलप्रदा ॥३५॥ धन्यास्तार वीरुधी वल्ल्यस्तणवृक्षा न त्वान्यतः। गछन्ति कमठा मत्स्या भूकैलासं विहाय तत् ॥३६॥ नित्यं यत्र स्थितो शम्भुर्नानारूपोऽथ रूपवान् । रविः शशी हरिर्ब्रम्हा स एव गिरिजापतिः ॥३७॥ विनायकः शक्तिरूपः कारण जगतोऽपि सः । प्रलयेऽपि त्रिशूलाग्रे ध्रियते येन काशिका ॥३८॥ एकोऽयं पंचधा जातो लोकानुग्रहकाम्यया । भक्तो यां यां ध्याति मूर्ति सा तेन ध्रियते क्षणात् ॥३९॥ अत्र यो मनुते भेदं सोऽवीचीर्लभते नरः । स्तुतिमेकत्र निन्दां वा परत्र यः समाचरेत् ॥४०॥ स याति नरकानेकविंशति बहुवत्सरम् । अतो भस्मासुरसुतः ख्यातो नाम्ना दुरासदः ॥४१॥ स शुक्रमुपसंगम्य विद्यां पंचाक्षरीमगात् । दिव्यवर्षसहस्रं स एकांगुष्ठस्थितोऽभवत् ॥४२॥ निराहारः काष्ठभूतः सवल्मीकोऽस्थिशेषवान् । नेत्रमात्रावशिष्टोऽसौ जजाप परमं मनुम् ॥४३॥ आययौ तं वरं दातुं तपक्लेशपरितोषितः । दशबाहुः पंचवक्त्रो रुण्डमालाविभूषितः ॥४४॥ त्रिशुलं डमरुं बिभ्रज्जटाजूटविभूषितः । गंगाधरस्त्रि-नयनश्चिताभस्मांगलेपनः ॥४५॥ वृषध्वजो वृषारूढः शशिरेखाविभूषितः । अपर्णांक कृपाविष्टो जगाद दैत्यपुन्गवम् ॥४६॥ शिव उवाच । उत्तिष्ठोत्तिष्ठ भद्रं ते तपसा क्लेशितो भृशम् । ईप्सितं ते प्रदास्यामि वरयस्व हृदि स्थितम् ॥४७॥ क उवाच । तत उन्मीलय नयने बद्ध्वांजलिपुटोऽसुरः प्रणम्य परितुष्टाव वरदं तं महेश्वरम् ॥४८॥ त्वं जगत्कारणं देव परमानन्दविग्रहः । क्षराक्षरातीततनुर्गुणत्रयविकारकृत् ॥४९॥ गुणातीतो ज्ञानमयो व्यक्ताव्यक्तविधानवित् । मुनिध्येयतनुः

सर्वंभक्तानुग्रहकारकः ॥५०॥ ब्रह्माण्डानामनन्तानां हेतुः श्रेयस्करः सताम् । अखण्डानन्दपूर्णस्त्वममोघफलदायकः ॥५१॥
सर्वाधारः सर्वसहः सर्वशक्त्युपबृंहितः पृथिवीवायुसलिलवह्नितेजः स्वरूपवान ॥५२॥ अद्य धन्यं तपो नेत्रे पितरौ जन्म ते
यतः । दृष्टं स्वरूपं साक्षान्मे गतं पापं लयं परम् ॥५३॥ योगिहृच्छ्रुतिवाचो यो गोचरो न कदाचन ।
इदानीं वरये देव तन्मे त्वं दातुमर्हसि । शिव उवाच । निःशंक वरयाशु त्वं सर्वं दास्येऽतिदुर्लभम् ॥५४॥
स्तोत्रेण तपसा चैव प्रणयेन सुतोषितः । मुनिरुवाच । ततो वव्रेऽभयं देवात्सुप्रसन्नात्सदाशिवात् ॥५५॥ चतुराकरजेभ्यो मे
मा मृत्युः संभवेदिति । यक्षरक्षःपिशाचेभ्यो देवदानवकिन्नरात् ॥५६॥ मुनिमानवगन्धर्वसर्पेभ्यो हि वनेचरात् । दृष्ट्वा रूपं
मदीयं तु त्रसेयू रणमूर्द्धनि ॥५७॥ सर्वे देवा महाभाग सुरराज्यं च यच्छ मे । संस्मृतिश्चरणे नित्यं भक्तिस्तेऽव्यभिचारिणी
॥५८॥ शिव उवाच । एकां शक्तिं विना सर्वदेव्योभ्योऽदायि तेऽभयम् । शक्तितेजोद्भवः कश्चिज्जित्वा संजीवयिष्यति
॥५९॥ शिरसि स्थाप्य चरणं धरिष्यति निरन्तरम् । निष्काशितो यदा तेन चरणस्ते शिरो गतः ॥६०॥ तदा पुनस्त्रिलोकीं
त्वं बलाज्जेष्यसि तेजसा । भक्तिश्व मे दृढतरा स्मृतिस्ते वै भविष्यति ॥६१॥ गृत्समद उवाच । एवं दत्त्वा वरांस्तस्मै
शिवोऽन्तर्द्धानमन्वगान् । दुरासदोऽपि स्वगृहमाययौ हर्षनिर्भरः ॥६२॥ इदं स्तोत्रं पठेद्यस्तु सर्वान्कामानवाप्नुयात् ॥६३॥
(१७२५) इति श्रीगणेशपुराणे क्रीडाखंडे बालचरितेऽष्टत्रिंशोऽध्यायः ॥३८॥

अध्याय ३९ प्रारंभ :– मुनिरुवाच । ततस्तु वरगर्वेण शिवलब्धेन दैत्यराट् । न ममर्ष निजात्मानं मोहितः केवलं तु सः ॥१॥ इयेष पृथिवीं जेतुं हयारूढोऽभवत्पुरा । निबद्धकेशहस्तस्तु विलसत्कर्णकुण्डलः ॥२॥ असिहस्तो धनुष्पाणिर्निषंगद्व शोभितः । रत्नमुक्तामणिमयीं बिभ्रन्मालां महाधनाम् ॥३॥ कस्तूरीतिलको दिव्यवस्त्रच्छन्नः सुकन्चुकः ।ताम्बूलविलसद्वक्त्रः प्रकृतिद्वयसंयुतः ॥४॥ याभ्यां स्वभुजवीर्येण जिता वीरा अनेकशः । उभयोः पार्श्वयोस्तस्य यौ गच्छेतां बलान्वितौ ॥५॥– चतुरंगं तु तत्सैन्यं पृथिवीविजयोद्यतम् । रजसाच्छादयद्व्योम विस्तीर्णं जलधेरिव ॥६॥ यो यो वीरो भवेत्स्फीतस्तं तमेवा– जयच्च सः । तत आदाय रत्नानि द्रव्याणि च सहस्त्रशः॥७॥आस्थापयत्स तत्स्थाने स्वीयानाप्तान्महाबलान् । नानाधिकारे बलवान्वशे कृत्वाऽखिलान्नृपः ॥८॥ ये चाशस्त्राः करान्स्थाप्य तमेव शरणं ययुः । अत्यन्तं भीरवो ये तु त्यक्त्वा राज्यमपीपलन् ॥९॥दूतैरेव वशे चक्रे तानपीत्थं दुरासद । एवं भूमण्डलं जित्वा शक्रं जेतुमियेष सः॥१०॥ससैन्य सहसा प्रायान्नगरीं शक्रपालिताम् । ज्ञात्वा वरस्य सामर्थ्यं तस्य दुष्टस्य देवराट्॥११॥पलाय्य च गुहां यातः सामरः सकुटुम्बकः । तस्मिन्नेव क्षणे विष्णुः स्थानात्क्षीराब्धिमाययौ॥१२॥ अंके लक्ष्म्याशिरः स्थाप्य शेते स्म मधुसूदनः । त्यक्त्वा कैलासशिखरं काशीं यातस्तु शूल भृत् ॥१३॥तेनैव साकमगमश्चतुरश्च– तुराननः । यो यो याति पदं त्यक्त्वा तत्र तत्र स दैत्यराट्॥१४॥स्थापयत्येव बलिनं निजं दूतं सुहृत्तमम् । एवं निर्जित्य विबुधान्दर्पेणैव महाबलः ॥१५॥ कैवर्तकानां विषये न्यवसद्भस्मके पुरे । मुकुन्दपुरमित्येव ख्यातं लोकेषु सर्वतः ॥१६॥ यस्मिन्भस्मासुरो

राजा पूर्वमासीद्बलान्वितः । शंकरेण वरो यस्मै दत्त आश्चर्यकारकः ॥१७॥ स मरिष्यति मूर्ध्नि त्वं यस्य हस्तं प्रदास्यसि । एवं दत्तवरो दैत्यो दुष्टभावप्रचोदितः ॥१८॥ परीक्षार्थं वरस्याथ वरदातुस्तु मस्तके । करं दातुं ययौ दुष्टः पपाल गिरिजापतिः ॥१९॥ स दृष्टश्चक्रहस्तेन विष्णुना प्रभविष्णुना । सुन्दरं मोहिनीरूपं धृत्वा यातस्तदन्तिकम् ॥२०॥ उवाच मम वाक्ये चेत्स्थास्यसि त्वं नरोत्तम । अंगनाऽहं तदा ते स्यां हृर्षादोमिति सोऽब्रवीत् ॥२१॥ नृत्यति स्म तदा सा तु तद्वाक्यात्स ननर्त ह । सा यथाऽदर्शयद्भावं सोऽपि दर्शयते तथा ॥२२॥ तयाऽस्थापि स्वशिरसि हस्तस्तेनापि तत्क्षणात् । भस्मसादभवद्दैत्यो दुष्टचेष्टितमन्तकृत् ॥२३॥ मुकुन्दोऽपि स्थितस्तत्र तन्नाम्ना पप्रथे पुरम् । अनुष्ठानवतां नृणां सद्यः परमसिद्धिदम् ॥२४॥ सा मोहिनी सर्वकामान्ददाति भक्तितो नृणाम् । तत्र स्थित्वा त्रिभुवनं शास्ति गर्वाद्दुरासदः ॥२५॥ उवाच मन्त्रिणो गर्वात्कथं त्रिभुवनं मया । आक्रान्तं स्वप्रतापेन जयताऽसुरवैरिणः ॥२६॥ ततोऽमात्याः समूचुस्ते विमुक्तं न जितं त्वया । दशमं खण्डमिति तत्तुल्यं नास्ति हि कुत्रचित् ॥२७॥ यत्रास्ते शंकरः सर्वसुरैरपि च सेव्यते । न जितं यत्पुरं यावत्तावत्ते पौरुषं वृथा ॥२८॥ इति तद्वाक्यमाकर्ण्य मुदं लेभे रणप्रियः । उवाच तान्सद्य एव यामि तां वै ससैनिकः ॥२९॥ विमानवरमास्थाय क्षणाद्यातः स काशिकाम् । प्रविष्टमात्रे दैत्येन्द्रे हाहाकारः पुरेऽभवत् ॥३०॥ तत्र ये त्रिबुधा आसन्सर्वे चान्तर्दधुस्तदा । शिवस्तु निजभक्तत्वान्न चुकोपाथ किञ्चन ॥३१॥ दत्तं राज्यं कियत्कालमित्युक्त्वा परिवारवान् ।

केदारक्षेत्रमगमन्मुनयोऽपि पलायिताः ॥३२॥ जैगीषव्यं विना सर्वे क्षेत्रसंन्यासिनं शुभे । ततो बभंज मूर्ति स मोहाविष्टो दुरासदः ॥३३॥ प्रासादान्महतो भंक्त्वा ममुदे ज्ञानदुर्बलः । कोऽपि चेत्स्मरते देवं तं ताडय्च कुरुते बहिः ॥३४॥ न स्वाहा न वषट्कारः स्वधाकारो न च क्वचित् । न वेदाध्ययनं क्वापि न शास्त्राध्ययनं क्वचित् ॥३५॥ न पुराणं देवपूजा न व्रतं न प्रदक्षिणाः । दुरासदे दुष्टमतौ तत्र राज्यं प्रशासति ॥३६॥ कर्ममार्गे विलुप्ते तु धर्मोऽपि लयमाययौ । नष्टे धर्मे सुराः कीर्ते आसन्सर्वे बुभुक्षिताः ॥३७॥ (१७६२)

इति श्रीगणेशपुराणे क्रीडाखंडे बालचरिते दुरासदोपाख्यान एकोनचत्वारिंशोऽऽध्यायः ॥३९॥

अध्याय ४० प्रारंभ :– गृत्समद उवाच ।ततः केदारमगमन्सर्वे देवर्षयस्तदा । व्यजिज्ञपुः पद्मभवं सशिवं सर्ववित्तमम् ॥१॥ प्रणम्य शिरसा सर्वे वागीन्द्राग्निपुरःसराः । देवर्षय ऊचुः । पदभ्रष्टा वयं देवाः स्वाचारन्मुनयोऽपि च ॥२॥ दुरासद–भिया देव स्नानं कर्तुं न च क्षमाः । केनास्मै हि वरो दत्तो येनासौ भुवनेश्वरः ॥३॥ जातो दुष्टो वधश्चास्य कस्मादेतद्विचि–न्त्यताम् । येनैव सौख्यं लोकानां तत्कर्तव्यं दयालुभिः ॥४॥ क उवाच । इति तद्वचनं श्रुत्वा प्रोवाच चतुराननः । उपायं कथयिष्यामि तद्वधाय सुरर्षयः ॥५॥ यदा तेन तपस्तप्तं दारुणं बहुवासरम् । ददावस्मै वरान्देवो ह्यनन्तानम्बिकापतिः ॥६॥ एनं यो घातयेद्देवः स नास्ति भुवनत्रये । कदाचिद्देवदेवोऽसौ गुणत्रयविभागकृत् ॥७॥ अहं शिवश्च विष्णुश्च त्रेधा जाता

यदाज्ञया । गुणत्रयविभागात्स गुणेश इति पप्रथे ॥८॥ विश्वव्यापी च मायावी विश्वकर्ताऽपहारकः । गुणातीतो गुणेशश्च परात्परतरः शिवः ॥९॥ बिभृयात्सोऽवतारं चेत्पार्वत्या जठरे विभुः । तदैव तस्य नाशः स्यान्नान्यथा सुरसत्तमः । स्तुवन्तु सर्वे तस्मात्तं विश्वचिन्ताकरं प्रभुम् । आदौ कुरुत तां देवीं प्रसन्नां भववल्लभाम् ॥१०॥ तत्तेजःसंभवो बालो दुरासदवधे भवेत् । एवमेव वरस्तेन शंकरण कृतोऽस्य ह ॥११॥ मुनिरुवाच । एवं वाक्यं ब्रह्ममुखाच्छ्रुत्वा देवा जहर्षिरे । तुष्टुवुर्भवकान्तां तां भवानीं भक्तवत्सलाम् ॥१२॥ देवर्षय ऊचुः । नताः स्म हे त्वां जगदेकहेतुं परात्परां विश्वविचित्रशक्तिम् । अचिन्त्यरूपां त्रिदशैरशेषैरशेषवन्द्यां त्रिगुणां गुणेशाम् ॥१३॥ धराधरां त्वां धरणीस्वरूपामाधारभूतां स्थिरजंगमानाम् । त्रैलोक्यसारां त्रिगुणादिभूतां त्रयीतनुं तां त्रिदशस्वरूपाम् ॥१४॥ नताः स्म हे देवि वरप्रदां त्वां विष्णोर्विमोहां पददां सुराणाम् । भवतार्तिहन्त्रीं सकलार्थदात्रीं त्रैलोक्यकर्त्रीं निखिलार्थगोप्त्रीम् ॥१५॥ एवं स्तुता तदा देवी जगाद सुरसत्तमान् । वृणुध्वं वांछितं देवाः स्तोत्रेणानेन तोषिता ॥१६॥ ददामि सकलान्कामान्भवतां ये मनोगतान् । तत ऊचुः सुराः सर्वे वृत्तांतं ब्रह्मणेरितम् ॥१७॥ तत ऊचे च तान्देवी स्तुवन्तु गणनायकम् । शुभाशुभस्य यः कर्ता सर्वसिद्धिकरो विभुः ॥१८॥ अवाप्तसर्वकामार्थः सर्वस्य जगतः पिता । ततस्ते तुष्टुवुर्देवं भक्त्या सर्वे विनायकम् ॥१९॥ देवर्षय ऊचुः । नताः स्मो विघ्नकर्तारं दयालुं सर्वपालकम् । सर्वस्य जगतो हेतुं सर्वव्यापिनमीश्वरम् ॥२०॥ अनेकशक्तिसंयुक्तं सर्वकामप्रपूरकम् । दीनानुकम्पिनं देवं सर्वज्ञं करुणानि–

धिम् ॥२१॥ स्वेच्छोपात्ताकृति नाना ह्यवताररतं सदा । गुणातीतं गुणक्षोभं चराचरगुरुं विभुम् ॥२२॥ एकदन्तं द्विदन्तं च त्रिनेत्रं दशहस्तकम् । शुंडादंडमुखं विघ्ननाशनं पापहारकम् ॥२३॥ भक्तानांवरदं नित्यं सृष्टिस्थित्यन्तकारकम् । अनादिमध्यनिधनं भूतादिं भूतवर्धनम् ॥२४॥ त्रिलोकेशं सुराधीशं दुष्टदानवमर्दनम् । लम्बकर्णं बृहद्भानुं व्यालभूषाधरं शुभम् ॥२५॥ एवं स्तुत्वा तु तं देव गणेशं सर्वसिद्धिदम् । शुश्रुवुस्ते नभोवाणीं माभूद्वो मानसो ज्वरः ॥२६॥ दुरासदं महावीर्यं हनिष्यामि भयंकरम् । इति श्रुत्वा नभोवाणीं पुनः शंकरमाययुः । ध्याननिष्ठं च ते दृष्ट्वा प्रणम्योचुश्च पार्वतीम् ॥२७॥ देवा ऊचः । न जानीमो नभोवाणीं केनेमामीरितां शुभे । हरस्य ध्याननिष्ठात्वात्कथं कुर्मोऽखिलेश्वरि ॥२८॥ देव्युवाच । दैत्यो देवा इदानीं यो निश्चरं स मरिष्यति । तस्याः क्रोधेन तप्ताया निश्वसन्त्याः पुनःपुनः ॥२९॥ आस्यान्नासापुटान्नेत्रान्निःसृतं तेज उत्तमम् । ज्वालामालाकुलं दग्धुं ब्रह्माण्डमिव चोद्यतम् ॥३०॥ प्रत्याहतदृशः सर्वे ददृशुर्ज्ञानचक्षुषा वैनायकीं महामूर्ति दशहस्तां तमोनुदाम् ॥३१॥ बिभ्रतीं मुकुटं रत्नकोटिसूर्यसमप्रभाम् । विद्युत्पभामहारत्नकुण्डले रदनं शुभम् ॥३२॥ दिव्याम्बरे च सिन्दूरमायुधानि दशैव च । कस्तूरीतिलकं भाले मालां हृदि फलान्विताम् ॥३३॥ यत्तेजो व्यानशे विश्वं प्रलयानलसन्निभम् । व्यालयज्ञोपवीतं च ज्ञात्वा नेमुः सुरास्तदा ॥३४॥ प्रार्थयामासुरथ ते आनन्दघनमीश्वरम् । दृष्टोऽसि योगगम्यस्त्वमप्रतर्क्योऽव्ययःस्वराट् ॥३५॥ निरामयो निराभासो निर्विकल्पोऽजरोऽमरः । सर्वस्वरूपः सर्वेशःस्वप्र–

काशो जगन्मयः ॥३६॥ अव्यक्तो जगदाधारो ब्रम्हरूपोऽखिलार्थदृक् पुराणपुरुषो ज्ञानमूर्तिर्वाचामगोचरः ॥३७॥ वयं धन्या वयं धन्या दृष्ट्वा तं ननृतुः सुराः । मुनिरुवाच । यथा देवैर्वर्णितोऽसौ तेजोरूपी विनायकः ॥३८॥ एवमेव जगन्माता प्रशशंस गजाननम् । निर्गुणं यन्निराकारमव्यक्तं सर्वगं परम् ॥३९॥ ध्यानगम्यं चिदाभासं सच्चिदानन्दविग्रहम् । सर्वव्यापी जगद्धे–तुरद्वयावद्विचिन्तितम् ॥४०॥ विनायकस्वरूपेण साकारं दृष्टमद्ययत् । अवतीर्णं मम गृहे हन्तु दैत्याननेकशः ॥४१॥ जगतामुपकाराय पातुं विश्वं चराचरम् । पुपूज पार्वतीभक्त्या ददौ सिंह स्ववाहनम् ॥४२॥ वक्रतुण्डेति नामास्य दध्रे सर्वार्थदं नृणाम् । दुरासदस्य च वधं प्रार्थयामास तं तदा ॥४३॥ देवानां च पदप्राप्ति निःसपत्नामयाचत् ॥४४॥ (१८०६)

इति श्रीगणेशपुराणे क्रीडाखंडे बालचरिते चत्वारिंशोऽध्यायः ॥४०॥

अध्याय ४१ प्रारंभ :– क उवाच ॥ एवं प्रशंसितो देव्या देवैश्च स विनायकः । उवाच पार्वतीं प्रीत्या प्रणिपत्य मुदा युतः ॥१॥ गणेश उवाच ॥ देवानां सर्वलोकानां कर्तुं पालनमुत्तमम् । दुरासदं निहन्तुं च हर्तुं भूभारमेव च ॥२॥ मात–स्त्वां सेवितुं धर्मं कर्तुं कर्म च वैदिकम् । अवतीर्णोऽस्मि सर्वज्ञे यदब्रवीमि करोमि तत् ॥३॥ एवं ब्रुवति विघ्नेशे सुराः सर्वे तमूचिरे । पुनः स्तुत्वा च नत्वा ज जगत्कारणकारणम् ॥४॥ रजांसि विममेभ्द्रूमेरुडूनि मिहिका अपि । जानीयात्स गुणांस्ते यो विममेत्सागरे जलम् ॥५॥ धन्यं चक्षुर्हि देवानां यद्दृष्टौ चरणौ विभो । इदानीं नो गतं दुःखं प्राप्तं च स्वस्वकं पदम्

॥६॥ दुरासदं हरस्वैनं भूभारं चाखिलेश्वर । क उवाच ॥ इति देववचः श्रुत्वा जहास स विनायकः ॥७॥ ऊचे सर्वं करि-
ष्यामि दशायुधधरः प्रभुः । एवमुक्त्वा सुरान्देवो हर्षगद्गदया गिरा ॥८॥ सिंहारूढो ययौ शीघ्रं पुरीं वाराणसीं तदा । तम-
न्वयुर्देवगणा गिरिजा गिरिशोऽपि च ॥९॥ ज्ञात्वा दुरासदो दैत्यो विनायकमुपागतम् । देवसेनायुतं वीरो निर्ययौ नगराद्बहिः
॥१०॥ दृष्ट्वा सेनां तु दैत्यस्य सामात्यां सायुधां दृढाम् । नानाविधायुधवतीं गर्जन्तीं घनवन्मुहुः ॥११॥ गुहा विदारयन्सर्वाः
स जगर्ज विनायकः । उवाच तं महादैत्यं भ्रान्तोऽस्यद्यापि रे कथम् ॥१२॥ त्वया बलाद्देवगणा निर्जिताश्च महीभुजः । मुनयो
धिक्कृताः सर्वे तदाऽहं नाभवं खल ॥१३॥ निर्भयेन त्वया दोषा बहवः संचिताः पुरा । तेषां फलमिदानीं त्वं गणेशात्प्राप्तु-
मर्हसि ॥१४॥ उपद्रुतास्त्वया लोकास्त्रैलोक्यवासिनोऽखिलाः । तदर्थमवतीर्णोऽहमुद्धर्तुं त्वां भुवो भरम् ॥१५॥ शरणं याहि
रे त्यक्त्वा मानं लज्जां सुदुस्त्यजाम् । यासी सङ्ग्रामशिरसि चेदिदानीं मरिष्यसि ॥१६॥ शिवप्राप्तवरात्सर्वं त्रैलोक्यं पीडितं
त्वया । एवमुक्त्वा दुष्टबुद्धिगणेशो रणसंभ्रमः ॥१७॥ परशुं तोलयामास ज्वालामालासुशोभितम् । आच्छाद्य भास्करं क्षोभा-
त्प्रलयानलसन्निभः ॥१८॥ जवेन हृदये तस्य त्यक्त्वा शस्त्रं कृतान्तवत् । परशुना हतस्तस्य रोमापि न चचाल ह ॥१९॥
क्रोधसंरक्तनयन उदतिष्ठद्प्रसन्निव । त्रैलोक्यं तमुवाचाथ देवदेवं दुरासदः ॥२०॥ न देवा देवराजो वा दिक्पाला वा न मे
पुरः यातास्त्वं तु कथं यातो बालभावाद्व्रजाधुना ॥२१॥ न बिभेम्यन्तकान्मूढ किमर्थं मर्तुमिच्छसि । एवमुक्त्वा ततः कोशा-

निष्काश्यासि महोज्ज्वलम् ॥२२॥ क्षुरधारं यदाघातादद्रयश्चूर्णतां ययुः । दैत्यस्तेनाहनद्देवमङ्कुशेन न्यवारयत्॥२३॥सोऽसिः परशुघातेन शतधा खण्डितोऽपतत् । भग्नासिर्मल्लयुद्धाय ययौ दैत्यो महाबलः ॥२४॥ त्यक्त्वायुधानि देवोऽपि ववृधे तादृशो बलात् । ततो युद्धं तयोरासीत्तुमुलं रोमहर्षणम् ॥२५॥ बाहूभ्यां कूर्पराभ्यां च मुष्टिभ्यां तौ प्रजघ्नतुः । पादाभ्यां जानुजङ्घाभ्यां पृष्ठाभ्यां च निजघ्नतुः ॥२६॥ उड्डीय पेततुर्देहे पर्यायेण महास्वनौ। पार्ष्णिघातान्प्रकुर्वन्तौ घातान्कूर्परयोरपि ॥२७॥ सक्थ्नोश्च जानुघातांस्तौ स्कन्धाघातान्परस्परम् । लुलुण्ठतुर्धरण्यां तौ धूलिधूसरितौ भृशम् ॥२८॥ परस्परं जयन्तौ च लपन्तौ साधु साध्विति । एवं बहुदिनं युद्धं दृष्ट्वा देवा विसिस्मिरे ॥२९॥ चेतसा बहु लजन्तौ ज्ञात्वा सामर्थ्यमस्य ह । ततो विनायको मुष्टिं ललाटे दृढमाहनत् ॥३०॥ स्फुटितं मुखमस्याशु धरण्यां पतितस्य ह । द्विमुहूर्तं निपतितो वज्राहत इवाचलः ॥३१॥ स कथंचित्प्रबुद्धोऽभूत्त्यक्त्वा मूर्च्छां चिरागताम् । तदात्मानमशक्तं स मनुते स्म भृशातुरः ॥३२॥ आययौ सैन्यमध्ये स दिनान्ते स विनायकः ॥३३॥ य इदं शृणुयाद्युद्धं युद्धकाल उपस्थिते । स जयं प्राप्नुयान्मर्त्यो यथा देवो विनायकः ॥३४॥ (१८४०) इति श्रीगणेशपुराणे क्रीडाखण्डे बालचरित एकचत्वारिंशोऽध्यायः ॥४१॥

अध्याय ४२ प्रारंभ—गृत्समद उवाच । ज्ञात्वा पराक्रमं तस्य वक्रतुण्डस्य दैत्यराट् । आययौ धैर्यमालम्ब्य योद्धुमस्त्रैर्गजाननम् ॥१॥ शिवं स्मृत्वा च मन्त्रं च वन्हिदैवतमादरात् । अभिमन्त्र्य शरं तेन तत्याज स विनायके ॥२॥ अग्निज्वालाभयाद्देवा देवपृष्टमथागमन् । ततो विनायकोऽमुंचत्पर्जन्यास्त्रं हि सर्ववित् ॥३॥ करिशुण्डामिता धाराः प्रादुरासंस्ततः क्षणात् । शान्तोऽभूत्तत्क्षणाद्वन्हिस्ततो दैत्यो रुषान्वितः ॥४॥ मारुतास्त्रं शीघ्रजवं वृष्टिमारणमासृजत् । चकम्पे धरणी वृक्षा गिरयः पतिता भुवि ॥५॥ तदश्रेण महामेघाः क्षयं नीताः क्षणार्द्धतः । पर्वतास्त्रं ततो देव आविश्चक्रे मनोबलात् ॥६॥ सर्वत्र पर्वता जाताः कुण्ठतामगमच्च तत् । विलीने मारुतास्त्रे तु रौद्रमस्त्र ततोऽसृजत् ॥७॥ तस्मिन्विमुच्यमाने तु वक्रतुण्डोऽप्यवासृजत् । ब्रह्मास्त्रं तन्निवृत्त्यर्थमगात्सैन्यं हि भस्मसात् ॥८॥ परस्परमयुद्धेतामस्त्रे ते बहुवासरम् । तयोःसंघट्टनाद्वन्हिर्न्यपतद्धरणीतले ॥९॥ तेन दग्धांन्जनाज्ज्ञात्वा केशाभ्यां वारिते शुभे । अमात्यानब्रवीद्दैत्यो ज्ञात्वोत्कृष्टं विनायकम् ॥१०॥ तेनाभियुध्यतां सर्वैर्भुक्त्वा यामि पुना रणम् । ततोऽमात्याः सर्वसैन्यैर्विनायकमयोधयन् ॥११॥ विनायको गतश्चिन्तामेकाकित्वात्ततः क्षणात् । षट्पंचाशन्मिता मूर्तीश्चकारासौ स्वतेजसा ॥१२॥ नानालंकारसंयुक्ता नानामालाविभूषिताः । सर्वे दिव्यांगदांगास्ते सर्वे शशिविभूषणाः ॥१३॥ केचिच्चतुर्भुजाः केचित्षड्भुजा दशहस्तकाः । सिंहारूढा बर्हिगताः केचिन्मूषकवाहनाः ॥१४॥ सर्वे च युयुधुस्तत्र दारयन्तोऽरिसैनिकान् । केषांचित्त्रोटिताः पादाः केषांचिन्मस्तका अपि ॥१५॥ केषांचिद्बाहवो भिन्ना जानुजंघोद–

राणि च । हुंकारेणैव गर्जन्तः केचिच्च शरणं ययुः ॥१६॥ केचित्पलायनपरा ययुर्जीवनहेतवे । केचित्प्रहारं कुर्वन्तो मम्रुः संमुखमेव च ॥१७॥ ते तु स्वर्गं गता भेजुर्भोगानप्सरसोऽपि च । वाजिनश्च रथा नागा वाम्य उष्ट्राण्यनेकशः ॥१८॥ नानाशस्त्राहताः पेतु खण्डदेहा गतासवः । असृग्नद्यः प्रादुरासन्केशशैवलशोभिताः ॥१९॥ आच्छूरिकासिमत्स्येभनक्रैः खेटककच्छपैः । रुण्डाब्जैश्च वसाफेनैर्मेदकर्दमसंचयैः ॥२०॥ चापशस्त्रैरस्थिबकैश्चर्मपेशीसुदर्दुरैः । भल्लकाद्यैः शुशुभिरे मनस्विहृदयप्रियाः ॥२१॥ भुक्त्वागत्य ददर्शाथ सर्वं तद्रणमण्डलम् । सर्वस्मिन्निहते सैन्ये ततो दैत्योऽतिदुःखितः ॥२२॥ सस्मार मनसा वाक्यं यदुक्तं शूलपाणिना । वरदानस्य समये जयस्ते शक्तिसंभवात् ॥२३॥ अयमेव भवेत्किं नु बालकः शक्तिसंभवः । यदुत्कटं बलं दृष्टमस्मिं स्त्रैलोक्यसारभृत् ॥२४॥ कालोऽपि नैनं विजयेत्तत्र चान्यस्य का कथा । एवं मनसि कृत्वा स एकाकित्वापपाल च ॥२५॥ वक्रतुण्डो गतश्चिन्तां न हन्तव्यो रिपुः पलन् । देवेभ्यो न मृतिश्चास्य यथाऽयं शंकरोऽब्रवीत् ॥२६॥ तस्माद्योगात्समास्थास्ये वैराटं रूपमुत्तमम् । ततो वैराटरूपेण स दधार करेण तम् ॥२७॥ एकपादेन तस्थौ स काशीं तां रक्षितुं बलात् । एकं पादं तु दैत्यस्य दधार मस्तके ततः ॥२८॥ उवाच दैत्य रे दैत्य वराच्छैवान्न ते मृतिः अतोऽस्मिन्नगरे तिष्ठ पर्वतेव सुनिश्चलः ॥२९॥ द्वारभूतः पुरस्यास्य यतः पूर्वं दृशिस्तव । दुष्टानां पीडको नित्यं नित्यं मे सान्निधिस्तव ॥३०॥ दैत्योऽपि परया भक्त्या तमेव वरमर्थयत् । दैत्य उवाच । एवमेव सदा तिष्ठ स्थाप्य पादं मयि

स्थिरम्॥३१॥ मुनिरुवाच । तथेति तमुवाचाथस्थितः काश्यां विनायकः । एवं दुरासदं जित्वा चकार पृथिवीं शिवाम् ॥३२॥ तस्मिन्कृत्वा पुष्पवृष्टिं प्रणम्य संप्रपूज्य च । स्वस्वस्थानं गता देवा मुनयः स्वाश्रमानपि ॥३३॥ अन्ये ये ये तमर्चन्ति पूर्णकामा भवन्ति ते । एवं विनायकस्याथ काश्यां षट्पंचमूर्तयः ॥३४॥ तुण्डनाख्ये पुरे चापि एकपादविनायकः । संहृत्य च विराट्रूपं सर्वकामप्रदः स्थितः ॥३५॥ य इदं वरमाख्यानं शृणुयाद्भक्तिमान्नरः । सर्वान्कामानवाप्नोति गाणेशं पदमेति च । सर्वत्र जयमाप्नोति पुष्टिमारोग्यमेव च ॥३६॥ (१८७६)

इति श्रीगणेशपुराणे क्रीडाखंडे बालचरिते दुरासदजयो नाम द्विचत्वारिंशोऽध्यायः ॥४२॥

अध्याय ४३ प्रारंभ – गृत्समद उवाच । विजिते तु गणेशेन दैत्ये तस्मिन्दुरासदे । दिक्पाला मुनयश्चैव शशी सूर्यो गुरुः कविः ॥१॥ प्रशशंसुर्देवदेवं दुरासदरिपुं विभुम् । श्रुतिस्मृतिकृतो मार्गः स्थापितो निहितोऽसुरः ॥२॥ स्थापना च कृताऽ–स्माकमशक्तानां दुरासदे । त्वमेव सृजसे विश्वं त्वमेव फलदायकः ॥३॥ समः सर्वेषु भूतेषु कर्मभिर्न च लिप्यसे । त्वदाश्रया चतुर्वर्णा जन्तवश्च त्वदाश्रयाः ॥४॥ गवेषयंश्च नानार्थास्तत्तत्कर्मणि योजयन् । गवेषणे ढुण्ढिरयं धातुरुक्तो मनीषिभिः ॥५॥ स आस्ते ढुण्ढिरित्येव संज्ञा राजोत्तराऽस्तु च । तव यद्दर्शनं पूजा ध्यानं स्मरणमेव च ॥६॥ धर्मार्थकाममोक्षाणां साधनं

पुत्रपौत्रदम् । इत्युक्त्वा पुपुजुस्तेऽमुं मन्दारैश्च शमीदलैः ॥७॥ दूर्वांकुरैर्हरिद्भिश्च श्वेतैश्च कुसुमैरपि । नानापक्वान्ननैवेद्यैः फलैर्बहुविधैरपि ॥८॥ रत्नानां निचयैर्वप्रभोजनैस्तमतोषयन् । एवं ते पूजिताः सर्वे सप्तावरणरूपिणः ॥९॥ स्थिता वाराणसीं त्रातुं षट्पंचाशद्विनायकाः । एकः पंचमुखस्तत्र विश्वेशद्वारि तिष्ठति ॥१०॥ अन्ये च भिन्ननामानो व्याप्य वाराणसीं स्थिताः । स्थिते विश्वेश्वरे तत्र सर्वे तत्रैव संस्थिताः ॥११॥ आचन्द्रं स्वाधिकारेषु ब्रह्माद्या मुनयोऽखिलाः । अकुर्वन्सर्वकर्माणि सर्वे लोका यथा पुरा ॥१२॥ इति ते सर्वमाख्यातं कीर्ते पृष्टं हि यत्त्वया । ढुण्ढिराजस्यावतारो धर्मकामसुखप्रदः ॥१३॥ दिवोदासबहिर्भावं कथयिष्येऽधुना तव ॥१४॥ (१८९०)

इति श्रीगणेशपुराणे क्रीडाखंडे बालचरिते ढुण्ढिराजाख्यानं नाम त्रिचत्वारिंशोऽध्यायः ॥४३॥

अध्याय ४४ प्रारभ :– कीर्तिरुवाच । ढुण्ढिराजावतारोऽयं स्यातस्ते शक्तिसंभवः । दुरासदवधार्थाय त्रिलोकीपालनाय च ॥१॥ एकपादः स्थितस्तुण्डनगरे चैकपादतः । स्थितो दैत्यं समाक्रान्त्य वाराणस्यामिति श्रुतम् ॥२॥ उभाभ्यामपि पादाभ्यामुभयत्र स्थितिः कथम् । एवं मे संशयं ब्रह्मन्नुद त्वं सर्वविद्यतः ॥३॥ मुनिरुवाच । किमसाध्यं विश्वरूपे विश्वकर्तरि विश्वपे । विश्वव्यापिनि विश्वेशे ढण्ढिराजे च शासति ॥४॥ विश्वान्तर्यामिणि परे विश्वसंहारकारिणि । सप्तपातालचरणे स्वर्गव्या–

पिशिरोरुहे ॥५॥ सर्वतः पाणिचरणे सर्वतः श्रोत्रचक्षुषि । मनसश्च श्रुतीनां च ब्रह्मादीना च योगिनाम् ॥६॥ अगम्ये तत्त्वतो
वायुपृथिवीजलरूपिणि । यस्य रोमांचरन्ध्रेषु ब्रह्माण्डानां हि कोटयः ॥७॥ भ्रमन्ति पवनोद्भूताः पतंगा इव व्योमनि ।
संशयो वा वितर्को वा तस्मिन्मातर्न विद्यते ॥८॥ अनेकरूपिणि विभौ प्रभुः कर्तु चराचरम् । यदिच्छया भवेद्राज्ञि सुधा
विषस्वरूपिणी ॥९॥ अमृतं विषरूपं च तत्र किं कि न संभवेत् । अवतारस्य देवस्य विचित्रा गतिरुच्यते ॥१०॥ कियन्तो
ह्यवतारा वै कदा कुत्रेति निश्चितुम् । न शक्यते सुरैः सर्वैः सशेषैरपि सर्वदा ॥११॥ अतस्त्यक्त्वा तु संदेहं कथां शृणु
मयेरिताम् । यां श्रुत्वां सर्वधर्मज्ञे मुच्यते पापसंचयात् ॥१२॥ सूर्यवंशोभ्दवो राजा दिवोदासोऽभवत्पुरा । वदान्यश्च महामानी
मान्यो भूमण्डलेऽखिले ॥१३॥ वक्ता बृहस्पतिसमः सर्वज्ञः सर्वदा शिवः । वेदशास्त्रपुराणानां ज्ञानी विज्ञजनप्रियः ॥१४॥
कामिनीमोहनतनुर्जितेन्द्रियतया स्थितः । उपकारपरो नित्यं परद्रोहपरांग्मुखः ॥१५॥ निस्पृहः परवित्तेषु स्थूललक्ष्यः ।
परांक्रमी । तपसा तस्य तुष्टेन ब्रह्मणा राज्यमुत्तमम् ॥१६॥ काश्यां वृष्टिविहीनायां दत्तं लोकोपकारिणा । सर्वदेवबहिष्का–
रात्सोऽपि जग्राह बुद्धिमान् ॥१७॥ स्वयमेवाभवत्सोऽथ रविरिन्द्रो हुताशनः । मरुच्चन्द्रश्च धर्मेण पालयामास तां पुरीम्
॥१८॥ तपसा तस्य संजाता वृष्टिर्लोका इतस्ततः । अविमुक्तं समायाताः प्रशशंसुर्नृपं च तम् ॥१९॥ तस्य पत्नी सुशीला
सा नाम्ना नाम पतिव्रता । धर्मशीला दानपरा पतिवाक्यपरायणा ॥२०॥ आचारं व्यवहारं वा प्रायश्चित्तमसौ नृपः ।

पण्डितैः कारयामास राजदण्डं न चाददे ॥२१॥ शिवेन मरुतः सर्वे मन्दारगिरिमन्वयुः । नापमृत्युर्न शोको वा नैव दुःखं हि कस्यचित् ॥२२॥ उत्पातास्त्रिविधा नासंस्तस्मिन्राज्य प्रशासति । हाहाकारः शमं यातो नावृष्टिविहितो महान ॥२३॥ पशुपक्षिमनुष्याणां सस्यानि च बहुन्यपि । यदा यत्तं प्राणिमात्रं जातानि वृष्टियोगतः ॥२४॥ स्वाहास्वधावषट्कारा: सर्वं आसन्यथा पुरा । ते च देवाः सुखं प्राप्ता ये प्रार्थयन्नृपं पुरा ॥२५॥ यं तुष्टवः सुराः सर्वे ब्रम्हवाक्यप्रणोदिताः । सोऽपि नानास्तुतिं चक्रे देवानां दर्शनाद्भृशम् ॥२६॥ (१९१६)

इति श्रीगणेशपुराणे क्रीडाखंडे बालचरिते चतुश्चत्वारिंशोऽध्यायः ॥४४॥

अध्याय ४५ प्रारंभ – कीर्तिरुवाच । कथं मुने सर्वदेवाः प्रयाता मन्दरं गिरिम् । शिवेन च कथं त्यक्ता रम्या वाराणसी पुरी ॥१॥ एतन्मे शंस देवर्षे संशयोऽत्र महान्मुने । मुनिरुवाच । द्वादशाब्दमनावृष्टौ नष्टे स्थावरजंगमे ॥२॥ स्वाहास्वधा–वषट्कारविहीने च धरातले । ब्रम्हवाक्यप्रणुन्नैस्तु देवैः संप्रार्थितो हरः ॥३॥ महादेव जगन्नाथ करुणालय शंकर । आधास्य मन्दरगिरिं मरीचिस्तु तपस्यति ॥४॥ अब्दानामयुतं देव वरं दातुं प्रयाहि तम् । मुनिरुवाच । एवं संप्रार्थितो देवैर्महेशः करुणालयः ॥५॥ सर्वैः सुरगणैः सार्द्धमग्निचन्द्रार्यमादिभिः वरं दातुं स संप्राप्त मरीचिं तं महामुनिम् ॥६॥

अस्थिमात्रावशिष्टं च ददर्श स सदाशिवः । तस्मिन्क्षणे नागतश्चेत्स तु प्राणान्समुत्सृजेत् ॥७॥ तदुत्कटेन तपसा प्रीतोऽसौ गिरिजापतिः । निजं स्वरूपं दत्त्वा च विमानेन निजं पदम् ॥८॥ प्रापयामास सहसा गणैर्वादित्र-निस्वनैः । सर्वैर्देवगणैः शम्भुस्तस्थौ गिरिवरे शुभे ॥९॥ दिवोदासस्य नापश्यत्किंचिद्रन्ध्रं सदाशिवः । देवान्संप्रेषयामास द्रष्टुं तद्रन्ध्रमावृतः ॥१०॥ यो यो देवो याति काशीं तस्य रन्ध्रं न पश्यति । स्वनाम्ना परिसंस्थाप्य लिंगं तत्रैव तस्थिवान् ॥११॥ दिवोदासस्य राज्ये तु सर्वे वर्णाः स्वधर्मिणः । आश्रमस्था द्विजाः सर्वे यथोक्ताचारसंयुताः ॥१२॥ गुरुशुश्रूषवः शिष्याः स्त्रिय आसन्पतिव्रताः । धर्मशीला दानपरा व्रतोपवासतत्पराः ॥१३॥ यतयश्च त्रिषवणा व्रतिनो होममौनिनः । स्नानं सन्ध्यां जपं होमं स्वाध्यायं देवतार्चनम् ॥१४॥ आतिथ्यं वैश्वदेवं च स्वयमेव प्रकुर्वते । गृहस्थाः सर्व एवाष्टौ कर्माणि भक्तितोऽनघाः ॥१५॥ अतो विवर्धते धर्मो वृष्टिश्चानुत्तमाऽभवत् । स्वर्गे देवा मुमुदिरे पितरश्च स्वधाभुजः ॥१६॥ न वन्ध्या न च वाऽपुष्पा विधवा वा मृतप्रजा । नावृष्टिर्नातिवृष्टिश्च स्वचक्रं न परं तया ॥१७॥ शुकाश्च शलभा नाखुमूषका वा कदाचन । एवं च सर्वसस्यानां निष्पत्तिः समपद्यत ॥१८॥ विश्वेश्वरं माधवं च ढुण्ढिं भैरवमेव च दण्डपाणिं गुहं गंगा-मदृष्ट्वा वा निमज्ज्य वा ॥१९॥ मणिकर्णीं भवानीं वा यो भुंक्ते दण्ड्य एव सः । इति डिण्डीरवं नित्यमकरोन्नृपसत्तमः ॥२०॥ न पापलेशस्तत्रासीदेवं नृपवरे स्थिते । विना रन्ध्रं न तद्राज्यं जिघ्रक्षति सदाशिवः ॥२१॥ वाराणसीवियोगेन

परितप्तस्ततोऽभवत् । प्रेषयामास विघ्नाय ततोऽष्टावपि भैरवान् ॥२२॥ उवाच तान्कारयन्तु राज्येऽस्याणीतु किल्विषम् ।
आदास्ये तत एतस्मात्काशीराज्यं स संशयः ॥२३॥ जग्मुस्ते त्वरया भद्रे आज्ञां प्राप्य सदाशिवात् । दृष्ट्वा वाराणसीं ते तु
विश्रान्ताः स्नानकर्मणा ॥२४॥ अदृष्ट्वा तस्य दुरितं काशीवासं प्रचक्रिरे । शिवश्चिन्तापरश्चासीदनागच्छत्सु तेषु तदा ॥२५॥
ततोऽप्रेषयदादित्यान्रन्ध्रं द्रष्टुं नृपस्य ह । तेऽपि तत्पुण्यमालोक्य स्थिताः काश्यां मुदान्विता ॥२६॥ न कार्यं च हरस्यापि न
त्याज्येयं पुरीति च । ततश्चतुःषष्टिमिता अप्रेषयत योगिनीः ॥२७॥ अणुमात्रमदृष्ट्वैनो दिवोदासस्य ता अपि । स्थिता वारा-
णसीं प्राप्यं यजन्त्यः शिवमव्ययम् ॥२८॥ ततः संप्रेषयामास दुर्गां दुःखविनाशिनीम् । अदृष्ट्वा तदघं साऽपि तस्थौ
ग्रामाद्बहिः किल ॥२९॥ ध्यानेना तोषयद्देवं सर्वकामैश्च मानवान् । दिक्पालानथ शम्भुश्च प्रेषयामास सत्वरम् ॥३०॥
गता वाराणसीं ते तु नेक्षेरंस्तदघं लघु । स्वस्वनाम्ना प्रतिष्ठाप्य लिंगानि न्यवसन्मुदा ॥३१॥ ऋषयः प्रेषितः पश्चादु-
त्सुकेन शिवेन ह । गतास्ते त्वरया न्हृष्टाः शिवेनापि प्रणोदिताः ॥३२॥ गत्वा तीर्थंविधिं कृत्वा स्तित्वा वाराणसीमनु ।
आशीर्वादाय गच्छन्तः पश्यन्तस्तस्य चेष्टितम् ॥३३॥ भक्त्या तान्पूजयामास सर्वान्स धनवस्त्रकैः । नान्वगृण्हंस्तद्धनं ते
नैनोऽपि ददृशुर्लघु ॥३४॥ स्वस्वनाम्ना परिस्थाप्य तेपुस्ते परमं तपः । ततः सर्वेऽमरास्तेम प्रेषिताः कार्यसिद्धये
॥३५॥ तेऽपि नो ददृशुस्तस्य दुष्कर्म धर्मचारिणः । नायाति कोऽपि काश्यास्तु यो यः संप्रेष्यते मया ॥३६॥

ततश्चिन्तापरो रुद्रो निश्चयं नाध्यगच्छत । मनसा चिन्तयामास कदा द्रक्ष्ये च तां पुरीम् ॥३७॥ दिवोदासस्य राज्ये च यदा पापं भविष्यति । तदैव प्राप्या काशी च नान्यथा च मया क्वचित् ॥३८॥ विना ढुण्ढि माधवं च सर्वे देवा निरर्थकाः । नायान्ति च स्थितास्तत्र काश्यां ध्यानपरायणाः ॥३९॥ (१९५५)

इति श्रीगणेशपुराणे क्रीडाखंडे बालचरिते दिवोदासोपाख्याने पंचचत्वारिंशोऽध्यायः ॥४५॥

अध्याय ४६ प्रारंभ :– मुनिरुवाच । अविमुक्तवियोगेन परितप्तः शिवस्तदा । सर्वार्थवशगं ढुण्ढि नत्वा प्रार्थयदातुरः ॥१॥ शिव उवाच । पंचनामपि भूतानां कारणानां च कारणम् । चिदानन्दघनो विश्वध्येयो वेदान्तगोचरः ॥२॥ प्रधानं पुरुषश्चासि गुणत्रयविभागकृत् । विश्वव्यापी विश्वनिधिर्विश्वरक्षणतत्परः ॥३॥ नानावतारकृच्चासि भूभारहरणोद्यतः । देवानां पालने शक्तो दैत्यानां निधने तथा ॥४॥ द्विजानां चैव धर्माणामार्तानां शरणैषिणाम् । स्वेच्छया पत्यतां याते त्वयि ब्रह्मस्वरूपिणि ॥५॥ कमन्यं षं शरणं यामि काशीविरहदुःखितः । ढुण्ढिरुवाच । अन्यानेव प्रेषयसि सर्वविद्याविशारदान् ॥६॥ सर्वदर्शी कियर्थं त्वं मोहमेषि सदाशिव । शिव उवाच । इदानीमेव गच्छ त्वमविमुक्तं गजानन ॥७॥ दिवोदासस्य विघ्नार्थं मम कार्यार्थसिद्धये । मायया मोहय जनं पुण्यं येनास्य हीयते ॥८॥ ढुण्ढिरुवाच । यामि शीघ्रं महादेव न चिन्तां

कर्तुमर्हसि । साधयिष्ये तव हितं दर्शयिष्ये निजां पुरीम् ॥९॥ बहिष्कृत्य दिवोदासं जनपापविभागिनम् । मुनिरुवाच ।
इत्युक्त्वा शिवमानम्य पार्वतीं च षडाननम् ॥१०॥ प्रदक्षिणीकृत्य तथा नारदे गुरुमेव च । प्रस्थितोऽखिलविद्यानां कलानां
च निधिर्विभुः ॥११॥ प्राप वाराणसीं पुण्यां पुण्यमवास्य दृष्टवान् । ज्योतिर्विदभवत्सद्यस्तस्य पापमलक्ष्य सः ॥१२॥
रुक्मकान्तिर्दिव्यदेहो मुक्तामालाविभुषितः । कटिसूत्रं च नाभौ तु महारत्नविभूषितम् ॥१४॥ पीतवस्त्रपरीधानो द्रिव्यगन्धा–
नुलेपनः । कामातिसुन्दरतनुः कामिनीजनमोहनः ॥१५॥ पतिव्रताश्च या नार्यश्चकमुस्ता अपि द्विजम् । मनसा चिन्तितं प्रश्नं
वदति स्माखिलं तु सः ॥१६॥ अतः पतिव्रता नार्यः प्रश्नं प्रष्टुं तमन्वयुः । विहाय बालकान्भर्तॄन्भ्रातॄनन्यान्सुहृज्जनान् ।
स्वप्नान्वदति लोकानां स्वमायादर्शितानसौ ॥१७॥ सेवतां सर्वलोकानां ददाति सुबहून्वरान् । तद्वरस्य प्रभावेण दुष्टः कुष्टो
विनश्यति ॥१८॥ पुत्रिण्यः सर्ववन्ध्याश्च जातास्तद्वरदानतः । हस्तं दृष्ट्वा महाभाग्यं कर्माणि कथयत्यसौ ॥१९॥
यद्यद्येन च संभुक्त भोक्ष्यमाणं च तत्क्षणात् ॥२०॥ विस्मितो नगरे लोकः सर्व आसीन्मुदान्वितः । नेदृशो ब्राह्मणोऽर्दाश
सर्ववेत्ता गुणाकरः ॥२१॥ न भूतो न भविष्यो वा इति लोका वदन्त्यमूम् । पूजयन्ति धनं रत्नैर्ज्ञात्वा प्रत्ययमस्य ते ॥२२॥
हस्ते धृतानि वस्तूनि कथयत्येव तत्क्षणात् । दरिद्रस्याप्रयत्नस्य प्रष्टुं यातस्य वेत्त्यसौ ॥२३॥ अभिप्रायं स्वयं तस्य ब्रूते
त्रिदिनमन्तरा । भविष्यसि धनाढ्यस्त्वं तथैवासौ भवत्यपि ॥२४॥ गतं नष्टं कथयति यथा यत्तत्तथा भवेत् । एवमाचक्ष–

तस्तस्य ढुण्ढेर्विप्रस्वरूपिणः ॥२५॥ द्वित्रिमासैर्गता वार्ता राजकर्णे जनेरिता । जना ऊचुः ॥ राजपत्न्योऽपि याश्चान्याः पातिव्रत्यपरायणाः ॥२६॥ एतावत्कालपर्यन्तं नो भजन्नन्यदेवताः । विना पतिं गतास्तास्तु विनाज्ञां तं निरीक्षितुम् ॥२७॥नो भविष्यति पुत्रो वा कन्या वेति विचारितुम् । सखीभिस्तु निषिद्धास्ता ढुण्ढिरत्रागमिष्यति ॥२८॥ आकार्य तु ततस्तास्तु रहस्येतमुपानयन् । उपवेश्यासने रम्ये राजपत्न्यः प्रपूजिरे ॥२९॥ प्रक्षाल्य चरणद्वन्द्वं तद्दर्शनसुविह्वलाः । कस्तुरीचन्दनं तस्य शरीरे पर्यमर्दयन् ॥३०॥ निकटे तस्य काचित्तु भूत्वाऽदाद्वीटिकाः स्वयम् । पप्रच्छुर्बहुप्रश्नांस्तं सर्वा एवाब्रवीच्च सः ॥३१॥ प्रत्यये तु समुत्पन्ने सर्वास्तास्तु विसिस्मिरे । एवं ताः प्रत्यहं तस्य दर्शनं पूजनं स्वयम् ॥३२॥ त्यक्त्वा ता गृह्यकार्याणि चक्रुस्सर्वास्तु तत्पराः । नैतादृशो दृष्टपूर्वो भूतभव्यभविष्यवित् ॥३३॥ इत्यब्रूवन्स्तुवन्त्यस्तं सर्वज्योतिर्विदुत्तमम् । उत्थिते राज्ञि ताः शीघ्रं विससर्जुः क्षणादमुम् ॥३४॥ पतिभावं परित्यज्य तमेवाचिन्तयन्सदा । दिवोदासोऽपि तं ज्ञात्वा सभाकार्यं ननाम च ॥३५॥ स्वासने तं परिस्थाप्य पुपूजे विष्टरादिभिः । ग्रामधर्यं च धनं वस्त्रमर्पयामास सादरम् ॥३६॥ यद्यत्तं परिपप्रच्छ तत्सर्वं स मुदाऽब्रवीत् । विस्मृत्य निजदेवं स तमेवाचिन्तयन्नृपः ॥३७॥ रहस्ये परिपप्रच्छ प्रश्नान्नानाविधान्ब-हून् । प्रत्यये तु समुत्पन्ने प्रार्थयामास सादरम् ॥३८॥ ग्रामान्धान्यं धनं दास्ये तिष्ठात्र निकटे मम । चमत्कारा बहुविधा दृष्टा यस्मान्मया त्वयि ॥३९॥ ततो जगाद ढुण्ढिस्तं प्रपञ्चरहितो नृपम । स्त्रीपुत्रकन्यागारादि त्यक्त्वा वाराणसीमगाम्

॥४०॥ न ग्रामा न धनं धान्यं रोचते मेऽस्पृहस्य ते । एकं वदामि ते वाक्यं हृदि तत्कर्तुमर्हसि ॥४१॥ इनः सप्तदशे राजन्दिने कोऽपि परः पुमान् । आगत्य स वदेद्यत्तत्कर्तव्यमविचारतः ॥४२॥ हितं ते परमं राजन्भविष्यति न संशयः । एतावता मया लब्धा ग्रामा धान्यं धनानि च ॥४३॥ (१९९८)

इति श्रीगणेशपुराणे क्रीडाखण्डे बालचरिते षट्चत्वारिंशोऽध्यायः ॥४६॥

अध्याय ४७ प्रारंभ :– राजोवाच । अवश्यं मुनिशार्दूल करिष्येवचनं तव । करवाण्यन्यथा चेन्मे शपथोऽस्ति हरस्य ह
॥१॥ गृत्समद उवाच । एवं तेन सर्वं जनाः काशिस्थाः स्ववशीकृताः । त्यक्त्वा सर्वाणि कर्माणि तमेव परिसेविरे ॥२॥ भूतं
भव्यं विप्रकृष्टं भविष्यं च विवृण्वता । ततो विष्णुर्बौद्धरूपी पंचक्रोशाद्बहिः स्थितः ॥३॥ आगत्य मायया मोहं जनयन्सर्व–
देहिनाम् । श्रुतिस्मृतिविरुद्धं सोऽपाठीद्धर्मवृषं द्विषन् ॥४॥ सोऽपि स्ववचनात्सर्वान्वशे चक्रे महाजनान् । साकारभजनं सर्वं
दूषयामास सादरम् ॥५॥ किमर्थं पार्थिवीं मूर्तिरर्च्यंते तैजसीरपि । सर्वो जनो मूढमनाः परात्मनि हृदि स्थिते ॥६॥ वृक्षाणां
जीवतां छेदः पशूनामपि हिंसनम् । कुरुते स्वस्य वित्तानि परस्मै यः प्रयच्छति ॥७॥ नष्टे देहेतु भूतानि लीयन्ते पंचपंचसु ।
स्वयमेव हि भोक्तव्यं पक्वान्नं सघृतं मुदा ॥८॥ देहात्मा परिपूज्योऽसौ नानाभोगैर्यथासुखम् । ततः सर्वे जनाः स्वं स्वं मार्गं
मुक्त्वा तथाऽभवन् ॥९॥ ब्राह्मणानपि संत्यज्य बुभुजुर्भोगमुत्तमम् । तत्पत्नी कमला नाम पूरयन्ती मनोरथान् ॥१०॥ स्थिता

वाराणसीवासिस्त्रियःसर्वाव्यमोहयत् । बोधयामास यत्नेन दुष्टमार्गं दिनेदिने ॥११॥ भिद्यन्ते बुद्धयस्तेषां पुरग्रामनिवासिनाम् । स्वदेहे भर्तृदेहे योऽन्यस्य देहे स एव तु ॥१२॥ न भिद्यते पुमान्यद्वन्मुखनासाकरादिभिः । तथात्मा नैव भिद्येत देहैरेतैश्चतुर्विधैः । एवं प्रलोभिताः कान्ताः पुंसोऽन्यानपि भेजिरे ॥१३॥ ब्राह्मणा अग्निहोत्रेषु यज्ञेषु शिथिलादराः । व्रते दाने च होमे च देवब्राह्मणपूजने ॥१४॥ पशूनां यज्ञियानां च छेदने संशयं दधुः । परस्परं गृहे जन्तोर्बुभुजुर्भोगमुत्तमम् ॥१५॥ स्वयमेव बुभुजिरे श्राद्धानि च व्रतानि च । एवं च धर्मलोपोऽभूदेनसो वृद्धिरेव च ॥१६॥ ततो बौद्धो जगामाशु दिवोदासस्य मन्दिरम् । पूजितः परया भक्त्या स तेन स्वासने शुभे ॥१७॥ तत ऊचे दिवोदासं वाक्यं वाक्यविशारदः । बौद्ध उवाच । शृणु राजन्हितं वच्मि श्रुत्वा तत्कुरु सादरम् ॥१८॥ इयं वाराणसी शूलभृता निर्मायि तेजसा । प्रलयेऽपि त्रिशूलाग्रे ध्रियते सर्वजन्तुभिः ॥१९॥ पुण्यवद्भिरिह स्थेयं मृतौ मोक्षमभीप्सुभिः । पापात्मानो भैरवेण क्रियन्ते बहिरेव च ॥२०॥ रक्षणं पुण्यकर्तृणां क्रियते तेन तेन च । तव पुण्यं स्थितं यावत्तावदत्र स्थितो भवान् ॥२१॥ काश्यां राज्यं प्रकुर्वाण इदानीं न तथा भवान् । पापं च संप्रवृत्तं ते राज्ये नरककृन्नृप ॥२२॥ नृप उवाच । सम्यगुक्तं त्वया मह्यं करिष्ये वचनं तव । ज्योतिर्विदा ढुण्ढिना च प्रोक्तं तत्सत्यमेव तत् ॥२३॥ वद मे त्वं च कश्चासि मद्धितार्थमिहागतः । यदि वेत्तुं मया शक्यं तत्त्वं ते पुरुषोत्तम ॥२४॥ क उवाच । ततः स करुणाविष्टो दर्शयामास तं नृपम् । निजं चतुर्भुजं रूपं शंखचक्रगदाधरम् ॥२५॥ समष्टिव्यष्टिरूपेण चिद्रूपं च प्रदर्शितम् । ततो नृपो नमस्कृत्य पुपूज परया मुदा ॥२६॥ ननर्त परया भक्त्या तद्दर्शनमहोत्सवः । धन्योऽहमिति

तं प्राह पितृभ्यां सहितोऽनघ ॥२७॥ पूर्वं राज्यं परित्यज्य तपस्तप्तं मया बहु। ब्रह्मणेदं बलान्मह्यंदत्तंराज्यमनुत्तमम् ॥२८॥
त्वद्दर्शनाज्जन्ममृती गते मे नात्र संशयः । इदमेव परं याचे त्वमहं शरणं गतः ॥२९॥ मुनिरुवाच । इत्युक्तः परमात्माऽसौ
प्रोक्तवानृपसत्तमम् विश्वेश्वर प्रसादाच्च तवापि राजसत्तम ॥३०॥ भविता परमा मुक्तिस्त्यक्त्वा राज्यं सुखी भव
भैरवो दण्डपाणिश्च बहिः कुर्यादतोऽन्यथा ॥३१॥ एवमाकर्ण्य तद्वाक्यं चिन्तां परमिकां ययौ । ध्यात्वा विचार्य तद्धेतुं बुबोध
सर्वमेव सः ॥३२॥ ज्योतिर्विदं गणेशं च बौद्धं मायाविनं हरिम् । प्रणम्य शिरसा भक्त्या कोऽसीति निजगाद तम् ॥३३॥
सोऽपि बुद्ध्वा महाविष्णुर्निजं रूपं समास्थितः । चतुर्भुजं शंकचक्रगदापद्मधरं विभुम् ॥३४॥ पीताम्बरसमायुक्तं सर्वलोका-
श्रयं परम् । उवाच तं नृपः पूज्य धन्योऽहं मम पूर्वजाः ॥३५॥ यन्मोक्षदं पदयुगं दृष्टं पुण्यप्रभावतः । देहि मे परमां मुक्ति
मुद्रामेतां गृहाण च ॥३६॥ बलाद्दत्तं ब्रह्मणा मे शास्तु राज्यं शिवो निजम् । ततो जगाद तं विष्णुः शिवो मुक्ति प्रदास्यति
॥३७॥ क उवाच । एवमुक्त्वा दिवोदासं महायोगेश्वरो हरिः । अन्तर्हितः पुनर्यायाद्बौद्धरूपी निजाश्रमम् ॥३८॥ प्रेषयामास
दूतं स शिवागमनहेतवे । दिवोदासस्य राज्ये मे धर्मवृद्धिः कृता बहु ॥३९॥ ज्योतिर्विदा गणेशेन त्यक्तं राज्यं नृपेण ते ।

शीघ्रमायाहि विश्वेश निजां वाराणसीं पुरीम् ॥४०॥ ततो राजा राजचिन्हं त्यक्त्वा तेपे परन्तपः । प्रासादे परमे स्थाप्य शिवलिंगं सुविश्रुतम् ॥४१॥ स्वनाम्ना मोक्षदं पुंसां सकामानां तु कामदम् । प्रतीक्षन्दर्शनं तस्य शंकरस्यार्थदायिनः ॥४२॥

(२०४०) इति श्रीगणेशपुराणे क्रीडाखंडे सप्तचत्वारिंशोऽध्यायः ॥४७॥

अध्याय ४८ प्रारंभ :— मुनिरुवाच । त्यक्तं राज्यमिति ज्ञात्वा निजं रूपं समाश्रितः । अवसत्सर्वलोकानां ढुण्ढिस्तत्रार्थदायकः ॥१॥ दूतं च प्रेषयामास शीघ्रमागम्यतामिति । शंकराय महाबुद्धिस्ततः स हर्षनिर्भरः ॥२॥ आरुह्य वृषभंदेवो ययौ वाराणसीं पुरीम् । दिव्यवादित्रनिर्घोषैः स्वगणैः परिवारितः ॥३॥ जैगीषव्यं निराहारं वल्मीकमिव संस्थितम् । अनुगृह्य ययौ ढुण्ढि प्रणम्य च उवाच तम् ॥४॥ शिव उवाच । त्वमेव विश्वेश्वर विश्वरूप विश्वं सृजस्यत्सि हि पासि देव । शुभाशुभं कर्म निरिक्ष्य तस्य ददासि भोगं विविधं गणेश ॥५॥ ब्रह्मापि सृष्टिं कुरुतेंगितात्ते तद्रक्षणं चैव हरिस्थताऽहम् । संहारकारीह चराचरस्य विभागकृत्यं हि गुणत्रत्यस्य ॥६॥ तव प्रसादाद्धरिरब्जजोऽपि शिवश्च शक्तो निजकर्मसिद्धयै । त्वया विना वेदविधिर्वृथा स्यात्त्वदीयशक्त्या सुरशत्रुनाशः ॥७॥ अनन्तशक्तिः प्रकृतिः पुरा त्वां समर्च्य दुष्टं महिषं जधान । यच्छ्वासनिर्धूतनगप्रपातभीतं जगत्कृत्स्नमिदं ररक्ष ॥८॥ त्वमप्रमेयोऽखिललोकसाक्षी त्वमव्ययः कारणकारणं च । वेदा विकुण्ठास्त्वयि सर्व एव शेषो धराभृत्तव भक्तितोहि ॥९॥ त्वामेव नत्वा परिपूजयन्तः सन्तो यजन्ते मनसा स्मरन्तः ।

त्वय्येव भक्ति परिकल्पयन्तो मुक्ति भजन्ते परिवृत्तिहीनाः॥१०॥ अपेकरूपांघ्रिविलोचन त्वमनेकशीर्षश्रुतिबाहुजिव्हः।अनन्तवि-
ज्ञानघनो ह्यनेकब्रम्हाण्डहेतुः परमप्रकाशः॥११॥ तव प्रसादादविमुक्तमेतद्दृष्टं चिराद्यत्नवताऽखिलेश। मुनिरुवाच। एवं स्तुत्वा
पूज्य प्रार्थयामास शंकरः ॥१२॥ गतं विरहदुःख मे प्राप्य वाराणसीं पुरीम्। इदानीं सर्वदा रक्ष मद्भक्तांश्च पुरीमिमाम्
पुनः॥१३॥ विना प्रसादं ते न स्यात्काशीवसः कदाचन। दण्डपाणेर्भैरवस्य तेऽपि यस्य कृपा भवेत्॥१४॥ तारकं ब्रम्ह तस्यान्ते
दिशामि च न चन्यथा। माघे मासी चतुर्थ्यां यो भौमवारे विधूदये ॥१५॥ अपूपैर्मोदकैरन्यैरुपचारैः। प्रपूजयेत् । संहृत्य
तस्य संकष्टं स्तोत्रपाठेन यो नुयात् ॥१६॥ तस्यापि सकलान्कामान्यच्छ लक्ष्मीमनेकधा। य इदं प्रातरुत्थाय त्रिसन्ध्यं वापि
भक्तितः ॥१७॥ पठेत्स्तोत्रं सकृद्वापि भुक्तिर्मुक्तिश्च तस्य च। अन्वेषयित्वा सर्वार्थान्विदधासि नृणामिह ॥१८॥ अतो
ढुण्ढिरिति ख्यातस्त्रिलोक्यां त्वं भविष्यसि । ढुण्ढिरित्येव तं नाम । मुक्तिदं पापनाशनम्। ॥१९॥ स्मरणात्सर्वकार्याणां
सिद्धिदं च भविष्यति। मुनिरुवाच। एवमुक्त्वाऽस्थापयात्स गण्डकीयशिलाकृताम् ॥२०॥ मूर्ति ढुण्ढेर्महादेवः प्रासादे चारु-
निर्मिते। ततो विवेश भवनं सर्वे देवाः स्वमन्दिरम् ॥२१॥ दिवोदासस्य मुक्ति स ददौ भक्तस्य शंकरः। गृत्समद उवाच।
एवं विमोहितस्तेन दिवोदास : स्वमायया ॥२२॥ विष्णुना बौद्धरूपेण तस्यास्य हितं कृतम्। सर्वं ते कथितं देव सामर्थ्यं
ढुण्ढिना कृतम् ॥२३॥ एवं प्रभावो देवोऽसौ यद्वरादुत्थितः सुतः। क उवाच। एवं गृत्समदः प्रोक्त्वा तस्ये
ढुण्ढिविचेष्टितम् ॥२४॥ गृहीत्वाज्ञां ययौ शीघ्रं निजमाश्रममण्डलम्। तदानीमेव सा पत्रमादाय प्रस्थिता ततः ॥२५॥

ढुण्ढेरायतनं याता नानानारीनरैर्युतम् । महोत्सवं प्रकुर्वद्भिर्दृष्ट्वा कीर्तिनंनाम तम् ॥२६॥ ययौ वाराणसीं पुण्यां स्मरणान्मुक्तिदायिनीम् । माघमासे चतुर्थ्यां सा भौमवारे मुदान्विता ॥२७॥ अनेकस्वर्णपात्रस्थैः पक्वान्नैः पायसादिभिः । पूजितं भक्तनिवहैर्नृत्यगीतविशारदैः ॥२८॥ नानालंकारसंयुक्तं दिव्यमाल्याम्बरावृतम् । नानामणिगणोपेतं नानामुक्ताविभूषितम् ॥२९॥ सुवर्णरत्ननिचयैर्दक्षिणार्थं निवेदितैः । न दृश्यते देवमुखमिति चिन्तापराऽभवत् ॥३०॥ मयाऽकिंच्चमयाऽस्मै किं निवेद्यमिति साऽनघ । सा दूर्वाशमिमन्दारकुसुमैर्मार्गसंचितैः ॥३१॥ पुपूज परया भक्त्या पुत्रोदयमयाचत । शमीमन्दारदूर्वाभिर्यथा तुष्टोऽभवत्तयोः ॥३२॥ न तथा द्रव्यनिचयैर्ढुण्ढिराजस्तुतोष ह । ततो भक्ता गताः सर्वे स्वस्वमन्दिर मादृताः ॥३३॥ उभौ तौ जननीपुत्रौ सन्निधौ तत्र तस्थतुः । तयोर्निराहारतया भक्तिभावेन तोषितः ॥३४॥ आविरासीन्मूर्तिमध्याड्ढुण्ढिराजो महोत्कटः । ऊचतुर्मुनिना प्रोक्तं यत्स्वरूपं महेशितुः ॥३५॥ तदेतत्पुण्यनिचयैर्दृष्टं साक्षात्सुभास्वरम् । सर्वालंकारसंयुक्त मुकुटेन विराजितम् ॥३६॥ दशबाहुधरं चारु नेत्रपंकजशोभितम् । अनर्घ्यरत्नमुक्तानां बिभ्रद्दाम महत्तरम् ॥३७॥ पीताम्बरयुतं दन्ताविराजितमनुत्तमम् । दृष्ट्वैवं परमं रूपं मग्नावानन्दसागरे ॥३८॥ विस्मृतौ पूजनं कर्तुं नमस्कारं च तावुभौ । उवाच भगवान्देवो वरं वरय सुव्रते ॥३९॥ सुप्रसन्नाः प्रदास्यामि यत्ते मनसि वर्तते ।

मुक्ताफलैर्नं रत्नैश्च द्रव्यैर्नानाविधैरहम् ॥४०॥ प्रीतो यथा शमीपत्रैर्मन्दारैरपि शोभने । क उवाच । एवमाकर्ण्य तद्वाक्यं कीर्तिस्तोषमियात्परम् ॥४१॥ देहभावं समासाद्य जगाद द्विरदाननम् । किं त्रिया वचनं कार्यं सर्वज्ञे सर्वरूपिणि ॥४२॥ आज्ञयाऽथ तथाऽप्यूचे सान्निध्याल्लब्धबोधया । कीर्तिरुवाच । निष्कलो निरहंकारो निर्गुणोऽसि जगत्प्रभुः ॥४३॥ पूर्णानन्दः परानन्दः पुराणश्च परात्परः । दिक्पालरूपी सोमार्कसरित्सागररूपवान् ॥४४॥ त्वमेव पृथिवी वायुराकाशस्तेज एव च । जलं तयाऽन्तरिक्षं च गन्धर्वोरगराक्षसाः ॥४५॥ चराचरस्वरूपस्त्वं दीननाथकृपानिधिः । विनायकादिरूपेण व्यक्ति प्राप्तोऽसि सांप्रतम् ॥४६॥ अद्य मे नयने धन्ये जन्म भर्ता सुतोऽप्ययम् । पितरौ च कुलं शीलं रूपं ज्ञानं तपोऽपि च ॥४७॥ जन्मान्तरीयपुण्येन दृष्टः क्षिप्रप्रसादनः । तवैव चाज्ञया देव स्थापिताऽस्य तवाभिधा ॥४८॥ सपत्न्याऽस्य विषं दत्तं मृत उत्थापितः पुनः । गृत्समदेन मुनिना तव भक्त्यैव विश्वराट् ॥४९॥ शमीपत्रैश्च पूजा ते कथिता तव लब्धये । मुनिप्रभावाद्दृष्टोऽसि तापत्रयनिवारण ॥५०॥ प्रसन्नश्चेद्देहि नाथ भक्ति मम सुतस्य ते । त्रैलोक्येऽपि यशश्चाग्र्यं राज्ये निःसंगवृत्तिताम् ॥५१॥ दीर्घायुः सद्गुणग्रामं बलं कीर्ति सुखं क्षमाम् । विजयं सर्वसंग्रामे द्विजे देवे रतिं पराम् ॥५२॥ ढुण्ढिरुवाच । ये ये वरास्त्वया प्रोक्तास्ते ते दत्ता मयाऽनघे । सहस्रयज्ञकर्ताऽसौ जीवन्वर्षसहस्रकम् ॥५३॥ शान्तो दान्तो हि मद्भक्तो राज्यं कर्ता

सुतस्तव । चतुर्भिरप्युपायैः स वशे सर्वं करिष्यति ॥५४॥ मम ध्यानं नामजपः सर्वदाऽस्य भविष्यति । अन्ते मम स्मृतिं कृत्वा मत्स्वरूपं प्रपत्स्यते ॥५५॥ क उवाच । एवं तस्यै वरान्दत्त्वा परितुष्टो विनायकः । ददौ स्वपरशुं तस्य पर्शुबाहुरिति स्फुटम् ॥५६॥ चक्रे नाम स्वयं देवस्ततश्चान्तर्हितोऽभवत् ॥५७॥ (२०९७)

इति श्रीगणेशपुराणे क्रीडाखंडे कीर्तेवरप्रदानं नामाष्टचत्वारिंशोऽध्यायः ॥४८॥

अध्याय ४९ प्रारंभ – क उवाच । एवं लब्धवरा कीर्तिः शेषां रात्रिं निनाय च । उषः स्नात्वा प्रपूज्याशु मूर्तिं पुत्रयुता ययौ ॥१॥ हर्षिता दुःखिता देव विरहान्नगरं स्वकम् । नानाध्वजपताकाभिः सेकैर्धूपैरलङ्कृतम् ॥२॥ ढुण्ढिनाम जपन्तौ तौ नृपपत्नीसुतावुभौ । ज्ञात्वा गतौ नृयानेन सेनया वाद्यनिस्वनैः ॥३॥ आनिन्ये नगरं कर्णपुरं नाम्ना सुविश्रुतम् । मूर्ध्न्या-घ्रायाशु तनयं सस्वजे परमादरात् ॥४॥ उवाच परमप्रीतो हर्षगद्गदया गिरा । क्षिप्रप्रसादन सुत श्रान्तोऽसि बहुवासरम् ॥५॥ दृष्ट्वा त्वां परमाह्लादं प्राप्तो लब्ध्वा सुधामिव । विससर्जाखिलाँस्लोकान्दत्त्वा वस्त्राणि दक्षिणाः ॥६॥ कीर्तिश्च स नृपः पश्चात्परस्परमथोचतुः । साऽपि सर्वं नृपायास्मै वृत्तान्तं संन्यवेदयत् ॥७॥ परस्परालिंगनचुम्बनानि हास्यं विनोदं परिचक्रतुस्तौ । ताम्बूलविच्छेदमपि प्रहर्षात्कामस्य युद्धं निरपत्रपौ च ॥८॥ ततः कतिपयाहस्सु ज्ञात्वा पुत्रं गुणाकरम् ।

विनीतं सर्वधर्मज्ञं नीतिशास्त्रविशारदम् ॥९॥ अभिषेचनीयसंभारान्कृत्वाहूय वरान्द्विजान् । सुहृदः सर्वराजन्यानभिषेकं सुते ददौ ॥१०॥ शुभे मुहूर्ते संलग्ने सप्तेष्टग्रहसंयुते । कृत्वाऽभ्युदयिकं श्राद्धं स्वस्तिवाचनपूर्वकम् ॥११॥ नानाद्रव्ययुतैस्तोयैरभिषेकमकारयत् । नदत्सु सर्वतुर्येषु ऋग्यजुस्साममन्त्रतः ॥१२॥ संतोष्य ब्राह्मणानन्यान्दक्षिणारत्नदानतः । स्वयं च वनवासीयदीक्षां गृह्य च पृच्छ्य च ॥१३॥ विससर्जाखिलान्राजा निजसाधनसंस्थितः । ततः परशुबाहुः स प्रशशास महीमिमाम् ॥१४॥ धर्मशास्त्रीयनीत्या च त्यागेन यश आर्जयत् । विख्यातस्त्रिषु लोकेषु पराक्रमबलादभूत् ॥१५॥ मन्दारमूर्तिं ढुण्ढेः स कृत्वा कंठे दधार ह । शमीं दूर्वां विना पूजां न करोति कदाचन ॥१६॥ नानाभोगाननेकाः स्त्रीर्बुभुजे धर्मतस्तु सः । उत्पाद्य पुत्रान्दानानि दत्त्वा वर्षसहस्त्रकम् ॥१७॥ चकार राज्यं पश्चात्तत्पुत्रे न्यस्य दिवं ययौ । कल्पाननेकान्स्वर्गे स स्थितो ढुण्ढिस्वरूपवान् ॥१८॥ मुनिरुवाच । एवं शम्याः प्रभावस्ते संक्षेपेण निरूपितः । तत्पूजनस्य पुण्यं च मन्दारस्य प्रसंगतः ॥१९॥ तस्मात्त्वयाऽपि पूज्योऽहं शमीमन्दारतो मुने । भक्त्या समर्पितं पुष्पं पत्रमिष्टं सुधायते ॥२०॥ निषिद्धपत्रपुष्पादि समर्प्य नरकं व्रजेत् । यस्य यद्दैवतं मुख्यं तदिष्टमितरेषु वा ॥२१॥ समर्पयन्नभेदेन भक्तो दोषं न चाप्नुयात् । एवं पंच्चापि संपूज्य देवांस्तत्परतामियात् ॥२२॥ सात्विको लीयते देवे राजसस्तु सरूपताम् । उभाभ्यां चैव सान्निध्यं तामसस्तु सलोकताम् ॥२३॥ प्राप्नुयाद्यजमानस्तु त्रेधा भक्तिर्न वै वृथा । व्यास उवाच । विनायकस्य लोको वै

कस्मिल्लँोके च तिष्ठति ॥२४॥ एतं मे संशयं ब्रह्मंश्छेत्तुमर्हसि सांप्रतम् । कमन्यं परिपृच्छामि सर्वज्ञं त्वां विहाय भोः ॥२५॥ ब्रह्मोवाच । मयाऽपि नारदायोक्तो मुद्‌गलाय च तेन च । काशीराजाय चाख्यातो लोको वैनायकः शुभः ॥२६॥ स कामदायिनीशक्त्या तेनैव निर्मितः पुरा । निजलोकेतिनामास्य स्वयं चक्रे विनायकः ॥२७॥ काशीराजो विमानस्थो दृष्ट्वांश्चर्मचक्षुषा । यं प्राप्य दुःखं न द्वन्द्वं प्राप्नुते स्त्री पुमानपि ॥२८॥ ब्राह्मं कल्पं च वसति ज्योतिरूपं समाप्य च । इक्षुसागरसंभोगं लभते तत्र यः स्थितः ॥२९॥ महाप्रलयवेलायां तिष्ठत्येवाविनाशि यत् । तत्पीठं तस्य देवस्य निद्रास्थानं सनातनम् ॥३०॥ सेवेते सिद्धिबुद्धी तं सामवेदस्तु गायति । कल्पवृक्षो यच्छति तत्कल्पितं मनुजेन यत् ॥३१॥ अकल्पिताः संपदोऽत्र जायन्ते तत्प्रभावतः । मयैव वर्णिताः सर्वे देवलोका अनेकशः ॥३२॥ गणेशनिजलोकस्य शक्तिर्नो मम वर्णने संक्षेपेण ततोऽख्यायि किमन्यच्छ्रोतुमिच्छसि ॥३३॥ (२१३०)

इति श्रीगणेशपुराणे क्रीडाखंडे शमीमन्दारफलवर्णनं नामैकोनपञ्चाशत्तमोऽध्यायः ॥४९॥

अध्याय ५० प्रारंभ :– मुनिरुवाच । कथं च काशीराजेन प्राप्तं तत्स्थानमुत्तमम् । मुद्‌गलस्योपदेशेन तन्मे शंसितुमर्हसि ॥१॥ क उवाच । तीर्थयात्राप्रसंगेन मुद्‌गलस्तं नृपं ययौ । स पूजयित्वा पप्रच्छ सर्वज्ञं तं मुनिं नृपः ॥२॥ नृप उवाच ।

विनायकस्य लोकः कः प्राप्यते स कथं मया । मुनिरुवाच । स्वानन्दभुवनेत्येवं निजलोकेति च द्वयम् ॥३॥ वैनायकस्य लोकस्य विख्यातम् नाम वर्तते । उत्पतस्येते यदा दैत्यौ देवान्तकनरान्तकौ ॥४॥ विनायकोऽपि तौ हन्तुं मानुषेऽवतरिष्यति । स तु बालकरूपेण लीला अद्भूतविक्रमाः ॥५॥ करिष्यति नृलोकेऽस्मिन्स्वेच्छाचारी महाबलः शुक्लस्य भक्तियुक्तस्य दरिद्रस्य गृहे यदा ॥६॥ भुक्त्वा दत्त्वामोघलक्ष्मीं शुक्लायेन्द्रस्य दुर्लमाम् । विवाहार्थं समानीतो दर्शयिष्यति पौरुषम् ॥७॥ यदा ते गृहमागच्छेतदा तद्भक्तितो नृप । काशीराज महाबाहो निजलोकमवाप्स्यसि ॥८॥ क उवाच । एवमुक्त्वा गते तस्मिन्काशीराजो महामतिः । गणेशभक्तिं कुर्वाणः कालाकाङ्क्षी बभूव ह ॥९॥ ततो बहुतिथे कालेऽवतीर्णोऽसौ विनायकः। कश्यपस्य गृहे यो वै लीलाविग्रहवान्विभुः ॥१०॥ हता नानाविधा दैत्याः क्रीडा नानाविधाः कृताः । दारिद्र्यं हृतवान्सद्यः शुक्लस्यादन्गृहे तदा ॥११॥ काशिराजस्य भवनं पुनरागान्महाबलः । हतौ महाबलौ दैत्यौ देवान्तकनरान्तकौ ॥१२॥ स्वानन्दभवनं यातः क्षीरसागरमध्यगम् । काशीराजस्तु विरहाच्चिन्तयन्सर्वदा तु तम् ॥१३॥ आलिंगति नरं कंचिचदयमेव विनायकः । इति मत्वा सभामध्ये सर्वं तादात्मकं जगत् ॥१४॥ पश्यति स्म दिवारात्रौ सोऽपि तन्मयतामियात् । निराहारः कदाचित्स तिष्ठति स्म नृपस्तदा ॥१५॥ ग्रासमात्रं कदाचित्स भुनक्ति च यथामति । कदाचिद्धसते क्वापि नृत्यति स्म नृपस्तदा ॥१६॥ निद्राति बहुकालं तं पश्यन्स्वप्ने विनायकम् । एवं नृपे स्थितेऽमात्याश्चिन्तामापुः सुदारुणाम् ॥१७॥ यदि

लोका विजानीयुः परचक्रं पतेत्तदा । एवं चिन्तयतां तेषाममात्यानां नृपालये ॥१८॥ तदैव मुद्गलो ध्यानं विसृज्य नृपतिं ययौ । तद्दर्शनप्राप्तबोधः प्रणनाम नृपो मुनिम् ॥१९॥ उपवेश्यासन पश्चात्संपूज्य च यथाविधि । बद्धांजलिरुवाचाथ धन्यो वंशोजनुर्मम ॥२०॥ पितरौ मन्दिरं नेत्रे धन्यंत्वद्दर्शनान्मुने । यत्प्रसादात्परं स्थानं संसारतारणंनृणाम् ॥२१॥ अवमानान्महद्दुःखं तं त्वा पुण्येन दृष्टवान् । तमुवाच । ततो विप्रो वाचा तस्य सुतोषितः ॥२३॥ मुनिरुवाच । त्वादृशस्तु विनीतात्मा नैव दृष्टो न च श्रुतः । पूजनात्परितुष्टोऽहं वांछितं ते ददाम्यहम् ॥२३॥ क उवाच । तद्वाक्यपरितुष्टोऽसौ काशीराजो जगाद तम् । अनेनैव च देहेन स्वानन्दभुवनं मुने ॥२४॥ इच्छेयं च चिरं तत्र स्थातुं नैव च संपदः । तत ऊचे मुद्गलोऽसौ परितुष्टस्तया गिरा ॥२५॥ अनेन जडदेहेन स्वानन्दभुवनं नृप । प्राप्स्यसेत्वं गणेशस्य पुनरावृत्तिर्वर्जितः ॥२६॥ भुक्त्वाऽन्न संपदः पंचसहस्त्रपरिवत्सरान् । ब्रह्मकल्पमयं कालं ततः स्वानन्दमाप्स्यसि ॥२७॥ नृप उवाच । कीदृक्स लोकः किन्नामा वद सत्यं मुने मम । केन पुण्येन गम्योऽसौ श्रुता लोका मयाऽखिलाः ॥२८॥ मुद्गल उवाच । शृणु राजन्मयाऽश्रावि महिमा कपिलान्मुनेः । सामान्यतः सर्वलोकाः प्रसिद्धा ये श्रुतास्त्वया ॥२९॥ गहना गतिरत्यन्तमस्य लोकस्य भूपते । दिव्यलोकेति नामास्य निजलोकेति चापरम् ॥३०॥ स कामदायिनीपीठे संतिष्टति विनायकः । विस्तीर्णं पंचसाहस्त्रयोजनानि

महामते ॥३१॥ रत्नकांचनभूमौ स राजते भासयन्दिशः । स्वानन्दनामा दिव्योऽयमिक्षुसागरमध्यगः ॥३२॥ न वेदैर्न च दानैश्च व्रतैर्यज्ञैर्जपैरपि । तपोभिर्विविधैश्चा प्राप्यते नैव कर्हिचित् ॥३३॥ विनायकस्य कृपया प्राप्यते नित्यभक्तितः । समष्टिव्य-ष्टिरूपोऽत्र सदा तिष्ठति विघ्नराट् ॥३४॥ पादैः स सप्तपातालं व्याप्य शेषशिरांसि च । कूर्मं च कमठं चैव श्रोत्राभ्यां च दिशोऽखिलाः ॥३५॥ केशैर्व्योमापि संरोध्य स्थित आधारपंकजे । भ्रूमध्येऽप्यग्निचक्रे तं द्विपत्रे ध्याति पुण्यकृत् ॥३६॥ खेचरीमुद्रया युक्तो नांन्यो ध्यातुं न च क्षमः । सहस्रपत्रं ब्रम्हांण्डसरोजं विलसत्प्रभम् ॥३७॥ तत्र तेजःस्वरू-पोऽस्ति हृदि द्वादशपत्रकम् । दशपत्रं नाभिचक्रं लिंगे षटपत्रकं शुभम् ॥८३॥ षोडशारं कण्ठदेशे तत्र सर्वत्र विघ्नराट् । तेजोरूपी दीप्यमानः सत्यलोके यथा विधिः ॥३९॥ द्वादशारं तु वैकुण्ठं तत्र विष्णुः सदा स्थितः । कण्ठाब्जे पंचवक्त्रोऽसौ कैलासे सगणो यथा ॥४०॥ सोमसूर्याग्निनेत्रोऽसौ भूमण्डलमहोदरः । एकविंशतिस्वर्गास्स व्याप्य चौर्षाधरोमवान् ॥४१॥ सरितः सागरा यस्य घनेबिन्दुर्विभात्यसौ । ब्रह्मांडे भान्ति यस्यैव ब्रह्माण्डानि तु रेणुवत ॥४२॥ त्रयस्त्रिंशत्कोटिदेवा जीवा ये च सहस्रशः । औदुम्बरगता भान्ति मशका इव तद्गता ॥४।३। रचनां तस्य लोकस्यसंक्षेपेण ब्रुवे नृप । तुंगं यन्मेरुशिखरं तत्कैलासशिरस्पृहम् ॥४४॥ सहस्रयोजनं शून्यमगम्यं मुनिपुन्गवैः तत्र एका शक्तिरुच्चै-र्भ्रामिका नाम नामतः ॥४५॥ यत्संमताद्रुवत्यैव भ्रमराः शुभ्र एव च । पद्मासनगताधारशक्तिस्तन्मस्तके स्थिता ॥४६॥

चामीकरनिभा यास्तन्मस्तके कामदायिनी । कोटिसूर्यनिभा तस्या मूर्ध्नि पीठं महत्तरम् ॥४७॥ विकरालं जटाभारं बिभ्रती वदनं तथा । सहस्रसूर्यसङ्काशा भासयन्ती दिशो दश ॥४८॥ विस्तीर्णं दशसाहस्रयोजनं तावदायतम् । असंख्यसूर्यसंङ्काशं तन्मध्ये योजनायतम् ॥४९॥ स्वानंन्दभवनं भाति यत्र क्रांच्चनरत्नजाः । असंख्याता गृहा भान्ति भास्वरा गजमौक्तिकाः ॥५०॥ तस्यैव कृपया प्राप्यो दुःखमोहविवर्जितः । तदुत्तरे भाति पर इक्षुसागर एव तु ॥५१॥ सहस्रपत्रसंयुक्ता तन्मध्ये पद्मिनी शुभा । सहस्रपत्रं कमलं तस्यां भाति यथा शशी ॥५२॥ तत्कर्णिकागतस्तल्पो रत्नकांचननिर्मिताः । दिव्याम्बरयुतः शेते नृप तत्र विनायकः ॥५३॥ सिद्धिबुद्धी सदा तस्य पादसंवाहनं मुदा । कुर्वाते परया भक्त्या सामवेदस्त्रिमूर्तिमान् ॥५४॥ गानं करोति शास्त्राणि मूर्तिमन्ति स्तुवन्ति तम् । पुराणानि च सर्वाणि वर्णयन्त्य सद्गुणान् ॥५५॥ बालरूपधरस्तत्र शुण्डादण्डविराजितः । कोमलांगोऽरुणनिभो विशालाक्षो विषाणवान् ॥५६॥ मुकुटी कुण्डली राजत्कस्तूरीतिलकः स्वराट् । दिव्यमाल्याम्बरधरो दिव्यगन्धानुलेपनः ॥५७॥ मुक्तामणिगणोपेतं सरत्नं दाम संदधत ॥५८॥ अनन्तकोटिसूर्यौजाश्चन्द्रार्धकृतशेखरः । स्मरणात्पापहा सद्यः स्मृता गङ्गा यथा नृणाम् ॥५९॥ तेजोवती ज्वालिनी च शक्ती पर्यङ्कपार्श्वयोः । सहस्रादित्यसङ्काशे तिष्ठतो नृप सर्वदा ॥६०॥ न शीतं न जरा तत्र क्लमः स्वेदोऽथ तन्द्रचपि । क्षुधा

तृषा वा दुखं वा न कदाचन जायते ॥६१॥ आनन्दहृदमग्नास्ते तत्रासन्ये सुपुण्यतः । विश्वव्यापी बालरूपी यत्र तिष्टती विश्ववित् ॥६२॥ मुद्‌गल उवाच । एवं ते कथितो लोको गणेशस्य यथामति । तस्मादनन्यभक्त्या त्वं तमेवाराधय प्रभो ॥६३॥ क उवाच । एवमुक्त्वा गतः स्थानं स्वकीयं मुद्‌गलो मुनिः । काशीराजो गणेशस्य भजने तत्परोऽभवत् ॥६४॥ सहस्रपञ्चवर्षाणि कृत्वा राज्यमनेन ह । देहेन यानमारुह्य गतः स्वानन्दधाम तत् ॥६५॥ (२१९५)

इति श्रीगणेशपुराणे क्रीडाखंडे गणेशलोकवर्णनं नाम पञ्चाशत्तमोऽध्यायः ॥५०॥

अध्याय ५१ प्रारंभ :- व्यास उवाच । कथमाराधितस्तेन काशीराजेन विघ्नराट् । कथं च चर्मदेहेन गतः स्थानमनुत्तमम् ॥१॥ एतन्मे शंस भगवञ्शृण्वंस्तृप्यामि न क्वचित् । क उवाच । सम्यक्शृणु महाबुद्धे कथां पापप्रणाशिनीम् ॥२॥ कथयामि महाबुद्धे इतिहासं पुरातनम् । यथा निर्वासनो भूपः स्वानन्दभवनं गतः ॥३॥ महिमानं परिज्ञाय मुद्‌गलाज्ज्ञानसागरात् । कायेन मनसा वाचा गणेशे भक्तिमानभूत् ॥४॥ गोदानानि महाभक्त्या गजादानान्यनेकशः । रथाश्वगृहधान्यानि दश दानान्यजानपि ॥५॥ विनायकप्रीतये स ददात्येव दिने दिने । मिष्टान्नभोजनैर्विप्रांस्तोषयित्वा धनादिभि ॥६॥ गणेशदृ-

ढर्भक्ति स याचते स्म दिने दिने । माघशुक्लचतुर्थ्यां स भौमवारे शुभे दिने ॥७॥ स्नानं चक्र उषःकाले सन्ध्यां नित्यविधिं तथा । भूषयित्वा तथात्मानं नानालंकरणांशुकैः ॥८॥ आकार्य सकलाल्लोकान्ब्राह्मणान्सुहृदोऽपरान् । पूजयामास विविधै रत्नैरंशुकसंचयैः ॥९॥ वारंवार पश्यति स्म विमानागमनं नृपः । सभातो गन्तुकामांस्तान्निषेधति मुहुर्मुहुः ॥१०॥ ततो विनायको ज्ञात्वा कालं तस्य महात्मनः । प्रेषयामास दूताभ्यां विमानं द्युतिमत्तरम् ॥११॥ गणेश उवाच । प्रमोदामोद गत्वा तु काशीराजं धरातले । मद्भक्तमत्रानय ते विमानवरमास्थितम् ॥१२॥ क उवाच । तदाज्ञां प्राप्य तं नत्वा दिवो लोकादुभौ तदा । दिव्यं विमानमादाय काशीराजं समीयतुः ॥१३॥ तत्तेजोधर्षिता लोका मेनिरे प्रलयानलम् । केचिच्च मेनिरे व्यभ्रे विद्युत्पातमिवागतम् ॥१४॥ तर्कयामासुरपरे पतन्तं रविमण्डलम् । घण्टानां चैव तूर्याणां गन्धर्वाप्सरसां स्वनम् ॥१५॥ श्रुत्वाऽन्ये जज्ञिरे यानं गणेशकृपयागतम् । अङ्गणे काशिराजस्य समुत्तीर्णं श्रिया लसत् ॥१६॥ आगतौ राजनिकटे प्रमोदामोदसंज्ञकौ । गणौ दिव्याम्बरधरौ दिव्यभूषाविराजितौ ॥१७॥ दिव्यमाल्यानुलेपाद्यैर्दिव्यदीप्त्या स्मराविव । विनाय-कस्वरूपौ तौ नत्वा राजा निजासने ॥१८॥ उपवश्य प्रपूज्याशु यावत्पृच्छति तौ नृपः । तावत्तावूचतुर्दूतौ सर्वलोकेऽथ ॥१९॥ शृणु राजन्प्रवक्ष्यामि वाक्यं वैनायकं शुभम् । न भक्तस्त्रिषु लोकेषु त्वत्तः प्रीतिकरो नृपः ।त्वां ध्यायंति दिवारात्रं शृण्वति शृण्वति त्वद्गुणान्वदतेऽनिशम् ॥२०॥ धन्योऽसि जन्मसाफल्यं कृतं पुण्यवता त्वया । त्वद्दर्शनात्क्षिप्रतरं नष्टं पापं तमो महत् ॥२१॥

न जानीवस्तपः किं ते कृतं जन्मान्तरेषु च परब्रह्मस्वरूपोऽयं बालरूपी विनायकः ॥२२॥ भवतां गृहमागत्य नानालीला अदर्शयत् । देवस्य देवभक्तस्य महिमा नैव गोचरः ॥२३॥ यतो विनायको देवस्त्वां चिन्तयति सर्वदा । त्वदर्थं प्रेषितं यानं दिव्यं वैभवसंयुतम् ॥२४॥ न यावो दिव्यलोकं त्वां तदाज्ञावशवर्तिनौ । शीघ्रमानयतां काशीराजमित्याह नौ विभुः ॥२५॥ शृण्वत्सु सर्वलोकेषु शुश्राव स बचस्तयोः । अमृताब्धौ निमग्नोऽभूदानन्दाश्रु सृजन्मुहुः ॥२६॥ देहावस्थां पुनर्लब्ध्वा प्रणम्य तौ उवाच सः । धन्यं जन्म च पितरौ निष्ठा भक्तिश्च सम्पदा ॥२७॥ यद्दुर्लभौ मया दृष्टौ चरणौ वां शुभावहौ । विनायकस्वरूपेण प्राप्तौ नेतुं परं स्थलम् ॥२८॥ इक्षुसागरमध्यस्थं दुर्दर्शं चर्मचक्षुषाम् । यन्निर्गुणं चिदानन्दं परं ब्रह्म सनातनम् ॥२९॥ विश्वोत्पत्तिस्थितिलयहेतुभूतमगोचरम् । यदणुभ्योऽप्यणुतरं स्थूलात्स्थूलतरं च यत्॥३०॥ सर्वत्रगमसक्तं च साकारं गुणभोक्तृ च । नानारूपमरूपं च भूभारहरणोद्यतम् ॥३१॥ तेन मे रङ्कभूतस्य कृपेयं महती कृता । इत्युक्त्वा स नमस्कृत्य सर्वानालिंग्य प्रेक्ष्य च ॥३२॥ दूतावूचे त्वारुहतं प्रणिपातपुरःसरम् । पश्चादहं समारोक्ष्ये विमानं मर्त्यदुर्लभम् ॥३३॥ अमात्याभ्यां नमस्कृत्य पुत्रं दत्वा तयोः करे । प्रजांना पालनं कार्यं धर्मेण च बलेन च ॥३४॥ मुद्गलेन च तत्प्रोक्तमनुभूतमिदं मया । इत्युक्त्वा चर्मदेहेन रुरोह यानमुत्तमम् ॥३५॥ अधिष्ठितं तु दूताभ्यां पूजिताभ्यामनेकधा ।

आरुढस्य च तत्रास्य देहोऽभूद्रविसन्निभः ॥३६॥ दिव्यैर्गन्धैरलंकारैस्ताभ्यां संपूजितोंऽशुकैः । गतौ तौ वायुवेगेन दर्शयन्तौ च तौ नृपम् ॥३७॥ भूतप्रेतपिशाचानां लोकं दुष्कृतकर्मणाम् । यत्र ते विकृताकारा ऊर्ध्वपादा अधोमुखाः ॥३८॥ पृष्ठभागमुखाः केचिन्मस्तकाक्षास्तथाऽपरे । हृदि नेत्राः पृष्ठनेत्राः सूक्ष्मकण्ठा महोदराः ॥३९॥यथा रश्मौ जालगते भ्रमन्ति परमाणवः । तथा भ्रमन्ति गगनेऽनेकरूपाः सुदुःखिनः॥४०॥कोऽयं लोको दूतवरौ ब्रूतं म इति सोऽब्रवीत् ॥४१॥ (२२३६)

इति श्रीगणेशपुराणे क्रीडाखण्डे एकपंचाशत्तमोऽध्यायः ॥५१॥

अध्याय ५२ प्रारंभ :– दूतावूचतुः । प्रेतभूतपिशाचानां लोकोऽयं राजसत्तम । निन्दापैशून्यतास्तेयकृतो यान्त्यत्र भूपते ॥१॥ ततोऽग्रे पश्यति स्मासौ लोकावसुररक्षसाम् । यत्र ते विविधाकारा ऊर्ध्वकेशा भयानकाः ॥२॥ घोरास्याश्च ललजिव्हा मेघनादाधरोपमाः अग्निकुण्डनिभांस्तान्स दृष्ट्वा पप्रच्छ तौ पुनः ॥३॥ केषामिदं पुरं दूतौ गदतं मेऽनुपृच्छतः । तावूचतुरयं लोको दुष्टदानवरक्षसाम् ॥४॥ श्रौतस्मार्तक्रियाहीना अत्र तिष्ठन्ति पापिनः । तदग्रे स ददर्शाथ लोकं गन्धर्वसेवितम् ॥५॥ रौप्यस्वर्णगृहा यत्र रत्नकांचनभूमयः । नरनार्यः कामरत्यो नृत्यगानविशारदाः ॥६॥ अतिसौख्यकरं तं स दृष्ट्वा

पप्रच्छ तौ पुनः । केषामिदं पुरं दूतौ गदतं मेऽनुपृच्छतः ॥७॥ तावूचतुः । गन्धर्वनगरं चेदं देवस्थानेषु गायकाः । प्राप्नुवन्ति महापुण्यादिदं पुरमनुत्तमम् ॥८॥ सिद्धचारणयक्षाणां गुह्यकानां पुरं महत् । नानाव्रतैस्तया दानैर्गम्यं पुण्यसमुच्चयैः ॥९॥ दूतौ च तौ नृपं पश्चाद्दर्शयेतां गरीयसीम् । इन्द्रस्य नगरीं रम्यामश्वमेधशतार्जिताम् ॥१०॥ सुवर्णरत्नगोदानरथाश्वगजदानतः। गम्यां तीर्थाभिषेकाद्यैः पुण्यैर्नानाविधैरपि॥११॥यत्रेन्द्रभवनं रम्यं दर्शयेतामुभौ नृपम् । नृपो निरीक्ष्य तौ प्रोचे यच्छ्रुतं दृष्टमेव तत् ॥१२॥ अग्निलोकं ततोऽग्रे तौ दर्शयेतां नृपं शुभम् । यत्राग्निहोत्रिणो वन्हितेजसो भान्त्यनेकशः ॥१३॥ ततोऽग्रे दर्शयेतां तौ यमलोकं शुभाशुभम् । यत्र पुण्यकृतो यान्ति तथा पापकृतोऽपि च ॥१४॥ स धर्मः सुकृतां भाति क्रूरो दुष्कृतकर्मणाम् । सुकृतः सर्वभोगांस्तु दुष्कृतो नरकानपि ॥१५॥ भुंजते प्राणिनः स्वस्वकर्मभोगाननेकशः । कुम्भीपाके च पच्यन्ते छिद्यन्ते चासिपत्रकैः ॥१६॥ अयोघनेन ताड्यन्ते कृत्यन्ते कण्टकैरपि । तामिस्रं चान्धतामिस्रे कृमिकुण्डे सपूयके ॥१७॥ पात्यन्ते नरके घोरे दुष्कृतः प्राणिनः स तान् । निरीक्ष्यामीलयन्नेवे यातं यातमिति ब्रुवन् ॥१८॥ ततोऽग्रे दर्शयेतां तौ कौबेरं लोकमुत्तमम् । अत्याश्चर्यकरं शक्रलोकादतिवरं परम् ॥१९॥ रत्नकांचनयुक्तानि गृहाणि दीप्तिमन्ति च । रत्नकांचनदानेन तुलादानैश्च कोटिशः ॥२०॥ प्राप्नुवन्ति महाभागाः कौबेरं लोकमुत्तमम् । ततोऽग्रे दर्शयेतां तौ वारुणं लोकमुत्तमम् ॥२१॥ तीर्थान्न दानतो लभ्यं कुबेरभवनातिगम् । अप्सु सर्वे शुष्कदेहा वसन्ति सुखभोगिनः ॥२२॥ वापीकूपतडागानां दृश्यन्तेः जलदायिनः । ततोऽग्रे दर्शयेतां तौ वायुलोकं सुखावहम् ॥२३॥ ददते व्यजनं ग्रीष्मे

सौशीर कर्पुरं जलम् । वसन्ति वायुलोके ते स्वेच्छानातिविहारिणः ॥२४॥ ततोऽग्रे दर्शयेतां तौ सूर्यलोकं दुरासदम् । पंचा-
ग्निसाधनरताः सूर्यभक्तिपरायणाः ॥२५॥ अवाप्तकामा मुनयः सर्वे ते सूर्यवर्चसः । निवसन्ति निराबाधा ब्रह्मकल्पशतं नराः
॥२६॥नाक्षत्रं चन्द्रलोकं च दर्शयेतां नृपं ततः । मुक्ताफलसुवर्णानां दानेन सोमयागतः ॥२७॥ प्राप्नुवन्ति महात्मानो लोकमेनं
सुपुण्यतः । गोलोकं च ततोऽग्रे तौ दर्शयेतां नृपं तदा ॥२८॥ गोसहस्राणि ये दद्युर्ब्राम्हणेभ्यो यथाविधि । रोमसंख्यैस्तु
कल्पैस्ते गोलोके निवसन्ति हि ॥२९॥ सत्यलोकं ततोऽग्रे तौ दर्शयेतां चिरन्तनम् । सत्यव्रता वेदविदो वेदाध्ययनतत्पराः
॥३०॥ सदाचाराः शास्त्रविदः पुराणपाठकाश्च ये । अन्नदानरता यज्ञकर्तारस्तीर्थसेविनः ॥३१॥ अप्रतिग्राहका विप्राः
परोपकृतिकारिणः । तपस्विनो दानपराः सत्यलोकं व्रजन्ति ते ॥३२॥ गव्यूत्यष्टसहस्रेण विस्तीर्णं तावदायतम् । यत्र ब्रह्मा
मुनिगणैर्गणै राजर्षिणां परैः ॥३३॥ देवर्षीणां दानवानां गन्धर्वाप्सरसां तथा । स्तूयमानो दिवारात्रं सेव्यते भक्तितत्परैः
॥३४॥ यत्रेन्द्रभवनाभानि गृह्याणि परिता लसन् । तं दृष्टवा नृपतिर्लोकं विस्मितः प्राह तौ तदा ॥३५॥ नृप उवाच ।
धन्योऽस्म्यनुगृहीतोऽस्मि गणेशेन कृपावता । भवभ्द्यां च यतो दृष्टाः स्वर्गलोकाः सुदुर्लभाः ॥३६॥ क उवाच । तं पुनर्दर्शयेतां
तौ वैकुण्ठं विश्रुतं त्रिषु । लोकेषु तत्र गच्छन्ति वैष्णवा भक्तितत्पराः ॥३७॥ सर्वलोकेषु श्रेष्ठं तं नोपमा यस्य विद्यते । शेषो
न वर्णने शक्तोऽनेकवक्त्रो न चात्मभूः ॥३८॥ उर्जस्नायी क्षषरनायी मेषस्नायी तिलाप्रदः । गोदो गीताध्ययनवान्प्राणिनां

चोपकुच्च यः ॥३९॥ विष्णुलोकं व्रजत्याशु सहस्र पंचयोजनम् । सूर्यचन्द्रप्रकाशानि विश्वकर्मकृतानि च ॥४०॥ मन्दिराणि प्रभासन्ति रत्नकांचन राजतैः । येषु ना प्रविशत्येव तमोरत्नमरीचिभिः ॥४१॥ परिवारयुतो लक्ष्म्या यत्र तिष्ठति दैत्यहा । जहर्ष नृपवर्योऽसौ दृष्टवा तत्पुण्यसंचयात् ॥४२॥ ततोऽग्रे दर्शयेतां तौ कैलासं गिरिशालयम् । मेरोस्तु शिखरे रम्यऽयुतयोजनविस्तृते ॥४३॥ रविचन्द्रप्रकाशानि हर्म्याणि यत्र भान्ति च । यत्र पंचाक्षरजपा रुद्राध्यायजपाश्च ये ॥४४॥ अनेकसाधनरताः पुण्यवन्तो व्रजन्ति ह । तं दृष्टवा प्राह नृपतिर्विनायकप्रसादतः ॥४५॥ दृष्टवा सर्वं देवलोकाः पुच्यदा दर्शनान्नृणाम् । ततोऽग्रेन रविश्चन्द्रः सहस्रयोजनावधि ॥४६॥ विमानप्रभया याति न च पश्यन्ति किंचन । मेघनाद निभं शब्दं शुश्राव दुःसहं नृपः ॥४७॥ गिरिवर्यप्रकाशानां भ्रमराणां समन्ततः । कस्य शब्दः श्रूयतेऽयमिति पप्रच्छ तौ नृपः ॥४८॥ कदा द्रक्ष्यामि देवस्य पादपद्ममिति स्फुटम् । ददर्श पुरतो राजा शक्ति भ्रामरिकां दृढाम् ॥४९॥ अनेका-दित्यसङ्काशां ब्रह्माण्डग्राससाहसाम् । प्रसारितमुखां भीमां दृष्ट्वा मूर्च्छामियान्नृपः ॥५०॥ आश्वास्य निन्यतुस्तं तु दूतावग्रे नृपं तदा । तत आधारशक्ति स ततोऽप्यतिभयङ्कराम् ॥५१॥ दृष्टवा चकम्पे नृपतिर्भ्रामरीमस्तके स्थिताम् । करालकेशां लम्बोष्ठीं दीर्घजिव्हां प्रभायुताम् ॥५२॥ आश्वासितो व्रजन्नग्रे सोऽपश्यत्कामदायिनीम् । आधारशक्ति संविष्टां योजनायुतविस्तृताम् ॥५३॥ भ्रमन्ति पर्वता यस्याः श्वासवायुविवर्तनात् । वज्रातिनिष्ठुरदेहैर्यस्यास्तिष्ठति सा पुरी ॥५४॥

वदतः स्म नृपं दूतौ पश्य स्वानन्दपत्तनम् । यद्ध्यानपरितृप्तोऽसि कोटिसूर्यनिभं शुभम् ॥५५॥ रत्नकांचनसंभिन्ना भाति यत्र गृहाः परे । मुक्तारजतसूर्याश्मनिर्मिताश्चसहस्रशः ॥५६॥ नीलाश्मकुट्टिमा यत्र पुमांसो यत्र वन्हिभाः ।यत्र वापीकूपतडागा भान्ति च सरांसि च ॥५७॥ स्वच्छशीताम्बुनीलानि पीतरत्नतटानि च । यदम्बुपानान्न जरा न क्षुद्रोगो नृणां भवेत् ॥५८॥ आक्रीडा विमला नानावृक्षवल्लीविराजिताः दिव्यौषध्यो दिवा सूर्यकोटिभा भान्ति यत्र च॥५९॥चन्द्रपृष्ठे प्रपश्यन्ति कलंकरहिते मुखम् । विलासिनीजना यत्र सर्वदाऽधोगते निशि॥६०॥यत्रपुष्पवनामोदः श्रमं हन्ति विहारिणाम् ।इक्षुसागरतीरं त्प्राप्योत्तेरुर्मुदा युताः ॥६१॥ इति श्रीगणेशपुराणे क्रीडाखंडे द्विपश्चात्तमोऽध्यायः ॥५२॥

अध्याय ५३ प्रारंभ – ब्रह्मोवाच । पपुरिक्षुरसं पुण्यनिचैयर्लभ्यमंजसा । तन्मध्ये पद्मिनी श्वेता सहस्रदलपद्मयुक् ॥१॥ सहस्रकिरणप्रख्यं तस्यां यत्पद्ममुत्तमम् । तन्मध्ये तस्य देवस्य पर्यंकोतिमनोहरः ॥२॥ दिव्यास्तरणसंपन्नो दिव्यधूपैः सुधूपितः । दिव्यनानाकुसुमवान्स्वप्रभै रत्नसंचयैः ॥३॥ भांसयन्प्रभया सर्वा दिशो विदिश एव च । व्यजनैर्वीज्यमानः स तत्र शेते विनायकः

॥४॥ कोटिचन्द्रनिभो नानालंकारो नागभूषणः । रम्भास्तम्भनिभं शुण्डादण्डं रदनसुन्दरम् ॥५॥ दधद्दिव्याम्बरच्छन्नो
भालनेत्रः किरीटवान् । कुण्डले चांगदे मुद्रा कटिसूत्रं महाधनम् ॥६॥ सिद्धिबुद्धी सिद्धिहेतू पादौ सर्वहतोऽस्य ह ।
अणिमागरिमाश्वेतचामरैर्वीजितः स्म ह ॥७॥ ज्वालिनी तेजिनी दीप्यमाने चोभयतः स्थिते । दिव्यगन्धेन
लिप्तांगो दिव्यमालाविभूषितः ॥८॥ महिमा प्रथिमादाय स्थिते दृष्टिसमीपतः । जवं गण्डूषपात्रं च
छत्रं कांचनरत्नयुक् ॥९॥ ततो दूतौ करे धृत्वातं नृपं पुरतोऽस्न तु । ईक्षेते वागवसरं ततो देवोऽन्वबुध्यत ॥१०॥ तौ
दूतावूचतुर्देवमानीतोऽयं तवाज्ञया । प्रणम्य च स्थितौ दूरं तदाज्ञापेक्षकावुभौ ॥११॥ तस्मिन्प्रबुद्धे राजा स प्रणनाम कृतां-
जलिः । उवाच परमप्रीत्या धन्यो वंशो ममाद्य ह ॥१२॥ पितरौ जन्म विद्या च तपो दृष्टिः सुतादयः । येन मे दर्शितं ब्रह्म
ध्येयं पदयुगं तव ॥१३॥ न ब्रम्हलोके कैलासे शक्रलोकेऽपि वैभवः । एतादृशोऽर्दशि मया नान्य लोकेऽपि कश्चन ॥१४॥
दूतावूच आस्यतां स ततस्तौ च निषेदतुः । तत्तोऽपश्यद्बालरूपं द्विभुजं स विनायकम् ॥१५॥ येन तौ निहतौ दैत्यो देवान्त-
कनरान्तकौ । अतिगौरं कोमलांगे हिमकर्पूरसन्निभम् ॥१६॥ न शशाक तदा वक्तं बाष्परुद्धमहागलः । आनन्दाश्रुनदी पूरै-
रासिंचस्तत्पदद्वयम् ॥१७॥ विज्ञाय तन्महाभक्तिमुत्थाप्यालिंग्य विघ्नराट् । मूर्ध्न्याघ्रातश्च पितृवद्बहुकालगतः सुतः ॥१८॥

देवोऽपि बाष्पकण्ठोऽभूदुभौ रोमांचसंयुतौ । उभौ सुखाब्धि संमग्नौ देहातीतौ यथा मुनी ॥१९॥ उवाच वचनं पश्चाद्बालरूपी विनायकः । त्वद्गृहेऽनेकधा तात क्रीडता यत्कृतं मया ॥२०॥ तत्क्षान्तं हि त्वया सर्वं शुभं वा यदि वाऽशुभम् । निहता बहवो दैत्या धराभारश्च संहृतः ॥२१॥ पालिताः साधुलोकाश्च स्थापिता धर्मसेतवः । तवाज्ञया पुनर्यातः कश्यपं सृष्टिकारकम् ॥२२॥ प्रणम्य तं निजं लोकं प्राप्तोऽमुं सर्ववैभवम् । त्वामेव परिचिन्त्याहं विश्रान्ति न लभे क्वचित ॥२३॥ तवाविभावं ज्ञात्वाऽहं मुद्गलं मुनिपुंगवम् । अप्रेषयं तव गृह तदनुग्रहतस्त्वया ॥२४॥ प्राप्तं स्थानं मुद्गलेन भक्तेनेदं त्वयाऽपि च । यदगम्यं सदादेवैर्ब्रम्हाद्यैर्मुनिपुंगवैः ॥२५॥ क उवाच । पीत्वा वागमृतं तस्य नृपो नत्वा पुनःपुनः । उवाच धैर्यमालम्ब्य तुष्टाव च यथामति ॥२६॥ नृप उवाच । नमामि ते नाथ पदारविन्दं ब्रम्हादिभिर्ध्येयतमं शिवाय । यत्पद्मपाशासिपरश्वधादिचिन्हितं विघ्नहरं निजानाम् ॥२७॥ यदर्च्यते विष्णुशिवादिभिः सुरैरनेककार्यार्थकरैर्नरैश्च । अनेकशो विघ्नविनाशदक्षं संसारतप्तामृतवृष्टिकारि ॥२८॥ नमामि ते नाथ मुखारविन्दं त्रिलोचनं वन्हिरवीन्दुतारम् । कृपाकटाक्षा-मृतसेचनेन तापत्रयोन्मूलनदृष्टशक्ति ॥२९॥ नमामि ते नाथ करारविन्दमनेकहेतिक्षतदैत्यसंघम् । अनेकभक्ताभयदं सुरेश संसारकूपोत्तरणावलम्बम् ॥३०॥ त्वमेव सत्त्वात्मतया बिभर्षि सृजस्यजो राजसतामवाप्य । तमोगुणाधारतया च हंसि

चराचरं ते वशगं गणेश ॥३१॥ यः शुद्धचेता भजतेऽनिशं त्वामाक्रम्य विघ्नापरिधावसि त्वम् । स त्वां वशे कृत्य सुखं हि शेते वत्सं यथा गौरिव धावसि त्वम् ॥३२। येऽन्ये भजन्तः समवाप्य तापान्संसारचक्रे बहुधा भ्रमन्तः । कदापि तेऽनुग्रहमाप्य तेऽपि भजन्ति मानुष्यमवाप्य तेऽपि ॥३३॥ धरारजः कोऽपि मिमीत नाके तारा गणं बारिमुचां च धाराः । नालं गुणानां गणानां हि कर्तुं शेषो विधाता तव वर्षपूगैः ॥३४॥ निराकृतेस्ते यदि नाकृतिः स्यादुपासनाकर्मविधिर्वृथा स्यात् । गुणप्रपंचः प्रकृतेर्विलासा जनस्य भोगश्च तथा कथम् स्यात् ॥३५॥ सत्संगतिश्चेत्सदनुग्रहः स्यात्सकर्मनिष्ठा सदनुस्मृतिश्च । चित्तस्य शुद्धिर्महती कृपा ते ज्ञानं विमुक्तिश्च न दुर्लभा स्यात् ॥३६॥ क उवाच । इति स्तोत्रं समाकर्ण्य परितुष्टो विनायकः । उवाच काशीराजं स वरं वृणु हृदि स्थितम् ॥३७॥ नृप उवाच । जातं वरस्य कृत्यं मे यत्राहंहि समागतः । इतः पुनर्जन्ममृती न स्यातां तद्विधीयताम् ॥३८॥ क उवाच । स्तोत्रेण प्रीतस्तं प्राह तथेति दिव्यदेहिनम् । स्थाप्यामास निकटे कल्पकोटियुगावधि ॥३९॥ मुने स्तोत्रं मया तस्मात्प्राप्तं तस्य प्रसादतः । नारदाय मया प्रोक्तं नारदो गौतमाय च ॥४०॥ प्राह सोऽपि मुनीन्सर्वान्सर्वकामफलप्रदम् । ज्ञानेन्द्रे मोक्षदं विघ्ननाशनं पावनं परम् ॥४१॥ यः पठेत्स लभद्भक्ति गणेशसन्निधौ नरः । विद्याकामो लभेद्विद्यां त्रिसन्ध्यं यः पठेन्नरः ॥४२॥ पुत्रकामो लभेत्पुत्रांजयकामो लभेज्जयम् । एवं सर्वं समाख्यातं यद्यत्पृष्टं त्वया मुने ॥४३॥ आख्यानं काशिराजस्य किमन्यच्छ्रोतुमिच्छसि । भृगुरुवाच ।

इति श्रुत्वा ब्रम्हवाक्यं व्यासो निःसंशयो गिर. ॥४४॥ पुनः पप्रच्छ सुमतिर्विस्तरेण कथान्तरम् । व्यास उवाच । शुक्लस्यातिदरिद्रस्य हृतं दारिद्रमादरात् ॥४५॥ भुक्त्वा कदन्नं तद्गेहे काशिराजं समेत्य च । किं चकार स देवोऽपि काशिराजश्च तद्वद ॥४६॥ कथं तौ निहतौ दैत्यौ भूभारश्च कथं हृतः । स्थापितश्च कथं धर्मस्तन्मे शंस यथाविधि ॥४७॥ क उवाच । कथयामि समासेन चरितं बालरूपिणः । हृत्वा शुक्लस्य दारिद्र्यं यद्यतेन कृतं मुने ॥४८॥ (२३४५)

इति श्रीगणेशपुराणे क्रीडाखंडे राजस्वानन्दप्राप्तिवर्णनं नाम त्रिपंचाशत्तमोऽध्यायः ॥५३॥

अध्याय ५४ प्रारभ :– क उवाच । भुक्त्वा शुक्लगृहे देवो यावत्क्रीडति चत्वरे । क्षणं सुष्वाप मध्ये स ततो नागरिका जनाः ॥१॥ भोजनाय समारम्भं कृत्वा मुनिसुतस्य ह । काशिराजगृहं तावदाकारयितु मागताः ॥२॥ तानूचे काशिराजस्तु क्रीडन्क्रीडन्नितो गतः । पश्यन्ति स्मततो लोका गृहेगृहे विनायकम् ॥३॥ शुक्लस्य स गृहं यात इति केचित्समूचिरे । ततो जना निनिन्दुस्तं देवं शुक्लमकिंचनम् ॥४॥ जना ऊचुः । उष्ट्रस्तु कण्टकान्भुंक्ते हित्वा कोमलपल्लवान् । अस्मानाढ्यान्विहायासौ दरिद्रस्य गृहं गतः ॥५॥ वृथैवेश्वरतां नीतो राज्ञा बालोयदीश्वरः । स्यादयं चेत्तदा कुर्यात्संतुष्टिं सर्वचेतसाम् ॥६॥ कदन्नं तदपि स्वल्पं कथं भोक्ष्यति बालकः । केचित्सत्पुरुषास्तेषु तमानयितुमुत्सुकाः ॥७॥ इतस्ततः प्रधावन्ति विज्ञातुं विनायकम् । पप्रच्छुर्मार्गगांल्लोंकान्क्वचिद्दृष्टो विनायकः ॥८॥ पृष्ट्वा पृष्ट्वा व्रजन्ति स्म जनास्तभ्दक्ति-

तत्पराः । केचिदूचुः शुक्लगृहं गतः स्यादिति तान्प्रति ॥९॥ ते शीघ्रं तद्गृहं याता ज्ञात्वा सुप्तं विनायकम् । अतिष्ठन्सात्त्विकास्तूष्णीं प्रबुद्धः स्याद्यदा विभुः ॥१०॥ तदैनं प्रार्थयामेति राजसास्तु तमब्रुवन् । उत्तिष्ठ याहि रे भोक्तुमन्नं पर्युषितं भवेत् ॥११॥ त्वदर्थं नगरे लोकाः कोलाहलं प्रकुर्वते । दरिद्रस्यास्य शुक्लस्य शुक्लभिक्षारतस्य ह ॥१२॥ पर्याप्तिश्चास्य भिक्षाया जायते न कदाचन । न जलं कोऽपि पिबति तस्य गेहे कथं भवान् । भुक्तवान्कुत्सितं चान्नं कश्यपस्यात्मजोऽपि सन् ॥१३॥ केचित्तं विविधैर्वाक्यैर्निन्दुस्तुष्टुवुः परे । मुनिरुवाच । एवं श्रुत्वा सर्ववाक्यमुवाच कश्यपात्मजः ॥१४॥ देव उवाच । भक्त्योपपादितं चान्नं भुक्तमद्य यथेच्छतः । पदमात्रं हि गन्तुं मे शक्तिस्तृप्तस्य नास्ति च ॥१५॥ ग्रासमात्रं हि भोक्तुं मे वांछा नास्त्यधुना जनाः । क उवाच । एवं निष्ठुरतां ज्ञात्वा जनास्ते विरसास्तदा ॥१६॥ ऊचुः परस्परं केचित्कर्तव्यं किं हि बालके । सोऽपि विव्हलतां ज्ञात्वा पुरवासिजनस्य ह ॥१७॥ एकोऽनन्तत्वमापेदे घटाकाश इव क्षणात् । जलकुम्भगतो यद्वत्सविताऽनेकरूपवान् ॥१८॥ प्रतिगृहं गतो नानाक्रीडासक्तोऽभवद्विभुः । क्वचित्सोपान मार्गेषु क्वचिद्दोलागतोऽपि च ॥१९॥ क्वचिच्च पर्यंकगतः क्वचित्सौधगतोऽपि । च क्रीडते हसते क्वापिगृहबालैर्भुनक्ति च ॥२०॥ अध्येति क्वापि शास्त्राणि पाठयत्यपि कुत्रचित् । तं दृष्ट्वा स्वगृहं यातं काशिराजेन संयुतम् ॥२१॥ जहृषे स गृहस्वामी धन्योऽहमिति चाब्रवीत् । एवं सर्वगृहे राजसहितोऽसौ विनायकः ॥२२॥ क्वचिदभ्यज्यते तैलैः स्नाति क्वापि शुभैर्जलैः । पादप्रक्षा–

लनं क्वापि क्रियते परमादरात् ॥२३॥ उपचारैः षोडशभिः पूज्यते क्वापि भक्तितः । भुज्यते परमान्नेन बालभावाद्यथा तथा ॥२४॥ क्वचिन्नानापरिमलैः कस्तूरीचन्दनादिभिः । अर्च्यते सुमनोभिश्च नैवेद्यैर्विविधैरपि । सेव्यते गृहपत्नीभिः शिशुभिः सेवकैरपि ॥२५॥ भुक्त्वा यथेष्ठं सुष्वाप पादसंवाहनादिभिः । वेदापरायणरतः क्वापि गानरतस्तु सः ॥२६॥ शृणोति सत्कथां क्वापि हरेरपि कथां क्वचित् । क्वचिच्च प्रमदानृत्यं पश्यति स्म नृपेण सः ॥२७॥ आरार्तिक्यैश्च विविधैः क्वापि निराज्यते विभुः । क्वचिच्च पाशहस्तोऽसौ क्रीडते क्षुद्रबालकैः ॥२८॥ पुराणं वाच्यते क्वापि धर्मशास्त्रं स्मृतिस्तथा । एवं सर्वगृहे भुक्त्वा सर्वेषां कामपूरकः॥२९॥यस्य यस्य यथा वांच्छा तथा तां व्यदधाद्विभुः।सुप्रसन्नो महादेवो यथाकल्पद्रुमोऽपि च॥३०॥यथा चिन्तामणिः कामधेनुर्वाऽखिलकामदा।दीननाथेति यन्नाम कृतं तत्सार्थकं तदा ॥३१॥देवदुन्दुभयो नेदुः पुष्पवृष्टिर्गृहे गृहे । दृष्ट्वेत्थं काशिराजाऽसौ भ्रान्त ऊचे निजान्प्रति ॥३२॥ अयं विनायको बालः सन्निधौ मम तिष्ठति।स कथं सर्वगृहगः पूज्यते सर्वमानवैः॥३३॥गृहे गृहे तु स कथं तिष्ठत्यत्रापि साम्प्रतम् । यो मामाकारयति तं वदामि च पुनः पुनः॥३४॥विना विनायकं यामि कथं भोक्तुं भवद्गृहे । गृहमध्यस्थितं चान्नं भुंजे काश्यपसंयुतः ॥३५॥ तं भुक्तवन्तं त्यक्त्वैव बहिस्थमत दृष्टवान् । इतस्ततोऽब्रुवल्लोंका दृढविस्मितमानसाः ॥३६॥ नानागृहगतो भुंक्ते काशिराजयुतो विभुः । आकर्ण्य वचनं तेषां हसन्नूचे नृपः स तान् ॥३७॥ विना मां स कथं यातो भोक्तुं नानागृहानिति । ततो गृहाणि द्वित्रीणि गत्वा राजा हि दृष्टवान् ॥३८॥ स्वं च कश्यपपुत्रं च भुक्तवन्तं गृहे गृहे । एतस्मिन्नन्तरे प्राप्तौ स्नात्वा तौ मुनिसत्तमौ ॥३९॥ भुक्त्यर्थं भ्रममाणौ तौ

सनकश्च सनन्दनः । पुरीं महोत्सवयुतां विनायकमयीं शुभाम् ॥४०॥ यद्यद्गृहं प्रविशतस्तत्र तत्र विनायकम् । पश्यतः स्मर-
तस्तौ तु यातः स्म बहिरेव च ॥४१॥ भुक्तं च भुक्तवन्तं च सुप्तं क्रीडन्तमेव च । जपन्तं च पठन्तं च पाठयन्तं च पश्यतः
॥४२॥ एवं सर्वत्र तं दृष्ट्वा परस्परमथोचतुः । न स्थलं भोजनार्थाय दृश्यतेऽथात्र निर्मलम् ॥४३॥ यावः शुक्लगृहं कर्ता
स नानातिथ्यमादरात् । इत्युक्त्वा तद्गृहं यातो दृष्टस्तत्रापि काश्यपः ॥४४॥ अधोमुखौ क्षुधार्तौ तौ यातः स्म नगराद्बहिः ।
पश्यतः स्म परां मूर्ति स्फुटां वैनायकीं शुभाम् ॥४५॥ अन्तर्हृदि च नेत्रे स्वे निमील्योन्मील्य वा पुनः । अधश्चोर्ध्वं चान्त-
राले दिक्षु चैव विदिक्षु च ॥४६॥ तस्थतुस्तौ ततः पश्चाद्ध्यानस्तिमितवीक्षणौ । क्षणमुद्घाटच नयने विनायकस्वरूपिणम्
॥४७॥ परस्परं पश्यति स्म सनकस्तं परोऽपि तम् । यं देवं तौ ध्यायतः स्म पश्यतस्तं विनायकम् ॥४८॥ सर्वव्यापी सर्वरूप
आविरासित्तयोः पुरः । दशबाहुः सिंहगतः सिद्धिबुद्धिविराजितः ॥४९॥ सुप्रकाशं किरीटं च कुण्डले चांगदे दधत् ।
दिव्यगन्धं च माल्यं च नागं चन्द्रार्द्धमेव च ॥५०॥ कस्तूरीतिलकं दिव्ये वसने दशनप्रभे । सौम्यतेजाः सुमनसां दुष्टानां
दुर्निरीक्षणः ॥५१॥ त्यक्त्वा भ्रमन्तु तत्त्वज्ञौ प्रणमेतां विनायकम् । बद्ध्वा करपुटं तौ तं तुष्टुवाते महामती ॥५२॥ तौ
ऊचतुः । नित्यमद्वैतमपरं परं ब्रम्ह सनातनम् । तमेव परया भक्त्या पंचभूतात्मकं विभुम् ॥५३॥ चराचरगतं सर्वरूपिणं
परमेश्वरम् । भ्रमन्ति यस्य रोमान्चगता ब्रह्माण्डकोटयः ५४ स कथं स्तवनीयोऽसौ वेदान्तानामगोचरः । आवयोर्वाञ्छितं देव

त्वया ज्ञात्वा प्रपूरितम् ॥५५॥ न विद्मो महिमानं ते बालरूपधरस्य ह । भूभारहरणार्थाय काश्यपं रूपमुत्तमम् ॥५६॥
क शवाच । अन्तर्दधे तु तद्रूमुपभयोः स्तुवतोः पुरः । न पश्यतो यदा रूपं तदा तौ श्रमवर्जितौ ॥५७॥ प्रासादं परमं कृत्वा
मूर्ति वैनायकीं शुभाम् । ब्रह्मवादित्रघोषैश्च यथा दृष्टं शुभे दिने ॥५८॥ स्थापयामासतुर्नाम वररदोऽयं विनायकः । गणेश–
तीर्थमिति च तत्र यत्सर उत्तमम् ॥५९॥ स्थापितं नाम तस्यापि तत्र तत्ख्यातिमागमत् ।अत्र स्नानेन दानेन गणेश पूजनेन च॥६०॥
सर्वान्कामानवाप्नोति हित्वा पापं पुरातनम् । तत्रेयुर्मुनयः सर्वे देवाश्च सदिगीश्वराः ॥६१॥ दृष्ट्वा संपूजितं वेवं स्तुत्वा
नत्वा ययुः पुनः । मुनिरुवाच । एवं तौ बालरूपस्य प्रभावं द्रष्ट्मागतौ ॥६२॥ दृष्टप्रभावौ संतुष्टौ स्वस्थानमापतुः परम् ।
य यदं शृशुयाद्भक्त्या बालस्य चरितं शुभम् ॥६३॥ सर्वान्कामानवाप्नोति प्रेत्यं ब्रह्ममयो भवेत् । न बालग्रहपीडा स्यात्सर्वत्र
विजयी भवेत् ॥६४॥(२४०९)इति श्रीगणेशपुराणे क्रीडाखण्डे बालचरिते चतुःपंचाशत्तमो ऽध्यायः ॥५४॥

अध्याय ५५ प्रारंभ : मुनिरुवाच । तयोस्तु तयोस्तु गतयोः पश्चान्मोहापन्नो महानृपः । काशिराजो हयारूढो भ्रमति स्म
गृहे गृहे ॥१॥ विनायकमचक्षाणः क्व गतो भोक्त्युमित्युत । विहाय मां कथं यातो मिष्ठान्नं भोक्तुमेकशः ॥२॥ गृहे गृहे

पर्यपृच्छत्क्व गतोऽसौ विनायकः । इदानीं बहिरायातो भुक्त्वा क्रीडितुमुत्सुकः ॥३॥ काशिराजेन सहितो वृथा त्वं पृच्छसे कथम् । एवं निराकृतः सर्वैः पुरवासिजनैरसौ ॥४॥ परमं श्रममापन्नो कुटुम्ब्यकिंचनो यथा । केचिदूचुः शुक्लगृहे क्रीडतेऽसौ विनायकः ॥५॥ ततो हर्षयुतः शुक्लगृहं यातो नृपस्तदा । ददर्श चांगणे तस्य बालं वृषगतं विभुम् ॥६॥ दृष्ट्वा तं वृषभारूढं त्रिनेत्रमिव चापरम् । प्रणम्य परया भक्त्या बद्धांजलिपुटोऽब्रवीत् ॥७॥ नृप उवाच । न बाले साधुचरितं न ज्ञानं स्नेह एव च । विहाय मां कथं भुक्तं मिष्टान्नं विविधं त्वया ॥८॥ क उवाच । एवमाकर्ण्य तद्वाक्यमुवाच स विनायकः । यत्र यत्र मया भुक्ते तत्र भुक्तं त्वयाऽपि च ॥९॥ मिथ्या त्वं भाषसे मन्द बालस्त्वमसि बुद्धितः । वदिष्यन्ति जनाः सर्वे पृच्छेति च ससाक्षिकम् ॥१०॥ श्रुत्वा वैनायकं वाक्यं जना ऊचुर्नृपं तदा । इदानीं हि त्वया भुक्तं विनायकसमीपतः ॥११॥ कथं मिथ्या भाषसे त्वं वृद्धः सन्नृपसत्तम । ततः प्रकृतिमापन्नो ज्ञातवान्स नृपोऽब्रवीत् ॥१२॥ अज्ञेया ते परा माया योगिनामपि मोहिनी । धन्योऽसि सर्वरूपेण सर्वत्र मानितो यतः ॥१३॥ क उवाच । रोमांचांचितगात्रः स ध्यानमेवान्वपद्यत । ततो वैनायकं रूपं स्वयमेवान्वपद्यत ॥१४॥ यथा जलं जलं क्षिप्तं जलत्वं प्रतिपद्यते । पुनर्मायाबलेनासौ भिन्नमूर्तिर्नृपोत्तमः ॥१५॥ स तु तं शिबिकारूढं निनाय निजमन्दिरम् । नानावादित्रनिर्घोषैर्नृत्यैर्गीतैरनेकशः ॥१६॥ शुशुभे बालकोऽतिव देवेषु मदनो यथा । अनुयाति सपत्नीको भक्त्या शुक्लः शनैः शनैः ॥१७॥ परावर्त्य मुखं दृष्टो बालेन व्रीडता भृशम् । कथं प्रयातो दत्त्वाऽस्मैः

वरं कं च न तोषकम् ॥१८॥ इत्येवं मनसा तस्मै ददौ सम्पत्तिमुत्तमाम् । कुबेरसम्पदः श्रेष्ठां सर्वाश्चर्यकरीं विभुः ॥१९॥
शुक्लः परावृत्तो दीनः सपत्नीको महामनाः । कदन्नभक्षणाद्देवो रुष्टः किं त्विति चिन्तयन् ॥२०॥ नापश्यतां पर्णकुटीं चिन्तां
परमिकां ययौ । ततस्तु सेवकाः शुक्लं सुगन्धतैलमर्दनैः ॥२१॥ स्नापयित्वाऽप्यलंचक्रुर्भूषणैः कांचनांशुकैः । तथैव तस्य पत्नीं
च बलादिव नियोजिताः ॥२२॥ अत्याश्चर्ययुतौ चोभौ पश्यतः सर्वसम्पदः । रत्नकांचनभित्तीश्च मंचान्नानासनानि च
॥२३॥ मुक्तामणिगणैश्चित्राण्यनेकानि स्थले स्थले । कांचनानि च भाण्डानि वस्त्राण्याच्छादनानि च ॥२४॥ भक्ष्याण्यनेक-
रूपाणि खाद्यानि विविधानि च । दृष्ट्वेत्थं सकलं चोभौ परस्परमभाषताम् ॥२५॥ किमिदं भवनं क्षुद्रं जातमिन्द्रगृहोपमम् ।
ततः शुक्लोऽब्रवीत्पत्नीं विनायकप्रसादतः ॥२६॥ सर्वं जानीहि सुभगे न समक्षं महाविभुः । ददाति तु पराक्षेऽसौ अल्पमात्रेण
तोषयन् ॥२७॥ स्वयं दत्तं बहुतरमल्पमेव हि मन्यते । भक्त्योपपादितं स्वल्पं मन्यते बहुलं विभुः ॥२८॥ तस्माद्भयेन
कामेन स्नेहेन रिपुभावतः । स्मर्तव्यो नमनीयश्च स्तव्यः पूज्यो हिताय च ॥२९॥ मुनिरुवाच । ततस्तु नगरे गुप्तौ
नरान्तकसमीरितौ । आस्तां दूतौ चिरं कालं शूरश्च चपलस्तथा ॥३०॥ यच्चण्डशब्दात्त्रैलोक्यं कम्पतेऽश्वत्थपत्रवत् ।
यच्छिरःकम्पतः कम्पंयान्ति देवाः सवासवाः ॥३१॥ पराक्रमे बले शब्दे त्रैलोक्ये न समस्तयोः । अयं तु शिबिकामध्ये
हन्तव्यो मुनिदेहजः ॥३२॥ यतोऽनेन हता दैत्या बलिनः पूर्वमागताः । तेषां प्रतिकृतिः कार्येत्येवमूचुः परस्परम् ॥३३॥

विद्युद्रूपं समास्थाय गर्जतः स्म महारवौ । तत्तेजसा प्रतिहतचक्षुषा वीरसंचयाः । किमिदं किमिदमिति चुक्रुशुर्भृशविह्वलाः ॥३४॥ एतस्मिन्नन्तरे प्राप्तौ शिबिकानिकटं तु तौ । वाहाः पलायिताः सर्वे त्यक्त्वा तं च विनायकम् ॥३५॥ धृतौ विनायकेनोभौ हस्ताभ्यां बलिनौ बलात् । उत्पाटितुं धरण्या स भ्रामयामास तावुभौ ॥३६॥ करुणार्द्रमनाः पश्चात्स्थापयामास भूतले। हन्तव्यः पुरुषेणासौ यः पराक्रमतोऽधिकः ॥३७॥ मशके निहते कः स्यात्पुमर्थः पुरुषस्य ह । ततः पप्रच्छ तौ कस्य दूतौ वा कथ्यतामिति ॥३८॥ स्वशक्त्या तु कृते यत्ने न दोषः पुरुषस्य ह । एवं तद्वचनं श्रुत्वा प्रोचतुः पुरतः स्थितौ ॥३९॥ करुणाब्धिर्भवान्ख्यातो दिननाथः पिताऽसि नः । सेककृच्चोपनेता च विद्यादोऽभयदोऽपरः ॥४०॥ अन्नदः पंचपितरो विख्याता भुवनत्रये । आवां दूतौ गुप्तरूपौ नरान्तकसमीरितौ ॥४१॥ तव विघ्नकरौ देव रक्षितौ कृपया त्वया । भूतं भव्यं भवच्चैव सर्वं जानासि सर्ववित् ॥४२॥ ये ये वैरेण त्वां याता हतास्ते क्षणमात्रतः । एतस्मिन्नन्तरे पौरा विनायकमथाब्रुवन् ॥४३॥ किमेतौ रक्षितौ देवदुष्टौ लोकभयंकरौ । अनयोरुपकारस्तु कृतोऽपकृतये भवेत् ॥४४॥ पन्नगाय पयो दत्तं विषमेव हि जायते । मुनिरुवाच । तानुवाच ततो देवः पूर्वमेवानयोर्मया ॥४५॥ अभयं दत्तमधुना विपरीतं कथं भवेत् । इत्युक्त्वाऽमोचयत्तौ स ततो राजाऽब्रवीत्पुनः ॥४६॥ अपराधानसंख्यातान्क्षान्त्वा तौ मोचितौ रिपू । मरणे जीवने जन्तोरिच्छा ते कारणं मता ॥४७॥ इत्युक्त्वा मन्दिरं प्राप्तौ काशिराजविनायकौ । नत्वा तौ सर्वलोकाश्च स्वं स्वं भवनमागमन् ॥४८॥ प्रशंसन्तो

नृपं नानारूपिणं च विनायकम् ॥४९॥(२४५८)इति श्रीगणेशपुराणे क्रीडाखंडे दूतमोचनं नाम पंचपंचाशत्तमोऽध्यायः ॥५५॥
अध्याय ५६ प्रारंभ :— मुनिरुवाज। तौ तु रौद्रपुरे रम्यां नरान्तकसभां गतौ। सहस्रस्तम्भरुचिरां मणिमुक्ताविभूषिताम् ॥१॥ अनेकवीरसंबाधां नानाश्चर्यवतीं शुभाम्। शतयोजनविस्तीर्णां तावदायामसंयुताम् ॥२॥ नानामणिमये रम्ये आसने स नरान्तकः। उपविष्टस्ततसमये तस्यामात्यौ वरासने ॥३॥ उभौ गगनसंलेहिमूर्धानौ बलिनां वरौ। नत्वा तौ वदतः शूरश्चपलश्च गुणान्बहून् ॥४॥ वक्तव्यं दूतवर्येण यत्स्यात्साध्वितरच्च यत्। अन्यथा दूतदोषः स्यात्स्वमिकोपश्च दारुणः ॥५॥ श्रुत्वा तत्स्वामिना कार्यं विचार्य स्वहित शुभम्। आवां विनायके विघ्नान्कर्तुं यातः पुरीं तु ताम् ॥६॥ अतिगुप्ततरौ तत्र स्थितौ बालप्रतीक्षकौः। विघण्टो दन्तुरश्चाथ प्रथमं बालरूपिणौ ॥७॥ ताभ्यामालिंगतस्तौ स भस्म चक्रे विनायकः। पतंगश्च विधूलश्च वायुरूपधरौ ततः ॥८॥ यातौ बालकमुत्क्षिप्तुं शिर आक्रम्य नाशितौ। पाषाणरूपी प्रबलः शतधा खण्डितोऽसुरः ॥९॥ कामक्रोधौ द्वावसुरौ रासभं रूपमास्थितौ। हन्तु बालं तु मार्गे तौ चूर्णितौ धरणीतले ॥१०॥ ततः कुण्डियास्तु वरः कौन्जरं रुपमास्थितः। मार्गमावृत्य संतस्थौ तत्कुम्भस्य विदारणात् ॥११॥ निहतः क्षणमात्रण कुमारेण बलेन सः। धर्मदत्तगृहं पश्चात्जृम्भिणी हन्तुमागता ॥१२॥ नारिकेलेन शिरसिहता मृत्युमवाप सा। ज्वालासुरो व्याघ्रतुण्ड स्तृतीयस्तु विदारणः ॥१३॥ आगता नाशितुं बालमाद्यो जज्वालतां पुरीम्। अन्त्यः साहाय्यमकरोद्वायुरूपतयाऽस्य ह ॥१४॥

विदार्यास्यं व्याघ्रतुण्डोऽभक्षयच्चाखिलान्जनान् । त्रयोऽपि निहतास्तेन बालेनानन्तमायया ॥१५॥ मेघनामा महादैत्यो गाणकं रूपमास्थितः । निहतो मुद्रिकाघातात्तदद्भुतमिवाभवत् ॥१६॥ कूपश्च कन्दरश्चोभौ निहतौ मायिनौ बलात् । अम्भासुरोऽन्धकस्तुङ्गोनाशितुं बालमागताः ॥१७॥ एकेनाकारितु तमो धाराभिर्ववृषे परः । अपरस्तुङ्गशिखरो न्यपतद्बालकोपरि ॥१८॥ महाविहङ्गरूपेण दूरे क्षिप्तास्त्रयोऽपि च । तेषांप्रतिकृतिं कर्तुं भ्रमरा नाम राक्षसी ॥१९॥ आगता भक्षितुं बालं दुष्टाशयवती शुभा । तदुरःस्थलमाक्रम्य प्राणांजग्राह विघ्नराट् ॥२०॥ तत आवा तद्रूपमास्थाय बालकं गतौ । विहन्तु तेन विधृतौ करयोर्बलशालिना ॥२१॥ कृपावता विमुक्तौ च पृष्टवा सर्वं चिकीर्षितम् । कथयित्वोदन्तमखिलमागतौ स्वामिनं प्रति ॥२२॥ एकदा नगरे तत्र सर्वैरेकः समाहृतः । भोजनाय च शुक्लेन दरिद्रेण विनायकः ॥२३॥ विशीर्णमोदनं भुक्त्वा सह तैलेन प्राग्विभुः । पश्चाद्गतोऽनन्तकायो भोक्तु सर्वगृहेषु सः ॥२४॥ सर्वत्र काशिराजेन सहितो बुभुजं हि सः । काशिराजेन मूढेन न ज्ञातं तद्विचेष्टितम् ॥२५॥ स्वामिन्नेतादृशी शक्तिः क्वापिदृष्टा न च श्रुता । इदानीं यद्धितं ते स्यात्तद्धि सम्यग्विधीयताम् ॥२६॥ जानीवहे न जेताऽस्य त्रैलोक्ये विद्यते पुमान् । मुनिरुवाच ॥ इत्थं श्रुत्वा तयोर्वाक्यं प्रजज्वाल सुरान्तकः । वमति स्म मुखादग्निं विश्वमत्तुं प्रसारितात् ॥२७॥ कपिरुड्डानशीलोऽपि न सिंहं

बाधते क्वचित् । बद्ध्वा तु भ्रुकुटीमुग्रामुवाच स नरान्तकः ॥२८॥ ग्रासशीलश्चाजगरो न महीं ग्रसते क्वचित् । आश्चर्यं ममचित्ते तु भवद्वाक्यादुपागतम् ॥२९॥ खद्योतो राजते तावद्यावच्चन्द्रो न दृश्यते । चन्द्रोऽपि राजते तावद्यावत्सूर्यो न दृश्यते ॥३०॥ न दृश्यते यदा राहुस्तावत्सूर्योऽपि राजते । न दृष्टः कालरूपोऽहं तावद्बालो महानयम् ॥३१॥ सकाशिराजं तं बालं जानीयातां दिवं गतम् । यत्र ते निहता दैत्या गतास्तत्र गमिष्यति ॥३२॥ मुनिरुवाच । एवमुक्त्वा समुत्तस्थौ जगर्ज गर्जयन्दिशः । चकम्पे पृथिवी सर्वा तद्गर्जनरवाकुला ॥३३॥ तत आज्ञापयत्सर्वान्वीरान्सज्जीभवन्त्विति । काशिराजस्य नगरीं यामि युद्धाय दंशितः ॥३४॥ तस्मिन्वदति सेनेत्थं सन्नद्धा समुपागता । सर्वशान्तिकरा घोरा चतुरङ्गध्वजान्विता ॥३५॥ सैन्येन रजसा सर्वं व्याप्तमासिद्दिगन्तरम् । आच्छादिते दिनकरे न प्राज्ञायत किंचन ॥३६॥ पदातयोऽप्यसंख्येयाः सिन्दूरारुणमस्तकाः । उड्डीयोड्डीय धावन्तो मिथ्यायुद्धं प्रचक्रिरे ॥३७॥ मुक्तकेशाः खड्गहस्ता भृशुण्डीचर्मपाणयः । पाषाणद्रुमखट्वाङ्गशक्तिपाशकराः परे ॥३८॥ ततो ययौ गजानीकं घण्टानादविभूषितम् । सिन्दूरारुणसद्गण्डं दन्तावरणराजितम् ॥३९॥ नानाधातुविचित्रो नु पर्वतानां व्रजो व्रजन् । चीत्कारेण नदद्दन्तैर्भिन्दन्निव गिरिव्रजम् ॥४०॥ आधोरणा यदा न स्युस्तदा सर्वे हतं भवेत् । दानोदकेन तु रजः प्रशान्तमभवत्तदा ॥४१॥ अश्वारोहास्तयोर्जग्मुर्मुकुटाटोपमस्तकाः ।

शस्त्रिकाचर्मनिस्त्रिंशधनुर्बाणविभुषिताः ॥४२॥ बृंहितैर्हेषितैर्व्योम कुर्वन्तः सगुणं भृशम्। कंकालैश्च तनुत्राणैस्त्रिशूलैश्च विराजिताः ॥४३॥ गदामुद्गरपट्टीशमहापरशुपाणयः। चक्रतोमरभस्लासिपाशसृणिकराः परे ॥४४॥ अश्वा अलंकृता नानालंकारैश्चामरैरपि। मनोजवा वायुवेगा व्योमैवाक्रान्तुमिच्छवः ॥४५॥ ततः सुवर्णरजतमुक्तामणिविभूषितम्। सुवर्णाक्षैर्ध्वजैर्युक्तं नानालंकृतवाजिभिः ॥४६॥ नानायुद्धसमूहैश्च धनुर्बाणशतैर्युतम्। कार्तस्वरमहाचक्रं किंकिणीजालमण्डितम् ॥४७॥ महारथी महामात्यौ रथमास्थाय निर्ययौ। कृष्णदेहो महाकायो वीरकंकणशोभितः ॥४८॥ लसत्कुण्डलसुश्रोत्रो महामुकुटमण्डितः। मुक्तासुवर्णमालाढ्यो मुद्रिकाखड्गमंडितः ॥४९॥ केशरागरुकस्तूरीकर्पूरांगविलेपनः। शुचिरस्त्राणि सस्मार न प्रयुक्तानि कुत्रचित् ॥५०॥ वीरावेशेन स बभौ रोगी शोफां गतो यथा। नानावादित्रनिर्घोषैर्नादयन्विदिशो दिशः॥५१॥वीरा विनायकं जेतुं दृष्टा गर्जन्त्यनेकशः।बृंहितैर्हेषितैः क्ष्वेडै रथनेमिस्वनैरपि ॥५२॥ निनादं तं समाकर्ण्य त्रस्ता देवा दरीं ययुः। एवं नरान्तकः काशीराजस्य नगरीं ययौ ॥५३॥ (२५११)

इति श्रीगणेशपुराणे क्रीडाखंडे नरान्तकनिर्गमनं नाम षट्पञ्चाशत्तमोऽध्यायः ॥५६॥

अध्याय ५७ प्रारंभ — क उवाच । तस्मिन्प्रयाते दैत्येन्द्रे प्रागगुल्मेषु गता नराः । धावमाना नृपं प्रोचुर्भुंक्तवन्तं नरान्तकः ॥१॥ आगतो दैत्यराजोऽसौ चतुरंगबलान्वितः । पौरा वादित्रनिर्घोषाञ्श्रुत्वा चक्रुर्महास्वनान् ॥२॥ कोलाहलो महानासील्लोकानां नगरे भृशम् । पलायिता दश दिशो लोकाः प्राणपरीप्सया ॥३॥ राजाऽथ भोजनं त्यक्त्वा प्रोत्तस्थौ स्पर्शवानिव । कृत्वा युद्धक्षमं वेषं लोकानाज्ञापयत्पुरा ॥४॥ सज्जीभवन्तु युद्धाय भेरीशब्दमकारयत् । खड्गचर्मधरो राजा निषंगी चापवान्बली ॥५॥ तनुत्राणी च कंकाली पुपूजे तं विनायकम् । जयपूर्वं च तं स्मृत्वा नत्वा चाश्वं समारुहत् ॥६॥ तृतीयमानकारावं श्रुत्वा सेनाचरा ययुः । सन्नद्धास्त्वरमाणाश्च पत्त्यश्वस्यन्दनैर्गजैः ॥७॥ अतिप्रहृष्टास्ते योधास्त्रैलोक्यग्राससाहसाः । नगर्याः पूर्वभागे स वेदिकायां स्थितो नृपः ॥८॥ अमात्यान्सर्ववीरांश्च ददौ वस्त्रधनानि सः । उवाच समयोऽयं बो दर्शयन्तु पराक्रमम् ॥९॥ विनायकानुग्रहान्नो न भयं विद्यते कचित् । तथापि बलवान्दैत्यो बलाज्जिग्ये वसुन्धराम् ॥१०॥ जयस्य नियमो नास्ति दैवाधीनाश्च पूरुषाः । न सेना लक्षभागेन विद्यतेऽतोऽब्रवीम्यहम् ॥११॥ क्व सागरः क्व कुम्भोदं क्व खद्योतः क्व वा रविः । तेनैव रक्षिताः साम्ना स्थिता राज्यश्रिया वयम् ॥१२॥ अपराधाः सुबहवो जाता नो मस्तके ततः । कियन्तो निहता दैत्या विनायकबलेन च ॥१३॥ त्यक्त्वा साम प्रयातोऽसौ विचारः क्रियतां हितः ।

मुनिरुवाच । तत्राब्रवीन्महामात्यो राजानं भयविव्हलम् ॥१४॥ चतुर्भिर्बुद्धिमभ्दिस्त्वं याहि दैत्यं नरान्तकम् । शरणं स्वस्वकार्यार्थे नीचानुशरणं शुभम् ॥१५॥ बृहस्पतिमतं राजन्ब्रवीमि ते शृणुष्व तत् । श्रुत्वा तत्कुरू राजेंद्र ततः क्षेमं भविष्यति ॥१६॥ बृहस्पतिरुवाच । कन्याप्रदानसहभोजनवस्त्रदानसामाभिधाननमनप्रणयमाणैः । तत्कीर्तिकीर्तनलब्धाप्तजनानुवादमुख्यैरुपायनिचयैरहितान्विहंस्यात् ॥१७॥ मुनिरुवाच । स चेद्विनायकं याचेद्दत्त्वा राज्यस्य रक्षणम् । कर्तव्यमिति मे भाति स्वहितं तद्विचिन्त्यताम् ॥१८॥ ततः सर्वजनाः साधु साध्विति प्राब्रुवन्नृपम् । सम्यगुक्तममात्येन वैरच्छेदाय भो नृप ॥१९॥ विचारयत्सु तेष्वेवं दैत्यास्ते बलवत्तराः । रुरुधुस्तां पुरीं सैन्यैः सर्वे ते शलभा इव ॥२०॥ मध्ये गतान्नरान्दृष्ट्वा ददहुस्तां पुरीं खलाः ।प्रजज्वाल महानग्निश्चतुर्दिक्षु विदिक्षु च ॥२१॥ धूमेनाच्छादि तपनोन प्राज्ञायतकिंचन । कल्पान्त इव तत्रासील्लोकानामतिदारुण. ॥२२॥ भ्रियन्ते ते परैर्येऽग्निभयाद्यान्ति बहिर्नराः । सबाला योषितश्चापि लिलिगुश्च चुचुम्बिरे ॥२३॥ पतिव्रतास्त्यजुः प्राणाँल्लज्जयाऽतिपरिप्लुताः । आरुह्य गोपुरं काश्चिद्देहत्यागं प्रचक्रिरे ॥२४॥ अपरास्तत्यजुः प्राणांशस्त्रैः पाशैर्विषैरपि । अतिरम्या धृता दूतैर्नीतास्ता स्वामिनं प्रति ॥२५॥ नरान्तकेन भुक्त्वा ताः प्रेषिता नगरं स्वयम् । एवं तं प्रलयं दृष्ट्वाऽमात्यानूचे नृपः पुनः ॥२६॥ अस्मत्समक्षं योषाश्चेन्नीता दुष्टैर्दुरात्मभिः । तदाऽयशो महन्न स्यात्तस्माद्युध्यामहेऽसुरैः ॥२७॥ एवमुक्त्वा स्वमश्वं स प्रेरयन्युद्धदुर्मदः । सज्यं कृत्वाधनुः सद्यो बाणवृष्टिमथाकरोत् ॥२८॥ आच्छादितो

रश्मिमाली दैत्या मोहमुपागमन् । धाराधरा यथा धारा विमुंचन्ति तथा धनुः ॥२९॥ मुंचति स्म शरैस्ते ते निहता दैत्य संचयाः । केचिन्मृताश्च भग्नाश्च केचिन्निश्चरणाः कृताः ॥३०॥ केषांचिदुदरं भग्नं परेषां बाहवो हताः । केषांचित्स्फोटिता नेत्राः केषांचिदुरवोऽपि च ॥३१॥ अमात्याः सेनया सार्द्धं काशीराजं समन्वयुः । खड्गैः परश्वधैस्ते तान्परवीरान्निजघ्निरे ॥३२॥ तदाघातैर्हताः केचित्पतिता भूतले परे । तेऽपि दैत्या महाशस्त्रैर्निजघ्नुस्तान्रणाजिरे ॥३३॥ अन्धकारे महारौद्रे सेनाधूलिकृते परे । निजघ्नुरेव शस्त्रैस्ते वीरान्स्वांश्च परानपि ॥३४॥ मल्लयुद्धं च चक्रुस्ते परस्परजिगीषया । अश्वारुढैर्गजारूढै रथारूढैः पदातिभिः ॥३५॥ पदाताश्च रथारूढा युयुधुः शस्त्रसायकैः । एवं संभ्रान्तमभवत्तद्युद्धं तुमुलं परैः ॥३६॥ प्रभग्ना दैत्यसेना सा तदा याता परांगमुखी । सिंहनादं चकारोश्चैः काशिराजो जयान्वितः ॥३७॥ हर्षात्सेनान्तरं यातो निघ्नन्युद्धे वरान्वरान् । भिन्दन्सेनां महाघोरां युद्धावेशी गजो यथा ॥३८॥ शतं सहस्त्रं वीराणां सेनामध्ये जघान सः । निघ्नन्तं तं तथा द्वष्टवा रुरुधुः परसैनिकाः ॥३९॥ राजाऽयमिति बुद्धवा ते सर्व एव समाययुः । तच्छराणां महावृष्टिं सोढ्वा दध्रुर्बलादमुम् ॥४०॥ अमात्ययोस्तु पुत्राभ्यां सह ते दैत्यपुंगवाः । सेनाचरा महाशब्दं धृतो राजेति चक्रिरे ॥४१॥ ततः सेनाचरा राज्ञो धृताः केचित्पलायिताः । मृताः केचित्क्षताः केचिच्छरणं केऽपि तान्ययुः ॥४२॥ महावने महोक्षेव बलवद्भिर्दर्वृकैरिव । अमात्यपुत्रसहितं निन्युर्दूता नरान्तकम ॥४३॥ दग्धा च नगरी सर्वा निवार्यैः सैनिकैस्तु सा । ततो

नरान्तकः स्वीयांजगाद वीरसत्तमान ॥४४॥ यदर्थमागता वीरास्तत्कार्यं सिद्धमेव नः । न मेऽस्ति गणना तस्य मुनिपुत्रस्य साम्प्रतम् ॥४५॥ जिते प्रभौ जिता सेना जिते दुर्गे जित पुरम् । काशिराजे जिते बालो जित एव न संशयः ॥४६॥ अथानेष्यति राजाऽयं बालं निग्रहतोऽधुना । एवमुक्त्वा ययौ वाद्यनिर्घोषैः स तथा पुरीम् ॥४७॥ काशिराजं पुरस्कृत्य स्तूयमानोऽथ बन्दिभिः । यच्छन्वस्तूनि बन्दिभ्यो ददौ विप्रेभ्य एवच ॥४८॥ (२५५९)

इति श्रीगणेशपुराणे क्रीडाखंडे राजनिग्रहनाम सप्तपंचाशत्तमोऽध्यायः ॥५७॥

अध्याय ५८ प्रारंभ – क उवाच । अर्धमार्गं गतो यावद्धर्षेणासौ नरान्तकः । तावदेव श्रुतं काशीराजपत्न्या धृतो नृपः ॥१॥ अत्यन्तं सा शुशोचाथ पौरा ये चावशेषिताः । आक्रन्दः सुमहानासीन्मत्स्यानां निर्जले यथा ॥२॥ अम्बा सा पतिता भूमौ धृते भर्तरि वैरिभिः । मूर्छिता च विवर्णाऽभूद्रम्भा वातहता यथा ॥३॥ सखीभिः सहिताऽरोदीद्रुदती प्राब्रवीत्तदा । अम्बोवाच । सिंहखेलो गजानीकहन्ता यो रिपुमर्दनः ॥४॥ सृगालतुल्यदैत्येन स कथं विधृतो बलात् । क्व गतं मत्तमातंग–सहस्रबलशालिनः ॥५॥ बलं भर्तुर्मदीयस्य दैत्यकोटिहरस्य ह । कथं रुष्टो महेशो मे कदा द्रक्ष्ये निजं पतिम् ॥६॥ कं देवं शरणं यामि यस्तं शीघ्रं विमोचयेत् । कश्यपस्यास्य बालस्य वराद्युद्धं कृतं वरम् ॥७॥ तद्धि सर्वं वृथा जातं राज्ञि मूढत्व–मागतम् । यो बालवचनाच्छ्रेष्ठैर्विरोधं कृतवान्वृथा ॥८॥ को जयेत्तं महादैत्यं भर्तृग्राहं नरान्तकम् । विना सर्वैः कथं कल्प–कालः प्राप्तो हताशया ॥९॥ अहं च धरणी चापि कथं वैधव्यमागता । न तादृशः क्वापि जातो करुणाब्धिः शरण्यदः

॥१०॥ मुनिरुवाच । एवं तच्छोकमाकर्ण्य कश्यपस्यात्मजो बली। शब्देन महता गर्जन्ब्रह्मांडस्फोटकारिणा ॥११॥ प्रतिशब्देन गगनं जगर्ज च दिशोऽपि च । चकम्पे धरणी सर्वा सपर्वतवनाकरा ॥१२॥ पक्षिणः पतितास्तेन मृता भ्रान्ता जनास्तदा । ततः सिद्धिं समालोक्य क्रोधव्याकुललोचनः ॥१३॥ क्व गताऽसि महायुद्धप्रसंगं प्राह तामिति । सा तदाशयमालक्ष्य चक्रे नानाविधां चमूम् ॥१४॥ विकरालमुखा वीराः प्रादुरासन्सहस्रशः । हलदन्ताः सर्पजिव्हा नराः पर्वतमस्तकाः ॥१५॥ दारितास्यास्तु भूगोलमकस्माद्ग्रसयिष्णवः । आस्यानलं विमुंचंतः शतनेत्रा महाबलाः ॥१६॥ येषां नासारन्ध्रगता न दृश्यन्ते महागजाः । सूर्याचन्द्रामसौ येषां श्वासान्निपतितौ भुवि ॥१७॥ जटाभिः पृथिवी येषां सर्वा संमार्ज्यते भृशम् । सहस्रयोजनहस्ता द्विगुणाश्च तदंघ्रयः ॥१८॥ तेषां तु नायकः क्रूरो विनायकसमीपतः । आगतः परिपप्रच्छ किं कार्यं वद मे प्रभो ॥१९॥ देहि मे क्षुधितस्यादौ भक्ष्यं तृप्तिकरं प्रभो । इत्युक्तवन्तं पुरुषमुवाच स विनायकः ॥२०॥ भक्षयस्व महासेनां नरान्तकसुपालिताम् । हत्वा तु तच्छिरो मह्यमानयस्व त्वरान्वितः ॥२१॥ तत्सैन्येन न तृप्तिश्चेद्दास्ये भक्ष्यान्तरं तव । एवमाज्ञामनुप्राप्य नत्वा तं कश्यपात्मजम् ॥२२॥ महाक्ष्वेडितशब्दं तु कृत्वा यातो नरान्तकम् । तस्य क्ष्वेडितशब्दस्य नादगूरूपेण सैनिकाः ॥२३॥ नरान्तकोऽपि भीतास्ते दुद्रुवुस्ते दिशो दश । हस्ते धृत्वा तु तान्सर्वान्मुखमध्ये समाक्षिपत् ॥२४॥ उद्दुधूल रजो भौमं न प्राज्ञायत किंचन । अन्धकारे महाघोरे दीपिकाभिर्व्यलोकयन् ॥२५॥ तं दृष्ट्वा पुरुषं घोरं

केचित्प्राणान्प्रजहिरे । तांश्चापि जीवतः सर्वांस्त्वरया भक्षयत्यसौ ॥२६॥ नरान्तकस्तु दृष्ट्वैवं सर्वसैन्याविनाशनम् । अतर्कयत्स्वमनसा कृतान्तस्यान्तकोऽपरः ॥२७॥ आगतः किं मया कार्यं दृश्यते बलवानयम् । एवं वदन्ददर्शाथ सेनामर्द्धां तु भक्षिताम् ॥२८॥ प्रलयानलवच्चायं पृतनां हरते बलात् । निःशेषामेव कर्ताऽमुमगस्त्य इव वारिधिम् ॥२९॥ दैत्यसेनाचराः सर्वे महाशद्वान्प्रचक्रिरे । केचिच्च भक्षितास्तेन चूर्णिताः पादघाततः ॥३०॥ श्वासानिलाहताः केचित्केचिभ्दीत्यैव मम्रिरे । परस्परोपरि तदा वीरा निपतिताः परे ॥३१॥ याहि याहीहि वत्रातुं चुक्रुशुस्तं नरान्तकम् । कराघातेन निहतान्भक्षयत्येष तत्क्षणात् ॥३२॥ असंख्यभक्षणादस्य न शान्तो जठरानलः । अश्वारोहा गजारोहाः पदाता रथसादिनः ॥३३॥ भक्षिता निहता वाहा गजाश्चानेकशो मुने । एवं कोलाहलं श्रुत्वा सज्यं कृत्वा धनुर्बलात् ॥३४॥ धरण्यां जानुनी स्थाप्य शरानुभयतस्तथा । आदाय धनुराकृष्य शरवृष्टिं तदाऽकरोत् ॥३५॥ ततोऽन्धकारमभवच्छरवृष्टिकृतं पुनः । पक्षिणः पतिता भूमौ राज्ञो भृत्या अनेकशः ॥३६॥ स गीलयति पुरुषो बाणान्दैत्यसमीरितान् असंख्याताः शरास्तस्य रोमकूपेषु निर्गताः ॥३७॥ स्रवन्तो रुधिरं सर्वे न जानात्यणु वेदनाम् । प्रादुश्चक्रे ततोऽस्त्राणि पौरुषेण नरान्तकः ॥३८॥ तान्यस्त्राण्यगिलत्सर्वाण्यण्डान्याजगरी यथा । कुण्ठितास्त्रः क्षीणशस्त्रो नष्टसायकसञ्चयः ॥३९॥ क्षीणशक्तिः पमालासौ दैत्यराजो नरान्तकः । स कालपुरुषस्तस्य पृष्ठ एवालगत्तदा ॥४०॥ बभ्राम भूतले दैत्योऽपश्यत्पृष्ठे तु तं यदा । तदा स्वर्गं जगामाशु भयात्तस्य

नरान्तकः ॥४१॥ पुनः पृष्ठे च तं दृष्ट्वा पपात धरणीतले । तत्रापि तं ददर्शाथ प्राविशद्धरणीतलम् ॥४२॥ स कालपुरुषः देशे ततो दध्रे नरान्तकम् । बिलं विशन्तमुरगं गरुडोऽतिबलं यथा ॥४३॥ ततो नरान्तकं प्राह पुरुषः स बलान्वितः । क्व गमिष्यसि दृष्टः सन्ममाग्रे त्वं नरान्तक ॥४४॥ ईश्वरस्य वरान्मत्तो वृथा देवर्षिपीडनम् । मनुष्याणां च संहारमनन्तानां महाखल ॥४५॥ तव संहरणे दुष्टावतीर्णोऽस्ति विनायकः । अहंकारं च सकलं त्यक्त्वा तं शरणं व्रज ॥४६॥ अघानि ते विनश्यन्ति दृष्ट्वा तत्पादपंकजम् । इत्युक्त्वा तंबलाद्दैत्यमानिनाय नरान्तकम् ॥४७॥ विनायकस्य निकटे दैत्यराजं परं ततः । उवाचाथ प्रणम्यासौ स्वामिनं तं विनायकम् ॥४८॥ भक्षितं सर्वसैन्यं ते आज्ञां प्राप्य महत्तरम् । अत्यन्तं क्लेशि-तोऽनेन धृत्वैनं त्वां समानयम् ॥४९॥ मम निद्रास्थलं यच्छ श्रमापनुत्तये विभो । सर्वेषां च सुखायास्य मुक्तिं यच्छ विनायक ॥५०॥ एवं तद्वाक्यमाकर्ण्य तं विभुः प्रत्यभाषत । मम वक्त्रान्तर्गतस्त्वं निद्रां प्राप्नुहि स्वेच्छया ॥५१॥ इत्याकर्ण्य महावाक्यं विनायकमुखोद्गतम् तन्मुखं प्रविवेशाथ तद्रूपं समपद्यत ॥५२॥ यथा गन्धो धराजातस्तत्रैव परिली-यते । तथा विनायकाज्जातस्तत्रैव लयमाप्तवान् ॥५३॥ य इदं शृणुयाद्भक्त्या महादाख्यानमुत्तमम् । सर्वान्कामानवाप्याथ मुक्तिं च लभते ध्रुवम् ॥५४॥ (२६१३) इति श्रीगणेशपुराणे क्रीडाखंडे नरान्तकनिग्रहो नामाष्टपंचाशत्तमोऽध्यायः ॥५८॥

अध्याय ५९ प्रारंभ – मुनिरुवाच । विनायकेन बालेन कुतः स पुरुषः कृतः । येन तद्भक्षितं सैन्यमानीतः स नरांतकः ॥१॥ एतन्मे प्रकटं ब्रूहि संशयोऽत्र महान्मम । क उवाच । यन्निर्गुणं परं ब्रह्म तदेतत्सगुणं बभौ ॥२॥ विनायकस्वरूपेण ब्रह्मविष्णुशिवात्मकम् । भूभारहरणार्थाय दुष्टानां निधनाय च ॥३॥ पालनाय स्वधर्मस्य बिभ्रतेऽनन्तरूपताम् । स एव सृजते विश्वं पाति हन्ति स्वतेजसा ॥४॥ अपेक्षते स लोकांना निमित्तं निर्यति पराम् । न चात्र संशयः कार्योऽनेकमायामये विभौ ॥५॥ तदिच्छया सर्वमिदं जगद्धि परिवर्तते । इदानीं तस्य मायां ते कथयिष्यामि विस्तरात् ॥६॥ अमात्यपुत्रसहितो नरांतकधृतो नृपः । यावन्न पत्तनं प्राप तावत्कालं पुमाऽनसौ ॥७॥ भक्षयामास तां सेनां दैत्येन परिपालिताम् । विनायकेन पुरुषो मुखेऽसौ निहितस्तदा ॥८॥ राजामात्यकुमारौ च सोऽपि ते सर्व एव तु । जठरे तस्य देवस्य ददृशुः सकलं जगत् ॥९॥ सप्तद्वीपवतीं पृथ्वीं पर्वतद्रुमसंयुताम् । ससित्सागरवापीभिस्तडागैर्मानवैः श्रिताम् ॥१०॥ देवगन्धर्वमुनिभिः सिद्धयक्षनिशाचरैः । पन्नगैरप्सरोभिश्च शोभितं स्वर्गमंडलम् ॥११॥ पातालानि च सप्तानि भ्रमन्तो ददृशुस्तदा । एवं ते जठरे तस्य कोष्ठे कोष्ठे पृथक्पृथक् ॥१२॥ ददृशुर्भ्रान्तमनसो ब्रह्मांडनिचयान्बहून् । खिन्नास्ते शरणं जग्मुर्देवदेवं विनायकम् ॥१३॥ मनसा प्रार्थयामासुस्तदा देवं विनायकम् । भ्रान्तानां खिन्नचित्तानां कृपां कुरू कृपानिधे ॥१४॥ ततस्तान्बालरूपेण मार्गमादर्शयद्विभुः । ततो रोमांचमार्गेण बहिर्याता यथा पुरा ॥१५॥ ददर्श काशिराजः स्वं नगरं भद्रमेव च । कश्यपस्यात्मजं

बालं क्रीडन्तं तं विनायकम् ॥१६॥ तत्प्रसादादाप्तबुद्धिर्नुनाव परया मुदा । ज्ञाता ते परमा माया मया कुक्षिगतेन च ॥१७॥
त्वमेव कर्ता देवानां मनुष्याणां दिशामपि । सर्गाणां सागराणां च सरितां बलिसद्मनाम् ॥१८॥ यतस्ते रोमकूपेषु ब्रम्हाण्डानां
हि कोटयः । दृष्ट्वा भ्रान्तेन च मया प्रसादात्तव नाथ भो ॥१९॥ आश्चर्यं बहुधा दृष्टं मया तव च विश्ववित । अहं
युद्धाय संप्राप्तो ध्वजिनी पुनरागता ॥२०॥ नरान्तकस्य सैन्येन सा जिता तत्क्षणादनु । अमात्यपुत्रसहितो नरान्तकमुपाद्रवम्
॥२१॥ विधृतस्तेन सहसा सैन्यं जित्वा ममक्षणात् । दग्धा च नगरी सर्वा दृष्टः स कालपूरुषः ॥२२॥ तेनापि भक्षिता तस्य
सेना नानाविधा क्षणात् । धृत्वा नरान्तकं यातः पुरुषः स तवान्तिकम् ॥२३॥ सर्वे त्वदुदरं यातास्तत्र दुष्टोऽसि मे प्रभो ।
सर्वं दृष्टं च तत्रापि जम्बुद्वीपं सविस्तरम् ॥२४॥ एवं कोष्टान्तरे दृष्टं भूतलं च सविस्तरम् । ततो हि खिन्नास्त्वां याताः
शरणं जगदीश्वर ॥२५॥ त्वदाज्ञया तु रोमांचदारेण निर्गता बहिः । पुनर्दृष्टोऽसि बालस्त्वं निजं च भवनं महत् ॥२६॥
किमिदं कौतुकं देव मायाजालमिदं विभो । कश्चासौ पुरुषो देव येनाभक्षि महाचमूः ॥२७॥ केनासौ विधृतो दैत्यो रक्षित-
श्चापि केन च । केनादर्शि च रोमांचद्वारं निर्गमनाय च ॥२८॥ इति मे संशयं देव नुद भक्तस्य यत्नतः । क उवाच ।
एवं तेन कृतः प्रश्नो मस्तके तस्य धीमतः ॥२९॥ विनायकः करतलं कृपया निदधार ह । दिव्यज्ञानोऽभवद्राजा काशीराजस्तु
तत्क्षणात् ॥३०॥ तुष्टाव परया भक्त्या देवदेवं विनायकम् । राजोवाच । त्वमेव ब्रम्हा विष्णुश्च महेशो भानुरेव च ॥३१॥

त्वमेव पृथिवि वायुरन्तरिक्षं दिशो द्रुमाः । पर्वतैः सहिताः सिद्धा गन्धर्वा यक्षराक्षसाः ॥३२॥ मुनयो मानवाश्चापि स्थावरं जंगमं जगत् । त्वमेव सर्व देवेश सचेतनमचेतनम् ॥३३॥ जन्मान्तरीयपुण्येन दृष्टोऽसि कश्यपात्मज। क उवाच । एवं ब्रुवति राजेन्द्रे मोहयामास तत्क्षणात् ॥३४॥ ततो राजा पुपूजैनं विनायकमनामयम् । ततः पौरा हर्षयुता राजानं द्रष्टुमाययुः॥३५॥ नत्वा नत्वा ददुस्तस्मै वस्त्राण्याभरणानि च । राजाऽपि दापयामास तेभ्यो वस्त्राण्यनेकशः ॥३६॥ विसृज्य लोकांस्तान्सर्वा–ञ्जननीमभ्यगात्ततः । तव प्रसादान्मातस्ते दृष्टं पादयुगं मया ॥३७॥ गृहीतो दैत्यराजेन देवदेवेन रक्षितः । ततो हर्षयुता मातालिलिंग तं चिरागतम् ॥३८॥ अमात्यौ राजपत्नीं तां नत्वाहतुरुभौ तदा । तव पुण्यप्रभावेण दृष्टं ते चरणाम्बुजम् ॥३९॥ विनायकस्य मायाभिर्मोहिता मोचिताश्च ह । ततस्तत्र ययौ राजा भार्यामम्बां जगाद च ॥४०॥ निवृत्तेषु च लोकेषु हर्षगद्गदया गिरा । राजोवाच । परमं कष्टमापन्नो धृतो दैत्येन तत्क्षणात् ॥४१॥ मोचितो माययाऽनेन प्रापितौ नगरं निजम् । क उवाच । शुशुभे नगरं तच्च नानावादित्रनिस्वनैः ॥४२॥ पताकाभिरनेकाभिर्विविधैश्च महोत्सवैः । प्रत्यानीतः सर्वलोकैर्विनायकबलेन च ॥४३॥ कुमाराः कन्यकाश्चापि योषितः पतयोऽपि च । जनकाश्च जनन्यश्च पुत्राश्च भ्रातरस्तथा ॥४४॥ लिलिंगुश्च जहर्षुश्च ददुर्दानान्यनेकशः : बुभुजुर्भोजयामासुर्लुलोकुश्च पपुर्जगुः ॥४५॥

इति श्रीगणेशपुराणे क्रीडाखंडे राजमोक्षणं नामैकोनषष्टितमोऽध्यायः ॥५९॥ (२६५८)

अध्याय ६० प्रारंभ : क उवाच । ततो नरान्तको दृष्ट्वा विनायकविचेष्टितम् । मेधया तर्कयामास दृष्टमस्याद्भुतं

महत् ॥१॥ काशीराजे धृते तेन निर्मितः कालपूरुषः । अखिला वाहिनी तेन भक्षिता ममसर्वशः ॥२॥ अमात्यपुत्रसहितो राजाऽसावुदरं गतः । अव्यंगी बहिरानीतोऽदर्शि विश्वंनृपस्य ह॥३॥ अस्माभ्दुक्तिश्च मुक्तिश्च भविता मे न संशयः । तस्मादेनं हनिष्यामि मामयं वा हनिष्यति ॥४॥ इत्येवं निश्चयं कृत्वा प्रोवाच स विनायकम् । दैत्य उवाच।ऐन्द्रजालिकविद्येयं दर्शिता बहुधा त्वया ॥५॥ नाहं बिभेमि तस्यास्तु मायावी च नरान्तकः । यस्य निश्वसितेनापि निपतन्ति महाद्रयः ॥६॥ भ्रूक्षेपमात्रेण च मे ब्रह्माण्डं कम्पते भृशम् । यस्य हस्ततलाघाताद्भूगोलोऽपि द्विधा भवेत् ॥७॥ तेन त्वं बालरूपः सन्कथं युद्धं करिष्यसि । यो व्याघ्रसंमुखं गच्छेत्स कथं सुखमेष्यति ॥८॥ क उवाच । इति ब्राम्हीं समाकर्ण्य नरान्तकसमीरिताम् । अब्रवीत्परमात्माऽसौ बालरूपी विनायकः ॥९॥ विनायक उवाच । किमर्थं वल्गसे मूढ यदा ते पृतनाऽखिला । भक्षिता [illegible]गता शक्तिर्यदर्थं कथ्यते मुहुः ॥१०॥ शूराः शौर्यं दर्शयन्ति न गां परबलारुजाम् । वृश्चिकेनाल्पकायेन मृगेन्द्रो हन्यते क्षणात् ॥११॥ अल्पेन हि प्रदीपेन नश्यते प्रबलं तमः । यस्य संन्निहितो मृत्युः सन्निपातात्स लीयते ॥१२॥ अल्पेन मृणिना मत्तमातंगी हि नियम्यते । क उवाच । इति श्रुत्वा तु वाक्यानि देवप्रोक्तानि दैत्यराट् ॥१३॥ चकम्पे परया भीत्या जगर्ज घनवद्दृढम् ॥१४॥ भीषयन्रोदयन्रावैः कम्पयन्भूमिमण्डलम् । अधावत्परमावेशो हन्तुकामो विनायकम् ॥१५॥ यथा पतंगो दीपार्चि हन्तुं याति त्वरान्वितः । त्रिवक्रां भ्रुकूटीं बद्ध्वा वमन्नास्येन पावकम् ॥१६॥ तं तथा यान्तमालोक्य काशिराजो

निजं धनुः । सज्जीचकार सहसाकर्णमाकृष्य सायकम् ॥१७॥ उवाच साम्ना दैत्यं तं निर्लज्जं बद्धमोचितम् । मा जीवं त्यज
दैत्येन्द्र जीवन्भद्राणि पश्यसि॥१८॥परावृत्य प्रयाहि त्वं नो चेन्मृत्युं प्रयास्यसि । क उवाच । इति तद्वाक्यमाकर्ण्य प्राह दैत्यो
रुषाज्वलन् ॥१९॥ नरान्तकेति मे नाम त्वादृशानां हि भक्षणात् । इदानीं शरणं याहि यदि जीवीतुमिच्छसि ॥२०॥
पुनर्नृपोऽब्रवीद्वाक्यं मुमूर्षुं तं नरान्तकम् । विनाशसमये मूढ विपरीता मतिर्भवेत् ॥२१॥ मित्राणि शत्रुतां यान्ति विपरी–
तेप्यनेहसि । त्वयाप्याचरितं पापं वरगर्वादनेकशः ॥२२॥ वरस्यैव प्रभावेण न वज्रं गणितं त्वया । इदानीमवतीर्णोऽयं
त्वादृशाना वधाय च ॥२३॥ कश्यपस्यात्मजो भारं हर्तुं भूमिगतं दृढम् । वरः पुण्यं च शिथिलं जातं ते पापसंचयात् ॥२४॥
भारतीमेवमाश्रुत्य चकम्पे हृदि दैत्यराट् । धावयित्वा नृपकराज्जगृहे सशरं धनुः ॥२५॥ बलाच्चिक्षेप भूमौ तच्छतधा च
व्यशीर्यत । अहनन्मुष्टिघातेन तं नृपं स नरान्तकः ॥२६॥ पतितः स धरापृष्ठे वज्राहत इवाचलः । दृष्ट्वा विनायकोऽधा–
वत्सृणिहस्तो महाबलः ॥२७॥ गर्जयन्गगनं सर्वं दिशश्च विदिशः स्वनैः । चकम्पे पृथिवी सर्वा दिशः प्रज्वलिता इव ॥२८॥
तेजसा परशोस्तस्य सर्वदृष्टिहरेण च । तेनाहनद्दैत्यशिरो यथेन्द्रो गिरिमुत्कटम् ॥२९॥ तथा हतो दैत्यराजो निपपात
महीतले । मूर्छनां महतीं प्राप्तो मर्मभिन्नो यथाश्मना ॥३०॥ उदतिष्ठत्क्षणाद्दैत्यो हस्ताभ्यां पर्वतावुभौ । प्रगृह्य च
प्रचिक्षेप विनायकजिघांसया ॥३१॥ शतधा चूर्णितौ तेन मुद्रा परशुघातिना । मायया दैत्यराजोऽथ नानारूपधरोऽभवत्

॥३२॥ यद्यद्रूपं चकाराशु तत्तद्रूपं विनायकः । भग्नदर्पं चकाराशु तेन तेन महासुरम्॥३३॥शस्त्रैः शस्त्राणि संवार्यत थाऽस्त्रैरस्त्रसंचयम् । ततस्तु मल्लयुद्धेन युयुधाते परस्परम् ॥३४॥ चरणं चरणेनैव हस्तं हस्तेन जघ्नतुः । जानुभ्यां जानुनी चोभौ पुष्पिताविव किंशुकौ ॥३५॥ वक्षसा चैव वक्षश्च पेततुर्धरणीतले । पुनरुत्थाय बलिनौ कूर्पराभ्यां निजघ्नतुः ॥३६॥ पुनर्दैत्यो महादेवं स्मृत्वा वृक्षानवासृजत् । पृष्ठेन पृष्ठं धावन्तो ललाटेन ललाटकम् ॥३७॥ स्रवन्तौ रुधिरं चोभौ गुल्फाभ्यां गुल्फमेव च ॥३८॥ पर्वतांश्च सवृक्षांश्च विनायकजिघांसया । अप्राप्तानेव तान्सर्वांश्चिच्छेद स विनायकः ॥३९॥ पद्मपाशाङ्कुशाघातै : परशोर्दृढकर्मणा । तस्यां निवारितायां तु दैत्योऽमुच्चत्तथा पराम् ॥४०॥ वृष्टिमन्यां तथा चान्यां निरस्तां वीक्ष्य चापराम् । काशिराजो ययौ दूरं मृतं ज्ञात्वा विनायकम् ॥४१॥ विनायकोऽपि संक्लेशाद्हृदि चिन्तामथाकरोत् । असंख्यातबलो दैत्यो जयोपायो न दृश्यते ॥४२॥ कदा देवाः स्वनिलयं प्राप्स्यन्ति निहतारयः । नरान्तकोऽपि संजातो देवानामप्ययान्तकः ॥४३॥ एवं चित्ते चिन्तयति वारंवारं विनातके । तूणेषू पतिता बाणाः कालदण्डोपमा दृढाः ॥४४॥ पिनाकोऽष्टापदमयः पुरस्तस्य पपात ह । शोभयंस्तेजसा स्वेन दिशश्च विदिशोऽपि च ॥४५॥ कार्मुकं तु स्फुरत्कान्ति दृष्ट्वा सर्वं जहर्ष सः । मेने जितं तं च दैत्यं सिद्धं च देवकांक्षितम् ॥४६॥ जग्राह बाणान्कोदण्डं कृत्वा क्ष्वेडितमुच्चकैः । पिनाकं तोलयाभास सज्यं चक्रे धनुस्तदा ॥४७॥ पृथिव्या जानुनी स्थाप्य तूणौ चोभयतस्तथा । तद्धनुःशब्दमाकर्ण्य चकम्पे भुवनत्रयम् ॥४८॥ सव्यदक्षिणहस्ताभ्यामाकृष्य सायकद्वयम् । मुमोच दैत्यमालक्ष्य मुंचन्नग्निकणान्मुहुः ॥४९॥ पपात

दैत्यभुजयोरकस्मात्सायकद्वयम् । गर्जन्प्रकाशयद्व्योम संहरज्जीवसंचयान् ॥५०॥ उल्कैव पातयामास भुजौ वृक्षाविवास्य तत् । यथेन्द्रो वज्रघातेन पर्वतस्येव सानुनी ॥५१॥ नरान्तकद्वारदेशे महानकोऽपतत्करः । अपरस्तत्पितुर्द्वारि चूर्णयन्याणि संचयान् ॥५२॥ अन्यावास्तां करौ तस्य ददर्श न विनायकः । अभ्यधावत्पुनर्दैत्यो व्यादितास्य इवान्तकः ॥५३॥ हस्ताभ्यां तत्र पादाभ्यां चिक्षेप पादपान्बहून् । द्रुमाणां च महावृष्टिं प्रक्षिपात्स विनायके ॥५४॥ अन्धकारं महच्चासीन्न प्राज्ञायत किंचन । ततोऽब्रवीद्दैत्यराजं दृष्ट्वा । वीर्यं विनायकः ॥५५॥ (२७१३) इति श्रीगणेशपुराणे क्रीडाखण्डे षष्टितमोऽध्यायः ॥६०॥

अध्याय ६१ प्रारभ :- विनायक उवाच । नेदृशो दृष्टपूर्वो मे बलि च वीर्यवत्तरः । इदानीं पौरुषं पश्य मम बालस्य चेष्टितम् ॥१॥ इत्युक्त्वा पुनरेवासौ बाणं तूणादकर्षयत् । आकर्णं धनुराकृष्य प्राक्षिपत्तं नरान्तकम् ॥२॥ प्रकाशयन्व्योमतलं पातयन्वृक्षसंचयम् । आन्दोलयन्निव ययौ पुष्पवत्तं नरान्तकम् ॥३॥ स बाणोऽछेदयत्तस्य चरणौ स पपात ह । अर्धकाये निपतिते दैत्येऽगर्जद्विनायकः ॥४॥ चरणौ व्योममार्गेण भ्रमन्तौ पतितौ गृहे । देवान्तकस्य महति चूर्णयन्तौ बहूञ्जनान् ॥५॥ अर्द्धकायः स दैत्येन्द्रो मुखं कृत्वा भयानकम् । अभ्यधावद्बलेनासौ ग्रसन्निव जगत्त्रयम् ॥६॥ तथैव चरणावस्य मायया संबभूवतुः । विनायकस्य निकटे बभाषेऽभ्येत्य दैत्यराट् ॥७॥ त्वया यद्दर्शितं मह्यं पौरुषं कायभेदनात् । छेत्से

तवापि चांगानि पश्य मे पौरुषं तथा ॥८॥ श्रुत्वा वाक्यं पुनस्तस्य जगर्जासौ विनायकः । शरवृष्टिं पुना रौद्रससृजद्दैत्यपुंगवे ॥९॥ सोऽपि तां भक्षयामास संख्यातीतां महाबलः । तत एकं महाबाणमभिमन्त्र्य विनायकः ॥१०॥ अग्नितुण्डं रुक्मपुंखं गर्जमानं भयानकम् । आकर्णं ज्यामपाकृष्य तत्याज दैत्यमस्तके ॥११॥ स ययौ वायुवेगेन दारयन्निव पर्वतान् । सहरन्पक्षिसंघातान्पातयन्वृक्षसंचयान् ॥१२॥ श्रुत्वा तदीयनिनदं ययुः सेना दिशो दश । पपात दैत्यकण्ठे स गिरिसानौ यथा पविः ॥१३॥ तदाघाताच्छिरोऽप्यस्य पक्षीव गगनं ययौ । न्यपतत्परिकूजत्तत्पितुर्गेहे भयानकम् ॥१४॥ पुनरन्यच्छिरोऽस्याभूदच्छिन्नमिव पूर्ववत् । ततः कोपेन दैत्योऽपि चक्रे क्ष्वेडितमुच्चकैः ॥१५॥ बिभ्युः सुराः पक्षिसंघा सर्वे च जनसंचयाः । धर वृष्टिं पुना रौद्रां चक्रे तस्मिन्विनायके ॥१६॥ स सर्वां बाणवृष्ट्यैव मध्ये चिच्छेद लाघवात् । अहोरात्रमभूद्युद्धं गिरिबाणमयं नवम् ॥१७॥ परिशश्राम देवोऽपि सोऽपि दैत्यो महाबलः । चिन्तामवाप महतीं प्रजज्वाल च तेजसा ॥१८॥ ततो जग्राह परशुं ज्वालामालासमाकुलम् । तोलयामास बलवांश्चकम्पे धरणी तदा ॥१९॥ विमानगाः सुराः सर्वे युद्धं द्रष्टुमुपागताः । चकम्पिरे तदा शेषो बिभाय च रसातले ॥२०॥ अवासृजद्दैत्यपतो स तस्याशु शिरोऽहरत् । पुनरन्यदभूच्चारुशिरोमुकुटकुण्डलम् ॥२१॥ पुतस्तत्पातयामास शिरः क्रुद्धो विनायकः । पुनरन्यदभूत्तस्य छिन्ने तस्मिन्पुनःपुनः ॥२२॥ एवं शतसहस्राणि शिरांसि सोऽच्छिनद्विभुः । पुनश्च

चिन्तयामास मृतौ दैत्यस्य कारणम् ॥२३॥ मोहयामास सहसामायया तं नरान्तकम् । शिवस्य वरदानेन गर्वितं बलवत्तरम् ॥२४॥ नाज्ञासींच्च तदा दैत्योऽपरं चात्मानमेव च । क्षणाच्च भासते रात्रिः क्षणाच्च दिनमेव च ॥२५॥ क्षणाच्च भासते स्वर्गं पृथ्वी पातालमेव च । जागरश्च सुषुप्तिश्च तुरीया स्वप्न एव च ॥२६॥ विनायकोऽपि देवो वा नारी वा पुरुषोऽपि वा । गुह्यको वाथ सिद्धो वा यक्षो राक्षस एव च ॥२७॥ स्वकीयो वा परो वापि पिता वा जननी तु वा । निर्जीवो वा सजीवो वा भ्रमादेवममन्यत ॥२८॥ चिन्तां च परमामाप तर्कयामास चेतसि । एवं मे तु वरा दत्ताः शिवेन शूलधारिणा ॥२९॥ अयं च समयः प्राप्तः प्रायो मृत्युर्भविष्यति । क उवाच । एवं यावच्चिन्तयते पुरस्तावद्ददर्श सः ॥३०॥ विनायकं विराड्रूपं गगनोर्ध्वगमस्तकम् । पाताळव्याप्तचरणं दिक्श्रोत्रं वृक्षरोमकम् ॥३१॥ भ्रमद्ब्रह्माण्डरोमांच पयोधिश्रमबिन्दुकम् । नखाग्रे यस्य देवानां भान्ति त्रिशत्त्रिकोटयः ॥३१॥ उदरे भान्त्येकदशे भुवनानि चतुर्दश । ततो विनायका दैत्यं मर्दयामास तत्क्षणात् ॥३३॥ पादांगुष्ठनखाग्रेण मत्कुणं बालको यथा । ततो देवाश्च मुनयो जयशब्दं मुहुर्मुहुः ॥३४॥ तुष्टुवुर्मुमुचुः पुष्पवृष्टिं भक्त्या प्रहर्षिताः अन्तर्हिते तु वैराटे रूपेऽगाद्धरणी विभुम् ॥३५॥ नत्वा प्रोवाच देवेशमर्धभारो हृतो मम । पूर्णे हृते परा प्रीतिर्मे स्यात्तस्मात्सदा कुरू ॥३६॥ तस्यामन्तर्हितायां तु काशीराजः पुपूज तम् । उवाच च प्रसन्नात्मा विनयावनतो नृपः ॥३७॥ अत्याश्चर्यं

विभो दृष्टं मनोवाण्योरगोचरम् । अवतीर्णोऽसि भूभारं हर्तुं तच्च कृतं त्वया ॥३८॥ त्रयस्त्रिंशत्कोटिदेवैरवध्योऽयं हतो यतः। अतिपुण्येन दृष्टं ते विराड्रूपं सुरेश्वर ॥३९॥ क उवाच । एवं ब्रुवति राजेन्द्रे पौराः सर्वेऽब्रुवंस्तदा । धन्योऽसि बालभावेन सर्वान्नो भ्रामयस्यहो ॥४०॥ यशः प्रथयितुं सर्वं कृतमेतद्विभो त्वया । पुपूजुश्च महाभक्त्या प्रार्थयन्निति तं विभुम् ॥४१॥ भक्ति ते देहि नो देव स्ववियोगं च मा कुरु । ततो राजा च ते लोका ददुर्दानान्यनेकशः ॥४२॥ ब्राह्मणान्प्रार्थयामासुरेवमेव जयोऽस्तु नः । उपायनानि च तदा ददू राज्ञे परस्परम् ॥४३॥ (२७५६)

इति श्रीगणेशपुराणे क्रीडाखंडे दैत्यदमनं विराड्दर्शनं नामैकषष्टितमोऽध्यायः ॥६१॥

अध्याय ६२ प्रारंभ – क उवाच । रौद्रकेतोस्तु या भार्या शारदाख्या द्विजस्य सा । विदर्भ्यामुपविष्टा सा सखीभिः कौतुकान्विता ॥१॥ नरान्तकस्य च शिरोऽकस्मात्ताभिर्ददर्श ह । पतितं प्रांगणे कर्णकुण्डलाभ्यां विराजितम् ॥२॥ नादयत्पत्तनं सर्वं शिखरं पार्वतं यथा । श्यामलं हिमसंसृष्टं निशोभं कमलं यथा ॥३॥ बिभ्यतो रौद्रकेतुश्च शारदाघात–विव्हला । सावधानौ ददृशतू रुदतः स्म भृशं तदा ॥४॥ लुण्ठतः स्म धरण्यां तौ ताडयन्तौ च वक्षसि । मूर्च्छामवापतुरुभौ मुहूर्तादिव चेतनाम् ॥५॥ माता शुशोच तदा हृदि स्थाप्य त तच्छिरः । चक्रन्दे विव्हला सा गौर्मृतवत्सा यथा भृशम् ॥६॥ शारदोवाच । वीरश्रिया व्याप्ततनू रणायैव समुत्सुकः ॥७॥ प्रोक्तवान्न हि किंचिन्मामिदानीं गिरमाहर ॥८॥ क्व गतः

पूर्वकायस्ते शिरसैव समागतः । एकाकी कथमायतः क्व ते सैन्यं महत्तरम् ॥९॥ क्व ते जलधरा यासाश्छत्रचामरधारिणः । यं दृष्ट्वा वरकामिन्यो म्लायन्ते विरहाग्निना ॥१०॥ स कथं म्लानतां यातो रविरस्तानुगो यथा । किं मया ह्यपराद्धं ते पित्रा वा वत्सलेन च ॥११॥ किमर्थं वदसे नैव रुददश्रु पमार्ज्य नः । परार्ध्यास्तरणोपेते मंचके स्वापतत्परः ॥१२॥ क्वेदानीं परिसुप्तोऽसि खिद्यते मे मनो भृशम् । विनाभूतौ त्वया नेशावास्यं सन्दर्शितुं सुत ॥१३॥ क उवाच । शारदायाः शुचं श्रुत्वा रौद्रकेतुः शुशोच ह । विना वृत्तान्तकथनात्क्व गतोऽसि प्रियात्मज ॥१४॥ प्रत्यहं सर्ववृत्तान्तं जातं भाविनमेव च । संश्रावयसि स्वस्थानमिदानीं किन्न भाषसे ॥१५॥ यदि त्वं संमुखे युध्यन्धारापूतो दिवं गतः । मामपृच्छय च मां त्यक्त्वा कथं त्वं परिजग्मिवान् ॥१६॥ कथं त्वया कृता पित्रोः पुत्रता शत्रुतापि च । यदा त्वं सेवाककरात्खड्गं गृह्णासि स्वं करे ॥१७॥ तदा सपर्वतवना सस्वर्गा कम्पते च भूः । स केन पातितो मह्यां न जाने कालपर्ययम् ॥१८॥ दैवं हि बलवल्लोके पौरुषं तु निरर्थकम् । भूषणं मम वंशस्य लोकस्य च गतं क्व नु ॥१९॥ लोकस्यापि च यः कालः पंचास्योऽरि–गजस्य यः । स कथं त्वं द्विधाभूतो वाताहत इव द्रुमः ॥२०॥ प्रतापसविता राजंस्तूलदाहहुताशनः । क उवाच । एवं नानाविधं शोकं रौद्रकेतुच्छ शारदा ॥२१॥ कृत्वा मूर्धानमादाय देवान्तकमगच्छताम् । भद्रासनात्समुत्थाय त्वरया तौ तथाविधौ ॥२२॥ दृष्ट्वा कण्ठं समालिग्य रुरोदावरजं तदा । तत्परीवारभूता ये दैत्याः कालयमोपमाः ॥२३॥ रुरुदुः

सुस्वरं तत्र दृष्ट्वा नारान्तकं शिरः । मातुर्हस्ताच्छिरो गृह्य तत्स्वे हृदि निधाय च ॥२४॥ चक्रन्द कुररीवासौ भ्रातृस्नेहेन
दुःखितः । देवान्तक उवाच । समं भुक्तं समं पीतं क्रीडितं सुप्तमुत्थितम् ॥२५॥ समं तप्तं समं जप्तं क्व गतोऽसि विहाय
माम् । यस्य ते दर्शनान्मर्त्याः सुरा यान्ति दिशो दश ॥२६॥ स कथं निहतः केन दुष्टेन च बलियसा । रसा रसातलं चैव
तवैव च निवेदितम् ॥२७॥ विहाय मां कथं स्वर्गं गतोऽसि भ्रातृवत्सल । यस्य ज्याघोषमाकर्ण्य कम्पते स्म चराचरम्
॥२८॥ असंख्याता नृपा यस्य साम्ने द्वारगता बभुः । स कथं पितरौ हित्वा गतश्च सुन्दरां स्त्रियम् ॥२९॥ एवं तत्क्रन्दनं
श्रुत्वा वीरलोका समाययुः । हेतुभिर्वारयामासुर्बलाद्धृत्वा तु तत्करैः ॥३०॥ जना ऊचुः । न वीराः परिशोचन्ति वीरे युद्धे
हते नृप । निघ्नन्ति तं बलाद्गत्वा येनासौ निहतो भवेत् ॥३१॥ मृत्युस्तु सर्वजन्तूनां सह देहेन जायते । सोऽद्य वर्षशतेनापि
भविष्यति न संशयः ॥३२॥ स्वस्य वान्यस्य वा राजस्तत्र का परिदेवना । श्रुत्वा वाक्यं तु लोकानां तदा देवान्तकोऽसुरः
॥३३॥ सावधानमना भूत्वा पितरौ प्राह धर्मवित् । मा शोचतमहं यामि प्रसितुं तं निजं रिपूम् ॥३४॥ वदतं क्व
निवासोऽस्य येन बन्धुर्हतो मम । तं हत्वा सुखमेष्यामि बन्धुं यास्यामि वा मृतः ॥३५॥ मम भ्रूभंगमात्रेण कम्पते
भुवनत्रयम् । मयि क्षुब्धे तु कस्त्राता लोकानां पितरौ यतः ॥३६॥ क उवाच । श्रुत्वा देवान्तकवच आश्वस्तौ तावुभौ तदा।
शोकसागरमग्नौ तावुद्धृतौ तेन वाक्यतः ॥३७॥ ऊचतुः परमं वाक्यं ज्येष्ठपृष्टौ सविस्तरम् । काशिराजेति विख्यातो राजा

परमधार्मिकः ॥३८॥ वैवाहिको महोत्साहस्तद्गृहे समपद्यत । आकारिताः सर्वजनाः कश्यपस्यात्मजोऽपि च ॥३९॥ स बाल एव बलवान्विनायक इति स्मृतः । तेन मार्गे हतो भ्राता धूम्राक्षो मम पुत्रक ॥४०॥ तस्य प्रत्याम्नायकृते प्रेषिता वीरसंमताः । धावमाना ययुस्ते च सहस्रार्द्धं निशाचराः ॥४१॥ सप्तवर्षेण ते सर्वे नाशिता मुनिसूनुना । तेषा प्रत्याम्नायकृते स्वयं यातो नरान्तकः ॥४२॥ अनेकशस्त्रसंपन्नश्चतुरङ्गबलान्वितः । एकोऽपि नागतस्तस्मादकस्माद्ददृशे शिरः ॥३४॥ शोकं कृत्वा तव पुर आनीतं तच्छिरोऽधुना क उवाच । इति तद्वाक्यमाकर्ण्य चकम्पे रक्तलोचनः ॥४४॥ देवान्तकश्चोद–तिष्ठद्ग्रसन्निव जगत्त्रयम् । उवाच गर्वमोहेन पितरं वेगवत्तरम् ॥४५॥ कालं हनिष्येऽखिलघ्नं न्युब्जां पृथ्वीं विधाय च । करिष्ये क्रोधदृष्टचैव ब्रह्मांड भस्मसात्क्षणात् ॥४६॥ इत्युक्त्वा क्ष्वेडितं कृत्वा जगतीं कम्पयन्निव । देवाधिकारे ये दैत्या–स्तान्सर्वानाजुहाव च ॥४७॥ नत्वा तौ पितरौ वाक्यं प्रोचे देवान्तकस्तदा । इदानीं मुनिपुत्रं तमानयिष्यामि सत्वरम् ॥४८॥ सहैव तन दास्यामि मूर्ध्न्यस्य च धनंजयम् । एवमुक्त्वा बलात्सर्वे उड्डीय सहसा च ते ॥४९॥ देवान्तकोऽप्य–संख्याता विहंगा इव शीघ्रगाः । काशिराजपुरीं प्राप्य वेष्टयेयुः समन्ततः ॥५०॥ कोलाहलो महानासीद्रजसाच्छादिता दिशः । न प्रकाशो रवेरासीत्पौराश्च चुक्रुशुर्भृशम् ॥५१॥ नरान्तके हते द्वित्रिदिवसा नैव यद्गताः । तत्कथं पुनरायातः प्रलयोऽत्र जनापहः ॥५२॥ कोऽयं प्रचण्डदेहेन दुष्प्रेक्ष्यो वै समागतः । क्षमः कालं कलयितुं भक्षितुं वा जगत्त्रयम् ॥५३॥ दैत्यानां परिखा जाताः प्रेषिता दैत्यपुंगवाः । हतास्तेनाथ ते सर्वे गन्तुं मार्गो न विद्यते ॥५४॥ एवं तदस्तु पौरेषु तावद्दूताः समागताः । काशिराजं कथयितुं देवान्तकसमागमम् ॥५५॥ (२८११)

इति श्रीगणेशपुराणे क्रीडाखण्डे नगरीनिरोधो नाम द्विषष्टितमोऽध्यायः ॥६२॥

अध्याय ६३ प्रारंभ :— दूता ऊचुः । देवान्तको महारौद्रो रौद्रैर्दैत्यैः समावृतः । असंख्यैर्विविधैः कालभीतिदैर्व्योममस्तकैः
॥१॥ वयं तद्दर्शनभ्रान्तः पलाय्य त्वामुपागताः । नगरी वेष्टिता राजन्य त्करिष्यसि तत्कुरु ॥२॥ क उवाच । श्रुत्वा दूत–
मुखाद्राजा वृत्तात्तं समकम्पत । अतिम्लानतया यातो बालकं स विनायकम् ॥३॥ क्रीडन्तं शिशुमध्ये तं वृत्तान्तं सर्वमब्रवीत् ।
राजोवाच । परब्रह्मन्नमस्तेऽस्तु लीलामानुषविग्रह ॥४॥ चराचरगुरो नानालीलाकर नमोऽस्तु ते । अनेकशो वयं त्रातास्त्वया
बालस्वरूपिणा ॥५॥ इदानीमपि रक्षास्मानस्माद्देवान्तकात्प्रभो । क उवाच । एवं संप्रार्थितस्तेन काशिराजेन बालकः ।
॥६॥ देहं कृत्वा विशालं स सिंहारूढो धनुष्करः । सिद्धिबुद्धियुतो गर्जन्नादयन्गिरिकन्दराः ॥७॥ तेजसा लोपयन्सूर्यं वमन्न–
ग्निकणान्मुखात् । बाणं खड्गं च परशुं धनुर्हस्ते विधारयत् ॥८॥ नभोमार्गेण नगराद्बहिर्यातो विनायकः । क्ष्वेडितेन स
दैत्यानां मनांसि परिकम्पयन् ॥९॥ ददर्श दुष्टसैन्यं तं देवान्तकममर्षणम् । असंख्यातास्तदा दैत्या बभ्रमुः शलभा इव ॥१०॥
दृष्ट्वा नानाविधं सैन्यं सिद्धिं प्रोवाच विघ्नराट् । एकाकिना न साध्येयं सेना नाना विधीयताम् ॥११॥ स्वकीया साधितुं
दैत्यं कुरु शीघ्रमिदं वचः । क उवाच । ततः सिद्धिर्नमस्कृत्वा परमात्मांघ्रिपंकजम् ॥१२॥ देवान्तकं योधयितुं ययौ चाथ
जगर्ज च । निनादैः सर्वजन्तूनां दैत्यानां भयदायिनी ॥१३॥ चचाल शेषो द्यौश्चापि पर्वता वृक्षसंचयाः । तद्गर्जितमहारावैः
प्रतिशद्बैरनेकशः ॥१४॥ सस्मार चाष्टसिद्धीः सा ताश्च याता मुदान्विताः । अणिमा प्रथमं प्राप्ता गरिमा तदन्तरम् ॥१५॥

महिमा लघिमा चापि संप्राप्ते तदन्तरम् । प्राप्तिश्चैव तु प्राकाम्यं वशित्वं च समाययौ ॥१६॥ ईशित्वं तदनु प्राप्तं तासां सैन्यमभूदनु । गजाश्वरथपादान्तं नानायूधविराजितम् ॥१७॥ वर्षाकाले यथा नद्यः सागरं यान्ति सर्वतः । तथा सैन्यं दश दिशो याति स्म युद्धलालसम् ॥१८॥ असंख्यवाद्यनिर्घोषं वीरशद्बैर्नदभ्दृशम् । कृतान्तसदृशान्वीरान्भूगोलप्राशनोत्सुकान् ॥१९॥ दृष्ट्वा देवान्तकः स्वान्तं चिन्तयामास चेतसि । बालं क्षणेन षेष्यामीत्येवं युद्धाय चागतः ॥२०॥ अकस्मादीदृशं सैन्यं कुत एतद्विनिर्गतम् । दृष्टं विचित्रसामर्थ्यं बालस्य मायया कृतम् ॥२१॥ मरिष्ये मारयिष्ये वा जीवत्स्याज्यो यशो न हि । एवं वदति दैत्येन्द्रे सेनान्यः प्राब्रुवन्वचः ॥२२॥ वयं योत्स्यामहे सैन्ये रक्ष पृष्टं जयो भवेत् । पीत्वा वाक्यामृतं तेषां हृष्टो देवान्तकोऽब्रवीत् ॥२३॥ सम्यगुक्तं महावीरा यान्तु युद्धाय यामि च । जयोऽस्तु मम वाक्येन भवतां पुण्यकर्मणाम् ॥२४॥ आशिषं परिगृह्यैव नमस्कृत्वा सुरान्तकम् । कर्दमो नाम दैत्योऽथ ययौ व्यूहं रथाकृतिम् ॥२५॥ दीर्घदन्तो ययौ चक्रव्यूहं परमदुर्जयम् । गरिम्णा वीरमुख्यैस्तु रचितं वीरमोहनम् ॥२६॥ प्रथिम्णा पालितं व्यूहं तालजंघो ययौ मुदा । महिम्ना रचितं व्यूहं यक्ष्मनामा समाययौ ॥२७॥ प्राप्त्या विरचितं व्यूहं ययौ घण्टासुरो महान् । प्राकाम्यरचितं व्यूहं रक्तकेशो बलान्वितम् ॥२८॥ कालान्तको ययौ व्यूहं वशितारचितं परम् । ईशितारचितं व्यूहं दुर्जयोऽभिययौ बली ॥२९॥ एतेषां वचसाऽशक्यं वक्तुं सामर्थ्यमंजसा । अष्टौ व्यूहानयुध्यन्त दैत्या अष्टौ महाबलाः ॥३०॥ परस्परं विनिघ्नन्तः

परान्परमदुर्जयान् । शरधारा विमुंचन्तो जलधारा यथा घनाः ॥३१॥ चिच्छिदुरुत्तमांगानि शस्त्रैर्नानाविधैर्भटाः । निहतैश्च तदा वीरैर्गजैरश्वैर्वसुन्धरा ॥३२॥ ऊरुभिर्जानुभिर्हस्तैश्छिन्नैरासीत्सुदुर्गमा । खेटानि पुरतः कृत्वा जघ्नुः पादांश्च केचन ॥३३॥ उड्डीय गिरिवत्केचित्पेतुर्वीरेषु चूर्णितुम् । रजोऽन्धकारे नाज्ञासीत्स्वीयः स्वीयं परस्परम् ॥३४॥ ततो निपेतुः सहसा दैत्या देवहता भुवि । देवा हताश्च दैत्याश्च कुर्वते भैरवान्रवान् ॥३५॥ कबन्धा युयुधुस्तत्र मुमुदुश्चाप्सरोगणाः । शुशुभुः शस्त्रसंघातैः पुष्पिताः किंशुका यथा ॥३६॥ शुक्रस्तत्र मृतान्दैत्यानुज्जीवयति विद्यया । अष्टौ व्यूहा ययुश्चिन्तां मृतशेषा बलान्विताः ॥३७॥ ईशितायै ततः प्रोचुः सर्वे ते शुक्रचेष्टितम् । तस्याः क्रोधवशादेका कृत्या स्यान्निर्गता पुरः ॥३८॥ कटाक्षेण तयाज्ञप्ता भार्गवं तु निजे भगे । कृत्वा तदाऽन्तर्दधे सा पश्चात्तत्याज बर्बरे ॥३९॥ तेन बर्बरदेशीयं यं तं वदन्ति मनीषिणः । ततो मुमुदिरे देवा युयुधुश्च बलान्विताः ॥४०॥ निहन्यमाना दैतेयाः पलायनपरा ययुः । केचिच्च शरणं प्राप्ता रक्ष रक्षेति चापरे ॥४१॥ प्रत्यूचुर्देवगन्धर्वानणिमादिकृतांस्तदा । कदा विजयिनो दैत्याः कदाचिद्देवतागणाः ॥४२॥ अभवन्युद्धनिरताः परस्परजयैषिणः । द्वन्द्वयुद्धमभूद्घोरं तस्मिन्नुपरते युधि ॥४३॥ (२८५४)

इति श्रीगणेशपुराणे क्रीडाखण्डे बालचरिते शुक्रत्यागो नाम त्रिषष्टितमोऽध्यायः ॥६३॥

अध्याय ६४ प्रारंभ :- क उवाच । कालान्तकेन दैत्येन प्राकाम्येन परस्परम् । कालान्तको विजयेते प्राकाम्यं यावदेव हि ॥१॥ तावत्साहाय्यमकरोद्वशित्वं वेगवत्तरम् । तत्याज गिरिशृंगं तन्मस्तके हस्तलाघवात् ॥२॥ तेन कालान्तको भूमौ

सहसा निपपात ह । रुधिराक्तं द्विधाभूतं दृष्ट्वा कालान्तकं तदा ॥३॥ हाहाकारो महानासीद्दैत्यसेनाचरेश्वथ । मुसलो नाम दैत्येशो भल्लश्चैवापरोऽसुरः ॥४॥ महिमा चैव चत्वारो ययुर्युद्धाय सादराः । प्राकाम्येन युयुधिरेऽनेकशस्त्रप्रहारिणः ॥५॥ असंख्याता हता देवाः पतिता भग्नवृक्षवत् । असृग्जलप्रवाहिन्य आसन्नद्यः सहस्रशः ॥६॥ ईशिता च वशित्वं च विभूतिश्च ययुस्ततः । साहाय्यं चक्रिरे तस्य प्राकाम्यस्य तदा युधि ॥७॥ चत्वारः पर्वतास्ताभिश्चतुर्ष्वपि निपातिताः । तैश्च ते चूर्णिताः सर्वे गताः स्वर्गं सुदुर्लभम् ॥८॥ अणिमा तु शिखां धृत्वा कर्दमस्य रणे बलात् । अपाटि सहसा भूमौ शतधा स व्यशीर्यत ॥९॥ अस्रवद्रुधिरं वक्त्राल्लुठन्प्राणांजहौ तदा । महिमा लघिमा चैव गरिमा वृक्षसंचयान् ॥१०॥ यक्ष्मासुरे तालजंघे दीर्घदन्ते न्यपातयन् । ततो घण्टासुरो रक्तकेशो दैत्योऽथ दुर्जयः ॥११॥ आययुः सर्वसैन्यानि निश्वसन्तो महाबलाः । तैराहतं बलं दृष्ट्वा वशितासिद्धिबुद्धयः ॥१२॥ मुष्टिघातैर्निजघ्नुस्ता भालदेशे दृढं तदा । तेऽपि भूमौ निपतिताः शतधा चूर्णितास्तदा ॥१३॥ ततो जगर्जुः सर्वास्ता जयं लब्ध्वा स्वशक्तितः । विनायको विजयते सर्वास्ता एवमूचिरे ॥१४॥ अन्ये क्षुद्रतरा दैत्यास्तेऽपि ताभिर्विनाशिताः । पुनः सर्वे दैत्यसिंहाः सिद्धिसेनां व्यनाशयन् ॥१५॥ कोलाहलो महानासीत्सेनयोरुभयोरपि । हन्तु निघ्नन्तु बध्नन्तु सावधाना भवन्त्विति ॥१६॥ प्रादुरासीत्ततश्चाग्निः शस्त्रसंघट्टसंभवः । भग्ने शस्त्रे मल्लयुद्धं चक्रुर्वीरा रुषान्विताः ॥१७॥ पुनश्चानियतं युद्धं परस्परविनाशनम् । अभवत्तुमुलं

सूर्यस्ततश्चास्तमयं गतः ॥१८॥ अन्धकारेण महता दिशो व्याप्ताः समन्ततः । ततो दिव्यौषधीर्गृह्य निजघ्नुस्ते परस्परम्
॥१९॥ अहोरात्रत्रयं घोरं युद्धमासीन्निरन्तरम् । असृङ्नद्यो दशदिशो याता वीरवहास्तदा ॥२०॥ खेटकूर्माः खड्गझषाः
शिरःकमलशोभिताः । गजग्राहाः प्रेतकाष्टाः केशशैवलराजिताः ॥२१॥ भीरुभीतिकरा वीरमहाहर्षविवर्द्धनाः । ततो जयत्सु
देवेषु सर्वदा बलशालिषु ॥२२॥ देवान्तको ययौ चिन्तां तर्कयामास चेतसि । येन सर्वे देवगणा जितास्ते स्वप्रभावतः ॥२३॥
क्वेयं तत्र बालमाया सामान्या जनमोहिनी । अष्टसिद्धीः सर्वसैन्यमिदानीं नाशयाम्यहम् ॥२४॥ धृत्वा विनायकं बाल
गयिष्यामि स्वमालयम् । एवमुक्त्वा खड्गपाणिः स्वनेनापूरयन्दिशः ॥२५॥ आययौ परसैन्यानि निघ्नन्खड्गेन सर्वशः ।
भयेन मूर्छिता देवा निपेतुर्धरणीतले ॥२६॥ स्मृत्वा विनायकं देवं जहुः प्राणांस्तु केचन । असृङ्नदीवहाः केचित्कचित्स्वर्गं
गताः सुराः ॥२७॥ केचिद्दैत्यं विलोक्यैव जहुर्जीवितमात्मनः । ततो भग्ना देवसेना पपाल च दिशो दश ॥२८॥ सोऽपि
दैत्यः खड्गपाणिर्निघ्नन्पृष्ठे जघान ताम् । गरिमा तन्निरीक्ष्याथ पर्वतं वृक्षसङ्कुलम् ॥२९॥ तत्याज दैत्याहे स खड्गेन
शतधाऽच्छिनत् । ततोऽष्टसिद्धयः क्षुब्धास्तायजुः पर्वतान्बहून् ॥३०॥ चिच्छेद त्वरया तान्स खड्गाघातेन लाघवात् ।
उड्डीय महिमा तस्य स्कन्धे स्थित्वा तमाददे ॥३१॥ खड्गं दैत्यकराच्छीघ्रमन्तर्द्धानं ययौ तदा । बलाच्चिक्षेप तं खड्गं तस्य
दैत्यस्य मस्तके ॥३२॥ स एव शतधा जातो न तु मूर्द्धा तदद्भुतम् । शरवृष्टिं तदा दैत्यो भग्नपृष्ठश्चकार ह ॥३३॥

एकैकस्यां दशदशपंचसप्तशरानसौ । क्षिप्त्वा व्याकुलयांचक्रे ततस्ता भुवि पेतिरे ॥३४॥ ततो देवा युयुधिरे पतितास्व-ष्टसिद्धिषु । मुहूर्तात्सावधानास्ता ययुर्देवं विनायकम् ॥३५॥ तमुदन्तं परिज्ञाय बुद्धि प्रोचे विनायकम् । कथं विचारस्तस्य स्याद्यत्र बुद्धिर्न दृश्यते ॥३६॥ पराजिताः सिद्धयस्ते देह्यनुज्ञां व्रजाम्यहम् । योद्धुं दैत्येन तेनाथ पौरुषं चास्य लक्षये ॥३७॥

इति श्रीगणेशपुराणे क्रीडाखण्डे बालचरिते चतुःषष्टितमोऽध्यायः ॥६४॥ (२८९१)

अध्याय ६५ प्रारंभ — क उवाच । श्रुत्वा बुद्धिवचो देवो हर्षं प्राप्य जगाद ताम् । देव उवाच । गच्छ युध्यस्व दैत्येन जहि तं यश आप्नुहि ॥१॥ एवमुक्त्वा सुवासांसि ददौ तस्यै विनायक. । सा च नत्वा तदा देवं ययौ दैत्यं रणं प्रति ॥२॥ तस्याः क्ष्वेडितशब्देन कम्पितं भुवनत्रयम् । वदनान्निर्ययौ तस्या एका शक्तिर्गरीयसी ॥३॥ जटिला विकृतास्या च जगद्भक्षण-लालसा । विशालाभ्यां तु नेत्राभ्यां त्यजन्ती ज्वालसंचयान् ॥४॥ दहन्ती दैत्यसेनां सा ययौ सा च पपाल ह । दर्शने पतिता दैत्यास्तस्याः केचिग्दतासवः ॥५॥ अन्ये त्वतर्कपन्ववाद्य गन्तव्यं क्व सुखं भवेत् । केचिदाहुर्धाव धाव देवान्तक मृता वयम् ॥६॥ एवं कोलाहलं श्रुत्वा ययौ देवान्तकः पुरः । सज्यं कृत्वा धनुः शीघ्रं शरानाशीर्विषोपमान् ॥७॥ ससर्ज तस्या गात्रेषु दर्शयन्पाणिलाघवम् । आच्छाद्य भानुं तन्मूर्ध्नां बाणजालैस्तथाविधैः ॥८॥ सा प्रसार्य महद्वक्त्रं बिसवग्दिलते शरान् । तूणीरास्तस्य दैत्यस्य सर्वे रिक्तास्तदाऽभवन् ॥९॥ न तस्यास्तृप्तिरभवद्राक्षसस्येव मानुषैः । देवान्तकं क्षीणशक्तिं दृष्ट्वा सा सैन्यमाययौ ॥१०॥ भक्षयामास तान्दैत्यान्कां श्चिद्धस्तादपातयत् । कांश्चिद्गले विनिक्षिप्य चूर्णयामास चापरान् ॥११॥

असंख्यकोटीर्दैत्यांना भक्षिताश्चूर्णिता हताः । चूर्णयन्ती पदाघातैः कांश्चिद्देवान्तकं ययौ ॥१२॥ तमुवाच तदा सा तु विश मे भगगह्वरम् । यत्र ते शेरते दैत्या मातुर्गर्भं गता इव ॥१३॥ ये भक्षिता मृतास्ते मे जठरे जीर्णतां गताः । तद्भिया स पपालाशु मूत्रविड्गन्धविह्वलः ॥१४॥ यत्र यत्र प्रलीनोऽभूत्तत्र तत्रापि सा ययौ । बभ्राम स्वर्गलोकान्स पातालानि दिशो दश ॥१५॥ ततः शिखां समाक्रम्य धृत्वा तं प्राक्षिपद्भगे । तया सह ततो बुद्धिर्विनायकमुपाययौ ॥१६॥ ननाम तां पुरस्कृत्य मदघूर्णितलोचनाम् । पातयन्तीमुभयतः स्तनाघाताद्वनस्पतीन् ॥१७॥ शरधाराश्च घनवत्स्रवन्ती मन्दगामिनी । निराकरोत्करालां तां दृष्ट्वा देवो विनायकः ॥१८॥ निराकृतायां तस्यां तद्भगाद्दैत्योऽपतद्भुवि । सोऽपि दुर्गन्धिरित्येव दूतैः संत्याजितो बहिः ॥१९॥ स तु संज्ञां समासाद्य स्नात्वा तूष्णीं गृहं ययौ । व्रीडितोऽधोमुखश्चिन्तां यातो म्लानोऽसिदुः–खितः ॥२०॥ बुद्ध्या निवेदिता सा तु ननाम तं विनायकम् । तां दृष्ट्वा जहसुर्बिभ्युर्मम्लुः पेतुश्च केचन ॥२१॥ तता सैनं जगादाशु भक्षिता दैत्यवाहिनी । सोऽपि देवान्तकः पायौ निक्षिप्य स्थापितो मया ॥२२॥ इदानीं वसतिस्थानं देहि देव दयानिधे । देव उवाच । वञ्चयित्वा गतो दैत्यो गृहं स्वं दैत्यनाशिनि ॥२३॥ तवापि पौरुषं ज्ञातं शक्रादिभ्योऽधिकं मया । विश वक्त्रं ममैव त्वं विश्रान्तिं तत्र गच्छ च ॥२४॥ अहं तं साधयिष्यामि मा चिन्तां कर्तुमर्हसि । क उवाच । एवमाकर्ण्य तद्वाक्यं दृष्टवा वक्त्रं विवेश सा ॥२५॥ सुष्वाप परमप्रीता मातुरङ्के यथाऽर्भकः । उदरे देवदेवस्य सर्वलोकनिवासिनि ॥२६॥ (२९१७) इति श्रीगणेशपुराणे क्रीडाखंडे बुद्धिविजयो नाम पंचषष्टितमोऽध्यायः ॥६५॥

अध्याय ६६ प्रारंभ – क उवाच । शारदा रौद्रकेतुश्च रात्रौ देवान्तकं सुतम् । एकाकिनं निरीक्ष्यैनंनांलिंग्यं च समूचतुः ॥१॥ आच्छादयन्तं वदनं व्रीडितं भृशविव्हलम् । अभाषमाणं कम्पन्तं वातयुक्तमिव द्रुमम् ॥२॥ पितोवाच । किमर्थं वदसे नैव स्वामवस्थां तु मूकवत् । ईप्सितं साधयिष्यामि यत्नात्त्रैलोक्यदुर्लभम् ॥३॥ क उवाच । पीत्वा वागमृतं तस्य सावधानमनाः सुतः । उवाच पितरं मातुर्निकटे निर्विशंकया ॥४॥ पुत्र उवाच । भवदाज्ञां गृहीत्वैव योध्दुं यातो विनायकम् । शरैराशीविषाकारैरसङ्ख्यैर्नाशिताः सुराः ॥५॥ प्रवर्तिता असृङ्नद्यो भग्ना सेना तु काश्यपी । तत एका महाकृत्या दरीवक्त्रा नभःस्पृशी ॥६॥ करालकेशी पाताल चरणा पर्वतस्तना । आगता देवसेनाया रक्षणार्थं ममान्तिकम् ॥७॥ खड्गेन निहता सा तु विव्यथे नैव किंचन । निक्षिप्ता सर्वसेना मे तया तात दरीभगे ॥८॥ भक्षयन्त्येव सर्वाणि शस्त्राणि शरसंचयान् । सा मां भगे विनिक्षिप्य याता देवं विनायकम् । ॥९॥ स्निग्धत्वात्तद्भगस्याहं चलितः पतितो भुवि महान्धकारे न ज्ञातः पलाय्य गृहमागतः ॥१०॥ स्नात्वा नदीजले तात व्रीडितोऽधोमुखस्ततः । क उवाच । एवं पुत्रवचः श्रुत्वा रौद्रकेतुर्जगाद तम् ॥११॥ उपायं ते वदाम्येकं न चिन्तां कर्तुमर्हसि । ततो मुहूर्तमालोक्य ददौ तस्मै महामनुम् ॥१२॥ अघोरस्य सबीजं तमुवाच जनकः पुनः । शिवं ध्यात्वा च संपूज्य कुर्वननुष्ठानमुत्तमम् ॥१३॥ होमं च तर्पणं विप्रभोजनं च दशांशतः । शिवे प्रसन्ने कुण्डाद्धि तुरंगो निःसरिष्यति ॥१४॥तमारुह्य व्रज रणं जयं प्राप्स्यसि निश्चितम् । क

उवाच : एवं पितुर्वचः श्रुत्वा प्राह पुत्रो मुदा च तम् ॥१५॥ उपदेशः कृतः सम्यग्विधिमस्य ब्रवीतु मे । ततो लोकं निवार्यैव जग्मतुर्गृहमध्यतः ॥१६॥ उभावारक्तवसनौ रक्तपुष्पाणि सन्नीय शिवं पुपूजतुस्तदा ॥१७॥ अनुष्ठानं बहुदिनं चक्रतुः परमादरात् । अनुष्ठानें समाप्ते तु कुण्डं चक्रतुरादरात् ॥१८॥ षट्कोणं लक्षणैर्युक्तं मेखलायोनिसंयुतम् । तत्राग्निं विधिव-त्स्थाप्य पात्राणि च यथाविधि ॥१९॥ पंचप्रेतासनगतौ जुहुवुस्तौ हविस्तदा। स्वजानुभागमांसानि छित्त्वा छित्त्वा च भक्तितः ॥२०॥ असृग्घृतेन मांसेन तृप्तोऽभूत्पावकस्तदा। दशांशहोमे जाते तु पुपूजे वन्हिदेवताम् ॥२१॥ बलिदानं चकाराशु छित्त्वा पुत्रशिरस्तदा । तेन पूर्णाहूतिं चक्रे विससर्जाथ पावकम् ॥२२॥ ईश्वरस्य प्रसादेन पुत्रोऽस्य पूर्ववद्बभौ । ब्राह्मणान्भोजयामास तर्पणान्ते यथाविधि ॥२३॥ ततो रात्र्यां व्यतीतायामुदिते च दिवाकरे । ददर्श तुरगं कृष्णं स्निग्धांगं बलवत्तरम् ॥२४॥ मनोजवं हेषितेन कम्पयन्तं जगत्त्रयम् । पुपूज परया भक्त्या नीराज्यैनं यथाविधि ॥२५॥ अलंकृत्यालंकरणैर्मणिमुक्तामयैः शुभैः । नमस्कृत्य द्विजान्सम्यक्पितरं परिगृह्य च ॥२६॥ आशिषोऽथ समारुह्य तमश्वं स सुरान्तकः । शेषसेनां समादाय ययौ शेषं प्रकम्पयन् ॥२७॥ शस्त्रास्त्रैः कवचैः शूलैर्भाति सेना धनुःशरैः । आससाद रणस्तम्भं तथा सह सुरान्तकः ॥२८॥ क्रन्दत्सु सर्वसैन्येषु संत्रस्ता देववाहिनी । व्याप्ते तु राजसा व्योम्नि न प्राज्ञायत किंचन ॥२९॥ पुनरप्यागतो दैत्यः सद्यः सेनाविघातकः । सिद्धिसेनाचराश्चैव प्राद्रवन्दुःखिता भृशम् ॥३०॥ दृष्ट्वा रणागतं तं तु सिद्धिसेना समुत्थिता । हेषाभिः

सिंहनादैश्च नादयन्ती दिगन्तरम् ॥३१॥ ततः शस्त्रप्रहारैश्च विजघ्नुरितरेतरम् । सहस्व प्रहरामीति प्रबोध्य जघ्नुरोजसा ॥३२॥ भुवि जानुं विनिक्षिप्य शरानाशीविषोमपान् । आकर्णं धनुराकृष्य युयुधुस्ते परस्परम् ॥३३॥ खेटानि चान्तरे कृत्वा युयुधुश्चापरे तदा । स्मृत्वा पूर्वप्रहारं च परिजघ्नुश्च केचन ॥३४॥ पूर्ववैरमनुस्मृत्य रिपूंश्चक्रे विरूपिणः । कोऽपि वीरश्रिया युक्तो रिपुं केशेषु चाग्रहीत् ॥३५॥ पार्ष्णिघातैर्मुष्टिघातैः पातयामास भूतले । कौचिन्मत्तौ शिरोघातं जघ्नतुरि-तरेतरम् ॥३६॥ ततो भग्नां दैत्यसेनां दृष्ट्वा स तु सुरान्तकः । अश्वं संप्रेषयामास सेनां सिद्धिविनिर्मिताम् ॥३७॥ अश्वहेषां समाकर्ण्य केचिन्मूर्छागता भुवि । पतिता अश्वचरणैश्चूर्णिताश्चापरेसुराः । ॥३८॥ त्रिनूलेन हताश्चान्ये खड्गेन च तथा परे । बाणजालैरनेकैश्च पातयामास वै सुरान् ॥३९॥ सर्वस्मिन्हन्यमाने तु स्वसैन्ये सिद्धयस्तदा । पलायनं समालम्ब्य ययुः सर्वा विनायकम् ॥४०॥ (२९५७) इति श्रीगणेशपुराणे क्रीडाखण्डे सिद्धिपराजयो नाम षट्षष्टितमोऽध्यायः ॥६६॥

अध्याय ६७ प्रारंभ :- क उवाच । स तज्ज्ञात्वा महाश्चर्यं चकार निजचेतसि । ततो विनायकः क्रोधात्सिंहारूढो रणोत्सुकः ॥१॥ स्वगर्जितेन च तदा गर्जयन्गगनं दिशः । कम्पयन्सर्वलोकानां मनांसि पर्वतानपि ॥२॥ ययौ वेगेन महता देवान्तकसमीपतः । प्रहस्य तमुवाचाथ दैत्यो देवान्तकस्तदा । दैत्य उवाच । कथं यातः शुष्कतालुर्नवनीतादनक्षमः । युद्धाय बाल न स्थेयं गच्छ मातुः स्तनं पिब ॥३॥ अदित्यां कश्यपाज्जातः कथं मूढ त्वमागतः । यतो देवान्तकेनाद्य योद्धुमिच्छसि

बालक ॥४॥ कालो विभेति मां दृष्ट्वा वृथा त्वं मर्तुमिच्छसि । अतिकोमलगात्रत्वाद्ग्रासमात्रं भविष्यसि ॥५॥ क उवाच । इति दैत्यवचः श्रुत्वा क्रोधसंरक्तलोचनः । विनायकः प्रहस्याह वमन्वक्त्राद्धुताशनम् ॥६॥ देव उवाच । क्षीबोऽसि मद्यपानेन प्रायो वा सन्निपातवान् । असंबद्धं युक्तिहीनं वल्गसे मूढभावतः ॥७॥ वन्हिर्दहति सर्वं हि लघुर्वायुसमीरितः । त्वद्वाक्यनुन्नस्त्वां हन्यां दैत्याधम न बुध्यसे ॥८॥ इदानीं त्यज बुद्धिं तां नान्तको विद्यते मम । त्वदर्थमवतीर्णोऽहं ब्रह्मभूतः सनातनः ॥९॥ स्थाणोर्वरस्य गर्वेण कृतं ते सर्वपीडनम् । अवधिं तस्य संप्राप्तं बुद्धिहीने न बुध्यसे ॥१०॥ त्रैलोक्यपीडया पापं यज्जातं दुर्मते । अलं ते कत्थनेनाद्य दर्शयस्व स्वपौरुषम् ॥११॥ शक्तिपार्योर्विनिर्गत्य कोत्वा वत्क्रं प्रदर्शयेत् । सहस्व प्रहरस्वाद्य यदि युद्धं त्वमिच्छसि ॥१२॥ श्वोभाविनं मृत्युमद्य मूढभावात्त्वमिच्छसि । क उवाच । एवमाभाष्य तं दैत्यं सज्यं चक्रे धनुः प्रभुः ॥१३॥ नरान्तकर्गातं तस्य दातुमिच्छान्विनायकः । टणत्कारेण धनुषश्चकम्पे भुवनत्रयम् ॥१४॥ आकर्णं ज्यामथाकृष्य बाणं दैत्ये ससर्ज ह । दैत्येन शतधा भिन्नः स बाणः पनितो भुवि ॥१५॥ ततो दैत्यो धनुः सज्यं कृत्वा चिक्षेप सायकान् । धनुषस्तस्य शब्देन विनेदुः पर्वता दिशः ॥१६॥ हुंकारेण च तान्बाणान्पातयामास विघ्नराट् । पुनर्विनायको बाणान्बहूंश्चिक्षेप दैत्यपे ॥१७॥ एकेन मुकुटं तस्य शरेण कर्णकुण्डले । भूमौ न्यपातयद्देवो बाहू द्वाभ्यां बिभेद च ॥१८॥ ललाटं सायकेनैव ततो दैत्यो रुषान्वितः । चचर्व दन्तान्नेत्रे च विस्फार्यान्यांशरान्बहून् ॥१९॥ छादयन्गगनं काष्ठा विससर्ज विनायकम् । निरास्यं–

केन बाणेन खमध्ये तान्विनाक: ॥२०॥ स्वयं चक्रे मण्डपं स क्षणाद्बाणमयं विभुः । अन्धकारे घोरतरे युयुधाते परस्परम् ॥२१॥ शरवृष्टचा बाणवृष्टिं निजघ्नतू रुषान्वितौ । शतशस्तौ निराकृत्य बाणवृष्टी उभावपि ॥२२॥ ततो दैत्यो महामंत्रं जप्त्वाऽष्टशतसंख्यया । मंत्रयामास तेनाशु वारणास्त्रेण सायकम् ॥२३॥ तत्याजाथ प्रादुरासन्वारणाः कोटिशस्ततः । चतुर्दन्ता गिरिनिभा मेरुमंदरचूर्णिनः ॥२४॥ येषां मदवहा नद्यः प्रादुरासन्समंततः । येषां बृंहितमात्रेण नादितं भुवनत्रयम् ॥२५॥ यथा यथा धनानां वर्षासु गर्जितेन महामुने । नाशयामासुरनिशं देवसैन्यानि ते गजाः ॥२६॥ धावतां पृष्ठलग्नास्ते गजा यान्ति दिशो दश । पादाघातैश्च हस्तैश्च दन्ताग्रैर्वीरघातिनः ॥२७॥ सेनायाः कदनं दृष्ट्वा सिंहास्त्रं प्राक्षिपद्विभुः । ततः सिंहाः प्रादुरासञ्शतशोऽथ ॥२८॥ तेषां गर्जित शब्देन गजा निपतिता भुवि सिंहा विदारयामासुर्गजगण्डस्थलानि ते ॥२९॥ सिंहनादैर्बृंहितैश्च दैत्यशब्दैरनेकशः । त्रैलोक्यं कम्पितमभूद्देवाः सर्वे विसिस्मिरे ॥३०॥ उड्डीयोड्डीय सिंहास्ते गजकुम्भेषु पेतिरे । एवं ते निहताः सर्वे करिणः सिंहसंचयैः ॥३१॥ विरेजुरिन्द्रनिहता वज्रेणेव महीधराः । ततः सिंहा ययुर्दैत्यान्भक्षयन्तो दिशो दश ॥३२॥ निहते सर्वसैन्ये तु चिंतामाप सुरांतकः । अयं बालोऽपि बलवान्दृश्यते कश्यपात्मजः ॥३३॥ इदानीं दर्शयिष्येऽस्य यमस्य सदनं ध्रुवम् । एवमुक्त्वा पुनर्बाणं मन्त्रयामास दैत्यराट् ॥३४॥ योजयामास धनुषि शार्दूलप्रसवं तदा । आकर्णं धनुराकृष्य मुमोच देववाहिनीम् ॥३५॥ बाणः स च ययौ शीघ्रं नादयन्गगनं दिशः । यत्पुंखवायुना भग्ना निपेतुर्वृक्षसंचयाः ॥३६॥ प्रादुरासन्नेकाश्च ततः शार्दूलसंचयाः । सिंहांस्ते भक्षयामासु सिंहास्तेऽन्तर्हितास्ततः ॥३७॥ (२९९४) इति श्रीगणेशपुराणे क्रीडाखण्डेऽस्त्रयुद्धं नाम सप्तषष्टितमोध्यायः ॥६७॥

अध्याय ६८ प्रारभ :- क उवाच । ततो दैत्यो बाणयुगं मन्त्रयामास सादरम् । निद्रास्त्रेण तदा चैकं गन्धर्वास्त्रेण चापरम् ॥१॥ वामजानुं पुरः स्थाप्य ज्यामाकृष्य ससर्ज तौ । तयोः शब्देन सहसा चकम्पे भुवनत्रयम् ॥२॥ एकः सैन्ये निपतितोऽपरो देवसमीपतः । ततस्ताला मृदगांश्च गन्धर्वाप्सरसस्तथा ॥३॥ गाननृत्यानि चित्राणि पुरोऽपश्यद्विनायकः । पतितानि च शस्त्राणि न बुबोध करात्तदा ॥४॥ मोहितो मञ्जुलरवैः कर्तव्यं नाभ्यपद्यत । सैनिकाः सुषुपुः सर्वे निद्रास्त्रेण विमोहिताः ॥५॥ निशामुखे यथा बाला अव्यवस्थं हि शेरते । स्त्रियोऽपि चाथ ताः सर्वाः सुषुपुर्विगतत्रपाः ॥६॥ देवान्तकोऽपश्यदेवं जहर्षं च जगर्ज च । ततः संस्थापयामास गुल्मानि परितोबहु ॥७॥ देवसैन्यस्य महतो बली वीरयुतानि च । चक्रे कुण्डं त्रिकोणं च भूमिसाधनपूर्वकम् ॥८॥ असृक्कुम्भान्समानीय शतसंख्यान्प्रयत्नतः । स्नात्वा पद्मासनं चक्रे नानाप्रेतेषु सादरम् ॥९॥ दैत्यान्निहत्य शतशो मांसराशिं महत्तरम् । चकाराभिचरं दैत्यो वन्हि स्थाप्य यथाविधि ॥१०॥ दिगम्बरो जहावाथ मांसानि मन्त्रपूर्वकम् । सहस्रे तु हुते पश्चाद्बलिं पूर्णाहुतिं च यः ॥११॥ चकार कुण्डमध्ये सोऽपश्यच्छक्तिं क्षुधातुराम् । नरमांसानि तस्यै स ददौ पातुं च तान्घटान् ॥१२॥ अतृप्तां तां परिज्ञाय प्रेतानन्यानथार्पयत् । ततः सा बहिरायाता व्योमकेशी भयंकरा ॥१३॥ विशालगर्तनेत्राऽतिकरालवदनाऽरुणा । उवाच परमप्रीता नादयन्ती दिशो दश ॥१४॥ तृप्तास्मि रक्तमांसैस्ते न भयं विद्यते क्वचित् । तामुवाचाथ दैत्योऽपि पुपूजे भक्तिभावतः ॥१५॥ उपचारैः षोडशभिः प्रणिपातपुरः-

सरम् । ततो दिव्याम्बरधरो नानालंकारभूषितः ॥१६॥ देव्या अंकं समासाद्य जगर्जं बलवत्तरम् । सोड्डीय तेन सहिता नभस्येव स्थिताऽभवत् ॥१७॥ नानाशस्त्रधरा सोऽपि धनुर्बाणधरो बभौ । तामुवाच रौद्रकेतुपुत्रः परमहर्षितः ॥१८॥ कश्यपस्यात्मजो बालश्चञ्चलो बहुलं पुरा । इदानीमत्र किं तेन कर्तव्यं कुचरेण मे ॥१९॥ इदानीं सर्वसैन्यानि नाशयिष्ये तवाग्रतः । एवं ब्रुवति दैत्येन्द्रे काशिराजोऽशृणोद्वचः ॥२०॥ ततो विनायकं राजा बोधयामास सादरम् । काशीराजोवाच । भूतभव्यभविष्यज्ञ कथं मायां न बुध्यसे ॥२१॥ गान्धर्वीं दैत्यरचितां कथं सक्तोऽसि तत्र वै । देवान्तकेनाभिचरान्निर्मितां राक्षसीमिव ॥२२॥ सा सैन्यं नाशयिष्यति ते सावधानमना भव । क उवाच । एवं नृपवचः श्रुत्वा सावधानमना विभुः ॥२३॥ बुद्ध्वा तज्ज्ञानदृष्ट्यैव सर्वं मयामयं तदा । शरद्वयं विनिष्कृष्य मन्त्राभ्यां परिमन्त्र्य च ॥२४॥ घण्टास्त्रेण खगास्त्रेण श्रोत्राकर्षणसंभ्रमात् । विनायको मुमोचाथ तौ बाणौ वेगवत्तरौ ॥२५॥ गर्जन्तौ घनवद्रुक्मपुंखै मारुतवेगिनौ । सहसाच्छादयन्तौ च सहस्रकरमण्डलम् ॥२६॥ घण्टानादः समभवन्महान्सर्वविमोहनः । ततो घण्टास्वनाञ्श्रुत्वा प्रोत्तस्थुः सर्वसैनिकाः ॥२७॥ सिद्धयः सर्ववीराश्च युयुधुः शस्त्रपाणयः । अपरस्तस्य सैन्येषु मुक्तो बाणः खगास्त्रतः ॥२८॥ ततः खगाः प्रादुरासन्नानारूपा महौजसः । पक्षवातेन तेषां तद्गान्धर्वं लयमागतम् ॥२९॥ अन्धकारं यथा सूर्यसारथेरुदयान्मुने । ततस्ते पक्षिणः सर्वे बभक्षुर्दैत्यसैनिकान् ॥३०॥ पक्षाघातहताः केचित्केचिच्चञ्च्वप्रविक्षताः । केचिभ्दीत्यैव पतिता दैत्याः

प्राणान्विहाय च ॥३१॥ हाहाकारो महानासीद्दैत्यसैन्येषु सर्वशः । ततो देवान्तको रोषात्खड्गास्त्रं प्राहिणोत्तदा ॥३२॥ तस्य ध्वनिं समाकर्ण्य चुक्षुभे सैन्यसागरः । दिग्गजाश्च ततः खड्गा असंख्याता विनिःसृताः ॥३३॥ वन्हिमन्तश्च संघट्टात्सेनयोरुभयोरपि । अग्निदग्धास्तदा देवा निपेतुर्धरणीतले ॥३४॥ खगाश्च निहताः केचित्केचिद्दग्धास्तथाग्निना । अपरे ययुरन्तर्द्धिं दिशश्चाथ चकाशिरे ॥३५॥ असंख्यखड्गप्रभया सेनाचक्षुर्महोमुषा । खड्गवृष्ट्या विनिहता देवाः पेतुर्धरातले ॥३६॥ केषाञ्चिद्बाहवच्छिन्नाः केषाञ्चिन्मस्तकाः कराः । जठरे जानुभागे च पृष्ठभागेऽपरा हताः ॥३७॥ निपेतुर्देवपुंजेषु मृतेषु च गतासवः । अष्टसिद्धिकृताः सर्वाः सेना एवं विनाशिताः ॥३८॥ असृङ्नद्यो दश दिशो याताः प्रेतवहास्तदा । विनायकस्ततो दृष्ट्वा दैत्यस्याद्भुतविक्रमम् ॥३९॥ बाणं निष्काश्य सुदृढं वज्रास्त्रेणाभिमन्त्र्य च । आक्रन्दनेन महता दैत्यसैन्ये मुमोच तम् ॥४०॥ पर्वताश्च द्रुमास्तस्य शब्देन पतिता भुवि । तदस्त्रानलसंयोगाद्दिग्दाहः समजायत ॥४१॥ देदीप्यमानं सहसाच्छादयन्रविमण्डलम् । पक्षिणो निहता दग्धास्तेजसा तस्य केचन ॥४२॥ खण्डितं तेन सहसा खड्गास्त्रं तत्सहस्रशः । निर्ददाह तदा दैत्यसेनां वज्रैरनेकशः ॥४३॥ सहस्रशो निहन्यन्ते एकया वज्रधारया । यतो यतोऽगमद्दैत्यस्तत्र तत्रापतच्च तत् ॥४४॥ चुचूर्ण मस्तकान्पादान्हस्तान्स्कन्धानुरूनपि । धरां भित्त्वा गता दैत्यास्तानप्यथ जघान तत् ॥४५॥ एवं सर्वे हता दैत्या वज्रैस्तीक्ष्णैः सहस्रशः । ततो देवान्तकं जग्मुस्तानि वज्राणि सर्वशः ॥४६॥ सोऽपि बाणं समादाय मन्त्रयामास

यत्नतः । रौद्रास्त्रेणाथ संयोज्य धनुषः कर्षणेन तम् ॥४७॥ ससर्ज परसैन्येषु शिवनामांकितं शुभम् । नादयन्गगनं सोऽथ दिशश्च विदिशोऽपि च ॥४८॥ वमन्नग्निकणान्दिक्षु प्रलयानलसन्निभः । भूलोका देवलोकाश्च भयाद्याता दिशो दश ॥४९॥ विनायकस्य सैन्येषु महाकोलाहलो ह्यभूत् । तस्मिन्निपतिते बाणे पुरुषो घोरदर्शनः ॥५०॥ निःसृतो भीषणमुखस्त्रैलोक्यं ग्रासयन्निव । जटिलो दीर्घहस्तश्च दीर्घपादो महोदरः ॥५१॥ धराधरो व्योमगोष्ठो गिरिजिव्हो भयानकः । वज्रास्त्रं भक्षयामास क्षणात्स पुरुषो महान् ॥५२॥ विनायकं हन्तुकामो ययौ तस्यान्तिकं क्षणात् । ततो विनायकः शीघ्रं ब्रम्हास्त्रं समयोजयत् ॥५३॥ मन्त्रेण शतसंख्येन सायके वेगवत्तरे । आकर्णकर्षणाद्देवोमुमोच सहसा च तम् ॥५४॥ चकम्पे तस्य शब्देन तारेण भुवनत्रयम् । विस्फुलिंगैर्दिशो दग्धा न प्राज्ञायत किंचन ॥५५॥ ततोऽपि पुरुषो जज्ञे तादृशोऽतिभयानकः । तावुभौ युद्धतो व्योम्नि परस्परजयैषिणौ ॥५६॥ नानाविधं मल्लयुद्धं चक्रतुस्तौ महाबलौ । क्षणेनान्तर्हितो चोभौ न दृश्येतेऽथ कुत्रचित् ॥५७॥ (३०५१) इति श्रीगणेशपुराणे क्रीडाखंडेऽस्त्रयुद्धं नामाष्टषष्टितमोध्यायः ॥६८॥

अध्याय ६९ प्रारंभ :— क उवाच । ततो देवान्तकोऽतीव विस्मितोऽतर्कयत्तदा । यथा यथा मया माया क्रियतेऽस्य निवृत्तये ॥१॥ तथा तथाप्ययं बालो दर्शयत्येव पौरुषम् । कदायं निधनं यायात्कदा स्वप्स्ये गतश्रमः ॥२॥ इत्येवं चिन्तयाविष्टो धनुः सज्यमथाकरोत् । अभिमन्त्र्य शरं घोरं विससर्ज विनायके ॥३॥ स सायको बाणवर्षमनन्तं कृतवान्विभौ।

शक्तिं च निर्ममे घोरां त्रैलोक्यग्राससाहसाम् ॥४॥ ददर्श विघ्नराजस्ता तदंके दैत्यपुंगवम् । वर्षन्तं शरजालानि तीक्ष्णानि सुबहून्यपि ॥५॥ ततोऽष्टसिद्धयः शीघ्रमुड्डीय बलवत्तरम् । दध्रुस्तां सहसा शक्तिमानिन्युस्तां विनायकम् ॥६॥ आनीयमाना सा हस्तान्निःसृत्याथ पलायिता । रोषात्ताभिर्दैत्यपतिरानायि स कचग्रहात् ॥७॥ अणिमानं ततो दैत्यो जघान मुष्टिना दृढम् । मुष्टिघातं समासाद्य मूर्छिता निपपात ह ॥८॥ लघिमा गरिमा चाथ वशिमा तं महासुरम् । यावल्लत्ताप्रहारैस्तु निजघ्नु-स्तावदेव हि ॥९॥ दैत्येन विधृताः वेगाच्चरणेषु पृथक्पृथक् । यावदास्फालयेत्पृथ्व्यां निःसृतास्तावदेव ताः ॥१०॥ प्राकाम्यं चैव भूतिश्च जघ्नतुस्तं ततो बलात् । पपात भूतले दैत्यो वमन्नग्निं मुखात्ततः ॥११॥ क्षणालभ्य तत संज्ञामारुरोह हयं दृढम् । शस्त्रपाणिर्वायुवेगो निजघान विनायकम् ॥१२॥ दृढासिघाताद्देवोऽथ किंचिन्मूर्च्छामवाप्तवान् । निमेषात्सावधानोऽभूदधावद्दैत्यनायकम् ॥१३॥ हिरण्यकशिपुं विष्णुर्यथा वृत्रं शचीपतिः । शरं च कमलं पाशमंकुशं च चतुःकरैः ॥१४॥ बिभ्राणः शुशुभे वीरश्रिया परमया ज्वलन् । गर्जित्वा घनवद्देवो जघान दैत्यपुंगवम् ॥१५॥ चतुर्भिरायुधैर्वेगान्न चचाल तथापि सः । आश्चर्यं परयं प्राप दृष्ट्वा शस्त्रं वृथार्थताम् ॥१६॥ वज्रात्सारतरं मेने दैत्यदेहं विनायकः । ततो देवो राक्षसस्य धूम्राक्ष्यस्य महायुधम् ॥१७॥ वज्रं संचूर्णयन्सूर्यमण्डलादागतं तु यत् । तदादायाहनत्तेन दैत्यं तच्छतधाऽभवत् ॥१८॥ न रोमापि चचालास्य तदप्याश्चर्यमुत्तमम् । ततो नानाशस्त्रघातैर्जघ्नतुस्तौ परस्परम् । ॥१९॥ मस्तके पृष्ठभागे च हृदये बाहुमण्डले । ततो शस्त्रविघातेन जातो वन्हिर्वसुन्धराम् ॥२०॥ ददाह न च तौ भीतौ युद्धमेवान्वपद्यतम् । निशीथे तमसा व्याप्ते विरामं न समीयतुः ॥२१॥

ततः कृत्रिमदीप्त्या तौ परस्परमयुध्यताम् । ततो मायां रौद्रकेतुश्चक्रे सुरविमोहिनीम् ॥२२॥ अदितिं सुन्दरां कृत्वा दैत्यहस्ते न्यवेशयत् । पद्मनेत्रां पीनकुचां कुङ्कुमारक्तभालिकाम् ॥२३॥ मुक्तहारां सुवलयां दिव्यांशुकविराजिताम् । लावण्यलहरीं रुक्मविलसद्दिव्यकञ्चुकाम् ॥२४॥ विनायकं निरीक्ष्यैव रुरोद दैत्यहस्तगा । धाव धावेति तं प्राह त्रासिताऽहं किमीक्ष्यसे ॥२५॥ एवं ब्रुवत्या दैत्योऽस्याश्चिच्छेद कञ्चुकीं बलात् । अंशुकं च चकर्षास्या मदेनाविष्टचेतसा ॥२६॥ उच्चैरुवाच देवं सा क्व गता पुरुषार्थता । लोकलज्जाभयान्मां त्वं निःस्नेहाशु विमोचय ॥२७॥ विनायको निरीक्ष्यैतां बाष्पकण्ठो रुषान्वितः न सस्मार विचारं स शस्त्राणि जगलुः करात् ॥२८॥ शुशोच मम मातेयं कथमस्य करे गता । धिग्जन्म यस्य जननि गताऽवस्थां दुरत्ययाम् ॥२९॥ देवानां जननी चैव संप्राप्ता दुष्टसंगतिम् । काशिराजोऽपि तं दृष्ट्वा शोचन्तं गणनायकम् ॥३०॥ स्वयं शुशोच बहुधा लोकोऽपि नगरे स्थितः । ततो देवान्तको देवं जगर्हे बहुधा तदा ॥३१॥ धिग्जन्म पौरुषं तेऽद्य न प्राणं त्यजसे कथम् । निर्लज्जोऽसि मुखं लोके दर्शयस्येव योऽधुना ॥३२॥ त्वत्समीपं हनिष्येऽस्याः शिरः कायात्खलाधुना । क उवाच । इति तं निष्ठुरं वाक्यं श्रुत्वा देवो विनायकः ॥३३॥ तर्कयामास मनसि सत्यमेव वदत्ययम् । प्राणत्यागाय किं कार्यं विषं वा पाशबन्धनम् ॥३४॥ उदरे शस्त्रसंघातः कार्यो वा मृत्युहेतवे । इत्थं यावच्चिन्तयते दुःखशोकसमन्वितः ॥३५॥ तावदाकाशवाणीं स शुश्राव च विनायकः । सोवाच । मायेयं रचिता देव दैत्येन दुष्टबुद्धिना ॥३६॥ अवधेहि रणं

यस्तो भूत्वा जहि निजं रिपुम् । ततः स सावधानोऽभूज्ज्ञात्वा मायामयीं तु ताम् ॥३७॥ जहर्ष च महाबुद्धिर्दैत्यं हन्तुं प्रचक्रमे । स्मृत्वा च तद्वरं शम्भुदत्तं तस्मै दुरात्मने।।३८।। उषःकालं विना सर्वशस्त्रास्त्राणि वृथा त्वयि । एवं तस्य वरं ज्ञात्वा प्रातर्युद्धाय निर्ययौ ॥३९॥ दैत्योऽपि पुरतोऽपश्यद्युद्धान्ते तं विनायकम् । आरक्तनयनं भ्राजन्मुकुटं कुण्डलोज्ज्वलम् ॥४०॥ दन्तप्रकाशरुचिरं मुक्तादामविभूषितम् । दिव्याम्बरं सुधामानं व्योमस्पृक्पुष्करं विभुम् ॥४१॥ दृष्ट्वा देवान्तको रूपं बिभाय च विसस्मरे । अर्द्धं नरशरीरं किमर्द्धं गजसमं परम् ॥४२॥ (३०९३)

इति श्रीगणेशपुराणे क्रीडाखण्डे एकोणसप्ततितमोध्यायः ॥६९॥

अध्याय ७० प्रारंभ —क उवाच । एवं वदति यावत्स भयभ्रान्तः सुरान्तकः । तावद्देवो दधारैनमुत्संगे लघुबालवत् ॥१॥ कृत्वा पद्मासनं चारु गणेशः स्वप्रभावतः । उवाच चैनं दैत्येन्द्रं वरं स्मर निजं शुभम् ॥२॥ स दैत्यो रदनं चास्य धृत्वा हस्तद्वयेन ह । दोलयामास देहं स्वमन्तरिक्षे मुहूर्मुहुः ॥३॥ यावत्पपात भूपृष्टे भंक्त्वा दन्तं सुरान्तकः । तावद्दधार तं देवः स्वदन्तं लाघवाद्विभुः । ॥४॥ अहनत्तेन दन्तेन मस्तके तं सुरान्तकम् । जगर्ज च महारावैर्गर्जयन्विदिशो दिशः ॥५॥ चालयन्पृथिवीं सर्वां पातालान्यखिलानि च । द्विजाघातेन शतधाऽकारि देहोऽस्य तत्क्षणात् ॥६॥ असृग्वृष्टिः पपाताशु गगनान्मेघवृष्टिवत् । उत्पातं मेनिरे लोकाः सर्वे भूतलवासिनः ॥७॥ दैत्यदेहगतं ज्योतिस्तं विवेश विनायकम् । पश्यतां

सर्वदेवानां प्रधनालोकितं पुनः ॥८॥ देहस्तु निपपातास्य धरापृष्टे त्रियोजनम् । चूर्णयन्वृक्षसंघातान्पर्वतान्पादपैर्युतान् ॥९॥ एवं दृष्ट्वा गतिं तस्य सैनिकाश्च दिशो दश । याताश्च कतिचिन्नाशं प्राप्तास्तद्देहपाततः ॥१०॥ मुमुचुः पुष्पवर्षं ते देवाः स्वस्थानमागताः । देवदुन्दुभयो नेदुर्नृपदुन्दुभिनिस्वनैः ॥११॥ दिशश्च विमला आसन्ववुर्वाताः सुखावहा । तेजांसि वन्हेर्लोकानां प्रसन्नानि तदाऽभवन् ॥१२॥ प्रतिकूलवहा नद्य आसन्सन्मार्गगास्तथा । ततः शक्रादयो देवा मुनयस्तं पुपूजिरे ॥१३॥ तुष्टुवुः परया भक्त्या देवदेवं विनायकम् । विमोचिता वयं बन्धादेवान्तककृताद्विभो ॥१४॥ उपेन्द्र इव देवेन्द्र कार्यं यस्मात्कृतं त्वया उपेन्द्र इति नाम्ना त्वं ख्यातिं लोके गमिष्यसि ॥१५॥ वयं स्वस्वाधिकारेषु निरातंका वसामहे । स्वाहास्वधावषट्कारा भविष्यन्ति गृहे गृहे ॥१६॥ एवमुक्त्वा नमस्कृत्य देवं ते च प्रदक्षिणम् । अनुज्ञाता ययुः सर्वे स्वं स्वं स्थानं मुदान्विताः ॥१७॥ मुनयश्च तदा देवैर्हृषीकेशेति नाम च । कृत्वा नत्वा ययुः स्वं स्वमाश्रमं हर्षनिर्भराः ॥१८॥ ततः सर्वे धराधीशाः संपूज्य च प्रणम्य च । ऊचुर्विनायकं देवमुद्धृता धरणी त्वया ॥१९॥ दैत्यभार भराक्रांता तस्मात्त्वं धरणीधरः । इत्युक्त्वा ते गताः स्वस्वपत्तनानि तदाज्ञया ॥२०॥ ततः पश्चात्पश्चति स्म काशिराजो विनायकम् । सिंहारूढं बालरूपं क्रीडन्तं बालकैः सह ॥२१॥ बालोऽपितं नृपं दृष्ट्वा लिलिंग परमादरात् । उभावानन्दभरितौ मुंचतोऽश्रूणि नेत्रतः ॥२२॥ तत ऊचे नृपो देवं महद्भाग्यं ममोदितम् । ब्रह्मादीनामगम्यं यत्परं ब्रह्म सनातनम् ॥२३॥ तन्मे दृग्गोचरं नित्यं पूर्वपुण्यफलोदयात् । विश्वस्य कारणांना च कारणं तद्विवर्जितम् ॥२४॥ वेदान्तवेद्यं सज्जोतिर्ज्योतिषामपि भास्वरम् । नानारूपमरुपं यद्बालरूपेण मे

गृहे ॥२५॥ क्रीडते स्वेच्छया पृथ्वीभारहारि मनोहरम् । क उवाच । एवं श्रुत्वा स्तुतिं तस्य प्रमृज्याश्रूणि विघ्नराट् ॥२६॥ उवाच न क्षणं त्वत्तो यामि दूरं कदाचन । ततो राजा पुपूजैनमुपचारैरनेकशः ॥२७॥ ततो वादित्रनिर्घोषैर्बन्दिशब्दैर्विमिश्रितैः सुरान्तकवधाद्धर्षयुक्तैः सेनाचरैः सह ॥२८॥ विनायकं बालरूपं स्तुवद्भिः स्वपुरं ययौ । विसृज्य सर्वलोकांश्च दत्त्वा वासांसि चैकशः ॥२९॥ ताम्बुलानि च केषांचित्पुरस्कृत्य विनायकम् । विवेश स्वगृहं रम्यं हर्षनिर्भरमानसः ॥३०॥ (३१२३)

इति श्रीगणेशपुराणे क्रीडाखंडे बालचरिते पुरप्रवेशो नामसप्ततितमोऽध्यायः ॥७०॥ अध्याय ७१ प्रारंभ – क उवाच । अपरस्मिन्दिने ब्रह्मन्राजा भद्रासनं गतः । अमात्यान्वीरमुख्यांश्च वृद्धांश्च सुहृदो द्विजान् ॥१॥ आकार्य च नमस्कृत्य जगाद हृदि संस्थितम् । राजोवाच । विवाहाय तु पुत्रस्य समाहूतो विनायकः ॥२॥ उत्पाता बहवो जातास्ते च तेन निराकृताः । अदित्यै च मया प्रोक्तं शीघ्रं ते तनयं शुभम् ॥३॥ आनयिष्ये तत्र बहु दिवसा जग्मुरञ्जसा । स्वस्थेषु त्रिषु लोकेषु विवाहोऽस्य विचिन्त्यताम् ॥४॥ अमात्या ऊचुः । सम्यगुक्तं महाराज विलम्बो विघ्नकारितः । जातो विवाहकार्येऽस्मिन्गतेऽस्मिन्स विधीयताम् ॥५॥ विनायकप्रसादेन सर्वंभव्याकुलं जगत् । दूरस्थानां च सुहृदां प्रेष्यन्ता लग्नपत्रिकः ॥६॥ दूतांश्च सर्वसंभारान्कर्तुं ग्रामेषु युज्यताम् । क उवाच । इति प्रकृतिवाक्यानि श्रुत्वा लोकाः सभासदः ॥७॥ साधूक्तमिति तत्रोचुस्ततो राजा जहर्ष च । ज्योतिर्विद्भिर्लग्नदिनं निश्चिकाय तदैव सः ॥८॥ प्रेषयामास सुहृदो दूतानाकारितुं शुभान् । सामग्रीं कारयामास दूतैराप्तैर्यथाविधि ॥९॥ ततो मगधराजोऽपि सुतामादाय ता पुरीम् । आययुः सर्वसुहृदो नानादिग्भ्यः समागताः ॥१०॥ उपायनानि भूरीणि ददुस्तेऽन्योन्यमादरात् । देवतास्थापनं तौ च चक्रतुः सुमहोत्सवान् ॥११॥ सांगोपांगविवाहं तौ सम्यक्संपाद्य यत्नतः । तोषयामासतुर्विप्रान्सर्वलोकान्धनादिभिः ॥१२॥ विसृज्य सुहृदः सर्वांस्ततो राजा विनायकम् । भूषयामास विविधैर्भू–

षणैरंशुकैर्वरैः ॥१३॥ अभ्यज्य भोजयामास स्वाद्वन्नं सह बन्धुभिः । ततो रथं समारुह्य सह तेन नृसत्तमः ॥१४॥ ययौ
वादित्रनिर्घोषैः कश्यपाश्रममुत्तमम् । ततो नागरिकाः सर्वे हित्वा कृत्यानि निर्ययुः ॥१५॥ भोजनं पठनं निद्रा व्यासंग
तत्यजुस्तदा । अकृत्वा स्वस्ववेषं ते त्वरया निर्ययुः पुरात् ॥१६॥ ततो बालसहस्राणि रुरुधुस्तं विनायकम् । अस्मांस्त्यक्त्वा कथं
यासि कथं निष्ठरतां गतः ॥१७॥ गमिष्य इति पूर्वं नः कथं नोक्तं प्रसंगतः । अभूक्त्वाऽस्मद्गृहे यासि कथं तं निजमाश्रमम्
॥१८॥ कश्चिद्बालो दधारास्य पादपद्मं रुदन्मुहुः । कश्चित्स्नेहात्समालिंग्य दधार करपंकजम् ॥१९॥ पौरांगनास्तथैवैनं बाला
मुग्धाः सयौवनाः । विपर्यस्य निजा भूषा आययुस्तं विलोकितुम् ॥२०॥ यथा पाथोनिधिं सर्वा वर्षाकाले समुद्रगाः । यान्ति हंसा
यथा मुक्तासमूहं मरुतो हरिम् ॥२१॥ अतिप्रीतियुताः प्रोचुः कथं यासि विनायक । अकस्मात्स्नेहमुत्सृज्य कथं निष्ठुरतां गतः
॥२२॥ क उवाच । रथादवततारासौ दृष्ट्वा तान्नृपसंयुतः । परिश्रान्तान्धावमानान्स्खलतः पततोऽपि च ॥२३॥ तानुवाच ततः
सर्वान्मुहूर्तं त्वरया जनाः । नृपेण सहितः शीघ्रमागतो नगराद्बहिः ॥२४॥ इदानीं प्रार्थये सर्वान्न त्याज्या करुणा मयि ।
अपराधास्तु क्षन्तव्या मया वः सदने कृताः ॥२५॥ न च त्याज्यः परिचयो यदि वो दर्शनं भवेत् । एवं तद्वाक्यमाकर्ण्य पौराः सर्वे
शुचान्विताः ॥२६॥ रोमांचांचितमात्रास्ते प्रोचुर्गद्गदया गिरा । जना ऊचुः । न माया मायिनस्तेऽस्ति सर्वस्य जगतः पितुः
॥२७॥ न पिता त्यजते बालान्सापराधानपि ध्रुवम् । न चन्द्र उष्णतां याति सुवर्णनीलतामपि ॥२८॥ कथं निष्ठुरतां यातः कथं
गन्तुं समुत्सुकः । पूर्वमेव न चागाश्चेत्तदा शोको न संभवेत् ॥२९॥ चोरयित्वा कथं यासि सर्वेषां नो मनांसि च । कथं कार्यं

करिष्यामो नीतेषु नो मनस्सु च ॥३०॥ जले नष्टे जलचराः कथं जीवन्ति तद्वद । प्राणे गते शरीरेण किं प्रयोजनमस्ति नः ॥३१॥ कस्तत्र प्रतिकारः स्यादिक्षुश्चेत्स्रवते विषम् । तस्मान्नो नय यत्र त्वं यासि तत्र स्वकिंकरान् ॥३२॥ तद्वचः परिकर्ण्यासौ प्रोचे गद्गदया गिरा । मुंचन्नेत्राश्रु बहुलं सर्वान्स्त्रीवृद्धबालकान् ॥३३॥ देव उवाच । न खेदः सर्वदा कार्यो न वियोगो मम क्वचित् । सर्वान्तर्यामिणोऽपायहीनस्यानन्दरूपिणः ॥३४॥ न चित्तस्य समाधानं भवेद्वै चिन्तनेन मे । मम मूर्ति मृदा कृत्वा पूजयन्तु गृहे गृहे ॥३५॥ संकटं वो यदा तु स्यात्स्मर्तव्योऽहं तदा जनाः । साक्षात्कारं प्रदास्यामि नाशयिष्यामि संकटम् ॥३६॥ क उवाच । वचनं तत्समाकर्ण्य ननन्दु सर्वनागराः । नेमुः प्रदक्षिणीकृत्य जयशब्दे प्रतुष्टुवुः ॥३७॥ गृहीत्वाज्ञां ययु सर्वे पौराः स्वं स्वं निवेशनम् । विनायकोऽपि शीघ्रं स रथारूढो ययौ पुरः ॥३८॥ काशिराजेन सहितो मातृदर्शनलालसः । स ददर्श परावृत्य मुखं पौरकुमारकान् ॥३९॥ आक्रन्दतस्तानुवाच पुनर्यास्ये व्रजन्तु हि । चिन्ता न कार्या सत्यं वो ब्रवीमि नानृतं क्वचित् ॥४०॥ एवं तान्स परावृत्य क्षणात्स्वाश्रममाप्तवान् ॥४१॥ (३१६४) इति श्रीगणेशपुराणे क्रीडाखण्डे विनायकाश्रमं प्रतिगमनं नामैकसप्ततितमोऽध्यायः ॥७१॥

अध्याय ७२ प्रारंभ – क उवाच । पूर्वमेव च दूतेन कथितोऽसौ विनायकः । अदित्यै काशिराजेन रथस्थेन सहागतः ॥१॥ ततः सा तद्वियोगेन धावमाना ययौ पुरः । औत्सुक्यत्वरिता वेदनांचलं पतितं स्वकम् ॥२॥ दृष्ट्वा तां मुनिपुत्रोऽपि रथात्सप्रकन्द्य सत्वरः । आययौ मातुरभ्याशमालिंलिंग च तां मुदा ॥३॥

आनन्दाश्रु मुमोचासौ सोऽपि बाष्पं चिरागतः । मुहूर्तमेकभावं तौ गच्छेतां पयसी इव ॥४॥ ददौ स्नेहात्स्वस्थचित्ता स्तनपानं मुदाऽदितिः । प्रमृज्य नेत्रे प्रोवाच श्रान्तोऽसि बहुवासरम् । ॥५॥ ततो ननाम तां राजा जगौ गद्गदभाषया । राजोवाच । नीत्वा विनायकं देवं यातास्तुबहुवासराः ॥६॥ अतो न मातः कोपं त्वं मयि कर्तुमिहार्हसि । वियोगं नास्य सोढुं च न शक्तोऽहं मुनिप्रिये ॥७॥ न तृप्तिरस्ति पीयूषे नौदासिन्यं निधावपि । दिने दिने नवप्रेम वर्धयत्येष नो गृहे ॥८॥ उत्पाता बहवोऽनेन पुरे नो विनिवारिताः । असंख्याता हता दैत्या देवाश्च मुदमापिताः । ॥९॥ बहुला च कृता कीर्तिः स्थापिता धर्मसेतवः । पौरुषं च तथाऽनेन कृतं नेन्द्रादिभिः कृतम् ॥१०॥ क उवाच । एवं स सर्ववृत्तातं कथयामास सादरम् । ततोऽदितिस्तु दध्यन्नं भ्रामयित्वाऽत्यजद्बहिः ॥११॥ दुष्टदृष्टिनिपातस्य शान्तये बालकोपरि । ततो बालं स नृपतिं निनायाश्रममण्डलम् ॥१२॥ कश्यपो हि बहिर्यातो दृष्टवा पुत्रं स भूपतिम् । तौ तं च नेमतुर्भक्त्या बद्धांजलिपुटावुभौ ॥१३॥ आलिलिंग मुनिस्तौ च मूर्ध्न्याघ्राय मुदा तदा । उवाच रुद्धकण्ठोऽसावंके कृत्वा विनायकम् ॥१४॥ काशिराज नोचितं ते बालं नीत्वा विलम्बनम् । शीघ्रमेवानयिष्येऽहमित्युक्त्वा नीतवान्कथम् ॥१५॥ वियोगेनास्य तप्तानामंगानां मेऽधुना नृप । जाता शीतलता पुण्याद्दर्शनादस्य साम्प्रतम् ॥१६॥ क उवाच । तत ऊचे काशिराजो निपीय मुनिभाषितम् । उपविश्यासने रम्ये प्राप्यानुज्ञां मुनेर्नृपः ॥१७॥ नृप उवाच । अस्यैव मायया जाता सत्यता मे मुनीश्वर । मद्गृहं देव देवेन स्वकीयमिति निश्चितम् ॥१८॥ अवाप्तकामो देवोऽयं स्वकामवशगो मुने । संपाद्य मम पुत्रस्य विवाहं समुपागतः ॥१९॥ क

उवाच । तस्य दैत्यवधादीनि कर्माण्यस्मै न्यवेदयत् । ततो जहर्षतुरुभौ मुनिपत्नी मुनिश्च सः । ज्ञात्वा पराक्रमं तस्य स्वपुत्रस्य गुणान्बहून् ॥२०॥ ततस्ते भोजनं चक्रुः षड्रसान्नेन सादरम् । दत्त्वाशीर्वचनं तस्मै विससर्ज नृपं मुनिः ॥२१॥ सोऽपि तान्प्रणनामाथ प्रादक्षिण्येन निर्ययौ । प्राप्यानुज्ञां नेत्रयुग्मान्मुंचन्नश्रु सुदुःखितः ॥२२॥ स्मरन्गुणगणं तस्य स्नेहनिर्भरमानसः । शीघ्रं प्रयातो नगरं वाद्यघोषसमन्वितः ॥२३॥ सर्वे नागरिका बाला विनायकदिदृक्षयः । आगता ददृशुस्तत्र ततो दुःखितमानसाः ॥२४॥ निरीक्ष्य तं काशिराजं ययुः स्वं स्वं निकेतनम् । अपरेद्युः सर्वपौराः पप्रच्छुस्तं नृपं मुदा ॥२५॥ यास्य इत्युक्तवान्देवो नागतः स कथं नृप । त्वं तु निष्ठुरभावेन त्यक्त्वा तं कथमागतः ॥२६॥ राजोवाच । अत्यन्तं प्रार्थितो देव उक्तवान्मां मुनिप्रियः मन्मूर्तिस्थापनं कृत्वा सेवध्वं सर्व एव माम् ॥२७॥ वियोगो न च सर्वान्तर्यामिणा वः कथंचन । ततस्ते कारयामासुर्मूर्ति धातुमयीं शुभाम् ॥२८॥ चतुर्भुजां त्रिनयनां सर्वभूषणभूषिताम् । शूर्पकर्णां गजमुखीं सर्वावयवसुन्दराम् ॥२९॥ ढुण्ढिराजेति नाम्ना ता स्थापयामासुरादरात् । ऋत्विग्भिर्ब्राह्मणैरन्यैर्वेदशास्त्रविशारदैः ॥३०॥ प्रासादं परमं कृत्वा पुपूजुस्ते दिने दिने । येन येनैव कामेन पूजयेद्यो विनायकम् ॥३१॥ तं तं ददाति तस्मै स भक्त्या संपूजितो विभुः । एवं नानामूर्तिधरो भ्राजते स्म विनायकः ॥३२॥ विश्वेश्वरे स्वनगरं याते सर्वसुरैः सह । दिवोदासे चाविमुक्ते काशिराजे सुखं स्थिते ॥३३॥ विनायको मुनिं प्राह कश्यपं मातरं च ताम् । अहं ते पुत्रतां यातस्तपसाराधितः पुरा ॥३४॥ भूभारश्च हृतः सम्यग्हतौ दैत्यौ महाबलौ ।

त्रैलोक्यपीडकौ दुष्टौ देवान्तकनरान्तकौ ।।३५।। देवाश्च साधवश्चैव रक्षिताः स्थापिताः परे । इदानीं तु गमिष्यामि निजलोकं चिरन्तनम् ।।३६।। क उवाच । श्रुत्वा वाक्यमुभौ खिन्नौ बाष्पकण्ठौ तमूचतुः । कदा ते दर्शनं देव पुनरावां भविष्यति ।।३७।। ततः स मातरं प्राह दर्शनं मे भविष्यति । भवान्या मन्दिरे मातः सत्यं मे प्रियभाषितम् ।।३८।। एवं श्रुत्वा देववाक्यं पुनर्यावद्वदत्यसौ । तावदन्तर्हितो देवस्ततस्तौ खिन्नमानसौ ।।३९।। कारयामासतुर्मूर्ति प्रासादं चातिशोभनम् । विनायकेति नामास्य चक्रतुर्भक्तितत्परौ ।।४०।। तस्यां मूर्तौ ध्यातमात्रो नित्यं दर्शयते विभुः । स्वात्मानं सर्वगं नानारूपिणं स विनायकः ।।४१।। गृत्समद उवाच । एवं कीर्ते समाख्यातं चरितं ते मया शुभम् । विनायकस्य देवस्य श्रवणात्सर्वं सिद्धिदम् ।।४२।। धन्यं यशस्यआयुष्यं सर्वोपद्रवनाशनम् । सर्वकामप्रदं सर्वपापसंचयनाशनम् ।।४३।। पुनस्ते कथयिष्यामि सिन्धुदैत्यवधाय सः । अवतीर्णः शिवगृहे मयूरेश्वरसंज्ञितः ।।४४।। बाल्यात्प्रभृत्यद्भुतानि नानाकर्माणि योऽकरोत् ।।४५।। (३२०९) इति श्रीगणेशपुराणे क्रीडाखण्डे विनायकचरित्रकथनं नाम द्विसप्ततितमोऽध्यायः ।।७२।।

अध्याय ७३ प्रारंभ :– व्यास उवाच । कथं ब्रह्मञ्शिवगृहे मयूरेश्वर संज्ञितः । अवतीर्णः किमर्थं वा किं च तच्चरितं पितः ।।१।। मयूरेश्वरसंज्ञा च कथं जाता विनायके । एतन्मे सर्वमाचक्ष्व शृण्वंस्तृप्यामि न क्वचित् ।।२।। क उवाच । त्रेतायुगे महादैत्यः सिन्धुनामाऽभवत्पुरा । स हतस्तेन बलिनाऽवतीर्णेन शिवालये ।।३।। अत्राप्युदाहरन्तीममितिहासं पुरातनम् । शौनकस्य च संवादं राज्ञा च चक्रपाणिना ।।४।। मैथिले विषये राजा गण्डकीनगरे शुभे । चक्रपाणिरिति ख्यातः साक्षाद्विष्णुरिवापरः ।।५।। न गुणा वर्णितु शक्याः शेषेणास्य कदाचन ।।६।। तेजसा लोपय–

न्भानुं लावण्येन च मन्मथम् । मत्या बृहस्पतिं स्कन्दं विक्रमेण बलेन च ॥७॥ येनेयं सकला पृथ्वी क्षणेन वशवर्तिनी । कृता सर्वे च राजानः सेवायां विनियोजिताः ॥८॥ तुरंगाणा गजानां च पदातिनां जयैषिणाम् । रथानां च न यस्यास्ति संख्यानं जगतीतले ॥९॥ साक्षाल्लक्ष्मी स्थिरा यस्य गृहे दर्शनगोचरा । रत्नकांचनमुक्ताभिरनिशं भासयद्दिशः ॥१०॥ भद्रं भद्रकरं यस्य लोकनामलकोपमम् । यस्यामात्यौ महाबुद्धी साम्बश्चैव सुबोधनः ॥११॥ सेवन्तौ स्वामिकार्यार्थे तृणीकृत्य स्वजीवितम् । यस्यासीत्प्रमदा रम्या नाम्नोग्रा चारुहासिनी ॥१२॥ कुमुदानि विकासन्ते दिवा यन्मुखचन्द्रतः । अनेकभूषादीप्त्या या नाशयि-त्वाऽखिलं तमः ॥१३॥ पातिव्रत्य गुणान्द्रष्टुं यान्ति सर्वाः पतिव्रताः । एवं राजा बुधो मान्यः सदा विष्णुपरायणः ॥१४॥ पुराणश्रवणे सक्तो धर्मशास्त्रपरायणः । सन्तत्या रहितः सोऽथ दुःखमाप दिवानिशम् ॥१५॥ असत्यं जायते यद्यत्तत्तन्नश्यति तत्क्षणात् । अनेकव्रतदानानि यज्ञांश्च कृतवान्बहून् ॥१६॥ ततः स राजा कस्मिश्चित्समये निजभार्यया । आकार्य प्रकृती पौरा-न्विरक्तो राज्यसंपदि ॥१७॥ उवाच सर्वान्दण्डे च कोशं राज्यं त्यजेऽधुना । किमपुत्रस्य राज्येन स्वर्गहीनस्य मेऽधुना ॥१८॥ यानि कर्माणि च मया पुत्रार्थे चरितानि च । ईश्वरार्पणबुद्ध्या चेत्कृतानि स्युर्यदा तदा ॥१९॥ मुक्तिः स्यादुभयोः पूर्वजन्मक-र्मक्षयोऽपि च । गतमायुर्वृथा लोका वनं यास्ये मुदाऽधुना ॥२०॥ सर्वं प्रकृतिसात्कृत्वा यूयं तद्वाक्यकारिणः । गमिष्येऽहं वनं लोकास्तपस्तप्तु हिताय वै ॥२१॥ कदाचिदिष्टसिद्धिश्चेत्पुनर्यास्ये निजां पुरीम् । ध्रुवमाज्ञां मम पुनः प्रयच्छताधुना जनाः

एवं श्रुत्वा नृपवचः सर्वे दुःखितमानसाः ॥२२॥ अश्रुधाराः प्रमुंचंतः प्रोचुस्तं नृपसत्तमम् । पौरा ऊचुः । जननी जनकस्त्वं नः कथं निष्ठुरतां गतः । किमर्थं त्यजसे नस्त्वमपराधं विना प्रभो ॥२३॥ विना भवंत नो जंम वृथैव मातरं शिशोः । वयमप्य- नुयास्यामो यत्र याति भवा प्रभो ॥२४॥ क उवाच । एवं वदत्सु लोकेषु नृपेणाथागतो मुनिः । शौनको मुनिशार्दूलो जातवेदा इवा परः ॥२५॥ वेदवेदांगशास्त्राणां वक्तात्रैलोक्यविश्रुतः । शक्रादिसुरवन्द्यो यो भूतभव्यभविष्यवित् ॥२६॥ तं दृष्ट्वा पुरतो राजा ननामोत्थाय चासनात् । स्वासने तमुपावेश्य पुपूज परया मुदा ॥२७॥ भुक्तवन्तं च विश्रान्तं पादसंवाहनादिभिः । चक्र- पाणिरथोवाच पुण्यं किं फलितं मम ॥२८॥ यज्जातं दर्शनं तेऽद्य सर्वपापहरं शुभम् । सर्वकामप्रदं नृणां दुर्लभं पापकर्मणाम् ॥२९॥ ततः प्रोचे मुनिश्चक्रपाणिं नृपतिसत्तमम् । संतुष्टः परया भक्त्या प्रश्रयेण दमेन च ॥३०॥ मुनिरुवाच। मा चिन्तां कुरु राजेन्द्र मा च राज्यं परित्यज । पुत्रस्ते भविता सम्यक् मद्वाक्यान्नात्र संशयः ॥३१॥ मया वाणी नोक्तपूर्वाऽनृता हासेऽपि कर्हिचित् । क उवाच । एवमाकर्ण्य तद्वाक्यं जहृषे राजसत्तमः ॥३२॥ अलंकारान्ददौ तस्मै रत्नकांचननिर्मितान् । वस्त्राणि च महार्हाणि न च जग्राह वै मुनिः ॥३३॥ पुनः प्रोवाच नृपतिं वयं वल्कधारिणः । निःस्पृहाः सर्वभोगेषु सर्वभूतहिते रताः ॥३४॥ सृष्टिसंहारकरणे समर्था करुणाश्रयः । साधूनां दर्शनरताः समलोष्टाश्मकांचना ॥३५॥ विद्वत्सु नैव कमला स्थानं धत्ते कदाचन । तस्मान्नेदं ग्रहीष्यामि कांचनं वसनं शुभम्॥३६॥तीर्थयात्राप्रसंगेन त्वामहं समुपागतः।दिनानि च व्यतीतानि बहूनि तव

दर्शनें ॥३७॥ क उवाच । पुनस्तौ नेमतुः सम्यग्दम्पती शौनकं मुनिम् । पप्रच्छतुरुपायं तं सन्तानोत्पादने क्षमम् ॥३८॥ सर्व-व्रततपोयज्ञान्मत्वा दानानि वै वृथा । ततोऽब्रवीन्मुनिः सौरंव्रतं सर्वार्थदं नृणाम् ॥३९॥ अनेकजन्मपापानां शमनं पुत्रपौत्रदम् । मुनिरुवाच । मासमात्रं व्रतं कार्यमारभ्य भानुसप्तमी ॥४०॥ कृत्वाऽभ्युदयिकं श्राद्धं मातृपूजनपूर्वकम् । अभ्यर्च्य गणनाथं च स्वस्तिवाच्य द्विजर्षभान् ॥४१॥ सुवर्णकलशे स्थाप्यः सौवर्णं रविमण्डलम् । उपचारैः षोडशभिर्भक्तिभावसमन्वितः ॥४२॥ रक्तचन्दनमिश्रैश्च तन्दुलैः कुसुमैरपि । रक्तैर्नानाविधैः रत्नैः फलैश्च विविधैरपि ॥४३॥ अर्घ्यैर्द्वादशसंख्यैश्च नमस्कारैः परिक्रमैः । स्तुतिभिः प्रार्थनाभिश्च प्रार्थयेत्परमेश्वरम् ॥४४॥ ततो लक्षनमस्कारान्कुर्वीत कारयीत वा । प्रत्यहं लक्षविप्रांस्तु भोजयेत्परया मुदा ॥४५॥ गामेकां प्रत्यहं दद्याद्वेदज्ञाय कुटुम्बिने । ब्रम्हचर्येण तिष्ठेच्च सपत्नीको नृपोत्तम ॥४६॥ दीनान्ध-कृपणेभ्यश्च दद्यादन्नं दयान्वितः । मासान्ते सर्वसंभारान्ब्राह्मणाय समर्पयेत् ॥४७॥ एवं व्रते कृते राजन्पुत्रस्ते मत्प्रसादतः । भविष्यति महाख्यातः सूर्यभक्तियुतः शुचिः ॥४८॥ क उवाच । एवं व्रतं समादिश्य शौनकोऽन्तर्हितस्तदा । ततश्चकार नृपतिर्य-थादिष्टं व्रतं तु तत् ॥४९॥ पत्न्या सह विनीतात्मा सूर्यभक्तिपरायणः । ब्राह्मणान्भोजयामास यथेच्छं लक्षसंख्यया ॥५०॥ उपवासयुतः पत्न्या मासमात्रं बभूव सः । गोदानं च नमस्कारांश्चक्रे चाकारयद्द्विजैः ॥५१॥ सूर्यमन्त्रं जपन्नित्यं तन्नामस्मरणं सदा । ततः कदाचित्तत्पत्नीं रात्रौ स्वप्ने ददर्श तम् ॥६२॥ निजभर्तृद्विजरूपं सवितारं मनोरमम् । चकमे कामरूपं तं मदना-ग्निप्रपीडिता ॥५३॥ उवाच परितप्तांगी कामो मे बाधते भृशम् । ऋतुं मे देहि भर्तस्त्वंनो चेन्मृत्युर्भवेन्मम ॥५४॥ सोऽपि वन्ध्यं विनिश्चित्य तर्पति कामुकां च ताम् । स्वप्न एव भर्तृरूपी सविता तामृतुं ददौ ॥५५॥ सा प्रबुद्धा ततः प्राह समुत्थाप्य

निजं पतिम् । नियमस्थेन किं ब्रम्हंस्त्वया मे ऋतुरर्पितः ॥५६॥ स उवाच ततस्तां तु नाहं व्रतमनाः शुभे । उपवासरतः क्षीणो रराम रविभक्तिमान् ॥५७॥ ततः पुनः प्राह सती नान्यं जाने कथंचन । त्वद्रूपेणैव ध्यायामि सवितारं व्रते स्थिता ॥५८॥ ऋतुजेन च दग्धाऽहं वह्निनाऽन्तर्गतेन ह । ततः पुनश्चक्रपाणिरूचे तां प्रियभाषिणीम् ॥५९॥ नृप उवाच । तुष्टोऽसौ सविता कान्त नमस्कारैश्च भोजनैः । ब्राम्हणानां गवां दानैरुपवासैर्जपैरपि ॥६०॥ आवां सिद्धिं ददौ सम्यक् पुत्रस्तव भविष्यति । क उवाच । दिने दिने गर्भवृद्धौ तस्यास्तापोऽभिवर्द्धते ॥६१॥ सा मुमुर्षुश्चन्दनानि सोशीराणि निषेवते । लिलेपांगे च कर्पूरं तापो नास्या शशाम च ॥६२॥ न चार्द्रवस्त्रपवनैस्ततः सा सखिभिः सह । तत्याज सिन्धुतीरे त गर्भं गत्वा महत्तरम् ॥६३॥ आययौ साथ विश्रान्ता सखिभिर्निजमन्दिरम् । निवेद्य भर्त्रे त्यक्तं तं गृहकार्यरताऽभवत् ॥६४॥ (३२७३) इति श्रीगणेशपुराणे क्रीडाखण्डे सिन्धूत्पत्तिवर्णनं नाम त्रिसप्ततितमोऽध्यायः ॥७३॥

अध्याय ७४ प्रारंभ – क उवाच । त्यक्ते गर्भे तया सिन्धौ बालोऽजनि महाबलः । तेजस्वी विकरालास्यो दीर्घभालस्त्रिलोचनः १ रक्तकेशजटाभारश्चक्रपाणिस्त्रिशूलभृत् । बालशब्देन तस्याथ चकम्पे भुवनत्रयम् २ आजानुबाहुराक्रान्तुमियेष विष्टपत्रयम् । चुक्षुभे सागरस्तेन यादोभिर्मुनिसत्तम ३ तत्र स्थितस्तु बालोऽसौ समुद्रमुपशोषयत् । समुद्र उवाच । जीवनाय मम सुतं नेष्य एनं नृपालयम् ४ क उवाच । इत्यानिनाय तं बालं समुद्रो नृपमन्दिरम् । दम्पत्योः पुरतः स्थाप्य प्रोच एवं द्विजस्तदा ५ तव पत्न्याऽत्याजि गर्भो दुःसहत्वान्ममोदरे । उग्रो बालस्ततो जातोऽखिल-लोकभयंकरः ६ यस्य प्रथमशब्देन कम्पितं भुवनत्रयम् । नेत्राभ्यां नेक्षितुं शक्योऽत एवैनमुपानयम् ७ इत्युक्त्वा बालकं मुक्त्वाऽन्तर्दधे सागरस्तदा । तत एनं कराभ्यां सा कटौ दध्रे नृपांगना ८ स्थापयित्वा ददौ प्रेम्णा स्तनपानं मुदान्विता । उभावानन्द–

युक्तौ तौ दम्पती पुत्रदर्शनात् ९ यथा चिरं योगनिष्ठो लब्ध्वा ब्रह्मामृतं परम् । तत आकारयामास ब्राह्मणान्सुहृदोऽपि च १०
ज्योतिर्विद्भिर्विचार्यास्य सिन्धुरित्यभिधां शुभाम् । राज्ञी चक्रे नृपश्चास्य जातकर्म यथाविधि ११ कृत्वा ददौ ततो दानमनेकं
हर्षनिर्भरः । अनेकेभ्यो द्विजातिभ्यो वस्त्राणि विविधानि च १२ दापयामास नगरे पताकाभिरलंकृते । वाद्यत्सु सर्ववाद्येषु शर्करां
च गृहे गृहे १३ गतेषु सर्वलोकेषु रक्तांग इति नाम च । चक्रतुर्दम्पती स्नेहादथामात्यै समूचतुः १४ उग्रायास्तनयश्चायमुग्रमुद्राध-
रोऽपि च । अयमुग्रेक्षण इति नाम्ना ख्यातो भविष्यति १५ विप्रप्रसादन इति पौरा नाम प्रचक्रिरे । ततः सर्वे पौरजना उपदा
विविधास्तदा १६ ददुर्नृपाय सोऽप्येतान्दापयामास तत्क्षणात् । ववृधे बालकः सोऽथ शुक्लपक्षे यथा शशी १७ यथाऽग्निर्वायु-
वेगेन वर्धते क्षणमात्रतः । तथा स्वतेजसा बालः प्रवृद्धो गगनं स्पृशत् १८ क्रीडन्नेव सदा बालो वृक्षान्गृहगतान्बहून् । उत्पाट्य
पातयामास वामहस्ततलेन ह १९ अरण्ये क्रीडता तेन पर्वताश्चूर्णिता द्रुमाः । उड्डीय चन्द्रहारणं क्षणं जग्राह कर्हिचित् २० जला-
वतारमार्गे तु रुद्धे क्वापि करेणुना । मुष्टिघातेन बिभिदे गण्डमस्या पपात सा २१ एवं तस्याद्भुतं कर्म दृष्ट्वा लोका विसि-
स्मिरे । जहर्ष जननी चास्य पिता ज्ञात्वाऽतिमानुषम् २२ एवं प्रवृद्धो बालोऽसौ सिन्धुनामा महाबलः । उवाच पितरं यास्ये तप-
स्तप्तुमहं नृप २३ अनुष्ठितया स्वर्गलोकं भूलोकं च रसातलम् । आक्रमिष्ये वृथायुर्मे गच्छतीति मतिर्मम २४ एवमर्माकर्ण्य तद्वा-
क्यमूचतुः पितरौ च तम् । उत्कर्षं स्वस्य पुत्रस्य नित्यं प्रार्थयते पिता २५ जननी सर्वदेवेभ्यो व्रतदानादिनापि च । एवमाज्ञा-
मवाप्यैव नत्वा तौ स ययौ वनम् २६ तत्र भ्रमन्ददर्शाथ कासारं जलजैर्युतम् । तत्र स्थातुं मनश्चक्रे विविक्तमिति हर्षितः २७
एकांगुष्ठेन भूमिष्ठ ऊर्ध्वबाहू रविं स्मरन् । शुक्रोपदिष्टं तं मन्त्रं जपन्पर्वतनिश्चलः २८ दक्षिणे जानुनि सदा वामपादं निधाय

च । अंजलिं हृदि विन्यस्य ध्यायन्दिनमणिं तदा २९ शीतवातातपजलवृष्टीनां सहनो दृढः । वायुमात्राशनस्तस्थौ वल्मीकाक्रान्त-
विग्रहः ३० अस्थिमात्रावशिष्टोऽपि जपत्येव महामनुम् । एवं तस्य व्यतीताय शरदां द्विसहस्रकम् ३१ तस्य सिन्धोः शरीरोत्था-
स्तेपुर्भासो रविं तदा । एवमुग्रं तपो दृष्ट्वा प्रत्यक्षोऽभूद्दिवाकरः ३२ उवाच परमप्रीतोऽनुष्ठानेन तवाधुना । वरं वरय चित्तस्थं
दास्यामि जीवितावधि ३३ सिन्धुस्तदाकर्ण्य वचो भाषितं भानुना स्वयम् । देह भावं गतौऽपश्यत्पुरतो भास्करं प्रभुम् ३४ नत्वा
तत्पादकमलं बद्धांजलिपुटोऽब्रवीत् । नमस्ते दीननाथाय नमस्ते सर्वसाक्षिणे ३५ नमस्ते त्रिदशेशाय ब्रह्मविष्णुशिवात्मने । नमस्ते
विश्ववन्द्याय नमस्ते विश्वहेतवे ३६ नमस्ते वृष्टिबीजाय सस्योत्पादनहेतवे । परब्रह्मस्वरूपाय सृष्टिस्थित्यन्तहेतवे ३७ गुणाती-
ताय गुरवे गुणक्षोभविधायिने । सर्वज्ञाय ज्ञानदात्रे सर्वस्य पतये नमः ३८ धन्यं मे जन्म देवेश वंशो मे जनकोऽपि च । जननी
च तपश्चापि यज्जातं तव दर्शनम् ३९ वरदश्चेद्दिनेश त्वं देदि मे सर्वतोऽमृतिम् । तव प्रसादात्संग्रामे जयेयं सर्वदेवताः ४०
वर्तमानाद्देवगणान्न मे मृत्युर्भवेदिति । एवं तस्य वराञ्श्रुत्वा परितुष्टो विभावसुः । उवाच निजभक्त तमनुष्ठानभृशं कृशम्
४१ सूर्य उवाच । न भयं विद्यते देवयोनिभ्यो नृभ्य एव च । न तिर्यग्भ्यो न नागेभ्यो न दिवा न निशि क्वचित् ४२ नोषःकाले
न सन्ध्यायां मम वाक्याद्भविष्यति । मरणं ते नृपसुत गृहाणामृतभाजनम् ४३ इदं यावत्कण्ठगतं तावन्मृत्युर्न ते भवेत् । निष्का-
शयेदिदं यस्ते तस्मान्मृत्युर्भविष्यति ४४ देवो योऽवतरेत्कोऽपि धुन्वन्केशाग्रतो दिवम् । यस्यांगुष्ठनखाग्रे स्युर्ब्रह्मांडानां हि
कोटयः ४५ स त्वां हनिष्यति विभुरन्यस्मादभयं तव । मद्वरस्य प्रसादेन सर्वं तृणमयं तव ४६ त्रैलोक्यराजं ते दत्तं नात्र कार्या

विचारणा । क उवाच । एवं नानावरान्दत्वान्तर्दधे सविता तदा ४७ सोप्यानन्दसमायुक्तो जगाम निजमन्दिरम् । जननी च पिता
तस्य मूर्ध्न्याघ्रायापतुर्मुदम् ४८ ऊचतुस्तं तदा पुत्रं विरहात्रेऽन्नवर्जितौ । चिन्तया कृशतां यातौ पश्य पुत्रदशामिमाम् ४९
तयोः पादौ प्रणम्याह स पुत्रो हर्षनिर्भरः । प्रसन्नः सविता मह्यं त्रैलोक्यस्वामितामदात् ५० साधयिष्ये तद्वारात्तां
न चिन्तां कर्तुमर्हथः ५१ (३३२४) इति श्रीगणेशपुराणे क्रीडाखण्डे वरप्रदानं नाम चतुःसप्ततितमोऽध्यायः॥७४॥
अध्याय ७५ प्रारंभ :—क उवाच । बुद्धिमन्तं सुतं ज्ञात्वा सवितुर्वरदर्पितम् । राज्यं तस्मै ददौ सर्वं देशकोशबलान्वितम् १ पिता
वनं ययौ तस्य स्वात्मसाधनलालसः । स तु पित्राभिषिक्तः सन्राज्यं कर्तुं मनो दधे २ श्रेणीमुख्यान्समाहूय प्रकृतीरधिकारिणः ।
आस्थापयत्स्वाधिकारे मानयित्वांशुकादिभिः । डिण्डिरवेण स्वाज्ञाया भंगे दोषमघोषयत् ३ दिग्जयार्थं ततो वीरानाज्ञापयत सत्व-
रम् । तेजसाऽहेपयत्सूर्यमतिभीषणविग्रहः ४ वीरा अग्रे प्रयान्ति स्म विकरालारुणाननाः । नग्ननानाशस्त्रधरा रजश्छादितभास्कराः
५ ततो गजाश्चतुर्दन्ता नानावर्णविभूषिताः । ययुर्महाशृंगलिनः कम्पयन्तो वसुन्धराम् ६ महामात्रसमारूढाश्चंचलाः पर्वता इव ।
नानावर्णध्वजयुता दिग्गजान्भेत्तुमिच्छवः ७ घण्टाघोषेण महता नादयन्तो दिगन्तरम् । अश्वारोहा ययुः पश्चान्नानालंकरणान्विताः
८ असंख्यतूणधनुषां शस्त्राणां मण्डलान्विताः । सिन्धुर्दैत्यश्चमूमध्ये रराज हयपृष्ठगः ९ मुक्तामालालसत्कण्ठो धनुर्बाणलसत्करः ।
खड्गखेटधरो गच्छंश्चूर्णयन्द्रुमपर्वतान् १० यद्यन्नगरमुद्दिश्य याति दैत्यो महाबलः । तस्य तस्याधिपं वीरा धृत्वा निन्युर्निजाधि-
पम् ११ स्वकीयं नायकं चिन्हं मुद्रां तत्र न्यवेशयन् । ततोऽन्ये शरणं याता दासभावमुपागताः १२ करदांस्तान्स कृत्वैव ररक्ष
स्वपदे बलात् । एवं सर्वान्वशं चक्रे दैत्यकोटयस्ततोऽन्वयुः १३ शुम्भो निशुम्भो वृत्रश्च प्रचण्डः काल एव च । कदम्बासुरनामा

च शम्बरः कमलासुरः १४ कोलासुरोऽब्रवीत्तत्र यथा त्रिपुरदैत्यराट् । विजित्य लोकत्रितयमधिकारान्हि नो ददौ १५तथा यच्छाधिकारान्नो जित्वा त्रैलोक्यमोजसा । तस्मिन्हते शिवेनाद्य दृष्टोऽसि प्रबलोऽसुरः १६ न ते पराक्रमतुलां कृतान्तोऽपि लभेत्क्वचित् । तवाज्ञां कर्तुमिच्छामस्तव सेवां महाबल १७ एवमाकर्ण्य तद्वाक्यं संतुष्टः सिन्धुदैत्यराट् । ददावश्वान्गजांस्तेभ्यो वस्त्राणि भूषणानि च १८ सिन्धुरुवाच । प्रबलस्तु तदाऽहं स्यां यदा जेष्येऽमरावतीम् । दरविष्णुसत्यलोकान्पातालानि च सप्त च १९ क उवाच । साधु साध्विति सर्वेषु ब्रुवत्सु सर्वदैत्यपाः । जगर्जुश्च जहर्षुश्च ब्रम्हांण्डं पर्यकम्पयन् २० न भूपयुद्धात्कण्डुर्नो हृयशमद्देवयुद्धतः । शमं यास्यत्प्रतो जग्मुः शीघ्रमेवाव्रजन्दिवम् २१ रुरुधुस्ते शक्रपुरीं ब्राम्हणा इव वित्तदम् । मध्यं विविशुरपरे लुण्टन्तो रत्नसंचयान् २२ कोलाहलो महानासीद्देवानां तत्र गर्जताम् । ततः सभामध्यगतो हरिर्दूतमुखात्ततः २३ शुश्राव दैत्याभिगमं वेष्टिकां च निजां पुरीम् । शीघ्रमैरावतारूढो वज्रहस्तोऽमरान्वितः २४ आययौ तेन दैत्येन योद्धुकामः सुराधिपः । केचिदूचुः सुरास्तत्र नायं युद्धक्षमो हरे २५ विना स्मापतिं चास्य न समो दृश्यते क्वचित् । यावद्वदत्सु तेष्वेवं तावदैत्यो महाबलः २६ शक्रं सुरगणैर्युक्तमविध्यच्छरवृष्टिभिः । तावद्देवगणाः केचित्पलायनपरा ययुः २७ ततोऽधावन्महेन्द्रोऽसौ गर्जमानो रुषान्वितः । ग्रसन्दैत्यगणान्सर्वान्वज्रोद्यतकरोऽरिहा २८ अहनदैत्यराजं तं मस्तके वज्रतो दृढम् । स मूर्छां महतीं प्रायान्मुहूर्तात्पुनरुत्थितः २९ उवाच च हरिं गच्छ स्वक्षयं न क्षयं व्रज । मम मुष्टिप्रहारेण कालो मृत्युं गमिष्यति ३० तत्र का गणना तेऽस्ति नाशणोत्तद्धरिर्वचः । रोषाविष्टो महादैत्यस्ततो मुष्टिप्रहारतः ३१ बिभेदैरावतकटं रुधिरौघप्रवर्षितम् । तत उड्डीय दैत्यरतच्चतुर्दन्तानधारयत् ३२ अपातयद्गजपतिं माश्चर्यं हरिराययौ । दधार च हरिं पादे पोथयद्यावदेव तम् ३३ तावत्सूक्ष्मेण वपुषा निर्गतो हस्तमध्यतः ।

जगाम दूरदेशं स मनसा प्रशशंस तम् ३४ नैतादृशं बलं दृष्टमतिष्ठं चेन्मृतोऽभवम् । ततोऽमरगणैः सार्द्धं शरणं तं हरि हरिः ३५ जगाम वपुषाऽन्येन विसृज्यैरावतं गजम् । सिन्धूदैत्यस्तु सेन्द्रेषु देवेषु विद्रुतेषु च ३६ इन्द्रासनमारूढो दैत्यवृन्देन वेष्टितः । ददौ पदानि देवानां दैत्येभ्यः सकलानि सः ३७ ततः शुम्भादयो दैत्याः स्थितास्तेषु निराकुलाः । नमस्यन्तोऽसुरपतिं प्रशंसन्तो बलाधिकम् ३८ नानावादित्रनिर्घोषैर्नादयंतस्त्रिविष्टपम् ३९ (३३६३)

इति श्री गणेशपुराणे क्रीडाखण्डे सुरपराजयो नाम पंचसप्ततितमोऽध्यायः ७५

अध्याय ७६ प्रारंभ :– क उवाच । वैकुण्ठे सुखमासीनमागतोऽमरसंयुतः । हरिर्हरिं नमस्कृत्य निजगाद प्रयोजनम् १ इन्द्र उवाच । किं न जानासि गोविन्द सिन्धुदैत्यकृतामिमाम् । आपदं नोऽमरावत्यां दुष्टैराक्रमणं कृतम् २ तेन सार्द्धं कृतं युद्धं यथाशक्ति सुरैः सह । न स जेतुं क्षमो दैत्योऽतस्त्वां शरणमन्वियाम् ३ न त्वां विना गतिर्नोऽस्ति सर्वदा त्वं गतिर्हि नः । निर्दालयैनं नो देहि स्थानानि जगदीश्वर ४ क उवाच । श्रुत्वा हरिवचो विष्णुश्चिन्ताश्चर्यसमन्वितः । उवाच तं न भीः कार्या प्रविन्देऽयेऽसुरं क्षणात् ५ एवमुक्त्वा हृषीकेशो रुरोह निजवाहनम् । तदुड्डानेन च तदा चकम्पे भूवनत्रयम् ६ पतिता अवनौ वृक्षाः पक्षिवृन्दसमन्विताः॥किरीटकुण्डलधरो वनमालाविभूषितः ७ कस्तुभार्चिर्लसद्वक्षाः कस्तूरीतिलकोज्ज्वलः । शंखचक्रगदापद्महस्तो यातोऽमरावतीम् ८ ज्ञात्वा देवगणान्प्राप्तान्गरुडासनसंयुतान् । युद्धायाजग्मुरसुरा नानाशस्त्रधरास्तदा ९ धनुश्चक्रधरो दैत्यः सतूणो हयसंगतः । सिन्धुरप्यागतो रोषाद्योद्धुकामो महाबलः१०ततः कुबेरो वरुणो वायुरग्निः पुरन्दरः।सोमो मित्रश्च भौमश्च नासत्यौ मदनोऽपि च११ततोऽभ-

द्द्वन्द्वयुद्धं सिन्धुदैत्ये पुरः स्थिते । प्रचण्डो वरूणेनाजौ कमलेन च यक्षराट् १२ वृत्रेण शतयज्वा च निशुम्भः पवनेनच । शुम्भोऽपि युयुधे तत्र विष्णुना प्रभविष्णुना १३ वन्हिश्चण्डेन मुण्डेन सोमश्च युयुधे भृशम् । कदम्बेन च भौमश्च मदनेन च शम्बरः १४ नासत्यौ कालदैत्येन सर्व एव च सैनिकाः शस्त्रैरस्त्रैः प्रजघ्नुस्ते मर्मस्थानानि चासकृत १५ केचिद्युयुधिरे मल्ललीलया युद्धदूर्मदाः परस्परं शस्त्रघातैः केचित्तत्र प्रपेदिरे १६ मृता मुमूर्षवः केचिद्व्यंगाश्चैव वल्गिरे । जयं पराजयं तेन प्रापुः क्वचित्क्रमेव च १७ ततो वृत्रासुरः शक्रमहनन्मुष्टिघाततः । मस्तकं मस्तकेनैव निजघ्नतुरथौजसा १८ एवं हस्तेन हस्तं च पादं पादेन जघ्नतुः । वक्षःस्थलेन वक्षश्च ततो वज्रेण सोऽहनत् १९ जघान वृत्रः शक्रं तं सोऽपतन्मूर्छितो भुवि । यावत्पलायति पुरो वमन्रक्तं मुखाद्वहु २० ततः पपात भूपृष्ठे हतो मूर्छा गतो भृशम् । पुनः संज्ञामवाप्यैव वज्रकल्पेन मुष्टिना २१ जघान वृत्रः शक्रं तं सोऽपतन्मूर्च्छितो भुवि । यावत्पलायति सुरो वमन्रक्तं मुखाद्वहु । तावद्दैत्या योद्धुकामाः समीयुः सर्वतोदिशम् । दृष्ट्वा पराक्रमं तेषां मघवान्तर्दधे तदा २२ एवं ये ये द्वन्द्वयुद्धं कुर्वन्तो देवतागणाः । ते सर्वे भग्नदर्पास्तु पलायनमकुर्वत २३ एवं देवेषु भग्नेषु गरुडं प्राहिणोद्धरिः । चक्रदीप्त्या स्वदीप्त्या च भासयन्विदिशो दिशः २४ अहनच्चक्रधाराभिर्दैत्यश्रेणीरनेकशः । केचिद्भग्नानना दैत्याः केचिद्भग्नशिरोधराः २५ केचिच्च शतधा जाताः शीर्णजानूरुबाहवः । केचिच्च शरणं याता न ममार जनार्दनः २६ सर्वं महाबलां दैत्या मुक्तिं हरिहता गताः । मेदोमांसवहा नद्यः सद्यस्तत्र प्रवर्तिताः २७ ततः शंखनिनादेन हरिः सर्वं व्यनादयत् । एवं जयति गोविंदे सर्वे शुम्भादयोऽसुराः २८ तमेव योद्धुमायाता द्वन्द्वयुद्धं विहाय तत् । विराड्रूपेण भगवान्धृत्वा तांश्चतुरोऽसुरान् २९ भिण्डिपालेन पाषाणं यथा क्षिपति मानवः ।तथा चण्डं च मुण्डं च निशुम्भं शुम्भमेव च ३० भ्रामयित्वाऽक्षिपद्दूरे मध्ये कृत्वा

सरिद्वराम् । ते मूर्च्छां परिभूयैव पुनश्चवाहिनीं गताः ३१ हृदि प्रचण्डं पृष्ठे तु वृत्रं मुष्टिप्रहारतः । जघान हरिरव्यग्रः कालं कमलमेव च ३२ भौमासुरं च शिरसि कदम्बं चक्रघाततः । कोलासुरं च गदया विव्याध हृदि माधवः ३३ ततः सिन्धुरगात्तूर्णं कृतकोलाहलारवः । दिगन्तान्नादयन्प्रोचे बलं ते दर्शितं हरे ३४ ममापि पौरुषं पश्य न च गन्तुं त्वमर्हसि । न मे दृष्टिगतो जीवन् रिपुर्याति कदाचन ३५ भूतभव्यभविष्यज्ञ किं पूर्वं न विचारितम् । यस्य शब्देन च भृशं कम्पते भुवनत्रयम् ३६ तत्पुरः कथमा–यातः खद्योत इव भूषणम् । ततोऽमरगणाः प्रोचुर्बलान्तं सिन्धुदैत्यपम् ३७ शूरा न हि प्रजल्पन्ति दर्शयन्त्येव पौरुषम् । अस्माकं न हरेराज्ञा नो चेत्त्वं शतधा भवेः ३८ (३४०१) इति श्रीगणेशपुराणे क्रीडाखण्डे षट्सप्ततितमोऽध्यायः ॥७६॥

अध्याय ७७ प्रारंभ :– क उवाच । इति तद्वचनं श्रुत्वा क्रोधाद्वन्हिकणान्वमन् । यथा सिंहो गजानीकं याति तद्वद्ययौ सुरान् १ सिन्धुर्मुष्टिप्रहारेण जघान बलसूदनम् । पपात स धरापृष्ठे वाताहत इव द्रुमः २ भालदेशे कुबेरं च हनौ च वरुणं यमम् । पृष्ठ देशे जघानासौ चक्राघातेन दैत्यराट् ३ तालुदेशे पावकं च मन्मथं लत्तयाऽहनत् । अनिलं पादघातेन शनैश्चरमपोथयत् ४ सोमं भौमं भ्रामयित्वा तत्याज भूतले बलात् । पृष्ठभागेऽहनच्चैव सनकं च सनन्दनम् ५ नासत्यौ नारदश्चापि कुत्रापि च पलायिताः । ततः पलायितासर्वे दृष्ट्वा वीर्यं सुरास्तदा ६ पतिता मूर्छिताः केचिद्दैत्यश्चक्रेण माधवम् । मुष्टिदेशे जघानासौ चक्रं तस्यापतद्भुवि ७ माधवो गदया मूर्ध्नि दैत्येशं तमताडयत् । वंचयित्वा च शतधा गदां स्वां च व्यचिक्षिपत् ८ ज्ञात्वा पराक्रमं तस्य प्रोचे तं मधुसूदनः । वरयस्व वरं दैत्य यत्ते मनसि वर्तते ९ नैतादृशो मयाऽदर्शि पुरुषार्थोऽसुरे क्वचित् । ततोऽब्रवीद्दैत्यपतिः परमाल्हादसंयुतः १०

यदि तुष्टोऽसि देवेश यदि देयो वरो मम । गण्डकीनगरे मे त्वं परिवारयुतो हरे ११ सार्वकालं वस विभो नान्यं याचे वरं परम् ।
तत ऊचे महाविष्णुः स्थास्यामि नगरे तव १२ दत्तो वरो यतो नूनं ततोऽस्मि वशगस्तव । ततः स सत्यलोके च कैलासे वैष्णवे
पदे १३ आस्थापयद्दैत्यपतीन्स्वयं शाक्रे पदेऽवसत् । तत्राप्यन्यं स्थापयित्वा रमापतियुतः स्वयम् १४ वाद्यदुन्दुभिनिर्घोषैः स्वपुरीं
गण्डकीं ययौ । नुवन्ति बन्दिनस्तं तु नेदृशोऽभूत्पुमान्क्वचित् १५ येन विष्णुर्गृहं स्वीयं जित्वाऽनायि सुरान्बहून् । ददृशुर्नागरास्तस्य
समीपे वरुणं हरिम् १६ कुबेरं देवमुख्यांश्च ततः स्वभवनं ययुः । ततः प्रोचे हरिं दैत्यो गण्डकीनगरे सुखम् १७ विहरस्वामरैः
सार्द्धं ततः सोऽपि तथाऽकरोत् । परितो दूरतो दैत्यो दैत्यानन्यान्निवेशयत् १८ ततो देवा हरिं प्रोचुः किं कृतं गरुडध्वज । त्यक्त्वा
स्वविक्रमं किं त्वं स्थितोऽत्यानन्दनिर्भरः १९ कथं कारागृहे प्राप्ता मृत्युलोकं गताः कथम् । कथमन्तो भवेदस्य भोगस्य जगदी-
श्वर २० तत ऊचे हरिः सर्वान्कालोहि दुरतिक्रमः । कालेन जायते सर्वं ह्रसते वर्धतेऽपि वा २१ तस्मात्कालं प्रतीक्षध्वं काल एनं
ग्रसिष्यति । एवं जित्वा त्रिलोकीं स महाबलपराक्रमः २२ ततो दैत्यो जगौ सर्वं वृत्तान्तं पितरौ मुदा । आशिषं ददतुस्तौ च
ज्ञात्वा पौरुषमस्य ह २३ ततो दैत्यो दुष्टमतिर्भूतले समघोषयत् । देवद्विजगवामर्चा क्रियते येन केनचित् २४ स हन्तव्योऽथवा
साधुरानेयो मम सन्निधौ । प्रतिमा यत्र यत्र स्यात्तां भंक्त्वा निक्षिपेज्जले २५ ममैव प्रतिमां कृत्वा पूजयन्तु गृहे गृहे । प्राबोध-
यन्सिन्धुवचो दूता एवं स्थले स्थले २६ भंक्त्वा प्रासादमूर्तीश्च तोऽयेगाधे च चिक्षिपुः । सिन्धोश्च प्रतिमां कृत्वाऽस्थापयन्परमा-
दरात् २७ पूजार्थं राक्षसाश्चापि ततो याता निजं पतिम् । ऊचुर्वैनायकहरहरिभानुरमादिकाः २८ प्रतिमाः प्रविभज्याशु
क्षिप्ताः सर्वा महाजले । तवैव प्रयिमास्तत्र स्थापिता राक्षसा अपि २९ पूजार्थं स्थापिताः स्वामिन्नागताश्च तवान्तिकम् । एवं

धर्मस्य सर्वस्य विच्छित्तिः समजायत ३० यज्ञदानस्वधास्वाहावषट्कारान्न चाकरोत् । देवद्विजगुरूणां च पूजनं क्व च नाभवत्
३१ मेरुं याता ऋषिगणाः केचिद्भ्रंशमुपागताः । एवं त्रैलोक्यप्रबला दैत्या जाताश्च राक्षसाः ३२ विलीना निधनं प्राप्ताः
साधवो देवतागणाः । यथा देवगणा मोक्षं सिन्धोः प्राप्ताः शृणुष्व तत् ३३ (३४३४) इति श्रीगणेशपुराणे क्रीडाखण्डे सप्तस–
प्ततितमोऽध्यायः ॥७७॥ अध्याय ७८ प्रारंभ :– क उवाच । सर्वे निगृहिता देवाः सिन्धुना प्रभविष्णुना । तस्यैव च वधोपायं
चिन्तयामासुरुत्सुकाः १ हरिरुवाच । सर्वेषां संमतं ज्ञाय कर्तव्यः कार्यनिश्चयः । तस्मास्तर्वे ब्रुवन्त्वद्य मतं यस्य यथा भवेत् २ क
उवाच । इति शक्रवचः श्रुत्वा ब्रुवन्ब्रम्हादयः सुराः । ईश्वरः सर्वकर्ताऽस्ति स कल्याणं करिष्यति ३ स येन तुष्यते देवः स
उपायो विधीयताम् । स एनं परिभूत्दैव पदानि नः प्रदास्यति ४ ततो वक्तुप्रधानोऽसौ बृहस्पतिरभाषत । स्वल्पया पूजया सद्यः
प्रसन्नो जायते विभुः ५ चराचरगुरुः सद्यः सर्वैः प्रार्थ्योऽसुरान्तकः । देवा ऊचुः । को देवः प्रार्थनीयस्ते मतो वाचस्पते वद ६
तस्य तुष्टिं करिष्यामः स्वपदप्राप्तयेऽखिलाः । गुरुरुवाच । सृजते पाति यो विश्वं हन्ति रूपत्रयात्मकः ७ अबीजो बीजभुतश्चा-
शेषवाचामगोचरः । नित्यो ब्रम्हमयो ज्योतिस्वरूपः शास्त्रगोचरः ८ अनादिमध्यनिधनो निर्गुणो यो निरामयः । बहुरूपैकरूपश्च
यस्य नामाखिला जनाः ९ गृहीत्वा सर्वकार्येषु सिद्धिं यान्ति निजेप्सिताम् । संकष्टं हरते भक्त्या पूजितः स विनायकः १०
आराधयन्तु सर्वे तं स वः सिद्धिं विधास्यति । माघस्य कृष्णपक्षोऽयं संप्रवृत्तोऽधुना सुराः ११ चतुर्थी भौमयुक्ताऽस्य प्रिया विघ्न
हरस्य ह । स एव प्रकटीभूय दास्यते स्वंपदानि वः १२ सिन्धुं स संनिहत्यैव नात्र कार्या विचारणा । यद्यत्कामयते यो यस्तत्त-

त्सर्वं प्रदास्यति १३ देवा ऊचुः । सम्यगुक्तं गुरो वाक्ये येन तृप्ता वयं मुने । महास्रोतोवहाम्नस्त्वं कर्णधारोऽसि साम्प्रतम् १४
क उवाच । ततस्ते शक्रवरुणकुबेरमधुसूदनाः । गुरुभौमशशीनाश्च यमाग्नघनिलंकादयः १५ पञ्चामृतं गन्धमाल्यं शमीदूर्वाश्च
पल्लवान् । फलान्यरण्यजातानि विविधानि च मृत्तिकाः १६ अशर्कराः समादाय गण्डकीं तां नदीं ययुः । मण्डपं विपुलं कृत्वा
भक्त्वा वृक्षाननेकशः १७ लताभिः कदलीस्तम्भैः सुच्छायं च सुशीतलम् । स्नात्वा नित्यक्रियाः कृत्वा मूर्तीश्चक्रु सुशोभना १८
सिंहारूढा दशभुजा दशायुधविराजिताः । वैनायकीः करिकरा नानाभूषाविराजिताः १९ सिद्धिबुद्धियुताः पार्श्वे किरीटकुण्डलो-
ज्ज्वलाः । पीतवस्त्रपरीधानाः सर्पभूषाविराजिताः । तस्मिन्मण्डपमध्ये ताः स्थापयित्वा यथाविधि । पुपूजुः परया भक्त्या षोड-
शैरुपचारकैः २० पञ्चामृतैः शुद्धजलैर्वस्त्रगन्धादिदीपकैः । नैवेद्यैर्विविधैश्चैव फलैरारार्तिकैः शुभैः २१ एवं संपूज्य ते मन्त्रं जेपुः
सवितृतुष्टये । अस्तं याते सवितरि सन्ध्यां कृत्वाऽस्तुवन्विभुम् २२ सर्वे ऊचुः । दीननाथ दयासिन्धो योगिहृत्पद्मसंस्थित । अना-
दिमध्यरहितस्वरूपाय नमो नमः २३ जगद्भास चिदाभास ज्ञानगम्य नमो नमः । मुनिमानसविष्टाय नमो दैत्यविघातिने २४
त्रिलोकेश गुणातीत गुणक्षोभ नमो नमः । त्रैलोक्यपालन विभो विश्वव्यापिन्नमो नमः २५ मायातीताय भक्तानां कामपूराय
ते नमः । सोमसूर्याग्निनेत्राय नमो विश्वम्भराय ते २६ अमेयशक्तये तुभ्यं नमस्ते चन्द्रमौलये । चन्द्रगौराय शुद्धाय शुद्धज्ञानकृते
नमः २७ क उवाच । एवं स्तुवत्सु देवेषु तेजोराशिरभूत्पुरः । सर्वे हतदृशो देवा विस्मिता अभवंस्तदा २८ ततस्तत्कृपया देवः
सौम्यतेजा अजायत । ततस्ते ददृशुर्देवं सिंहारूढं विनायकम् २९ दशायुधधरं तावद्भुजं दिव्यकिरीटिनम् । नानाभूषाभिरामं च
मुक्तादामविभूषितम् ३० दिव्यगन्धानुलेपाढ्यं व्यालबद्धोदरं विभुम् । क्षुद्रघण्टाक्वणत्पादं कस्तूरीतिलकोज्ज्वलम् ३१ एवं

दृष्ट्वा सुरा देवं नमस्कृत्योचिरे तदा। यश्चिन्तितो गुरोर्वाक्यात्स एवायं विनायकः ३२ स एव दृष्टः साक्षात्तु वांङ्मनोऽ-
गोचरो विभुः। जन्म धन्यं दृशिर्धन्या तपो दानं च नः सुराः ३३ तत ऊचे सुरान्देवस्तृप्तोऽहं भवतां स्तवैः। पूचया चैव भक्त्या
च संकष्टीव्रततोऽपि च ३४ संकष्टहरमेतच्च स्तोत्रं ख्यातं भविष्यति। यः पठेत्प्रयतो नित्यं स मे मान्यो भवेत्सुराः ३५ तस्य
दर्शनतः सर्वे नश्येयुर्यक्षराक्षसाः। भोगान्भुनक्ति विविधानन्ते मोक्षपदं लभेत् ३६ शृप्वन्तु मे पुनर्वाक्यं सिन्धुदैत्येन पीडिताः।
शरणं मे प्रपन्नाश्च यज्ञवेदाविवर्जिताः ३७ निरुद्धा गण्डकीदेशे स्वधास्वाहाविवर्जिताः। ततो हचस्य वधं कर्तुमवतान्तरं मम
३८ गिरिजाया गृहे देवा भविष्यामि च साम्प्रतम्। मयूरेश्वरनाम्नाऽहं ख्यातिं यास्ये तदा च वः ३९ पदानामाश्रमाणां च
प्राप्तिः सिन्धौ हते मया। भविष्यति न संदेह यतः कृतयुगे सुराः ४० सिंहारूढो दशभुजस्तेजोरूपी विनायकः। षड्भुजः
शशिवर्णश्च त्रेतायां बर्हिवाहनः ४१ मयूरेश्वरनामा च द्वापरे रक्तवर्णवान्। चतुर्बाहुराखुवाहो भूत्वा चाहं गजाननः ४२ ततः
कलियुगे प्राप्ते श्यामवर्णो दृषन्मयः। धूमकेतुरिति ख्यातो भविष्यामि सुरा अहम् ४३ शीघ्रमेव करिष्यामि भवतां वांञ्छितं सुराः।
क उवाच। एवं निवेद्य तान्देवस्तत्रैवान्तर्दधे विभुः ४४ आनन्द च सुरा प्रापुः स्वकार्यंकृतनिश्चयाः। य इदं परमाख्यानं शृणुयाच्छ्रावयेच्च
यः ४५ पठेच्च परया भक्त्या ध्यात्वा देवं विनायकम्। सर्वान्कामानवाप्नोति प्रेत्य ब्रह्ममयो भवेत् ४६ इति श्रीगणेशपुराणे क्रीडाखण्डे
सुरर्धिवरप्रदानं नामाष्ठसप्ततितमोऽध्यायः ७८ क उवाच। निर्जितान्सिन्धुना देवांज्ञात्वा शम्भुर्निजस्थलात्। सप्तकोटिगणाकीर्ण-
स्त्रिसन्ध्याक्षेत्रमभ्यगात् १ स्वाहास्वधावषट्कारवेदाध्ययनवर्जिताः। निवसन्ति भयात्सिन्धोर्गौतमाद्या महर्षयः २ दृष्ट्वा ते
त्र्यम्बकं देवं परिववरुः समन्ततः। यथा तीर्थं विप्रवरा बालका जननीं यथा ३ प्रणम्य तं प्रपूज्यैव प्रोचुर्धन्यतमा वयम्। अनु-

ष्ठानं दृशिर्जन्म धन्यं ज्ञानं यतो हरः ४ अगोचरो दृष्टिगतो दण्डकारण्यमागतः । दुरितं विलयं यातं पुण्यं च फलितं महत् ५ इदानीं न च दुःख नो दृष्टे देवे भविष्यति । यथोदिते दिवानाथे न ध्वान्तं दृश्यते क्वचित् ६ ततोऽब्रवीन्महादेवः सर्वांस्तान्मुपुंगवान् । शिव उवाच । सिन्धुनाऽऽक्रामि त्रैलोक्यं कृतां देवि निग्रहः७ मुनीनामपि केषांचित्तेन खिन्नं मनो मम । विश्रान्तिं न लभे स्थाने ततोऽहमिह चागतः ८ भवतां दर्शने नाहं परितुष्टो मुदान्वितः । इदानीमवकाशं सपरिवारस्य दीयताम् ९ अतिपुण्येन वः प्राप्तं दर्शनं पापनाशनम् । यत्रस्थित्वा परं ध्यानं करिष्ये जगदीशितुः १० क उवाच । इति शूलिवचः श्रुत्वा प्रोचुः सर्वे महर्षयः । सर्वेश्वरस्य ते देव दाता स्थानस्य को भवेत् ११ कल्पद्रुमस्य कः कामः केनासौ परिपूर्यते । क्षीरार्णवतृषा किं वा पल्लवेन गमिष्यति १२ तवैव रूपं पृथिवी तव वश्याऽत्र सर्वदा । त्वमीशः सर्वलोकस्य यथेच्छसि तथा कुरु १३ दर्शयामः सुरपते सुन्दरं तव चाश्रमम् । नानावृक्षलताकीर्णं रम्यवापीसरोजलम् १४ यादोभिः पक्षिभिर्युक्तं घनच्छायं सुविस्तृतम् । स्वादुकन्दफलोपेतं मृदुघाससमन्वितम् १५ यदीच्छाऽत्र वस त्र्यक्ष परिपालय नोऽखिलान् । क उवाच । तत्रावसन्महादेवो गंगौरीगणैर्युतः १६ कैलासादधिकं मेने मुनेराश्रममण्डलम् । तदाश्रयेण ते सर्वे गौतमाद्या महर्षयः १७ चेरुस्तपांसि विविधान्यासंस्ते विगतज्वराः । शिवोऽपि तप आरेभे गंगागौरिसहायवान् १८ ततो गणाश्च सामग्रीं तस्य चक्रुर्महात्मनः।कस्मिंश्चित्समये गौरी पृच्छति स्म सदाशिवम् १९ त्वमेव कर्ता हर्ता त्वं पाता विश्वस्य शंकर । अष्टमूर्तिरमूर्तिस्त्वं सर्वशः सर्वभावतः २० सर्वश्रेष्ठतमस्त्वं च सर्वेषां सर्वकामदः । अष्टानां कर्मणां देव फलदाताऽखिलार्थवित् २१ त्वत्तः श्रेष्ठतमः कोऽस्ति यं त्वं ध्यायसि तं वद । देवाश्च मुनयो नागा यक्षमानुषराक्षसाः २२ यत्सत्तयाऽखिलं विश्वं त्वत्तः श्रेष्ठतमस्तु कः । त्रयस्त्रिंशत्कोटिदैवैः पूज्यसे सिद्धसाधकैः २३ क उवाच ।

इति तद्वचनं श्रुत्वा शिवो वचनमब्रवीत्।शिव उवाच।सम्यक्पृष्टं त्वया देवि तुष्टो वाक्येन तेऽनघे २४ शृणुष्वावहिता देवि विस्तरेण ब्रवीमि ते।अद्यापि न कथं ज्ञातो यं ध्यायामि सुरेश्वरि २५ तत्स्वरूपं निरूपिष्ये तव प्रीतिचिकीर्षया। लोकानामुपकाराय संसारोत्तारणाय च २६ यो देवः सर्वभूतेषु गूढश्चरति विश्वकृत्।योऽनन्तशीर्षानन्तश्रीरनन्तचरणः स्वराट् २७ अनन्तश्रुतिनेत्रश्चानन्तनामा गुणातिगः। अनन्तरूपी यो देवो वेदकर्ताऽखिलार्थदः २८ योऽनन्तशक्तिर्विश्वात्माऽनुपमेयः पुरातनः।नोपमा शेषचन्द्राब्धिव्योम्नां नारायणस्य च २९ भारतस्य च वेदस्य व्यासस्य च मुनेरपि । यतो जीवा अनन्ताश्च जायन्तेऽम्बुभुवो यथा ३० जलधारा यथाऽग्नेर्वा विस्फुलिंगा भवन्ति हि । ब्रह्माविष्णुशिवादीनां गुणत्रयप्रदः प्रभुः ३१ सृष्टिपालनसंहाराना ज्ञापयत तैरिह । ततो गुणविभागेन गणेश इति पप्रथे ३२ तमिमं परमात्मानं परात्परतरं विभुम् । गुणेशमनिशं ध्याये परब्रह्मस्वरूपिणम् ३३ गौर्युवाच । तुष्टाऽहं तव वाक्येन प्रत्ययो मे कथं भवेत् । तं गुणेशं कथं साक्षात्करोमि च भजामि च ३४ तमुपायं वद विभो यदि तुष्टोऽसि शंकर । क उवाच । इति तस्या वचः श्रुत्वा पुनरूचे महेश्वरह: ३५ शिव उवाच। एकनिष्टतया यावत्तपसाराधितो न ते। तावप्रत्यक्षतां देवि कथं यास्याति सः प्रभुः ३६ देव्युवाच । कथं मया तपः कार्यं केनोपायेन वा विभो । यदि तुष्टोऽसि देवेश वद सत्यं ममानघ ३७ क उवाच । एवं तदादरं बुद्ध्वा प्रोवाच गिरिजां हरः । येन तस्या भवेत्प्रीतो गुणेशो गुणवल्लभः ३८ एकाक्षरमनुं तस्यै ददौ सम्यग्घरस्तदा । द्वादशाब्दं कुरु तपस्ततस्तुष्टो भवेद्विभुः ३९ साक्षात्कारं गुणेशस्ते प्रदास्यति न संशयः तदैव सा नमस्कृत्य गिरीशं हृष्टमानसा ४० जगाम तपसे गौरी मन्त्रध्यानपरायणा । जीर्णापुरादुत्तरे तु लेखनाद्रिं मनोहरम् ४१ (३५२६) इति श्रीगणेशपुराणे क्रीडाखण्डे गौरीमन्त्रप्रदानं नाम नवसप्ततितमोऽध्यायः ॥७९॥

अध्याय ८० प्रारंभः — क उवाच। तत्र सा काननं दृष्ट्वा रम्यं पुष्पजलान्वितम् । तस्थौ पद्मासनगता नासाग्रन्यस्तलोचना १ गणेशध्याननिरता प्रांगमुखी जपतत्परा। एकाक्षरस्य मन्त्रस्य शुष्कद्रुम इव स्थिता २ न फलं न जलं मूलं पर्णं कन्दं न मारुतम् । अस्ति सा निश्चला तत्र निर्वाणं परमं श्रिता ३ एवं सा द्वादशाब्दानि व्यतीतानि ततो विभुः । कृपयाऽऽविरभूत्प्रीतो गुणेशो गुणवल्लभः ४ किरीटकुण्डलधरो दशबाहुस्त्रिशूलभृत् । भालचन्द्रः शंखचक्रमुक्तामालाविभूषितः ५ अक्षमाला च कमलं कस्तूरीतिलकं दधत् । मध्ये नारायणमुखो दक्षिणे च शिवाननः ६ वामे ब्रम्हमुखः शेषे पद्मासनगतो विभुः। तत्फणामण्डलच्छायः कुन्दकर्पूरसन्निभः ७ उवाच जगदम्बां तां यं ध्यायसि दिवानिशम् । गुणेशो गुणेश इति सोऽहं ते दर्शनं गतः ८ तव निष्ठां च भक्तिं च तद उग्रमवेक्ष्य च। मम स्वरूपं वक्ष्यामि प्रीतस्तव वरानने ९ त्रयस्त्रिंशत्कोटिदेवेष्वधिको न च मत्परः । गुणत्रयविभागाच्च गुणेश इति मां विदुः १० त्रिदेहो गुणतश्चाहं संतुष्टस्तपसा च ते। वरं वरय मत्तस्त्वं यत्ते मनसि वर्तते ११ असाध्यमपि दास्यामि त्रैलोक्येऽस्मिन्महेश्वरि। इति तद्वचनं श्रुत्वा हर्षगद्गदनिःस्वना १२ उन्मील्य नयने गौरी पश्यति स्म पुरो विभुम् । गुणेशं त्रिगुणेशं च त्रितनुं प्रणनाम सा १३ उवाच जन्म निष्ठा च तपो मन्त्रो हरोऽपि च। अद्य धन्यतमो जातो दृष्टवा ते पदपंकजम् १४ अद्य सिद्धि परा प्राप्ता साक्षाद्दृष्टो यतो भवान् । न कांक्षेऽन्यवरं कच्चित्त्वद्वाक्यं न च लङ्घये १५ अतस्त्वं पुत्रतां याहि मम प्रीतिकरो भव। निरन्तरं दर्शनं ते सेवनं पूजनं भवेत् १६ इति तस्या वचः श्रुत्वा गणेशो हर्षनिर्भरः। उवाच गिरिजां तां स भविष्यामि सुतस्तव १७ वाञ्छितं पूरयिष्यामि लोकानां च तवापि च । एवमुक्त्वा गुणेशस्तामन्तर्धानमगात्क्षणात् १८ न ददर्श यदा देवी गुणेशं तं क्षणात्तदा । अमन्यत मया दृष्टः स्वप्नो किं सुखदः

क्षणम् १९ ईश्वरस्योपदेशेन दृष्टो देवोऽखिलार्थदः । न सोढुं विरहं तस्य शक्तास्मीति व्यधाच्छिवा २० गुणेशप्रतिमां कृत्वा
स्थापयामास सादरम् । प्रासादं कारयामास चतुर्द्वारं सुशोभनम् २१ गिरिजात्मजेति तन्नाम स्थापयामास सुन्दरम् ।
सिद्धिक्षेत्रमिति ख्यातं भविश्यति नृणामिह २२ अनुष्ठानवतां सिद्धिर्भविष्यति न संशयः । इति दत्त्वा वरं तत्र संपूज्य च यथा-
विधि २३ प्रदक्षिणा नमस्कारान्कृत्वा च द्विजपूजनम् । दत्त्वा दानानि तेभ्यश्च गृहीत्वाशीर्वचो द्विजात्। त्रिसंध्याक्षेत्रमगमद्योगस्थं
ददृशे हरम् २४ तत्पादपंकजे स्वीयं शिरःपद्मं न्यधाच्छिवा । उवाच निजवृत्तांतमाज्ञां प्राप्य विभो तव २५ उपदेशं मनोश्चापि
द्वादशाब्दं कृतं तपः । अवायुभक्षया स्वामिंस्ततस्तुष्टो गुणेश्वरः २६ उवाच परमप्रीतो भावं ज्ञात्वा परं मम । तवोदरेऽवतारं तु
करिष्याम्यचलात्मजे २७ वांछिते च करिष्यामि देवानां च तवापि च । एवमुक्त्वा क्षणेनासौ तत्रैवान्तर्दधे विभुः २८ ततोऽहं
परमप्रीता मूर्ति प्रासादमेव च । विधाय स्थापयित्वा तां तवान्तिकमुपागता २९ क उवाच । एवं श्रुत्वा प्रियावाक्यं प्रहृष्टमानसो
हरः । प्रोत्फुल्लनयनः प्राह धन्याऽसि गिरिजात्मजे ३० साक्षाद्दृष्टो गुणेशस्ते गृहे सोऽवतरिष्यति ३१ हनिष्यति महादैत्यं भूभारं च
हरिष्यति।इंद्रादिलोकपालानां स्वपदानि प्रदास्यति ३२ एतन्मम वचो देवि न च विस्मतुमर्हसि क उवाच।एवमुक्त्वा शिवो देव आलिलिंग
शिवां तदा ३३ आनंदाश्रूणि मुंचंतौ रोमांचिततनू उभौ।तिष्ठंतौ परमाल्हादयुतावम्बामहेश्वरौ ३४ (३५५५) इति श्रीगणेशपुराणे क्रीडा-
खण्डेऽशीतितमोऽध्यायः८० अध्याय ८१ प्रारंभः—क उवाच।ततः सा पार्वती हृष्टा सखीजनमगान्निजम्।वृत्तान्तं सर्वमाजख्यौ हृष्टरूपोऽपि

सोऽभवत् १ ततत्प्रभृति सा देवी गुणेशमानसाऽभवत्।पश्यति स्मान्यबालं सा गुणेशोऽयं भवेदिति २ गृहितुं धावति तदा तन्मात्रा सा निषिध्यते । न क्वापि विश्रमं याति गुणेशध्यानतत्परा ३ तन्नाम जपते नित्यं तन्मयं लोकते जगत् । पप्रच्छ च सखीः सर्वा गुणेशो यास्यते कदा ४ पित्रा मे कथितं पूर्वं व्रतमीशाप्तये शुभम् । पार्थिवस्य गणेशस्य पूजनं च यथाविधि ५ तेन व्रतप्रभावेण प्राप्ताऽस्मि शंकरं प्रियम् । पुनस्तदाचरिष्यामि गुणेशप्राप्तयेऽधुना ६ ततो भाद्रचतुर्थ्यां सा कृत्वा मूर्तिं मुदान्विता । उपचारैः षोडशभिः पुपूज च गजाननीम्७ षड्भिर्ध्यानादिकैः पंचामृतैर्वस्त्रैरनेकशः । यज्ञोपवीतगंधैश्च धूपदीपैर्यथाविधि८नानापुष्पैश्च नैवेद्यैर्नानाविधफलैरपि । ताम्बूलैरार्द्रपूगैश्च लवंगादिसमन्वितैः ९ दूर्वाभिश्च शमीपत्रैर्दक्षिणाभिरनेकशः । आरार्तिक्यैर्विचित्रैश्च मन्त्रपुष्पैः स्तवैरपि १० प्रदक्षिणाप्रार्थनाभिर्ब्राह्मणानां च पूजनैः । परितुष्टा मूर्तिरसौ पार्थिवी चेतनामगात् ११ तदैव प्रभया तस्याः कोटिसूर्यप्रभा जिता । कल्पानलार्चिर्विजिताऽनन्तचन्द्रप्रभा हृता १२ हतनेत्रप्रभा गौरी मूर्छिता पतिता भुवि । मुहूर्तात्सावधाना सा प्रोवाच जगदीश्वरम् १३ किं मया विकृतं देवपूजनेन च तर्कये । अभिचारोऽथवा केन प्रयुक्तोऽयं न वेद्मि तम् १४ कथं मे विफलो यत्नो जातो देव कृपानिधे । क उवाच । श्रुत्वेत्थं वचनं तस्याः सौम्यतेजा अभूत्प्रभुः १५ सा तदैवाभवद्दृष्टा बालं वीक्ष्य पुरोगतम् । असंख्यवक्त्रनयनमसंख्यांग्घ्रिशिरोधरम् १६ असंख्यमुकुटं सूर्यचन्द्राग्निलोचनं विभुम् । मुक्तामणिमयीं मालां बिभ्रन्तं दीप्तिमत्परम् १७ अनेकायुधहस्तं च सर्वावयवसुन्दरम् । दृष्ट्वा तु पार्वती रूपं पवित्रं परमाद्भुतम् १८ अतर्क्यचचेतसा सा निमील्य नयने शुभे । कम्पमानांगायष्टिः सा कर्तव्यं नाभ्यपद्यत १९ चिन्तितं किं मया दृष्टमरिष्टमद्भुतं नु किम् । उन्मील्य नयनेऽपश्यद्दिव्यदृष्टिर्धरात्मजा २० तावच्छिवोपदिष्टं तदवेदीच्च जगाद च । पार्वत्युवाच । अस्यैव मायया

भ्रान्ता न जानामि विभु प्रभुम् । २१ पप्रच्छ तं ततः कस्त्वं कुत आगमनं तव । किमर्छं त्वं गुणेशश्चेद्भवितासि वदस्व माम्
२२ क उवाच । इति तद्वचनं श्रुत्वाऽवदत्स पुरुषो महान् । स्वनेन नादयन्सर्वा दिशो विदिश एव च २३ देव उवाच । यं
ध्यायसि दिवारात्रावनुष्ठानवती शुभे । सोऽहं गुणेशस्ते गेहेऽवतीर्णः परमः पुमान् २४ परात्परतरो यस्मादवदं त्वा वरार्थिनीम्।
यास्ये ते पुत्रतां देवि यत्कृत्यं मे शृणुष्व तत् २५ उभयोः सेवनं कार्यं सिन्धुदैत्यविनाशनम् । अमराणां पदप्राप्ति कृत्वा यास्ये
निजं पदं २६ क उवाच।पीत्वा वाक्यामृतं तस्य प्रीता सा गिरिजात्मजा।उवाचेह परं भाग्यं परमंमे तपःफलम् २७ नायकोऽनन्तकोटिनां
ब्रह्माण्डानां विभुर्मया । दृष्टश्चिदानन्दघनो यस्मात्सृष्टमनेकशः २८ पंचभूतानि ब्रम्हेशहरिश्चन्द्रेन्द्रभास्कराः। नक्षत्राणि च
गन्धर्वा यक्षा मुनिगणा द्रुमाः २९ शैलाः पक्षिगणाः सर्वे भुवनानि चतुर्दश । स्थावरं जंगमं यस्मात्सचेतनमचेतनम् । ३० स त्वं
मम कुमारत्वं प्राप्तोऽसीति विडम्बनम् । अथ त्वां प्रार्थयेदेव प्राकृतो भव साम्प्रतम् ३१ येन ते लालनं कुर्यां सेवनं परमादरात्।
क उवाच । यावद्वदति सैवं तु ददर्श पुरतस्तु तम् ३२ षड्भुजं चन्द्रसुभगं लोचनत्रयभूषितम् । सुनास सुभ्रु वदनं स्थूलवक्षसमी-
श्वरम् ३३ ध्वजांकुशोर्ध्वरेखाब्जचिन्हितं पादपंकजम् । कोटिस्फटिकसंकाशं कोटिचन्द्रप्रभं विभुम् ३४ हेमतारानिभान्केशान्द-
धन्तं बालरूपिणम् । कुर्वन्तं प्रथमं शद्वं कम्पयन्तं वसुन्धराम् ३५ जनाः स्थानानि मर्यादां तत्यजुस्तस्य शद्वतः । नीरसा वृक्षनि-
चयाः सपल्लवचयास्तदा ३६ जाता गावो बहुक्षीरास्त्रैलोक्यं जहृषे पुनः । देवदुन्दुभयो नेदुः पुष्पवृष्टिरथापतत् ३७ दृष्ट्वा बालं
तु गिरिजा हस्ताभ्यां जगृहे मुदा ।स्नापयामास पयसा तप्तेन स्नेहभावतः ३८ प्रस्नुतौ पाययामास स्तनौ परमहर्षिता । शिवोऽपि
जहृषे तेन शिशुना परमेण ह ३९ (३५९४) इति श्री गणेशपुराणे क्रीडाखण्डे गणेशाविर्भावोनामैकाशीतितमोऽध्यायः ॥८१॥

अध्याय ८२ प्रारंभ :– क उवाच । ततः शिवगणाः शम्भुं वृत्तान्तं तं न्यवेदयन् । आश्चर्यं परमं देवं शिवा पुत्रसमन्विता १
जाता पुत्रावलोकार्थं ततो याहि निजं स्थलम् । एवं गणवचः श्रुत्वा तुतोष गिरिजापतिः २ आगत्य वीक्ष्य तं बालमद्भुतं शशिस–
न्निभम् । स्फटिकाद्रिनिभं कुन्दधवलं कज्जलोचनम् ३ आश्चर्यं परमं लेभे प्रोवाच च वचस्तदा । शिव उवाच । नायं बालोऽ-
नादिसिद्धो जराजन्मविवर्जितः ४ लीलाविग्रहवानेष स्वप्रकाशो गुणातिगः । शुद्धसत्त्वमयः सर्वजीवेशो भुवनेश्वरः ५ मुनिध्येयोऽ-
खिलाधारो ब्रह्मभूतोऽखिलप्रदः । क उवाच । एवमुक्त्वा कराभ्यां स बालमादत्त शंकरः ६ लालयित्वा हृदि स्थाप्य सर्वहृ–
त्स्थोऽपि यः सदा । पुनरूचे च गिरिजां शिवोऽशिवहरो विभुः ७ परमात्मा गुणातीतः पुत्रतां ते समागतः । परानुष्ठानतो देवि
साक्षाद्दृष्टो विभुस्त्वया ८ क उवाच । ततो विप्रान्समाहूय पूजयित्वा गणाधिपम् । पुण्याहं वाचयित्वा च मातृपूजनपूर्वकम् ९
कृत्वाऽभ्युदयिकं श्राद्धं प्राशयित्वा घृतं मधु । अभिमन्त्र्य शिशुं भूमिं गिरिजा तं स्तनं ददौ १० गौतमादीन्पूजयित्वा ददौ
दानान्यनेकशः । ततस्ते तदनुज्ञाता नाम प्रोचुर्महर्षयः ११ अयं ते बालतां यातोऽनादिसिद्धोऽखिलेश्वरः । निर्माता सर्वलोकांना
चराचरगुरोर्गुरुः १२ मायावी वेदवेदान्तागोचरो मध्यगे रवौ । अवतीर्णः सुमुहूर्ते कीर्तिमाविष्करिष्यति १३ भाद्रशुक्लचतुर्थ्यां
तु शशिवारे च वायुमे । सिंहलग्ने पञ्चशुभग्रहयुक्तेऽभवत्सुतः १४ श्रीमान्पराक्रमयुतोऽद्भुतकर्मा महाबलः । भविष्यति च
लोकानां भक्तानामतिसौख्यदः १५ एकादशदिने शम्भो कुरु नामास्य सुन्दरम् । क उवाच । एवमुक्त्वा गताः सर्वे मुनयो
निजमन्दिरम् १६ हरो बालं विनिक्षिप्य गिरिजाशयने शुभे । विसृज्य लोकानखिलान्बहिरायान्मुदान्वितः १७ ततः शेषो ययौ

तत्र फणाच्छायामथाकरोत् । नीरजस्कां धरां चक्रुर्मेघास्तत्र सुखो ववौ १८ मारुतो मालतीगन्धो ननृतुश्चाप्सरोगणाः । जगुर्गं-
न्धर्वसङ्घाश्च तुष्टुवुश्चारणा विभुम् १९ ततो मुनिगणाः सर्वे मृन्मूर्ति चक्रुरुत्तमाम् । मण्डपं शोभनं कृत्वा कदलीपुष्पमण्डितम्
२० पुपूजुः परया भक्त्या पद्मासनगता मुदा । गुणेशेति गुणेशेति जेपुः सर्वे निरन्तरम् २१ अहोरात्रोषिताः सवे रात्रौ च जागरान्विताः ।
यथाशक्ति द्विजान्भोज्य चक्रुस्ते पारणं द्विजाः २२ एवं दशदिने विप्रान्भोजयामासुरादरात् । गृहे गृहे महोत्साहांश्चक्रुर्देवस्य
तुष्टये २३ एकादशे दु दिवसे सर्वे मुनिगणाः शिवम् । आहूता आययुर्नाम कर्तुं शिवसुतस्य ह २४ मानितास्तेन ते सम्यक्कार-
यामासुरुत्तमम् । सर्वेशत्वाद्गुणेशेति सर्वविघ्नहरं शुभम् २५ शिवोऽपि तान्मुनीन्प्राह सम्यङ्नाम समीरितम् । सर्वारम्भेषु
पूज्योऽयमिति तस्मै वरं ददौ २६ पूजिता मुनयः सेर्वे दत्त्वा दानानि सर्वशः । आज्ञां गृहीत्वा शम्भोस्ते स्वस्वाश्रमपदं ययुः २७
अन्तर्गृहगता देवी पुपूजे देवताः स्वयम् । तदादि सा तिथिः ख्याता गुणेशस्य वरप्रदा २८ तस्यां महोत्सवः कार्यश्चतुर्थ्यां
स्वशुभाप्तये । मृन्मयीं प्रतिमां कृत्वा पूजयेच्च यथाविधि २९ कृत्वा मण्डपिकां चारुमुपोष्य जागृयान्निशि । मोदकापूपलड्डूकैः
पायसैः पूजयेद्विभुम् ३० अपरस्मिन्दिनें विप्रान्भोजयेच्च यथाविधि । एकविंशतिसंख्याकान्यथाशक्ति च दक्षिणाम् ३१ दत्त्वा
तेभ्यो नमस्कृत्य पश्चाद्भोजनमाचरेत् । यो न पूजयते चास्यां गणेशं मृन्मयं नरः ३२ स विघ्नैरभिभूतः सन्नानारोगैः प्रपीड्यते।
न तस्य दर्शनं कुर्यात्पतितस्येव कर्हिचित् ३३ जाते तु दनंने तस्य गणेशं नाम संस्मरेत् । चतुर्थ्या महिमानं नो न शक्यं सुनि-
रूपितुम् ३४ कर्माणि तु गुणेशस्य यथामति निरूपये । गुप्तरूपाः सिन्धुदूताः शंकरालयसंस्थिताः ३५ तमुदन्तं तु ते गत्वा प्राव-
दन्सिन्धवे तदा । समासीनाय योधैश्च बहुभिर्वेष्टिताय च ३६ स्थापयित्वाऽप्सरोनृत्यं गानं गन्धर्वसंभवम् । दूता ऊचु । दक्षिणे

दण्डकारण्ये त्रिसन्ध्याक्षेत्रसंज्ञिते ३७ गत्वा तत्र दृष्टवन्तो भगवन्तं शिवाभिधम् । अष्टाशीतिसहस्राणां मुनीनामाश्रमान्बहून् ३८
एकस्मिन्दिवसे बालं शिवा प्रासूत षडभुजम् । लावण्यकोशं त्रैलोक्येऽनुपमं महसोज्ज्वलम् ३९ दशाहस्सु महोत्साहैर्गतेषु
मुनिपुंगवाः । चक्रुर्नाम गुणेशेति तस्य बालस्य शंकरः ४० वयं वादित्रनिर्घोषैर्बधिरा इव तस्थितम । यदि हन्तुं गमिष्यामः सप्त-
कोटिगणास्तदा ४१ एकैकस्य बलं घोरं पर्वतोन्मूलनक्षमम् । निहन्युः सहसाऽभ्येत्य वृत्तान्तं को निवेदयेत् ४२ क उवाच । एवं
वदत्सु दूतेषु शुश्रुवे व्योमवाक् तदा । उत्पन्नः क्वापि ते हन्ता सिन्धो सावधतां व्रज ४३ सिन्धुरुवाच । वध्यतां वध्यतां कोऽयं
ब्रूते दुष्टवचोऽत्र ह । क उवाच । केचिदुड्डीय पतिता धावयित्वाऽपरे ययुः ४४ तावद्दैत्यो महामूर्च्छां संप्राप्तः पतितो भुवि ।
चिन्तामग्नो म्लानमुखों निरुत्साहो हतप्रभः ४५ उवाच विस्खलद्वाचो मुहूर्तात्प्राप्य चेतनाम् । त्रैलोक्यकण्टकस्यापि कण्टकः क
उपस्थितः ४६ कथं हन्याद्गजः सिंहं मशको वाथ वारणम् । त्रयस्त्रिंशत्कोटिदेवा निर्जिताः क्षणमात्रतः ४७ तस्यमे मरणं
कस्माज्जायेत व्योमवाङ्मृषा । ऋताऽस्तु वा गमिष्यामि भक्षितुं तमहं रिपुम् ४८ एवमुक्त्वा क्षणार्धात्स भद्रासनगतोऽभवत् ।
सर्वे वीरास्ततो याताः श्रुत्वा वार्ता तथाविधाम् ४९ त्वमेव मृत्योर्मृत्युश्च तत्र मृत्युः कथं भवेत् । इत्यूचुस्ते भवेद्वापि तं वयं
घातयामहे ५० स्वर्गे भूमौ तले क्वापि गगने वा वसेद्यदि । देह्याज्ञां नो गमिष्यामो दैत्यास्तानब्रवीदथ ५१ सखीनां सेवकानां च
पीत्वा वाक्यामृतं परम् । प्रीतोऽहं यान्तु शीघ्रं तु यत्र मे स रिपुर्भवेत् ५२ अनेकमायया हत्वा रिपुं मम निवेद्यताम् । क
उवाच । एवमाज्ञां गृहीत्वा ते संख्यातीता ययुस्ततः ५३ त्रिसन्ध्याक्षेत्रमासाद्य गुप्तरूपेण चावसन् । गौरीसुतं तत्र कुत्र
मायया हुन्म इत्युत ५४ (३६४८) इति श्रीगणेपुराणे क्रीडाखण्डे द्व्यशीतितमोऽध्यायः ८२ अध्याय ८३ प्रारंभ :-- क

उवाच । शुक्लचन्द्र इव ब्रह्मन्ववृधे स दिने दिने । ततो हिमालयः प्रायाच्छ्रुत्वा गौरीसुतं शुभम् १ अलंकारान्समादाय
मूल्यरत्नसमन्वितान् । अजिरे तं निरीक्ष्यैव धावयित्वा ययौ सुता २ आलिलिंग मुदा गौरो बहुकालागतं च तम् । आनन्दाश्रूणि
साऽमुञ्चत्सोऽपि सा तं ततोऽवदत् ३ गौर्युवाच । कथं निष्ठुरतां यातो वृत्तान्तं मम कर्हिचित् । न गृह्णासि न वा स्वीयं
प्रेषयस्यपि निर्दय ४ हिमवानुवाच । सत्यं वदसि गौरि त्वं कण्ठे प्राणा मम स्थिताः । अतस्त्वद्दर्शनाकांक्षी प्राप्तोऽहं
हरवल्लभे ५ वत्से धेनुमनो यद्वत्तद्वत्त्वयि मनो मम । क उवाच । एवमाकर्ण्य तद्वाक्यं सा ददावासनं शुभम् ६ उपवि-
ष्टोब्रवीद्वाक्यं पुनर्गिरिवरः सुताम् । श्रुतो नारदवाक्येन पुत्रस्ते परमाद्भुतः ७ ततस्तं द्रष्टुमायातः सर्वविघ्नहरं शुभम् ।
क उवाच । पार्वती बालमादाय पितुरंके न्यवेशयत् ८ सोऽलंकारैरलङ्कृत्य महिमानं ततोऽब्रवीत् । स उवाच । अयं बालो
महामायः करिष्यति महीमिमाम् ९ निष्कण्टकां यथा चन्द्रः शीतला स्वकरैरिमाम् । अयं देवगणान्सर्वान्स्वस्थाने स्थाप-
यिष्यति १० करिष्यत्यङ्घ्रिसेवां ते शिशोरस्य मुनीश्वराः । एतस्य सर्वरूपाणि स्थावराणि चराणि च ११ अयमेव
सदा ध्येयो ब्रह्मादीनां सहस्रदृक् । सहस्राङ्घ्रिः सर्वजगत्कारणानां च कारणम् १२ सहस्रास्योऽनन्तमूर्तिः समष्टिव्यष्टि-
रूपवान् । त्रैलोक्ये नेदृशो बालो दृष्टा क्वापि शुभायवान् १३ अहं तन्मयतां यातो दृष्ट्वा तत्पादपंकजम् । यथाऽ-
म्भसि पयः क्षिप्तं याति तन्मयतां क्षणात् १४ अस्य यत्नं कुरु शुभे निधिरेष पुरातनः । क उवाच । मस्तके मुकुटं चास्य
स्वांगदे भुजयोरपि १५ पंकजं हृदि श्रुत्योश्च कुण्डले रत्नभूषिते । कटिसूत्रं कटौ चांड्घ्र्योर्महार्हाः क्षुद्रघण्टिकाः
१६ एवं दत्त्वा भूषणानि नाम चक्रे शुभं गिरिः । हेरम्बेति महाविघ्नहरं भक्ताभयप्रदम् १७ ततो भुक्त्वा गृहीत्वाज्ञां

ययौ स्वस्थानमाद्रिराट् । एकस्मिन्दिवसे बालश्चिक्रीड निजमन्दिरे १८ गृध्रासुरो गृध्ररूपी महाबलपराक्रमः ।
पक्षवातेन यस्याद्रिचयश्चूर्णत्वमीयिवान् १९ गण्डशैलाश्च वृक्षाश्च पादाघातेन तस्य च । सपक्षच्छायया बालमा-
च्छाद्य खेऽभ्रमत्तदा २० नयनानि च सर्वेषां पक्षाघातरजःकणैः । आच्छादयन्महाशब्दैः श्रोत्रे बधिरतामितेत् २१
ततश्चंचुवा तु तं बालं गृहीत्वा गृध्रपुंगवः । व्योममार्गं गतो दूरं गरुडो भुजगं यथा २२ बभ्राम गगने
दुष्टोऽजानन्बालपराक्रमम् । ततोऽपश्यद्गिरिसुता बालः कुत्र कुतो गतः २३ नापश्यच्चत्वरे तं तु ततः शोकाकुलाऽभवत् ।
केन नीतो मम सुतो दुष्टेन च दुरात्मना २४ उपविष्टा ततोऽपश्यद्व्योम्नि गृध्रमुखे सुतम्।मूर्च्छिता पतिता भूमौ धाव धावेति
चाब्रवीत् २५ मम प्राणा गमिष्यन्ति विना पुत्रं सुरेश्वर । कथं ममोपरि व्योम पतितं शंकरः कथम् २६ नैष्ठुर्यं परमं प्राप्तो
मय्येव जगदीश्वरः । द्वादशाब्दं तपस्तप्तं निराहारतया मया २७ करुणाब्धिः स्वप्रकाशोऽवतीर्णोऽभून्ममालयम् । स गतो निधि-
रूपो मेऽभाग्यायाः पापसंचयात् २८ गते बाले गतं सर्वं सुखमात्यन्तिकं मम । क उवाच । एवं तस्यां तु शोचन्त्यां शुशुचुस्तत्स-
खीजनाः २९ ततस्ते तत्समाधानं चक्रुर्ज्ञानेन युक्तिभिः । अनादिनिधने बाले न शोकं कर्तुमर्हसि ३० स्वप्रकाशोऽवतीर्णो ते बह्वनु-
ष्ठानयोगतः । कुत्र वा मृन्मयी मूर्तिश्चेतनामगमद्वद ३१ स्थिरा भव क्षणेन त्वं द्रक्ष्यसे स्वसुतं शुभे । अन्तकस्यान्तको बालः
पुनरेष्यति निष्ठया ३२ सखीजने वदत्येवं तावद्बालः स्वमुष्टिना । दधार चञ्चु बलवान्यथा श्वासो न निर्ययौ ३३ श्वासरोधा-
द्गतासुः स गृध्रस्तेन समन्वितः । निपपात महीपृष्ठे वज्राहित इवाचल ३४ पतमानो गृध्रदेहो दशयोजन विस्तृतः । चूर्णया-
मास गेहानि तच्चित्रमभवद्भृशम् ३५ चैत्यवृक्षेषु भग्नेषु ययुः पक्षिगणा दिशः । ततो दृष्ट्वा तु तं बालमवदत्स सखीगणः ३६

अयमक्षतदेहस्तु पतितो गिरिजासुतः । क उवाच । श्रुत्वेत्थं वचनं तस्य त्वरिता बालमाददे ३७ गौरी निधाय हृदये परमानन्द-
माप च । आश्चर्यं परमं प्राप्य ददौ दानान्यनेकशः ३८ गतमस्य महारिष्टमग्रे न स्यादिति द्विजा। । नमस्कृत्य द्विजान्प्रायान्म-
न्दिराभ्यन्तरं शिवा ३९ दशयोजनविस्तारः क्वासुरो बलवत्तरः । क्व बालः कोमलतनुर्लघुरूपो जघान तम् ४० एतावतो बल-
मिदमग्रे किं वा करिष्यति । इत्युवाच सखीं गौरी स्तनपानं ददौ मुदा ४१ अयं लघुर्न मन्तव्यो यथा वन्हिकणो दहेत् । महान्तं
काष्ठनिचयं तथाऽनेन हतोऽसुरः ४२ ततस्तद्देहखण्डानि गणा दूरे निचिक्षिपुः । शृणुयादिदमाख्यानं सोऽसुरैर्नाभिभूयते ४३
(३६९१) इति श्रीगणेशपुराणे क्रीडाखण्डे त्र्यशीतितमोऽध्यायः ॥८३॥ अध्याय ८४ प्रारंभ – क उवाच । मासे द्वितीये
गौरी तं सायमभ्यज्य बालकम् । स्थापयामास दोलायां गायति स्म मुदा बहु १ तावदाखू समायातौ मायारूपधरौ सुतम् । तौ
क्षेमकुशलौ दैत्यौ तद्वधाकांक्षीणावुभौ २ नखदंष्ट्रायुधौ घोरौ मन्दिराभ्यन्तरं गतौ । युध्यन्तौ पालनाभ्याशे स्फुरदंगरुहौ खलौ
३ययोश्चीत्कारशब्देन श्रुतयो बधिरीकृताः।पादाघातेन भूः सर्वा कृदक्षेत्रसमा कृता ४ ततो यष्टिं गृहित्वा सा भीषयामास तावुभौ।
यनपरौ चोभावुपरिष्टाद्गतौ तदा ५ युध्यन्तौ पतितौ घोरौ बालकोपरि तावुभौ । उरस्थलाभिघातात्स बुबुधे बालकोत्तमः ६
कृत्वा कर्कशशब्दं तु सा बिभाय तदा शिवा। बालभावेन हस्तौ स चालयामास भीतितः ७ तदाघातादुभौ नष्टजीवितौ पतितावधः।
वमन्तौ रुधिरं वक्त्राद्दृष्ट्वा भ्रान्ता शिवाऽभवत् ८ किंचिज्जीवितशेषौ तौ बहिर्नीतौ गणैस्तदा । मोक्षं जग्मतुराघाताद्गणेश-
करसंभवात् ९ तद्देहौ पतितौ घोरौ दशयोजनविस्तृतौ । कोलाहलो महानासीद्दृष्ट्वा देहौ तथा गतौ १० गणानां च सखीनां च
पार्वत्या सुमहांस्तदा।विध्वस्ता आश्रमा वृक्षाः पर्वता भुवनानि च११पतद्भ्यां तच्छरीराभ्यां निर्जियाभ्यां महान्त्यपि।छित्त्वा छित्त्वा

तु तद्देहौ गणा निन्युर्बहिस्तदा १२ पार्वती भयवित्रस्ता बालमादाय सत्वरम् । पाययामास स्नेहेन स्तन्यं बालकवत्सला १३
ऋषिपत्न्यः समायाता पार्वतीमूचिरेऽनघाः । पुण्यं महत्तु ते गौरि येन विघ्नं विनश्यति १४ द्विमासिकेन बालेन हतौ दुष्टौ महा-
सुरौ अग्रे त्रिभुवनेऽनेन सदृशो न भविष्यति १५ माता राक्षसभूरत्र यत्नः कार्यः शिशाविह । नेष्यन्ति राक्षसा गुप्ता असुरा
मायिनः परे १६ क उवाच । एवमुक्त्वा गता देव्यो गणास्तां तु समूचिरे । अयं तु ते शिवे बालो हनिष्यति दिने दिने १७
अस्माभिस्तु कियत्कालं बहिःकार्या हतासुराः । ततस्तु मुनयो जग्मू रक्षां चक्रुरथार्भके १८ ददौ दानानि तेभ्यः सा विससर्ज
प्रणम्य तान् । ततस्तृतीये मासे तु स्वस्वकार्यरते जने । मध्यान्हे पार्वती बालं गृहीत्वा मंचकेऽस्वपत् १९ तत्परीचारिकाः सुप्ता-
काश्चित्कार्यान्तरे स्थिताः । चक्रुः काश्चिद्द्वारि वार्तामेतस्मिन्नन्तरेऽसुरः २० कूराख्यश्चोतुवेषेण विवेश गिरिजालयम् । वंचयि-
त्वा लोकदृष्टिं श्वेव दुष्टो महाबलः २१ स निरीक्ष्य शिवां सुप्तां जन्हृषे मनसा तदा । यावन्निद्राति गिरिजा तावन्नेष्ये शिशुं
त्वहम् २२ लाघवान्मंचकारूढो बालमादाय मस्तके । मंचकाधः पपाताशु चुक्रोश बालकस्तदा २३ ततः प्रबुद्धा गिरिजा बिडा-
लास्यगतं शिशुम् । निरीक्ष्य धाव धावेति प्राक्रोशद्भयविव्हला २४ निमील्य नयने मूर्च्छामगाद्दुःखेन भीतितः । कण्ठे दशति
यावत्स तावद्बालो दधार तम् २५ कर्णयोरुभयोर्दोर्भ्यां स्वभावात्पादताडनात् । न्यपातयच्छिरोदेशे मंचकाधो महासुरम् २६ स
भिन्नहृदयोऽधावद्बहिर्गत्वा पपात ह । महावातेन वृक्षात्तु पक्वं किंचित्फलं यथा २७ दुर्गन्धं रुधिरं तस्य पतितं धरणीतले ।

आच्छादयन्नासिकां सा गिरिजा शोकविव्हला २८ आदाय तस्मै प्रादात्सा स्तनपानं शिशोस्तदा । आगता बालशब्देन सर्वास्ताः परिचारिकाः २९ स्पृशन्ति स्म तदांगानि प्रत्येकं कौतुकान्विताः । अजरामरतामस्य निश्चित्य मनसा तु ताः ३० स तु दीर्घो बिडालोऽभूत्तदा द्वादशयोजनम् । कियत्यश्चूर्णिताः सख्यः कियत्यः परिचारिकाः ३१ गणाश्चैव समायाता ओतुं दृष्ट्वा तथाविधम् आश्चर्यं परमं चक्रुर्बालकस्य पराक्रमे ३२ क्व दैत्यो मायिको दुष्टः क्व बालचरणाहतिः । इन्द्रादीनामवध्या ये हन्यन्तेऽनेन लीलया ३३ इत्यत्युवाज्ञां गृहीत्वा ते गणा याता निजं पदम् । केचिच्च बलिनो दैत्यमाकृष्य तत्यजुर्बहिः ३४ कटिदेशे गृहीत्वैनं साऽविशन्निजमन्दिरम् । ततश्चुतर्थे मासे तु मुनिपत्न्यः समागताः ३५ नानासौभाग्यद्रव्याणि गृहीत्वोत्तरगे रवौ । अबालाश्च सबालाश्च पार्वत्यामंदिरं शुभम् ३६ तासामासनसत्काराग्ददौ दाक्षायणी तदा । नमस्करोति ता नारीः कटौ बालं प्रगृह्य च ३७ परस्परं समर्चन्त्यां हरिद्राकुंकुमादिभिः । भूमौ संस्थाप्य बालानि गतिमन्त्यगतीनि च ३८ पार्वतीयस्ततस्तेषु क्रीडते स्मापि बालकः । तेन सर्वे शुशुभिरे शशिनोडुगणो यथा ३९ दृष्ट्वा ता मुनिपत्यस्तमूचुर्गिरिसुतामिति । धन्याऽसि गौरि पुत्रेण शिवदत्तेन भास्वता ४० तव बालस्य सान्निध्याद्भासन्ते नोऽपि बालकाः । निधिसंगेन हेमत्वं लोहेनापि समाप्यते ४१ एवं कौतुकयुक्तास्ता आनर्चुश्च परस्परम् । हरिद्राभिः कुंकमेक्षुखण्डचन्दनगुंजकैः ४२ तिलैर्गुडैस्तालपत्रैर्नानापरिमलैरपि । काश्चिदंगे हरिद्रां च मुखेषु च लिलिम्पिरे ४३ एतस्मिनन्तरे दैत्यो नाम्ना बालासुरो महान् । बालरूपी समवयास्तन्मध्ये क्रीडितुं ययौ ४४ चिक्रीड पार्वतीयेन युध्यन्निव विनोदतः । यथा सिंहेन क्रोष्ठा तु महिषो वा गजेन च ४५ कण्ठेन कण्ठं संघृष्य पेततुर्भुवि दारुणौ । मस्तके चरणाभ्यां सोऽहनद्दुष्टो गजाननम् ४६ कचादानाय हस्ताभ्यां विचकर्ष बलादमुम् । स्वयं च गर्जते दुष्टो वृद्धः क्रोष्ठा

यथा निशि ४७ दृष्ट्वा तथाविधौ तौ सा गिरिजा प्राह ताः स्त्रियः । कस्यषैर्दृढबालोऽयं ताडयित्वा शिशुं मम ४८
क्रन्दतेऽसौ खर इव प्रहरे प्रहरे खलः । अर्भकाणां स्वभावोऽयमित्युपेक्षितवत्यसौ ४९ तौ तु भूमिगतौ बालौ लुण्ठतः
स्मानुवत्सलौ । धृत्वा परस्परं केशानाकर्षन्तौ च सर्वशः ५० हसन्तौ हासयन्तौ च बालकांश्च मुनिस्त्रियः । जानन्नपि महादैत्यं
खेलति स्म विनायकः ५१ ततो बालासुरो दुष्टो हस्ताभ्यां बलवत्तरम् । जीवग्राह कण्ठदेशे दधार गणनायकम् ५२ तथा
तं सोऽपि जग्राह रुद्धश्वासोऽसुरोऽभवत् । विव्हलं दैत्यपुत्रं तं दृष्ट्वा दुश्चित्ततां स्त्रियः ५३ ययुश्च चक्रुशुर्बालो निहतोऽतेन निश्चि-
तम् । धावमाना ययुः काश्चिन्नाशकन्मोचितुं हि तौ ५४ स्त्रियश्व पुरुषा सर्वे ततस्तामम्बिकां शुभाम् । ऊचुर्विशोचयैनं त्वं
मुनिपुत्रो मरिष्यति ५५ ततः सा पार्वती बालं मुंच मुंचेति साऽब्रवीत । अस्मिन्मृते शपिष्यन्ति मुनयो नस्तपोन्विताः ५६ जीव-
दानात्परं पुण्यं नास्ति ब्रह्माण्डगोलके । गमिष्यति महाशवितस्तव तेषां तु शापतः ५७ क उवाच । एवं यावत्प्रार्थयते गिरिजा
तावदेव हि । नेत्रद्वारेण तत्प्राणा गता बुद्बुदवत्क्षणात् ५८ ददृशुस्तं ततः सर्वे दशयोजनमायतम् । करालवक्त्रं पतितं चूर्णयित्वा
महाद्रुमान् ५९ ततः स्त्रियो ययुर्भीता बालमादाय सत्वराः । वृकवृन्दं हि दृष्ट्वैव धेनवोऽजा यथा भयात् ६० गिरिजापि स्वकं
गृह्य भ्रामयित्वा सुतं मृदम् । दत्त्वा स्तनं कारयित्वा शान्तिकं द्विजपुंगवैः ६१ ददौ दानानि तेभ्यः सा जगृहे आशिषो बहु । न
जाने आसुरीं मायां कियन्तो यान्ति नाशितुम् ६२ ततस्ते विलयं यान्ति मम बालान्महाखलाः । ईश्वरे सानुकूले कः पीडितुं
क्षमते जनम् ६३ क उवाच । एवमाकर्ण्य तद्वाक्यं मुनिपत्न्यो ययुश्च ते । गणास्तं दूरतः क्षिप्त्वा स्नात्वा स्वं धाम लेभिरे ६४
(३७५५) इति श्रीगणेशपुराणे क्रीडाखण्डे बालासुरवधो नाम चतुरशीतितमोऽध्यायः ८४

अध्याय ८५ प्रारंभः– क उवाच । श्रुत्वा मुनिमुखात्पुत्रं गिरिजाया महाबलम् । पंचमे मासि संप्राप्ते मरीचिर्वीक्षितुं ययौ १ भूतभव्यभविष्यज्ञः समलोष्ठाश्मकांचनः । वेदशास्त्रार्थतत्त्वज्ञो न्यस्तस्वपरविभ्रमः २ संहारे रक्षणे सृष्टौ मनसा जगतः क्षमः । तं दृष्ट्वा पादयोस्तस्य पतिता सखिभिः सह ३ उपवेश्यासने पादौ क्षालयामास भक्तितः । तज्जलं पावनं पीत्वा सिषेचान्तर्गृहं मुदा ४ उपचारैः षोडशभिः पुपूजेश्वरभावना । उवाच पार्वती तुष्टा लभ्यं दृष्टं पदं हि ते ५ मुनिरुवाच । अहमात्ममना देवि न व्रजामि हि कुत्रचित् । अकस्माद्ध्यानविषयस्तव पुत्रो बभूव मे ६ तस्य ते दर्शनाकांक्षी शिवस्याप्यहमागतः । क उवाच । एवमाकर्ण्य सा वाक्यं तस्यर्षेस्तनयं स्वकम् ७ अतिप्रीतिमना गौरी तस्यांके संन्यवेशत् । ऊचे सा तं महाभाग्यं फलितं दर्शनात्तव ८ पुण्यं च परमं प्राप्तं शुभमग्रे भविष्यति । मुनिरुवाच । गौरि तेऽयं सुतो ब्रह्मस्वरूपो भासते मम ९ षट्चक्रभेदनरता योगनिष्ठा महर्षयः । वायुभक्ष्या उपासन्ते यं ते सोऽयं तवात्मजः १० गुणत्रयविभेदेन त्रितनुस्त्रिक्रियाकरः । यत्सत्तयाथ शेषोऽपि वहते मस्तके भुवम् ११ अणुरूपः स्थूलरूपः सप्तविंशतितत्त्वकृत् । चेतनाचेतनं विश्वं यद्रूपं सर्वकर्मकृत् १२ युगे दशभुजः पूर्वे सिंहारूढो विनायकः । द्वितीये षड्भुजो बर्हिवाहनः शशिसन्निभः १३ मयूरेश इति ख्यातो नानादैत्यनिबर्हणः । तृतीये तु युगे देवो रक्तवर्णश्चतुर्भुजः १४ गजानन इति ख्यातो धूम्रवर्णः कलौ युगे । धूमकेतुरिति ख्यातो द्विभुजः सर्वदैत्यहा १५ एतस्य रक्षणं गौरि दैत्येभ्यः कुरु सर्वदा । गौर्युवाच । एषोऽतिचपलो बालो दैत्यान्हन्ति बहूनपि १६ अग्रे किं कर्म कर्तेति न जाने मुनिसत्तम । दैत्या नानाविधा दुष्टाः साधुदेवद्रुहः खलाः । अतोऽस्य कण्ठे किंचित्त्वं रक्षार्थं बद्धुमर्हसि १७ मुनिरुवाच । ध्याये–

तिसहगतं विनायकममुं दिग्बाहुमाद्ये युगे त्रेत्रायां तु मयूरवाहनममुं षड्बाहुकं सिद्धिदम् । द्वापारे तु गजाननं युगभुजं रक्तांकरागं विभुं तुर्येतु द्विभुजं सितांगरुचिर सर्वार्थदं सर्वदा १८ विनायकः शिखां पातु परमात्मा परात्परः । अतिसुन्दरकायस्तु मस्तकं सुमहोत्कटः १९ ललाटं काश्यपः पातु भ्रूयुगं तु महोदरः । नयने भालचन्द्रस्तु गजास्यत्वोष्ठपल्लवौ २० जिव्हां पातु गणक्रीड-श्चिबुकं गिरिजासुतः । वाचं विनायकः पातु दन्तान्रक्षतु दुर्मुखः २१ श्रवणौ पाशपाणिस्तु नासिकां चिन्तितार्थदः । गणेशस्तु मुखं कण्ठं पातु देवो गणंजयः २२ स्कन्धौ पातु गजस्कन्धः स्तनौ विघ्नविनाशनः । हृदयं गणनाथस्तु हेरम्बो जठरं महान् २३ धराधरः पातु पार्श्वं पृष्ठं विघ्नहरः शुभः । लिंग गुह्यं सदाऽपातु वक्रतुण्डो महाबलः २४ गणक्रीडो जानुजंघे ऊरूमंगलमूर्ति-मान् । एकदन्तो महाबुद्धिः पादौ गुल्फौ सदाऽवतु २५ क्षिप्रप्रसादनो बाहू पाणी आशाप्रपूरकः । अंगुलीश्च नखान्पातु पद्म-हस्तोऽरिनाशनः २६ सर्वागांनि मयूरेशो विश्वव्यापी सदाऽवतु । अनुक्तमपि यत्स्थानं धूम्रकेतुः सदाऽवतु २७ आमोदस्त्वग्रतः पातु प्रमोदः पृष्ठतोऽवतु । प्राच्यां रक्षतु बुद्धीश आग्नेय्यां सिद्धिदायकः २८ दक्षिणस्यामुमापुत्रो नैऋत्यां तु गणेश्वरः । प्रतीच्यां विघ्नहर्ताऽव्याद्वायव्यां गजकर्णकः २९ कौबेर्यां निधिपः पायादीशान्यामीशनन्दनः । दिवाऽव्यादेकदन्तस्तु रात्रौ सन्ध्यासु विघ्नहृत् ३० राक्षसासुरवेतालग्रहभूतपिशाचतः । पाशांकुशधरः पातु रजः सत्त्वं तमः स्मृतिम् ३१ ज्ञानं धर्मं च लक्ष्मीं च लज्जां कीर्तिं दयां कुलम् । वपुर्धनं च धान्यं च गृहां दारान्सुतान्सखीन ३२ सर्वायुधधरः पौत्रान्मयूरेशोऽवतात्सदा । कपिलोऽजाविकं पातु गवाश्वं विकटोऽवतु ३३ भूर्जपत्रे लिखित्वेदं यः कण्ठे धारयेत्सुधीः । न भयं जायते तस्य यक्षरक्षः पिशाचतः ३४ त्रिसन्ध्यं जपते यस्तु वज्रसारतनुर्भवेत् । यात्राकाले पठेद्यस्तु निर्विघ्नेन फलं लभेत् ३५ युद्धकाले

पठेद्यस्तु विजयं प्राप्नुयाद् ध्रुवम् । मारणोच्चाटनाकर्षस्तम्भमोहनकर्मणि ३६ सप्तवारं पठेद्यस्तु दिननामेकविंशतिम् ।तत्तत्फल-
वाप्नोति साधको नात्र संशयः ३७ एकविंशतिवारं च पठे त्तावद्दिनानि यः । कारागृहगतं सद्यो राज्ञा वध्यं च मोचयेत् ३८
राजदर्शनेवे लायां पठेदेतत् त्रिवारतः । स राजानं वशं नीत्वा प्रकृतिं च सभां जयेत् ३९ इदं गणेशकवचं मुद्गलेन समीरितम्।
कश्यपाय च तेनाथ माण्डव्याय महर्षये ४१ मह्यं स प्राह कृपया कवचं सर्वसिद्धिदम् । न देयं भक्तिहीनाय देयं श्रद्धावते शुभं।
सर्वरक्षाकरं सर्वमनःकामप्रपूरकम् । ४१ अनेनास्य कृता रक्षा न बाधाऽस्य भवेत्क्वचित् । रक्षसासुरवेतालदैत्यदानवसंभवा ४२
(३७९७) इति श्री गणेशपुराणे क्रीडाखण्डे गणेशकवचं नाम पंचाशीतितमोध्यायः ।।८५।।

अध्याय ८६ प्रारंभ :- क उवाच । ततोऽस्यांकात्सुतं गौरी नमस्कृत्य समाददे । आज्ञां गृहीत्वा प्रायात्स्वं मन्दिरं मृषहर्षिता १
सोऽप्यनुज्ञां ततो गृहच शिवं नत्वाश्रमं ययौ । ततो गौरी चकारास्य सुमुहुर्ते शुभे दिने २ गौतमादीन्समाहूय ब्राह्मणानुपवेश्य
च । द्विजेभ्यो नमया चक्रे सा प्रणम्य स्वयं च तान् ३ सर्वे देवगणास्तत्र नानोपायनप्राणयः । आययुस्तं गणाश्चापि गन्धर्वाप्स-
रसस्तथा ४ उवाच गौरी तान्विप्रानुपवेशनमस्य ह । विचार्यं सर्वमुनिभिः कुर्वन्तु द्विजपुंगवाः ५ त ऊचर्मुनयः सर्वे गुरुवारस्त्रयो-
दशी पौष्णं नक्षत्रमद्यास्ति तस्मात्कार्यो महोत्सवः ६ ततो गृत्समदः शीघ्रं नानारत्नचयं भुवि । निधाय च चकाराशु चतुष्कं
रत्ननिर्मितम् ७ गणेशपूजनं । कृत्वा पुण्याहवाचनं तथा । दिव्यवस्त्रावृते तस्मिन्नुपवेश्य शिवासुतम् ८ नीराजयामास च तं पतिव-
त्नीभिरादरात् । रत्नप्रभाजालगतं नानालंकारदीपितम् ९ उपायनानि ते सर्वे शिवाभ्यां तत्सुताय च ।वाद्यत्सु दिव्यवाद्येषु प्रदद्-
र्भक्तितत्पराः १० साऽपूजयत्ततो विप्रान्रत्नवस्त्रादिकांचनैः । आशीर्वादाक्षतांस्तस्मिश्चिक्षेप सकलार्पितान् ११ भवानि पूजयामास

मुनिपत्नीः सकन्यकाः । ता ऊचुर्गिरिजे धन्या त्वदन्या नास्ति कुत्रचित् १२ एतादृशः सुतो वापि सर्वलक्षणमण्डितः । क उवाच ।
एवं वदत्सु सर्वेषु स्त्रीजनेषु महाखलः १३ व्योमासुरो व्योमकर्णो नानामायाविशारदः । न बले सदृशस्तस्य कोऽपि त्रिभुवनेऽभव-
त् १४ स तु द्वारिस्थितं चूतं नानाशाखासमन्वितम् । अभेद्यं वारणशतैः कल्पान्तमारुतैरपि १५ प्रविवेश तदाव्योमो मायया स
तदन्तरम् । यथा दृष्टिवशाद्भूतं विशते दुष्टचेष्टिते १६ दोलयामास तं वृक्षं कल्पान्ते मारुतो यथा । द्रुमपातभयात्सर्वे मुनयश्च
समागताः १७ भीताः प्रोचुर्विना वायुं कम्पते किं महाद्रुमः । तावत्कटकटाशद्बं शुश्रुवुर्वृक्षसंभवम् १८ स्त्रियो गणाश्च सर्वे ते
चक्रिरे तु पलायनम् । विस्मृत्य बालकं भ्रान्ता गिरिजापि पलायिता १९ एतस्मिन्नन्तरे वृक्षो निपपातार्भके तदा । हस्ताभ्यां
निहतस्तेन शतचूर्णोऽपतद्भुवि २० यथा घननिपातेन क्रमुकं दृषदि स्थितम् । भ्रमन्ति स्म तदा व्योम्नि तच्छाखाः पल्लवान्विताः
२१ ऋषीणामाश्रमाः केचिद्भग्नाः शाखानिपाततः । पलायिते जने पेतुः काश्चिच्छाखाः सपल्लवाः २२ ततो व्योमासुरो दुष्ठो
गतासुर्निपपात ह । व्यादायास्यं वमन्रक्तं शतधा तेन सोऽभवत् २३ आययुस्ते ततः सर्वे स्त्रियस्य बालकं तदा । ददृशुस्ते यथा-
पूर्वमुपविष्टं निराकुलम् २४ सुमेरूनिश्चलं स्वस्थं ततः सर्वे विसिस्मिरे । पंचामासेन बालेन महाबलपराक्रमः २५ लीलया
हस्ततो दैत्यः स वृक्षः शतधा कृतः । हाहाकाररवा गौरी धावति स्म निजं सुतम् २६ मुनयस्तामथोचुस्ते हतदैत्यः सुतस्तव ।
सा ददर्श ततो बालं हिमवत्पर्वतोपपम् २७ उत्थाय कटिदेशे तं धृत्वा स्तन्यं ददौ मुदा । मरीचिवाक्यं सस्मार प्रशशंस महेश्व-
रम् २८ यमीश्वरोऽवति सदा तं हन्तुं यः समीहते । स एव विलयं याति पतंग इव दीपगः २९ मुनयो योषितः सर्वा ययुः स्वं
स्वं निवेशनम् । ततो गणा ययुः केचिदक्षतं वीक्ष्य तत्सुतम् ३० ऊचुर्धन्यतरा माता रक्षितस्ते सुतोऽसुरात् । दृष्टा एव लयं

यान्ति साधुर्न क्वापि सीदति ३१ ततः सा शर्करां तेभ्यो मस्वाज्ञां प्रददौ शिवा । सर्वाभ्यश्च ततो याता दृष्टा तेन निजं गृहम्
३२ य इदं शृणुयात्पुण्यमाख्यानं भक्तिमान्नरः । न स बाधां लभेत्क्वापि सर्वत्रनिर्भयो भवेत् ३३ (३८३०) इति श्रीगणेशपुराणे
क्रीडाखण्डे भूम्युपवेशवर्णनं नाम षडशीतितमोऽध्यायः ॥८६॥ अध्याय ८७ प्रारंभ :– क उवाच । व्योमासुरस्य भगिनी
तस्य दुःखेन दुःखिता । निशामुखे दर्शदिने समुत्पन्ना क्षुधातुरा १ भक्षयामास महिषाञ्शतसंख्यान्ममहाबलान् । करालकेशी
लम्बोष्ठी तालनासा दरीमुखा । २ हलवन्ता कूपनेत्रा श्रोतावरणसंयुता । दीर्घस्तनी महाघोरा भूमिस्पृक्स्वचका खला ३ दीर्घ–
बाहुर्निम्ननाभिर्गोधेव कर्कशा त्वचि । नाम चक्रुस्तदा लोकाः शतमाहिष भक्षणात् ४ अन्वर्थं भावदुष्टायाः स्फुटं तु शतमाहिषा ।
सा ययौ बन्धुहन्तारं हन्तुं बन्धुप्रियंकरी ५ कमनीयतरा भूत्वा सर्वावियवसुन्दरा । नानालंकारसंयुक्ता गौरा षोडशवार्षिकी ६
कृत्वा षोडशशृंगारान्मोहयन्ती कटाक्षतः । सा ययौ दुष्टभावेन गिरिजालयमुत्तमम् ७ प्रणनाम शिवां चादौ प्रोवाच परमादरात् ।
धन्याऽहं कृतकृत्याऽहं प्राप्ताऽहमीप्सितं फलम् ८ यतस्त्वं सर्वजननी सर्वदेवमयी शुभा । सर्वध्येया सर्वसिद्धिः सर्वकारणकारणम्
९ जगन्मोहनदक्षा त्वं पुण्येन दृष्टिमागता । क उवाच । श्रुत्वा वाचं तदीयां सा प्रोवाच गिरिजा तु ताम् १० उत्तिष्ठोत्तिष्ठ
भद्रं ते संतुष्टाऽहं तवेक्षणात् । कस्यासि कुत आयासि किमर्थं च वरांगने ११ कामं ते पूरयिष्यामि वद सत्यं ममाग्रतः ।
सोवाच । अहं चिरं वियोगार्ता शरणं त्वामुपागता १२ श्रुतं स्यादमरावत्या नायकोऽसुरवर्जितः । स लीनः क्वापि गिरिजे सर्वे
देवगणा अपि १३ त्वं तु भाग्यवती देवि न वियोगो हरस्य ते । सह्यं भवेत्सर्वदुःखमसह्य तु वियोगजम् १४ पार्वत्युवाच ।

बालोऽयं मम सुभगे हनिष्यति खलान्बलात् । मोचयिष्यति देवान्स कालः कश्चित्प्रतीक्ष्यताम् १५ एतदर्थं गुणेशेन धृतो देहो ममालये । भूभारोत्तारणार्थाय मुनीनां पालनाय च १६ क उवाच । इत्युक्त्वा पूजयामास पादक्षालनपूर्वकम् । सखीभिः कुंकुमाद्यैश्च भोजयामास सादरम् १७ सापि भुक्त्वा शिवातल्पे सुष्वापोवाच तत्सखीः । गिरिजाबालकं सख्य आनयन्तु ममान्तिकम् १८ विश्वस्ताः सर्वसख्यास्ता ददुर्बालं तु तत्करे । लालयामास सा स्नेहान्मुखचुम्बनवल्गनैः १९ तज्जिघांसां स विज्ञाय सर्वज्ञः स शिवात्मजः । राक्षसीमिति निश्चित्य हस्ताभ्यां श्रोत्रयोरधात् २० नासिकां च ततो भारं महापर्वतसन्निभम् । तदंगं पातयामास सा च श्वासनिरोधतः २१ विह्वला परिचिक्षेप पादाघाताञ्शिशौ भृशम् । मुंच मुंचेति भाषन्ती कौतुकं द्रष्टुमागताम् २२ कथं हंसि स्त्रियं दुष्ट त्वनागस्कां शिवासमाम् । क उवाच । तदाक्रंदनमाकर्ण्य सखीभिः सह पार्वती २३ आगता मोचितुं पुत्रं नाशकत्तमुवाच सा । न मारयाशु मुंचैनां शक्रस्य महिषीं प्रियाम् २४ श्रुत्वा मातृवचो बालो दूरे चिक्षेप तां तदा। पपातोपरि व्याजेन क्षणात्सोऽभ्युदतिष्ठत २५ तत्कर्णनासिकाहस्तो दृष्टः सासृकस्रवोऽपि च । तदंघ्रिघातात्सा प्राणांस्तत्याज क्षणमात्रतः २६ गतासुं तां शुशोचाथ पार्वती स्नेहनिर्भरा । उवाच । चपलो बालो दुर्यशो जितवानहम् २७ श्रुत्वा शचीं हता।मिन्द्रः किं वागत्य करिष्यति । ददर्श पुरतो गत्वा राक्षसीं तां शिवाऽशिवाम् २८ दशयोजनविस्तीर्णां क्षतभूभूरुहां तदा । तत्याज शोकं जहृषे प्रशशंस निजं सुतम् २९ आदाय सुतमव्यंगं पार्वती मन्दिरं ययौ । विस्मापयत्यसौ बाला शंकिता बालपौरुषम् ३० विस्मयं पौरुषे तस्य समपद्यत पार्वती । तत्सख्याच्छिन्नकर्णां तां छिन्ननासां व्यलोकयन् ३१ कथमस्या लाघवं च कथमस्य बलं शिशोः । अहस-

न्प्रावदन्नित्थं दत्त्वा तालं परस्परम् ३२ ततस्तां राक्षसीं दूराच्चिक्षिपुः प्रमथास्तदा । अरिष्टे विहते गौरी ददौ दानानि
भक्तितः ३३ ततस्तु सप्तमे मासे प्रवृत्ते निद्रिते जने । तमसा सर्वतो व्याप्ते दर्शादिग्मण्डलेऽखिले ३४ निशीथेऽरण्यपशु षुरुवत्सु
दर्दुरेषु च । पर्यंके परिसुप्तायां पार्वत्यां दिव्यसंस्तरे ३५ सखीजने निद्रिते च सेवकांना गणे तथा । एतस्मिन्नन्तरे दुष्टो नाम्ना
यः कमठासुरः ३६ आच्छादयत्स्वदेहेन शिवाप्रांगणमद्भुतम् । यस्य स्पर्शेन सहसा शीर्यंते वज्रसंहति ३७ अतिशीतलगात्रः स
पार्वणश्चन्द्रमा इव । उदिते तु दिवानाथे तत्पृष्ठे विचरंजनाः ३८ केचित्स्नात्वा स्थिता जप्तुं केचिन्निद्रां प्रचक्रिरे । स्खलित्वा
पतिताः केचिदतिकोमलदेहतः ३९ सिषिचुर्बालिका वारि गोमयैरंगमालिकाः । चक्रुस्ततो बहिर्याता सबाला गिरिजा तदा ४०
आस्वापयत्सुतं गौरी महार्हास्तरणेऽत्र सा । सखीस्तत्र च संस्थाप्य ययौ सा सेवितुं शिवम् ४१ एवं ज्ञात्वाऽसौ कमठः स्वस्य
पृष्ठमचालयत् । भूमिकम्पः कथमिह किं वारिष्टं भविष्यति ४२ इत्यब्रुवन्स्थितास्तत्र गणाश्चकितमानसाः । निद्रिताः प्रतिबु–
द्धास्ते किं जातमिति चाब्रुवन् ४३ तदैव तेन बालेन सर्वज्ञेन विवर्त्तिता । उदरं तस्य पृष्ठे तु न्यधायि धर्षता भृषम् ४४ चतुर्द-
शभुवनजं भारं निदधताऽत्र च । निरुद्धश्वासवायुः सोऽगांनि स्वानि व्यचालयत् ४५ अस्रवद्रक्तमतुलमस्य देहात्तथाविधात् ।
उड्डानं कर्तुमारेभे नाशकत्कमठस्ततः ४६ ततो गणा ययुः सर्वे ये तत्रासन्सुखोषिताः । किमरिष्टं समुत्पन्नं मुहुर्भूश्चलते नु किम्
४७ सख्यश्च बालिकाः सर्वाः पार्वतीं सेवितुं ययुः । उत्तिष्ठ मातर्बालस्ते नीतः स्याद्वा मृतोऽपि वा ४८ त्वरया पार्वती याता
धावमाना बहिः सुतम् । ददर्श निश्चलं गौरी सोत्थापयितुमुद्यता ४९ भूगोलभारसदृशं मत्वा तस्थौ विमानसा । ततो ममर्द
सहसा बालस्तं स ममार च ५० ततः सा ददृशे दैत्यं दशयोजनमायतम् । प्रसारितमुखं कूर्मं वमन्तं रुधिरं बहु ५१ चूर्णयामास

सहसाऽऽश्रमान्नानानाविधान्द्रुमान् । ततः सा बालमादाय स्तनपानं ददौ मुदा ५२ न ज्ञायतेऽसुराणां हि नानामायां प्रकुर्वताम् । त्रिलोचनप्रसादेन पुनर्लब्धः सुतो मया ५३ यतः कृतान्ताद्बलवान्निहतः कमठासुरः । सख्यश्च तद्गणाः प्रापुः पप्रच्छुः क्षेममर्भके ५४ क्षेममित्येव तान्गौरी निजगाद मुदान्विता । ततो गणाः खण्डशस्तं कृत्वा दूरतरं जहुः ५५ ववर्षुः पुष्पवर्षाणि तस्मिन्देवगणास्तदा । य इदं परमाख्यानं शृणुयाच्छ्रावयेत्तथा ५६ सर्वारिष्टविनिर्मुक्तः सर्वान्कामानवाप्नुयात् ५७ (३८८७) इति श्रीगणेशपुराणे क्रीडाखण्डे कमठासुरवधो नाम सप्ताशीतितमोऽध्यायः ॥८७॥ अध्याय ८८ प्रारंभ :— व्यास उवाच । अद्भुतानि चरित्राणि श्रुतानि त्वन्मुखाम्बुजात् । ब्रह्मन्नघौघहारीणि गुणेशेन कृतानि वै १ तथापि श्रोतुमिच्छा नो नापैति सर्ववित्तम । अतो बालस्य चरितं पुनर्मे ब्रूहि सादरम् २ ब्रह्मोवाच । शृणुष्वावहितो ब्रह्मन्गुणेशस्य कथां पुनः । स्मृतिरस्य च पापानां संहर्त्री धर्ममोक्षदाम् ३ अष्टमे मासि मध्यान्हे ग्रीष्मर्तौ गिरिजा किल । ऊष्मणा पीडितां गेहे सा ययौ पुष्पवाटिकाम् ४ अशोकाश्चन्दना यत्र पनसाम्रबिभीतकाः । मालतीचम्पकाजातीचिंचिणीपिचुमन्दकाः ५ पारिजातकवृक्षाश्च घनच्छायासमन्विताः । रम्यं शीतजलं चारु सरः कमलमण्डितम् ६ तत्र मंचकवर्ये सा सख्यानीते शुभास्तरे । सुष्वाप गिरिजा बालयुक्ता निःशंकचेतसा ७ सखीभ्यां वीजिता बालव्यंजनेनाश्ममुष्टिना । सुषुप्तिमगमद्यावत्तावद्दैत्यो महाबलः ८ तल्पासुर इतिख्यातो वायुरूपोऽविशत्ततः । मंचकान्तर्गतः सोऽथ तेज साकं ययौ दिवम् ९ तस्य शब्देन संत्रस्ते ते सख्यौ पतिते भुवि । आक्रन्दं परमं चक्रे पर्यंकस्था तदा शिवा १० व्योमस्था पर्यदेवत्सा धाव धावेति शंकर । किं मया विकृतं देव किमर्थं मामुपेक्षसे ११ अयं दैत्योऽतिबलवान्व्योमाक्रम्य प्रधावति । परहस्तगतां कान्तां शक्तः कथमुपेक्षसे १२ अस्य पुत्रस्य योगेन नानादुःखमभून्मम । अस्माद्दैत्यान्मृतिर्मे

किं सपुत्राया विनिर्मिता १३ अयमेव न जातश्चेत्कथं बन्धनमाप्नुयाम् । क उवाच । एवामाक्रन्दनं श्रुत्वा उमाबालो महामनाः
१४तदा मुहुर्जगर्जासौ घनवद्गर्जयन्दिशः । चकम्पे धरणी तेन ससमुद्रवनाकरा १५ तामदृष्ट्वा तु शोचत्सु गणेषु प्रमथा दिषु
पादाघातेन बालोऽथ मंचकं समताडयत् १६ बिभ्युर्भूतानि सहसा शतधेवाभवन्नभः । मंचकः खण्डशस्तेन भूत्वा निपतितो भुवि १७ ततस्तल्पासुरो दृश्यो जातोबालो दधार तम् । हस्तेनैकेन जननीं दधारासौ स्वलीलया १८ घनमुक्तं तोयबिन्दुं चन्च्वेव चातकः क्षणात् । स्कन्धारूढां तु तां कृत्वा शिखां वामेन तस्य च १९ ततस्तत्याज भूदेशे तं बालः सहसा बलात् । पद्मासनं दैत्यदेहे कृत्वा योगीव तस्थिवान २० स भूमौ पतितो दुरान्मर्दितो बलवत्तरम् । प्राणांस्तत्याज दैत्योऽथ वमन्नास्यादसृंगमुहुः २१ स तु दृष्टो जनैर्दैत्य एकविंशतियोजनः । चूर्णयन्वृक्षपाषाणानाश्रमांशरणान्यपि २२ ततो दृष्टो बालकोऽसौ गणैः सखिजनैरपि । ऊचुस्ते गौरि बालोऽयं रमते कुशली बली २३ सा तु भ्रांत्यैव नाजानाद्गगनं धरणीं शिशुम् । मुनयस्तामदगचुस्ते सावधानमना सति २४ भव दैत्यो हतस्तेन धृत्वा रूपं महत्तरम् । उन्मील्य नयने पश्य पुनर्बालं शिवं शुभम् २५ क उवाच । तद्वाक्यात्प्रतिबुद्धा साऽपश्यद्दैत्यं च बालकम् । गौर्युवाच । विपरीतं मया दृष्टं मूढो बालेन वा कथम् २६ हतोनेऽन महादैत्य एकविंशतियोजनः । मातॄणामृणमुत्तीर्णो बालो मे जीवितप्रदः २७ इत्युक्त्वा बालमादाय कारयामास शान्तिकम् । दत्त्वा दानानि च ददौ स्तनपानं शिशोरपि २८ दृष्ट्वा ते कौतुकंतस्य प्रशशंसुर्मुदान्विताः । एतस्मिन्नन्तरे घोरं चक्रे शब्दं महासुरः २९ दुन्दुभेः सदृशं सोऽपि ख्यातो दुन्दुभिनामतः । यस्य पाणितलाघाताद्धरा चूर्णत्व-

मागता ३० आच्छादितो दिनमणिर्देहेन गगनस्पृशा । गणबालस्वरूपेण गौरीबालं जुहाव सः ३१ इत एहि रमावोऽद्य सोऽपि यातस्तदैव तम् । स्वांकं कृत्वा तु तं बालं हालाहलफलं ददौ ३२ अद्धचद्धीति फलं बालं शीघ्रमित्यब्रवीच्च सः । दूरदेशात्समानीतं जन्ममृत्युजरापहम् ३३ स तु जानन्दुष्टभावं फलं तज्जगृहे ततः । अभक्षयदयाचत्स फलान्तरमभीः पुनः ३४ क उवाच । अमृतं विषतां याति विषं तत्तां शिवेच्छया । धृत्वा वक्षः स्थलं तस्य तत्क्षणादुदतिष्ठत ३५ तज्जानुनोर्न्यस्य पादौ कराभ्यां जगृहे शिखाम् । पराभ्यां श्मश्रुणी गृह्य दोलयामास लीलया ३६ ननर्त जानुभागेऽस्य भूमण्डलभरान्वितः । स पीडित उवाचाथ जानुभागादवातर ३७ तव भारेण नृत्येन मम देहोऽतिपीडितः । मुंच मुंच गमिष्यामि स्वालयं गिरिजासुत ३८ क उवाच । एवं संप्रार्थितस्तेन न मोचयति बालकः । उदतिष्ठद्बलाद्दैत्यो भग्नदेहस्तु पूर्वतः ३९ बलाच्चकर्ष बालोऽपिःमूर्धानमस्य तत्क्षणात् । कण्ठनालात्तच्छिरोऽपि बालहस्तगतं बभौ ४० रुधिराक्ता महीं सर्वा तत्क्षणं समपद्यत । शिरःकमलहस्तोऽसौ खेलते गिरिजासुतः ४१ शोणितेन विलिप्तांगे गणा मात्रे न्यवेदयन् । सा गत्वा पश्यति स्माथ पुत्रं दृष्ट्वा तथाविधम् ४२ तच्छिरो दूरतः क्षिप्त्वा वस्त्रेण च ममार्ज तम् । स्नापयित्वा स्वयं स्नात्वा ददौ स्तन्यं तदा मुदा ४३ ततः सख्यो गणाश्चापुः पप्रच्छुः क्षेमसर्भकम् । सोवाच परमं क्षेम बालके शिवभक्तितः ४४ मरीचिरक्षणाच्चापि कुशलं मम बालके । ततस्ते तं निरासुर्वै दूरतो दुष्टदानवम् ४५ ततो हर्षयुता जग्मुर्गणाः सख्यो निजं गृहम् । पार्वती हर्षसंयुक्ता सबाला प्राविशद्गृहम् ४६ (३९३३) इति श्रीगणेशपुराणे क्रीडाखण्डे मंचकासुरवधो नामाष्टाशीतितमोऽध्यायः ॥८८॥

अध्याय ८९ प्रारंभ :— क उवाच । ततस्तु दशमे मासे त्रिमुहू-

तांगते रचौ । किंचिच्च रिंगमाणोऽसौ रमते च शिवासुतः १ पादाभ्यां चालयन्क्वापि गूढं गूढं च भाषते । लुण्ठते नर्तते चापि रोदनं कुरुते च ताम् २ दृष्ट्वा शिवां च सहसा पृष्ठलग्नो व्रजत्यपि । दृष्ट्वा तथाविधं बालं जहृषे पार्वती तदा ३ एतस्मिन्नन्तरे दृष्टो दैत्य आजगराभिधः । वमदग्निकणान्दृष्ट्या वज्रासारतनुर्दृढः ४ ललज्जिव्हो दीर्घदेहो ग्रसन्निव महागिरिम् । उपविष्टो द्रुमतले द्वे जिव्हे लालयन्मुहुः ५ तं बालो बालभावेन रिंगीत्वा विदधार ह । स निनाय च शीघ्रमास्यान्तः सह तेन च ६ अन्तःप्रविष्टे ओष्ठौ स न्यमीलयत वायुभुक् । नापश्यदंगणे बालं गौरी विव्हलमानसा ७ अत्र क्रीडन्स्थितो बालः केन नीतो हतो नु वा । शुशोच परमार्तासौ तताड मस्तकं निजम् ८ तावद्गणैर्निषिद्धा सा मा मार्तविमना भव । बालप्रभावो विज्ञातः शतशो बलतत्तरः ९ बालस्तदुदरगतो ववृधे च निरुध्य च । श्वासं तस्य तु दैत्यस्य पुच्छान्त सोप्यचालयत् १० प्राणवायुस्तु नेत्राभ्यां रुधिरेण विनिर्ययौ । विदार्य देहमस्यासौ बहिर्यातोऽम्बिकासुतः ११ चिक्रीड रुधिरार्द्रांगः किं नु पुष्पितकिंशुकः । ततो गणास्तं निरीक्ष्य लिहन्तं स्वांगुलिं शिशुम् १२ उच्चैरूचुर्गिरिसुतामयं बाला विनिर्गतः । अस्यास्यान्मारयित्वा तं दैत्यमाजगरं खलम् १३ क उवाच । तद्वधानन्तरं बालमादाय सत्वरं शिवा । स्नापयामास सहसा लालयित्वा स्तनं ददौ १४ क्व गतोऽसि क्षणो बाल त्वां विनाब्दत्वमागतः । ततो ददर्शाजगरं विस्तीर्णं शतयोजनम् १५ भयानकमुखं दुष्टं वमन्तं रुधिरं बहु । पतितं वृक्षजालानि पातयित्वा गृहाणि च १६ गौर्युवाच । अस्मिन्स्थले कियन्तोनु भवेयुर्दैत्यराक्षसाः । कियन्तो निधनं प्राप्ता अस्य बालस्य विक्रमात् १७ ततस्तं चिक्षिपुः सर्वे गणा दूरे महासुरम् । ततस्त्वेकादशे मासे द्वारदेशे शिवा ययौ १८ सखीभिः पश्यती

बालकौतुकानि बहून्यपि । कस्यचिद्वदनं बालश्चुम्बते चुम्बयत्यपि १९ आच्छादते चक्षुषी च कस्यचित्पृष्ठगः स्वयम् । पिबते
मातुरन्यस्याः स्तन्यं गत्वा बलादसौ २० मुखमाच्छाद्य वस्त्रेण बिभीषयति चापरान् । मुखं केशान्नासिकां च कर्षते भूषणान्यपि
२१ वदते स्खलितां वाणीं परदृष्ट्वा स्वकान्यपि । एतस्मिन्नन्तरे दुष्टो दानवः शलभासुरः २२ ब्रह्मादीनागम्योऽसौ पर्वतस्कन्ध-
मण्डलः । व्योमस्फोटिमहामूर्धा नीलवर्णो यथा घनः २३ जपाकुसुमनयनो मेघस्पृक्शृंगमण्डलः । बालान्तिकमुपायातो ग्रसन्निव
जगत्त्रयम् २४ तं धर्तुं बालको याति यत्र यत्र स गच्छति । एवं तौ सुचिरं कालं भ्रमतः स्म महाजवौ २५ ततः श्रान्तोऽभव-
द्बालो रुषाऽधावत्तदन्तिकम् । दधार सहसा दैत्यं शलभं बलवत्तरम् २६ सपक्षौ स्फालयामास श्येनो हस्तगतो यथा । बाधते
चरणाघातैस्तं बालं शलभासुरः २७ प्रसार्य नयने क्रूरे पश्यती स्म तदा शिशुम् । मुमुचे तं तदा बालो दधार च पुनःपुनः २८
दर्शयामास जननीं धरापृष्ठे व्यपोथयत् । शिवोवाच दयाविष्टा तं बालं क्रूरमानसम् २९ जीवघातो न कर्तव्यो मुंचैनं प्राणिनं
शिशो । बलात्पुनः शिलापृष्ठे हठाच्चिक्षेप बालकः ३० स तदा शतधा जातो निपपात च भूतले । गर्जयन्गगनं वृक्षान्पातयन्गृह-
तोरणान् ३१ वमन्रक्तं बहु मुखाद्दशयोजनविस्तृतः । चूर्णयन्नाश्रमान्वृक्षांस्ततो माता निनाय तम् ३२ बालं संस्थाप्यामास
प्रादात्स्तन्यं च भोजनम् । सख्यो निरीक्ष्य तं बालं मृतं दैत्य तथाविधम् ३३ साधु साध्विति ताः प्रोचुस्तां च पर्वतकन्यकाम् ।
गृहं विवेश गिरिजा ताश्च सख्यो मुदान्विताः ३४ चिक्षिपुर्दूरतो दैत्यं तदाज्ञावशगा गणाः । मुमुचुः पुष्पवर्षाणि बालं देवगणा-
स्तदा ३५ (३९६८) इतिश्रीगणेशपुराणे क्रीडाखण्डे शलभासुरवधो नामैकोननवतितमोऽध्यायः ॥ ८९ ॥

अध्याय ९० प्रारंभ :– क उवाच । ततो द्वादशमासे तु गिरिजा सुतमद्भुतम् । उपविष्टाऽलिभिसार्धमंके कृत्वा स्वलंकृतम् १
कोटिसूर्यनिभं कोटिभूषणैश्च विराजितम् । ततस्तस्या महानासीदुत्सवो नृत्यदर्शने २ बालकानां हरस्याथ ज्ञात्वा वांछां शिशु-
स्तदा । थेथीथेथीति शब्देन ननर्त गिरिजासुतः ३ श्रुत्वा तदीयं तं शब्दं हरो नर्तितुमागतः । शिवं नृत्यन्तमालोक्य ननर्त
श्रीवरोऽपि च ४ तत इन्द्रादयो देवास्तव नर्तितुमागताः । स यथा नर्तते बालस्तेऽपि नृत्यन्ति तादृशम् ५ दर्शयन्ति तथा भावं स
यथा दर्शयत्यपि । मनुष्याः पशवो वृक्षा यक्षराक्षसपन्नगाः ६ मुनयो मनवो भूपा भुवनानि चतुर्दश । एकविंशतिस्वर्गस्थाः सचे-
तनमचेतनम् ७ बालप्रभावान्ननृते बालच्छन्देन भूतलम् । मुनिपत्न्यो देवपत्न्यो ननृतुर्गिरिकन्यया ८ नूपुराणां सिंचितेन क्षुद्रघ–
न्टारवेण च । पादाघातस्य शब्देन दिशो विदिश एवं च ९ गगनं पर्वता आसन्नादयुक्तास्तदा मुने । चकम्पे धरणी शेषो रवि–
श्चन्द्रश्च तारकाः १० ततो नृत्यस्यातिशयं ज्ञात्वा गौरी न्यषेधयत् । न चक्रे बालको वाक्यं यदा गौरीसमीरितम् ११ नूपुराख्यो
महादैत्यो महाकृष्णतनुर्दृढ । पातालचरणो व्योमसंस्पर्शिशदृढमस्तकः १२ नूपुरान्तर्गतो दुष्टः सूक्ष्मरूपः शिशोरसौ । स बालस्तं
बबन्धाशु मायया बलवत्तरम् १३ शृन्खलाभिश्चतुर्दन्तं यथा मदच्युतं गजम् । अंके जग्राह तं बालं पुनरेवाद्रिकन्यका १४ तद्भा
रेण पिपीडाथ भूभारेण समेन सा उवाच वचसा गौरी कथं गुरुतरो भवान १५ इदानीमेव जातोऽसि तस्मादुत्तर मेऽङ्गतः । मम
प्राणा गमिष्यन्ति तव भारेण बालक १६ क उवाच । श्रुत्वा मातुर्वचो बालः पीडिता सा भृशं तदा । उत्ततार बलादंकाद्बुधा–
वाङ्घ्रियुगं शिशुः १७ ततो निसृत्य दैत्योऽसौ व्योम्नि बभ्राम पक्षिवत् । तमसाऽव्यापि भूः सर्वा तेन संछादिते रवौ १८

सोऽकस्मान्निपपातोर्व्यां शतधा चाभवत्खलः । ततस्ते मुनयो देवाः परमानन्दनिर्वृताः १९ तुष्टुवुर्बालरूपं तं परमात्मानमव्ययम् । देवर्षय ऊचुः । न जानीमो वयं देव रूपाणि तव यन्महः २० लीलामायाश्च विविधा दैन्यदानवनाशिकाः । चरणात्त्याजितो दैत्यो रविमण्डललोपकः २१ भ्रमित्वा व्योमनि भृशं पतितः शतधाऽभवत् । संहृत्य जीवसंघातान्वृक्षानाश्रमपर्वतान् २२ तव नृत्यं ततो वीक्ष्य सर्वे नृत्यं प्रचक्रिरे । क उवाच । ततस्ते पुपुजुः सर्वे तं बालं विश्वरूपिणम् । नृत्योत्सवे निवृत्ते तु गौतमादीन्विसृज्य सा २३ पार्वती बालमादाय लालयित्वा स्तनं ददौ । स्त्रिय सर्वा विसृज्याथ विवेश निजमन्दिरम् २४ ततः पुनः कदाचित्स मुनिबालैः समन्वितः । गृहाद्बहिः क्रीडनार्थं ययौ चिक्रीड लीलया २५ मल्लयुद्धं च ते चक्रुर्द्वन्द्वशोऽनेकधा बहु । पातयामासुरागृह्य शिखायां ते परस्परम् २६ जघ्नुः शिरः शिरोभिश्च जानुभिर्जानुनी तथा । कूर्परं कूर्परेणैव चरणं चरणेन च २७ रुरुहुः पृष्ठभागं ते स्कन्धभागं परस्परम् । लत्ताप्रहारान्निर्जघ्नुरुदरे मस्तकेऽपि च २८ केचिच्च पुपुजुर्बालं गन्धपुष्पाक्षतादिभिः । केचिन्नीत्वाश्रमपदं भोजयामासुरन्धसा २९ नमश्चक्रुः पदयुगं केचिन्मालां ददुः शुभाम् । अविपुत्रस्वरूपेण दैत्यः सिन्धुप्रणोदितः ३० यं दृष्ट्वा भयमभ्येति दण्डपाणिर्भयानकः । स्वबलेन जघानारींस्तीक्ष्णधारनखो बली ३१ बिरुदं बाहुदेशे स जित्वा सर्वान्बबन्ध ह । विशालाक्षो बृहच्छृङ्गो महागोत्रविदारणः ३२ पुच्छाघातेन जीवानां यश्चक्रे नाशनं खलः । उन्मूलयामास द्रुमाञ्छृङ्गाघातेन पर्वतान् ३३ पृष्ठलग्नो मनुष्याणां बलान्मारयते बली । स ययौ पार्वतीबालं हन्तुकामो महासुरः ३४ पृष्ठतो धावयित्वा स यावन्मारयते तु तम् । दधार शृङ्गयोर्बालो हस्ताभ्यां तावदेव हि ३५ रुरोह च स तत्पृष्ठे हयपृष्ठे यथाऽर्भकः । ततो मुनिसुताः केचित्पुच्छं धृत्वा व्यकर्षयन् ३६ केचिद्दण्डैश्च लगुडैर्निजघ्नुर्दैत्यपुंगवम् । सोऽवमत्य तु ताञ्जघ्ने पुच्छान्तेन स

सत्वरम् ३७ निपेतुस्ते तदा भूमौ पुच्छाघातेन पीडिताः दृष्ट्वा तस्य बलं बालोऽवतरच्च दधार तम् ३८ आस्फालयत्तदा पृष्ठे भ्रामयित्वा चिरं तु तम् । सहस्रधा विशीर्णांगो ममार सहसाऽसुरः ३९ अन्त्यशब्देन तस्याथ बिभाय भुवनत्रयम् । वमन्रक्तं बहु मुखात्प्रसार्य विकृतं मुखम् ४० ततो बाला मुनीनां तेऽकथयन्नचलोद्भवाम् । अनेन निधनं नीत अविजेयो महासुरः ४१ निहन्तुं नः समायातः क्रीडता बलशालिना । क उवाच । अम्बा निरीक्ष्य निहतं महादैत्यं सुतं च तम् ४२ आश्चर्यं परमं कृत्वा निनाय निजमन्दिरम् । दध्योदनं भ्रामयित्वा बालोपरि जलेन ह्‍ ४३ तत्याज दूरतो गेहात्स्तनपानं ततो ददौ । तानि खण्डानि दैत्यस्य तत्यजुर्दूरतो गणाः ४४ मुनयो मुनिपत्न्यश्च मुनिबालाः स्त्रियोऽपि च । प्रशशंसुः सुतं गौर्या देवाः पुष्पाणि तत्यजुः ४५ आशिषोऽपि ददुर्विप्रा नृत्यन्ते स्माप्सरोगणाः ४६ (४०१४) इति श्रीगणेशपुराणे क्रीडाखण्डेऽविजयवधो नाम नवतितमोऽध्यायः ॥९०॥

अध्याय ९१ प्रारंभ :– क उवाच । ततो द्वितीये वर्षे स बालो बालैरसंख्यकैः । चिक्रीड वाटिकामध्ये नानाद्रुमलताकुले १ फलानि भक्षयामास खर्जूरीपनसानि च । ददौ तेभ्योऽतिबलात्स पातयित्वा बहून्यपि २ कूटो नाम महादैत्यः कूटमायाकरः खलः । तत्तृषाकालमाज्ञाय वापिकायां विषाणि सः ३ लोडयामास दुर्बुद्धिः सर्वेषां हि जिघांसया । येषां तु स्पर्शमात्रेण म्रियन्ते प्राणिनः क्षणात् ४ यदुत्थवायुना स्पृष्टा निपतन्ति खगा भुवि । ततः कूटो गतस्तत्र तस्थौ नाशदिदृक्षया ५ ततस्ते बालकाः पातुमज्ञानात्तु जलं ययुः । पपुः सर्वे स्वचुलकैरञ्जलीभिश्च केचन ६ मृतान्मत्स्यान्समादाय बहिर्याता मृतास्तदा । रक्षको ग्राममध्ये तु घोषयामास तन्मृतिम् ७ ततो महारवं कृत्वा तत्रायुः सर्वनागराः । घ्नन्तः पाणितलैर्वक्षः पाषाणैरपरे शिरः ८ हाहाकारो महानासीत्पंवधूयोषितामपि । तेषामाक्रन्दनं श्रुत्वा शिवाया अपि बालकः ९ अजीवयद्दृष्टिपातैः सर्वास्तान्पुरबा–

लकान् । क्रूरदृष्टया कूटदैत्यं मृतं भूमौ न्यपतयत् १० पंचयोजनविस्तीर्णा चूर्णितां तेन वाटिकाम् । ददृशुर्नागराः सर्वे कतिचिच्च पलायिताः ११ सोऽजीवयज्जलचरान्निर्विषां वापिकां व्यधात् स्वं स्वं बालं समादाय सर्वे ते स्वालयं ययुः १२ प्रशशंसुः शिवाबालं निनिन्दुर्नास्तिकाः खलाः । अस्य संगादरिष्टानि नश्यन्तीति परेऽब्रुवन् १३ ततस्तृतीयवर्षे तु प्रातःकालेऽद्रिजासुतः । वंचयित्वा बहिर्यातो मुनिबालास्तमन्वयुः १४ अहोरात्रवियोगेन परस्परमथाश्लिषन् । त ऊचुर्निशि देव त्वा स्वप्ने पश्याम सर्वदा १५ रात्रिर्युगसमा देव जायते त्वामपश्यताम् । इदानीं त्वां निरीक्ष्यैव प्रसन्नाः स्मोऽखिला वयम् १६ क्रीडामोऽद्य महासत्त्वं द्वन्द्वीभूय यथासुखम् । ततोऽर्धं एकतो भूत्वा परेऽर्धं परतोऽपि च १७ अभ्यघ्नन्पंकगोलेन नादयन्तोऽथ रोदसी । आह्लादेनाथ युध्यन्तो विकर्षन्तः परस्परम् १८ रमन्तस्ते ययुर्दूरमाश्रमं कस्यचिन्मुनेः । सरोवरे तत्र रेमुर्योजनायतविस्तरे १९ सिञ्चन्तोऽञ्जलिभिर्वारि द्वन्द्वीभूता यथा पुरा । निमज्ज्य स्कन्धमारुह्य मज्जयन्तो बलात्परम् २० ततो दैत्यो मत्स्यरूपी तेषु क्रीडारतोऽभवत् । आस्फालयन्कराघातैस्तज्जलं तेषु पुच्छतः २१ कलुषात्तज्जलाद्भंगाज्जग्मुस्तीरं मुहुर्मुहुः । तीरे दृष्ट्वाऽद्रिजापुत्रं मत्स्यस्तन्निकटं ययौ २२व्यादाय वदनं दध्रे तदंघ्री विचकर्ष च । निनाय धाव धावेति क्रोशयन्तं महाजले २३ निमज्ज्य स जले तेन चिरकालं महासुरः । अरोदिषुर्मुनिसुता मग्नं वीक्ष्याद्रिजासुतम् २४ हाहाकारं प्राकुर्वन्तः करपृष्ठोष्ठसंयुतम् । केचिद्गत्वा सरो रम्यं पश्यन्तो ददृशुर्न तम् २५ भवानीताडनाद्भीताः केचिद्बालाः पलायिताः । केचित्ते बालका गत्वाऽशंसन्मग्नं शिशुं च तम् २६ सर्वान्नः क्रीडतो हित्वा नीतो मत्स्येन बालकः । क उवाच । श्रुत्वा तद्वचनं गौरी मूर्च्छिता पतिता भुवि २७ मुहूर्ताच्चेतनां लब्ध्वा रोदमाना ययौ बहिः । मुंचन्ती नेत्रजं वारि मस्तकात्पतितांचला २८ स्खलन्ती

निश्वसन्ती च पतन्ती धरणीतले । सख्यस्तामन्वयुः काश्चिद्धित्वा कार्याणि सत्वराः २९ सरस्तीरं शीघ्रतरमागता सखिभिः सह
मुनयस्तमुदन्तं च श्रुत्वा याताः सरः प्रति ३० अगाधेऽम्भसि ते केचिन्मग्ना नापुरुमासुतम् । तामूचुर्जननीं केचिन्मग्ना नो बालका
जले ३१ तैः पुनर्नं च दृष्टश्च मत्स्योदरगतः सुतः । रोदनं पुनरारेभे गौरी श्रुत्वा तु तद्वचः ३२ उमोवाच । मम प्राणा गमि-
ष्यन्ति विना तं सर्वसुन्दरम् । अतिक्लेशेन संलब्धमतिपौरुषमीश्वरम् ३३ चराचरगुरुं मायातीतं मायाविनं परम् । अनन्तकोटि-
ब्रम्हाण्डनायकं विश्वसंभवम् ३४ ललाटं निजघानोरो वारंवारं करेण सा । रुरुदुर्मुनयो वीक्ष्य रुदतीं तां तथाविधाम् ३५ ततः
कारुणिको देवो निशम्य करुणं वचः । स्वयमण्डजरूपोऽभूद्युयुधाते परस्परम् ३६ तदाघातेन जलजा मृतास्तीरे निपेतिरे ।
दंष्ट्राभ्यां दशतः स्मोभौ घ्नतः स्म पुच्छघाततः ३७ उदरं स्वोदरेणैव पृष्ठं पृष्ठेन जघ्नतुः । एवं चिरतरं युद्धं कृत्वा दारुण-
मोजसा ३८ मत्स्यरूपं गुणेशोऽथ बलाज्जघ्ने मुखे मुखम् । भग्नास्यो भग्नदर्पोऽसौ भग्ननेत्रोऽभवच्च सः ३९ पपाल जलमध्ये स
पृष्ठेऽगात्स उमासुतः । यत्र यत्र ययौ सोऽथ तत्र तत्राप्यसौ ययौ ४० क्वचिल्लीनं तु तं दृष्ट्वा पुच्छाघातैरताडयत् । तत्पुच्छं
तु मुखे धृत्वा गुणेशो बहिरानयत् ४१ चुचूर्ण निजभारेण गतासुं विससर्ज सः । त्यजन्तं रुधिरं वक्त्रान्नदन्तं बलवत्तरम् ४२ तेन
शब्देन महता चकम्पे भुवनत्रयम् । निर्ययौ जलमध्यात्स लिलिंगं पार्वती तदा ४३ आनन्दमग्ना गौरी तं स्तनपानं मुदा ददौ ।
मामपृष्ट्वाथ कुत्र त्वं गतोऽसि बालकैः सह ४४यद्यदायाति विघ्नं ते तत्तद्दैवाद्विनश्यति । मरीचे रक्षणाच्छम्भोः कृपया जगदी-

शितुः ४५ कुरुषे किं चपलतां रक्षितव्यः कथं मया । त्वद्वियोगान्मम प्राणा गमिष्यन्ति प्रियार्भक ४६ क उवाच । ततो मुनि-
गणाः प्रोचुस्त्वां विना दुःखिता वयम् । इदानीं पुनरानन्दं प्राप्तास्त्वद्दर्शनाद्विभो ४७ पुपूजुर्मुनयो नानाद्रव्यैः सख्यः स्त्रियोऽपि
च । नमस्कृत्य गुणेशं तं प्रार्थयन्सर्वं एव तम् ४८ वयं त्वदीया देवेश न नस्त्यक्तुं त्वमर्हसि । ततोमा बालमादाय ययौ स्वस्था-
नमुत्तमम् ४९ अनन्तरं गणाः सख्यो मुनयो हर्षनिर्भराः । मार्गमध्ये परः शैलनामा दैत्यो महाबलः ५० सर्वशत्रुहरो नक्रदृढांगो
ऽशनिनाशनः । गिरीणां यस्य शब्देन दारणं जायते क्षणात् ५१ मार्गं निरुध्य सहसा संस्थिरो रोदसी स्पृशत् । द्वियोजनमस्तको-
ऽसावधो द्वादशयोजनः ५२ सरस्तडागा वृक्षाश्च लता यत्र विभान्ति च । क्रीडन्ति सिंहशार्दूला वारणा यक्षराक्षसाः ५३ सर्वे ते
विह्वलाः प्रोचुः किमिदं विघ्नमुत्थितम् । तदन्तिके स्थिता गौरी तेऽपि सर्वे स्थितास्तदा ५४ ततस्ते मुनयः प्रोचुः कदा द्रक्ष्याम
योषितः । अपत्यानि गुणेशस्य कदा स्यादत्र विक्रमः ५५ गमिष्यति वृथा होमकालोऽयं नः स्वधाक्रियाः । गौरी जगाद तान्स-
र्वान्मा खेदं कर्तुमर्हथ ५६ ममापि चिन्ता संप्राप्ता शंकरस्य हि जायते । क उवाच । श्रुत्वा वाक्यानि तान्याशु गुणेशो बुद्धिम-
त्तरः ५७ प्रगृह्य तु विराड्रूपं श्वासमात्रान्निराकरोत् । ददृशुर्न च तद्रूपं मोहिता मुनयोऽपि ते५८तच्छ्वासयोगात्स गिरिर्बभ्राम
गगने तदा । आश्चर्यं परमं प्राप्ताः सर्वे ते तं प्रशंसिरे ५९ वात्यागतं यथा पत्रं ततोऽसौ पतितो भुवि । सहस्रधाऽभवच्छैलः
पुनर्वृक्षानचूर्णयत् ६० ततस्ते मुनयः प्रोचुः साधु साधु गुणेश्वर । दूरिकृतमरिष्टं नः स्वाश्रमस्था वयं सुखम् ६१ वसामस्त्वत्प्र-
सादेन स्वस्वकर्मरता भृशम् । क उवाच । एवमुक्त्वा च नत्वा च पृष्ट्वा संपूज्य तं ययुः ६२ पार्वती च तमादाय विवेश

निजमन्दिरम् । सख्यश्च मुनिपत्न्यश्च पृष्ट्वा तां स्वगृहं ययुः ६३ इदं यः शृणुयान्मर्त्यः सर्वत्र सुखमाप्नुयात् । आयुरारोग्यमैश्वर्यं सर्वत्र विजयं तथा ६४ (४०७८) इति श्रीगणेशपुराणे क्रीडाखण्डे वत्सशैलासुरवधो नामैकनवतितमोऽध्यायः ॥९१॥

अध्याय ९२ प्रारंभ :- क उवाच । ततः कदाचिद्गिरिजा प्रातः स्नात्वा त्वरान्विता । सुप्ते बाले चतुर्वर्षे लिंगपूजां चकार सा १ वामहस्ते निधायैव पार्थिवीं मूर्तिमुत्तमाम् । स उत्थाय रुदन्स्तन्यं ययाचे हठतत्परः २ क्षणं तिष्ठ क्षणं तिष्ठेत्येवं माता न्यषेधत । स रुषाऽपातयन्मूर्ति तद्धस्ताद्धस्तघाततः । ३ तं च सा हस्तघातेन जघान दृढरोषतः । स रुषा पुनरागत्य ददंशांगुलिमुल्बणम् ४ मुंच मुंच मम प्राणा गमिष्यन्तीति साऽब्रवीत् । दष्ठामंगुलिमृत्सृज्य पपाल दूरतोऽर्भकः ५ अस्रवद्रुधिरं तस्या अंगुलेर्बहुलं भुवि । यथा क्षीरकर्मवृक्षाद्दृढाघातेन पीडितात् ६ ततो यष्टिं समादाय ताडितुं सा सुतं ययौ । धावयित्वा दधारैनं ददर्श शिवरूपिणम् ७ पंचवक्त्रं दशभुजं त्रिनेत्रं शेषशोभितम् । त्रिशूलं डमरुं भस्मरुण्डमालां च बिभ्रतम् ८ वसानं चर्मणी हस्तिव्याघ्रयोः शशिशेखरम् । दृष्ट्वेत्थं लज्जिता यष्टिं तत्याजाधोमुखी शिवा ९ पुरो वा मन्दिरं वापि गन्तुं सा नाशकत्तदा । तच्चिन्तां स परिज्ञाय बभूवार्भकरूपवान् १० क्रीडते मुनिपुत्रेषु मुनिबालस्वरूपवान् । अन्वयाद्गिरिजा बालं नापश्यत्तेषु तं सुतम् ११ पप्रच्छ तान्मुनिसुतान्मम बालः कुतो गतः । दष्ट्वांगुलीं मदियां तु पपाल चपलोऽर्भकः १२ त ऊचुर्मुनिपुत्रास्ताभितो यातोऽर्भकस्तव । ततो जगाम गिरिजा पुरतः पुरतोऽपि च १३ विशीर्णकबरीभारा श्रमघर्मसमन्विता । इतस्ततो धावमाना स्रस्तवस्त्रांचला शिवा । तस्याः श्रमं स विज्ञाय ययौ पूर्वस्वरूपवान् १४ तदन्तिकं दधारैनं हस्ताभ्यां गिरिजा दृढम् । स्वीयां-

चलेन तं बद्ध्वा ययौ हृष्टा स्वमन्दिरम् १५ उवाच रोषात्सम्यक्त्वं मम हस्ते समागतः । अपस्मारातिचपल मारयिष्येऽधुना भृशम् १६ शम्भवे वा निवेदिष्ये स त्वांवा ताडयिष्यति । श्रुत्वेत्थं वचनं मातुर्लुलुण्ठ धरणीतले १७ निःसृतं बन्धनं ज्ञात्वा पपाल त्वरया पुनः । पुनर्धावति सा पृष्ठे दुखिःता भृशविह्वला १८ एतस्मिन्नन्तरे दुष्टो दानवः कर्दमासुरः। द्विजरूपधरो मालां दधानो दक्षिणे करे १९ कमण्डलुं वारिपूर्णं भस्मोद्धूलितविग्रहः । अरुणार्कनिभे वस्त्रे वसानो मायिको भृशम् २० स ऊचे वचनं बाल किमर्थं त्वं पलायसे । त्वद्भीतेर्वारणं सद्यः करिष्येऽहं न संशयः २१ नेष्ये त्वां यत्र ते माता न जानीयात्कथंचन । न च कालभयं तत्र न चान्यद्भयमण्वपि २२ क उवाच । तमुवाचार्भको भीतस्तथा कुरु यथा मम । न पश्येज्जननी तातः शरणं त्वामुपागतः २३ एवं वदति यावत्तु ययौ बालस्वभावतः । गिगील तावदेवासौ तं दुष्टः कर्दमासुरः २४ रम्भाफलस्य पक्वस्य खण्डं कोमलमर्भकम् । तत्पादपद्मचिन्हानि भूमौ दृष्ट्वा ययौ शिवा २५ द्विजं ददर्श पुरतोऽपृच्छत्तं च ततोऽर्भकम् । स्वामिन्-स्त्वया मम सुत इतो गच्छन्निरीक्षितः २६ इमानि पदपद्मानि चिन्हयुक्तानि पश्य भोः । इदानीं धावमानः स कुत्र गुप्तोऽभवद्द्विज २७ ततस्तामब्रवीद्विप्रो दुखितां तद्वियोगतः । द्विज उवाच । किं नः प्रयोजनंमातस्तनयेन तवानघे २८ उदासीनतया मातस्तिष्ठतामीशचेतसाम् । तथापि नैव दृष्टस्ते तनयः क्वापि शैलजे २९तनयः किं त्वया देवि मदधीनः कृतोऽभवत्। क उवाच। एवं वदति तस्मिंस्तु दुःखितां वीक्ष्य शैलजाम् ३० आविरासीन्निर्विकारस्तन्मुखात् स गुणेश्वरः । सा प्राह तनयं दृष्ट्वा कथं मिथ्या ब्रवीषि रे ३१ तवैव निकटे पुत्रो दृष्टोऽयं गोपितस्त्वया । सन्तः प्राणात्यये प्राप्ते न भाषन्तेऽनृतं क्वचित् ३२ क उवाच। इति तस्या वचः श्रुत्वा स दैत्यो दीर्घदेहवान् । व्योमस्पृङमस्तको बालमादाय निर्ययौ ततः ३३ ततः सा पृष्ठतो लग्ना क्रन्दन्ती

तनयं शिवा । गुणेशोऽपि ततो दध्रे तस्माद्दीर्घतरं वपुः ३४ दृष्ट्वा दुःखं जनन्यास्तु प्रशोचन्त्या मुहुर्मुहुः । तद्देहं शतधा कृत्वा
चुचूर्णाङ्घ्रिविघाततः ३५ पतमानोऽपि तद्देहश्चूर्णयामास शाखिनः । जनन्या अग्रतस्तस्थौ संहृत्यैवं तु दानवम् ३६ गुणेशो
मुनयो देवास्तत्पत्न्योऽथ समागताः ऊचुस्तां पार्वतीं विघ्नाः कियन्तोऽस्य भवन्ति हि ३७ त एव नाशमायान्ति तव पुण्यात्सुरे-
श्वरि । सर्वैस्तैः पूजितं बालं गृहीत्वा स्वकटौ शिवा ३८ गृहं जगाम तैस्ताभिर्हर्षनिर्भरमानसा । पुरामरगणांज्जित्वा गरुत्मान-
मृतं यथा ३९ उत्ततार शिवा बालं स्वांगणे कटिदेशतः । स तु मूर्छागतो लुंठन्धरण्यां च पुनः पुनः ४० वारं वारं ददौ जृम्भां
प्रसार्य मुखपंकजम् । किं जातमधुनैवास्य धावयित्वा ययौ शिवा ४१ मुखमध्ये ददर्शास्य विश्वं विश्वस्वरूपिणः । सप्तद्वीपां
वसुमतीं पुरग्रामवनाकरान् ४२ ब्रह्माणं भास्करं शेषं विष्णुं पर्वतसागरान् । गन्धर्वान्यक्षरक्षांसि मुनिपक्षिगणानपि । नदीपा-
पीतडागानि मनून्नष्टौ वसूनपि ४३ शशिसूर्यानलोडूनि सचेतनमचेतनम् । पातालान्यपि सप्तानि स्वर्गानप्येकविंशतीन् ४४ एवं
त्रिभुवनं दृष्ट्वा मुमूर्छ गिरिजा तदा । निमील्य नयने भ्रान्ता मुहूर्तद्वयमास्थिता ४५ शिवं सस्मार मनसा सावधाना ततोऽ-
भवत । यथा पूर्वस्थितं बालं पश्यति स्म पुरःस्थितम् ४६ ततस्तं परितुष्टाव तत्प्रसादप्रसन्नधीः । पार्वत्युवाच । परमात्मा
त्वमेवासि चराचरगुरुर्भवान् ४७ चिदानन्दघनो नित्यो नित्यानित्यस्वरूपवान् । त्वत्कुक्षौ परिदृष्टानि भुवनानि चतुर्दश ४८ देवा
यक्षाश्च रक्षांसि सरितो वृक्षसंचयाः । सर्वं चराचरं दृष्टं मया वक्तुं न शक्यते ४९ भ्रान्ताऽहं पतित भूमौ सावधाना शिव-
स्मृतेः । जाताऽहं बालरूपेणापश्यं त्वां प्राकृतं शिशुम् ५० क उवाच । एवं स्तुवत्यां तस्यां तु मायामाविश्वकार सः । लाल-
यित्वा कटौ गृह्य स्तनपानं ददौ शिवा ५१ गृहं प्रविष्टा गिरिजा गृहकार्यरताऽभवत् । मुनयो मुनिपत्न्यश्च ययुः स्वं स्वं निवे-
शनम् ५२ इदमाख्यानकं श्रुत्वा सर्वपापैः प्रमुच्यते ५३ (४१३१) इति श्रीगणेशपुराणे क्रीडाखण्डे विश्वरूपदर्शनं नाम

द्विनवतितमोऽध्यायः ॥९२॥ अध्याय ९३ प्रारंभ :– क उवाच । ततस्तु पंचमे वर्षे प्रवृत्ते मुनिबालकाः । उषःकाले गुणेशस्य समागम्य गृहं प्रति १ प्रातःकाले कथं शेषे प्रोत्तिष्ठोत्तिष्ठ हे सखे । उत्थापय निजं बालमित्यूचुस्ते शिवामपि २ तानुवाच शिवा वाक्यं निद्रा वो न समागता । क्रीडायामेव सक्तानां चपलानां दिवानिशम् ३ कथं याहीत्यनुदिते निर्जज्जा मूढभावत । त ऊचुः । मातर्न तव वाक्येन कोपो नो जायते क्वचित् ४ वयं ते बालकाः किं न त्वं वा नो जननी न किम् । अस्मिंस्तव शिशौ सक्तं सर्वेषां मानसं सदा ५ एनं पश्माम पुरतो दिवानक्तं निरन्तरम् । विनैनं च समाधानं न नश्चेतसि जायते ६ श्रुत्वा वाक्यानि तेषां तु प्रोदतिष्ठत्तदा शिशुः । लिलिंग बहिरागत्य गुणेशस्तैः परस्परम् ७ ययुर्बहिर्मुदा युक्ता धृत्वा हस्तान्परस्परम् । द्विभागीभूय चिक्रीडुर्नानायुद्धविचेष्टितैः ८ मस्तकं मरतकेनैव वक्षसा वक्ष एव च । बाहुभ्यां चैव बाहू च निजघ्नुस्ते परस्परम् ९ जलेन रजसा चैव कन्दुकैर्मुष्टिभिस्तथा । कर्दमैर्गोमयैः केचिदान्दोलनविकर्षणैः १० कोलाहलं प्रकुर्वन्तः शृंगवंशरवानपि । दैत्यभूता जयं प्रापुर्देवभूताः पराजयम् ११ एवं युध्यत्सु तेष्वेवं खड्गनामा महासुरः । आययावुष्ट्ररूपेण विशालेन नभस्पृशा १२ पुच्छवातेन महता पतिता वृक्षसंचयाः । शूलदन्तो ललज्जिव्हः पादेनामर्दयन्दिशः १३ स महान्तं रवं कृत्वा तमधावद्गुणेश्वरम् । प्रतिशब्देन सहसा नादयन्विदिशो दिशः १४ तं दृष्ट्वा विद्रुताः सर्वे मुनिपुत्रा भयातुराः । धाव धावेति तं बालं चुक्रुशुः केचिदर्भकाः १५ तेषामाक्रन्दितं श्रुत्वा सहसा स गुणेश्वरः । कृत्वा महत्तरं रूपमुड्डीय तं जघान ह १६ मुष्टिघातेन शिरसि वज्रेणेव महाचलम् । स भिन्नहृदयो दुष्टो वमन्रक्तं मुखाद्बहु १७ कृत्वा घोरं महाशब्दं पतितो धरणीतले ।

विचाल्य चरणग्रीवामाक्रन्द्य च पुनः पुनः १८ स्वीयं देहं समास्थाय तत्याज जीवितं क्षणात् । दशाष्टयोजनायामः पातयन्वृ-
क्षसंचयान् १९ उदुद्धूल रजो भौमं गगनं प्रावृतं क्षणात् । तद्देहपातात्पतिता जन्तवोऽथ पतत्रिणः २० तं तथा पतितं दृष्ट्वा
सर्वं एव कुमारकाः । साधु साधु शिवापुत्र महादैत्यो निपातितः २१ दृष्ट्वा महान्तं तं दैत्यं वयं भीत्या पलायिताः । कथं त्वया
महादैत्यः पौरुषेण कनीयसा २२ हतोऽयं विस्मिताः सर्वे पुनस्त समुपागताः । इत्युक्त्वा ते पुनः क्रीडां चक्रुः सर्वे यथा पुरा
२३ कर्षयन्तोऽङ्घ्रिकमले धृत्वा केचित्परस्परम् । ततस्तस्य सखा प्रायान्मृतप्रतिकृतीच्छया २४ छायारूपं समास्थाय महाबल-
पराक्रमः । पादाघातेन तस्याशु चकम्पे शेषविग्रहः २५ व्योमस्पृङ्मस्तको दुष्टो गुणेशपृष्ठतो ययौ । छायां तदीयामाविश्य
पातयामास तं तदा २६ इतरेषामदृश्योऽसौ मायावी बलवत्तरः । यथा यथा नृत्यते स तथा दैत्योऽपि नृत्यति २७ तं पतन्तं
गुणेशं ते निरीक्ष्य मुनिबालकाः : ऊचुस्तं धाविताः केचित्केचिच्च दुःखिता भृशम् २८ कथं वा पतसे नाथ क्व सामर्थ्यं गतं तव
वारंवारं स्खलसि किं प्रियेषु च सखिष्वपि २९ ततो बालो ददर्शाशु दशदिक्षु समन्ततः : सामर्थ्यादग्रतो यातुमियेष नाशकच्च
सः ३० पुनश्च प्रणिधानेन समन्तादवलोकयन् । छायाप्रविष्टं तं दैत्यं ज्ञातवान्स गुणेश्वरः ३१ गण्डशैलं समादाय प्राक्षिपच्चोद-
रेऽस्य ह । उपरिष्टान्ननर्तासौ स मृतश्चूर्णतां गतः ३२ अन्तकाले महद्रूपं समास्थाय निजं खलः । चूर्णयामास वृक्षान्सपर्वता-
न्प्राणिसंचयान् ३३ तन्मेदसा च रक्तेन धरणी च गुणेश्वरः । रक्ततां समनुप्राप्तौ वसन्ते किंशुकाविव ३४ एवं तं विनि-
हत्याशु गुणेशो लीलयाऽरमत् । तत एको वृषस्कन्धः सूकरास्यो गजोदरः ३५ गण्डशैला रज इव श्वासादस्य चलन्ति च ।
चंचलाख्यो महादैत्यो बालरूपधरोऽविशत् ३६ तेषु नानाविधाः क्रीडा दर्शयामास लाघवात् । महाबलो महामायः पोथयामास

कांश्चन ३७ चरणं कस्यचिद्धृत्वा चकर्ष मुनिबालकम् । उभौ करौ विधृत्वैवं कस्यचिन्मस्तकेऽहनत् ३८ यस्य नृत्ये धरा सर्वा कम्पते स्म सपर्वता । ते धर्मे मृत्तिकां सर्वे चर्चयन्ति स्वविग्रहे ३९ सोऽपि चर्चयते स्वांगं चन्दनेनेव भाग्यवान् । ततस्ते कन्दुकं कृत्वा तेन क्रीडामथारभन् ४० कन्दुको व्योममार्गस्थो बालत्यक्तोऽस्पृशत्करम् । कृत्वा श्ववच्च तं बालमारोहेत्स स कन्दुकः ४१ आरोहको बलाद्भूमौ निक्षिपेत्तं च कन्दकम् । अपरो धारयेदूर्ध्वमागतं सोऽपि वा पुनः ४२ यद्धस्ते कन्दुकः सोऽथ बालमारुह्य तं त्यजेत । भूमौ निपतितं बालमादाय तेन ताडयेत् ४३ तेषु मध्ये पलायत्सु यस्य लग्नः स कन्दुकः । तेनापि व्योममार्गस्थः कार्यो यस्य करं स्पृशेत् ४४ हस्ते नायाति चेत्सोऽपि व्योमगं तं तु कारयेत् । येन हस्ते धृतः सोऽमुमारुह्य पूर्वव--त्क्षिपेत् ४५ कदाचित्कन्दुकः क्षिप्तो गुणेशेन च व्योमनि । चंचलेन धृतो हस्ते तमारूढस्तदाऽसुरा ४६ भारेणाक्रम्य तं देवमुवाच दुष्टदानवः । सहस्व भारं मे दुष्ट वल्गसेऽर्भकसंचये ४७ त्यक्तं त्यक्तं कन्दुकं स गृण्हाति स्वकरे पुनः । मुहुर्तद्वयमेवं हि चिक्रीडे दुष्टदानवः४८प्राहसन्मुनिबालास्ते गुणेशं तं तथागतम् । ततो गुणेशो दैत्यं तमारूढो दृढविक्रमः ४९ चंचलश्चंचलो जातो नेतुं दुरे मुदान्वितः।व्योममार्गेण सहसा बाला भूमिगता ययुः५०विमानवत्पक्षिवच्च स जगाम त्वरान्वितः। ततो निवृत्तास्ते बालाःशोच माना ययुर्गृहान् ५१ स्थितास्तत्रैव केचिच्च प्रतीक्षन्तो गुणेश्वरम् । ततो गुणेशस्तं ज्ञात्वा मनसा दुष्टदानवम् ५२ हिमवत्सदृशं भारं चकार सहसा विभुः । भारेण पतितो दैत्यः प्रावदत्तं गुणेश्वरम् ५३ उत्तरस्व महाभारं गमिष्यन्ति ममासवः । दयां कुरुष्व दीने त्वं प्रपन्ने शरणं तव ५४ एवं वदन्मुमूर्च्छासौ ततो बालो दधार तम् । भ्रामयामास बहुशो गरुडो भुजगं यथा ५५ तत्याज दूरदेशे

तं चंचलं दुष्टदानवम् ५६ (४१८७) इति श्रीगणेशपुराणे क्रीडाखण्डे चंचलवधो नाम त्रिनवतितमोऽध्यायः ॥९३॥

अध्याय ९४ प्रारंभ :– क उवाच । ततो मुनिसुता याताः प्रतीक्षन्तः स्थिताश्च ये । तेषां जयरवैर्व्योम गर्जितं च दिगन्तरम् १
चिक्रीडुस्ते पुनस्तत्र नानानृत्यैश्च गायनैः । एवं रमत्सु बालेषु सार्द्धयामे दिवाकरे २ पितरौ तानदृष्ट्वैव ग्राममध्ये क्वचिद्गृहे।
प्रत्येकं यष्टिमादाय ययुः सर्वे शिशून्प्रति ३ रमन्तो विविधाः क्रीडा मध्ये कृत्वा गुणेश्वरम् । नृत्यन्तं नर्तयन्तंच तं च ते निरभर्त्सयन्
४ पितर ऊचुः । त्वया विना नो बालाश्च नाचरन्स्नानभोजने । आचाराध्ययने चापि ब्राह्मण्यं विनयं तथा५ततः परस्परं प्राहु-
र्गतक्रोधा निरीक्ष्य तम् । एतस्य ताडने बुद्धिर्गतैनं वीक्ष्य नः कुतः ६ कथयामो यदि शिवौ तावस्य किं करिष्यतः । अनेके निहता
दैत्या बालेनैव महाबलाः ७ वयं देशान्तरं यामो भीत्या तव गुणेश्वर । क उवाच । एवं वदत्सु लोकेषु पिदधे स गुणेश्वरः ।
आविरासीद्दूरदेशे ततो बाला व्यलोकयन् ८ धावयित्वा पितृंस्त्यक्त्वा गुणेशं ते ययुः पुनः । क्रीडन्तस्ते ययुः शीघ्रं गौतमाश्र–
ममुत्तमम् ९ ध्यानस्थं तं मुनिं वीक्ष्य पचन्तीं तत्स्त्रियं च ते । गुणेशोऽगान्मध्यदेशं जग्राहौदनपात्रकम् १० ददौ तेभ्यो विभज्यान्नं
प्रार्थयामास सादरम् ११ मत्संगेन चिरं कालं यूयं सर्वे बुभुक्षिताः । सावकाशं प्रभुंजध्वं ततः क्रीडामहे पुनः १२अहल्या तं चुको-
पाशु ममान्नं स्पृष्टवान्कथम् । न कृतो वैश्वदेवो वा नैवेद्यश्चपलार्भकाः । १३ विसृज्य ध्यानं किं कुर्याद्गौतमो मुनिसत्तमः ।
उत्थापयामास तदा ध्यानस्थं मुनिसत्तमम् १४ स उत्थाय ददर्शाथ गौतमः सकलार्भकान् । जक्षतोऽन्नं क्षुधा युक्तान्बभाषे च
गुणेश्वरम् १५ गौतम उवाच । महतोः पुत्रतां प्राप्य कथमन्यायकृद्भवान् । अत्यद्भुतानि कर्माणि श्रुत्वा ते त्वां वयं पुरा १६

परात्परतरं देवं परब्रह्मस्वरूपिणम् । मन्यामहे बालभावं कुरुषे त्वं गुणेश्वर १७ क उवाच । धृत्वा करं स च मुनिः पार्वत्या गृहमागमत् । करे धृत्वाऽन्नसहितं तत्पात्रं निजमन्दिरात् १८ उवाच मातस्ते बालो नित्यमन्यायकृन्मम । अद्य त्वां कथितुं यातः किं कार्यं गौर्यतः परम् १९ इतो वा गमनं दूरे मन्यसे यदि तद्वद । क उवाच । ततो रुषो समायुक्ता श्रुत्वा वाक्यं मुनीरितम् २० ताडयामास यष्ट्या तं वमन्ती नेत्रतोऽनलम् । उवाच च मुनिं गौरी प्रणता क्रोधसंयुता २१ ममापि च मुने त्रासो जायतो जन्मतोऽस्य ह । द्रष्टव्या राक्षसकृतां कियन्तो विघ्नसंचयाः २२ स्त्रियः प्रवक्तुं कुत्रापि नायान्ति मुनिपुंगवाः । अयं तु सर्वतो दुष्टो मुनिपुत्राविभेदकः २३ ममात्मज इति जनो नैनं शापं प्रयच्छति । बद्धवैनं हस्तपादेषु तत्समक्षं शिवा सुतम् २४ गृहमध्ये तु संस्थाप्य तद्गृहं पिदधे दृढम् । मैवं मैवं वदन्यातो गौतमः स्वाश्रमं प्रति २५ ततस्ते बालकाः सर्वे शोचस्तन्तं गुणेश्वरम् । कथं नो दर्शनं चास्य भविष्यति कदा नु वा २६ द्वार दत्त्वा दृढं मध्ये स्थापितो गिरिकन्यया । एवं तेषु वदत्सेव तन्मध्ये स ययौ क्षणात् २७ जनन्याः कटिदेशेऽपि दृश्यते तद्गृहेऽपि च । ऊचुस्तां गौरि पुत्रस्ते निःसृतो गृहमध्यतः २८ पश्यति स्म गेह-मध्ये बद्धमेव गुणेश्वरम् । बहिस्तन्मुनिपुत्रान्सा तत्स्वरूपानपश्यत २९ यं कंचित्स्तनपानाय जुहाव विव्हला शिवा । निषिद्धा सा सुतैस्तैस्तु गृहमध्ये शिवे स्थितः ३० उद्घाट्य द्वारं सा बालं मुक्त्वा स्तन्यं ददौ मुदा । गौतमः स्वाश्रमं यातो देवतार्चनमा-रभत् ३१ गुणेशरूपान्सोऽपश्यत्तृप्तान्देवांस्तथाऽखिलान् । पुरः प्रकीर्णमन्नं च ततो विस्मितमानसः ३२ चिन्तयामास मनसि दुर्बुद्धिस्तु कृता मया । उमायै कथितं सर्वमन्नपात्रं प्रदर्शितम् ३३ तया स ताडितो बद्धोऽव्यक्तो व्यक्तस्य कारणम् । परात्परतरो

देवो यस्मिस्तृप्ते महाफलम् ३४ आगत्य बुभुजे बालैः साद्धं तु मुनिसंभवैः । मोहितो मायया चास्य पूर्वमज्ञासिषं न तम् ३५
क उवाच । अहल्यापि पुनः पाक चकाराद्भुतमानसा । सोऽपि ध्यानस्थितो भूत्वा नित्यकर्म समापयत् । ३६ (४२२३)
इति श्री गणेशपुराणे क्रीडाखण्डे चतुर्नवतितमोऽध्यायः ॥९४॥ अध्याय ९५ प्रारंभ :– क उवाच । षष्ठे वर्षे प्रवृत्ते तु
क्वचिद्यातो बहिः शिशुः । उमाया बालकैः साद्धं चिक्रीडानेकधा पुनः १ तं दिदृक्षुर्विश्वकर्मा ययावन्तर्गृहं प्रति । पार्वती बहिरा-
गत्य मानयामास तं बहु २ चित्रासने समावेश्य पूजयामास सादरम् । प्रक्षाल्य चरणौ प्रादाद्गन्धं ताम्बूलमेव च ३ ततस्तदादरं
दृष्ट्वा विश्वकर्मा तुतोष ह । तुष्टाव परया भक्त्या प्रणिपत्य शिवां मुदा ४ विश्वकर्मोवाच । ननामि विश्वेश्वरि विश्वरूपे
ब्रह्मेन्द्ररुद्रार्यमविष्णुरूपे । त्वया ततं विश्वमनन्तशक्ते ब्रह्मादिदेवैरभिनन्द्यरूपे ५ त्वमेव विश्वं रजसा विधत्से सत्त्वेन मातः परि
पासि तच्च । त्वमेव सर्वं तमसाथ हंसि त्रैगुण्यमेतत्तव नित्यरूपम् ६ त्वया हता दैत्यगणा विमुक्ति ब्रम्हर्षयो ज्ञानबलात्प्रपन्नाः ।
त्वमेव विष्णोरतुलाऽसि शक्तिः सर्वस्य हेतुः परमाऽसि माया ७ सतोऽसतो यापि परासि शक्तिश्चराचरं त्वं विदधासि विश्वम् ।
संमोह्य लोकान्सकलान्सुरेशान्काष्ठाकलाभिश्च ददासि भोगम् ८ ये त्वां प्रपन्ना न भयं तु तेषां मृत्योस्तथां दैत्यकृतं कदाचित्
९ त्वमेव लक्ष्मीः सुकृतामलक्ष्मीर्दुष्टात्मनां त्वं प्रमदास्वरूपा । विद्यास्वरूपासि जगत्त्रये त्वं प्रभास्वरूपा शशिसूर्ययोस्त्वम् १० य
आश्रितास्ते जगदाश्रयास्ते विपत्तिलेशो न च तेषु मातः । त्वमेव विश्वेश्वरि विश्वमेतद्धरस्यथाप्यायसि वारिरूपा ११ अनादि–
मध्यानिधनाप्यगम्या हरीशलोकेशसुरेश्वराणाम् । तेऽनुग्रहात्त्वाप्रभजन्ति भक्ता आनन्दरूपा निवसन्ति नाके १२ अभक्तिकामा–
न्विनिहंसि रुष्टा त्वामेव मातः शरणं प्रपन्नः । धन्ये ममैते नयनेऽथ विद्या जनुश्च माता पितृवंश एव १३ कुलं च धन्यं चरणौ

त्वदीयौ दृष्टौ यतस्ते जगदम्बिके मया । क उवाच । एवं स्तुता जगन्माता वरमस्मै न्यवेदयत् १४ सं वव्रे परमां भक्तिं सा तथेति तमब्रवीत् । इदं स्तोत्रं पठेद्यस्तु सर्वान्कामाँल्लभेच्च सः १५ सर्वत्र विजय पुष्टिं विद्यामायुः सुखं शिवम् । शिवोवाच । विश्वकर्मन्महाबुद्धे ज्ञानवानसि सर्वतः १६ यच्छ्रुतं शिववाक्येन दृष्टं तत्सकलं त्वयि । सिन्धुना पीडिता देवाः सर्वे कारागृहे स्थिताः १७ शिवश्चात्र समायातः कैलासे तु हृते सति । दण्डकारण्यदेशेऽत्र कोऽप्याप्तो न हि दृश्यते १८ त्वं तु सम्यक् समायातो बहुकालेन दर्शनम् । विश्चवकर्मोवाच । किमाश्चर्यं जगन्मातर्बालो मातरमाव्रजेत् १९ द्रष्टुं देवं महाभवतो विद्याकामो गुरुं शिवे । पुत्रस्य ते श्रुतो मातर्महिमा परमाद्भूतः २० तमहं द्रष्टुमायातो युवयोर्दर्शनोत्सुकः । क उवाच । एवं तयोस्तु वदतोरागतोऽसौ विनायकः २१ असंख्यशशिसंकाशो रजसाऽरुणविग्रहः । प्रसन्नवदनो बालसमूहपरिवारितः २२ तन्मध्ये शोभते स्मासौ मरुन्मध्ये यथा हरिः । तं दृष्ट्वा प्रणिपत्यासौ कृतांजलिपुटः स्थितः २३ तुष्टाव परमात्मानं ज्ञात्वा तं गिरिजासुतम् । विश्वकर्मोवाच । नमामि परमात्मानं सच्चिदानन्दविग्रहम् २४ चराचरगुरुं सर्वकारणानां च कारणम् । गुणेशं च गुणातीतं सृष्टिस्थित्यन्तकारिणम् २५ सर्वव्यापिनमीशानं व्यक्ताव्यक्तस्वरूपिणम् । अगम्यं सर्वदेवानां मुनिहृत्पद्मवासिनम् २६ सिद्धिबुद्धिपतिं नानाभक्तसिद्धिप्रदं विभुम् । अभक्तकामदहनं सहस्ररविसन्निभम् २७ अनेकशक्तिसंयुक्तं दैत्यदानवमर्दनम् । अनादिमव्ययं शान्तं जरामरणवर्जितम् २८ त्रितनुं च त्रयीमूलं ब्रम्हविष्णुशिवात्मकम् । क उवाच । एवं स्तुतिं समाकर्ण्य सन्तुष्टः स गुणेश्वरः २९ स्वासने तमुपाविश्य पूजयामास सादरम् । प्रक्षाल्य चरणौ गन्धमक्षतान्पुष्पमेव च ३० धूपं दीपं च नैवेद्यं निवेद्य तमथाब्रवीत् । गुणेश उवाच । विश्वकर्मन्नागतोऽसि मम दर्शनकांक्षया ३१ किमानीतं मम मुदे हृद्युपायनमनुत्तमम् । विश्वकर्मोवाच ।

निजस्वानन्दपूर्णानां परवांछाविधायिनाम् ३२ निस्पृहाणां सर्वकृतां सर्वशक्तिमतामपि । समलोष्टाश्महेम्नां च कल्पवृक्षाधरी–
कृताम् । कर्तुमकर्तुं शक्तानामन्यथाकर्तुमेव च ३३ स्वाधीनानां च तुष्टानां स्वसत्तावर्तिनामपि । पराधीनैरशक्तैश्चाकिंचनैर्म–
र्त्यधर्मभिः ३४ किं देयं परितोषाय स्वशक्त्या किंचिदाहृतम् । क उवाच । एवमुक्त्वा विश्वकर्माऽस्थापयत्पुरतः सृणिम् ३५
पद्मं च परशुं पाशं सहस्रादित्यसन्निभम् । सर्वशत्रुहरं तीक्ष्णं दधार स गुणेश्वरः ३६ उवाच विश्वकर्माणं कुत एतानि विश्वकृत् ।
आनीतानि मम प्रीत्यै तद्वदस्वाधुनाऽनघ ३७ विश्वकर्मोवाच । संज्ञा नामेति नाम्ना मे कन्या चारुस्वरूपिणी ३८ लज्जितो
यन्मुखं वीक्ष्य सहसा शशलांछनः । रमा शची च सावित्री शारदाऽरुन्धती रतिः ३९ त्रिलोक्यां न समा कापि परा यस्या
गुणेश्वर । सा मया स्वये दत्ता त्रिवेदाय त्रिरूपिणे ४० आगतेषु त्रिलोकेषु सांगोपांगेषु सर्वशः । महोत्सवो महानासीद्दिनाष्टक–
मर्हनिशम् ४१ यां दृष्ट्वा स्खलिता देवा लज्जयाऽधोमुखा गताः । सविता तामथादाय ययौ स्वस्थानमुत्तमम् ४२ तेजसा तस्य
तप्ता मे कन्यका कृशतामगात् । सा ततो निर्ममे छायां संज्ञा तु स्वप्रभावतः ४३ सर्वं तस्यै निवेद्यैव सद्यो मम गृहं गता ।
गते कियति काले सा छाया ज्ञाता तु भानुना ४४ नेयं संज्ञेति स प्रायाद्गृहं सद्यो ममार्यमा । ततो भीता पुनः संज्ञा मामुवाच न
मां पितः ४५ निवेदय रवेर्हंस्ते तेजोऽहं न क्षमेऽस्य च ततः। पित्रा धिक्कृता सा बहिरेव ययौ किल ४६ अश्विनीरूपमास्थाय
गुप्तरूपा वनेऽवसत् । ततस्तु विश्वकर्मा तामनवेक्ष्य क्वचिद्गृहे ४७ प्रोवाचार्यमणं सोऽथ तेजस्ते सोढुमक्षमा । क्व गता न च
जाने तामुपायं ते ब्रवीमि च ४८ यदि ते तेजसो भागो न्यूनः किंचिद्भविष्यति । तदा सा प्रकटीभूयाद्विहरस्व ततस्तया ४९

रविरुवाच । यथा तव भवेच्चेतस्तथा कर्तु त्वमर्हसि । क उवाच । विश्वकर्मा ततश्चैनं यन्त्रे स्थाप्योल्लिलेख ह ५० तेजीण्हासं चकाराशु किंचित्सौम्योऽभवच्च सः । यत्र गुप्ताऽभवत्संज्ञा तत्र यातोऽयंमा विभुः ५१ अश्वो भूत्वा तया रेमे सा नासत्यावसूत च । तामादायार्यमा लोकं निजं हर्षयुतोऽगमत् ५२ विश्वकर्मोवाच । तेजःशेषेण तस्याथ प्रबलेन गुणेश्वर । निर्मितान्यायुधान्याशु त्वदर्थे जगदीश्वर ५३ अतितीक्ष्णानि कालस्य सदा जयकाराण्यपि । चत्वारि ते प्रदत्तानि दत्ते चक्रगदे हरेः ५४ त्रिशूलः शम्भवे दत्तः सर्वशत्रूनिबर्हणः । गुणेश उवाच । सम्यक्कृतं विश्वकर्मन्नायुधानि शुभानि मे ५५ दत्तानि दैत्यनाशाय परोपकृतये सताम् । क उवाच । एवमुक्त्वायुधान्याशु दधार च दुधाव च ५६ तदा चकम्पे पृथिवी पर्वताश्च वनानि च । शुशुभे सोऽपि तैः शस्त्रैः कोटिसूर्यनिभैर्विभुः ५७ विश्वकर्मा नमस्कृत्य ययौ स्वस्थानमाज्ञया । उमात्मजोऽपि चिक्रीड मुनिबालैर्वृतः पुनः ५८ तत्राययौ वृको नाम महान्दुष्टतमोऽसुरः । भयंकराननो मत्तो ग्रसन्निव महाबली ५९ पुच्छाघातेन च भुवं कम्पयन्हलदन्तवान् । दृष्ट्वा भयंकरं दैत्यं मुनिपुत्राः पलायिता ६० स आयुधानि गृह्याशु तं वृकं समताडयत् । अङ्कुशाघातमात्रेण पतितो भुवि सोऽसुरः ६१ वमन्रक्तं निजं रूपमास्थितश्चूर्णयन्द्रुमान् । संहरंजीवसंघातान्दशयोजनविस्तृतः ६२ स ततोऽस्तमिते सूर्ये ययौ बालयुतो गृहम् । बालाः प्राहुरुमायै तेऽनेनाद्य निहतोऽसुरः ६३ वृको नामांकुशाघाताद्दशयोजनमायतः । तानुवाचाद्रिजा रोषाद्व्रजन्तु निजमन्दिरम् ६४ ततस्तद्वाक्यमाकर्ण्य ते बालाः स्वालयान्ययुः ६५ (४१८८) इति श्रीगणेशपुराणे क्रीडाखण्डे वृकासुरवधो नाम पंचनवतितमोध्यायः ॥९५॥ अध्याय ९६ प्रारंभ :- क उवाच । ततः कदाचिग्दिरिजा प्रसन्नं प्राह शंकरम् । शिवोवाच । देवेश सप्तमं वर्षं प्रवृत्तं सांप्रतं शिशोः १ क्रियतां व्रतबन्धोऽस्य सुमहतें महोत्सवात् । शिव

उवाच । सम्यगुक्तं त्वया भद्रे ज्ञात्वा चेतोगतं मम २ संपादयिष्ये साध्वस्य व्रतबन्धं यथाविधि । क उवाच । इत्युक्ता गिरिजां देवः समाकार्य च गौतमम् ३ विचार्य सुदिने लग्नं सामग्रीः समपादयत् । मण्डपं च सुविस्तीर्णं सर्वानृषिगणान्मुनीन् ४ आकार्य परिपूज्यैतांस्तदाज्ञावशगो हरः । यथाविधि चकारास्य व्रतबन्धं मुदा तदा ५ उपायनानि सर्वे ते शिवयोर्बालकस्य च । अष्टाशीतिसहस्रेभ्यो नमस्कृत्य हरोऽपि च ६ संपूज्य विधिवत्प्रादाज्ञानोपायनसंचयान् । त्रिंशत्त्रिकोटिदेवेभ्यो यक्षेभ्योऽपि तथैव च । किन्नरेभ्यश्चारणेभ्यो वाद्यघोषे नदत्यपि ७ गायत्सु किन्नरेष्वाशु नर्तकीनां गणेषु च । नृत्यत्सु सर्वलोकेषु पश्यत्सु सुमहोत्सवम् ८ उपायनानि दानानि ददौ हर्षात्सदाशिवः । देवतास्थापनं कृत्वा भोजयामास चाखिलान् ९ प्रातःकाले बटुं स्नाप्य चौलकर्म समाप्य च । चतुर्भिर्ब्राह्मणैः सार्धं तं भोज्य संस्नाप्य वै पुनः १० वेदिकायामन्तरा तु धृत्वा पटमनुत्तमम् । मुहूर्तं साधयामास मुनिभिर्मन्त्रवादिभिः ११ एतस्मिन्नन्तरे दैत्यौ कृतान्तकालसंज्ञकौ । गजरूपधरौ मत्तौ मदोदस्राविणौ दृढौ १२ तीक्ष्णदन्तौ दीर्घशुण्डौ गगनस्पर्धिपुष्करौ । चीत्कारभीषितजनौ सिन्दूरारुणमस्तकौ १३ कम्पते पादघातेन ययोराशु वसुन्धरा । दन्ताघातेन युध्यन्तौ रजसाच्छाद्य रोदसी १४ सभाद्वारगतं शक्रकारिणं समुपागतौ । दन्तप्रहारैस्तद्गण्डं भिन्दन्तौ बलवत्तरम् १५ स्रवद्रक्तः पपातोर्व्यां मूर्छितो गजराट क्षणात् । ऐरावतः पपालाशु मुहूर्तात्प्राप्य चेतनाम् १६ करिणौ पृष्ठलग्नौ तौ दन्ताघातैर्निजघ्नतुः । ततस्तौ मत्तमातंगौ सभामध्यं समीयतुः १७ शुण्डाभ्यां मण्डपं तौ तु ताडयामासतुस्तदा । उत्तस्थुः सर्वलोकास्ते श्रुत्वा कोलाहलं तयोः १८ यतो यतो गच्छतः स्म ततो देवाः पलायिताः । मुनयश्च तयोर्भीत्या दशदिक्षु पलायिताः १९ शिवं तत्र समाचख्युर्विघ्नमेतदुपस्थितम् । गणा ऊचुः । सेन्द्रा सभा मुनियुता विध्वस्ता गजभीतितः २० ततः पलायिता गौरी

सखीभिर्गृहमागता । बालस्ततो निरीक्ष्यैतौ दन्तिनौ बलवत्तरौ २१ जगर्ज घनवच्छीघ्रं तयोः शुण्डे दधार ह । उभाभ्यामपि हस्ताभ्यां चीत्कारं तौ प्रचक्रतुः २२ भ्रामयित्वास्फालयत्स एकस्मिन्नपरं गजम् । उभौ तौ शतधा जातौ पतितौ धरणीतले २३ धरा चकम्पे वृक्षाश्च निपेतुश्चूर्णिता भुवि । ततः खण्डानि तान्याशू दूरतश्चिक्षिपुर्गणाः २४ बटुं जग्राह जननी शीघ्रमागत्य स्वे कटौ । सर्वं पलायिता देवा मुनयोऽनेन दानवौ २५ बालेन निहतौ शीघ्रमित्युवाच शिवां सखी । ततस्ते मीलिता देवा इन्द्राद्या मुनयोऽपि च २६ ऊचुर्गुणेशं ते सर्वे स्वामिन्सर्वगुणाकर । सर्वप्राणहरौ दैत्यौ कापट्याद्गजरूपिणौ २७ निहतौ लीलया देवमायिनौ बलवत्तरौ । इत्युक्त्वा शक्रमुनयो देवाश्च विविशु सभाम् २८ उपविष्टेषु सर्वेषु ननृतुश्चाप्सरोगणाः । ततो वाद्यान्यवाद्यन्त ब्रह्मा रुद्रसमीपगः २९ दत्त्वा परस्परं प्रैषं बबन्ध मेखलां शिशोः । यज्ञोपवीतमजिनं होमं च समिधामपि ३० कारयामास विधिवत्सादित्रीवाचनं ततः । ततो माता ददौ भिक्षामंशुके भूषणानि च ३१ उत्तरीयं च रत्नानि मुक्ताफलयुतानि च । लड्डूकान्भक्ष्यखाद्यानि त्रिशूलं शशिनं शिवः ३२ ददौ नाम चकारास्य भालचन्द्र इति स्फुटम् । शूलपाणिरिति परं ततश्चक्रं हरिर्ददौ ३३ शोचिष्केशेति नामास्य चक्रे सम्यङ्महात्मनः । ततः पुदन्दरः पूज्य कण्ठे चिन्तामणिं ददौ ३४ नाम चिन्तामणिरिति चक्रे सर्वार्थदं शुभम् । ददौ तदैव कमलमभ्यर्च्य कमलासनः ३५ विधातेति च नामास्य स्थापयामास संसदि । ततः सर्वे सुरगणाः समभ्यर्च्य गुणेश्वरम् ३६ नानाविधानि नामानि चक्रुः स्वस्वेच्छया सुराः । अदितिः कश्यपश्चाथ तं पुपूजतुरादरात् ३७ दर्शयामास देवोऽपि पूर्वरूपं तयोश्शुभम् । भालचन्द्रं दशभुजं मुकुटेन विराजितम् ३८ दिव्याम्बरं दिव्यगन्धं दिव्याभरणभूषितम् । सिंहारूढं विराजन्तमुरगोदरबन्धनम् ३९

दृष्ट्वेत्थमदितिर्हृष्टालिलिंगं स्नेहनिर्भरा । रोमांचितशरीरा सा प्रेमगद्गदनिःस्वना ४०विस्मयं परमं प्राप्ता स्रवदश्रुजलाविला।
परमानन्दमग्नाऽभूत्स्नेहस्तुतपयोधरा ४१ तथैव कश्यपो देहभावं तत्याज तत्क्षणात् । ऊचतुस्तौ सुतस्नेहाद्वत्सावां ते वियोगतः ४२
कृशतां गमितौ तेऽद्य दर्शनात्पुष्टतां गतौ । नावां त्यज सुतेदानीं जनौ त्वच्चरणे रतौ ४३ गजानन उवाच । प्रतिश्रुतं मया
मातर्दास्ये दर्शनमेकदा । तदिदानीं मया दत्तं न शोकं कर्तुमर्हसि ४४ सर्वान्तर्यामिणो मे वै वियोगो न कदाचन । क उवाच ।
एवं तु ब्रुवतोरेव पार्वती समुपागता ४५ उवाच परमप्रीता दृष्ट्वा स्नेहं तयोः शिशौ । अदिते देहि मे पुत्रं गृहीतं
चिरकालतः ४६ नायं तव सुतः सुभ्रु सम्यक्पश्य शुचिस्मिते । साऽपश्यत्पुनरेवैनं स्वस्यैव तनयं विभुम् ४७ अदितिरुवाच ।
त्वमेव गौरि पश्याशु तनयं मे पुरः स्थितम् । साऽपश्यत्पुनरेवैन गुणेशं तनयं स्वकम् ४८ अदितिस्तां ममेत्याह पार्वती तां ममेति
च । एवं विवदमाने तु प्राहुर्देवाः सुविस्मिताः ४९ अनादिनिधनो देवः सृष्टिस्थित्यन्तुकारकः । अनन्तरूपोऽनन्तश्रीरनेकशक्ति-
संयुतः ५० कस्या अयं भवेत्पुत्र उभे भ्रान्तेऽस्य मायया । ते ऊचतुः। यस्या अयं भवेत्पुत्रस्तस्या हस्ते प्रदीयताम् ५१ क उवाच।
ततो देवा निरीक्ष्यैनं नानारूपिणमीश्वरम् । कश्चिदाह विधाताऽयं कश्चिद्विष्णुं चतुर्भुजम् ५२ कश्चित्त्रिलोचनं प्राह वरुणं
विस्मिताः सुराः। ऊचुस्ते निश्चयोऽस्माभिर्विधातुं नैव शक्यते ५३ भवतीभ्यां विवेकेन ग्राह्योऽयं परमः पुमान् । ततो गौरी गृहा-
णाशु तं विभुं तनयं स्वकम् ५४ स्तनपानं ददौ स्नेहाददितिर्नीरसाऽभवत् । ममचेद्बालकोऽयं स्यात्कथं यायात्परं प्रति ५५ अहं
भ्रान्त्याऽभवं सक्ता परस्य तनये वृथा । मुनयः कश्यपश्चैनं पुपूजुस्ते गुणेश्वरम् ५६ नमस्कृत्याभ्यनुज्ञाप्य ययुः स्वं स्वं निवे-
शनम् । भवानी च गृहं याता पुत्रमादाय हर्षिता ५७ ततः समागताः सर्वे प्रागमन्निलयान्स्वकान् ५८ (४३४६) इति श्रीगणेश-

पुराणे क्रीडाखण्डे गौर्यादितिविवादो नाम षण्णवतितमोऽध्यायः ॥९६॥ अध्याय ९७ प्रारंभ :- मुनिरुवाच । त्वया विनायको देवो मयूरेश्वरसंज्ञितः । ततो गुणेशनाम्ना मे महिमाऽयं निरुपितः १ स कथं प्राप तन्नाम किं च तेन कृतं महत् । कर्म तन्मे समाचक्ष्व साम्प्रतं विश्वसृग्विभो २ क उवाच । यथा तेन कृतं कर्म मयूरेश्वरनाम च । प्रापद्विनायको देवो निरूपिष्येऽखिलं तव ३ पातालभवने शेषः सभामध्यगतोऽभवत् । वासुकिप्रमुखैः सर्वैः समन्तात्परिवारितः ४ ततः कद्रूः समायाता तेजोरूपा सुरूपिणी । मुक्तामणियुतं चारु बिभ्रती कंचुकं शुभम् ५ बिम्बोष्ठी चन्द्रवदना दिव्यभूषाम्बरावृता । तां दृष्ट्वा जननीं शेषो वासुकिप्रमुखाश्च ये ६ नेमुर्मातर्बहुदिनैरभवद्दर्शनं तव । कांक्षन्ते दर्शनं सर्वे त्वं तु निष्ठुरतां गता ७ इत्युचुस्तां करे धृत्वाऽस्थापयन्पैत्र्य आसने । पुपूजुः परया भक्त्या ततः शेषोऽब्रवीत्तु ताम् ८शेष उवाच । त्वं मातः कश्यपस्यापि पत्नी चारुतरा सती । सर्वविद्यानिधानस्य सृष्टिस्थित्यन्तकारिणः ९ ब्रम्हादयो देवगणास्तत्त्वं यस्य न वै विदुः । त्वं चापि सहसा शापानुग्रहे च क्षमा ह्यसि १० तव पुत्रा वयं मातस्त्रैलोक्यग्राससाहसाः । सा कथं त्वमिहायाता किमुद्दिश्य प्रयोजनम् ११ कद्रूरुवाच । विना प्रयोजनं पुत्र कोपि नायाति किंचन । तच्च ते कथयिष्येऽहं शृणु सादरमात्मज १२ विनता मे सपत्नी या जननी पुत्र पक्षिणाम् । तस्या दर्शनकांक्षा मे कदाचित्संबभूव ह १३ अनादृता तयाऽहं तु तद्गृहं सहसा गता । नासनं न च सत्कारं स्वागतं न च साऽकरोत् १४ पूर्ववैरं स्मरन्ती सा जटायुं पुत्रमादिशत् । तेन चाकर्षिता वेणी विवस्त्राऽहं कृता क्षणात् । मामुवाच महादुष्टे नावलोक्यं मुखं तव १५ मम मातुस्तु दासीत्वं पूर्वमासीः कृतं त्वया । तदा न करुणालेशो धृती मनसि कर्हिचित् १६ इतो गच्छ

न चेत्प्राणान्गृहीष्यामि महाखले । श्रुत्वा तदीयवाक्यानि दुःखिताऽहं फणीश्वर १७ आक्रन्दं परमं प्राप्ता प्रणत्यागे तु निश्चिता।
आगताऽहं ततो युष्मद्दर्शनार्थं सुदुःखिताः १८ यदि वो मयि भक्तिः स्यात्साहाय्यं क्रियतां मम। सत्पुत्रा यदि मान्याऽहं तदा तस्या
विनाशनम् १९ कर्तव्यं च सपत्न्या मे ततो हृदि सुखं भवेत् । क उवाच । एवमाकर्ण्य तद्वाक्यं शेषो रोषसमन्विताः २० जज्वा-
लसहसा वन्हिर्घृतेनेव प्रदीपितः । मम मातुः कृता पीडा विनतातनयैर्यदि २१ तदाऽहं तत्प्रतीकारं करिष्यामि न संशयः । एव-
मुक्त्वा स शेषोऽथ वासुकिप्रमुखैर्युतः २२ तत्र गन्तुं मनश्चक्रे यत्र सा विनताऽभवत् । वासुकिरुवाच । अहमेव गमिष्यामि
कोटिनागैर्युतोऽनघ । २३ विनतामानयिष्यामि तिष्ठ त्वं भुजगाधिप । क उवाच । एवमुक्त्वा ययौ शीघ्रं वासुकिर्विनताश्रमम् ।
२४ असंख्यानुरगान्दृष्ट्वा बिभाय विनता तदा । तदैव वेष्टिता सर्पैः क्रूरैर्दुष्टस्वभावकैः २५ निन्युस्ते शेष निकटं सा च तान-
ब्रवीत्तदा । विनतोवाच । किमर्थं बन्धनं कृत्वा मम नेतुं समुद्यताः २६ अपराध विहितायाः पापिष्ठा गदताशु मे । मम पुत्रस्या-
नुभवो ज्ञातोऽस्ति सर्वपन्नगैः २७ अतो मुंचन्तु मा नो चेत्स संहारं करिष्यति । क उवाच । धार्ष्ट्यं तेषां समीक्ष्यैव सस्मार
गरुडं तु सा २८ सोऽपि ज्ञात्वा स्मृतिं तस्या आगतः पक्षिभिः सह । श्येनः सम्पातिरथ च जटायुः पक्षिपुंगवः २९ येषां पक्ष-
समीरेण चकम्पे भुवनत्रयम् । भुजगास्ते तु सर्वेऽपि वमद्विषकणाभवन् ३० युद्धमासीन्महाघोरं भुजगेन्द्रपतत्रिणाम् । ततो
जटायुं सम्पातिं श्येनं बद्ध्वानयंस्तु ते ३१ मातुः स्मृते तु संप्राप्तो गरुडः पक्षवाततः । कम्पयंजगतीं सर्वां पातयन्द्रुमपर्वतान् ।
३२ तद्गन्धं भुजगा घ्रात्वा पलायनपरा ययुः । पक्षवातेन गगने बभ्रमुर्भुजगाः परे ३३ मुक्ता तु विनता बन्धात्स्वस्थानं गन्तु-
मुद्यता । तां दृष्ट्वा वासुकिः क्रुद्धो दहन्व्योम वमन्विषम् ३४ पक्षाघातेन गरुडोऽपातयद्भूतले च तम् । विनता तु गता वेगात्स्व

स्था स्वस्थानमुत्तमम् । ३५ प्रतापं वासुकेर्दृष्ट्वा गरुडः सूक्ष्मरूपधृक् । विनतां रक्षितुं यातो याते तस्मिश्चुकोप ह ३६ वासुकिर्विषमत्यन्तमसृजज्जगतीं दहन् । नागलोकं निनायाशु बद्ध्वा तान्विवरेऽक्षिपत् ३७ पिधायद्वारं शिलया ततो मातरमभ्यगात् उदन्तं सर्वमाचख्यौ मात्रे शेषाय चारुधिः ३८ शुशोच विनता श्रुत्वा बद्ध्वा नीतान्सुतांस्तु तान् । प्रययौ कश्यपं शीघ्रं नमस्कृत्याब्रवीदिदम् ३९ विपरीतमिदं जातं प्रत्यक् सूर्योदयो यथा । गृहे स्थितां मामनयत्सहसा वासुकी रिपुः ४० पृष्ठतोऽनुययौ श्येनो जटायुर्मोचितुं च माम् । सम्पातिः सर्पसङ्घांस्ते मारयामासुरोजसा ४१ पराजितेषु तेष्वाशु भुजगैर्बहुभिर्मुने । गरुडं चास्मरं तेन जित्वा सर्पगणांस्तु तान् ४२ मोचिता चाणुरूपेण तेनाप्यागमनं कृतम् । जटायुस्तेन सम्पातिः श्येनो वासुकिना बलात् ४३ नीताः पातालविवरे पिधाय स्थापिता दृढम् । गमिष्यन्ति मम प्राणास्तान्विना निश्चितं मुने ४४ एतावद्दुःखचाप्ताऽहं त्वयि नाथे सति प्रभो । क उवाच । इति श्रुत्वा प्रिया वाक्यं प्राह तां कश्यपो मुनिः ४५ मुनिरुवाच । मा चिन्तां कुरु भद्रे त्वं व्येतु ते मानसो ज्वरः । ऋतुं तेऽहं प्रदास्यामि पुत्रस्तेऽन्यो भविष्यति ४६ अभेद्यमण्डं वज्रेण पार्वत्या यदि बालकः । क्रीडन्भेत्स्यति पादाभ्यां ततः पुत्रो भवेत्तव ४७ स नीलकण्ठो बलवान्नीलकण्ठ इवापरः । श्रवणात्तस्य शब्दस्य भुजगान्ते पराभवम् । ४८ यास्यन्ति च गुणेशोऽपि तमारुह्य भुवो भरम् । हरिष्यति तदा पुत्रा मोक्ष्यन्ते नागबन्धनात् ४९ एवमुक्त्वा मुनिस्तस्यै रहो नीत्वा ऋतुं ददौ । विनताथ ययौ हर्षात्काननं जन्तुवर्जितम् ५० कालेन सुषुवे चाण्डमभेद्यं वज्रपर्वतैः । मृद्भाण्डे वल्कलैर्वेष्ट्य निक्षिप्याण्डं स्थिराऽभवत् ५१ यथा भूमिगतं द्रव्यं भुजगो बलवत्तरः ५२ (४३९८) इति श्रीगणेशपुराणे क्रीडाखण्डे सप्तनवतितमोऽध्यायः ॥९७॥

अध्याय ९८ प्रारंभः— क उवाच । एवं गतं सप्तमेऽब्दे त्वष्टमे स गुणेश्वरः । उषः

स्नात्वा स्थितो ब्रह्म जपन्वेदचतुष्टयम् १ कस्तूरीतिलको नानाभूषणैः सुविराजितः । दिव्याम्बरधरो दिव्यगन्धमालाविभूषितः २
ततस्ते तापससुता आगतास्तं गुणेश्वरम् । तद्दीप्त्या भासिताः सर्वेऽरुणदीप्त्या यथा घनाः ३ तान्दृष्ट्वाऽध्ययने बुद्धिर्जाता
तस्यार्भकैः सह । सर्वेषां मस्तके हस्तं न्यधात्तत्समये विभुः ४ त्रिचतुः पंचवर्षाणां वेदस्फूर्तिस्ततोऽभवन् । विना तु चेतनां शब्दो
नभोवाण्या हि श्रूयते ५ चतुर्णामपि वेदानां सर्वे पारायणं व्यधुः । नाभक्षयन्पशुगणा ग्रासं मुखगतं तदा ६ श्रवणे तत्परा जाताः
शब्दानां वेदचारिणाम् । समाप्ते वेदद्वितये सामगानमथारभन् ७ हरिणाः सिंहशार्दूला भुजगाः पक्षिजातयः । गानस्य श्रवणे
सक्ता अश्रुपातान्प्रसुस्रुवुः ८ अष्टाशीतिसहस्राणि मुनयः श्रवणे रताः । आनन्दह्रदसंमग्नाः शेरते स्म यथा निशि ९ प्रमथाद्या
गणाः सर्वे शिवाया हर्षनिर्भराः । अस्रवच्चामृतं चन्द्र शिवभालस्थितस्तदा १० तत्संसर्गाद्रुण्डमालारुण्डानि पुरुषा बभुः ।
लज्जिताः किन्नराः सर्वे गन्धर्वाश्चास्य गानतः ११ स्मरतप्ताः स्त्रियः शान्ता आरार्तिक्यं व्यधुस्तदा । तत्राजगाम सहसा
दैत्यश्चाभिनवाकृतिः १२ यस्य शब्देन दीर्णास्ता मन्दराद्रिगुहास्तदा । हलदन्तो वापिनासस्तडागनयनोऽरिहा १३ स तु श्वाप-
दरूपेण बभ्राम तत्र तत्र ह । पंचनेत्रश्चतुः- शृंगो वसुपादश्चतुःश्रुतिः १४ त्रिमुखश्च द्विपुच्छोऽसौ जहासोच्चैर्निरीक्ष्य तम् ।
पश्यन्तु कौतुकं बालाः प्रोवाचेति शिशून्विभुः १५ अत्यद्भुतं दृष्टमिदमित्यूचुस्ते गुणेश्वरम् । ततो दैत्यो ननर्तोच्चैरुड्डीय
न्यपतद्भुवि १६ क्षणं लीनः क्षणं तिष्ठन्दृश्यादृश्यस्वरूपधृक् । ध्रियतां ध्रियतामेष इत्युवाच शिशून्विभुः १७ इत्युक्त्वा
दैत्यमगमद्वेगेन च गुणेश्वरः । पलायति महादैत्यो याति पृष्ठे स बालकैः १८ महारण्यं गताः सर्वे यत्र वायुर्न सर्पति । गर्जन्ति

सिंहशार्दूला गजसूकरवानराः १९ तं धर्तुं तत्र यातोऽसावुड्डीय दैत्यपुंगवः । क्वापि यातो दूरदेशं ततः खिन्नो गजाननः २०
क्रोधसंरक्तनयनो मुमोच पाशमुल्बणम् । चकम्पे धरणी व्योम भ्रमन्मेघमभूत्तदा २१ न्यपतन्भानि खात्पृथ्वीं ककुभो
व्यनदन्स्वनात् । स पाशो दैत्यमाक्रम्य क्षणेनायाद्गुणेश्वरम् २२ श्वासरोधात्पपातोर्व्यां लुण्ठन्पादौ भुजौ मुखम् । नेत्रद्वारा
गताः प्राणाः पश्यत्सु बालकेष्वपि २३ पतितो रूपमास्थाय चतुर्विंशतियोजनन् । सपाशकण्ठं तं केचिद्विचकर्षुरितस्ततः २४ गुदे
काष्ठं मुखे धूलिं प्राक्षिपन्नपरेऽर्भकाः । केचिन्मूत्रं पुरीषं च चक्रुस्तन्मस्तकेऽर्भकाः २५ गुणेशनिकटे याताः सवे बालाः क्षुधातुराः ।
रसालानि बभक्षुस्ते केचित्तन्मस्तके गताः २६ आजघ्नुः फलघातेन भूमिस्था उपरिस्थितान् । पतितान्यपरे खादन्ददृशुर्विनतां
ततः २७ अण्डमाच्छाद्य तिष्ठन्ती साऽधावद्बालकान्प्रति । पलायमानांस्तान्दृष्ट्वा विनता पृष्ठतो ययौ २८ निघ्नती पक्षवातेन
श्वापदानि द्रुमानपि । गुणेशस्तत्समालोक्य लीनो वृक्षस्य कोटरे २९ ददर्शाण्डं श्वेततरं मण्डलं शशिनो यथा । दधार हस्ते
सहसा गुणेशो बलवत्तरम् ३० अस्फुटत्तत्र ददृशे पतत्री नीलकण्ठवान् । दीर्घपक्षो विशालाक्षो वमञ्ज्वालाकणान्मुखात् ३१
व्याधूनयदुभौ पक्षौ कम्पयंजगतीतलम् । चेलुर्वेलामतिक्रम्य समुद्रास्तस्य शब्दतः ३२ चचाल मण्डलं भानोरर्भकास्ते पलायिताः ।
पृष्ठतोऽनुययौ सोऽथ पक्षघातेन ताडयन् ३३ तद्दृष्टवा कदनं तेषां योद्धुकामो गुणेश्वरः । जग्राह पक्षे तं क्रूरं ततो युद्धमवर्तत
३४ पक्षघातैश्चञ्चुपुटैर्जघान पक्षिपुंगवः । आरक्तनयनः सोऽपि तं जघ्ने मुष्टिघाततः ३५ अतिदार्ढ्यं तस्य दृष्टवा चतुर्भिर-
प्यथायुधैः । गुणेशस्तं जघानाशु तानि पेतुर्धरातले ३६ उड्डीय स पपालाशु बालानादाय सत्वरः । गुणेशस्तान्समुन्मुच्य समा-
रूढोऽण्डजे ततः ३७ वशे तमण्डजं कृत्वा चारुरोह गुणेश्वरः । ततस्तमाययुर्बाला विनतापि समाययौ ३८ तुष्टाव परमात्मानं

गुणेशं तं धिया स्वया। त्वं सृष्टिकर्ता रजसा ब्रह्मा सत्त्वेन पालकः ३९ विष्णुस्त्वमसि तमसा संहरञ्शंकरोऽपि च। न देवा नर्षयस्तत्त्वं विदुस्ते सगुणस्य ह ४० निर्गुणस्य तु को वेद चराचरगुरोरपि। एवं स्तुत्वाऽवदीत्सा तं प्रणता भक्तितत्परा ४१ कश्यपस्य मुनेर्भार्या विनतां विद्धि मामिह। तस्य पुत्रः शिखण्डी च सेवकस्ते भविष्यति ४२ मुनिना पूर्वमुक्तं मे योऽण्डमेतद्भिनत्ति च। सोऽस्य स्वामी न संदेहो मोचयिष्याति ते सुतान् ४३ प्रतीक्षन्त्या मया दृष्टं पादपद्मं चिरं तव। जटायुः श्येनसंपाती नीता कद्रूसुतैस्त्रयः ४४ तान्मोचय जगन्नाथ शीघ्रं दर्शय मे सुतान्। गणेउ उवाच। मा चिन्तां कुरु मातस्त्वं दर्शयिष्ये सुतांस्तव ४५ क उवाच। एवमुक्त्वा तु विनतां बहुहर्षसमन्वितः। शिखिनं च ततः प्राह वरं मत्तो वृणीष्व ह। ४६ मयूर उवाच। यदि मे त्वं प्रसन्नोऽसि यदि देयो वरो मम। तदा मन्नामपूर्वं ते नामाख्यातं भवेद्भुवि ४७ एतन्मे देहि सर्वेश तव भक्ति दृढां तथा। देव उवाच। साधु साधु त्वया प्रोक्तं निर्लोभेनान्तरात्मना ४८ त्वन्नामपूर्वं मन्नाम मयूरेश्वर इत्यथ। विख्यातं त्रिषु लोकेषु भक्तिर्मयि दृढा भवेत् ४९ क उवाच। एवमाकर्ण्य सा सर्वं विनता स्वाश्रमं ययौ। शिखण्डिनं समारूढो मयूरेशो निजं गृहम् ५० मयूरेश मयूरेश मयूरेशेति चासकृत्। गणद्भिर्मुनिबालैस्तैरन्वितः शोभयन्दिशः ५१ मातरं प्रणिपत्याह वृत्तान्तं सर्वमंजसा। वर्णयन्तो मयूरेशं मुनिपुत्रा गृहान्ययुः ५२ इत्थं मयूरेशनाम प्राप चासौ गुणेश्वरः ५३ (४४५१) इति श्रीगणेशपुराणे क्रीडाखण्डे शिखण्डिवरप्रदानं नामाष्टनवतितमोऽध्यायः ॥९८॥ अध्याय ९९ प्रारंभ :- क उवाच। अद्भुतं कृतवान्वर्षे नवमेऽसौ गुणेश्वरः। शिखण्डिनं समारुह्य चतुरायुधभूषितः १ नानालंकारसंयुक्तो नृगनाभिजशोभितः। दिव्याम्बरधरो बालः क्रीडितुं समुपाययौ २ पूर्णचन्द्रनिभः श्रीमांजयशब्दैरभिष्टुतः। केचिन्नमन्ति तं बालाः केचि–

च्छत्रं ध्वजं परे ३ दध्रुः केचिद्वीजयन्तस्तद्दर्शनमहोत्सवाः । क्रीडन्तः सरसीं याताः पंचयोजनविस्तृताम् ४ अगाधोदां नक्रझष-कूर्ममण्डूक- संयुताम् । लतातरुपरीवारां नानापक्षिगणैर्युताम् ५ उड्डीय पतिताः केचित्तस्यां केचिच्छनैर्ययुः । चूतं तत्तीरगं दृष्ट्वा विशालं फलसंयुतम् ६ आरुरोह मयूरेशो बालाः फलजिघत्सया । रसालैस्ते निजघ्नुस्तानभिन्नांगान्पलायिताः ७ बालाः स्कन्धा-न्दारयन्तो निपेतुः केऽपि तज्जले । एवं क्रीडत्सु बालेषु दैत्योऽगादश्वरूपवान् ८ यस्य पादप्रहारेण चूर्णतां यान्ति पर्वताः । यस्य ह्रेषितशब्देन कम्पते भुवनत्रयम् ९ पुच्छचांचल्यतो जीवान्हन्ति स्कन्धं जघर्ष ह । यस्मिश्च्युतेऽस्य शब्देन कम्पिते पतितेऽर्भके १० केचित्पलायिता बालाः केचिद्भग्नाश्च मस्तके । केचिन्निपतिताश्चाशु गुणेशो पतितो जले ११ निमग्ने द्विमुहूर्तेऽ-स्मिन्प्रारुदन्मुनिबालकाः । किं वक्तव्यमुमायै च दर्शनीयं मुखं कथम् १२ शंकरोऽपि रुषाविष्टो भस्मसान्नः करिष्यति । अगाधेऽस्मिजले मग्नं प्रवेष्टुं च न शक्नुमः १३ माता पिता पालयिता भ्राता त्राता सखा च नः । क उवाच । एवं शोचत्सु बालेषु मयूरेशो दधार तम् १४ कर्णयोर्जलमध्ये तु चकर्ष बलवान्विभुः । आरुरोह बलाद्दैत्यं भारेणामज्ज यन्मुहुः १५ स दैत्यो निर्वमन्नेत्रान्मुखाद्बहु जलं मुहुः । जलपूर्णश्रुतिश्वासोऽत्यजन्प्राणान्महारवः १६ एकहस्तेन धृत्वा तं दोलयित्वा जलाद्बहिः । मयूरेशस्ततो बाला जहर्षुर्ननृतुर्भृशम् १७ भुवि ते शतधा जातं ददृशुर्दैत्यपुंगवम् । प्रशशंसुर्मयूरेशं महाबलपराक्रमम् १८ त ऊचुस्तं तदा देवं मृतं मत्वा रुदामहे । तावदेव हि दृष्टोऽसि हतदैत्यो बहिर्गतः १९ पुनस्ते जलमाविश्य प्रासिचन्नंजलीन्मिथः । एकमतया च सर्वे ते प्रासिचन्गणनायकम् २० वर्षाकाले यथा मेघा धरणीं पर्वतानपि । षड्भुजैः परिषिचन्सन्नपर्याप्तोऽभवद्यदा २१ तदासंख्यभुजैर्वारी चिक्षेप बालकेषु सः । तदाश्चर्यं तु ते दृष्ट्वा

परस्परमथाब्रुवन् २२ षड्भुजोऽयं कथमभूदनन्तभुजमण्डितः । मन्दीभूता मुनिसुताः क्व द्विहस्ता वयं विभो २३ असंख्यभुजवी-
र्यौजाः क्व च त्वं भुवनेश्वर । पुनः सर्वे सिषिचुस्ते मयूरेशं रुषान्विताः २४ सोऽनन्तरूपस्तान्सर्वान्सिषेचे गणनायकः । एकैक-
स्याग्रतो भूत्वा षड्भुजो निजतेजसा २५ तावच्छिखण्डिनिष्ठोऽसौ चतुरायुधभूषितः । प्रणेमुस्तेऽञ्जलिपुटं बद्ध्वा देवम् गुणेश्वरम्
२६पश्यन्तस्तन्मुखे विश्वं सर्वस्वर्गान्वितं तु ते । गन्धर्वयक्षरक्षांसि सरिदब्धिद्रुमानपि २७ सर्वं चराचरं विश्वं सदेवासुरमानुषम्
प्रार्थयामासुरथ ते दृष्ट्वेत्थं ते भयातुराः २८ बाला ऊचुः । न विदामः स्वमात्मानं परं वा नापि किंचन । एकरूपो भव विभो
कृपां कृत्वाऽखिलेश्वर २९ क उवाच । इति तत्प्रार्थनां श्रुत्वा जातोऽसौ पूर्ववद्विभुः । एतस्मिन्नन्तरे तत्र चिक्रीडुर्नागकन्यकाः ३०
या निरीक्ष्याभवच्चाष्टनायिकानां त्रपा भृशम् । नेत्रे निरीक्ष्य ह्रीमन्त्यः प्रापलन्हरिणस्त्रियः ३१ अतिसुन्दरगात्रास्ताः सर्वालंका-
रभूषिताः । ता निरीक्ष्य मयूरेशं विव्हला मदनाग्निना ३२ ता ऊचुश्च मिथः सर्वा अयं भर्ता भवेद्यति । सफलं नस्तदा जन्म
जीवितं च वयोऽपि च ३३ धैर्यात्तमूचुस्ताः सर्वाः : कुत आगमनं तव । दृष्ट्वा ते वदनं चेतो विव्हलं नोऽभिजायते ३४ विश्रान्तं
कुरु चेतो नः स्वांगसंगान्नृषूत्तम । देव उवाच । अहं शिवसुतो नाम्ना मयूरेश इति स्फुटम् ३५ विख्यातो मुनिपुत्रैस्तु मज्जिता
बलवत्तरैः । दृष्टवान्पादकमलं भवतीनां प्रसंगतः ३६ ता ऊचुः । अस्मद्गृहे क्षणं स्थित्वा विश्रामं कर्तुमर्हसि । देव उवाच ।
पार्वती मद्वियोगेन परितप्येद्भृशं यतः ३७ अतो नायामि वः स्थानं गच्छन्तु नागकन्यकाः । क उवाच । एवं वदति तस्मिंस्तु
धृत्वा निन्युर्गृहं तु ताः ३८ तमदृष्ट्वा पुनः शोकं व्यधुर्मुनिसुता स्तदा । बाला ऊचुः । कथं कठिनतां यातो दयालुः स गुणेश्वरः
३९ अमृतस्राविकिरणो न चन्द्र उष्णतां व्रजेत् । न पिता त्यजते बालानपराधायुते सति ४० क्व गतोऽसि विना त्वां हि गभि-

ष्यन्ति हि नोऽसवः । क उवाच । केचिन्निपतिता भूमौ केचिद्भालं निजघ्निरे ४१ केचिद्ययुः स्वाश्रमं ते पथि तस्य पदाम्बुजे । दृष्ट्वा नेमू रुदन्तस्ते ददृशुस्ते भगासुरम् ४२ मूर्धजाघाततो यस्य भानि भूमौ निपेतिरे । शतयोजनपादाब्जो भुमावास्यं प्रसार्य सः ४३ तेषां मार्गे प्रसुष्वाप ततस्ते शिशवो ययुः । ध्यायन्तस्तं मयूरेशं शोचन्तः पथिविव्हलाः ४४ उदरे तस्य ते याता आपगा जलधीनिव । भ्रान्ताः परस्परं चक्रुर्वार्ता नानाविधास्ततः ४५ मयूरेशो गतः क्वापि वयं कुत्र व्रजामहे । न जानीमो दिशं सर्वं नो दृश्यन्ते गृहाणि च । ४६ इन्द्रियाणामधिपतिर्मनो नीतं तु तेन नः । विना नो मनसा ज्ञानं कथमुत्पत्स्यतेऽर्भकाः ४७ क्व मातरो भ्रातरो वा पितरः क्व गुणेश्वरः । एवं वदत्सु बालेषु मयूरेशोऽखिलार्थकृत ४८ आविरासीत्तत्पुरतश्चतुरायुधभूषितः । गुणेश उवाच । मा शोचन्तु भवद्दुःखं ज्ञात्वाऽहं शीघ्रमागतः ४९ भगासुरोदरगता नात्मानं विदुरर्भकाः । क उवाच । निद्रया मोहयामास मुनिपुत्रान्गुणेश्वरः ५० दैत्यदेहान्तरगतो ववृधे वामनो यथा । विपाट्य देहं तस्याशु शकले द्वे व्यधाद्विभुः ५१ ततोऽस्तमित आदित्ये नागतेष्वर्भकेषु च । मातरः पितरश्चैव चिन्तामापुः शुचान्विताः ५२ ऊचुः परस्परं ते तु शिवापुत्रो महा-बलः । बालान्नीत्वा गतः कुत्र मृतो वा शिशुभिः सह ५३ जीवंश्चेदागतः स स्यात्सायंकाले बुभुक्षितः । केचित्प्राणान्विना तैस्तु तत्यजुर्मातरोऽपि च ५४ केचिदूचुरुमायैतद्वृत्तं सर्वं निवेद्यताम् । केचित्तेषु वनं याता बभ्रमुर्वनपर्वतान् ५५ नापुस्तं च स्वकान्बालान्खिन्नाः प्रापुर्गृहान्पुनः । नानाकोलाहलं चक्रुर्जनन्यः पितृसोदराः ५६ तेषामाक्रन्दितं श्रुत्वा कृपालुः स मयूरराट् । तत्तद्रूपं स्वमात्मानं तत्तद्भूषासमन्वितम् ५७ तत्तद्वासःपरीधानं तत्तच्छीलगुणान्वितम् । तत्तदंगं चकाराशु विवेशासौ गृहे ततः ५८

कृत्वा तत्तद्वयोवेषं तत्तन्मानयुतं शुभम् । जनन्यस्ताः समुत्थाय बालानादाय सत्वराः ५९ स्तपपानं ददुः प्रीत्या परमानन्दनिर्भराः । ततो ददृशिरे बालाः पितृभिर्मातृभिस्तदा ६० ता ऊचुः क्व स्थिता रोषादुषःकाले गताः कुतः । न स्नानं न च भुक्तं वा न चान्य द्वापि भक्षितम् ६१ मयूरेश्वरसंगेन नेदानीं गन्तुमर्हथ । क उवाच । एवं शिक्षाप्य तान्बालानालिंग्य बुभुजुः सुखम् ६२ शिवापि पुरतोऽपश्यन्मयूरेशं समागतम् । आलिंग्य परिपप्रच्छ किं भुक्तं वनगोचरे ६३ त्वद्वियोगजदुःखेन मया किंचिन्न भक्षितम् । स्तनौ पिब पयोवृद्धौ भोजनं च समाचर । ततः सर्वं चकारासौ मातृवाक्यं गुणेश्वरः ६४ (४५१५) इति श्रीगणेशपुराणे क्रीडाखण्डे नवनवतिमोऽध्यायः ॥९९॥

अध्याय १०० प्रारंभ :– क उवाच । अनेकरूपवान्देवो मयूरेशोऽखिलेश्वरः । अतिसुन्दरदेहः सन्नागकन्याभिराहृतः १ गृहं स्वकीयं क्रीडार्थं पूजितो बहुविस्तरात् । सुगन्धतैलोद्वर्तनैः । स्नाप्योष्णैरपि तं जलैः २ दिव्यवस्त्रैर–लंकारैश्चन्दनैरपि पूज्य च । धूपदीपैश्च नैवेद्यैः फलतांबूलकांचनैः ३ ऊचुः करपुटं बद्ध्वा वयं धन्यतमा विभो । यद् दृष्टंते पदं देव ब्रह्माद्यैरपि कांक्षितम् । ४ नागलोको धन्यतमो जीवितं नः सुजीवितम् । आनंदन्हदमग्नं नो मानसं तापमप्यजत् ५ यद्यत्ते ईप्सितं देव तत्तदत्रापि गृह्यताम् । अत्रस्थित्वा कति दिनं पश्चात्त्वं गन्तुमर्हसि ६ मयूरेश उवाच । वांच्छितं वो विधास्येऽहं गिरिजा मां प्रतीक्षते । मद्वियोगेन तप्ता सा न भक्षयति किंचन ७ यूयं कस्यात्मजास्तस्य दर्शनं चेद्भवेन्मम । क उवाच । तत ऊचुर्नागकन्या वासुकेः पुत्रिका वयम् । ८ ब्रह्माद्या मुनयो देवा यान्ति यस्य गृहं सदा । यस्य विषभवा ज्वाला दहेत्त्रिभुवनं विभो ९ क उवाच । इत्युक्त्वा तं पुरस्कृत्य पितरं प्रापुरंगनाः । रत्नसिंहासने दीप्ते तिष्ठन्तं पन्नगैर्युतम् १० सूर्यकोटिनिभं रत्नमालया शोभितं तदा । मूर्धस्थरत्नकिरणैर्भासयन्तं दिशोऽखिलाः । तं दृष्ट्वा वासुकिं देवो गर्वितं बलवत्तरम् ११ उड्डीय

तत्फणासंस्थं मणिं जग्राह सत्वरम् । येन पातालविवरे नान्धकारोऽभवत्किल १२ आन्दोलयामास शिरः कम्पयन्सप्तपर्वतान् । उदधीन्सप्तस्वर्गांश्च पातालानि रसातलम् १३ हस्तेनैकेन तं गृह्य मयूरेशः स्वलीलया । वासुकिं निजकण्ठे तं बबन्ध सर्पभूषणः १४ विख्यातः स्वर्गलोकेऽभून्ज्जगर्जानन्दतो विभुः । तद्गर्जितं समाकर्ण्य चुक्षुभे भुवनत्रयम् १५ ततः सर्पगणाः शेषं नीतुं वासुकिमब्रुवन् । स च क्रोधसमाविष्टो विस्तार्य निखिलान्फणान् १६ विषाग्निमुत्सृजन्दग्धुं त्रैलोक्यमुपचक्रमे । उवाच कः क्षमो जेतुं मम बन्धुं तु वासुकिम् १७ आवेशेन ययौ रोषाद्दावानल इव ज्वलन् । शीघ्रं यातो मयूरेशं तिष्ठ तिष्ठेति चाब्रवीत् १८ ततो नागकुलान्याशु तं शेषमन्वयुस्तदा । ततः पन्नगवृन्दं तं दृष्ट्वा देवो व्यतिष्ठत १९ शिखण्डिमस्तके हस्तं न्यधाद्युद्धाय पन्नगैः । स ययौ तं नमस्कृत्य ग्रसन्निव महाद्भुतः २० दुधाव पक्षौ तद्वाताद्भ्रामयन्भुजगोत्तमान् । कांश्चित्स भक्षयामास चुचूर्ण चापरानपि २१ मारयामास कांश्चित्स भुजगान्बलवत्तरान् । निरीक्ष्य तं मृताः केचित्पन्नगा भयविह्वलाः २२ दृष्ट्वा पराक्रमं तस्य शेषः श्वासमपात्यजत् । शिखण्डी पतितस्तेन मूर्छितो धरणीतले २३ मयूरेशं ततः शेषो ययौ क्रोधद्दहन्निव । त्रैलोक्य विषवह्निस्थं समालोक्य गुणेश्वरः २४ विराटरूपं समास्थाय रुरोह तत्फणोपरि । उड्डीय बालभावेन गर्जन्मेघ इवापरः २५ ननर्त करतालेन पादाघातेन मर्दयन् । अनन्तकोटिब्रह्माण्डभारेण परिपीडितः २६ एकब्रह्माण्डवाही स कथं तद्भारमावहेत् । बबन्ध शेषं हि कटौ रज्जुं बालो यथा रमन् २७ ततस्ते भुजगाः सर्वे योद्धुकामास्तमन्वयुः । हुंकारेणैव तान्सर्वान्पातयामास विघ्नराट् २८ अवध्नान्मस्तके कांश्चिकांश्चिच्च कर्णयोर्विभुः । परिश्रान्तस्तदा शेषस्तं नुनाव गुणेश्वरम् २९ न स्वरूपं विदुर्देवा ब्रह्माद्या मुनयोऽपि च । त्वमेव सृजसे विश्वं पासि हंसि त्वमेव हि ३० नानावतारकर्ता त्वं नानादैत्यविमर्दनः । त्वमेव साक्षी सर्वस्य सर्वान्तर्यामितां

दधत् ३१ सर्वत्र कारणं त्वं हि कारणानां च कारणम् । अज्ञानादभिमानेन योद्धुकामान्क्षमस्व नः ३२ क उवाच । सम्पातिं
च जटायुं च श्येनमानीय सर्पराट् । निवेद्य च नमस्कृत्य शेषस्तूऽर्णीं बभूव ह ३३ तेऽपि तं प्रणिपत्याहुर्दीननाथ प्रसादतः । बन्धा
मुक्ताः सर्पकृतान्नमस्ते परमेश्वर ३४ क उवाच । एवमुक्त्वा मयूरेश बन्धुं तं शिखिनं त्रयः । आलिलिङ्गुर्मुदा युक्तास्तदा
गद्गदभाषिणः ३५ पप्रच्छुः कुशलं मात्रे ते च क्षेममथाब्रुवन् । ततः शिखण्डिनं सोऽथ रुरोह गणनायकः ३६ पातालाद्धरणीं
प्रायात्तैस्त्रिभिः संयुतो वशी । भगासुरं ददर्शार्द्धमार्गे शिशुहरं च तम् ३७ उद्यम्य परशुं दीप्तं शशिसूर्यनिभं विभुः । तत्याज कण्ठे
तं तस्य पशुमारममारयत् ३८ तच्छिरः परिबभ्राम शृंगवज्राहतं यथा । ततस्तदुत्थिता बाला योगमायाविमोहिताः ३९
मयूरेशः क्व चास्तीति प्राकोशन्सर्व एव ते । आसने क्रीडने स्वापे जागृतौ भोजनेऽपि च ४० तमेव ध्यायमानास्ते तन्मुखा-
द्बहिरायुयुः । गर्भवासादिवोत्तीर्णा ददृशुस्तं गुणेश्वरम् ४१ दृष्ट्वा ते रुरुदुः स्नेहादालिलिंगुर्मुदाऽखिला । ते ऊचुः । त्यक्त्वा-
ऽस्मान्दैत्यजठरे मृतान्क्वासि गतो भवान् ४२ त्वत्स्मृतेस्तस्य जठरे जीविता निर्गतास्ततः । मयूरेश उवाच । सर्वव्यापी
सर्वगतः सर्ववेत्ताऽखिलेश्वरः ४३ न त्यक्तवान्कदाचिद्वो मा चिन्तां कर्तुमर्हथ । क उवाच ततो ययौ मयूरेशो बालकैः परिवे-
ष्टितः ४४ केचिद्धावन्ति पुरतो नानाशब्दकरा भृशम् । केचिच्छत्रधराः केचिद्दण्डचामरधारिणः ४५ धूलिध्वजं समालोक्य
ययुर्मुनिगणा बहिः । शिल्यारूढं मयूरेशं बालकैः परिवेष्टितम् ४६ ऊचुः परस्परं सर्वे मुनयो विस्मयान्विताः । गृहेऽस्मिंशिशवश्चामी
कुतोऽन्येऽस्य समीपतः ४७ तांश्च तान्मीलिताः सर्वेऽपश्यंते देवरूपिणः । विचारेण च तान्सर्वे परब्रह्मस्वरूपिणः ४८ आनन्दन्ह-

दमग्नास्ते न विदुः स्वपरं पुनः । नापश्यंस्ते पुनस्तांस्तान्भ्रान्ता इव व्यलोकयन् ४९ मायया मोहिताः सर्वे स्वान्स्वान्बालान्व्य-लोकयन् । कश्चित्पितरमासाद्य पठति स्म यथा पुरा ५० कश्चिन्मातरमासाद्य पिबति स्म स्तनं मुदा । आलिलिंगाथ जननीं पितरं वापि कश्चन ५१ भ्रातरं ताडयित्वाऽन्यो रुरोद ताडनादिव । उमापि तनयं दृष्ट्वालिंग्य प्रादात्स्तनं मुदा ५२ कथं चिरतरं यात इति क्रोधादभाषत । आदाय हस्ते गिरिजा मयूरेशं गृहं ययौ ५३ सर्वे ते मुनयो जग्मुः शिशुभिः स्वं स्वमाश्रमम् ५४ (४५६९) इति श्रीगणेशपुराणे क्रीडाखण्डे भगासुरवधो नाम शततमोऽध्यायः ॥१००॥

अध्याय १०१ प्रारंभ :– क उवाच । ततस्तु दशमे वर्षे सुखासीनं महेश्वरम् । गिरिजासहितं वामे सप्तकोटिगणान्वितम् १ नृत्यन्तं तं मयूरेशं पश्यन्तं स्वांगणे शिशुम् । आययुर्मुनयः सर्वे गौतमाद्याः प्रणम्य तम् २ ऊचुः प्रबुद्धमतयो महादेवं महौजसम् । यावत्कालं शिवात्र त्वं मयूरेशसमन्वितः ३ स्थितोऽसि तावद्दैत्यानामनन्तानां समागमः । वयं तेन प्रपीड्यामोऽन्यत्र याहि शिवाधुना ४ वयं वान्यत्र गच्छामो यद्याज्ञा ते भवेद्धर । शिव उवाच । भवत्संगेन च मया नववर्षाणि सौख्यतः ५ अतिक्रा-न्तानि विघ्नानि मयूरेशेन तानि च । भवतां गमनेऽस्माकं स्थित्वा किन्नु प्रयोजनम् ६ अहमेव प्रयास्यामि स्थलमन्यच्चिरा-कुलम् । क उवाच । इति शम्भुवचः श्रुत्वा मुनयस्तं प्रणम्य ते ७ जय देव मयूरेशेत्युक्त्वा स्वस्थानमाययुः । शिवोऽपि गणसंयुक्तो वृषारूढोऽम्बिकायुतः ८ बर्हयारूढं मयूरेशं पुरस्कृत्वा मुदान्वितः । नानावादित्रनिर्घोषैर्नादयन्विष्टपं ततः ९ अन्वयु-र्मुनयः सर्वे मयूरेशं शिवान्वितम् । पत्न्योऽपि बालकैः सार्द्धं स्नेहगद्गदभाषिभिः १० रजसा व्योमनि तते न प्राज्ञायत किंचन । परावृत्य शिवः सर्वान्दक्षिणाभिमुखो ययौ ११ ददृशुर्मार्गमध्ये तं द्वादशाक्षौहिणीयुतम् । कमलासुरमायान्तं धूलिधूसरिताम्बरम्

१२ गजाश्च पुरतो यान्ति रथाश्वपादचारिणः । न ज्ञायते रवेस्तेजः शस्त्रदीप्त्याथ किंचन १३ कोलाहलो महानासीद्गजाश्वर-
थपत्तिनः । नानाविधानां शस्त्राणां संघट्टस्वनमिश्रितः १४ ददृशुस्तं महादैत्यं शिवचाराः पुरो गताः । शंकासुरस्य तं बन्धुं
नानाभूषाविराजितम् १५ नानायुधधरं प्रोचुरागत्य तु शिवं गणाः । पादाघातेन तस्याशु कम्पते कमठादयः १६ मुनयोऽग्रेचरा
पेतुर्भयभीतास्तमब्रुवन् । मयूरेश महाभाग कथं रक्षसि नोऽखिलान् १७ क उवाच । इति तद्वचनं श्रुत्वा प्रावदत्स गुणेश्वरः ।
विद्यमाने शिवे चिन्ता न कार्या मुनिपुंगवा १८ मयूरेशो हरं प्राह नमस्कृत्य ततः पुनः । देव उवाच । महासेनायुतो दैत्यो
नाम्नाऽसौ कमलासुरः १९ यदि तेऽनुग्रहो मे स्याद्युद्धायाशु व्रजाम्यहम् । शिव उवाच । सम्यगुक्तं त्वया पुत्र हृदयानन्दनं वचः
२० द्वादशाक्षौहिणीसेनायुतोऽसौ दैत्यपुंगव । एकाकी कथमायासि सप्तकोटिगणैर्युतः २१ वज्राप्नुहि जयं शीघ्रं जहि शत्रुं
महाबलम् । देव उवाच । तव प्रसादात्त्रैलोक्यं दहेयमिति मे मतिः २२ कियन्तो न हता दैत्या न ज्ञातास्ते त्वया नु किम् ।
अस्य का गणना स्वामिन्नायास्ये जयवानहम् २३ क उवाच । एवमाकर्ण्य तद्वाक्यं शम्भूरालिंग्य तं ददौ । त्रिशूलं पुत्रहस्ते
तन्मूर्ध्नि न्यस्य करं शुभम् २४ आज्ञां ददौ स्वपुत्राय गणयुक्ताय शंकरः । क्ष्वेडितैर्जयशब्दैश्च नादयन्स दिशो दश २५ प्रययौ
प्रमथैर्युक्तो विघ्नहा युद्धलालसः । वृषारूढः शिवायुक्तो हरोऽपि द्रष्टमन्वगात् २६ दृष्ट्वाऽपारां दैत्यसेनां मयूरेशः शरीरतः ।
निर्ममे बहुलां सेनां ततो युद्धमवर्तत २७ कालानुरूपास्ते वीरा ब्रम्हाण्डाशनतत्पराः । मेरोरधिकमानास्ते शब्दतः शृंगपातिनः
२८ परस्परं निजघ्नुस्ते तुमुले संयुगे ततः । अन्धकारो महानासीद्रजसाच्छादिता दिशः २९ विस्मयं चक्रिरे दैत्या इदानीम-
यमेकलः । अनेकतां कथं यातस्तस्मादेष परः पुमान् ३० भूभारं हर्तुकामोऽयमवतीर्णः शिवालये । सोऽपि दीर्घतरं रूपं

दधार सहसा विभुः ३१ दृष्ट्वा दीर्घं दैत्यरूपं योगमायासमावृतः । दशायुधधरो देवो दशहस्तो महाबलः ३२ मयूरेशश्च दैत्यश्च युध्यमानौ विरेजतुः । नानाशस्त्रप्रहरणैर्नानायुद्धविशारदैः ३३ व्यस्ताव्यस्तमयुध्यन्त गणाः सेनाचराश्च ते। मुष्टिप्रहारै-र्दन्तैश्च शस्त्रास्त्रैरितरेतरम् ३४ केषांचिन्मस्तका भग्ना अपरेषां मुखानि च । जानुजङ्घाविरहिता निपेतुरपरे रणे ३५ गर्जयन्तो दशदिशः शस्त्रास्त्रघातनिस्वनैः । स्वामिस्वनामतो जघ्नुरन्धकारे रजस्कृते ३६ कबन्धामारयंस्तत्र परान्स्वानपि संमुखम् । दैत्यसेनाचरा भग्ना दैत्य मेवान्वयुस्तदा ३७ असंख्यातान्मृतान्प्राहुर्नद्यस्तु रक्तसंभवाः । दैत्य उवाच । इन्द्रादयो लोकपाला ब्रम्हाद्या देवतागणाः ३८ निर्जिता येन तेनेह को युद्धं कुर्तुमुत्सहेत् । भूगोलं न्युब्जतां नेतुं कोऽन्यः शक्तो भविष्यति ३९ क उवाच । इत्युक्त्वान्दोलयामास शस्त्रान्धोलनतो जगत् । क्रोधसंरक्तनयनो मारयामास दैत्यराट् ४० मयूरेशगणान्सर्वान्नानावाहनहेतिकान् । शिरःपादान्कृती हस्तान्भित्त्वाऽपातयदाहवे ४१ उत्कर्षं तस्य तं दृष्ट्वा ममूरेषो ययु पुरः । स्वर्गं च गर्जयन्व्योम दशशस्त्रैर्द्विषोऽहनत् ४२ असं-ख्याता हता दैत्या मुक्ति प्रापुः सुदुर्लभाम् ४३ (४६१२) इति श्री गणेशपुराणे क्रीडाखण्डे दैत्यसेनावधो नामैकशततमोऽध्यायः ॥१०१॥

अध्याय १०२ प्रारंभ :– क उवाच । विनष्टे बहुधा सैन्ये रुरोहाश्वं स दैत्य ाट् । खड्गपाणिर्ययौ योध्दुं मयूरेशं रुषान्वितः १ तं दृष्ट्वा तु मयूरेशो रुरोह स्वं शिखण्डिनम् । तं दृष्ट्वा शीघ्रमायान्त पन्नगास्त्रं स दैत्यराट् २ जप्त्वा मन्त्रं च शतधा भार्गवादिष्टमादरात् । ससर्ज पन्नगास्त्रं तत्तेजसा जज्वलुर्दिशः ३ सर्पसैन्यैरवेष्टयन्त देवसेनाचरा नराः । मृताः केचिद्-गताः केचित्पातिताश्चापरेऽवनौ ४ ननन्द देवस्तं दैत्यमतिवीर्यं पराक्रमम् । साधु युध्यसि दैत्येन्द्र नेदृशः कोऽपि वीक्षितः ५ एवमुक्त्वा रिपुं देवो गरुडास्त्रमवासृजत् । ततः पलायिताः सर्पाः प्रोत्तिष्ठंश्च चमूचराः ६ चक्रास्त्रमसृजद्देवो दैत्यसेनानिबर्हणम् ।

तेन केचिन्मृता दैत्याः केचिच्छिन्नाङ्घ्रिमस्तकाः ७ विभिन्नजानुजङ्घाश्च छिन्नगुल्फाः परेऽपतन् । गर्जन्ति धाव धावेति
पितर्मातः सुतेतिच । ८ मुक्तिं याता मयूरेशं दृष्ट्वा प्राणांजहुश्च ये । एवं सेना निरस्ताऽस्य ततो दैत्योरुषाऽब्रवत् ९ खड्गपाणी
रुषा गर्जन्वेगेनायाद्गजाननम् । तथाविधं रिपुं दृष्ट्वा परशुं जगृहे विभुः १० ययौ दैत्यं महावेगमसृजत्परशुं च तम् । स दहं-
स्तेजसा व्योम दिशः पक्षिगणानपि ११ अच्छिनद्दैत्यहस्तं च खड्गं च शतधा जवात् । स चापं सहसा गृह्य सज्यं कृत्वा
शरान्बहून् १२ असंख्यातान्बलाद्विध्यंश्छादयामास सैनिकान् । गगनं च दिशः सर्वा जगजं घननिस्वनः १३ शराघातेन
बलवान्निवार्य शरपंजरम् । अन्धकारे बाणमये नाज्ञासीत्कोपि कंचन १४ मयुरेशोऽथ शीघ्रं तदाश्वं भूमावपातयत् । ततोऽन्त-
रिक्षे तिष्ठन्त्स प्रोचे च गणनायकम् १५ अश्वो निपातितस्तस्य पश्य मे कौतुकं महत् । शिखण्डिनं हनिष्यामि पश्यतस्ते गुणेश्वर
१६ उभयत्र निषंगस्थाञ्शरान्भूमौ व्यचिक्षिपत् । चापमाकृष्य कर्णान्तं चिक्षेप शरसंचयान् १७ मयूरेशस्य सेनायां मारयन्सर्व-
सैनिकान् । ववर्ष शरजालानि वर्षाकाले घना यथा । १८ कियन्तो भिन्नसर्वांगां केचित्प्राणांजहुः सुराः । एवं नश्यत्सु वीरेषु
मयूरेषो रुषान्वितः १९ कमलासुरबाणैस्तु विद्धं त्यक्त्वा शिखण्डिनम् । पाशं करेण जग्राह तोलयित्वा स सादरम् २० जगजं
नादयन्व्योम तत्याज महसा युतम् । स पातयन्दैत्यगणान्ददाह रिपुसैनिकान् २१ कण्ठे च न्यपतत्तस्य दैत्यसेनाधिपस्य ह । रुरोध
श्वासमस्यासौ दैत्यो रूपान्तरं श्रितः २२ मूर्ध्ना संछादयामास तत्क्षणाद्रविमण्डलम् । अन्धकारे घोरतमे न प्रज्ञायत किंचन २३

उवाच संमुखो भूत्वा मयूरेशं रुषान्वितः । मया किं युध्यसे बाल गच्छ मातुः स्तनं पिब २४ रमस्व बालकैर्नो चेन्मरिष्यसि ममाग्रतः । मम चाक्रन्दनेनैव कम्पते भुवनत्रयम् २५ पादे भूमौ स्थाप्यमाने शेषोऽपि चलते ह्यधः । मम मुष्टिप्रहारेण चूर्णीभूता महाचलाः । २६ नखाग्रेण शिरस्तेऽहं गमयिष्ये रसातलम् । क उवाच । एवणाकर्ण्य दुर्बुद्धेर्वाक्यं प्रोचे गजाननः । पिशाचवन्मद्यपवर्तिक वल्गसि ममाग्रतः २७ न जयं प्राप्नुते क्वापि देवद्विजविनिन्दकः । मम चेद्भविता क्रोधो ज्वालयेद्भुवनत्रयम् २८ यशस्ते ख्यापितुं लोके युद्धचापि हर्षनिर्भरः । नो चेद्हुंकारमात्रेण नीतः स्याद्यमसादनम् २९ क उवाच । एवमाकर्ण्य तद्वाक्यं दैत्यः क्रोधानलाकुलः । क्ष्वेडितं प्रतिशब्देन नादयन्विदिशो दिशः ३० तदा गर्भा निपतितास्तस्य शब्देन तत्क्षणात् । प्रमथाद्या गणाः केचिन्मूर्छिता धरणीं गताः ३१ आकर्णं धनुराकृष्य मुमोच कमलासुरः । शरवृष्टिं पुना रौद्रां मयूरेशे बलेऽपि च ३२

(४६४४) इति श्रीगणेशपुराणे क्रीडाखण्डे कमलासुरसंग्रामो नाम द्व्युत्तरशततमोऽध्यायः ॥१०२॥

अध्याय १०३ प्रारंभ :– क उवाच । उत्कर्षं तस्य दैत्यस्य दृष्ट्वा देवस्त्वरान्वितः । आययौ पुरतो दैत्यं जघान शरवृष्टिभिः १ न्यवारयत दैत्योऽपि स्वशरैरतिवेगितैः । ततस्तुतोष भगवान्मयूरेशो गुणाग्रणी २ दर्शयामास तस्मै स विश्वरूपमनन्तकम् । दशदिक्षु मयूरेशं ददर्श कमलासुरः ३ विस्मितश्छाद्य नयने हृदि तं परिदृष्टवान् । ततः पलायनपरो यावद्गच्छति दैत्यराट् ४ शिखामाक्रम्य देवोऽपि धृत्वा प्रोवाच तं पुनः । तिष्ठ युध्यस्व दैत्येन्द्र स्मर वाक्यानि तानि च ५ पुनर्ददर्श दैत्यस्तमेकमेव पुरः स्थितम् । अधावत्सहसा योद्धुं जगर्ज च महाबली ६ दशायुधधरो देवो बोधयामास तं तदा । बिभेदास्य शरीरं स विघ्नराट् शस्त्रघाततः ७ यत्रास्य न्यपतद्रक्तबिन्दुस्तत्रासुरोऽभवत् । तद्रूपस्तद्बलश्चैवमसंख्यातास्तदाऽसुराः ८ नानाशस्त्रैरथास्त्रैस्ते तं जघ्नुः

शरवृष्टिभिः । ततः परावृत्तो देवो मयूरेशो रुषा ज्वलन् ९ सार्द्धकोटित्रयमितैः सिद्धिबुद्धी तदा बलैः । ईयतुः परमक्रुद्धे ततो युद्धमवर्ततत १० ऊचतुर्गणराजं ते देहि भक्ष्यं क्षुधापहम् । त ऊचे भक्षतं देवो दैत्यासृग्जनितान्बहून् ११ इत्युक्ते ते तदा तेन मयूरेशेन सत्वरम् । बभक्षतुर्भूतगणैस्तान्दैत्यानखिलानपि १२ देवो जघान खड्गेन तं दैत्यं कमलासुरम् । पुनश्च शतशो जाता दैत्यास्तद्रक्तसंभवाः १३ बभक्षुस्तानपि ततो पिबन्रक्तं समन्ततः । ततः खिन्नो मयूरेशः शूलमुद्यम्य वेगवान् १४ तत्याज सहसा दैत्ये ययौ स प्रदहन्दिशः। चूर्णयन्पर्वतान्व्योम नादयन्भानि पातयन् १५ वेगेन पतितो दैत्यदेहं भित्त्वा द्विधाऽकरोत् । मस्तकस्तस्य पतितो भीमाय दक्षिणे तटे १६ कृष्णाया उत्तरे तीरे तस्थौ तत्र गुणेश्वरः । सर्वे सन्तुष्टमनसो जयशब्दैस्तमब्रुवन् १७ जय देव मयूरेश कुरु दुष्टविनाशनम् । ततस्तत्राययौ गौरीपतिर्गणपरीवृतः १८ गौतमाद्यैश्च मुनिभिः पार्वत्या च समायुतः । वाद्यत्सु सर्ववाद्येषु पुष्पवृष्टिः पपात खात् १९ आलिंग्य पार्वती प्रादात्स्तनपानं मुदा तदा । मुनयस्तुष्टुवुश्चैनं मयूरेशं सुरेश्वरम् २० कमलाकान्तहृदयहृद्यानन्दवर्धन । कमलाकान्तनमित कमलासुरनाशन २१ कमलासेवितपद जय त्वं कमलाप्रद। कमलासनवन्द्येश कमलाकरशीतल २२ कमलांकसुपादाब्ज कमलांकितसत्कर । कमलाबन्धुतिलक भक्तानां कमलाप्रद २३ कमलासूनुरिपुज कमलासूनुसुन्दर । कमलापितृरत्नानां मालया जय शोभित २४ कमलासुरबाणानां कमलेन निवारक । कमलाक्रान्तकमलकोशजितकरपंकज २५ कमलापतिहस्तस्थपद्मकोशनिभेक्षण । सर्वहृत्कमलानन्द जय सर्वाघनाशन २६ कमलाङ्कुशहस्ताब्ज जयविघ्नहराव्यय । त्वया विनिहतः पापः शक्रादिभयदो रिपुः २७ वज्रचक्राद्यभेद्यो यो मुनीनामपि भीतिदः । एवं स्तुत्वा पुपूजुस्ते गौतमाद्या महर्षयः २८ दशभिर्दोर्भिरालिंग्य पुपूज गिरिशोऽपि तम् । ततस्ते मुनयः प्रोचुर्मयूरेशं च शंकरम् २९ अत्रत्वं सर्वदा

तिष्ठ सर्वदेवगणैर्युतः । पूरयन्भक्तकार्याणि वारयन्विघ्नसंचयान् ३० क उवाच । एवं तैः प्रार्थितौ देवौ सर्वदेवगणैर्युतौ । पूरयन्तौ भक्तकामान्हरन्तौ विघ्नसंचयान् ३१ स्थितौ तत्र मयूरेशशंकरौ लोकशंकरौ । विश्वकर्मा व्यधातत्र मन्दिरं सुन्दरं ततः ३२ असंख्यशिखरद्वारमसंख्याश्चर्यसंयुतम् । तत्राभून्नगरं चारु सर्वलोकसमन्वितम् ३३ मयूरेशपुरं तस्य नाम चक्रुर्महर्षयः । तपस्तेपुर्मुनिगणा नानाभरणसंश्रिताः ३४ हरोऽपि च तपस्तेपे गिरिजागणसंयुतः । तस्य ध्यानं पूजनं च स्मरणं ते व्यधुर्द्विजाः ३५ मयूरेशः पुनर्बालैः क्रीडति स्म यथा पुरा ३६ (४६८०) इति श्रीगणेशपुराणे क्रीडाखण्डे कमलासुरवधोनाम त्र्युत्तरशततमोऽध्यायः ॥१०३॥ अध्याय १०४ प्रारंभः– क उवाच । अहं प्रयातस्तं द्रष्टुं गुप्तरूपो द्विजोत्तम । अदर्शं तत्र तं देवमुमया सहितं प्रभुम् १ स्नात्वासीनं जपन्तं च परंब्रह्मसनातनम् । अहं तमस्तुवं देवं मयूरेश्वरसंज्ञकम् । २ पुराणपुरुषंदेवं नानाक्रीडाकरं मुदा । मायाविनं दुर्विभाव्यं मयूरेशं नमाम्यहम् ३ परात्परं चिदानन्दं निर्विकारं हृदिस्थितम् । गुणातीतं गुणमयं मयूरेशं० ४ सृजन्तं पालयन्तं च संहरन्तं निजेच्छया । सर्वविघ्नहरंदेवं मयूरेशं० ५ इन्द्रादिदेवतावृन्दै रभिष्टुतमहर्निशम् । सदसद्व्यक्तमव्यक्तं मयूरेशं० ६ नानादैत्यनिहन्तारं नानारूपाणि बिभ्रतम् । नानायुधधरं भक्त्या म० ७ सर्वशक्तिमयंदेवं सर्वरूपधरं विभुम् । सर्वविद्या प्रवक्तारं मयूरे० ८ पार्वतीनन्दनं शम्भोरानन्दपरिवर्धनम् । भक्तानन्दकरं नित्यं म० ९ मुनिध्येयं मुनीनुतं मुनिकामप्रपूरकम् । समष्टिव्यष्टिरूपं त्वां म० १० सर्वाज्ञाननिहन्तारं सर्वज्ञानकरं शुचिम्। सत्यज्ञानमयं सत्यं म० ११ अनेककोटिब्रम्हांण्डनायकं जगदीश्वरम् । अनन्तविभवं विष्णु ० १२ त्वद्दर्शनेन पूतोऽहं परमानन्दनिर्भरः । आश्चर्यं परमं प्राप्तस्तस्य दैतस्य मारणात् १३ येन शक्रोऽन्तको देवा लोकपाला जिता बलात् । सहस्रशतयोधी योऽसंख्यदेहो रणे हतः १४ त्रिधा

भूतस्त्रिस्थलेषु पतितः कमलासुरः । तं समापूजयमहं सर्वतीर्थजलैः शुभैः १५ कमण्डलुगतैरेनोनाशकैरभिषेचयम् । दिव्यवस्त्रे
दिव्यगन्धं दिव्यपुष्पमयीं शुभाम् १६ वनमालामस्य कण्ठे दत्त्वा नाम व्यधामहम् । वनमालीति लोकेषु विख्यातं सर्वमंगलम्
१७ पूजाविधिं समाप्यैनं प्रदक्षिणामथो व्यधाम् । पादाघातेन मे तत्र न्युब्जतां गमितः क्षणात् १८ नानातीर्थजलैर्युक्तः
स्थापितो मे कमण्डलुः । यतेऽहं तज्जलं भर्तुं ततो मामब्रवीद्विभुः १९ मयूरेश उवाच । इदं ब्रह्मकृतं स्तोत्रं सर्वपापप्रणाशनम् ।
सर्वकामप्रदं नृणां सर्वोपद्रवनाशनम् २० कारागृहगतानां च मोचनं दिनसप्तकात् । आधिव्याधिहरं चैव भुक्तिमुक्तिप्रदं विधे
२१ स्थिरो भव विरिंचे त्वं नदीयं सर्वपावनी । कमण्डलुभवा नाम्ना ख्याता लोके भविष्यति २२ दर्शनाद्वाचिकं पापं स्पर्श–
नाच्च मनोमयम् । स्नानाच्च कायिकं सर्वं नाशयिष्यति निम्नगा २३ निरन्तरं सेवनाच्च मोक्षमेषा प्रदास्यति । क उवाच ।
एवं दत्ते वरे तेन सस्नुस्तत्र मुनीश्वराः २४ सदाराः सपरीवाराः सप्तकोटिगणा अहम् । तपस्तेपुस्तदा तत्र मुनयस्ते मया सह
२५ ततोऽहं मायया तस्य मोहितः प्राप्नुवं बहून् । जगत्कर्ता जगद्वन्द्यः शक्रादिसुरपूजितः २६ बालमेकादशाब्दं तत्कथं प्रणत्वा–
नहम् । अर्भकैः क्रीडमानं तमाचाररहितं शिशुम् २७ धिङ्मे ज्ञानं महत्वं च पैतामहपदं च धिक् । इमां सृष्टिं विधायाहं
स्थास्यामि गुप्तरूपधृक् २८ अयं चेत्परमात्मा स्यादपरां निर्ममेत्पुनः । एवं निश्चित्य मनसा सृष्टिमात्मानमेव च ।
अन्तर्धाय स्थितो यावत्तावद्देवो गजाननः २९ न ददर्श सखीन्बालांस्ततस्तेषां गृहानगात् । शून्यान्दृष्टवा गृहान्सर्वान्खिन्नो
वृक्षानलोकयत् ३० न ददर्श द्रुमांजन्तून्पशुपक्षिगणान्यदा । तदा स्वर्गं गतो देवो नापश्यतत्र तान्सुरान् ३१ गन्धर्वान्किन्नरान्य–

क्षान्पितृन्शशिरवी न च अन्धकारे गाढतमे न प्राज्ञायत किंचन ३२ ततोऽसौ प्रणिधानेन ज्ञात्वा ब्रम्हकृतं च यत् । सामर्थ्यं निजमायां च आविश्चक्रेऽखिलात्मकः ३३ ब्रह्मांण्डं निर्ममे देवो मयूरेशः स्वलीलया । विश्वं जराजरं तत्र मयूरेशपुरीमपि ३४ यथापूर्वं पश्यति स्म सर्वं त्रिभुवनं विभुः । स्वं च बालैः परिवृतं ब्रह्मांणं च तथाविधम् ३५ शंकरं च भवानीं तामनुष्ठानगतान्मुनीन् । तपनं शशिनं भानि स्वर्गान्देवगणानपि ३६ पृथिवीं सर्ववृक्षांश्च समुद्रान्सरितोऽपि च । पातालानि मयूरेशो ददर्श पूर्ववद्विभुः ३७ क उवाच । ततोऽहं स्मृतिमापन्नोऽपश्यन्देवं चिदात्मकम् । कलाकाष्ठामुहुर्तादिदिनपक्षस्वरूपिणम् ३८ दृष्ट्वेत्थं तमहं नत्वा क्षमापयमुदारधीः । मासर्तुवर्षकल्पान्चिराचरस्वरूपिणम् ३९ असंख्यब्रह्मांण्डयुतरोमांचरुपशोभितम् । देवर्षियक्षगन्धर्वसरित्सागररूपिणम् ४० मनुष्यकिन्नरलतांवृक्षपन्नगरूपिणम् । दृष्ट्वेत्थं तमहं नत्वा क्षमापमुदारधीः ४१ पुनः पुनरपश्यं तं मयूरेशं किरीटिनम् । कुण्डलाभ्यां नूपुराभ्यामंगदाभ्यां विराजितम् ४२ शेषनाभिं सर्पकण्ठं दिव्यमालाम्बरावृतम् । दिव्यंसिहासनगतं सर्वदेवैरभिष्टुतम् ४३ सिद्धिबुद्धिसमायुक्तं विभूतिभिरुपासितम् । चराचरमयं सर्वनमस्यं तत्स्वरूपिणम् ४४ प्रत्येकं तत्र चात्मानं तद्रूपं स्वं व्यलोकयम् । ततस्तं स्तुतवान्नत्वा प्रार्थयं च पुनः पुनः ४५ क्षमापराधं मे देव त्वन्मायागर्वितस्य मे । प्रभावं द्रष्टुकामस्य दीनस्य शरणार्थिनः ४६ क्षणेनानन्तब्रह्माण्डकारिणे ते नमो नमः । एवं वदन्तं मां नासापवनात्स्वोदरेऽनयत् ४७ तत्रापश्यं सर्वलोकं यथा बहिः प्रदृष्टवान् । देवं तथाविधं चापि कोटिब्रह्माण्डरोमकम् ४८ सर्वं चराचरं विश्वं यथा भूमौ यथा दिवि । एकस्मादण्डतश्चान्यद्ब्रम्हाण्डान्तरमाशिशम् ४९ तथैव दृष्टवान्सर्वानेवं नानाण्डमध्यगः । अपश्यं विश्वमखिलं स्वात्मानं देवमेव च ५० ततखिन्नोऽब्रुवं देवं नान्तं पश्यामि ते क्वचित् । कृपां कुरु मम विभो मायामेतां निवारय

५१ ततः स करुणाविष्टः सर्वमन्तर्दधे क्षणात् । पुनरेव मयूरेशमपश्यं बालकैर्वृतम् ५२ क्रीडन्तं पूर्ववन्नत्वाऽब्रुवं मायां न
तेऽविदम् । अपराधसहस्रं मे मातृवत्त्वं क्षमस्व च ५३ मयूरेशोऽब्रवीन्मां हि मूर्ध्नि हस्तं निवेश्य ह । देव उवाच । न मे क्रोधो
न भिन्ना धीः स्वीयः पर इति भ्रमः ५४ कस्मादपि भयं मे न न मत्तो भयमण्वपि । श्रुत्वेत्थं वचनं तस्य मयूरेशपुरं शिवम् ५५
भवानीमपि तत्सूनुमद्राक्षं मुनिबालकैः । गृहीत्वाज्ञां स्वकं स्थानमगमं हर्षनिर्भरः ५६ भवानी बालकैनायान्मन्दिरं स्व च
बालकाः ५७ (४७३७) इति श्रीगणेशपुराणे क्रीडाखण्डे विश्वरूपदर्शनं नाम चतुरधिकशततमोऽध्यायः ॥१०४॥
अध्याय १०५ प्रारंभ – क उवाच । ततो भाद्रचतुर्थ्यां तु ते सर्वे मुनिबालकाः । मृदमाहर्तुमायाता विमलां तामथानयन् १
स्वस्वबुद्ध्या विधायाशु मूर्तीर्नानाविधाः शुभाः । सिंहारूढा मयूरस्थाः काश्चिन्मूषकसंस्थिताः २ नानायुधधरा नानादिव्यालं–
कारसंयुताः । चतुर्भुजा गणेशस्य दिव्यगन्धाम्बराः शुभाः ३ भक्त्या परमयाऽपूजन्नुपचारैः पृथक्पृथक् मण्डपे ताः प्रतिष्ठाप्य
पुष्पादर्शप्रभायुजि ४ पद्मपुष्पयुता माला ददुस्ताः सुमनोहराः । वाद्यत्सु तूर्यघोषेषु नगरी हर्षमाप सा ५ गौरी तस्यां जन्म–
तिथौ द्वादशाह्निकमर्भकम् । स्नापयामास च ददौ वायनानि सुवासिनीः ६ संपूज्य विधिवद्भक्त्या हरिद्राकुंकुमादिभिः ।
एतस्मिन्नन्तरे दैत्यो विश्वदेव इति श्रुतः ७ भगवद्रूपमास्थाय श्रीमुद्रांकितमाययौ । शंखचक्र गदापद्मवनमालालसत्तनुः ८ तुल–
सीदामरुचिरो दिव्यवस्त्रानुलेपनः । कमण्डलु वारिपूर्णं वेणुदण्डं दधाकरे ९ गौरी तमतिथिं द्वारि तिष्ठन्तं प्राह भक्तितः । कुत
आगम्यते ब्रह्मंस्तुष्टाऽहं तव तेजसा १० इत्युक्तः प्राह तां विप्रः श्रुतवानस्मियत्पुरा । तद्दृष्ट्वा नयनाभ्यां ते परितुष्टं मनो

मम ११ क्षुधया पीडितश्चाहं भवतीगृहमागतः । पार्वत्युवाच । आस्यतां भुज्यतां स्वस्थं स च तत्रासने स्थितः १२
आसीनस्य मयूरेशो विष्टरेऽक्षालयत्तदा । चरणौ तत्तीर्थजलैः सिषेच सर्वतोऽमलैः १३ संपूज्य भोजयामास पक्वान्नैः पायसैरपि ।
अपोशानकरस्तूष्णीमासीच्चिन्तातुरो द्विजः १४ उमोवाच द्विजं पश्चाद्भुज्यतां भुज्यतामिति । यदि नान्नं मनोयोग्यं तदा
दास्येऽतिवाञ्छितम् । वद तच्छीघ्रमान्येष्ये शंकरस्य प्रभोर्वतः १५ द्विज उवाच । क्षीरार्णवस्थितं देवं दृष्टवा नित्यं भुनज्म्यहम् ।
जलं पिबामि तच्चाद्य विस्मृतं मोहतो मया १६ उमोवाच । पूर्वमेव कथं नोक्तो नियमस्ते द्विजोत्तम । पात्रादुत्थाय गन्तासि
कथं सत्त्वविलुम्पक १७ शंकरः क्षोभमापन्नो न जाने किं करिष्यति १८ मयूरेशोऽब्रवीत्तत्र यदि भावो दृढो हृदि । तदात्रैव
भवेत्पद्मनाभेर्दर्शनमाशु ते १९ प्रायोऽभाग्य महद्दृष्टं यत्पक्वान्नं च पायसम् । त्यक्त्वा व्रजसि कुत्र त्वं मूढभावेन वा द्विज २०
बहुजन्मतपोभिर्यत्कटाक्षो भुवि लभ्यते । तया ते परिविष्टान्न कथं त्यजसि सुव्रत २१ ब्रह्मादीनां न गम्या या दृष्टा साक्षात्त्वया
शिवा । सर्वलोकस्य जननी सर्वयोषिद्वरा हि सा २२ सर्वेषामेव देवानां शक्तिः सा परमाद्भुता । तद्दर्शनेन देवस्य
विष्णोर्जातं हि दर्शनम् २३ चकोरस्येवाग्निभुजो मिष्टान्नं नैव रोचते । तथा किं ते न रोचेत देवान्नममृतोपमम् ।
मम वा सर्वरूपस्य दर्शनेऽस्य दृशिर्भवेत् २४ द्विज उवाच । रमापतेरहं दासो न नमस्यामि किंचन । यदि त्वं
सर्वरूपोऽसि यदि सामर्थ्यमस्ति ते २५ तदा दर्शय विश्वेशं नारायणमनामयम् । एवं बुद्ध्वा दृढं तस्य निश्चयं स
मयूरराट् २६ अन्तर्धाय प्रादुरासीन्नारायणस्वरूपवान् । पीताम्बरः शंखचक्रगदापद्मधरो विभुः २७ नानालंकाररुचिरः सर्वालंका-

रसुन्दरः । कौस्तुभेन लसद्वक्षा वनमालाविभूषितः २८ शेषशायी महालक्ष्म्या संवाहितपदाम्बुजः । विश्वदेवश्च तं दृष्ट्वा ननाम परिपूज्य च २९ यातस्तन्मयतां भक्त्या विस्मृत्य च शरीरताम् । उवाच च चिदानन्दपरिपूर्णो द्विजोत्तमः ३० अद्य धन्यं जनुर्मेऽद्य जीवितं च सुजीवितम् । अद्येयं नगरी धन्या धन्यौ तौ पितरौ मम ३१ मयूरेशोपदेशेन भवान्या दर्शनेन च । परात्परस्य विष्णोस्ते चराचरस्वरूपिणः ३२ लब्धं दर्शनमत्रैव सर्वान्तर्यामिणो विभोः । नारायणोऽपि तं भक्तं बाहुभिः परिषस्वजे ३३ उवाच च प्रसन्नात्मा बाष्पगद्गदया गिरा । मदर्थं त्यक्तवान्भुक्तिं क्षीराब्धेरहमागतः ३४ दृष्ट्वा ते निश्चयं भक्तिं दृढामव्यभिचारिणीम् । भक्तमार्गं प्रसिचांमि मारुतोद्धतकण्टकम् ३५ भक्ततृषानिवृत्त्यर्थं जातोऽहं जलरूपधृक् । नानारूपधरो जातो भक्तानामार्तिनाशनः ३६ यथा भक्तः प्रियो नित्यमिति ते दर्शयाम्यहम् । अभूद्भाद्रचतुर्थ्यां हि मयूरेशमहोत्सवः ३७ मूर्तिं महीमयीं कृत्वा बहर्चाखुसिंहगां पृथक् । नानालंकारशोभाढ्यां नानारंगैः सुशोभिताम् ३८ अनेकैः पूज्य तां सम्यग्बालकैर्मुनिसंचयैः । केचिदग्रे प्रगायन्ति केचिन्नृत्यन्ती भक्तितः ३९ वाचयन्ति पुराणानि प्रदक्षिणपराः परे । एतस्मिन्नन्तरे पौत्रो वसिष्ठस्य महात्मनः ४० पराशर इतिख्यात आययौ स्वेच्छया मुनिः । स चतुर्वार्षिको मूर्तिं विदधे भक्तितत्परः ४१ शुष्कपर्णकृतां मालां कृत्वा तस्मै न्यवेदयत् । गन्धबुद्ध्या कर्दमेन तां व्यलेपयदादरात् ४२ मिष्टान्नानि च लड्डूकान्दक्षिणां च फलानि च । न्यवेदयत्तदा पत्रैरनेकैः कर्दमैरपि ४३ षंकल्पं लीलया चक्रं जङ्घावाद्यं शनैः शनैः । मुहूर्तं नर्तनं कृत्वा रुरोद भक्षयेति च ४४ संप्रार्थ्य मूर्तिं बहुधा ततः सा चेतनां ययौ । यद्यत्तेन यदुद्देशात्स्थापितं पुरतोऽभवत् ४५ तत्तथैव च संजातं ततः साऽभक्षयत्तदा । लड्डूकान्मोदकान्नानापक्वान्नं पायसान्वितम् ४६ विश्वदेवश्च तं दृष्ट्वा मिथ्याभूतं यथार्थवत् । मृत्तिकान्नानि सत्यानि सर्वं पुष्प-

फलादिकम् ४७ सचेतनां च तां मूर्ति षड्भुजां च पुनः पुनः । व्यलोकयद्विष्णुरूपां चतुर्बाहुविराजिताम् ४८ उवाच सततं देवं किमिदं मृत्तिकाशनम् । मूर्तिरुवाच । भक्त्या यदर्पितं मह्यं सुधारससमं भवेत् ४९ अभक्तार्पितममृतं विषमेव भवेन्मम । क उवाच । एवं तद्वचनं श्रुत्वा विश्वदेवोऽब्रवीत्पुनः ५० कस्ते भक्तो मम च तं दर्शयस्व सुरेश्वर । ततस्तस्य करं धृत्वा बहिरायान्मयूरराट् ५१ गृहे गृहे पूज्यमानं देवं तस्मै व्यदर्शयत् । शिखिनं सुसमारूढं मयूरेशमलोकयत् ५२तत्रापि पर्यपश्यत्स विश्वदेवयुतं च तम् । नायं मम भवत्स्वामीत्येवं बुद्धिं विसृज्य ताम् ५३ गृहे गृहे विश्वदेवो नारायणमलोकयत् । सर्वत्र स ददर्शाथ । पूज्यमानं गुणेश्वरम् ५४ क्वापि क्वापि मयूरेशं ददर्श विष्णुरूपिणम् । पुतरालोकसंयस्त तन्मयूरेशमलोकयत् ५५ भुजं स्वं परिगृह्यैव बहिर्यातं स्वलीलया । आक्षिप्य हस्तं स प्रायान्नायं स्वामी ममेति च ५६ अटद्गृहे गृहे सोऽथ पूज्यमानं ददर्श ह । मयूरेशं वाद्यघोषैर्नृत्यगीतैरनेकधा ५७ क्वापि दृष्ट्वा विष्णुरूपं नमस्कर्तुं यथावध । पुनर्मयूरेशरूपं ददर्श स शिखिस्थितम् । ५८ गरुडारूढमन्यत्र शेषारूढं तथा क्वचित् । नमस्कर्तुं यदा याति विश्वदेवो मुदा युतः ५९ तावद्बर्हिसमारूढं पश्यति स्म पुनः पुनः।भुंजन्तं च रमन्तं च स्वपन्तं च ददर्श सः६०ततः खिन्नो विश्वदेवो वसिष्ठद्वारमागमत्।ततोऽब्रवीन्मयूरेशः पश्य मे भक्तमुत्तमम् ६१ ततः पराशरं सोऽथ ददर्श पुरतः स्थितम् । मृन्मयैरुपचारैस्तं पूजयन्तं गुणेश्वरम् ६२ भक्षयन्तं च लड्डूकान्मृन्मयान्देवमेव च । पश्यति स्म पुनर्व्योम्नि जले भूमौ तमेव सः ६३ क्षणं नारायणं देवं मयूरेशं क्षणादपि । ततः स्वभेदबुद्धिं स्वां तत्याज भ्रान्तिमेव च ६४ सर्वभावेन तं नत्वा स्तुत्वाऽभेदधिया पुनः । अनुज्ञातो मुदा प्रायाद्विश्वदेवः स्वमाश्रमम् ६५(४८०२)

इति श्रीगणेशपुराणे क्रीडाखण्डे विश्वदेवभेदबुद्धिनिरासो नामपंचाधिकशततमोऽध्यायः ॥१०५॥

अध्याय १०६ प्रारंभ :—क उवाच । ततस्त्रयोदशे वर्षे नमस्कृत्य महेश्वरम् । भस्मांगरागरुचिरं पंचास्यं दिग्भुजं शुभम् । १ रुण्डमालाधर सुप्तं चन्द्रशेखरमच्युतम् । मयूरेशोऽथ जग्राह शशिनं तच्छिरोगतम् २ क्रीडन्बहिः समायातो बालकैः परिवारितः । सुहृद्भिः परिनृत्यद्भिर्वदद्भिश्च परस्परम् ३ एतस्मिन्नन्तरे तत्र दैत्यो मंगलसंज्ञकः । करालवदनः क्रोडीविजेता मरमाद्भुतः ४ वराहरूपो बलवान्दन्तच्छिन्नमहिरुहः । वज्रसारसटाभिः स भिन्दन्व्योम पदैर्धराम् ५ अंजनाद्रिरिव श्यामो वन्हिकुण्डनिभेक्षणः । दृष्ट्वातं विद्रुता बाला वर्षाघननिभस्वनः ६ न दृष्टः सूकरः क्वापीदृश इत्यब्रुवंश्च ते । यावन्मारयते बालांस्तावद्देवो मयूरराट् ७ दधार दन्तयोर्दुष्टं तदा सूकरदानवम् । अथापरेण हस्तेन दधाराधरपोत्रकम् ८ पाटयामास सहसा वंशखण्डमिवार्भकः । पूर्वदेहं समास्थाय दशयोजन–विस्तृतम् ९ पतितश्चूर्णयन्वृक्षान्दारयन्धरणीतलम् । ततस्तमब्रुवन्बाला धन्योऽयं पार्वतीसुतः १० क्षणेन नाशितो दैत्यो लीलयाऽसौ महाबलः । अस्य दर्शनतस्त्रस्ता वयं याता दिशो दश ११ पतमानेन येनेह चूर्णितानि गृहाणि च । क उवाच । ततः शिवो ललाटे स्वे नापश्यच्छशिनं यदा १२ क्रोधासंरक्तनयनो विष्टपं प्रदहन्निव । गणानूचे रुषाविष्टो रक्षणं क्रियते कथम् १३ केन दैत्येन नीतो मे ललाटस्थोऽमलः शशी । क उवाच । ततो लीना गणाः सर्वे कम्पमाना भयातुराः १४ अपरे धैर्यमालम्ब्य वदन्ति स्म शिवं प्रति । उमाकान्त भवत्पुत्रो मयूरेश्वरसंज्ञकः १५ क्रीडितुं बहिरायातस्तस्य हस्ते विलोकितः । चन्द्रस्तेन कदा नीतो न जानीमो वयं विभो १६ इति तद्वचनं श्रुत्वा प्रोचे रुष्टो महेश्वरः । कथं नु क्रियते रक्षा भवद्भिर्भक्ष्यतत्परैः १७ चन्द्रो वा चन्द्रहर्ता वा यद्यानीतस्तदा शुभम् । नो चेद्भस्मीकरिष्यामि सर्वषां नात्रसंशयः १८ ततस्ते क्षुब्धमनसो धावमानास्त्वरान्विताः । मयूरेशं समभेत्य प्राभणन्रुष्टचेतसः १९ याहि दुष्टं शिवं देवं चन्द्रं वा यच्छ तस्कर । गणवाक्यं परिश्रुत्य चुकोप गणनायकः

२० न मेऽस्ति गणना कापि भवतां तस्य वा गणाः । जगत्त्रयजनन्या मे तनयस्य प्रभाविणः । २१ क उवाच । तस्य श्वासेन
सर्वे ते वात्या पत्रमिवोद्धृताः । पेतुः शिवस्य पुरतो गणा दीनास्तदाऽखिलाः २२ अतिरोषान्महादेवः प्रमथादीनथाब्रवीत् ।
आनीयतां स दुष्टात्माबद्ध्वोमातनयो लघुः २३ ते तु शीघ्रतरं याता यत्र क्रीडारतः शिशुः । ददृशुस्तं शिशुगतं क्रीडन्तमकुतो-
भयम् २४ वेष्टितुं तान्समायातान्मोहयित्वा विनायकः । अन्तर्हितश्चतुर्दिक्षु गणास्ते तं व्यलोकयन् २५ गृहे गृहे काननेषु नाप-
श्यंस्ते विनायकम् । क्वचिद्दृष्ट्वा तु तं प्राहुरस्मदग्रे कथं भवान् २६ गन्तुं शक्तो ब्रह्मलोके स्थितं नेष्याम तं शिवम् ।
एवमन्तर्हितो दृश्यो वारंवारं बभूव सः २७ ततः खिन्नान्गणान्दृष्ट्वा परमात्मा कृपान्वितः । तस्थौ तत्पुरतः सम्यग्दृष्ट्वा तं
हर्षनिर्भराः २८ बबन्धुर्गिरिजासूनुं निन्युस्ते शंकरं प्रति । पृथिवीभारसदृशमुपविष्टं तु ते गणाः २९ न शेकुरुत्थापयितुं ततो
विस्मितमानसाः । हतोद्यमा गणाः सर्वे शिवमेत्य समूचिरे ३० सर्वे वयं समानेतुमेकं शक्ता न शंकर । आज्ञापयामास शिवो
नन्दिनं पुरतः स्थितम् ३१ झटित्यानय गच्छ त्वं मयूरेशं तु तस्करम् । नन्द्युवाच । शेषं सूर्यं शशांकं च हनिष्येऽहं तवाज्ञया
३२ कनीयसो न मे काचिद्गणनास्ति महेश्वर । क उवाच । इत्युक्त्वाऽगाद्वायुवेगो भंजन्वृक्षांश्च पर्वतान् ३३ क्रोधसंरक्तनय-
नस्तीक्ष्णशृंगोग्रसन्दिवम् । उवाच तं मयूरेशं याहि रे त्वं शिवं प्रति ३४ नो चेदध नयिष्यामि न समो हि गणैरहम् । एवं वदति
तस्मिंस्तु मयूरेशो रुषान्वितः ३५ श्वासचक्रेऽक्षिपत्तं तु गमनागमसंकुले । तत्याज तं दृढं श्वासादतिखिन्नं शिवान्तिके ३६ वमन्तं
रुधिरं वक्त्रात्पृथिव्यां पतितं तु तम् । ब्रुवन्तं पौरुषं नाना मूर्छितं द्विमुहूर्ततः ३७ अपश्यच्च मयूरेशं जानुभागे स्थितं शिवः ।

देदीप्यमानं वपुषा दिव्यभूषासमन्वितम् ३८ गणा ऊचुः शिवं दृष्ट्वा भालचन्द्रं यथा पुरा । ललाटे ते शशी देव वृथाज्ञप्ता वयं शिव ३९ मयूरेशं गणांश्चाह शशीनं वीक्ष्य मस्तके । शिव उवाच । श्रान्तास्तें च गणास्त्वं च नन्दी चापि ममाज्ञया ४० चन्द्रे स्थिते ललाटे मे वृथा युद्धमभूद्धि वः । प्रमथा ऊचुः । अद्यप्रभृति देवेश स्वामी नोऽस्तु मयूरराट् ४१ क उवाच । तथेति शिव ऊचे तान्गणराजोऽभवत्तु सः : नत्वा शिवं गणेशं च गणेशजननीमपि ४२ प्रशंसयित्वा देवेशं मयूरेशं तथाविधम् । गर्जन्तोऽथ गणा जग्मुर्मुदा स्वं स्वं निवेशनम् ४३ (४८४५) इति श्रीगणेशपुराणे क्रीडाखण्डे षडधिकशततमोऽध्यायः ॥१०६॥

अध्याय १०७ प्रारंभ :– क उवाच । ततश्चतुर्दशे वर्षे गौतमाद्याः सुरर्षयः । आययुर्गिरिजागेहं नानागणयुतं शिवम् १ नमस्कृत्य च तानम्बा नानासनगतान्पुरः । पूजयित्वा विधानेन प्रोवाच हृद्गतं वचः २ विघ्नभीत्या परित्यक्तं त्रिसन्ध्याक्षेत्रमुत्तमम् । अस्य बालस्य मे विघ्ना अत्रापि बह्वोऽभवन् ३ दिशन्तु विघ्नरहितं कर्म वा स्थानमुत्तमम् । मुनय ऊचुः । इन्द्रयागे कृते देवि सर्वविघ्नं हरिष्यति ४ क उवाच । तदेव कारयामास मण्डपं बहुविस्तरम् । संभारान्कारयामास शक्रसंतोषकारकान् ५ आज्ञां गृहीत्वा शंम्भोः सा पार्वती हर्षनिर्भरा । कारयामास विधिवदिन्द्रयागं महर्षिभिः ६ ध्यानमावाहनं चक्रुरिन्द्रस्यैते महर्षयः । पुपूजर्गिरिजादेशात्सांगमिन्द्रं गणानपि ७ कुण्डे वन्हि प्रतिष्ठाप्य मन्त्रैरेव द्विजर्षभाः । जपानां तद्दशांशेन जुहुवुस्तिलपायसम् ८

प्रणवाद्यैर्नमोन्तैश्च स्वाहान्तैर्मन्त्रसंचयैः । शान्तिपाठान्पठन्ति स्म चतुर्वेदभवान्द्विजाः ९ एतस्मिन्नन्तरे बालः क्रिडित्वा बालकैः
सह । यज्ञवाटमुखो याति दैत्यौ तु कलविकलौ १० तावत्संमुखतां यातौ माहिषं रूपमास्थितौ । महारवौ महाशृंगौ भीषयन्तौ
जगत्त्रयम् ११ सटाभिन्नघनौ पुच्छाद्दारयन्तौ गिरीनथ । नासानिरोधपवनाच्चूर्णयन्तौ द्रुमानपि १२ उमासुतं हन्तुकामौ यातौ
शीघ्रं तदन्तिकम् । प्रायुध्येतां तदा द्वौ तौ मत्ताविव महागजौ १३ तयोः शब्देन गगनं गर्जति स्म यथा घनैः । जयं भंगं
क्रमेणोभौ प्रापतू रुधिरोक्षितौ १४ विद्रुता मुनिबालास्ते ताभ्यां भीता वृकादिव । दूराद्ददर्श गिरिजासुतस्तौ दैत्यपुंगवौ १५ कथमेतौ
महादुष्टौ हनिष्यामीति चिन्तयन् । पश्यत्सु तेषु बालेषु चिक्षेप गगने च तौ १६ पुच्छे गृहीत्वाऽतिबलौ भ्रामयित्वा पुनः पुनः ।
मुहूर्तात्पतितौ पृथ्व्यां तान्विदार्य द्रुमानपि १७ शतधा देहखण्डानि तयोरादन्वृकादयः । ततस्ते मुनिबालास्तं ययुर्भक्त्या
प्रतुष्टुवुः १८ यस्य तत्त्वं न जानन्ति ब्रह्माद्या मुनयोपि च । सर्वान्तर्यामिणस्ते तु कथं विद्यामहे वयम् १९ बाल्यात्प्रभृति
दैत्यास्ते नाशिताः कोटिशस्त्वया । एतौ महिषरूपेण हन्तुं त्वां समुपागतौ २० मूषकाविव संत्यक्तौ पुच्छे धृत्वा स्वलीलया ।
ययोः श्वासेन चलिताः पर्वताश्च द्रुमाधराः २१ क उवाच । मयूरेशस्ततः प्रायाद्यज्ञवाटं रमन्रमन् । ददर्शेन्द्रमखं रुष्टो ध्वंसया-
मास तत्क्षणात् २२ दूरे क्षिप्त्वा शक्रमूर्तिं प्रोचे सर्वान्मुनीश्वरान् । वृतो मुनिसुतैः सर्वैः किं कर्म क्रियतेऽमलाः २३ किं तुष्टेन
प्रदातव्यं वासवेनाखिलार्थिना । अजाप्रार्थनया किं नु कामधेनुफलं लभेत् २४ स आदच्छेषसामग्री कृत्वा शान्तं हुताशनम् ।
मुनयो विस्मितहृदो वीक्ष्य चापल्यमस्य तत् २५ उमानिविष्टहृदया नाशकन्तं गुणेश्वरम् । उपालब्धुं शिक्षितुं वा वक्तुं क्रोधेन
किंचन २६ उमायै सर्वमाख्याय जग्मुः स्वं स्वं निवेशनम् । श्रुत्वेन्द्रे क्षुब्धहृदये यत्स्यात्तच्च भवत्विति २७ स्वापमाने परिज्ञाते

शक्रश्चुक्रोध वै भृशम् । क्रोधसंरक्ततनयनो दहन्निव जगत्त्रयम् २८ आकार्य देवनिचयानुवाच वाक्यमुत्तमम् । इन्द्र उवाच । मम
यागो मुनिगणैरारब्ध परमादरात् २९ स विध्वस्तो गुणेशेन तस्य द्रक्ष्येऽद्य पौरुषम् । रुष्टे मयि भवेन्नष्टं त्रैलोक्यं सचराचरम्
३० देवा ऊचुः । तवाज्ञा चेन्मयूरेशं बद्ध्वानीमः क्षणेन ह । शक्र उवाच । मयूरेशपुरे वन्हेः स्थानं मास्तु क्वचित्तव ३१ सर्वेषां
जाठरोऽपि त्वं लीनो भव ममाज्ञया । क उवाच । इति श्रुत्वा वचस्तस्य शक्रस्य रुषितात्मनः ३२ वन्हिरन्तर्हितस्तत्र पुरेऽपि
जठरेऽपि च । नापश्यन्मुनयो वन्हिं ममन्थुर्होमहेतवे ३३ नायातीति परिज्ञाय तेऽप्रवदं जक्षुरादरात् । न च तत्पच्यते तेन व्यथा
भवति दुर्धरा ३४ ततस्ते मुनयो जग्मुर्मयूरेशं कृपाकरम् । नमस्कृत्याब्रुवन्सर्वे शक्राहूतो गतोऽनलः ३५ जाठरोऽपि गतो वन्हिरि-
न्द्रयागे हते त्वया । इत्याकर्ण्य वचस्तेषां प्रत्येकं जठरेऽनलः ३६ सोऽभवत्क्षुधयाविष्ठाः सर्वे जातास्तु तत्क्षणात् । महानसेषु
कुण्डेषु तथैव ज्वलितोऽभवत् ३७ ततो वायुं निनायाशु शक्रः क्रुद्धो महाबलः । प्रेतभूता पुरी सर्वा पंचप्राणे गतेऽभवत् ३८
पंचप्राणमयो देवस्ततस्तान्समजीवयत् । तत इन्द्रोऽब्रवीत्सूर्यं तापयैनां पुरीं बहु ३९ ततः सूर्योऽतपत्सर्वं द्वादशादित्यरूपवान् ।
वापीकूपतडागेषु नद्यां जलमशोषयत् ४० जज्वाल पृथिवी सर्वा पुरग्रामवनाकरा । ततः शीघ्रं मयूरेशो मेघो भूत्वा ववर्ष ह ४१
शमयामास तं वन्हिं मृतांश्च समजीवयत् । ततो हर्षयुता लोकाः साधु साध्वित्यपूजयन् ४२ क उवाच । प्रतिकूलं कृतं यद्यत्त-
त्तत्सर्वं निराकृतम् । ज्ञात्वा शक्रो ययौ देवं मयूरेशं ननाम च ४३ बद्धांजलिपुटो भूत्वा स्तोतुं सर्वेश्वरं विभुम् । शक्र उवाच ।
न वेदा नर्षयो जग्मुर्ब्रह्माद्यास्ते गतिं विभो ४४ सर्वान्तर्यामिणः सर्वरूपस्य ब्रह्मरूपिणः । ब्रह्मादीनां विश्वसृजां कारणानां च
कारणम् ४५ अपराधान्क्षमस्वाद्य त्वामहं शरणं गतः । मस्तकं पादयोर्न्यस्य प्रार्थयामास सादरम् ४६ क उवाच । निर्विकल्पं

मनस्तस्य ज्ञात्वा प्राह गुणेश्वरः । उत्तिष्ठोत्तिष्ठ भद्रं ते पदे तिष्ठ सुखं स्वके ४७ ततः संपूज्य तं देवं नमस्कृत्य शचीपतिः ।
प्रदक्षिणीकृत्य ययौ हृष्टः सन्नमरावतीम् ४८ (४८९३) इति श्रीगणेशपुराणे क्रीडाखण्डे सप्ताधिकशततमोऽध्यायः ॥१०७॥
अध्याय १०८प्रारंभः– क उवाच । ततः पंचदशे वर्षे मयूरेशोऽर्भकैः सह। गतः स्नातुं नदीं पुण्यां नाम्ना ब्रह्मकमण्डलुम् १स्नात्वा
नित्यं समाप्याशु मानसैः षोडशैः पृथक् । उपचारैः पुपूजुस्ते हृदिस्थं गणनायकम् २ केचित्पद्मासनगतं केचिद्बाहिगतं च तम् ।
दिव्यगन्धैर्दिव्यवस्त्रैर्दिव्यैः पुष्पैरपूजयन् ३ गार्ग्यो मुनिर्मन्दिरे तं ध्यात्वा रत्नान्वितेऽर्चयत् । एतस्मिन्नन्तरेऽकस्मात्पिदधे द्वारमस्य
तत् ४ यावदुद्धाटयत्येव तावत्तद्दृढतामगात् । तत्र आक्रन्दनं चक्रे स च ते वालका अपि ५ बालका ऊचुः त्वमेव जननी तातः
कथमभ्यन्तरे स्थितः । दत्त्वा कपाटं देवेश नोऽपराधान्क्षमस्व च ६ क उवाच । एतस्मिन्नन्तरे दैत्यो महाबलपराक्रमः । यस्य
शब्देन महता कम्पते भुवनत्रयम् ७ सटाभिन्नघनो दुष्टो व्याघ्ररूपी समभ्यगात् । व्यादाय वदनं घोरं ग्रसन्निव जगत्त्रयम् ८
दृष्टवा तं दुद्रुवुर्बालाः क्रन्दन्तस्ते दिशो दश । स तु द्वारं विनिर्भिद्य मयूरेशं तमाययौ ९ शार्दूलसदृशं रूपं कृत्वाऽयात्सोऽपि तं
क्षणात् । पपाल सहसा व्याघ्रः पृष्ठे लग्नो ययौ च सः १० भ्रमन्स तु वनं यातो निकुंजे लीय तस्थिवान् ।
देवो वृक्षं समारुह्य कुंजमध्ये पपात ह ११ उभाभ्यां वदनं तस्य कराभ्यां जगृहे दृढम् । अन्याभ्यां बहिरानीय
ततः परशुनाऽच्छितत् १२ नासिकां श्रवणे पादौ पुच्छमग्रभवावुभौ । न मुखं दर्शयेत्युक्त्वा बिससर्ज गुणेश्वर १३
निजं रूपं समास्थाय तथैव विकृतोऽभवत् । एवमेव करिष्यामि त्वद्देहमित्युवाच तम् १४ ययौ निजालयं दैत्यो देवः

स्वं धाम चाययौ । ततो मुनिसुता भ्रेमुः क्रन्दन्तः क्व मयूरराट् १५ अतिश्रान्ता द्रुमतले सुच्छाये प्रास्वपंस्तदा । अनेन
यास्यति पथा द्रक्ष्यामस्तत्पदाम्बुजम् १६ पादौ दक्षिणतस्तेषां दृष्ट्वा चुक्रोध भानुजः । अत्यारक्तदृशी रोषाद्ब्रह्माण्डग्राससाहसः
१७ बद्ध्वा तान्स्वस्थलं यातो मयूरेशस्ततोऽगमत् । नापश्यत्तत्तटे बालान्विस्मयं परमं ययौ १८ चिन्तां परमिकां प्राप्तो विना तैः
स मयूरराट् । न सुखं क्वापि संप्रायात्ततो मुनिगणा ययुः १९ मुनय ऊचुः । क्वास्माकं बालका देव प्रातर्नीतास्त्वयाऽखिलाः ।
विना तैर्नो गमिष्यन्ति प्राणास्त्वय्यागतेऽधुना २० क उवाच । न किंचिदूचे तान्देवो मुंचन्नश्रु मुहुर्मुहुः । विचार्य भास्करीं यातः
पुरीं दूतैर्निवेदितः २१ दूता ऊचुः । कोऽपि यातो योध्दुकामो लोकत्रयविनाशकृत् । उग्रारावो महाबाहुर्वार्यमाणो बलाद्यमः २२
यम उवाच । ब्रह्माण्डं चूर्णतां याति दण्डाघातेन यस्य मे । तस्य मे पुरतो युद्धं कथं बालो विधास्यसि २३ देव उवाच । त्वमा-
त्मानं वर्णयसे रंकवद्भासि मे यम । मम वक्रभुवा सर्वं ब्रह्माण्डं च विनश्यति २४ एवमुक्त्वा मयूरेशो यमस्कन्धं रुरोह सः।पात-
यामास महिषात्पपातोपरि तत्क्षणात् २५ पराक्रमं तस्य बुध्दवा बद्धाञ्जलिपुटो यमः । तुष्टाव परया भक्त्या मयूरेशं सुरेश्वरम्
२६ यम उवाच । न ते रूप विदुर्देवा ब्रम्हाद्याः सनकादयः । नेति नेति च वेदास्त्वां वदन्ति परमेश्वरम् २७ स्रष्टारं पालकं
सृष्टेः संहर्तारं निजेच्छया । दैत्यानां सर्वदुष्टानां नाशकं सर्वरूपिणम् २८ अकस्मादपराधं नः कृतं क्षन्तु त्वमर्हसि । क उवाच।
एवमुक्त्वा पुपूजासौ वस्त्रै रत्नैः फलैरमुम् २९ बालानानीय तद्धस्ते निवेद्य पुरतः स्थितः । आलिलिंगुर्मुदा सर्वे परस्परमथाब्रुवन्
३० बाला ऊचुः । श्रान्तास्त्वद्दर्शनार्थाय बद्ध्वा नीता यमेन ह । त्वद्दर्शनाद्बन्धमुक्ता यास्यामो निजमन्दिरम् ३१ क उवाच ।
ततस्ते स्वाश्रमं प्राप्ता मयूरेशपुरस्कृताः । मयूरेशपूरं याता नानावादित्रसंकुलम् ३२ नानाध्वजपताकाढ्यं पुष्पमालाविभूषितम् ।

यमोऽपि पृष्ठतो याति द्रष्टुं तत्कौतुकं महत् ३३ संमुखं तस्य ते सर्वे मुनयोऽपि ययुस्तदा । पुपूजुस्तुष्टुवुर्देव लिलिंगुर्बालकानपि
३४ उवाचदेवतान्सर्वान्मुनीन्पूर्वं प्रकुप्यतः । आनीता बालका लोकाद्यमस्य क्षणमात्रतः ३५ मुनय ऊचुः । सर्वत्र रक्षसे त्वं हि
सर्वशक्तिः सदा च नः । क उवाच । इत्युक्त्वा तमनुज्ञाप्य स्वाश्रमान्मुनयो ययुः ३६ यमोऽपि तं नमस्कृत्य स्वालयं मुदितोऽगमत् ।
देवोऽपि स्वालयं प्राप्य हर्षयामास सादरम् ३७ (४९३०) इति श्री गणेशपुराणे क्रीडाखण्डे रविजगर्वपरिहारो नामाष्टाधिक-
शततमोऽध्यायः ॥१०८॥ अध्याय १०९ प्रारंभ :- कदाचित्पार्वती प्राह सुखासीनं महेश्वरम् । गतानि तु महादेव वर्षाणि
दश पंच च १ विवाहश्चिन्त्यतामस्य मयूरेशस्य साम्प्रतम् । सुशीला सुमुखी बाला मृगाक्षी हंसगामिनी २ पिकवाक् सुनसा तन्वी
वधूः क्वापि विचार्यताम् । मन्मथातुलदेहस्य सर्वांगसुन्दरस्य ह ३ क उवाच । इति तद्वचनं श्रुत्वा साधु साध्वित्यभाषत ।
सोऽचिन्तयच्छुभा कन्यां मनसा नापकुत्रचित् ४ ततश्चिन्तां परां प्राप तावन्नारद आगतः । संपूज्य चोपवेश्येनमासने शम्भुरब्रवीत्
५ शम्भुरुवाच । आल्हादं परमं प्राप्तस्तवागमनतो मुने । चिरागतोऽसि च मुने दिनं स्थातुं त्वमर्हसि ६ अतिसुन्दरकायस्य तन-
यस्य ममानघ । गवेषय वधूं विप्र यतस्त्रैलोक्यगो भवान् ७ क उवाच । तथैव पार्वती प्राहवधूं शीघ्रं विचारय । नारद उवाच
न स्थातुं शक्यते स्वामिन्कर्मणा द्विमुहूर्तकम् ८ एतदर्थमहं प्राप्तो ब्रम्हणा प्रेषितः शिव । तव पुत्रप्रभावश्च लावण्यं वय एव च
९ ज्ञातं धात्रा सिद्धिबुद्धी तस्मै दातुमभीप्सता । अनसुया शची चापि तयो रूपेण लज्जिते १० संज्ञाऽभूद्दण्डकारण्ये शिलाऽह-
ल्यापि सा ह्यभूत् । जालन्धरस्य या पत्नी वृन्दा माधवमोहिनी ११ सापि वृक्षत्वमापन्ना यद्रूपदर्शनाद्धर । अन्ये नानावरा गौरि
नागता ब्रम्हणो हृदि १२ नैतादृशं क्वापि देवि सौन्दर्यं शौर्यमेव च । तयोर्योगेन च तव सुतः शोभामवाप्नुयात् । १३ रत्नकां-

चनयोर्यद्वद्यथा मुक्ताप्रवालयोः । क उवाच । एवं नारदवाक्येन स तुतोष हरः शिवा १४ शिव उवाच । परग्रगुक्तं मुने वाक्यं वांछितार्थकरं शुभम् । क उवाच । शिवोऽपि तत्क्षणादेव वृषारूढः समाव्हयत् १५ इन्द्रादिदेवनिचयान्गौतमादीन्मुनीनपि । अर्धांगे पार्वतीं गृह्य ययौ हर्षसमन्वितः १६ शिखण्डिनं समारुह्य मयूरेशः पुरो ययौ । नारदस्तु तपोयोगादन्तरिक्षचरो ययौ १७ सप्तकोटिगणाः क्रीडां कुर्वन्तोऽभिययुस्तदा । नानायुधधरा हर्षाद्गर्जयन्तो दिशोदश १८ वाद्यत्सु सर्ववाद्येषु रजसाच्छादिते रवौ । अष्टाशीतिसहस्राणि मुनयोऽपि ययुर्मुदा १९ गण्डकीनगरं सर्वे गन्तुकामा व्यलोकयन् । गुल्वं मार्गं रक्षसां ते सप्तकोटि–गणान्वितम् २० नमस्पर्शि मुखानां च सर्वदा कालधिक्कृताम् । निशाचराः शुश्रुवुस्ते सेनायास्तु रवं दृढम् २१ सुप्तोत्थिताश्च सन्नद्धा ययू रणविधित्सया । राक्षसा ऊचुः । कस्य यूयं कुतो याथ कृत आगमनं च वः २२ विज्ञानां न पुरे गन्तुं दास्यामः स्वामिनश्च नः । मयूरेश उवाच । स्वतन्त्रा अन्तका दैत्यरक्षसां साधुपालकाः २३ अतो यच्छन्तु नो मार्गं नो चेन्नाशं व्रजिष्यथ । क उवाच । एतस्मिन्नन्तरे प्राप्तो विकृतो हेमनामकः २४ असुरोऽथाब्रवीद्देवमेकाकि प्रहितः पुरा । इदानीं राक्षसैः सार्द्धमादास्ये जीवितं तव २५ उवाच राक्षसान्सोऽथ नानादैत्या हता बलात् । अहं च विकृतोऽनेन यतोऽहं हन्यते जवात् २६ क उवाच । इति तद्वचनं श्रुत्वाचुक्रोध स मयूरराट् । मुनिपुत्रान्समाज्ञाप्य युध्यध्वं मे ह्यनुग्रहात् २७ कुशानुद्यम्य ते हर्षाद् युद्धं कर्तुं समुद्यताः । उवाच पृष्ठतो देवो घ्नन्तुं बालाः कुशैरिमान् २८ मन्त्रितास्ते कुशास्तेषां मस्तकानच्छिनन्बहून् । तेषां शस्त्राणि कुण्ठानि जातानि तदनुग्रहात् २९ जायन्ते तावदेते तान्कुशैर्जघ्नुस्तु राक्षसान् । खण्डशस्ते निपेतुर्वै छिन्नबाहुरुजानवः ३० व्यस्मयन्त च रक्षांसि तृणैर्मृत्युव्रजन्ति किम् । एवं सर्वे हता बालैरखिला राक्षसास्तदा ३१ जगर्जुस्ते मयूरेशं प्रापुर्नत्वाप्यपूजयन् । बाला ऊचुः ।

आज्ञया निहताः सर्वे राक्षसास्त्वत्प्रसादः । पुनराज्ञां नः प्रयच्छ करिष्यामो गुणेश्वर ३२ आश्चर्यं परमं जग्मुर्मुनयो ये समागताः । दृष्ट्वा बालैर्हतान्सर्वान्राक्षसान्कुशसंचयैः ३३ पार्वती वृषभात्तस्मादवरुह्यालिलिंग तम् । शिवोऽपि प्राब्रवीद्देवं दृष्टस्तेऽद्य पराक्रमः ३४ तव शस्त्रहताः पूर्वं निहता बालकैः कुशैः । ब्रह्मादिना मगम्यस्ते प्रभावो गिरिजासुत ३५ न ज्ञायते मया वापि किं किमग्रे करिष्यसि ३६ (४९६६) इति श्री गणेशपुराणे क्रीडाखण्डे राक्षसवधो नाम नवाधिकशततमोध्यायः ।।१०९।।

अध्याय ११० प्रारंभ :– क उवाच । जयशाली मयूरेशो यात्यग्रे हर्षनिर्भरः ।पृष्टतो यान्ति बालास्ते ततो वृषगतः शिवः १ गौतमाद्या मुनिगणा लग्नसिद्ध्यै ययुस्ततः । गर्जन्तो गर्जयन्तश्च दिशश्च विदिशोऽपिच २ योजनावधि गण्डक्या अवरुह्य शिखण्डिनः । अतिष्ठत्स मयूरेशो महार्धासनमुत्तमम् ३ ततः सर्वानुपावेश्य शिवं गणमुनिश्वरान् । वाद्यत्सु सर्ववाद्येषु तानाह स मयूरराट् ४ सिन्धुना निहिताः कारागृहे शक्रादिदेवताः । विना तन्मोचनं लग्नसिद्धिर्नैव भविष्यति ५ अतस्तन्मोचनार्थाय प्रेष्यातां सिन्धवे महान् । बुद्धिमान्स गृहीत्वा चेदागच्छेत्तान्सुरानथ ६ तदा साम्नैव सर्वेषां कुशलं हि भविष्यति । नो चेद्युद्धेन जेष्यामो रणे सिन्धुं महाबलम् ७ मोचयिष्याम तान्देवांस्ततो लग्नं भविष्यति क उवाच। एवं तद्वचनं श्रुत्वाप्राहुः सवे गुणेश्वरम् ८ सम्यगुक्तं मयूरेश सुधिया सदृशं वचः बालभाऽवेपि । ते बुद्धिर्बृहस्पतिसमा शुभा ९ पुष्पदन्तं महाबुद्धिं नीतिशास्त्रविशारदम् । प्रेष्यतां सिन्धुनिकटे देवमोचनहेतवे १० वक्तारं बलिनं श्रेष्ठं स्तोत्रसंतोषितेश्वरम् । क उवाच । तत ऊचे पुष्पदन्तो मयूरेशं सुरेश्वरम् ११ महिमा ते मयूरेश मनोवाचामगोचरः । जानन्ति न जना मायामोहितास्तव नित्यदृक १२ भूभारहरणार्थं त्वमवतीर्णः शिवालये । न मां प्रेषय तत्र त्वमन्यं प्रेषय साम्प्रतम् १३ अपारसेनया युक्तं सिन्धुदैत्यं महाबलम् । उद्धतं बलि-

द्रष्टुमहं शक्यामि न क्वचित् १४ युद्धमेव करिष्यामि ततो दोर्दण्डतेजसा । यदि साम्ना भवेत्कार्यं युत्रं तत्र वृथा मतम् १५
दानं भेदो वृथा दण्डो नीतिरेषा सनातनी । एवमाकर्ण्य तद्वाक्यमुवाच पार्वतीपतिः १६ सम्यगुक्तः पुष्पदन्त
नीतिमार्गः पुरातनः । क्रोधवान्न क्षमः साम्नि केवलं बलवान्परः १७ धरिष्यति महादुष्टं
प्रेषितश्चेत्षडाननः । प्रेषितो वीरभद्रश्चेत्क्रोधमेव करिष्यति १८ शृंगी चेत्प्रेषितस्तत्र संहारं स विधास्यति । प्रमथः
प्रेषितो मत्तो न जाने किं करिष्यति १९ प्रेषितश्चेद्भूतराजो मेषयिष्यति तां सभाम् । स्त्रीसंभोगरतः स्यात्तु प्रेषितो रक्त–
लोचनः २० ततोऽब्रवीन्मयूरेशो निरस्तेषु च तेषु च । नन्दी समुद्रगम्भीरो धैर्ये पर्वतसन्निभः २१ बुद्ध्या बृहस्पतिसमो जम्भा–
रिसदृशो बलं । धूर्तः पराशयज्ञाता प्रेष्यतां सामहेतहे २२ शिव उवाच । सम्यगुक्तं मयूरेश ज्ञातासि गुणदोषयोः । नन्दिने
दीयतां वस्त्रं रत्नानि विविधानि च २३ ततो न्दौ मयूरेशस्तानि तस्य शिवाज्ञया । आज्ञापयामास च तं गच्छ सिन्धुं महाबलम्
२४ यथा देवा विमुच्यंते तथा नीतिर्विधीयताम् । स तु नत्वा मयूरेशं स शिवां शिवमेव च २५ गणान्सर्वान्महावाक्यैः स्तुत्वा
तं च शिवं शिवाम् । उवाच बुद्धिसंपन्नो दिष्टचोचितमिदं वचः २६ नन्द्युवाच । स महांजायते लोके यस्य वः स्यादनुग्रहः ।
अतोऽहं श्रेष्ठतां नीतः साधयिष्ये प्रयोजनम् २७ वः प्रसादेन भूगोलं विधास्ये न्युब्जमंजसा । शेषं सूर्यं वो निकटे आनयिष्ये न
संशयः २८ क उवाच । एवमुक्त्वा ययौ नन्दी सिन्धुदैत्यं बलान्वितः । गतः स नगरद्वारं मनोवेगेन धैर्यवान् २९ ध्यायन्गणेशं
शम्भुं च शिवां सर्वार्थसाधिकाम् । ऋतां कर्तुं प्रतिज्ञां तां प्रार्थयामास चेतसि ३० (४९९६) इति श्रीगणेशपुराणे क्रीडाखण्डे
दशाधिकशततमोऽध्यायः ॥११०॥ अध्याय १११ प्रारंभ – क उवाच । प्रायात्सभां महारभ्यां द्वारपालनिवेदितः । नन्दी

ननन्द तं दृष्टवा दैत्यं सिन्धुं सभागतम् १ महावीरैः परिवृतं नानाशस्त्रेषुपाणिभिः । वारांगनानृत्यरतं वीज्यमानं नृभिर्मुदा २
वाद्यत्सु सर्ववाद्येषु नादनादितदिक्षु च। दृष्टवा तं नन्दिनं केचिन्मेनिरे रविमागतम् ३ महाकायं महावीरं वीक्ष्य केचिच्चकम्पिरे।
जगर्जुरपरे तत्र भीषयन्तो बलादमुम् ४ न बिभेति महाधैर्यान्नन्दी स्वबलगर्वितः । करसंज्ञार्पितं नन्दी भेज आसनमुत्तमम् ५
सर्वे तटस्थतां याताश्चित्रमा इव पुत्तलाः । बुद्ध्वा तदिंगितं प्राह नन्दी वाचस्पतिः परः ६ नानासभा दृष्टपूर्वा नेदृशास्तासु
मूढकाः । यूयं सर्वेतिबलिनः श्रिया परमशोभिताः ७ सुन्दराः कामसदृशा बुद्ध्या हीना वृका इव । सभायामागतः साधुरसाधु–
र्दुर्बलो बली ८ प्रष्टव्यो माननीयश्च नीतिरेषा सनातनी । न सा दृष्टा सभामध्ये अतो मे विस्मितं मनः ९ वृथा सभासदः
सर्वे वृथाऽमात्याश्च नागराः । नायं धर्मो राज्ञ एव सभ्यानां कृत्यमेव तत् १० क उवाच । इति तद्वचनं श्रुत्वा सिन्धुः प्रोवाच
नन्दिनम् । पद्मयोनेरिव तव मतिर्दृष्टा गुणाकर ११ कस्य त्वं कुत आयातः किमर्थं वा वृषेश्वर । तेजसा वन्हिसदृशः पंचास्य
इव विक्रमे १२ नन्द्युवाच । सुरभेः कामरूपाया अपत्यं नन्दिनामकम् । विद्धि मां गिरिजानाथवाहं ब्रह्माण्डभेदिनम् १३
मयूरेशो धराभारहरो दुष्टनिबर्हणः । अवतीर्णः शिवगृहे बाल्यात्प्रभृति दैत्यहा १४ शेषो मूकोऽभवत्तस्य प्रतापवर्णनेऽब्जजः ।
समुद्रमथनाद्यद्वद्रत्नजातं बहिर्ययौ १५ तद्वन्नीतिं विमथ्याद्य कार्यसिद्धिं विचारय । आज्ञां शृणु मयूरेशप्रेषितां बलवत्तराम् १६
आज्ञाभंगे तस्य भवेद्विनाशो यस्य कस्यचित् । यतः स सृजते विश्वं पाति हन्ति चराचरम् १७ त्वया विनिहिताः कारागृहे
देवगणा बलात् । पदानि तेषा लब्धानि भाग्यं स्यात्किमतः परम् १८ इदानीं वैरनिर्मोकं विचार्य कर्तुमर्हसि । मोचयाशु

सुरान्सर्वानाज्ञया स्वामिनो मम १९ त्रिपुरेण कृतं वैरं शिवेन सह तत्क्षणात् । हिरण्यकशिपुं स्तम्भेऽवतीर्य हतवान्हरिः २०
तारकेण जिता देवा अतिष्ठत्तत्पदे स्वयम् । स्कन्देन निहतो युद्धे क्षणेंन तारको बलात् २१ अतो दत्त्वा सुरान्मह्यं तिष्ठ
स्थाने सुखं चिरम् । क उवाच । एवं नन्दिवचः श्रुत्वा चुक्रोध सिन्धुदैत्यराट् २२ उवाच रक्तनयनो वमन्निव हुताशनम् ।
सिन्धुरुवाच । चातुर्यं बहुधा दृष्टं त्वदीयं वृषनन्दन २३ प्रसंग नैव जानासि यतो वाचस्पतेरपि । अज्ञानात्प्रकृतार्थस्य वचो
याति वृथार्थताम् २४ बालस्य तव वाक्येन स्वामिनस्तेऽपि वाक्यतः । मोचयेयं कथं देवान्यावत्सोऽपि न निर्जितः २५ प्रमाणं
किन्तु ते वाक्यं तृणादवनचारिणः । क्व ते गिरीशस्तत्पुत्रो वृथा भीतिः प्रदर्श्यते २६ लांगले योजयाम्यद्य दौत्येन नागतो यदि ।
यदि मे वक्रतां यायाद्भृकुटी क्रोधतो वृष २७ तदा त्रिभुवनं नश्येत्का तत्र गणना तयोः । रुष्टः सृगालः किं कुर्यादप्रियं
सिंहनागयोः २८ क उवाच । एवं शब्दशरैर्विद्धो नन्दी क्रोधादथाब्रवीत् । नन्द्युवाच । विपरीतां मतिं तेऽद्य लक्षयाम्य सुरा
धम २९ सन्निपातीव विकलं वल्गसे मरणोन्मुखः । पूर्वं साम प्रयोक्तव्यमिति तेनाहमीरितः ३० त्वयि नीतिर्वृथा जाता उपदेशो
यथा खले । यदि निन्दा प्रयुक्ता ते मयूरेशे शिवेऽपि च ३१ क्षीयमायुस्तया तेऽद्य न युद्धे जयमेष्यसि । इदानीं हन्मि त्वां मूढ
नाज्ञास्ति स्वामिनो मम ३२ नायकेन न हन्तव्यो दूतस्तेनापि नायकः । इत्युक्त्वा पातयन्दैत्यान्नन्दी निश्वासवायुना ३३ क्रोधेन
तमपृष्ट्वैव प्रतस्थे हर्षनिर्भरः । सान्निध्यं प्राप्य देवस्य मयूरेशस्य तत्क्षणात् ३४ दूराद्ददर्श देवोऽपि प्राह नन्दी समागतः ।
प्रणिपत्याब्रवीद्देवं वृत्तान्तं सर्वमादितः ३५ नन्द्युवाच । बहुधा बोधितो दैत्यो न स्वीचक्रे वचो मम । निर्भर्त्सितो बहुविधं

तेनाहं च मया च सः ३६ न्युब्जे घटे यथा बिन्दुस्तस्मिन्सर्वं वृथा भवेत् । क उवाच । इति तद्वचनं श्रुत्वा प्रयातस्य यथागतम् ३७ जहर्ष स मयूरेशो दैत्यमर्दनलालसः । आज्ञापयत्स युद्धाय प्रमथादीन्गणांस्तथा ३८ इदानी सिन्धुनगरे युद्धं कर्तुं समुत्सुकाः । गर्जन्तु वीरशब्दैश्च मोचितुं बन्धनात्सुरान् ३९ हत्वा सिन्धुं च सबलं मोचितुं चाखिलान्सुरान् । मुनीनां त्वरमाणानां गन्तुं स्वाश्रममण्डलम् ४० (५०३६) इति श्रीगणेशपुराणे क्रीडाखण्डे विचारवर्णनं नामैकादशाधिकशततमोऽध्यायः ॥१११॥

अध्याय ११२ प्रारंभ :- क उवाच । शिखण्डिनं समारुह्य मयूरेशः परे दिने । आयुधानि च चत्वारि प्रगृह्य करपंकजे १ जगर्जं घनवद्घोरं ययौ रणचिकीर्षया । शिवोऽपि गर्जन्सहसा वृषारूढो ययौ तदा २ सप्तकोटिगणाः पश्चात्सन्नद्धा ययुरोजसा । ततो नन्दी प्राह तत्र न गन्तुं सहसाऽर्हथ ३ गणानां नायके वीरभद्रे च मयि तिष्ठति । प्रमथ वा विद्यमाने शक्ते हन्तुं सुरद्वि- षाम् ४ पश्यन्तु सेवकमहस्ततो यान्तु सुसंयुगम् । क उवाच । भारतीमेवमाकर्ण्य देवो नन्दीरितां तदा ५ उवाव परमप्रीतः साधु साधु त्वयोदितम् । पराक्रमवतः सिन्धोर्द्रष्ठवस्तु पराक्रमः ६ इति यामि पुरो नन्दिन्यूयं यान्तु सहैव नः । ततस्तु भूतराजोऽथ पुष्पदन्तोऽपि वीर्यवान् ७ ईयतुः पुरतस्तस्य कोटिसंख्यायुता गणाः । वीर्यश्रिया दीप्यमानाः सर्वे वीरा मदान्विताः ८ आक्रमन्तो दिगन्तान्वै गर्जन्तो घनवद्भृशम् । भारेण शेषशीर्षाणि नामयन्तो धरामपि ९ क्रोधानलं वमन्तस्ते प्रापुस्तां गण्डकीं पुरीम् । दैत्यगुल्मे निपेतुस्ते दशकोट्यसुरैर्युते १० ततस्तत्राभवद्युद्धं तुमुलं रोमहर्षणम् । शस्त्रास्त्रैर्बाणनिचयैर्भिण्डि- पालपरश्वधैः ११ केषांचिन्मस्तका भिन्नाः पादा हस्तास्तथोरनः । जानुजंघाश्च गुल्फाश्च भग्नाः केऽपि गतासवः १२

निपत्य पुनरुत्थाय प्रायुध्यन्स्वपरैः सह । एवं निपतिता दैत्या असंख्याता गतासवः १३ पलाय्य निर्गताः केचिदाचख्युः सिन्धवेऽ-
खिलम् । सभामध्ये वीरगणैरुपविष्टाय केचन १४ शस्त्राघातैः स्रवद्रक्ताः पुष्पिता इव किंशुकाः । तत्रागत्य मृताः केचित्केचि-
द्धैर्यात्तमब्रुवन् १५ नगरद्वारगुल्मे तु दशकोटिनिशाचराः । निवृत्ताः शस्त्रसंघातैर्युद्धं कृत्वा परस्परम् १६ यदा शैलभिदो युद्धमभूत्तत्र
जयोऽभवत् । उपविष्टोऽसि किं तूष्णी सिन्धो स्वहितमाचर १७ आरामा रिपुभिर्दग्धा गृहाणि च प्रतोलिकाः । अन्धकारे
धूलिकृते प्रापलन्वह्नितेजसा १८ भुंजन्तो निद्रिताः केचिन्निर्ययुर्नगराद्बहिः । बालानादाय पपलुस्त्यक्त्वा भोगं च केचन
१९ विस्रस्तवसनाः केचिद्ध्यानस्था वह्निना हुताः । तत्रापि निधनं जग्मुर्नानाशस्त्रप्रहारतः २० धनंजयं सर्वदिक्षु वीक्ष्य पौरा
भयातुराः । मेनिरे प्रलयं प्राप्तं दह्यते सकला पुरी २१ क उवाच । एवं दूतमुखाच्छ्रुत्वा सिन्धुर्जृम्भामथाकरोत् । खादन्निव
मृगान्सिहः पर्वतेन्द्रविनिर्गतः २२ उवाच दुर्धरा सेना दृश्यते किं भविष्यति । दिदीपे क्रोधानलतो ग्रसन्निव त्रिविष्टपम् २३
सिंहस्याग्रे किं शशकः करिष्यति पराक्रमम् । मेरोः किं शलभः कुर्याच्चलनं जम्बुकोऽपि वा २४ कालस्य मम किं कुर्याद्बालोऽयं
तु मयूरराट् । इत्युक्त्वा क्ष्वेडितेनासौ नादयन्विदिशो दिशः २५ चिन्तातुरः क्षणं तस्थौ मुनिर्मौनमिवास्थितः । ततो वीरा
सिन्धुदैत्यं प्राब्रुवन्क्रोधमूर्छिताः २६ आज्ञां देहि मयूरेशं जेष्यामः क्षणमात्रतः । तव प्रतापात्त्रैलोक्यं वशं नेष्याम साम्प्रतम् २७
सिन्धुरुवाच । सम्यगुक्तं महावीरा ममापि रिपुदर्शने । मन उत्कण्ठितं यस्मात्सैन्येन युद्ध्यतामिह २८ ततः सर्वे पुरो याता
गर्जन्तो वीरसत्तमाः । असंख्याताः शस्त्रधराश्चतुरंगबलान्विताः २९ हयारूढः सिन्धुदैत्यः क्रोधहर्षसमन्वितः । वमन्क्रोधानलं
वक्त्रान्नेत्राभ्यां रणदुर्मदः ३० ययावश्वं पुरोधाय मनोवेगं महाधनम् ३१ (५०६७) इति श्रीगणेशपुराणे क्रीडाखण्डे द्वादशाधि-

कशततमोऽध्यायः ॥११२॥ अध्याय ११३ प्रारंभ :– क उवाच । पदातयः पुरो यान्ति कम्पयन्तो वसुन्धराम् । विकराल-
मुखा वीराः सिन्दूरारुणमस्तकाः १ केचिन्निबद्धकवचा मुक्तकेशाः सुदारुणाः । केचिन्निबद्धकटयः केचिच्चन्दनचर्चिताः २ नाना–
शस्त्रप्रहरणा नानायुद्धविशारदाः । पुरो यान्ति गजा मत्ता धातुचित्रा इवाद्रयः ३ दीर्घदन्ता विभान्ति स्म भूषणैर्विविधैरपि ।
घण्टानादैर्जनं सर्वं बधिरं चक्रुरंजसा४चूर्णयन्तो गिरीन्वृक्षान्ययुः शुण्डागनंप्रहारतः । लसत्कुम्भाः पताकाढ्याश्चित्रध्वजविराजिताः
५ ततोऽश्वाश्च खुराघातैश्चूर्णयन्तो वसुन्धराम् । हेषितैर्नादयन्तो वै गगन च दिशो दश ६ सुवर्णरत्नमुक्ताभिर्भूषिता व्योमचा-
रिणः । अधिष्ठिता महायोधैस्तनुत्राणप्रशोभिभिः ७ नानाशस्त्रधरैर्वीरैः परसेनाविमर्दिभिः । ततस्तु रथिनो जग्मुः शस्त्रास्त्रै रिपु–
घातिनः ८ सहिता युद्धमार्गज्ञैर्वरैः सारथिभिर्मृधे । मुक्तामणिमया माला वहन्तो गन्धमालिनः ९ धनुस्कन्धास्तूणभृतो भल्लहस्ताः
सखड्गकाः । शस्त्रप्रभाभिर्नेत्राणि छान्दयन्तो जनस्य ह १० एवं सेना समायाता गर्जयन्ती दिशो दश । भूतराजेन सा दृष्टा
पुष्पदन्तेन वाहिनी ११ मयूरेशमुभौ यातौ ततो भीत्या पलायितौ । तावूचतुः । तवाज्ञया पुरो यातावावाभ्यां निहता चमूः १२
गुल्मस्था नगरद्वारि दग्धं च नगरं बहु । प्रतापं नौ समाकर्ण्य सिन्धुः स्वयमुपागतः १३ चतुरंगा चमूं गृह्य नानाशस्त्रास्त्रधारि–
णीम् । ततो भीत्या भवन्तं च समायातौ महाबल १४ क उवाच । सिन्धुसैन्यसमुद्रोऽथ वदतोरेवमेतयोः । ददृशे पूर्वादिग्भागे
दुस्तरः शस्त्रयोधिभिः १५ ततो हर्षयुतो ज्ञात्वा दैत्यवृत्तं समासतः । नीलकण्ठं समारुह्य मयूरेशो ययौ पुरः १६ आयुधानि च
चत्वारि चतुर्दोषु प्रगृह्य सः । सन्नद्धा गणकोट्यस्ता धनुर्बाणासिपाणयः १७ परिवार्य स्थिता देवं नीलकण्ठं वृषस्थितम् । मुनी–
श्वराः स्तुवन्ति स्म ददुराशीर्वचोऽपि तम् १८ उभयोः सेनयोर्वाद्यघोषकोलाहलो महान् । परस्परं संपदं तां वीक्ष्य सेने सुविस्मिते

१९ असंख्यातं बलं वीक्ष्य तुतोष स मयूरराट् । यदुक्तं नन्दिना पूर्वं तद्दृष्टं सर्वमेवहि २० ततो नन्दी मयूरेशं नत्वा गर्जन्मुहुर्ययौ । नभोमार्गेण सैन्येषु चिच्छेद वीरमस्तकान् २१ शृंगाघातेन महता हयगस्याहनद्दृढम् । शीघ्रमुड्डीय च ययौ मयूरेशं यथाऽक्षतः २२ आश्चर्यं चक्रिरे सर्वे गणाः साध्विति शंसिरे । छत्रं च पातयामास नन्दी शृंगप्रहारतः २३ पतितेऽश्वे च छत्रे च सिन्धुरश्वान्तरे गतः । धारयामास च तदा छत्रमन्यन्महाधनम् २४ आश्चर्यं परमं मेने नन्दिनः कर्मणाऽसुरः । चुक्रोध स महावीरान्वव गतो वः पराक्रमः २५ एवमाकर्ण्य तद्वाक्यं कौस्तुभो मैत्र एव च । अमात्यौ तं नमस्कृत्य सेनया चतुरंगया २६ मा चिन्तां कुरु सिन्धो त्वं विघास्यावो रिपूक्षयम् । अन्यथा न मुखं नाथ दर्शयावः कथंचन २७ एवमुक्त्वा प्रचलितौ परसैन्यनिबर्हणौ । पदातीनां गणा याता ब्रह्माण्डस्फोटतत्पराः २८ न्युब्जतामिच्छवो नेतुं भूगोलं रणदुर्मदाः । कौस्तुभोऽथ मयूरेशं यातो मैत्रश्च पातितुम् २९ शरवर्षैः परिच्छाद्य यातावस्यान्तिकं यदा । वीरभद्रस्तदायातो योध्दुं स च षडाननः ३० असंख्यसेनया युवतौ गर्जयन्तौ दिशो दश । निजघ्नतुरुभौ रोषात्सिन्धुं नानाप्रहारतः ३१ कौस्तुभोप्यथ मैत्रश्च जघ्नतुस्तौ परस्परम् । सहस्व मारयस्वेति व्याहरन्तः परस्परम् ३२ शस्त्रैरस्त्रैरनेकैश्च ताभ्यां युद्धमकुर्वताम् । शरव्रातैर्भिण्डिपालैः परिघैर्मुसलैरपि ३३ नानासेनाचरा जघ्नुः परस्परवधेप्सवः । नष्टेषु सर्वशस्त्रेषु शरेषु च परस्परम् ३४ मल्लयुद्धं प्रचक्रुस्ते जीवग्राहममारयन् । व्यसवः पतिताः केचिद्वेमू रक्तं मुखाद्बहु ३५ पादं पादेन जघ्नुस्ते स्कन्धं स्कन्धेन चापरे । पृष्ठं पृष्ठेन केचिच्च हस्तं हस्तेन चापरे ३६ मस्तकं मस्तकेनैव कूर्परं कूर्परेण च । पतिताः पात्यमानश्च मृता भग्नाश्च चूर्णिताः ३७ छिन्नकण्ठा भिन्नभुजा भग्नजङ्घोरुबाहवः । एवं नष्टेषु सैन्येषु सिन्धुसेना जयं ययौ ३८ जयशब्दैः स्तूयमानैर्बन्दिशिर्वाद्यनिस्वनैः । सिन्धुदैत्येश्वरं यातौ अमात्यौ मित्रको–

स्तुभौ ३९ मयूरेशं समायातौ वीरभद्रषडाननौ । ततोऽस्तमगमत्सूर्यस्ततो युद्धमुपारमत् ४० अपरे निश्चयुध्यन्त देवसैन्येन दानवा।पलायमानां तां सेनां निजघ्नुः शरसंचयैः ४१ पुनरावेशमापन्नौ वीरभद्रषडाननौ।गर्जन्तौ गर्जयन्तौ च गगनं च दिशो दश ४२ निघ्नन्तौ रिपुसेनां तां निर्दहन्तौ कृतान्तवत् । अन्धकारे महाघोरे न प्राज्ञायत किंचन ४३ स्वान्परानपि जघ्नुस्ते युध्यमाना महाबलाः । भग्नायां सिन्धुसेनायां चक्रतुर्जयनिस्वनम् ४४ दैत्यामात्यौ पुनर्यातौ मरणे कृतनिश्चयौ । प्रेरयामासतुरुभौ निजाश्वौ परवाहिनीम् ४५ किरन्तौ शरजालानि जघ्नतुः करवालतः । ततः षडाननो दृष्ट्वा तयोरतिपराक्रमम् । मुष्टिघातेन तौ हत्वा निजसेनामगाज्जवात् ४६ मित्रस्तु भूमिमगमद्वमन्रक्तं मुखाद्बहु । तथाविधं च तं दृष्ट्वा कौस्तुभो योध्दुमागतः ४७ षडाननमथो रोषान्निजघ्ने करवालतः । तस्मिन्मूर्च्छामवाप्ते तु वीरभद्रोप्ययुध्यत ४८ कौस्तुभः प्राहनद्रोषाच्छराघातैरनेकशः । सोऽपि तं प्राहनन्मुष्टचा भूमौ चैनमघातयत् ४९ हते तस्मिन्ननंदासौ वीरभद्रो महाबलः । पपाल दैत्यसेना सा हते मित्रे च कौस्तुभे ५० तमुदंतं शस्त्रहताः स्रवंतो रुधिरं बहू । न्यवेदयन्दैत्यराजसिंधवे देवशत्रवे ५१ वाचा विस्पष्टया दुःखाच्छस्त्राघातकृतादभृषम् । जयमाकांक्षते नित्यं मित्रकौस्तुभ योर्भृशम् ५२ (५११९) इति श्रीगणेशपुराणे क्रीडाखण्डे मित्रकौस्तुभवधो नाम त्रयोदशधिकशततमोऽध्यायः । ११३॥

अध्याय ११४ प्रारंभ :— वीरा ऊचुः । नानाशस्त्रप्रहरणौ मृतौ तौ मित्रकौस्तुभौ । असंख्याता हता सेना ताभ्यां निशि दिवापि च १ ततो रिपुबलाद्दृष्टौ वीरौ द्वौ समुपस्थितौ । ताभ्यां बलिभ्यां निहता निजसेना विमर्दिता २ ययोः करप्रहाराभ्यां गतौ सौ यमसादनम् । दृष्टा नानाविधा सेना न दृष्टौ तादृशौ सुरौ ३ सिन्धुरुवाच । यौ दृष्ट्वा स बिभेति स्म कृतान्तो भूतहारकः । तौ कथं शरघातेन मृतौ शंसथ सैनिकाः ४

४ पराक्रममिदानीं मे पश्यन्तु सर्वसैनिकाः । रणभूमौ नर्तयिष्ये शिरः शत्रोर्न संशयः ५ चक्रयुद्धं करिष्यामि चक्रपाणेर्यतः सुतः ।
इत्युक्त्वा हयमारुह्य मयूरेशं ययौ खलः ६ असंख्यकोटचो दैत्यानां पुरो याता महाबलाः । योद्धुकामाः सुरेन्द्रेण शिवपुत्रेण
दुर्धराः ७ ततो नन्दीपुष्पदन्तौ योध्दुं यातौ महाबलौ । भूतराजश्च विकटो दशलक्षैश्च योधिभिः ८ चपलोप्यर्धलक्षेण योद्धुका–
मोऽभिनिर्ययौ । षडाननो वीरभद्रोऽसंख्यसेनासमायुतौ ९ ईयतुर्युद्धबलिनौ नानाशस्त्रधराबुभौ । सप्तव्यूहान्समालोक्य प्राव्यूहन्दै–
त्यसैनिकाः १० गन्धासुरोऽथ मदनकान्तो वीहो ध्वजस्तथा । महाकायश्च शार्दूलो धूर्तनामाथ सप्तमः ११ सप्तव्यूहान्पुरस्कृत्य
युयुधुस्तान्समागतान् । बाणवृष्टचा समाच्छाद्य भल्लाग्रैस्तान्निजघ्निरे १२ भिण्डिपालहताः केचिन्निपेतुर्धरणीतले । षडाननेन
युयुधे बलाद्गन्धासुरो बली १३ वीरभद्रेण मदनकान्तोऽपि युयुधे रणे । नन्दी च वीरराजश्च युयुधाते परस्परम् १४ ध्वजासु–
रपुष्पदन्तौ शस्त्रास्त्रैर्बाणसंचयैः । भूतराजो महाकायो युयुधाते परस्परम् १५ धूर्तश्च विकटश्चैव द्वन्द्वयुद्धमकुर्वताम् । चपलेन
हतो रोषाच्छार्दूलो न्यपतद्भुवि १६ पुनः संज्ञामवाप्यैनं सोपि खड्गेन चाहनत्।मूर्च्छामवाप महतीं चपलश्चपलो युधि १७ प्रवृत्ते
द्वन्द्वयुद्धे तु युयुधाते बले उभे । जघ्नतुः शस्त्रसंघातैर्बाणजालैः परस्परम् १८ सहस्व जहि मा भैस्त्वं हतः स्वर्गं समेष्यसि ।
क्षीणेषु शस्त्रबाणेषु लत्ताभिर्मुष्टिभिः पुनः १९ युयुधुः सर्वसैन्यानि नाशयन्ति परस्परम् । कश्चिच्च चरणौ धृत्वा पोथयामास
वैरिणम् २० कश्चिदुड्डीय न्यपतच्चूर्णयामास वै परम् । कश्चिच्चिच्छेद च शिरः कश्चिद्बाहुं रिपो रणे २१ कश्चित्पादौ जानुनी
चगुल्फौ चिच्छेद चापरः । शरवृष्टिं परे केचित्परस्परमवासृजन् २२ स्रवद्रक्तः शस्त्रहतो मरणावध्ययुध्यत । कबन्धा युयुधु–
स्तत्र जघ्नुः स्वांश्च परानपि २३ अपरे सहसा पेतुर्विदीर्णवक्षसो नराः । परस्पराघातहतौ मृतौ केचिद्रणाजिरे २४ एकाप्सरः
प्राप्तिकृते स्वर्गंयुद्धमकुर्वताम् । असृंगनद्यभवत्तत्र केशशैवलसंयुता २५ खड्ग मत्स्यवती खेटमहाकूर्मा दूरत्यया । प्रेतकाष्ठवहा
घोरा चामरतृणसंयुता २६ कञ्चुकग्राहशोभाढचा महाकटकभेकिका । शूरमोदकरा भीरुमहाभयविवर्धिनी २७ मेदोजला

दुःखतरा मांसकर्दमशालिनी । ततोऽस्तमित आदित्ये न प्राज्ञायत किंचन २८ न हन्तव्या वयं दैत्यवाहिनीचारिणः सुराः न हन्तव्या वयं देववाहिनीचारिणोऽसुराः २९ एवं कोलाहलैस्तत्र प्रायुध्यन्त परस्परम् । आशिषोऽथ ददुस्तत्र श्वापदा भूतराक्षसाः ३० सृगालाः पतगाः श्येनास्तृप्ता पार्वतिनन्दनम् । दिनत्रयमभूदेवं दिवारात्रौ महारणः ३१ वाद्यशब्दैर्जयं रात्रौ घोषयन्तः परस्परम् । एवं गन्धासुरोऽयुध्यत्सेनान्या बहुविस्तरम् ३२ मद्यपानेन मत्तोऽसौ त्यक्त्वा शस्त्राणि वेगवान् । अहनन्मुष्टिघातेन सहसा तं षडाननम् ३३ न्यपतत्स तदा भूमौ वज्राहत इवाचलः । अधावत्सोऽपि लब्ध्वाशु सपक्ष इव पर्वतः ३४ संज्ञां द्वादशभिर्हस्तैरविध्यत्तं महासुरम् । शरजालान्यनेकानि विसृजन्षड्धनुर्वरैः ३५ निवार्य शरजालानि छादयामास तं शरैः । गन्धासुरो महावेगात्षडाननमनामयम् ३६ तन्निवार्य दधारैनं चरणे स षडाननः । अकस्माद्भ्रामयित्वैनं पातयामास भूतले ३७ तस्यांग शतधा जातं गतासोर्दृढघातः । तस्मिन्हते तस्य सेना ययौ व्यग्रा दिशो दश ३८ पृष्ठलग्नो निन्दति स्म सेनां तां स षडाननः । सेनश्च क्रोधनश्चैव शतघ्नो योद्धुमाययुः ३९ येषां शब्दो महानासीद्घनानामिव गर्जताम् । ऊचुः षडाननं दुष्ट सेना नो निहना बहु ४० इदानीं याहि भवनं हतो रविसुतस्य ह । तत आच्छानयामासुर्युगपत्ते षडाननम् ४१ ग्रामसिंहा यथा सिंहं बहवो बलवत्तराः । षड्धनुर्मोचितैर्बाणैर्न्यहनत्तान्षडाननः ४२ ततस्ते मूर्छिताः पेतुर्मुहूर्तादुत्थिता पुनः । पाशं क्षिप्त्वा स्कन्दगले निन्युस्तं पशुवत्त्रयः ४३ ज्ञात्वा नीतं षण्मुखं तमाधावंस्ते त्रयो जवात् । हिरण्यगर्भो बलवांश्यामलो रक्तलोचनः ४४ त्रिभिस्ते मुष्टिघातेन हताः पेतुर्धरातले । ततो मदनकान्तोऽपि वीरभद्रो महाबलम् ४५ न्यहनच्छलघातेन स मूर्छा महतीं ययो । त्यक्त्वा मूर्छा वीरभद्रो दण्डघातान्नचपायत् ४६ मृतं मदनकान्तं तं वीरराजो महाबलः । ज्ञात्वा प्रायान्निहन्तु तांस्त्रीन्सुरान्बल-वत्तरान् ४७ ततस्तान्न्यहनद्रोषाच्छृंगाभ्यां नन्दिकेश्वरः । अस्रवद्रुधिरं वक्त्राच्छतधा भूतलेऽपतत् ४८ तं हतं तु विलोक्याशु

चत्वारोऽसुरसत्तमाः । आययुर्नन्दिनं हन्तुं शार्दूलोऽथ ध्वजासुरः ४९ महाकायो धूतश्चैव सर्वदेवजितो रणे । नानाशस्त्रैर्निजघ्नुस्ते नन्दिनं बलवत्तरम् ५० पतिते नन्दिनि ततश्चत्वारो युद्धदुर्मदाः । पुष्पदन्तो भूतराजो विकटश्चपलोऽपि च ५१ ते तु शैलान्समादाय तोलयित्वा निचिक्षिपुः । सर्वेषां मस्तका भिन्नाश्चूर्णीभूताश्च केचन ५२ धराघातेन ते सर्वे धरायां पतिता रणे । केचिच्च सिन्धुमगमंशस्त्रघातप्रपीडिताः ५३ पराजयं स्वसैन्यानां प्राहुर्देवजयं तथा । जयं प्राप्ता देवसेना बहुवाद्यान्यवादयत् ५४ मयूरेश मयूरेश जय त्वं जय सर्वदा । इत्यब्रवीद्धर्षयुता स्वानन्देन ननर्त च ५५ (५१७४) इति श्री गणेशपुराणे क्रीडाखण्डे चतुर्दशोत्तरशततमोध्यायः ॥११४॥ अध्याय ११५ प्रारंभ :– क उवाच । श्रुत्वा सेनाजयं दैत्यौ ययौ चिन्तां महत्तराम् । अत्यन्तम्लानवदनो निमग्नो दुःखसागरे १ मनसा परितुष्टेन चिन्तयामास दैत्यराट् । सिन्धुरुवाच । विपरीतमिदं कस्माज्जातं न ज्ञायते मया २ पिपीलिका ग्रसेत्किं न ब्रह्मांडं लोकसंकुलम् । यस्याग्रे मशका देवा आसन्निन्द्रादयो मम ३ शिवार्भकेन तस्याद्य कथं सेना विनिर्जिता । क उवाच । इत्युक्त्वा हयमारुह्य धनुर्बाणासिचर्मभृत् ४ अहत्वा तं मयूरेशं दर्शयिष्ये मुखं न च । इत्युक्त्वाऽभिययौ सिन्धू रणभूमौ पतंगवत् ५ सज्जं चकार च धनुर्नादयन्गगनं दिशः । व्यसृजद्बाणजालानि तीक्ष्णान्यग्निमुखानि सः ६ चकम्पे पृथिवी सर्वा मूर्छिता जन्तवोऽखिलाः । प्राक्षिपद्देवसेनायामसंख्याताश्च पत्रिणः ७ छिन्ना भिन्नाः सुराः पेतुस्तच्छस्त्राघातपीडिताः । पलायन्तः सुराः पेतुस्तेऽपि पृष्ठे शरैर्हताः ८ ततः सर्वा मयूरेशवाहिनी व्यग्रतामियात् । द्विधाभूता जानुपादाः केषांचिन्मस्तका अपि ९ शरवृष्ट्या सिन्धुहस्तमुक्तया रणमूर्धनि । अभवत्तुमुलं युद्धमनिवार्यं भयावहम् १० सिन्धोश्चैव गणेशस्य सेनयोरुभयोरपि । कोलाहले महाघोरे ध्वान्ते गाढे रजःकृते ११ पुरोगांजघ्निरे सर्वे परान्स्वानपि ते तदा । शस्त्राघातैर्हता सेना देवसेनाचरैः परा १२ ततः सिन्धुर्हयात्तस्मादवरुह्य पदेऽग्रहीत् । पातयामास सहसा वीरभद्रं च वेगतः १३ अहनन्मस्तके सोऽथ नन्दिनं बलवत्तरम । भूतराजं च खड्गेन

मारयन्सहसा कटौ १४ पुष्पदन्तस्योदरं च बिभेद बलवत्तरम् । शिखामाक्रम्य प्राकर्षद्धिरण्यगर्भमोजसा १५ श्यामलस्य
ललाटं स बिभेद शरघाततः । चपलस्य हनू रोषाज्जघान विकटं रणे १६ लम्बकर्णस्य कण्ठं स बिभेद बाणसंचयैः । धृत्वा तु
चरणौ रक्तलोचनं च न्यपातयत् १७ हस्तान्निस्तीर्य सहसा समुखः प्रापलज्जवात् । सोमं लत्ताप्रहारेण रणभू-
मावपातयत् १८ जठरं दारयामास भृंगिणोऽसिप्रहारतः । दानवानलस्य च शिरो भेदयामास सायकैः १९
पंचाननस्य पृष्ठे सोऽवधीच्च चपलो युधि । एवं सर्वे महावीरा निहता रणमूर्धनि २० द्रुतं पलायिताश्चान्ये
ततः सिन्धुः पुरो ययौ । जगर्ज घनवद्घोरं नादयन्भुवनत्रयम् २१ स विव्याध मयूरेशं शरजालैरनेकधा । तस्य
देहं समालोक्य विकरालं भयानकम् २२ विरूपाक्षादयः सर्वे पलायनमकुर्वत । मुनियुक्तो गणेशश्च युयुधे संयुगे
तदा २३ स चकम्पे करिशिशुः सिंहस्येवास्य दर्शनात् । ततोऽब्रवीद्रोषवशात्सिन्धुस्तं तु गुणेश्वरम् २४ सिन्धुरुवाच।
दूरात्तेऽश्रावि बहुशः पुरुषार्थः शिवार्भक । प्रत्यक्षं दृश्यसे रे त्वं जम्बूक इव दुर्बलः २५ कथं मे सहसे मूढ तलाघातं शिलाभिदम्।
त्वया मातुः स्तनं पीत्वा नर्तव्यं हि गृहांगणे २६ शक्रादयो जिता येन तस्य ते गणनाऽत्र का । निवारयति मां मूढ कृपा त्वां
हन्तुमुत्सुकम् २७ कथं ते कोमलांगेषु विध्ये तीक्ष्णतराञ्शरान् । देव उवाच । किमर्थं वल्गसे मूढभावेनाधम पामर २८ नावतारं
गृहिष्येऽहं यदि जानेऽल्पकं वपुः । तवेदानीं हनिष्यामि क्षणेन देहमल्पकम् २९ सूर्यदत्ताद्वराद्दुष्ट दुष्कर्मनिरतो भवान्। इदानीं स
गतः कालो मृत्युकाल उपस्थिते ३० वल्गनाकुशलस्त्वं किं युद्धमद्य करिष्यसि । त्वा हन्तुं मोचितुं देवान्धृतं रूपमिदं मया ३१
अन्तकाले सन्निहिते पुरुषार्थो वृथा भवेत् । मया हते महास्थानं मम प्राप्स्यसि दुर्लभम् ३२ सिन्धुरुवाच । यावन्न च्छेद्मि ते मूढ
कोमलं देहमुत्तमम् । तावद्वल्गसि यो यस्य भक्तः स्यात्स मृतो व्रजेत् ३३ तस्य लोकं वृथा हि त्वं न प्रशंसां वदात्मनः । क

उवाच । एवमुक्त्वा महादैत्यः सायकं परमेदिनम् ३४ न कदाचित्प्रकटितमतितीक्ष्णं जयावहम्।स्मृत्वा सूर्यं धनुर्गृह्य सज्जं कृत्वा
न्ययोजयत् ३५ टणत्कारेण धनुषो नादितं भुवनत्रयम् । मुमोच बाणं तं देवे मयूरेशे बलात्खलः ३६ स जज्वाल दिशः सर्वा
गगनं विदिशोऽपि च । तं दृष्ट्वा स मयूरेशस्तत्याज परशुं निजम् ३७ वज्रात्सारतरं सूर्ववैरिदर्पहरं परम् । अदहत्सो।पि
त्रीलोकान्प्रलयानलसन्निभः ३८ परशुः खण्डयामास नभस्येव च तं शरम् । धरायां पात्य शतधा दैत्यहस्तमथाच्छिनत् ३९
धनुर्भारसहं घोरं नभस्यैव गतं करात् । ततः क्रोधेन दैत्यः स चक्रं तत्याज शस्त्रवे ४० शतहूदेव तच्छब्दं चकार गर्जयन्दिशः ।
दृष्ट्वा तत्र मयूरेशः शूलमुग्रं मुमोच ह ४१ ददाह भुवनं तच्च पपात दैत्यमस्तके । मुकुटं कुण्डमे कर्णौ खण्डयित्वा ययौ पुनः
४२ मयूरेशकरं शीघ्रं यथा न त्याजितं तथा । ततः क्रोधादुवाचैनं छिन्नकर्णो महासुरः ४३ पौरुषं दर्शितं तेऽद्य दर्शयिष्ये तवापि
च । इदानीं शरघातेन छिनद्मि नासिकां तव ४४ इत्युक्त्वा खड्गहस्तोऽसौ तं जगाम गुणेश्वरम् । मयूरेशस्तदा चक्रे नाना–
रूपाणि सर्वतः ४५ आयुधानि च चत्वारि बिभ्रन्करचतुष्टये । ततः स विस्मयाविष्टो दशदिक्षु व्यलोकयत् ४६ ददर्श तत्र तं देवं
चतुरायुधभूषितम् । ततः स लज्जितो गेहं निजं गन्तुं मनोदधे ४७ तथापि पुरतोऽपश्यन्मयूरेशं तथाविधम् । आच्छाद्य नेत्रे स
ययौ हृद्येनं समलोकयन् ४८ उन्मीस्य नेत्रे सोऽपश्हत्पुर एनं शिखण्डिनि । ततो दैत्यो बुबोधैनं स्वान्ते रविप्रसादत। ४९ रणस्थ-
लात्पुरीं यात आच्छाद्य वदनाम्बुजम्।हतशेषैश्च वीरैश्च तादृशैः परिवारितः ५० पर्यंके न्यपतच्चिन्तापर्याकुलितमानसः । विरास्ते स्वगृह
याताश्चिन्ताव्याकुलचेतसः ५१ (५२२५) इति श्री गणेशपुराणे क्रीडाखण्डे सिन्धुवैरुप्यकरणंन ाम पंचदशाधिकशततमोऽध्यायः ॥ ११५ ॥
अध्याय ११६ प्रारंभ :– क उवाच । जयं प्राप्ते मयूरेशे ययुस्तत्र मुनिश्वराः । शिवोऽपि गिरिजायुक्तो ययौ तं च निरीक्षितुम

१ औत्सुक्यात्पार्वती चैनं समालिंग्याब्रवीत्तदा । पार्वत्युवाच । अतिश्रान्तोऽसि दैत्यस्य कठिनस्य रणं सुत २ कोमलानि तवांगानि
कथं शस्त्राणि सेहिरे । कृतान्तसदृशो दैत्यो मायावी बलवत्तरः ३ स कथं कोमलांगेन त्वया युधि विनिर्जितः । पारुदत्करुणं देवी
धृत्वांगे निजबालकम् ४ ततो मुनिगणाः शम्भुर्वारयामास तां शिवाम् । शिव उवाच । न जानीषे मयूरेशं सर्वकारणकारणम् ।
५ अनादिनिधनं देवं वेदान्तागोचरं विभुम् । त्रयस्त्रिंशत्कोटिदेवैर्नुतं देवारिदारणम् ६ सृष्टिस्थितिज्ञानहेतुं लयहेतुमनामयम् ।
भूभारोत्तारणार्थाय नानारूपधरं परम् ७ ब्रह्माण्डव्याप्तरोमांकमेकानेकस्वरूपिणम् । तपोबलसमायुक्तं योगशास्त्रसमन्विम् ८
मायाविभेदकं देवं मायिनामपि मायिनम् । बालभावेऽपि दैत्यानां हन्तारं किं न वेत्सि तम् ९ क उवाच । एवं स्तुतिं समाकर्ण्य
दृष्टा सा पार्वती तदा । ततो दृष्टो मयूरेशो मुनीन्प्राह शिवं शिवाम् १० मयूरेश उवाच । न भयं वज्रहस्तान्मे अन्यस्मात्तत्कथं
भवेत् । सर्वेषां नमनान्मातर्मुनीनामाशिषोऽपि च ११ शिवस्य वरदानेन सिन्धुदैत्यो जितो मया । स्कन्दादयो जिता येन युध्यन्ते
न हि सेन ते १२ असंख्याता हता देवा दैत्यसेनाचैरनरैः । असृगनद्यः संप्रवृत्ता वीरहर्षकरा बहु १३ रणे निपतितान्देवान्वि-
चिन्वामो मुनीश्वराः । क उवाच । एवं मयूरेशवचो निशम्य प्राह धर्मवित् १४ वसिष्ठो मुनिवर्यस्तं यामः सर्वे चलन्तु वै । ततो
ययौ रणे द्रष्टुं मुनिभिस्तैर्मयूरराट् १५ मज्जारक्तवसागन्धो घ्रातुं यत्र न शक्यते । अतिभीषणकायां स्तांश्छिन्नभिन्नाननेकशः
१६ दृष्ट्वा बीभत्सरूपांस्तान्प्रफुल्लान्किंशुकानिव । विकृतिं परियातानि मनांसि दानवद्विषाम् १७ पश्यतां वीरराशींस्तान्वीरो-
परि प्रतिष्ठितान् । कांश्चिच्च जीवतः कांश्चिन्मूर्छिताञ्शस्त्रघाततः १८ कांश्चिच्च प्रविशीर्णांगान्देवान्देवा व्यकर्षयन् । सहसा
न विदुर्देवा देवान्वा दानवानपि १९ अब्रुवस्तत्र केचिच्च त्वददं मृत्युमागताः । अन्ते ते दर्शनं प्राप्तमित्युक्त्वा व्यसृजन्नसून् २०
क उवाच । एवं श्रुत्वा तु तद्वाक्यं साश्रुकण्ठो मयूरराट् । भ्रमन्भ्रमन्ददर्शाग्रे मूर्छितं तु षडाननम् २१ पतदश्रुर्मयूरेशः स्नेहात्तं

चान्नविदिति । उत्तिष्ठोत्तिष्ठ भद्रं ते किं शेषे प्राकृतो यथा २२ श्रान्तोऽसि दैत्यहननाद्यच्छालिंगनमद्य मे । प्रमार्जितस्तु हस्तेन ततः स प्रोदतिष्ठत २३ अपश्यन्निकटे देवपादपद्मं भयापहम् । उवाच च मयूरेशं दर्शनात्तेगतं मम २४ सर्वदुःखं श्रमश्चैव विश्रान्तश्चास्मि साम्प्रतम् । आलिलिंग मयूरेशं दोर्भिर्द्वादशभिस्तदा २५ उभौ यातौ रणं द्रष्टुं गृहित्वा च परस्परम् । अपश्यतां पुरः सुप्तं वीरभद्रमिषुक्षतम् २६ नन्दिनं च शराघातैः पीडितं बलवत्तरम् । भूतराजं च पुरतो विभिन्नमस्तकं तदा २७ क्रन्दन्तं विकटं चैव पुष्पदन्तं भृशार्दितम् । ललाटे दृढविद्धं च हिरण्यगर्भमेव च २८ मृतप्रायं च चपलं मृतं श्यामलमेव च । लम्बकर्णो न चाज्ञासीद्भ्रान्त्या कंचन संगरे २९ उदानवायुनाक्रान्तः सुमुखस्तत्र चाभवत् । परमं खेदमापन्नः सोमश्च रक्तलोचनः ३० शेते स्म मूर्छया: भृंगी पंचास्यश्च मुमूर्षया । शंखः प्रेतत्वमापन्नो भयकृत्सर्वयोधिनाम ३१ एवं दृष्ट्वा सर्ववीरान्हतप्रायान्हता-नपि । चिन्तया परयाविष्टो पप्रच्छ तं षडाननम् ३२ मयूरेश उवाच । असुराश्च स्वकीयाश्च महावीरा हता मृधे । निजधाम-गताः सर्वे जीवतामत्र का गतिः ३३ स्कन्द उवाच । अनन्तकोटिब्रह्माण्डनायकस्त्वं गुणेश्वर । चतुर्दशानां विद्यानां सर्वासां च स्वयं निधिः ३४ कलानां तत्र किं प्रश्नं करोषि त्वं ममान्तिके । नाहं मन्त्रं विजानामि वेत्थ त्वं हि न वै सुराः ३५ विवर्धयसि कीर्ति त्वं नानादैत्यविभंजनात् । यथामति ब्रवीमि त्वामाज्ञया च स्मृतेर्बलात् ३६ पूर्वं तु त्रिपुरवधे शिवेन युद्धमद्भुतं । कृतं तत्र मृदान्देवान्द्रोणाद्रवल्लिजं रसम् ३७ देवक्षतेषु संयोज्य जीवयामास तत्क्षणात् । क उवाच । श्रुत्वेत्थं वचनं देवो जगाद तं षडा ननम् ३८ इदानीं दैत्यकोटयस्तु युद्धार्थं बलवत्तराः । आयास्यन्ति तदा कोऽत्र युद्धेत्ताभिः षडानन ३९ कश्चानेतुं व्रजेदद्रि वल्लीरसमनुत्तमम् । एवं ब्रुवन्मयूरेशो मायामाविश्चकार ह ४० उज्जीवयामास तदा निजांगवायुमंगतः । ततस्ते हर्षसंपन्नाः प्रणेमुस्तं गुणेश्वरम् ४१ आलिलिंगुः पुनर्युद्धं कर्तुं तं च विजिज्ञपुः । त्वद्दृष्टिविनिपातेन तेजो नो द्विगुणीकृतम् ४२ गुणेश्वर

उवाच । ब्रह्मादयो देवगणाः स्तुवन्ति वः पराक्रमम् । तारकासुरमुख्याश्च निहता दैत्यदानवः ४३ क उवाच । ततस्तैः सहिता देवैर्मयूरेशः शिवं ययौ । नमस्कृत्य शिवं गौरीं युद्धाय गन्तुमुद्यतः ४४ आलिलिंग मुदा गौरी शिवस्तं च गुणेश्वरम् । ततः षडाननाद्यास्ते शिवमालिंगिरे मुदा ४५ वयं रणे निपतिताः पुनः संजीविता हर । मयूरेशांग संभूतवायुनाऽद्भूतकारिणा ४६ पुनर्युद्धाय यास्यामोऽनेन सार्द्धं शिवाधुना । प्रसादात्तव जेष्यामः सर्वानेवासुरान्युधि ४७ (५२७२) इति श्रीगणेशपुराणे क्रीडाखण्डे रणशोधनं नाम षोडशाधिक शततमोऽध्यायः ॥११६॥

अध्याय ११७ प्रारंभ :--

क उवाच । सिन्दुस्तल्पगतश्चिन्तामवाप महतीं तदा । अग्निसंतप्तहृदयो विचारं नान्वपद्यत १ निर्हर्षो म्लानवदनो निस्तेजः निष्कलोऽपि सः । तत उग्रात्मजा दुर्गा लावण्यलहरी शुभा २ चिन्ताशाविषदग्धं तं श्रुत्वाऽगान्मंचकस्थितम् । असंख्यभूषणाढ्यस्याः कबरी भाति मस्तके ३ कस्तूरीतिलकं यस्या ललाटे भाति सुन्दरम् । कण्ठे हारं कटौ कांचिं बिभ्रतीं रत्नसंयुताम् ४ सर्वालंकारसंयुक्तां सर्वावयव सुन्दराम् । आगतां तु निरीक्ष्यैव मंचकाभ्याशमुत्सुकाम् ५ बहिस्तत्सेवका यातास्ततः सा पतिमब्रवीत् । दुर्गोवाच । किं चिन्तां कुरुषे स्वामिन्यद्भाव्यं तद्भविष्यति ६ ईश्वरस्य वशे लोको न स्वतन्त्रः कदाचन । सर्वेषां मानसं त्वं किमुद्वेजयसि मेऽपि च ७ को हेतुस्ते वद विभो ततो युक्ति वदामि ते। क उवाच । प्रिया वाक्यं समाकर्ण्य गण्डकीनायकस्तदा ८ सावधानमना भूत्वा वृत्तान्तं तामथाब्रवीत् । सिन्धुरुवाच । किं वदामि प्रिये श्लाघ्ये मनःखेदकरं परम् ९ युध्यतो मे रणे कर्णौ मयूरेशेन सादितौ । सप्तकोटिमिता सेना निहता पौरुषेण ह १० स्कन्दादयो महावीराः पतिताः शरवृष्टिभिः । अकस्मान्मे हतौ कर्णौ त्रिशूलं प्रेष्य शत्रुणा ११ आच्छाद्य मुखमायातो वाससा निजमन्दिरम् । येनोपायेन मे शत्रुवधः स्यात्तं वदस्व मे १२ दुर्गोवाच । वीरधर्मः कृतः सम्यङ्निहताः सर्वसैनिकाः । न यशः प्राप्यते स्वामिन्गोब्राम्हणसुरद्विषाम् १३ तत्द्वेषाच्चैव कल्याणं

कस्यापि हि न जायते । सेवनाद्वन्दनाद्ध्यानात्स्मरणात्पूजनादपि १४ देवैरिन्द्रादिभिः स्थानान्याप्तानि च स्थिराणि च । यः समः
सर्वभूतेषु शुभाऽशुभफलप्रदः १५ तत्सेवयाऽभिष्टसिद्धिः कामधेनोरिवाभवत् । अङ्कुरो जायते तादृग्यादृग्बीजं हि उप्यते १६
अशुभात्कर्मणो दुःखं सुखं स्याच्छुभकर्मणः । अतः सन्तः प्रकुर्वन्ति शुभम् कर्मसदादरात् १७ हितं च सर्वजन्तूनां कायेन मनसा
गिरा । भवता पुरुषार्थेन पीडितास्ते सुरर्षयः १८ पुरुषार्थः स विज्ञेयो यश्चतुर्णांहि साधकः । यन्मनोनार्थलुब्धं स्यात्परदारेषु
न क्वचित् १९ स एव पुरुषार्थः स्याद्यश्चानिन्द्यं न निन्दति । शरणागतरक्षायां दृढो धर्मपरायणः २० समः सर्वेषु भूतेषु पुरुषार्थः
स गम्यते । स्वामिन्मे परमं वाक्यं शृणु ते हितकारकम् २१ अदुष्टवाक्सत्यशीलः स्वगुणानामकीर्तकः । परोपकरणे सक्तः
परपैशून्यवर्जितः २२ तत्कुरुश्व महाभाग मम प्रीतिं यदीच्छसि । मोचयस्व सुरान्सर्वान्प्रबद्धाञ्शक्रसंयुतान् २३ प्रयास्यति मयू-
रेशोऽखिललोकप्रपालकः । वत्स्यावः सुसुखं स्वामिन्नान्यथा तु सुखं भवेत् २४ क उवाच । एवं वाक्यामृतं तस्यास्तदभूद्विषसन्नि-
भम् । मुमूर्षोरौषधं यद्वद्ग्रहरोगाप्लुतस्य ह २५ क्रोधसंरक्तनयनो दुर्गां तां सिन्धुरब्रवीत् । न दध्रे हृदि तस्याः स उपदेशं
हितावहम् २६ सिन्धुरुवाच । सम्यगुक्तं त्वया भद्रे लोकनिन्दाकरं वचः । चातुर्यं तव विज्ञातं कार्याकार्यविदा मया २७ न शत्रुं
भजते कोऽपि रिपुर्मानपरायणः । नारभेत्कृत्यमन्याय्यमारब्धं चेन्न तत्त्यजेत् २८ ततो दुःखं सुखं वा स्यादयशो यश एव च ।
लाभो वाप्यथवाऽलाभो जीवनं मृत्युरेव वा २९ पूर्वं भद्रे मया सन्धिः साम्ना तेन न वै कृतः । इदानीं भविता यद्यत्तद्भवत्येव
सर्वथा ३० पूर्वमेव हि यज्जन्तोर्लिखितं साध्वसाधु वा । कश्चिन्न पुरुषार्थेन कर्तुं शक्तोऽन्यथा सति ३१ रणे मृतस्य स्वर्गोथ
ख्यातिः स्याद्विष्टपत्रये । यातस्य शरणं शत्रोरयशो नरकेऽपि च ३२ पूर्वजैः सहितस्याशु जायते नात्र संशयः । जानामि तं मयूरेशं

देवदेवं जगद् गुरुम् ३३ संभूतं मम नाशाय रावणे राघवं यथा । पातयिष्ये शिरोऽस्याहमिति मे निश्चिता मति ३४
त्यजन्ति जीवितं शूरा नाभिमानं कदाचन । न मेऽस्ति गणना सुभ्रु कृतान्तस्यापि कर्हिचित् ३५ तत्र का गणनाऽन्येषां लज्जा मे
कर्णतः कृता । क उवाच । एवमुक्त्वा भूषणानि वस्त्राणि च दधार सः ३६ केयूरं मुकुटं रत्नयुक्तं हारं च कुण्डले । तूणौ खड्गं
च खेटं च चापं सज्जं च शस्त्रिकाम् ३७ आछाद्य कर्णौ रौक्मीयवस्त्रंणोष्णीषगेन च । आययावुपविष्टः स भद्रासनमुत्तमम् ३८
(५३१०) इति श्रीगणेशपुराणे क्रीडाखण्डे दुर्गावाक्यं नाम सप्तदशाधिकशततमोऽध्यायः ॥११७॥

अध्याय ११८ प्रारंभ :– क उवाच । युद्धावेशदुराधर्ष उपविष्टो महासने । स तदा वीरमुख्यांस्तानुपविष्टानथाब्रवीत् १
सिन्धुरुवाच । गतौ मम प्रधानौ तौ त्रैलोक्याकर्षणक्षमौ । न तादृशोऽस्ति वीरोऽत्र यो मे हन्याद्रिपुं बलात् २ नैतादृशौ बुद्धि–
मन्तौ पराक्रमजयैषिणौ । वीराऊचुस्ततः सिन्धु मा चिन्तां कुरु सर्वथा ३ यावद्वयं प्राणवन्तो लघुकृत्य उपस्थिते । किमर्थं
चिन्ताकुलतां तावद्व्रजसि दैत्यराट् ४ स्वापं कुरु महाभाग पर्यंके पुष्पसंस्तरे । कृतान्तस्ताडितो याभ्यां तयोः कस्माद्भयं भवेत्
५ एवमुक्त्वा कलः सिन्धुं विकलश्च महाबलौ । शालकौ तस्य दैत्यस्य निर्यातौ युद्धदुर्मदौ ६ नानायुद्धेषु कुशलौ नानायुधधरा–
वुभौ । नानाभूषणवस्त्राढ्यौ नानासेनासमन्वितौ ७ नानागर्जनतो व्योम चक्रतुर्नादसंयुतम् । देवकोटिनिहन्तारौ असंख्यवाहिनीयुतौ
८ ययुस्तत्पुरतोवीराः सिन्दूरारुणमस्तकाः । अग्निशस्त्रधरा मुक्तकेशपाशाः सचन्दनाः ९ लसच्छस्त्रधराः सर्वे यममत्तुमिवोद्यताः
ततः करिघटा याता नानाधातुविचित्रिताः १० अधिष्ठाता महामात्रैर्नानाभूषाविराजिताः । तीक्ष्णदन्ताः सिन्दुरिता घण्टानाद–
निनादिताः ११ ततोऽश्वसादिनो यातास्तनुत्राणविराजिता । धनुर्बाणधराः सर्वे लसच्छस्त्रविभूषिताः १२ अनेकयुद्धसम्भार–

रथा यातास्ततः परम् । अनेकवीरसंयुक्ता नानासूतविराजिताः १३ एवं तौ शालकौ यातौ रणस्थानं रुषान्वितौ । ददृशाते
मयूरेशमाशीविषभुजिःस्थितम् १४ षडाननादिभिर्वीरैरन्यैन्यश्च परिवारितम् । दृष्ट्वातैस्तु तयोः सेना घोरा सा चतुरंगिणी
१५ असंख्यातं बलं तस्य समायातं विचित्रितम् । प्रेषितो देवप्रवरैर्दूतो नीतिविशारदः १६ ज्ञात्वा वृत्तान्तमायातः स जगाद
सुरान्प्रति । दूत उवाच । कलश्च विकलश्चैव नानासेनासमायुतौ १७ जेतुं सुरान्समायातौ नानायुद्धविशारदौ । ताभ्यां युद्धाय
संप्राप्तौ पुष्पदन्तवृषा वुभौ १८ धनुषी सज्जतां नीत्वा षष्टचा बाणैरविध्यताम् । दैत्यौ बाणान्निवार्यैव तावुभौ बाणवृष्टिभिः
१९ छादितौ शरघातेन घ्नतः स्म देवसैनिकान् । कलस्य खड्गं खड्गेन बिभेद स महावृषः २० सैन्यमादाय तस्याशु खड्गं
छित्वा न्यपातयत् । विकलस्य पुष्पदन्तो धनुश्चिच्छेद सायकैः २१ ततस्तौ मल्लयुद्धेन परस्परमयुध्यताम् । ते सेने युद्धतां तत्र
नानाशस्त्रास्त्रपत्रिभिः २२ मायाभिर्विविधाभिश्च परस्परजयेच्छया । ततः पपाल दैत्यानां सेनाशस्त्रार्दित भृशम् २३ केऽपि देवाः
पृष्ठलग्ना मारयन्त्यसुरांश्च तान् । पादाघातेन निहता दैत्यसेनाचरा नराः २४ मृतासृक्प्रवहा तत्र वाहिनी भीरुभीतिदा ।
संप्रवृत्ता महाघोरा भूतपक्षिप्रमोदिनी २५ ततो वेगात्समुड्डीय कलश्च विकलश्च ह । शस्त्रवृष्टिं महोग्रां तौ चक्रतुर्युद्धदुर्मदौ
२६ तया हता देवसेना स्त्रवद्रक्ता पपाल ह । ततो वृषोऽहनत्सेनां शृंगाभ्यां च तयोर्भृशम् २७ लत्ताभिश्च जघानाशु फूत्कारेण
न्यपातयत् । पुच्छाघातेन कांश्चिच्च चूर्णयामास दैत्यपान् २८ एवं तेन हता सेना नानादैत्यसमाकुला । हाहाकारो महानासी–
द्दैत्यांना तत्र नश्यताम् २९ ततोऽतिबलिनौ वीरौ कलश्च विकलश्च ह । जगर्जतुरुभौ रोषाद्गर्जयन्तौ दिशो दश ३० निनिन्दतुस्तौ
वृषभं किं त्वं युध्यसि नौ पुरः । तृणादनेषु शक्तस्त्वं तृणरूपोऽसि साम्प्रतम् ३१ दध्रात एवमुक्त्वा तौ तस्य शृंगे महाबलौ ।
विकृष्य निन्यतरुभौ स्वसेनां चतरंगिणीम् ३२ तं मोचितुं पुष्पदन्तोऽभिययौ सहसा जवात् । ततस्तं विकलो लत्ताप्रहारैः पात–

यन्भुवि ३३ ननर्द वाद्यघोषेण हर्षनिर्भरमानसः । स मूर्छितो मुहूर्तात्तु संज्ञां प्रापदनातुरः ३४ ततो योध्दुं समायातौ वीरभद्रषडा-
ननौ । कलः पर्वतघातेन शतधा न्यपतद्भुवि ३५ वीरभद्रस्तु विकलं तलघातादपातयत् । दृष्ट्वा स्कन्देन निहतं कलं दैत्यं
महाद्रिणा ३६ ततो ययुः स्वशिबिरं गणास्ते जयशालिनः । ततः शस्त्रहताः केचिज्जीवन्तो गण्डकीं ययुः ३७ शशंसुर्दैत्यराजाय
नानासेनायुत. कलः । विकलश्च हतो रोषाद्विरभद्रादिभिर्गणैः ३८ गतास्ते शिबिरं देवगणास्तु जयशालिनः ३९ (५३४९)
इति श्रीगणेशपुराणे क्रीडाखण्ठे कलविकलवधो नामाष्टादशोत्तरशततमोऽध्यायः ॥११८॥
अध्याय ११९ प्रारंभ :– क उवाच । कलं च विकलं श्यालं देवसेनाविघातिनम । निहतं वीरभद्रेण पर्वतेन महासुरम् १
षडाननेन विकलं हतं तलप्रहारतः । श्रुत्वा भद्रासनगतो नानावीरसमन्वितः २ प्राप सिन्धुर्महार्चितां स्मरञ्शिवसुतं तदा । किं
करिष्यति देवोऽसौ नाशमित्थं सुरद्विषाम् ३ इत्येवं चिंतयाविष्टो मूर्छामाप महत्तराम् । तावदाजग्मतुरुभौ पुत्रावस्य महाबलौ
४ धर्माधर्मौ भद्रपीठे जनकं वाक्यमाहतुः । कथं बिभेषि जनक शिवाया अर्भकाल्लघोः ५ नावाज्ञां देहि दैत्येंद्र हनिष्याव:
क्षणादमुम् । संमुखे तौ हतौ वीरौ मातुलौ नौ दिवं गतौ ६ उत्तीर्णौ तौ स्वामिकार्ये कीर्ति कृत्वा महात्तराम् । हत्वाऽनेकविधां
सेनां नानावीरैः प्रपालिताम्७आवामपि प्रयुध्यावो यावो हत्वा रिपु बलात् । अथवा मोक्षमायावो निहतौ तेन चेद्रणे८यावदावां हि
जीवावश्चिन्तां तावच्च मा कुरू । इंद्रादय सुरगणाः कारागारेऽधुना तव९यदा त्वं विजिताः पूर्वं पितरस्तत्र केऽभवन् । आनीवो मस्तकं
तस्य रिपोस्तव न संशयः१०अन्यथा दर्शयिष्यावो मुखं लोकेषु न क्वचित् । क उवाच । एवं तयोः समाकर्ण्य वचनं हर्षमाप्तवान्११ तावूचे
परमं युद्धं प्राप्नुतं यश उत्तमम् । नाशयित्वा रिपुं घोरं यातं शीघ्रं ममान्तिकम् १२ एवमाकर्ण्य तद्वाक्यमीयतुर्युद्धलालसौ ।
नमस्कृत्य पितुः पादौ मातुर्गृहय तदाशिषः १३ दशकोटिमितां सेना प्रत्येकं गृहय सत्वरौ । रथाश्वहस्तिपादातैर्नानाशस्त्रधरैः–

र्युताम् १४ पत्तयोऽपि ययुर्हृष्टाः सिन्दूरारूणमस्तकाः । गजा नानागिरिनिभा नानाधातुध्वजान्विताः १५ अश्वाः सादिभि-
रारूढा नानाशस्त्रासिपाणिभिः । गर्जद्भिर्मेघसदृशं गर्जयद्भिर्दिशो दश १६ ततः सेनामध्यगतौ रेजतुर्भ्रातरावुभौ । नानालंकार-
संयुक्तौ नानायुधधरावुभौ १७ रत्नकांचनसंयुक्तकुण्डलाभ्यां विराजितौ। किरीटाभ्यां सुतेजोभ्यां भ्राजमानौ महाबलौ १८ मुक्तामणि-
मयौ हारौ बिभ्रन्तौ युद्धदुर्मदौ।प्रापतू रणभूमिं तौ नानावादित्रनिस्वनैः १९ ददृशुर्वीरभद्राद्यास्तौ च तां वाहिनीमपि । निकटे तौ
समालोक्य मयूरेशप्रचोदिताः २० आज्ञयाऽभिययुर्वीरभद्रोऽसौ च षडाननः । हिरण्यगर्भः संक्रुद्धो भूतराजो विशालदृक् २१
असंख्यसेनया सार्द्धं ततो युद्धमवर्तत । परस्परमयुध्यन्त ततः सेनाचरा भृशम् २२ घ्नन्तः शिरांसि पादांश्च बाहूरूदरकन्दराः ।
निहताश्च निहन्यन्ते तमसाच्छादिते रवौ २३ केचिच्चक्राणि मुमुचुर्भिण्डिपालांस्तथाऽपरे । बाणवृष्टिं परे चापि नानाशस्त्राणि
केचन २४ मल्लयुद्धं च तत्रासीत्सैनिकानां परस्परम् । एवं सा संहृता सेना मयूरेशप्रपालिता २५ पपाल तत्र शेषा या विव्हला
तु दिशो दश । ततः षडाननः क्रुद्धो द्वादशायुधभूषितः २६ तैरायुधैर्जघानाशु सेनां तां दैत्यपालिताम् । केषाच्चिद्बाहवो भिन्नाः
केऽपि मध्ये द्विधाकृताः २७ केषांचिन्मस्तका भिन्नाः केषांचिच्चरणा रणे । एवं सा नाशिता सेना हस्त्यश्वरथसंकुला २८ केऽपि
स्वर्गं गताः केचिद्रूपं प्रापुः षडाननम् । निरीक्ष्य ये मयूरेशं जहुः प्राणान्प्रहारिताः २९ जग्मुस्ते तत्प्रसादेन निजधाम महाबलाः ।
तद्दृष्टिपातात्तदघं नष्टं सर्वं जनुःकृतम् ३० दृष्टवा विशाखविशिखैः सशिखैर्निहतां स्वकाम् । सेनां तस्य सुतौ वीरावधर्मो धर्म
एव च ३१ युयुधाते बहुविधं शस्त्रैरस्त्रैः शरव्रजैः । चक्रतुर्मल्लयुद्धं तौ महासेनेन तत्क्षणात् ३२ तयोर्बलं निरीक्ष्यैव कार्तिकेयो
महाबलः । शिखयोस्तौ दधाराशु षड्बाहुः षट्करैर्बलात् ३३ भ्रामयामास बहुधा पोथयामास भूतले । शतखण्डानि जातानि

तयोस्तु पततोर्भुवि ३४ जयं प्राप्ते शिवसुते नेदुर्वाद्यानि सर्वशः । जय त्वं हि मयूरेश जगुः सर्वेऽपि सैनिकाः ३५ चत्वारस्ते ययुर्देवं मयूरेशं निजं प्रभुम् । आलिलिंगुर्मुदा ते तु परस्परमथाब्रुवन् ३६ प्राप्ता इव पुनर्जन्म मुमुदुस्ते परस्परम् । शशंसुः सर्ववृत्तान्तं शिवायै च शिवाय च ३७ सेनां च निहतां सिन्धोः पुत्रौ च बलवत्तरौ ३८ (५३८७) इति श्रीगणेपुराणे क्रीडाखण्डे एकोनविंशोत्तरशततमोऽध्यायः ॥११९॥

अध्याय १२० प्रारंभ :- क उवाच । हतशिष्टाः केऽपि वीराः स्त्रवद्रक्ताः सुदुःखिता । सिन्धुं सभागतं चेत्थं भीत भीता अथाब्रुवन् १ वीरा ऊचुः । धनुर्धर निबोधेदमतिदुःखकरं वचः । धर्माधर्मौ तव सुतौ कृत्वा युद्धं महत्तरम् २ निन्यतुर्देवसेनां तौ हत्वा हत्वा यमक्षयम् । ततः कोऽपि महावीरो मुखैः षड्भिर्विराजितः ३ सोऽपि ताभ्यां रणे घोरे पातितो धरणीतले । पुनस्तेन धृतौ वीरौ शिखायां तावुभावपि ४ भ्रामयित्वा बहुतरं पातितौ तौ धरातले । शतधा शीर्णदेहौ तौ गतौ तौ स्वर्गमुत्तमम् ५ क उवाच । एवमाकर्ण्य तद्वाक्यं न्यपतद्दैत्यपुंगवः । शोकसागरमग्नोऽ भूद्वज्राहत इवाचलः ६ धावमानैः सुहृद्वर्गैः स आशूत्थापितो बलात् । मुहूर्तात्प्रकृतिं यातः शुशोच बहुदुःखितः ७ सिन्धुरुवाच । शक्रादयो लोकपाला जिता याभ्यां रणे पुरा । तौ हतौ नु कथं वीरौ षडास्येन महाबलौ ८ विहाय मृत्युलोके मां कथं स्वर्गं गतावुभौ । सुरसेनानिहन्तारौ कृतान्तस्यान्तकावुभौ ९ नानेष्ये शत्रुमूर्द्धानं तदाऽस्यं दर्शये न च । गमनावसरे प्रोक्तं तत्सत्यं किं कृतं त्वया १० अथ दुर्गा सखीभिस्तु वृत्तान्तोऽन्तपुरे तदा । कथितो विस्तरेणैव रुदतीभिः सुदुःखतः ११ सख्युवाच । भर्ता रोदिति ते सुभ्रु धर्माधर्मौ मृताविति । साथ पर्यंकसुगता न्यपतत्पृथिवीतले १२ रम्भेव वातनिहता कोमलारुणपल्लवा । सखीदुष्टवचोभिः सा बाणैरिव हृदि क्षता । विस्रस्तकेशाभरणा साप्यरोदीत्तदा भृशम् १३ विस्रस्तवस्त्रा विकसद्बिल्वचारुप-

योधरा । अश्रुश्यामलगण्डा सा शोकानलहृतप्रभा १४ जघ्ने मुर्ख सा पाणिभ्यां दन्तासृक्सिक्तभूतला । निरस्तदेहभावा सा विकला विगतत्रपा १५ सभांगणगता लुण्ठद्धठकृद्बालको यथा । सर्वे ततः सभ्यवरा रुरुदुर्दुःखकर्षिताः १६ प्रस्रवन्नेत्रसलिलाः प्राब्रवीत्तान्सभासदः । राज्ञी उवाच कथं सर्वेषु वीरेषु जीवत्सुतौ सुतौ मम १७ प्रेषितौ रणभूमिं तौ मामपृष्ट्वा तु कोमलौ । मयाशीश्चेन्नियुक्ता स्यान्न तयोर्मरणं भवेत् १८ न हि मे वचनं धाता मिथ्या कर्तुं समीहते । याभ्यां जिता देवगणास्तौ कथं निधनं गतौ १९ क्व द्रक्ष्याम्यहमेतौ यौ जिग्यतुर्मदनं रुचा । बुद्धीना यौ सरस्वन्तौ तौ मां त्यक्त्वा कथं गतौ २० तयोः शोकाग्निना दग्धा मरिष्याम्यहमद्य वै । इत्युक्त्वा न्यपतद्भूमौ निघ्नती हृदयं मुहुः २१ ततः सख्यो नागराश्च बोधयामासुरंजसा । न मातः कोऽपि शोकेन यो मृतः पुनरागतः २२ मृत्युलोके चिरं स्थाता नेक्षितो न श्रुतोऽपि च । विहाय हनुमन्तं च कृपं शारद्वतं बलिम् २३ व्यासं परशुरामं च विभीषणमथापि च । द्रौणिं नान्यश्चिरं स्थायी न भूतो न भविष्यति २४ ब्रम्हादीनां भवेन्मृत्युः का तत्र गणनात्मनः । रोदनं तेन कर्तव्यं न स्यान्मृत्युः कदाऽस्य चेत् २५ क्षीणे ऋणानुबन्धे च स्त्री पुत्रः पशुरेव च । न तिष्ठति ध्रुवं तत्र कृतः शोको वृथा भवेत् २६ यथा काष्ठं काष्ठगतं पुरे स्याच्च वियुज्यते । तद्वज्जन्तुर्वियोगं च योगं च प्राप्नुतेवशः २७नानापक्षिगणा रात्रावेकवृक्षागता यथा । प्रातर्दशदिशो यान्ति तत्र किं परिवेदनम् । क उवाच । एवं प्रबोधिता दुर्गा सिन्धुश्च जन एव च २८ हटाच्छोकं निगृह्यासावासने संविवेश ह । उपहासं करिष्यन्ति सपत्ना रुदतामिति २९ दुर्गा धृत्वा बलाल्लोका निन्युरन्तःपुरं हि ताम् । निश्वसन्ती पपातासौ पर्यन्के शोककर्शिता ३० स सिन्धुः क्रोधसंयुक्तो जग्राह शस्त्रसंचयम् । पुत्रयोर्निष्कृतिं कर्तुं हयारूढो ययौ रणम् ३१ याते तस्मिन्महासैन्यं चतुरंग रणोत्सकम । उड्डीयोड्डीय धावन्तो ययः पूर्वं पदातयः ३२ नानावर्णा एकरूपा नानाशस्त्रास्त्रपाणयः । ततो वारणसङ्घाता नानाधा–

तुविचित्रिताः ३३ घण्टाभरणशोभाढ्या दानोदकप्रवर्षिणः । चीत्कारभीषितपरा महारावभयंकराः ३४ ततोऽश्वा प्रागम–
न्सादियुक्ता वायुजवा रणम् । खुराघाताद्विस्फुलिंगा निपतन्तो धरातले ३५ शुशुभुः सादिनस्तत्र खेटकुन्तासिपाणयः चन्दना–
गरुलिप्तांगा नानामालाविभूषिताः ३६ तनुत्राणभृतः सर्वे कंटभ्राजिमस्तकाः ग्रसन्त इव चाकाशं नादयन्तो दिशो दश ३७ रथा–
स्ततोऽगमन्नानामहावीरैरधिष्ठिताः । नानाशस्त्रास्त्रसंपूर्णा धनुस्तूणीरसंयुताः ३८ तन्मध्ये शुशुभे सिन्धुर्महान्मुकुटकुण्डलः ।
नानाशस्त्रधनुष्पाणिस्तूणीरकृतभूषणः ३९ वीरकंकणशोभाढ्यः कटिसूत्रांगदप्रभः । क्रोधसंरक्तनयनो लोकत्रयबुभुक्षया ४० वाद्यस्तु
सर्ववाद्येषु बन्दिषु च स्तुवत्स्तु च । यावद्याति महावेगात्तावद्दूतस्तमब्रवीत् ४१ पिता ते याति दैत्येश तं प्रतीक्षस्व सुव्रत ।
परावृत्येक्षते यावत्तावदश्वगतं सुतम् ४२ अपश्यदभ्याशगतं नमश्चक्रे स चापि तम् । ददौ पिता तत्र सुतं दुर्गं कृत्वा चमूचरैः
४३ उपदेशं च कृतवान्सुखायामुत्र चेह च । चक्रपाणिरुवाच । गर्वेण वर्तसे पुत्र श्रिया मत्तो न बुध्यसे ४४ अर्थज्ञाने
महावृद्धाः प्रष्टव्या भूतिमिच्छता । अग्रे शुभेच्छया पूर्वमशुभं न समाचरेत् ४५ अल्पेन कर्मणा नाशं पुण्यमेत्य
शुभेन ह । अणुरग्निर्दहेत्सर्वं पुण्यं दोषस्तथा सुत ४६ न लाभो दृश्यते पुत्र बद्धेषु तेषु ते वक्वचित् । स एव
पुत्रो यो मातृपितृवाक्यकरोऽनिशम् ४७ तस्य चोल्लङ्घने पुण्यं नाशमेति च जायते । दोषजालं मोहजालं नानानिरयदं
सुत ४८ अतः शृणु हितं वाक्यं मोचयाशु सुरान्सुत । मुक्तेषु तु भवेन्मित्रं मयूरेशोऽखिलार्थदः ४९ न चेह द्वेषतः कश्चित्सुखं
प्राप्तो धरातले । विनाशं प्रापिता देवैर्हिरण्याक्षादयोऽसुराः ५० क उवाच । इति पितृवचः श्रुत्वा चुकोपातितरां सुतः ।
धिक्कृत्य पितरं प्राह मम भ्रान्तिरभूत्पुरा ५१ चतुरस्त्वं पिता मे वै ज्ञानं सम्यक्प्रकाशितम् । भाषसे मूढवत्तात कृत्वां श्यामं

मुखं व्रज ५२ येन मे निहता सेना परागणिता पितः । तेनेदानीं कथं साम कर्तव्यमयशस्करम् ५३ कुशाक्षमालाधरणं राजधर्मे हि नेष्यते । तस्माद्दया नरेन्द्रेण न कार्या शत्रुसंचये ५४ निर्दयत्वमरावेव स्मृतं नीत्यामये यथा । एवमुक्त्वा नमस्कृत्य पितरं सिन्धुदैत्यराट् ५५ परावृत्य बलात्तं स ययौ योद्धुं रणोत्सुकः ५६ (५४४२) इति श्रीगणेशपुराणे क्रीडाखण्डे पितृसिन्धुसंवादो नाम विंशत्यधिकशततमोऽध्यायः ॥१२०॥ अध्याय १२१ प्रारंभ :– क उवाच । वीरभद्रादिभिर्वीरैः सुखासीनं गणेश्वरम् । आययुर्वेगतो देवा भीताः श्वासमाकुलाः १ न्यवेदयन्त वृत्तान्तं स्वयं सिन्धुः समागतः । मेनिरे ते पुनः प्राप्त कालं संहर्तुमात्मनः २ ततो हर्षान्मयूरेशो रुरोह शिखनं तदा । आयुधानि च चत्वारि प्रगृह्य च जगर्ज च ३ नमस्कृत्य शिवं वेगाद्ययौ प्रद्यो तयन्दिशः । तदाशीःकवचो वीरसहितो वाहिनीयुतः ४ यावत्स पुरतो याति सिंधुं हन्तुं समुद्यतः । तावत्षडाननः प्राह यामि युद्धाय विघ्नराट् ५ तिष्ठत्सु बहुवीरेषु कथं युद्धाय यास्यसि । पौरुशं पश्य सर्वेषां तस्मिन्क्षीणे रणं कुरु ६ एवमुक्त्वा नमस्कृत्य ययौ युद्धाय षण्मुखः । चतुरंगबलं गृह्य सिंधुसेनामथावधीत् ७ सोऽपि तां न्यहनत्सेनां नानाशस्त्रैः शरव्रजैः । सहस्व प्रहरस्वाद्य हन्मि संमुखतां व्रज ८ एवं कोलहलोऽप्यासीद्वीराणां तत्र युद्धयताम् । पेतुर्वीराः शस्त्रहताः शरजालगतासवः ९ छिन्नांगा भिन्नपादाश्च छिन्नबाहूरुमस्तकाः । असिभिर्भिण्डिपालैश्च कुन्तैर्मुद्गरसंचयैः १० मारयन्मिश्रिता वीरास्तान्परान्युद्धदुर्मदान् । कोलाहलो महानासीत्क्ष्वेडितैर्हेषितैरपि ११ वाद्यध्वनिप्रतिध्वानैर्बृंहितै रथनेमिभिः । असंबद्धमभूद्युद्धं सेनयोरुभयोरपि १२ यथाप्रतिज्ञं वीरास्ते निजघ्नुर्मस्तकं मुखम् । नेत्रे बाहूदरं नाभिं पादौ गुल्फौ ज जानुनी १३ कोऽपि हस्तेन पादेन कोऽपि खड्गेन नाशयन् । असिना केऽप्यरिगणानन्धकारे महत्यपि १४ अस्तं याते दिनकरे दृष्ट्वा पृष्ट्वा निजघ्निरे । देवाञ्ज्ञात्वाऽसुरा जघ्नुरितराणि–

तरेऽपि च १५ असृक्प्रवाहस्तत्रासीत्प्रधने तुमुले तदा । वहन्प्रेतानिषज्जीवा हुंकारेण च तान्परे १६ बलान्निष्काशयामासुर्विश-
ल्यांश्चक्रीरे यथा । इतो न सेने पंचाहविराम युद्धलंपटे । एवं पदाताः सिन्धोस्ते कोटिशोऽथ हताः सुरैः १७ ततोऽगात्तद्गजानी-
कमसंख्यं शस्त्रसंयुतम् । धिष्ठितं सादिभिर्वीरैर्नानायुद्धविशारदैः १८ वीरभद्रादयो जघ्नुर्गजसेनां दुरत्ययाम् । केषांचिन्मस्तका
भिन्नाः केषांचिच्च करा द्विजाः १९ अग्निशस्त्रधरैः केचित्पातिता वीरसंयुताः । वीरभद्रोऽतिवीर्येण गजेनैवाहनद्गजम् २०
पेततुरष्टधा भिन्नावुभावपि तदा गजौ । ततः षडाननोनिघ्नन्गजानीके व्यरोचत २१ वीरैस्तु सहितान्मत्ताननन्तान्करिसंचयान् ।
शक्त्या शरैरनेकैः सोऽनाशयत्षड्धनुष्चयुतैः २२ हिरण्यगर्भोऽनेकवीरयुतांस्तानप्यपातयत् । भूतराजोऽपि शस्त्रैस्तान्गजान्नानावि-
धान्रणे २३ न्यपातयद्वीरयुक्तान्नाराचक्षतजीवितान् । सिंहो भूत्वा पुष्पदन्तो दारयामास तान्गजान् २४ नन्दी तु गजरूपेण
बभंज तान्गजान्बहून् । अन्यैश्च शरसंघातैः सर्वे ते विनिपातिताः २५ कंचित्पुच्छे गृहित्वेभ भ्रामयित्वा परोऽक्षिपत् । उभावपि
लयं यातौ दृढाघातेन चूर्णितौ २६ ततोऽश्वचारा युयुधुर्गजानीके निवारिते । असंख्यातान्निजघ्नुस्तान्सुरान्नानायुधैं रणे २७
पतिता मूर्छिता देवाः पुनः संज्ञां च लेभिरे । ततो विविधुरश्वस्थान्वीरानश्वानथो रुषा २८ क्रोधेन देवान्घ्नन्ति स्म हयारूढा
महासुराः । सुरांस्तान्निन्युरन्तं ते शस्त्रास्त्रशरवृष्टिभिः २९ षड्वीराः पुनरायाताः श्रुत्वा देवान्हतान्युधि । ततस्ते पुनराजघ्नुर्दैते
यानश्वसादिनः ३० चत्वारस्ते चतुर्दिक्षु प्रायुध्यन्बलवत्तरम् । ररक्षतुरुभौ सैन्यं स्वीयं देवगणैर्युतम् ३१ मारयामासुरश्वांस्तानश्व-
स्थान्वीरसंयुतान् । अयुध्यन्पादचारेण निघ्नन्तोऽरिगणान्बहून् ३२ कोटिकोटिमितास्तत्र पेतुस्ते तु शरार्दिताः । नन्दी भृंगी हतान-
श्वान्पतितान्वीक्ष्य सादिनः ३३ पादाघातेन तेनाशु पातयन्नन्दिकेश्वरः । वीरभद्रोऽप्यसंख्यातानश्वयोधान्यपातयत् ३४ हतेषु
मुख्यवीरेषु चतुर्भिः सर्वतो दिशम् । कल्पान्त इव तत्रासीद्दैत्यानां रणकर्मणाम् ३५ ततः केचित्सुरगणान्पेदिरे शरणं तदा ।

हाहाकारो महानासीद्दैत्यसैन्याश्वसादिषु ३६ एवं हत्वाऽखिलां सेनां षड्वीरास्ते मुदं ययु । वाद्यत्सु सर्ववाद्येषु जगर्जुस्तुष्टुवुर्वि-
भुम् ३७ जयः प्राप्तो मयूरेशप्रभावात्स्मरणान्नतेः । ततः सिन्धुः समाकर्ण्य शरणामतवाक्यतः ३८ वृत्तांतं हतसेनाया हस्त्यश्वरथ-
संयुतः । अमात्यान्सर्ववीरांश्च प्रोवाच युद्धलालसः ३९ सिन्धुरुवाच । ये ये गच्छन्ति योद्धारस्ताञ्छृणोमि हतान्परैः । इदानीं
यामि तं हन्तुं गुणेशं च स्वयं बलात् ४० क उवाच । इत्युक्त्वा क्ष्वेडितेनासौ गगनं च दिशो दश । नादयामास त्रील्लोंकान्त्र
सन्भूस्वर्गमण्डलम् ४१ योजयित्वाऽक्षिपद्बाणमाकर्णकर्षणाज्जवात् । सेनायां वीरभद्रादिपालितायां महाबलैः ४२ निरीक्ष्य
सर्ववीरान्स बाणं धनुषि संदधे । अस्त्रमन्त्रेण सहसा शतजप्तेन दैत्यराट् ४३ कृपीटयोनिः सहसा तस्माज्जातो ददाह ताम् ।
देवसेनां च पृथिवीं सवनां च सपर्वताम् ४४ ततोऽपश्यन्सैनिकास्ते दह्यमानान्कृशानुना । पुरुषं वन्हिसंभूतं जटिलं दीप्ततेजसम्
४५ विद्युज्जिव्हं करालास्यं गिलन्तं देवसैनिकान् । षडानादयो भीता दद्रुवुस्ते दिशो दश ४६ यं यं स भक्षति स्माजौ स स
प्राप स्मरन्मुदा । निजधाम मयूरेशमेव मत्ताऽखिला चमूः ४७ यतो यतो याति सेना तवस्तद्वक्त्रसंभवः । तनूनपाद्दहत्येनां
प्रलयाग्निरिव ज्वलन् ४८ एवं सा वन्हिना दग्धा मयूरेशस्य वाहिनी । धूमान्धकारे महति न प्राज्ञायत किंचन ४९ ततः सर्वे
मयूरेशपृष्टभागं समाश्रिताः । त्राहि त्राहीति जल्पन्तो दग्धास्ते जातवेदसा ५० अनिवार्यं महास्त्रं तद् दृष्ट्वा देवो मयूरराट् ।
निस्तेजाश्चिन्तयामास भीतो लोके लघुत्वतः ५१ शिवः प्रसादं चेत्कुर्यात्तदैवात्र जयो भवेत् । इत्युक्त्वा परशुं गृह्य मन्त्रयित्वा-
ऽक्षिपन्बलात् ५२ महसा जितसूर्यः स गर्जयन्गगनं दिशः । यातो दहन्वैरिसेनां जगत्कल्पानलो यथा ५३ तस्मादपि महानेकः
पुरुषः समजायत । यस्यास्ये सर्वभूगोलः किन्नु मास्यति साम्बरः ५४ पुरुषः पुरुषेणासावस्त्रमस्त्रेण वै तदा । अयुध्यतां ततो
जग्मुर्द्रष्टुं देवर्षयस्तदा ५५ दैत्यास्त्रं भक्षितं तेन कृतान्तास्त्रेण सत्वरम् । ययौ सेनां च निर्दग्धुं ज्वालामालिव हव्यभुक् ५६

दैत्यराजोऽपि तं दृष्ट्वा बाणवृष्टिमवासृजत् । एकस्मान्मन्त्रिताद्बाणादनन्ता निःसृताः शराः ५७ देवसेनाचरास्तेषु निमग्ना देगशालिनः मयूरेशः क्रोधवशान्नानाऽस्त्राणि तदाऽसृजत् ५८ तैरस्त्रैर्दैत्यराजस्य निरस्यास्त्राणि सर्वशः । अभक्षयद्दैत्यसेनां स कालपुरुषः पुनः ५९ यतो यतः पलायन्तेऽसुरास्तत्र च याति सः । चिन्ताक्रान्तस्ततो दैत्यः कर्तव्यं नाभ्यपद्यत ६० किं कर्तव्यं क्व गन्तव्यं क्व च स्थेयमचिन्तयत् । अस्तं याते दिनकरे स्वधामप्रत्यपद्यत ६१ गच्छन्स्खलन्पतन्भूमौ नष्टकुण्डलभूषणः । नगरं प्राविशदसौ ततः शम्भुरिवापरः ६२ गुप्त एवावसत्क्वापि स्त्रीणां चैवानुजीविनाम् । जगर्ज सगणो देवो ज्ञात्वा तद्वृत्तमाशु सः ६३ तेन नादेन सहसा नादितं भुवनत्रयम् । संजहार कृतान्तास्त्रं मन्त्रविद्भूजगं यथा ६४ स्वनिवेशं जगामाशु मयूरेशो गणैर्वृताः ६५ (५५०८) इति श्रीगणेशपुराणे क्रीडाखण्ड एकविंशोत्तरशततमोऽध्यायः ॥१२१॥

अध्याय १२२ प्रारंभ :– क उवाच । सिंहासनस्थे देवेश मयूरेशे गणैर्वृते । गौतमाद्या मुनिगणाः प्रशशंसुर्गुणेश्वरम् १ ऋषय ऊचुः । येन शक्रो जितः संख्ये नागैः शेषो धरातले । तस्य का गणनान्येषां सोऽपि युद्धे जितस्त्वया २ रक्षिता बहवस्तस्मात्सि– न्धोर्दुष्टात्सुरेश्वर । गणानां सर्वलोकानामन्यथा जीवनं कथम् ३ क उवाच । इत्थं तेषु वदत्स्वेव तत्कीर्ति गिरिजा ययौ । आलिंग्य प्राह पुत्रं सा श्रान्तोऽसि युद्धलालसः ४ ततः शीघ्रं समायातो भर्गो देवं स सस्वजे । उवाचेन्द्रादिभिर्देवैरसाध्यं कृतवानसि ५ परब्रह्मस्वरूपस्य चराचरगुरोरपि । सर्वज्ञस्य धराभारोद्धरणे निरतस्य ते ६ महिमानं स्वरूपाणि ब्रह्माद्या न विदुः सुराः । गौतमाद्याश्च मुनयः शक्तिः का तत्र नो भवेत् ७ क उवाच । इत्थं वदति देवेशे शिवेऽथ पार्वती जगौ । नारदो मुनिवर्योऽसौ मातः शृणु वचो मम ८ बहवो वासरा जाता अत्र स्थाने कदा शिवे । मोक्षमेष्यति दैत्योऽसौ सिन्धुर्नष्टतमोऽनघे

९ कदा विवाहो भविता मयूरेशस्य सुव्रते । वासवाद्या जिता येन नाशं स कथमेष्यति १० आज्ञां देहि गमिष्यामः पुनरेष्याम सत्वरम् । कदा स्युः सिन्धुदैत्यान्ते देवाश्च मुक्तबन्धनाः ११ दैत्यस्य मरणं मातरसाध्यं दृश्यते मया । क उवाच । सुरर्षेर्वाक्य-माकर्ण्य प्रोचुस्तं ते गणास्तदा १२ षडाननादयो वीरा नारदं देवदर्शनम् । उद्दीपयन्तं तं देवं मयूरेशं सुरेश्वरम् १३ आश्चर्यं नारदमुने सर्वज्ञस्यापि तेऽनघ । एतदर्थं समायातो निजधाम्नो भुवं विभुः १४ अवाप्तसकलार्थोऽसौ मयूरेशोऽखिलार्थकृत् । अगुणस्य गुणेशस्य गुणक्षोभविधायिनः १५ स्वरूपं किं न जानासि ब्रह्माद्यैरनिरूपितम् । मयूरेशस्य वीर्यं च भूभारोत्तार-णैषिणः १६ इन्द्राद्यवध्यानसुरान्निघ्नतो बलशालिनः । अनन्तकोटिब्रह्माण्डनायकस्याखिलात्मनः १७ उत्पत्तिस्थितिसंहारकारिणो जगतामपि । क उवाच । इति तद्भारतीं श्रुत्वा पुनः प्रोवाच नारदः १८ यदा द्रक्ष्यामि तं दैत्यं निहतं मुक्तिमागतम् । तदा सर्वं वचः सत्यं मन्येऽहं नान्यथा क्वचित् १९ निशम्येत्थं वचस्तस्य चुक्रोध स मयूरराट् । जगर्ज क्रोधदीप्तोऽसौ नादयन्भुव-नत्रयम् २० दहन्निव त्रिलोकीं स शीर्णयन्पृथिवीमपि । मेघगम्भीरया वाचा बभाण तं मुनिं तदा २१ मयूरेश उवाच । मान्योऽसि ब्रह्मपुत्रत्वात्सर्वज्ञत्वान्मुनीश्वर । अतस्त्वां प्रब्रवीम्यद्य मर्यादां परिपालयन् २२ तव प्रसादाद्ब्रह्माण्डं प्राशयिष्येऽन्तकं क्षणात् । भूगोलं न्युब्जतां नेष्ये शोषयिष्येऽम्बुधीनपि २३ चालयिष्ये तथा मेरुं मुने निश्वासवायुना । शृणु नारद सत्यां मे प्रतिज्ञामद्य सर्वग २४ हनिष्ये सिन्धुदैत्यं तं नात्र कार्या विचारणा । क उवाच ।इत्युक्त्वा प्रययौ योद्धुं बर्हयारूढो विनायकः २५ आहतुस्तं तदा नन्दी भृंग चौभौ विनायकम् । आवां युद्धं करिष्यावो पश्य नौ रणकौशलम् २६ इत्युक्त्वा वायुवेगेन गतौ तौ गण्डकीं पुरीम् । वीरभद्रो भूतराजो ययौ श्रुत्वा तयोर्गतिम् २७ तदा चकम्पे धरणी शेषो विव्हलतां ययौ । ददृशुस्ते च चत्वारो

दुर्गं दुर्गं सुरेश्वरैः २८ पर्यंके सुखमासीनं सिन्धुं चारा न्यवेदयन् । चत्वारः पर्वताकारा गर्जयन्तो दिशो नभः २९ वीरास्तव पुरीं याताः किं स्थितोऽसि महासुर । श्रुत्वेत्थं वचनं सिन्धुर्मग्नश्चिन्तार्णवे क्षणात् । दुर्गापि चिन्तयाविष्टा सा सोऽपि श्याम–तामियात् ३० अधोमुखतया चोभौ दुःखं प्रापतुरंजसा । दुर्गा प्रोचे महाराज मयोक्तं न कृतं त्वया ३१ तस्येदं हि फलं प्राप्तमिदानीं किं नु चिन्तया । एवं वदति सा वाक्यं तावत्ते वीरसत्तमाः ३२ नानाश्चर्ययुतं नानारत्नकांचननिर्मितम् । अनेक–शिखरं तस्य सभामण्डपमाययुः ३३ उड्डीय सहसा भृंगी तस्थौ क्रुद्धस्तु मण्डपे । बभंज मण्डपं सद्यः स बलेन महाबलः ३४ अंगणे तस्य खण्डानि पतितानि समन्ततः । ततस्त्रयोऽपि ते वीरा भृंगिणं समुपागतः ३५ युद्धावेशारुणमुखाः ससैन्यं तं ग्रसि–ष्णव. । दृष्ट्वा तत्कर्म तेषां तु सिन्धुसेना ययौ पुनः ३६ खड्गचर्मधनुर्बाणकुन्तमुद्गरधारिणी । घ्नन्तु घ्नन्तु महावेगांश्चतुरो वीरपुंगवान् ३७ इत्युक्त्वा चतुरो हन्तुमागता दैत्यसैनिकाः । असंख्यातास्चतुर्भिस्तैर्युयुधुर्जातसंभ्रमाः ३८ हन्मि त्वा जहि मह्यं चेत्यत्र कोलाहलोऽभवत् । ततोऽभूत्तुमुलं युद्धं चतुर्भिर्दैत्यसेनया ३९ रजोन्धकारे शस्त्राणां प्रकाशेनावलोकयन् । शतकोटि हता दैत्याश्चतुर्भिः संयुगे तदा ४० असंख्यातान्महावीरान्पोथयामासुरोजसा । गृहीत्वा पादयोस्ते तान्भ्रामयित्वा पुनः पुनः ४१ नभोऽक्षिपन्महावीरास्ते भूमौ शतधाऽपतन् । शरैरस्त्रैश्च शस्त्रैश्च पादेन करघाततः ४२ नाशिता सर्वसेना सा दैतेयी रणमण्डले । ततस्ते तद्गृहं गत्वा सिन्धुं पर्यन्कसंस्थितम् ४३ रणस्तम्भं समानिन्युर्धृत्वा केशेषु वेगतः । ततः सिन्धुर्महास्त्रैः स चक्रे युद्धं तु तैः सह ४४ व्यसृजत्पन्नगास्त्रं स भुजगैर्वेष्टितास्त्रयः । गरुडास्त्रं च सहसा भृंगिणाऽमोचि तत्क्षणात् ४५ अग्न्यस्त्रे मोचिते तेन पर्जन्यास्त्रं च सोऽसृजत् । वाय्वस्त्रे मोचिते तेन पर्वतास्त्रं च तेऽसृजन् ४६ ततस्ते मल्लयुद्धेन योधयामासुरादरात् । नन्दी तु पातयामास मुकुटं दैत्यमस्तकात् ४७ भृंगी तु ताडयामास पृष्ठे दैत्यं महारुषा । वीरभद्रोऽग्रहीद्भार्यां कचे तस्याथ पश्यतः ४८ भूतराजो जघानैनं लत्तया वैरभावतः । दुर्गा नेत्रे निमील्यैव नापश्यत्तं तथाविधम् ४९ निन्दन्ती तस्य कर्माणि पपाल निजम–

न्दिरम् । आवेशान्सिन्धुदैत्योऽपि वीरभद्रं पदेऽग्रहीत् ५० मुष्टिना नन्दिनं हत्वा शिखामाक्रम्य भृंगिणः । अपातयद्भूमितले भूतराजो मुमूर्छ ह ५१ मुकुटं मस्तके न्यस्य मुक्ताहारं गले तथा । तुरंगवरमारुह्य शेषानाहूय सैनिकान् ५२ हनिष्येऽद्य मयूरेशमित्युक्त्वा युयुधे पुनः । जगर्ज सहसा दैत्यो गर्जयन्विदिशो दिशः ५३ गतेषु तेषु वीरेषु चतुर्षु गणनायकम् । वदत्सु दैत्यसेनायां सर्वेषां नाशनं कृतम् ५४ आनीतः सिन्धुदैत्योऽपि रणभूमिं गणेश्वर । अल्पसेनाचैरर्युक्तं मोचयैनं भवार्णवात् ५५ वयमेव हनिष्यामो नाज्ञासीत्तव विघ्नराट् ५६ (५५६२) इति श्रीगणेशपुराणे क्रीडाखण्डे द्वाविंशोत्तरशततमोऽध्यायः ॥१२२॥

अध्याय १२३ प्रारंभ :– क उवाच । आगतं सिन्धुमाकर्ण्य जहृषे स मयूरराट् । नीलकण्ठं समारुह्य ययौ युद्धाय सत्वरः १ चतुर्भिरायुधैः सर्वा भासयन्विदिशो दिशः । कल्पान्तमेघसदृशनादेन नादयन्नभः २ ददर्श पुरतः सिन्धुं युद्धाय कृतनिश्चयम् । सोऽप्येनं समरे दृष्ट्वा पश्यति स्म पुनः पुनः ३ यथा सिंहं नागराजो गरुडं चाथ वायुभुक् । मधुकैटभौ यथा विष्णुं त्रिपुरो वा शिवापतिम् ४ शुम्भो वापि निशुम्भो वा जगदम्बां महाबलाम् । ततो युद्धं प्रकुर्वाते नानाशस्त्रैः परस्परम् ५ जपाकुसुमसंकाशौ देहौ जातौ तदा तयोः । ददाह पृथिवीं सार्द्रिं शस्त्रसंघदृजोऽनलः ६ चकम्पे पृथिवी सर्वा साब्धिद्वीपा सपर्वता । बाणमादाय सिन्धुः स वन्ह्यास्त्रेण निमन्त्र्य च ७ ससर्ज दग्धुं तं देवं मयूरेशं रणांगणे । स दहन्देवसेनां तां दशदिक्षु ससर्प ह ८ ततः पाशं मयूरेशो मेघास्त्रेण सुयोज्य च । न्यक्षिपद्दैत्यसेनायां कम्पयन्भुवनत्रयम् ९ अशमच्च ततो वन्हिर्जलधाराभिवृष्टिभिः । प्रभूतेनाथ तमसा दिशो व्याप्ता दशापि च १० विशीर्णाः पर्वतास्ताभिः पतिता वृक्षसंचयाः । अयं किं प्रलयः प्राप्त इत्यशोचत्स दैत्यराट् ११ पवनास्त्रेण तान्मेघांस्तदा सिन्धुर्न्यवादयत् । स वायुः कम्पयामास गगनं च दिशो दश १२ ततो देवोऽमन्त्रयत्स कमलं निजहस्तके । पर्वतास्त्रेण सहसा तत्याज दैत्यपुंगवे १३ उन्मूल्य तद्द्रुमान्व्योम द्योतयच्च दिशो दश ।

अगच्छद्दैत्यसेनायां प्रासुवत्पर्वतान्बहून् १४ असंख्यातैर्गिरिवरैश्छादितं पृथिवीतलम् । न स्थातुमवकाशोऽभून्न च गन्तुमथापि
च १५ पवनं कुण्ठितं दृष्ट्वा पर्वतान्सर्वतोऽपि च । वज्रास्त्रं प्रेरयामास ततो वज्राणि निर्ययुः १६ असं-
ख्यातैश्च वज्रैश्च पर्वताश्चूर्णितास्तदा । ततोऽकुशं मयूरेशो वज्रास्त्रेण न्यमन्त्रयत् १७ ससर्ज तेषु वज्रेषु वज्रयुद्धमभू-
त्तदा । तच्छब्देन चकम्पे भूः पातालानि दिशो नभः १८ न्यपतद्वज्रघातेन वन्हिर्लोकान्ददाह सः । परस्परं निरस्तानि
वज्राण्यन्तर्दधुस्तदा १९ ततोऽवदन्महादैत्योऽमात्यान्प्रति महारुषा । किमनेन प्रयोगेण भस्म कुर्यां क्षणादमुम्
२० शिवबालं शिवास्तन्यपानदक्षं शिवोचितम् । इत्युक्त्वाऽभिद्रवद्दैत्यो हतुं तं स गुणेश्वरम् २१ दधार तं
निरीक्ष्यैवमायान्तं दैत्यपुंगवम् । विराड्रूपो मयूरेशो बिभेद सहसा नभः २२ चरणाक्रान्त पातालः श्रोत्रव्याप्त दिगन्तरः
२३ सहस्रपादं सहसा निरीक्ष्य सहस्रनेत्रं च सहस्रशीर्षम् । खं रोदसी व्याप्य च तिष्ठमानं सिन्धुर्मुमूर्छाथापतच्च भूमौ २४
आच्छादयन्तं हस्तेन व्योम सर्वं सुरेश्वरम् । सावधानमनाः किंचित्सस्मार रविजं वरम् २५ सिन्धुरुवाच । रविणा पूर्वमुक्तोऽहं
वरदाने महौजसा । आच्छादयेद्यो गगनमेकहस्तेन रेऽसुर २६ स ते मुक्तिपदं सद्यो नेष्यते बहुकालतः । अतोनेन रणेनालं
यद्भाव्यं तद्भविष्यति २७ पुनर्निरीक्ष्यमाणोऽसौ ह्रस्वकायं ददर्श तम् । षड्भुजं तु ममूरेशं परं विस्मयमायमौ २८ ततोऽवरुह्य
देवेशो ममूरेशः शिखण्डिनः । उपस्पृश्य जलं शुद्धं जजाप परमं मनुम् २९ परशुं मन्त्रयामास महोव्याप्तं दिगन्तरम् ।
लक्षीकृत्य रिपोर्नाभिं सुधामन्त्रेण संयुतम् ३० स्फोटयन्निव ब्रह्माण्डं क्रोधरक्तलोचनः । ज्वालामालाकुलं तं स मुमोच
गिरिजासुतः ३१ स मोच्यमानो गगनं नादयन्विदिशो दिशः । भासयन्महसा पृथ्वीं सपर्वतवनाकराम् ३२ दृष्ट्वा दैत्यः
समायान्तं परशुं कालसन्निभम् । शीघ्रं चक्रे धनुर्घोरं शरं यावद्धि योज्यते ३३ तावत्स बिभिदे नाभिममृताभियुतं लघु । अमृते
निःसृते दैत्यो वाताहत इव द्रुमः ३४ पपात सहसा भूमौ वज्राहत इवाचलः । प्रसार्य वक्त्रं रुधिरं वमन्प्राणान्विसृज्य सः ३५

मयूरेशप्रतापेन मुक्तिं प्राप सुदुर्लभाम् । पश्यतां सर्वलोकानां तद्द्भुतमिवाभवत् ३६ अवतेरुर्विमानानि युद्धं द्रष्टुं स्थितानि ह । पपात पुष्पवृष्टिश्च शनैर्मेघा जगर्जिरे ३७ अशीशमद्रजो भौमं ववौ वातः सुखावहः । प्रसेदुश्च दिशः सर्वा गन्धर्वा मधुरं जगुः ३८ ननृतुश्चाप्सरःसङ्घास्तुष्टवुर्मुनिदेवताः । षडाननादयो वीरा मयूरेशं मुदा युताः ३९ सर्वे ऊचु । परब्रम्हरूपं चिदानन्दरूपं सदानन्दरूपं सुरेशं परेशम् । गुणाब्धिं गुणेशं गुणातीतमीशं मयूरेशमाद्यं नताः स्मो नताः स्मः ४० जगद्वन्द्यमेकं परोंकारमेकं गुणानां परंकारणं निर्विकल्पम् । जगत्पालकं हारकं तारकं तं मयूरेशमाद्यं नताः स्मो नताः स्मः ४१ महादेवसूनुं महादैत्यनाशं महापूरुषं सर्वदा विघ्ननाशम् । सदा भक्तपोषं परं ज्ञानकोशं मयुरे० ४२ अनादिं गुणादिं सुरादिं शिवाया महातोषदं सर्वदा सर्ववन्द्यम् । सुरार्यन्तकं भुक्तिमुक्तिप्रदं तं मयूरे० ४३ परं मायिनं मायिनामप्यगम्यं मुनिध्येयमाकाशकल्पं जनेशम् । असंख्यावतारं निजाज्ञाननाशं मयूरेशमा० ४४ अनेकक्रियाकारणं श्रुत्यगम्यं त्रयीबोधितानेककर्मादिबीजम् । क्रियासिद्धिहेतुं सुरेन्द्रादिसेव्यं मयूरे० ४५ महाकालरूपं निमेषादिरूपं कलाकल्परूपं सदागम्यरूपम् । जनज्ञानहेतुं नृणा सिद्धिदं तं मयू० ४६ महेशादिदेवैः सदा सेव्यपादं सदा रक्षकं योगिनां चित्स्वरुपम् । सदाकामरुपं कृपाम्भोनिधिं तं मयू० ४७ सदा भक्तांना त्वं प्रसभपरमानन्दसुखदो यतस्त्वं लोकानां परमकरुणामाशु तनुषे । षडूर्मीणां वेगं सुरवर सदा नाशय विभो ततोऽमुक्तिः श्लाघ्या तव भजनतोऽनन्तसुखदात् ४८ किमस्माभिः स्तोत्रं गजवदन ते शक्यमतुलं विधातुं वा रम्यं गुणनिधिरसि प्रेम जगताम् । न चास्माकं शक्तिस्तव गुणगणं वर्णितमहो त्वदीयोऽयं वारां निधिरिव जगत्सर्जनविधिः ४९ क उवाच । एवं स्तुत्वा पुनस्तेऽमुं प्रार्थयामासुरादरात् । यदुक्तं ते मयूरेश तत्कृतं परमं वचः ५० सर्वेषां सुरसङ्घानामवध्योऽयं हतोऽसुरः। ततोऽगात्पार्वती तत्र जहृषे चालिलिंग तम् ५१ शिवोऽपि प्रययौ तत्र समालिंगय तमब्रवीत् । सम्यक्कृतं त्वया वत्स त्रैलोक्यं हर्षनिर्भरम् ५२ । सिन्धोर्वधः सर्वसुरैरसाध्यो न च ते श्रमः । पराक्रमवतः सर्वलोकरक्षारतस्य च ५३ चतुर्वेदानिरुप्यस्य

सर्वविद्यानिधेरपि । एवमुक्त्वा गतास्ते तु सर्वे स्वस्थानमादृताः ५४ मयूरेशं नमस्कृत्य ततो देवान्ब्रुवंश्च तम् । इदं यः पठते
स्तोत्रं स कामाँल्लभतेऽखिलान् ५५ सहस्त्रावर्तनात्कारागृहस्थं मोचयेज्जनम् । अयुतावर्तनान्मर्त्योऽसाध्यं यत्साधयेत्क्षणात् ५६
सर्वत्र जयमाप्नोति श्रियं परमदुर्लभाम् । पुत्रवान्धनवांश्चैव वशतामखिलं नयेत् ५७ क उवाच । एवमुक्त्वा ह्यनुज्ञाताः
साध्वित्युक्त्वा ययुः सुराः । मयूरेशो गणैर्युक्तः स्वधाम प्रत्यपद्यत ५८ (५६२०) इति श्रीगणेशपुराणे क्रीडाखण्डे
त्रयोविंशत्युत्तरशततमोऽध्यायः ॥१२३॥ अध्याय १२४ प्रारंभ :– क उवाच । पतिते सिन्धुदैत्ये तु हतशेषा रणे स्थिताः ।
आययुर्गण्डकीं यावत्तावत्ते चिन्तया युताः १ उग्रा दुर्गा चक्रपाणिरतिष्ठन्विह्वला भृशम् । तावत्तेषां दुष्टचिन्हं बभूव विविधं
तदा २ उदक्शिराः प्रसुष्वाप काश्चित्तत्राशुभावहः । जानुनोर्मस्तकं न्यस्य तस्थौ तूष्णीं चलन्निव ३ हनौ पाणितलं न्यस्य
तस्थौ काचिन्मुदं विना । एतस्मिन्नन्तरे दूता यमदूता इवाययुः ४ अतिम्लानमुखा दीना नाब्रुवन्मूकतां गताः । पृष्टास्ते प्राहुर–
परे वृत्तान्तं रणभूगतम् ५ दूता ऊचुः । असंख्यातान्महावीरान्हत्वा सिन्धुर्दिवं गतः । बालानस्मान्परित्यज्य तेन हीना रुदामहे
६ निरीक्ष्य देवान्निहतान्क्रुद्धोऽगाद्गिरिजासुतः।अस्त्रैरस्त्राणि संवार्य मुमोच परशुं शितम् ७ तेन सिन्धुर्मृतस्तत्र पतितो धरणीतले।
मुमूर्छुस्तत्र सर्वेऽपि तदीया नागराश्च ह८श्रुत्वा वार्तां दूतमुखाद्रुरुदुः सर्व एव ते।विललापाथ दुर्गा सा जघान शिर उत्कटम् ९ मुक्तकेशा
मुहुर्वक्त्रं निघ्नती गतभूषणा । उग्रा च जननी चास्य चक्रपाणिः पिता तदा १० पौराश्च रुरुदुस्तत्र निघ्नन्तः पाणिना मुखम् ।
अवनौ शिर आस्फाल्य लुलुण्ठुर्घोरनिस्वनाः ११ कश्चिद्धूलिं निचिक्षेप मुखे शिरसि दुःखितः । हस्तपृष्ठं ददंशान्यास्ताभ्यां
भूमिमथाहनत् १२ अशपन्गिरिजापुत्रं स्त्रियो भङ्क्त्वा करांगुलीः । उग्रोवाच । नानायत्नैस्तपसा सूर्यतुष्ट्या नत्या स्तुत्या
लङ्घनैः सर्वदानैः । प्रातःकालान्महतस्त्वं कथंचिच्छूरो मानी केन नीतोऽसि रें त्वम् १३ त्रिलोकनायकेनाहं श्लाघ्या त्रैलो–
क्यमंडले । शपिष्यन्ति च मां लोका हतभाग्यासि सांप्रतम् १४ जिताः कृतान्तः पूर्वं ते कथं तेन समागमः । प्राप्तस्त्वया कथं

पुत्र न जितः पुनरेव सः १५ सकामो गिरिजापुत्रस्त्वयि याते दिवं सुत । मामपृष्ट्वा कथं यातः स्वर्गं लोकं सुखावहम् १६
दुःखितायां मयि सुत कथं सन्तोषमेष्यसि । गर्जन्ति नैव जीमूतास्त्वयि गर्जति पुत्रक १७ निःशब्दः स कथं पुत्र पतितस्त्वं
रणांगणे । दुर्गोवाच । देहैक्यं कृतवान्धाता दम्पत्योर्वेददर्शनात् १८ प्राणैक्यं न कृतं तस्माद्ब्रम्हणा मूढबुद्धिना । नाहं शचीं
च सावित्रीं सौभाग्यमदगर्विता १९ गणयामि न चान्याश्च सा कथं विधवाऽभवम् । स्वहस्तेन च कस्तूरीं चन्दनं च यदा भवान्
२० चर्चति स्म तदांगानि शीतलानि ममाभवन् । इदानीं दह्यमानानि शोकेन तानि निर्वप २१ न भक्षयसि पूर्वं त्वं
मद्विना विषमण्वपि । स कथं मां विना स्वर्गसुखं भोक्ष्यसि तादृशम् २२ अपराधं विना भृत्ये नोदासीना भवन्ति हि । साधवः
समशीलाश्च तत्कथं मामुपेक्षसे २३ उपाधिरहितं प्रेम कृतं नानाविधं पुरा । अनिर्वाच्यं कथं त्यक्त्वा तद्गतोऽसि सुरान्तक २४
क उवाच । तपोवृद्धा ज्ञानवृद्धाः प्राब्रुवन्निष्ठुरं वचः । न रोदनं प्रशंसन्ति धर्मशास्त्रविदो जनाः २५ यदश्रु सुन्हदामास्ये प्रेतस्य
तत्पतेद्ध्रुतस्मात्तस्य हितं यत्स्यात्तत्कर्तव्यं दयावता २६ विचार्यमाणे तस्यापि मोक्षोऽदायि कृपावता । निर्गुणेन चिदानन्दघनेन
ब्रह्मरूपिणा २७ दयापरवशाज्जन्मबिभ्रता लोकशंकृता । मयूरेशेन संग्रामे निघ्नता संमुखं च तम् २८ आत्म नो नैव मरणं
नोत्पत्तिः क्वापि विद्यते । अनादित्वान्निर्गुणत्वान्नित्यत्वाद्वेदनिश्चयात् २९ स्वार्थं हि रोदते जन्तुर्हितं प्रेतस्य नेहते । असंख्य–
भारवाड्देवी न भारं सहते धरा ३० प्रेतस्य शेषः कमठो वराहोऽसौ धराधरः । इत्युक्त्वा ते तदा शोकं विजहरुर्नुंद्धवाक्यतः
३१ उग्रा च चक्रपाणिश्च दुर्गा च सखिभिः सह । नागराश्चापि शोचन्तो ययुः संग्राममण्डलम् ३२ ददृशुः सेवकैः सिन्धुं
वीज्यमानं रणांगणे । पतितं वक्त्रकमलं व्यादाय सितलोचनम् ३३ असृक्स्रवन्तं दुर्गंधं पक्षिश्वापदसङ्कुलम् उप–
विष्टास्तु परितः शोचन्तो भृशदुःखिताः ३४ अंके कृत्वा शिरस्तस्य दुर्गाऽशोचत्खरस्वना । पादसंवाहनं नाथ हस्ताभ्यां

पूर्वमाचरम् ३५ जनमध्ये न तच्छक्यमुत्तिष्ठ प्राणनायक । शत्रौ जीवति निद्रां त्वं कथं विराधिगच्छसि ३६
तन्मुखे स्थापयित्वास्यं हाहाकारं च साऽकरोत् । न्यषेधन्वृद्धविज्ञास्तां तत उग्राऽब्रवीद्वचः ३७ चक्रपाणिः पिता
चास्यं क्षालयन्तौ शुशोच तम् । उत्तिष्ठ वत्स किं शेषे शेषे रिपुगणे सति ३८ वज्री वज्राहत इव पतितो
धरणीतले । इदानीं बालयुद्धे त्वं कथं निपतितो भुवि ३९ जितः कृतान्तो भ्रूक्षेपात्तद्वशं कथमागतः । किंचिद्वाक्यं वद विभो
हृदयानन्दकारकम् ४० यस्य शब्देन त्रैलोक्यं कम्पते स्म पुराऽनघ । कथं स्ववचनं नाद्य वदसे मन्दविक्रम ४१ नावाभ्यामपराद्धं
ते येन मौनं त्वमाश्रितः । न भाषसे रोषवशात्सेनाशेषसमन्वितः ४२ कथं विव्हलतां यातः कामं•यो जितवान्रुचा । ततो
विज्ञाश्च वृद्धाश्च नानादृष्टान्तदर्शनैः ४३ समादध्युः प्ररुदतो मृतानुमरणं न हि । रामो दाशरथिः किं नु लोकान्तरगतो न हि
४४ विक्रमेण रिपूंजित्वा गतः किं न रघूत्तमः । अन्येऽपि शतशो भूपास्त्वत्कृते मरणं गताः । कीर्ति नानाविधां कृत्वा स्वर्गस्था
सुखमश्नुते ४५ क उवाच । ततस्ते संस्कृतिं चक्रुर्बिल्वचन्दनदारुभिः । दुर्गा सहैव संयाता पातिव्रत्यगुणान्विता ४६ ततो ययौ
मयूरेशं चक्रपाणिः सनागरः । नमस्कृत्य प्रतुष्टाव बद्धांजलिपुटः शनैः ४७ राजोवाच । निर्गुणस्त्वं परात्मासि चराचरगतिर्विभो ।
त्रयीगम्यो गुणाध्यक्षो विरजो विश्वनायकः ४८ तवैव मायया देवा मोहितस्त्वां न ते विदुः । अहं धन्यो नागरिका धन्यास्त्वद्द-
र्शनाद्विभो ४९ क उवाच । एवं तेन स्तुतो देवः करुणाब्धिर्मयूरराट् । उवाच परमप्रीतः सर्वशास्त्रार्थतत्त्ववित् ५० देव उवाच ।
वरं वरय मत्तस्त्वं चक्रपाणे हतार्भक । राजोवाच । यदि तुष्टोऽसि देवेश यदि देवो वरो मम ५१ तदा गृहानुपागच्छ पुनीहि
नगरीमिमां क उवाच । एवमाकर्ण्य तद्वाक्यं बर्हिणं स समारुहत् ५२ ययौ स नगरं पश्चात्त्र्यम्बको गिरिजायुतः । अग्रतस्ते गणाः
सर्वे मुनयो हर्षनिर्भराः ५३ वाद्यत्सु सर्ववाद्येषु युयुस्ते गण्डकीं पुरीम् । नानाध्वजपताकाभिर्युतां सैसिक्तपद्धतिम् ५४(५६७४)
इति श्रीगणेशपुराणे क्रीडाखण्डे चतुर्विंशत्युत्तरशततमोऽध्यायः ॥१२४॥ अध्याय १२५ प्रारंभ :– क उवाच । सभां

संवारयामास चक्रपाणिः पुरो गतः । परार्ध्यास्तरणैर्वस्त्रैः पताकाध्वजचामरैः १ नानारत्नेषु दीप्तेषु भूमिस्तम्भगतेषु च । अनन्तो दृश्यते यत्र संक्रान्तप्रतिमो नरः २ ददर्श नगरीं देवो नानाध्वजविराजिताम् । प्रासादशिखरारूढाः पश्यन्ति स्मासुरस्त्रियः ३ ततो मुक्ताः सुरास्ते तं संमुखं चक्रपाणिना । आययुंर्माधवः शक्रोऽनल ऐलबिलोऽपि च ४ मरुद्रविः शची चान्ये वाद्यघोषेण सत्वरम् । स्वस्ववाहात्समुत्तीर्य प्रणेमुः सर्व एव तम् ५ आलिलिंगुर्मयूरेशं देवाः पौराश्च साद रम् । माधवश्च मयूरेशं दृष्ट्वा हर्षसमन्वितः ६ प्रशशंसुः सिन्धुवधात्सर्वे हर्यादयः सुराः । देवा ऊचुः । आक्रान्तं विष्टपं येन सहितः क्षणमात्रतः ७ दत्तानि स्वपदान्याशु नेदृग्दृष्टो न वा स्तुतः । अत्र ये वैष्णवाः शैवाः शाक्ताः सौराश्च तेऽप्यमुम् ८ तत्तद्रूपं निरीक्ष्यैव पुपूजुः परया मुदा । मयूरेश जयस्वेति श्रुत्वा वाचः सुविस्मिताः ९ बालकाश्च सुसंपन्ना मुग्धाः प्रौढाश्च योषितः । पुपूजुर्मनसा देवं वृद्धाश्च तरुणास्तदा १० चक्रपाणिगृहे देवो मध्ये सिंहासने शुभे ११ उपविष्टो मयूरेशो विबुधाश्च समन्ततः । मुनयश्च गणाः सर्वे सप्तकोटिमिता मुने १२ नुनुवुर्बंदिनः सर्वै धन्या देवा नृपास्तथा । ननृतुश्चाप्सरःसङ्घा जगुस्ते नारदादयः १३ चक्रपाणिस्ततः सर्वान्संपूज्य विधिवत्तदा । उवाच च सभामध्ये धन्यं मे जन्म कर्म च १४ इन्द्रादयो लोकपालाः समितौ यस्य मेऽधुना । शतजन्मार्जितैः पुण्यैर्मयूरेशो निरीक्षितः १५ क उवाच । इन्द्रो दृष्ट्वा मयूरेशं प्रथमं पूजितं रुषा । अब्रवीत्सहसा भ्रान्तो मायया जगदीशितुः १६ शक्र उवाच । चतुर्मुखोऽपि लक्ष्मीशो जगदुत्पत्तिकारकः । मूढोऽसि चक्रपाणे त्वमर्भकस्य प्रपूजनात् १७ अस्मान्धिक्कृत्य यन्मोहात्पूजितो बालकस्त्वया । जनकं सर्वलोकाना त्यज्य संहारकारकम् १८ त्रैलोक्यजननीमम्बां सृष्टिस्थित्यन्तकारिणीम् । रविं त्रैलोक्यनेतारं त्रयीकर्मप्रवर्तकम् १९ हित्वा संपूजितो बालो नेदं सम्यक्कृतं त्वया २० क उवाच । एवं वदति देवेन्द्रे चक्रपाणिस्तदाऽब्रवीत् । रुद्रात्सूर्यात्कुबेराच्च शक्राच्च मरुतोनलात् २१ दृष्टः पराक्रमोऽतीव सिन्धुदैत्यविनाशनात् । [मोक्षात्सर्वसुराणां

च कारागाराद्गुणेश्वर २२ योवऽतीर्णो भुवो भारं हर्त्तुं शिवनिवेशने । परमात्मानन्तशक्तिर्नानादैत्यविभंजनः २३ क उवाच ।
एवं वदति तस्मिंस्तु श्रुतः शब्दः सुरैर्महान् । मूर्छिताः पतिताः केचिद्ब्रह्माण्डस्फोटशंकया २४ चकम्पे धरणी सर्वा न प्राज्ञायत
किंचन । कोटिसूर्यप्रकाशेन सहसाच्छादितं जगत् २५ ततस्तैस्त्रिदशैस्तत्र दृष्टो देवोऽतिसुन्दरः । नानालंकारसंयुक्तो दशबाहुर्ग–
जाननः २६ एवं दृष्ट्वा स्वरूपं ते विस्मितास्त्रिदशास्तदा । पुनस्तमेव ददृशुः पंचरूपिणमीश्वरम् २७ पद्मासनगतं मध्ये वक्रतुण्डं
शिवं पुनः । आग्नेय्यां नैर्ऋते सूर्यं पार्वतीं मारुतेऽपि च २८ नारायणं तथेशाने ततो भ्रममिताः सुराः । ततस्ते शुश्रुवुर्व्योमवाणीं
भ्रमनिवारिकाम् २९ आराध्योऽयंसर्वजनैरेको जातः स पंचधा । अनादिनिधनो देवो जगद्व्यापी गजाननः ३० अयमेव सदा
पूज्यः सर्वविघ्नविनाशनः । देवैर्मनुष्यैर्यक्षैश्च नागै रक्षोभिरेव च ३१ एतास्मिन्पूजिते पंचपूजनं च भविष्यति । न बुद्धिभेदं
तनुयादेतस्मिन्नरकाय सा ३२ क उवाच । श्रुत्वैवं ते मयूरेशं शुण्डादण्डविराजितम् । ददृशुर्वज्रिमुख्यास्ते आद्यमोंसुाररूपिणम्
३३ ततः प्रबुद्धास्ते देवास्त्यक्त्वा भ्रान्तिं स्मयं च तम्।पुपूजुर्जयशब्दैस्तं सर्वान्तिर्यामिणं विभुम् ३४ ततः पुपूजे हर्षेण चक्रपाणि–
र्गुणेश्वरम् । पंचामृतैः शुद्धजलैर्दिव्यवस्त्रैश्च भूषणैः ३५ पुष्पैर्धूपैश्च दीपैश्च नैवेद्यैर्विविधैरपि । फलताम्बूलनिचयैर्दक्षिणाभिरने–
कशः ३६ नीराजनैर्मन्त्रपुष्पैर्नतिभिः स्तुतिभिस्तदा । तथैव पूजयामास भक्त्या सर्वसुरानपि ३७ उवाच तान्नृपतरो धन्योऽहं च
प्रपूजनात् । यतो नैतादृशः क्वापि जातः सर्वसमागमः ३८ ततस्तत्राब्रवीद्हृष्टो नारदश्चतुराननम् । नारद उवाच । सिद्धबुद्धि–
द्धिविवाहार्थमाज्ञया तेऽब्जसंभव ३९ शिवं शिवां च विज्ञाप्य निश्चयः प्राङ्मया कृतः । मयूरेशाय सम्यक्ते दातव्ये बहुलक्षणे
४० ततः सर्वे सुरा देवं ब्रह्माणं मन्मथातुराः । प्रत्येकं ते अयाचन्त मम देहीति सादरम् ४१ ततो ब्रम्हा तयोर्हस्ते मालां
दत्त्वाऽब्रवीदिदम् । क उवाच । त्रयस्त्रिंशत्कोटिसुरेष्वेको यो भासते ह्रदि ४२ तमेव वृणुतं देव्यौ मालाभ्यां मत्सभक्षतः । त्यक्त्वा
सर्वान्सुरांस्ते तु सिद्धिबुद्धी उभे अपि ४३ मयूरेशगले माले निक्षिपेतां मुदा तदा । विमनस्कास्ततो देवा असृजन्श्वासामरुतम्

४४ ताभ्यां जानुगताभ्यां तु शुशुभे स मयूरराट् । ब्रम्हा यथाविधि तयोर्विवाहमकरोत्तदा ४५ उवाच च सभामध्ये मया लब्धं हृदि स्थितम् । न्यवेदयत्तं देवेशं मयूरेशं विधानतः ४६ अद्ययावन्मयैते वै पालिते बहुयत्नतः । इदानीं ते मया दत्ते रक्षस्व बहुयत्नतः ४७ तत इन्द्रादयो देवा मयूरेशं व्यजिज्ञपुः । तव प्रसादाद्देवेश मुक्ताः कारागृहात्ततः ४८ ततः सिन्धुर्गतो मोक्षं स्वस्थानं कृपया तव । यास्यामो देह्यनुज्ञां नो मुनिभिर्गौतमादिभिः ४९ क उवाच । ददावाज्ञां मयूरेशो यातुकामान्मुदा तदा पार्वती च स्नुषे चोभे स्वांकमारोप्य सादरम् ५० मयूरेशं च परमं हर्षमाप शिवान्विता । ददौ दानान्य नेकानि वासांस्याभरणानि च ५१ य इदं शृणुतान्मर्त्यो विवाहं च वधं शुभम् । सिंधोर्जयं गणेशस्य सर्वकाभाल्लँभेन्नरः ५२ (५७२६)

इति श्रीगणेशपुराणे क्रीडाखण्डे पंचविंशोत्तरशततमोऽध्यायः ॥१२५॥

अध्याय १२६ प्रारंभ :– क उवाच । सिद्धे विवाहे च ततो मयूरेशः शिखण्डिनम् । आरुह्य सहसा गन्तुं नगरीं स्वामियेष सः १ स्वं स्वं वाहनमारुढा गीर्वाणास्तत्क्षणेन च । यान्ति स्म पुरतस्तस्य मुनयः पृष्ठतो ययुः २ अन्वयुर्नागराः सर्वे स्त्रियश्च बालकानि च । आनन्दयुक्ता नगरात्सहसा चक्रपाणिना ३ वाद्यत्सु सर्ववाद्येषु ननृतुश्चाप्सरोगणाः । रणभूमिं गतो यावन्मयूरेशोऽखिलैर्वृतः ४ तावत्स्कन्दादयो वीराः प्रार्थयांचक्रिरे विभुम् । वीरा ऊचुः । सेनाचरा दैत्यगणैर्निहता युद्धसंभ्रमात् ५ उत्तस्थः सर्व एवैते त्वत्कटाक्षामृतोक्षिताः । तान्दृष्ट्वा जीवितांस्तेन सर्वे देवाश्च नागराः ६ विस्मयं परमं प्राप्ताः साधु साधवब्रुवंस्तदा । ततो योजनमात्रं च दत्त्वा मार्गमवस्थितः ७ देवोऽब्रवीच्चक्रपाणिं मूर्ध्नि दत्त्वा करं शुभम् । आलिंग्य दशदोर्दण्डैः शत्रुपक्षभयंकरैः ८ देव उवाच । त्वं याहि गण्डकीं शीघ्रं नागरैर्मम वाक्यतः । क उवाच ।एवमाकर्ण्य तद्वाक्यं मुमोचाश्रूणि सत्वरम् ९ नागराश्च प्रणम्योच्चैरुचुर्वाक्यं शुचान्विताः यत्र यासि नयास्मांस्त्वमत्र त्यक्तुं न चार्हसि १० नागतः स्यात्पूर्वमेव तदा दुःखं न ना भवेत् ।एवमुक्त्वा

ननस्कृत्य ययुः सर्वे तदाज्ञया ११ चक्रपाणिरपि तदा नमस्कृत्य ययौ पुरः । वर्णयन्तो गुणगणांस्तदीयानद्भुतान्बहून् १२ क्षणेन नगरीं प्राप्य चक्रपाण्यनुमोदिताः । नागराः स्वगृहं प्राप्ताश्चक्रपाणिर्निजालयम् १३ पंचानामपि देवानां प्रासादानप्यकारयत् । पंचायतनमूर्तिं च स्थापयामास तेषु च १४ प्रत्यहं पूजयामास भक्तिभावसमन्वितः । मयूरेशपुरीं प्राप्तो मयूरेशोऽपि तत्क्षणात् १५आश्चर्यं परमं प्राप्ता गणाः सर्वे निरीक्ष्य ताम् । यस्यां रत्नमया स्तम्भा भित्तयोऽष्टापदान्विताः १६ एको ना दृश्यते तत्रा--संख्यातजनसंयुतः । प्रविश्य स सभां रम्यां ब्रम्हादीनुपवेश्य च १७ मध्ये विवेश च ततो लोकयन्सर्वतः स्वयम् । ददर्श पूर्वभागे स मन्मथं रति संयुतम् १८ देवीं मार्जारनाम्नीं ता लोके ख्यातां सुखप्रदाम् । दक्षिसस्यां दिशि तदा लोकयत्पार्वती शिवौ १९ तत्पुरो विरजां देवीं भक्तकामप्रपूरिकाम् । पश्चिमायां दिशि ततो वाराहं धरणीयुतम् २० आश्रयां नाम देवीं च सर्वविघ्नहरां शुभाम् । उत्तरस्यां दिशि तदा श्रीहरिं समलोकयत् २१ मुक्तादेवीं च विख्यातां सर्वमुक्तिप्रदा ततः । त्रयस्त्रिंशत्कोटिसुराः स्थितास्तद्दर्शनेच्छया २२ भाद्रशुद्धप्रतिपदि स्नात्वाऽभ्यर्च्य गजाननम् । गत्वा तु पूर्वदिग्भागे मार्जारीं पूजयेत्ततः २३ दत्वा दानानि विप्रेभ्यः स्मृत्वा ध्यात्वा गजाननम् । मौनं व्रतं समास्थाय न श्रुत्वा पादजध्वनिम् २४ कृमिकीटपतंगादीन्न हिंसेत्प्र-यतः शुचिः । पुनः स्नात्वा समभ्यर्च्येद्देवदेवं गजाननम् २५ पूर्ववत्तुद्वितीयेऽन्हि तृतीये च ततः क्रमात् । तथैव दक्षिणद्वारि विरजां द्वितयेऽहनि २६ तृतीये पश्चिमद्वारि तथैवाश्रमसंज्ञिताम । नत्वाऽर्चयेच्चतुर्थ्यां तु तद्वदुत्तरतो नरः २७ मुक्तां देवीं समभ्यर्च्य मयूरेशं च तद्दिने । पूजामहोत्सवं कुर्याद्रात्रौ जागरणं चरेत् २८ एवं यः कुरुते भक्त्या द्वाराणि चोपवासतः । स सर्वाल्लभते कामानमयूरेशप्रसादतः २९ चतुर्थ्यामेव चत्वारि शक्तो द्वाराणि पूर्ववत । आद्यन्तमज्जनादेवदर्शनं च करोति यः ३० तस्य सद्यः

फलं दद्यात्परितुष्टो गजाननः । तस्माच्छुद्धप्रतिपदमारभ्य ब्रह्मचर्यवान् ३१ ततश्चतुर्थ्यामुषसि स्नानं कृत्वा विधानतः । नित्यं
संपाद्य विधिवन्मयूरेशं समर्चयेत् ३२ प्रदक्षिणा नमस्कारान्कुर्यादेवैकविंशतिम् । पूर्वद्वारे नमस्कृत्य मार्जारीं त्वरयान्वितः ३३
एवं शिवावाश्रयां च मुक्तादेवीं नमेत्पराम् । प्रारभेद्दिनशेषे तु मयूरेश्वरपूजनम् ३४ षोडशैरुपचारैस्तु पूजयेत्सुसमाहितः । रात्रौ
जागरणं कुर्याद्गीतवादीत्रनिस्वनैः ३५ प्रभाते विमले स्नात्वा पुनर्देवं समर्चयेत् । ब्राह्मणैः सह कुर्वीत पारणं स्वस्य शक्तितः
३६ तेभ्यो दद्याद्धिरण्यं च वासोधान्यं गवादिकम् । एवं यः कुरुते मर्त्यो दुःसाध्यमपि साधयेत् ३७ पुत्रपौत्रयुतो भोगान्भुक्त्वा
चान्ते व्रजेद्दिवम् । इन्द्रादयो लोकपालाः पूजयिष्यन्ति तं नरम् ३८ सेवन्ते पादकमलं तस्य या अष्टानायिकाः । अन्धस्तु लभते
दृष्टिं मूको वाचं लभेध्रुवम् ३९ बधिरः श्रुतिमाप्नोति पङ्गुश्च चरणावपि । भार्यार्थी लभते भार्यां विद्यार्थी लभते मतिम्
४० एतदेव फलं प्रोक्तं द्वारेषु चोपवासतः । ततः कदाचिद्देवेशो मयूरेशोऽखिलान्सुरान् ४१ उवाच श्लक्ष्णया वाचा हरिब्रम्हशि–
वादिकान् । मयूरेश उवाच । यदर्थमवतीर्णोहं तत्कार्यं कृतं सुराः ४२ निहता बहवो दैत्या भूभारश्च कृतो लघुः । सिन्धोः
कारागृहात्सर्वे मोचिता अमृतान्धसः ४३ स्वाहास्वधावषट्कारा भविष्यन्ति यथापुरा । भवतामाज्ञया देवा यास्ये स्वं धाम
सांप्रतम् ४४ एवमाकर्ण्य तद्वाक्यं देवाः सर्वे शुचान्विताः । त्यजन्तोऽश्रूणि संप्रोचुः परस्परमुखेक्षणाः ४५ अस्मांस्त्यक्त्वा मयूरेश
क्व वा गन्तुं समीहसे । कथं स्नेहं परित्यज्य नैष्ठुर्यं परमं गतः ४६ ततस्तत्पार्वती श्रुत्वा सहसा शोककर्षिता । पपात मूर्छिता
भूमौ मुहूर्तादवदच्च सा ४७ पार्वत्युवाच । दीननाथ दयासिन्धो सिन्धुदैत्यविमर्दन । क्व यास्यति जगन्नाथ हित्वा मा जननीं
तव ४८ न स्थास्यन्ति मम प्राणास्त्वयि याते सुरेश्वर । देव उवाच । द्वापरे पुनरेवाहं यास्ये त्वत्पुत्रतां शुभे ४९ न मिथ्या
वचनं मे स्यान्न चिन्तां कर्तुमर्हसि । ममापि दुःखमतुलं वियोगात्तव जायते ५० नैकत्र सर्वदा मातः सुन्हृदां वसतिर्भवेत् । सिन्दूरो

नाम दैत्योऽपि भविष्यति सुदारुणः ५१ अवध्यः सर्वदेवानां तदाऽहं स्यां तवार्भकः । स्मृतमात्र तवाग्रेऽहं स्थास्यामि शिवनंदिनि
५२ ततः षडाननः प्राह नय मां यत्र यास्यसि । बालके कृपणे दीने नौदासिन्यं हि युज्यते ५३ देव उवाच । न चिन्तां कुरु
बन्धो त्वमत्रायास्याम्यहं पुनः । भवतो न वियोगो मे सर्वान्तर्यामिणः खलु ५४ तस्मै ददौ मयूरं तं मयूरेशः स्वबन्धवे । मयूर–
ध्वज इत्येव नामचक्रेऽस्यतत्क्षणात् ५५ आरुरोह मयूरं तं स्कन्दो बन्धोरथाज्ञया । तस्मिन्नेव क्षणे देवोऽन्तर्दधे स मयूरराट्
५६ तस्मिन्नन्तर्हिते केशा अपश्यन्हृदि तं सदा । ततो ब्रह्मा वालुकाभिः कृत्वा मूर्ति गजाननीम् ५७ स्थापयामास विधिवत्प्रा–
सादे सुमनोहरे । पुपूजुः सर्वलोकास्तमुपचारैर्यथाविधि ५८ वसिष्ठाद्या मुनिगणाः सस्नुर्ब्रम्हकमण्डलौ । सर्वं नित्यविधिं कृत्वा
ययुर्मूर्ति सुशोभनीम् ५९ उपोष्य केचिद्विदधुर्द्वाराणि धामलब्धये । स्नात्वा नत्वा मयूरेशं धावमानास्तथाऽपरे ६० ऊचुः परस्परं
देवा मुनयोऽपि मुदा तदा । नैता दृशं पुण्यक्षेत्रं यत्र देवः स्थितः स्वयम् ६१ मयूरेशो विघ्नहरो भक्तानां कामपूरकः । पूजयि–
त्यैवमुक्त्वा तु जग्मुस्ते स्वं स्वमाश्रमम् ६२ ब्रम्हादयः सुराः स्वं स्वं पदमभ्यागमंस्तदा । शंकरः सपरीवारः कैलासमगमन्मुदा
६३ स्वधास्वाहावषट्कारैरिन्द्राद्या मुमुदुस्तदा । क उवाच । एवं ते सर्वमाख्यातं त्रेतायुगकृतं मुने ६४ मयूरेशस्य चरितं
श्रवणात्सर्वकामदम् । धन्यं यशस्यमायुष्यं सर्वपापहरं नृणाम् ६५ पुत्रदं धनदं विद्याप्रदं दुःखनिवारणम् । आधिव्याधिहरं कुष्ठ–
दुष्टरोगादिनाशनम् ६६ पठतां शृण्वतां पुंसां भुक्तिमुक्तिप्रदं शुभम् । विजयश्रीपदनृणां क्षत्रियाणां विशामपि ६७ शुद्राणामपि
सर्वेषां श्रीप्रदं पुष्टिवर्धनम्। यद्यते परिपृष्ठं मे तत्तत्ते कथितं मुने ६८ गजाननस्य चरितं पुनः श्रोष्यसिमन्मुखात् ६९ (५७९५)
इति श्रीगणेशपुराणे क्रीडाखण्डे षड्विंशत्युत्तरशततमोऽध्यायः ॥१२६॥ अथ गजाननचरितं–द्वापर युग
अध्याय १२७ प्रारंभ :– व्यास उवाच । चतुरानन देवेश गुणेशचरितं शुभम् । कथितं विस्तराद्देव नाहं तृप्तोऽस्मि तच्छ्रवात्

१ सुधया तु विरक्तः स्यान्नकथा श्रवणान्नरः । त्रेतायुगकथा सर्वा गुणेशस्य श्रुता मया २ गजाननेति नामास्य द्वापरे तु कुतोऽभवत् । मूषको वाहनं चास्य कथं यातो महाविभो ३ कृपया संशयममुं छिन्धि त्वं कमलासन । क उवाच । सम्यक्पृष्टं त्वया वत्स मम चित्तगतं मुने ४ यतः श्रोता च वक्ता च पृच्छकः सिद्धिमाप्नुयात् । तां कथां कथयिष्यामि विनायककृतां मुने। ५ द्वापरे यत्कृतं तेन चरितं शृणु साम्प्रतम् । यथा गजाननो देवो रक्तवर्णश्चतुर्भुजः ६ गजाननश्चाखुवाहस्तत्सर्वं कथयामि ते । कदाचिद्ब्रम्हभुवनं यातः शंभुर्यदृच्छया ७ उत्थापयामास तदा प्रसुप्तं कमलासनम् । स उत्थितो महाजृम्भा चकार क्रोधसंयुतः ८ तत एको महाघोरः पुरुषः समपद्यत । स च चक्रे महाघोरं शब्दं सर्वभयंकरम् ९ चकम्पे पृथिवी तेन साब्धिद्वीपा सपर्वता । दिक्पालाश्चकिताः सर्वे शेषः क्षुब्धोऽसृजद्विषम् १० विशीर्णा गिरयः सर्वे भूतान्याकुलतां ययुः । कल्पान्त इव तत्रासीत्त्रैलोक्यवासिनां नृणाम् ११ ब्रम्हाण्डं मस्तकेनासौ स्फोटयन्निव तस्थिवान् । यद्देहतश्चारुगन्धो व्यानशे भुवनत्रयम् १२ जपाकुसुमदेहस्य प्रभयारुणिता दिशः । अयं किं मदनो जातो द्वितीयो ब्रह्मसंभवः १३ कामस्तु लज्जितस्तस्य सद्यो रूपनिरीक्षणात् । पुरस्तं सन्निरीक्ष्यैनं विस्मितः कमलासनः १४ कस्य त्वं कुत उत्पन्नः किं चिकीर्षसि तद्वद । पुरुष उवाच । अनेकानि सुरेश त्वं ब्रम्हाण्डानि सृजस्यपि १५ विभ्रान्त इवकस्मान्मां सर्वज्ञः सन्हि पृच्छसि । जृम्भायास्ते समुत्पन्नं कथं मां नावबुध्यसे १६ अनुगृन्हीष्व पुत्रं मा देहि नाम यथामति । स्थानं च देहि मे नाथ भक्ष्यं कार्यं च मे वद १७ इत्याकर्ण्य वचस्तस्य प्रोवाच चतुराननः । रक्तवपुर्यतस्तेऽस्ति सिन्दूराख्यो भविश्यसि १८ सामर्थ्यं च महत्ते स्यात्त्रैलोक्याकर्षणक्षमम् । क्रोधादालिंगसे यं त्वं शतधा स भविष्यति १९ पंचभ्योऽपि च भूतेऽभ्यो न भयं ते कदाचन । देवदानवयक्षेभ्यो मानुषेभ्यो भयं न ते २० इन्द्रादिलोकपालेभ्यः

सजीवाच्च निर्जीवाद्भयं सिन्दूर ते भवेत् । वस यत्र
कालादपि भयं न ते । न नागेभ्यो न रक्षोभ्यो नाहोरात्रे भयं न ते २१ सजीवाच्च निर्जीवाद्भयं सिन्दूर ते भवेत् । वस यत्र
मनस्ते स्यात्स्थातुं त्रिभुवनेश्वपि २२ ततः स वरदानेन तुतोष चतुरास्यजः । चक्रन्द कम्पयञ्शब्दैस्त्रैलोक्यं सचराचरम् २३
चुक्षुभुः सागराः सर्वे लोकपालाश्च दुद्रुवुः । उवाच स तदा देवं नमस्कृत्य पितामहम् २४ सिन्दूर उवाच । तव वाक्यामृतेनाहं
प्रीतो ब्रम्हाण्डनायक । त्वमेव विश्वं सृजसि पासि हंसि गुणैस्त्रिधा २५ त्वयि सुप्ते जगत्सुप्तमन्धकारश्च जायते । महत्भाग्यं
मम विभो तपोदानव्रतै विना २६ पुत्रस्नेहात्प्रसन्नस्त्वं नान्यथा ते प्रसन्नता । कल्पकोटिततोभिस्त्वं प्रसन्नो जायसे विभौ २७
क उवाच । इत्युक्त्वा तं प्रणम्यासौ कृत्वापि च प्रदक्षिणम् । जगाम मनसा भूमिं मार्गे तर्कमथाकरोत् २८ न मे तपो वा ध्यानं
वा जपः स्वाध्याय एव च । कथं तेन वरा दत्ताः सत्या उत वृथा नु ते २९ गत्वा द्रक्ष्यामि पितरमित्युक्त्वाऽगात्पितामहम् ।
तुलयित्वा तु दोर्दण्डौ जगर्ज स भयानकः ३० तमेवालिंगितुं चैच्छत्तत ऊचे पितामहः । पुत्रस्नेहान्मया दत्ता वरा अन्यस्य
दुर्लभाः ३१ दुष्टभावान्ममैव त्वमपकर्तुमिहागतः ३२ भुजगस्य पयो दत्तं विषमेव हि जायते । दुष्टभावं गतो यस्मात्तस्माद्दैत्यो
भविष्यसि ३३ परमात्माऽवतीयाशु हनिष्यति गजाननः । तवांगं सुरभि ज्ञात्वा स्वांगे तन्मर्दयिष्यति ३४ सिन्दूरारुणदेहश्च
सिन्दूरप्रिय एव च । भविष्यति स देवोऽपि सिन्दूरवध एव च ३५ एवमुक्त्वा पपालाशु भयेन कमलासनः । मनोवायुमहावेगा
निश्वासश्वाससङ्कुलः ३६ दैत्योऽपि पृष्ठतो याति शापमाकर्ण्य मन्युमान् । स्वेदेनार्द्रं तनुर्दुष्टो दृष्ट्वा दृष्ट्वा पुरो व्रजन् ३७
धरिष्यामि पदेन्यस्मिन्निति दैत्योऽभ्यधावत । वैकुंठमगमद्ब्रम्हाकम्पमानस्त्वरान्वितः ३८ (५८३३)
इति श्रीगणेशपुराणे क्रीडाखण्डे सिन्दूरोत्पत्तिवर्णनं नाम सप्तविंशत्युत्तरशततमोऽध्यायः ॥१२७॥
अध्याय १२८ प्रारंभः– क उवाच । स ददर्श समासीनं नारायणमनामयम् । रत्नकाञ्चनविलत्पद्मासनगतं विभुम् १ सोऽपि तं

पुरतो वीक्ष्य विवर्णवदनं तदा । तत्पृष्ठतो महादैत्यं गगनस्पर्धिमस्तकम् २ उवतिष्ठत वेगेन दयालुः कमलापतिः । धृत्वा करं समालिङ्ग्य स्वासने कं न्यवेशयत् ३ संपूज्य परिपप्रच्छ किं ते कार्यमुपस्थितम् । कथं च म्लानवदनः श्वासवांश्च हृतप्रभः ४ मम खेदः समुत्पन्नो दृष्ट्वैव त्वां पितामह । इति तद्वचनं श्रुत्वा जगाद कमलासनः ५ क उवाच । प्रबोधितः शिवेनाहं प्रतिसुप्तो निजालये । ततो मे जृम्भतो वक्त्रान्निर्गतः पुरुषो महान् ६ पतन्ति भूतले भानि यन्मस्तकविघानतः । तस्य सौरभगन्धेन सर्वे देवा विसिस्मिरे ७ यस्य लावण्यमीक्ष्यैव लज्जितो मदनोऽभवत् । यस्य क्रन्दितशब्देन चकम्पे भुवनत्रयम् ८ स नमस्कृत्य मां देव विनीतः पुरतः स्थितः । ततस्तस्मै वरा दत्ताः पुत्रस्नेहेन माधव ९ यं यं त्वमालिङ्गयसी स स मृत्युमुपैष्यति । कालोऽपि न रणे स्थातुं तव शक्तो भविष्यति १० स्थानं च स्वेच्छया तस्य दत्तं देव मया ततः । नमस्कृत्य गतो दुरं वितर्कात्पुनरागतः ११मामेवालिङ्गितुं यातोऽपलमस्माद्भयादहम्।हंसमारुह्य सहसा वगेन त्वामुपागतः १२दृष्ट्वा दृष्ट्वा पृष्ठगतं कम्पः श्वासश्चमेऽभवत्।विना त्वां शरणं कं वा यामि सर्वेश्वरेश्वर १३ ततोऽब्रवीन्महाविष्णुर्ब्रह्माणं शरणागतम् । देव उवाच । पूर्वं दत्वा वरान्देव सवङ्कटं प्राप्य बुद्धितः१४इदानीं चिन्तया किं स्याद्यद्भाव्यं तद्भविष्यति । स पीडां त्रिषु लोकेषु विधातुमुद्यतोऽभवत्१५क उवाच।यावत्तौ चिन्तयाविष्टौ स्थितौ ब्रह्महरी तदा । तावत्स पुरतोऽतिष्ठद्दृष्ट्वा ताभ्यां महासुरः १६ जगर्जं गर्जयामास त्रैलोक्यं बलवत्तरम् । ब्रह्मांडं कम्पयामास ब्रह्माणं च तदा खलः १७ सोऽवदद्रक्ष रक्षेति विष्णुं त्रैलोक्यरक्षकम् । ततो विष्णुर्जगौ दैत्यं वाचा मधुरया तदा १८ हरिरुवाच । न त्वया वरदानेज मत्तेन योद्धुमुत्सहे । अहं सत्त्वगुणोपेतः पालने निरतः सदा १९ अयं च ब्राह्मणो ब्रह्मा तेन योद्धुं न चार्हसि । तव युद्धप्रदो देवः ख्यातोऽसौ मदनान्तकः २० तेन युद्धचस्व ते कीर्तिर्महती स्यात्त्रिलोकगा । क उवाच । इत्याकर्ण्य वचस्तस्य जहृषे दैत्यपुङ्गवः २१ उड्डीय प्रययौ सद्यः कम्पयन्भुवनत्रयम् । पातयन्पर्वतान्वृक्षांश्चूर्णयन्स हसा बहून् २२

दिग्गजाश्चलिता सर्वे संजग्मुर्विदिशो दिशः । एवमुपत्यकां यातः कैलासस्य महागिरेः २३ ददर्शाधित्यकायां स ध्यानस्थं गिरिशं
खलः । नन्दिभृङ्गिगणाकीर्णं पार्वत्या सेवितं विभुम् २४ व्याघ्रचर्मपरीधानमर्धचन्द्रविभूषणम् । भस्माङ्गरागशोभाढ्यं करिचर्मो-
त्तरीयकम् २५ दृष्ट्वा देवं तदा दैत्यो निनिद्र सहसा हरम् । अनेन किं मया युद्ध कर्तव्य तापसेन ह २६ एतस्य सुन्दरी भार्या
नीत्वा यामि यदृच्छया । एवं निश्चित्य मनसा गौरीमन्तिकमाययौ २७ तदा चकम्पे गिरिजा कल्पान्ते जगती यथा । निमील्य
नयने मूर्छामापाशु भयविह्वला २८ दधार तां केशपाशे स दैत्यो दुष्टमानसः । उड्डीय चलितो वेगाच्छुशोच गिरिजा तदा २९
रावणेन नीयमाना यथा सा धरणीसुता । गिरिजोवाच । औदासीन्यं कथं यातो मयि देवोऽखिलार्थवित् ३० ध्यानं कथं गतोऽ-
स्यर्धे हीयमाणे त्वदङ्गके । नाकारि दास्यं न्यूनं ते येन काठिन्यमागतः ३१ कः सखा मोचयेन्मां हि प्राणदाता भवेच्च कः ।
पुनर्मे शंकरं को नु दर्शयेद्बलवत्तरः ३२ क उवाच । ततः शोकाकुलां वीक्ष्य तां गणाः प्राब्रुवंस्तदा । अनेन योद्धुं शक्तिर्नो त्रैलो-
क्यनाशिनाऽधुना ३३ शिवश्च ध्याननिष्ठोभूद्दैवादस्यानुकूलता । नीता नो जननी विश्वसृष्टिस्थित्यन्तकारिणी ३४ मोहिनी
सर्वदेवानां सर्वदुःखविनाशनी। लावण्यलहरी नीता सर्वयोषिद्वरा शुभा ३५ रत्नभूता कथं नीता कथं सा पुनरेष्यति । ध्यानस्थे शंकरे
सर्वनाशने नेत्रवह्निहतः ३६ तस्मिन्यास्यति लोभेन पुत्रानिव जनन्यथ । एवं शोकं प्रकुर्वत्सु हाहाकारे रुदत्सु च ३७ गणेषु विस-
सर्जाशु ध्यानं क्रोधान्महेश्वरः । क्रोधानलेन ब्रह्माण्डं दहन्निव दिशो दश ३८ पप्रच्छ तान्गणाञ्शम्भुः सवङ्टं किमुपस्थितम् ।
त्वयि ध्यानस्थिते देव मन्दराचल-
भस्मसात्तं करिष्यामि येन वः कदनं कृतम् ३९ इति तद्वचनं श्रुत्वा प्रोचुस्तं ते गणास्तदा । त्वयि ध्यानस्थिते देव मन्दराचल-
सन्निभः ४० कृतान्तसमरूपः सन्नागतो दैत्यपुङ्गवः । यस्य श्वासानिलहता अचलाश्चलतां गताः ४१ संमोहं प्रापिता देवा दर्शना
देव शंकर। ततः स गिरिजां धृत्वा केशपाशे महाबलः ४२ निनाय सत्वरं व्योममार्गेण जननीं हि नः। नीयमाना शिवा प्राह धाव

धावेति सत्वरम् ४३ मूर्छिताः पतिता भूमौ वयं सर्वे विमूर्छिताः । तथाविधां समादाय ययौ स दुष्टमानसः ४४ श्रुत्वा तेषां वचः शंभुर्जज्वाल परमं रुषा । कुर्वन्भस्मेव लोकानामारुरोह वृषं निजम् ४५ त्रिशूलादीनि शस्त्राणि दधानो दशभिर्भुजैः । नभोमार्गेण प्रययौ गर्जयन्विदिशो दिशः ४६ यत्रासीत्सिन्दुरो दैत्यस्तं देशमगमत्क्षणात् अहनत्पृष्ठदेशे तं तस्थौ स संमुखं तदा ४७ मुंच भार्यां महादुष्ट न्हृष्टः सन्क्व गमिष्यसि । इत्युक्तः स रुषाविष्टस्त्रिलोकीं भस्मतां नयन् ४८ बाहुभ्यां मारयन्नेव प्रययौ शिवसन्निधौ । उवाच च महादैत्यो गर्वेण परिमोहितः ४९ नाहं मशकवाक्येन बिभेमि भुवनाधिपः । यस्य श्वासानिलेनाशु कम्पते मेरुपर्वतः ५० तस्य मे गणना नास्ति मुखं मां मा प्रदर्शय । यदि शक्तिर्मया सार्धं युद्धं कर्तुं तदा कुरु ५१ नो चेदन्यां पाणिय ततः सौख्यमवाप्स्यसि । किं मया सह यौद्धव्यं मशकेन त्वया लघो ५२ एवमुक्त्वा बाहुयुद्ध कर्तुं शंकरमाययौ । दुर्गा देवी तु सस्मार मयूरेश स्वचेतसि ५३ द्विजरूपधरा देवो मयुरेशस्ततस्तयोः । अन्तरालेप्रादुरासीत्कोटिसूर्यं निभः क्षणात् ५४ सर्वाङ्गसुन्दरो नानाभूषणैरुपशोभितः । परशुं मध्यतः कृत्वा वारयामास दैत्यपम् ५५ उवाच श्लक्ष्णया वाचा सिन्दुरं तं द्विजोत्तमः । त्रैलोक्यजननीं गौरीं स्थापयाशु ममान्तिके ५६ युध्यस्व शंकरेण त्व यावज्जयपराजयौ । जयो यस्य भवेत्तेन ग्राह्येति नान्यथा वचः ५७ क उवाच । द्विजवाक्यं समाकर्ण्य सिन्दूरो न्हृष्टमानसः । स्थापयामासगिरिजां युद्धाय बहूलालसः ५८ तयोस्तु पश्यतोरेव तावुभावप्य युध्यताम् । सिन्दूरश्च महेशश्च नानायुद्धविशारदौ ५९ क्रोधसंरक्तनयनौ तुल्यतेजःपराक्रमौ । बाहुभ्यां वेष्टितुं यावदियेष सोऽसुरो हरम् ६० अदृश्य एवं परशुरस्य जघ्ने बलादुरः क्षीणशक्ति ततो दैत्यं त्रिशूलेनाहनद्धरः ६१ ततोऽशक्तं द्विजवरो वदति स्म हितं वचः त्रैलोक्यनायकेन त्वं न युद्धं कर्तुमर्हसि ६२ गिरिजाशां विहायाशु व्रजस्व निजयन्दिरम् । नो चेदयं शिवो भस्म करिष्यति तवाधुना ६३

एवमुक्तो द्विजेनाऽसौ वाञ्छां त्यक्त्वा भुवं ययौ । ततः सा पार्वती प्राह द्विजं प्राप्ते जयं शिवे६४कोऽसि त्वं मुनिशार्दूल येनाहं मोचिता खलात् । निजं मे दर्शय स्वीयं रूपं नेदं स्वभावजम्६५ममप्राणाधिकोऽसि त्वं सखा प्राणप्रदो यतः।न भवेदुपकारस्ते प्राणे त्यक्ते द्विजोत्तम् ६६ एवमाश्रुत्य तां वाचमुवाच स मुनीश्वरः । न च मातर्मयाकारि किंचिदत्र महेश्वरः ६७ अजयत्सिन्दुरं दैत्यं मोचिता त्वं शिवेन ह । इत्युक्त्वा पूर्वरूपं स आविश्चक्रे विनायकः ६८ दशदोर्दण्डरुचिरं कर्णकुण्डलमण्डितम् । कस्तूरीतिलकं रत्नमुक्तासाविभूषितम् ६९ नानालंकार रुचिरं शेषकण्ठमणिप्रभम् । दृष्टवैवं परमात्मानं ननन्द गिरिजा तदा ७० ननाम पादयोस्तस्य स उत्थाप्य च तां जगौ । विनायक उवाच । त्रेतायुगे प्राब्रुवं त्वां दास्यामि दर्शनं पुनः ७१ अवतीर्य द्वापरे ते गृहे नाम्ना गजाननः । भविष्यामि हनिष्यामि सिन्दूरं दैत्यमोजसा । क उवाच । मुनिरूपधरो देव उक्त्वाऽन्तरधीयत् । ततः शुशोच गिरिजा मूर्छा सा परमां ययौ ७३ तत ऊचे विश्वनाथो मनः स्वस्थं कुरु प्रिय ।पश्य त्वं ह्रदि तं देवं विनायकमनामयम् ७४ न मिथ्या भाषितम् तस्य यदुक्तं तत्करिष्यति ।एवमुक्त्वा महादेवो वृषारूढस्तया सह ७५ आययौ परमं प्रीतः कैलासं पर्वतेश्वरम् ७६ (१०९) इति श्रीगणेशपुराणे क्रीडाखण्डेऽष्टाविंशत्युत्तरशततमोऽध्यायः ॥१२८॥

अध्याय १२९ प्रारंभ :– क उवाच । ततो दैत्यो मृत्युलोकं गतो गर्वादगर्जत।कम्पिताः पर्वताः सर्वे वृक्षा निपतिता भुवि१ पक्षि–सिंहाः श्वापदानि बभ्रमुः कानने तदा । ततो जिगाय नृपतीन्सर्वान्वीरांश्च दानवः २ ब्रह्मादयो जिता येन तेनायुध्यन्कथं नृपाः। केचिद्द्विधा कृतास्तेन केचिन्नभसि बभ्रमुः ३ केचिच्च सम्मुखे युद्धं कृत्वा स्वर्गं गता नृपाः । केचिच्च शरणं याताः सेवकत्वमु–पागताः४ केचिद्भ्रष्टपदा जग्मुरभिमानेन काननम्।एवं जित्वा नृपान्सर्वान्मुनीनामाक्रमे मतिम्५अकरोद्दुष्ट बुद्धिः स बबन्ध सहसा न्न तान । तदा केचिन्मुनिगणास्त्यक्त्वा देहं दिवं गताः ६ केचिच्च मेरुकन्दर्यां न्यवसन्विगतज्वराः । केचिच्च निहतास्तेन

केचिच्च ताडिता भृशम् ७ प्रासादाः सकलास्तेन विध्वस्ता देवता अपि । एवं तु प्रलयें जाते लुप्यन्क्रियाश्च वैदिकाः ८
स्वाहास्वधावषट्कारा हाहाकारोऽप्यजायत । देवा गिरिगुहास्थास्ते मुनयो यक्षकिन्नराः ९ न्यमन्त्रयन्त कार्यार्थं तत्र प्राह बृह-
स्पतिः । विद्यमानेभ्यो देवेभ्यस्तेभ्यः सर्वेभ्य एव च १० न भयं विद्यते तस्य तस्माद्देवं बिनायकम् । प्रार्थयध्वं यदा विप्राःप्रादु-
र्भावं शिवालये ११ गजाननेति नाम्ना स करिष्यति च साम्प्रतम् । हनिष्यति बलाद्दैत्यं सिन्दूरं नात्र संशयः १२ निराबाधं
जगत्सर्वं भविष्यति तदा सुराः । एवमुक्तास्तु जीवेन तं तु देवादयोऽखिला । भक्त्या परमया युक्तातुष्टुवुस्तं विनायकम् १३
देवा ऊचुः । जगतः कारणं योऽसौ रविनक्षत्रसंभवः । सिद्धसाध्यगणाः सर्वे यत एव च सिन्धवः १४ गन्धर्वाः किन्नरा यक्षा
मनुष्योरगराक्षसाः । यतश्चराचरं विश्वं तं नमामि विनायकम् १५ यतो ब्रह्मादयो देवा मुनयश्च महर्षयः । यतो गुणास्त्रयो
जातास्तं नमामि विनायकम् १६ यतो नानावताराश्च यश्च सर्वहृदि स्थितः । यं स्तोतुं नैव शक्नोति शेषस्तं गणपं भजेत् १७
सिन्दूरो निर्मितः केन विश्वसंहारकारकः । तेनार्तिप्रापितं विश्वं त्वयि स्वामिनि जाग्रति १८ अन्यं कं शरणं यामः को नु
पास्यति नोऽखिलान् । जह्येनं दुष्टबुद्धिं त्वमवतीर्य शिवालये १९ इत्युक्त्वा परितेपुस्ते नानानुष्ठानतत्पराः । निराहारा
यताहाराः प्राणायामपरायणाः २० एकपादस्थिताः केचिज्जलमध्ये स्थिताः परे २१ ऊर्ध्वबाहुतया केचित्केचिच्च योगमास्थिताः ।
केचिच्चकर्तुःस्वान्देहान्केचिच्च मस्तकानपि २२ एवं तेषां निरीक्ष्यैव तपांसि गणराट्तदा । आविरासीत्कोटिसूर्यप्रलयानलसन्निभः
२३ दृष्ट्वा तेजोमय रूपं जन्हृषुस्ते सुरास्तदा । यश्चिन्तितः स एवायमाविर्भूतोऽखिलेश्वरः २४ अपनेष्यति नो दुःख नात्र
कार्या विचारणा । तत ऊचे स भगवांस्तान्सुरांश्चिन्तया युतान् २५ हनिष्ये सिन्दुरं देवा मा चिन्तां कर्तुमर्हथ । दुःखप्रशमनं
नाम स्तोत्रं वः ख्यातिमेष्यति २६ अतो दुःखविनाशो वा जातोऽस्मान्मदनुग्रहात् । एककालं द्विकालं वा त्रिकालं वापि यः

पठेत् २७कदाचिन्न भवेदस्य दुःखं त्रिविधमण्विपि।अहं तु सांप्रतं देवा अवतीर्य शिवालये २८नाम्ना गजानन इतिख्यात सर्वार्थसाधकः ।
भविष्यामि हनिष्यामि सिन्दूरादीन्महासुरान् २९करिष्यामि शिवादास्यं कौतुकानि प्रदर्शयन्।क उवाच।एवमुक्त्वा ततो देवांस्तत्रैवान्तर
धीयत ३०ततोऽकस्माद्धैमवती शिवानुग्रहतो दधौ । गर्भं स ववृधेऽत्यन्तं दिने दिने यथाशशी ३१ततस्तत्तेजसा तप्ता नानादोहदकांक्षिणी।
उवाच शंकरं गौरी संतप्ता गर्भतेजसा ३२अतिशीतस्थलं यत्र तत्रमां नय शंकर।तत्रोऽसौ वृषभारूढः पृष्ठे तामुपवेश्य ह३३भास-
यन्तीं महातेजःपुंजेन विदिशो दिशः । वाद्यत्सु सर्ववाद्येषु ययौ स क्षितिमण्डलम् ३४ नानागणैः समायुक्तो बभ्राम काननानि
सः । भ्रमता तेन दृष्टं हि पर्यलीकाननं महत् ३५ तत्रविश्रान्तिमकरोत्पार्वत्यानुमते तदा । नानापुष्पसमाकीर्णं नानाद्रुमफला-
न्वितम् ३६ सरोवापीयुतं सान्द्रतरुच्छायं मनोरमम् । यत्रोस्राणां न प्रवेशः कैलासशिखरोपमम् ३७ नन्दनादधिशोभं तद्वनं
चैत्ररथादपि । तद्वीक्ष्य गिरिजा प्रोच इच्छया सदृशं शिव ३८ वनं प्राप्तं महादेव क्रीडावोऽत्र चिरं विभो । गणानामपि सर्वेषां
प्रीतिस्तत्र ह्यभूत्तदा ३९ ततो गणामण्डपं ते चक्रुस्तत्प्रियकाम्यया । नानावेदीगृहयुतं नानोपस्करसंयुतम् ४० तत ऊचे शिवो
देवीं वसात्र त्वं गणैर्युता । यद्यते प्रार्थितं तत्ते दास्यन्ति मदनुग्रहात् ४१ ततः स्वयं जगामाशु ध्यानस्थोऽभूद्धिमालये । सखीभिः
पार्वती तत्र चिक्रीडे सा यथारुचि ४२ अरक्षंस्तां कोटिगणाः समन्तादावृतस्तदा । तदाज्ञावशगाः सर्वे कन्दमूलफलाशिनः ४३
(५९५२) इति श्रीगणेशपुराणे क्रीडाखण्डे गौरीदोहदवर्णनं नामैकोनत्रिंशोत्तरशततमोऽध्यायः ॥१२९॥
अध्याय १३० प्रारंभ :- क उवाच।ततस्तु नवमे मासि पूर्णे साऽसूत बालकम्।चारुचन्द्राननं पद्मशोभाजिन्नयनं शुभम्१किरीटकेयूरधरं
कोटिसूर्यसमप्रभम् । प्रवालाधरशोभाढ्यं चतुर्बाहुविराजिताम् २ मुक्ताहारधरं चारुकंकणैरुपशोभितम् । परशुं कमलं माला

मोदकांश्च करैर्दधत् ३ ध्वजांकुशाब्जविलसत्पादपद्मसमन्वितम् । किंकिणीजालविलसच्चारुगुल्फयुतं शुभम् ४ भालचन्द्रं कोटि-
चन्द्रनिभं वन्हिसमप्रभम् । एवं दृष्ट्वा स्वरूपं सा चकम्पे हर्षनिर्भरा ५ किमिदं तेज उदितं नयनाच्छादकं महत् । कोऽसि त्वं
वद मे चेतो नन्दयस्व कृपां कुरु ६ इत्युक्त्वा तं नमश्चक्रे स्मरन्ती पूर्वकं वचः । तत ऊचे महोमूर्तिर्मा मातर्विमना भव ७
गुणेशोऽहमनेकानां ब्रह्माण्डानां विधायकः । असंख्याता मेऽवतारा न ज्ञायंते ऽमरैरपि ८ इच्छया सृष्टिसंहारपालनानि करोम्यहम्
त्रिधा रूपं विधायाहं विश्वस्य शिवनन्दिनि ९ त्रेतायुगेऽवतीर्याहं त्वद्गृहे लीलया पुरा । अनेकानि चरित्राणि कृतानि सिन्धु-
नाशनम् १० मयूरेश्वरनामाहं षड्भुजोऽर्जुनवर्णकः । तदा मया वचो दत्तं द्वापरे ते सुतः पुनः ११ भवेयं सेवकश्चाहं सिन्दूरान्मो-
चिता मया । द्विजरूपेण सहसा स्मर सर्वं शुचिस्मिते १२ तदापि तनयस्तेऽहं भवीष्यामीत्यथाब्रुवम् । तदिदं सत्यवचनं मया
संपादि पार्वति १३ भूभारं च हरिष्यामि सिन्दूरं च महाबलम् । सेवनं च करिष्यामि तव मातर्गजाननः १४ विख्यातोऽहं
भविष्यामि भक्तानां कामपूरकः । क उवाच । एवं श्रुत्वा वचो गौरी स्मृत्वा सर्वं पुरातनम् १५ नत्वा तुष्टाव देवेशं विश्वेशं
विघ्ननाशकम् । गौर्युवाच । निर्विकल्पचिदानन्दघनं ब्रम्हस्वरूपिणम् १६ भक्तप्रियं निराकारं साकारं गुणभेदत. । नमाम्यह-
मतिस्थूलमणुभ्योऽणुतरं विभुम् १७ अव्यक्तं व्यक्तिमापन्नं रजःसत्वतमोगुणम् । मायाविनं मायिनं च सर्वमायाविदं प्रभुम् १८
सर्वान्तर्यामिणं नित्यं सर्वाधारं परात्परम् । चतुर्णामपि देवानां मानसस्याप्यगोचरम् १९ महद्भाग्यं ममविभो स त्वं मे पुत्रतां
गतः प्रतीक्षन्त्या मम विभो प्रत्यक्षं दर्शनं गतः । इदानीं त्वद्वियोगो मे न स्याद्देव तथा कुरु २० एवं वदन्त्या तस्यां तु देवो
रुपान्तरं दधौ । चतुर्भुजं भालचन्द्रं शुण्डादण्डविराजितम् २१ अनेकभूषणयुतं चिन्तामणियुतं न्हृदि । दिव्याम्बरं दिव्यगन्धं

सिद्धिबुद्धियुतं तदा २२ रुरोद बालवच्चाज्ञो ददृशे गिरिजा तु तम् । शुशोच बहुधा तन्वी निधिः केन हृतो मम २३ न बालस्त्रिषु लोकेषु दृष्टः शुण्डाविराजितः । ब्रम्हादयो हसिष्यन्ति लोकाश्चेक्ष्येदृशं शिशुम् २४ एवं बहुविध शोकं श्रुत्वाऽगाच्छंकरो गृहम् । सगणस्तं शिशुं गृहच प्राह तां शृणु मे प्रिये २५ अनादिनिधनो देवः शुण्डादण्डविराजितः । यत्रकुण्ठाश्चतुर्वेदाः शास्त्राणि मुनयोऽवराः २६ प्रपच्चे गुम्फिता येन नाना कार्यंवता प्रिये । सर्वान्तर्याम्यनेकानां ब्रम्हाण्डानां च कारकः २७ चत्वार्यस्य च रूपाणि चतुर्षु च युगेषु च । कृते दशभुजो नाम्ना विनायक इति श्रुतः २८ त्रेतायुगे शुक्लवर्णः षड्भुजो ऽसौमयूरराट् । सिन्धुं हत्वाऽपालयत्सोऽवतीर्य स्वालये प्रिये २९ स एवायं रक्तवर्णश्चतुर्बाहुविराजितः । अवतीर्णो गृहे नौ हि सिन्दूरं निहनिष्यति ३० आरुह्य मूषकं देवो भूभारं च हरिष्यति । नाम्ना गजानन इति त्रैलोक्ये ख्यातिमेष्यति ३१अयं कलियुगे देवि धूम्रकेतुरिति प्रथाम् । चतुर्बाहुश्चारुनेत्रो यास्यते रुचिरां भुवि ३२ निशम्य शिववाक्यं स उवाच बालकः स्फुटम् । बाल उवाच । सम्यग्बुद्धं स्वरूपं मे सम्यगुक्तं त्वया शिव ३३ अवतीर्णस्तव गृहे सेवा कर्तुं च सिन्दुरम् । निहन्तुं च निहंतारं देवानां सर्वभुभूजाम् ३४ मर्दनं भूधराणां च त्रैलोक्यजयशालिनम् । हत्वा तं विश्वसंतोषं करिष्यामि च शंकर ३५ भक्तानां कामपूरश्च वेदकर्मप्रवर्तकः । भविष्यामि वरेण्यस्य वरदो ज्ञानदायकः ३६ अयि भक्तिर्भवेत्तस्य मम ध्यानपरायणः । देवद्विजातिथीनां च पूजकः पंचयज्ञकृत ३७ पुराणश्रवणे सक्तः स्वाचारः सत्यवांशुचिः । पुष्पिका नाम यस्यापि पत्नी धर्मपरायणः ३८ पतिव्रता पतिप्राणा पतिवाक्य–परायणा । ताभ्यां द्वादशवर्षाणि तपस्तप्तं सुदारुणम् ३९ तयोर्मया वरो दत्त एष्ये वां पुत्रतां ध्रुवम् । पुष्पिकायां प्रसूताया मद्यैव राक्षसैः शिशुः ४० नीतश्च त्यक्ष्यते प्राणांस्तस्मान्मां नय तत्र ह । एवमाकर्ण्य तद्वाक्यं शिवोहर्षसमन्वितः ४१ नानावाङ्–मयपुष्पैस्तं पूजयामास भक्तितः ४२ (५९९४) इति श्रीगणेशपुराणे क्रीडाखण्डे गजाननाविर्भावो नामत्रिंशाधि–कशततमोऽध्यायः ॥१३०॥

अध्याय १३१ वा :– क उवाच । ततश्चिन्तां चकारासौ तत्र नेतुं तु बालकम् । तज्ज्ञात्वा प्राह तं नन्दी स्वामिन्युष्मत्प्रसादतः
१ शोषयिष्ये समुद्रांस्तु चूर्णयिष्ये गिरीनपि । आज्ञापय ततो मह्यं भवान्कार्यं न्हृदि स्थितम् २ क उवाच । भणित तस्य तच्छ्रु-
त्वा तुष्टः प्राह हरः स तम् । हर उवाच । साधु साधु त्वया प्रोक्तमाशयं मे विवृण्वता ३ पौरुषं ते मया ज्ञातं शतशो नन्दिके-
श्वर । इदानीमथ यत्कार्यं वदामि तत्कुरुष्व भोः ४ माहिष्मत्यां महापूर्यामास्ते राजा महाबलः । वरेण्य इति विख्यातो नाना-
धर्मपरायणः ५ यस्य पत्नी महाभागा पुष्पिका नाम नामतः । तस्यां सद्यः प्रसूतायां सुप्तायां कापि राक्षसी ६ निन्ये बालं
तत्पुरतो नेयो बालस्त्वया लघु । नीत्वा स्थाप्यस्तत्पुरतो यावन्निद्राति सा शुभा ७ क उवाच । एवमाज्ञां समाकर्ण्य शंकरेण
समीरिताम् । शीघ्रं बालं समादाय नभोमार्गेण सत्वरः ८ प्राक्षिपत्पुरतो बालं सा न सुप्ता बुबोध तम् । शीघ्रमुड्डीय स
प्रायान्नन्दिकेशो महेश्वरम् ९ उवाच निजवृत्तान्तं मार्गे स्वयमनुष्ठितम् । अकस्माद्गनादेव राक्षसी घोरदर्शना १० भक्षयन्ती
बालमांसं मामाश्रित्य स्थिता विभो । तव प्रसादात्पुच्छेन वेष्टिता राक्षसी मया ११ भ्रामयित्वा विनिक्षिप्ता महापर्वतमस्तके ।
शतधा खण्डिता सा तु त्वन्नामोच्चारणात्प्रभो १२ ततोऽपश्यं महाव्रातं गन्धर्वाणां दुरात्मनाम् । कथं मया तैर्योद्धव्यं रक्षितव्यः
कथं शिशुः १३ इति चिन्ताकुलतया स्मृतस्त्वं न्हृदि शंकर । ततः पुच्छेन शृङ्गाभ्यां क्रोधोच्छ्वासैश्च लत्तया १४ हुंकारेण च
तान्सर्वान्निवार्य बलवत्तरान् । मृतः केचिद्द्रुताः केचित्केचिद्भग्नशिरोङ्घ्रयः १५ पतिताः शतधा भूमौ पुष्पवृष्टिस्ततोऽपतत् ।
ततोहमगमद्देव कृत्वा कार्यं त्वयेरितम् १६ तवेच्छाविषयं को नु हन्यात्त्रैलोक्यमण्डले । अस्त्वन्नामतो देव जयं प्राप्तः स बालकः
१७ ततः शिवो हर्षयुतो लिलिङ्ग नन्दिकेश्वरम् । उवाच प्रसन्नात्मा ज्ञातं ते पौरुषं दृढम् १८ नास्ति त्रिभुवने कोऽपि त्वत्समो

नन्दिकेश्वर । क उवाच । ततः प्रणम्य विश्वेशं पार्वतीमगमच्च सः १९ प्रणम्य तां योज्यहस्तौ प्रोचे मधुरया गिरा । मातः
शिवाज्ञया बालो नीतो माहिष्मतीं पुरीम् २० वरेण्यपत्न्याः पुरतः पुष्पिकायान्यधायि सः । यतस्तेन पुनरा दत्तो वरस्तस्य बभूव
ह २१ अहं पुत्रत्वमेष्यामि ब्रह्मज्ञानप्रकाशकः । निशम्य वचनं तस्य सर्वज्ञा पार्वती तदा २२ जहर्ष जननी तस्य शिशोर्वीर्यमन–
न्तकम् । उवाच परया भक्त्या ज्ञातं ते पौरुषं सुत २३ हता त्वया महाघोरा राक्षसी घोरनिस्वना । गन्धर्वाच्च हता दुष्ठा रक्षि-
तश्चैव बालकः २४ अज्ञातस्थापितस्तत्र महाकार्यमिदं कृतम् । इत्युक्त्वा विससर्जामुं विश्रान्ति चाकरोत्तदा २५ (६०१४)
इति श्रीगणेशपुराणे क्रीडाखण्डे गन्धर्वजयो नामैकत्रिशदुत्तरशततमोऽध्यायः १३१ अध्याय१३२वा क उवाच । ततः कदाचिद्दैत्येन्द्रः
सिन्दूरो मदगर्वितः । सभासनगतः प्राह वृथा मे पौरुषं कृतं१इन्द्राऽदयो न मे युद्धं ददुर्ब्रह्मादयो हरिः । राज्ञां तु गणना नैव मृत्यु–
लोकनिवासिनाम् २ कुलीनाया यथा नार्या यौवनं हि पतिं विना । तथा मे पौरुषं व्यर्थं योद्धृभिर्हि विनाऽभवत् ३ ततोऽन्तरिक्षे
वाणीं स शुश्राव परमाद्भुताम् । वाण्युवाच । किमर्थं वल्गसे मूढ जातोऽस्ति तव युद्धदः ४पार्वत्या उदराद्गर्भो वरेण्यगृहगोऽधुना ।
वर्द्धतेऽनन्तलीलोऽसौ यथेन्दुः शुक्लपक्षगः५क उवाच । श्रुत्वेत्थं सहसा वाणीं मुमूर्छ सिन्दुरस्तदा । विहर्षश्चिन्तयामास किमिदं केन
भाषितम् ६ यदि दृश्यो भवेन्मह्यं खादेयं तं समस्तकम् । कालस्य मे कथं मृत्युः पश्चात्सूर्योदयो यथा ७ एवमुक्त्वोदतिष्ठत्स
गर्जयन्विदिशो दिशः । उड्डीय सहसा प्रायात्कैलासं गिरिजालयम् ८ चूर्णयत्पर्वतान्वृक्षान्पातयन्स्वाङ्गमारुतात् । चेलतुः कूर्म–
शेषौ च चकम्पे च वसुन्धरा ९ न ददर्श शिवं तत्र पुनः सर्वं सहां ययौ । बभ्राम वसुधां सर्वां शिवं वेगाद्गवेषयन् १०पर्यल्याख्यं
महारण्यमाजगाम रुषान्वितः । ददर्श दूरतो गौरीसहितं शंकर तदा ११ मण्डपं च गणांश्चैव सरांसि चोत्पलानि च । ततो

जगाम सहसारिष्टं गौर्यै प्रकल्पितम् १२ अदृष्ट्वा तत्र बालं स चुकोपाग्निरिव ज्वलन् । ततः स तर्कयामास न वाणी नभसो
मृषा १३ अस्यः सुतो मां हि हन्यान्न जातश्चेद्भविष्यति । तस्मादेनां निहन्म्यद्य मूलच्छेदस्ततोभवेत् १४ क उवाच । एवं
निश्चित्य मनसा ततः शस्त्रमुपाददे । यावदुमां हन्ति दुष्टस्तावदृष्टः शिशुः पुरः १५ चतुर्भुजोतिरुचिरो मुकुटाङ्गदभूषितः ।
परशुं कमलं मालां दधन्तं च तदद्भुतम् १६ कटौ शेषं गले हारं नूपुरौ चाङ्घ्रियुग्मयोः । निवृत्तास्तद्वधात्सद्यस्तां च सुप्तामम-
न्यत १७ दधार बालकं हस्तेऽकाक्षत्क्षेमु महोदधौ । एवं निश्चितसंकल्पस्ततोऽसौ चलितः पुरा १८ ततः स बालो ववृधे हिमा-
चल इवापरः । सिन्दूरोऽपि चकम्पेऽसौ मदाभारातुरः क्षणात् १९ श्वासाकुलः पुरो गन्तुं न शशाक स्वशक्तितः । ततस्तत्याज तं
बालं दैत्यो विव्हलतां गतः २० बाले तु पतिते भूमौ महारावविराविणः । चेलुश्च पर्वता नादैश्चकम्पे च वसुन्धरा २१बभ्रमुर्द्वि-
हगा व्योम्नि नानारावविराविणः । अर्णवाः क्षोभिताः सप्त ब्रह्माण्डमपि पुस्फुटे २२ स बालः पतितो रेवाजलान्ते मुनिसन्निधौ ।
तत्र तीर्थमभूच्छ्रेष्ठं गणेशकुण्डमित्युत २३ अस्या आजन्मतः पापं नाशमेति स्मृतेः क्षणात् । दर्शनाद्दशजन्मीयं स्नानाच्च शतजन्म
जम् २४ सेवनं मोक्षदं यस्या अनुष्ठानवतां नृणाम् । तद्देहरुधिरात्तत्र प्रस्तरा रक्ततां महाः २५ त एव नार्मदाः ख्याता गणेशाः
पापनाशनाः । दर्शनात्पूजनात्सर्वकामदा भक्तिकारिणाम् २६ नर्मदामहिमा सर्वो वर्णितुं नैव शक्यते । ततः स जन्हषे दैत्यो
रिपुर्मे नाशतां गतः २७ तावत्कुण्डात्समुद्भूतो भीषणः पुरुषो महान् । जटाभारेण संछन्नो वल्लीछन्नोधरो यथा २८ दंष्ट्राकरा-
लवदनो जिव्हाव्याली समावृतः दीर्घपाण्यङ्घ्रियुगलः श्वासव्याकुललोचनः २९ दृष्ट्वा तथाविधं तं तु क्रोधव्याकुललोचनः ।
उवाच दैत्यः सिन्दूरो न चास्य गणना मम ३० एवमुक्त्वा खड्गहस्तो ययौ हन्तुं तु तं रुषा । खड्गेन हन्ति तं यावत्तावत्स
ददृशेम्बरे ३१ उवाच दैत्यं रे दैत्य वृथा मां त्यक्तवान्क्षितो । तवान्तकस्तु रे मूढ वर्धितः क्वचिदेव हि ३२ हनिष्यत्येव नूनं त्वा

साधुरक्षणतत्परः । अन्तर्दधे ततो भीम एवमुक्त्वा स पूरुषः ३३ ततो दैत्यो महारोषादुवाच निजसेवकान् । ध्रियतां ध्रियतामेष
येनोक्तं परुषं वचः ३४ यदा तं क्वाऽपि नापश्यत्तदा स्वस्थानमागमत् । द्रक्ष्यामि तं यदा शत्रुं जयिष्य इत्यमन्यत ३५ एताव-
च्चरितं तस्य पार्वत्याऽज्ञायि नैव ततः । तस्यैवमायामोहेन प्राप्तया मोहमुत्तमम् ३६ ततः प्रोवाच गिरिशं पार्वती विनयान्विता ।
अत्र पीडा दैत्यकृता प्रारब्धा जगदीश्वर ३७ कैलासं गन्तुमिच्छामि तवेच्छा चेन्नयस्व माम् । एवमाकर्ण्य तद्वाक्यं जन्हृषे शंकरोऽ
पि च ३८ आरुह्य नन्दिनं सद्यः पार्वत्या सह शंकरः । सप्तकोटिगणाकीर्णः कैलासं प्राप तत्क्षणात् ३९ प्रविश्य स्वालयं गौरी
परमं हर्षमाययौ ४० (६०५४) इति श्रीगणेशपुराणे क्रीडाखण्डे कैलासाभिगमनं नाम द्वात्रिंशोत्तरशततमोऽध्यायः ।१३२।
अध्याय १३३ वा :– व्यास उवाच । पुष्पिकानिकटे त्यक्तो वरेण्यस्य गृहे स किम् । चकार तन्ममाचक्ष्व कार्यं विस्तरतोऽब्जज
१ क उवाच । सम्यक्पृष्टं त्वया वत्स ह्रदयानन्दकारकम् । कथयिष्ये विधानेन तत्सर्वं पापनाशनम् २ तस्यां निशायां व्युष्टायां
ददर्श पुष्पिका सुतम् । चतुर्बाहुं रक्तवर्णं गजवक्त्रमलङ्कृतम् ३ कस्तुरीतिलकं मुक्तामालया सुविराजितम् । पीतवस्त्रपरीधानं
चारुचन्दनचर्चितम् ४ देदीप्यमानं वपुषा नानालंकारसंयुतम् । ततः सा पुष्पिका दृष्ट्वा बालकं तु तथाविधम् ५ विस्मिता
दुःखिता चापि भयभीताऽभवत्तदा घ्नती वक्षो बहिर्याता पाणिभ्यां शोककर्शिता ६ तदाक्रन्दितमाकर्ण्य मीलिताः परिचारिकाः ।
ताभिरत्यद्भुतं दृष्ट्वा बालकं तं तथाविधम्७नृपोऽपि ज्ञातवृत्तान्तः सगणोऽभिर्ययौ गृहे।ततस्तेऽपि भयोद्विग्ना दृष्ट्वा बालं तथाविधम्
८ अधीराः पपलुस्तस्य केचिन्मुर्छामुपाययुः।केचिच्च नृपतिं प्राहुर्नं जातो न भविष्यति ९ न दृष्टो न श्रुतः क्वापि बाल एतादृशो
नृणाम । नैवायं स्थापनीयस्ते वंशच्छेदकरो गृहे १० एवमाकर्ण्य सर्वेषां वाक्यं मेने स भूपतिः । दूतानुवाच बालोऽयं त्यज्यतां
गहने वने ११ ततो दूता गता मध्ये गृहीत्वा बालकं तु तत् । गहनं काननं दृष्टवा वायुस्पर्शविवर्जितम् १२ तीरे तु सरस-
स्तत्र क्षिप्त्वा ते पर्णसंचयैः । आच्छाद्य प्रययुः शीघ्रं वरेण्यं नृपतिं पुनः १३ सभामध्ये नृपं दृष्टवा नमस्कृत्वाऽब्रुवंस्तदा ।

आज्ञया तव राजेन्द्र सिंहव्याघ्रनिषेविते १४ त्यक्त्वा बालं समायाता भक्षितस्स्याद्वनेचरैः । क उवाच । यावच्च भक्षितुं याता जम्बुकास्तावदेव तम् १५ पराशरो मुनिवरो ददर्श करुणानिधिः । चतुर्भुजं गजास्यं तं कोटिसूर्यनिभं शिशुम् १६ नानालंकार–संयुक्तं दिव्याम्बरविभूषितम् । सर्पवेष्टितसन्नाभि चिन्तामणिविभूषितम् १७ मुमोह मायसा तस्म सर्वज्ञाननिधिर्मुनिः । शुशोच किमिदं विघ्नं मम नाशाय निर्मितम् १८ इन्द्रेण मे तपोनाशं कांक्षता स्वार्थसाधनम् । अकारि न मया किंचिद्दुष्कृतं पापभीरुणा १९ दीननाथ चन्द्रचूड रक्ष मां महतो भयात् । एवं शोचन्तमालोक्य गजास्यः करुणायुतः २० निराकरोन्मोहजालं तं ततोऽलक्षयत्पुरः । तमेव परमात्मानं परब्रह्मस्वरूपिणम् २१ भक्तानां रक्षणं कर्तुमीदृशं वेषमास्थितम् । धन्यं मेऽद्य जनुर्मातापितरौ च तपो महत् २२ निरस्तौ जन्ममृत्यू मे प्राप्तं वांछितमुत्तमम् । केनायं हतभाग्येन बालस्त्यक्तो वनान्तरे २३ क उवाच । एवमुक्त्वा मुनिः सोऽथ निन्ये बालं स्वमाश्रमम् । वत्सलाऽस्य ततः पत्नी दृष्ट्वा बालं तथाविधम् २४ आनीतं स्वामिना ज्ञात्वा ननन्द स्नेहनिर्भरा । हृदये विनिवेश्यैनं प्राह प्राणपतिं तदा २५ बहुकालकृतं स्वामिस्तपस्ते फलितं गुरु । यस्य स्वरूपं न ब्रम्हा न हरो न श्रियः पतिः २६ मुनयो न विदुः साक्षाद्दर्शनं जातमद्य नौ ।यः कर्ता रक्षिता हन्ता सर्वस्य जगतः प्रभुः २७ अवतीर्णो भुवो भारं हर्तुं नानावतारकृत । महद्भाग्यं हि नौ स्वामिन्ननायासेन विश्वभृत् २८ अक्षिगोचरतां यातो मवोवाचामगोचरः । क उवाच । तस्य बालस्य स्पर्शेन स्तनौ पीनपयोधरौ २९ जातौ पपौ ततो बालः सा चानन्दमवाप ह । ततः शुश्राव राजाऽसौ वरेण्यो बालकं तु तम् ३० पराशरेण मुनिना पालितं दिव्यचक्षुषा । वाद्यघोषेण महता शर्करां च गृहे गृहे ३१ दापयामास हर्षेण ब्राह्मणान्सुहृदोऽपि च । तोषयामास वस्त्राद्यैः कांचनै रत्नसंचयैः ३२ गावः कामदुधा जाताः शुष्कवाप्यो जलान्विताः । आश्रमे तु मुनेस्तस्य शुष्कवृक्षाः फलान्विताः ३३ य इदं शृणुयान्मर्त्यः । पुत्रवान्धनवान्भवेत् ३४

(६०८८) इति श्री गणेशपुराणे क्रीडाखण्डे पराशरदर्शनं नाम त्रयस्त्रिंशोत्तरशततमोऽध्यायः ॥१३३॥

अध्याय १३४ प्रारंभ :– क उवाच । बालः स ववृधे तत्र दिवसे दिवसे शशी । आनन्दं जनयन्मातुः पितुश्च चरितैः स्वकैः
१ व्यास उवाच । वद ब्रह्मन्गुणेशस्य चरितं द्वापरोद्भवम् । श्रुत्वा पूर्वचरित्राणि न तृप्तिर्मेऽभवत्प्रभो २ गजाननेति नामास्य
वाहनं मूषकः कथम् । एतत्सर्वं सविस्तारं वद मे चतुरानन ३ क उवाच । अत्रैवोदाहरन्तीममितिहासं पुरातनम् । प्रल्हादस्य च
संवादं भार्गवस्य कवेरपि ४ एवमेव पुरा पृष्ठः प्रल्हादेन महामुनिः तस्मै प्रोवाच भगवान्कविस्तच्छृणु सांप्रतम् ५ शृणु प्रल्हाद
येनास्य वाहनं मूषकोऽभवत् । तदहं संप्रवक्ष्यामि श्रवणात्सर्वकामदम् ६ पुरा शक्रसभामध्ये क्रौञ्चौ गन्धर्वसत्तमः । वामदेवमुनिं
सोऽथ त्वरावान्प्रपदाऽहनत् ७ स शशाप च गन्धर्वं मूषकस्त्वं भविष्यसि । कल्पयिष्यति वाहत्वे त्वामाक्रम्य गुणेश्वरः ८ स
एव करुणायुक्तो मोक्षं नेष्यति विश्वकृत् । पराशराश्रमे सोऽथ पपात मूषकाकृतिः ९ गिरिशृंगनिभो घोरो महारोमा महानखः।
महावीर्यो महादंष्टो महास्वनविराजितः १० तस्याश्रमे महाघोरमुपद्रवमथाकरोत् । भक्षयामास धान्यानि भङ्क्त्वा मृत्पात्र–
संचयान् ११ पुस्तकानि च वस्त्राणि वल्कलानि महान्त्यपि । स सारभूतं यत्सर्वं भक्षयामास मूषकः १२ पुच्छाघातेन वृक्षान्स
पातयामास भूतले । चुञ्चुकारेण शब्देन गर्जयामास विष्टपम् १३ ज्ञात्वा तथाविधं तं तु जिन्तामाप मुनीश्वरः । दुर्जनस्य
बलात्कारैः स्थानं त्याज्यं न संशयः १४ अधुना क्वानुगन्तव्यं कस्मिन्स्थाने सुखं भवेत् । प्राणत्यागे महद्दोषं वदन्ति शास्त्रचि–
न्तकाः १५ कथं सुखाश्रमे दुःखे प्राप्तं कर्मप्रसंगतः । कस्य वा स्मरणं कार्यं को वा दुःखात्प्रमोक्ष्यति १६ क एनं नाशयेदत्र कः
समर्थो भवेद्ध्रुवे । कमद्य शरणं यायां को नस्त्राता भविष्यति १७ एवं पितृवचः श्रुत्वा बालकोऽनन्तविक्रमः । उवाज मधुरं
वाक्यं चिन्तां मा कुरु सर्वथा १८ मयि तिष्ठति दुष्टानां संहारिणि महाप्रभौ । पुत्रतां ते प्रयातोऽस्मि विधास्ये ते प्रियं तु यत् १९

यस्य मे क्रन्दितेनेयं पृथिवी शीर्णतामियात् । पर्वताश्चूर्णतामापुः पादाघातेन मे मुने २० पश्य मे कौतुकं तात नयाम्येनं तु वाहताम् । एवमुक्त्वाऽसृजत्पाशं कोटिसूर्यनिभं शिशुः २१ मेघेष्विव तडित्पुञ्जः शुशुभे सोऽन्तरिक्षगः । तत्यजुर्भयतो देवा स्वानि धिष्ण्यानि तत्क्षणात् २२ स ययौ वन्हिवदनो दशदिग्भ्रमणे रतः । पाताले मूषकं कण्ठे बध्द्वा बहिरकाशयत् २३ मूर्छामवाप महतीमाखुः पाशबलार्दितः । शुशोच परमक्रुद्धो निरुद्धश्वासमारुतः २४ कथं कालस्य मरणमागतं दैवनिर्मितम् । भवितव्यं भवत्येव पुरुषार्थो निरर्थकः २५ येन दंष्ट्राग्रमात्रेण दारिताः पर्वता बहु । न मया गणिता देवा नासुरा राक्षसा नराः २६ तस्य मे केन पाशेन कण्ठोऽक्रामि गतायुषः क उवाच । मूषके प्रब्रुवत्येवं यावत्तावद्गजाननः २७ चकर्ष मनसा तं स सोऽगान्मूषकसंयुतः । यथा गारूडशास्त्रज्ञः सर्पं कर्षति तत्क्षणात् २८ स तं दृष्टवा पाशकण्ठो मूषको लब्धधीः क्षणात् । नमस्कृत्य विभुं देवं गजाननमनामयम् २९ तुष्टाव परया भक्त्या चिदानन्दघनं प्रभुम् । त्वमेव जगतां नाथः कर्ता हर्ता प्रपालकः गुणत्रयविहीनश्च गुणत्रयसहायकृत् । मायातीतोऽपि मायावी मायिनामपि मोहकृत ३१ ब्रह्मादीनामगम्यस्त्वं मुनिहृत्पद्मसंस्थितः। करण करणं कर्ता कारणानां च कारणम् ३२ सोऽद्य दृष्टः स्वचक्षुर्भ्यामितो धन्यं जनुर्मम । धन्यौ मे पितरौ नेत्रे तपो विद्या व्रतं जपः ३३ क उवाच । एवमाकर्ण्य तद्वाक्यं प्रीतोऽसौ द्विरदाननः । प्राह भक्तिं दृढां ज्ञात्वा भक्तं तं मूषकं विभुः ३४ तवैव पुरुषार्थेन देवद्विजद्रुहोऽनघ । निर्गुणोऽहं गुणी जातो दुष्टनाशनहेतवे ३५ साधूनां रक्षणार्थाय यतस्त्वं शरणं गतः । अतस्ते दत्तमभयं वरं वृणु यमिच्छसि ३६ मूषक उवाच । नाहं वृणे गजास्य त्वां त्वमेव वृणु वांछितम् । क उवाच । इत्युक्तो मूषकेनासौ गर्वितेन गजाननः ३७ वाहतां मम याहि त्वं यदि सत्यं वचस्तव । तथेत्युक्ते स पिंगाक्षो रुरोहाक्रम्य तत्क्षणात् ३८ भारेण चूर्णयंस्त्वं तु पुनर्देव स याचत । अहं ते वाहनं जातो लघुभूतो भव प्रभो ३९ याचतस्तस्य वचसा

लघुभारोऽभवद्विभुः ।एतद्दृष्टवा महाश्चर्यं प्रणम्य मुनिरब्रवीत् ४० ना बाले पौरुषं क्वापि मया दृष्टं जगत्त्रये। यच्छब्दात्पर्वताः
शीर्णा लोकपालाश्चचुतस्थलाः ४१ स त्वया क्षणमात्रेण नीतो वाहनतां बलात् । तत आगत्य माताऽस्य वत्सला गृह्य तं
शिशुम् ४२ प्रस्नुतौ पाययामास स्तनौ माता मुदा युता । उवाच न च जाने ते स्वरूपं च पराक्रमम् ४३ जन्मजन्मान्तरीयेण
पुण्येन नौ गृहं गतः । ततः स मूषकं बध्द्वा चिक्रीडे प्राकृतो यथा ४४ एवं ते कथिता चास्य यथा मूषकवाहता ४५(६१३३)
इति श्रीगणेशपुराणे क्रीडाखण्डे चतुस्त्रिंशाधिकशततमोऽध्यायः ॥१३४॥
अध्याय १३५ प्रारंभः– व्यास उवाच । किमनेन कृतं पूर्वं पुण्यं पापं च पद्मज । येनायं मौषकं जन्म पाप देवस्य वाहताम् १
क उवाच । सम्यक्पृष्टं त्वया वत्स ममापि मनसः प्रियम् । ब्रवीमि सकलं तच्च तदिहैकमनाः शृणु २ सुमेरुशिखरे रम्यः
सौभरेराश्रमो महान् । अभूद्वृक्षसमाकीर्णो नानापक्षिगणान्वितः ३ वसिष्ठाद्या मुनिगणा देवा इन्द्रपुरोगमाः । आयन्ति
सौभरस्तस्य दर्शनार्थं दिने दिने४ महत्तपोवृद्धिदीप्तेरत्यग्निरवितेजसः । ख्यातस्य सर्वलोकेषु ध्याननिष्ठस्य चेश्वरे ५ तस्य पत्नी
महाभागा मनोमयीति विश्रुता । पतिव्रतासु सर्वासु विख्याता भर्तृवल्लभा ६ रम्यता तु रतेस्तस्या जिता रम्यतयाऽखिला ।
शचीप्रभृतयः सर्वा न प्रापुः समतालवम् ७ कदाचित्सौभरिर्होमशालायां प्रातरुत्थितः । कृत्वा होमं वनं यातः समिदर्थं गृहे
स्थिता ८ मनोमयी सुशीला सा गृहकार्यरताऽभवत् । तदा दुष्टस्तु गन्धर्वः क्रौंचनामा समागतः ९ विश्रान्तिरभवत्तस्य दृष्ट्वा-
श्रममनुत्तमम् । नानाशालासमाकीर्णं बहुच्छायं सुशीतलम् १० एतादृशो रम्यतर आश्रमो यस्य स प्रभुः । धन्यं जपस्तपस्तस्य
क्षणेनायं सुखप्रदः ११ चिरस्थानान्मुक्तिदः स्यादित्युक्त्वा तद्गृहं ययौ । ददर्श मुखचन्द्रं स मनोमय्या मनोरमम् १२ यस्या

दर्शनमात्रेण हरोऽपि स्मरसाद्भवेत् । तस्याः कटाक्षपातेन मदनानिलविह्वलः १३ स बभूव तदासक्तो दधार सहसा करे ।
तत्करस्पर्शमात्रेण चकम्पे सा मुमूर्छ च १४ मनोमयी न शशाप भर्तृस्मरणतत्परा । म्लाना च शुष्ककण्ठा च सस्वेदाक्षिस्रवज्जला
१५ बभूव परमोद्विग्ना मुमोह च शुशोच च । कमद्य शरणं यामि कोऽस्माद्दुष्टात्प्रमोक्ष्यते १६ न कृतं दुष्कृतं किंचिदिहजन्मनि
संस्मरे । जन्मान्तरीयपापेन सुखदुःखमुपस्थितम् । १७ दुष्टभावं तु तं ज्ञात्वा सान्त्वयन्त्यब्रवीदिदम्। अहं दुहितृतुल्या ते जनकेन
समोऽसि मे १८ ज्ञानवानसि पापे त्वं मा वर्तस्व गतत्रप । पापिनो यान्ति नरकं वर्षकोटिगणान्बहून् १९ तस्मान्मुंच महाभाग
कृपणां पुत्रिकोपमा । नो चेदहं करिष्यामि प्राणत्यागं न संशयः २० स्त्रीहत्यादोषसंभूतं पापं ते स्यान्महत्तरम् । मम भर्ता महा-
भागो वनादायास्यतेऽधुना २१ तस्य क्रोधानलस्त्वां हि भस्मत्वं नेष्यते क्षणात् । विज्ञानां तस्य नो किंचित्कार्यं कार्यं मया लघु २२
नो चेत्त्वां भस्मसात्कुर्या सृष्टिं च ब्रह्मणोऽपि च । एवं वदन्त्यां तस्यां तु सौभरिः समुपागतः २३ तं दृष्ट्वा स्वांगणगत मध्या-
न्हरविसन्निभम् । मुमोच तेजसा तत्र धर्षितोऽसौ करं तदा २४ अधोऽपश्यच्चचकम्पे च मम्लाय च विभाय च । मुनिः प्रोवाच
सहसा प्रलयाग्निरिव ज्वलन् २५ उत्ससर्ज तदा शापं गन्धर्वं प्रति दुःसहम् । मुनिरुवाच । असमक्षं यतो मे त्वं पत्नीं धर्षितवा-
नसि २६ असमक्षचरो मूढ मूषकस्त्वं भविष्यसि । चौरवत्पृथिवी दार्यं स्वोदरं पूरयिष्यसि २७ क्रौंच उवाच । न मया बुद्धिपूर्वं
ते धर्षितेयं मनोमयी । प्रसंगादभवत्संगो दृष्ट्वेमां चारुरूपिणम् २८ करमात्रधृता चेयं तावत्त्वमपि दृष्टवान्। तेजसा ते प्रभीतेन
मया मुक्ताऽनघा मुने २९ अतोऽपराधं मे क्षन्तुमर्हसि त्वं कृपानिधे । कुरुष्वानुग्रहं मह्यं शरणागतवत्सल ३० अहं त्वां शरणं
यामि कृपां कुरु ममोपरि । त्रैलोक्ये नेदृशी दृष्टा पतिव्रत्यगुणान्विता ३१ मुनिरुवाच । प्लवते सागरे मेरुरुदियात्पश्चिमे रविः।

न मे वचोऽन्यथा भूयाद्वन्हिः शीतत्वमाप्नुयात् ३२ अथापि प्रब्रवीम्यद्य दुष्ट तच्छृणु सादरम् । पराशरगृहे देवी द्वापरेऽवतरि-
ष्यति ३३ गजानन इति ख्यातस्तस्य वाहत्वमेष्यसि । तदा ब्रम्हादयो देवा मानयिष्यन्ति सादरम् ३४ तस्य हस्तगतः स्वर्गं
पुनरेष्यसि सत्वरम् । एवमाकर्ण्य तद्वाक्यं दुःखहर्षसमन्वितः ३५ क उवाच । पपात पृथिवीपृष्ठे महामूषकरूपधृक् । पराशरस्या-
श्रमे तु द्वापरे समुपस्थिते ३६ महाबलो महावीर्यो महापर्वतसन्निभः । मुनेराशीर्बलेनासौ गजाननसमीपगः ३७ अभवद्वाहरूपेण
मूषकोऽसौ महाबलः । एतत्ते कथितं सर्वं यन्मे पृष्टं त्वयाऽनघ ३८ गजाननस्य वाहत्वं मूषकस्य यथाऽभवत् । मुनिरुवाच ।
सिन्दूरस्य वधं ब्रम्हन्कथं स कृतवान्विभुः ३९ गणेशस्तन्ममाचक्ष्य विस्ताराच्चतुरानन । श्रुत्वा वाचो न मे तृप्तिर्जायतेऽमृतपा-
नवत् ४० भक्त्या शृणोमि देवेश सर्वज्ञस्त्वं वदस्व मे ४१ (६१७४) इति श्रीगणेशपुराणे क्रीडाखण्डे क्रौञ्चशापवर्णनं नाम
पंचत्रिंशोत्तरशततमोऽध्यायः ॥१३५॥ अध्याय १३६ प्रारंभ :– क उवाच । एकस्मिन्दिवसे देवो जगाद मुनिसत्तमम् ।
पराशरं महाभाग्यं परदुःखप्रपीडितः १ गजानन उवाच। सिन्दूरेण तु दुष्टेन पीडितं सकलं जगत् । स्वाहास्वधावषट्कारैर्वर्जितं
वेदघोषतः २ स्थानभ्रष्टा देवगणा भ्रष्टा ऋषिगणा स्तथा । गजाननस्वरूपेण करिष्ये दुष्टनाशनम् ३ साधूनां पालनं चैव
भूभारहरणं तथा । स्थापनं सर्वदेवानामानन्दं जगतोऽपि च ४ निधेहि मस्तके तात पाणिं मेऽभयदं शुभम् । अनुग्रहप्रसादात्ते
हनिष्ये दुष्टदानवान् ५ मुनिरुवाच । आश्चर्यं परमं बाल बालभावात्प्रभाषसे । बालकः कौतुकाविष्टो याचते चन्द्रमण्डलम् ६
असाध्यं त्रिदशैः सर्वैः कर्म कर्तुं तथेच्छसि । यस्य श्वासेन गिरयः पतन्ति शतशो भुवि ७ पादाघातेन यस्याशु कम्पते भुवनत्रयम्
कथं त्वं युध्यसे तेन बिसतन्तुशरीरवान् ८ चरित्वा नववर्षाणि पूर्णानि तव सांप्रतम् । ममानुग्रहमात्रेण त्वं चेच्छक्तो भविष्यसि
९तदाऽयं निहितो हस्तो मस्तकेऽभयदायकः । क उवाच । ततो हर्षयुतो देवो नमस्कृत्य मुनिं तदा१०जननीमपि दुर्गां च श्रीहरिं
हरमेव च । ययौ योध्दुं मूषकं तमारुह्य स गजाननः ११अङ्कुशं परशुं पाशं कमलं च चतुर्भुजैः । दधानो गर्जनेनाशु कम्पयन्भुवन-

श्रयम् १२ प्रज्वलंस्तेजसा स्वेन प्रलयानलसन्निभः। क्षणेन प्राप सिन्दूरनगरं स गजाननः १३ घृसृणेश्वरसान्निध्यात्सिद्धसिन्दूर-
वाडकम्। तत्रस्थः प्रशशासासौ सिन्दूरो भुवनत्रयम् १४ तदुत्तरे स्थितो देवो जगर्ज गर्जयन्दिशः।चुक्षुभुः सागराः सप्त विशीर्णा
गिरयोऽपि च १५ श्रुत्वा निनादं तस्याशु सर्वदैत्याश्चकम्पिरे। मुमूर्च्छुर्भीरवः सर्वे केचिन्मृत्युमुपाययुः १६ सिन्दूरोऽपि मुमूर्च्छा-
शु क्षणेन प्रकृतिं ययौ। उवाच सेवकान्सर्वान्कोऽयं गर्जति दृश्यताम् १७ मूर्छा प्राप्ता मया कस्माद्यच्छब्देन पुरः कथम्।
स्थास्यामि तत्परः स्थातुं कस्य शक्तिर्भविष्यति १८ ततस्ते सेवका जग्मुस्तदा बालसमीपतः। तद्रूपं ते निरीक्ष्यैव सिंहस्य
करिणो यथा १९ बिभ्युश्चैव चकम्पुश्च केचिद्धैर्यात्तमब्रुवन्। कस्य त्वं कुत आयातः किमर्थं तव नाम किम् २० सिन्दूरो विश्व-
संहाररसिकः क्रोधसंयुतः। श्रुत्वा ते क्रन्दितं सर्वं कम्पितं च ससिन्दुरम् २१ बालोऽपि बलवान्भासि चतुःपंचाब्दिकोऽपि च।
दृश्यसे सर्वसंहारकारणाय क्षमः क्षणात् २२ एवमाकर्ण्य तद्वाक्यं प्रोवाच स च तान्विभुः। अहं शिवसुतः ख्यातः पराशरगृहे
वसन् २३ दुष्टसंहाररसिको भक्तपालनतत्परः। नानावतारकुशलो ब्रम्हादीनामगोचरः २४ गजाननेति मे नाम युद्धं कर्तुं
समागतः। स्वामिनं वोऽथ गच्छन्तु तस्मै सर्वं ब्रुवन्तु च २५ तस्मिन्हते मानसं मे तोषमेष्यति दुर्जये। क उवाच। ततस्ते निर्ययुः
शीघ्रं सिन्दूरं प्राब्रुवन्वचः २६ दूता ऊचुः। वयं शीघ्रतरं याताः पुरुष भवदाज्ञया। कृतान्तसदृशं तं तु दृष्ट्वा सर्वे च कम्पिता
२७ ततोऽभवत्प्रतापेन तदग्रे प्राब्रुवाम च। तस्तेन समाख्यातं निजं सर्वं समासतः २८ गजाननेति नामास्य शिवपुत्रत्वमेव च।
दुष्टदैत्यविनाशाय साधूनां पालनाय च २९ सांप्रतम् तु त्वया सार्द्धं युद्धाय समुपागतः। स चतुर्वार्षिको बालो वलगते बहु-
विस्तरम् ३० इदानीं स्वस्वभावेन जहि शत्रुं निजं लघुं। तव तु श्वासमात्रेण दूरे गच्छेदयं शिशुः ३१ यस्य ते दर्शनात्स्वा
मिश्चकंपुः शिवकादयः। तस्य ते गणना कास्ति बालकस्यालपमेधसः ३२ क उवाच। एवं दूतवचः श्रुत्वा सिंदूरश्चिन्तयातुरः।

बभूव म्लानतुण्डश्च क्रोधारुणविलोचनः ३३ उद्वमन्नयनाद्वन्हि प्रलयानलसन्निभम् । उवाच दूतान्क्रोधेन हर्षेण च समन्वितः ३४
स उवाच । आश्चर्यं परमं दूता भवद्वचसि मेऽभवत् । सिंहेन सह योध्दुं वै मशकः कथमेष्यति ३५ चतुर्वर्षेण बालेन योद्धव्यं
किं मया सह । यूयं ततः कथं भीता न जाने तत्र कारणम् ३६ मयिक्रुद्धे जगन्नश्येत्तत्र का गणनाऽस्यह । जगर्ज गर्जयन्व्योम
दिशोऽपि विदिशोऽपि च ३७ धृत्वा शस्त्राणि चास्त्राणि निर्ययौ युद्धलालसः । तत ऊचुरमात्यास्तं नमस्कृत्यासुराधिपम् ३८ सत्सु
बलेष्वमात्येषु कथं यासि स्वयं रणम् । वयं तं हि हनिष्यामः प्रतापात्तव दैत्यप ३९ समयार्थं महत्सैन्यं पाल्यते सोऽयमागतः ।
प्राणांस्त्यक्ष्यामहे सर्वे तव हेतोर्महाप्रभो ४० अनुजानीहि यास्यामो हन्तुं बालं रिपुं तव । सिन्दूर उवाच । यामि सर्वे प्रपश्यन्तु
पौरुषं मम सैनिका ४१ इत्युक्त्वा प्रययो शीघ्रं बालं हन्तुं सुमुत्सुकः । स प्राप क्षणमात्रेण यत्र बालः स्थितोऽभवत् ४२
(६२१६) इति श्रीगणेशपुराणे क्रीडाखण्डे बा० सिन्दूरनिर्गमो नाम षट्त्रिंशोत्तरशततमोऽध्यायः ॥१३६॥
अध्याय १३७ प्रारंभ :– क उवाच । तं दृष्टवा बालकं प्राह सिन्दूरो मदगर्वितः । लज्जा मे जायते मन्द युध्यतो बालकेन
ह १ याहि शीघ्रं गृहं बाल पिब मातुः स्तनं मुदा । वृथा मच्छरपातेन सद्यो मृत्युमुपैष्यसि २ पलायन्ते हि मां दृष्टवा
केशाद्यास्त्रि दिवौकसः । मृते त्वयि तव स्नेहात्पितरौ ते मरिष्यतः ३ अतो गच्छ न मे स्वास्यं दर्शयस्व किशोरक । यस्य मे
तलघातेन ब्रह्माण्डं शतधाभवेत् ४ देव उवाच । सत्यमुक्तं त्वया दुष्ट न चेतसि विचारितम् । न ज्ञातं मम सामर्थ्य रूपं वा
विविधं त्वया ५ यस्य मे क्रोधदृष्टचैव भ्रष्टाः स्यूः सुरनायकाः । स्वेच्छयाऽहं सृजे भावैस्त्रिभिरेव हरामि च ६ विश्वं चराचरं
नानारूपवांस्तु युगे युगे । भूमि भारं महाघोरं हरामि दुष्टनाशनात् ७ न लघुलंघुतामेति पराक्रमयुतोऽपि चेत । अणुमात्रो
दहेद्वन्हिः सकलं नगरं महत् ८ जिजीविषुश्चेद्गच्छ त्वं नत्वा मा निजमन्दिरम् । मानिनो नैव निघ्नन्ति नतं च शरणागतम् ९ नो चेन्मच्छस्त्र-
पातेन स्वर्गलोकं गमिष्यसि। हते त्वयि सुखं यास्ये त्वया यत्पीडितं जगत् १० ब्रम्हणो वरदानेन मा गर्वं कुरु दैत्मराट् । विपरीतं

भवेत्सर्वं विपरीतं यथा पुरा ११ स्तम्भेऽवतीर्णं न्यहनद्धिरण्यकशिपुं विभुः । सुग्रीवेण हतो बन्धू राममाश्रित्य कालतः १२ विप-
रीता मतिर्जाता तवापि काल्योगतः । अतिस्थूलो लघुतरो भाससे मम सांप्रतम् १३ धृत्वा धैर्यं च लज्जां च युद्धं कुरु मया सह।
क उवाच । एवमुक्त्वा दधाराशु विराड्रूपं गजाननः १४ ब्रम्हाण्डदूर्ध्वमगमन्मस्तकश्चरणौ तथा। पातालानि च सप्तानि भित्त्वा
यातौ श्रुती दिशः १५ पश्यति स्म यदा दैत्यो बालं तं विश्वरूपिणम् । सहस्रशिरसं देवं सहस्राक्षं दिवो भुवम् १६ सहस्रपादं
व्याप्याशु स्थितं व्याप्य दिशो दश । दिव्याम्बरं दिव्यगन्धं दिव्यालंकारभूषितम् १७ असंख्यसूर्यसदृशमसंख्यरूपिणं विभुम् ।
एवं दृष्ट्वा विराड्रूपं चकम्पे दैत्यमानसम् १८धृत्वा धैर्यं पुनर्दैत्यो ययौ देवस्य सन्निधौ।जगर्ज गर्जयन्व्योम दिशोऽपि विदिशोऽपि
च १९ उद्यम्य खड्गं सहसा देवं हन्तुमियेष सः । ययौ तत्पुरतः क्रोधात्पतंगो ज्वलनं यथा २० देव उवाच । नायं मूढो
विजानीते स्वरूपं मम दुर्लभम् । अहमेव विमोक्ष्यामीत्युक्त्वा कण्ठे दधार तम् २१ ममर्द सिन्दुरं तं स कराभ्यां बलवत्तरम् ।
ततस्तदसृजांगानि विलिलिम्पारुणेनस जः२२ततः सिन्दूरवदनसिन्दूरप्रिय एव च।अभवज्जगतीख्यातो भक्तकामप्रपूरकः२३सिन्दूरे निहते
देवा मुदा पुष्पाण्यवाकिरन् । अवाद्यञ्जयवाद्यानि ननृतुश्चाप्सरोगणाः २४ आययुस्तत्र मुनयो वसिष्ठप्रमुखाः सुराः । ब्रम्हाद्याः
सकलाः शक्रपुरोगा वस्तुपाणयः २५ जयशब्दैर्नमः शब्दैः पूरयन्तो दिशो दश । ततः सर्वे भूमिपाला ययुस्तत्र मुदान्विताः २६
षोडशैरुपचारैस्तमानर्चुः परमेश्वरम् । गजाननं चतुर्बाहुं सर्वाभरणभूषितम् २७ दिव्याम्बरं दिव्यगन्धमाखुवाहनमीश्वरम् ।
प्रार्थयामासुरिन्द्राद्याः स्तोतुं त्वां न हि शक्नुमः २८ यत्र कुण्ठाश्चतुर्वेदा ब्रम्हाद्याश्च मुनीश्वराः । त्वं कर्ता कारणं कार्यं रक्षकः
पोषकोऽपि च २९ संहर्ता मोहनश्चास्य विश्वस्य ज्ञानदः क्वचित् । सरितः सागरा वृक्षाः पर्वताः पशवोऽखिलाः ३० वायुराका-
शपृथिवी वन्हिर्वारि त्वमेव च । ब्रम्हा विष्णुः शिवः शक्रो मरुतो मुनयोऽपि च ३१ गन्धर्वाश्चारणाः सिद्धा यक्षराक्षसपन्नाग

अप्सरःकिन्नरा देव त्वमेव स चराचरम् ३२ वयं धन्यायतो दृष्टः प्रत्यक्षं मोक्षसाधनः । सिन्दूरे तु हते देव सुखं प्राप्ताः सुरोत्तमाः ३३ राजानो मुनयो लोकाः स्वस्वकार्ये मुदारताः । भविष्यन्ति स्वधास्वाहावषट्काराश्रिताः क्रियाः ३४ नानावतारैः कुरुषे पालनं त्वं विशेषतः। दुष्टानां नाशनं सद्यो भक्तानां कामपूरकः ३५ क उवाच । एवमुक्त्वा सुरास्तं तु व्यदधुः सर्व एव ते । प्रासादं रम्यशिखरं स्थापयित्वा गजाननम् ३६ यस्य दर्शनमात्रेण मुच्यते पातकाज्जनः । कुलानि तारयेत्सप्त स्मरणादस्य मानवः ३७ पूजयित्वा प्रणम्यैनं परितृप्ति ययुः सुराः । ततस्तं मुनयः सर्वे पुपूजुः परमादरात् ३८ सिन्दूरहेति नामास्य चक्रुः सिन्दूरनाशनात् ।। अतिसंतुष्टमनसो नत्वा जग्मुः स्वमाश्रमम् ३९ ततः सर्वे मुनिवरा नत्वा देवं सभक्तितः । पुपूजुः परमात्मानं नानाद्रव्यैरनेकशः ४० राजसदनमिति ते क्षेत्रं ख्यातिमुपैष्यति । वरेण्यस्तं विलोक्यैव निजपुत्रमबुध्यत ४१ यतो राज्ञां पदान्याशु हत्वा दैत्यं सुदारुणम् । दत्तानि भवता नाथसिन्दूरं लोककण्टकम् ४२ दैत्यविमर्दन इति नाम ख्यातिमुपैष्यति । पुपूज तनयं स्नेहात्तदा दृष्टपराक्रमम् ४३ मुमोच स्नेहजं चाश्रु न शशाक प्रभाषितुम् । अतिगद्गदकण्ठत्वाद्रुरोद भृशदुःखितः ४४ वरेण्य उवाच । मूढभावेन संत्यक्तो विघ्नभीतेन पापिना । यं त्वां पुजयितुं याता ब्रम्ह शक्रपुरोगमाः ४५ अनन्तकोटिब्रम्हाण्डनायकं त्वां न विद्महे । कामधेनुं निधिकल्पवृक्षं मूढो यथा त्यजेत् ४६ मायया मोहितस्तेऽहमत्यजं त्वां तथा गृहात् । क उवाच । इति तच्छुचमाकर्ण्य कृपया परमेश्वरः ४७ आलिलिंग वरेण्यं तं चतुर्बाहुभिरादरात् । उवाच परया भक्त्या वरेण्यनृपतिं विभुः ४८ देव उवाच । पुराकल्पे महारण्ये तपस्तप्तं सुदारुणम् । उभाभ्यां पक्वपर्णानि भक्षयित्वा वटस्य ह ४९ दिव्यवर्षसहस्रेण प्रसन्नोऽहं

तदाऽभवम् । भवद्भ्यां हि वृतः पुत्रो न मोक्षो मूढभावतः ५० सोऽहं पुत्रत्वमापन्नो भूभारहरणाय च । सिन्दूरस्य वधं कर्तुं साधूनां पालनं तथा ५१ अन्यथा न शरीरं मे निराकारस्य साक्षिणः । वचनं तु कृतं सत्यं त्रैलोक्यस्यापि तोषणम् ५२ यास्येऽधुना निजं धाम न त्वं शोके मनः कृथाः । वरेण्य उवाच । संसारे बहुदुःखानि दृष्टानि दुःसहानि च ५३ इदानीं मोक्षमार्गं मे कृपया दिश दुःखहन् । साक्षात्कारे कथं बन्धस्तव स्याद्द्विरदानन ५४ येनोपदेशेन मुक्तिं यास्यामि तद्वदस्व मे । योगं तं येन संत्यक्षे कामं क्रोधं मृतेर्भयम् ५५ क उवाच । एवमाकर्ण्य तद्वाक्यं कृपया स गजाननः । उपवेश्य स्वासने तं हस्तं शिरसि चादधत् ५६ गणेशगीतां तस्मै स उपदेष्टं प्रचक्रमे । निरस्य सर्वसंदेहान्विश्वरूपं प्रदर्श्य च ५७ गीतासारं स युध्दवैवः गणेशस्योपदेशतः । स्थाप्य राज्यममात्येषु तपसे वनमाययौ ५८ अतिवैराग्यसंयुक्तो दध्यौ तं च गजाननम् । आवर्तयत्सदा गीतामनन्यविषयकृती ५९ यथा जलं जले क्षिप्तं जलमेव हि जायते । तथा तद्ध्यानतः सोऽपि तन्मयत्वमुपाययौ ६० मुनिरुवाच । चतुरानन देवेश कृपया परया वद । गीतां तां तु गणेशस्य सर्वाज्ञानविनाशनीम् ६१ (६२७७) इति श्रीगणेशपुराणे क्रीडाखण्डे वरेण्योपदेशो नाम सप्तत्रिंशदधिकशततमोऽध्यायः ॥१३७॥

अध्याय १३८ प्रारंभ :– क उवाच । एवमेव पुरा पृष्टः शौनकेन महात्मना । स सूतः कथयामास गीतां व्यासमुखाच्छ्रुताम् १ सूत उवाच । अष्टादशपुराणोक्तममृतं प्राशितं मया । ततोऽतिरसवत्पातुमिच्छाम्यमृतमुत्तमम् २ येनामृतमयो भूत्वा पुमान्ब्रम्हामृतं यतः । योगामृतं महाभाग तन्मे करुणया वद ३ व्यास उवाच । अथ गीतां प्रवक्ष्यामि योगमार्गप्रकाशिनीम् । नियुक्ता पृच्छते सूत राज्ञे गजमुखेन या ४ वरेण्य उवाच । विघ्नेश्वर महाबाहो सर्वविद्याविशारद । सर्वशास्त्रार्थतत्वज्ञ योगं मे वक्तुम–

हंसि ५ गजानन उवाच । सम्यग्व्यवसिता राजन्मतिस्तेऽनुग्रहान्मम । शृणु गीतां प्रवक्ष्यामि योगामृतमयीं नृप ६ न योगं
योगमित्याहुर्योगो योगो न च श्रियः । न योगो विषयैर्योगो न च मात्रादिभिस्तथा ७ योगो यः पितृमात्रादेर्न स योगो नराधिप।
यो योगो बन्धुपुत्रादेर्यश्चाष्ट भूतिभिः सह ८ न स योगः स्त्रिया योगो जगदद्भूतरूपया । राज्ययोगश्च नो योगो न योगो गज–
वाजिभिः ९ योगो नेन्द्रपदस्यापि योगो योगार्थिनः प्रियः । योगो यः सत्यलोकस्य न स योगो मतो मम १० शैवस्य योगो नो
योगो वैष्णवस्य पदस्य चः । न योगो भूप सूर्यत्वं चन्द्रत्वं न कुबेरता ११ नानिलत्वं नानलत्वं नामरत्वं न कालता न । वारुण्यं
न नैर्ऋत्यं योगो न सार्वभौमता १२ योगं नानाविधं भूप युञ्जन्ति ज्ञानिनस्तुतम् । भवन्ति वितृषा लोके जिताहारा विरेतसः
१३ पावयन्त्यखिला ल्लोकान्वशीकृतजगत्त्रयाः । करुणापूर्णहृदया बोधयन्तिच कांश्चन १४ जीवन्मुक्ता हृदे मग्नाः
परमानन्दरूपिणि । निमील्याक्षीणि पश्यन्तः परं ब्रह्म हृदि स्थितम् १५ ध्यायन्तः परमं ब्रह्म चित्ते योगवशीकृतम्
भूतानि स्वात्मना तुल्यं सर्वाणि गणयन्ति ते १६ येन केनचिदाच्छिन्ना येन केन चिदाहृताः । येन केन चिदाकृष्टा येन
केनाचिदाशिताः १७ करुणापूर्णहृदया भ्रमन्ति धरणीतले । अनुग्रहाय भूतानां जितक्रोधा जितेन्द्रियाः १८ देहमात्रभृतो भूप
समलोष्ठाश्मकांचना । एतादृशा महाभागाः स्युश्चक्षुर्गोचराः प्रिय १९ तमिदानीमहं वक्ष्ये शृणु योगमनुत्तमम् । श्रुत्वा यं मुच्यते जन्तुः
पापेभ्यो भवसागरात् २० शिवे विष्णौ च शक्तौ च सूर्ये मयि नराधिप । याऽभेदबुद्धिर्योगः स सम्यग्योगो मतो मम २१ अहमेव
जगद्यस्मात्सृजामि पालयामि च । कृत्वा नानाविधं वेषं संहरामि स्वलीलया २२ अहमेव महाविष्णुरहमेव सदाशिवः । अहमेव
महाशक्तिरहमेवार्यमा प्रिय २३ अहमेको नृणां नाथो जातः पंचविधः पुरा । अज्ञानान्मां न जानन्ति जगत्कारणकारणम् २४

मत्तोऽग्निरापो धरणी मत्त आकाशमारुतौ । ब्रह्मा विष्णुश्च रुद्रश्च लोकपाला दिशो दश २५ वसवो मनवो गावो मुनयः पशवोऽपि च । सरितः सागरा यक्षा वृक्षाः पक्षिगणा अपि २६ तथैकविंशतिस्वर्गा नागाः सप्तवनानि च । मनुष्याः पर्वताः साध्याः सिद्धा रक्षोगणास्तथा २७ अहं साक्षी जगच्चक्षुरलिप्तः सर्वकर्मभिः । अविकारोऽप्रमेयोऽहमव्यक्तो विश्वगोऽव्ययः २८ अहमेव परं ब्रह्माव्ययानन्दात्मकं नृप । मोहयत्यखिलान्माया श्रेष्ठान्मन नरानमून् २९ सर्वदा षड्विकारेषु तानियंयोजयेद्भृशम्। हित्वाजापटलं जन्तुरनेकैर्जन्मभिः शनैः ३० विरज्य विन्दति ब्रह्म विषयेषु सुबोधतः । अच्छेद्यं शस्त्रसङ्घातैरदाह्यमनलेन च ३१ अक्लेद्यं प च वनैरशोष्यं मारुतेन च । अवध्यं वध्यमानेऽपि शरीरेऽस्मिन्नराधिप ३२ यामिमां पुष्पितां वाचं प्रशंसन्ति श्रुतीरिताम् । त्रयीवादरता मूढास्ततोऽन्यन्मन्वतोऽपि न ३३ कुर्वन्ति सततं कर्म जन्ममृत्युफलप्रदम् । स्वर्गैश्वर्यरता ध्वस्तचेतना भोगबुद्धयः ३४ संपादयन्ति ते भूयः स्वात्मना निजबन्धनम् । संसारचक्रं युंजन्ति जडाः कर्मपरा नराः ३५ यस्य यद्विहितं कर्म तत्कर्तव्यं मदर्पणम् । ततोऽस्य कर्मबीजानामुच्छिन्नाः स्युर्महांकुराः ३६ चित्तशुद्धिश्च महती विज्ञानसाधका भवेत् । विज्ञाने न हि विज्ञातं परं ब्रह्म मुनीश्वरैः ३७ तस्मात्कर्माणि कुर्वीत बुद्धियुक्तो नराधिप : न त्वकर्मा भवेत्कोऽपि स्वधर्मत्यागवांस्तथा ३८ जहाति यदि कर्माणि ततः सिद्धिं न विन्दति । आदौ ज्ञाने नाधिकारः कर्मण्येव स युज्यते ३९ कर्मणा शुद्धहृदयोऽभेदबुद्धिमुपैष्यति । स च योगः समाख्यातोऽमृतत्वाय हि कल्पते ४० योगमन्यं प्रवक्ष्यामि शृणु भूप तमुत्तमम् । पशौ पुत्रे तथा मित्रे शत्रौ बन्धौ सुहृज्जने ४१ बहिर्दष्टया च समया हृत्स्थया लोकयेत्पुमान् । सुखे दुःखे तथामर्षे हर्षे भीतौ समो भवेत् ४२ रोगाप्तौ चैव भोगाप्तौ जये वा विजयेऽपि च । श्रियोऽ योगे च योगे च लाभालाभे मृतावपि ४३ समो मां वस्तुजातेषु पश्यन्नन्तर्बहिस्थितम् । सूर्ये सोमे जले वन्हौ शिवे शक्तौ तथाऽनिले ४४ द्विजे हृदे महानद्यां तीर्थे क्षेत्रेऽघनाशिनि । विष्णौ च सर्वदेवेषु तथा यक्षोरगेषु च ४५ गन्धर्वेषु मनुष्येषु तथा तिर्यग्भवेषु च । सततं मां हि यः पश्येत्सोऽयं योगविदुच्यते

४६ संपरीहृत्य स्वार्थेभ्य इन्द्रियाणि विवेकतः । सर्वत्र समताबुद्धिः स योगो भूप मे मतः ४७ आत्मनात्मविवेकेन या बुद्धिर्दै-
वयोगतः । स्वधर्मासक्तचित्तस्य तद्योगो योग उच्यते ४८ धर्माधर्मौ जहातीह तथा त्युक्त उभावपि । अतो योगाय युञ्जीत
योगो वैधेषु कौशलम् ४९ धर्माधर्मफले त्यक्त्वा मनीषी विजितेन्द्रियः जन्मबन्धविनिर्मुक्तः स्थानं संयात्यनामयम् ५० यदा
हयज्ञानकालुष्यं जन्तोर्बुद्धिः क्रमिष्यति । तदाऽसौ याति वैराग्यं वेदवाक्यादिषु क्रमात् ५१ त्रयीविप्रतिपन्नस्य स्थाणुत्वं
यास्यते यदा परात्मन्यचला बुद्धिस्तदास योगमाप्नुयात् ५२ मानसानखिलान्कामान्यदा धीमांस्त्यजेत्प्रिय । स्वात्मनि स्वेन
संतुष्टः स्थिरबुद्धिस्तदोच्यते ५३ वितृष्णः सर्वसौख्येषु नोद्विग्नो दुःखसंगमे । गतसाध्वसरुड्रागः स्थिरबुद्धिस्तदोच्यते ५४ यथाऽयं
कमठोऽङ्गानि संकोचयति सर्वतः । विषयेभ्यस्तथा खानि संकर्षेद्योगततपरः ५५ व्यावर्तन्तेऽस्य विषयास्त्यक्ताहारस्य वर्ष्मिणः ।
विना रागं च रागोऽपि दृष्ट्वा ब्रम्ह विनश्यति ५६ विपश्चिद्यतते भूप स्थितिमास्थाय योगिनः । मन्थयित्वेन्द्रियाण्यस्य
हरन्ति बलतो मनः ५७ युक्तस्तानि वशे कृत्वा सर्वदा मत्परो भवेत् । संयतानीन्द्रियाणीह यस्यस कृतधीमंतः ५८ चिन्तयानस्य
विषयान्संगस्तेषूपजायते । कामःसंवर्धते तस्मात्ततः क्रोधोऽभिवर्द्धते ५९ क्रोधादज्ञानसंभूतिर्विभ्रमस्तु ततः स्मृतेः ।भ्रंशात्स्मृते-
र्मतेध्वंसस्तद्ध्वंसात्सोऽपि नश्यति ६० विना द्वेषं च रागं च गोचरान्यस्तु खैश्चरेत् । स्वाधीनहृदयो वश्यैः संतोषं स समृच्छति
६१ त्रिविधस्यापि दुःखस्य संतोषे क्षेपणं भवेत् । प्रज्ञया संस्थितश्चायं प्रसन्नहृदयो भवेत् ६२ विना प्रसादं न मतिर्विना
मत्या न भावना । विना तां न शमो भूप विना तेन कुतः सुखम् ६३ इन्द्रियाश्वान्विचरतो विषयाननुवर्तते । यन्मनस्तन्मतिं
हन्यादश्व नावं मरुद्यथा ६४ या रात्रिः सर्वभूतानां तस्यां निद्राति नैव सः । न स्वपन्तीह ते यत्र सा रात्रिस्तस्य भूमिप ६५

सरितां पतिमायान्ति वनानि सर्वतो यथा । आयान्ति तं तथा कामा. स ना शान्ति सदा लभेत् ६६ अतस्तानीह संरुद्धय सर्वतः
खानि मानवः । स्वस्वार्थेभ्यः प्रधावन्ति बुद्धिरस्य स्थिरा तदा ६७ ममताऽहंकृती त्यक्त्वा सर्वान्कामांश्च यस्त्यजेत् । नित्यं
ज्ञानरतो भूयाज्ज्ञानान्मुक्तिं प्रयास्यति ६८ एनां ब्रह्मधियं भूप यो विजानाति दैवतः । तुरीयावस्थां प्राप्यापि शीलान्मुक्तिं
स गच्छति६९ (६३४६) ॐतत्सदिति श्रीमद्गणेशगीतासूपनिषदर्थगर्भासु योगामृतार्थ शास्त्रे श्रीमदादि श्रीमन्महागाणेश्वरे
महापुराणे उत्तरखंडे बालचरिते श्रीगजाननवरेण्यसंवादे 'सांख्ययोगसारार्थं' योगोनाम प्रथमोध्याय ॥१॥ ॥१३८॥

अध्याय १३९ प्रारंभ :– वरेण्य उवाच । ज्ञाननिष्ठा कर्मनिष्ठा द्वयं प्रोक्तं त्वया विभो । अवधार्य वदैकं मे निश्रेयसकरं नु किम् १
गजानन उवाच । अस्मिश्चराचरे स्थित्यौ पुरोक्ते द्वे मया प्रिय । सांख्यानां बुद्धियोगेन वैधयोगेन कर्मणाम् २ अनारम्भेण
वैधानां निष्क्रियः पुरुषो भवेत् । न सिद्धिं याति संत्यागात्केवलात्कर्मणान् नृप ३ कदाचिदक्रियः कोऽपि क्षणं नैवावतिष्ठते ।
अस्वतन्त्रः प्रकृतिजैर्गुणैः कर्म च कार्यते ४ कर्मकारीन्द्रियग्रामं नियम्यास्ते स्मरन्पुमान् । तद्गोचरान्मन्दचित्तो धिगाचारः स
भण्यते ५ तद्ग्रामं संनियम्यादौ मनसा कर्म चारभेत् । इन्द्रियैः कर्मयोगं यो वितृष्णः स परो नृप ६ अकर्मणः श्रेष्ठतमं
कर्मानीच्छाकृतं तु यत् । वर्ष्मणः स्थितिरप्यस्याकर्मणो नैव सेत्स्यति ७ असमर्प्य निबध्यन्ते कर्म तेन जना मयि । कुर्वीत सततं
कर्मानाशोऽसंगो मदर्पणम् ८ मदर्थं यानि कर्माणि तानि बध्नन्ति न क्वचित् । सवासनमिदं कर्म बध्नाति देहिनं बलात् ९
वर्णान्सृष्ट्वाऽवदं चाहं सयज्ञांस्तान्पुरा प्रिय । यज्ञेन ऋध्यतामेष कामदः कल्पवृक्षवत् १० सुरांश्चानेन प्रीणध्वं सुरास्ते
प्रीणयन्तु वः । लभध्वं परमं स्थानमन्योन्यप्रीणनात्स्थिरम् ११ इष्टा देवाः प्रदास्यन्ति भोगानिष्टान्सुतर्पिताः । तैर्दत्तांस्तान्नर–

स्तेभ्योऽदत्त्वा भुंक्ते स तस्करः १२ हुतावशिष्ट भोक्तारो मुक्ताः स्युः सर्वपातकैः । अदन्त्येनो महापापा आत्महेतोः पचन्ति
ये १३ ऊर्जा भवन्ति भूतानि देवादन्नस्य संभवः । यज्ञांच्च देवसंभूतिस्तदुत्पत्तिश्च वैधतः १४ ब्रह्मणो वैधमुत्पन्नं मत्तो
ब्रह्मसमुद्भवः । अतो यज्ञे च विश्वस्मिन्स्थितं मां विद्धि भूमिप १५ संसृतीनां महाचक्रं क्रामितव्यं विचक्षणैः । स मुदा प्राणिति
भूपेन्द्रियक्रीडोऽधमो जनः १६ अन्तरात्मनि यः प्रीत आत्मारामोऽखिलप्रियः । आत्मतृप्तो नरो यः स्यात्तस्यार्थो नैव विद्यते १७
कार्याकार्यैक्तीनां स नैवाप्नोति शुभाशुभे । किंचिदस्य न साध्यं स्यात्सर्वजन्तुषु सर्वदा १८ अतोऽसक्ततया भूप कर्तव्यं कर्म
जन्तुभिः । सक्तोऽगतिमवाप्नोति मामवाप्नोति तादृशः १९ परमां सिद्धिमापन्नाः पुरा राजर्षयो द्विजाः । संग्रहाय हि लोकानां
तादृशं कर्म चारभेत् २० श्रेयान्यत्कुरुते कर्म तत्करोत्यखिलो जनः । मनुते यत्प्रमाणं स तदेवानुसरत्यसौ २१ विष्टपे मे न
साध्योऽस्ति कश्चिदर्थो नराधिप । अनालब्धश्च लब्धव्यः कुर्वे कर्म तथाप्यहम् २२ न कुर्वेऽहं यदा कर्म स्वतन्त्रोऽलसभावितः ।
करिष्यन्ति मम ध्यानं सर्वे वर्णा महामते २३ भविष्यन्ति ततो लोका उच्छिन्नाः संप्रदायिनः । हन्ता स्यामस्य लोकस्य विधाता
संकरस्य च २४ कामिनो हि सदा कामैरज्ञानात्कर्मकारिणः । लोकानां संग्रहायैतद्विद्वान्कुर्यादसक्तधीः २५ विभिन्नत्वमतिं
जह्यादज्ञानां कर्मचारिणाम् । योगयुक्तः सर्वकर्माण्यर्पयेन्मयि कर्मकृत २६ अविद्यागुणसाचिव्यात्कुर्वन्कर्माण्यतन्द्रितः । अहं–
कारान्मन्दबुद्धिरहं कर्तेति योऽब्रवीत् २७ यस्तु वेत्त्यात्मनस्तत्त्वं विभागाद् गुणकर्मणोः । करणं विषये वृत्तमिति मत्वा न सज्जते
२८ कुर्वन्ति सफलं कर्म गुणैस्त्रिभिर्विमोहिताः । अविश्वज्ञास्वात्मद्रुहो विश्वविन्नैव लङ्घयेत २९ नित्यं नैमित्तिकं तस्मान्मयि
कर्मार्पयेद्बुधः । त्यक्त्वाऽहंममताबुद्धिं परां गतिमवाप्नुयात् ३० अनीर्ष्यन्तो ये मयोक्तमिदं शुभम् । अनुतिष्ठन्ति ये सर्वे
मुक्तास्तेऽखिलकर्मभिः ३१ ये चैव नानुतिष्ठन्ति अशुभा हतचेतसः । ईर्ष्यमाणान्महामूढान्नष्टांस्तान्विद्धि मे रिपून् ३२ तुल्यं

प्रकृत्या कुरुते कर्म यज्ज्ञानवानपि । अनुयाति च तामेवप्रहस्तत्र मुधा मतः ३३ कामश्चैव तथा क्रोधः खानामर्थेषु जायते । नैतयोर्वश्यतां यायादस्य विध्वंसकौ यतः ३४ शस्तोऽगुणो निजो धर्मः सांगदान्यस्य धर्मतः । निजे तस्मिन्मृतिः श्रेयः परत्र भयदः परः ३५ वरेण्य उवाच । पुमान्यत्कुरुते पापं सहि केन नियुज्यते । अकांक्षन्नपि हेरम्ब प्रेरितः प्रबलादिव ३६ श्रीगजानन उवाच । कामक्रोधौ महापापौ गुणद्वयसमुद्भवौ । नयन्तौ वश्यतां लोकंन्विद्धचेतौ द्वेषिणौ वरौ ३७ आवृणोति यथा माया जगद्धाष्पो जलं यथा । वर्षामेघो यथा भानुं तद्वत्कामोऽखिलांश्च रुट् ३८ प्रतिपत्तिमतो ज्ञानं छादितं सततं द्विषा । इच्छात्मकेन तरसा दुष्पूरेण च शुष्मिणा ३९ आश्रित्य बुद्धिमनसी इन्द्रियाणि स तिष्ठति । तैरेवाच्छादितप्रज्ञो ज्ञानिनं मोहयत्यसौ ४० तस्मान्नियम्य तान्यादौ समनांसि नरो जयेत् । ज्ञानविज्ञानयोः शान्तिकरं पापं मनोभवम् ४१ अतं स्तानि पराण्याहुस्तेभ्यश्च परमं मनः । ततोऽपि हि परा बुद्धिरात्मा बुद्धेः परो मतः ४२ बुद्ध्वैवमात्मनात्मानं संस्तभ्यात्मानमात्मना । हत्वा शत्रुं काम–रूपं परं पदमवाप्नुयात् ४३ (६३८९) ॐतत्सदिति श्रीमद्गणेशगीतासूपनिषदर्थगर्भासु योगामृतार्थं शास्त्रे श्रीमदादि श्रीमन्महागाणेश्वरे महापुराणे उत्तरखण्डे बालचरिते श्रीगजाननवरेण्यसंवादे ' कर्मयोगो ' नाम द्वितीयोध्यायः ॥१॥१३९॥

अध्याय १४० प्रारंभ :– श्रीगजानन उवाच । पुरा सर्गादिसमये त्रैगुण्यं त्रितनूरहम् । निर्माय चैनमवदं विष्णवे योगमुत्तमम् १ अर्यम्णे सोऽब्रवीत्सोऽपि मनवे निजसूनवे । ततः परम्परायातं विदुरेनं महर्षयः २ कालेन बहुना चायं नष्टः स्याच्चरमे युगे । अश्रद्धेयो ह्यविश्वास्यो विगीतव्यश्च भूमिप ३ एनं पुराभवं योगं श्रुतवानसि मन्मुखात् । गुह्याद्गुह्यतमं वेदहरस्यं परमं शुभम् ४ वरेण्य उवाच । सांप्रतं चावतीर्णोऽसि गर्भतस्त्वं गजानन । प्रोक्तवान्कथमेनं त्वं विष्णवे योगमुत्तमम् ५ श्रीगजानन उवाच । अनेकानि च ते जन्मान्यतीतानि ममापि च । संस्मरे तानि सर्वाणि न स्मृतिस्तव वर्तते ६ मत्त एव महाबाहो जाता

विष्णवादयः सुराः । मध्येव च लयं यान्ति प्रलयेषु युगे युगे ७ अहमेव परो ब्रह्मा महारुद्रोऽहमेव च । अहमेव जगत्सर्वं स्थावरं
जंगमं च यत् ८ अजोऽव्ययोऽहं भूतात्माऽनादिरीश्वर एव च । आस्थाय । त्रिगुणां मायां भवामि बहुयोनिषु ९ अधर्मोपचयो
धर्मापचयो हि यदा भवेत् । साधून्संरक्षितुं दुष्टांस्तदात्तुं संभवाम्यहम् १० उच्छिद्याधर्मानिचयं धर्मसंस्थापयाम्यहम् । हन्मि
दुष्टांश्च दैत्यांश्च नानालीलाकरो मुदा ११ वर्णाश्रमान्मुनीन्साधून्पालये बहुरूपधृक् । एवं यो वेत्ति संभूतीम्मम दिव्यां युगे युगे
१२ तत्तत्कर्मं च वीर्यं च मम रूपं समासतः । त्यक्त्वाहं ममताबुद्धि न पूनर्भूः स जायते १३ निरीहा निर्भयारोषा मत्परा
मद्व्यपाश्रयाः । विज्ञान तपसा शुद्धा अनेके मामुपागताः १४ येन येन हि भावेन संसेवन्ते नरोत्तमाः । तथा तथा फलं तेभ्यः
प्रयच्छाम्यव्ययः स्फुटम् १५ जनाः स्युरितरे राजन्मम मार्गानुयायिनः । तथैव व्यवहारं ते स्वेषु चान्येषु कुर्वते १६ कुर्वन्ति
देवताप्रीतिं वांछंन्तः कर्मणां फलम् । प्राप्नुवन्तीह ते लोके शीघ्रं सिद्धिं हि कर्मजाम् १७ चत्वारोहि मया वर्णा रजःसत्त्वतमों-
शतः । कर्मांशतश्च संसृष्टा मृत्युलोके मयाऽनृप १८ कर्तारमपि मां तेषामकर्तारं विदुर्बुधाः । अनादिमीश्वरं नित्यमलिप्तं कर्म-
जैर्गुणैः १९ निरीहं योऽभिजानाति कर्म बध्नाति नैव तम्।चक्रुः कर्माणि बुद्ध्वैवं पूर्वं पूर्वं मुमुक्षवः२० वासनासहिताद्याद्यात्संसार-
कारणाद्दृढात् । अज्ञानबन्धनाज्जन्तुर्बुद्ध्वायं मुच्यतेऽखिलात् २१ तदकर्मं च कर्मापि कथयाम्यधुना तव । यत्रदा गौनं गता
मोहादृषयो बुद्धिशालिनः २२ तत्त्वं मुमुक्षुणा ज्ञेयं कर्माकर्मविकर्मणाम् । त्रिविधानीह कर्माणि सुनिन्नैषां गतिप्रिय २३ क्रिया-
यामक्रियाज्ञानमक्रियायां क्रियामतिः । यस्य स्यात्स हि मर्त्येऽस्मिंल्लोके मुक्तोऽखिलार्थदृक् २४कर्माङ्कुरवियोगेन यः कर्माण्या-
रभेन्नरः । तत्त्वदर्शननिर्दग्धक्रियमाहुर्बुधा बुधम् २५ फलतृष्णाविहायस्यात्सदातृप्तो विसाधनः उद्युक्तोऽपि क्रियां कर्तुं
किंचिन्नैवकरोति सः २६ निरीहो निगृहीतात्मा परित्यक्तपरिग्रहः । केवलं वै गृहं कर्माचरन्नाप्नोति पातकम् २७ अद्वन्द्वोऽमत्सरो
भूत्वा सिद्धौसिद्ध्यौः समश्च यः । यथाप्राप्त्योह संतुष्टः कुर्वन्कर्म न बध्यते २८ अखिलैर्विषयैर्मुक्तो ज्ञानविज्ञानवानपि । यज्ञार्थं

तस्य सकलं कृतं कर्म विलियते २९ अहमग्निर्हविर्होता हुतं यन्मयि चार्पितम् । ब्रम्हाप्तव्यं च तेनाथ ब्रम्हण्येव यतो रतः ३० योगिनः केचिदपरे दिष्टं यज्ञं वदन्ति च । ब्रह्माग्निरेव यज्ञो वै इति केचन मेनिरे ३१ संयमाग्नौ परे भूप इन्द्रियाण्युपजुव्हति । खाग्निष्वन्ये तद्विषयाञ्शब्दादीनुपजुव्हति ३२ प्राणानामिन्द्रियाणां च परे कर्माणि कृतत्स्नशः । निजात्मरसिरूपेऽग्नौ ज्ञानदीप्ते प्रजुव्हनि ३३ द्रव्येण तपसा वापि स्वाध्याये नापि केचन । तीव्रव्रतेन यतिनो ज्ञानेनापि यजन्ति माम् ३४ प्राणेऽपानं तथा प्राणमपाने प्रक्षिपन्ति ये । रुध्द्वा-गतीश्चोभयोस्ते प्राणायामपरायणाः ३५ जित्वा प्राणान्प्राणगतीरुपजुव्हति तेषु च । एवं नाना यज्ञरता यज्ञध्वंसितपातकाः ३६ नित्यं ब्रम्ह प्रयान्त्येते यज्ञाशेषामृताशिनः । अयज्ञकारिणो लोकोनायमन्यः कुतो भवेत् ३७ कायिकादित्रिधाभूतान्यज्ञान्वेदे प्रतिष्ठितान् । ज्ञात्वा तानखिलान्भूप मोक्षसेऽखिलबन्धनात् ३८ सर्वेषां भूप यज्ञानां ज्ञानयज्ञः परो मतः । अखिलं लीयते कर्म ज्ञाने मोक्षस्य साधने ३९ तज्ज्ञेयं पुरुषव्याघ्रप्रश्नेन नतितः सताम् । शुश्रूषया वदिष्यन्ति सन्तस्तत्त्वविशारदाः ४० नानासंगा-न्जनः कुर्वन्नेकं साधुसमागमम् । करोति तेन संसारे बन्धनं समुपैति सः ४१ सत्संगाद्गुणसंभूतिरापदां लय एव च । स्वहितं प्राप्यते सर्वैरिहलोके परत्र च ४२ इतरत्सुलभं राजन्सत्संगोऽतीवदुर्लभः । यज्ज्ञात्वा न पुनर्बन्धमेति ज्ञेयं ततोयतः ४३ ततः सर्वाणि भूतानि स्वात्मन्येवाभिपश्यति । अतिपापरतो जन्तुस्लतस्तस्मात्प्रमुच्यते ४४ विविधान्यपि कर्माणि ज्ञानाग्निर्दहति क्षणात् । प्रसिद्धोऽग्निर्यथा सर्वं भस्मतां नयति क्षणात् ४५ न ज्ञान समतामेति पवित्रमितरन्नृप । आत्मन्येवावगच्छन्ति योगा-त्कालेन योगिनः ४६ भक्तिमानिन्द्रियजयी तत्परो ज्ञानमाप्नुयात् । लब्ध्वा तत्परमं मोक्षं स्वल्पकालेन यात्यसौ ४७ भक्तिहीनो ऽश्रद्दधानः सर्वत्रसंशयी तु यः । तस्य शं नापि विज्ञातमिह लोके न त्रापरे ४८ आत्मज्ञानरतं ज्ञाननाशिताखिलसंशयम् । योगास्ता खिलकर्माणं बध्नन्ति भूप तानि न ४९ ज्ञानखड्गप्रहारेण संभूतामज्ञतां बलात् । छित्त्वाऽन्तःसंशयं तस्माद्योगयुक्तो भवेन्नरः ५० (६४३९) ॐतत्सदिति श्रीमद्गणेशगीतासूपनिषदर्थंगर्भासु योगामृतार्थं शास्त्रे श्रीमदादि श्रीमन्महागाणेश्वरे

महापुराणे उत्तरखंडे बालचरिते श्रीगजाननवरेण्यसंवादे' ब्रह्मार्पणयोगो नाम तृतीयोध्यायः ॥३॥१४०॥
अध्या १४१ प्रारंभ :– वरेण्य उवाच । संन्यस्तिश्चैव योगश्च कर्मणां वर्ण्यते त्वया । उभयोर्निश्चितं त्वेकं श्रेयो यद्वद मे प्रभो
१ श्रीगजानन उवाच । क्रियायोगो वियोगश्चाप्युभौ मोक्षस्य साधने । तयोर्मध्ये क्रियायोगस्त्यागात्तस्य विशिष्यते २
द्वन्द्वदुःखसहोऽद्वेष्टा यो न कांक्षति किंचन। मुच्यते बन्धनात्सद्यो नित्यं संन्यासवान्सुखम् ३ वदन्ति भिन्नफलकौ कर्मणस्त्यागसंग्रहौ ।
मूढाल्पज्ञास्तयोरेकं संयुजीत विचक्षणः ४ यदेव प्राप्यते त्यागात्तदेव योगतः फलम् । संग्रहं कर्मणो योगं
यो विन्दति स विन्दति ५ केवलं कर्मणां न्यासं संन्यासं न विदुर्बुधाः । कुर्वन्ननिच्छया कर्म योगी ब्रम्हैव जायते ६ निर्मलो
यतचित्तात्मा जितखो योगतत्परः। आत्मानं सर्वभूतस्थं पश्यन्कुर्वन्न लिप्यते ७ तत्त्वविद्योगयुक्तात्मा करोमीति न मन्यते । एका-
दशानीन्द्रियाणि कुर्वन्ति कर्मसंख्यया ८ तत्सर्वमर्पयेद्ब्रम्हण्यपि कर्म करोति यः । न लिप्यते पुण्यपापैर्भानुभानुर्यथार्थगः ९
कायिकं वाचिकं बौद्धमैन्द्रियं मानसं तथा । त्यक्त्वाशां कर्म कुर्वन्ति योगज्ञाश्चित्तशुद्धये १० योगहीनो नरः कर्म फलेहया
करोत्यलम् । बद्धयते कर्मबीजैः स ततो दुःखं समश्नुते ११ मनसा सकलं कर्म त्यक्त्वा योगी सुखं वसेत् । न कुर्वन्कारयन्वापि
नन्दन्श्वभ्रे सुपत्तने १२ न क्रिया न च कर्तृत्वं कस्यचित्सृज्यते मया । न क्रियाबीजसंपर्कः शक्त्या तत्क्रियतेऽखिलम् १३
कस्यचित्पुण्यपापानि न स्पृशामि विभुर्नृप । ज्ञानमूढा विमुह्यन्ति मोहेनावृतबुद्धयः १४ विवेकेनात्मनो ज्ञानं येषां नाशितमा–
त्मना । तेषां विकाशमायाति ज्ञानमादित्यवत्परम् १५ मन्निष्टा मद्धियोऽत्यन्तं मच्चित्ता मयि तत्पराः । अपुनर्भवमायान्ति
विज्ञाननाशितैनसः १६ ज्ञानविज्ञानसम्पन्ने द्विजे गवि गजादिषु । समेक्षणा महात्मानः पण्डिताः श्वपचे शुनि १७ वश्यः

स्वर्गो जगत्तेषां जीवन्मुक्ताः समेक्षणाः । यतोऽदोषं ब्रह्मसमं तस्मात्तैस्तद्वशीकृतम् १८ प्रियाप्रिये प्राप्य हर्षद्वेषौ ये प्राप्नुवन्ति
न । ब्रह्माश्रिता असंमूढा ब्रम्हज्ञाः समबुध्दयः १९ वरेण्य उवाच । किं सुखं त्रिषु लोकेषु देवगन्धर्वयोनिषु । भगवन्कृपया तन्मे
वद विद्याविशारद २० गणेश उवाच । आनन्दमश्नुते सक्तः स्वात्मारामो निजात्मनि । अविनाश्यं सुखं तद्धि न सुखं विष–
यादिषु २१ विषयोत्थानि सौख्यानि दुःखानां तानि हेतवः । उत्पत्तिनाशयुक्तानि तत्रासक्तो न तत्त्ववित् २२ कारणे सति
कामस्य क्रोधस्य सहते च यः । तौ जेतुं वर्ष्मविरहात्स सुखं चिरमश्नुते २३ अन्तर्निष्ठोऽन्तःप्रकाशोऽन्तःसुखोऽन्तोरतिर्लभेत् ।
असंदिग्धोऽक्षयं ब्रम्ह सर्वभूतहितार्थकृत् २४ जतारः षड्रीणां ये शमिनो दमिनस्तथा । तेषां समं ततो ब्रम्ह स्वात्मज्ञानां
विभात्यहो २५ आसनेषु समासीनस्त्यक्त्वेमान्विषयान्वहिः । संस्तभ्य भृकुटीमास्ते प्राणायामपरायणः २६ प्राणायामं तु संरोधं
प्राणापानसमुद्भवम् । वदन्ति मुनयस्तं च त्रिधाभूतं विपश्चितः २७ प्रमाणं भेदतो विद्धि लघुमध्यममुत्तमम् । दशभिद्वर्यंधि–
कैर्वर्णैः प्राणायामो लघुः स्मृतः २८ चतुर्विंशत्यक्षरो यो मध्यमः स उदाहृतः । षट्त्रिंशल्लघुवर्णो य उत्तमः सोऽभिधीयते २९
सिंहं शार्दूलकं वापि मत्तेभं मृदुतां यथा । नयन्ति प्राणिनस्तद्वत्प्राणापानौ सुसाधयेत् ३० पीडयन्ति मृगांस्ते न लोकान्वश्यं गता
नृप । दहत्येनस्तथा वायुः संस्तब्धो न च तत्तनुम् ३१ यथा यथा नरः कश्चित्सोपानावलिमाक्रमेत् । तथा तथा वशीकुर्यात्प्रा–
णापानौ हि योगवित् ३२ पूरकं कुम्भकं चैव रेचकं च ततोभ्यसेत् । अतीतानागतज्ञानी ततः स्याज्जगतीतले ३३ प्राणायामै–
र्द्वादशभिरुत्तमैर्धारणा मता । योगस्तु धारणे द्वे स्याद्योगीशस्त सदाऽभ्यसेत् ३४ एवं यः कुरुते राजंस्त्रिकालज्ञः स जायते ।
अनायासेन तस्य स्याद्वश्यं लोकत्रयं नृप ३५ ब्रम्हरूपं जगत्सर्वं पश्यति स्वान्तरात्मनि । एवं योगश्च संन्यासः समानफलदायिनौ
३६ जन्तूनां हितकर्तारं कर्मणां फलदायिनम् । मां ज्ञात्वा मुक्तिमाप्नोति त्रैलोक्यस्येश्वरं विभुम् ३७ (६४७६) ॐतत्सदिति
श्रीमद्गणेशगीतासूपनिषदर्थगर्भासु योगामृतार्थ शास्त्रे श्रीमदादि श्रीमन्महागाणेश्वरे महापुराणे उत्तरखंडे बालचरिते श्रीगजा–

ननवरेण्यसंवादे 'कर्मसंन्यास' योगो नाम चतुर्थोऽध्यायः ॥४॥ ॥१४१॥ अध्याय १४२ प्रारंभ :– श्री गजानन उवाच ।
श्रौतस्मार्तानि कर्माणि फलं नेच्छन्समाचरेत् । शस्तः स योगी राजेन्द्र अक्रियाद्योगमाश्रितात् १ योगप्राप्त्यै महाबाहो हेतुः
कर्मैव मे मतम् । सिद्धयोगस्य संसिद्ध्यै हेतू शमदमौ मतौ २ इन्द्रियार्थांश्च संकल्प्य कुर्वंस्स्वस्य रिपुर्भवेत् । एतानानिच्छन्यः
कुर्वन्सिद्धिं योगी स सिद्धति ३ सुन्हत्त्वे च रिपुत्वे च उध्दारे चैव बन्धने । आत्मनैवात्मनो ह्यात्माऽनात्मा भवति कश्चन ४
मानेऽपमाने दुःखे च सुखे सुहृदि साधुषु । मित्रेऽमित्रेऽप्युदासीने द्वेष्ये लोष्ठे च कांचने ५ समो जितात्मा विज्ञानी ज्ञानीन्द्रिय–
जयावहः । अभ्यसेत्सततं योगं तदा युक्ततमो हि सः ६ तप्तः श्रान्तो व्याकुलो वा क्षुधितोऽव्यग्रचित्ताकः । कालेऽनिशीतेत्युष्णे
वानिलाग्न्यम्बुसमाकुले ७ सध्वनावतिजीर्णे गोस्थाने साग्नौ जलान्तिके । कूपकूले श्मशाने च नद्यां भित्तौ च मर्मरे ८ चैत्ये
सवल्मिके देशे पिशाचादिसमावृते । नाभ्यसेद्योगविद्योगं योगीध्यानपरायणः ९ स्मृतिलोपश्च मूकत्वं बाधिर्यं मन्धता ज्वरः ।
जडता जायते सद्यो दोषाज्ञानाध्दि योगिनः १० एते दोषाः परित्याज्या योगाभ्यासेनशालिना अनादरे हि चैतेषां स्मृतिलो–
पादयो ध्रुवम् ११ नातिभुञ्जन्सदा योगी नाभुंजन्नातिनिद्रितः । नातिजाग्रत्सिध्दिमेति भूप योगं सदाऽभ्यसन् १२ संकल्पजां–
स्त्यजेत्कामान्नियताहारजागरः । नियम्य खगणं बुध्द्या विरमेत शनैः शनैः १३ ततस्ततः कृषेदेतद्यत्र यत्रानुगच्छति । धृत्यात्म–
वशगं कुर्याच्चित्तं चंचलमादृतः १४ एवं कुर्वन्सदा योगी परां निर्वृतिमृच्छति । विश्वस्मिन्निजमात्मानं विश्वं च स्वात्मनीक्षते
१५ योगेन यो मामुपैति तमुपैम्यहमादरात् । मोचयामि न मुंचामि तमहं मां स न त्यजेत् १६ सुखे दुःखे तरे द्वेषे क्षुधि तोषे
समस्तृषि । आत्मसाम्येन भूतानि सर्वगं मां च च वेत्ति यः १७ जीवन्मुक्तः स योगीन्द्रः केवलं मयि संश्रितः । ब्रम्हादीनां च

देवानां स वन्द्यः स्याज्जगत्त्रये १८ वरेण्य उवाच । द्विविधोऽपि हि योगोऽयमसंभाव्यो हि मे मतः । यतोऽन्तःकरणं दुष्टं चंचलं दुर्ग्रहं विभो १९ श्री गजानन उवाच । यो निग्रहं दुर्ग्रहस्य मनसाः संप्रकल्पयेत् घटीयन्त्रसभादस्मान्मुक्तः संसृतिचक्रकात् २० विषयैः क्रकचैरेतत्संसृष्टं चक्रकं दृढम् । जनश्छेत्तुं न शक्नोति कर्मकीलैः सुसंवृतम् २१ अतिदुःखं च वैराग्यं भोगाद्वैतृष्ण्यमेव च । गुरुप्रसादः सत्संग उपायास्तज्जये अमी २२ अभ्यासाद्वा वशीकुर्यान्मनो योगस्य सिध्दये । वरेण्य दुर्लभो योगो विनाऽस्य मनसो जयात् २३ वरेण्य उवाच । योगभ्रष्टस्य को लोकः का गतिः किं फलं भवेत् । विभो सर्वज्ञ मे छिन्धि संशयं बुद्धिचक्रभृत् २४ श्री गजानन उवाच । दिव्यदेहधरो योगाद्भ्रष्टः स्वर्भोगमुत्तमम् भुक्त्वा योगिकुले जन्म लभेद्वृद्धिमतां कुले २५ पुनर्योगी भवत्येष संस्कारात्पूर्वजन्मजात् । न हि पुण्यकृतां कश्चिन्नरकं प्रतिपद्यते २६ ज्ञाननिष्ठात्तपोनिष्ठा–कर्मनिष्ठान्नराधिप । श्रेष्ठो योगी श्रेष्ठतमो भक्तिमान्मयि तेषु यः२७(६५०३)ॐतत्सदिति० श्रीमद्गणेशगीतासूपनिषदर्थगर्भासु योगामृतार्थ शास्त्रे श्रीमदादि श्रीमन्महागाणेश्वरे महापुराणे उत्तरखंडे बालचरिते श्रीगजाननवरेण्यसंवादे 'योगावृत्ति प्रशंसनो' योगोनाम पंचमोध्याय ॥५॥ ॥१४२॥

अध्याय १४३ प्रारंभ :– गजानन उवाच । ईदृशं विध्दि मे तत्त्वं मद्गतेनान्तरात्मना । यज्ज्ञात्वा मामसंदिग्धं वेत्सि मोक्ष्यसि सर्वगम् १ तत्तेऽहं शृणु वक्ष्यामि लोकानां हितकाम्यया । अस्ति ज्ञेयं यतो नान्यन्मुक्तेश्च साधनं नृप २ ज्ञेया मत्प्रकृतिः पूर्वं ततः स्याज्ज्ञानगोचरः । ततो विज्ञानसंपत्तिर्मयि ज्ञाते नृणां भवेत् ३ क्वनलो खमहंकारः कं चित्तं धीसमीरणः । रवीन्दू यागकृच्चैका दशधा प्रकृतिर्मम ४ अन्यां मत्प्रकृतिं वृद्धां मुनयः संगिरन्ति च । तथा त्रिविष्टपं व्याप्तं जीवत्वं गतयाऽनया ५ आभ्यामुत्पाद्यते सर्वं चराचरमयं जगत् । संगाद्विश्वस्य संभूतिः परित्राणं लयोप्यहम् ६ तत्त्वमेतन्निबोद्धुं मे यतते कश्चिदेव हि । वर्णाश्रमवतां पुसां पुरा चीर्णेन कर्मणा ७ साक्षात्करोति मां कश्चिद्यत्नवत्स्वपि तेषु च । मत्तोऽन्यन्नेक्षते किंचिन्मयि सर्वं च वीक्षते ८ क्षितौ सुगन्धरूपेण तेजोरूपेण चाग्निषु । प्रभारूपेण पुण्यब्जे

रसरूपेण चाप्सु च ९ धीतपो बलिनां चाहं धीस्तपो बलमेव च । त्रिविधेषु विकारेषु मदुत्पन्नेष्वहं स्थितः १० न मां
विन्दन्ति पापीयान् मायामोहितचेतसः । त्रिविकारा मोहयति प्रकृतिर्मे जगत्त्रयम् ११ यो मे तत्त्वं विजानाति मोहं त्यजति
सोऽखिलम् । अनेकैर्जन्मभिश्चैवं ज्ञात्वा मां मुच्यते ततः १२ अन्ये नानाविधान्देवान्भजन्ते तान्व्रजन्ति ते । यथा यथा मतिं
कृत्वा भजते मां जनोऽखिलः १३ तथा तथाऽस्य तं भावं पूरयाम्यहमेव तम् । अहं सर्वं विजानामि मां न कश्चिद्वि-
बुध्यते १४ अव्यक्तं व्यक्तिमापन्नं न विदुः काममोहिताः । नाहं प्रकाशतां यामि अज्ञानां पापकर्मणाम् १५ यः स्मृत्वा
त्यजति प्राणमन्ते मां श्रद्धयान्वितः । स यात्यपुनरावृत्ति प्रसादान्मम भूभुज १६ यं यं देवं स्मरन्भक्त्या त्यजति स्वं कले-
वरम् । तत्तत्सालोक्यमायाति तत्तद्भक्त्या नराधिप १७ अतश्चाहर्निशं भूप स्तंमव्योऽनेकरूपवान् । सर्वेषामप्यहं गम्यः
स्त्रोतसामर्णवो यथा १८ ब्रह्मविष्णुशिवेन्द्राद्यांल्लोकान्प्राप्य पुनः पतेत् । यो मामुपैत्य संदिग्धः पतनं तस्य न क्वचित् १९
अनन्यशरणो यो मां भक्त्या भजति भूमिप । योगक्षेमौ च तस्याहं सर्वदा प्रतिपादये २२ द्विविधा गतिरुद्दिष्टा शुक्ला कृष्णा
नृणा नृप । एकया परमं ब्रह्म परया याति संसृतिम् २१ (६५२४) ॐतत्सदिति श्रीमद्गणेशगीतासूपनिषदर्थगर्भासु योगामृतार्थ
शास्त्रे श्रीमदादि श्रीन्महागाणेश्वरे महापुराणे उत्तरखण्डे बालचरिते श्रीगजानवरेण्यसंवादे 'योगावृत्तिबुद्धियोगो' नाम
षष्टोऽध्यायः अध्याय १४४ प्रारंभ :— वरेण्य उवाच । का शुक्ला गतिरुद्दिष्टा का च कृष्णा गजानन । किं ब्रह्मसंसृतिः
का मे वक्तुमर्हस्यनुग्रहात् १ गजानन उवाच । अग्निर्ज्योतिरहःशुक्ला कर्माहंमयनं गतिः । चान्द्रं ज्योतिस्तथा धूमो रात्रिश्च
दक्षिणायनम् २ कृष्णैते ब्रह्मसंसृत्योरवाप्तैः कारणं गतिः। दृश्यादृश्यमिदं सर्वं ब्रह्मैवेत्यवधारय ३ क्षरं पंचात्मकं विद्धि तदन्तरक्षरं
स्मृतम् । उभाभ्यां यदतिक्रान्तं शुद्धं विद्धि सनातनम् ४ अनेकजन्मसंभूतिः संसृतिः परिकीर्तिता । संसृतिं प्राप्नुवन्त्येते ये तु मां
गणयन्ति न ५ ये मां सम्यगपासन्ते परं ब्रह्म प्रयान्ति ते । ध्यानाद्यैरुपचारैर्मां तथा पंचामृतादिभिः ६ स्नानवस्त्राद्यलंकारसुग-

न्धधूपदीपकैः । नैवेद्यैः फलताम्बूलैर्दक्षिणाभिश्च योऽर्चयेत् ७ भक्त्यैकचेतसा चैव तस्येष्टं पूरयाम्यहम् । एवं प्रतिदिनं भक्त्या मद्भक्तो मां समर्पयेत् ८ अथवा मानसीं पूजां कुर्वीत स्थिरचेतसा । अथवा फलपत्राद्यैः पुष्पमूलजलादिभिः । पूजयेन्मां प्रयत्नेन तत्तदिष्टफलं लभेत् ९ त्रिविधास्वपि पूजासु श्रेयसी मानसी मता । साप्युत्तमा मता पूजाऽनिच्छया या कृता मम् १० ब्रह्मचारी गृहस्थो वा वानप्रस्थो यतिश्च यः । एकां पूजां प्रकुर्वाणोप्यनो वा सिद्धिमृच्छति ११ मदन्यंदेवं यो भक्त्या द्विषन्मा-मन्यदेवताम् । सोऽपि मामेव यजते परंत्वविधितो नृप । १२ यो ह्यन्यदेवतां मां च द्विषन्नन्यां समर्चयेत् । याति कल्पसहस्रं स निरयान्दुःखभाक् सदा १३ भूतशुद्धिं विधायादौ प्राणानां स्थापनं तथा । आकृष्य चेतसो वृत्तिं ततो न्यासमुपक्रमेत् १४ कृत्वा-न्तर्मातृकान्यासं बहिश्चाथ षडङ्ककम् । न्यासं च मूलमन्त्रस्य ततो ध्यात्वा जपेन्मनुम् १५ स्थिरचित्तो जपेन्मन्त्रं यथा गुरुमु-खोद्गतम् । जपं निवेद्य देवाय स्तुत्वा स्तोत्रैरनेकधा १६ एवं मां य उपासीत स लभेन्मोक्षमव्ययम् । य उपासनया हीनो धिङ्नरो व्यर्थजन्मभाक् १७ यज्ञोऽहमौषधं मन्त्रोऽग्निराज्यं च हविर्हुतम् । ध्यानं ध्येयः स्तुतिः स्तोत्रं नतिर्भक्तिरुपासना १८ त्रयीज्ञेयं पवित्रं च पितामह पितामहः । ॐकारः पावनः साक्षी प्रभुर्मित्रं गतिर्लयः १९ उत्पत्तिः पोषको बीजं शरणं वास एव च । असन्मृत्युः सदमृतमात्मा ब्रम्हाहमेव च २० दानं होमस्तपो भक्तिर्जपः स्वाध्याय एव च । यद्यत्करोति तत्सर्वं स मे मयि निवेदयेत् २१ योषितोऽथ दुराचाराः पायास्त्रैवर्णिकास्तथा । मदाश्रया विमुच्यन्ते किं मद्भक्त्या द्विजादयः २२ न विनश्यति मद्भक्तो ज्ञात्वेमा मद्विभूतयः । प्रभवं मे विभूतीश्च न देवा ऋषयो विदुः २३ नानाविभूतिभिरहं व्याप्य विश्वं प्रतिष्ठितम् । यद्यच्छ्रेष्ठतमं लोके सा विभूतिर्निबोध मे २४ (६५४८) ॐतत्सदिति श्रीमद्गणेशगीतासूपनिषदर्थगर्भासु योगामृतार्थ शास्त्रे श्रीमदादि श्रीमन्महागाणेश्वरे महापुराणे उत्तरखंडे बालचरिते श्रीगजाननवरेण्यसंवादे 'उपासना योगो' नाम सप्तमोध्याय ॥७॥ ॥१४४॥ अध्याय १४५ प्रारंभ :— वरेण्य उवाच । भगवन्नारदो महचं तव नानाविभूतयः । उक्तवांस्ता अहं वेद

न सर्वाः सोऽपि वेत्ति ताः १ त्वमेव तत्त्वतः सर्वा वेत्सि ता द्विरदानन । निजं रूपमिदानीं मे व्यापकं चारु दर्शय २ श्रीगजा–
नन उवाच । एकस्मिन्मयि पश्य त्वं विश्वमेतच्चराचरम् । नानाश्चर्याणि दिव्यानि पुरा दृष्टानि केनचित् ३ ज्ञानचक्षुरहं तेऽद्य
सृजामि स्वप्रभावतः । चर्मचक्षुः कथं पश्येन्मां विभुं मजमव्ययम् ४ व्यास उवाच । ततो राजा वरेण्यः स दिव्यचक्षुरवैक्षत ।
ईशितुः परमं रूपं गजास्यस्य महाद्भुतम् ५ असंख्यवक्त्रं ललितमसंख्यांध्रिकरं महत् । अनुलिप्तं सुगन्धेन दिव्यभूषाम्बर–
स्रजम् ६ असंख्यनयनं कोटिसूर्यरश्मिधृतायुधम् । तद्वर्ष्माणि त्रयो लोका दृष्टास्तेन पृथग्विधाः । ७ दृष्टवैश्वरं परं रूपं प्रणम्य
स नृपोब्रवीत् । वरेण्य उवाच । वीक्षेऽहं तव देहेऽस्मिन्देवानृषिगणान्पितॄन् ८ पातालानां समुद्राणां द्वीपानां चैव भूभृताम् वन–
र्षीणां सप्तकं च नानार्थैः संकुलं विभो ९ भुवोऽन्तरिक्षं स्वर्गश्च मनुष्योरगराक्षसान् । ब्रम्हविष्णुमहेशेन्द्रान्देवाञ्जन्तूननेकधा
१० अनाद्यनन्तं लोकादिमनन्तभुजशीर्षकम् । प्रदीप्तानलसंकाश मप्रमेयं पुरातनम् ११ किरीटकुण्डलधरं दुर्निरीक्ष्यं मुदावहम् ।
एतादृशं च वीक्षे त्वां विशालवक्षसं प्रभुम् १२ सुरविद्याधरैर्यक्षैः किन्नरैर्मुनिमानुषैः । नृत्यद्भिरप्सरोभिश्च गन्धर्वैर्गानतत्परैः
१३ वसुरुद्रादित्यगणैः सिद्धैः साध्यैर्मुदा युतैः । सेव्यमानं महाभक्त्या वीक्ष्यमाणं सुविस्मितैः १४ वेत्तारमक्षरं वेद्यं धर्मगोप्ता–
रमीश्वरम् । पातालानि दिशः स्वर्गान्भुवं व्याप्याखिलं स्थितम् १५ भीता लोकास्तथा चाहमेवं त्वां वीक्ष्य रूपिणम् । नाना–
दंष्टाकरालं च नानाविद्याविशारदम् १६ प्रलयानलदीप्तास्यं जटिलं च नभःस्पृशम् । दृष्टवा गणेश ते रूपमहं भ्रान्त इवाभ–
वम् १७ देवा मनुष्या नागाद्याःखिलास्त्वदुदरेशयाः । नानायोनिभुजश्चान्ते त्वय्येव प्रविशन्ति च १८ अब्धेरुत्पद्यमानास्ते यथा
जीमूतबिन्दवः । त्वमिन्द्रोऽग्निर्यमश्चैव निर्ऋतिर्वरुणो मरुत १९ गुह्यकेशस्तथेशानः सोमः सूर्योऽखिलं जगत् । नमामि त्वामतः
स्वामिन्प्रसादं कुरु मेऽधुना २० दर्शयस्व निजं रूपं सौम्यं यत्पूर्वमीक्षितम् । को वेद लीलास्ते भूमन्क्रियमाणा निजेच्छया
२१ अनुग्रहान्मया दृष्टमैश्वरं रूपमीदृशम् । ज्ञानचक्षुर्यतो दत्तं प्रसन्नेन त्वया मम २२ श्रीगजानन उवाच । नेदं रूपं महाबाहो

मम पश्यन्त्य योगिनः । सनकाद्या नारदाद्याः पश्यन्ति मदनुग्रहान् २३ चतुर्वेदार्थतत्त्वज्ञाश्चतुःशास्त्रविशारदाः । यज्ञदानत–पोनिष्ठा न मे रूपं विदन्ति ते २४ शक्योऽहं वीक्षितुं ज्ञातुं प्रवेष्टुं भक्तिभावतः । त्यज भीतिं च मोहं च पश्य मां सौम्यरूपि–णम् २५ मद्भक्तो मत्परः सर्वसंगहीनो मदर्थकृत् । निष्क्रोधः सर्वभूतेषु समो मामेति भूभुज २६ (६५७३) ॐ तत्सदिति श्रीमद्गणेशगीतासूपनिषदर्थगर्भासु योगामृतार्थ शास्त्रे श्रीमदादि श्रीमन्महागाणेश्वरे महापुराणे उत्तरखंडे बालचरिते श्रीगजा–ननवरेण्यसंवादे 'विश्वरूपवीक्षणयोगो' योगो नाम अष्टमोध्यायः ॥८॥ ॥१४५॥ अध्याय १४६ प्रारंभ :– वरेण्य उवाच । अनन्यभावस्त्वां सम्यङ्मूर्तिमन्तमुपासते । योऽक्षरं परम व्यक्तं तयोः कस्ते मतोऽधिकः १ असि त्वं सर्ववित्साक्षी भूतभावन ईश्वरः । अतस्त्वां परिपृच्छामि वद मे कृपया विभो २ श्रीगजानन उवाच । यो मां मूर्तिधरं भक्त्या मद्भक्तः परिसेवते । स मे मान्योऽनन्यभक्तिर्नियुज्य हृदयं मयि ३ खगणं स्ववशं कृत्वाऽखिलभूतहितार्थकृत् । मध्येयमक्षराव्यक्तं सर्वगं कूटगं स्थिरम् ४ सोऽपि मामेत्य निर्देश्यं मत्परो य उपासते । संसारसागरादस्मादुद्धरामि तमप्यहम् ५ अव्यक्तोपास–नादुःखमधिकं तेन लभ्यते । व्यक्तस्योपासनासाध्यं तदेवाव्यक्तभक्तितः ६ भक्तिश्चैवादरश्चात्र कारणं परम मतम् । सर्वेषां विदुषां श्रेष्ठो हचकिंचिज्ज्ञोऽपि भक्तिमान् । भजनभक्त्या विहीनो यः स चाण्डालोऽभिधीयते।चाण्डालोऽपि भजनभक्त्या ब्राम्हणेभ्योऽ–धिको मम ८ शुकाद्याः सनकाद्याश्च पुरा मुक्ता हि भक्तितः । भक्त्यैव मामनुप्राप्ता नारदाद्याश्चिरायुषः ९ अतो भक्त्या मयि मनो निधेहि बुद्धिमेव च । भक्त्या यजस्व मां राजंस्ततो मामेव यास्यसि १० असमर्थोऽर्पतुं स्वान्तं ध्रुवं मयि नराधिप । अभ्यासेन च योगेन ततो गन्तुं यजस्व माम् ११ तत्रापि त्वमशक्तश्चेत्कुरु कर्म मदर्पणम् । ममानुग्रहतश्चैव परां निर्वृति–मेष्यसि १२ अथैदप्यनुष्ठातुं न शक्नोषि तदा कुरु । प्रयत्नतः फलत्यागं त्रिविधानां हि कर्मणाम् १३ श्रेयसी बुद्धिरावृत्तेस्ततो ध्यानं वर मतम् । ततोऽखिलपरित्यागस्ततः शान्तिर्गरीयसी १४ निरहंममताबुद्धिरद्वेषः करुणःसमः । लाभा[illegible] सुखे

दुःखे मानामाने स मे प्रियः १५ यं वीक्ष्य न भयं याति जनस्तस्मान्न च स्वयम् । उद्वेगभीः कोपमद्भी रहितो यः स मे प्रियः
१६ रिपौ मित्रेऽथ गर्हायां स्तुतौ शोके समः समुत् । मौनी निश्चलधीर्भक्तिरसंगः स च मे प्रियः १७ संशीलयति यश्चैनमु–
पदेशं मया कृतम् । स वन्द्यः सर्वलोकेषु मुक्तात्मा मे प्रियः सदा १८ अनिष्टाप्तौ च न द्वेष्टीष्टप्राप्तौ न च तुष्यति । क्षेत्रतज्ज्ञौ
च यो वेत्ति स मे प्रियतरो भवेत् १९ वरेण्य उवाच । किं क्षेत्रं कश्च तद्वेत्ति किं तज्ज्ञानं गजानन । एतदाचक्ष्व मह्यं त्वं पृच्छते
करुणाम्बुधे२०श्रीगजानन उवाच । पंचभूतानि तन्मात्राः पंचकर्मेन्द्रियाणि च । अहंकारो मनो बुद्धिः पंचज्ञानेन्द्रियाणि च२१इच्छाव्यक्तं
धृतिद्वेषौ सुखदुःखे तथैव च । चेतनासहितश्चायं समूहः क्षेत्रमुच्यते२२तज्ज्ञं त्वं विद्धि मां भूप सर्वान्तर्यामिणं विभुम् । अयं समूहोऽहं
चापि यज्ज्ञानविषयौ नृप २३ आर्जवं गुरुशुश्रूषा विरक्तिश्चेन्द्रियार्थतः । शौचं क्षान्तिरदम्भश्च जन्मादिदोषवीक्षणम्२४समदृष्टिर्दृढा
भक्तिरेकान्तित्वं शमो दमः । एतैर्यच्च युतं ज्ञानं तज्ज्ञानं विद्धि बाहुज २५तज्ज्ञानविषयं राजन्ब्रवीमि त्वं शृणुष्व मे । यज्ज्ञात्वैति
च निर्वाणं मुक्त्वा संसृतिसागरम् २६ यदनादीन्द्रियैर्हीनं गुणभुग्गुणवर्जितम् । अव्यक्तं सदसद्भिन्नमिन्द्रियार्थावभासकम्
२७ विश्वभृच्चाखिलव्यापि एकं नानेव भासते । बाह्याभ्यन्तरतः पूर्णमसंगं तमसः परम् २८ दुर्ज्ञेयं चाति–
सूक्ष्मत्वाद्दीप्तीनामपि भासकम् । ज्ञेयमेतादृशं विद्धि ज्ञानगम्यं पुरातनम् २९ एतदेव परं ब्रम्ह ज्ञेयमात्मा परोऽव्ययः।
गुणान्प्रकृतिजान्भुङ्क्ते पुरुषः प्रकृतेः परः ३० गुणैस्त्रिभिरियं देहे बध्नाति पुरुषं दृढम् । यदा प्रकाशः । क्षान्तिश्च विद्धिः
सत्त्वं तदाधिकम् ३१ लोभोऽशमः स्पृहारम्भः कर्मणां रजसोगुणः । मोहोऽप्रवृत्तिश्चाज्ञानं प्रमादस्तमसो गुणाः ३२
सत्त्वाधिकः सुखं ज्ञानं कर्मसंगो रजोधिकः । तमोधिकश्च लभते निद्रालस्यं सुखेतरत् ३३ एषु त्रिषु प्रवृद्धेषु मुक्तिसंसृतिदुर्गं
तिः । प्रयान्ति मानवा राजंस्तस्मात्सत्त्वयुतो भवः ३४ ततश्च सर्वभावेन भज त्वं मां नरेश्वर । भक्त्या चाव्यभिचारिण्या
सर्वत्रैव च संस्थितम्३५अग्नौ सूर्ये तथा सोमे यच्च तारासु संस्थितम् । विदुषी ब्राम्हणे तेजेषि विद्धि तन्मामकं नृप३६अहमेवा–

खिलं विश्वं सृजामि विसृजामि च । ओषधीस्तेजसा सर्वा विश्वं चाप्याययाम्यहम् ३७ सर्वेन्द्रियाण्यधिष्ठाय जाठरं च धनञ्जयम् ।
भुनज्मि चाखिलान्भोगान्पुण्यपापाविवर्जितः ३८ अहं विश्णुश्च रुद्रश्च ब्रम्हा गौरी गुणेश्वरः । इन्द्राद्या लोकपालाश्च ममैवांश-
समुद्भवाः ३९ येन येन हि रूपेण जनो मां पर्युपासते । तथा तथा दर्शयामि तस्मै रूपं सुभक्तितः ४० इति क्षेत्रं तथा ज्ञाता ज्ञानं
ज्ञेयं मयेरितम् । अखिलं भूपते सम्यगुपपन्नाय पृच्छते ४१ (६६१४) ॐतत्सदिति श्रीमद्गणेशगीतासूपनिषपर्थगर्भासु योगामृत-
र्थ शास्त्रे श्रीमदादि श्रीमन्महागाणेश्वरे उत्तरखण्ड बालचरिते श्रीगजाननवरेण्यसंवादे 'क्षेत्रक्षेत्रज्ञविवेकयोगो' नवमोध्यायः ।
॥९॥१४६॥ श्रीगजानन उवाच । दैव्यासुरी राक्षसी च प्रकृतिस्त्रिविधा नृणाम् । तासां फलानि चिन्हानि संक्षेपात्ते-
ऽधुना ब्रुवे १ आद्या संसाधयेन्मुक्तिं द्वे परे बन्धनं नृप । चिन्हं ब्रवीमि चाद्यायास्तन्मे निगदतः शृणु २ अपैशून्यं दया क्रोधश्चा-
पलं धृतिरार्जवम् । तेजोऽभयमहिंसा च क्षमा शौचममानिता ३ इत्यादिचिन्हमाद्याया आसुर्याः शृणु सांप्रतम् । अतिवादोऽभि-
मानश्च दर्पोऽज्ञानं सकोपता ४ आसुर्या एवमाद्यानि चिन्हानि प्रकृतेर्नृप । निष्ठुरत्वं मदो मोहोऽहंकारो गर्व एव च ५ द्वेषो
हिंसा दया क्रोध औद्धत्यं दुर्विनीतता । आभिचारिककर्तृत्वं क्रूरकर्मरतिस्तथा ६ अविश्वासः सतां वाक्येऽशुचित्वे कर्महीनता ।
निन्दकत्वं च वेदानां भक्तानामसुरद्विषाम् ७ मुनिश्रोत्रियविप्राणां तथा स्मृतिपुराणयोः । पाखण्डवाक्ये विश्वासः संगतिर्मलि-
नात्मनाम् ८ सदम्भेकर्मकर्तृत्वं स्पृहा च परवस्तुषु । अनेककामनावत्त्वं सर्वदाऽनृतभाषणम् ९ परोत्कर्षासहिष्णुत्वं परकृत्यपरा-
हतिः । इत्याद्या बहवश्चान्ये राक्षस्याः प्रकृतेर्गुणाः १० पृथिव्या स्वर्गलोके च परिवृत्य वसन्ति ते । मद्भक्तिरहिता लोका
राक्षसीं प्रकृतिं श्रिताः ११ तामसीं ये श्रिता राजन्यान्ति ते रौरवं ध्रुवम् । अनिर्वाच्यं च ते दुःखं भुञ्जते तत्र संस्थिताः १२
दैवान्निःसृत्य नरकाज्जायन्ते भुवि कुब्जकाः । जात्यन्धाः पंगवो दीनाहीनजातिषु ते नृप १३ पुनः पापसमाचारा मद्यभक्ताः
पतन्ति ते । उत्पतन्ति हि मद्भक्ता यां कांचिद्योनिमाश्रिताः १४ लभन्ते स्वर्गन्ति यज्ञैरन्यैर्धर्मैश्च भूमिप । सुलभासा सकामानां

मयि भक्तिः सुदुर्लभा १५ विमूढा मोहजालेन बद्धाः स्वेन च कर्मणा। अहं हर्ता अहं कर्ता अहं भोक्तेति वादिनः १६ अहमेवेश्वरः
शास्ता अहं वेत्ता अहं सुखी । एतादृशी मतिर्नृणामधपातयतीह तान् १७ तस्मादेतत्समुत्सृज्य दैवीं प्रकृतिमाश्रय । भक्तिं कुरु
मदीयां त्वमनिशं दृढचेतसा १८ सापि भक्तिस्त्रिधा राजन्सात्विकी राजसीतरा । यद्देवान्भजते भक्त्या सात्त्विकी सा मता शुभा
१९ राजसी सा तु विज्ञेया भक्तिर्जन्ममृतिप्रदा । यद्यक्षांश्चैव रक्षांसि यजन्ते सर्वभावतः २० वेदेनाविहितं क्रूरं साहंकारं सद–
म्भकम् । भजन्ते प्रेतभूतादीन्कर्म कुर्वन्ति कामिकम् २१ शोषयन्तो निजं देहमन्तस्थं मां दृढा ग्रहाः । तामस्येतादृशी भक्तिर्नृणां
सा निरयप्रदा २२ कामो लोभस्तथा क्रोधो दम्भश्चत्वार इत्यमि । महाद्वाराणि वींचीनां तस्मादेतांस्तु वर्जयेत् २३ (६६३७)
ॐतत्सदिति श्रीमद्गणेशगीतासूपनिषदर्थगर्भासु योगामृतार्थं शास्त्रे श्रीमदादि श्रीन्महागाणेश्वरे महापुराणे उत्तरखंडे बालचरिते
श्रीगजाननवरेण्यसंवादे ' उपदेशयोगो ' नाम दशमोऽध्यायः ॥१०॥१४७॥

अध्याय १४८ प्रारंभः – श्रीगजाननउवाच । तपोऽपि त्रिविधं राजन्कायिकादिप्रभेदतः।ऋजुताजंवशौचाश्च ब्रम्हचर्यमहिंसनम् १
गुरुविज्ञद्विजातीनां पूजनं चासुरद्विषाम् । स्वधर्मपालनं नित्यं कायिकं तपईदृशम् २ मर्मास्पृक्च प्रियं वाक्यमनुद्वेगं हितं ऋतम् ।
अधीतिर्वेदशास्त्राणां वाचिकं तप ईदृशम् ३ अन्तःप्रसादः शान्तत्वं मौनमिन्द्रियनिग्रहः । निर्मलाशयता नित्यं मानसं तप ईदृशम्
४ अकामतः श्रद्धया च यत्तपः सात्त्विकं तु तत् । सत्कारपूजार्थं सदम्भं राजसं तपः ५ तदस्थिरं जन्ममृती प्रयच्छति न
संशयः । परात्मपीडकं यच्च तपस्तामसमुच्यते ६ विधिवाक्यप्रमाणार्थं सत्पात्रे देशकालतः । श्रद्धया दीयमानं यद्दानं तत्सात्त्विकं
मतम् ७ उपकारं फलं वापि कांक्षद्भिर्दीयते नरः । क्लेशतोऽदीयमानं वा भक्त्या राजसमुच्यते ८ अकालदेशतोऽपात्रेवज्ञया
दीयते तु यत् । असत्काराच्च यद्दत्तं तद्दानं तामसं स्मृतम् ९ ज्ञानं च त्रिविधं राजन्शृणुष्व स्थिरचेतसा । त्रिधा कर्म च कर्तारं
ब्रवीमि ते प्रसंगतः १० नानाविधेषु भूतेषु मामेकं वीक्ष्यते तु यः । नाशवत्सु च नित्य मां तज्ज्ञानं सात्त्विकं नृप ११ तेषु वेत्ति

पृथग्भूतं विविधं भावमाश्रितः । मामव्ययं च तज्ज्ञानं राजसं परिकीर्तितम् १२ हेतुहीनमसत्यं च देहात्मविषयं च यत् ।
असदल्पार्थविषयं तामसं ज्ञानमुच्यते १३ भेदतस्त्रिविधं कर्म विद्धि राजन्मयेरितम् । कामनाद्वेषदम्भैर्यद्रहितं नित्यकर्म यत् १४
कृत विना फलेच्छां यत्कर्म सात्त्विकमुच्यते । यद्बहुक्लेशतः कर्म कृतं यच्च फलेच्छया १५
क्रियमाणं नृभिर्दम्भात्कर्म राजसमुच्यते । अनपेक्ष्य स्वशक्ति यदर्थंक्षयकरं च यत् १६ अज्ञानात्क्रियमाणं
यत्कर्म तामसमीरितम् । कर्त्तारं त्रिविधं विद्धि कथ्यमानं मया नृप १७ धैर्योत्साही समोऽसिद्धौ सिद्धौ चाविक्रियस्तु यः ।
अहकारविमुक्तो यः स कर्ता सात्त्विको नृप १८ कुर्वन्हर्षं च शोकं च हिंसा फलस्पृशम् च यः । अशुचिर्लुब्धको यस्तु राजसो–
ऽसौ निगद्यते १९ प्रमादाज्ञानसहितः परोच्छेदपरः शठः । अलसस्तर्कवान्यस्तु कर्ताऽसौ तामसोमतः २० सुखं च त्रिविधं
राजन्दुःख च क्रमतः शृणु । सात्त्विकं राजसं चैव तामसं च मयोच्यते २१ विषवद्भासते पूर्वं दुःखस्यान्तकरं च यत् ।
इच्छचमानं तथा वृत्या वदन्ते मृतवद्भवेत् २२ प्रसादात्स्वस्य बुद्धेर्यत्सात्त्विकं सुखमीरितम् । विषयाणां तु यो भोगो भासतेऽ–
मृतवत्पुरा २३ हालाहालमिवान्ते यद्राजसं सुखमीरितम् । तन्द्रिप्रमादसंभूतमालस्यप्रभवं च यत् २४ सर्वदा मोहकं स्वस्य सुखं
तामसमीदृशम् । न तदस्ति यदेतैर्यमुक्तं स्यात्त्रिविधैर्गुणैः २५ राजन्ब्रह्मापि त्रिविधमोंतत्सदिति भेदतः । त्रिलोकेषु त्रिधाभूत-
मखिलं भूप वर्तते २६ ब्रम्हक्षत्रियविट्शुद्राः स्वभावाद्भिन्नकर्मिणः । तानि तेषां तु कर्माणि संक्षेपात्तेऽधुना वदे २७ अन्तर्बाह्येन्-
न्द्रियाणां च वशत्व मार्जवं क्षमा । नानातपांसि शौचं च द्विविधं ज्ञानमात्मनः २८ वेदशास्त्रपुराणानां स्मृतिनां ज्ञानमेव च ।
अनुष्ठानं तदर्थानां कर्म ब्राम्ह मुदाहृतम् । २९ दाढर्यं शौर्यं च दाक्ष्यं च युद्धे पृष्टप्रदर्शनम् । शरण्यपालनं दानं धृतिस्तेज
स्वभावजम् ३० प्रभुता मनऔन्नत्यं सुनीतिर्लोकपालनम् । पंचकर्माधिकारित्वं क्षात्रकर्म समीरितम् ३१ नानावस्तुक्रयो भूमेः
कर्षणं रक्षणं गवाम् । त्रिधाकर्माधिकारित्वं वैश्यानांकर्म ईदृशम् ३२ दानं द्विजानां शुश्रूषा सर्वदा शिवसेवनम् । एतादृशं

नरव्याघ्र कर्म शौद्रमुदीरितम् ३३ स्वस्वकर्मरता एते मय्यर्प्याखिलकारिणः । मत्प्रसादात्स्थिरं स्थानं यान्ति ते परमं नृप ३४
इति ते कथितो राजन्प्रसादाद्योग उत्तमः । सागोपांग सविस्तारोऽनादिसिद्धो मया प्रिय ३५ युङ्क्ष्व योगं मयाख्यातं नाख्यातं
कस्यचिन्नृप । गोपयैनं ततः सिद्धिं परां यास्यस्यनुत्तमाम् ३६ क उवाच । इति तस्य वचः श्रुत्वा प्रसन्नस्य महात्मनः । गणेशस्य
वरेण्यः स चकार च यथोदितम् ३७ त्यक्त्वा राज्यं कुटुंब च कान्तारं प्रययौ स्यात् । उपदिष्टं यथायोगमास्थाय मुक्तिमाप्नुयात्
३८ इमं योप्युत्तमं योगं शृणोति श्रद्धया तु यः । सोऽपि कैवल्यमाप्नोति यथा योगी तथैव सः ३९ य इमं श्रावयेद्योगं कृत्वा-
ऽस्यार्थं सुबुद्धिमान् । यथा योगी तथा सोऽपि परं निर्वाणमृच्छति ४० यो गीतां सम्यगभ्यस्य ज्ञात्वाचार्थं गुरोर्मुखात् । कृत्वा
पूजां गणेशस्य प्रत्यहं पठते तु यः ४१ एककालं द्विकालं वा त्रिकालं वापि यः पठेत् । ब्रह्मीभूतस्य तस्यापि दर्शनान्मुच्यतेतरः
४२ न यज्ञैर्न व्रतैर्दानैर्नाग्निहोत्रैर्महाधनैः।न वेदैः सम्यगभ्यस्तैः सम्यग्ज्ञातैः सहांगकैः ४३ पुराणश्रवणैर्नैव न शास्त्रैः साधु चिन्तनैः।
प्राप्यते ब्रम्ह परममनया प्राप्यते नरैः४४ब्रम्हघ्नो मद्यपः स्तेनो गुरुतल्पगमोऽपि यः।चतुर्णां यस्तु संसर्गी महापातककारिणाम्४५स्त्रीहिंसा
गोवधादीनां कर्तारो ये च पापिनः । ते सर्वे प्रतिमुच्यन्ते गीतामेतां पठन्ति चेत् ४६ यः पठेत्प्रयतो नित्यं स गणेशो न संशयः ।
चतुर्थ्यां यः पटेद्भक्त्या सोऽपि मोक्षाय कल्पते ४७ ततःतक्षेत्रं समासाद्य स्नात्वाऽभ्यर्च्य गजाननम् । सकृद्गीतां पठेद्भक्त्या
ब्रम्हभूयाय जायते ४८ भाद्रे मासे सिते पक्षे चतुर्थ्यां भक्तिमान्नरः । कृत्वा महीमयीं मूर्ति गणेशस्य चतुर्भुजाम् ४९ सवाहनां
सायुधां च समभ्यर्च्य यथाविधि । यः पठेत्सप्तकृत्वस्तु गीतामेतां प्रयत्नतः ५० ददाति तस्य तुष्टोसौ गणेशो भोगमुत्तमम् ।
पुत्रान्पौत्रान्धनं धान्यं पशुरत्नादिसंपदः ५१ विद्यार्थिनो लभेद्विद्या सुखार्थी सुखमाप्नुयात् । कामानन्यांल्लभेत्कामी मुक्तिमन्ते
प्रयान्ति ते ५२ (६६८९) ॐतत्सदिति श्रीमद्गणेशगीतासू-
पनिषदर्थगर्भासु योगामृतार्थ शास्त्रे श्रीमदादि श्रीमन्महागाणेश्वरे महापुराणे उत्तरखण्डे बालचरिते श्रीगजाननवरेण्यसंवादे

'गुणत्रयकृतियोगो' नामैकादशोध्यायः ॥११॥ ॥१४८॥ अध्याय १४९ प्रारंभ :— क उवाच । एवं पूजां संप्रगृह्य तत्रैव न्यवसद्विभुः । भक्तानां पूरयन्कामान्सदने राजपूजिते १ मुनिरुवाच । विनायकस्य माहात्म्ये कथा भिन्ना निरूपिताः । अवतीर्य वरेण्यस्य गृहे विघ्नासुरो हतः २ गजासुरमुखप्राप्तिर्वर्णिता चतुरानन । अत्रैव पार्वती गर्भादाविर्भावोनिरूपितः ३ गजाननतया देव संशयोऽतो ममाभवत् । त्वदन्यः संशयेच्छेत्ता नास्त्येव भुवनत्रये ४ क उवाच । न कार्यः संशयो व्यास नानाशक्तियुते विभौ । निजेच्छावशतोऽनेकरूपकः कल्पभेदतः ५ शम्भुवक्त्राच्च क्रोधाच्च प्रादुर्भूतो गजाननः । गौर्याश्च तेजसो जात उदराच्च क्वचिन्मुने ६ क्वचिद्गौरीमलाच्चापि द्विमुखो द्विकरः क्वचित् । क्वचित्पंचमुखः क्वापि षण्मुखो दशबाहुकः ७ क्वचिद्द्वादशहस्तश्च सहस्रभुजमण्डितः । आगमेषु समस्तेषु नानाध्यानानि सन्ति हि ८ न चात्र संशयः कार्यो विस्मयो वा मुने प्रभौ । शिवाद्ब्रह्मा च विष्णुश्च लैंगे जातौ निरूपितौ ९ स्कान्दे विधातुर्नेत्राच्च शिवोत्पत्तिर्निरूपिता । विष्णुः शिवं ध्यायति च शिवोऽपि विष्णुमेव च १० पंचाक्षरं समन्त्रं च तारकं वदति प्रभुः । शतकोटिमितं रामचरितं च त्रिधाकृतम् ११ मर्त्यलोके तारकं स स्थापयामास शंकरः । क्वचिच्छिवात्सृष्टिरुक्ता ब्रम्हणश्च क्वचिद्धरेः १२ भगवत्याः क्वचित्प्रोक्ता क्वचित्सूर्याद्— गजाननात् । क्वचिच्च ब्रम्हणः प्रोक्ता सर्वं तच्छास्त्रसंमतम् १३ संशय करूते यस्तु स याति नरकं ध्रुवम् । क उवाच ॥ एवं त्रेतायुगकथा प्रोक्ता सर्वा मुने तव १४ इदानीमभिधास्यानि कथां कलियुगाश्रिताम् । कलिप्रान्ते मुने लोका भ्रष्टाचारास्तथा— नृताः १५ ब्राम्हणा वेदरहिताः स्नानसन्ध्याविवर्जिताः । यजनं याजनं दान न करिष्यन्ति कर्हिचित् १६ प्रतिग्रहं च दुष्टानां करिष्यन्ति सुदुर्लभम् । परापवादं तन्निन्दां परस्त्रीधर्षणं तथा १७ करिष्यन्ति जनाः सर्वे विधिलोपं च सर्वशः विश्वासघातं सर्वत्र कुर्वन्ति च जना ध्रुवम् १८ विधिलोपे च शपथं करिष्यन्ति धरातले । न करिष्यन्ति मेघाश्च वृष्टिं क्वापि मुनीश्वर १९ महानदीतीरदेशे करिष्यन्ति कृषिं जनाः । यो बलि सोप्प बलिनो हरिष्यन्ति धनं बलात् २० हरिष्यतस्ततो द्वौ च त्रयस्ताभ्यां

बलात्पुनः । शुद्रा वेदं पठिष्यन्ति ब्राम्हणाः शूद्रकर्मिणः २१ क्षत्रिया वैश्यकर्माणो वैश्याश्च शूद्र कर्मिणः । प्रतिग्रहं करिष्यन्ति चाण्डालस्य द्विजातयः २२ दरिद्राश्च भविष्यन्ति हाहाभूता विचेतसः । वदिष्यन्ति च न मया गृहीतं धनमण्वपि २३ गृहीत्वापि च कृत्याय याचितारो धनं परात् । उत्कोचं च गृहीत्वैव वृथा साक्ष्यं ब्रुवन्ति च २४ सतां निन्दां करिष्यन्ति मैत्रीं चासाद्भिरेव च । वृथा मांसस्य भक्ष्यं च करिष्यन्ति द्विजातयः २५ उच्छेदः सज्जनानां स्यादितरेषां च वैभवम् । हित्वा देवान्भविष्यन्ति जनाः सर्वे तथैन्द्रिकान् २६ भूतप्रेतपिशाचानां भजने सक्त मानसाः । वेषान्नानाविधान्कृत्वा भक्षयिष्यन्ति वाडवाः २७ केचिच्च क्षत्रिया भिक्षां चरिष्यन्त्यकुलोचिताम् । व्रतानि निममांश्चापि नाचरिष्यन्ति कर्हिचित् २८ वर्णसंकरकारीणि कर्ता कर्माणि भूजनः । पतिव्रता भ्रष्टव्रता भविष्यन्ति कलौ युगे २९ म्लेच्छप्रायाः सर्वलोकाः परद्रव्यापहारिणः । निर्दयाः कुपथासक्ताः सर्वदा सत्यवर्जिताः ३० धरित्री सस्यहीना च रसहीना महीरुहाः । पंचमे वाथ षष्ठे वा वर्षे कन्यां प्रसूयते ३१ षोडशाब्दपरं चायुर्भवि-ष्यति तदा युगे। तीर्थानि गुप्तरूपाणि देवतायतनानि च ३२ एवं पापे प्रवृद्धे तु धर्मे विश्वार्थमात्रकः । भविष्यन्ति तदा देवा उपवासपरायणाः ३३ स्वधास्वाहावषट्कारैर्वर्जिताभयविव्हलाः । यास्यन्ति शरणं देवं गजाननमनामयम् ३४ स्तुतिं नानाविधां तस्य करिष्यन्ति नतिं बहु । प्रार्थयिष्यन्ति देवेशं सर्वविघ्नविनाशनम् ३५ एवं सर्वं विचार्यासौ आविर्भावं करिष्यति । गजाननः शूर्पकर्णो धूम्रवर्णोऽपि नामतः ३६ नीलमश्वं समारुह्य खड्गहस्तो रुषा ज्वलन् । कल्पयिष्यति सेनां स नानारूपां निजेच्छया ३७ शस्त्राणि च महास्त्राणि कल्पयिष्यत्ययत्नतः । वधिष्यति महाम्लेछान्सेनया स्वेन तेजसा ३८ म्लेच्छभूतांस्तथा लोकान्वधि-ष्यति तदाऽखिलान् । लीलान्कन्दरदेशेषु ब्राम्हणान्वन्यभक्षिणः ३९ समानाय्य प्रपूज्यैतान्भूमिं दास्यति देवराट् । सत्कर्मकारिणः सर्वान्विशाल्यति च सज्जनान् ४० तदा धर्ममयं विश्वं भविष्यति कृते युगे । एवं कृत्वा धूम्रवर्णस्ततोन्तर्द्धानमेष्यति ४१ एवं चतुर्युगे व्यास विघ्नेशस्य महात्मनः । कथितानि च नामाणि रूपाणि च तवानघ ४२ कर्माण्यद्भुतरूपाणि तस्य चोक्तानि

सर्वशः । येषां श्रवणमात्रेण मुच्यन्ते सर्वजन्तवः ४३ अनन्यस्याणि रूपाणि न वक्तुं शक्तिरस्ति मे । यत्र वेदाश्च चत्वारो विकुण्ठास्तत्र का कथा ४४ मम वा मद्विधस्यापि महिम्नस्तस्य वर्णने । अनुष्ठानाय गच्छ त्वं व्यवसायं करोम्यहम् ४५ भृगुरुवाच । एवं श्रुत्वा सोमकान्त व्यासो ब्रम्हमुखात्कथाम् । अतिप्रीतमनाः प्राह सर्वपापप्रणाशिनीम् ४६ मुनिरुवाच । न तृप्तिमधिगच्छामि । श्रुत्वाख्यानं महाद्भुतम् । धन्योऽस्म्यनुगृहीतोऽस्मि यत्त्वया सर्वसंशयाः ४७ दूरीकृताः कथासंगाद्गणेशचरिता

श्रयात् । अमृतस्येव मे तृप्तिः श्रुत्वा श्रुत्वा न जायते ४८ अस्य श्रवणमात्रेण जन्मजन्मान्तरार्जितम् । वृजिनं नाशमायाति सर्वे कामा भवन्ति च ४९ पूर्वपुण्यबलादस्य श्रवणं जायते नृणाम् । न श्राव्यं दुर्जनायेदं पुराणं सर्वसिद्धिदम् ५० एवमुक्त्वा नमस्कृत्य परिक्रम्य स्वयं भुवम् । गृहीत्वाज्ञां ययौ व्यासस्तपसे वनमुत्तमम् ५१ यत्र कन्दफलान्यासन्नुत्तमानि जलानि च । न वायुः प्रबलो यत्र नातपो नाग्निरेव च ५२ तत्रा[illegible]ष्टैकनिष्ठो जपन्नेकाक्षरं मनुम् । व्यतीयुर्द्वादशाब्दानि मुनेस्तस्य तपस्यतः ॥ ततः प्रादुरभूत्तस्य पुरतस्तु गजाननः ५३ (६७४२) इति श्रीगणेशपुराणे क्रीडाखण्डे मुनिविसर्जनं नामैकोनपंचाशदुत्तरशत-तमोऽध्यायः ॥ १४९ ॥ अध्याय १५० प्रारंभ :– सोमकान्त उवाच । कथं प्रादुरभूद्देवः पुरस्तस्य महात्मनः । भृगो तत्स-र्वमाख्याहि श्रुत्वा पापक्षयो यतः १ भृगुरुवाच । यथा तत्पुरतः प्रादुरासीद्देवो गजाननः । तत्सर्वं कथयिष्येऽहं सादरं शृणु भूमिप २ रक्तमाल्याम्बरधरो रक्तगन्धानुलेपनः । गजाननोऽब्जनयनः सिन्दूरारुणमस्तकः ३ अनेकसूर्यसंकाशो दिव्यकुण्डलमण्डितः । अंगदे मुकुटं बिभ्रत्कंकणें शेषमेव च ४ मुनिरित्थं निरीक्ष्यैनं निमील्य नयने पुनः । चकम्पे भयसंत्रस्तः स्मृत्वा मन्त्रं मुमूर्छ च ५ ततोऽब्रवीन्नागमुखो मा भैस्त्वं मुनिसत्तम । यं ध्यायसि दिवारात्रौ सोऽहं त्वां समुपागतः ६ ब्रम्हादीनामगम्यो यो वरं दातुं मुने तव । भृगुरुवाच । श्रुत्वेत्थं मधुरां वाणीं जहर्ष मुनिपुंगवः ७ मूर्ध्नानं न्यस्य तत्पादे धन्योऽहं पितरौ तपः । धन्योऽहं धरणी वृक्षाः पुनः पुनरवीवदत् ८ यतो दृष्टः सर्वरूपो गुणातीतोऽखिलाश्रयः चिदानन्दघनोऽनन्तोऽखिलकारणकारणम् ९

एवं स्तुत्वा प्रार्थयन्स वरदं तं गजाननम् । मुनिरुवाच । निरस्य भ्रान्तिं सर्वां मे यच्छ भक्तिं दृढां
त्वयि १० अष्टादशपुराणानां यथा स्यां करणे क्षमः । तवापि स्तवने शक्तिः स्याद्यथा तत्कुरुष्व भोः ११ हृदये वस देवेश
प्रसन्नश्चेन्ममानघ । गजानन उवाच । त्वया यत्प्रार्थितं वत्स सर्वमद्य भविष्यति १२ सर्वमान्यो व्यास नामा सर्वपावनपावनः ।
अपरोक्षज्ञानवांश्च भविष्यसि गुरोर्गुरुः १३ नारायणपरः ख्यात्या गुणैः कीर्त्या श्रियापि च । अष्टादशपुराणानां कर्ता त्वंहि
भविष्यसि १४ तथैवोपपुराणानां तावतां च मुनीश्वर । त्वया पूर्वं दम्भवशान्न कृतं मम पूजनम् १५ स्मरणं वा ततः स्तम्भो
जातो वाण्या महाद्भुतः । धातुर्मुखाच्छ्रुतो यस्मान्महिमा तेन मेऽनघ १६ विलीनं सर्वमधुना प्रविशामि तवोदरम् । भृगुरुवाच ।
एवमुक्त्वा प्राविशत्स तन्मुनेरुदरं विभुः १७ प्रकाशमतुलं लेभे सूर्यकोटिसमं मुनिः । दीपयामास ककुभस्ततो मूर्तिं विधाय सः १८
गजाननस्य महतीं प्रासादेऽस्थापयच्च सः । पूजयामास विविधैरुपचारैः पृथक्पृथक् १९ सिद्धिक्षेत्रमिदं सर्वलोकानां पावनं दृशोः
अनुष्ठानवतां मन्त्रनानासिद्धिप्रदं शुभम् २० एवमुक्त्वाप्यनुज्ञाप्य व्यासो नारायणस्तदा । पुराणं तद्गणेशस्य यच्छ्रुतं ब्रह्मणो-
मुखात् २१ प्राह वैशम्पायनाय ततस्तद्भुवि पप्रथे । तदेतदखिलं तेऽद्य मयापि कथितं नृप २२ नानेन सदृशं किंचित्पावनं त्रिषु
विद्यते । लोकेषु परमानन्ददायकं नृपसत्तम २३ सोमकान्त न चाख्येममिदं दुष्टजने त्वया । विनीतेषु च भक्तेषु त्वयाख्येयं
प्रयत्नतः २४ मया निरन्तरमिदं जप्यते स्मर्यतेऽपि च । तवापि करुणायोगात्कथितं राजसत्तम २५ गजाननध्यानपरो नित्यं
जपपरोभव २६ (६७६८) इति श्रीगणेशपुराणे क्रीडाखण्डे व्यासानुग्रहसिद्धिक्षेत्रवर्णनं नाम पंचाशदुत्तरशततमोऽध्यायः॥१५०॥
अध्याय १५१ प्रारंभ :— सूत उवाच । एवं श्रुत्वा कथां नित्यं सोमकान्तो मुनीश्वरात् । शुष्काश्रमूले तत्पुण्यं न्यक्षिपज्जलतो
नृपः १ गते संवत्सरे चूतः पल्लवैः कुसुमैः फलैः । शुशुभेऽतीवरुचिरः पुराणश्रुतिपुण्यतः २ सोमकान्तो दिव्यकान्तिस्त्यक्त्वा
कुष्ठभवां रुजम् । अक्षतश्चाभवत्पूतिगन्धं त्यक्त्वा सुगन्धवान् ३ निःखेदः सुरभेर्गन्धाद्दशदिक्षु प्रसारिणः । दिव्यदेहं सूर्यकान्ति

कोटिचन्द्रनिभं नृपम् ४ दृष्ट्वा विसिस्मिरे लोकाः कथमीदृक् च तादृशः । गणेशाख्यपुराणस्य महिम्ना दोषहारिणा ५ भृगुरुवाच । सिद्धिस्ते नृपशार्दूलपुराणश्रवणादभूत् । व्रजेदानीं निजं पुत्र सामात्यं जनमेव च ६ चिरोत्कण्ठं वर्षमध्ये दृष्ट्वा हर्षमवाप्स्यसि सूत उवाच । एवमाकर्ण्य तद्वाक्यं पादयोर्न्यपतन्मुनेः ७ आनन्दार्णवमग्नः स सोमकान्तोऽवदद्भृगुम् । राजोवाच । अद्भुतस्तप- सस्तेऽद्य महिमैक्षि मया मुने ८ पुराणश्रवणस्यापि येनाहं पतितोऽपि च । गलत्कुष्ठो दिव्यदेहो जातो माता पिता मम ९ अस्यदेहस्य निर्माता त्वमेव मुनिसत्तम।नीरसश्चूतवृक्षोऽपि फलपुष्पयुतोऽभवत्१० त्यक्तुं नेच्छाम्यलोऽहं त्वां किं मे पुत्रजनैर्भवेत्। एवं निशम्य तद्वाक्यं भृगुः पुनरथाब्रवीत् ११ भृगुरुवाच । जन्मान्तरीयपुण्येन पुराणश्रवणं तव । संजातं मन्मुखाद्धन्यं दुरितं येन तेऽनशत् १२ गणेशस्य पुराणस्य महिमा केन वर्ण्यते । न माविस्मर गच्छ त्वं जनेश नगरं निजम् १३ एवं तयोः संवदतो स्तेजसोज्वलदद्भुतम् । विमानं ददृशे ताभ्यां सूर्यकोटिनिभं महत् १४ भृगुरुवाच । त्वदर्थं यानमायातमिदं नृप महाद्भुतम् । इदमारुह्य गच्छ त्वं गणनाथस्य सन्निधिम् १५ न प्राप्नुवन्त्यनुष्ठानाद्विमानं यन्मुनीश्वराः।तत्पुराणश्रवाद्राजस्त्वया प्राप्तं गणे- श्वरात् १६ विमानं वदतोरेवं भूमण्डलमगात्क्षणात् । विनायक गणै र्युक्तं चतुर्बाहुविराजितैः १७ मुकुटांगदहारादि भूषणैरुप- शोभितैः । दिव्यचन्दनवस्त्रादिपद्मपरशुशोभिभिः १८ नृत्यत्किन्नरकन्याभिर्मृदंगनालपाणिभिः । किन्नरैर्गायनैर्युक्तं दृष्ट्वा राजा- ऽब्रवीत्पुनः १९ राजोवाच । श्रुतासीद्बहुधा वार्ता विमानानां मुनीश्वर । तद्दृष्टं पुरतो ब्रह्मंस्तपोवीर्यबलात्तव २० महिमा श्रूयते कर्णैर्बहुधा बहुवक्त्रतः । अनुभूतो मया सोऽपि पुराणश्रवणात्तव २१ एवं ब्रुवति भूपे तु दूता उत्तीर्य यानतः । प्रणिपत्याखिलाः प्रोचुः सोमकान्तं नृपं तदा २२ परात्परेण देवेन तव पुण्यात्स्मृतिः कृता । गजाननेन शुद्धात्मन्पुराणश्रवणादिना २३ वयं दूता आज्ञयाऽस्य विमानेन समागताः । नेतुं त्वां पुण्यकीर्ति च याहि लोकमनुत्तमम् २४ तद्दर्शनाज्जन्ममृतेर्मुक्तस्ततस- श्चिरं गतः । सुखमात्यन्तिकं तत्र प्राप्स्यसे तत्प्रसादतः २५ निशम्य दूतवाक्यं तद्देहातीत इवाभवत् । रोमांचांचितसर्वांग प्रा

गद्गदया गिरा २६ परात्परेण देवेन चराचरकृताऽमुना निर्गुणेन गुणक्षोभकारिणा विश्वयोनिना २७ दीननाथेन भो दूताः स्मृतोऽहं कृपयाऽनघाः । ब्रह्माद्या न विदुर्यं हि ध्यात्वा च सनकादयः २८ अनन्तगुणपूर्णः सोऽप्रेषयद्यानमुत्तमम् । नानावतार– वान्नानारूपी परममायिकः २९ तेन मे स्मरणं कस्मात्कृतमाश्चर्यकारकम् । एवमुक्त्वा नमस्कृत्य भृगुं तं प्राह भूमिपः ३० आज्ञया ते गमिष्यामि दूतैः सह विमानगः । प्रसादात्ते च देवस्य न मां विस्मर्तुमर्हसि ३१ सूत उवाच । निशम्य गदितं तस्य भृगुः संभ्रमविह्वलः । आनन्दाश्रुः सरोमांचः कण्ठे धृत्वा नृपस्य सः ३२ प्राहाहं नृपते विप्रोऽभाग्यवांस्त्वं महाफलः । गणेशपुरगो भूत्वा न मां विस्मर कर्हिचित् ३३ एवमुक्त्वा बहिर्यातौ धृत्वा हस्तावुभावपि । नमस्कृत्य विमानं तनृपो मुनिवरं च तम् ३४ आरुहत्परमप्रीतो दूतवाक्यात्वरान्वितः । द्वावमात्यौ सुधर्मा च रुरुहुर्यानमुत्तमम् ३५ ततो दूताश्च वाद्यानां घोषैर्व्याप्तं दिगन्तरम् । विमानशोभां वीक्ष्यैव सोमकान्तो ननन्दह ३६ जन्मान्तरीयपुण्येन प्राप्तमेतदमन्यत ततोऽस्मिन्पश्यति भृगौ विमानं यानमम्बरे ३७ सर्वोत्तमपदं प्राप्तं मर्त्यदेहेन वीक्ष्य च । विस्मयं परमं प्राप नत्वा दूतान्ययौ पदं ३८ (६८०६)

इति श्रीगणेशपुराणे क्रीडाखण्डे सोमकान्तविमानप्राप्ति वर्णनं नामैकपंचाशदधिकशततमोऽध्यायः ॥१५१॥

अध्याय १५२ प्रारंभः– सूत उवाच ।उपरिष्टाद्ददर्शाथ नृपो दैवपुरं निजम् । जहर्ष गोपुराट्टालशोभां दृष्ट्वाथ काञ्चनीम् १ ततः सुधर्मा सस्मार सभां रम्यां समीक्ष्य ह । निजं पुत्रं स्नेहवशात्प्राह गद्गदभाषिणी २ हेमकण्ठो मम सुतो भद्रासनगतो भवेत् । पित्रोर्मार्गं प्रतीक्षन्स जाते संवत्सरेऽधुना ३ स्वामिन्कृपानिधे तस्य दर्शनं दातुमर्हसि। स्त्रियो वाक्यं निशम्यैवं शुशोच नृपतिस्तदा ४ नृप उवाच । हेमकण्ठो मम सुतो जीवन्स्याद्वा मृतो भवेत् । उक्तमासीन्मया चास्मै वत्सराद्दर्शनं भवेत् ५ अनृतात्कुत्र गच्छेयं

नोक्तमामीसीत्कदाचन । न तत्र गन्तुं नो हातुं शक्तोऽहं परमं पदम् ६ विरुद्धं कथमेतद्धि घटेतेत्यरुदभ्दृशम् । दृष्ट्वा दूतास्तयोः
शोकमब्रुवन्राजसत्तमम् ७ युवयो रोदनं श्रुत्वा कृपा नः समुपागता । क्षणमुत्तारयामोऽत्र दृष्ट्वा तं यात सत्वरम् ८ जाते भव-
त्समाधानें संतोषो नः परो भवेत् । तत उत्तारयामासुर्दूता देवपुरादुदक् ९ विमानं तद्गणेशस्य पुराणश्रवणागतम् । नगरं प्रभया
व्याप्तं वाद्यघोषैश्च नादितम् १० सुबलो ज्ञानगम्यश्च नमस्कृत्य नृपं गणान् । ईयतुर्हेमकण्ठं तं सर्ववृत्तान्तमीरितुम् ११ क्षणा-
भ्दद्रासनगतं हेमकण्ठमपश्यताम् । सन्नद्धैर्वीरमुख्यैश्च परिवीतं महाबलैः १२ अमात्यनागरैर्युक्तमीक्षन्त नृत्यमुत्तमम् । तदमात्यौ
ज्ञानगम्यं सुबलं समपश्यताम् १३ उत्तस्थुः सर्ववीराश्च सामात्यो हेमकण्ठकः । आलिंगनाय ते सर्वे तयोः प्रापुः सुसंभ्रमम् १४
तेषामालिंगने जाते ततो नृपसुतो ययौ । हर्षेण महता युक्तः सरोमांचोऽब्रवीच्च तौ १५ मम माता पिताऽमात्यौ क्षेमयुक्तौ न
वा क्वचित् । त्यक्त्वा तौ पितरौ यातो युवामेकाकिनौ कथम् १६ एवमुक्त्वा स्वासने तावुपवेश्य प्रपूज्य च । वस्त्रचन्दनभूषा-
दिफलताम्बूलकांचनैः १७ तयोर्विना मम प्राणाः कण्ठमात्रावलम्बिनः । अहर्निशं तयोर्ध्यानं नान्यस्य मम मानसे १८ पिता मे
प्रावदत्पूर्वमेकदा दर्शनं पुनः । दास्यामीति कथं तच्चानृतं वाक्यं करिष्यति १९ तावूचतुः । मा कुरुष्व वृथा चिन्तां पित्रोस्ते
कुशलं नृप । तयोः पुण्यप्रभावं को जानाति भुवनत्रये २० अनुज्ञां भवतो गृह्य निर्गता नगराद्वयम् । चत्वारोऽपि पितुस्तेऽभू-
त्सौकुमार्यादिकं महत् २१ क्षुधया पीडितोऽत्यन्तं रक्तस्रावि पदाम्बुजम् । कन्दमूलैः फलैस्तृप्तिर्न चासीत्तस्य भूपतेः २२ मातु-
स्तेऽपि तथावस्था चेलत्रनं पदं तदा । भ्रमभ्दिर्बहुधा पश्चाद्दृष्टं चारु सरो महत् २३ शीतलं वृक्षवल्लीभिस्तत्र सुष्वाप भूमिपः।

सुधर्मा पादसंवाहं चकार श्रमकर्षिता २४ आवां तु कन्दमूलार्थे यातस्तत्राययौ मुनिः । च्यवनो मुनिशार्दूलो जलार्थे तौ ददर्श ह २५ तयोर्हार्दं स गृह्यैव निजमाश्रममाययौ । तत आवां समायातौ गृह्य मूलफलं बहु २६ सर्वे तदाश्रमे याता मुनिना पूजिता भृशम् । भोजिताः षड्रसैश्चान्नैर्विश्रान्ति परमां गताः २७ ततःकथाप्रसंगोऽभून्मुनिना च नृपेण च । सर्वं चाकथयद्राजा वृत्तान्तं मुनये तदा २८ तसो मुनिर्ध्यानबलात्पूर्व जन्मास्य संजगौ । दुरितं तच्छमोपायमब्रवीत्करुणायुतः २९ दुरितश्रवणे चास्य संत्रासो नौ नृपाभवत् । स संदिग्धमना यावत्तावद्देहाद्विनिर्गताः ३० पक्षिणः श्वेतवर्णास्तमारब्धा भक्षितुं नृपम् । तेषां चंचुप्रहारेण विव्हलः पतितो नृपः ३१ रक्ष रक्षेति कारुण्यात्प्रोक्तः प्रार्तनया मुनिः । तस्य प्रेक्षणमात्रेण पक्षिणोऽन्तर्दधुः क्षणात् ३२ स तु हस्तयुगं बद्ध्वा तस्थौ मुनिमुखो नृपः । महज्ज्ञात्वा नृपेनः स श्रावयामास भक्तितः ३३ गणेशस्य पुराणं यद्वर्षमात्रं कृपानिधिः । अष्टोत्तरशतेनादौ देवनाम्ना प्रसिच्य च ३४ तदंगात्पुरुषं घोरं निष्काश्यतपसो बलात् । व्योमकेशो ललज्जिव्हो व्याकुलः क्षुधया भृशम् ३५ भक्ष्यं ययाचे स भृगुं सोऽवदत्तं पुरस्थितम् । भक्षयस्वाम्रवृक्षं त्वं महान्तं शुष्कमेव च ३६ तेन स्पृष्ट आम्रवृक्षो भस्मसादभवत्क्षणात् । ततस्तं धीवरं प्राह भक्षयस्वेत्यसौ मुनिः ३७ ततो नृपं मुनिः प्राह पुराणश्रवणं महत् । श्रेयो निक्षिप नित्यं त्वमस्मिन्भस्मनि भूमिप ३८ यावच्चूतस्य वृक्षोऽत्र भवेदन्यो यथा पुरा । ततस्त्वमपि राजेन्द्र दिव्यदेहो भविष्यसि ३९ तथैव स नृपश्चक्रे स्नात्वा श्रुत्वा कथां बहु । न्यक्षिपत्तत्यहं श्रेयस्तस्मिन्नसमानि भक्तितः ४० संवत्सरान्ते वृक्षोऽसौ भवन्नृप यथा पुरा । गणेशस्य पुराणे तु समाप्ते फलपुष्पवान् ४१ नृपोऽपि दिव्यकान्तिः स शशिसूर्यनिभोऽभवत् । यावन्नृपो मुनिस्तौति विमानं तावदागतम् ४२ नृत्यगीतसमायुक्तं वाद्यघोषनिनादितम् । गणेशदूत–

संयुक्तमाश्रमान्तिकमास्थितम् ४३ यच्छोभांपश्यतोर्नाथ दृशो नौ सफलाभवन् । अतिपुण्यात्पितुस्ते ते दूता देवाज्ञया नृपम् ४४ न्यक्षिपन्यानमध्ये नौ नृपेक्षणप्रणोदिताः । सुधर्मा च मुनेराज्ञां गृह्य याता विमानगा ४५ दृष्टं देवपुरं यावत्तावत्वत्स्मृतिरागता। अत उत्तारितं यानं उत्तरे नगरान्नृप ४६ दिदृक्षया पितृभ्यां ते तौ यातौ त्वां निवेदितुम् । तयोः शीघ्रं दर्शनाय याहि नो चेद्-गमिष्यति ४७ तयोर्वाक्यं निशम्येत्थं हेमकण्ठस्वरान्वितः । रोमांचाश्रुसमायुक्तो धावमानः श्रुताखिलः ४८ ययौ तद्दर्शनौत्सुक्या-त्पुरस्कृत्य तदा तु तौ । विशीर्णभूषणगणो नागरैः सेवकैर्वृत. ४९ गलदश्रुः क्षणात्प्राप विमानं गणसंकुलम् ५० (६८५६)

इति श्रीगणेशपुराणे क्रीडाखण्डे हेमकण्ठदर्शनं नाम द्विपंचाशदुत्तरशततमोऽध्यायः ॥१५२॥

अध्याय १५३ प्रारंभः— सूत उवाच । तदमात्याश्च चत्वारः सोमकान्तं पुरो ययुः । प्रणिपत्याखिलान्प्रोचुरागतस्ते सुतो नृप १ सर्ववीरैर्नागरिकैरिन्द्रः सुरगणैरिव । वृतो हर्षेण शोकेन दृष्ट्वान्यानमेव च २ एवं निवेदितोऽमात्यैः सोऽपि शीघ्रं समागतः । आबालवनितावृद्धैः सेवकैश्च समन्वितः ३ दृष्ट्वा शोभां विमानस्य सर्वं आनन्दनिर्भराः । तन्मध्ये सोमकान्तं ते दृष्ट्वा नेमुर्ध-रातले ४ युक्तं दूतैर्गणेशस्य कान्तयाप्यतिकान्तया । तत उत्तीर्य यानात्स आलिलिंग सुतं मुदा ५ आभन्दाश्रूणि मुंचंतौ सरोमांचावुभावपि । विदेहाविव संजातौ न किंचिदूचतुः क्षणम् ६ (तत ऊचे पिता पुत्रं स्नेहेन वत्सरागतम् । त्वामेव नित्यं ध्यायामि सत्पुत्र वंशभूषणम् । न त्वया सदृशं पश्ये पुत्रेषुर्जनवर्तिषु । ततः सुधर्मा सस्नेहा धावमाना सुतं ययौ । आलिलिंग मुदा युक्ता गलदश्रू उभावपि । तत ऊचे सुत माता चिरदृष्टोऽसि बालक । न मे सुखं किंचिदभूत्त्वदुत्कण्ठितचेतसः । इदानीं ते मुखं दृष्ट्वा सानन्दं मे मनोऽभवत् । वियोगेन च ते देहो मम जातः कृशो भृशम् । तत आलिंगनं चक्रुर्नागरा नामधारकाः ।

केचित्प्रदक्षिणां चक्रुः केचित्पादौ तदाऽस्पृशन् । केचिच्च दर्शनादेव प्रतियाताः पुरं प्रति ।) तत ऊचे नृपः सर्वान्भृगुणाऽनुग्रहा-
न्मम । गणेशस्य पुराणं यच्छ्रावितं पापनाशनम् ७ अभवं तेन निष्पापो दिव्यदेहो विमानगः सर्वेषां दर्शनं जातं पुनर्यास्यामि
यानगः ८ कृपावता गणेशेन यानं मे प्रेषितं भुवि । राज्यं च परिभुक्तं मे स्वेच्छया संपदः : सुत ९ धाम यास्यामि परमं
प्रसादाद्भृगुसंभवात् । एवं ते शुश्रुवुर्वाणी सोमकान्तसमिरिताम् १० रुरुदुः सुस्वरं सर्वे पतिता भुवि केचन । श्रेणी मुख्यास्ततः
प्रोचुः सोमकान्तं कृपानिधम् ११ नो विना जगतीपाल कथं यास्यसि धाम तत् । प्राणांस्त्यक्त्वा वयं सर्वे यास्यामोऽप्यनु ते नृप
१२ हत्या त्वन्मस्तके राजन्सर्वेषां नो भविष्यति । ननः पुण्यं तथा येन द्रक्ष्यामस्तं गुणेश्वरम् १३ तव प्रसादाद्देवस्य यास्यामो
लोकमुत्तमम् । न संसारे सुखं किंचिदायुर्नाशो वृथाऽत्र हि १४ अस्माकं न भवेत्किंचित्साधनं धामसाधनम् । ततोऽवदद्धेमकण्ठो
जनकं वाक्यमादृतः १५ कथं त्यक्त्वाऽर्भकं तात यासि द्रष्टुं गजाननम् । मम राज्येन को हेतुराज्ञया तव वत्सरम् १६ पालितं
राज्यमखिलं नेच्छेदानीं ममापि च । शपथस्त तथा राजन्नतो नेतुं ममार्हसि १७ सोमकान्त उवाच । सर्वेषामेव संद्रष्टुमिच्छा
देवपदाम्बुजम् । अहं च परवानत्र कथं कार्यं मया जनाः १८ भवत्स्नेहन शोचामि पुत्रस्नेहाद्विशेषतः । अतएवोर्ध्वगं यानमुत्तार्य
द्रष्टुमागतः १९ सूत उवाच । ततः शोचत्सु लोकेषु सोमकान्ते रुदत्यपि । पुत्रे च देवदूतानां दया प्रादुरभूत्तदा २० ते ऊचुः
सोमकान्तं तं धन्यो राजन्यतो जनाः । त्वयि संकल्पितप्राणा यथा त्वं जगदीश्वरे २१ अतः सर्वान्गृहीत्वैव यामः शीघ्रं गजाननम् ।
राजोवाच । यदि सर्वा पुरी नीता तदा कीर्तिर्दृढा मम २२ भविष्यति रसायां मे नान्यथा तु भविष्यति । सूत उवाच । एव-

मुक्त्वा पुराणस्य गणेशस्य श्रवोद्भवम् २३ पुज्यं हस्ते जले नैषां ददौ राजा तदाज्ञया । तोये हस्ते गते लोका निष्पापाः पुण्य–
मूर्तयः २४ आबालवनितावृद्धा रुरुहुर्यानमुत्तमम् । गणेशस्य तु ये दूतास्ततोऽगुरुर्ध्वमागंतः २५ ततः केचिन्नराः पापायैर्नापि च
जलं करे । ते पुनर्नगरे याताः शशंसुः शेषितं जनम् २६ ततो ददृशिरे सर्वे उर्ध्वगं नगरं बहु । ऊचुः परस्परं शेषा द्रव्यलाभेन
तोषिणः २७ नानाव्यवसाय रता बभूवुर्हृष्टमानसाः । कांश्चित्पलायनपरान्दूता दण्डप्रहारिणः २८ बलाद्गृहीत्वा प्राक्षिपन्यान–
मध्येतिकौतुकात् । नानामिषेण जग्मुर्यै तांस्तथैव निचिक्षिपुः २९ उपविष्टा मध्यदेशे राजपत्नीसुता दयः । अमात्याः परितो
लोका नागरा विविशुः सुखम् ३० मयूरेशमयूरेश जय त्वमिति घोषिणः । वाद्यत्सु देववाद्येषु नृत्यत्यप्सरसां गणे ३१ प्रतिनादेन
गर्जन्ति मण्डलानि दिशामपि । अतिवेगेन ते प्राप्ता गणेशस्य पदं शुभम् ३२ सुषमां परिपश्यन्तो विस्मयेनाब्रुवन्निति । अहो
महत्पुण्यमस्य येन दृष्टो गजाननः ३३ समीपतां ययुः सर्वे राजा सायुज्यमाप च। सूत उवाच । एवं वः कथिता विप्रा गणेशस्य
पुराणना ३४ कथा सर्वजनस्यापि श्रवणात्पापनाशनि । शृणुध्वं देवदूतेभ्यो विमाने पृष्टवान्नृपः । तत्सर्वं भवतां विप्राः कथयामि
कथानकम् ३५ (६८९१) इति श्री गणेशपुराणे क्रीडाखण्डे सोमकान्तस्य देवपदप्राप्तिवर्णनं नाम त्रिपंचाशदुत्तरशततमोऽध्यायः
॥१५३॥ अध्याय १५४ प्रारंभ :– ऋषय ऊचुः । किं पृष्टं सोमकान्तेन विमानवर्तिनाऽनघ । तद्वदं श्रोतुमिच्छामो वद
सर्वमशेषतः १ सूत उवाच । गच्छता व्योममार्गेण पृष्टा दूता महात्मना । वाराणसीस्थितानां तु गणेशानां महात्मनाम् २
नामानि परिवाराणां तानि नः शृणुतानघाः । राजोवाच । दूता वदन्तु कृपया विश्वेशपरिवारगान् ३ गणेशान्मम कार्त्स्न्येन
स्मरणात्सर्वसिद्धिदान् । दूता ऊचुः । कथयामः समासेन विश्वेशावरणे गतान् ४ गणेशान्क्रमशो राजञ्शृणु सर्वभयापहान् । दुर्गा
विनायकोऽथार्क भीमचण्डी विनायकः ५ देहलीगणपश्चाथ तथोद्दण्डविनायकः । पाशपाणिः सर्वविघ्न हरणोऽथ विनायकः ६

प्रथमावरणे सिद्धसिद्धिरूपो विनायकः । लम्बोदरः कूटदन्तः शूलटंक विनायकः ७ कूष्माण्डाख्यश्चतुर्थश्च पंचमो मुण्डसंज्ञकः ।
विकटद्विजसंज्ञस्तु राजपुत्रविनायकः ८ प्रणवाख्योऽथापरश्च द्वितीयावरणे स्थिताः । वक्रतुण्ड एकदन्तस्त्रिमुखश्च विनायकः ९
पंचास्यश्चापरश्चात्र हेरम्बश्च विनायकः १० मोदकप्रिय इत्येव तृतीयावरणे स्थिताः । विनायकोऽभयप्रदः सिंहतुण्डविनायकः
११ कुणिताक्षश्चापरश्च क्षिप्रप्रसादसंज्ञकः । चिन्तामणिरिति ख्यातो दन्तहस्तविनायकः १२ प्रचंडश्चाप्यपरश्चोद्दण्डमुण्डविना—
यकौ । चतुर्थावरणे ज्ञेया अष्टावेते विनायकः १३ स्थूलदन्तो द्वितीयस्तु कलिप्रियविनायकः । चतुर्दन्तो द्वितुण्डाख्यो ज्येष्ठो
गजविनायकः १४ कालाख्यश्च तथा ज्ञेयो मार्गेशालयोपरोऽपि च । पंचमावरणे ज्ञेया अष्टावेते विनायकः१५ मणिकर्णिविनायक
आशासृष्टिविनायकः । यक्षाख्यो गजकर्णाख्यश्चित्रघण्टविनायकः १६ सुमंगलश्च मित्राख्य एते षष्ठे विनायकः । मोदः प्रमोदः
सुमुखो दुर्मुखश्च विनायकः १७ गणपाख्योथापरश्च तथा ज्ञान विनायकः । सप्तमावरणे ज्ञेया तस्था द्वारविनायकः १८ अवि—
मुक्तोऽष्टमो यत्र मोक्षदोऽथ विनायकः । अन्यो भगीरथाख्यो हि हरिश्चन्द्रविनायकः १९ कपर्दीति परो ज्ञेयस्तथा बिन्दुविनायक ।
एतेषां स्मरणं नित्यं सर्वकामफलप्रदम् २० प्रातरुत्थाय यश्चैतान्पठते शुद्धमानसः । न तस्य विघ्ना विघ्नं हि कुर्वन्ति
सर्वकर्मसु २१ एकैकनाम्ना राजेन्द्र दूर्वाभिस्तन्दुलैरपि । तिलैःशमीदलैश्चैतान्पूजयेद्भक्तिमान्नरः २२ असाध्यं
साधयेत्कार्यं सर्वत्र विजयी भवेत् । आयुष्यं पुष्टिमारोग्यं प्राप्नुयाद्धनमुत्तमम् २३ इदं ते कथितं सर्वं यद्धि
पृष्टं त्वया नृप । तूष्णीं ययुर्देवदूतास्ततो धाम निजं मुदा २४ सूत उवाच । इदं तत्कथितं विप्रा विश्वेशावरणं मया । इदानीं
कथयिष्यामि पुराणस्य फलश्रुतिम् २५ (६९१६) इति श्री गणेशपुराणे क्रीडाखण्डे षट्पंचाशद्विनायकवर्णनं नाम चतुःपंचाश—
दुत्तरशततमोऽध्यायः ॥१५४॥ अध्याय १५५ प्रारंभः — सूत उवाच । जन्ममृति न च स्यातां पुराणस्यास्य संश्रयात् ।
एकशोबहुशश्चेत्स्याद्यस्य श्रवणं द्विजाः १ न शक्नुतामलं वक्तुं शेषपद्मासनावपि । यो ददाति कुरुक्षेत्रे सोमसूर्यग्रहे नरः २

हेमभारसहस्राणि विप्रेभ्यो भक्तिभावतः । तदस्य श्रवणात्पुण्यं प्राप्नुयाद्भक्तिमान्नरः ३ यज्ञानां सांगजातानां सर्वेषां दक्षिणा-वताम्।फल कस्तुलयामास पुराणश्रवणस्य च४पुराणश्रणस्यास्य पुण्यंतस्माद्विशेषवत्।व्रतानां जलदानानां तत्र का गणना मता५कोटिकन्या-प्रदानानां गोदानानां सहस्रशः । तत्पुण्यं कोटिगुणितं श्रवणादस्य जायते ६ चतुर्णामपि वेदानां सांगानां पठनात्सदा । शास्त्राणां व्याकृतेर्वापि सदा सत्सेवनादपि ७ तत्पुण्यं कोटिगुणितं तदस्य श्रवणाद्भवेत् । भारतस्य पुराणस्य संपूर्णस्य श्रवादपि । यत्पुण्यं कोटिगुणितं तदस्य श्रवणाद्भवेत् ८ यस्य गेहे गणेशस्य पुराणं लिखितं भवेत् । न तत्र राक्षसा भूताः प्रेताश्च पूतनादयः९ ग्रहा बालग्रहा नैव पीडां कुर्वन्ति कर्हिचित् । तद्गृहं हि गणेशेन रक्ष्यते सर्वदा स्वयम् १० इदं पुराणं शृणुयात्पूजयेद्वा समाहितः । तस्य दर्शनतः पूता भवन्ति पतिता नराः ११ ब्रम्हादीनां मुनीनां स मान्यो भवति मानवः क्रुद्धो दहेत्स भुवनं तुष्टश्चेन्द्रपदं ददेत् १२ अष्टसिद्धीः समाप्नोति श्रवणात्प्रत्यहं नरः । न दारिद्र्यं समाप्नोति न संकष्टं नरः क्वचित् १३ ईप्सित समवाप्नोती पद्मादींश्च निधीनपि । कल्पद्रुमः कामधेनुर्निधिश्चिन्तामणिस्तथा १४ तस्य वश्यत्वमभ्येति सोऽपि वन्द्यो भवत्यपि । जारणं मारणं स्तम्भ उच्चाटनमथापि च १५ अस्य स्मरणमात्रेण निरस्तं स्यात्क्षणेन ह । गणेशनिकटे स्थित्वा पुराणं शृणुयान्नरः १६ महापापाद्विनिर्मुक्तः स्त्रीबालहत्ययापि च । सान्निध्यमाप्नुयादन्ते गणेशस्य न संशयः १७ शूद्रोऽपि मध्ये संस्थाप्य ब्राम्हणान्शृणु-यादिदम् । क्रमेण लभते वर्णान्वैश्यक्षत्रद्विजाह्वयाम् १८ नित्यनैमित्तिकर्मभ्यश्च्युतो यः शृणुयादिदम् । कर्मसाद्गुण्यमाप्नोति गणेशस्य प्रसादतः १९ भाद्रे शुक्लचतुर्थ्यां यः कृत्वा मूर्ति महीमयीम् । मण्डपे तोरणे रम्ये संपूज्यपरमादरात् २० पुराणं शृणुयात्सद्यस्तस्य तुष्टो विनायकः । ददाति निखिलान्कामानन्ते मोक्षं च विघ्नपः २१ स्तोत्राण्यत्र च स्या यावन्ति तावन्ति प्रत्यहं नरः। पठते यदि यो भक्त्या स सिद्धः स्यान्न संशयः २२ असाध्यमपि यत्किंचित्तेषां पाठाल्लभेन्नरः । अनुष्ठानविधानेन

मासमात्रं जपेत्तु यः २३ ब्राम्हणान्भोजयेद्भक्त्या सोऽपि तन्मयतामियात् । ऋषय ऊचुः । कथमस्य श्रवात्पुण्यं केन प्राप्तं पुराऽनघ २४ तन्नःशंस महाभाग पृच्छतां सूतनन्दन । सूत उवाच । शृण्वन्तु मुनयः पूर्वं कश्चिन्मूकोऽभवन्मुनिः २५ ब्रम्हलोकं गतोऽकस्माल्लोमशोऽपि यदृच्छया । नमस्कृत्य च लोकेशमुपविष्टस्तदाज्ञया २६ पूजितः परया भक्त्या लोमशोऽथाब्रवीद्विधिम् । लोमश उवाच । व्यासाय कथितं देव पुराणं पुण्यवर्द्धनम् २७ गणेशस्य महाभाग तन्मे वक्तुमिहार्हसि । ब्रम्होवाच । शृणु लोमश यत्नेन सर्वपापहरं शुभम् २८ पुराणं हि गणेशस्य काममोक्षप्रदं नृणाम । सूत उवाच । ततः स कथयामास ब्रम्हा स्वीयेन यामतः २९ लोमशाय गणेशस्य पुराणं काममोक्षदम् । मूकेन नादलुब्धेन श्रुतं भक्त्याऽखिलं तु तत् ३० ततः स वागीश्वरवत्प्रोवाच भारतीं मुनिः । अधीत्य पाठतः कृत्वा श्रावयामास चेतराम् ३१ भुक्त्वा भोगान्यथा कामान्पुत्रान्पौत्रानवाप्य च अन्ते जगाम परमं धाम गाणेश्वरं शुभम् ३२ पुनः शृण्वन्तु मुनय इतिहासं पुरातनम् । इक्ष्वाकुकुलसंभूतो राजा शुद्धात्मकः शुचिः ३३ यज्वा दानप्रदो नित्यं स्वाध्यायपरमोरिहा । आख्याता सर्वधर्माणां प्रजानां पालने रतः । षष्ठांशभागी लोकानां मान्यः प्रियतरोपि च ३४ विख्यातस्त्रिषु लोकेषु गोप्ता संवरणाभिधः । अनपत्यः स पुत्रार्थं पुत्रीयामिष्ठिमाहरत् ३५ सांगा सदक्षिणामन्नदानैः सुविहितां ततः । न लेभे संतति राजा हरिवंशमथाशृणोत् ३६ पूजायित्वा द्विजानन्ते वाचकं परितोष्य च । वस्त्रधेनुहिरण्याद्यै रत्नभूलफलादिभिः ३७ ततोऽपि नाभवत्पुत्रो दैवान्मूकस्तु तद्गृहम् । समायातस्तु विख्यातो गणेशाख्यपुराणवित् ३८ स्थापितं प्रार्थयित्वा च राज्ञा संवरणेन सः श्रुत्वा पुराणं तद्वक्त्राद्गणेशाख्यं मुदा नृपः ३९ तदन्ते तोषयामास मूकं तं द्विजपुंगवम् । रत्नमुक्ताफलैर्वस्त्रैर्भूषणैर्हेमनिर्मितैः ४० लेभे ततः कुमारं स गणेशे तत्परोऽभवत् । भुक्त्वानेकसुखान्याप गाणेशं पदमुत्तमम् ४१ भगिनी तस्य वन्ध्यासीत्त्रिशद्वर्षा रजस्वला । यथाकालं भव-

त्यव श्रुत्वा तस्याथ संततिम् ४२ गणेशाख्यपुराणस्य श्रवाज्जातां च तं मुनिम् । आकार्य परिशुश्राव पुराणं तन्मुखाच्छुभम् ४३ लेभे पुत्रं महाशूरं गणेशभजने रता । पुत्रान्पौत्रान्समावाप्य भुक्त्वा भोगान्मनोहरान् ४४ जगाम सा गणेशस्य निजधामोवसा–नत. । सगरस्य तु पुत्राणामेक: पङ्गुरभूत्सुत: ४५ तेनापीदं श्रुतं पुण्यं पुराणं लोमशात्पुरा । भक्त्या द्वादशवर्षेण विनीतेनाथ भक्तित: ४६ संतोष्य लोमशं द्रव्यैस्ततोऽङ्घ्रि समवाप स: । विजयं पुष्टिमायुष्यं प्राणान्ते धामतत्पर: ४७ अष्टादशपुराणांना श्रवणे यत्फलं लभेत् । तदेकस्य पुराणस्य गणेशस्य श्रुतेर्भवेत् ४८ काकवन्ध्या बहुसुता श्रवणादस्य जायते । स्रवद्गर्भा भवेद्विप्रा दृढगर्भा भवत्यपि ४९ मूको वागीशतां याति श्रवणान्मुनिपुंगवा: । वेदाध्ययनसंपन्नो मान्योऽपि द्विजपुंगव: ५० शूद्रो वैश्यत्वमाप्नोति वैश्य: क्षत्रियतामियात् । क्षत्रियो द्विजतां याति स्मरणादस्यमुष्य ह ५१ कन्या तु लभते चास्याप्येकाध्यायस्य सश्रवात् । गुण–वन्तं कुलीनं च पतिं साधुं धनान्वितम् ५२ जात्यन्धो लभते दृष्टिं पुराणस्यास्य संश्रयात् । सर्वतीर्थेषु य: स्नायाद्दद्याद्दानानि सर्वश: ५३ तत्फलं समवाप्नोति भक्त्या य: शृणुयादिदम् । पंचाग्निसाधनं ग्रीष्मे हेमन्ते जलवासनम् ५४ वर्षास्वाकाशवासं य: कुरुते बहुवत्सरम् । तत्फलं प्राप्नुयान्मर्त्यं संश्रुतेऽध्यायपंचके ५५ अग्निहोत्रं सदा यस्तु सेवते भक्तिमान्नर: । तत्फलं हि पुरा–णस्य श्रवणादस्य जायते ५६ एकांगुष्ठेन यस्तिष्ठेद्वर्षाणामयुतं नर: । दशाध्यायस्तुतेरस्य पुराणस्य तथा फलम ५७ लभते मानवो भक्त्या निश्चितं नात्र संशय: । आजन्ममरणान्नित्यं शृणुयान्मानवो भुवि ५८ पुराणं तु गणेशस्य चक्रवर्ती भवेतु स: । आजन्ममरणाद्यस्तु काशीवासं करोति य: ५९ तत्पुण्यं लभते मर्त्यो गणेशस्य पुराणत: । सहस्रं माघमासान्व: प्रयागे स्नाति मानव: ६० तत्फलं लभते मर्त्य:पुराणस्यास्य संस्रवात् । गोमतीसंगमे तद्वत्स्नानं भक्त्या करोति य: ६१ तत्फलं कोटिगुणितं

लभते चास्य संस्रवात् । गणेशस्य पुराणं यः शृणुयाद्भक्तिमान्नरः ६२ न भयं तस्य शूलात्तु वज्राच्च चक्रिचक्रतः । इद वः कथितं सर्वं पुराणं च सविस्तरम् ६३ संपूर्णो महिमा वक्तुं न शक्यो वर्षकोटिभिः । ब्राम्हणा षण्मुखेनापि शेषेणापि मुनीश्वराः ६४ युष्माभिः परिपृष्टं यत्सर्वपापप्रणाशनम् । सर्वं कामप्रदं भुक्तिमुक्तिदं पुण्यवर्धनम् ६५ गणेशस्य परेशस्य नानालीलाधरस्य व । वक्तृश्रोत्रोरघहरं किमन्यच्छ्रोतुमिच्छथ ६६ (६९८६) (११०७९) इति श्रीगणेशपुराणें क्रीडाखण्डे फलश्रुति-निरूपणं नाम पंचपंचाशदुत्तरशततमोऽध्यायः ॥१५५॥

॥ श्रीगजाननार्पणमस्तु ॥

॥ शुभं भवतु ॥

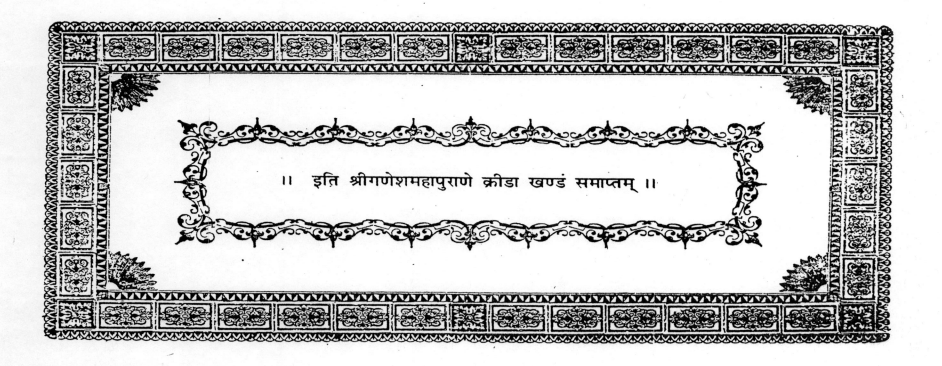

॥ इति श्रीगणेशमहापुराणे क्रीडा खण्डं समाप्तम् ॥

श्रीगणेशमहापुराणम् : : श्लोकानुक्रमणी

क्री० - क्रीडा खण्ड : : उ० - उपासना खण्ड

श्लोकारम्भ	अध्याय-श्लोक	श्लोकारम्भ	अध्याय-श्लोक	श्लोकारम्भ	अध्याय-श्लोक	श्लोकारम्भ	अध्याय-श्लोक	श्लोकारम्भ	अध्याय-श्लोक
अ		अकालदेशतोऽपात्रेवज्ञया	क्री० १४८.९	अगोचरो दृष्टिगतो दण्ड	क्री० ७९.५	अग्रतः प्रकृति यांता	उ० ५.१३	अंगदे चारुणी बाह्वोर्हस्त	उ० ४८.२१
अकरोत्सर्व भावेन	उ० २७.२१	अकालः प्रलयः कीं नु	क्री० ११.११	अगोचरो मनस्तकैं	उ० ९१.१५	अग्रे किं कर्म कर्तेति न	क्री० ८५.१७	अंगहीनः सुतो जात	उ० ७२.३९
अकरोद्दुष्ट बुद्धिः	क्री० १२९.६	अकालप्रलयादेव वीति	क्री० १५.४७	अग्निकुंडानि सर्वाणि	उ० ४०.११	अग्रे कृत्वा महासेना	उ० ४.३८	अंगारक चतुर्थ्यास्त	उ० ६०.१
अकरोन्मज्जनं तत्र श्रम	उ० ५७.१२	अकाले प्रलये प्राप्ते	क्री० १५.२६	अग्निर्ज्योतिरहः शुक्ला	क्री० १४४.२	अग्रेऽपि कानि भावीनि	क्री० १८.१४	अंगारक चतुर्थ्यास्तु	उ० ६८.२८
अकर्तुमन्यथाकर्तुं कर्तुमीशे	उ. ४८.२७	अंके कृत्वा तु तं बालं	क्री० ३३.३६	अग्निज्वालाभयादेव	क्री० ४२.३	अग्रेऽभ्दुततरा चापि	क्री० १.४५	अंगारकेति रक्तत्वा	उ० ६०.३३
अकर्मणः श्रेष्ठतमं	क्री० १३९.७	अक्लेद्यं प च वनैरशोष्यं	क्री० १३८.३२	अग्नितुण्डं रुक्मपुंखं	क्री० ६१.११	अग्रे विनायकः प्राप्तो	क्री० १८.३३	अङ्घ्रिरपातभवो रेणु	उ० ४७.१५
अकल्पिताः सपदोऽत्र	क्री० ४९.३२	अक्षरः परमात्माच	उ० ३४.२०	अग्निना यत्समुत्सृष्टं	उ० ८५.३२	अग्रे शुभतरं भावि	उ० ७२.३२	अचलामचल स्तिष्ठन्	उ० ८३.२४
अकस्मात्काकस्य शकृत	उ० ७६.२३	अक्षिगोचर तां यातो	क्री० १३३.२९	अग्निना वायुना	क्री० ३८.११	अघानि ते विनाश्यन्ति	क्री० ५८.४७	अच्छिनदैत्यहस्तं च	क्री० १०२.१२
अकस्मात् कामिनीं	उ० ६०.५	अखिला संपदस्ते तु	उ० ४१.७	अग्निलोकं ततोऽग्रे तौ	क्री० ५२.१३	अघोरस्य सबीजं	क्री० ६६.१३	अजं निर्विकल्पं निराकार	उ० १३.३
अकस्मादपराधं नः	क्री० १०८.२९	अखिलैर्विषयेर्मुक्तो	क्री० १४०.२९	अग्नि शस्त्र धराश्चाश्व	उ० ५५.२४	अकिंचनोऽप्येक चित्तो	उ० ४६.२०१	अजयत्तं महावीरं तन्मे	उ० ८२.२
अकस्मादीदृशं सैन्यं	क्री० ६३.२१	अगम्ये तत्त्वतो पृथिवी	क्री० ४४.७	अग्निशस्त्रधरैः केचित्	क्री० १२१.२०	अङ्कुशं परशुं	क्री० १३६.१२	अजयत्सिन्दुरं दैत्य	क्री० १२८.६८
अकस्माद्रक्षितं केन	उ० ८४.९	अगस्त्याय कथयता	क्री० ३८.२१	अग्निहोत्रं सदा यस्तु	क्री० १५५.५६	अंकुशः सुरनागानामं	उ० ४६.७८	अजयाचिंतपा दाब्जो	उ० ४६.५७
अकस्माद्व्रजनी प्राप्ता	क्री० २०.१५	अगाधनीरे कूपेऽस्मिन्	क्री० १९.२४	अग्निहोत्र रतो नित्यं	उ० ६०.३	अंकुशानि च यातानि	उ० ८५.३४	अजःसिंहेन किं युद्धं	उ० ४७.२६
अकामतः श्रद्धया च	क्री० १४८.५	अगाधं तत्तयोःपुण्यमासी	क्री० २८.३९	अग्निहोत्रैष्व काम्रारैः	क्री० १६.२६	अंके कृत्वा शिरस्तस्य	क्री० १२४.३५	अजानुबाहू दीर्घाक्षौ	क्री० १.३०
अकार्षीच्च जगर्जाशु	क्री० १५.४५	अगाधेऽम्भसि ते केचिन्	क्री० ९१.३१	अग्न्यर्क शशिनोमाभि	उ. ४४.२७	अंके लक्ष्मयाशिरः	क्री० ३९.१३	अजीवयद् दृष्टिपातैः	क्री० ९१.१०
अकाल एव प्रलयः	उ० ६३.३०	अगाधोदां नक्रझषकूर्म	क्री० ९९.५	अग्न्यग्ने मोचिते तेन	क्री० १२२.४६	अंगणे तस्य खण्डानि	क्री० १२२.३५	अजोऽव्ययोऽहं भूतात्	क्री० १४०.९

अज्ञातस्थापितस्तत्र क्री० १३१.२५
अज्ञान कृत संकष्ट उ० ५९.१४
अज्ञान दोषेण कृतो उ० ६१.४४
अज्ञानात् क्रियमाणं क्री० १४८.१७
अज्ञानेन विमोहितं जग क्री० ९.४२
अज्ञेया ते परा माया क्री० ५५.१३
अंजनाद्रिरिव श्यामो क्री० १०६.६
अटद्गृहे गृहे सोऽथ क्री० १०५.५७
अणिमा तु शिखां धृत्वा क्री० ६४.९
अणिमादि गुणोपेतः उ० ५३.३
अणिमानं ततो दैत्यो क्री० ६९.८
अणुमात्रमदृष्टवैनो दिवो क्री० ४५.२८
अणुम्योऽणुतरं रूपं कृत्वा उ० १२.१७
अणुरूपः स्थूलरूपः क्री० ८५.१२
अण्डमाच्छाद्य तिष्ठन्ती क्री० ९८.२८
अत एव शमीकाष्ठं क्री० ३५.३३
अतः पतिव्रता नार्यः क्री० ४६.१७
अतं स्तानि पराण्याहु क्री० १३९.४२
अतर्कयच्चेतसा सा क्री० ८१.१९
अतः शृणु हितं वाक्यं क्री० १२०.४९
अतश्चाहर्निशं भूप क्री० १४३.१८
अतः षडक्षरं मन्त्रं उ० ९०.११
अतः सत्यं ब्रवीमि त्वां उ० ७८.२४
अतः सर्वान्गृहीत्वैव क्री० १५३.२२
अतः सा पुण्यदा नित्यं उ० ६०.३१
अतस्तन्मोचनार्थाय क्री० ११०.६
अतस्तस्य प्रभावेन उ० ५८.३८
अतस्तस्यां दीपदानं उ० ४८.७
अतस्तानीह संरुद्धय क्री० १३८.६७
अतस्तेनैव रूपेण उ० ४८.३९
अतस्तेऽहं प्रवक्ष्यामि उ० ११.१०
अतस्तेऽहं वरं दास्ये उ० ७३.६
अतस्त्यक्त्वा तु संदेहं क्री० ४४.१२
अतस्त्वं पुत्रतां याहि क्री० ८०.१६
अतस्त्वय्यचला लक्ष्मी उ० ५२.४२
अतस्त्वां प्रार्थयामोऽद्य उ० ८५.२१
अतस्त्वां स्वगृहे नेतु क्री० १४.७
अतस्नबं चक्रिवान् उ० ६२.१५
अतिकारुणिको लोके क्री० ५.२
अतिक्रम्य भुवर्लोक क्री० २०.४८
अतिक्रान्तानि विघ्नानि क्री० १०१.६
अतिक्रान्ता सभा यस्य उ० ५३.४
अतिख्यातेऽतिविमले उ० ७६.३३
अतिगुप्ततरौ तत्र क्री० ५६.७
अतितीक्ष्णानि कालस्य क्री० ९५.५४
अतितुष्टोऽनया स्तुत्या उ० ९२.५
अतिदीप्ततरं बालं उ० ८५.४१
अतिदीर्घतम श्मश्रु क्री० १८.६
अतिदार्ढ्यं तस्य दृष्ट्वा क्री० ९८.३६
अतिदुःखं च वैराग्यं क्री० १४२.२२
अति निष्ठुरतां प्राप्तं उ० ८.३
अतिपुण्येन वः प्राप्तं क्री० ७९.१०
अति प्रसन्नन्हृदयो बभाषे उ० १८.९
अतिप्रदृष्टास्ते योधास्ते क्री० ५७.८
अतिप्रीतिमती कीर्ति क्री० ३३.२९
अतिप्रीतिमना गौरी क्री० ८५.८
अतिप्रीतियुताः प्रोचुः क्री० ७१.२२
अतिप्रेमबलात्सा तं क्री० २१.४२
अतिबीभत्सरूपां तां क्री० ३३.२२
अतिमानी वदान्यश्च उ० ५.३६
अतिम्लानमुखा दीना क्री० १२४.५
अतिरोषान्महादेवः क्री० १०६.२३
अतिविह्वल गात्रस्य उ० ६०.६
अतिविस्तार भीत्याऽत्र उ० ८१.३४
अतिवैभवयुक्तौ तौ क्री० ३२.२३
अतिवैराग्यसंयुक्तो क्री० १३७.५९
अतिवैश्वानररवितेजाः क्री० २९.२
अतिशीतलगात्रः स क्री० ८७.३८
अतिशीतस्थलं यत्र क्री० १२९.३२
अतिशीतस्थलं यत्र क्री० १२९.३३
अति शुष्क शरीरा उ० ६२.२०
अतिशूरे स्वोकटे च क्री० १८.२०
अतिशोकेन शोकोऽग्नयः क्री० २१.१२
अतिश्रान्ता द्रुमतले क्री० १०८.१६
अति श्रान्तो ददर्शाथ उ० २७.२९
अति श्रान्तो नरपति उ० २८.२
अतिसाध्वी महाभागा उ० ५३.६
अतिसुन्दरकायस्य क्री० १०९.७
अतिसुन्दरगात्रास्ताः सर्वा क्री० ९९.३२
अतिसुन्दर गात्रोऽसौ उ० ७७.१०
अतिसौख्यकरं तं स क्री० ५२.७
अति स्नेहं दिवारात्रा उ० ७.११
अतिस्वच्छानि वासांसि उ० ५३.५
अतीतानागतज्ञानाद्विचार्य क्री० १.३७
अतीतानागतज्ञाना क्री० १८.२३
अतीताना गतविदं उ० ५४.१०
अतीन्द्रिय ज्ञानवतो उ० ९.३३
अतृप्तां तां परिज्ञाय प्रेता क्री० ६८.१३
अतो गच्छन मे स्वास्यं क्री० १३७.४
अतो दुण्ढिरिति ख्यात क्री० ४८.१९
अतो दत्वा सुरान् क्री० १११.२२
अतो दुःखविनाशो वा क्री० १२९.२७
अतो न मातः कोपं त्वं क्री० ७२.७
अतो नायामि वः स्थानं क्री० ९९.३८
अतो नीत्या समायुक्तः उ० २.२९
अतो भक्त्या मयि मनो क्री० १४६.१०
अतोऽपराधं मे क्री० १३५.३०
अतोमम मनस्तस्या उ० ४१.२२
अतो मुंचन्तु मां नो चेत्स क्री० ९७.२८
अतोऽमुं त्वं महादैत्यं क्री० ६.१६

अतो मे भवदाशीर्भिजतिः उ० १९.३४
अतो यच्छन्तु नो मार्ग क्री० १०९.२४
अतो यातं वृक्षयोनौ क्री० ३४.२४
अतो विवर्धते धर्मो क्री० ४५.१६
अतोऽसक्तनया भूप क्री० १३९.१९
अतोऽहमेब संयातः क्री० १६.३२
अत्तेऽस्मिन्पुनरन्यं क्री० २१.४४
अत्यद् भुतं दृष्टमिद क्री० ९८.१६
अत्यद्भुतेन रूपेण क्री० १६.३९
अत्यद्भुतमं ज्ञानमस्य क्री० २१.५७
अत्यंत निष्ठुरै र्वाक्यै उ० ५१.६०
अत्यन्तं तुष्यते देवो क्री० २६.१५
अत्यन्तं प्रार्थितो देव क्री० ७२.२७
अत्यंतं बुभुजे दुःख उ० ७४.२३
अत्यन्तं सा शुशोचाथ क्री० ५८.२
अत्यंतं सुंदरतरा उ० ७६.५१
अत्यंतं सुंदरतरो उ० ७६.३
अत्यन्तं सुन्दरं दृष्ट्वा क्री० १९.१२
अत्यन्त सुन्दरी साध्वी उ० ६२.७
अत्याप्त जनवाक्येन उ० ५५.९
अत्याश्चर्य मह मन्ये उ० ६७.८
अत्याश्चर्यं विभो दृष्टं क्री० ६१.३८
अत्याश्चर्ययुतौ चोभौ क्री० ५५.२३
अत्या सक्तं त्वदधरामृतपाने उ० २८.६
अत्युत्कंठतया सुभ्रु क्री० २१.२६
अत्युत्तमं स्वरूपं च क्री० २३.५२
अत्र कीटपतंगानां क्री० ३८.३५
अत्र क्रीडान्स्थितो बालः क्री० ८९.८
अत्रत्वं सर्वदा तिष्ठ क्री० १०३.३०
अत्र यो मनुते भेदं क्री. ३८.४०
अत्र स्नात्वा पूजयेद्यो क्री० २५.११
अत्र स्नानं तथा दानं उ० ६४.२८
अत्र स्नानेन दानेन उ० ३७.४४
अत्राप्युदाहरन्तीममिति क्री० ३२.८
अत्राप्युदाहरन्तीमिति क्री० ७३.४
अत्रा प्युदाहरन्तीम उ० ५८.८
अत्राप्युदाहरन्तीम उ० ६३.५
अत्रास्ति निर्मलः शुक्लो क्री० २४.३६
अत्रिः कण्वो भरद्वाजो उ० ८९.३२
अत्रैवोदाहरन्तीम क्री० १३४.४
अथ गीतां प्रवक्ष्यामि क्री० १३८.४
अथ तस्या भवद्देहौ मूको उ० १९.४१
अथ दुर्गा सखीभिस्तु क्री० १२०.११
अथवा प्रलयो भावी क्री० २०.१८
अथवा मानसीं पूजां क्री० १४४.९
अथवा मूलमन्त्रेण सहस्रं उ० ७१.११
अथवा राज्यविभ्रष्टं उ० २८.१२
अथवा स्वप्न एवायं उ. ४४.३०
अथ सा मेदिनी दुष्ट क्री० ६.१
अथानेष्यति राजाऽयं क्री० ५७.४७
अथापि ते वाक्यभिदा क्री० ३१.१८
अथापि धर्तुं याता चेद्‌ु क्री० ८.४
अथापि प्रब्रवीम्यद्य क्री० १३५.३३
अथा भावयतां शम्भुं क्री० २४.४१
अथाययौ महादेवो क्री० २९.१८
अथैदष्यनुष्ठातुं न क्री० १४६.१३
अदशत् कंठदेशे स क्री० १९.३७
अदापयत् प्रतिगृहं क्री० ६.४२
अदितिं सुन्दरां कृत्वा क्री० ६९.२३
अदितिर्गृहकार्याणि क्री० ७.२३
अदितिर्बालकं गृह्य क्री० ८.३६
अदितिर्यस्य ज्येष्ठा क्री० ५.४
अदितिस्तां ममेत्याह क्री० ९६.४९
अदित्या जठरोत्पन्न क्री० २१.६९
अदित्याऽपि तपस्तप्तं क्री० २९.७
अदित्यां कश्यपाजातः क्री० ६७.४
अदुष्टवाक्सत्यशीलः क्री० ११७.२२
अदृश्य एवं परशुरस्य क्री० १२८.६१
अदृश्यन्त मृता देवा गते उ० ४७.१७
अदृष्टपूर्वाण्यन्नानि उ० ७८.११
अदृष्ट्वा तस्य दुरितं क्री० ४५.२५
अदोषाख्ये पुरे क्री० ३१.४८
अद्धयद्धीति फलं बालं क्री० ८८.३३
अद्भुतं कृतवान्वर्षे नवमे क्री० ९९.१
अद्भुतानि चरित्राणि क्री० ८८.१
अद्य निष्ठुरतांकेन उ० २५.१२
अद्य धन्यं जनुर्मेऽद्य क्री० १०५.३१
अद्य धन्यं तपो नेत्रे क्री० ३८.५३
अद्य धन्यं ममजनुस्तपो उ० ८८.४०
अद्यप्रभुति मन्दारमूलं क्री० ३५.१८
अद्य प्रभृति लोकेऽस्मिन् उ० ३४.२८
अद्य मे नयने धन्ये जन्म क्री० ४८.४७
अद्य मे सफल जन्म उ० ३७.२४
अद्ययावन्मयैते वै क्री० १२५.४७
अद्य शुक्ल चतुर्थ्यां क्री० १६.१४
अद्य सिद्धि परा प्राप्ता क्री० ८०.१५
अद्यान्धकारः सर्वत्र उ० ८०.६
अद्यापि सा शुभजला उ० ३४.४०
अद्याशिषो मे सुफला उ० ६.२३
अद्वन्द्वोऽमत्सरो क्री० १४०.२८
अधनं यो धनाढ्यमधनं क्री० २.२०
अधमो यदि निंदेत उ० ३.३५
अधर्मोपचयो धर्मापचयो क्री० १४०.१०
अधस्थाद्बहुकालं तौ क्री० १९.२२
अधावन्पृष्ठतः केचित्प्रमया उ० ४३.२१
अधिकं सर्व वर्णानां मति उ० ५३.२८
अधिष्ठाता महामात्रै क्री० ११८.११
अधिष्ठितं तु दूताभ्यां क्री० ५१.३६
अधीराः पपलुस्तस्य क्री. १३३.९
अधुना क्वानुगन्तव्यं क्री० १३४.१५

अधुना सिद्ध गंधर्वै उ० ६०.४६
अधोऽपश्यच्चकम्पे क्री० १३५.२५
अधोमुखतया चोभौ दुखं क्री० १२२.३१
अधोमुखं समायान्त उ० ३९.५३
अधोमुखो गर्ताश्चतां उ० ६७.२०
अधोमुखौ क्षुधार्तौ क्री० ५४.४५
अध्येति क्वापि क्री० ५४.२१
अनंगतां स्वस्य रते उ० ८८.४८
अनंगेन समो नैव उ० ८५.९
अनगतरूपी चानन्त उ० ९०.४७
अनन्त कोटि ब्रह्माणं उ० ८८.४३
अनन्तकोटिब्रह्माण्ड क्री० ११६.३४
अनन्तकोटिब्रह्माण्ड क्री० १३७.४६
अनन्तकोटिसूर्यौजाश्च क्री० ५०.५९
अनन्तगुणपूर्णः क्री० १५१.२९
अनन्तरं गणाः सख्यो क्री० ९१.५०
अनन्तशक्तिः प्रकृतिः पुरा क्री० ४८.८
अनन्तश्रुतिनेत्रश्चानन्त क्री० ७९.२८
अनंतानंत सुखदः सुमंगल उ० ४६.५८
अनंतानामानंत श्रीरनंता उ० ४६.१६९
अनन्तानि स्वरूपाणि क्री० १६.३७
अनन्ता हि मुने मन्त्रा उ० ११.२
अनन्य बुध्द्या परिचिन्त्य उ० २२.४०
अनन्यभक्त्या ताभ्यां उ० ६६.४
अनन्यभावस्त्वां सम्यंङ क्री० १४६.१
अनन्यशरणो यो मां क्री० १४३.२०
अनन्यस्याणि रूपाणि क्री० १४९.४४
अनयो पुण्यलेशोऽस्ति क्री० २८.२३
अनाकारोंऽब्धि भूम्यग्नि उ० ४६.६६
अनागतौ तु तौ ज्ञात्वा क्री० ३४.३०
अनाथं नगरं तेदुद्य उ० २५.१७
अनादरं च चक्रुस्ते उ० ८.१३
अनादिं गुणादिं सुरादिं क्री० १२३.४३
अनादिनि धनं देवं क्री० ११६.६
अनादिनिधनो देवः सृष्टि क्री० ९६.५०
अनादिनिधनो देवः क्री० १३०.२६
अनादिमध्यनिधनो क्री० ७८.९
अनादिमध्यानिधनाप्य क्री० ९५.१२
अनादृतपितृभ्रातृ भर्तृ क्री० १३.१६
अनादृता तयाऽहं तु तद् क्री० ९७.१४
अनाद्यनन्तं लोकादिमनन् क्री० १४५.११
अनापायोऽनंतशक्तिर उ० ४६.६४
अनारम्भेणं वैधानां क्री० १३९.३
अनितुं शमिकां प्राप्तो क्री० ३४.३२
अनिर्वाच्या मवस्थां उ० ४.१९
अनिवार्यं महास्त्रं तद् क्री० १२१.५१
अनिवृद्धो महाभीमो उ० ७६.१६
अनिष्टं बलवद्भावि उ० ७८.२५
अनिष्टमस्य मनसि न क्री० १८.२८
अनिष्टाप्तौ च न क्री० १४६.१९
अनीर्ष्यन्तो ये मयोक्मिदं क्री० १३९.३१
अनुकूलो भवेद्यावद्ववद्वरं उ० १२.२६
अनुक्रमेण कथय उ० ९२.३५
अनुक्रोशं कुरू शिशो क्री० २१.५२
अनुगृन्हीष्व पुत्रं मा क्री० १२७.१७
अनुग्रहं कुरूतथा यथैतौ क्री० १.४८
अनुग्रहान्मया दृष्टमैश्वरं क्री० १४५.२२
अनुग्रहाय तस्याथ उ. ३७.९
अनुजानतु मां सर्वे उ०. ४.१३
अनुजानिहि गच्छोमा क्री० ९.९
अनुजानीहि यास्यामो क्री०९ १३६.४१
अनुज्ञाता स्तत स्तेन उ० ४.३७
अनुज्ञातो गमिष्यामि उ० ७७.४०
अनुज्ञां भवतो गृहय क्री० १५२.२१
अनुभूतः सुरगणै उ०. ७३.३०
अनुरुक्ता त्वयि सदा उ० ७.१३
अनुष्ठान फलं प्राप्तं यत्तै उ० ३४.२६
अनुष्ठानं कथं ब्रह्मन् क्री० २.१
अनुष्ठानं कुरुष्व त्वं उ० २१.५०
अनुष्ठानं कृतं तेन क्री० २७.२
अनुष्ठानं तथा होमः उ० ७२.१३
अनुष्ठानं प्रवक्ष्यामि उ० ११.११
अनुष्ठानं बहुदिनं क्री० ६६.१८
अनुष्ठानं मासमात्रं कुरु उ०. ५०.८
अनुष्ठानरते वाचकनवौ उ० ३६.३७
अनुष्ठानरतो भूत्वा उ० ३६.२२
अनुष्ठान वतामत्र उ० ६१.५४
अनुष्ठानवतां सिद्धिं क्री० ८०.२३
अनुष्ठानेन यस्याथ उ० ५१.११
अनुष्ठितां महेन्द्राद्यै उ० ४८.३४
अनुष्ठित्या स्वर्गलोकं क्री० ७४.२४
अनृतात्कुत्र गच्छेयं नोक्त क्री० १५२.६
अनेकक्षत संयुक्तं उ० ६५.२०
अनेककोटिब्रह्माण्ड क्री० १०४.१२
अनेकक्रियाकारणं क्री० १२३.४५
अनेक जन्मपापानां क्री० ७३.४०
अनेक जन्मसंभूतिः क्री० १४४.५
अनेक दिव्यवस्त्राणि क्री० ४.१३
अनेकदिव्याभरणै क्री० १.२६
अनेक भूषणयुतं चिन्ता क्री० १३०.२२
अनेकमायया हत्वा क्री० ८२.५३
अनेकयातनायां स क्री० २९.२८
अनेकयुद्धसम्भाररथा क्री० ११८.१३
अनेक रत्नयुक्तानि उ० ४९.४०
अनेक रत्न खचिते उ० १.३३
अनेकरूपवान्देवो मयूरेशो क्री० १००.१
अनेकरूपिणी विभौप्रभुः क्री० ४४.९
अनेकवाद्य निर्घोषैः उ० ५६.१९
अनेकवीरसंबाधां क्री० ५६.२
अनेकशक्ति संयुक्तं दैत्य क्री० ९५.२८

अनेकशक्ति संयुक्तं क्री० ४०.२१
अनेकशस्त्रसंपन्नश्च क्री० ६२.४३
अनेकशो वरान् दत्वा उ० ६४.२६
अनेकसाधनरताः क्री० ५२.४५
अनेकसूर्यसंकाशो क्री० १५०.४
अनेकस्वर्णपात्रं स्थैः क्री० ४८.२८
अनेकादित्यसङ्काशां क्री० ५२.५०
अनेकानि च ते जन्मान्य क्री० १४०.६
अनेकान्यस्य विघ्नाति क्री० ७.८
अनेकायुधहस्तं च सर्वा क्री० ८१.१८
अनेकायुधहस्ताय सर्व क्री० ३७.७
अनेकैः पूज्य तां सम्य क्री० १०५.३९
अनेन दूषितो नूनं क्री० २३.१६
अनेन निहता दुष्टा क्री० १८.३६
अनेनाराधयबिभुं उ० २७.४
अनेनास्य कृता रक्षा न क्री० ८५.४२
अनेंकदासदासीभि उ० ७७.५८
अनेंकरत्ननिचयैर्धर्वस्त्रैर क्री० ३०.२४
अनेंक सूर्यसंकाशं उ० ८७.३५
अनेन जडदेहेन स्वानन्द क्री० ५०.२६
अन्धकस्त्व ब्रवीत्तत्र क्री० २०.८
अन्धकारं महद्यासीन्न क्री० ६०.५५
अन्धकारं यथा सूर्य क्री० ६८.३०
अन्धकारेण महता क्री० ६४.१९
अन्धकारे महारौद्रे क्री० ५७.३४
अंधःकुब्जःस्रवद्रक्तः उ० २२.२
अन्धतां बधिरत्वं च उ० २३.३७
अन्धे तमसि संगृह्य उ० ७४.१८
अन्धोऽथ बधिरः कुब्जो उ० २२.४९
अन्तकाले महद्रूपं क्री० ९३.३३
अन्तकाले सन्निहिते क्री० ११५.३२
अन्तको भयसंत्रस्तः क्री० ३.१८
अन्तःप्रविष्टे ओष्ठौ क्री० ८९.७
अंतःप्रवेशयामास स्वयं क्री० १३.४५
अन्तःप्रसादः शान्तत्वं क्री० १४८.३
अन्तःप्रसादः शान्तत्वं क्री० १४८.४
अन्तरात्मनि ्यः प्रीत क्री० १३९.१७
अन्तरिक्षं तथा नाभेः उ० १६.१०
अंतरिक्षं तया तिर्यक् उ० १२.२३
अन्तर्गृहगता देवी पुपूजे क्री ८२.२८
अन्तर्दधेतु तद्रूमुपभयोः क्री० ५४.५७
अन्तर्दर्धऽखिला धारः उ० ९२.१३
अन्तर्धानं करिष्यावः क्री० १९.७
अन्तर्धाय प्रादुरासीन्ना क्री० १०५.२७
अन्तर्निष्ठोऽन्तः क्री० १४१.२४
अन्तर्बहि र्मातृकाश्च उ० ४९.२०
अंतर्बहिर्मातृकाणां न्यासं उ० १२.१३
अन्तर्बाहिज्ञेन्द्रियाणां च क्री० १४८.२८
अन्तर्य स्तर्कितो देवः उ० ४४.३२
अन्तर्हृदि च नेत्रे क्री० ५४.४६
अंतर्हिताश्च ते विघ्नाः उ० १४.१८
अन्तर्हिते भगवति उ० १६.२
अन्तर्हिते भालचन्द्रे उ० ६१.५६
अन्तर्हिते मयि तदा उ० ३०.१०
अन्तर्हिते मुनिगणे उ० ४५.२२
अंतर्हिते मुनौ तौ चावदतां क्री० १.५२
अन्तिकं दर्शितं तेन उ० २१.७
अन्तिके त्वं निसृष्टोऽसि उ० ८.८
अन्ते तत् काक भावेन उ० ७८.३७
अन्ते त्वचिंतना त्सद्यो उ० १८.३५
अन्ते मोक्षं च मे देहि क्री० २३.५०
अन्ते वैनायकं धाम क्री० २५.१३
अन्त्यशब्देन तस्याथ क्री० ९०.४०
अन्धकारं पुनरभूद् उ० ४७.२९
अन्नदः पंचपितरो क्री० ५५.४१
अन्नदानरतो नित्यं उ० ६५.८
अन्नं जलं विह्वलापा उ. ३६.५
अन्यत् कथय मे देव उ० ९१.१
अन्यत्ते कथायिष्यामि क्री० ९.१
अन्यत्ते वांछितं सर्वं उ० ३८.४५
अन्यथा कुर्वतः पुंसः कृतं उ० १०.१८
अन्यथा कुर्वतः पुंस उ० ७६.४२
अन्यथा कृतपुण्यानां उ० ९०.७
अन्यथा चाभवद् उ० ५७.१५
अन्यथा दर्शयिष्यावो क्री० ११९.११
अन्यथा न शरीरं मे क्री. १३७.५२
अन्यथा मम दंड्स्य क्री० १३.११
अन्यथा शक्रभवनत्यागे क्री० २३.११
अन्यदुच्चावचं विश्वं उ० १६.११
अन्यपदप्रधानो हि समा क्री० ३.२५
अन्यमेकं वरं याचे उ० ३४.२५
अन्यं कं शरणं यामः क्री० १२९.१९
अन्यं कं शरणं यामि उ० १०.१४
अन्यं च ते वरं याचे उ० ३८.४०
अन्यस्त्रीणां सुतं दृष्ट्वा उ० ७०.९
अन्या अपि सम्भूचुस्तं क्री० ३६.२१
अन्यान्युप पुराणानि उ० १.८
अन्यां कथय शक्रत्वं उ० ६८.१
अन्यां मत्प्रकृतिं वृद्धां क्री० १४३.५
अन्यावास्तां करौ तस्य क्री० ६०.५३
अन्याश्च रुरुदुंस्त क्री० ७.२५
अन्यं क्षुद्रतरा दैत्यास्ते क्री० ६४.१५
अन्ये चरव्युः काशिराज क्री० २१.२९
अन्ये च भिन्ननामानो क्री० ४३.११
अन्ये ते चरणारविन्द क्री० ९.४३
अन्ये त्वतर्कपन्क्वाद्य क्री० ६५.६
अन्ये नानाविधान्देवा क्री० १४३.१३
अन्येंनाकारि केनेदं उ० ७७.१
अन्येऽपि कुंभिपाके उ० ५८.३५
अन्ये ये ये तमर्चन्ति क्री० ४२.३४

अन्येषामपि दैत्यानांजयेन उ० १८.१७
अन्यैर्देवासुरनरैः कृतं उ० ७०.१७
अन्यैः सचेतनै रन्या उ० ९२.२७
अन्योऽपि यः पठेद्भक्तया क्री० ११.४६
अन्वयुर्नागराः सर्वे क्री० १२६.३
अन्वयुर्मुनयः सर्वे क्री० १०१.१०
अन्वर्थं भावदुष्टायाः क्री० ८७.५
अपनेष्यति नो दुःख क्री० १२९.२५
अपयश्यत् पुरतो उ० ३८.६
अपरं गलितं पत्रं भक्षय उ० ३०.७
अपरं चाभवत् क्रीडा क्री० १५.४२
अपरस्मिन्दिने ब्रह्म क्री० ७१.१
अपरस्मिन्दिनेराजा क्री० १५.१
अपरस्मिन् दिने राजा क्री० २२.१
अपरस्मिन्दिने विप्रान् क्री० ८२.३१
अपराद्धं मया यद्य च्चिरं उ० ४.१०
अपराधं विना भृत्ये क्री० १२४.२३
अपराध विहिनायाः क्री० ९७.२७
अपराधानसंख्यातान् क्री० ५५.४७
अपराधान्क्षमस्वाद्य क्री० १०७.४६
अपराधाः सुबहवो जाता क्री० ५७.१३
अपरां शृणु मे व्यास उ० ५६.५
अपरा सृष्टिरारब्धा . ३२.१६
अपरास्तत्यजुः प्राणां क्री० ५७.२५
अपरिक्षितेन वपुषा क्री० २१.३५
अपरे धैर्यमालम्ब्य क्री० १०६.१५
अपरे निश्चयुध्यन्त क्री० ११३.४१
अपरे सहसा पेतुर्विद क्री० ११४.२४
अपरेऽहनि संप्राप्ते क्री० १८.१
अपशद्वं तथा श्रुत्वा क्री० १९.२२
अपश्यच्च मयूरेशं क्री० १०६.३८
अपश्यत्तस्य क्री० १६.६
अपश्यदभ्याशगतं क्री० १२०.४३
अपश्यद्रेणुकां तत्र उ० ८१.२७
अपश्यन्ती शिवं सा तु उ० ४८.११
अपश्यन्निकटे देवपाद क्री० ११६.२४
अपश्यं पुरतः शीघ्रं उ० ३५.७
अपायतां यान्ति कृता उ० ६.२७
अपारसेनया युक्तं सिन्धु क्री० ११०.१४
अपुत्रस्य गति नास्ति उ० ६८.३
अपुत्रस्य गति यैव स्वर्गो उ० २९.११
अपुत्रा दैवयोगेन जाता उ० १९.९
अपूजयत्ततस्तं स क्री० २३.३३
अपूजयत् तान्सर्वान् उ० ७७.३१
अपूजयन् महाभक्त्या क्री० १७.१९
अपूपैर्मोदकैरन्यैं रूपचोरेः क्री० ४८.१६
अपूर्वः पाचितोऽयं नु क्री० २३.४३
अपृच्छत्तं द्विजवर उ० ९.९
अपृच्छत् सेवकान् उ० ७७.२३
अपृच्छन्त जनाः सर्वे क्री० २४.३
अपेकरूपांघ्रिविलोचन क्री० ४८.११
अपेक्षते स लोकानां क्री० ५९.५
अपैशून्यं दया क्रोधश्चा क्री० १४७.३
अपैहि युद्धा ज्जीवंस्त्वं उ० ४७.२५
अप्रतर्क्योऽक्षयोऽजय्यो उ० ४६.६५
अप्रतिग्राहका विप्राः क्री० ५२.३२
अप्रमाणं कथमहो उ० ६१.२३
अप्रमेयेऽप्रतर्क्यश्च उ० ३५.२९
अप्राप्तानेव तांश्छित्वा उ० ४३.१०
अप्रेषय द्रुत चारू उ० ७२.४६
अबध्नान्मस्तके कांश् क्री० १००.२९
अबिघ्नस्तुबरुः सिंहवाहनो उ० ४६.७
अबीजो बीजभुतश्चाशेष क्री० ७८.८
अब्दानामयुतं देव वरं क्री० ४५.५
अब्धेरुत्पद्यमानास्ते क्री० १४५.१९
अब्रवीन्मुनिमुख्यं तं उ० ७७.३४
अब्रवीस्तान् नमस्कृत्य उ० ८.१६
अब्रुवन रोषिता सर्वे उ० २२.२२
अब्रुवस्तत्र केचिच्च क्री० ११६.२०
अभक्तार्पितममृतं विष क्री० १०५.५०
अभक्तिकामान्विनिहंसि क्री० ९५.१३
अभक्षयत्स पक्वान्न क्री० २३.४०
अभयं दत्तमधुना विपरीतं क्री० ५५.४६
अभव गर्दव संपन्नः उ० १४.२
अभवत्कामसंतप्तो उ० ६३.१९
अभवत्तुमुलं युद्धं न उ० ४२.२८
अभवत्पाप निष्ठश्च उ० ७६.५
अभवद्दर्शनं तेवामन्धस्येव उ० २१.२२
अभवद्वाहरूपेण क्री० १३५.३८
अभवन्युद्धनिरताः परस्पर क्री० ६३.४३
अभवन्नागरा दृष्ट्वा उ० २१.२८
अभवं तेन निष्पापो क्री० १५३.८
अभिप्रायं स्वयं तस्य क्री० ४६.२४
अभिशापी भवेच्चन्द्र उ० ६१.२६
अभिषेकावलोकाय पुत्रस्य उ० ३.४६
अभिषेचनीयसंभारान् क्री० ४९.१०
अभूतां मिलिते सेनेरंजस्तिउ० ४२.२७
अभूत्त्वदागमाद्राजन् उ० ७७.४२
अभेद्यमण्डं वज्रेण क्री० १७.४७
अभेद्यं देव गंधर्वे उ० [illegible]१.१३
अभेद्यं सर्वदेवानां उ० ३८.४३
अभ्दुतान्यप्यसंख्यानि क्री० ११.३०
अभ्यंगं कुरु पूर्वं त्वं क्री० २९.३६
अभ्यंगं कुरु तैलेन क्री० १४.४०
अभ्यघ्नन्पंकगोलेन क्री० ९१.१८
अभ्यज्य भोजयामास क्री० ७१.१४
अभ्यधापि तु संकष्ट उ० ७३.२९
अभ्यंतरगतः प्रोचे प्रिये उ० ३०.१४
अभ्यासाद्वा वशीकुर्यान् क्री० १४२.२३
अमज्जयद्दलात् तं च क्री० १९.२०

अमर्त्यौ द्वौ ज्ञाननिधी उ० ३६.२५
अमन्त्रयन्महाबाणं विष्णु उ० ४७.४२
अमात्य द्वय संयुक्तो उ० ५.३९
अमात्यनागरैर्युक्तमीक्षन्त क्री० १५२.१३
अमात्य पदनिष्ठौ तौ क्री० २७.२४
अमात्यपुत्रसहितो नरांतक क्री० ५९.७
अमात्यपुत्रसहितो राजा क्री० ६०.३
अमात्ययोत्सु पुत्राभ्यां क्री० ५७.४१
अमात्या नागराः पुत्रः उ० ४.३६
अमात्या नागरास्तं उ० ४.८
अमात्यानां प्रजानांच उ० ३.४१
अमात्यांना च वीराणा क्री० १५.५५
अमात्यान्सर्ववीरांश्च क्री० ५७.९
अमात्याभ्यां नमस्कृत्य क्री० ५१.३४
अमात्या राज भार्याच उ० ४.७
अमात्याः सेनया सार्द्धं क्री० ५७.३२
अमात्यौ निश्चयं कृत्वा क्री० २७.१८
अमात्यौ राजपत्नीं तां क्री० ५९.३९
अमात्यौ सेनया उ० २७.७
अमुंचत्तं यदा बाणं तदा उ० ४७.४४
अमृतं पास्यसे सम्यग् उ० ६०.३२
अमृतं याति च विषं क्री० २२.९
अमृतं विषतां याति विषं क्री० ८८.३५
अमृतं विषरूपं च तत्र क्री० ४४.१०
अमृतस्त्राविकिरणो न क्री० ९९.४०
अमेयमायान्वित क्री० २१.७०
अमेयशक्तये तुभ्यं क्री० ७८.२७
अमोघसिद्धिरमितमंत्र उ० ४६.२०५
अम्नौ सूर्ये तथा सोमे क्री० १४६.३६
अम्बा सा पतिता भूमौ क्री० ५८.३
अम्भासुरस्य यो मूर्धा क्री० २१.२
अयमक्षतदेहस्तु पतितो क्री० ८३.३७
अयमेव न जातश्चेत् क्री० ८८.१४
अयमेव भवेत्किं नु क्री० ४२.२४
अयमेव वरो महयं क्री० २३.४९
अयमेव सदा ध्येयो क्री० ८३.१२
अयमेव सदा पूज्यः क्री० १२५.३१
अयं कलियुगे देवि क्री० १३०.३२
अयं कालो घोररूपो क्री० २९.११
अयं च ब्राह्मणो ब्रह्मा क्री० १२८.२०
अयं च समयः प्राप्तः क्री० ६१.३०
अयं चेत्परमात्मा स्याद् क्री० १०४.२९
अयं तु न कथं राजन् क्री० २२.८
अयं तु मदगृहे कोऽपि क्री० ११.१
अयं ते बालतां यातो क्री० ८२.१२
अयं दैत्योऽतिबलवान् क्री० ८८.१२
अयं बालो न मन्तव्यो क्री १८.५१
अयं बालो मम मृतो क्री० ३३.४१
अयं मे निकटेऽप्यस्ति क्री० २४.२५
अयं लघुर्न मन्तव्यो क्री० ८३.४२
अयं विनायको वालः क्री० ५४.३३
अयाचित भुजौ नित्यं उ० ६६.२
अयुध्येतां द्वन्द शोऽथ उ० ४३.१
अयुध्येतां वीरभद्र उ० ४३.३
अयोघनेन ताडयन्ते क्री० ५२.१७
अरक्षंस्तां कोटिगणाः क्री० १२९.४३
अरण्ये क्रीडता तेन क्री० ७४.२०
अरिष्टान्यत्र जातानि क्री० १८.१२
अर्चितस्य शिवेनापि क्री० ३८.९
अर्ध्यैर्द्वदिशसंख्यैश्च क्री० ७३.४४
अर्द्धकायः स दैत्येन्द्रो क्री० ६१.६
अर्थज्ञाने महावृद्धाः क्री० १२०.४५
अर्थासक्तस्य न क्वापि उ० ८.६
अर्धमार्गं गतो यावद्ध क्री० ५८.१
अर्ध पादं दिवारात्रो उ० ३.२०
अर्घ्यं रत्नयुतं स्कन्द उ० ५१.३७
अर्घ्यादि भिरलंकारै उ० ६५.१८
अर्पयेद्देवदेवाय मन्त्र उ० ८७.९
अर्यम्णे सोऽब्रवीत्सोऽपि क्री० १४०.२
अलंकारान्ददौ तस्मै क्री० ७२.३३
अलंकारान्समादाय क्री० ८३.२
अलंकृतं शैलराजं कैलासं उ० ४७.५४
अलंकृतै नागरिकैः पताका उ० ५.७
अलंकृत्यालंकरणैर्मणि क्री० ६६.२६
अलक्ष्मीसंकटहरं उ० ८६.२५
अलक्ष्यो लक्ष्यतां मातः उ० ८७.४२
अलं शोकेन भूपाल उ० ७२.१६
अलाभे बहू दुर्वाणामेक उ० ६७.५६
अल्पावशिष्ट सैन्येन उ० ७९.४२
अल्पेन कर्मणा नाशं क्री० १२०.४६
अल्पेन मृणिनामत्त क्री० ६०.१३
अल्पेन हि प्रदीपेन क्री० ६०.१२
अवतारांश्च साधूनां उ० २८.२२
अवतीर्णः साम्प्रतं स क्री० १६.३८
अवतीर्णस्तव गृहे क्री० १३०.३४
अवतीर्णो भवेत् त्रातुं उ० ६३.४६
अवतीर्णो भुवो भारं क्री० १०.१६
अवतीर्णो भुवो भारं क्री० १३३.२८
अवतीर्य द्वापरे ते क्री० १२८.७२
अवतेरुर्विमानानि क्री० १२३.३७
अवदज्जनकस्तां तु विचार्य उ० ४८.३२
अबद्ध दुःखितो वाक्यं उ० २९.१०
अवधानं मया प्राप्तं उ० १२.२
अवधेहि रणं यत्तोभूत्त्वा क्री. ६९.३७
अवध्यः सर्वदेवानां क्री० १२६.५२
अवन्ती नगरे राजन् उ० ६०.२
अवन्तीनगरे राजा उ० ६०.३५
अवंदना श्चाप पराभवं उ० ४५.१३
अवप्लुत्य रथात्तस्मात्तं क्री० १३.३७
अवमानान्महदुःखं क्री० ५.२२

अवश्यं मुनिशार्दूल क्री० ४७.१
अवाच्यमपि वक्तुंमे क्री० १.१३
अवाप्तकामा मुनयः क्री० ५२.२६
अवाप्तकामो देवोऽयं क्री० ७२.१९
अवाप्तसकलार्थोऽसौ क्री० १२२.१५
अवाप्तसर्वकामार्थः क्री० ४०.१९
अवाप्तसर्वकामोऽसौ क्री० २३.९
अवाप्त सर्वकामाय राज्ञे उ० ७८.१८
अवाप्यपुत्रान् पौत्रांश्च क्री० २५.१२
अवासृजद्दैत्यपतो स क्री० ६१.२१
अविज्ञाता स्वेतरेण उ०. ४३.४२
अविद्यागुणसाचिव्यात् क्री० १३९.२७
अविर्भूतो वरं दातुं उ० ९०.२४
अविमुक्तवियोगेन परि क्री० ४६.१
अविमुक्तोऽष्टमो यत्र क्री० १५४.१९
अविश्वासः सतां क्री० १४७.७
अविस्मृतश्च सततं मम उ० ३४.३२
अविस्मृति मेञ्चरणे उ० ८९.५
अविस्मृतिश्च सानिध्यं उ० ८७.४३
अविस्मृतिः स्यात उ० ८७.४१
अव्यक्तं व्यक्तहेतुं क्री० ३१.१४
अव्यक्तं व्यक्तिमापन्नं क्री० १३०.१८
अव्यक्तं व्यक्तिमापन्नं क्री० १४३.१५
अव्यक्तस्या प्रमेयस्य उ० ७५.२७
अव्यक्तो जगदाधारो क्री० ४०.३७
अव्यक्तोपास नादुःखमकं क्री० १४६.६
अव्यत्रस्या प्रमेयस्य उ० ९.३०
अशक्तो यानि कर्तु वै क्री० १६.४०
अशक्यानि मया वक्तुं क्री० २१.३३
अशपत्तं द्विजं रुष्टा उ० ६२.१४
अशपद् दुःखिताऽत्यन्तं उ० २९.७
अशपन्गिरिजापुत्रं क्री० १२४.१३
अशमञ्च ततो वन्हिर्जल क्री० १२३.१०
अशय्याः शयिता उ० ३९.३४
अशर्कराः समादाय क्री० ७८.१७
अशान्तेऽग्नौ तु वरुणः उ० ६४.१५
अशिक्षय तदा सर्व उ० ११.१८
अशीशमद्रजो भौमं ववौक्री० १२३.३८
अशुभात्कर्मणो दुःखं क्री० ११७.१७
अशेत तत्पुरः स्वप्न क्री० ३३.५
अशेष पाप निर्मुक्तौ क्री० २६.२३
अशेष वर्णने शेषो उ० ६७.४०
अशोकाश्चन्दना यत्र क्री० ८८.५
अश्वारुढो ययौ तत्र उ० ५६.१८
अश्नन्ति पिचुयन्दस्य उ० २५.२८
अश्रुधाराः प्रमुंचंत नृप क्री० ७३.२३
अश्वं मनोजवं दत्त्वा उ० ५५.३
अश्वहेषां समाकर्ण्य क्री० ६६.३८
अश्वा अलंकृता नाना क्री० ५६.४५
अश्वारुढावमात्यौ तौ उ० २६.११
अश्वारोहास्तयोर्जग्मु क्री० ५६.४२
अश्वाश्वतर वीराश्च क्री० १५.३३
अश्वाः सादिभिरारुढा क्री० ११९.१६
अश्विनीरूपमास्था गुप्त क्री० ९५.४७
अश्वो निपातितस्तस्य क्री० १०२.१६
अश्वो भूत्वा तया रेमे क्री० ९५.५२
अश्वैर्गजैरथैरुष्टैः क्री० २०.३४
अष्टगन्ध समायुक्तं उ० ४९.४१
अष्टमासेषु तत्कुर्याद्येन उ० ७६.३५
अष्टभैरववसेव्योऽष्टव उ० ४६.१४४
अष्टमूर्तिध्येयमूर्तिरष्ट उ० ४६.१४२
अष्टमे मासि मध्यान्हे क्री० ८८.४
अष्टशक्तिसमानश्रीरष्टै उ० ४५.१४३
अष्टसिद्धीः समाप्नोति क्री० १५५.१३
अष्टादशपुराणानां यथा क्री० १५०.११
अष्टादश पुराणानि विस्तरा उ० १.४
अष्टादशपुराणांना श्रवणे क्री० १५५.४८
अष्टादशपुराणोक्तममृतं क्री० १३८.२
अष्टादशौर्षाधसृष्टिरष्टादश उ० ५६.१५४
अष्टाशीतिसहस्त्राणि मुनयः क्री० ९८.९
अष्टाशीति सहस्त्राणि उ० ६४.१७
अष्टोत्तरशतं यावत्ता उ० ५०.१६
असंख्यकोटीर्दैत्यानां क्री० ६५.१२
असंख्यकोट्यो दैत्यानां क्री० ११४.७
असंख्यखड्गप्रभया क्री० ६८.३६
असंख्यतूणधनुषां क्री० ७५.९
असंख्यत्वात्तद्धराणां उ० ९२.७
असंख्यनयनं कोटिसूर्य क्री० १४५.७
असंख्य बतसंयुक्तं उ० ४२.२४
असंख्यब्रह्माण्डयुतरो क्री० १०४.४०
असंख्यभक्षणादस्य क्री० ५८.३३
असंख्यभुजवीर्यौजाः क्व क्री० ९९.२४
असंख्यमुकुटं सूर्यचन्द्र क्री० ८१.१७
असंख्यवक्त्रं ललित क्री० १४५.६
असंख्यवाद्यनिर्घोषं वीर क्री० ६३.१९
असंख्यशशिसंकाशो क्री. ९५.२२
असंख्यशिखरद्वारम क्री० १०३.३३
असंख्यशीर्षमुकुट मनन् क्री० ११.१८
असंख्यसूर्यसंकाशम् क्री० ११.२०
असंख्यसूर्यसदृशम् क्री० १३७.१८
असंख्यसेनया युक्तौ क्री० ११३.३१
असंख्यसेनया म्रार्द्ध क्री० ११९.२२
असंख्यातं जगत्तत्र क्री० ११.२४
असंख्यात बलो राजा उ.७७.५२
असंख्यातं बलं तस्य क्री० ११८.१६
असंख्यातं बलं वीक्ष्य क्री० ११३.२०
असंख्याता नृपा यस्य क्री० ६२.२९
असंख्याताम्बलाद्धि क्री० १०२.१३
असंख्याताम्महावीरान् क्री० १२२.४१
असंख्याताम्महावीरान् क्री० १२४.६

असंख्यातान्मृतान्प्राहु क्रीo १०१.३८
असंख्याता भक्षिता क्रीo ४.१२
असंख्याता भवन्तो हि क्रीo २२.२२
असंख्यातां समादाय उo ३९.२९
असंख्याता हता देवाः क्रीo ६४.६
असंख्याता हता देवा क्रीo ११६.१३
असंख्याता हता दैत्या क्रीo १०१.४३
असंख्यातैश्च वज्रैश्च क्रीo १२३.१७
असंख्यातो गतः कालो उo ६२.४८
असंख्यानुरगान्दृष्ट्वा क्रीo ९७.२५
असंख्यार्तगिरिवरैश्छा क्रीo १२३.१५
असंख्येय फला सर्वेः उo ३६.४०
असत्यं जायते यद्य क्रीo ७३.१६
असमक्षचरो मूढ क्रीo १३५.२७
असमर्थोऽर्पितुं स्वान्तं क्रीo १४६.११
असंपूर्ण शिरोमात्रा उo ८१.२४
असमर्प्य निबध्यन्ते क्रीo १३९.८
असंभावि वरं दास्ये क्रीo ३५.१७
असंमत जना बालं क्रीo १३.४४
असहयता तेन जनस्य उo ७.२३
असांध्यमपि दास्यामि क्रीo ८०.१२
असाध्यमपि यत्किंचित् क्रीo १५५.२३
असाध्यं त्रिदशै सर्वैः क्रीo १३६.७
असाध्यं साधयेत्कार्यं क्रीo १५४.२३
असाध्यं साधयेन्मर्त्यो उo ५०.१०
असि त्वं सर्ववित्साक्षी क्रीo १४६.२
असिहस्तो धनुष्पाणि क्रीo ३९.३
असुराश्च स्वकीयाश्च क्रीo ११६.३३
असुरोऽथाब्रवीद्देवमेका क्रीo १०९.२५
असृकप्रवाह परितो क्रीo १४.२४
असृक्कुम्भान्समानीय क्रीo ६८.९
असृक् प्रवाह मध्ये क्रीo १४.४५
असृक्प्रवाहस्तत्रासीत् क्रीo १२१.१६
असृक् स्त्रवन्तं उo ६५.२६
असृक्स्त्रवन्तं दुर्गन्धं क्रीo १२४.३४
असृग्घृतेन मांसेन क्रीo ६६.२१
असृग्वृष्टिः पपाताशुः क्रीo ७०.७
असृङ्नदीसमभवत् उo ४२.३१
असृङ्नद्यो दश दिशो क्रीo ६८.३९
असौ यदृच्छाया यत्त उo ७७.२०
अस्तं याते दिनकरे क्रीo १२१.१५
अस्त्रयुद्धे मल्लयुद्धे उo ३९.१३
अस्थापयन्नग्निकुण्डे क्रीo ३६.२
अस्थिमात्रावशिष्टं च क्रीo ४५.७
अस्थिमात्रावशिष्टोऽपि क्रीo ७४.३१
अस्थिमात्रावशेषोऽसा उo ५९.६
अस्फुटत्तत्र ददृशेपतत्री क्रीo ९८.३१
अस्मत्समक्षं योषाश्चे क्रीo ५७.२७
अस्मद्गृहे क्षणं स्थित्वा क्रीo ९९.३७
अस्मांस्त्यक्त्वा क्रीo १२६.४६
अस्माकं न भवेत्कि क्रीo १५३.१५
अस्मात्पात्रं किमन्यत्स्या क्रीo ३१.३५
अस्माधिकृत्य क्रीo १२५.१८
अस्माभिः परमक्लेशात् उo ६१.३१
अस्माभिर्न कृत पुण्यं उo ७५.३६
अस्माभिस्तु कियत्कालं क्रीo ८४.१८
अस्माभ्दुक्तिश्च मुक्तिश्च क्रीo ६०.४
अस्मिंश्चराचरे स्थित्यौ क्रीo १३९.२
अस्मिन्काले भवेद्दुष्ट क्रीo २९.१२
अस्मिन्क्षेत्रे स्थिरो उo ९०.५२
अस्मिन्नवसरे देवाः क्रीo १४.४७
आस्मिन्वयसि कस्यापि क्रीo १३.३६
अस्मिन्स्थले कियन्तोनु क्रीo ८९.१७
अस्मिन्स्नानेन दानेन उo ३४.२९
अस्य चालयितुं शक्तो क्री. १९.४३
अस्य ते वपुषो मूढ उo ३०.३१
अस्यदेहस्य निर्माता क्रीo १५१.१०
अस्य पुत्रस्य योगेन क्रीo ८८.१३
अस्य यत्नं कुरु शुभे क्रीo ८३.१५
अस्य श्रवणमात्रेण जन्म क्रीo १४९.४९
अस्य श्रीमग्दणेश दिव्य उo ४६.६
अस्य स्मरणमात्रेण क्रीo १५५.१६
अस्या आजन्मतः क्रीo १३२.२४
अस्यानुष्ठान मात्रेण कार्य उo १७.४२
अस्यै दूर्वांकुर मितं उo ६७.७
अस्यैव मायया जाता क्रीo ७२.१८
अस्त्रवद्रक्तमतुलमस्य क्रीo ८७.४६
अस्त्रवद्रुधिरं तस्या क्रीo ९२.६
अस्त्रवद्रुधिरं वक्त्राल् क्रीo ६४.१०
अहत्वा तं मयूरेशं क्री. ११५.५
अहनञ्चक्रधाराभिर्दै क्रीo ७६.२५
अहनत्तेन दन्तेन क्रीo ७०.५
अहनदैत्यराजं तं मस्तके क्रीo ७५.२९
अहनन्मस्तके सोऽथ क्रीo ११५.१४
अहन्नतीं खर वृषौ उo ६२.३३
अहमग्निर्हविर्होता क्रीo १४०.३०
अहमात्ममना देवि न क्रीo ८५.६
अहमाराधितश्चाभ्यां उo १६.२६
अहमासं पुरा राजा गन्धर्व क्रीo ८.२८
अहमेको नृणां नाथो क्रीo १३८.२४
अहमेव जगद्यस्मात् क्रीo १३८.२२
अहमेव परं ब्रह्मा क्रीo १३८.२९
अहमेव परो ब्रह्मा क्रीo १४०.८
अहमेव प्रयास्यामिस्थल क्रीo १०१.७
अहमेव महाविष्णु क्रीo १३८.२३
अहमेव समायातोऽत क्रीo १२.१४
अहमेवाखिलं विश्वं क्रीo १४६.३७
अहमेवेश्वरः शास्त्रा क्रीo १४७.१७
अहं किं कस्यपं यात क्रीo १५.३
अहं केलासमगमं दृष्टवान उo ४१.२०

अहं च तमुवाचेत्थ उ० ६५.१२
अहं च धरणी चापि कथं क्री० ५८.१०
अहं च नारदं पूज्य उ० ५६.२९
अहं चन्द्रांगदो नाम हेमा उ० ५३.१९
अहं चाकथयं तस्मै उ० २१.३१
अहं तन्मयतां यतो दृष्टा क्री० ८३.१४
अहं तं साधयिष्यामि मा क्री० ६५.२५
अहं तस्य वधायैव उ० ६३.४२
अहं ते कथयिष्यामि उ० ८७.१
अहं तेच प्रवक्ष्यामि उ० ९.२१
अहं ते निकटे स्थास्ये उ० ८०.१६
अहं ते पुत्रता यास्ये क्री० ५.४३
अहं ते सुलभा जाता उ० ७६.५३
अहं त्रिलोकीनमितः क्री० १०.३६
अहं त्वच्चरणौ वन्दे उ० २१.४७
अहं त्वा शरणं यामि क्री० १३५.३१
अहं नमस्य पूज्यश्च उ० ८३.१३
अहं पापसमाचार उ० ७५.४३
अहं प्रकल्पयामास उ० ९१.३
अहं पुत्रत्वमेष्यामि क्री० १३१.२२
अहं प्रयातस्तं द्रष्टुं क्री० १०४.१
अहं बालो मुनिसुतो क्री० २२.२०
अहं भ्रान्त्याऽभवं सक्ता क्री० ९६.५६
अहं मन्त्रे न जानामि उ० ५०.१
अहं वनं गमिष्यामि उ० २.३१
अहं विजेष्ये स्वर्लोकान् क्री० ३.५
अहं विश्णुश्च रूद्रश्च क्री० १४६.३९
अहं विष्णुश्च रुद्रश्च उ० १०.२३
अहं शिक्षापितो वृद्धै उ० ३२.२३
अहं शिवश्च विष्णुश्च क्री० ४०.८
अहं साक्षी जगच्चक्षुर क्री० १३८.२८
अहर्निशं प्रभायुक्तं उ० १२.३६
अहल्य तं चुकोपाशु क्री० ९४.१३
अहसीदिति श्रुत्वैव वाक्यं क्री० १७.७
अहिल्यासहितं तत्र गौतमं उ० ३०.४
अहोरात्रत्रयं घोरं क्री० ६४.२०
अहोरात्रवियोगेन परस्पर क्री० ९१.१५
अहोरात्रोषिताः सर्वे रात्रौ क्री० ८२.२२

आ

आकर्ण धनुराकृष्य क्री० १०२.३२
आकर्णं ज्यामथाकृष्य क्री० ६७.१५
आकर्ण्य तस्य वाचं उ० २८.४
आकर्ण्य वचनं शाक्रं उ० ३४.३०
आकस्मिकं मे दुरितं उ० ६.२६
आकायं सकलाल्लां क्री० ५१.९
आकारयति त्वां विप्र क्री० १७.११
आकारयितुं सर्वास्तान् उ० ८.१५
आकार्य च नमस्कृत्य क्री० ७१.२
आकार्य तु ततस्तास्तु क्री० ४६.२९
आकार्य देवनिचया क्री० १०७.२९
आकार्य परिपूज्यैतांस्त क्री० ९६.५
आकार्यं ब्राह्मणान् उ० ५४.१९
आकृत्या गौतमस्यैवं उ० ३०.२२
आकृष्यते जले तेन क्री० ८.२१
आक्रन्दतस्तानुवाच क्री० ७१.४०
आक्रन्दती मृतं कामं उ० ८८.४
आक्रान्दं परमं प्राप्ता क्री० ९७.१८
आक्रमन्तो दिगन्तान्वै क्री० ११२.९
आक्रमं सर्व देवानां कृतं उ० १७.४
आक्रम्य देवधिषायानि उ० ४०.१
आक्रान्तं तेन त्रैलोक्यं उ० ८४.१६
आक्रीडा विमला क्री० ५२.५९
आखुकेतन आशापूरक उ० ४६.६७
आखुपृष्ठ समारूढं उ० ६९.१६
आख्यानं काशिराजस्य क्री० ५३.४४.
आख्यां च चक्रतुस्तस्या क्री० २५.१०
आगच्छ जगवाधार उ० ४९.२४
आगच्छ देवदेवेश उ० ६९.१७
आगतः किं मया कार्यं क्री० ५८.२८
आगतं राजशार्दूलं पुनः क्री० १७.१
आगतं सिन्धुमाकर्ण्यं क्री० १२३.१
आगतः स्वगृहं नत्वा क्री० ३१.३५
आगता तद्गतमना उ० ७६.६
आगताऽथ कफो ग्लानिः उ० ८.१२
आगताऽदितिरूपेण भास क्री० २१.१८
आगता नाशितुं क्री० ५६.१४
आगता भक्षितुं बालं क्री० ५६.२०
आगता मोचितुं पुत्रं क्री० ८७.२४
आगतावाश्रमपदं कश्यपस्य क्री० ८.२
आगता स्यात्सा उ० ८१.२५
आगते गौतमे को वा उ० ३१.१
आगते श्रावणे मासि उ० ५५.३२
आगतेषु त्रिलोकेषु सांगो क्री. ९५.४१
आगतो दैत्यराजोऽसौ क्री० ५७.२
आगतो ध्याननिष्ठाभ्यां क्री० २.२२
आगतो न ददर्शाथ उ० ४३.४३
आगतो नृपवर्यस्य क्री० १४.४
आगतोऽन्तर्गृहं तावत् क्री० ९.१३
आगतो यच्च कर्तव्यं क्री० २३.१५
आगतौ राजनिकटे क्री० ५१.१७
आगत्य कथयामास उ० ५८.२५
आगत्य कौडिन्यपुरं उ० २१.२१
आगत्य बुभुजे बालैः क्री० ९४.३५
आगत्य मायया मोहं क्री० ४७.४
आगत्य वीक्ष्य तं बाल क्री० ८२.३
आगमोक्तेषु मन्त्रेषु उ० ३६.२०
आघ्राय शिर उत्संगे उ० ६०.१४
आचन्द्रं स्वाधिकारेषु क्री० ४३.१२

आचन्द्रोदय पर्यन्त उ० ५९.३६
आचम्य देवं मनसा उ० ४७.४१
आचारं प्रथमं प्राह उ० ३.४
आचारं व्यवहारं क्री० ४४.२१
आचार्य पूजयेत् पश्चाद् उ० ५०.२७
आचार्य पूजयेत् उ० ७१.१४
आचार्य वरयेत्तत्रं उ.७१.१०
आचार्यस्त्वं द्विचाध्यक्ष उ० ६९.४२
आच्छादते चक्षुषी च क्री० ८९.२०
आच्छादने दोष वृद्धिः उ० ३३.४
आच्छादयत्स्वदेहेन क्री० ८७.३७
आच्छादयन्तं वदनं क्री० ६६.२
आच्छादयन्तं हस्तेन क्री० १२३.२५
आच्छादिता नीक्षणानि उ० १५.२१
आच्छादितो दिनमणि क्री० ८८.३१
आच्छादितों रश्मिमाली क्री० ५७.२९
आच्छाद्य घ्राणरन्ध्राणि उ० ३३.१०
आच्छाद्य मुखमायातो क्री० ११७.१२
आच्छूरिकासिमत्स्ये क्री० ४२.२०
आछाद्य कर्णौ रौक्मीय क्री० ११७.३८
आजगाम गृहं तस्या उ० ५४.१४
आजगाम बहिः शक्रो उ० ३३.८
आजगामादितिस्तं च क्रि० १२.१९
आजघ्नु फलघातेन भूमि क्री.९८.२७
आजन्मतः कृतं पापं उ० ४८.८
आजन्म मरणादेकां पुत्रये उ० ५०.१९
आजानुवाहुराक्रान्तु क्री० ७४.३
आज्ञप्ता तेन मुनिना उ. ६७.१
आज्ञया ते गमिष्यामि क्री० १५१.३१
आज्ञयाऽथ तथाऽप्यूचे क्री० ४८.४३
आज्ञया देवराज्यस्य उ० ६७.६
आज्ञयाऽभिययुर्वीर क्री० ११९.२१
आज्ञा ददौ स्वपुत्राय क्री० १०१.२५
आज्ञा पपच्छ युद्धाय उ० ४२.१६
आज्ञापयामास च तं क्री० ४.१६
आज्ञाभंगे तस्य भवे क्री० १११.१७
आज्ञामात्रेण ते जग्मु क्री० १२.५५
आज्ञामात्रेण ते तात क्री० १४.१०
आज्ञां गृहीत्वा रामो उ० ८२.२३
आज्ञां गृहीत्वा शंम्भोः क्री० १०७.६
आज्ञां देहि गमिष्यामः क्री० १२२.११
आज्ञां देहि मयूरेशं क्री० ११२.२७
आतंकाक्रान्तमनसो क्री० ४.१०
आतिथ्यं वैश्वदेवं च क्री० ४५.१५
आत्मज्ञानरतं ज्ञानरतं क्री० १४०.४९
आत्मनात्मविवेकन या क्री० १३८.४८
आत्म नो नैव मरणं क्री० १२४.२९
आदर्शपक्ति रुचिरां उ० ७५.१०
आदाने कामधेनोः स उ० ७८.२६
आदाय तस्मै प्रादात्सा क्री० ८४.२९
आदाय धनिनां सर्व धनं क्री० २७.२६
आदाय सुतमव्यंगं क्री० ८७.३०
आदावनेन निहतो धूम्राक्षो क्री० १५.५
आदौ गुदं प्रमृज्यैव उ० ३.१६
आद्या संसाधयेन्मुक्ति द्वे क्री० १४७.२
आधोरणा यदा न क्री० ५६.४१
आनन्द च सुरा प्रापुः क्री० ७८.४५
आननन्दुश्च नेमुस्तं उ० ८६.१३
आनन्दमग्ना गौरी तं क्री० ९१.४४
आान्दमश्नुते सक्तः क्री० १४१.२१
आनन्दहृदमग्नास्ते क्री० ५०.६२
आनन्दहृदमग्नास्ते न क्री० १००.४९
आनन्दार्णवमग्नः स क्री० १५१.८
आनन्दाश्रु मुमोचासौ क्री० ७२.४
आनंदाश्रूणि मुंचुंतौ रोमां क्री० ८०.३४
आनन्दाश्रूणि मृञ्चन्तौ क्री० २३.२८
आनयित्वा तु राजानं उ० ५५.२२
आनयिष्येऽदितेः पुत्र क्री० २१.१६
आनयिष्ये तत्र बहु क्री० ७१.४
आनिन्ये नगर कर्णपुरं क्री० ४९.४
आनीतः सिन्धुदैत्योऽपि क्री० १२२.५५
आनीतं स्वामिना क्री० १३३.२५
आनीय बालकं तस्मै क्री० ७२.३६
आनीयमाना सा हस्तान्निः क्री० ६९.७
आनुपूर्व्येण सकलं उ० ८८.४७
आन्दोलयामास शिरः क्री० १००.१३
आन्वीक्षिकीं त्रयीं वार्ता उ० १९.१४
आपतयद्गजपति माश्चर्य क्री० ७५.३३
आपत्सु वर्तमानानां उ० ६९.४
आपद्यपि च कष्टायां उ० ७०.१८
आपुरं प्लावमिष्यामि क्री० २०.१०
आबालवनितावृद्धा क्री० १५३.२५
आबाल्या च्चौर्य निरतो उ० ५७.३
आभन्दाश्रूणि मुंचंतौ क्री० १५३.६
आभ्यामुत्पाद्यते सर्वं क्री० १४३.६
आमूलाग्राद्यथा वृक्षे क्री० ११.२१
आमूलान् नश्यते सोऽथ क्री० १९.४२
आमोदस्त्वग्रतः पातु क्री० ८५.२८
आययुः परमश्रान्ता क्री० ३३.३
आययु रप्सरोभिश्च उ० ८८.३६
आययुः सर्वसैन्यानि क्री० ६४.१२
आययु स्तत्र गन्धर्वा उ० ८९.२७
आययुस्तत्र मुनयो क्री० १३७.२५
आययुस्ते ततः सर्वे क्री० ८६.२४
आययौ तं वरं दातुं क्री० ३८.४४
आययौ तेन दैत्येन क्री० ७५.२५
आययौ नारदस्तत्र उ० ४०.२०
आययौ परसैन्यानि क्री० ६४.२६
आययौ वल्लभस्तत्र उ० २६.२५
आययौ समरश्लाघी उ० ४७.१८

आययौ साथ विश्रान्ता क्रौ० ७३.६४
आययौसैन्यमध्ये क्रौ० ४१.३३
आययौ स्वयमेवेशं उ० ४३.२२
आयास्यति कदा भर्ते उ० ५१.८७
आयास्यति गृहं चेत्स क्रौ० २२.४३
आयास्यति प्रतिग्रहं क्रौ० २२.४२
आयुधानि च चत्वारि क्रौ० १२.२
आयुधानि च चत्वारि क्रौ० ११३.१७
आयुधानि च चत्वारि क्रौ० ११५.४६
आयुर्वेदो धनुर्वेदो उ० ४६.१२५
आयुष्यं वीतरोगं उ० ४६.२०३
आरभ्य श्रावणे शुद्धे उ० ५२.३७
आरंभेसर्व कार्याणां उ० १०.२६
आराधयन्तु सर्वे तं क्रौ० ७८.११
आराधयन्ति विश्वेशं क्रौ० ३८.१३
आराधयन्तु सर्वेऽपि उ. ४०.२८
आराधिता स्त्वया देव उ० ३५.२५
आराध्योऽयंसर्वजनैरेको क्रौ. १२५.३०
आरामा रिपुभिर्दग्धा क्रौ० ११२.१८
आरार्तिक्यैश्च विविधैः क्रौ. ५४.२८
आरुरोह च मीमस्तं क्रौ० २६.१२
आरुरोह मयूरं तं क्रौ. १२६.५६
आरुरोह मयूरेशो बालाः क्रौ. ९९.७
आरुरोह महादैत्यो उ० ४७.११
आरुहत्परमप्रीतो दूतवा क्रौ०. १५१.३५
आरुह्य नन्दिनं सद्यः क्रौ० १३२.३९
आरुह्य मूषकं देवो क्रौ० १३०.३१
आरुह्य वृषभंदेवो ययौ क्रौ० ४८.३
आरोपयन् मस्तकेऽस्य उ०.६४.१८
आरोहको बलाद्भूमौ क्रौ० ९३.४२
आरोहणफलं उ० २४.१४
आरोहणं गजस्कन्धे उ० २४.१३
आर्जव गुरुशुस्त्रुषा क्रौ० १४६.२४
आलभन्त पशुं वेद क्रौ० ३०.१६
आलिंगति नरं कश्चि क्रौ. ५०.१४
आलिंगितुं कृतोद्यौगौ क्रौ० १३.२४
आलिंग्य तमुवाचेत्थं उ० ४४.६
आलिंग्य दशदोर्दंडैः क्रौ० १७.३४
आलिंग्य पार्वती प्रादा क्रौ० १०३.२०
आलिंग्य पितरौ तौ तु क्रौ० २.३३
आलिलिंग मुदा गौरी क्रौ ८३.३
आलिलिंग मुदा गौरी क्रौ० ११६.४५
आलिलिंग मुनिस्तौ क्रौ० ७२.१४
आलिलिंग वरेण्यं क्रौ० १३७.४८
आलिलिंग सुतं हर्षात उ० ७६.२६
आलिलिंग तदा स्नेहा उ० ८१.२६
आलिलिंगुः पुनर्युद्धं क्रौ० ११६.४२
आलिलिंगुर्मयूरेशं देवाः क्रौ० १२५.६
आलिलिंगुर्मुदा सर्वे उ० ५५.१४
आलि लिंगुश्च तं केचि उ० १४.१२
आलोक्य दुदुवः सर्वे उ० ९.८
आलोक्य प्रणिधानेन उ० ८२.१८
आलोड्य चूर्णयिष्यामि क्रौ. २०.११
आल्हादं परमं प्राप्त क्रौ० १०९.६
आवयो र्न गृहे किंचिच् उ० ६६.१०
आवा च क्लेशितौ क्रौ० ३५.१६
आवाभ्याम विचार्यैव उ० २५.१५
आवामपि प्रयुध्यावो क्रौ० ११९.८
आवां तु कन्दमूलार्थे क्रौ० १५२.२५
आवां तु ते महामुक्तिं उ० १८.२५
आवां धन्य तमौ लोके उ० २३.२९
आवां सिद्धिं ददौ क्रौ० ७३.६१
आवांहिं तव युद्धेन उ० १८.३२
आविरासित्पुरस्तेषां उ० ६३.३२
आविरासीज्जगन्माता उ० ४८.१०
आविरासीत् कश्यपस्य उ० ९१.१०
आविरासीत्तत्पुरतश्च क्रौ० ९९.४१
आविरासीत्पुरस्तासां क्रौ० ३६.३८
आविरासी द्दशभुजो उ० ८८.३२
आविरासीन्निर्विकार क्रौ० ९२.३१
आविरासीन्महाकायो उ० ४३.३२
आविरासीन्मूर्तिमध्या क्रौ० ४८.३५
आविर्बभूव गणय उ० ४०.३६
आविर्भावं शिवायास्त्वं उ० ४८.९
आविर्भावेनते कार्य उ० ३४.३३
आविर्भूतं तु न स्त्रातु उ० ६३.४०
आवीक्षतोऽखिलां ल्लोकां उ० १०.११
आवृणोति यथा माया क्रौ० १३९.३८
आवेशेन ययौ रोषा क्रौ० १००.१८
आशापूरक इत्येवं नाम क्रौ० १७.४४
आशिभिंरभिनन्द्याथ उ० २६.२३
आशिर्भिः स्वल्पकालेन उ० ७१.२६
आशिषः परिगृह्यैव क्रौ० २५.१८
आशिष परिगृह्यैव क्रौ० ६३.२५
आशिषोऽथ ददुः सर्वे उ० ३३.१४
आशिषोऽथ समारुह्य क्रौ० ६६.२७
आशिषोऽपि ददुर्विप्रा क्रौ० ९०.४६
आशी विषलसन्नाभिर्ना क्रौ० ३१.११
आश्चर्यं नारदमुने क्रौ० १२२.१४
आश्चर्य परमं कृत्वा क्रौ० ९०.४३
आश्चर्य परमं बाल क्रौ० १३६.६
आश्चर्य परमं मत्ये उ० ५७.१८
आश्चर्य बहुधा दृष्टं मया क्रौ० ५९.२०
आश्चर्यभूतं कथितं उ० २२.१
आश्चर्य मेनिरे तत्र क्रौ० १९.४१
आश्चर्य चक्रिरे सर्वे क्रौ० ११३.२३
आश्चर्यं परमं चक्रुः क्रौ० १७.४९
आश्चर्यं परमं जग्मु क्रौ० १०९.३३
आश्चर्यं परमं दूता क्रौ० १३६.३५
आश्चर्यं परमं प्राप्ता क्रौ० १२६.१६

आश्चर्यं परमं मेने क्री० ११३.२५
आश्चर्यं परमं लेभेप्रोवाच क्री० ८२.४
आश्चर्यं मेनिरे सर्वे उ० ७८.१२
आश्रमः सुमहानासी उ० ६३.१०
आश्रमाद् बहिरागच्छत् क्री. ७.३०
आश्रयाऽपि ततो ज्ञात्वा उ० ६७.३२
आश्रयां नाम देवीं क्री० १२६.२१
आश्रित्य बुद्धिमनसी क्री० १३९.४०
आश्वासितो व्रजन्नग्रे क्री. ५२.५३
आश्वास्य निन्यतुस्तं क्री. ५२.५१
आश्विने चोपवासं उ० ५९.३९
आसं शुभाऽहं वन्ध्यैव उ० ७२.६
आसंस्तस्मिह्नते दैत्ये उ० ४७.५१
आसने भोजने देवं उ० ९१.३६
आसनें मुनिना दिष्टे उ० ७७.३०
आसनेषु समासीन क्री० १४१.२६
आसन्सर्वे दिव्यदेहा उ० ६७.४९
आसीत्व द्दर्शनाकांक्षा उ० ७७.४१
आसीनस्य मयूरेशो क्री० १०५.१३
आसुर्या एवमाद्यानि क्री० १४७.५
आस्तामुभौ दुष्टबुद्धी क्री० २८.७
आस्ते तूष्णी मिदानीं क्री० १५.३०
आस्थापयत् पुरस्तस्य क्री० २३.३९
आस्थापयत्स तत्स्थाने क्री० ३९.८
आस्थापयद्दैत्यपतीन् क्री० ७७.१४
आस्फाल्य तत्करं बालो क्री० १४.२३
आस्फालयत्तदा पृष्ठे क्री० ९०.३९
आस्फालयद्धरा उ० ८९.३७
आस्फोटन विकर्षाभ्यां उ० १७.१७
आस्मिन्नघो गते यान उ० ७५.४२
आस्यं गह्वरसंकाशं क्री० १५.३८
आस्यान्नासापुटान्ने क्री. ४०.३०
आस्वापयत्सुतं गौरी क्री० ८७.४१
आहतं स्वगृहं यावा उ० २३.२८
आहतुस्तं तदा नन्दी क्री० १२२.२६
आहतुस्तौ महादेवं उ० ४२.९
आहुय काम्रधेनुं तौं उ० ७७.५१
आहुय परिपप्रच्छ उ० ६८.२५
आहुय स्वगणान्देवान् उ० ४७.३

इ
इक्षुचापधरः शूली उ० ४६.४३
इक्षुचापा तिरेक श्रीरिंक्षु उ० ४६.६८
इक्षु द्राक्षाम्र पनस उ० ७८.१५
इक्षुसागरमध्यस्थं क्री० ५१.२९
इक्ष्वाकुविघ्न विध्वंसी उ० ४६.७०
इक्ष्वुसार समुद्भूतां उ० ४९.३४
इच्छया सृष्टिसंहार क्री० १३०.९
इच्छाविहारी भवति उ० ३६.२६
इच्छाशक्तिभवो देवत्राता उ० ४६.१८
इच्छेयं च चिरं तत्र क्री० ५०.२५
इत एहि रमावोऽद्य क्री० ८८.३२
इतरत्सुलभं राजन् क्री० १४०.४३
इतरेषामदृश्योऽसौ क्री० ९३.२७
इतस्ततः प्रधावन्ति क्री० ५४.८
इतस्ततो भ्रमन् उ० २१.१
इतस्ततो महावीराः क्री०१४.१९
इति क्षेत्रं तथा ज्ञाता क्री० १४६.४१
इति चन्द्रो वचऽश्रुत्वा उ० ६१.३३
इति चिन्ताकुलतया क्री० १३१.१४
इति चिन्ताकुलतया क्री. १३२.१४
इति चिन्ताकुलाया मे उ० ७०.१०
इति चिंतामणि क्षेत्र उ० ६७.४२
इति चिन्तार्णवे मग्ना उ० ८५.१३
इति तग्दिर माकर्ण्य उ० २०.१९
इति तत्प्रार्थनां श्रुत्वा क्री० ९९.३०
इति तन्मुनि वाक्यान्ते उ० ९.१५
इति तद्वचनं श्रुत्वा क्री० ९.७
इति तद्वचनं श्रुत्वा क्री० २१.२८
इति तद्वचनं श्रुत्वा क्री० २९.१५
इति तद्वचनं श्रुत्वा क्री० ३३.५४
इति तद्वचनं श्रुत्वा क्री० ४०.५
इति तद्वचनं श्रुत्वा क्री० ७७.१
इति तद्वचनं श्रुत्वा क्री० ७९.२४
इति तद्वचनं श्रुत्वानं क्री० ८१.२३
इति तद्वचनं श्रुत्वा क्री० १०१.१८
इति तद्वचनं श्रुत्वा क्री० १०६.१७
इति तद्वचनं श्रुत्वा क्री० १०९.४
इति तद्वचनं श्रुत्वा क्री० १०९.२७
इति तद्वचनं श्रुत्वा क्री० १११.११
इति तद्वचनं श्रुत्वा क्री० १२८.४०
इति तद्वचनं श्रुत्वा उ० ४.२६
इति तद्वचनं श्रुत्वा उ० ६.१
इति तद्वचनं श्रुत्वा उ० ६.१५
इति तद् वचनम् श्रुत्वा उ० १३.१९
इति तद्वचनं श्रुत्वा उ० ३२.२२
इति तद् वचनं श्रुत्वा उ० ३५.३७
इति तद्वचनं श्रुत्वा उ० ३७.२०
इति तद्वचनं श्रुत्वा उ० ३९.४४
इति तद्वचनं श्रुत्वा उ० ६१.१८
इति तद्वचनं श्रुत्वा उ० ६१.४५
इति त द्वचनं श्रुत्वा उ० ६४.२४
इति तद्वचनं श्रुत्वा उ० ६५.१५
इति तद्वचनं श्रुत्वा उ० ७४.३७
इति तद्वचनं श्रुत्वा उ० ८२.७
ति तद्वय माकर्ण्य उ० ८३.९
इति तद्वाक्यमाकर्ण्य क्री० ३९.२९
इति तद्वाक्य माकर्ण्य उ० ६६.२२
इति तं परिपप्रच्छ उ० ७७.३८
इति तस्य वचः श्रुत्वा क्री० १४८.३७

इति तस्या वचः श्रुत्वा	क्री० ५.४८	इति दत्त्वा वरं तेषां	उ. ४०.५७	इति लोकास्तर्कयित्वा	क्री० २०.३९	इति श्रुत्वा वचस्तेषां	क्री० ९.१९	इत्थमुक्तो जिघवेष	क्री० १८.४६
इति तस्या वचः श्रुत्वा	क्री० ३३.४४	इति दत्त्वा वरंदेवा	उ० २२.५५	इति वः कथितं नाना	उ० ९२.५३	इति श्रुत्वावच स्तेषां	उ० १३.२२	इत्थं तेषु वदत्स्वेव	क्री० १२२.४
इति तस्या वचः श्रुत्वा	क्री० ३४.२	इति दूत मुखादाज्ञा	उ० ६७.४७	इति वाचं निशम्यासौ	उ० ६५.३१	इति श्रुत्वा वचस्तेषा	उ० ३५.२८	इत्थं निशम्य गणनाथ	उ० १५.२५
इति तस्या वचः श्रुत्वा	क्री० ८०.१७	इति देववचः श्रुत्वा	उ० ८५.२४	इति वाणीं तस्य श्रुत्वा	उ० ६६.३१	इति श्रुत्वा वचो राज्ञो	उ० ४.१७	इत्थं निशम्य तद्वाक्यं	क्री० १३.४
इति तस्या वचःश्रुत्वा	क्री० ९२.३३	इति दैत्यवचः श्रुत्वा	क्री० ६७.६	इति वाणीं नारदोक्तां	उ० २९.१८	इति श्रुत्वा वयंयाता	उ० ३५.२७	इत्थं निशम्य हिम	उ० ४८.२५
इति तस्या वचः श्रुत्वा	उ० ८४.२०	इति नानाविधो राजन्	उ० ६७.५७	इति वाक्यं धरित्र्याः	क्री० ६.५	इति षोऽनौपचारै	उ० ६९.४४	इत्थं मयूरेशनाम प्राप	क्री० ९८.५३
इति ता वचनं श्रुत्वा	उ० ५३.२२	इति निर्भत्सिता तेन	उ० २०.६	इति वाक्यं समाकर्ण्य	उ० ८५.७	इति सर्व जगौ तस्मै	उ० २०.२५	इत्थं वदति देवेश	क्री० १२२.८
इति तासां वचः श्रुत्वा	क्री० ३६.२४	इति पितृवचः श्रुत्वा	क्री० १२०.५१	इति वाक्शर विद्धोऽसौ	उ० ७९.३	इति सर्वं समाख्यात	उ० २३.४१	इत्थं वदन्तीं तां राजा	उ० २८.१८
इति ते कथितं कन्ये	उ० ५२.४५	इति पुत्र वचः श्रुत्वा	उ० २३.३३	इति विज्ञाप्य देवेशं	उ० ६९.५४	इति सर्व समाख्यातं	उ० ७६.७३	इत्थं विक्लवितं	उ० ३४.८
इति ते कथितं सर्वं	उ० ५५.४६	इति पुत्रवचः श्रुत्वा	उ० ८०.१५	इति वैनायकं नाम्ना	उ० ४६.१७०	इति स्तुतिं समाकर्ण्य	उ० २२.४७	इत्थं स चोदितं पित्रा	उ० ६.१२
इति ते कथितं सर्वं	उ० ५७.५७	इति पृष्टा सुधर्मा सा	उ० ५.३४	इति व्याकुल चित्तोऽसौ	उ० १४.२०	इति स्तुतो देवदेवः	क्री० ३१.१६	इ[illegible]कर्ण्य महावाक्यं	क्री० ५८.५२
इति ते कथितं सर्वं	उ० ६४.३०	इति प्रियावच श्रुत्वा	क्री० २२.४६	इति शक्रमुखात्तस्य	उ० ७३.३३	इति स्तुत्वा च नत्वा	क्री० ८.३५	इत्य न्यदपि शिक्षाप्य	उ० ३.४२
इति ते कथितो राजन्	क्री० १४८.३५	इति ब्राम्हीं समाकर्ण्य	क्री० ६०.९	इति शक्रवचः श्रुत्वा	क्री० ७८.३	इति स्तुत्वा महादेवं	क्री० २९.२१	इत्यब्रुवन्स्थितास्तत्र	क्री० ८७.४३
इति तेन कृते प्रश्ने	उ० ५२.३३	इति मूर्ति समभ्यर्च्य	उ० ४९.६९	इति शूलिवचः श्रुत्वा	क्री० ७९.११	इति स्तोत्रं समाकर्ण्य	क्री० ५३.३७	इत्यब्रुवन्स्तुवन्त्यस्तं	क्री० ४६.३४
इति ते नोदितं वाक्यं	उ० ८.१	इति मे मनसि स्पष्टं	उ० २१.४१	इति शृण्वन्नृयानस्थ	उ० २७.१०	इति स्म पृटः स जगाद	उ० ५.२८	इत्यमात्यवचः श्रुत्वा	क्री० ३.४९
इति ते भाषमाणां	उ० ८.१८	इति मे संशयं देव नुद	क्री० ५९.२९	इति श्रुत्वा तु तद्	उ० ७७.३७	इतिहासमिमं भक्त्या	उ० ६६.२५	इत्यमात्य वचः श्रुत्वा	उ० ७२.२०
इति तेषां वचः श्रुत्वाऽश्रुत	उ० २२.२५	इतिं देवार्षः चन्द्राय	उ० ६९.६०	इति श्रुत्वा तु तद्वाक्यं	उ० ५२.३६	इतिहासं शृणु मुने	क्री० १.१६	इत्यं स श्रुत्वा विधिवन्	उ० ७०.२६
इति ते सर्वमाख्यातं	क्री० ४३.१३	इतिं स्तोत्रं समाकर्ण्य	उ० ८२.१२	इति श्रुत्वा तु वचनं	उ० १२.१	इतो गच्छ न चेत्प्राणा	क्री० ९७.१७	इत्यसौ प्रार्थ यन्नेव	उ० १४.१७
इति ते सर्वमाख्यातं	उ० २३.४४	इति यामि पुरो नन्दिन्	क्री० ११२.७	इति श्रुत्वा भृगोन्यथा	उ० ५१.९०	इतो वा गमनं दूरे मन्यसे	क्री० ९४.२०	इत्याकर्ण्य नमश्चक्रे	उ० ५.६
इति दक्षवचः श्रुत्वा	उ० २०.४९	इति रामवचः श्रुत्वा	उ० ८१.१५	इति श्रुत्वा वचस्तस्य	उ० ५१.६७	इत्क्त्युवाज्ञां गृहीत्वां	क्री० ८४.३४	इत्याकर्ण्य नृपो वाक्यं	क्री० १२.३७

इत्याकर्ण्य वचस्तस्य क्री० १२७.१८
इत्याकर्ण्य वचस्तस्य क्री० ३१.४१
इत्याकर्ण्य वचस्तस्य उ० ३८.१५
इत्यादिचिन्हमाद्याया क्री० १४७.४
इत्याद्युक्तमनुक्तं वा रोगं उ० ४६.१८६
इत्यानिनाय तं बालं क्री० ७४.५
इत्याश्चर्यं महद्दृष्टुं उ० ६५.११
इत्युक्तं स तदा उ० २७.६
इत्युक्तः परमात्माऽसौ क्री० ४७.३०
इत्युक्तः प्राह तां विप्रः क्री० १०५.११
इत्युक्तवन्तो ददृशु क्री० ९.३८
इत्युक्तः स तु बालेन क्री० १८.४४
इत्युक्तास्ता गता दूरं क्री० ३६.२७
इत्युक्ते ते तदा तेन क्री० १०३.१२
इत्युक्त्वा क्ष्वेडितं कृत्वा क्री० ६२.४७
इत्युक्त्वा क्ष्वेडितेनासौ क्री० १२१.४१
इत्युक्त्वा खड्गहस्तो क्री० ११५.४५
इत्युक्त्वा चतुरो क्री० १२२.३८
इत्युक्त्वा तमहं यात उ० ६५.१७
इत्यक्त्वा तं नमश्चक्रे क्री० १३०.७
इत्युक्त्वा तं पुरस्कृत्य क्री० १००.१०
इत्युक्त्वा तं प्रणम्यासौ क्री० १२७.२८
इत्युक्त्वा तान्मुनींन उ० ३६.३३
इत्युक्त्वा तां समुत्थाय उ० ७४.३८
इत्युक्त्वा तुष्टुवुर्देवं क्री० ६.९
इत्युक्त्वा दैत्यमगम क्री० ९८.१८
इत्युक्त्वा धनुरादाय उ० ४१.१५
इत्युक्त्वा निशितं खड्गं उ० ८.९
इत्युक्त्वाऽन्तर्हितस्तस्य उ० ६८.१३
इत्युक्त्वाऽन्तर्हिते उ० ८५.४६
इत्युक्त्वान्दोलयामास क्री० १०१.४०
इत्युक्त्वा परमात्माऽसौ उ० २०.५४
इत्युक्त्वा परितेपुस्ते क्री० १२९.२०
इत्युक्त्वा पुजयामास उ० ३५.३२
इत्युक्त्वा पूजयामास उ० ४१.२५
इत्युक्त्वा पूजयामास क्री० ८७.१७
इत्युक्त्वा प्रययो शीघ्रं क्री० १३६.४२
इत्युक्त्वा बहिरायातौ क्री० २४.३८
इत्युक्त्वा बालकं क्री० ७४.८
इत्युक्त्वा बालमादाय क्री० ८८.२८
इत्युक्त्वा मन्दिरं क्री० ५५.४८
इत्युक्त्वां तं गणेशस्य उ० ८.४
इत्युक्त्वा रेणुका देहं उ० ८०.२७
इत्युक्त्वा वायुवेगेन क्री० १२२.२७
इत्युक्त्वा शीघ्रमनयत् क्री० १७.१८
इत्युक्त्वा सर्व देवान्सा उ० ८३.३७
इत्युक्त्वा सर्वलोकेषु क्री० २७.३४
इत्युक्त्वा सा तदा क्री० ६.२०
इत्युक्त्वा सुत मालिंग्य उ० २०.१५
इत्युक्त्वा स्नापयामास उ. ६.३२
इत्युक्त्वा स्वांजलि उ० ६५.३
इत्युक्त्वा पुनरेवासौ क्री० ६१.२
इत्युज्जहर्ष मनसा क्री० १९.३५
इत्युचुस्तां करे धृत्वा क्री० ९७.८
इत्युत्कंठतया विप्रः क्री० १७.१३
इत्येतत्कथितं सर्व क्री० ३१.४७
इत्येवं चिंतयत्त्वेव उ० ६५.२८
इत्येवं चिन्तयाविष्टो क्री० ६९.३
इत्येवं चिंतयाविष्टो क्री० ११९.४
इत्येवं निश्चयं कृत्वा क्री० ६०.५
इत्येवं मनसा तस्मै क्री० ५५.१९
इत्येवं मुनिना पृष्टो उ० १२.४
इदं कृतं ममैव स्या उ० ७६.४१
इदं क्षेत्र सुविख्यातं उ० ५७.५५
इदं गणेशकवचं मुद्गलेन क्री० ८५.४०
इदं गृत्समदा ख्यानं उ० ३६.४५
इदं च ते विमानं उ० ५६.२४
इदं ते कथितं सर्वं क्री० १५४.२४
इदं ते कथितं सर्वं क्री० १५४.२५
इदं पुराणं शृणुयात् क्री० १५५.११
इदं प्रजप्तं पठितं पाठितं उ० ४६.१९६
इदं ब्रह्मकृतं स्तोत्रं क्री० १०४.२०
इदमाख्यानकं श्रुत्वा क्री० ९२.५३
इदमेव फलं प्रोक्तं क्री० ३५.२७
इदं यः पठेत् प्रातरूत्थाय उ० १३.१८
इदं यः शृणुयान्मर्त्यः क्री० ९१.६४
इदं यावत्कण्ठगतं क्री० ७४.४४
इदं रूपं परं दिव्य क्री० ६.३५
इदं संपत्स्यते सर्वं उ० ३४.३१
इदं स्तोत्रं पठेद्यस्तु क्री० ३३.१०
इदं स्तोत्रं पठेद्यस्तु क्री० ३८.६३
इदानीमपि रक्षास्मान् क्री० ६३.३
इदानीमभिधास्यानि क्री० १४९.१५
इदानीमर्चय पुरा विघ्नेशं उ० ४४.१५
इदानीमसि विज्ञोतो क्री० ८.३२
इदानीमेव जातोऽसि क्री० ९०.१६
इदानी मेव निर्विण्णा उ० ५७.२०
इदानीं कथयिष्यामि उ० ५३.१
इदानीं चिन्तया किं क्री० १२८.१५
इदानीं त्यज बुद्धिं तां क्री० ६७.९
इदानीं दर्शयिष्येऽस्य क्री० ६७.३४
इदानीं देव रक्षास्मां उ० ८४.१८
इदानीं देहि सामर्थ्यं उ० १५.२९
इदानीं दैत्यकोट्यस्तु क्री० ११६.३९
इदानीं न च दुःख नो क्री० ७९.६
इदानीं न प्रदर्शिष्ये उ० २.१४
इदानीं पुनरन्यचे उ० ५५.४७
इदानीं प्रार्थये सर्वान्न क्री० ७१.२५
इदानीं प्रार्थितं कि उ० ३२.२१
इदानीं यत्र कुत्रापि पश्य उ० ५.४६

इदानीं याहि भवनं क्री० ११४.४१
इदानीं मोक्षमार्गं मे क्री० १३७.५४
इदानीं वसतिस्थानं देदि क्री० ६५.२३
इदानीं वैरनिर्मोकं क्री० १११.१९
इदानीं स यथास्थानं उ० ३२.२५
इदानीं सर्वमाख्यासे क्री० १.१४
इदानीं सर्वसैन्यानि क्री० ६८.२०
इदानीं सिन्धुनगरे युद्धं क्री० १११.३९
इदानीं सृष्टि करणेऽशक्यं उ० १४.४
इदानीं स्वस्वभावेन क्री० १३६.३१
इनः सप्तदशे राजन्दिने क्री० ४६.४२
इन्थं निशयाभ्याखिल उ० ४५.१५
इन्दीवरदलश्याम उ० ४६.६९
इन्दुमत्याः कुमारस्य उ० ५५.६
इन्द्रादयो लोकपालाः क्री० १२५.१५
इंद्रादयो लोक पालाः उ० ३८.३९
इन्द्राद्यवध्यानसुरा क्री० १२२.१७
इन्द्रादिदेवतावृन्दै रभि क्री० १०४.६
इन्द्रादि देवता वृन्दैः उ० ८७.५९
इन्द्रादि देवता वृन्दै उ० ८८.२३
इन्द्रादिदेवनिचयान् क्री० १०९.१६
इन्द्रादि लोकपालानां उ० २१.५२
इन्द्रादिलोकपालेभ्यः क्री० १२७.२१
इन्द्रादि वृन्द सेव्योऽसौ उ० ७७.१६
इन्द्रासनमारूढो दैत्य क्री० ७५.३७
इन्द्रियाणामधिपतिर्मनो क्री० ९९.४७
इन्द्रियाणां च मनसो उ० ८२.२४
इन्द्रियार्थाश्च संकल्प्य क्री० १४२.३
इन्द्रियाश्वान्विचरतो क्री० १३८.६४
इन्द्रेण मे तपोनाशं क्री० १३३.१९
इन्द्रेंणोक्तं तु संकष्ट उ० ७४.३२
इन्द्रो दृष्ट्वा मयूरेशं क्री० १२५.१६
इन्द्रोऽपि वज्र पातेन उ० ४३.१७
इन्द्रोऽपि विह्वलो जातो क्री० ३.१३
इन्द्रो मां शरणं यातः क्री० ३१.४२
इंद्रो रुक्मागदो उ० ३६.१०
इभवक्त्र नमस्तुभ्यं उ० ६९.२४
इमं मेसंशयंब्रह्म क्री० ३८.१७
इमं योप्युत्तमं योगं क्री० १४८.३९
इमं वत्तान्त मशृणो उ० ५३.३१
इमानि पदपद्मानि क्री० ९२.२७
इमामवस्थां संप्राप्तो उ० ८९.४०
इमां कथां य शृणुयान् उ० ३७.४८
[illegible]व परा सिद्धि क्री० ३३.१६
इयं सुता मम ब्रह्मन्दत्ता क्री० ३४.१७
इयं वाराणसी शूलभृता क्री. ४७.१९
इयेष पृथिवीं जेतुं क्री० ३९.२
इवानीं तु तयोः सभ्य उ० ८१.१७
इष्टविघ्नकरो नित्यं क्री० ३२.३९
इष्टाः देवाः प्रदास्यन्ति क्री० १३९.१२
इहलोके तु तत्कार्य उ० ७६.३४
इहलोके परे वापि न उ० ५३. ४०
इहा मुत्र अविश्लेषं उ० ४६.१९७
इहास्मान् राक्षसाः प्रेता उ० ५.४१

ई

ईदृशं विद्धि मे तत्त्वं क्री. १४३.१
ईदृशी नाप्सरेः मध्ये क्री० १.२५
ईप्सित समवाप्नोती क्री० १५५.१४
ईप्सितानस्य सर्वान् क्री० २९.४
ईयतुः पुरतस्तस्य कोटि क्री० ११२.८
ईयतुर्यद्धबलिनौ नाना क्री० ११४.१०
ईयतुस्तं परिक्रम्य क्री० २.३२
ईशपुत्र नमस्तुभ्यं उ० ६९.२६
ईशिता च वशित्वं च क्री० ६४.७
ईशितायै ततः प्रोचुः क्री० ६३.३८
ईशित्वं तदनुं प्राप्तं क्री० ६३.१७
ईश्वरस्य प्रसादेन पुत्रो क्री० ६६.२३
ईश्वरस्य वरान्मत्तो क्री० ५८.४५
ईश्वरस्य वशे लोको क्री० ११७.७
ईश्वरस्यापराधेन कामो उ० ३२.२४
ईश्वरस्योपदेशेन क्री० ८०.२०
ईश्वरानुग्रहो येषां उ० ३.२९
ईश्वरीय कृपायोगात् क्री० १३.३
ईश्वरेच्छा वशात्तस्याः उ० ८८.२१
ईश्वरोपासको नित्यं क्री० १.२४
ईषणात्रयकल्पान्त उ० ४६.७१

उ

उक्तवांश्चैव मां ब्रह्मा उ० ३४.२२
उक्तं चोपासनाखंड क्री० १.३
उक्तवान् कृमिकीटादी उ० ७६.२२
उक्ता गणेश्वर स्यैव उ० १७.३९
उक्त्वा द्वादश नामानि उ० ९२.४५
उक्त्वा परस्परं तौ क्री० ८.१४
उग्रा च चक्रपाणिश्च क्री० १२४.३२
उग्रा दुर्गा चक्रपाणिर क्री० १२४.२
उग्रायास्तनयश्चाय क्री० ७४.१५
उचुः परस्परं सर्वे न उ० ६३.४५
उच्चैरुवाच देवं सा क्री० ६९.२७
उच्चैरुचुर्गिरिसुतामयं क्री० ८९.१३
उच्छिद्याधर्मानिचयं क्री० १४०.११
उच्छिन्न कुलधर्मांश्च उ० ८३.१६
उच्छिष्टोच्छिष्ट गण उ० ४६.६३
उच्छेदः सज्जनानां क्री० १४९.२६
उज्जीवयामास तदा क्री० ११६.४१
उड्डानम् जलमध्ये ते क्री० १९.१४
उड्डीय गिरिवत्केचित् क्री० ६३.३४
उड्डीय तत्फणासंस्थं क्री० १००.१२
उड्डीय पतिताः केचित्तस्यां क्री० ९९.६
उड्डीय परिभ्राम वारया क्री० २०.४५
उड्डीय पेततुर्देहे क्री० ४१.२७

उड्डीय प्रययौ सद्यः क्री० १२८.२२
उड्डीय स पपोलाशु क्री० ९८.३७
उड्डीय सहसा भृंगी क्री० १२२.३४
उड्डीयोड्डीय सहसा निपत्य क्री० ३.१०
उड्डीयोड्डीय साधे नु उ० ७९.११
उड्डीयोड्डीय सिंहास्ते क्री० ६७.३१
उत्कर्षं तस्यं तं दृष्ट्वा क्री० १०१.४२
उत्कर्षं तस्य दैत्यस्य क्री० १०३.१
उत्छलन्त्यो महानद्यः क्री० १२.६
उत्ततार शिवा बालं क्री० ९२.४०
उत्तरस्व महाभारं क्री० ९३.५४
उत्तरीयं च रत्नानि मुक्ता क्री० ९६.३२
उत्तस्थः सर्व एवैते क्री० १२६.६
उत्तस्थुः सर्ववीराश्व क्री० १५२.१४
उत्तस्थौ सुकुमारोऽस्या क्री० ३३.४८
उत्तानाः पतिताः केचित् क्री० ३.३४
उत्तार्य मुकुटं साथमूर्ध्नि क्री० २९.३७
उक्तिष्टेति गृहीत्वा उ० ४८.२९
उत्तिष्टोत्तिष्ट देवानां उ० ८४.२१
उत्तिष्टोत्तिष्ट नृपते उ० ७६.६६
उत्तिष्ठोतिष्ठ भद्रं ते क्री० ३८.४७
उत्तिष्ठोत्तिष्ठ भद्रं ते क्री० ८७.११
उत्तीराभिर्नदीभिः सा क्री० २०.२७
उत्तीर्णौ तौ स्वामिकार्ये क्री० ११९.७
उत्थपितः कौशिकेन उ० ५२.२६
उत्थापयामास तदा क्री० १२७.८
उत्थापितुं चालितुं वा क्री० २१.५१
उत्थाप्य गिरिशः स्नेव उ० १७.२७
उत्थाप्य तं करे धृत्वा क्री० २४.९
उत्थाप्य मुनिशार्दूलो उ० १९.२८
उत्थाय कटिदेशे तं क्री० ८६.२८
उत्थाय कल्पे राजाऽसौ क्री० १६.२
उत्थाय च कराभ्यां क्री० २१.७
उत्थाय तं समीपे स क्री० १८.७
उत्थाय प्रणनामास्य उ० ५५.३७
उत्थाय सादरं राज्ञा उ० ५२.१३
उत्पतेः स्मरती बाल क्री० ३३.३८
उत्पत्तिः पोषको क्री० १४४.२०
उत्पत्तिस्थितिसंहारका क्री० १२२.१८
उत्पन्नोऽहंयदा ब्रह्मन्नन्धो उ० २०.२२
उत्पाता बहवोऽनेन क्री० ७२.९
उत्पाता बहुवो जातस्ते क्री० ७१.३
उत्पातास्त्रिविधा नासंस्त क्री० ४४.२३
उत्पातो जायतें तत्र क्री० १२.२०
उत्ससर्ज तदा शापं क्री० १३५.२६
उत्साद्य तस्य देहस्थं उ० ५७.३७
उत्साहवर्धना स्तेषां उ० ४७.२३
उत्सुकः स उवाचास्मान् उ० ३५.२६
उत्सृजन्मुखतो ज्वालाः क्री० १५.२०
उदक्शिराः प्रसुष्वाप क्री० १२४.३
उदतिष्ठत वेगेन क्री० १२८.३
उदतिष्ठत्क्षणाद्दैत्यो क्री० ६०.३१
उदन्त सर्वमाचख्युर्वि क्री० १२.५९
उदयेतु रेजर्जाते क्री० १५.३६
उदये दिननाथस्य उ० ७६.६८
उदरं स्वोदरेणैव पृष्ठं क्री० ९१.३८
उदरे तस्य ते याता क्री० ९९.४५
उदरे भान्त्येकदशे क्री० ६१.३३
उदरे शस्त्रसंघातः कार्यो क्री० ६९.३५
उदानवायुनाक्रान्तः क्री० ११६.३०
उदासीनतया मातस्ति क्री० ९२.२९
उदिते तु दिवानाथे क्री० १८.३
उदियाय वटं पश्य उ० १४.२६
उदुद्धूल रजो भौमं गगनं क्री० ९३.२०
उद्धूल रजो भौमं क्री० ५८.२५
उद्धवस्याज्ञया कृष्णः उ० ७०.१४
उद्धाट्यं द्वारं सा बालं क्री० ९४.३१
उद्धाट्यं स्तृतीयं उ० ८४.१२
उद्गमन्नयनाद्वन्हि क्री० १३६.३४
उद्बोधकानि ते सन्तु उ० ८९.३
उद्भासितं तयोर्दीप्त्या क्री० २३.३
उद्भिज्ञाम जारंजा जंतून उ० १३.३७
उद्यतोऽस्ति बलिः शक्र क्री० ३१.१९
उद्यम्य खड्गं सहसा क्री० १३७.२०
उद्यम्य परशुं दीप्तं क्री० १००.३८
उद्यापनं कथं कार्य व्रत उ० ७१.१
उद्बंधना ह्या याता क्री० १४.२२
उद्वर्तन करे दद्यात्फलं उ० ५१.४०
उध्दतश्चैव धुन्धुश्च क्री० ११.४
उन्नतप्रपदो गूढ गुल्फः उ० ४६.३३
उन्नतानन उत्तुंग उदार उ० ४६.७२
उन्नसो भ्रुकुटीचारुललाटो क्री० ६.२५
उन्नसो भ्रुकुटी चारू उ० ६३.३४
उन्मत्तं मदिरारक्त्व उ० ७६.१९
उन्मील्य नयने गौरी क्री० ८०.१३
उन्मीस्य नेत्रे सोऽप क्री० ११५.४९
उन्मूल्य तद्द्रुमान्व्योम क्री० १२३.१४
उपकारं फलं वापि क्री० १४८.८
उपकारं महांतं मे कुर्वन्तु उ० ४.१४
उपकारसमं पुण्यं न उ० ८८.२५
उपकार स्त्वयाऽरम्भि उ० ७९.१
उपकारे रतानां च उ० ३२.१८
उपचारैः षीडशभिः उ० ३९.४
उपचारैः षोडशभिः क्री० ५४.२४
उपचारैः षोडशभि उ० ५४.२७
उपचारैः षोडशभि उ० ५७.५२
उपचारैः षोडशभिः उ० ७५.१४
उपचारैः षोडशभि उ० ८८.३७
उपचारै षोडशभिःपुपुजे क्री० ८५.५
उपचारैः षोडशभिः क्री० १३.४६

उपचारैः षोडशभिः प्रणि क्री० ६८.१६
उपचारैः षोडशभिर क्री० २३.६
उपचारैः षोडशभिर्भक्त्या क्री० १३.१४
उपदिष्टे व्रते तेन सार्धं उ० ५१.२२
उपदिष्टोऽनेकमायाः उ० ८९.१२
उपदिष्टो मुद्गलेन उ० ५७.३०
उपदिष्ये मुद्गलेन नाम उ० ५७.४२
उपदेश करिष्यामि क्री० ३१.३
उपदेशः कृतः सम्यग् क्री० ६६.१६
उपदेशं च कृतवान् क्री० १२०.४४
उपदेशं मनोश्चापि क्री० ८०.२६
उपदिश्य ततश्चैनं शौच क्री० १०.२१
उपद्रुतास्त्वया लोका क्री० ४१.१५
उपनीते तत्र शिशौ क्री० १०.१८
उपरिष्टाद्ददर्शाघ नृपो क्री० १५२.१
उपवश्य प्रपूज्याशु क्री० ५१.१९
उपवासयुतः पत्न्या क्री० ७३.५१
उपवासैक भक्तानां उ० ७२.४२
उपविष्टा ततोऽपश्य क्री० ८३.२५
उपविष्टा मध्यदेशे क्री० १५३.३०
उपविष्टा स्तदा लोका उ० २६.७
उपविष्टेषु सर्वेषु ननृतुश्चा क्री० ९६.२९
उपविष्टेषु सर्वेषु राजान उ० ७८.१०
उपविष्टोब्रवीद्वाक्यं क्री० ८३.७
उपविष्टो मयूरेशो क्री० १२५.१२
उपविष्टो राजसंघैः उ० २६.१६
उपविष्टौ पुराणार्थ उ० ६२.९
उपविष्यासने स्वीये उ० ९.२५
उपवेश्यासन पश्चात् क्री० ५०.२०
उपवेश्यासने पादौ क्री० ८५.४
उपविश्यासनें रम्ये उ० ७२.२८
उपविश्यासने शुद्धे उ० ५१.२४
उपविश्यासने श्रेष्ठे उ० ५१.५२
उपासका गणेशस्य उ० १२.११
उपादिशद् दुष्टनाशं कुरु क्री० १०.३०
उपादिशामिते मंत्र उ० १५.११
उपाधिरहितं प्रेम कृतं क्री० १२४.२४
उपायनानि ते सर्वे शिवा क्री० ८६.१०
उपायनानि दानानि ददौ क्री० ९६.९
उपायनानि देवाय क्री० १५.५४
उपाय नानि भूरीणि ददु क्री० ७१.११
उपायनानि सर्वे ते शिव क्री० ९६.६
उपाय मवदत्ते स उ० ६८.२३
उपायं तस्य कुष्टस्य उ० २९.१०
उपायं ते वदाम्येकं न क्री० ६६.१२
उपायं नागराजस्य उ० ९०.४
उपायं वच्मिनृपते उ० ६.२९
उपायं वच्मि वस्तस्य उ० ६३.४३
उपायानां चतुर्णांच उ० ५६.८
उपायो भविता कश्चिज् क्री० १९.२५
उपासको गणेशस्य उ० ६३.९
उपासनाखंडमिदं उ० ८२.५१
उपासना मार्गमिमं उ० १२.६
उपासनां क्लेशहन्त्री क्री० ३२.३०
उपास्यरूपं बिभृयात्तदा क्री० १७.४
उपेन्द्र इव देवेन्द्र कार्यं क्री० ७०.१५
उपोष्य केचिद्दिदधु क्री० १२६.६०
उभयत्र निषांगस्था क्री० १०२.१७
उभयो सा फलं दद्यान्तत्र क्री० ३५.२२
उभयोः सेनयोर्वाद्यघोष क्री० ११३.१९
उभयोः सेवनं कार्यं क्री० ८१.२६
उभयो स्तपसा तुष्टो. उ० २१.२७
उभाभ्यामपि पादाभ्याम् क्री० ४४.३
उभाभ्यां प्रणिपत्याथ क्री० १७.३३
उभाभ्यां वदनं तस्य क्री० १०८.१२
उभावपि तृणं तस्या उ० ६२.३०
उभावारक्तवसनौ क्री० ६६.१७
उभे कुले मे नष्टे किं उ० ३०.२४
उभौ गगनसंलेहिमूर्धानौ क्री० ५६.४
उभौ तौ जननीपुत्रौ क्री० ४८.३४
उभौ तौ मूकबधिरौ उ० ७.५
उभौ प्रहसितो मोहाद् क्री० ३५.१४
उभौ यातौ रणं द्रष्टुं क्री० ११६.२६
उभौ विविशतु उ० २७.११
उभौ समबलौ तौ तु क्री० १९.२१
उमानिविष्टहृदया नाश क्री० १०७.२६
उमायै सर्वमाख्याय क्री० १०७.२७
उमासुतं हन्तुकामौ क्री० १०७.१३
उमोवाच द्विजं पश्चाद् क्री० १०५.१५
उम्दीजाश्चैव तावन्त्यो क्री० ३८.२४
उर्जस्नायी झषस्नायी क्री० ५२.३९
उन्मील्य नेत्रे सोऽपश्यद्देवं उ० ३८.२५
उर्वरां वर्जये त्तिष्ठन्तु उ० ४९.५
उर्वशी वा रती राज्ञीत् क्री० २१.२२
उर्वारुकं च देवेश फलान् उ० ४९.५६
उल्कैव पातयामास क्री० ६०.५१
उवाच क्रोधरक्ताक्षी क्री० ३६.९
उवाच गौरी तान्विप्रानुपवे क्री० ८६.५
उवाच च प्रसन्नात्मा क्री० १०५.३४
उवाच च मुनीन उ० ६४.२०
उवाच च महादेवं उ० ५५.३८
उवाच च सभामध्ये क्री० १२५.४६
उवाच च हरिं गच्छ क्री० ७५.३०
उवाच चैनं रणकाल उ० ४५.२८
उवाच जगदम्बां तां यं क्री० ८०.८
उवाच जन्म निष्ठा च क्री० ८०.१४
उवाच तत्र सदसि उ० ३६.३२
उवाच तं गणाधिश उ० ६५.५
उवाच तं नृपो दक्षो उ० २६.१७
उवाच तं मन्दमते क्री० ३४.२३

उवाच तं मुनिं ज्ञातं क्री० ३३.४९
उवाच तान्कारयन्तु क्री० ४५.२३
उवाच तान्नृपवरो क्री० १२५.३८
उवाच दुर्धरा सेना क्री० ११२.२३
उवाच दूतान् गच्छन्त उ० ३९.२३
उवाचदेवतान्सर्वान् क्री० १०८.३५
उवाच दैत्यं रे दैत्य क्री० १३२.३२
उवाच दैत्य रे दैत्य वरा क्री० ४२.२९
उवाच न क्षणं त्वत्तो क्री० ७०.२७
उवाच निजवृत्तान्तं क्री० १३१.१०
उवाच नृपतिं क्रोधात् क्री० १७.२२
उवाच परमक्रुद्धो उ० ७९.४
उवाच परमप्रीता दृष्ट्वा क्री० ९६.४६
उवाच परमप्रीतोऽदितिं क्री० ८.१०
उवाच परमप्रीतोऽनुष्ठेन क्री० ७४.३३
उवाच परमप्रीतो भावं क्री० ८०.२७
उवाच परमप्रीतो उ० ३८.२९
उवाच परमप्रीतो हर्ष क्री० ४९.५
उवाच परितप्तांगी कामो क्री० ७३.५४
उवाच पार्वतीं शम्भुं उ० ८५.४२
उवाच पितरं गत्वा दैत्यो उ० ४३.४१
उवाच पुत्रौ कामारिरनया क्री० १.५०
उवाच प्रणतस्तान्सो क्री० ९.५
उवाच प्रणिपत्यैन त्वद्वीर्य उ० ६०.१२
उवाच भर्त्सयंस्तां च उ० ७४.१६
उवाच मन्त्रिणो क्री० ३९.२६
उवाच मम वाक्ये क्री० ३९.२१
उवाच मातस्ते बालो क्री० ९४.१९
उवाच मां भजस्वेति उ० २९.६
उवाच रक्तनयना दग्धु क्री० २९.१३
उवाच रक्तनयनो वम क्री० १११.२३
उवाच राक्षसान्दोऽथा क्री० १०९.२६
उवाच राममामन्त्र्य ज्ञातं उ० ८१.५
उवाच रामं संभ्रान्तं उ० ८२.३५
उवाच रोषात्सम्यक्त्वं क्री० ९२.१६
उवाच वचनं पश्चाद् क्री० ५३.२०
उवाच विश्वकर्माणं कुतक्री० ९५.३७
उवाच विस्खलद्वाचो क्री० ८२.४६
उवाच श्लक्ष्णया क्री० १२६.४२
उवाच श्लक्ष्णया वाचा क्री० १२८.५६
उवाच श्लक्ष्णया उ० ६०.२६
उवाच श्लक्ष्णया वाचा उ० ८८.१६
उवाच सतलं देवं किं क्री० १०५.४९
उवाच संमुखो भूत्वा क्री० १०२.२४
उवाच स ततस्ततां तु उ० ३०.२८
उवाच सर्वान्दण्डे च क्री० ७३.१८
उवाच सर्वान् मणिपूरियं उ० ४५.२१
उवाच साम्ना दैत्यं तं क्री० ६०.१८
उवा च सुप्रसन्ना सा उ० ६७.३४
उवाचानन्दपूर्णा सा क्री० ७.३२
उवाचारक्त नयनः उ० ७८.३५
उवाचे मे समालिग्य उ० ६४.१३
उवाच परमप्रीतः साधु क्री० ११२.६
उषःकालं विना सर्व क्री० ६९.३९
उषः काले हरोऽपश्य उ० ८४.६
उषसि त्वं प्रयातोऽसि उ० ३२.६
उष्ट्रसतु कण्टकान्भुंक्ते क्री० ५४.५

ऊ

ऊचतुर्गणराजं ते देहि क्री० १०३.११
ऊचतु विंस्मितौ तौ उ० ८५.२६
ऊचतुस्तं तदा पुत्रं क्री० ७४.४९
ऊचतुः स्व स्व दुःखं उ० ५५.३०
ऊचतुः परमं वाक्यं क्री० ६२.३८
ऊचुः करपुटं बद्ध्वा क्री० १००.४
ऊचुर्गणेशं ते सर्वेस्वा क्री० ९६.२७
ऊचुर्धन्यतरा माता क्री० ८६.३१
ऊचुः परस्परं उ० २७.९
ऊचुः परस्परं केचित् क्री० ५४.१७
ऊचुः परस्परं ते तु शिवा क्री० ९९.५३
ऊचुः परस्परं देवा क्री० १२६.६१
ऊचुः परस्परं लोका उ० ७५.४०
ऊचुः परस्परं सर्वे क्री० १००.४७
ऊचुः प्रबुद्धमतयो महा क्री० १०१.३
ऊचुर्देवा वृत्रहणं बहिर्याहि उ० ३३.१
ऊचुश्च नृप ते भार्या उ० ५५.७
ऊचुश्च सर्वलोकानाम् क्री० ३७.२०
ऊचुस्तं प्रणिपत्यैव उ० ५७.४९
ऊचुस्तं स्वामिनं दैत्या क्री० ३.४२
ऊचुस्ते देवदूतास्तान् उ० ७४.७
ऊचे त्वां स्वांतकं मत्वा उ० ७.३३
ऊचे राजा महापुण्यं क्री० १७.३२
ऊचे सर्वं करिष्यामि क्री० ४१.८
ऊरुभिर्जानुभिर्हस्तैश्छिन्नै क्री० ६३.३३
ऊर्जा भवन्ति भूतानि क्री० १३९.१४
ऊर्ध्वबाहुततया क्री० १२९.२२
ऊर्ध्वं गतं तदैवाशुखं क्री० १२.३१

ऋ

ऋग्यजुः सामनयन उ० ४६.७३
ऋजुपाद द्वययुतः उ० ७३.१२
ऋणतो ब्राह्मणं चैव उ० ३.४०
ऋणं धनं शोधयित्वा तं उ० १७.४१
ऋतुजेन च दग्धाऽहं क्री० ७३.५९
ऋतुं मे देहि भगवन्बाधते क्री. २९.१०
ऋत्विग्भ्यः पंडितैः उ० ७१.२९
ऋमुकैला लवंगादि उ० ६९.३३
ऋषयः प्रेषितः पश्चादुत्सु क्री० ४५.३२
ऋषयो लोकपालाश्च क्री० २१.६०
ऋषिपत्न्यः समाघ्राता क्री० ८४.१४
ऋषीणामाश्रमाः केचिद् क्री० ८६.२२
ऋषेराश्रम इत्येवं उ० २८.९

ऋष्टिभि र्मुष्टिभि उ० ४२.३०

ए

एक एकाक्षराधार उ० ४६.१२९
एक एव परानन्दपूर्णोऽसौ क्री० ३२.३४
एक एव पुमान्यद्वत् क्री० १३.२२
एक एवा भक्तत्र दृष्ट उ० ८.१४
एककालं द्विकालं वा क्री० १४८.४२
एक कृते व्रते देवि उ० ५०.२३
एक जानु निपातेन उ० २०.३३
एकदन्त प्रभावेण लब्ध्वा उ० ११.२८
एकदन्तं द्विदन्तं क्री० ४०.२३
एकदन्तं नखपुर्गजास्य उ० १५.६
एकदन्तं भालचन्द्रं उ० ८७.३३
एकदंतं महाकाव्यं उ० ६९.१५
एकदंष्ट्रो वक्र तुंडो उ० ४६.१
एकदा कस्याचित् पृश्टे उ० ५७.१०
एकदा तेन विचश्य उ० ५९.१०
एकदा ते वनं याता उ० २२.१४
एकदा दुःखितो राजा उ० ५८.१७
एकदा नारदोऽगच्छ उ० ६३.६
एकदा नागराः सर्वे उ० २५.३०
एकदा नगरे तत्र क्री० ५७.२३
एकदा प्रलये वृत्तेऽज्ञाप उ० ९१.२
एकदा बालभावात्स उ० ८६.१८
एकदा मदिरां पीत्वा उ० ७४.२४
एकदा शुक्रमाहूय क्री० ३०.४
एकदाऽहं गतो राजन्कैलासं उ० ६१.१
एकनिष्टतया यावत्त क्री० ७९.३६
एकपादः स्थितस्तुण्डनगरे क्री० ४४.२
एकपादस्थिताः केचित् उ० ४०.३४
एकपादस्थिताः क्री० १२९.२१
एकपादेन तस्थौ स क्री० ४२.२८
एकब्रह्माण्डवाही क्री०.१००.२७
एकं नित्यं सच्चिदानन्दन क्री० ११.३८.
एकं महामतं गंच उ० २४.९
एकविंशति बाणैस्तां उ० ७९.३९
एकविंशति बाणा मे उ० ८०.२४
एकविंति विप्राणां उ० ६८.२९
एकविंशतिवारं च पठे क्री० ८५.३८
एक विंशत्युमानेक उ०.४६.१५५
एकः सैन्ये निपतितो क्री० ६८.३
एकस्मान्मंत्रिताद् बाणा उ. ४७.२८
एकस्मिन्दिवसे क्री० १३६.१
एकस्मिन्दिवसे प्रातः क्री० ७.१२
एकस्मिन्दिवसे बालं क्री० ८२.३९
एकस्मिन्दिवसेऽरण्यं उ० २७.२८
एकस्मिन्दिवसेशुभब्रह उ० २६.१
एकस्मिन्नेंव समये उ.६०.४
एकस्मिन्मयि पश्य क्री० १४५.३
एकस्मिन्समये हाहा क्री० ९.२
एकहस्तेन धृत्वा तं क्री० ९९.१७
एकाक्षणं षडर्णच गृहाण उ० ५०.७
एकाक्षरमनुं तस्यै ददौ क्री० ७९.३९
एकाक्षरं च मन्त्रं च उ० ५७.४४
एकाक्षरं पुनर्ब्रह्म उ० १२.२८
एकाक्षरं षडर्णव मंत्रं उ० १३.२७
एकाक्षरस्यमन्त्रस्य उ० ५०.४
एकांगुष्ठेन तपसा उ० ३७.२२
एकांगुष्ठेन भूमिष्ठ क्री० ७४.२८
एकांगुष्ठेन यस्तिष्ठे क्री० १५५.५७
एकादशदिने शम्भो क्री० ८२.१६
एकादशादिभीरुद्रै स्तुतश्चै उ० ४६.१४९
एकादशे दु दिवसे सर्वे क्री० ८२.२४
एका निरुद्धा सर्वैः सा क्री० १३.१७
एकान्ते निर्णने देशे उ० ११.२३
एकाप्सरः प्रासिकृते क्री० ११४.२५
एकाब्दं वा तदर्ध वा उ० ६१.२१
एकां शक्ति विना क्री० ३८.५९
एका मे महती वांछा उ० ७५.३१
एकार पीठ मध्यस्थ उ. ४६.७५
एकाशनाश्च चत्वार उ० ५.१४
एकासन गतोऽरण्ये उ० ५७.३१
एकेन मुकुटं तस्य शरेण क्री० ६७.१८
एकेन मुष्टिना देवो क्री० १३.३४
एकेनाकारितु तमो क्री० ५६.१८
एकैकनाम्ना राजेन्द्र क्री० १५४.२२
एकैकं नश्यतेऽरिष्ट क्री० २०.२
एकैकस्मिन् क्रमेणैतौ क्री० २८.२२
एकैकस्य बलं घोरं क्री० ८२.४२
एकैकस्यां दशदशपंच क्री० ६४.३४
एको जातः काकयोनौ क्री० २८.३१
एकोऽनन्तत्वमापेदे क्री० ५४.१८
एकोनशतमेवं ते तस्य क्री० ३०.२५
एको ना दृश्यते तत्रा क्री० १२६.१७
एको नानाविरूपोऽभुद् क्री० २४.१६
एकोऽयं पंचधा जातो क्री० ३८.३९
एतत्कथं न जानीषे क्री० १८.१९
एतत् कथयितुं क्री० १८.२१
एतत्मे देहि सर्वेश तव क्री० ९८.४८
एतदर्थ गुणेशेन धृतो क्री० ८७.१६
एतदर्थमहं प्राप्तो ब्रह्मणा क्री० १०९.९
एतदेव परं पुण्यं दैवा क्री० २८.१८
एतदेव परं ब्रह्म क्री० १४६.३०
एतदेव फलं प्रोक्तं क्री० १२६.४१
एतद्विरोधं यः कुर्यात् स क्री० ११.२
एतद्विस्तार्य ब्रूहि त्वं उ० २४.२
एतन्मम वचो देवि न क्री० ८०.३३
एतस्मिन्नन्तरे तत्र दैत्यो क्री० १०६.४
एतस्मिन्नन्तरे दुष्टो क्री० ९२.१९
एतस्मिन्नन्तरे दृष्टो क्री० ८९.४

एतस्मिन्नन्तरे दैत्यो क्री० ८४.४४
एतस्मिन्नन्तरे दैत्यौ क्री० ९६.१२
एतस्मिन्नन्तरे दैत्यो क्री० १०८.७
एतस्मिन्नन्तरे दैवा क्री० ३२.२९
एतस्मिन्नन्तरे प्राप्तौ क्री० ५५.३५
एतस्मिन्नन्तरे बालः क्री० १०७.१०
एतस्मिन्नन्तरे वृक्षो क्री० ८६.२०
एतस्य रक्षणं गौरि क्री० ८५.१६
एतस्य सुन्दरी भार्या क्री० १२८.२७
एतत्कथय मे सर्व उ० ४२.२
एतत्त्वं स्कन्द उ० ८७.२६
एतत्प्रसादात् संप्राप्ता उ० ७३.३१
एतत्संशय जातं मे नुद उ० २२.६
एतत्सर्वं सुविस्तार्यं उ० ७७.३
एतत् सविस्तरं ब्रूहि उ० ८९.२२
एतदर्थं मया पूर्वं उ० ४.२९
एतद्वदन्तु सर्व नो यदि उ० ७४.९
एतद् व्रतस्य यत्पुण्यं उ० ७३.३२
एतन्नाम्नां सहस्रं पठति उ० ४६.२००
एतन्मे प्रकटं ब्रूहि संशयो क्री० ५९.२
एतन्मे शंस देवर्षे संशयो क्री० ४५.२
एतन्मे शंस भगवञ्शृण्वं क्री० ५१.२
एतन्मे सकलं ब्रूहि उ० ८६.३०
एतं मे संशयं ब्रह्मंश्छेत्तु क्री० ४९.२५
एतस्मात्कारणाद् उ० ६६.२३
एतस्मात् कारणाद्यानं उ० ६७.४३
एतस्मिन्नंतरे तत्र उ० २५.१८
एतस्मिन्नंतरे तत्र नारदो उ० ४७.३२
एतस्मिन्नंतरे तत्र उ० ८५.४०
एतस्मिन्नंतरे तत्र मुद्गलो उ० २५.३१
एतस्मिन्नतरे स्वप्नेऽपश्यदू उ० २१.४
एतस्मिन्नेव काले उ० ५५.४१
एतस्मिन्नेव काले तु उ० ६३.४७
एता दृश्यते देव उ० १८.१४
एतादृशः सुतो वापि क्री० ८६.१३
एतादृशं निराक्ष्यैनं क्री० ६.२६
एतादृशो रम्यतर क्री० १३५.११
एतावच्चरितं तस्य क्री० १३२.३६
एतावताऽलं प्रकटी उ० ३३.२४
एतावतो बलमिदमग्रे क्री० ८३.४१
एतावत्कालपर्यन्तं नो क्री० ४६.२७
एतावद् दुःखचाप्ताऽहं क्री० ९७.४५
एतावद् दुःखशोकाभ्या उ० ५.४
एतावानस्यः पाद्यम् उ० ६९.२०
एतास्मिन्पूजिते क्री० १२५.३२
एतिव्रतानां सर्वासां उ० ६२.८
एतेऽति सुंदरा नाना उ० १.३१
एते दोषाः परित्याज्या क्री० १४२.११
एतेषां तुं प्रसंगेन उ० ६२.३८
एतेषां पूर्वपुण्येन उ० ६२.४५
एतेषां वचसाऽशक्यं क्री० ६३.३०
एनं पश्याम पुरतो दिवा क्री० ९३.६
एनं पुराभवं योगं क्री० १४०.४
एनं यो घातयेद्देवः क्री० ४०.७
एनां ब्रह्माधियं भूप क्री० १३८.६९
एवं तस्ये वरान्दत्वा क्री० ४८.५६
एलालवंग मारीच उ० ८४.५
एलालवंग संमिश्रं उ० ४९.१६
एलालवंग संमिश्रं उ० ४९.६०
एवमन्यांश्च संस्मृत्य उ० ३.१२
एवमस्तु कुरुष्व त्वं उ० १५.३१
एवमस्त्विति तं प्रोच्य क्री० २३.५१
एवमाकर्ण्य तद्वाक्य क्री० १५.११
एवमाकर्ण्य तद्वाक्यं क्री० २१.१५
एवमाकर्ण्य तद्वाक्यं क्री० २२.२९
एवमाकर्ण्य तद्वाक्यमु क्री ३०.४१
एवमाकर्ण्य तद्वाक्यं क्री० ४७.३२
एवमाकर्ण्य तद्वाक्यमुवाच क्री० ५५.१
एवमाकर्ण्य तद्वाक्यं क्री० ७५.१८
एवमाकर्ण्य तद्वाक्यं क्री० ८४.६४
एवमाकर्ण्य तद्वाक्यं क्री० १०१.२४
एवमाकर्ण्य तद्वाक्यं क्री० १०२.३०
एवमाकर्ण्य तद्वाक्यं क्री० ११३.२६
एवमाकर्ण्य तद्वाक्य क्री० ११९.१३
एवमाकर्ण्य तद्वाक्यं क्री० १२०.६
एवमाकर्ण्य तद्वाक्यं क्री० १२६.४५
एवमाकर्ण्य तद्वाक्यं क्री० १३४.३४
एवमाकर्ण्य तद्वाक्यं क्री० १३६.२३
एवमाकर्ण्य तद्वाक्यं क्री० १३७.५६
एवमाकर्ण्य तद्वाक्यं उ० १०.१६
एवमाकर्ण्य सर्वेषां क्री० १३३.११
एवमाक्रन्य भूखंड उ० ३९.१०
एवमाकर्ण्य सा सर्व क्री० ९८.५०
एवमाज्ञा पयत्तांश्च उ० ९१.३५
एवमाज्ञां समाकर्ण्य क्री० १३१.८
एवमाज्ञां समाकर्ण्य क्री० १३२.८
एवमाश्रुत्य तां क्री० १२८.६७
एवमुक्तः स तेनाथ क्री० १६.२१
एवमुक्ता बालरूप क्री० १७.४८
एवमुक्ता स्तदा तेन उ० ९२.६
एवमुक्ते त्वया राजन् क्री० १६.२०
एव मुक्ते स्थिते शक्रे क्री० ४७.२७
एवमुक्तो द्विजेनाऽसौ क्री० १२८.६४
एवमुक्तो नृपतिना क्री० १६.३३
एवमुक्तो नृपेणाथ वदति क्री० १६.८
एवमुक्त्या मुनिं सर्वे उ० ६७.२९
एवमुक्त्वा कलः सिन्धुं क्री० ११८.६
एवमुक्त्वा क्षणार्धात्स क्री० ८२.४९
एवमुक्त्वा खड्गहस्तो क्री० १३२.३१
एवमुक्त्वा गतः कामः उ० ८४.१

एवमुक्त्वा गतः स्थानं क्री० ५०.६४
एवमुक्त्वा गता देव्यो क्री० ८४.१७
एवमुक्त्वा गते तस्मिन् क्री० ५०.९
एवमुक्त्वा तमामन्त्र्य क्री० १.५१
एवमुक्त्वा तु विकट उ० ८७.४७
एवमुक्त्वा तु विनतां क्री० ९८.४६
एवमुक्त्वा दिवोदासं क्री० ४७.३८
एवमुक्त्वा नमस्कृत्य क्री० १२१.७
एवमुक्त्वा नमस्कृत्य क्री० १४९.५१
एवमुक्त्वा पपालाशु क्री० १२७.३६
एवमुक्त्वाप्यनुज्ञाप्य क्री० १५०.२१
एवमुक्त्वा प्रचलितौ क्री० ११३.२८
एवमुक्त्वा बहिर्यातौ क्री० १५१.३४
एवमुक्त्वा बाहुयुद्ध क्री० १२८.५३
एवमुक्त्वा मयूरेशं क्री० १००.३५
एवमुक्त्वा मयूरेशो क्री० १०८.२५
एवमुक्त्वा मुनि ब्रह्मा उ० ११.१७
एवमुक्त्वा मुनिः सोऽथ क्री० १३३.२४
एवमुक्त्वा मुनिस्तस्यै क्री० ९७.५०

एवमुक्त्वा ययौ नन्दी क्री० ११०.२९
एवमुक्त्वा रिपुं देवो क्री० १०२.६
एवमुक्त्वा सुरास्तं क्री० १३७.३६
एवमुक्त्वा सुवासांसि क्री० ६५.२
एवमुक्त्वा स्थितो देवो क्री० ३५.३०
एवमुक्त्वा स्वमश्वं क्री० ५७.२८
एवमुक्त्वा स्वासने क्री० १५१.१७
एवमुक्त्वा हृषीकेशो क्री० ७६.६
एवमुक्त्वा ह्यनुज्ञाताः क्री० १२३.५८
एवमुक्त्वा नमस्कृत्य क्री० ७०.१७
एवमेकाकिना तेन जिताः क्री० ३.४३
एवमेव कृतप्रश्नो क्री० ४.२२
एवमेव जगन्माता क्री० ४०.३९
एवमेव पुरा पृष्ठः क्री० १३८.१
एवमेव पुरा पृष्ठः क्री० १३४.५
एवं कीर्ते समाख्यातं क्री० ७२.४२
एवं कुर्वन्सदा योगी क्री० १४२.१५
एवं कृति सहस्त्राणी क्री० २८.३०
एवं कृते चान्धचेन क्री० २०.३३

एवं कोलाहलं श्रुत्वा क्री० ६५.७
एवं कोलाहलैस्तत्र प्रायु क्री० ११४.३०
एवं कोष्टान्तरे दृष्टं क्री० ५९.२५
एवं कौतुकयुक्तास्ता क्री० ८४.४२
एवं गजाननस्तस्य उ० ९०.१६
एवं गतं सप्तमेऽह्ने क्री० ९८.१
एवं गते गौतमे तु व्रतं उ० ५२.४३
एवं गव्यैः कार्तवीर्यैं उ० ७९.२४
एवं गृहे गृहे सर्वे क्री० २२.३३
एवं चतुर्युगे व्यास क्री० १४९.४२
एवं च निश्चयं कृत्वा क्री० ३०.१०
एवं च सर्व वृत्तान्त उ० ४१.२९
एवं चिन्तातुरे तस्मिन्तु उ० ९०.२१
एवं चिन्तातुरे तस्मिन् उ० ४४.४
एवं चित्ते चिन्तयति क्री० ६०.४४
एवं चेत्तर्हि यत् सिद्धं क्री० २२.४९
एवं चेत्तर्हि तीर्थेऽस्मिन् उ० ३५.३५
एवं चेत्यजसे मन्त्रं उ० २१.५१
एवं ज्ञात्या तु ते सर्वे उ० ६४.१९
एवं [illegible] क्रमतः क्री० ८७.४२

एवं तया कृतप्रश्नो हिम उ० ५१.५
एवं तया स्तुता शम्भुः उ० ८८.९
एवं तस्मै वरान् दत्त्वा उ० ८९.६
एवं तस्याग मन्भूप उ० २४.८
एवं तच्छोकमाकर्ण्य क्री० ५८.११
एवं तत्क्रन्दनं श्रुत्वा क्री० ६२.३०
एवं तदस्तु पौरेषु तावद क्री० ६२.५५
एवं तदादरं बुद्ध्वा क्री० ७९.३८
एवं तद्वाक्यमाकर्ण्य तं क्री० ५८.५१
एवं तं विनिहत्याशु क्री० ९३.३५
एवं तयोः संवदतो क्री० १५१.१४
एवं तस्मै वरं दत्त्वा उ० ८२.४३
एवं तस्याद्भुतं कर्म क्री० ७४.२२
एवं तस्याशयं बुद्ध्वा क्री० १०.३८
एवं तान्स परावृत्य क्षणा क्री० ७१.४१
एवं ते कथितं राजन् उ० ५६.१
एवं ते कथितं स्कन्द उ० ५१.४८
एवं ते कथिता चास्य क्री० १३४.४५
एवं ते कथितो लोको क्री० ५०.६३
एवं ते क्षेत्र महिमा उ० ३४.४१

एवं ते तुष्टुवुर्यार्याव उ० ८३.२९
एवं तेन कृता मूर्ति क्री० ३१.४६
एवं तेन समाज्ञप्ता क्री० १९.४
एवं तेन सर्व जनाः क्री० ४७.२
एवं तेन स्तुतो देवः क्री० १२४.५०
एवं तेन हता सेना क्री० ११८.२९
एवं ते ब्रह्महत्यानां उ० ८.१०
एवं ते महिमा सर्वः उ० ९२.४८
एवं ते वर्णितो मात क्री० ३७.२८
एवं तेषां निरीक्ष्यैव क्री० १२९.२३
एवं तैः प्रार्थितौदेवौ क्री० १०३.३१
एवं तौ क्षुधितौ श्रान्तौ क्री० २४.३५
एवं तौ निश्चयं कृत्वा क्री० ३.६
एवं तौ निश्चयं कृत्वा उ० १७.११
एवं तौ शालकौ यातौ क्री० ११८.१४
एवं त्रिभुवनं दृष्ट्वा क्री० ९२.४५
एवं दत्त्वा भूषणानिनाम क्री० ८३.१७
एवं दत्त्वा वरं देवस्त क्री० २५.८
एवं दत्त्वा वरांस्तस्मै क्री० ३८.६२
एवं दत्त्वा वरान्स्वप्ने क्री० ३३.१३

एवं दशदिने विप्रान्भोज	क्री० ८२.२३	एवं नानास्वरुपैः स	क्री० २४.१९	एवं प्राप्त महामंत्रो	उ० ३८.२०	एवं मासव्रतं कुर्याद्यावद्	उ० ८७.१३	एवं वरान् ददौ तस्मै	उ० ९०.४२
एवं दशसहस्त्राणि	क्री० २.८	एवं निराकृता तेन जननी	उ० २३.४९	एवं प्राप्येप्सितान्	क्री० २.३१	एवंमुक्तो मुद्गलोऽसौ	उ० ५७.२३	एवं वरान् ददौ देवो	उ० ८७.४४
एवं दुतमुखाच्छ्रुत्वा	क्री० ११२.२२	एवं निवेदितोऽमात्यैः	क्री० १५३.३	एवं बहुतिथे काले	उ० ८५.४	एवं मुनिवचः श्रुत्वा	क्री० १२.११	एवं वर्षसहस्त्रं स तप	उ० ६०.१८
एवं दुराचारतौ न	क्री० २८.५	एवं निहत्य तान्दुष्टान्	क्री० १५.४४	एवं बहुधनो जातो	उ० ५७.६	एवं मे ब्रह्मणादिष्टं	उ० ७१.१८	एवं वसिष्ठवाक्येन	क्री० २८.१४
एवं दुष्टानि कर्माणि	उ० ७६.५६	एवं नृपवचः श्रुत्वा	क्री० १२.१६	एवं बहुविध शोकं	क्री० १३०.२५	एवं यः कुरुते भक्त्या	क्री० १२६.२९	एवं वाक्यामृतं तस्या	क्री० ११७.२५
एवं दूतवचः श्रुत्वा	क्री० १३६.३३	एवं परस्परं शप्तवा	उ० ६२.१७	एवं बहुविधा कारं चक्र	उ० ८०.९	एवं यः कुरुते राजंस्त्रि	क्री० १४१.३५	एवं वाक्यं ब्रह्ममुखा	क्री० ४०.१२
एवं दृष्ट्वा गतिं तस्य	क्री० ७०.१०	एवं पापे प्रवृद्धे तु	क्री० १४९.३३	एवं बहुविधा तस्मै	उ० ५७.४८	एवं यावत्प्रार्थयते	क्री० ८४.५८	एवं वाक्यामृत रसैः	उ० ९१.१८
एवं दृष्ट्वा महारम्यं	क्री० २८.१६	एवं पितृवचः श्रुत्वाः	क्री० १३४.१८	एवं बालचरित्रं यः	क्री० १४.५२	एवं युध्यत्सु तेष्येवं	क्री० ९३.१२	एवं वाक्यामृतै स्तेषां	उ० ९२.३
एवं दृष्ट्वा सर्ववीरा	क्री० ११६.३२	एवं पितृवचः श्रुत्वा	उ० ५५.३३	एवं ब्रुवति भूपे तु	क्री० १५१.२२	एवं ये ये द्वन्द्वयुद्धं	क्री० ७६.२३	एवं विख्याति मगमत्	उ० ३८.४
एवं दृष्ट्वा सुरा देवं	क्री० ७८.३२	एवं पुनः कृत प्रश्नं	उ० ५८.३	एवं ब्रुवति राजेन्द्रे	क्री० ६१.४०	एवं रुदन्त्यास्तस्यास्तु	उ० ४८.१७	एवं विप्रवचः श्रुत्वा	उ० २१.१४
एवं दृष्ट्वा स्वरूपं	क्री०१२५.२७	एवं पूजां सप्रगृहय	क्री० १४९.१	एवं ब्रुवति विघ्नेशे	क्री० ३७.१४	एवं लब्धवरा कीर्तिः	क्री० ४९.१	एवं विमान मप्रैषीत	उ० ६२.४१
एवं देवगणैर्युक्तो	उ० ३९.२७	एवं पृष्टः स तेनाशु	क्री० १८.९	एवं ब्रुवति विघ्नेशे	क्री० ४१.४	एवं लब्धवरो ब्रह्मा	उ० १५.३३	एवं विलपतीं तां तु	क्री० २१.११
एवं देवं निरीक्ष्यैव	उ० ६३.३७	एवं प्रतिदिनं तौ तु	उ० २०.१७	एवं ब्रुवत्या दैत्यो	क्री० ६९.२६	एवं वदति तस्मिंस्तु	क्री० १२५.२४	एवं विलप्य बहुधा	उ० २३.८
एवं देवेषु भग्नेषु	क्री० ७६.२४	एवं प्रबोधिता लोकैः	उ० ५४.११	एवं ब्रुवन्त्यां पत्नयां	उ० ७६.४६	एवं वदति देवेन्द्रे	क्री० १२५.२१	एवं विवदमानास्ता	उ० ८६.४
एवं द्वादशवर्षाणि	क्री० ३४.४४	एवं प्रभग्ने सैन्ये स	उ० ७९.२९	एवं भावप्रियो देवः	क्री० २६.२४	एवं वदति यावत्तु	क्री० ९२.२४	एवं व्रतं कुरु शुभे	उ० ५४.२९
एवं द्विजेषु देवेषु	क्री० २४.२३	एवं प्रभावो देवोऽसौ	क्री० ४८.२४	एवं भ्रमन्बहुदिनं	उ० २१.२६	एवं वदति यावत्स	क्री० ७०.१	एवं व्रतं समादिश्य	क्री० ७३.४९
एवं न ज्ञायते ब्रह्मन्	क्री० १९.४७	एवं प्रभावो देवोऽसौ	उ० ८७.५७	एवं महागणपते	उ० ४७.५५	एवं वदत्सु दूतेषु	क्री० ८२.४३	एवं व्रतस्य महिमा	उ० ५८.३६
एवं नत्वाच स्तुत्वाच	उ० ९२.१	एवं प्रवृद्धो बालोऽसौ	क्री० ७४.२३	एवं मां करु विघ्नेंश	उ० ३७.३२	एवं वदत्सु लोकेषु	क्री० ७३.२५	एवं व्रते कृते राजन्	क्री० ७३.४८
एवं नानायोनिगतौ	क्री० २८.३५	एवं प्रशंसितो देव्या	क्री० ४१.१	एवं मां करु विघ्नेंश	उ० ३७.३३	एवं वदन्त्या तस्यां	क्री० १३०.२१	एवं शतसहस्त्राणि	क्री० ६१.२३
एवं नानाविधान्मंत्रा	उ० ५०.६	एवं प्रसन्ने विघ्नेशे	उ० २०.३६	एवं मां य उपासीत	क्री० १४४.१७	एवं वदन्मुमूर्च्छासौ	क्री० ९३.५५	एवं शब्दशरैर्विद्धो	क्री० १११.२९

एवं शम्याः प्रभावस्ते क्री० ४९.१९
एवं शिवावाश्रयां च क्री० १२६.३४
एवं श्रुत्वा कथां क्री० १५१.१
एवं श्रुत्वा कथां व्यासो उ० ५६.३
एवं श्रुत्वा तु तद्वाक्यं क्री० ११६.२१
एवं श्रुत्वा देववाक्यं क्री० ७२.३९
एवं श्रुत्वा प्रियावाक्यं क्री० ८०.३०
एवं श्रुत्वा मुनिवचश्चिन्त क्री० १६.४५
एवं श्रुत्वा शूरसेनो उ० ५८.१
एवं श्रुत्वा सोमकान्त क्री० १४९.४६
एवं संशयमापन्नस्तत् उ० १५.४
एवं संचित्य मनसा उ० ३८.१८
एवं संतोष्य सर्वे ते उ० ६७.३१
एवं स परवान्ब्रम्हा उ० २४.१३
एवं स पुण्यकीर्तिः क्री० २७.१२
एवं संपूज्य ते मन्त्रं क्री० ७८.२२
एवं संप्रार्थितस्तेन न क्री० ८८.३९
एवं संप्रार्थित स्तेन उ० ९०.२६
एवं संप्रार्थिता ताभ्यां उ० ७७.५४
एवं संप्रार्थिता देवी उ० ८३.३५
एवं संप्रार्थ्य तेपुस्ते उ० ८३.२०
एवं संभ्रत संभार उ० ४९.२८
एवं सर्वत्र तं दृष्टा क्री० ५४.४३
एवं सर्व विचार्यासौ क्री० १४९.३६
एवं सर्वान वद्यांगीं उ० ४८.२४
एवं सर्वे देवसिद्ध उ० १२.१०
एवं सर्वे विनश्यन्ति उ० १२.२६
एवं सर्वेषु शोचत्सु क्री० १९.३१
एवं सर्वेषु सैन्येषु उ० ४३.२०
एवं सर्वे हता दैत्या क्री० ६८.४६
एवं स सर्ववृत्तातं कथं क्री० ७२.११
एवं सा द्वादशाब्दानि क्री० ८०.४
एवं सा नवमे मासि क्री. १.२९
एवं साऽनुदिनं पूज्य क्री० ३३.१
एवं सांपजयेद्देव उ० ६९.५१
एवं सा वन्हिना दग्धा क्री० १२१.४९
एवं सा विव्हला यावत् क्री० ५.३५
एवं सुतुमुले जन्ये उ० ७९.२१
एवं सुललितां वाणीं उ० ५९.८
एवं सेना समायाता क्री० ११३.११
एवं स्तुत सुरैर्देवो उ० ४०.५०
एवं स्तुता तदा देवी क्री० ४०.१६
एवं स्तुतिं समाकर्ण्य क्री० ११६.१०
एवं स्तुतो गणेशस्तु उ० १३.१५
एवं स्तुत्वा गतास्ते क्री० ९.४७
एवं स्तुत्वा च नत्वा क्री० ११.४०
एवं स्तुत्वा तु तं क्री० ४०.२६
एवं स्तुत्वा तु ते सर्वे क्री० २१.७१
एवं स्तुत्वा पुनर्नत्वा क्री० ३७.८
एवं स्तुत्वा पुनः प्रोचु क्री० ६.१४
एवंस्तुत्वा पुनस्तेऽमुं क्री० १२३.५०
एवं स्तुत्वाऽब्रवीदेनं क्री० ३०.३०
एवं स्तुत्वा प्रार्थयन्स क्री० १५०.१०
एवं स्तुवत्यां तस्यां तु क्री० ९२.५१
एवं स्तुवत्सु देवेषु क्री० ७८.२८
एवं स्तुवीत विधिवत् उ० ६९.४०
एवं स्थितेषु मुनिषु उ० ८३.२१
एवं हत्वाऽखिलां क्री० १२१.३७
एवं हस्तेन हस्तं च क्री० ७६.१९
एवर्ममाकर्ण्य तद्वाक्य क्री० ७४.२५
एष एव भवेद्राजा ज्येष्ठ क्री० ३३.३०
एषु त्रिषु प्रवृद्धेषु क्री० १४६.३४

ऐ

ऐन्द्रे पदे निवृत्तेऽस्य क्री० ३१.४३
ऐरावतः प्रहारेण उ० ३९.३९
ऐरावत समारुढोययौ उ० ३९.११
ऐतावतादि दिक्पाल उ० १२.३८
ऐश्वर्यनिधिरैश्वर्य उ० ४६.७६

ओ

ओंकार वाच्य ओंकार उ० ४६.७७
ओजस्तेजः कुलं शीलं उ० ४६.१७४
ओदंनश्च कृतो जीर्ण क्री० २२.५०
ओमिति प्रणिपत्योचुः उ० ६१.२७
ओमित्यथोकते गणनाथ उ० ४५.९
ओमित्युक्ते ततस्तेन क्री० १४.४१
ओषधीभिश्च मन्त्रैश्च उ० १०.६
ओषध्योऽथ लतावृक्ष उ० २०.४७
ओषध्यो यस्य रोमाणि उ० ९०.४५

औ

ॐकार रुपी भगवानुक्त से उ० १२.७
ॐकार रूपी भगवान् उ० १.१४
औत्सुक्यात्पार्वती क्री० ११६.२
औरवोऽपि सपन्नीक क्री० ३५.३१
औषधान्मत्र तश्चापि उ० २३.२४

क

क उपायस्तुमुनिना उ० २७.१
क उवाच एवं यावत् क्री० ११.३४
क उवाच तस्मिन्प्रयाते क्री० ५७.१
क एनं नाशयेदत्र कः क्री० १३४.१७
कचादानाय हस्ताभ्यां क्री० ८४.४७
कटाक्षेण तयाज्ञप्ता क्री० ६३.३९
कटु तिक्ताम्ल लवण उ० ५.४३
कटिदेशे गृहीत्वैनं क्री० ८४.३५
कटौ रत्नमयीं कांचीं उ० १.३४
कंचित्पुच्छे गृहित्वेभ क्री० १२१.२६
कंचिदागमने हेतुं क्री० ७.४
कञ्चुकग्राहशोभाढ्या क्री० ११४.२७
कंठेऽगृहीत्प्राणघ्नातं क्री० ३.३३
कण्ठे च न्यपतत्तस्य क्री० १०२.२२
कंठेन कण्ठ संघृष्य क्री० ८४.४६

कति वा हयवताराश्च उ० २०.३०
कथ जजाप हरिः कुत्र उ० १८.१
कथमस्तमिति जीता क्री० २०.२०
कथमस्या लाघवं च क्री० ८७.३२
कथमाचरितं दौष्ट्य उ० ६१.१०
कथमणि र्बभू वैंषा उ० ४८.२
कथमाराधितस्तेन काशी क्री० ५१.१
कथमाराधितों ब्रह्मन् उ० ८९.२१
कथमु त्तमतां यासि उ० १७.१२
कथमेतौ महादुष्टौ क्री० १०७.१६
कथमेतौ हतौ केन क्री० ४.२१
कथं मे विफलो यत्नो क्री० ८१.१५
कथं कपटरूपेयमागता क्री० २१.५६
कथं कल्याण वैश्यस्य उ० २३.३
कथं कारागृहे प्राप्ता क्री० ७७.२०
कथं कालस्य मरण क्री० १३४.२५
कथं क्षेत्रात् समुत्पन्नः क्री० २७.२०
कथं च काशीराजेन क्री० ५०.१
कथं च निहतावेतौ क्री० ८.१३
कथं च भागो नास्मकं क्री० ३०.५
कथंचारू भवेद्भोगो क्री० १४.३८
कथं चिरतरं यात इति क्री० १००.५३
कथं चूर्णयितुं नाम क्री० २१.४८
कथं ज्ञातोऽनेन दुष्टो क्री० १८.५०
कथं तिष्टामि देवेश उ० ८८.२७
कथं ते कोमलांगेषु क्री० ११५.२८
कथं तौ निहतौ क्री० ५३.४७
कथं त्यक्त्वाऽर्भकं क्री० १५३.१६
कथं त्वया कृता पित्रोः क्री० ६२.१७
कथं दरिद्रा जाताऽहं क्री० ७.२९
कथं नाम्नां सहस्र तद् उ० ४६.१
कथं निष्ठुरतां यातः क्री० ७१.२९
कथं निष्ठुरता यातो क्री० ८३.४
कथं प्रतारिता तथ्य उ० २३.१३
कथं प्रयत्नो रचितो उ० ३३.२०
कथं प्रादुरभूद्देवः क्री० १५०.१
कथं प्रसादः फलित उ० ७२.७
कथम बद्ध्वा शत्रुहस्ते क्री० १२.४२
कथं ब्रह्माञ्शिवगृहे मयूरे क्री० ७३.१
कथं मम शरीरं तत् उ० २८.२३
कथं मम सुतो जातो उ० ७६.१८
कथं मया तपः कार्यं क्री० ७९.३७
कथं मया बाल एष क्री० १५.२८
कथं माम् न विजानीषे उ० ४८.१२
कथं मिथ्या भाषसे त्वं क्री० ५५.१२
कथं मुद्गल देहोत्थ उ० २२.३
कथं मुने सर्वदेवाः क्री० ४५.१
कथं मे सहसे मूढ क्री० ११५.२६
कथयन्तं महाविद्यां उ० ५१.६२
कथयन्ति कथा नाना क्री० ३०.२०
कथयस्व कथामतां उ० ७.२
कथं याहित्यनुदिते क्री० ९३.४
कथं राजा सोमकांतः उ० ५.१०
कथं रामो बाल एव उ० ८२.१
कथं वल्लभ पुत्राय उ० २२.५
कथं वा पतसे नाथ क्री० ९३.२९
कथं वा मुखद्याहं दर्श उ० २९.४४
कथं विजेष्ये तं मात उ० ८२.४
कथं विह्वलतां यातः क्री० १२४.४३
कथं वै तस्य कथिता क्री० ३२.७
कथं व्यापादिताः पंच क्री० १०.१५
कथं व्रतं तु संकष्ट उ० ५८.६
कथं श्रुतं ब्रह्ममुखाद् उ० ५६.२
कथं साकारतां गच्छे क्री० ५.१८
कथं सुखाश्रमे दुःखे क्री० १३४.१६
कथं सुरूपो वन्द्यश्च उ० ६१.११
कथं स्तुतिं कृता ताभि क्री० ३७.१
कथं स्नास्यति कान्तो उ० ५३.३७
कथं स्मरणमात्रेण पापानि उ० ७२.१२
कथं स्वनियमां क्री० २३.१८
कथं हंसि स्त्रियं दुष्ट क्री० ८७.२३
कथं हन्याद्गजः सिंहं क्री० ८२.४७
कथयामास रामाय उ० ८२.१९
कथयामास वृत्तान्तं उ० २८.३९
कथयामि नृपश्रेष्ठ उ० ५१.५८
कथयामि महाबुद्धे क्री० ५१.३
कथयामि मुने सर्वं क्री० २८.४३
कथयामि यथा ज्ञातं उ० ६३.८
कथयामि समासेन क्री० ५३.४८
कथयामो यदि शिवौ क्री० ९४.७
कथ शमी प्रिया देव क्री० ३२.९
कथां तामेव शृणुयात् उ० ८७.१२
कथा सर्वजनस्यापि क्री० १५३.३५
कथितं तेन षंकष्ट उ० ६८.९
कदन्नं कथमस्मै तद्दैय क्री० २३.३५
कदन्नं तदपि स्वल्पं क्री० ५४.७
कदंबगोलकाकारकूष्मांड उ० ४६.८०
कदम्बपुर मित्येव उ० ३४.३४
कदंब वृक्षस्य तले उ० ३४.१
कदाचिच्छयनें तंसा उ० ७४.१५
कदाचित्कन्दुकः क्षिप्तो क्री० ९३.४६
कदाचित् कश्यपोऽकस्मा उ० ९१.२४
कदाचित्केन दृष्टः स उ० ६१.८
कदाचित्पर्यटन्सुभ्रु क्री० ३४.३
कदाचित्पार्पती प्राह क्री० १०९.१
कदाचित् स मुनिर्व्यास उ० ३८.५
कदाचित् सह पुत्रेण उ० २०.१०
कदाचित्सा गर्भवती क्री० १.२७
कदाचित्सौभरिर्होम क्री० १३५.८
कदाचिदक्रियः क्रोऽपि क्री० १३९.४

कदाचिद् मरावत्याम उ० ३०.१
कदाचिदिष्टसिद्धिश्येद् क्री० ७३.२२
कदाचिद्ऋषिमुख्मोऽसौ क्री० ३४.१९
कदाचिद्दैव योगेन भृगु उ० ५१.५१
कदाचिद्दैव योगेन मृगया उ० ५३.८
कदाचिद् ब्राह्मणो विद्वान् उ० ७.३१
कदाचिन्न भवेदस्य क्री० १२९.२८
कदाचिन्नारदोऽकस्माद्रौ क्री० १.४३
कदाचिभ्दिक्षितुं यातो क्री० २२.४०
कदा देवाः स्वनिलयं क्री० ६०.४३
कदा द्रक्ष्यामि देवस्य क्री० ५२.४९
कदा मे दर्शनं ते स्यात् उ० ४८.१३
कदा वधो भवेदस्य उ० ८५.१२
कदा विवाहो भविता क्री० १२२.१०
कदा स्वस्थानगा देवा उ० ४४.३
कनीयसो न मे क्री० १०६.३३
कनीयांसं स शरणं की० ३०.२६
कन्दुको व्योममार्गस्यो क्री० ९३.४१
कन्या तु लभते चास्या क्री० १५५.५२
कन्याप्रदानसहभोजन क्री० ५७.१७
कपटस्य शठस्यापि उ० ३२.२८
कपर्दीति परो ज्ञेय क्री० १५४.२०
कपिरुद्धानशीलोऽपि न क्री० ५६.२८
कबन्धा युयुधुस्तत्र क्री० ६३. ३६
कबन्धामारयंस्तत्र क्री० १०१.३७
कमन्यं षं शरणं यामि क्री० ४६.६
कमम्बुधे र्गुणाब्धिष्णो उ० ३२.१३
कमलं परशुं मालां दन्तं उ० ६६.१८
कमण्डलुगतैरेनोनाश क्री० १०४.१६
कमण्डलुं वारिपूर्णं क्री० ९२.२०
कमलाकान्तहृदयहृद्या क्री० १०३.२१
कमलांकसुपादाब्ज क्री० १०३.२३
कमलाङ्कुशहस्ताब्ज क्री० १०३.२४
कमलाङ्कुशहस्ताब्ज क्री० १०३.२७
कमलापतिहस्तस्थपद्म क्री० १०३.२६
कमलासुर नामान महनद् उ० ८३.३
कमलासुरबाणानां क्री० १०३.२५
कमलासुरबाणैस्तु क्री० १०२.२०
कमलासेवितपद जय क्री० १०३.२२
कमंडलुधरः कल्पः उ० ४६.७९
कमनीयतरा भूत्वा क्री० ८७.६
कं देवं शरणं यामि क्री० ५८.७
कम्पते पादघातेन क्री० ९६.१४
कम्पिता पृथिवी सर्वा क्री० ३.११
कं वा व्रजेम शरणं उ० ८३.२८
कयं दीनानुकंपित्वं उ० ७२.११
करदांस्तान्स कृत्वैव क्री० ७५.१३
करमात्रधृता चेयं क्री० १३५.२९
करस्थं तस्य सकल उ० ४६.१७१
करालकेशी पाताल क्री० ६६.७
कराहति ध्वस्त सिंधु उ० ४६.११
करिणौ पृष्ठलग्नौ तौ क्री० ९६.१७
करिशुण्डामिता क्री० ४२.४
करिष्यत्यङ्घ्रिसेवां ते क्री० ८३.११
करिष्यति नृलोकेऽस्मि क्री० ५०.६
करिष्यन्ति जनाः क्री० १४९.१८
करिष्यसि विचित्रां उ० ९१.२३
करिष्यामि शिवादास्यं क्री० १२९.३०
करिष्ये वद तत्सत्वं उ० ८२.५
करुणापूर्णहृदया क्री० १३८.१८
करुणाब्धिर्भवान्ट क्री० ५५.४०
करुणाब्धिः स्वप्रकाशो क्री० ८३.२८
करुणार्द्रमनाः पश्चात् क्री० ५५.३७
करोतीन्द्रमनिन्द्रं क्री० १८.२९
करोतु राज्यं तव उ० २.२०
कर्णयोः कुरु भाले उ० ५४.१७
कर्णयोरूभयोर्दोर्भ्यां क्री० ८४.२६
कर्णयोर्जलमध्ये तु क्री० ९९.१५
कर्तारमपि मां तेषाम क्री० १४०.१९
कर्तुं चावमृथनानं क्री० ३०.२२
कर्तुं वापि विभो राजा उ० १३.३०
कर्तव्यं च सपत्न्या मे क्री० ९७.२०
कर्तव्यं मुनिशार्दूल उ० ४०.२९
कर्पूर चन्दनं तस्या उ० ८५.३
कर्पूरानल संयुक्तं उ० ६९.३६
कर्मकारीन्द्रियग्रामं क्री० १३९.५
कर्मक्षये ततो जाते क्री० ३८.२७
कर्मणा दांभिकेनैव सत्वं उ० ६६.६
कर्मणा शुद्धहृदयो क्री० १३८.४०
कर्ममार्गे विलुप्ते क्री० ३९.३७
कर्माङ्कुरवियोगेन क्री० १४०.२५
कर्माणि तु गणेशस्य क्री० ८२.३५
कर्माण्यद्भुतरूपाणि क्री० १४९.४३
कर्षयन्तोऽङ्घ्रिकमले क्री० ९३.२४
कलं च विकलं श्यालं क्री० ११९.१
कलानां तत्र किं प्रश्नं क्री० ११६.३५
कला श्रेरेत्येव नाम्ना उ० ४१.६
कलासप्तदशीसप्तदशः उ० ४६.१५३
कलुषात्तजलाद्गंगा क्री० ९१.२२
कलौ तु धूम्रवर्णोऽसा क्री० १.२१
कलौ विलोक्य तु जनान् उ० ९.३८
कल्पद्रुम इव प्राप्तः क्री० ७.२७
कल्पवल्लीधरो उ० ४६.४४
कल्पद्रुमस्य कः कामः क्री० ७९.१२
कल्याणकारि मे नाम उ० ६०.३०
कल्याण नामा भविता उ० २३.३५
कल्याणः प्रददौ धेनू उ० २२.११
कल्याणे कर्मणि कथं उ० ९०.२०
कश्चानेतुं व्रजेदद्रिं क्री० ११६.४०
कश्चिच्छूद्रो महाकुष्टी उ० २९.१३

कश्चित्त्रिलोचनं प्राह क्रौ० ९६.५३
कश्चित्पादौ जानुनी क्रौ० ११४.२२
कश्चित्स्यादिह संकष्ट उ० ५८.४
कश्चिदुड्डीय न्यपत क्रौ० ११४.२१
कश्चिद्धूलिं निंचिक्षेप क्रौ० १२४.१२
कश्चिद्बालो दधारास्य क्रौ० ७१.१९
कश्चिन्मातरमासाद्य क्रौ० १००.५१
कश्यपं निजभर्तारं क्रौ० ५.२२
कश्यपस्य गृहे देवो क्रौ० ६.१७
कश्यपस्य मुनेर्भार्यां क्रौ० ९८.४२
कश्यपस्यात्मजो बाल क्रौ० ६८.१९
कश्यपस्यात्मजोभारं क्रौ० ६०.२४
कश्यपेनाभ्यनुज्ञातो क्रौ० ३१.२६
कश्यपो हि बहिर्यातो क्रौ० ७२.१३
कष्टे निपतितं विश्व उ० ६१.१५
कः सखा मोचयेन्मां क्रौ० १२८.३२
कस्ततः कारयामास उ० १५.४०
कस्तत्र प्रतिकारः क्रौ० ७१.३२
कस्तुभार्चिलसद्वक्षाः क्रौ० ७६.८
कस्तूरी कर्दमयुतः क्रौ० २२.१३
कस्तूरीतिलकं चन्द्रं क्रौ० १२.४
कस्तूरी तिलकं दिव्ये क्रौ० ५४.५१
कस्तूरीतिलकं मुक्ता क्रौ० १३३.४
कस्तूरीतिलकं यस्या क्रौ० ११७.४
कस्तूरी तिलकोदिव्य क्रौ० ३९.४
कस्तूरीतिलको नाना क्रौ० ९८.२
कस्ते भक्तो मम च तं क्रौ० १०५.५१
कस्मादयि भयं न स्या उ० १८.४५
कस्मादपि भयं मे न क्रौ० १०४.५५
कस्माद्वेति न जानीमो उ० ४०.२९
कस्मिंश्चित् समये उ० ८९.२४
कस्मिंश्चित्समये वेवि उ० ६५.१
कस्मिन्काले प्रकर्तव्यं उ० ५१.८१
कस्मिन्मासि दिनें चास्य उ० ८६.२९
कस्मिन् स्थाने तपो उ० ८३.१
कस्मै देयं फलमिद उ० ६१.३
कस्यचित्पुण्यपापानि क्रौ० १४१.१४
कस्यचित्पुतस्त्वासी उ० ९१.३९
कस्यचिद् द्विज वर्यस्य उ० २३.३९
कस्यचि द्वैश्यपुत्रस्य उ० ५६.१५
कस्य त्वं कुत आयातः क्रौ० १११.१२
कस्य त्वं कुत उत्पन्नः क्रौ० १२७.१५
कस्य माता पिता कस्य उ० २३.२६
कस्य सामर्थ्य मेता क्रौ० १५.४८
कस्या अयं भवेत्पुत्र क्रौ० ९६.५१
कांश्चिच्च प्रविशीर्णा क्रौ० ११६.१९
कांस्ये कांस्येन पिहितो उ० ४९.३६
काकवन्ध्या बहुसुता क्रौ० १५५.४९
काचिद्वीरासनगता क्रौ० ३६.३१
काचिन्नामजपं चक्रे क्रौ० ३६.३०
काचिन्नितम्बिनी बाला उ० ४८.१८
काचिन्निमील्य नयने क्रौ० ३६.३३
कांचनं कटिसूत्रं च क्रौ० ५.३१
कांचनं तेन किं वा उ० ६७.९
कांचनं राजतं मुक्ता क्रौ० २५.३१
कांचनं राजतं लौहं उ० ४१.१२
कांचनं राजतं वापि उ० ८७.६
कांत्या सोमो जितो उ० २.८
कामः क्रोधः क्षुधालोभो उ० २०.४८
कामक्रोधावपि हतौ क्रौ० १५.८
कामक्रोधौ द्वावसुरौ क्रौ० ५६.१०
कामक्रोधौ महापापौ क्रौ० १३९.३७
काम ते पूरयिष्यामि क्रौ० ८७.१२
कामधेनु समुद्भूतं उ० ४९.३०
कामधेनोः प्रसादेन उ० ८०.१८
कामरूपः कामगतिः उ० ४६.१९०
कामश्चैव तथा क्रोधः क्रौ० १३९.३४
कामसंज्ञश्च क्रोधश्च क्रौ० १४.१२
कामस्तु भयसंत्रस्तो उ० ८४.१०
कामस्तु लाज्जितस्तस्य क्रौ० १२७.१४
कामग्नि विह्वलश्चासीत् उ० ७६.९
कामतिसुंदरतनुः सिद्धि क्रौ० ५.३०
कामान्पुष्पाणि सर्वेषां उ० ३७.४०
कामानीमोहनतनुर्जिते क्रौ० ४४.१५
कामिनो हि सदा क्रौ० १३९.२५
कामो लोभस्तथा क्रौ० १४७.२३
कायिकं वाचिकं क्रौ० १४१.१०
कायिकादित्रिवाभूतान क्रौ० १४०.३८
कायेन मनसा बुद्ध्य क्रौ० ११.३३
कारणातीत मव्यक्तं उ० ३४.१०
कारणं सर्वसिद्धिनां उ० ८८.४१
कारणे सति कामस्य क्रौ० १४१.२३
कारयित्वा मंत्र घोषै उ० ३.४८
कारागृहगतानां न क्रौ० १०४.२१
कारागृहान्मुक्ति कामः उ० ५०.१७
कार्तवीर्येति नागास्य उ० ७२.२५
कार्तवीर्येण मत्तस्त्वं उ० ८२.१४
कार्मुकं तु स्फुरत्कान्ति क्रौ० ६०.४६
कार्यं बह्वल्प मासैस्तु उ० ७०.२१
कार्यं लिप्सा न क्रौ० २३.८
कार्याणि साधये उ० १०.१९
कार्यामास विधिवत्सादि क्रौ० ९६.३१
कार्याकार्यैकृतीनां स क्रौ० १३९.१८
कार्यास महते स्यात्तु उ० ७८.३०
कालकूटं भृशुंहीस्तु उ० ४३.१४
कालकूटं वज्रदंष्ट्रं उ० ३९.१४
कालं हनिष्येऽखिलघ्नं क्रौ० ६२.४६
काल सृष्टि स्थिति उ० ४६.१२१
कालस्य मम किं क्रौ० ११२.२५
कालाख्यश्च तथा क्रौ० १५४.१४

कालानल इवाक्षोभ्य उ० ६४.४
कालानुरूपास्ते वीरा क्री० १०१.२८
कालान्तकेन तैत्येन क्री० ६४.१
कालान्तको ययौ व्यूहं क्री० ६३.२९
कालेन तव पुत्रोऽसौ उ० ५९.१३
कालेन बहुना चायं क्री० १४०.३
कालेन सुषुवे चाण्डम क्री० ९७.५१
काले यथोक्ते सुषुवे उ० ९१.२७
कालोऽपि नैनं विजये क्री० ४२.२५
कालो विभेति मां क्री० ६७.५
का विद्या किमचते उ० ४१.४
काशिराज इति ख्यातं क्री० १६.२९
काशिराज गृहे ब्रह्मन् क्री० २०.१
काशिराजने सहितो क्री० ५५.४
काशिराज नोचितं ते क्री० ७२.१५
काशिराजश्च पत्नी च क्री० २१.४५
काशीराजस्य भवनं क्री० ५०.१२
काशिराजेन सहितो क्री० ७१.३९
काशिराजोऽथ विप्रेभ्यो क्री० १२.५३
काशिराजोऽपि तत्रैत्य क्री० २५.१५
काशिराजोऽवदत्तत्र क्री० १७.५०
काशीराजं पुरस्कृत्य क्री० ५७.४८
काशीराजे धृतेतेन क्री० ६०.२
काशीराजो विमानस्थो क्री० ४९.२७
काशीराजो विमानस्थो क्री० ४९.२८
का शुक्ला गतिरूद्दिष्टा क्री० १४४.१
काश्यपो नंदनो उ० ४६.२०६
काश्यामासतुर्मूर्ति क्री० ७२.४०
काश्यां राज्यं प्रकुर्वा क्री० ४७.२२
काश्यां वृष्टिविहीनायां क्री० ४४.१७
काष्ठे लोंष्ठश्च पाषाणे उ० ७.२७
कासं श्वास गुदावर्तं उ० ४६.१८४
कासारमध्ये मग्नोऽभून्न उ० ५३.१६
किंकर्मा कथमुत्पन्नः क्री० ३८.१६
किंकिणीगणरचित उ० ४६.२०९
किंचिज्जीवितशेषौ तौ क्री० ८४.९
किंचित् पुरातनं पुण्य उ० ९०.६
किंचिदाश्चर्य भूतं मे उ० ३०.२
कि निमित्तमभूतन्न उ० ३५.६
किन्नरैर्मानुषश्रेष्ठैः क्री० २९.२३
किमनेन कृतं पूर्व क्री० १३५.१
किमपूर्वं त्वया दृष्ट उ० ६.३
किमर्थ त्वमिहायाता उ० ६७.३
किमर्थ नागताऽद्य उ० ३१.३
किमर्थं पार्थिवीं मूर्ति क्री० ४७.६
किमर्थ पुनरायातो राजा क्री० १७.१०
किमर्थं प्रातरेवेह पौरा क्री० २२.५
किमर्थमेव जातोऽसि उ० ९०.१
किमर्थ वल्गसे मूढ क्री० ६०.१०
किमर्थ शोचसे सुभ्रु उ० ४८.२६
किमर्थ वदसे नैव रूद क्री० ६२.१२
किमर्थ वदसे नैव स्वार्थ क्री० ६६.३
किमसाध्यं विश्वरूपे क्री० ४४.४
किमसाध्यं हि भक्तानां क्री० ३६.२५
किमस्माभिरनुष्ठेयं क्री० ३६.२३
किमस्माभिः स्तोत्रं क्री० १२३.४९
किमस्मै च प्रदातव्यमिति उ० ८५.२७
किमस्याभिः कर्म कार्य उ० १२.२२
किमानीतं मम मुदे ह्यु क्री० ९५.३२
किमिंदं किमिदं कस्म उ० २३.६
किमिदं कौतुकं देव क्री० ५९.२७
किमिंद क्रियते बाल क्री० २१.५३
किमिदं तेज आयातं उ० ९०.१९
किमिदं तेज उदितं क्री० १३०.६
किमिदं भवनं क्षुद्रं क्री० ५५.२६
किमुभौ भक्षितौ मार्गे क्री० ३४.३४
किमेतत् क्षोभ जननं उ० ३७.१७
किमेतौ रक्षितौ देवदुष्टौ क्री० ५५.४४
किं करोमि क्व गच्छामि उ० ८९.४१
किं करोमि द्विजोऽसि उ० ७९.५
किं कर्त्तव्यंक्व क्री० १२१.६१
किं कर्तव्यं पतंगेन क्री० १३.५
किं कर्म कृतवान् व्याधः क्री० २६.१
किं कार्यतेत दैत्येन उ० ४२.११
किं किं न जायते राजन् उ० ७२.२
किं क्षेत्र कश्च तद्वेत्ति क्री० १४६.२०
किं च ते नाम विप्रेन्द्र क्री० १८.८
किं चास्माभिः प्रकर्तव्य उ० १३.२१
किं तुष्टेन प्रदातव्यं क्री० १०७.२४
किं ते वाक्य चये विप्र उ० ८.४
किं देयं परितोषाय स्व क्री० ९५.३५
किं न जानासि गोविन्द क्री० ७६.२
किं पुष्टं सोमकान्तेन क्री० १५४.१
किं मयाऽकत्तरि दुरितं क्री० १९.२८
किं मया न जितं दैत्या क्री० ३.४७
किं मया विकृतं देव क्री० ८१.१४
किं वक्तव्यं मया देव उ० ४४.१२
किं वा क्षुब्धो गिरीशस्ते उ० ९०.२
किं वाञ्छसि वद विभो क्री० ३१.२९
किं सुखं त्रिषु लोकेषु क्री० १४१.२०
कियन्तो न हता दैत्या क्री० १०१.२३
कियन्तो भिन्नसर्वागां क्री० १०२.१९
कियन्तो ह्यवतारा वै क्री० ४४.११
किरन्तौ शरजालानि क्री० ११३.४६
किरीटकुण्डलधरं क्री० १४५.१२
किरीटकुण्डलधरो दश क्री० ९०.५
किरीटं कुण्डले माला क्री० ३५.२
किरीटकेयूरधरं कोटि क्री० १३०.२
किरोटिकुंडलि हारि उ० ४६.१२
किरीटिनं कुंडलिनं क्री० २४.४३

किवा ममैव रूपेण	उ० ४४.२९
कीदृक्स लोकः किन्नामा	क्री० ५०.२८
कीर्तिते प्रथयिष्यामि	उ० ४१.२३
कीर्तिरस्य श्रुता लोकान्	उ० ६५.४३
कीर्तिश्च स नृपः पश्चात्प	क्री० ४९.७
कीर्तिस्तं बालकं गृह्य	क्री० ३३.३५
कुक्षिस्थयक्ष गंधर्वरक्षः	उ० ४६.२५
कुक्षौ यस्य जगत्सर्व	उ० ९०.४६
कुचैलश्च दरिद्रत्वात्	उ० ६२.१०
कुजन्मनाशकमिदं मम	क्री० ३५.१०
कुटुंब भरणार्थ त्वं	उ० ५१.५९
कुटुंबिनीति स्वं नाम	उ० ७.१४
कुटो नाम महादैत्यः	क्री० ९१.३
कुणिताक्षश्चापरश्च	क्री० १५४.१२
कुण्डे वन्हिं प्रतिष्ठाप्य	क्री० १०७.८
कुंडे सांगं स्थंडिले वा	उ० ५०.२६
कुतो नारद वाक्येन	उ० ३१.२५
कुत्रत्यः कुत आयातः	उ० ५५.५
कुत्र भोक्ष्यति मे नाथो	उ० ५३.३६
कुत्र वा पतितो देवो	उ० ३९.५२
कुत्र स्थास्यसौ देवो	उ० ३२.७
कुबेरं देवमुख्यांश्च ततः	क्री० ७७.१७
कुमार गुरुरीशानपुत्रो	उ० ४६.६
कुमाराः कन्यकाश्चापि	क्री० ५९.४४
कुमारे जीवमास्थाय	उ० ५५.८
कुमुदानि विकासन्ते	क्री० ७३.१३
कुंभीपाका द्विनिःसृत्य	उ० ५९.१
कुम्भीपाके शोणितोदे	क्री० २८.२५
कुरु मूर्तिं गणेशस्य	उ० ५२.३०
कुरुषे किं चपलतां	क्री० ९१.४६
कुरू कर्मान्तरं नौ त्वं	उ० ८०.२६
कुरू गत्वाऽन्य रूपेण	उ० ८५.२३
कुरू मद् वाक्यतः	उ० ६७.१६
कुरूमेऽनुग्रहं पूर्ण	उ० ५७.२१
कुर्याद्धौते वाससी वा	उ० ४९.८
कुर्वन्ति देवताप्रीतिं	क्री० १४०.१७
कुर्वन्ति सततं कर्म	क्री० १३८.३४
कुर्वन्ति सफलं कर्म	क्री० १३९.२९
कुर्वन्तु भोजनं सर्वे	उ० ६.३१
कुर्वन् त्वनुष्ठितं ताव	उ० ९१.३४
कुर्वन्हर्ष च शोकं च	क्री० १४८.१९
कुर्वीत नित्यकर्माणि	उ० ५९.२३
कुल धर्मा स्वत्या त्यकता	उ० १९.३०
कुलं च धन्यं चरणौ	क्री० ९५.१४
कुवेषं शिष्य सहितं	उ० ८१.३
कुशाक्षमालाधरणं	क्री० १२०.५४
कुशानुद्यम्य ते हर्षाद्	क्री० १०९.२८
कूपश्च कन्दश्चोभौ	क्री० ५६.१७
कूपे च कन्दरे नश्टे	क्री० २०.३
कूपोऽपि गगनस्पर्धा	क्री० १९.३४
कूराख्यश्चोतुवेशेण	क्री० ८४.२१
कूष्मांडसामसंभूतिर्दुजयो	उ० ४६.८
कूष्माण्डाख्यश्चतुर्थ	क्री० १५४.८
कृत कृत्यः पवित्रश्च	क्री० १७.४२
कृतकृत्या वयं तेऽद्य	उ० ६१.१७
कृतं च मम यत् स्तोत्र	उ० १३.१७
कृतवान् किमु दैत्यः	उ० ४२.१
कृत विना फलेच्छां	उ० १४८.१५
कतवीर्य वचः श्रुत्वा	उ० ७२.३३
कृतवीर्यसुतो नत्वा	उ० ७३.७
कृतवीर्य स्तदा जीवेन्मृतो	उ० ५८.२२
कृतवीर्यो मृत्युलोके	उ० ५८.२१
कृताञ्जलीपुटौ चोभौ	क्री० २९.१९
कृतान्तसमरूपः	क्री० १२८.४१
कृता प्राप्तं च स्वर्गे	उ० ६०.४३
कृतावना मस्त्रयक्ष्येऽपि	उ० ४७.५३
कृता साऽति प्रयत्नेन	उ० ७.३७
कृतेज्ञानाद्देवर्षि	उ० ३७.४०
कृते तस्मिन्प्रसादे तु	उ० ३२.२६
कृते त्रेता युगे ब्रह्मा	उ० २८.११
कृत्तिकाद्याश्च तां प्राहुरस्म	उ० ८६.३
कृत्याऽभ्युदयिंक श्राद्धं	उ० ७२.२२
कृत्वा करपुटं सा तु	क्री० ३२.३६
कृत्वा कर्कशशद्वं तु	क्री० ८४.७
कृत्वा कर्म व्रजत्येव	उ० ८१.२१
कृत्वाऽग्निस्थापनं पूर्वं	क्री० १०.८
कृत्वा घोरं महाशब्दं	क्री० ९३.१८
कृत्वाचारुतरां मूर्ति	उ० ४९.१०
कृत्वा तत्तद्वयोवेषं	क्री० ९९.५९
कृत्वा तु सर्वतो भद्रं	उ० ७१.४
कृत्वा ददौ ततो दान	क्री० ७४.१२
कृत्वा दानानि बहुशो	उ० १९.१८
कृत्वा न्तर्मातृकान्यासं	क्री० १४४.१५
कृत्वांतर्मातृकान्यास	उ० १८.५
कृत्वा पद्मासनं चारु	क्री० ७०.२
कृत्वा पद्मासनं सम्य	उ० ५०.३
कृत्वा पित्रमहायज्ञं	क्री० ३०.३७
कृत्वा पूर्वं मलस्नानं	उ० ४९.७
कृत्वा प्रासादामतुलं	क्री० २५.९
कृत्वाभिषेकं तदद्वारा	उ० ३४.३६
कृत्वाऽभ्युदमिकं श्राद्धं	क्री० ३०.१३
कृत्वाऽभ्युदयिकं श्राद्धं	क्री० ७३.४१
कृत्वाऽभ्युदयिकं श्राद्धं	क्री० ८२.१०
कृत्वा मण्डपिकां चारु	क्री० ८२.३०
कृत्वा मन्दारमूलस्य	क्री० ३५.३४
कृत्वा मुत्र पुरीषे तु	क्री० ३.२
कृत्वा मूर्ति गणेशस्य	क्री० ३७.२१
कृत्वा मूर्ति गणेशस्य	उ० ५१.७८
कृत्वा मूर्धानमादाय	क्री० ६२.२२
कृत्वा वेदं चतुर्भागं	उ० १०.२

कृत्वा षोडशशंगारान्मोह	क्री० ८७.७	कृष्णैते ब्रह्मसंसृत्योर	क्री० १४४.३	केचित्तु तर्कयामासु	क्री० ३.३५	केन केन कृतं व्रतमेत	उ० ५१.३	केषामिदं पुरं दूतौ गदतं	क्री० ५२.४
कृत्वोपदेशं शेषाय	उ० ९०.१३	केचिच्चक्राणि मुमुचु	क्री० ११९.२४	केचित्पद्मासनगतं	क्री० १०८.३	केन दैत्येननीतो मे	क्री० १०६.१४	केषांचिदुदरं भग्नं परेषा	क्री० ९७.३१
कृत्वोपदेशं सुमहान्त	उ० ३५.२	केचिच्च क्षत्रिया भिक्षां	क्री० १४९.२८	केचित् परस्परं चक्रु	उ० ४.१८	केन भक्तेन पूजेयं	क्री० १६.७	केषांचिद्बाहवो भिन्ना	क्री० ४२.१६
कृपया च गणेशस्य	क्री० २६.२०	केचिच्चतुर्भुजाः	क्री० ४२.१४	केचित्पलायनपरा	क्री० ४२.१७	केनमन्त्रेण वा कुर्वे	क्री० ५.१९	केषांचिन्मस्तका भग्ना	क्री० १०१.३५
कृपया परयाविष्टः	उ० ६७.३९	केचिच्च ननृतु स्तत्र	उ० २२.१६	केचित्पलायिताः	क्री० १२.५७	केनासौ विधृतो दैत्यो	क्री० ५९.२८	केषांचिन्मस्तका भिन्नाः	क्री० ११२.१२
कृपया संशयममुं	क्री० १२७.४	केचिच्च पुपुजुर्बालं	क्री० ९०.२९	केचित्पलायिता बालाः	क्री० ९९.११	केनेत्थं कर्मणां प्राप्तं	उ० ५१.५७	कैलासं गन्तुकामास्ते	क्री० ९.४
कृपानिधे ब्रह्मयाय	उ० ६१.४२	केचिच्च मल्लयुद्धेन	उ० ४३.८	केचित्स्नात्वा स्थिता	क्री० ८७.३९	केनोपायेन देवानां पद	क्री० ३१.२	कैलाशं गन्तुमिच्छामि	क्री० १३२.३८
कृपावता गणेशेन	क्री० १५३.९	केचिच्च मेरुकन्दर्यां	क्री० १२९.७	केचिदालिंग्य तं बालं	क्री० १९.४.६	केनोपायेन देवेशं यानं	उ० ५८.२	कैलासं देवनिलय	उ० ८३.३१
कृपावता त्वया ब्रह्मन्	क्री० १.८	केचिच्च शतधा जाता	क्री० ७६.२६	केचिदूचु र्महा भक्ते	उ० २३.१५	केनोपायेन वेदन्त दर्शनं	उ० ५४.२३	कैलासं शंकरं सांगं	क्री. ९.३०
कृपावता विमुक्तौ	क्री० ५६.२२	केचिच्च सम्मुखे	क्री० १२९.४	केचिदूचुरुमायैतद्वृत्तं	क्री० ९९.५५	केऽपि देवाः पृष्ठलग्ना	क्री० ११८.२४	कैलाश शिखरारुढो	उ० ४०.९
कृपा विधया पुत्रे मे	उ० ४.११	केचिंच्च भग्नचरणा	उ० ४७.२०	केचिदूचु स्त्रिभुवने	उ० ६५.३७	केऽपि स्वर्गं गताः	क्री० ११९.२९	कैलाशादधिकं मेने	क्री० ७९.१७
कृपीटयोनिः सहसा	क्री० १२१.४४	केचित्कचेषु धृत्वैव	उ० ४७.१४	केचिद्दण्डैश्च लगुडै	क्री० ९०.३७	केऽप्यूचुस्तं सुमनसः	उ० ३३.१५	कैलासे गिरिवर्ये तु सुखा	उ० ५१.७
कृमिकीटपतंगादीन्न	क्री० १२६.२५	केचित्कामार्थिनः केचित्	उ० ६२.२३	केचिद्धावन्ति पुरतो	क्री० १००.४५	केयमासीत्पुरा दूताः	उ० ७४.८	कैलासो विष्णुलोकोऽथ	क्री० १६.२५
कृमिकीट पतंगानां	उ० ३९.४३	केचित्काष्टैः पल्लवैश्च	उ० २२.१७	केचिद् भ्रष्टपदा जग्मुर	क्री० १२९.५	केयूरं मुकुटं रत्नयुक्तं	क्री० ११७.३७	कैवर्तकानां विषये	क्री० ३९.१६
कृमिकीटादि निचयै	उ० ९२.२६	केचित्त मुष्टि भिर्जघ्नु	उ० १४.९	केचिद्ययुः स्वाश्रमं ते	क्री० ९९.४२	केवलं कर्मणां न्यासं	क्री० १४१.६	कैवर्तको नाम नामा	उ० ५७.१४
कृमिभार समाकीर्णं	उ० ५.३१	केचित्तं ददृशुः सुप्तं	क्री० २४.७	केचिद्युयुधिरे मल्ल	क्री० ७६.१६	केशरागरुकस्तूरी	क्री० ५६.५०	को जजाप कथं	उ० १२.३
कृशतां गमितौ तेऽद्य	क्री० ९६.४३	केचित्तं प्रणिपातेन	उ० ८९.२८	केचिद्विस्त्रस्त वसना	क्री० १५.२४	केशाबालाय याऽकारि	उ० ३०.६	को जयेत्तं महादैत्यं	क्री० ५८.९
कृष्णपक्षे चतुर्थ्यां	उ० ६१.४८	केचित्तं विविधैर्वाक्यै	क्री० ५४.१४	केचिद्दैत्यं विलोक्यैत्र	क्री० ६४.२८	केशैर्व्योमापि संरोध्य	क्री० ५०.३६	कोटिकन्दर्प शोभाढ्यो	उ० ८५.४५
कृष्णपक्षे चतुर्थ्यांच	उ० ६९.९	केचित्तं शरणं याता	क्री० ३.१४	केचिन्निबद्धकवचा	क्री० ११३.२	केषाचिंन्मस्तका	क्री० ११९.२८	कोटिकन्या प्रदानानां	क्री० १५५.६
कृष्णाया उत्तरे तीरे	क्री० १०३.१७	केचित्तस्या नाम चक्रु	उ० ९२.१६	केचिन्मानसपूजाभिः	उ० २२.१८	केषाञ्चिद्बाहवच्छिन्नाः	क्री० ६८.३७	कोटिकन्याप्रदानानि	उ० ९२.४०

कोटिकोटिमितास्तत्र क्री० १२१.३३
कोटिचन्द्रनिभो नाना क्री० ५३.५
कोटिसूर्यनिभं कोटि क्री० ९०.२
कोटि सूर्य प्रतीकाशं उ० १२.३०
कोटि सूर्य प्रतीकाशो उ० ८८.३३
कोटि सूर्य प्रभाजालः उ० ६३.३३
कोटि सूर्य समान श्री उ० १५.१८
कोऽपि गन्तुं न शक्नोति क्री० २०.१२
कोऽपि यातो योध्यु क्री० १०८.२२
कोऽपि हस्तेन पादेन क्री० १२१.१४
कोमलानि तवांगानि क्री० ११६.३
कोऽयं प्रचन्डदेहेन क्री० ६२.५३
कोऽयं लोको दूतवरौ क्री० ५१.४१
कोलहलं प्रकुर्वन्तः क्री० ९३.११
कोलहलो महानासी क्री० १०१.१४
कोलहलो महानासीन्न क्री० १३.३२
कोलासुरोऽब्रवीत्तत्र क्री० ७५.१५
कोलाहलो महानासी क्री० ३.८
कोलाहलो महानासी क्री० १५.२२
कोलाहलो महानासी क्री० २३.४५
कोलाहलो महानासील्लो क्री० ५७.३
कोलाहलो महानासी क्री० ६२.५१
कोलाहलो महानासी उ० ६३.४८
कोलाहलो महानासी उ० ६३.४९
कोलाहलो महानासी क्री० ६४.१६
कोलाहलो महानासी क्री० ७५.२३
कोलाहलो महानासीद् उ० ३९.३०
कोल्हार नगरे रम्ये उ० ७.८
कोसि कस्यासि किं उ० ५३.१८
कोऽसि त्व मुनिशार्दूल क्री० १२८.६५
कोऽसौ गणेशः किं उ० १०.२९
कोऽसौ गणेशः किंशीलः उ० ५१.७१
को हेतुस्तु वद विभो क्री० ११७.८
कौटिल्यं तव न ज्ञातं उ० ७८.३६
कौडिण्य नगरे तस्य उ० १९.६
कौतुकाविष्टचित्तौऽसौ क्री० १७.२४
कौबेर्यां निधिपः पाया क्री० ८५.३०
कौ वा मेऽपनयेंदुःख उ० ८९.४२
कौस्तुभः प्राहन्द्रोषाच्छ क्री० ११३.४९
कौस्तुभोप्यथ मैत्रश्च क्री० ११३.३२
क्रन्दतेऽसौ खर इव क्री० ८४.४९
क्रन्दत्सु सर्वसैन्येषु क्री० ६६.२९
क्रन्दन्तंविकटं चैव क्री० ११६.२८
क्रमेण किन्नरा यक्षाः उ० ९१.२८
क्रियतां व्रतबन्धोऽस्य क्री० ९६.२
क्रियते चाहमप्येक उ० ६८.६
क्रियमाणं नृभिर्दम्भात् क्री० १४८.१६
क्रियायोगो वियोगश्चाप्यु क्री० १४१.२
क्रीडते मुनिपुत्रेषु मुनि क्री० ९२.११
क्रीडते स्वेच्छाया क्री० ७०.२६
क्रीडंतेऽहर्निशं सोऽथं क्री० ३२.१६
क्रीडन्तं पूर्ववन्नत्वा क्री० १०४.५३
क्रीडन्तं शिशुमध्ये तं क्री० ६३.४
क्रीडन्तं हास्यवदनं क्री० ७.३१
क्रीडन्ति जातिवैरास्त क्री० ९.१८
क्रीडन्नेव सदा बालो क्री० ७४.१९
क्रीडन्बहिः समायातो क्री० १०६.३
क्रीडामानुषरूपोऽसि क्री० १४.९
क्रीडामोऽथ महासत्त्वं क्री० ९१.१७
क्रीडासक्तौ बहिस्थित्वा उ० ८५.२५
क्रीडितुं बहिरायातस्त क्री० १०६.१६
क्रीया यामक्रियाज्ञानम क्री० १४०.२४
क्रुद्धश्चेत्कश्यपस्त्वां क्री० १२.४३
क्रोधसंरक्तनयन क्री० ४१.२०
क्रोधसंरक्तनयः क्री० १०६.३४
क्रोधसंरक्त नयन उ० ६२.१२
क्रोधसंरक्तनयनो दुर्गा क्री० ११७.२६
क्रोधसंरक्तनयनो मुमोच क्री० ९८.२१
क्रोधसंरक्तनयनौ क्री० १२८.६०
क्रोधादज्ञानसंभूति क्री० १३८.६०
क्रोधानलं वमन्तस्ते क्री० ११२.१०
क्रोधानलेन जज्वाल उ० ३९.२२
क्रोधाविष्टौ रतौ तस्य क्री० १२.३४
क्रोधासंरक्तनयनो क्री० १०६.१३
क्रोधेन तमपृष्टवैव क्री० १११.३४
क्रोधेन देवान्ध्नन्ति क्री० १२१.२९
क्रोधेनारक्तनयनः पुरः क्री० १२.५३
क्लेशान् बहुविधाम् क्री० ५.२८
क्व गतः केन नीतो उ० ७०.६
क्वगतः पूर्वकायस्ते क्री० ६२.९
क्व गतं भक्तो ज्ञानं क्री० २३.२०
क्व गताऽसि महायुद्ध क्री० ५८.१४
क्व गतोऽसि क्षणोबाल क्री० ८९.१५
क्व गतोऽसि विना त्वां क्री० ९९.४१
क्व च ते पितरौ स्थानं उ० ३८.११
त्तत्रचिद्ध पर्यकगतः क्री० ५४.२०
क्वचित् पर्यकशयनः क्री० २४.१७
क्वाचित् पाठयते क्री० २४.१८
क्वचिदभ्यज्यते तैलैः क्री० ५४.२३
क्वचिद् गौरीमलाच्चापि क्री० १४९.७
क्वचिद्द्वादशहस्तश्च क्री० १४९.८
क्वचिद्विद्युत्प्रकाशेन उ० ४३.२४
क्वचिन्नानापरिमलै क्री. ५४.२५
क्वचिन्नृत्यं प्रपश्यन्तं क्री० २४.३०
क्वचिल्लीनं तु तं क्री० ९१.४१
क्व ते जलधरा यासा क्री. ६२.१०
क्व दैत्यो मायिको क्री० ८४.३३
क्व द्रक्ष्याम्यहमेतौ क्री० १२०.२०
क्वनलो खमहंकारः क्री० १४३.४
क्व पाप निकरास्ते उ० ९.२

क्व मातरो भ्रातरो वा क्री० ९९.४८
क्व सागरः क्व कुम्भोदं क्री० ५७.१२
क्व सा सुधर्मा चार्वंगी उ० ६.८
क्वापि क्वापि मयूरेशं क्री० १०५.५५
क्वापि तिष्ठति ते भर्ता उ० ५४.१६
क्वापि दृष्टा विष्णु क्री० १०५.५८
क्वासौ महाबलः पुत्र क्री० १४.५
क्वास्माकं बालकाः क्री० १०८.२०
क्वेदानीं परिसुप्तोऽसि क्री० ६२.१३
क्वेयं तत्र बालमाया क्री० ६४.२४
क्वेयं मम मति मूढा उ० ८.५

क्ष

क्षणमात्रं न सहते क्री० ३२.१७
क्षणं तिष्ठ क्षणं तिष्ठेत्येवं क्री० ९२.३
क्षणं नारायणं देव क्री० १०५.६४
क्षणं महाभीतिकरं क्षणं क्री० ९.४०
क्षणं लीनः क्षणं तिष्ठन् क्री० ९८.१७
क्षणाच्च भासते स्वर्गं क्री० ६१.२६
क्षणाभ्द्रद्रासनगतं क्री० १५२.१२
क्षणालभ्यं तत संज्ञा क्री० ६९.१२
क्षणेन नगरीं प्राप्य क्री० १२६.१३
क्षणेन नाशितो दैत्यो क्री० १०६.११
क्षणेनानन्तब्रह्माण्डन्तर क्री० १०४.४७
क्षत्रियस्तस्य कन्येयं उ० ७४.१०
क्षत्रिया वैश्यकर्माणो क्री० १४९.२२
क्षत्रियो बलसंपन्नः उ० २०.२१
क्षमस्व कृपणानां उ० ८४.१९
क्षमापराधं मे देव त्वं क्री० १०४.४६
क्षमाप्य देवं देवेश उ० ३९.५
क्षयः कुष्ठः प्रमेहाशौ उ० ४६.१८३
क्षरं पंचात्मकं विद्धि क्री० १४४.४
क्षाल यित्वा जलैस्तं तु उ० १९.५१
क्षितौ सुगन्धरूपेण क्री० १४३.९
क्षिप्तमात्रे तदा तोये उ० ५८.३३
क्षिप्रक्षेमकर क्षेमनंदः . उ० ४६.११४
क्षिप्रप्रसादनेत्येवं कुरु क्री० ३३.८
क्षिप्रप्रसादनेत्येवं नाय क्री० ३३.२८
क्षिप्रप्रसादनो बाहूपाणी क्री० ८५.२६
क्षीणशक्तिः पमालासौ क्री० ५८.४०
क्षीणे ऋणानुबन्धे च क्री० १२०.२६
क्षीबोऽसि मद्यपानेन क्री० ६७.७
क्षीयमायुस्तथा तेऽद्य क्री० १११.३२
क्षीरार्णवस्थितं देवं क्री० १०५.१६
क्षीरोदार्णव संभूत उ० ७१.८
क्षुधया पीडितश्चाहं क्री० १०५.१२
क्षुधया पीडितोऽत्यन्तं क्री० १५२.२२
क्षुधातृषा परिश्रान्ता उ० ७६.१३
क्षुधा तृषा श्रमैर्वापि उ० ५.१५
क्षुरधारं यदाघातादद्रय क्री० ४१.२३
क्षेमंकरं रूपवंतं विद्या उ० ३.४३
क्षेममित्येव तान्गौरी क्री० ८७.५५
क्षेत्राणि च महार्हाणि क्री० ३८.२९

ख

खगणं स्ववंशं कृत्वा क्री० १४६.४
खगाश्च निहताः केचित् क्री० ६८.३५
खड्ग खेटक भल्लानां उ० ७९.२६
खड्ग खेट धनुः शक्ति उ० १२.३५
खड्गचर्मधनुर्बाणं क्री० १२२.३७
खड्गपाणी रूषा गर्जन क्री० १०२.१०
खड्ग मत्स्यवती क्री० ११४.२६
खड्गं दैत्यकराच्छीघ्र क्री० ६४.३२
खड्गेन निहता सा तु क्री० ६६.८
खर्वः खर्वं प्रियः खड्गी उ० ४६.८१
खंडानि तच्छरीराणां क्री० २०.५१
खण्डितं तेन सहसा क्री० ६८.४३
खद्योतो राजते तावद्या क्री० ५६.३०
खेचरीमुद्रया युक्तो क्री० ५०.४७
खेटकूर्माः खड्गझषाः क्री० ६४.२१
खेटानि चान्तरे कृत्वा क्री० ६६.३४

ग

गगनं पर्वता आसन्ना क्री० ९०.१०
गंगागौरियुतो यद्वच्छूल क्री० १४.३५
गंगादि सर्व तीर्थेभ्यः उ० ४९.२८
गंगादि सर्वतीर्थेभ्यः उ० ६९.२१
गंगाय दक्षिणे तीरे उ० ६१.३६
गच्छ तं सुमुहूर्तेन क्री० १९.३
गच्छ तस्तस्य दैत्यस्य उ० ४३.४६
गच्छतस्तस्य यानं उ० ७४.३०
गच्छता व्योममार्गेण क्री० १५४.२
गच्छंतं तादृशं दृष्टवा उ० ६५.२१
गच्छंतु नगरं सर्वे सस्त्री उ० ४.१२
गच्छ न्वदन्स्वपन्भुज् क्री० ३०.३
गच्छन्स ददृशे बालः क्री० १४.५०
गच्छन्स्खलन्पतन् क्री० १२१.६२
गच्छ मे भवनाद्राज्ञि उ० २०.५
गजकर्णेति नामास्या उ० ९२.१९
गजयुद्धं महाघोरं क्री० १४.२१
गजस्तु यातः कमलासुतं उ० २६.४
गजानन ति ख्यात क्री० १३५.३४
गजानन इति ख्यातो क्री० ८५.१५
गजानन उवाच उ० ६५.६
गजाननज्ञया तस्य उ० ३२.४४
गजाननतया देव क्री० १४९.४
गजाननध्यानपरो नित्यं क्री० १५०.२६
गजाननेति नामास्य क्री० १३६.२९
गजाननः प्रसन्नात्मा उ० ९१.१४
गजानन प्रसादार्थ उ० ७२.४५
गजानन प्रसादेन विष्णु उ० १६.१९
गजाननं गजाननं न उ० ५२.३२
गजाननं गणाध्यक्षं उ० ९०.२९

गजाननं निजं नाथं क्री० १७.१५
गजाननं सुरेशानं उ० ६१.३४
गजानन शिरस्थस्य उ० ६७.२७
गजाननश्चाखुवाहस्तत् क्री० १२७.७
गजाननस्य चरितं क्री० १२६.६९
गजाननस्य देवस्य उ० ८२.५०
गजाननस्य परमं उ० ५७.२५
गजाननस्य महलीं क्री० १५०.१९
गजाननस्य वाहत्वं क्री० १३५.३९
गजाननस्य संपूज्य क्री० ३२.३१
गजाननाख्यया ख्याता उ० ९२.२८
गजाननाय देवाय उ० ८७.७
गजाननेति नामास्य क्री० १२७.३
गजाननेति नामास्य क्री० १३४.३
गजाननेति मन्नाम क्री० १७.८
गजाननेति मे नाम क्री० १३६.२५
गजाननेति श्रुत्वैव उ० ७६.७०
गजाननेऽखिलगुरा उ० ६१.३०
गजाननेति नाम्ना स क्री० १२९.१२
गजानने लभेद् भक्ति उ० ६६.२६
गजाननैक भक्तस्य उ० ६७.२८
गजाननो देव देवः उ० ८२.२१
गजाननोऽपि मिथिलां उ० ६५.१९
गजाननो महाभागो उ० ६५.४
गजाननो मे देवेशो उ० ५२.२७
गजायुत बलो धीमान उ० १.३७
गजारूढः क्वचिद्याति क्री० २४.२६
गजाश्च पुरतो यान्ति क्री० १०१.१३
गजाश्वरथपत्तीनां क्री० २७.६
गजाश्ववृष वृन्देभ्यः उ० ७८.१४
गजासुरमुखप्राप्तिर्वणिता क्री० १४९.३
गंडशैला द्रुमास्ताभ्यां क्री० १२.३२
गणकाशु वदं त्वं नो क्री० १८.४३
गणकीडो जानुजंघे क्री० ८५.२५
गणंजयो गणपतिहरैबो उ० ४६.२०४
गणपाख्योघरश्च क्री० १५४.१८
गणयामि न चान्याश्च क्री० १२४.२०
गणा ऊचुः शिवं क्री० १०६.३९
गणाधिप नमस्तुभ्य उ० ६९.४७
गणाधिराजो विजयः उ० ४६.१६
गणानां च सखीनां च क्री० ८४.११
गणानां त्वेति मन्त्रस्य उ० ३७.३७
गणानां नायके वीरभद्रे क्री० ११२.४
गणनांत्वेति ऋक्मन्त्र उ० ३६.२९
गणान्सवीन्महावाक्यैः क्री० ११०.२६
गणाश्चैव समायाता क्री० ८४.३२
गणेशं पुरमिति च उ० ३८.४१
गणेशं पुर मित्येवं उ० ३७.३४
गणेश कुंडे स्नात्वैव उ० २९.१४
गणेशगीतां तस्मै स क्री० १३७.५७
गणेशदृढभक्तिं स क्री० ५१.७
गणेशध्याननिरता प्रांग क्री० ८०.२
गणेशनाम महिमा उ० ९२.५०
गणेशनिजलोकस्य क्री० ४९.३३
गणेशपुजनं कृत्वा क्री० ८६.८
गणेश बुद्ध्य संपूज्य उ० २२.१५
गणेशं पूजयित्वैव व्रज उ० १७.३७
गणेशं पूजयित्वैव उ० ७५.६
गणेशं मनसा ध्यायन्युद्धाय उ० ४७.७
गणेश वचनं श्रुत्वा शिवो उ० ४५.२
गणेश वरदानेन नाम्नां उ० ४७.२
गणेशस्तन्ममाचक्ष्य क्री० १३५.४०
गणेशस्य चतुर्थ्यां तु उ० ५५.३६
गणेशस्य परेशस्य क्री० १५५.६६
गणेशस्य पुराणंत्वं उ० ९.३
गणेशस्य पुराणं यत् उ० ९.२३
गणेशस्य पुराणं यत्तत्रादौ उ १.९
गणेशस्य पुराणं क्री० १५२.३४
गणेशस्य पुराणं यन्न उ० ९.१९
गणेशस्य पुराणस्य क्री० १५१.१३
गणेशस्य भवेन्नाम उ० ७६.६७
गणेशस्य महाभाग क्री० १५५.२८
गणेशस्य स्वरूपं न उ० १.१३
गणेशाख्यपुराणस्य क्री० १५५.४३
गणेशाख्य पुराणस्य उ० १.२१
गणेशानुचरो भूत्वा उ० ४६.१९१
गणेशान्क्रमशो राजन् क्री० १५४.५
गणेशान्मम कात्स्र्न्येन क्री० १५४.४
गणेशाय नम इति नाम उ० ५७.२६
गणेशाराधनं तुभ्यं कथ उ० ५२.२९
गणेशेति गणेशेति उ० ५९.१२
गणेशेति च जल्पन्त्या उ० ७४.२६
गणेशे मन आधाय उ० ७५.७
गणेषु विसर्जांशु क्री० १२८.३८
गणेसप्रीतये तस्य उ० ५९.२६
गण्डकीनगरं सर्वे क्री० १०९.२०
गण्डशैलं समादाय क्री० ९३.३२
गण्डशैला रज इव क्री० ९३.३६
गण्डशैलाश्च वृक्षाश्च क्री० ८३.२०
गतः खेदो भ्रमणजो क्री० २४.१०
गतमस्य महारिष्टमग्रे क्री० ८३.३९
गतं नष्टं कथयति क्री० ४६.२५
गतं विरहदुःख मे क्री० ४८.१३
गता तं पुरुषं रन्तुं यो उ० ७४.१९
गतानि तस्य मुखतो उ० ३८.२२
गता भ्रांतिर्मम पितरूपदेश उ० ११.२२
गतायां कामधेनौ उ० ७९.३५
गता वाराणसीं ते तु क्री० ४५.३१
गता सा बालकैः सार्ध उ० ७.१८
गतासुं तां शुशोचाथ क्री० ८७.२७

गतास्ते शिबिरं देवगणा क्रौ० ११८.३९
गतिः सुदुर्लभा कस्मात् उ० ६२.४७
गते बाले गतं सर्वं क्रौ० ८३.२९
गते मासे मन्त्रयतो क्रौ० २७.१६
गते मुनौ ततः पुत्रः उ० ७२.४४
गते मुनौ नभोमासि उ० ५४.३१
गते वर्षशते काले उ० १८.८
गतेषु तेषु वीरेषु क्रौ० १२२.५४
गतेषु सर्वलोकेषु क्रौ० ७४.१४
गते संवत्सरे चूतः क्रौ० १५१.२
गतो गाणेश्वरं धाम उ० ५१.९२
गतौ मम प्रधानौ तौ क्रौ० ११८.२
गत्र्यूत्यष्टसहस्रेण क्रौ० ५२.३३
गत्वा तत्र दृष्टवन्तो क्रौ० ८२.३८
गत्वा तीर्थविधिं कृत्वा क्रौ० ४५.३३
गत्वा द्रक्ष्यामि पितर क्रौ० १२७.३०
गत्वा स शोणितपुरं उ० ७०.१५
गत्वा वनांतरं चारु उ० १७.१९
गदामुद्गरपट्टीश क्रौ० ५६.४४
गन्तुं शक्तो ब्रह्मलोके क्रौ० १०६.२७
गंतुं-समुद्यते तस्मिन्नारदे उ० २९.१९
गन्धमात्रेण दूर्वायाः उ० ६७.४६
गन्धर्वगीतनिनदैर क्रौ० ११.४२
गन्धर्वनगरं चेदं देव क्रौ० ५२.८
गंधर्वयक्षा पितरो मनुष्या उ० ४५.५
गन्धर्वाः किन्नरा यक्षा क्रौ० १२९.१५
गन्धर्वा गानसहिता क्रौ० १४.४९
गन्धर्वाणां गानर उ० ३३.१३
गन्धर्वा ननृतुसर्वे उ० २८.३८
गन्धर्वान्किन्नरान् क्रौ० १०४.३२
गन्धर्वा राक्षसा यक्षा क्रौ० ९.१६
गन्धर्वाश्चारणाः सिद्धा क्रौ० १३७.३२
गन्धर्वेषु मनुष्येषु क्रौ० १३८.४६
गन्धाक्षतं पुष्पमालां . क्रौ० २३.३४
गन्धासुरोऽथ मदनकान्तो क्रौ० ११४.११
गमिष्य इति पूर्वं क्रौ० ७१.१८
गमिष्यति वृथा होम क्रौ० ९१.५६
गमिष्यासि गतिं तां उ० ७६.४४
गंभीर नाभि विलस उ० ६३.३५
गरुडारूढमन्यत्र शेषा क्रौ० १०५.५९
गर्जन्ती घनवद्घोरं उ० ४२.१८
गर्जन्तौ घनवद्रुक्मं क्रौ० ६८.२६
गर्जयन्गगनं सर्वं क्रौ० ६०.२८
गर्जयन्तो दशदिशः क्रौ० १०१.३६
गलत् कुष्टी कृमियुतो उ० ६.७
गलतश्रुः क्षणात्प्राय क्रौ० १५२.५०
गलितानिच पत्राणि उ० ९.१४
गवेषयंश्च नानार्थास्त क्रौ० ४३.५
गव्यूति मात्रं गत्वा तु उ० १९.२९
गहना गतिरत्यन्तमस्य क्रौ० ५०.३०
गहनो नाम गृण्हातु उ० २५.३२
गार्ग्यो मुनिर्मन्दिरे क्रौ० १०८.४
गा ददावयुतं तेभ्यो उ० ७१.२४
गाननृत्यानि चित्राणि क्रौ० ६८.४
गानं करोति शास्त्राणि क्रौ० ५०.५५
गान्धर्वी दैत्यरचितां क्रौ० ६८.२२
गामेकां प्रत्यहं दद्या क्रौ० ७३.४६
गायत्रीमुपवेश्यैव पुण्या क्रौ० ३६.७
गायत्सु किन्नरेष्वाशु क्रौ० ९६.८
गायन्ति वैष्णवाः क्रौ० ३०.१९
गावः कामदुधा जाताः क्रौ० १३३.३३
गीत वादित्र घोषेण उ० ५५.१३
गीतवादित्र घोषेण उ० ५९.३३
गीतवादित्र नृत्याद्यैं उ० ५४.२८
गीतासारं स युद्धवैवः क्रौ० १३७.५८
गिरिजात्मजेति तन्नाम क्रौ० ८०.२२
गिरिजापि स्वकं गृह्य क्रौ० ८४.६१
गिरिजाया गृहे देवा क्रौ० ७८.३९
गिरिजाशां विहायाशु क्रौ० १२८.६३
गिरिरूपं समास्थाय क्रौ० २०.४२
गिरिवर्यप्रकाशानां क्रौ० ५२.४८
गिरिशीर्षे गंडशैलो क्रौ० १२.४७
गिरिशृंगनिभो घोरो क्रौ० १३४.१०
गिरीद्रैकरदोधर्माधर्मोष्ठ उ० ४६.२२
गिरीन्वनानि सरितो उ० ३५.४
गुणत्रय प्रबोधाय उ० ८२.११
गुणत्रयविहीनश्च क्रौ० १३४.३१
गुणत्रयाबिभेदेन त्रितनु क्रौ० ८५.११
गुणाढ्योगहनो गस्थो उ० ४६.८२
गुणातीत माद्यं चिदानन्द उ० १३.४
गुणातीताय गुखे गुण क्रौ० ७४.३८
गुणातीतो ज्ञानमयो क्रौ० ३८.५०
गुणान्तं न ययुर्यस्य क्रौ० ३८.१४
गुणेशनिकटे याताः क्रौ० ९८.२६
गुणेशप्रतिमां कृत्वा क्रौ० ८०.२१
गुणेशरुपान्सोऽपश्य क्रौ० ९४.३२
गुणेशो मुनयो देवास्त क्रौ० ९२.३७
गुणेशोऽहमनेकानां क्रौ० १३०.८
गुणैस्त्रिभिरियं देहे क्रौ० १४६.३१
गुत्समेत्य नु जातो उ० ३६.१६
गुदे काष्टं मुखे धूलिं क्रौ० ९८.२५
गुण एवावसत्क्वापि क्रौ० १२१.६३
गुरुद्रोहं वेदनिंदां उ० ३.२६
गुरुपदिष्टं मन्त्रं जजाप उ० ७३.१
गुरुबंधू चिरंकाल उ० २१.४८
गुरुवाक्यरतं दातं गुरु क्रौ० ३४.१३
गुरुशुश्रूषवः शिष्याः क्रौ० ४५.१३
गुरोराज्ञां गृहीत्वा च उ० ८७.५
गुल्मस्था नगरद्वारि क्रौ० ११३.१३
गुल्फयोः शृखले हैमे उ० ४८.२३

गुल्लौ कुल्फैः कटिं उ० १७.१६
गुहा विदारयन्सर्वाः क्री० ४१.१२
गुह्यकेशस्तथेशानः क्री० १४५.२०
गुह्याचाररतो गुह्यो उ० ४६.८३
गूढाभिसन्धिस्तां प्रोचे क्री० २१.४३
गृत्समदो द्विजोभेऽत्यं क्री० ३३.९
गृध्ररूपी महाबल क्री० ८३.१९
गृहकृत्येषु चाव्यग्रा उ० ५३.७
गृहमध्ये तु संस्थाप्य क्री० ९४.२५
गृहं च माक्षिकापुंजे उ० ६६.३
गृहं जगाम तैस्ताभि क्री० ९२.३९
गृहं प्रविष्टा गिरजा क्री० ९२.५२
गृहं स्वकीयं क्रीडार्थं क्री० १००.२
गृहाण चन्दनं चारु उ० ४९.५७
गृहान्तर्गतमात्मानं क्री० १६.४९
गृहाण पुस्तकं चैत उ० ६८.११
गृहितुं धावति तदा क्री० ८१.३
गृहीतो दैत्यराजेन देव क्री० ५९.३८
गृहीत्वाज्ञां ययु सर्वे क्री० ७१.३८
गृहीत्वाज्ञां ययौ शीघ्रं क्री० ४८.२५
गृहीत्वा दक्षिणं पाणिं उ० ७.३२
गृहीत्वापि च कृत्याय क्री० १४९.२४
गृहीत्वा प्रार्थना पूर्वं उ० ३.२१
गृहीत्वा सर्वकार्येषु क्री० ७८.१०
गृहीष्यति बलात्तां तु उ० ४२.८
गृहे गृहे काननेषु क्री० १०६.२६
गृहे गृहे तु स कथं क्री० ५४.३४
गृहेगृहे निरिक्ष्यैव क्री० ७.२४
गृहेगृहे पर्यपृच्छत्त्व क्री० ५५.३
गृहे गृहे पूज्यमानं देवं क्री० १०५.५२
गृहे गृहे राजगृहे सर्वा क्री० २४.२
गृहे गृहे विश्वदेवो क्री० १०५.५४
गृहे ते वाहिनी या उ० ७७.४८
गृहे नानाकौतुकानि क्री० २३.१०
गोभूतिल हिरण्याद्यं उ० ५१.४४
गोदानानि महाभाक्त्या क्री० ५१.५
गोभू हिरण्य दानाद्यै उ० ५५.१२
गोसहस्राणि ये दद्यु क्री० ५२.२९
गौरी विवेश प्रथमं उ० ८६.५
गौडे तु विषये गौड उ० ७६.१
गौतमं ते समासाद्य उ० ३२.११
गौतम स्तम चक्षाणो उ० ३१.१९
गौतमादीन्पूजयित्वा क्री० ८२.११
गौतमादीन्समाहूय क्री० ८६.३
गौतमाद्या मुनिगणा क्री० ११०.२
गौतमाद्यैश्च मुनिभिः क्री० १०३.१९
गौरी तमतिथिं द्वारि क्री० १०५.१०
गौरी तस्यां जन्मतिथौ क्री० १०५.६
गौरी निधाय हृदये क्री० ८३.३८
ग्रथितां सुन्दरां मालां उ० ४९.६२
ग्रहनक्षत्र भूतेभ्यो क्री० २.२६
ग्रहा बालग्रहा नैव क्री० १५५.१०
ग्रहीष्यति मम पदं क्री. ३०.३१
ग्रामसिंहा यथा सिंहं क्री० ११४.४२
ग्रामाद् ग्रामातरं उ० २०.८
ग्रामान्धान्यं धनं क्री० ४६.३९
ग्राम्याणां सर्वलोकानां उ० ३५.३९
ग्रासमात्रं कदाचित्स क्री० ५०.१६
ग्रासमात्रं हि भोक्तुं क्री० ५४.१६
ग्रासशीलस्याजगरो न क्री० ५६.२९

घ

घटमध्ये कुबेरोऽसौ उ० ६७.१८
घंटाघर्घरिकामाली उ० ४६.८४
घण्टाघोषेण महता क्री० ७५.८
घण्टानादः समभव क्री० ६८.२७
घण्टाभरणशोभाढ्या क्री० १२०.३४
घण्टास्त्रेण खगास्त्रेण क्री० ६८.२५
घनमुक्तं तोयबिन्दुं क्री० ८८.१९
घूसृणेश्वरसान्निध्या क्री० १३६.१४
घृतकुंकुम संयुक्ता उ० ६९.२७
घृतदीप तैलदीपं उ० ४९.१४
घृतस्य भोजनं ज्येष्ठे उ० ५९.४१
घोरास्याश्च ललजिह्वा क्री० ५२.३

च

चकम्पे च त्रिभुवनं क्री० १२.४५
चकम्पे चाचलरिपु उ० ३९.२१
चकम्पे तस्य शब्देन क्री० ६८.५५
चकम्पे धरणी सर्वा क्री० १२५.२५
चकम्पे धरणी सर्वा उ० ८५.३९
चकम्पे परया भीत्या क्री० ६०.१४
चकम्पे पृथिवी तेन क्री० १२७.१०
चकम्पे पृथिवी सर्वा क्री० १४.२६
चकम्पे पृथिवी सर्वा क्री० ११५.७
चकम्पे पृथिवी सर्वा क्री० १२३.७
चकम्पे भयसंविग्नो उ० ९०.१८
चकम्पे राक्षसान् दृष्ट्वा उ० ५३.१२
चकर्ष मनसा तं स क्री० १३४.२८
चकार कुण्डमध्ये सो क्री० ६८.१२
चकार तेजसा सर्वं क्री० २९.६
चकार नाम कर्मास्य उ० ५७.४३
चकार नाम शक्रोऽथ क्री० ११.४१
चकारयज्ञसंभारा स्ताव क्री० ७.१३
चकार राज्यं धर्मेण उ० ५.९
चकार राज्यं पश्चात्त क्री० ४९.१८
चकाराद्भुत शान्तिं क्री० ८.९
चकोरस्येवाग्निभुजो क्री० १०५.२४
चक्रन्द कुररीवासौ क्री० ६२.२५
चक्रन्द च पुना रामो उ० ८०.११
चक्रपाणिगृहे देवो क्री० १२५.११
चक्रपाणिः पिता क्री० १२४.३८

चक्रपाणिगृहे देवो क्रीο १२५.११
चक्रपाणिः पिता क्रीο १२४.३८
चक्रपाणिरपि तदा क्रीο १२६.१२
चक्रपाणिस्ततःसर्वान् क्रीο १२५.१४
चक्रयुद्धं करिष्यामि क्रीο ११४.६
चक्रवर्ती नुपो योऽसौ उο ६६.७
चक्रवाकौ यथावीक्ष्य क्रीο ६.३१
चक्रास्त्रमसृजद्देवो दैत्य क्रीο १०२.७
चक्रुदेवं तदा युद्धं उο ४७.१६
चक्रुश्च कारयामासुर्य क्रीο ३०.१२
चक्रुः सर्वजना भूमौ उο ४७.५२
चक्रुः सर्वे पूर्ववक्तं क्रीο २०.३६
चक्रेण क्षुरधारेण उο १८.३७
चक्रे नाम स्वयं क्रीο ४८.५७
चक्रे राज्यं बहुतिथं उο ६.५
चक्षुभुः सागराः सर्वे क्रीο १२७.२४
चचंलश्चंचलो जातो क्रीο ९३.५०
चचाल मण्डलं भानो क्रीο ९८.३३
चचाल शेषो द्यौश्चापि क्रीο ६३.१४
चचाल संमुखी भूत्वा क्रीο १७.१४
चडश्चंडेश्वरश्चंड चंडेश उο ४६.८५
चतुमूर्तिः पूजयेद्यो उο ५०.११
चतुरंगं तु तत्सैन्य क्रीο ३९.६
चतुरंगा चमूं गृह्य क्रीο ११३.१४
चतुरशीतिलक्षानां उο ४६.१६६
चतुरशोति लक्षासु उο ३७.२७
चतुरस्त्वं पिता मे वै क्रीο १२०.५२
चतुराकरजेभ्यौ क्रीο ३८.५६
चतुरानन देवेश क्रीο १२७.१
चतुरानन देवेश क्रीο १३७.६१
चतुराशींतिलक्षेषु नो क्रीο ३८.२६
चतुर्णामपि वेदानां सर्वे क्रीο ९८.६
चतुर्णामपि वेदानां क्रीο १५५.७
चतुर्दशभुवनजं भारं क्रीο ८७.४५
चतुर्दशादि विद्याढ्य उο ४६.१५१
चतुर्थकाले भुंजीत हवि उο ५१.२७
चतुर्थी भौमयुक्ताऽस्य क्रीο ७८.१२
चतुर्थी सर्व संकष्ट उο ६८.२७
चतुर्थ्यामेव चत्वारि क्रीο १२६.३०
चतुर्थ्यां कृष्णपक्षे उο ६२.१
चतुर्नवति मंत्रात्मा उο ४६.१६१
चतुर्बाहुश्चतुर्दतश्चतुरात्मा उο ४६.१३२
चतुर्भिरायुधैः सर्वा क्रीο १२३.२
चतुर्भुजं त्रिनयनं उο २३.११
चतुर्भुजं महाकायं मुकुटा उο २१.३२
चतुर्भिरायुधैर्वेगान्न क्रीο ६९.१६
चतुर्भिर्बुद्धिमद्भिस्त्वं क्रीο ५७.१५
चतुर्भुजा त्रिनयना क्रीο ३१.२२
चतुर्भुजां करिकराननां क्रीο ३७.१९
चतुर्भुजां त्रिनयनां उο २१.११
चतुर्भुजां त्रिनयनां सर्व क्रीο ७२.२९
चतुर्भुजो महाकायो उο २०.३१
चतुर्भुजो रत्नकिरीट उο ३४.४
चतुर्भुजोऽरविन्दाक्षो उο ९१.८
चतुर्भुजोऽसि देवेश उο १७.१४
चतुर्मुखोऽपि लक्ष्मीशो क्रीο १२५.१७
चतुर्वर्षेण बालेन क्रीο १३६.३६
चतुर्विधव चों वृत्तिपरि उο ४६.१३३
चतुर्विधान्नसंपन्न उο ७७.५७
चतुर्विशत्यक्षरो यो क्रीο १४१.२९
चतुर्वेदानिरूप्यस्य क्रीο १२३.५४
चतुर्वेदिर्थ तत्त्वज्ञाश्चतुः क्रीο १४५.२४
चतुर्षु दिवसेषुत्वं क्रीο १८.३७
चतुः षष्टि महासिद्ध उο ४६.१६०
चत्वार पर्वतास्ता क्रीο ६४.८
चत्वारस्ते चतुर्दिक्षु क्रीο १२१.३१
चत्वारस्ते ययुर्देव क्रीο ११९.३६
चत्वारोही मया वर्णा क्रीο १४०.१८
चत्वार्यपि मुखान्यस्य उο १४.१०
चत्वार्यस्य च रूपाणि क्रीο १३०.२८
चन्दनेन सुगन्धेन उο ७१.५
चन्द्रपृष्ठे प्रपश्यन्ति क्रीο ५२.६०
चन्द्रवक्त्रेऽमृतगिरौ उο ६४.१२
चन्द्रांशु धवलां कीर्ति उο ६५.२९
चन्द्रास्तु मलिनो दीनो उο ६१.९
चन्द्रे स्थिते ललाटे मे क्रीο १०६.४१
चन्द्रोदयेऽर्घ्यं दानेन उο ५९.३०
चन्द्रो वा चन्द्राहर्ता क्रीο १०६.१८
चपलोप्यर्धलक्षेण क्रीο ११४.९
चंपकं मल्लिका दूर्वा उο ६९.२८
चम्पकाशोक वकुल उο ४९.२९
चम्पकाशोक वकुलः उο ६९.३७
चम्पकाशोक बकुल उο ८९.२६
चरणं कस्यचिद्धृत्वा क्रीο ९३.३८
चरणं चरणेनैव हस्तं क्रीο ६०.३५
चरणाक्रान्त पातालः क्रीο १२३.२३
चरणौ व्योममार्गेण क्रीο ६१.५
चराचरगतं सर्वरूपिणं क्रीο ५४.५४
चराचरगुरुं मायातीतं क्रीο ९१.३४
चराचरगुरु सद्यः सर्वैः क्रीο ७८.६
चराचरगुरुं सर्वकारणा क्रीο ९५.२५
चराचरगुरो नानालीलाकर क्रीο ६३.५
चराचरस्वरूपस्त्वं क्रीο ४८.४६
चरित्वा नववर्षाणि क्रीο १३६.९
चर्चति स्म तदांगानि क्रीο १२४.२१
चलत्कर्णतालो बृहद् उο ३७.१
चल शीघ्रं विवाहं क्रीο १२.१३
चल राजन्नवहितो उο ७८.३
चलितो देवलोकाय उο ७५.२३
चाणूर कृष्ण योर्यद्वत् उο ३९.४७

चांडाल्या शीतनाशाय उ० ६७.४४
चापशस्त्रैरस्थिबकैश्चर्म क्री० ४२.२१
चामीकरनिभा यास्तन्म क्री० ५०.४७
चारान्प्रेषय वृत्तान्त क्री० २१.१३
चारुचन्द्रनिभं दीपगृहाण उ० ४९.६६
चारुणा कटिसूत्रेण उ० ३८.१०
चारुता न भवेदस्य उ० ७२.१८
चारुप्रसन्न नयन वदनैः उ० १५.३५
चारु प्रसन्नवदनं दत्त उ० २४.१०
चारु प्रसन्न वदना उ० ५.३२
चारु रुपा महामानी उ० ३६.२३
चारुशुंडं लसदत्तं उ० ६०.२०
चालयन्पृथिवीं सर्वां क्री० ७०.६
चालयिष्ये तथा मेरूं क्री० १२२.२४
चिक्रीड पार्वतीयेन क्री० ८४.४५
चिक्रीड रुधिरार्द्रांगः क्री० ८९.१२
चिक्रीडुस्ते पुनस्तत्र क्री० ९४.२
चिक्षिपुर्दूरतो दैत्यं तदा क्री० ८९.३५
चिच्छिदुरुत्मांगानि क्री० ६३.३२
चिच्छेद त्वरया तान्स क्री० ६४.३१
चित्तशुद्धिश्च महती क्री० १३८.३७
चित्रासने समावेश्य क्री० ९५.३
चिदानन्दघनो नित्यो क्री० ९२.४८
चिदानन्दस्य नैवास्ति क्री० २२.२७
चिंत यन्नेव तां मार्गे उ० ३०.१३
चिंतया धर्मपत्नी त्वां उ० ७.१७
चिन्तयामास मनसि क्री० ९४.३३
चिन्तया व्याकुली भूतः उ० २.६
चिन्तयानस्य विषयान् क्री० १३८.५९
चिन्तातुरः क्षणं तस्थौ क्री० ११२.२६
चिन्तां च परमामाप क्री० ६१.२९
चिन्तां परमिकां प्राप्तो क्री० १०८.१९
चिन्तांमणि क्षेत्रगतं उ० ३५.४७
चिन्तामणि क्षेत्रगतो उ० ३५.१२
चिंतामणि द्वीपपति उ० ४६.२९
चिंतामणिरिति ख्याता उ० २९.१२
चिन्तां मा कुंरू राजर्षे उ० ७७.४७
चिन्तार्णवे तदा मग्न उ० २८.२०
चिन्ताशाविषदग्धं क्री० ११७.३
चिन्तितं किं मया दृष्ट क्री० ८१.२०
चिततं च प्रदास्यामि उ० ३४.३५
चिन्ति तस्य प्रदानाद्धि उ० ३५.२३
चिन्तिर्थ प्रदानेंन उ० ६०.४४
चित्रांगः श्याम दशनो उ० ४६.१५
चिरकालं स्थितोऽस्यत्र क्री० २१.३९
चिरस्थानाम्मुक्तिदः क्री० १३५.१२
चिरोत्कण्ठं वर्षमध्ये क्री० १५१.७
चुचुर्ण निजभारेण क्री० ९१.४२
चुचूर्ण मस्तकान् क्री० ६८.४५
चूर्णयन्तो गिरान्वृक्षा क्री० ११३.५
चूर्णयामास देहेन क्री० ७.२१
चूर्णयामास सहसाऽऽश्र क्री० ८७.५२
चेतसा बहु लजन्तौ क्री० ४१.३०
चेरुस्तपांसि विविधा क्री० ७९.१८
चैत्यवृक्षेषु भग्नेषु क्री० ८३.३६
चैत्येसवाल्मिके देशे क्री० १४२.८
चैलाजिनं कुशैः कृत्वा उ० ११.१२
चोरयित्वा कथं यांसि क्री० ७१.३०
च्यवनः खलु नाम्नाहं उ० ५.२९
च्युतस्थानास्ततो क्री० २९.३३
च्युतालंकारणाध्वस्त क्री० ३३.३७

छ

छत्रध्वज पताकाभि उ० ५०.३२
छत्रं ध्वजं चामरं च उ० २६.१४
छत्रावर्ता घोरतरा उ० ४२.३२
छंदश्च्छंदोद्भव श्च्छंदो उ० ४६.८६
छलितुं मां समायातो उ० ६५.२७
छादयन्गगनं काष्ठा क्री० ६७.२०
छादितौ शरघातेन क्री० ११८.२०
छायारूपं समास्थाय क्री० ९३.२५
छित्वा नालं तु संक्षाल्य क्री० ६.४१
छिन्नकण्ठा भिन्नभुजा क्री० ११३.३८
छिन्न गुल्फाः परे उ० ४७.२२
छिन्नांगा भिन्नपादाश्च क्री० १२१.१०
छिन्ना भिन्नाः सुराः क्री० ११५.८
छिन्नाश्वानां च उ० ४७.२१
छेदयामास समरे उ० ४३.१३

ज

जगतः कारणं योऽसौ क्री० १२९.१४
जगत पालनार्थाय क्री० ३८.८
जगतामुपकाराय पातुं क्री० ४०.४२
जगत्कारणं कारणाज्ञान उ० १३.५
जगत्याः पालनायासौ क्री० २९.८
जगत्संवननं विश्व उ० ४६.१७३
जगत् सजैन सर्जन उ० ५१.७४
जगदीशेन दत्तोऽयं उ० ७२.३५
जगदु साद्यते येन उ० १६.२४
जगद्भास चिदाभास क्री० ७८.२४
जगद्वन्द्यमेकंपरोंकार क्री० १२३.४१
जगन्मोहनदक्षा त्वं क्री० ८७.१०
जगर्ज धनवच्छीघ्रं क्री० ९६.२२
जगर्ज गर्जयामास क्री० १२८.१७
जगर्ज घनद्घोरं ययौ क्री० ११२.२
जगर्ज नादयन्व्योम क्री० १०२.२१
जगर्ज सुमहाभीमं क्री० ३.१५
जगर्जानन्द युक्तोऽसौ उ० ६४.२५
जगर्जुस्ते मयूरेशं प्रापु क्री० १०९.३२
जगाद गद्गर गिरा उ० ७५.२६
जगाद भूयश्च तुराननस्त उ० ११.१
जगाद स द्विजस्तौ तु उ० २०.३५

जगाम तत्क्षणादेव उ० ४०.३३
जगामतपसे गौरी मन्त्र क्री० ७९.४१
जगाम वपुषाऽन्येन क्री० ७५.३६
जगाम सा गणेशस्य क्री० १५५.४५
जगुर्गन्धर्व निचया उ० ४७.४८
जगृहुर्मुनि दत्तांस्ते उ० ७८.१६
जगध्वा त्यक्त्वा श्रनं क्री० २५.२३
जग्मुस्ते तत्प्रसादेन क्री० ११९.३०
जग्मुस्ते त्वरया भद्रे क्री० ४५.२४
जग्राह बाणान्कोदण्डं क्री० ६०.४७
जग्राह बालकं सातु क्री० ७.१५
जघान पितरं कोपा देक उ० ८०.२२
जघान मृगयूथास्तान् क्री० २६.८
जघान वृत्रः शक्रं तं क्री० ७६.२०
जघान वृत्रः शक्रं तं क्री० ७६.२२
जघ्नुः शिरः शिरोभिश्ज क्री० ९०.२७
जघ्ने मुखं सा पाणिभ्यां क्री० १२०.१५
जजाप परमं मन्त्रं क्री० ५.२५
जजाप परम मन्त्रं उ० ९०.१४
जजाप मन्त्र तमनन्य उ० ६८.३५
जजापैकाक्षरं मन्त्रं उ० ९१.७
जज्वाल पृथिवी सर्वा क्री० १०७.४१
जज्वालसहसा वन्हि क्री० ९७.२१
जटिला विकृतास्या च क्री० ६५.४
जटाभिः पृथिवी येषां क्री० ५८.१८
जठरं दारयामास क्री० २१५.१९
जर्डीभूतं विमान तन्नो उ० ७५.३९
जतारः षड्रीणां ये क्री० १४१.२५
जथापि गढतो वाक्यं उ० ६१.२५
जनकं कृतवीर्यस्य उ० ५८.२०
जननी त्वमनाहृत्य उ० ३६.४१
जननीमपि दुर्गां क्री० १३६.११
जननी सर्वदेवेभ्यो क्री० ७४.२६
जनन्याः कटिदेशेऽपि क्री० ९४.२८
जनमध्ये न तच्छक्य क्री० १२४.३६
जनाः स्थानानि मर्यादां क्री० ८१.३६
जनाः स्युरितरे राजन्मम क्री० १४०.१६
जना हर्षाद्धि जगदु क्री० २०.३२
जनुः स्वं तेन धन्यं उ० ६०.८
जन्तूनां हितकर्तारं क्री० १४१.३७
जन्मजन्मातरीयं मे उ० ७२.३१
जन्मजन्मान्तरीयेण क्री० १३४.४४
जन्मपाप मुपायं च उ० ७५.४५
जन्ममृति न च स्यातां क्री० १५५.१
जन्मांतर कृतं चैव उ० ६.३०
जन्मान्तरीयपुण्येन क्री० ४८.४८
जन्मान्तरीयपुण्येन क्री० ५९.३४
जन्मान्तरीयपुण्येन क्री० १५१.१२
जन्मान्तरीयपुण्येन क्री० १५१.३७
जन्मावधि कृतं येन उ० ५८.३७
जन्मवधि न चान्यं सा उ० ३५.३४
जन्माश्रम तपोदानं उ० ३२.२०
जपन् गाणेश्वरीं विद्यां उ० ५१.२८
जपन्तं गणनाथस्य उ० ५७.१३
जपन्तौ नारदप्रोक्तां क्री० २.६
जपं ध्यानं विसस्मार क्री० ५.३३
जपस्व वैदिकं मंत्र उ० ३८.१९
जपाकुसुमदेहस्य क्री० १२७.१३
जपाकुसुमनयनो मेघ क्री० ८९.२४
जपाकुसुमसंकाशौ क्री० १२३.६
जपो जपपरो जाप्यो उ० ४६.८७
जप्तवा मन्त्रं च शतधा क्री० १०२.३
जमदग्नि रिति ख्यातः उ० ७७.२४
जमदग्नि र्वसिष्ठश्च उ० ९१.४
जमदग्नि वसिष्ठं च क्री० ३६.४
जमदग्ने गृंहे राज्ञा उ० ७८.१९
जमदग्ने ह्रर्द शर उ० ८१.१०
जमदग्नि र्दिव्यदेहो उ० ८१.३२
जम्ब्वाम्र वदरी वृक्षान् उ० ८४.४
जय देव मयूरेश कुरू क्री० १०३.१८
जय देव मयूरेशेत्युक्त्वा क्री० १०१.८
जयन्तोऽप्य हनच्छीघ्रं उ० ४३.१९
जयं प्राप्ते मयूरेशे क्री० ११६.१
जयं प्राप्ते शिवसुते क्री० ११९.३५
जयः प्राप्तो मयूरेश क्री० १२१.३८
जयः प्राप्तो यतस्तेन उ० ६४.२९
जयशब्दैर्नमः शब्दैः क्री० १३७.२६
जय शब्दैर्नमः शब्दो उ० २६.१२
जयशब्दैः शंकरोऽपि उ० ५५.४४
जयशब्दैः स्तूयमानै क्री० ११३.३९
जयशाली मयूरेशो क्री० ११०.१
जयस्य नियमो नास्ति क्री० ५७.११
जलधारा यथाऽग्नेर्वा क्री० ७९.३१
जलपात्रभृतोऽनर्घ्य क्री० १०.११
जलवतारमार्गे तु रुद्धे क्री० ७४.२१
जलेन रजसा चैव क्री० ९३.१०
जले स्थले नभो मार्गे उ० २७.१५
जले नष्टे जलचराः क्री० ७१.३१
जवेन हृदये तस्य क्री० ४१.१९
जवेनाश्व समारुढो उ० ५३.१०
जहतुस्तौ तदा प्रणान् क्री० ८.६
जहर्ष कमला त्यक्त्वा उ० २०.१२
जहर्ष कश्यपो धीमान्नाना उ० ९१.३१
जहर्ष च महाबुद्धिर्दैत्यं क्री० ६९.३८
जहर्षतु स्तौ तं दृष्ट्वा उ० ७३.२८
जहर्ष किंचिन्नागेन्द्रः उ० ८९.४३
जहर्ष जननी तस्य क्री० १३१.२३
जहर्ष स मयूरेशो दैत्य क्री० १११.३८
जहर्षुर्देवता सर्वाः क्री० १८.४९
जहास चैनं सहसा उ० ६२.११

जहास मुनिमुख्योऽसौ उ० ५७.१६
जहाति यदि कर्माणि क्री० १३८.३९
जहि तं दुष्ट नृपति उ० ८२.१६
जहृषे स गृहस्वामी क्री० ५४.२२
जाग्रता चरितं तस्या उ० ७४.२०
जाठरोऽपि गतो क्री० १०७.३६
जातं वरस्य कृत्यं क्री० ५३.३८
जाता गावो बहुक्षीरास्त्रै क्री० ८१.३७
जातानि तत एनं स उ० २२.४३
जाता पुत्रावलोकार्थं ततो क्री० ८२.२
जाता सुमुद्रा चाण्डाली उ० ६२.१९
जाताः स्म परमानन्द क्री० ३७.१७
जातिवैराः सुनिर्पैरा क्री० २.११
जातिस्मरोधर्मपरः उ० ४६.१९३
जाते तु दर्नने तस्य क्री० ८२.३४
जाते भवत्समाधाने क्री० १५२.९
जातेऽभिषेके राजाऽसौ उ० ४.१
जातो दुष्टो वधश्चास्य क्री० ४०.४
जातौ पपौ ततो बालः क्री० १३३.३०
जात्यन्धो लभते दृष्टिं क्री० १५५.५३
जानती भाविनं चार्थ उ० ८५.२८
जानन्नन्तर्गतं तेषां क्री० २२.१९
जानासि तन्नभोवाणीं उ० ८५.२२
जानीवहे न जेताऽस्य क्री० ५६.२७
जानुभ्यां जानुनी उ० ३९.४८
जानुमध्ये कर कृत्वा उ० ७०.२०
जाने नत्वाऽनन्तशक्तिं क्री० ११.३७
जानेंऽहं मनसा ब्रह्मन्न उ० ७७.४६
जाम्बेति नगरी ख्याता उ० ६२.४
जायन्ते तावदेते तान् क्री० १०९.३०
जिघांसया गता बालं क्री० २०.३
जिघांसया गता बालं क्री० २०.४
जिजीविषुश्चेदगच्छ क्री० १३७.९
जितः कृतान्तो भ्रूक्षेपा क्री० १२४.४०
जिताः कृतान्तः पूर्व ते क्री० १२४.१५
जितेन्द्रियावूर्ध्वदृष्टी क्री० ३४.४२
जितेन्द्रियी मिताहारो उ०.५८.१०
जितेन्द्रियो जिताहारः उ० १५.१५
जितेन्द्रियौ जिताहारौ उ० ५८.१९
जिते प्रभौ जिता सेना क्री० ५७.४६
जित्वा प्राणान्प्राण क्री० १४०.३६
जिह्वां पातु गणक्रीड क्री० ८५.२१
जीवंश्चेदागतः स स्यात् क्री० ९९.५४
जीवघातो न कर्तव्यो क्री० ८९.३०
जीवदानात्परं पुण्यं क्री० ८४.५७
जीवनमुक्ता भवन्त्येव उ० ११.५
जीवन्मुक्तः स योगीन्द्र क्री० १४२.१८
जीवन्मुक्ता ह्रदे मग्नाः क्री० १३८.१५
जीवन्यदि भवेत्स्वर्गे उ० ५४.९
जीवयित्वा शिशुं मे क्री० ३३.५२
जीवशेषः शुशोचाथ उ० ८९.३९
जीवितश्च कुमारो क्री० ३८.२
जीविताशां परित्यज्य क्री० २१.४०
जीवितुं नैव पश्येऽन्यं उ० ३०.१२
जीवितोऽखिल भक्ष्याया क्री० ७.३५
जुहाव तर्पयामास उ० ८२.२५
जेतुमीशं गतः कामः क्री० १९.४४
जेतुं सुरान्समायातौ क्री० ११८.१८
जैगीषव्यं निराहारं क्री० ४८.४
जैगीषव्यं विना सर्वे क्री० ३९.३३
ज्येष्ठ राजो निधिपति उ० ४६.१०
ज्योतिर्विदं गणेशं च क्री० ४७.३३
ज्योतिर्विदा गणेशेन क्री० ४७.४०
ज्योति विद्धि निगदितं उ० २२.१२
ज्योतिर्विदभिर्विचार्यास्य क्री० ७४.११
ज्वाला माली महावह्नि उ० १२.१४
ज्वालामाल्य भवत्त उ० ६३.२१
ज्वालामुखो व्याघ्रमुखो क्री० १५.१२
ज्वालिनी तेजिनी दीप्य क्री० ५३.८
ज्ञातं धात्रा सिद्धिबुद्धि क्री० १०९.१०
ज्ञात्वा कुमारं स्तान् क्री० १०.१२
ज्ञात्वा तथाविधं तं क्री० १३४.१४
ज्ञात्वा तं नश्वरं शोकं उ० ५४.२
ज्ञात्वा दुरासदो दैत्यो क्री० ४१.१०
ज्ञात्वा दूष्णीं स्थितास्तत्र उ० ८५.११
ज्ञात्वा देवगणान्प्राप्ता क्री० ७६.९
ज्ञात्वा ध्यानेन तत्कर्म उ० ७२.३७
ज्ञात्वा नीतं षण्मुखं क्री० ११४.४४
ज्ञात्वा पराक्रमं तस्य क्री० ४२.१
ज्ञात्वा पराक्रमं तस्य क्री० ७७.९
ज्ञात्वा भ्रूशुण्डिना शप्ता क्री० ३४.३७
ज्ञात्वा महेशंः कृतवा उ० ३३.७
ज्ञात्वा वृत्तान्तमायातः क्री० ११८.१७

ज्ञ

ज्ञानखड्गप्रहारेण क्री० १४०.५०
ज्ञानचक्षुरहं तेऽद्य क्री १४५.४
ज्ञाननिष्ठा कर्मनिष्ठा क्री० १३९.१
ज्ञान निष्ठा त्तपोनिष्ठा क्री० १४२.२७
ज्ञानं च त्रिविधं राजन् क्री० १४८.१०
ज्ञानं च निर्मलं जातं उ० २२.४४
ज्ञानं तथाऽऽश्रमों धन्यों क्री० ३०.४०
ज्ञानं तस्मै तथा दत्तं क्री० २५.२५
ज्ञानं धर्म च लक्ष्मीं क्री० ८५.३२
ज्ञानवानसि पापे त्वं क्री० १३५.१९
ज्ञान विज्ञान संपन्नः उ० १४.३
ज्ञानविज्ञान संपन्नं उ० ७१.२८
ज्ञानविज्ञानसम्पन्नै क्री० १४१.१७
ज्ञेया मत्प्रकृतिः पूर्वं क्री० १४३.३

झ

झंझावत हता वृक्षा क्री० २०.२६
झटित्यानय गच्छ क्री० १०६.३२

ञ

ञेसायां मणिपूरंच उ० ३७.४३

ट

टंकारस्फार संरावष्टंकार उ० ४६.८८
टणत्कारेण धनुषो क्री० ११५.३६

ड

डिंडिमुंडोडाकिनीशो उ० ४६.८९

ढ

ढुण्ढिनाम जपन्तौ तौ क्री० ४९.३
ढुण्ढिराजावतारोऽयं क्री० ४४.१
ढुण्ढिराजेति नाम्ना क्री० ७२.३०
ढुण्ढुरायतनं याता क्री० ४८.२६

त

त आययुः शिवाहूता क्री० ३६.५
त ऊचर्मुनयः सर्वेगुरु क्री० ८६.६
त ऊचुः पुस्तकं दृष्ट्वा उ० ६८.२६
त ऊचुर्न वयं किंचिद् क्री० ९.३७
त ऊचुर्मुनिपुत्रास्ता क्री० ९२.१३
त ऊचुस्तं तदा देवं क्री० ९९.१९
त एव नार्मदाः ख्याता क्री० १३२.२६
त एव नाशमायान्ति क्री० ९२.३८
तञ्च नागरिकाः उ० २५.३
तञ्चापि नाभवत्तेन उ० ६७.१४
तञ्चेत्संरक्षितं क्री० ३८.२५
तच्छब्द श्रवणाद् वन्ध्या क्री० ६.३८
तच्छस्त्रास्त्र गणान् उ० ८३.७
तच्छस्त्रास्त्र गणान् उ० ८३.८
तच्छापद्धक्षतां यातौ क्री० ३५.१५
तच्छिरः परिबभ्राम क्री० १००.३९
तच्छिरो दूरतः क्षिप्तवा क्री० ८८.४३
तच्श्वासयोगात्स गिरि क्री० ९१.५९
तज्जानुनोर्न्यस्य पादौ क्री० ८८.३६
तज्जिघांसां स विज्ञाय क्री० ८७.२०
तज्ज्ञं त्वं विद्धि मां क्री० १४६.२३
तज्ज्ञानविषयं राजन् क्री० १४६.२६
तज्ज्ञेयं पुरुषव्याघ्र क्री० १४०.४०
तत्र स्नात्वा ददो उ० ३५.१७
तडागमध्या दुत्तस्थौ उ० ७३.४
तत इन्द्रादयो देवा क्री० १२५.४८
तत इन्द्रादयो देवास्तव क्री० ९०.५
तत इन्द्रादयो देवास्तु उ० ८३.२५
तत उत्थाय कष्टेन उ० ५७.११
तत उत्थाप्य तं स्कन्धे उ० २४.१२
तत उत्थाय पुरुषो उ० ४३.३७
तत उत्थाय मघवा दैत्यं उ० ३९.४१
तत उत्थाय राजास उ० ३.१
तत उत्थाय राजाऽऽसौ उ० ७८.४
तत ऊत्थाय विप्रोऽसौ क्री० १४.६
तत उद्वृत्ततां यातं उ० ७.१९
तत उन्मील्य नयने क्री० ३८.४८
तत उष्ट्र गजौ जातौ क्री० २८.३४
तत ऊचे काशिराजो क्री० ७२.१७
तत ऊचे च तान्देवी क्री० ४०.१८
तत ऊचे दिवोदास क्री० ४७.१८
तत ऊचे नृपो देत्र क्री० ७०.२३
तत ऊचे पिता पुत्रं क्री० १५३.७
तत ऊचे बलिं देवो क्री० ३१.४०
तत ऊचे महेन्दस्तं क्री० ३.२३
तत ऊचे विश्वनाथो क्री० १२८.७४
तत ऊचे शिवो देवीं क्री० १२९.४१
तत ऊचे स भगवानिन्द्रं क्री० ३०.३२
तत ऊंचे सुरान्देवस्तृप्तो क्री० ७८.३४
तत ऊंचे हरिः सर्वान् क्री० ७७.२१
तत एकः कुमारोऽभू उ० ६०.७
तत एकाक्षरं मन्त्रं उ०८८.२८
तत एको महाघोरः क्रीः १२७.९
तत एको विषधोऽपरो क्री० २८.३२
ततः कतिपययाहः सु उ० १६.१२
ततः कतिपयाहस्सु ज्ञात्वा क्री० ४९.९
ततः कथा प्रसंगोऽभून्मु क्री० १५२.२८
ततः कदाचिद्गिरजा प्रसन्नं क्री० ९६.१
ततः कदाचिद्गिरिजा प्रातः क्री० ९२.१
ततः कदाचिद्दैत्येन्द्रः क्री० १३२.१
ततः कद्रूः समायाता क्री० १७.५
ततः कलियुगे प्राप्ते क्री० ७८.४३
ततः कारुणिको देवो क्री० ९१.३६
ततः काश्मीर पाषण भवां उ० ३९.२
ततः किमकरोच्छम्भु उ० ४४.१
ततः किमकरोद् ब्रह्मं उ० ३९.१
ततः किम करोद् ब्रह्मा उ० १४.१
ततः कीर्तेर्गृहं यातस्त क्री० ३३.२३
ततः कुण्डियास्तु वरः क्री० ५६.११
ततः कुबेरो वरुणो वायु क्री० ७६.११
ततः कृत्रिमदीप्तया तौ क्री० ६९.२२
ततः केचित्सुरगणान् क्री० १२१.३६
ततः केचिन्नराः पापा क्री० १५३.२६
ततः केदारमगमन्सर्वे क्री० ४०.१
ततः कैलाश मगमत् उ० ४०.४
ततः कैलास मगमद्युद्धा उ० ४०.५
ततः क्रोधेन महता क्री० ९.१७
ततः क्षमापयेद्देवं ततो उ० ६९.६१
ततः क्षमापयेद् विप्रान उ० ७१.१७
ततः खगाः प्रादुरासन्ना क्री० ६८.२९
ततः खिन्नान्गणान् क्री० १०६.२८
ततखिन्नोऽब्रुवं देवं क्री० १०४.५१
ततः खिन्नो विश्वदेवी क्री० १०५.६१

तत आनंदपूर्णोऽसौ उ० १८.२०
ततः आनन्दपूर्णोऽहं उ० २१.३५
तत आनन्दयुक्तोऽसौ उ० ७२.३४
तत आलिंग्य सहसा उ० ८४.२२
तत आवा तडिद्रूपमा क्री० ५६.२१
ततः त्क्षेत्रं समासाद्य क्री० १४८.४८
ततत्प्रभृति सा देवी क्री० ८१.२
ततः पंचदेशे वर्षे मयूरे क्री० १०८.१
ततः पपात भूपृष्ठे हतो क्री० ७६.२१
ततः पप्रच्छ तूष्णीं उ० ८७.३७
ततः परमक्रुद्धोऽसा उ० ६१.७
ततः परस्परदूशिर्नस्या क्री० २०.९
ततः परस्परं नत्वा उ० ५५.२७
ततः परस्परं प्राहुर्गतक्रोधा क्री० ९४.६
ततः पराशरं सोऽथ क्री० १०५.६२
ततः परेन्हि पाथेयं श्राद्धं उ० ८१.३१
ततः पलायनपरादैत्या उ० ३९.३५
ततः पलायिता गौरी क्री० ९६.२१
ततः पश्चात्पश्चति क्री० ७०.२१
ततः पाणितले तस्य क्री० ३१.३८
ततः पाशं मयूरेशो क्री० १२३.९
ततः पुत्रं करे धृत्वा उ० ६८.५
ततः पुत्रो हेमकंठो उ० २.२४
ततः पुनः कदाचित्स क्री० ९०.२५
ततः पुनः प्राह सती क्री० ७३.५८
ततः पुनर्मातरं स उ० ८०.१०
ततः पुपूजे हर्षेण क्री० १२५.३५
ततः प्रचंडो नवभि उ० ४३.९
ततः प्रतीक्षा मकरोन्मुनें उ० ५७.३३
तत प्रत्यक्षतां यास्ये उ० १५.१२
ततः प्रबुद्धा गिरिजा क्री० ८४.२४
ततः प्रबुद्धास्ते देवास्त्य क्री० १२५.३४
ततः प्रभात उत्थाय क्री० १४.१
ततः प्रभाते स्नाता क्री० ३३.१७
ततः प्रभृति देवस्य क्री० ३७.२९
ततः प्रसन्नो भगवाना उ० ८२.२६
ततः प्रसन्नो भगवान् उ० १३.४४
ततः प्रसन्नो भगवान् उ० १५.३९
ततः प्रसन्नो भगवान् उ० ३४.३
ततः प्रस्वापयामास कृत क्री० १३.५०
ततः प्रातः समुत्थाय क्री० ३.१
ततः प्रोचे मुनिश्चक्र क्री० ७३.३०
ततः प्रोवाच गिरिशं क्री० १३२.३७
ततः शक्रो नमस्कृत्य क्री० ११.४७
ततः शंखनिनादेन हरिः क्री० ७६.२८
ततः शम्भुः परां चिन्ता उ० ४४.२
ततः शस्त्रप्रहारैश्च क्री० ६६.३२
ततः शास्त्र प्रसंगेन उ० ३६.२८
ततः शिखां समाक्रम्य क्री० ६५.१६
ततः शिवगणाः शम्भुं क्री० ८२.१
ततः शिवो हर्षयुतो क्री० १३१.१८
ततः शिवो हर्षयुतो. क्री० १३२.१८
ततः शिष्यान् समाकार्य क्री० ९.२०
ततः शीघ्रं समायातो क्री० १२२.५
ततः शुम्भादयो दैत्याः क्री० ७५.३८
ततः शोकाकुलां वीक्ष्य क्री० १२८.३३
ततः शोचत्सु लोकेषु क्री० १५३.२०
ततश्चंचलता यातं उ० ५५.३५
ततश्चतुर्दशे वर्षे गौतमा क्री० १०७.१
ततश्चतुर्थे वर्षेस क्री० ८.१५
ततश्चतुर्थ्यामुषसि क्री० १२६.३२
ततश्चंचवा तु तं बालं क्री० ८३.२२
ततश्च सर्वभावेन भज क्री० १४६.३५
ततःश्चाज्ञापद्दैत्यान् क्री० १३.६
ततश्चान्तर्दधे देवो क्री० ३१.४५
ततश्चास्याः सुतो जज्ञे क्री० २९.१६
ततश्चाहं दीनमना उ० १३.२८
ततश्चिन्तापरो रुद्रो क्री० ४५.३७
ततश्चिन्तां चकारासौ क्री० १३१.१
ततश्चिन्तां परां प्राप क्री० १०९.५
ततः श्रान्तोऽभवद्बालो क्री० ८९.२६
ततः षडाननः प्राह क्री० १२६.५३
ततः संस्थापयामास उ० ७३.२१
ततः स करणाविष्टः क्री० १०४.५२
ततः स करुणाविष्टो क्री० ४७.२५
ततः स कश्यपः प्राह क्री० ९.३५
ततः स काशिराज क्री० १४.४८
ततः सख्यो गणाश्चापुः क्री० ८८.४४
ततः सख्यो नागराश्च क्री० १२०.२२
ततः स त्रिपोरो उ० ३९.७
ततः स प्रतिबुद्धः उ० २४.१२
ततः स ब्राह्मन् साधून् उ० २०.१
ततः स भगवान् शंखं उ० १७.६
ततः समगताः सर्वेप्राग क्री० ९६.५८
ततः स मातरं प्राह क्री० ७२.३८
ततः संप्रेषयामास दुर्गां क्री० ४५.२९
ततः संपूज्य तं देवं क्री० १०७.४८
ततः स राजा कस्मिन् क्री० ७३.१७
ततः सर्पगणाः शेषं क्री० १००.१६
ततः सर्वजनाः साधु क्री० ५७.१९
ततः सर्व जनं नेतुं उ० ७५.३४
ततः सर्वाणि भूतानि क्री० १४०.४४
ततः सर्वानुपावेष्य क्री० ११०.४
ततः सर्वा मयूरेश क्री० ११५.९
ततः सर्वे जना रिक्ता उ० ८३.१५
ततः सर्वे धराधीशाः क्री० ७०.१९
ततः सर्वे पुरो याता क्री० ११२.२९
ततः सर्वे मयूरेशपृष्ट क्री० १२१.५०
ततः सर्वे मुनिगणा उ० ३८.२
ततः सर्वे मुनिवरा क्री० १३७.४०

तत सर्वे सुरा देवं क्री० १२५.४१
ततः सर्वे विदित्वा तं क्री० २४.१३
ततः स वरदानेन क्री० १२७.२३
ततः स वागीश्वरवत् क्री० १५५.३१
ततः स विश्मयाविष्ट उ० ३९.४२
ततः स सूरतं कर्तुं क्री० २९.३५
ततः सहयाद्रि शिखरे उ० ७७.२२
ततः सहैव यास्यामो उ० ४.२५
ततः सा कमला दक्षो उ० २०.२८
ततः सा तद्वियोगेन क्री० ७२.२
ततः सा ददृशे दैत्यं क्री० ८७.५१
ततः सा पार्वती बालं क्री० ८४.५६
ततः सा पार्वती हृष्टा क्री०८१.१
ततः सा पूजयामास क्री० २.३७
ततः सा पृष्ठतो लग्ना क्री० ९२.३४
ततः सा शर्करां तेभ्यो क्री० ८६.३२
ततः सिन्दूरवदनसिन्दूर क्री० १३७.२३
ततः सिन्धुरगात्तपूर्णं क्री० ७६.३४
ततः सिन्धुर्गतो मोक्षं क्री० १२५.४९
ततः सिन्धुर्हयात्तस्माद क्री० ११५.१३
ततः सुधर्मा वचनं उ० २.२१
ततः सुधर्मा सम्भार क्री० १५२.२
ततः सुन्हद् बंधुयुतः उ० ७५.१९
ततः सुवर्णरजकमुक्ता क्री० ५६.४६
ततः सुह्रज्जन युतः स्वयं उ० ५०.३१
ततः सूर्योऽतपत्सर्व क्री० १०७.४०
ततः सेनाचरा राज्ञो क्री० ५७.४२
ततः सेनामध्यगतौ क्री० ११९.१७
ततस्ततः कृषेदेतद्यत्र क्री० १४२.१४
ततस्तत्कृपया देवः क्री० ७८.२९
ततस्तत्तेजसा तप्ता क्री० १२९.३१
ततस्तत् तपसा तुष्ट उ० ३८.२३
ततस्तत्राब्रवीद् हृष्टो क्री० १२५.३९
ततस्तत्राभवंद्युद्धं तुमुलं क्री० ११२.११
ततस्तत्पार्वती श्रुत्वा क्री० १२६.४७
ततस्तत्याज भूदेशे तं क्री० ८८.२०
ततस्तदभवत्स्थानं उ० ३९.६
ततस्तदादरं तृष्टा क्री० ९५.४
ततस्तद्वाक्यमाकर्ण्य क्री० ९५.६५
ततस्तन्नगरे तौ द्वावुप उ० २०.२७
ततस्तन् मायया उ० १२.२१
ततस्तं क्षत्रियं प्राह उ० ५१.६८
ततस्तं चिक्षिपुः क्री० ८९.१८
ततस्तं द्रष्टुमायातः सर्व क्री० ८३.८
ततस्तं परितुष्टाव तत् क्री० ९२.४७
ततस्तल्पासुरो दृश्यो क्री० ८८.१८
ततस्तस्य शरीरस्य क्री० १४.४३
ततस्तस्मै ददौ उ० २६.२२
ततस्तस्य सुतौ ख्यातौ क्री० १२.३३
ततस्तस्याभवत्पुत्रः क्री० ३२.१९
ततस्तान्यहनद्रोषा क्री० ११४.४८
ततस्तान्बालरूपेण क्री० ५९.१५
ततस्तामब्रवीद्विप्रो क्री० ९२.२८
ततस्तां राक्षसीं दूरा क्री० ८७.३३
ततस्ता वपि नेष्यामो उ० ३५.३६
ततस्तु दशमे मासे क्री० ८९.१
ततस्तु वरवार्वेण क्री० ३९.१
ततस्तृतीय वर्षेतु प्रातः क्री० ९१.१४
ततस्तु दशमे वर्षे क्री० १०१.१
ततस्तु नगरे गुप्तौ क्री० ५५.३०
ततस्तु नवमे मासि क्री० १३०.१
ततस्तु पंचमे वर्षे क्री० १०.१
ततस्तु पंचमे वर्षे प्रवृत्ते क्री ९३.१
ततस्तु बहिरभ्येत्य उ० ९.१३
ततस्तु मंगले देवं उ० ६०.३७
ततस्तुष्टः पाशपाणि क्री० ३५.१
ततस्तु सप्तमे मासे क्री० ८७.३४
ततस्तु सप्तमे वर्षे क्री० १२.१
ततस्ते क्षुब्धमनसो क्री० १०६.१९
ततस्ते तत उत्तेरूः उ० ६७.२२
ततस्ते तत्समाधानं क्री० ८३.३०
ततस्ते तापससुता क्री० ९८.३
ततस्ते त्वरिता जग्मू क्री० ३४.३५
ततस्ते दंडवत्सर्वे उ० ६१.२२
ततस्तेदेहस्वखण्डाभि क्री० ८३.४३
ततस्तेन धृतं रूपं क्री० २९.३४
ततस्ते नागराः सर्वे उ० २५.२६
ततस्ते नुनुवुर्भक्त्या क्री० ९.४१
ततस्तेनोदनः पात्रे क्री० २३.४१
ततस्ते पापनाशार्थ उ० १९.३०
ततस्ते प्रार्थयामासुः उ० ८६.१४
ततस्ते बालकाः पातु क्री० ९१.६
ततस्ते बालकाः सर्वे क्री० १३.४३
ततस्ते बालकाः सर्वे क्री० १४.१४
ततस्ते बालकाः सर्वे क्री० ९४.२६
ततस्ते भुजगाः सर्वे क्री० १००.२८
ततस्ते भोजनं चक्रुः क्री० ७२.२१
ततस्ते मल्लयुद्धेन क्री० १२२.४७
ततस्ते मनयः प्रोचुः क्री० ९१.५५
ततस्ते मुनयः प्रोचुः क्री० ९१.६१
ततस्ते मुनयो जाग्मु क्री० १०७.३५
ततस्ते मूर्छिताः पेतु क्री० ११४.४३
ततस्ते वह्निमाकार्य उ० ८५.१५
ततस्ते विलयं यान्ति क्री० ८४.६३
ततस्ते विस्मिताः सर्वे क्री० ९.१५
ततस्ते शक्रवरुणकुबेर क्री० ७८.१५
ततस्ते संस्कृतिं चक्रु क्री० १२४.४६
ततस्ते सेवका जग्मुस्त क्री० १३६.१९
ततस्ते सेवनं यास्ये क्री० ५.४२
ततस्ते स्वाश्रमं प्राप्ता क्री० १०८.३२

ततस्तैः सहिता देवै क्री० ११६.४४
ततस्तैस्त्रिदशैस्तत्र क्री० १२५.२६
ततस्तौ कृपयाविष्टौ की० ३४.४३
ततस्तौ क्रोध रक्ताक्षौ उ० १६.१७
ततस्तौ नगरीं भातौ क्री० २४.२७
ततस्तौ मल्लयुद्धेन क्री० ११८.२२
ततस्त्रयः समुत्पन्ना उ० १२.२०
ततः स्त्रियो ययुर्भीता क्री० ८४.६०
ततस्त्वं सखि वर्गैस्तद् उ० ७.१६
ततस्त्वयाऽपि विज्ञातः उ० ५१.८९
ततः स्नात्वा परं मंत्र उ० १५.१४
ततस्त्रयोदशे वर्षे क्री० १०६.१
नः स्वदृतान् प्राहेदं उ० ७४.२
ततः स्वनाम्ना मवदत् उ० ४५.१७
ततः स्वयं जगामाशु क्री० १२९.४२
तता सैनं जगादाशु क्री० ६५.२२
ततोऽकस्माद्धैमवती क्री० १२९.३१
ततो गगन मार्गेण उ०. १२.३१
ततोऽगच्छत् सत्यलोकं उ० १०.७
ततो गच्छेत् सोदपात्रो उ० ३.१३
ततो गजाश्चतुर्दन्ता क्री० ७५.६
ततो गणामण्डपं ते क्री० १२९.४०
ततो गणा ययुः सर्वे क्री० ८७.४७
ततो गणाश्च सामग्रीं क्री० ७९.१९
ततो गजाननः प्राह उ० १३.३१
ततो गजानन महं उ० २१.३०
ततो गजानने नाहं उ० १३.३३
ततो गजाननो दृष्ट्वा उ० १५.१७
ततो गजाननो विप्र उ० ४१.२
ततोऽगात्तद्रजानीकम क्री० १२१.१८
ततोऽगुर्भूतलाद्दिग्भ्यो क्री० ३.४०
ततो गृतसमदस्यासीत् उ० ३८.१
ततो गृत्समदः शीघ्रं क्री० ८६.७
ततोऽग्निपमिबत्सर्वं क्री० १५.४३
ततोऽग्रतो रथो यातस्त्व क्री० १३.४०
ततो ग्रामान्तरं गत्वा उ० २०.९
ततोऽग्रे दर्शयेतां तौ क्री० ५२.१४
ततोऽग्रे दर्शयेतां तौ क्री० ५२.१९
ततोऽग्रे दर्शयेतां तौ क्री० ५२.२५
ततोऽग्रे दर्शयेतां तौ क्री० ५२.४३
ततोऽग्रे पश्यति स्मासौ क्री० ५२.२
ततोंऽजलिं पूरयित्वा क्री० १०.१९
ततो जगर्जुः सर्वास्ता क्री० ६४.१४
ततो जगाद दुण्ढिस्तं क्री० ४६.४०
ततो जगाद स हरि उ० १७.२८
ततो जग्राह परशुं क्री० ६१.१९
ततो जलाशयं ते तु उ० १२.२६
ततोऽतिबलिनौ वीरौ क्री० ११८.३०
ततो ददर्श बालोऽसौ क्री० १३.४१
ततो ददृशिरें सर्वे क्री० १५३.२७
ततो ददौ मयूरेशस्ता क्री० ११०.२४
ततो ददौ महार्हाणि क्री० १३.८
ततो दध्मौ महाशंखं उ० ७९.१४
ततो दशभुजो देवः उ० ९०.४९
ततो दुःखं सुखं वा क्री० ११७.२९
ततो दूता गता मध्ये क्री० १३३.१२
ततो दूता नृपं प्रोचु उ० ६५.४०
ततो दूताश्च वाद्यानां क्री० १५१.३६
ततो दूताः समागम्य उ० ५६.१६
ततो दूतौ करे धृत्वातं क्री० ५३.१०
ततो दूर्वांकुरान गृह्य उ० ६९.३५
ततो दूर्वांकुरान्गृह्य उ० ६९.४६
ततो दृष्टो बालकोऽसौ क्री० ८८.२३
ततो देवगणाः सर्वे उ० ३९.५१
ततो देवा निरीक्ष्यैनं क्री० ९६.५२
ततो देवान्तकोऽतीव क्री० ६९.१
ततो देवालयं याता उ० ६२.२६
ततो देवा युयुधिरे क्री० ६४.३५
ततो देवाः संगधर्वा उ० ५५.४२
ततो देवाः सर्व एवं उ० ८३.४४
ततो देवा हरिं प्रोचुः क्री० ७७.१९
ततो देवोऽमन्त्रयत्स क्री० १२३.१३
ततो देव्या विनिर्मुक्तो उ० १७.३
ततो दैत्यो क्षीणशक्ती क्री० २०.४१
ततो दैत्यो जगौ सर्वं क्री० ७७.२३
ततो दैत्यो धनुः सज्यं क्री० ६७.१६
ततो दैत्यो बाणयुगं क्री० ६८.१
ततो दैत्यो मत्स्यरूपी क्री० ९१.२१
ततो दैत्यो महामंत्रं क्री० ६७.२३
ततो दैत्यो महारोषा क्री० १३२.३४
ततो दैत्यो मृत्युलोकं क्री० १२९.१
ततो दैत्यौ दुष्टमतिं क्री० ७७.२४
ततो द्वादशमासे तु क्री० ९०.१
ततो द्वादश वर्षाणि उ० ७२.२६
ततो द्वितीये वर्षे स क्री० ९१.१
ततो द्वेधाऽभवद्दैत्यौ क्री० १५.४०
ततोऽधावन्महेन्द्रोऽसौ क्री० ७५.२८
ततो धान्यानि सर्वाणि उ० ६५.३८
ततोऽधिकां महाभक्तिं उ० २७.२७
ततोऽनंगो मयौ रम्यं उ० ८८.२९
ततोऽनंगो मयौ शंम्भुं उ० ८८.२२
ततो ननाम तां राजा क्री० ७२.६
ततो ननामः मूर्ध्नाऽसावे क्री० ११.२५
ततो नन्दीपुष्पदन्तौ क्री० ११४.८
ततो नन्दी मयूरेशं क्री० ११३.२१
ततो नरान्तकं प्राह क्री० ५८.४४
ततो नरान्तको दृष्ट्वा क्री० ६०.१
ततो नागकुलान्याशु क्री० १००.१९
ततो निपेतुः सहसा क्री० ६३.३५
ततो निवार्य तत्सैन्यं उ० ३९.३६

ततो निसृत्य दैत्योऽसौ क्री० ९०.१८
ततोऽनुज्ञां गृहीत्वा उ० ८६.१६
ततोऽनुतापो मनसि उ० ७.४२
ततो नृत्यस्यातिशयं क्री० ९०.११
ततो नृपं मुनिः प्राह क्री० १५२.३८
ततोऽन्तरिक्षे वागासी उ० ३६.४४
ततोऽन्तरिक्षे वागासीन उ० ४७.४७
ततोऽन्धकारमभवच्छर क्री० ५८.३६
ततोऽन्यान कल्पयामास उ० १६.७
ततोऽन्यावसुरौ दृष्टौ क्री० १३.२९
ततोऽपश्यन्सैनिकास्ते क्री० १२१.४५
ततोऽपश्यं महाव्रातं क्री० १३१.१३
ततोऽपश्यं महाव्रातं क्री० १३२.१३
ततोऽपि जीवितश्चेत्तु क्री० १८.३८
ततोऽपि नाभवत्पुत्रौ क्री० १५५.३८
ततोऽपि पुरुषो जज्ञे क्री० ६८.५६
ततोऽप्रेषयदादित्या क्री० ४५.२६
ततो बहुतिथे काले क्री० ६.२१
ततो बहुतिथे काले उ० ७.१५
ततो बहुगते काले उ० ४०.३५
ततो बहुतिथे काले क्री० ५०.१०
ततो बहुगते काले उ० ७६.५०
ततो बालसहस्राणि क्री० ७१.१७
ततो बाला मुनीनां क्री० ९०.४१
ततो बालासुरो दुष्टो क्री० ८४.५२
ततो बालो ददर्शाशु क्री० ९३.३०
ततो बौद्धौ जगामाशु क्री० ४७.१७
ततो ब्रह्म तयोर्हस्ते क्री० १२५.४२
ततो ब्रह्मा ददौ सिद्धि उ० ६४.११
ततोऽब्रुवान्नागमुखो क्री० १५०.६
ततोऽब्रवी द्धेमकंठं उ० ४.२७
ततोऽब्रवीन्मयूरेशो क्री० ११०.२१
ततोऽब्रवीन्महादेवः क्री० ७९.७
ततोऽब्रवीन्महाविष्णु क्रीं० १२८.१४
ततो भग्नां दैत्यसेनां क्री० ६६.३७
ततोऽभवत् काम दातृ उ० ६०.३९
ततोऽभवत्प्रतापेन क्री० १३६.२८
ततोऽभवद्दशभुजो बुभुजे क्री० २३.४२
ततोऽभद्द्वन्द्व युद्धं क्री० ७६.१२
ततो भाद्रचतुर्थ्या तु ते क्री० १०५.१
ततो भाद्रचतुर्थ्या सा क्री० ८१.७
ततो भितो ययौ वेश्या उ० ७६.५५
ततो भिल्ली महेशानं उ० ८४.१४
ततो भुक्त्वा गृहीत्वा क्री० ८३.१८
ततो भृगुः क्षणं ध्यात्वा उ० ९.१
ततो भृगुरुवाचेत्थं यदा क्री० ८.३१
ततो भौमोऽभवत् ख्यात उ० ६०.४२
ततो मगधराजोऽपि सुता क्री० ७१.१०
ततो मंत्रैश्च गृह्योक्तैः उ० ३.२३
ततो महाखं कृत्वा क्री० ९१.८
ततो मातर मभ्येत्स उ० ५.१
ततो माता प्रबुद्धा सा क्री० ९.३३
ततोऽमात्या न्पुरस्कृत्य उ० ५५.१०
ततोऽमात्याः राघुगुरते क्री० ३९.२७
ततो मामब्रवीद्देवः उ० २१.२८
ततो मुक्ताः सुरास्ते क्री० १२५.४
ततो मुनिगणाः क्री० ९२.४७
ततो मुनिगणाः शम्भु क्री० ११६.५
ततो मुनिगणाः सर्वे क्री० ८२.२०
ततो मुनि र्मुद्गलोऽपि उ० ५७.३४
ततो मुनिः शिष्यगण उ० ७८.१
ततो मुनिसुता याताः क्री० ९४.१
ततो मे मुखतो ज्वालाः उ० १५.१६
ततो यष्टिं गृहित्वा क्री० ८४.५
ततो यष्टिं समादाय क्री० ९२.७
ततो ययौ गजानिकं क्री० ५७.३९
ततो ययौ मयूरेशं क्री० १२४.४७
ततो ययौ मुनिः उ० ३४.४३
ततोऽयात्सत्यलोकं क्री० ३.४४
ततो युयः स्वशिबिरं क्री० ११८.३७
ततो योद्धंसमायातौ क्री० ११८.३५
ततोऽरण्ये पदे दृष्टे क्री० ३४.३६
ततो रविं समाच्छाद्य क्री० २०.१४
ततो राजा पुपूजैनं क्री० ५९.३५
ततो राजा राजचिन्हं क्री० ४७.४१
ततो राजा वरेण्यः क्री० १४५.५
ततो रात्रौ सुषुपतुः उ० ५५.२९
ततो रात्र्यां व्यतीता क्री० ६६.२४
ततो रिपुबलाद्दृष्टौ क्री० ११४.२
ततो रुक्मांगदोऽपश्यदर्षिं उ० २८.१
ततो रुक्मांगदो राजा उ० ३५.४०
ततो लक्षनमस्कारान् क्री० ७३.४५
ततो लब्धवरो ब्रह्मा उ० ५१.७७
ततो वक्तुप्रधानोऽसौ क्री० ७८.५
ततोऽवदन्महादैत्यो क्री० १२३.२०
ततो वनं ययौ राजा उ. ४.५
ततोऽवरुह्यदेवेशो क्री० १२३.२९
ततो वव्रे वरान् शेषो उ० ९०.२७
ततो वसिष्ठहस्तेन तेनेयं क्री० २८.१३
ततो वादित्रनिर्घोषैर्बन्दि क्री० ७०.२८
ततो वायुं निनायासु क्री० १०७.३८
ततो विघ्नाभिभूतः सन्नर्थं उ० १०.४
ततो विनायकं बालं क्री० २०.५३
ततो विनायकं राजा क्री० ६८.२१
ततो विनायकश्चक्रे क्री० १२.५६
ततो विनायको ज्ञान्वा क्री० ५१.११
ततो विनायको देवो उ० ६०.४०
ततो विनायकोऽभ्येत्य उ० २७.१७
ततो विप्रान्समाहूय क्री० ८२.९
ततो वृत्रासुर ... क्री० ७६.१८

ततो वेगात्समुड्डीय क्रौ० ११८.२६
ततो व्याकुलितो लोको क्रौ० १३.३०
ततो व्योमासुरो दुष्टो क्रौ० ८६.२३
ततोऽशक्तं द्विजवरो क्रौ० १२८.६२
ततो शेषो ययौ तत्र क्रौ० ८२.१८
ततोऽश्वचारा युयुधुर्ग क्रौ० १२१.२७
ततोऽश्वसादिनो क्रौ० ११८.१२
ततोऽश्वा प्रागमन्सादि क्रौ० १२०.३४
ततोऽश्वाश्च खुराघातै क्रौ० ११३.६
ततोऽष्टसिद्धयः शीघ्र क्रौ० ६९.६
ततोऽष्टांगं च तांम्बूलं क्रौ० १३.४९
ततोऽसौ प्रणिधानेन क्रौ० १०४.३३
ततोऽसौ मुष्टिना क्रौ० ३.२७
ततोऽस्तमित आदित्ये क्रौ० ९९.५२
ततोऽस्य निकटेरम्य उ० १९.२४
ततोऽस्यांकात्सुतं गौरी क्रौ० ८६.१
ततोऽहं नितरां खिन्नो उ० २१.३०
ततोऽहं परमप्रीता मूर्ति क्रौ० ८०.२९
ततोऽहं मब्रुवं देवं उ० ४५.७
ततोऽहं मायया तस्य क्रौ० १०४.२६
ततोऽहं सुमह-त्स्वप्नं उ० १५.२
ततोऽहं स्मृतिमापन्नो क्रौ० १०४.३८
ततो हर्षयुतः शुक्रगृहं क्रौ० ५५.६
ततो हर्षयुता जग्मुर्गणाः क्रौ० ८८.४६
ततो हर्षयुतो ज्ञात्वा क्रौ० ११३.१६
ततो हर्षान्मयूरेशो क्रौ० १२१.३
ततो हुंकारमात्रेण उ० ३९.३१
ततोहृष्टमना विप्रतव उ० २१.४०
ततो हृष्टमना वेधाः उ० ५१.७५
तत्संसर्गाद्गुण्डमाला क्रौ० ९८.११
तत् आज्ञापयत्सर्वा क्रौ० ५६.३४
तत् ऊंचे स तु मुनिः उ० ६.१४
तत्कथामृतपानेन उ० २७.२
तत्कर्णनासिकाहस्तो क्रौ० ८७.२६
तत्कर्णिकागतस्तल्पो क्रौ० ५०.५३
तत्कालं साऽदितिबलिं क्रौ० ७.६
तत्कुरुश्व महाभाग क्रौ० ११७.२३
तत्क्षणादगिलद्रोगी क्रौ० ११.१६
तत्क्षणादजिरे कूपो क्रौ० १९.४०
तत्क्षम् स्वापराधं उ० ६७.३६
तत्क्षान्तं हि त्वया क्रौ० ५३.२१
तत्तकर्म च वीर्यं च क्रौ० १४०.१३
तत्तथैव च संजातं क्रौ० १०५.४६
तत्तदग्रे पश्यति स्म क्रौ० २९.५
तत्तद्दृतु भवनीशेना उ० ४९.१७
तत्तद्रूपं निरीक्ष्यैव क्रौ० १२५.९
तत्तद्वासः परीधानं तत्त क्रौ० ९९.५८
तत्तन्नाम्ना बभूवुस्ते क्रौ० ३६.१४
तत्तेजः संभवो बालो क्रौ० ४०.११
तत्तेजसा हतं तेजा उ० ३७.१४
तत्तेजोधर्षिता लोका क्रौ० ५१.१४
तत्तेन दिनमानेन द्रव्येण क्रौ० २२.५१
तत्तेऽहं श्रुणु वक्ष्यामि क्रौ० १४३.२
तत्तैषाञ्चैव कल्याणं क्रौ० ११७.१४
तत्त्वमेतन्निबोद्धुमे क्रौ० १४३.७
तत्त्वं मुमुक्षुणा ज्ञेयं क्रौ० १४०.२३
तत्त्वविद्योगयुक्तात्मा क्रौ० १४१.८
तत्पन्यो निर्ययुर्हित्वा क्रौ० १५.३२
तत्परीचारिकाः सुप्ता क्रौ० ८४.२०
तत्पादपंकजे स्वीयं क्रौ० ८०.२५
तत्पुण्यमस्य हस्तेत्वमर्प क्रौ० ३३.४६
तत्पुण्यं कोटिगुणितं क्रौ० १५५.८
तत्पुण्यं लभते मर्त्यो क्रौ० १५५.६०
तत्पुण्यस्य बलाद्रैन्द्रं क्रौ० ३०.८
तत्पुरः कथमायातः क्रौ० ७६.३७
तत्पुरो विरजां देवीं क्रौ० १२६.२०
तत्प्रसादात, त्वमायातौ उ० ७०.१२
तत्प्रसादादामबुद्धिर्नुनाव क्रौ० ५९.१७
तत्फलं कोटि गुणितं क्रौ० १५५.६२
तत्फलं लभते मर्त्यः क्रौ० १५५.६१
तत्फलं समवाप्नोति क्रौ० १५५.५४
तत्याज कुत्सितं रूपं उ० ६६.१७
तत्याज त्रोटयित्वा सा उ० ५३.४२
तत्याज दूरता शक्रं उ० ३९.५०
तत्याज दूरतो गेहात् क्रौ० ९०.४४
तत्याज दूरदेशे तं क्रौ० ९३.५६
तत्याज दैत्याहे स क्रौ० ६४.३०
तत्याज सहसा दैत्ये क्रौ० १०३.१५
तत्याजाथ प्रादुरासन् क्रौ० ६७.२४
तत्र का गणना कार्या उ० ९२.३३
तत्र का गणना तेऽस्ति क्रौ० ७५.३१
तत्र का गणनाऽन्येषां क्रौ० ११७.३६
तत्र कामो महामूर्ति उ० ८९.७
तत्र गत्वा किमकरोत् उ० ७.१
तत्र गत्वाजलं सर्वे पपुः उ० ५.२२
तत्र गत्वा महीपाल उ० ३४.४२
तत्र गन्तुं मनश्चक्रे क्रौ० ९७.२३
तत्र तेजः स्वरूपोऽस्ति क्रौ० ५०.३८
तत्र त्वा पालयिष्यामि उ० ३९.१९
तत्र देवालयंदेवं ददर्श उ० २३.१०
तत्र पद्मासनं कृत्वा क्रौ० ३१.८
तत्र भ्रमन्ददर्शाथ क्रौ० ७४.२७
तत्र यत्र ययौ वन्हिः उ० ८५.३०
तत्र ये विबुधा क्रौ० ३९.३१
तत्रयोऽन्भूमहासेना क्रौ० १३.१०
तत्र विघ्ना भवन्त्येवं क्रौ० ३६.१५
तत्र विश्रान्तिमकरोत् क्रौ० १२९.३६
तत्र शब्देन संत्रस्ते क्रौ० ८८.७
तत्र सा काननं दृष्ट्वा क्रौ० ८०.१
तत्र स्थितस्तु बालांऽसौ क्रौ० ७४.४

त्र स्थिताबुभावेतौ क्री० २.५
त्र स्थित्वा तपश्चक्रे उ० २४.५
त्र स्थित्वा दैत्यराजो उ० ३९.१८
त्र स्नात्वाजपंचक्रे उ० ३७.३
त्र स्नानं समाख्यांत उ० ३५.१३
त्रागतौ सनगरौ उ० ६७.२१
त्राद्भुतं व्याघ्र मृगा उ० ६.२२
त्राद्यापि हि दृश्यन्त उ० ८९.१९
त्रापविष्टैकनिष्ठो क्री० १४९.५३
त्रापश्यन्महादेवं उ० ८२.८
त्रापश्यं सर्वलोकं क्री० १०४.४८
त्रापि त्वमशक्तश्चेत्कुरू क्री० १४६.१२
त्रापि ब्राह्मणाः श्रेष्ठा उ० ३७.२८
त्रापि पर्यपश्यत्स क्री० १०५.५३
त्रापि सोऽगणगतो क्री० २४.३७
त्रायौ वृको नाम क्री० ९५.५९
त्रासतुः पिता पुत्रौ उ० ३.३
तत्रेयुर्वह्नि शक्राद्या उ० ६१.१२
तत्रैकं नायकं स्थाप्य क्री० ३.४५
तत्रैकं ब्राह्मणं स्थाप्य क्री० ३१.२४
तत्रैका राक्षसी क्रूरा उ० ५३.१४
तत्रैव गणनाथस्य दर्शनं उ० २३.४०
तत्रैव न्यवसन् सर्वे उ० ३९.५५
तत्रैव स्नातुमायाता उ० ३०.१६
तत्रोपायं वदे तं च क्री० ५.१५
तत्रो विघ्नकरो विघ्नं उ० ६१.५
तत्वानां प्रकृतिस्तत्वं उ० ४६.१०
तत्सर्वमर्पयेद् ब्रह्मण्यपि क्री० १४१.९
तत्सर्वं विस्तरान्महंय उ० ६४.२
तत्सर्वं वद मे स्वामिन्येन उ० ५९.२१
तत्सेवयाऽभिष्टसिद्धिः क्री० ११७.१६
तत्सैन्येन न तृप्तिश्चेद् क्री० ५८.२२
तत्स्वरूपं निरूपिष्ये क्री० ७९.२६
तथा कुरु क्षणेन त्वं उ० ७७.५३
तथा कुरु जगत्कर्तर्यदि क्री० ३१.२०
तथा तथाप्ययं बालो क्री० ६९.२
तथा तथाऽस्य तं भावं क्री० १४३.१४
तथा तं सोऽपि जग्राह क्री० ८४.५३
तथापि दैत्य स्तत्राप्य क्री० ४.१५
तथापि पुरतोऽपश्य क्री० ११५.४८
तथापि श्रोतुमिच्छा नो क्री० ८८.२
तथा ददाह नगरीं दुष्टो क्री० १५.२१
तथा पंचाक्षरस्यापि उ० ५०.५
तथापि न व्ययं याति उ० ६५.१०
तथापि नाभवत्कस्मात्तस्य उ० ५९.५
तथापि नाभवत्साम्यं उ० ६७.१५
तथाऽप्येतान् विहायाहं उ० ७७.४५
तथापि ब्रूहिमे उ० ३६.२
तथापि भवतां वाक्या उ० ३२.२९
तथापि भद्रधातौ न निवृत्तौ उ० १६.२८
तथापि याचे देवेश उ० ७३.९
तथा मयि वनं याते उ० ४.३४
तथां मेऽजानि पुत्रेऽयं उ० ७२.१५
तथा में वचनं जातम् तव क्री० ५.१४
तथा यच्छाधिकारान्नो क्री० ७५.१६
तथा वामहमद्यैव शक्तो उ० १८.२७
तथा विनायकोदेवः उ० ३७.१०
तथा हतो दैत्यराजो क्री० ६०.३०
तथेति च तदासर्वे उ० २५.३३
तथेति तमुवाचास्थितः क्री० ४२.३२
तथेति शिव ऊचे क्री० १०६.४२
तथेत्युक्ते तया देव्या क्री० ३६.१३
तथेथि तावुवाचेशस्तथा क्री० २९.२५
तथैकविंशतिस्वर्गा क्री० १३८.२७
तथैव कश्यपो देहभावं क्री० ९६.४२
तथैव चरणावस्य मायया क्री० ६१.७
तथैव चित्रगन्धर्वो जले क्री० ११.६
तथैव दृष्टवान्सर्वा क्री० १०४.५०
तथैव पार्वती प्राहवधूं क्री० १०९.८
तथैव पुरुषार्थैन देव क्री० १३४.३५
तथैव ब्राह्मणान् पूज्य क्र० २५.१९
तथैव राजपुण्येन वयं उ० ७५.३८
तथैव स नृपश्चक्रेः क्री० १५२.४०
तथैवैकैकरोमांचं संख्या क्री० ११.२२
तथैवोपपुराणानां तावतां क्री० १५०.१५
तदकर्मं च कर्मापि क्री० १४०.२२
तदघौघक्षयात्तस्य पुत्र उ० ५९.१७
तदंगात्पुरुषं घोरं क्री० १५२.३५
तदनुज्ञां समासाद्य क्री० २३.२५
तदन्तिकं दधारैनं हस्ता क्री० ९२.१५
तदन्ते तोषयामास मूकं क्री० १५५.४०
तदभावे तु रौप्यं उ० ६९.१३
तदमात्याश्च चत्वारः क्री० १५३.१
तदर्धं वा तदर्धं वा उ० ५१.३०
तदश्रेण महामेघाः क्षयं क्री० ४२.६
तदस्थिरं जन्ममृती क्री० १४८.६
तदहं कथमिष्ये त्वां उ० ५६.२६
तदाकर्ण्य प्रजज्वाल उ० ४२.१५
तदाक्रन्दितमाकर्ण्य क्री० १३३.७
तदा गर्भा निपतितास्त क्री० १०२.३१
तदा गृहानुपागच्छ क्री० १२४.५२
तदाघाताच्छिरोऽप्यस्य क्री० ६१.१४
तदाघातादुभौ नष्टजीवितौ क्री० ८४.८
तदाघातेन जलजा मृता क्री० ९१.३७
तदाघातैर्हताः केचित् क्री० ५७.३३
तदा चकम्पे गिरिजा क्री० १२८.२८
तदा चकम्पे धरणी क्री० १२२.२८
तदा चकम्पे पृथिवीं क्री० ९५.५७
तदा चिन्तां परां जग्मुः क्री० ३६.३४
तदाज्ञां प्राप्य तं नत्वा क्री० ५१.१३

तदाज्ञां शिरसा गृह्य क्री० ११.१४
तदा तस्य प्रभावेन उ० ५८.३२
तदा त्रिभुवनं नश्येत्का क्री० १११.२८
तदा दर्शय विश्वेशं क्री० १०५.२६
तदा दुर्गन्धिक्षत उ० २१.१७
तदा धर्ममयं विश्वं क्री० १४९.४१
तदा नानावरान्दत्वा क्री० ६.२९
तदा नेत्रोद्धवो वन्ही उ० ३७.६
तदापि तनयस्तेऽहं क्री० १३०.१३
तदा पुनस्त्रिलोकीं त्वं क्री० ३८.६१
तदा मुहुर्जगर्जासौ घन क्री० ८८.१५
तदा मे रक्षिता कः क्री० १२.३९
तदायज्ञा ययौ धात्री उ० ६०.१३
तदाऽयं निहितो हस्तो क्री० १३६.१०
तदा युवां निजं रूपं क्री० ३४.२७
तदा वां सेवनं कुर्या उ० ५.३
तदा वृषो लांगलात्तु उ० ६२.२९
तदासंख्यभुजैर्वारीचिक्षेप क्री० ९९.२२
तदा सपर्वतवना सस्वर्गा क्री० ६२.१८
तदा सर्वजलमयं उ० २८.३४
तदा सर्वे नागरिका नाना उ० ५४.२
तदा सहस्र वदनः उ० ९०.३९
तदा साम्नैव सर्वेषां क्री० ११०.७
तदाऽस्य नाशो भविता उ० ८३.३०
तदाऽहं तत्प्रतीकारं क्री० ९७.२२
तदाऽहं धरणीं यामि उ० ३९.४५
तदिच्छया सर्वमिदं क्री० ५९.६
तदिदानीं पूति गंध उ० २.१२
तदीयं बालचरितम् क्री० १.१०
तदीयैः करुणा वाक्यैर्मनो उ० ६.९
तदुत्कटेन तपसा प्रीतो क्री० ४५.८
तदुत्तरे स्थितो देवो क्री० १३६.१५
तदेतत्पुण्यनिचर्येर्दृष्टं क्री० ४८.३६
तदेव कारयामास मण्डपं क्री० १०७.५
तदेवांतर्हितं रूपं दृष्टं उ० २१.३६
तदेषामनुकम्पार्थं क्री० ३८.२८
तदैनं प्रार्थयामेति क्री० ५४.११
तदैव चलितस्तस्मादाश्रमा क्री० ३१.६
तदैव तेन बालेन सर्व क्री० ८७.४४
तदैव निर्गतः प्राणा क्री० १०.१३
तदैव प्रभयातस्याः क्री० ८१.१२
तदैव भिक्षितुं याता उ० ७४.२५
तदैव भेदयामास उ० ८४.७
तदैव मुद्गलो ध्यानं क्री० ५०.१९
तदैव विष्णु मगमंस्ते उ० ६३.२३
तदैव स ययौ स्कन्द उ० ८७.२८
तदैवाहं गतः पुत्र ब्रह्मणः उ० ६८.७
तद्गन्धं भुजगा घ्रात्वा क्री० ९७.३३
तद्ग्रामं संनियम्यादौ क्री० १३९.६
तद्वचः परिकर्ण्यासौ क्री० ७१.३३
तद्दत्तं पुरतस्तस्य उ० ६५.३४
तद्दर्शनाज्जन्मभृतेर्मुक्तं क्री० १५१.२५
तद् दूतैः स्थापितस्तत्र उ० ७५.२२
तद् दृष्टिपात मात्रेण उ० ७२.४३
तद् दृष्ट्वा कदनं तेषां क्री० ९८.३४
तद्देहौ पतितौ घोरौ क्री० ८४.१०
तद्धदिस्थं तदा गर्व उ० ८९.३६
तद्धि सर्वं वृथा जातं क्री० ५८.८
तद् ध्यानात्तत्स्वरुप उ० ५६.२७
तद् बक्तुंकः समर्थः उ० ६३.२
तद् ब्रवीमी समापृच्छ क्री० ५.१०
तद् भयान्नाभवत् उ० ८३.१२
तद्भर्तरि गते स्नातु उ० ३५.१०
तद्द्वारेण पिपीडाथ क्री० ९०.१५
तद् भृत्येभ्यो गुणिभ्यश्च उ० ४.४
तद्येक्तं मम सत्यं उ० २२.३९
तद्वदस्व दयसिंधो उ० ५९.१९
तद्वन्नीतिं विमथ्याद्य क्री० १११.१६
तद्वाक्य परितुष्टोऽसौ क्री० ५०.२४
तद्वाक्यमन्यथा कर्तु क्री० ३७.११
तद्वाक्य मिथ्यमाकर्ण्य उ० ७४.१७
तद्वाक्यात्प्रतिबुद्धा क्री० ८८.२६
तद्वाधानन्तरं बालमादाय क्री० ८९.१४
तद्विमानं क्षणाद् दूतैः उ० ७६.७२
तद्वियोगेन शोचामि उ० ६८.२०
तनतः किं त्वया देवि क्री० ९२.३०
तनयो विष्णुभक्तेषु क्री० २९.२७
तनापूर्वं फलं चैकं उ० ६१.२
तनुत्राणभृतः सर्वे क्री० १२०.३७
तनुत्राणी च कंकाली क्री० ५७.६
तन्न शंस महाभाग क्री० १५५.२५
तन्नामकरणार्थाय उ० ८६.७
तन्नाम जपते नित्यं क्री० ८१.४
तन्नामस्मरणै र्ध्यांनै उ० ५४.३४
तन्निवार्यं दधारैनं क्री० ११४.३७
तन्नोचित त्वाय परे उ० ८३.२७
तन्मध्यं प्राविशत्सो उ० ६५.४५
तन्मध्ये कलशम् उ० ८७.४
तन्मध्ये राक्षसाः पंच क्री० १०.९
तन्मध्ये शुशुभे सिन्धु क्री० १२०.३९
तन्मध्ये शोभते स्मासौ क्री० ९५.२३
तन्मुखे स्थापयित्वास्यं क्री० १२४.३७
तन्मेदसा च रक्तेन क्री० ९३.३४
तन्मे दृग्गोचरं नित्यं क्री० ७०.२४
तपणं तद्दशांशेन उ० ८२.२०
तपः प्रभावाद्वाऽकारि उ० ७८.२३
तपसः फलमेतेन भोक्त क्री० ३०.३३
तपसा तस्य संजाता क्री० ४४.१९
तपश्चिता परो नित्यं उ० १५.२०
तपः सु वेदघोषेपु क्री० २०.१६

तपस्यता कृतं चारु क्री० ३८.३३
तपस्वीतिभवान्मान्यो उ० ३६.२९
तपामि सुदृढं चाहं उ० २१.४३
तपोदानं जपस्तीर्थ उ० ७०.१९
तपोनिधेः कौशिकस्य उ० ५२.२५
तपोऽपि त्रिविधं क्री० १४८.१
तपोभिरुग्रै र्नियमैः उ० ६४.२३
तपोवृद्धा ज्ञानवृद्धाः क्री० १२४.२५
तप्त कांचन वर्णाभो उ० ३५.१६
तप्तः श्रान्तो व्याकुलो क्री० १४२.७
तमदृष्ट्वा पुनः शोकं क्री० ९९.३९
तमपृच्छन्नागरिक पितुस्ते उ० २०.१८
तमस्तोम हारं जनाज्ञान उ० १३.९
तमहं द्रष्टुमायातो युवयो क्री० ९५.२१
तमहं द्रष्टुमिच्छामि क्री० १६.१६
तमारुह्य व्रज रणं जयं क्री० ६६.१५
तमालवृक्ष सरल क्री० ८.१६
तमिदानीमहं वक्ष्ये क्री० १३८.२०
तमिमं परमात्मानं परा क्री० ७९.३३
तमुदन्तं तु ते गत्वा क्री० ८२.३६
तमुदन्तं परिज्ञाय बुद्धि क्री० ६४.३६
तमुदंतं शस्त्रहताः क्री० ११३.५१
तमुपायं दयां कृत्वा उ०.५९.७
तमुपायं वद विभो यदि क्री० ७९.३५
तमुवाच तदा सा तु क्री० ६५.१३
तमुवाच नृपो वान्यं उ० २०.१८
तमुवाच महादैत्यो क्री० ३१.३४
तमुवाचर्भकको भीतस्त क्री० ९२.२३
तमुवाचाश्रया शक्र उ० ६७.२
तमुवायं वदविभो उ० २६.३१
तमूचुस्त्वं मूढतरो उ० ६१.२८
तमेव ध्यायमानास्ते क्री० १००.४१
तमेव योद्धुमायाता द्वन्द्व क्री० ७६.२९
तमेव वृणुतं देव्यौ क्री० १२५.४३
तमेव सचिवं चक्रे क्री० २७.३२
तमेव सर्वकामेषु पुजयेन्न उ० ५०.२०
तमेवालिंगितुं चैच्छत्तत क्री० १२७.३१
तमेवाशकुनं मत्वा तत्पुरं उ० ४३.४७
तमोयोगिनं रुद्ररुपं उ० १३.८
तं गत्वा गौतम मुनिं उ० ३३.२
तं च बालं करे धृत्वा क्री० १७.५१
तं च सा हस्तघातेन क्री० ९२.४
तं तथा पतितं दृष्ट्वा क्री० ९३.२१
तं तथा यान्तमालोक्य क्री० ६०.१७
तं तं ददाति तस्मै स क्री० ७२.३२
तं तोषय महादेव उ० ४४.२३
तं दातुमुद्यतं भूमि क्री० ३१.३२
तं दिदृक्षुर्विशकर्मा यया क्री० ९५.२
तं दृष्ट्वा जननी वस्य उ० १९.४२
तं दृष्ट्वा जहृषे देवो उ० ४४.५
तं दृष्ट्वा तु मयूरेशो क्री० १०२.२
तं दृष्ट्वा परमायान्तं क्री० ३१.२८
तं दृष्ट्वा पुरतो राजा क्री० ७३.२७
तं दृष्ट्वा पुरुषं घोरं क्री० ५८.२६
तं दृष्ट्वा भयमीतोऽभूत् उ० ३४.६
तं दृष्ट्वा बालकं क्री० १३७.१
तं दृष्ट्वा विद्रुताः सर्वे क्री० ९३.१५
तं दृष्ट्वा स्वांगणगत क्री० १३५.२४
तं धर्तुं बालको याति क्री० ८९.२५
तं धर्तुं तत्र यातोऽसा क्री० ९८.२०
तं पतन्तं गुणेशं ते क्री० ९३.२८
तं पुनर्दशयेतां तौ क्री० ५२.३७
तं प्रदर्शय नो चेत्त्वां क्री० १७.२०
तं प्रयत्नं वद मुनें उ० ९०.८
तं प्रसन्नं करिष्यामि क्री० ३६.१९
तं बालो बालभावेन क्री० ८९.६
तं भुक्तवन्तं त्यक्त्वैव क्री० ५४.३६
तं भोक्तुकामेन मया क्री० १६.३०
तं मोचितुं पुष्पदन्तो क्री० ११८.३३
तं वन्दे विघ्नराजं विधि क्री० ३१.१५
तं हतं तु विलोक्याशु क्री० ११४.४९
तयाज्ञप्तमिति क्रोधाच् उ० ७६.२९
तयाऽपि दृष्टोनृपति उ० ३५.३
तया स ताडितो क्री० ९४.३४
तयाऽस्थापि स्वशिरसि क्री० ३९.२३
तया हता देवसेना क्री० ११८.२७
तयो पादौः प्रणम्याह क्री० ७४.५०
तयोबर्लं निरीक्ष्यैव क्री० ११९.३३
तयोः शाकाग्निना क्री० १२०.२१
तयोः शब्देन गगनं क्री० १०७.१४
तयो रुचा वचां शब्दो उ० १६.२७
तयोर्मया वरो दत्त क्री० १३०.४०
तयोर्वाक्य मिति श्रुत्वा उ० १७.२४
तयोर्वाक्यं निशम्येत्थं क्री० १५२.४८
तयोर्विना मम प्राणाः क्री० १५२.१८
तयोर्वृत्तेन तुतुषुः क्री० २७.११
तयोर्हार्दं स गृहीव क्री० १५२.१६
तयोः शब्देन धरणी उ० १६.१६
तयोस्तं दर्शयामासनृपो क्री० २३.१४
तयोस्तु तयोस्तु गतयो क्री० ५५.१
तयोस्तु पश्यतोरेव क्री० १२८.५९
तयौपि दहनो वायु क्री० १५.३१
तर्कयन्ति यावदेव क्री० २०.१९
तर्कयामास कमला उ० २०.१३
तर्कयामास देवोऽयं क्री० १३.३५
तर्कयामास मनसा उ० ३८.८
तर्कया मास मनसि उ० ३०.२३
तर्कयामास मनसि उ० ३१.१७
तर्कयामास मनसि क्री० १२.२९
तर्कयामास मनसि क्री० ६९.३४

तर्कयामास मनसि क्री० ९.३४
तर्कयामासुरपरे पतन्तं क्री० ५१.१५
तर्कयामासुरपरे रम्भा क्री० २२.२१
तर्पयेत्तद्दशांशेन तद्दशांशेन उ० ५०.२८
तर्हि तंमे मुनि मातर्दर्श उ० ६०.११
तर्हीयं नीयतां शूरसेनं उ० ७४.३४
तल्पासुर इतिख्यातो क्री० ८८.९
तव कुक्षौ मयाऽदर्शि क्री० ११.२८
तव निष्ठां च भक्तिं क्री० ८०.९
तव निष्ठा मयाऽज्ञायि क्री० १७.३५
तव नृत्यं ततो वीक्ष्य क्री० ९०.२३
तव पत्न्याऽत्याजि गर्भो क्री० ७४.६
तव पुत्रा वयं मातस्त्वै क्री० ९७.११
तव पुवैंरतेदर्थ कृतं वैरं क्री० ३०.१
तव प्रभावं वक्तुंनो उ० ३२.१२
तवप्रसादात् सर्वेषा उ० ७७.२६
तव प्रसादादमरेन्द्रतुल्यं उ० २.१९
तव प्रसादादविमुक्तमेत क्री० ४८.१२
तव प्रसादाद्देवस्य क्री० १५३.१४
तव प्रसादाद्धरिरब्ज क्री० ४८.७
तव प्रसादाद्ब्रह्माण्डं क्री० १२२.२३
तव बालस्य सान्निध्या क्री० ८४.४१
तवभक्तिं यथा उ० २८.२४
तव भक्तेषु सर्वेषु उ० ३७.३०
तव भक्त्यैक मिलयं उ० ३७.३१
तव भारेण नृत्येन मम क्री० ८८.३८
तवमेव दिक् चक्र उ० २२.४६
तव वाक्यानुरोधेन उ० ४४.१३
तव वाक्यामृतेनाहं क्री० १२७.२५
तव वाक्यामृतेनाहं पितः उ० ५१.१
तव विघ्नकारौ देव क्री० ५५.४२
तव विस्मरणं देवन उ० ३४.२७
तव शस्त्रहताः पूर्वं क्री० १०९.३५
तव संहरणे दुष्टाव क्री० ५८.४६
तवस्नेहवशाद्देवी रहस्यं उ० ४९.३
तवाज्ञया गताऽरण्य क्री० ५.४५
तवाज्ञा चेन्मयूरेशं बद् क्री० १०७.३१
तवादि भावं ज्ञात्वाऽहं क्री० ५३.२४
तवानुकम्पा महती क्री० ३५.७
तवापिं पौरुषं ज्ञातं क्री० ६५.२४
तवापि भविता नाशो उ० ७९.४१
तवावतारान्न हि कोऽपि क्री० ९.४६
तवेच्छाविषयं कोनु क्री० १३१.१७
तवेच्छाविषयं कोनू क्री० १३२.१७
तवैव निकटे पुत्रो क्री० ९२.३२
तवैव मायया देवा क्री० १२४.४९
तवैव रूपं पृथिवी तव क्री० ७९.१३
तवोत्कटमनुष्ठानं दृष्ट्वा क्री० १७.४०
तसो मुनिर्ध्यानि बलात् क्री० १५२.२९
तस्थतुस्तौ ततः पश्चाद् क्री० ५४.४७
तस्थौ तत्र स्वयं सम्यक् उ० ७२.४७
तस्मात सर्वं व्रतेष्वेतत् उ० ७०.२४
तस्मात्कर्माणि कुर्वीत क्री० १३८.३८
तस्मात्कालं प्रतीक्षध्वं क्री० ७७.२२
तस्मात्तस्यां भवत्पुत्रो उ० २६.२७
तस्मात्त्वयाऽद्य दुष्टरस्य उ० ८०.२३
तस्मात्वयाऽपि पूज्योऽहं क्री० ४९.२०
तस्मात्सर्वात्मना पुंसां उ० ३२.१७
तस्मादपि महानेकः क्री० १२१.५४
तस्मादानीयतां धर्मपुत्रो उ० २५.२५
तस्मादेवत्समुतसृज्य क्री० १४७.१८
तस्मादेहि मम गृहमिति क्री० १६.२८
तस्माद् गणेश भक्तेन उ० ६७.५३
तस्माद् गिरिश तस्येदं उ० ४४.१८
तस्माद्दूर्वा शमीपत्रै क्री० २६.२५
तस्माद्देया काम धेनुममं उ० ७८.३१
तस्माद् बलवतो नक्रात्ते क्री० ८.२४
तस्माद्द्वयेन कामेन क्री० ५५.२९
तस्माद्योगात्समास्थास्ये क्री० ४२.२७
तस्माद्विनिःसृतो भीमो क्री० १३.४२
तस्मान्नारद यास्यामो उ० ३२.१०
तस्मान्नियम्य तान्यादौ क्री० १३९.४१
तस्मान्नो जननं भवे क्री० ९.४५
तस्मान्मय पिता भद्रे उ० २३.२७
तस्मान्मुंच महाभाग क्री० १३५.२०
तस्मिन्कथंचिन्नष्टे क्री० १८.१८
तस्मिन्कृत्वा पुष्पवृष्टि क्री० ४२.३३
तस्मिन्क्षेत्रे पुरा केन उ० २९.२०
तस्मिन्गते तदा राजा उ० ७७.१४
तस्मिन्गते यदकरोत् उ० ४२.३
तस्मिन् दृष्टे मम प्राणा उ० ८०.३
तस्मिन् दुर्वांकुरे भक्तया उ० ६६.१५
तस्मिन्नंतर्हिते तत्र उ० ३७.४५
तस्मिन्नन्तर्हिते केशा क्री० १२६.५७
तस्मिन् नृपे सकतमना उ० ३६.३८
तस्मिन्नेव क्षणे देवो उ० ६४.७
तस्मिन्नेव क्षणेऽमात्यौ उ० ६.१३
तस्मिन्पुरे संप्रवृत्तो उ० ६२.२४
तस्मिन्प्रबुद्धे राजा स क्री० ५३.१२
तस्मि न्प्रयाते लोकानां उ० ४.६
तस्मिन्प्रयाते सच वैश्य उ० २२.३४
तस्मिन् प्रविष्टे उ० ७३.११
तस्मिन्प्रविष्टे प्रासादा क्री० १३.१५
तस्मिन्प्रसन्ने विघ्नेशे क्री० ३१.४
तस्मिन्यास्यति लोभेन क्री० १२८.३७
तस्मिनवटे समासीनः उ० २९.१
तस्मिन्वदति सेनेत्थं क्री० ५६.३२
तस्मिन्विमुच्यमाने क्री० ४२.८
तस्मिन् व्यग्रे सोऽपि क्री० १३.७
तस्मिस्त्वं कृतवान गर्व उ० १०.२४

तस्मिन्हते मानसं क्री० १३६.२६
तस्मै ते कथितं वाक्यं क्री० १७.३
तस्मै ददौ मयूरं क्री० १२६.५५
तस्मै पट्टाभिषेकं उ० २७.२६
तस्य को गणनाथस्य उ० ६३.३
तस्य क्रोधानलस्त्वा क्री० १३५.२२
तस्य चोल्लङ्घने क्री० १२०.४८
तस्य तुष्टिं करिष्यामः क्री० ७८.७
तस्य ते दर्शनाकांक्षी क्री० ८५.७
तस्य दर्शनतः सर्वे नश्ये क्री० ७८.३६
तस्य दर्शनतो लोका उ० ९२.४४
तस्य दैत्यवधादीनि क्री० ७२.२०
तस्य ध्वनिं समाकर्ण्य क्री० ६८.३३
तस्य नेत्रोद्भवे वह्नि उ० ५७.४०
तस्य पत्नी तु सावित्री उ० ७६.२
तस्य पत्नी तु सुलभा उ० २५.७
तस्य पत्नी भृशं नष्टा उ० २९.५
तस्य पत्नी महाभागा क्री० १३५.६
तस्य पत्नी सुशीला सा क्री ४४.२०
तस्य पत्न्या प्रमदया क्री० २७.२२
तस्य प्रत्याम्नायकृते क्री० ६२.४१
तस्य प्रसन्नो भगवान् क्री० ३७.२१
तस्य भार्या तु सुभगा उ० ७.९
तस्य मे केन पाशेन क्री० १३४.२७
तस्य मे गणना नास्ति क्री० १२८.५१
तस्यमे मरणं कस्माज् क्री० ८२.४८
तस्य नाशं ततो ज्ञात्वा उ० ६३.२५
तस्य यच्चरितं गुप्तं उ० १.१८
तस्य लोकंवृथा हि त्वं क्री० ११५.३४
तस्य वश्यत्वमभ्येति क्री० १५५.१५
तस्य शब्दं समाकर्ण्य उ० ७३.१४
तस्य शब्देन महता उ० ३६.१२
तस्य शब्देन संत्रस्ते क्री० ८८.१०
तस्य श्वासेन सर्वे ते क्री० १०६.२२
तस्य सद्यः फलं दद्यात् क्री० १२६.३१
तस्य सिन्धोः शरीरो क्री० ७४.३२
तस्य सेवां कर्तुमीहे क्री० ५.१२
तस्य सैन्यान्यन हयन्त उ० ४७.९
तस्य हस्तगतः स्वर्गं क्री० १३५.३५
तस्याः क्ष्वेडितशब्देन क्री० ६५.३
तस्याङ्घ्रि स्पर्शनादेव उ० ३१.१५
तस्यागं शतधा जातं क्री० ११४.३८
तस्यादरो मयि कथं उ० ३५.३०
तस्यानुज्ञापदं वायुर्युगान्त क्री० ११.१०
तस्यानुमत माज्ञाय उ० ५.२४
तस्यापि सकलान्कामान् क्री० ४८.१७
तस्याब्द कृतपुण्येन उ० ५८.५
तस्याभिशापो नूनं उ० ६१.४७
तस्यामन्तर्हितायां तु क्री० ६१.३७
तस्यामात्यान्भगे कृत्वा उ० ५३.१५
तस्यां तु मुर्छिताया तु उ० ५४.१
तस्यां निशायां व्युष्टायां क्री० १३३.३
तस्यां महोत्सवः कार्यो उ० ५०.२४
तस्यां महोत्सवः कार्यश्च क्री० ८२.२९
तस्यां मूर्तौ ध्यातमात्रो क्री० ७२.४१
तस्यां ये तु न कुर्वन्ति उ० ४८.६
तस्यां स्नानं च दानं च उ० ४८.५
तस्या रात्र्या व्यतीतायां उ० ७.६
तस्या शब्दं समाकर्ण्य क्री० ३३.३२
तस्या शापं समाकर्ण्य उ० ३१.१६
तस्याश्रमे महाघोर क्री० १३४.११
तस्यास्तोषेण तुष्टो क्री० २२.३९
तस्यास्त्वं पुत्रतां यातो उ० ७.१०
तस्यास्य दर्शने उ० २३.३२
तस्येदं हि फलं प्राप्त क्री० १२२.३२
तस्येश्वरो मंगलमतितां उ० ४५.१२
तस्यैव कृपया प्राप्यो क्री० ५०.५१
तस्यैवं निश्चयं बुद्ध्वा उ० २२.४१
तस्योङ्घ्रिकमलं नत्वा क्री० २३.१२
तस्योपरि लिखेद्यन्त्र उ० ६९.१४
तांश्च तान्मीलिताः क्री० १००.४८
तांस्तान् ददौ वरान् उ० ९२.८
तांस्तान्दास्यामि सं क्री० ५.३७
ता ऊचुः क्व स्थित क्री० ९९.६१
ता ऊचुश्च मिथः सर्वा क्री० ९९.३३
तात कस्मिन्भवेन्मासि उ० ५१.१८
ताद्वग्रुपोऽभवद् बालः क्री० १७.२९
ताध्याम ततो युद्धं उ० १८.१६
तानादाय गणास्ते उ० ६२.४३
तानापतत एवाशु उ० ४३.२६
तानुवाच ततः सर्वान् क्री० १५.२
तानुवाच ततः सर्वान् क्री० ७१.२४
तानुवाच शिवा वाक्यं क्री० ९३.३
तानूचे काशिराजस्तु क्री० ५४.३
तान्दृष्टवाऽध्ययने बुद्धि क्री० ९८.४
तान्मोचय जगन्नाथ क्री० ९८.४५
तान्यस्त्राण्यगिलत्सर्वा क्री० ५८.३९
तापसांत्रास यामास उ० ४०.१२
ताभ्यामालिंगतस्तौ स क्री० ५६.८
ताभ्यां जानुगताभ्यां तु क्री० १२५.४५
तामाज्ञां प्रतिगृह्ये उ० २६.२
तामानय त्वं मे देहि उ० ४१.२१
तामिंद्रो बुबुधे उ० ३६.६
तामिस्त्रे चान्धताम्रिसें क्री० २८.२६
[illegible]म्बूलानि च वस्त्राणि उ० २६.८
तांबूलै स्तेषु यातेषु उ० २७.१२
तामद्दृष्ट्वा तु शोचत्सु क्री० ८८.१६
तामसीं ये श्रिता राज क्री० १४७.१२
तामूचे मम बालोऽयं उ० ८६.२
तां ददौ गुह्य विधिना क्री० ३४.१४

ताम्बुलानि च केषांचित् क्री० ७०.३०
ताम्र प्रणम्य महाभक्त्या क्री० २१.३०
ताडयामास यष्टया तं क्री० ९४.२१
तारकं ब्रह्म तस्यान्ते क्री० ४८.१५
तारकेण जिता देवा क्री० १११.२१
तारकोनाम दैत्योऽभून् उ० ८३.६
ताला स्तमालाः सरलाः उ० ५.१७
तालुदेशे पावकं च क्री० ७७.४
तावच्च दैत्यं चारैस्तु उ० ४७.८
तावच्छिरखण्डितनिष्ठो क्री० ९९.२६
तावच्छिवोपदिष्टं तद क्री० ८१.२१
तावज्जपस्व नामेदं उ० ५७.२८
तावत्कुण्डात्समुद्भूतो १३२.२८
तावत्तस्या गतामात्याः उ० ६८.१६
तावत्तौ वृक्षतां यातौ क्री० ३४.२८
तावत्त्वमपिं कुत्रासि न उ० ४८.१४
तावत्स बिभिदे नाभि क्री० १२३.३४
तावत् संपादयास्मिस्तद् उ० ९.१८
तावत्साहाय्यमकरोद्वशित्वं क्री० ६४.२
तावत्सूक्ष्मेण वपुषा क्री० ७५.३४
तावदाकाशवाणीं क्री० ६९.३६
तावदाखू समायातौ क्री० ८४.२
तावदेवगतो बालो क्री० १९.३२
तावदेव भवद्वाक्यं उ० ३१.१०
तावद्गणैर्निषिद्धा सामा क्री० ८९.९
तावद्ददर्श पुरतः स्थितं क्री० १७.६
तावददर्श भ्रशुंडेरा क्री० १७.९
तावद्ददर्श स्वं देहं उ० ३१.२२
तावद्देहान्तरे तस्या क्री० ७.१९
तावद्धर्हिसमारूढं क्री० १०५.६०
तावद्द्वारां निरुध्यैव क्री० ३१.३७
तावद्विघ्नानि जायन्ते क्री० १८.१६
तावद्विनायकोऽपश्यज्ज क्री० १९.१५
तावद्विवाहो न भवेदिति क्री० १५.१२
तावद्दैत्यो महामूर्च्छा क्री० ८२.४५
तावन्त्सुप पुराणानि उ० ९.३९
तावन्नुनोद तम् दुष्टो क्री० १९.१६
तावत्संमुखतां यातौ क्री० १०७.११
तावत्स्कन्दादयो वीराः क्री० १२६.५
तावाहतुर्मुनिं नत्वा क्री० १.४७
तावुभौ परिचिन्त्यैव क्री० ३४.४१
तावुवाच ततस्तुष्टो क्री० २९.२२
तावुवाच ततो भीमो उ० १९.१५
तावूचतुः मा कुरूष्व क्री० १५२.२०
तावूचे परमं युद्धं प्राप्नुतं क्री० ११९.१२
तासामासनसत्कारा क्री० ८४.३७
तासामिति वचः श्रुत्वा उ० ५३.२४
तासां कोलाहलं श्रुत्वा उ० ७२.९
तिथीनामुत्तमे देवि उ० ६९.५८
तिथीनामुत्तमे देवि उ० ७१.६
तिमिंगिलो यथा मीना उ० ६३.५०
तिलानामाढकं दद्याद् उ० ७१.१६
तिलामलक कल्केन उ० ५९.२५
तिलामलककल्केन उ० ८७.२
तिलांच भक्षयेन्माद्यो उ० ५९.४०
तिलैर्गुडैस्तालपत्रै क्री० ८४.४३
तिलोत्तमाया नृत्यन्त्याः उ० ६३.१८
तिलोत्तमोत्तमा तां स उ० २८.७
तिष्ठसु बहुवीरेषु कथं क्री० १२१.६
तीक्ष्णदन्तो दीर्घशुण्डौ क्री० ९६.१३
तीरे तु सरसस्तत्र क्री० १३३.१३
तीर्थयात्रा कृता उ० ३५.२२
तीर्थयात्राप्रसंगेन त्वां क्री० ७३.३७
तीर्थयात्राप्रसंगेन मुद्र क्री० ५०.२
तीर्थान्न दानतो लभ्यं क्री० ५२.२२
तीव्राशिरोद्धतपदोज्वलिनी उ० ४६.३०
तुंगत्वे मेरुसदृशो उ० ५२.१०
तुच्छां पश्य इमां देवीं उ० ३०.९
तुण्डनाख्ये पुरे चापि क्री० ४२.३५
तुम्बुरुप्रमुखैरन्यै क्री० ३०.२८
तुरंगाणां गजानां च पदा क्री० ७३.९
तुल्यं प्रकृत्या कुरुते क्री० १३९.३३
तुलसीदामरुचिरो दिव्य क्री० १०५.९
तुष्टये गणनाथस्य उ० ५०.३०
तुष्टाव परमात्मानं क्री० ९८.३९
तुष्टाव परमात्मानं ज्ञात्वा क्री० ८५.२४
तुष्टाव परया भक्तया क्री० ५९.३१
तुष्टाव परया भक्तया क्री० १३४.३०
तुष्टाऽहं तव वाक्येन क्री० ७९.३४
तुष्टुवुः परया भक्तया क्री० ७०.१४
तुष्टुवुर्बालरूपं तं परमा क्री० ९०.२०
तुष्टुवुर्मुमुचुः पुष्प क्री० ६१.३५
तुष्टुवुस्तं च देवंच उ० ७३.१३
तुष्टुवुस्ताः करपुटं कृत्वा क्री० ३६.४१
तुष्टोऽसौ सविता कान्त क्री० ७३.६०
तुष्टोहं परया भक्तया क्री० ३५.९
तूतः प्रसन्ने विघ्नेशे उ० ४५.१
तूष्णीं भूतेषु लोकेषु उ० ६५.४४
तृणमत्ति कथं सिंहो क्री० १७.२३
तृणादिना च्छादयित्वा उ० ३.१५
तृतीयमानकारावं क्री० ५७.७
तृतीयं तु तदा नेत्रं उ० ८८.३
तृतीये पश्चिमद्वारि क्री० १२६.२७
तृप्तास्मिरक्तमांसैस्ते क्री० ६८.१५
तृप्ति नात न गच्छामि उ० ५१.१०
तृप्तिस्व परमा तेन उ० ६६.१६
तृप्तोहं तव वाक्येन सर्वं उ० २९.२६
ते ऊचुः सोमकान्तं क्री० १५३.२१
ते गत्वा तेत देहेन उ० ६०.४१
ते गत्वा शक्र माचख्य उ० ३९.२०

तेजः शेषेण तस्याथ क्री० ९५.५३
तेजसा तस्य तप्ता मे क्री० ९५.४३
तेजस्या धर्षितो देव उ० ९०.२५
तेजसा परशोस्तस्य सर्व क्री० ६०.२९
तेजसा लोपयन्भानुं क्री० ७३.७
तेजसा लोपयन्सूर्य क्री० ६३.८
तेजस्वी व वदान्यश्च क्री० ३२.१२
तेजीण्ह्रासं चकाराशु क्री० ९५.५१
तेजोराशिः पुरस्तस्याः क्री० ५.२९
तेजोराशिमहं द्रष्टवा उ० १५.२०
तेजो राशिं च मुष्णंतं उ० ३८.७
तेजोरूपो महाकाय उ० ९१.४२
तेजोवती ज्वालिनी च क्री० ५०.६०
ते तत्र दर्शितास्तेन क्री० १६.३१
ते तद्वाक्यं तथाचरण्यु उ० ६५.२४
ते तं तदा नमस्कृत्य क्री० १३.९
ते तु तद्वचनं श्रुत्वा उ० २६.६
ते तु शीघ्रतरं याता यत्र क्री० १०६.२४
ते तु शैलान्समादाय क्री० ११४.५२
ते तु स्वर्गं गता भेज् क्री० ४२.१८
ते दूता प्रापयामासः उ० ६५.२५
ते दूतास्त्वसया याताः उ० ७४.३
तेन कालान्तको भूमौ क्री० ६४.३
तेन जीवस्तथा ज्ञानं उ० २३.२८
तेन तस्मै वरो दत्तोऽखिल उ० ४४.१७
तेन तुष्टो भवाशु उ० ६९.५२
तेन त्वं बालरूपः सन्कथं क्री० ६०.८
तेन दग्धांन्जनाज्ञात्वां क्री० ४२.१०
तेन दत्ता वरा महयं उ० १८.४१
तेन नादेन महता उ० ३९.२४
तेन नादेन सहसा क्री० १२१.६४
तेन निद्रा स्तुता भर्ग उ० १७.३४
तेन नौ नास्ति सन्तान उ० १९.१६
तेन पुण्येन सोऽप्येता क्री० २८.२४
तेन पूर्व तपोऽकारि दुष्करं उ. ४७.३४
तेन बद्धं वने पुत्रं निशम्य उ० २३.९
तेन बद्धोदरो यस्माद् उ० ६४.१६
तेन बर्बरदेशीयं यं तं क्री० ६३.४०
तेन मन्त्रेण ते सर्वे उ० ४०.३०
तेन मे रङ्कभूतस्य कृपेयं क्री० ५१.३२
तेन मे स्मरणं कस्मा क्री० १५१.३०
तेन युद्धयस्व ते कीर्ति क्री० १२८.२१
तेन वो दर्शनं जात उ० ३५.३१
तेन व्रतप्रभावेण प्राप्ता क्री० ८१.६
तेन शब्देन महता चकम्पे क्री० ९१.४३
तेन सार्द्धं कृतं युद्ध यथा क्री० ७६.३
तेन सिद्धि रनुप्राप्ता उ० १५.२३
तेन सिन्धुर्मृतस्तत्र क्री० १२४.८
तेन स्पृष्ट आम्रवृक्षो क्री० १५२.३७
तेनापीदं श्रुतं पुण्यं क्री० १५५.४६
तेनापि भक्षिता तस्य क्री० ५९.२३
तेनाभियुध्यतां सर्वे क्री० ४२.११
तेनास्मै दुर्धरा दत्ता उ० ४०.२६
तेनाहं चेत् स्मृतो उ० ७५.२९
तेनेषुणा यदा विद्ध उ० ८३.४३
तेनैव जातः परिपूर्णकामः उ० ८७.४०
तेनैव पुण्यशेषेण उ० ५९.१६
तेनैव साकमगमश्च क्री० ३९.१४
तेनोक्तं न तयोरस्ति क्री० २८.२०
तेनोपदिष्टं संकष्ट उ० ७०.११
तेऽपि तं प्रणिपत्याहुर्दी क्री० १००.३४
तेऽपि नो ददृशुस्तस्य क्री० ४५.३६
तेऽपि संप्रार्थयामासुर्नत्वा क्री० ३७.१५
ते प्रक्षालन पात्राणि उ० ७८.१३
तेभ्यो दद्याद्धिरण्यं च क्री० १२६.३७
तेभ्यो निवेद्य सर्व तौ उ० ५८.१८
तेभ्यो भूषण वासांसि उ० ५०.२९
तेभ्यो यथार्ह सर्वेभ्यो उ० ७८.१७
तेभ्यो वद्याद्य थाशक्ति उ० ८७.१७
तेभ्यो ह्यकथयं उ० ३२.२
ते वीरा वीरशब्देन उ० ४२.२६
ते शिष्यास्तं नृपं गत्वा उ० ७८.२
ते शीघ्रं तद्गृहं क्री० ५४.१०
तेषामन्द समं पुण्यं उ० ६०.३४
तेषामाक्रन्दितं श्रुत्वा क्री० ९९.५७
तेषामाक्रन्दितं श्रुत्वा क्री० ९३.१६
तेषामालिंगने जाते ततो क्री० १५१.१५
तेषां गर्जितं शब्देन क्री० ६७.२९
तेषां गर्जितशब्देन क्री० २०.१३
तेषां च रुदितं श्रुत्वा उ० ७२.१०
तेषां निर्वचने शक्तिर्न क्री० १०.३४
तेषां पुरः समानीतो क्री० ९.२४
तेषां ब्राम्हीं समाकर्ण्य क्री० ९.२३
तेषां मार्गे प्रसुष्वाप ततस्ते क्री० ९९.४४
तेषु नानाविधाः क्रीडा क्री० ९३.३७
तेषु मध्ये पलायसु क्री० ९३.४४
तेषु वेत्ति पृथग्भूतं क्री० १४८.१२
ते सर्वे पूर्वजां नित्यं उ० १९.३८
ते सर्वे मुनयो जग्मु क्री० ७.११
तैः पुनर्न च दृष्टश्च क्री० ९१.३२
तैरस्त्रैर्दैत्यराज्य क्री० १२१.५९
तैरायुधैर्जंघानाशु सेनां क्री० ११९.२७
तैर्मग्नो बलिभी राजा उ० ८१.९
तैलकार तुलायां तु उ० ६७.१२
तैलमुद्वर्तनं स्नानं क्री० २४.२०
तोरणान् विदधुर्भक्तया क्री० २२.३०
तोषयामास तं देवं उ० २४.६
तोषया मास तं देवं उ० १७.२९
तोषयामास सर्वान्स्ता उ० ४.२
तौ गत्वा दर्शनं तस्य उ० १७.२२

तौ जगाद ततः शूली क्री० २.२८
तौ तु भूमिगतौ बालौ क्री० ८४.५०
तौ तु रौद्रपुरे रम्यां क्री० ५६.१
तौ दूतावूचतुर्देवमानी क्री० ५३.११
तौ दृष्ट्वा सर्वतो देवाः उ० १७.२
त्यक्तं त्यक्तं कन्दुकं क्री० ९३.४८
त्यक्तं राज्यमीति ज्ञात्वा क्री० ४८.१
त्यक्तुंनेच्छाम्यतोऽहं क्री० १५१.११
त्यक्ते गर्भे तया सिन्धौ क्री० ७४.१
त्यक्तौ भूमिगतौ तौ तु क्री० १३.२५
त्यक्त्वा ज्येष्ठां क्री० ३७.१६
त्यक्त्वा ता गृह्यकार्याँणि क्री० ४६.३३
त्यक्त्वा बालं समायाता क्री० १३३.१५
त्यक्त्वा भ्रमन्तु क्री० ५४.५२
त्यक्त्वा मां कथमद्य उ० ८०.१३
त्यक्त्वायुधानि देवोऽपि क्री० ४१.२५
त्यक्त्वायुधानि युयुधे उ० १७.१५
त्यक्त्वा राज्यं कुटुबं क्री० १४८.३८
त्यक्त्वा साम प्रयातो क्री० ५७.१४
त्यक्त्वा स्तनं दोयतां क्री० ८.३
त्यक्त्वा हरं हरिं चाम्बां क्री० ३२.३२
त्यक्त्वैरः सिहमृगै उ० ५७.५३
त्यक्त्वा माम् धर्मपत्नी उ० ७६.३७
त्यजन्ति जीवितं शूरा क्री० ११७.३५
त्यज शोकं वदास्मान्कि उ० ६८.१७
त्यजेस्त्वभक्तान्न च उ० २२.३६
त्रयस्त्रिशत्कोटि देवा क्री० १६.३५
त्रयस्त्रिशत्कोटिदेवा क्री० ५०.४३
त्रयस्त्रिशत्कोटिदेवे क्री० ८०.१०
त्रयस्त्रिशत्कोटिदेवैर क्री० ६१.३९
त्रयस्त्रिशत्कोटिसुर श्रेणी उ० ४६.१६८
त्रय स्त्रिशत्कोटि उ० ८८.२६
त्रयस्त्रिशत् कोटिसुरै उ० ८७.५८
त्रयीज्ञयं पवित्रं च क्री० १४४.१९
त्रयीविप्रतिपन्नस्य क्री० १३८.५२
त्रयोदशभिदामित्र उ० ४६.१५०
त्रयोदशाहे निर्वृत्ते उ० २५.२९
त्रः स्मृत्वा त्यजति क्री० १४३.१६
त्रिचतुः पंचवर्षाणां वेद क्री० ९८.५
त्रितनुं च त्रयीमूलं ब्रह्म क्री० ९५.२९
त्रिदेहो गुणतश्चाहं क्री० ८०.११
त्रिधाभूतस्त्रिस्थलेषु क्री० १०४.१५
त्रिधामा त्रिकर स्त्रेता उ० ४६.१३१
त्रिपंच सप्रभिः पत्रै उ० ४९.१३
त्रिपुरेण कृतं वैरं शिवेन क्री० १११.२०
त्रिपुरो दूत वाक्येन उ० ३९.२८
त्रिभिस्ते मुष्टिघातेन क्री० ११४.४५
त्रिमुखश्च द्विपुच्छोऽसौ क्री० ९८.१५
त्रिलोकनायकेनाहं क्री० १२४.१४
त्रिलोकीं भस्मसात् क्री० ५.५
त्रिलोकेश गुणातीत गुण क्री० ७८.२५
त्रिलोकेशं सुराधीशं क्री० ४०.२५
त्रिलोक्यां न समां क्री० ९५.४०
त्रिलोक्यां रत्नभूतं उ० ५१.५६
त्रिविधस्यापि दुःखस्य क्री० १३८.६२
त्रिविधास्वपि पूजासु क्री० १४४.१०
त्रिशुलं डमरूं दत्त्वा क्री० १०.२७
त्रिशुलं डमरूं विभ्रज्ज क्री० ३८.४५
त्रिशूलः शाम्भवः दत्तः क्री० ९५.५५
त्रिशूलादीनि शस्त्राणि क्री० १२८.४६
त्रिषु मासेषु विघ्नेश उ० ७०.४
त्रिषु लोकेषु विख्यातो उ० ७३.१८
त्रिसन्ध्यं जपते यस्तु क्री० ८५.३५
त्रिसन्ध्यं यः पठेत् स्तोत्रं क्री० २१.७३
त्रिसन्धअया क्षेत्रमासाद्य क्री० ८२.५४
त्रिः सप्तवारं तेनैवं उ० ८२.१७
त्रेतायुगे बर्हिरुढ़ षड्भुजौ क्री० १.१९
त्रेतायुगे महोदैत्यः क्री० ७३.३
त्रेतायुगेऽवतीर्याहं त्वद् क्री० १३०.१०
त्रेतायुगे शुक्लवर्णः क्री० १३०.२९
त्रैलोक्य कर्ता त्वन्नायो उ० २६.२३
त्रैलोक्यजननीमम्बां क्री० १२५.१९
त्रैलोक्यदाहकं वन्हि उ० ८४.१५
त्रैलोक्यनायके देवे उ० ६१.२९
त्रैलोक्यपीडकाद् उ० ८३.३३
त्रैलोक्यपीडया पापं क्री० ६७.११
त्रैलोक्य भयदो दैत्यो उ० ३६.४२
त्रैलोक्यं कम्पितं सर्व क्री० १५.१८
त्रैलोक्यराजं ते दत्तं क्री० ७४.४७
त्रैलोक्यस्य गुरीस्त्व उ० ८६.२२
त्रैलोक्य कर्षणें शक्ति उ० ३८.३७
त्रैलोक्या क्रमणें शक्तो उ० ३८.१४
त्र्यध्रयः पंच तुंडाश्च उ० २४.७
त्वत् कटाध्तामृते नाक्तो उ० १४.१६
त्वतःकंटकवृक्षोऽयं उ० ७६.२०
त्वत्तः श्रेष्ठतमः कोऽस्ति क्री० ७९.२२
त्वत्पाद युगले देव उ० ७३.८
त्वत्प्रसादा दिदं प्राप्तं क्री० १७.१७
त्वत्प्रसादेन सर्वाणि उ० ६९.५३
त्वत्समीपं हनिष्येऽस्याः क्री० ६९.३३
त्वत्स्मृतेस्तस्य जठरे क्री० १००.४३
त्वयि स्नाते तु स उ० ३५.३८
त्वदर्थं नगरे लोकाः क्री० ५४.१२
त्वदर्थं यानमायातमिदं क्री० १५१.१५
त्वदाज्ञया तु रोमांच क्री० ५९.२६
त्वदाशया महाघोरान् क्री० १६.४६
त्वदाश्रयेण वस्तुं मे क्री० १८.१३
त्वदीये मनः स्थापये उ० १३.१३
त्वदुक्तप्रत्यये जाते क्री० १८.२४
त्वद्दर्शनाज्जन्ममृती गते क्री० ४७.२९

त्वद्दर्शनेन पुतोऽहं क्री० १०४.१३
त्वद्दर्शनौत्सुक्यधता उ० ७५.२५
त्वद् भासा भासयत्येव उ० ३८.३५
त्वद्वियोगजदुःखेन मया क्री० ९९.६४
त्वद्वियोगज दुःखेन हृदयं उ० ७०.८
त्वद्वियोगा न्निमेषोंऽपि उ० ५५.३९
त्वन्नामपूर्व मन्नाम क्री० ९८.४९
त्वन्नामपूर्वं मन्नान उ० २२.५२
त्वन्नाम बीजं प्रथमं उ० ४५.८
त्वन्मंत्र जलपातेन उ० ९.११
त्वमप्रमेयोऽखिललोक क्री० ४८.९
त्वमासीः क्षत्रियः पूर्वं उ० ५२.२२
त्वमिदानीं वराद्वर्वादा क्री० ३.२४
त्वमेतत्कुरु भूपाल सर्वान् उ० ५१.८३
त्वमेव कर्ता कार्याणां उ० २०.४०
त्वमेव कर्ता देवानां क्री० ५९.१८
त्वमेव कर्ता हर्ता त्वं क्री० ७९.२०
त्वमेव गणनाथोंऽसि उ० ५७.५०
त्वमेव गौरि पश्याशु क्री० ९६.४८
त्वमेव जनको माता उ ३८.१३
त्वमे जायसे मूलं उ० ८५.२०
त्वमेव तत्त्वतः सर्वा क्री० १४५.२
त्वमेवं पंचभूतानि यक्ष क्री० २५.३
त्वमेव पिबसीशाब्धि उ० ८५.१६
त्वमेव पिबसीशाब्धि उ० ८५.१७
त्वमेव पृथिवी वायुरत्न क्री० ५९.३२
त्वमेव पृथिवी वायु क्री० ४८.४५
त्वमेव ब्रह्मा विष्णुश्च क्री० ३२.३७
त्वमेव ब्राह्मणों वैश्यः उ० २०.४५
त्वमेव माताऽसि पिता उ० २२.४५
त्वमेव मृत्योर्मृत्युश्च क्री० ८२.५०
त्वमेव लक्ष्मीः सुकृता क्री० ९५.१०
त्वमेव विश्वं रजसा विध् क्री० ९५.६
त्वमेव विश्वं सृजसी उ० ६९.३८
त्वमेव विश्वयोनिश्च क्री० ३२.४०
त्वमेव विश्वेश्वर क्री० ४८.५
त्वमेव शंकरी विष्णु उ० २०.४१
त्वमेव शशिरूपेण क्री० ३२.४१
त्वमेव सत्त्वात्मतया क्री० ५३.३१
त्वमेव सर्व जन्तूनां उ० ८५.१८
त्वमेव सांख्य योगश्च उ० २०.४४
त्वमेव सागरा नद्यो क्री० ३२.३८
त्वमेव सृजसे विश्वं क्री० ५.३९
त्वमेवेति मया भ्रान्त्या उ० ३१.८
त्वंच मार्गे जनान् उ० ७.३०
त्वं चापि शरणं याहि उ० ६१.३२
त्वं जगत्कारणं देव क्री० ३८.४९
त्वं तु धर्ममिमं राजन् उ० ६५.१६
त्वं तु भाग्य वती देवि क्री० ८७.१४
त्वं तु सम्यक् समायातो क्री० ९५.१९
त्वं देव देव जगतामसि उ० ६१.१३
त्वं प्रमेयोऽप्रमेयश्च उ० २०.४६
त्वं भावतुष्टो विदधासि क्री० ३५.८
त्वं मातः कश्यपश्यामि क्री० ९७.९
त्वंमात्मानं वर्णयसे क्री० १०८.२४
त्वं यहि गण्डकीं शीघ्रं क्री० १२६.९
त्वं योऽणु स्वरूपो उ० १८.१२
त्वया किमुक्तं तत्राथ तेन क्री० १७.२
त्वया चिन्ता न कर्तव्या उ० ४७.३३
त्वया तु पूजितोऽनेकवारं क्री० २२.७
त्वया बलाद्देवगणा क्री० ४१.१३
त्वया यत्प्रार्थितं विप्र उ० ३०.३६
त्वया यद्दर्शितं मह्यं क्री० ६१.८
त्वयाऽयं समानीतो क्री० २२.६
त्वया विना नो बालाश्च क्री० ९४.५
त्वया विनायको देवो क्री० ९७.१
त्वया विना वृथा सर्व उ० ८३.४७
त्वया विनिहिताः क्री० १११.१८
त्वया हता दैत्यगणा क्री० ९५.७
त्वयि तृप्ते जगत्तृप्तं नित्यं उ० ४९.५३
त्वयि नीति वृथा जाता क्री० १११.३१
त्वयि राज्यस्थिते पुत्र उ० २४.१७
त्वयि सुप्ते जगत्सुप्त क्री० १२७.२६
त्वयैव जायते सृष्टि उ० ८३.४६
त्वयैवास्याभयं दत्तं उ० ४०.५३
त्वरया काम मामन्त्रय उ० ८४.१७
त्वरया पार्वती याता क्री० ८७.४९
त्वरावन्तोऽथ विस्मृत्य क्री० ३६.६
त्वादृशस्तु विनीतात्मा क्री० ५०.२३
त्वामेव नत्वा परिपूजय क्री० ४८.१०
त्वामो शरणं प्राप्ता एव उ० ४०.५४
त्वां विना कारयेत्को उ० ९०.३
त्वां समाव्हयते देवो गानं उ० १७.२३

द

दंशबाहूरपर्णांगो व्याघ्रे क्री० २.१२
दंशभुजो बहूबलः कर्ण क्री० ६.२३
दंष्ट्राकरालवदनो क्री० १३२.२९
दष्ट्रां लग्नद्विपघटो उ० ४६.९३
दक्ष इत्येव पुत्रस्य नाम उ० २३.३६
दक्षिणस्याम्पुमापुत्रो क्री० ८५.२९
दक्षिणां कांचनीं देव उ० ४९.६१
दक्षिणार्थं धर्मदत्तो क्री० १४.३१
दक्षिणे जानुनि सदा क्री० ७४.२९
दक्षेण मुनिशार्दूल उ० २४.१
दग्धा च नगरी सर्वा क्री० ५७.४४
दघ्नुः केचिद्वीजयन्तस्त क्री० ९९.४
दंडकारण्यदेशीये पुरे क्री० १६.१०
दण्डकारण्यदेशे तुः उ० ४४.२४
दंडकारण्य देशेषु नगरे उ० ५७.२
दण्डवत् पतितोऽसि उ० ५१.६३

दंडवत् प्रणनामैनं उ० ३७.२३
दंडवत् प्रणिपत्यासौ क्री० १६.२७
दंडस्यैव भया उ० ३.३४
दंडाह्निने कुंडले च क्री० १२.३
दत्तमात्रे तु कौशेय उ० ३५.४३
दत्तमानसि दानानि उ० ५२.४०
दत्तं राज्यं कियत्काल क्री० ३९.३२
दत्तं राज्यं भवद्भ्यां मे उ० १९.२२
दत्तं शिवेन तस्मै उ० ६१.४
दत्तात्रेयं विना नान्यो उ० ८१.१२
दत्तानि दैत्यनाशाय क्री० ९५.५६
दत्तानि स्वपदान्याशु क्री० १२५.८
दत्तो वरो यतो नूनं क्री० ७७.१३
दत्त्वा तांबूल वासांसि उ० ५.८
दत्त्वा तेभ्योनमस्कृत्य क्री० ८२.३२
दत्त्वा दानानि विप्रेभ्य क्री० १२६.२४
दत्त्वा भूमौ वामजानुं उ० ७९.३०
दत्त्वा परस्परं प्रैषं क्री० ९६.३०
ददतं व्यजनं ग्रीस्मे क्री० ५२.२४
ददर्श काशिराजः स्वं क्री० ५९.१६
ददर्श कुंजरं मत्तं गूढ क्री० १४.१८
ददर्श तत्राद्भुत रूप मुग्रं उ० ५.२५
ददर्श तत्र तं देवं क्री० ११५.४७
ददर्श दुष्टसैन्यं तं क्री० ६३.१०
ददर्श नगरीं देवो क्री० १२५.३
ददर्श पार्वती कांतं उ० १७.२५
ददर्श पुस्तकं हस्ते उ० ६८.१४
ददर्श पुरतः सिन्धुं क्री० १२३.३
ददर्श भ्रममाणः उ० ५७.३५
ददर्श मुद्गलं तत्र उ० २१.९
ददर्श रामोऽकस्मात्तं उ० ८२.३०
ददर्श रूपं देवस्य स उ० ६०.२१
ददर्श विघ्नराजस्ता क्री० ६९.५
ददर्श विश्वं चाहंवै उ० १३.३८
ददर्शतु स्तत्र मुनिं उ० १९.२६
ददर्शाण्डं श्वेततरं क्री० ९८.३०
ददर्शाधित्यकार्या स क्री० १२८.२४
ददहुस्ते जनाः सन्तो उ० ७६.३१
ददाति तस्य तुष्टोसौ क्री० १४८.५१
ददाति वांच्छितानर्था क्री० ३३.५९
ददामि तानहं सर्वांस्त उ० २८.२०
ददामि तुष्टः स्तोत्रेण उ० १८.१०
ददामि सकलान्कामान् क्री० ४०.१७
ददावाज्ञां मयूरेशो क्री० १२५.५०
ददाह न च तौ भीतौ क्री० ६९.२१
ददाह पृथिवीं सर्वां उ० ६३.२२
ददाह भुवनं तच्च क्री० ११५.४२
ददुर्नुपाय सोऽप्येतान्दा क्री० ७४.१७
ददृशुः पतयस्तासां उ० ८५.३५
ददृशुर्भ्रान्तमनसो ब्रह्माण्ड क्री० ५९.१३
ददृशुर्मार्गमध्येतं द्वादशा क्री० १०१.१२
ददृशुर्वीरभद्राद्यास्तौ च क्री० ११९.२०
ददृशुः सर्वतः केचित् उ० ७५.४१
ददृशुः सर्वदेवास्ते उ० ८३.४१
ददृशुः सेवकैः सिन्धुं क्री० १२४.३३
ददृशुस्तं ततः सर्वे दश क्री० ८४.५९
ददृशुस्तं महादैत्यं क्री० १०१.१५
ददृशुस्ते दीप्यमानं उ० ७४.४१
ददौ गणेशोऽन्या विद्यां उ० १३.२६
ददौ तस्मै स्वप्नगत उ० २६.२६
ददौ दानानि तेभ्यः क्री० ८४.१९
ददौ दानानि तेभ्यः क्री० ८४.६२
ददौ दानानि विप्रेभ्यो क्री० १८.५३
ददौ दानानि विप्रेभ्यो क्री० १९.४५
ददौ दानान्यनेकानि उ० २७.२२
ददौ दानान्यनेकानि उ० ७१.२७
ददौ धुपं च दिपं उ० ७२.२९
ददौ नाम चकारास्य क्री० ९६.३३
ददौ वरान् शौनकाय क्री० ३५.३५
ददौ सुकोमलं तस्मैं उ० ६४.१४
ददौ स्नेहात्स्वस्थचित्ता क्री० ७२.५
दधद्दिव्याम्बरच्छन्नो क्री० ५३.६
दधारतं निरीक्ष्यैव क्री० १२३.२२
दधार तां केशपाशे क्रि० १२८.२९
दधार दन्तयोर्दुष्टं तदा क्री० १०६.८
दधिदुग्धं घृतै उ० ४९.४८
दधि दुग्धं मधु घृतं क्री० १६.५
दधुस्तां राजदुतास्ते उ० ७४.२१
दध्मात एवमुक्त्वा क्री० ११८.३२
दन्तजिह्वा विशुद्धि च उ० ४९.६
दन्तन्यस्त करो राजत् उ० ४०.३७
दन्तप्रकाशरुचिरं मुक्ता क्री० ६९.४१
दंत्तं निधानं देवेन केन क्री० ७.२८
दमयन्तीतिभार्याऽऽसीद्य उ० ५२.६
दमयन्तीति विख्याता उ० ५२.७
दम्भेन हेलया वापि क्री० २५.३०
दया दम वदस्तेऽद्यनाशी उ. १९.३५
दयानिधे गिरीन्द्रं त्वं उ० ४९.१
दयापरवशाज्जन्म क्री० १२४.२८
दयावान्दित्य विभवो उ० ४६.९२
दयौ तेभ्यो विभज्यान्नं क्री० ९४.११
दरिद्रतां समुन्मूल्य उ० ४६.२०२
दरिद्रा ज्ञाननिष्ठा सा क्री० २२.३६
दरिद्राश्व भविष्यन्ति क्री० १४९.२३
दरिद्रेण निधौ लब्धे उ० २०.५५
दर्वांकुरुणां महिमा उ० ६३.४
दर्शनात् स्मरणादेषां उ० ८९.४
दर्शनाद्धर्षसंपन्नो क्री० १६.५०
दर्शनाद्वाचिकं पापं क्री० १०४.२३
दर्शनीयः प्रयत्नेन उ० ६१.४९

दर्शयन्ति तथा भावं क्री० ९०.६
दर्शयस्व निजं रूपं क्री० १४५.२१
दर्शयामः सुरपतेः क्री० ७९.१४
दर्शयामास जननीं क्री० ८९.२९
दर्शयामास तस्मै स क्री० १०३.३
दर्शयामास तान् रुपं उ० १२.२३
दर्शयामास देवोऽपि क्री० ९६.३८
दर्शयामास रूपं स्वं उ० ६०.१९
दर्शयिष्ये कथं तस्य क्री० १९.२९
दशकोटिमितां सेना क्री० ११९.१४
दशदोर्दण्डरुचिरं कर्ण क्री० १२८.६९
दशद्वादश दोर्दण्डो उ० ९१.४१
दश द्वादश वाऽशक्तो उ० ५९.३२
दशनाग सहस्राणि उ० १.२४
दशपंच सहस्राणि उ० ३७.८
दशबाहुधरं चारु नेत्र क्री० ४८.३७
दर्शभिदोर्भिरालिंग्य क्री० १०३.२९
दशयोजन देहेन व्यापितं क्री० २१.५४
दशयोजनविस्तारः क्री० ८३.४०
दशयोजनविस्तीर्णा क्री० ८७.२९
दशर्श तं कुशासीनं उ० ७७.२८
दशवर्षसहस्त्रं स तप क्री० १२.२४
दशवारं वामहस्तं समवार उ० ३.१७
दशसहस्रफणिभृत्फणि उ० ४६.१६४
दशाक्षरामथ स्कन्द उ० ५१.२९
दशाक्षरेण मन्त्रेण क्री० २८.१२
दशांगं गुग्गुलं धूपं उ० ४९.४५
दशाध्यायो दशप्राणो उ० ४६.१४८
दशाननं च विख्यातं क्री० ३६.२९
दशापि नेत्राणि ममाद्य उ० ४५.३
दशायुधधरं तावदभुजं क्री० ७८.३०
दशायुधधरोदेवो क्री० १०३.७
दशाहस्सु महोत्साहैर्गते क्री० ८२.४०
दस्यवोऽपि हि रक्षंति उ० ७.३९
दहन्ती दैत्यसेनां सा क्री० ६५.५
दहन्निव त्रिलोकीं स क्री० १२२.२१
दहन्निव त्रिलोकीं स उ० ३६.३१
दहेत् त्रिभुवनं कुक्षौ उ० ६४.९
दाडिमी बीजदशना क्री० २१.१९
ढाढर्य शौर्य च दाक्ष्यं क्री० १४८.३०
दानं द्विजानां शुश्रूषा क्री० १४८.३३
दानं भेदो वृथा दण्डो क्री० ११०.१६
दानं होमस्तपो क्री० १४४.२१
दानैरशेषैरविलैर्वतैश्च उ० ४६.१९९
दानैश्च नियमैश्चैव क्री० ३५.२३
दापयामास नगरे क्री० ७४.१३
दापयामास हर्षेण क्री० १३३.३२
दारान् पुत्रान् धनं उ० ५९.३७
दारापत्य सुहृद्भिश्ज उ० ५१.६५
दारितास्यास्तु भूगोल क्री० ५८.१६
दावग्निना यथा ग्रीष्मे उ० ३६.३
दासीदास शतं नाना उ० ४१.२७
दासी दासान् असंख्या क्री० २७.३३
दास्यामि तव गानेन उ० १७.३२
दास्यामि ते प्रसन्नोऽहं उ० २५.२४
दिक् पाला दिग्गजाश्चापि उ० ८२.२३
दिग्मबरो जहावाथ क्री० ६८.११
दिग्गजा मर्दिता यैस्तु क्री० २०.५
दिग्गजाश्चलिता सर्वे क्री० १२८.२३
दिग्जयार्थं ततो वीरा क्री० ७५.४
दीत्यदितिर्दनुः कद्रु उ० ९१.२६
दिदृक्षया पितृभ्यां ते क्री० १५२.४७
दिदृक्षुः प्रययौ तत्र क्री० ३६.३
दीननाथेन भो दूताः क्री० १५१.२८
दिने दिने मासमात्रं ततः उ० ५२.३१
दिलोक्य प्रणिधानेंन उ० ५८.३०
दिवैव सुरतेच्छां उ० ३०.१५
दिवोदासबहिर्भावं क्री० ४३.१४
दिवोदासस्य नापश्य क्री० ४५.१०
दिवोदासस्य मुक्तिं स क्री० ४८.२२
दिवोदासस्य राज्ये च क्री० ४५.३८
दिवोदासस्य राज्ये क्री० ४५.१२
दिवोदासस्य विघ्नार्थं क्री० ४६.८
दिव्यगन्ध युते दिव्य उ० १५.३६
दिव्यगन्धानुलेपाढ्यं क्र० ७८.३१
दिव्यदेहधरो योगा क्री० १४२.२५
दिव्यदेहं तयोर्दत्त्वा क्री० २८.४१
दिव्य देह मनुप्राप्त उ० २०.५२
दिव्य देहोगतः क्वाद्य उ० ३१.२६
दिव्यनारीनरयुतं दासी उ० ५१.८५
दिव्य माल्यानुले क्री० ५१.१८
दिव्यमाल्यांबरधरो क्री० १६.४२
दिव्यं तच्छरणं हित्वा उ० ५१.८८
दिव्य वर्ष यस्तताप उ० २२.४
दिव्य वर्ष सहस्र स उ० ३७.५
दिव्यवर्ष सहस्र स उ० ४०.२५
दिव्यवर्षसहस्रान्ते उ० ९१.३७
दिव्यवर्ष सहस्रेण क्री० १३७.५०
दिव्यवस्त्र परीधानो उ० ६६.१९
दिव्यवस्त्र समायुक्ता उ० ५१.८६
दिव्यवस्त्रैरलंकारैश्च क्री० १००.३
दिव्य वादित्र निर्घोषैः उ० ३९.५७
दिव्यवादित्रं निर्घोषै उ० ८७.१९
दिव्यान् वृक्षान् उ० ३९.१७
दिव्याभरणं संयुक्त उ० ३०.२७
दिव्याम्बरं दिव्यगन्ध क्री० १३७.२८
दिव्याम्बरं दिव्यगन्धं क्री० ९६.३९
दिव्याम्बरधरं भ्राज उ० २१.३३
दिव्याम्बरे च सिन्दूर क्री० ४०.३३
दिव्याम्बरो दशभुजो क्री० १७.२५

दिव्यालंकार संयुक्तं उ० २१.३४
दिव्यास्तरणसंपन्नो क्री० ५३.३
दिव्यैर्गन्धैरलंकारैस्ताभ्यां क्री० ५१.३७
दिव्यैर्नाना विधैश्चैव उ० ५४.३३
दिशन्तु विघ्नरहितं कर्म क्री० १०७.४
दिशः शून्याः प्रपश्यामि उ० ५३.३९
दिशश्च विमला आसन् क्री० ७०.१२
दीननाथ चन्द्रचूड क्री० १३३.२०
दीननाथ दयासिन्धो क्री० ७८.२३
दीननाथ दयासिन्धो क्री० १२६.४८
दीनांध कृपणेभ्यश्च उ० ३.२८
दीनाधीश दयानिधे उ० ४९.६८
दीनानाथवृद्धजने क्री० २७.१०
दीनानाथेन महती कृपा क्री० ३३.१४
दीनानुकम्पी भगवान् उ० ८८.७
दीनान्धकृपणेभ्यश्च क्री० ७३.४७
दीनांध कृपणेभ्यश्च उ० ५१.४६
दीनान्ध कृपणेभ्यश्च उ० ६५.९
दीना हस्तांजलीं बद्ध्वा क्री० ६.२
दीपप्रभा भासुरेषु उ० ७७.६०
दीपिकाभिः काष्टदीपै क्री० २०.२१
दीयते पुरतस्तस्य उ० ६५.३५
दीर्घदन्ता विभान्ति क्री० ११३.४
दीर्घदन्तो ययौ चक्र क्री० ६३.२६
दीर्घबाहुर्निम्ननाभि क्री० ८७.४
दीर्घायुः सद्गुणग्रामं क्री० ४८.५२
दुःख चाकथयत्तस्मै उ० ५४.१५
दुःखप्ननाशनं क्रुद्ध उ० ४६.१७९
दुःखं किं किं नु उ० ९०.३५
दुःखसागर मग्नोऽभ् उ० २.४
दुःखस्य भोक्ता न उ० २.२२
दुःखितः पर दुःखेन तूष्णी उ० ६.२
दुःखितं सोमकांतं तं उ० ४.२०
दुःखितायां मयि सुत क्री० १२४.१७
दुःखिता रुदती ह्लीणा क्री० ३२.२५
दुर्ज्ञेयं चातसूक्ष्यत्वा क्री० १४६.२९
दुण्ढिराजेति नामास्य क्री० ३८.२०
दुतमुखात् सुचयस्व क्री० ४.१७
दुधाव पक्षौ तद्वाताद् क्री० १००.२१
दुन्दुभेः सदृशं सोऽपि क्री० ८८.३०
दुरात्मन् कोऽसिनो उ० ३१.९
दुरासदभिया देव स्नानं क्री० ४०.३
दुरासदं महावीर्यं क्री० ४०.२७
दुरासदं हसस्वैनं क्री० ४१.७
दुरितं विलयं यातं जातं क्री. ९.८
दुरित श्रवणे चास्य क्री० १५२.३०
दुर्गन्धं रुधिरंतस्य क्री० ८४.२८
दुर्गां धृत्वा बलाल्लोका क्री० १२०.३०
दुर्जयौ वरगर्वौ तौ क्री. ४.२३
दुर्धर्षस्य सुतं तस्य क्री० २७.१७
दुर्बुद्धि वासनां त्यक्त्वा उ० ७.३५
दुर्भगायाः कथमभू उ० ७२.५
दुर्लभ प्राप्तये नृणां उ० ६९.५
दुर्वांकुरा मयादत्ता एक उ० ४९.६३
दुर्वांकुरो गणेशस्य उ० ६२.३२
दुर्वांकुरोऽपरत्रापि उ० ६७.१३
दुर्वांकुरविना पूजा क्री० २६.१६
दुर्वांकुरार्पणस्यापि उ० ६२.२
दुश्चरं मुनिभिः सर्वै उ० ५७.३६
दुष्टदृष्टिनिपातस्य क्री० ७२.१२
दुष्ट भावं तु तं ज्ञात्वा क्री० १३५.१८
दुष्टभावान्ममैव त्वम क्री० १२७.३२
दुष्टसंगमहीनेन चित्त उ. २.११
दुष्टांश्च विघ्नानि उ० २२.३५
दुष्टानां नास्तिकानां उ० ९२.४७
दुष्टानां निधनं चैव क्री० ६.१८
दुष्टात्मानौ मोहयैतौ उ० १६.२५
दुस्वान्यनुभवेयुः के नाना उ० ९.३६
दूतं च प्रेषयामास शीघ्र क्री० ४८.२
दूतांश्च सर्वसंभारान्कर्तु क्री० ७१.७
दूतांस्तां वूचतुः सर्वं क्री० १२.५०
दूताः कस्य किमत्रास्ति उ० ३५.२०
दूता विनायक स्योचु उ० ३५.२१
दूतावूच आस्यतां स क्री० ५३.१५
दूतावूचे त्वारुहतं प्रणि क्री० ५१.३३
दूतैनां नय शीघ्रं उ० ६७.५
दूतैरेव वशे चक्रे क्री० ३९.१०
दूतौ च तौ नृपं पश्चा क्री० ५२.१०
दूतौ वा मिति कृत्वा उ० ४२.१०
दूतौ संप्रेषयामास उ० ४२.४
दूरात्तेऽश्रावि बहुशः क्री० ११५.२५
दूराद्दर्श देवोऽपि प्राह क्री० १११.३५
दूरीकृताः कथासंगा क्री० १४९.४८
दूरे क्षिप्तवा शक्रमूर्ति क्री० १०७.२३
दूर्धर्षेण कृता यत्नाः क्री० २७.२१
दूर्वाभिश्च शमीपत्रैर्यथा क्री० २६.१८
दूर्वाभिश्च शमीपत्रै क्री० ८१.१०
दूर्वांकुरस्य तुलया उ० ६७.४
दूर्वांकुरैर्हरिद्भिश्च क्री० ४३.८
दूर्वांकुरेण चैकेन स उ० ६६.२४
दूर्वा निराजनं मन्त्र उ० ७५.१७
दूर्वा विना निराहारा क्री० ३३.४
दूर्वा समर्पण फलं श्वेत उ० ६८.३०
दूर्वेति स्मरणात् उ० ६७.४१
दृढभक्तौ श्रद्धधानं उ० ११.२५
दृढ मुष्ट्य स तम धृत्वा उ० २२.२८
दृढा भक्तिः शुभंज्ञानं उ० १५.३२
दृढासिघाताद्देवोऽथ क्री० ६९.१३
दृश्यते मंडलं भानो क्री० १.४२
दृश्यते सर्व लोकेषु उ० ८८.२

दृष्टः पराक्रमोऽतीव क्री० १२५.२२
दृष्टप्रभावौ संतुष्टौ क्री० ५४.६३
दृष्टं च नानार्थं उ० १३.४३
दृष्टं देवपुरं यावत् क्री० १५२.४६
दृष्टश्चेत् पूर्वण्येन उ० २१.३९
दृष्टसंहाररसिको भक्त क्री० १३६.२४
दृष्टा वराऽप्सरोभ्योऽपि उ० ३१.७
दृष्टे स्पृष्टे कृपासिन्धौ क्री० ७.२२
दृष्टो मयैव राजेंद्र उ० २९.१६
दृष्टा कण्ठं समालिंग्य क्री० ६२.२३
दृष्टा चकम्पे नृपति क्री० ५२.५२
दृष्टा तथाविधं क्री० १३२.३०
दृष्टा तथाविधौ तौ सा क्री० ८४.४८
दृष्टा तं तादृशं उ० ९०.४८
दृष्टा तं दुद्रुवुर्भालाः क्री० १०८.९
दृष्टा विशाखविशिखैः क्री० ११९.३१
दृष्टा तं वृषमारूढं क्री० ५५.७
दृष्टा तवाङ्घ्रियुगलं क्री० १७.४१
दृष्टा तस्य महत्कर्म क्री० १४.१७
दृष्टा तान् विद्रुताः उ० ५३.१३
दृष्टा ता मुनिपत्न्य क्री० ८४.४०
दृष्टा तां मुनिपुत्रोऽपि क्री० ७२.३
दृष्टा ते कौतुकंटस्य क्री० ८८.२९
दृष्टा तेजोमय रूपं क्री० १२९.२४
दृष्टा ते निश्चयं भक्तिं क्री० १०५.३५
दृष्टा ते रुरुदः स्नेहा क्री० १००.४२
दृष्टा ते त्र्यम्बकं क्री० ७९.३
दृष्टा तौ हरिमायांतं उ० १८.२४
दृष्टत्वा नदीं तु गिरिशो उ० ४२.३३
दृष्टा त्वां परमाह्लादं क्री० ४९.६
दृष्टा दास्ये वांद्दितं उ० ४१.१०
दृष्टा दीर्घ दैत्य रूपं क्री० १०१.३२
दृष्टा दुःखं जनन्यास्तु क्री० ९२.३५
दृष्टा पृष्ठगतं क्री० १२८.१३
दृष्टा देवं तदा दैत्यो क्री० १२८.२६
दृष्टा देवं तु ते उ० ९१.४३
दृष्टा देवं परमया क्री० २४.२१
दृष्टा देवान्तकः स्वान्तं क्री० ६३.२०
दृष्टा देवान्तको रूपं क्री० ६९.४२
दृष्टा दैत्यः समायान्तं क्री० १२३.३३
दृष्टा ननर्त तं उ० ९१.११
दृष्टा नानाविधं सैन्यं क्री० ६३.११
दृष्टा निष्ठां तपोघोरं क्री० ५.३६
दृष्टाऽन्यो हर्षमायाति क्री० १.४६
दृष्टा पपाल दैत्येन्द्र उ० ४७.४५
दृष्टा पराक्रमं तस्य क्री० १००.२३
दृष्टा पराक्रमं तस्यः उ० ८२.४९
दृष्टाऽपारा दैत्यसेनां क्री० १०१.२७
दृष्टा बालं तु गिरिजा क्री० ८१.३८
दृष्टा बीभत्सरूपां क्री० ११६.१७
दृष्टा महान्तं तं दैत्यं क्री० ९३.२२
दृष्टा मुनिं भूशुंडि क्री० १६.२३
दृष्टा रणागतं तं तु क्री० ६६.३१
दृष्टा वापीं शीतजलां उ० ४.९
दृष्टा विसिस्मिरे क्री० १५१.५
दृष्टा शक्तिर्देवमाता क्री० २१.३१
दृष्टा शिवां च सहसा क्री० ८९.३
दृष्टा शोभां विमानस्य क्री० १५३.४
दृष्टा स बालामाकंठ क्री० ८.२३
दृष्टा संपूजितं वेवं क्री० ५४.६२
दृष्टा सम्पूज्य देवेशं क्री० २५.१४
दृष्टा सर्वे देवलोकाः क्री० ५२.४६
दृष्टा सर्वे नारदं त उ० ४०.२१
दृष्टा सा तादृशं उ० ८६.१
दृष्टा सेनां तु क्री० ४१.११
दृष्टा स्वरूपं भीता क्री० ५.४६
दृष्ट्वेत्थमदितिर्हृष्टा क्री० ९६.४०
दृष्ट्वेत्थं तमहं नत्वा क्री० १०४.३९
दृष्ट्वैव तं सा जहृषे उ० ५.२६
दृष्ट्वैवं सहसा देवं उ० ४०.३९
दृस्वाकृतिं मुनिं दृष्टा क्री० ३१.२७
देदीप्यमानं सहसा क्री० ६८.४२
देदीप्यमानं वपुषा क्री० १३३.५
देवएव भवेद् बाल क्री० २२.३
देवक्षतेषु संयोज्य क्री० ११६.३८
देवगन्धर्वमुनिभिः क्री० ५१.११
देवता तिथि भक्तस्य उ० ५९.४
देवतां चिन्तयित्वेष्टां उ० ३.६
देवतास्थापनस्यापि क्री० १५.१०
देवदानव गन्धर्वै उ० ५१.१४
देवदुन्दुभयो नेदुः क्री० ५४.३२
देवदुंदुभयो नेदुः उ० ५५.४३
देवदुन्दुभयो नेंदु उ० ८५.४३
देवदूतवचः श्रुत्वा उ० ७४.२७
देवदूतैस्तु सा नीता उ० ७४.३९
देवदेव जगद्धातः उ० ६९.३
देवदेव जगन्नाथ भक्ता उ० ५१.९
देवदेवेश सर्वेश उ० ४९.२६
देवद्विजगुरु प्राज्ञ उ० ७७.११
देवनाम चतुर्थ्यन्त उ० २०.२९
देवःपूर्व पुरारातिं उ० ४६.२
देवं ते प्रार्थयामासुः उ० ८३.१७
देवर्षिं प्रति तं ब्रूहि उ० ३३.५
देवर्षिषु प्रयातेषु उ० ६४.१
देवर्षीणां दानवानां क्री० ५२.३४
देवर्षौ तु गते उ० ३५.१
देवसेनाचरास्तेषु क्री० १२१.५८
देवसेनापति र्भावी उ० ८६.११
देवसैन्यस्य महतो क्री० ६८.८
देवस्थानानि दैत्याना उ० ३९.५६

देवस्थानानि सर्वाणि क्री० २९.२६
देवा अपि तदा उ० ८३.३८
देवा ऊचुः येनाकारि उ० ३२.५
देवा देवर्षयः श्चवं उ० ६७.२३
देवाधिभूमि गगनें उ० ८३.२६
देवानामपि पूज्योऽहं उ० ५१.५५
देवानां च पदप्राप्तिं क्री० ४०.४४
देवानां चैव दैत्यानामेवं उ० ४३.५
देवानां जननी चैवनम् क्री० ६९.३०
देवानां सर्वलोकानां क्री० ४१.२
देवान्तकं योधयितुं ययौ क्री० ६३.१३
देवांतकस्य चरितं क्री० ४.१
देवान्तकाय वृत्तान्त क्री० ४.१९
देवान्तकेति मन्नाम क्री० ३.२१
देवान्तकोऽथाप्रैषीत्तं क्री० ४.२०
देवान्तकोऽपश्यदेवं क्री० ६८.७
देवान्तकोऽप्यसंख्याता क्री० ६२.५०
देवान्तको महारौद्रो क्री० ६३.१
देवान्तको ययौ चिन्तां क्री० ६४.२३
देवान्वै तादृशात्त्रज्ञात्वा क्री० ३६.२०
देवां मनुष्या नागाद्याः क्री० १४५.१८
देवायक्षाश्च रक्षांसि क्री० ९२.४९
देवार्चनरताः स्वात्वा क्री० ९.११
देवाश्च मुनयः सर्वे उ० ३८.३१
देवाश्च मुनयः सिद्धि उ० १८.२२
देवाश्च साधवश्चैव क्रकी० ७२.३६
देवाः सर्वे गुहावासा उ० ४०.१८
देवासुरैरशक्यानि द्रष्ट क्री० ८.३९
देवीं मार्जारनाम्नीं ता क्री० १२६.१९
देवैरिन्द्रादिभिः स्थाना क्री० ११७.१५
देवैर्विष्णु सहायैस्तु क्री० ३०.७
देवो जघान खड्गेन क्री० १०३.१३
देवोऽपि बाष्पकण्ठो क्री० ५३.१९
देवोऽब्रवीच्चक्रपाणिं क्री० १२६.८
देवो योऽवतरेत्कोऽपि क्री० ७४.४५
देव्या अंकं समासाद्य क्री० ६८.१७
देशे तत्र न दुर्भिक्ष उ० ४६.१८२
देशे मालवसंज्ञात क्री० ३४.५
देहत्यागं करिष्यामि क्री० २९.१४
देहभावं गतो देव उ० ८४.८
देहभावं प्रपद्याथ क्री० १७.३१
देहभावं समासाद्य क्री० ४८..४२
देहमात्रभृतो भूप क्री० १३८.१९
देहं कृत्वा विशालं स क्री० ६३.७
देह्यनुज्ञां गमिष्यावो क्री० २३.२२
देहलीगणपश्चाथ क्री० १५४.६
देहस्तु निपपातास्य क्री० ७०.९
देहातीत इवास्तेऽसौ उ० ८३.४२
देहात्मा परिपूज्योऽसौ क्री० ४७.९
देहावस्थां पुनर्लब्ध्वा क्री० ५१.२७
देहि दाननि विप्रेभ्यः उ० २९.१७
देहि मे क्षुधितस्यादौ क्री० ५०.२०
देहो नेत्राणि भूरीणि उ० ९०.३३
दैत्यदानवपूर्णानि सुर क्री० ११.३१
दैत्यदेहगतं ज्योतिस्तं क्री० ७०.८
दैत्यं देहगतं तेजोभर्ग उ० ४७.४६
दैत्यदेहान्तरगतो ववृधे क्री० ९९.५१
दैत्य पुत्रेण बलिना उ० ४३.४
दैत्यभार भराक्रांता क्री० ७०.२०
दैत्यराजोऽपि तं दृष्ट्वा क्री० १२१.५७
दैत्यविमर्दन इति नाम क्री० १३७.४३
दैत्यसेनाचराः सर्वेमहा क्री० ५८.३०
दैत्यस्य मरणं मातर क्री० १२२.१२
दैत्यानां निधनार्थाय क्री० ३८.१०
दैत्यानां परिखा जाताः ६२.५४
दैत्यान्निहत्य शतशो क्री० ६८.१०
दैत्यामात्यौ पुनर्यातौ क्री० ११३.४५
दैत्यासुरी राक्षसी च क्री० १४७.१
दैत्यास्त्रं भक्षितं तेन क्री० १२१.५६
दैत्येन विधृताः वेगा क्री० ६९.१०
दैत्येन सर्वदेवनां उ० ४४.७
दैत्योऽथ ब्राह्मणो भूत्वा क्री० १८.४
दैत्यो देवा इदानीं क्री० ४०.२९
दैत्योऽपि परया भक्त्या क्री० ४२.३१
दैत्योऽपि पृष्ठतो क्री० १२७.३७
दैत्यौऽपि पुरतोऽपश्य क्री० ६९.४०
दैदिप्यमानं पतितं उ० ५६.१७
दैवं हि बलवल्लोके क्री० ६२.१९
दैवादिदानीं को जातो क्री० ९.२१
दैवान्निःसृत्य नरका क्री० १४७.१३
दोलयामास तं वृक्षं क्री० ८६.१७
दोषे जाते स्वंय सन्तः उ० ३३.३
द्रव्याणि च सुगन्धीनि क्री० २२.३१
द्रव्येण तपसा वापि क्री० १४०.३४
द्रव्यै र्नाना विधै श्चैव उ० १८.७
द्रष्टव्यं कौतुकं तस्य उ० ६३.४४
द्रष्टुंदेवं महाभक्तो क्री० ९५.२०
द्रष्टुंदैत्यशरीराणि क्री० २०.५०
द्राक्षारंभा फलं पक्व उ० ४९.५५
द्रादशादित्य राज्यं च उ० ५०.१५
द्रुतं पल्लयिताश्चान्ये क्री० ११५.२१
द्वनद्धदुःखसहोऽद्वेष्टा क्री० १४१.३
द्वात्रिंशल्लक्षणयुतो क्री० ७.७
द्वादशाक्षौहिणीसेनायुतो क्री० १०१.२१
द्वादशारं तु वैकुण्ठं क्री० ५०.४०
द्वापरे यत्कृतं तेन क्री० १२७.६
द्वापरे रक्तवर्णोऽसा क्री० १.२०
द्वार दत्त्वा दृढं मध्ये क्री० ९४.२७
द्वारभूतः पुरस्यास्य क्री० ४२.३०
द्विकरं प्रजपंतं च नाम उ० ५७.३९

द्विजं ददर्श पुरतो क्री० ९२.२६
द्विजरूपधरा देवो क्री० १२८.५४
द्विजवाक्यं समाकर्ण्य क्री० १२८.५८
द्विजानां चैव धर्माणा क्री० ४६.५
द्विजे ह्रदे महानद्यां क्री० १३८.४५
द्वित्रिमासैर्गता वार्ता क्री० ४६.२६
द्विपंचाशब्दपुः श्रेणी उ० ४६.१५९
द्विभुजः प्राकृतो बालो क्री० ६.३७
द्विमासिकेन बालेन क्री० ८४.१५
द्विरूपो द्विभुजो उ० ४६.१३०
द्विविधा गतिरुद्दिष्टा क्री० १४३.२१
द्विविधोऽपि हि योगो क्री० १४२.१९
द्वेषो हिंसा दया क्रोध क्री० १४६.६
दृष्टवैश्वरं परं रूपं क्री० १४५.८

ध

धनंजयं सर्वदिक्षु वीक्ष्य क्री० ११२.२१
धनधान्यादिवृद्धिश्च उ० ४६.१७५
धनवान् रुपवान् उ० ५६.७
धनवान् सुभगोभूत्वां उ० ७.३४
धनुर्धर निबोधेदमति क्री० ११२.२
धनुर्भारसहं घोरं क्री० ११५.४०
धनुश्चक्रगदापद्म क्री० ७६.१०
धनुषी सज्जतां नीत्वा क्री० ११८.१९
धनुस्कन्धास्तूणभृतो क्री० ११३.१०
धन्यं चक्षुर्हि देवानां क्री० ४१.६
धन्यं तपो नो दानं उ० ९२.२
धन्यं मे जन्म देवेश क्री० ७४.३९
धन्यं यशस्य आयुष्यं क्री० ७२.४३
धन्य स्त्वमसि देवेषु उ० ८८.३९
धन्या दृष् र्जनन उ० ६०.२८
धन्या वयं पूर्वजां न क्री० १२.७
धन्यास्तार वीरुधो क्री० ३८.३६
धन्येयमद्य धरणी उ० ५६.२१
धन्येयं धरणी तात उ० ९१.१३
धन्यो तपो जनिर्माता क्री० ९.६
धन्योऽसि जन्मसाफल्यं क्री० ५१.२१
धन्योऽस्म्यनुगृहीतो क्री० ५२.३६
धन्यौ नैं पितरौ देव क्री० २.१६
धरणीधर इत्येवं उ० ७३.२६
धरणीधरल इत्येत उ० ९०.५४
धरण्यां जानुनी स्थाप्य क्री० ५८.३५
धराघातेन ते सर्वे क्री० ११४.५३
धरा चकम्पे वृक्षाश्च क्री० ९६.२४
धराधरणसामर्थ्य दत्तं उ० ४८.३७
धराधरणसामर्थ्य दृढं उ० ९०.४०
धराधरः पातु पार्श्वं क्री० ८५.२४
धराधरां त्वां धरणी क्री० ४०.१४
धराधरो व्योमगोष्ठो क्री० ६८.५२
धरामात्रासनौ तौ तु उ० ६६.१
धरारजः कोऽपि मिर्मीत क्री० ५३.३४
धरित्री सस्यहीना च क्री० १४९.३१
धरिष्यति महादुष्टं क्री० ११०.१८
धरिष्यामि पदेन्यस्मिन् क्री० १२७.३८
धरे धरां स्वशिरसि उ० ९०.५१
धर्मदत्तः पुनश्चैनं क्री० १४.२८
धर्ममर्थ तथा कामं उ० २७.५
धर्मराजो न किं वेद उ० ७२.१७
धर्मशास्त्रार्थ तत्वज्ञो उ० २.३०
धर्मशास्त्रार्थ निष्ठस्य उ० २३.७
धर्मशास्त्रीमनीत्या च क्री० ४९.१५
धर्मशीलस्य राज्ञोऽथ उ० २.२
धर्माधर्मौ जहातीह क्री० १३८.४९
धर्माधर्मौ भद्रपीठे क्री० ११९.५
धर्माधर्मफले त्यक्त्वा क्री० १३८.५०
धर्मार्थकाममोक्षाणाम उ० ४६.१७७
धर्मार्थकाममोक्षाणां क्री० ४३.७
धर्षितां देवताः सर्वा क्री० ५.२७
धातुस्पर्शविहीनस्य क्री० २५.२२
धानुष्काणां शस्त्रभृतां उ० ५२.५
धाम यास्यामि परमं क्री० १५३.१०
धामप्राप्तिः कदा नः उ० ६२.४९
धावतां पृष्ठलग्नास्ते क्री० ६७.२७
धावधावेति जननी क्री० ८.२०
धावमानैः सुहृद्वर्गैः क्री० १२०.७
धावयित्वा पितृंस्त्यक्त्वा क्री० ९४.९
धिग्जन्म पौरुषं तेऽद्य क्री० ६९.३२
धिग्मे ज्ञानं महत्वं च क्री० १०४.२८
धिग्मे राज्यं च रूपं उ० २.७
धीतपो बलिनां चाहं क्री० १४३.१०
धूमेनाच्छादि तपनोन क्री० ५७.२२
धूपं दीपं च नैवेद्य क्री० ९५.३१
धूम्रकेतुर्गणाध्यक्षो उ० ९२.३७
धूर्तश्च कुशलस्तस्य क्री० ३२.१४
धूर्तश्च विकटश्चैव क्री० ११४.१६
धूलिमुद्धूल यध्दिस्तै क्री० १४.११
धूलिध्वजं समालोक्य क्री० १००.४६
धृतौ विनायकेनोभौ क्री० ५५.३६
धृत्वा करं स च मुनिः क्री० ९४.१८
धृत्वा धैर्यं च लज्जां क्री० १३७.१४
धृत्वा धैर्यं पुनर्दैत्यो क्री० १३७.१९
धृत्वाऽनेयो मुनेः पुत्रो क्री० १२.५४
धृत्वा रौक्मांगदं रूप उ० ३६.७
धृत्वा विनायकं बालं क्री० ६४.२५
धृत्वा शस्त्राणि चास्त्रा क्री० १३६.३८
धैर्यात्तमूचुस्ताः सर्वाः क्री० ९९.३४
धेनुदुग्धसमुद्भूतं शुद्धं उ० ४९.३१
धैर्योत्साही समोऽसिद्धौ क्री० १४८.१८
धौम्यपुत्रं स शुश्राव क्री० ३४.१२
धौम्यपुत्रः साधुसमध्ये क्री० ३४.३९
ध्वन्तः शिरांसि पादांश्च क्री० ११९.२३

ध्नन्तु बध्नन्तु क्री० ३.९
ध्यात्वा गजाननं देव उ० ५१.३६
ध्यानगम्यं चिदाभासं क्री० ४०.४०
ध्यानमावाहनं चक्रु क्री० १०७.७
ध्यानं कथं गतोऽस्यर्धे क्री० १२८.३१
ध्यानस्थं तं मुनिं वीक्ष्य क्री० ९४.१०
ध्यानेन बुबुधेतं उ० ३१.२०
ध्यानेना तोषयद्देवं क्री० ४५.३०
ध्यानैक प्रक्टो ध्येयो उ० ४६.९४
ध्यायन् गजननं उ० ३८.२१
ध्यायन्गणेशं शम्भुं क्री० ११०.३०
ध्यायन्तः परमं ब्रह्म क्री० १३८.१६
ध्यायन् विनायकं देवं उ० १८.३
ध्यायेत्सिंहगतं विनायक क्री० ८५.१८
ध्वजश्च शत्रुजिद्यस्य क्री० २७.७
ध्वजांकुशो ध्वरेखाब्ज क्री० ८१.३४
ध्वजांकुशाब्जविल क्री० १३०.४
ध्वजासुरपुष्पदन्तौ क्री० ११४.१५
ध्रियन्ते ते परैर्येऽग्नि क्री० ५७.२३

न

न कदाचित्प्रकटितम क्री० ११५.३५
न कार्यं च हरस्यापि क्री० ४५.२७
न कार्य संशयो व्यास क्री० १४९.५
न किंचिदूचे तान्देवो क्री० १०८.२१
न कुर्वेऽहं यदा कर्म क्री० १३९.२३
न कृतं दुष्कृतं क्रिचि क्री० १३५.१७
न क्रिया न च कर्तृत्वं क्री० १४१.१३
नखदंष्ट्रायुधौ घोरौ क्री० ८४.३
नखाग्रेण शिरस्तेऽहं क्री० १०२.२७
न खेदः सर्वदा कार्यो क्री० ७१.३४
नगरद्वारगुल्मे तु क्री० ११२.१६
नगराहिरायान्तं क्री० १५.२३
न गुणाय भवन्तिस्म क्री० ३३.३४
न गुणा वर्णितु शक्याः क्री० ७३.६
न ग्रामा च धनं धान्यं क्री० ४६.४१
न च त्याज्यः परिचयो क्री० ७१.२६
न च मे पाटवं देहे उ० २०.२४
न चात्र संशयः कार्यो क्री० १४९.९
न चायुष्यं स्वल्पं विविध उ० १४.१५
न चार्द्रवस्त्रपवनैस्ततः क्री० ७३.६३
न चित्तस्य समाधानं क्री० ७१.३५
न चिन्तां कुरुबन्धो क्री० १२६.५४
न चेह द्वेषतः कश्चित् क्री० १२०.५०
न जग्राह भयाद् उ० ६७.१०
न जपै पूजनैर्वापि क्री० ३२.३
न जयं प्राप्नुते वक्वपि क्री० १०२.२८
न जानीमो नभोवाणीं क्री० ४०.२८
न जानीमो वयं देवं क्री० २०.५५
न जानीमो वयं राजन् उ० ७५.३०
न जीनीवस्तपः किं ते क्री० ५१.२२
न जाने दुःख भोगाय उ० ५.४२
न ज्ञान समतामेति क्री० १४०.४६
न ज्ञायते कर्मगतिः उ० ७२.१४
न ज्ञायते मया वापि क्री० १०९.३६
न ज्ञायतेऽसुराणां हि क्री० ८७.५३
नटा नृत्यांगना वाद्य उ० ५५.२५
न तत्फलमवाप्नोति क्री० ३३.५७
न तथा द्रव्यनिचयै क्री० ४८.३३
न तथां श्रीमतां शक्ति उ० ५.४५
न तस्य पुनरावृत्तिः उ० ९२.५७
न तस्यास्तृप्तिरभवद्राक्ष क्री० ६५.१०
नताः स्म हे त्वां जगदे क्री० ४०.१३
नताः स्म हे देवि क्री० ४०.१५
नताः स्मो विघ्नकर्तारं क्री० ४०.२०
न तृप्तिमधिगच्छामि क्री० १४९.४७
न तृप्तिरस्ति पीयूषे क्री० ७२.८
न ते पराक्रमतुलां क्री० ७५.१७
न ते भयं रिपुकृतम उ० २६.२१
न ते रूप विदुर्देवा क्री० १०८.२७
न तो मयाऽति लुब्धेन उ० ३४.२३
न त्यक्तवान्दाचिद्वो मा क्री० १००.४४
न त्वं मृशसि मां देव उ० ८५.५
न त्वया वरदानेज क्री० १२८.१९
नत्वा तत्पादकमलं क्री० ७४.३५
नत्वा तुष्टाव देवेशं क्री० १३०.१६
नत्वा तौ पितरौ वाक्यं क्री० ६२.४८
नत्वा नत्वा ददुस्तस्मै क्री० ५९.३६
नत्वा प्रदक्षिणी कृत्य उ० ३४.३९
नत्वा प्रोवाच देवेश क्री० ६१.३६
न त्वां विना गतिर्नोऽस्ति क्री० ७६.४
नत्वा स्तुत्वा महातेजाः उ० ५१.८
न ददर्श द्रुमांजन्तूम्पशु क्री० १०४.३१
न ददर्श यदा देवी क्री० ८०.१९
न ददर्श सखीन्बालाम् क्री० १०४.३०
नदन्तं मंजुलाम् वाणीं क्री० १९.१०
नदस्सु सर्वतूर्येषु उ० ७५.१३
नदी नद जलैं रब्धि उ० ६६.८
नदीनदभुजः सर्वांगुली उ० ४६.२४
नदीवनानि च गिरी क्री० १६.२२
न दुष्टं न श्रुतं लोके उ० ६८..३१
न दृश्यते यदा क्री० ५६.३१
न दृष्टां न श्रुतां उ० ७८.३८
न दृष्टो न श्रुतः क्वापि क्री० १३३.१०
न दृष्टोऽस्य गुणोत्कर्षं क्री० ११.९
न देवश्चेत् कथं पंच क्री० २२.२
न देवा देवराजो वा क्री० ४१.२१
न देवेषु न नागेषु उ० २८.५
नद्यः प्रसन्नसलिला क्री० २०.५८
नद्यां तडागे वाप्यां उ० ५४.२५

नद्यो नः द प्रियो नादो उ० ४६.९५
न द्रष्ट सूकरः क्वापी क्री० १०६.७
ननन्द देवस्तं दैत्यमति क्री० १०२.५
ननन्द परमप्रीतो उ० ६७.५९
ननर्त करतालेन पादा क्री० १००.२६
ननर्त जानुभागेऽस्य क्री० ८८.३७
ननर्ततुरुभौ पश्चात् क्री० २.१५
ननर्त परया भक्त्या क्री० ४७.२७
ननर्द वाद्यघोषेण क्री० ११८.३४
न नागेभ्योभयं दत्तं उ० ४.२७
ननाम तां पुरस्कृत्य क्री० ६५.१७
ननाम दक्षस्तं दृष्ट्वा उ० २१.१२
ननाम परया भक्त्या उ० ३४.१४
ननाम पादयोस्तस्य क्री० १२८.७१
ननाम प्रार्थयामास उ० २९.२
ननामि विश्वेश्वरि क्री० ९५.५
ननृतुश्चाप्सरः सङ्घास्तुष्ट क्री० १२३.३९
नन्दनं कश्यपस्यैन क्री० १२.३८
नन्दनादधिशोभं क्री० १२९.३८
नंदनो लंपटो भीम उ० ४६.४
नन्दी तु गजरुपेण क्री० १२१.२५
नन्दिनं च शराघातै क्री० ११६.२७
न न्यूनं नाधिकं ग्राह्य उ० ६६.३०
नलेनेदं कृतं कस्मात् उ० ५२.१
न पद्मयोनिर्न हरो क्री० ३५.६
न पश्यसि प्रियां उ० २५.१६
न पाप भागिनस्त्वेते उ० ७.४१
न पापलेशस्तत्रासीदेवं क्री० ४५.२१
न पिता त्यजते बालान् क्री ७१.२८
न पुराणं देवपूजा न क्री० ३९.३६
न प्राप्नुवन्त्यनुष्ठान क्री० १५१.१६
न फलं न जलं मूलं क्री० ८०.३
न बालस्त्रिषु लोकेषु क्री० १३०.२४
न बिभेति महाधैर्या क्री० १११.५
न बिभेम्यन्तकान्मूढ क्री० ४१.२२
न ब्रह्म हत्यां मनुतो न क्री० २८.६
न ब्रह्मलोके कैलासे क्री० ५३.१४
न ब्रह्मा न हरिः शिवेन्द्र उ० ६७.३०
न भक्षयसि पूर्वं क्री० १२४.२२
न भक्षतिं विनाऽप्येतै उ० ७५.३२
न भयं कुरु लोकेशस उ० १५.२२
न भयं तस्य शूलात्तु क्री० १५५.६३
न भयं वज्रहस्तान्मे क्री० ११६.११
न भयं विद्यते तस्य क्री० १२९.११
न भयं विद्यते देवयोनि क्री० ७४.४२
न भविष्यति विघ्नं ते क्री० १८.१७
नभस्पर्शि मुखानां च क्री० १०९.२१
न भिद्यते पुमान्यद्वन् क्री० ४७.१३
न भूतो न भविष्यो वा क्री० ४६.२२
न भूपयुद्धात्कण्डुर्नो क्री० ७५.२१
नभोऽक्षिपन्महावीरास्ते क्री० १२२.४२
नभोमार्गेण नगरा क्री० ६३.९
नभोवाणीं ततः श्रुत्वा क्री० ३६.३६
नमः कृपानिधे तुभ्यं उ० ६३.२७
न मत्तः श्रेष्ठ इत्येवं उ० ४१.२८
न मया बुद्धिपूर्वं क्री० १३५.२८
न मया विदितं किंचिज्जन उ० २१.२४
नमश्चक्रु परदयुगं क्री० ९०.३०
नमः सर्व विनाशाय क्री० ३७.३
नमस्कृत्य च तानम्बा क्री० १०७.२
नमस्कृत्य महेशानं उ० ४७.५०
नमस्कृत्य मुनि सर्वे उ० ६७.२४
नमस्कृत्य शिवं क्री० १२१.४
नमस्कृत्याभ्यनुज्ञाप्य क्री० ९६.५७
नमस्कृत्वा देवगणान् उ० १०.८
नमस्ते जगदाधार उ० ६०.२४
नमस्ते त्रिदशेशाय क्री० ७४.३६
नमस्ते ब्रह्मरूपाय क्री० २१.६६
नमस्ते भक्तवरद उ० ६३.२८
नमस्ते विघ्ननाशाय उ० ६०.२२
नमस्ते वृष्टिबीजाय क्री० ७४.३७
नमस्ते वेदविदुषे उ० ६३.२९
नमस्ते सर्वरूपाय उ० ६३.२६
नमस्ते सर्वरूपाय क्री० ३७.२
नमस्य प्रार्थयामास उ० १५.३८
नमामि ते नाथ क्री० ५३.२७
नमानि ते नाथ करारः क्री० ५३.३०
नमानि ते नाथ क्री० ५३.२१
नमामि देवं गणनाथ उ० ६९.३९
नमामि देवं द्विरदाननं उ० ६१.४१
नमामि सर्वानमर उ० ३३.२९
न मां विन्दनति क्री० १४३.११
न मिथ्या वचनं मे क्री० १२६.५०
न मिथ्या भाषितम् क्री० १२८.७५
न मे तपो वा ध्यानं क्री० १२७.२९
न मे मनश्चलेत क्वापि उ० २८.१६
नमे राज्येन दारैश्च उ० २.२५
न मेऽस्ति गणना कापि क्री० १०६.२१
नमो दध्वान सदृश उ० ६४.५
नमो देव देवेश गौरीश उ० ८२.९
नमोऽनन्तशक्ते गुणा क्री० १५.४६
नमोऽनन्तशक्ते नमो क्री० ३०.२९
नमो नमः कारुणि उ० ४०.४७
नमो नमः सुखरपूजितां उ० ४६.२०८
नमो नमस्तत्व विबोध उ० ४०.४९
नमो नमस्तेऽखिल क्री० ६.१०
नमो नमस्ते परमार्थरुप उ० ४०.४२
नमो नमस्ते सुरशत्रु क्री० ६.११
नमोनमोऽभक्त मनोरथेश उ० ४०.४६
नमो नमोऽभक्त विभूति उ० ४०.४८

नमो नमो भूतमयाय उ० ४०.४३
नमो नमो वागविचार उ० ४०.४५
नमो नमो विश्वभृते उ० ४०.४४
नमो निर्गुणायामल उ० ८२.१०
न यज्ञैर्न व्रतैर्दानैर्नाग्नि क्री० १४८.४३
न यत्र शीतोष्ण करांशु उ० ५.२१
नयनानि च सर्वेषां क्री० ८३.२१
नय मां यत्र यातोऽसि उ० २५.१३
न यात्रां दिव्यलोकं क्री० ५१.२५
नयिष्यति गतिकां मे उ० ३०.२५
न यांगं योगमित्याहु क्री० १३८.७
नरयानं तथा ग्रामान् उ० २४.२५
नरयाने समारोप्य उ० २६.१०
नरा नागरिकाः केचि उ० ६७.५१
नरान्तकगतिं तस्य क्री० ६७.१४
नरान्तकद्वारदेशे महान् क्री० ६०.५२
नरान्तक पितृव्यस्य क्री० १२.२३
नरान्तकस्तु दृष्टवैवं क्री० ५८.२७
नरान्तकस्य च शिरो क्री० ६२.२
नरान्तकस्य सैन्येन सा क्री० ५९.२१
नरान्तकेति मे नाम क्री० ६०.२०
नरान्तकेन भुक्त्वा क्री० ५७.२६
नरान्तके हते द्वित्रि क्री० ६२.५२
नरान्तकोऽपि भीतास्ते क्री० ५८.२४
नरांतको महीं गत्वा क्री० ४.३
न राष्ट्रे नाम तस्यापि क्री० २८.८
न रोमापि चचालास्य क्री० ६९.१९
नर्मदामहिमा सर्वो क्री० १३२.२७
न लग्नं मे मनोदेवि उ० ३०.१७
न लघुर्घुताममेति क्री० १३७.८
नलमन्वेष यन्त्या उ० ७०.५
न लाभो दृश्यते पुंत्र क्री० १२०.४७
नलिनीकामुको उ० ४६.६१
नलिनी कुड्मले तिष्टे उ० ३१.२८
न लेभे कुत्रचिच्छर्म उ० ३०.२९
नवनागासनाध्यासी उ० ४६.१४५
नवनारायणास्तुत्यो उ० ४६.१४६
नवनीत समुत्पन्नं उ० ४९.३२
न वन्ध्या न च वाऽपुष्पा क्री० ४५.१७
न वयं तस्कराः स्वामि क्री० ९.२२
नवरत्नवित्ति गो उ० ४६.१४७
न वर्षति भृशं मेघो उ० ६.२१
न वा किंचिद्दयौ चैन क्री० १०.३५
न वा तं मुनिमापृच्छय उ० ५६.२८
न वाले साधुचरितं क्री० ५५.८
न विघ्नं कुरुतं तत्र क्री० १२.४१
न विज्ञातो मदन्येन उ० ४७.५६
न विदामः स्वमात्मानं क्री० ९९.२९
न विद्यो महिमानं त्वे क्री० ५४.५६
न विनश्यति मद्यक्तो क्री० १४४.२३
न विन्दतुः प्रकर्तव्यं क्री० २३.२९
न वियुक्ता शिवेन त्वं उ० ४८.२८
न. वियोगं क्षणं तस्याः क्री० ३३.२५
न विश्रांतिः क्षणं तस्य उ० ६२.१८
न वीराः परिशोचन्ति क्री० ६२.३१
न वेदाः सोपनिषदः उ० ४४.३३
न वेदैर्न च दानैश्च क्री० ५०.३३
न शक्नुतामलं वक्तुं क्री० १५५.२
न शत्रुंजते कोऽपि क्री० ११७.२८
न शशाक तदा वक्तुं क्री० ५३.१७
न शीतं न जरा तत्र क्री० ५०.६१
न शेकुरुत्थापयितुं ततो क्री० १०६.३०
न शोभते रेणुकया उ० ८०.८
न क्षुधा न तृषां कोऽपि उ० २२.२१
नष्टे देहेतु भूतानि क्री० ४७.८
न संख्या वर्तते क्री० १३.३९
न संख्या विद्यते राजन् उ० ५८.११
न सतां दर्शनं व्यर्थ क्री० ३३.४३
न समर्थाश्च यं वेदाः उ० ७५.२८
न स योगः स्त्रिया योगो क्री० १३८.९
नस विप्रोऽभि मन्तव्यो उ० ७९.३६
न साधु संगमः क्वापि उ० ५७.२२
न सिद्ध्यन्ति हि उ० ९२.४६
न स्थातुं नैव वा गंतुं उ० १३.४०
न स्थास्यन्ति मम क्री १२६.४९
न स्मरे पितरौ राजन्न क्री० ३१.३०
न स्वरूपं विदुर्देवा क्री० १००.३०
न स्वर्णं राजतं ताम्रं क्री० २२.३७
न स्वाहा न वषट्कारः क्री० ३९.३५
न हन्तव्या वयं दैत्य क्री० ११४.२९
नहयेतस्मात् पुण्यतरं उ० ७३.३६
न हि मे वंचनं धाता क्री० १२०.१९
न हि शोच्यो हि उ० १९.४८
न हेतुं तत्र पश्यामि उ० १०.१३
नाक्षत्रं चन्द्रलोकं च क्री० ५२.२७
नागतश्वेत्स्वाश्रमं स क्री० ३४.३३
नागतः स्यात्पूर्वमेव क्री० १२६.११
नागता करुणा देवे उ० १९.३२
नागयज्ञोपवीती च उ० ८२.२७
नागरान् मानयित्वा क्री० १८.५४
नागरा भोजयामासुरुभावा उ० २०.१६
नागराश्च प्रणम्योच्चैरुचु क्री० १२६.१०
नागलोको धन्यतमो क्री० १००.५
नागांगना भिश्च कुतूहले उ० ४०.१५
नाचान्तोऽसि विजृम्भ्य उ० ७२.३८
नाज्ञासींद्य तदा दैत्यो क्री० ६१.२५
नाज्ञासीत् कोऽपि चरितं क्री० २०.४०
नाज्ञासीद्यस्य ते रूपं उ० ६१.१६
नाति भुञ्जन्सदा योगी क्री० १४२.१२
नात्येषां स्कन्द वरद उ० ८६.२७

नादयत्पत्तनं सर्व शिखरं	क्री० ६२.३	नानापक्षि समायुक्तो	क्री० २०.४४	नानालंकार शोभाढ्या	उ० ७५.२४	नानावादित्रनिर्घोषै	क्री० ७५.३९	नानाश्चर्ययुतं नानारत्न	क्री० १२२.३३
नानर्षि मन्त्रनिचयै	क्री० ३.४१	नाना पुष्प लता कीर्ण	उ० ६.१९	नानालंकार संयुक्तं	क्री० २४.३१	नानावादित्र निर्घोषैः	क्री० २६.२२	नानासंगान्जनः कुर्व	क्री० १४०.४१
नानाक्षत समाकीर्णः	उ० २.५	नानापुष्पैश्य नेवेद्यै	क्री० ८१.९	नानालंकार संयुक्तं	क्री ३०.३९	नानावादित्र निर्घोषैः	उ० ४३.४५	नानासभा दृष्टपूर्वा	क्री० १११.७
नाना गजरथा श्वाद्यै	उ० ५२.३९	नाना प्रहरणै दिव्यैः	उ० ४२.३५	नानालंकारसंयुक्तं	क्री० ४८.२९	नानावाद्यनिनादैस्ते	क्री० २०.५९	नानासरोवर जले निर्मले	उ० ७७.३२
नानागर्जनतो व्योम	क्री० ११८.८	नानाबर्णानि काश्मीर	उ०४.३	नानालंकार संयुक्तं	क्री० १३३.१७	नानाविधं मल्लयुद्धं	क्री० ६८.५७	नाना सामर्थ्य वानस्मि	उ० ८७.२५
नानागणैः समायुक्तो	क्री० १२९.३५	नानाभिषेक सम्भारैः	उ० ८६.१५	नानालंकार संयुक्तं	उ० ५६.२०	नानाविधानां वाद्यानां	उ० ७१.२२	नानासेनाचरा जघ्नुः	क्री० ११३.३४
नानागृहगतो भुकंते	क्री० ५४.३७	नानाभोगाननेका स्त्री	क्री० ४९.१७	नानालंकारसंयुक्तः	क्री० २.१४	नानाविधानि नामानि	क्री० ९६.३७	नानासौभाग्यद्रव्याणि	क्री० ८४.३६
नानातारांकित व्योम	उ० १२.३७	नानामणिमये रम्ये	क्री० ५६.३	नानालंकारसंयुक्ता	क्री० ४२.१३	नानाविधानि वस्तूनि	उ० ५७.८	नानिलत्वं नानलत्वं	क्री० १३८.१२
नानातिर्थानि क्षेत्राणि	उ० ५८.१६	नानायुद्धसमूहैश्य	क्री० ५६.४७	नानालंकार संयुक्ता	उ० ५२.८	नानाविधेषु भूनेषु	क्री० १४८.११	नानेष्य शत्रुमूर्द्धानं	क्री० १२०.१०
नानातीर्थजलैर्युक्त	क्री० १०४.१९	नानायुद्धेषु कुशलौ	क्री० ११८.७	नानालंकारसंयुक्तो नृग	क्री० ९९.२	नानाविधै रामभरणै	उ ५१.३८	नानेन सदृशं किंचित	क्री० १५०.२३
नानादैत्यनिहन्तारं	क्री० १०४.७	नानायुधधरं प्रोचुरा	क्री० १०१.१६	नानालंकार सुभगा	उ० ५८.१४	नानाविभूतिभिरहं	क्री० १४४.२४	नानोपायाः कृतास्तस्य	उ० ८५.६
नानाद्रव्ययुतैस्तौयैर	क्री० ४९.१२	नानायुधधरा नानादिव्या	क्री० १०५.३	नानालंकारा रुचिरां	उ० ७५.१२	नानाविशालशालासु	उ० ७७.२९	नान्यत् प्रयोजन मुरू	उ० ७७.३९
नानाद्रुम लताकीर्णे	उ० ८९.२५	नानारत्नमय स्तम्भ	उ० ७७.५५	नानावतारकर्ता त्वं	क्री० १००.३१	नानाव्यंजन शोभाढ्य	उ० ७५.१५	नान्योपायं प्रपश्यामि	उ० ४०.३२
नानाधातुविचित्रो नु	क्री० ५६.४०	नानारत्न लसद्दीप्ति	उ० ४८.१९	नानावतारकृच्चापि	क्री० ४६.४	नानाव्यवसाय रता	क्री० १५३.२८	नापश्यचत्वरे तं तु	क्री० ८३.२४
नानाध्दजपताकाढयं	उ० ७७.५६	नानारत्नेषु दीप्तेषु	क्री० १२५.२	नानावतारैः कुरुषे	क्री० १३७.३५	नानाशस्त्रधरा सोऽपि	क्री० ६८.१८	नाश्यतां पर्णकुटीं	क्री० ५५.२१
नानाध्वजपताकाढ्यं	क्री० १०८.३३	नानारुपा महासत्वाः	उ० १४.८	नानावतारैर्भूभारं हरसेऽन	क्री० २५.६	नानाशस्त्राहताः पेतु	क्री० ४२.१९	ना पश्यद्रोग निर्मुक्तं	उ० २०.४
नाना पंकज पुष्पैश्च	उ० ४९.४४	नानारूपधरो नित्यो	क्री० ५.४०	नानावर्णा एकरूपा	क्री० १२०.३३	नानाशस्त्रधरैर्वीरैः	क्री० ११३.८	नापुस्तं च स्वकान्बाल	क्री० ९९.५६
नाना पक्वान्न संयुक्तं	उ० ४९.४७	नानालंकारक रुचिर	क्री० १०५.२८	नानावस्तुक्रयो भूयेः	क्री० १४८.३२	नानाशस्त्रप्रहरणाः नाना	क्री० ११३.३	नापूजि च कथं विघ्न	क्री० ३६.२२
नानापक्षिगणाकीर्ण नाना	क्री० ८.१७	नानालंकार रुचिरं	क्री० १२८.७०	नानावाद्यपुष्पैस्त	क्री० १३०.४२	नानाशस्त्रप्रहरणै मृतौ	क्री० ११४.१	नापोऽपि पिबते क्वान्नं	क्री० २४.१२
नानापक्षिगणा रात्रावेक	क्री० १२०.२८	नानालंकार वसना	उ० ७.२९	नानावादित्र निर्घोषैः	क्री० १.३४	नानाशस्त्रैरथासैस्ते तं	क्री० १०३.९	ना बाले पौरुषं क्वापि	क्री० १३४.४१

नाभक्तुलया तस्य	उ० ६७.११	नायातीति परिज्ञाय	क्री० १०७.३४	नाश्रमः शोभते तद्वत्	उ० ८०.७	निरुत्साहो निरुद्योगो	उ० ७९.४३	नित्यं ब्रह्म प्रयान्त्येते	क्री० १४०.३७
ना भूत् स्वपर	उ० ३९.३२	नायान्ति प्रातराशाय	उ० २२.२३	नासत्यौ कालदैत्येन	क्री० ७६.१५	निकटे तस्य काचित्तु	क्री० ४६.३१	नित्यं यत्र स्थितो	क्री० ३८.३७
नाम चास्याकरोत्पद्य	क्री० ३२.२०	नारद उवाच	उ० ६५.७	नासत्यौ नारदश्चापि	क्री० ७७.६	निः खेदः सुरभेर्गन्धा	क्री० १५१.४	नित्ये नैमित्तिके काम्ये	उ० १०.५
नाम चिन्तामणिरिति	क्री० ९६.३५	नारदस्य च संवादं	क्री० ३३.६०	नासाग्र न्यस्त दृष्टि	उ० ३७.४	निकुंभं पुष्पदंतं च	उ० १७.२१	निधेहि मस्तके तात	क्री० १३६.५
नामनिष्क्रमणं कर्म चक्रे	क्री ३०.४३	नारदस्य मुने वांक्या	उ० ५४.३६	नासिकां च ततो भारं	क्री० ८७.२१	निघ्नती निजवक्षः	क्री० २१.४	निनादं तं समाकर्ण्य	क्री० ५६.५३
नामनी अनयोर्ब्रह्मन्नन्	क्री० १.३८	नारव्येयो दुष्टबुद्धेस्तु	उ० ६७.५८	नासिकां श्रवणे पादौ	क्री० १०८.१३	निघ्नती पक्षवातेन	क्री० ९८.२९	निनिन्दतुस्तौवृषभं	क्री० ११८.३१
नाममि देवं गिरिजासहायं	उ० ८८.५	नारायणपरः ख्यात्या	क्री० १५०.१४	नासिकां रध्र मार्गेन हरि	उ० १३.४५	निघ्नन्तौ रिपुसेनां तां	क्री० ११३.४३	निनिन्दु र्मुनिना	उ० ७९.२८
नामानि परिवाराणां	क्री० १५४.३	नारायणं तथेशाने	क्री० १२५.२९	नासीदौदुंबरं पात्रं	उ० ५८.१२	निघ्नन् मृगान् वराह	उ० ५३.११	निंदतश्च शपंतश्च	उ० १२.३२
नामाप्येतस्य न ग्राह्यं	उ० ७६.६१	नारायणांश संभूतः	उ० १०.१	नास्तिके निन्दके क्रूरे	उ० ११.२४	निजभर्तृद्विजरूपं	क्री० ७३.५३	निन्दन्ती तस्य कर्माणि	क्री० १२२.५०
नामास्याश्वक्रतुरुभौ	क्री० ३४.१०	नारिकेल फलं द्राक्षां	उ० ६९.३२	नास्ति त्रिभुवने कोऽपि	क्री० १३१.१९	निजं रूपं महातेज्ञा	उ० ८७.३२	निन्यतुर्देवसेनां तौ	क्री० १२०.३
नाम्ना गजानन	क्री० १२९.२९	नारिकेल फलेनाशु	क्री० १४.४४	नास्ति त्रिभुवने कोऽपि	१३२.१९	निजं रूपं सभास्थाय	क्री० १०८.१४	निन्युस्ते शेष निकटं	क्री० ९७.२६
नाम्ना गृत्समदः साधुः	क्री० ३३.३९	नारिकेलेन शिरसिहता	क्री० ५६.१३	नास्मत्समक्षो पूजर्ह	उ० ३६.३०	निजवृत्तान्तं मार्गे	क्री० १३२.१०	निन्ये बालं तत्पुरतो	क्री० १३१.७
नाम्ना मुकुन्देति शुभा	उ० ३५.८	नार्यस्तन्नगरे शिशूनथ	उ० २६.३	नास्मृति सर्वदा ते	क्री० ३७.९	निजैरौषधै स्तर्पयंतं	उ० १३.१०	निन्ये बालं तत्पुरतो	क्री० १३२.७
नाम्नां सहस्रे रांप्राप्ते	उ० ४७.१	नालक्ष्मीर्न च विघ्नानि	क्री० ३५.२८	नास्मिशक्ता विलेतुं तौ	उ० १७.३५	नित्य कर्म समाप्यैव	उ० ३१.२	निपत्य पुनरुत्थाय	क्री० ११२.१३
नायकेन न हन्तव्यो	क्री० १११.३३	नालोकयेन्मुखं तेषां	उ० २२.८	नाहं तत्र स्थितो ब्रह्मन्	उ० ८१.११	नित्य तृप्तोऽप्यहं तृप्तः	उ० ५२.१७	निपेतुर्देवपुंजेषु मृतेषु	क्री० ६८.३८
नायकोऽनन्तकोटिनां	क्री० ८१.२८	नावतारं गृहिष्येऽहं	क्री० ११५.२९	नाहं प्रयास्बे स्वपुरीं	उ० ३३.२३	नित्यनैमित्तिकर्मभ्य	क्री० १५५.१९	निपेतुर्व्यसवो भूमौ	क्री० २०.४९
नायकौ संगतौ	उ० ४२.३४	नावाज्ञां देहि दैत्येंद्र	क्री० ११९.६	नाहं प्रीये धनकनकचयै	क्री० ३५.२४	नित्यमद्वैतमपरं परं	क्री० ५४.५३	निपेतुस्ते तदा भूमौ	क्री० ९०.३८
नायं चेन्मत्पुरी क्वत्या	क्री० २२.१६	नावाभ्यामपराद्धं ते	क्री० १२४.४२	नाहं बिभेमि तस्यास्तु	क्री० ६०.६	नित्यं तत्पूजनाद्ध्याना	क्री० ३२.५	निमग्ने द्विमूहूर्तेऽस्मि	क्री० ९९.१२
नायं तव सुतः सुभ्रु	क्री० ९६.४७	नाशयामोऽनेकधा तमिति	क्री० २०.६	नाहं मशकवाक्येन	क्री० १२८.५०	नित्यं नैमित्तिकं	क्री० १३९.३०	निमज्जय स जले तेन	क्री० ९१.२४
नायं मूढोविजानीते	क्री० १३७.२१	नाशिता सर्वसेना सा	क्री० १२२.४३	नाहं वृणे गजास्य त्वां	क्री १३४.३७	नित्यं नैमित्तिकं काम्यं	उ० ९१.२५	निमील्य नयने चान्त	क्री० २४.४२

निमील्य नयने मूर्च्छां क्रीο ८४.२५
निर्माल्य नयने सोऽथ उο ३७.१५
निमील्याक्षिणी राजन् क्रीο १६.४८
निमील्य नयने तस्थुः उο ८९.३१
निम्ननाभिः स्थूलकुक्षिः उο ४६.३४
नियुक्त्वाऽनधिकारां तां क्रीο ३६.११
निरंकुशो हर्षयुतो उο ७६.४९
निरहंममता बुद्धिरब्देषः क्रीο १४६.१५
निरन्तरं सेवनाच्च क्रीο १०४.२४
निरस्तान्यत् अरिष्टानि क्रीο १९.३०
निरस्तौ जनममृत्यु क्रीο १३३.२३
निराकरोन्मोहजालं क्रीο १३३.२१
निराकृतायां तस्यां तद् क्रीο ६५.१९
निराकृते नित्यनिरस्त क्रीο ६.१२
निराकृतेस्ते यदि क्रीο ५३.३५
निराधारोऽखिलाधारो उο ३४.१९
निराबाधं जगत्सर्वं क्रीο १२९.१३
निरामयाय नित्याय उο ६०.२३
निरामयायाखिल कामपूर क्रीο ६.१३
निरामयो निराभासो क्रीο ४०.३६
निराहारः काष्ठभूतः क्रीο ३८.४३
निराहारा जप परा उο १२.२४
निराहारा वायुभक्ष्या क्रीο ५.२६
निराहारो निरीहश्च उο ५७.३२
निराहारौ वायुभक्षौ क्रीο २.७
निरीक्ष्य तं काशिराजं क्रीο ७२.२५
निरीक्ष्य तादृशं पुत्र उο २३.१७
निरीक्ष्य देवान्निहतान् क्रीο १२४.७
निरीक्ष्यसर्ववीरान्स क्रीο १२१.४३
निरीहं योऽभिजानाति क्रीο १४०.२०
निरीहा निर्भयारोषा क्रीο १४०.१४
निरीहो निगृहीतात्मा क्रीο १४०.२७
निरुद्धा गण्डकीदेशे क्रीο ७८.३८
निर्गमं देहि देवेश क्रीο ११.२७
निर्गम्य वेगमास्थाम क्रीο १९.३६
निर्गुणस्य तु को वेद क्रीο ९८.४१
निर्गुणो निरहंकारो क्रीο ५.१६
निर्गुणस्त्वं परात्मासि क्रीο १२४.४८
निर्गुणो निरहंकार क्रीο ८.३३
निर्जनेऽस्मिन् वने उο ७३.५
निर्जितांसिन्धुना देवां क्रीο ७९.१
निर्जिता येन तेनेह क्रीο १०१.३९
निर्दयत्वमरावेव स्मृतं क्रीο १२०.५५
निर्भयेन त्वया दोषा क्रीο ४१.१४
निर्ममे तत्क्षणादेक क्रीο २०.२९
निर्मलो यतचित्तात्मा क्रीο १४१.७
निर्माता रक्षिता धाता उο ८३.१८
निर्वाणं तस्य तज्ज्ञात्वा क्रीο ३१.९
निर्वारि वारि धिर्जातो उο ६४.६
निर्विकल्पं मनस्तस्य क्रीο १०७.४७
निर्विघ्न कामना उο १२.८
निवारय महाविघ्नं उο ८२.३४
निवार्य शरजालानि क्रीο ११४.३६
निवृतेषु च लोकेषु हर्ष क्रीο ५९.४१
निवृत्तेऽस्मिन्विवाहे क्रीο २१.३६
निवृत्तेस्वनिमित्ते स क्रीο १४.२९
निवृत्य सेनां च तत क्रीο १९.५
निवेदयं रवेर्हस्ते क्रीο ९५.४६
निवेद्य पुपुजुस्तस्मै उο २२.१९
निवेद्य पूजनं नत्वा उο ५९.३१
निः शब्दः स कथं पुत्र क्रीο १२४.१८
निशम्य कीर्ति तत्रत्यो क्रीο १४.३
निशम्य गदितं तस्य क्रीο १५१.३२
निशम्न दूतवाक्यं क्रीο १५१.२६
निशम्य प्रार्थनां तस्य क्रीο २३.२४
निशम्यं शिववाक्यं स कीο १३०.३३
निशम्येत्थं वचस्तस्य क्रीο १२२.२०
निशम्येति वचस्तेथां क्रीο २२.२८
निशामुखे यथा बाला क्रीο ६८.६
निशीथेऽरण्यपशु क्रीο ८७.३५
निशीथे स्वर्प्रीयां उο ७६.११
निश्चित्यैव नरपतिरास उο २८.२६
निश्चेतनां परिज्ञाय उο ७६.३०
निश्चेष्टं निरनुश्वासं उο ८९.४४
निश्वासपरमाऽप्यासीद्धिवं उο ४८.३०
निषसाद सभागेहे नृप उο ५२.११
निषिद्धपत्रपुष्पादि क्रीο ४९.२१
निषिद्धाचरणं नैव उο ५३.२७
निषिध्यमाना सखिभि क्रीο २१.६
निषधेषु महाराजो नलो उο ५२.२
निष्कण्टकां यथा चन्द्रः क्रीο ८३.१०
निष्काश्यतां बहिर्बालो क्रीο १९.२६
निःसार मनुजाः येतु क्रीο १३.३३
निः सारयामास विभुः उο १३.४६
निःसृतं बन्धनं ज्ञात्वा क्रीο ९२.१८
निःसृतो भीषणमुखस्त्रै क्रीο ६८.५१
निस्पृहं परिवृतेषु स्थूल क्रीο ४४.१६
निस्पृहाणां सर्वकृता क्रीο ९५.३३
निहतः क्षणमात्रण क्रीο ५६.१२
निहतं बहुधा सैन्यं शक्रं उο ४७.२४
निहते सर्वसैन्ये तु क्रीο ६७.३३
निहता बहवो दैत्या क्रीο १२६.४३
निहतो लीलया देव क्रीο ९६.२८
निहन्तुं नः समायातः क्रीο ९०.४२
निहन्यमाना दैतेयाः क्रीο ६३.४१
निहर्षो म्लानवदनो क्रीο ११७.२
नीतश्च त्यक्ष्यते प्राणां क्रीο १३०.४१
नाताः पातालविवरे क्रीο ९७.४४
नीत्वेमं स्वगृहे बालं क्रीο २२.१८
नीयतां पूजयन्त्वाशु क्रीο २२.१४

नीराजनं मंत्रपुष्पं दत्त्वा	उ० ५१.४१
नीराजनैर्मन्त्रपुष्पै	क्री० १२५.३७
नीराजयामास च तं पति	क्री० ८६.९
नीराजयित्वा राजानं	उ० ५५.१९
नीलकंचुक सवीतो	उ० ५३.९
नीलमश्वं समारुह्य	क्री० १४९.३७
नीलाश्मकुट्टिमा यत्र	क्री० ५२.५७
नुतः स्म परया भक्त्या	क्री० २४.४६
नुनाव परया भक्त्या	क्री० ३१.१३
नुनुवुवंदिनः सर्वै	क्री० १२५.१३
नुपुरान्तर्गतो दुष्टः	क्री० ९०.१३
नूपुराख्यो महादैत्यो	क्री० ९०.१२
नूपुराणां सिंचितेन	क्री० ९०.९
नृत्यत्किन्नरकन्या	क्री० १५१.१९
नृत्यगीतसमायुक्तं	क्री० १५२.४३
नृत्यति स्म तदा सा	क्री० ३९.२२
नृत्यत्तं तं मयूरेशं पश्य	क्री० १०१.२
नृपते दर्शयैनं मे	क्री० ३८.३२
नृपोऽपि ज्ञातवृत्तान्तः	क्री० १३३.८
नृपोऽपि दिव्यकान्तिः	क्री १५२.४२
नेति नेति ब्रवीति स्म	क्री० २५.४
नेतुं तामीदृशी दूतै	उ० ७४.६
नेदं शरीरं वक्त्रं वा	उ० २८.२५
नेदं रूपं महाबाहो	क्री० १४५.२३
नेदृशो दृष्टपूर्वो मे	क्री० ६१.१
नेमु पादौ प्रगृह्यैव	उ० २५.५
नेमुर्मातर्बहुदिनैरभव	क्री० ९७.७
नेयं मूर्तिस्तेन शक्या	उ० ४२.१२
नेयं संज्ञेति स प्रायादूहं	क्री० ९५.४५
नेष्ये त्वां यत्र ते माता	क्री० ९२.२२
नैकत्र सर्वदा मातः	क्री० १२६.५१
नैतादृशं क्वापि देवि	क्री० १०९.१३
नैतादृशं पुत्रवत्वं श्लाघ्यं	उ० १९.४३
नैतादृशं बलं दृष्ट	क्री० ७५.३५
नैतादृशं मयाऽदर्शि	उ० ९२.४
नैतादृशं व्रतं दानं श्रुत	उ० ५१.९३
नैतादृशो मयाऽदर्शि	क्री० ७७.१०
नैतादृशौ बुद्धिमन्तो	क्री० ११८.३
नैवेद्यं कन्दमूलैश्च	उ० २४.७
नैवेद्यं वैश्वदेवं	क्री० २२.५४
नैष्ठुर्य परमं प्राप्तो	क्री० ८३.२७
नोचेत् कल्प सहस्रं	उ० ७.४०
नोचेत्कामाग्निना दग्ध	उ० ३०.१८
नो चेत्त्वां भस्मसात्	क्री० १३५.२३
नो चेदध नयिष्यामि	क्री० १०६.३५
नो चेदन्यां पाणिय	क्री० १२८.५२
नो चेदुभाभ्यां मे राज्यं	उ० १९.१७
नो चेद्द्वयं निबद्ध्वैनं	उ० २२.२४
नो चेन्मच्छस्त्रपातेन	क्री० १३७.१०
नो भविष्यति पुत्रो वा	क्री० ४६.२८
नोपदेश्य मभक्ताय	उ० ७०.२२
नो विना जगतीपाल	क्री० १५३.१२
नोषःकाले न सन्ध्यायां	क्री० ७४.४३
न्निनूलेन्न हताश्चान्ये	क्री० ६६.३९
न्यक्षिपन्यानमध्ये मौ	क्री० १५२.४५
न्यपतन् कार्तवीर्यस्य	उ० ७९.१९
न्यपदद्वज्रघातेन	क्री० १२३.१९
न्यपातयद्वीरयुक्तान्	क्री० १२१.२४
न्यपतत्स तदा भूमौ	क्री० ११४.३४
न्यपतन्भानि खात्पृथ्वीं	क्री० ९८.२२
न्युब्जतामिच्छवो नेतु	क्री० ११३.२९
न्यब्जे घटे यथा बिन्दु	क्री० १११.३७
न्यमन्त्र यन्त्र कार्यार्थं	क्री० १२९.१०
न्यवारयत् दैत्योऽपि	क्री० १०३.२
न्यवेदयन्त वृत्तान्तं	क्री० १२१.२
न्यषेधयत् सर्वबलं	उ० ७७.२७
न्यहनच्छस्त्रघातेन स	क्री० ११४.४६
न्हदिस्थं सर्वलोकाना	उ० ७३.१७

प

परंव्योम परंधाम परमात्मा	उ० ४६.९६
पक्वमुद्गतिलैर्युक्तान्	उ० ६९.४५
पक्वान्नानि विचित्राणि	क्री० २२.३२
पक्वान्नैश्चाप्यनेकैश्च	क्री० २५.१६
पक्षघातहताः केचित्	क्री० ६८.३१
पक्षघातैश्चञ्चुपुटैर्ज	क्री० ९८.३५
पक्षाघातेन गरुडोऽपात	क्री० ९७.३५
पक्षिजम्बूक सुखदं	उ० ७९.२५
पक्षिणः श्वेतवर्णास्त	क्री० १५२.३१
पक्षिणं चाभ्दुताकारं न	क्री० २०.३३
पक्षिणः पतितास्तेन मृता	क्री० ५८.१३
पक्षिणो बभ्रमुः	उ० ३६.१३
पक्षिरूपेण तत्रासौ	क्री० २०.३०
पक्षिसिंहा, श्वापदानि	क्री० १२९.२
[illegible] पोतिथौ तौ	क्री० ११.५
पक्षे मासे गते राज	क्री० १५.१३
पक्षो मासो ऽयनं वर्ष	उ० ४६.११९
पंकजं ह्रदि श्रुत्योश्च	क्री० ८३.१६
पंक्षघातेन चंच्वा	क्री० ८.५
पंचक्षरात्मा पंचात्मा	उ० ४६.१३४
पंचताल पंचकरः पंच	उ० ४६.१३५
पंचनामपि भूतानां	क्री० ४६.२
पंचप्राणमयो देवस्त	क्री० १०७.३९
पंचप्रेतासनगतौ जुहुवुस्तौ	क्री० ६६.२०
पंचभक्षप्रिय पंचबाणः	उ० ४६.१३६
पंचभूतानि ब्रम्हेशहरि	क्री० ८१.२९
पंचभ्योऽपि च भूतेऽभ्यो	क्री० १२७.२०
पंचमे दिवसे कर्म समाप्त	उ० ८१.२२
पंचमे मासि दृष्टस्तु	उ० ७०.३
पंचयोजनविस्तीर्ण	क्री० ९१.११
पंचवक्त्रं दशभुजं	क्री० ९२.८

पंचवक्त्रो दशभुजो उ० ४४.२६
पंचाक्षरं चतुर्थ्यन्त क्री० ५.२०
पञ्चाक्षरं महामंत्रं क्री० २९.१७
पंचाक्षरं समन्त्रं च क्री० १४९.११
पंचामृतैः शुद्धजलै क्री० ७८.२१
पंचा ननस्य पृष्ठे सोऽव क्री० ११५.२०
पंचानामपि देवानां क्री० १२६.१४
पंचाभूतानि तन्मात्राः क्री० १४६.२१
पंचामृतं च पक्वान्नं क्री० २४.२२
पञ्चामृतं गन्धमाल्यं क्री० ७८.१६
पंचार्णमष्टाक्षरं च उ० ९१.३३
पंचाशदक्षरश्रेणीपंचा उ० ४६.१५८
पंचास्य श्चतुरास्यश्च उ० १३.१
पंचास्य श्चापरश्चात्र क्री० १५४.१०
पटञ्चराः पाददेशा उ० ७९.१७
पठतां शृण्वतां चैव उ० ४०.५६
पठतां शृण्वतां पुंसां क्री० १२६.६७
पठेच्च परया भक्तया क्री० ७८.४६
पठेत्स्तोत्रं सकृद्वापि क्री० ४८.१८
पणिहारसमायुक्तो क्री० २.१३
पतंगश्चैव नगरे क्री० १५.७
पतता तस्य देहेन क्री० १८.४८
पतता तेन भग्नानि क्री० १४.२५
पतदश्रुर्मयूरेशः स्नेहात्तं क्री० ११६.२२
पतद्धयां तक्षरीरा क्री० ८४.१२
पतन्ति भूतले भानि क्री० १२८.७
पतमानेन येनेह चूर्णि क्री० १०६.१२
पतमानो गृध्रदेहो दश क्री० ८३.३५
पतमानोऽपि तद्देहश्चूर्ण क्री० ९२.३६
पताकाभिरनेकाभिर्वि क्री० ५९.४३
पतिता जलमध्ये सा उ० ८५.२
पतितानि च शस्त्राणि क्री० २६.११
पतिता मूर्छिता देवाः क्री० १२१.२८
पतिताः शतधा भूमौ क्री० १३१.१६
पतिताः शतधा भूमौ क्री० १३२.१६
पतिताश्चूर्णिताकेचिद् उ० ४३.२८
पतिते नन्दिनि ततश्चत् क्री० ११४.५१
पतिते सिन्धुदैत्ये तु क्री० १२४.१
पतितो गणनाथस्य उ० ६२.२८
पतिभावं परित्यज्य क्री० ४६.३५
पतिव्रताऽऽज्ञया तस्य उ० ६७.१७
पतिव्रता धर्मशीला क्री० २७.९
पतिव्रता पतिप्राणा क्री० १३०.३९
पतिव्रताश्च या नार्यश्च क्री० ४६.१६
पतिशुश्रूषणरता लालिता क्री० ३४.९
पतित भूमिभागेऽस्मि उ० ५६.३३
पतितश्चूर्णयन्वृक्षान् क्री० १०६.१०
पतितः स धरापृष्ठे क्री० ६०.२७
पतितस्तत्र संजाता क्री० ३८.३४
पतिता अवनौ वृक्षाः क्री० ७६.७
पतिता मूर्छिताः केचिद्दैत्य क्री० ७७.७
पतितेऽश्वे च छत्रे च क्री० ११३.२४
पतितो रूपमास्थाय क्री० ९८.२४
पतिं विना न चान्या क्री० ५.९
पतिव्रता पतिप्राणा उ० २२.१०
पतिव्रता महाभागा उ० ३६.२६
पतिव्रतास्त्यजुः प्राणां क्री० ५७.२४
पतो दृष्टः सर्वरूपो क्री० १५०.९
पत्तयेऽपि वयुर्न्दृष्टाः क्री० ११९.१५
पत्न्या सह विनीतात्मा क्री० ७३.५०
पत्न्या सुधर्मया युक्तो उ० ६.६
पत्रैः पुष्पैर्नमतुस्तं क्री० २८.१७
पथिकान्ब्राह्मणांश्चापि क्री० २६.६
पदं तु कृत्रिमं महयं उ० ३४.१६
पदातयः पुरो यान्ति क्री० ११३.१
पदातय स्तुरंगाश्च उ० ३९.८
पदातयोऽप्यसंख्याता उ० १.२५
पदातयोऽप्यसंख्येया क्री० ५६.३७
पदाताश्च रथारूढा क्री० ५७.३६
पदानामाश्रमाणां च क्री० ७८.४०
पदानि स्वानि सर्वाणि क्री० ३.२०
पदे दत्ते तृतीये तु क्री० १७.१६
पदे पदे ते देवेश नश्यन्तु उ० ४९.६४
पदे पदे प्रपश्यत्तः उ० ३५.५
पदे शाक्ते न वै संपद्या उ० ४१.८
पद्म च पश्नुं पाशं क्री० ९५.३६
पद्मपाशाङ्कुशाधातैः क्री० ६०.४०
पद्मपुष्पयुता माला क्री० १०५.५
पद्मयोने वद विभो क्री० १.७
पद्माकर स्तत्तमयो उ० २६.२८
पद्मासनगतं मध्ये क्री० १२५.२८
पन्नगाय पयो दत्तं क्री० ५५.४५
पन्नगास्त्रेणं तं वायुं उ० ४३.२९
पपात गणनाथस्य क्री० २६.१३
पपात दैत्यभुजयोर क्री० ६०.५०
पपात पृथिवीपृष्ठे क्री० १३५.३६
पपात मूर्छया भूमौ उ० ८०.५
पपात सहसा भूमौ क्री० १२३.३५
पपात जलमध्ये स पृष्ठे क्री० ९१.४०
पपाल तत्र शेषा या क्री० ११९.२६
पपुरिक्षुरसं पुण्यनिचैय क्री० ५३.१
पप्रच्छ तं कश्च कुतः उ० ५.२७
पप्रच्छ तं तत्र कस्त्वं क्री० ८१.२२
पप्रच्छ तान्गणात्रशम्भुः क्री० १२८.३९
पप्रच्छ तान्मुनिसुता क्री० ९२.१२
पप्रच्छ ब्राह्मणान्मार्गे उ० २१.२
पप्रच्छ मुद्गतस्तंतु उ० २१.१३
पप्रच्छ राजा तं तत्र उ० ७८.२२
पप्रच्छ संशयाविष्टा उ० ६३.१४
पप्रच्छाहं नमस्कृत्य उ० ६८.८

पप्रच्छु कथमेतेषां उ० ६२.४६
पप्रच्छुः कुशलं मात्रे ते क्री० १००.३६
पप्रच्छुपुनरेवासावुपायं उ० ५९.१८
पयो दधि घृतं चैव उ० ६९.२२
परकृत्यप्रशमनं परचक्र उ० ४६.१८०
परद्रव्याणि गृण्हाति क्री० २८.४
परनिन्दापरद्रव्यपरद्रोह क्री० ३०.२
परनिन्दां च नेच्छन्ति उ० ५३.२६
परंतु किं करोम्येष यद् उ० ४.१६
परब्रम्हरूपं चिदानन्द क्री० १२३.४०
परब्रह्मस्वरूपस्य क्री० १२२.६
परब्रह्मस्वरूपाय निर्गुणाय क्री० ३७.४
परब्रह्मस्वरूपोऽसि क्री० १४.८
परब्रह्मेति यत् प्रोक्तं उ० ७७.३६
परं ज्ञेयं परं ब्रह्म श्रुति उ० २०.३९
परमं धैर्यं मास्थाय उ० ६१.३९
परमं श्रममापन्नो क्री० ५५.५
परमात्मा गुणातीतः क्री० ८२.८
परमात्मा चिदानन्द क्री० ५.११
परमात्माऽवतीयाशु क्री० १२७.३४
परमाल्हाद संयुक्त क्री० १३.४७
परं मायिनं मायिनाम क्री० १२३.४४
परमां सिद्धिमापन्नाः क्री० १३९.२०
परमेण विशाखेन उ० ८७.६०
परशुकमलधारीदिव्य उ० १५.१९
परशुः खण्डयामास क्री० ११५.३९
परशु मे गृहाण त्वं उ० ८२.४२
परशुं कमलं माला उ० ३८.२६
परशुं तोलयामास क्री० ४१.१८
परशुं मन्त्रयामास क्री० १२३.३०
परश्वादि स्वायुधानि उ० ४९.११
परस्परमयुद्देतामस्त्रे क्री० ४२.९
परस्परं जयन्तौ च क्री० ४१.२९
परस्परं निजध्नुस्ते तुमुले क्री० १०१.२९
परस्परं पश्यति स्म क्री० ५४.४८
परस्परं विनिध्नन्तः क्री० ६३.३१
परस्परं समर्चन्त्यां क्री० ८४.३८
परस्परवधात्तद्वन क्री० १९.३९
परस्पर वियोगाधिं उ० ५५.२१
परस्परा घातहता उ० ७९.२०
परस्परालिंगनचुम्बनानि क्री० ४९.८
परस्परालिंगनेन क्री० १२.८
परस्यानिष्टमिच्छेद्यः क्री० २१.५९
परस्वहारो वनितासु उ० ७.२०
पराक्रममिदानीं मे क्री० ११४.५
पराक्रमं तस्य बुद्ध्वा क्री० १०८.२६
पराक्रमे बले शब्दे क्री० ५५.३२
पराजयं स्वसैन्यानां क्री० ११४.५४
पराजिताः सिद्ध्यते क्री० ६४.३७
पराजितेषु तेषु वाशु क्री० ९७.४२
पराजेष्यसि तं दैत्यं उ० ४४.१६
परात्परं चिदानन्दं क्री० १०४.४
परात्परतरं देवं पर ब्रह्म क्री० ९४.१७
परात्परतरो यस्माद् क्री० ८१.२५
परात्परस्त्वं परमार्थ क्री० ३५.५
परात्परेण देवेन तव क्री० १५१.२३
परात्परेण देवेन क्री० १५१.२७
परां सिद्धिं समाप्यैव उ० ३६.२१
परावर्त्य मुखं दृष्टो क्री० ५५.१८
परावृत्य प्रयाहि त्वं क्री० ६०.१९
परावृत्य बलात्तं स क्री० १२०.५६
पराशर इतिख्यात क्री० १०५.४१
पराशरेण मुनिना क्री० १३३.३१
पराशरो मुनिवरो क्री० १३३.१६
परिवारयुतो लक्ष्मया क्री० ५२.४२
परिवार्य स्थिता देवं क्री० ११३.१८
परिशश्राम देवोऽपि क्री० ६१.१८
परीक्षन्तेन्मरा दुष्टाः क्री० २२.११
परेपुंसी निमग्नं उ० ३१.१४
परे व्याकुलिते यान उ० ३.३३
परेषां संपदं दृष्टवा किं उ० ४१.११
परोक्षार्थ वरस्याथ क्री० ३९.१९
परोत्कर्षासहिष्णुत्वं क्री० १४७.१०
परोपकारं कुर्याच्य उ० ३.२५
पर्जन्यास्त्र प्रपातेन उ० ४३.३६
पर्पटैरपि संयुक्तं नैवेद्य उ० ४९.५१
पर्यंके सुखमासीनं क्री० १२२.२९
पर्यंकेन्यपतच्चिन्ता क्री० ११५.५१
पर्यासिश्चास्य क्री० ५४.१३
पर्वकाले ददेद्दानं यशसे उ० ३.३९
पर्वतांश्च सवृक्षांश्च क्री० ६०.३९
पर्वताश्च द्रुमास्तस्य क्री० ६८.४१
पलमात्रं पयो भुक्त्वा उ० ५४.३५
पलायन्ते हि मां दृष्टवा क्री० १३७.३
पलाय्य च गुहां क्री० ३९.१२
पलाय्य निर्गता केचिदा क्री० ११२.१४
पवनं कुण्ठितं दृष्टवा क्री० १२३.१६
पवनास्त्रेण तान्मेघां क्री० १२३.१२
पशवः समरमेयाश्च क्री० २०.३५
पशुपक्षिमनुष्याणां क्री० ४४.२४
पशूनां पतये तुभ्यं तत्व क्री० २१.६५
पशूनां यज्ञियानां च क्री० ४७.१५
पश्चादुवाच नृपतिं उ० ७९.४०
पश्चाद्राजा निहंतव्य उ० ८१.१३
पश्यतः स्म परामूर्ति क्री० ३५.३
पश्यता वीरराशींस्ता क्री० ११६.१८
पश्यतां सर्वलोकानां क्री० ११.३५
पश्यति स्म गेहमध्ये क्री० ९४.२९
पश्यति स्म पुनः उ० ३८.९
पश्यति स्म स तन्मध्ये क्री० ११.२३

पश्यन्तस्तन्मुखे विश्वं क्री० ९९.२७
पश्यंतु देवभक्ति मे उ० २३.१४
पश्यन्तु सेवकमहस्ततो क्री० ११२.५
पश्यति स्म दिवारात्रो क्री० ५०.१५
पश्यति स्म यदा दैत्यो क्री० १३७.१६
पश्यति स्म महारण्य क्री० १६.२४
पश्य मे कौतुकं तात क्री० १३४.२१
पश्ये कदा मुनेर्भार्या उ० ३०.११
पाखंडिनां नास्तिकानां उ १.१२
पागे प्रकल्पितान् दीपान् उ० ४९.६५
पांच जन्य स्वनं श्रुत्वा उ० १७.७
पाटयामास तद्देहं व्याघ्र क्री० १५.३९
पाटयामास सहसा वंश क्री० १०६.९
पाटलं कर्णिकारं च उ० ४९.४३
पाटलं परिधानं च क्री० १८.५
पांटवं सर्दशिरसि उ० ९०.३७
पाणिना चास्पृशत् पादौ उ० १०.९
पाणिभ्यां निघ्नती उ० ७२.८
पातालजंघो मुनिपात्का उ० ४६.२६
पातालभवनें शेषः सभा क्री० ९७.४
पातालवश्यतास शंसन् उ० ४०.२६
पातालद्धरणीं प्रायात्तै क्री० १००.३७
पातालानां समुद्राणां क्री० १४५.९
पातालानि च सप्तानि क्री० ५९.१२
पातालानि च सप्तैव उ० ९१.१६
पाताले नागकन्याना उ० ५५.१
पाताले स्वर्गलोके वा उ० ४२.६
पातिवत्य गुणै र्यस्या उ० ५६.११
पातिवत्य गुणान्द्रष्टुं क्री० ७३.१४
पातिव्रत्येन धर्मेण परवत्य उ० ५.५
पातिव्रयं त्वया भग्नं उ० ३०.३२
पात्यन्ते नरके घोरे क्री० ५२.१८
पादघातेन यस्याशु क्री० १३६.८
पादचारैः परिवृते उ० ५५.२३
पादयोः स्वशिरः उ० ७२.२७
पादमर्ध ततः सर्वा भिक्षां क्री० १०.२०
पादं पादेन जघ्नुस्ते क्री० ११३.३६
पादसंवाहनं कर्तुमागता क्री० ३२.२४
पादहस्तावमर्देन चूर्णितं क्री० १९.३८
पादाघातेन तेनाशु क्री० १२१.३४
पादांगुष्ठनखाग्रेण मत् क्री० ६१.३४
पादाभ्यां चालयन्क्वापि क्री० ८९.२
पादे भूमौ स्थाप्यमाने क्री० १०२.२६
पादैः स सप्तपातालं क्री० ५०.३५
पादौ दक्षिणतस्तेषां क्री० १०८.१७
पाद्याचमनं वस्त्राद्यै उ० ५१.२०
पापं हित्वा तु संकष्ट उ० ७४.४४
पाराशर्य महाख्यानं उ० १९.४
पाराशर्य मुनिश्रेष्ठ उ० २७.३
पारिजातकवृक्षाश्च घन क्री० ८८.६
पारिनेंरात्तु नगरात् उ० ६०.४५
पार्थिवी पूजिताः मूर्तिः उ० ५०.९
पार्वती च तमादाय क्री० ९१.६३
पार्वतीनन्दनं शम्भोरान क्री० १०४.९
पार्वती बालमादाय क्री० ९०.२४
पार्वती भयवित्रस्ता बाल क्री० ८४.१३
पार्वतीं वृषभात्तस्माद् क्री० १०९.३४
पार्वतीयस्ततस्तेषु कीडते क्री० ८४.३९
पार्ष्णिघातैर्मुष्टिघातैः क्री० ६६.३६
पालकेऽपालके स्त्रष्टर्यपिं उ० ७८.८
पालनाय स्वधर्मस्य क्री० ५९.४
पालयामास पृथिवीं क्री० ४.८
पालयामास पृथिवीं प्रजाःक्री० ३२.१३
पालयामास वसुधां उ० ५१.५०
पालयिष्यति कांऽस्मान्वै उ० ३२.८
पालितं राज्यमखिलं क्री० १५३.१७
पालिता पुत्रवज्ञान उ० २.९
पालिताः साधुलोकश्च क्री० ५३.२२
पावयन्त्यखिला क्री० १३८.१४
पाशांकुश धरं देव उ० ४९.२२
पासीदं सृजसे विश्वं क्री० २५.२
पाहि देवेश सर्वात्मन उ० ३७.२८
पाहीश नोऽखिल उ० ६१.१४
पिकवाक् सुनसा तन्वी क्री० १०९.३
पिंगाक्षो दुर्बुद्धिरिति क्री० २८.३६
पिचार्य माणे न त्वं उ० २३.२९
पितरौ जन्म विद्या च क्री० ५३.१३
पितरौ तानदृष्ट्वैव ग्राम क्री० ९४.३
पितरौ मन्दिरं नेत्रे क्री० ५०.२१
पिता ते याति दैत्येश क्री० १२०.४२
पिता मे प्रावदत्पूर्व क्री० १५२.१९
पिता मे हि भव त्वंच उ० ८.३८
पितावनं ययौ तस्य क्री० ७५.२
पिता श्रुत्वा त्यजेत्प्राणा क्री० ३४.४०
पिता समातृकं चैनं उ० २२.५०
पितुः पितत्वाद्राजाऽपि उ० ७६.३६
पितुर्वाक्यं रतो नित्यं उ० २.२८
पितृ धर्मेण तेन त्वं उ० २३.२१
पितृवाक्यं समाकर्ण्य उ० ७६.२१
पितृहा मातृहा स्त्रीहा उ० ७६.६०
पित्रा निषधिता सा च उ० २०.२३
पित्रा प्राणेशु त्यक्तेषु उ० ७६.२४
पित्रा भीतेन पत्नीसा उ० ७.२८
पित्रा मे कथितं पूर्वं व्रत क्री० ८१.५
पित्रो राज्ञां गृहीत्वा उ० ७७.१३
पित्रौराज्ञां गृहीत्वैवं क्री० २.३
पिदव्यं निहतं श्रुत्वा क्री० १२.५२
पिधायद्वारं शिलाय ततो क्री० ९७.३८
पिनाकोऽष्टापदमयः क्री० ६०.४५
पिपीलिका ग्रसेत्कि क्री० ११५.३

पिबे हालाहालं वापि क्री० ३२.२८
पिशाच इव किं यातो क्री० २४.८
पीठपूजां पुरा कृत्वा उ० ५१.३५
पीडयन्ति मृगांस्ते क्री० १४१.३१
पीतवस्त्रपरीधानो द्रिव्य क्री० ४६.१५
पीताम्बरधरा चारु क्री० १४.३६
पीताम्बरयुतं दन्ता क्री० ४८.३८
पीताम्बरसमायुक्तं सर्व क्री० ४७.३५
पीत्वा वाक्यामृतं तस्य क्री० ८१.२७
पीत्वा वागमृतं तस्य क्री० ५३.२६
पीत्वा वागमृतं तस्य क्री० ६६.४
पुंसोऽस्य द्विजरूपस्य उ० ६५.३९
पुच्छचांचल्यतो जीवा क्री० ९९.१०
पुच्छवातेन महता पतिता क्री० ९३.१३
पुच्छाघातेन च भुवं क्री० ९५.६०
पुच्छाघातेन जीवानां क्री० ९०.३३
पुच्छे गृहीत्वाऽतिबलौ क्री० १०७.१७
पुज्यं हस्ते जले नैषां क्री० १५३.२४
पुण्यं च परमं प्राप्तं क्री० ८५.९
पुण्यवध्दिरिह स्थेयं क्री० ४७.२०

पुण्यवृक्षोऽद्य फलितो उ० ७७.३५
पुण्याद गणेश तीर्थस्य उ० ३५.४६
पुण्याहवाचनं कृत्वा उ० ५५.१७
पुतस्तत्पातयामास क्री० ६१.२२
पुत्रकामो लभेत्पुत्रां क्री० ५३.४३
पुत्रजन्मप्रहृष्टः सन्ब्राह्मणे क्री० ३३.२७
पुत्रतामगमत्तस्यास्तया क्री० २९.९
पुत्रदं धनदं विद्याप्रदं क्री० १२६.६६
पुत्र धर्मान्निरीशतस्व उ० २३.२२
पुत्रपौत्रयुतो भोगान् क्री० १२६.३८
पुत्रपौत्र समायुक्तो उ० ९२.५६
पुत्रं नय समर्थं में क्री० १२.१५
पुत्रवान्धनसंपन्नौ क्री० ३३.११
पुत्रस्ते भविता राज्य क्री० ३८.१५
पुत्रस्नेहात्प्रसन्नस्त्वं क्री० १२७.२७
पुत्रस्य में विवाहोऽस्ति क्री० १२.१२
पुत्रार्थ सर्वद्दानानि उ० ५८.१५
पुत्रिण्यः सर्ववन्ध्याश्च क्री० ४६.१९
पुनः कथय मे ब्रह्मन उ० ५६.४
पुनः पद्मासन गतो उ० ५७.५१

पुनः पप्रच्छ पितरं उ० ८६.२८
पुनः पप्रच्छ सुमति क्री० ५३.४५
पुनः पापसमाचारा क्री० १४७.१४
पुनः पुनः प्रणम्यासौ क्री० २३.७
पुनः पुनरपश्यं तं क्री० १०४.४२
पुनः पुनर्जहौ बाणां उ० ७९.३२
पुनः पृष्ठे च तं दृष्ट्वा क्री० ५८.४२
पुनः प्रोवाच नृपत्ति वयं क्री० ७३.३४
पुनरन्यच्छिरोऽस्या क्री० ६१.१५
पुनरप्यागतो दैत्यः सद्यः क्री० ६६.३०
पुनरावेशमापन्नौ वीर क्री० ११३.४२
पुनरुचुश्च तं दूता उ० ७५.३३
पुनर्गृहा गतं तं तु उ० ७६.३२
पुनर्ददर्श दैत्यस्त क्री० १०३.६
पुनर्द्विगुण पुण्येयं उ० ७४.३५
पुनर्दैत्यो महादेवं क्री० ६०.३७
पुनर्निरीक्ष्यमाणोऽसौ क्री० १२३.२८
पुनर्नृपोऽव्रवीद्वाक्यं क्री० ६०.२१
पुनर्मुद्धाय यास्यमोऽनेन क्री० ११६.४७
पुनर्योगी भवत्येष क्री० १४२.२६

पुनर्वनातरं गत्वा दद्य उ० ५.१६
पुनः शृण्वन्तु मुनय क्री० १५५.३३
पुनश्च धिषणोक्तेन उ० ३४.२४
पुनश्च प्रणिधानेन समन्ता क्री० ९३.३१
पुनश्चमनसा ध्यायन् उ० ३७.१६
पुनश्च वद मे ब्रह्मन् उ० १९.३
पुनश्चानियतं युद्धं क्री० ६४.१८
पुनः संज्ञामवाप्यैनं क्री० ११४.१७
पुनः संपूज्य सिंहं सा क्री० १०.२९
पुनस्त्रानयिष्यामि शपथो क्री० १८.४१
पुनस्ते कथयिष्यामि क्री० ७२.४४
पुनस्ते जलमविश्य क्री० ९९.२०
पुनस्तौ नेमतुः सम्यग् क्री० ७३.३८
पुनः स्नानं चकाराशु उ० ७५.८
पुपूजतुरुषःकाले शम्भुं क्री० २.१०
पुपूज परया भक्तया क्री० २५.१७
पुपूजः परया भक्तया क्री० ३६.३७
पुपूज परया भक्तया क्री० ४८.३२
पुपूजुः परमप्रीत्या क्री० २०.५४
पुपूजुः परया भक्तया क्री० ८२.२१

पुपूजुर्मुनयो नानाद्रव्यैः क्री० ९१.४८
पुपूजुस्तं दशभुजं उ० ८९.२९
पुमान्यत्कुरुते पापं क्री० १३९.३६
पुरत्रयं भेत्स्यते ते तस्मान् उ० ४७.३७
पुरश्चरणमार्ग च सर्व क्री० ५.२१
पुराकल्पे महारण्ये क्री० १३७.४९
पुरा केन कृतं चात्र उ० ५८.७
पुराणं तु गणेशस्य क्री० १५५.५९
पुराणं वाच्यते क्वापि क्री० ५४.२९
पुराणं शृणुयात्सद्य क्री० १५५.२१
पुराणपुरुषंदेवं नाना क्री० १०४.३
पुराण श्रवणस्यापि क्री० १५१.९
पुराणश्रणस्यास्य क्री० १५५.५
पुराण श्रवणाद्यते जात उ० ९.१७
पुराणश्रवणे सक्तः क्री० १३०.३८
पुराणश्रवणे सक्तो धर्म क्री० ७३.१५
पुराणश्रवणै रन्यै उ० ८७.१५
पुराणश्रवणैर्नैव न क्री० १४८.४४
पुराणं हि गणेशस्य क्री० १५५.२९
पुरातन मितिहांसं उ० ६४.३१

पुरातनं मितिहास मस्मिन्न उ० ५१.४९
पुरा शक्रसभामध्ये क्री० १३४.७
पुरा सर्गादिसमये क्री० १४०.१
पुरा स्कन्दे गते चैव उ० ७०.२
पुरुष एवे आसनम् उ० ६९.१९
पुरुषः पुरुषेणासावस्त्र क्री० १२१.५५
पुरुषार्थः स विज्ञेयो क्री० ११७.१९
पुरो गंतुं न चाज्ञाऽस्ति उ० ७७.५९
पुरोगांजघ्निरे सर्वे क्री० ११५.१२
पुरो वा मन्दिरं वापि क्री० ९२.१०
पुरोहितं समानीय क्री० ३३.१९
पुष्करथ स्वर्ण घट पूर्ण उ० ४६.४६
पुष्करं पुष्करे घृत्वा उ० ८२.२९
पुष्करेण च तद्वालं उ० २५.७
पुष्पदन्तं महाबुद्धि क्री० ११०.१०
पुष्पदन्तस्योदरं च क्री० ११५.१५
पुष्पं कांचन रत्नाढय उ० ४८.२०
पुष्पं फलं वा कालेन उ० ७२.१९
पुष्पसारघ संभूतं उ० ४९.३३
पुष्पिकानिकटे त्यक्तो क्री० १३३.१
पुष्पैर्धूपैश्च दीपैश्च क्री० १२५.३६
पुस्तकं चैव संकष्ट उ० ६८.१९
पुस्तकानि च वस्त्राणि क्री० १३४.१२
पूजयामास तां मूर्ति उ० ८७.४९
पूजयामास विधिवद् क्री० १४.४६
पूजयामास विप्रान्स उ० १९.५२
पूजयामास सौभाग्य क्री० २१.२३
पूजयामासुरपरे बीजया उ० ३९.५४
पूजयित्वा प्रणम्यैनं क्री० १३७.३८
पूजयित्वा सुराः सर्वै उ० ६१.५३
पूज्येत्पूर्ववद्देवं ततो होमं उ० ५१.४३
पूजाद्रव्याणि संशोध्य उ० ४९.२१
पूजा द्रव्याणि सर्वाणि उ० ४९.१२
पूजायित्वा द्विजानन्ते क्री० १५५.३७
पूजाविधिं समाप्यैनं क्री० १०४.१८
पूजार्थं देवदेवस्य उ० १५.३४
पूजार्थ राक्षसाश्चापि क्री० ७७.२८
पूजार्थं स्थापिताः क्री० ७७.३०
पूतास्तयोः प्रभावेण उ० ३५.१५
पूजितः परया भक्तया क्री० १५५.२७
पूजितः सुरनाथेन उ० ३४.३७
पूजिताः परया भक्तया क्री० ८.२९
पूजिता बहवो देवा उ० ३२.६
पूजिता मुनयः सर्वे क्री० ८२.२७
पूजितो गणनाथस्तै उ० ६६.११
पूतो भवति जर्तुहि उ० ३२.३०
पूर्णचन्द्रनिभः श्रीमांजय क्री० ९९.३
पूय शोणित दिग्धस्य उ० ५.४७
पूयशोणित द्विधागो उ० ३३.९
पूय शोणित घर्मोघे उ० २.१६
पूरकं कुम्भकं चैव क्री० १४१.३३
पूरयत्यखिलान् कामान् उ० ८१.३३
पूरयिष्यति ते कामान् उ० ८८.१८
पूर्जायित्वा यथाशक्ति उ० २९.३
पूर्णपात्री कंबूधरो उ० ४६.४५
पूर्णाहुति हुनेत्पश्चाद् उ० ७१.१२
पूर्णानन्दः परानन्दः क्री० ४८.४४
पूर्णानंदःपरानन्द मुराण उ० ४६.९०
पूर्वक्तुद्वितीयेऽन्हि क्री० १२६.२६
पूर्वजन्म कृतं पुण्यं उ० २०.३७
पूर्व जन्म कृतात् पापा उ० १९.४७
पूर्वजन्मनि व्याधौऽसौ क्री० २७.१
पूर्वजानां त्वमुद्धारे उ० ५८.२८
पूर्वजैः सहितस्याशु क्री० ११७.३३
पूर्वपुण्यबलादस्य श्रवणं क्री० १४९.५०
पूर्वं पुण्य भवादग्रे उ० ६७.२५
पूर्वमेव कथं नोक्तो क्री० १०५.१७
पूर्वमेव च दूतेन कथितो क्री० ७२.१
पूर्वमेव हि यजन्तो क्री० ११७.३१
पूर्वं तु त्रिपुरवत्रे शिवेन क्री० ११६.३७
पूर्वं भद्रे मया सन्धिः क्री० ११७.३०
पूर्वं राज्यं परित्यज्य क्री० ४७.२८
पूर्ववैरमनुस्मृत्य रिपूंश्चक्रे क्री० ६६.३५
पूर्ववैरं स्मरन्तीं सा क्री० ९७.१५
पूर्वापकारी यदिच पुनर्वा उ० ३.३६
पूर्वोक्तेन विधानेन उ० ७१.३
पूर्वोक्तेन विधानेंन उ० ८७.१४
पूर्वोक्तेन विधिना पूजां उ० ५४.३२
पृच्छाघातेन वृक्षान्स क्री० १३४.१३
पृच्छे तथापि देवर्षे उ० २९.२५
पृथिवी पर्वता वृक्षाः उ० ९१.२९
पृथिवी मंडलं यस्य उ० ५६.९
पृथिवी सर्ववृक्षांश्च क्री० १०४.३७
पृथिव्या जानुनी स्थाप्य क्री० ६०.४८
पृथिव्यां सर्वराजानः उ० ७३.१५
पृथिव्या स्वर्गलोके च क्री० १४७.११
पृथ्वी जलं वायुरथो उ० ४५.४
पृष्ट पृष्टेन पादाभ्यां उ० ३९.४९
पृष्टवा तान्दक्ष इत्येव उ० २०.२
पृष्टवानसि तं दिव्यं उ० ५१.६४
पृष्टवानसिं तं विप्रं मुपायं उ० ५२.२८
पृष्टवा पृष्टवा क्री० ५४.९
पृष्टवा वा पंडिता न्दंडं उ० ३.३०
पृष्ठतो धावयित्वा क्री० ९०.३५
पृष्ठतोऽनुययौ श्येनो क्री० ९७.४१
पृष्ठभागमुखाः केचिन्मस्त क्री० ५१.३९
पृष्ठलग्नो निन्दति स्म क्री० ११४.३९
पृष्ठलग्नो मनुष्याणां क्री० ९०.३४
पृष्ठे वर्षे प्रवृत्ते तु क्व क्री० ९५.१
पेततरष्टधा भिन्ना क्री० १२१.२१

पोऽशाब्दपरं चायुर्भ क्री० १४९.३२
पोषयित्वा पालयित्वा उ० ४.२१
पौरांगनास्तथैवैनं बाला क्री० ७१.२०
पौराश्च रुरुदुस्तत्र क्री० १२४.११
पौरुषं क्वगतं तावद्या क्री० ३.१६
पौरुषं तस्य बुद्धदैव क्री० ३.२८
पौरुषं ते मया ज्ञातं क्री० १३१.४
पौरुषं ते मया ज्ञातं क्री० १३२.४
पौरुषं दर्शितं तेऽद्य क्री० ११५.४४
प्रकाशमतुल लेभेसूर्य क्री० १५०.१८
प्रकाशयन्व्योमतलं क्री० ६१.३
प्रकाशयामास पुरीं क्री० २०.३१
प्रकाश स्वरूपं उ० १३.११
प्रक्षाल्य चरणद्वन्द्वं क्री० ४६.३०
प्रगृह्यै तत् बलाद्दत्तं उ० ४१.२८
प्रगृह्य विराड्रूपं पं क्री० ९१.५८
प्रचंडश्चाप्यपरश्चो क्री० १५४.१३
प्रचंडः स्थापयामास उ० ४०.३
प्रजानां सर्वलोकानां उ० ५३.३८
प्रज्वलंस्तेजसा स्वेन क्री० १३६.१३
प्रज्वाल्य सा तृणै उ० ६२.२७
प्रणते तु मुनौ तस्मिन् क्रि० १७.४६
प्रणनाम शिवां चादौ क्री० ८७.८
प्रणम्य शिरसा सर्वे क्री० ४०.२
प्रणम्य कश्यपं सर्वं क्री० ८.३७
प्रणम्य तमपृच्छत्स उ० ५९.३
प्रणम्य तं निजं लोकं क्री० ५३.२३
प्रणम्य तं परिक्रम्य उ० ४२.२५
प्रणम्य तं प्रपूज्यैव प्रोचु क्री० ७९.४
प्रणम्य तां योज्यहस्तौ क्री० १३१.२०
प्रणम्य तां योज्यहस्तौ क्री० १३२.२०
प्रणम्य परिपप्रच्छ उ० ८६.२०
प्रणम्य प्रोचतुर्विप्र क्री० ३४.२५
प्रणवारन्योऽथापरश्च क्री० १५४.९
प्रणवाद्यैर्नमोन्तैश्च क्री० १०७.९
प्रणिपत्याथ श्वसुर क्री० ३८.१४
प्रणेमुर्दडंवद् भूमौ उ० ६३.३८
प्रणेमुः सहसा केचिद्दे उ० ४०.४०
प्रणेमुः स्थिरचित्तास्ते क्री० ९.३९
प्रतापं वासुकेदृष्टवा क्री० ९७.३६
प्रतापसविता राजान् क्री० ६२.२१
प्रतापी काश्यपो यंता उ० ४६.२८
प्रतिकूलं कृतं यद्यत्तत्त क्री० १०७.४३
प्रतिकूलवहा नद्य आसन् क्री० ११.४३
प्रतिकूलवहा नद्य आसन् क्री० ७०.१३
प्रतिग्रहं गतो नानाक्रीडा क्री० ५४.१९
प्रतिग्रहं च दुष्टानां क्री० १४९.१७
प्रतिजज्वाव रोषेण उ० ७८.३४
प्रतिनादेन गर्जन्ति क्री० १५३.३२
प्रतिपत्तिमतो ज्ञानं क्री० १३९.३९
प्रतिमाः प्रविभज्याशु क्री० ७७.२९
प्रतिमासं द्वितीयायां उ० ६१.५०
प्रतिवादि मुखस्तंभो उ० ४६.११७
प्रतिशब्देन गगनं जगर्ज क्री० ५८.१२
प्रतिश्रुतं मया मातर्दास्ये क्री० ९६.४४
प्रतीकारं ब्रवीम्यत्र क्री० १८.४०
प्रतीक्षन्त्या मया दृष्टं क्री० ९८.४४
प्रतीक्षमाणा वत्स त्वां उ० ७६.२८
प्रत्यहं पूजयामास क्री० १२६.१५
प्रत्यहं सर्ववृत्तान्तं क्री० ६२.१५
प्रत्याहतदृशः सर्वे क्री० ४०.३१
प्रत्युग्न नयना दित्यो उ० ४६.५५
प्रत्युवाच मुनिं तं तु उ० ९.१०
प्रत्यूचुर्देवगन्धर्वानणिमा क्री० ६३.४२
प्रत्यूषकाल उत्थाय उ० ४९.४
प्रत्येकं तत्र चात्मानं क्री० १०४.४५
प्रत्येकं ते समारुढा उ० ३५.४४
प्रत्यये तु समुत्पन्ने क्री० ४६.३२
प्रथमावरणे सिद्धसिद्धी क्री० १५४.७
प्रथमे मासि कर्त्तव्यं उ० ७१.२
प्रथिम्णा पालितं व्यूहं क्री० ६३.२७
प्रदक्षिण नमस्कारान् क्री० १२६.३३
प्रदक्षिणा नमस्कारा क्री० ८०.२४
प्रदक्षिणानमस्कारै क्री० ३६.३२
प्रदक्षिणाप्रार्थनाभिति क्री० ८१.११
प्रदक्षिणा बहुतरा उ० ६२.३९
प्रदक्षिणार्चिषः शम्न्ता क्री० ११.४४
प्रदक्षिणिकृत्य तथा नारदे क्री० ४६.११
प्रद्युम्नेन कृतं पूर्व उ० ७०.१३
प्रधानं पुरुषश्चासि गुण क्री० ४६.३
प्रधान स्वरूपं महत्तत्व उ० १३.१२
प्रनिपत्य महात्मानं उ० १९.२७
प्रपञ्चे गुम्फिता येन क्री० १३०.२७
प्रपेतुः कार्तवीर्यस्य उ० ७९.२७
प्रपेदे न्हदि तं ज्ञात्वा उ० ६६.२७
प्रबलस्तु तदाऽहं स्यां क्री० ७५.१९
प्रबुद्धोहं यदामात्या उ० ६८.२१
प्रबोधितः शिवेनाहं क्री० १२८.६
प्रभग्ना दैत्यसेना क्री० ५७.३७
प्रभंजनेति नामास्मै क्री० १०.३३
प्रभया भासयंल्लोकान उ० ६१.३८
प्रभाते विमले स्नात्वा क्री० १२६.३६
प्रभाते विमले स्नात्वा उ० ५०.२५
प्रभाते विमले स्नात्वा उ० ७५.२०
प्रभायाज्ञानसहितः परी क्री० १४८.२०
प्रभावात् पूर्व पुण्यस्य उ० ३५.११
प्रभुता मनऔन्नत्यं क्री० १४८.३१
प्रमथद्या गणाः सर्वे क्री० ९८.१०
प्रमाण प्रत्ययातीतः प्रणता उ० ४६.९८
प्रमाणं किन्तु ते वाक्यं क्री० १११.२६

प्रमाणं भेदतो विद्धि क्री० १४१.२८
प्रमृज्य नयने सम्य उ० ५५.७०
प्रमोदामोद गत्वा तु क्री० ५१.,१२
प्रययौ प्रमथैर्युक्तो क्री० १०१.२६
प्रयास्यति मयूरे क्री० ११७.२४
प्रयिष्ठाप्य च तां उ० ९२.१४
प्रयोजनं महात्मात्याः उ० २.१५
प्रलयं दैत्यमायां च क्री० २०.२८
प्रलयं मेनिरे सर्वे उ० ४३.३१
प्रलयानलदीप्तास्यं क्री० १४५.१७
प्रलयानलवच्छायं क्री० ५८.२९
प्रवर्तिता असृङ्नद्यो क्री० ६६.६
प्रवालक्षेत्र मिति तत् उ० ७३.२३
प्रवालगणपश्चेति उ० ७३.२२
प्रवालनगरे ख्यातो उ० ९०.५६
प्रवालमुक्ताफल पुत्र उ० ४९.२७
प्रविवेश तदाव्योमो क्री० ८६.१६
प्रविवेशं पुरं राजा उ० २७.८
प्रविश्य स्वालयं गौरी क्री० १३२.४०
प्रवृत्तायां निशायां च उ० २८.२७
प्रवृत्ते द्वन्द्व युद्धं दु युयु क्री० ११४.१८
प्रशशंतुर्देवदेवं दुरास क्री० ४३.२
प्रशशंसुः शिवाबालं क्री० ९१.१३
प्रशशंसुः सिन्धुवधात्सर्वे क्री० १२५.७
प्रशंसन्तो नृपं नाना क्री० ५५.४९
प्रशंसयित्वा देवेशं क्री० १०६.४३
प्रशेपुस्तं वियुक्तस्त्वं उ० ५३.२९
प्रश्ने कृते तु वक्तव्यो क्री० २६.४
प्रष्टव्यो माननीयश्च क्री० १११.९
प्रसंगतोऽपि दत्तेन भावं क्री० २५.३२
प्रसंग नैव जानासि क्री० १११.२४
प्रसन्नश्चेहेहि नाथ क्री० ४८.५१
प्रसन्नो भविता देवः उ० ६८.१२
प्रसन्नोऽभूतदैवास्य उ० ८७.३१
प्रसन्नोऽहं सुराः स्तुत्या उ० ६१.१९
प्रसादयिष्येऽहमपि क्री० ३६.२६
प्रसादात्स्वस्य बुद्धेर्य क्री० १४८.२३
प्रसादोन्मुख विघ्नेश उ० १३.२
प्रसार्य चरणौ हस्तौ क्री० २१.४९
प्रसार्य दर्भनिचयं क्री० २२.५३
प्रसार्य नयने कुरेपश्यती क्री० ८९.२८
प्रसार्य वदनं भूमौ पतितो क्री० ९.२७
प्रसिद्धो वर्तते नाम्ना उ० ८७.६१
प्रसुप्तां कांचने तमे क्री० २१.३
प्रसूता नवमे मासि उ० ७२.३
प्रस्था निपतिता भमौ क्री० २०.४६
प्रस्थितोऽने नु यावच्य क्री० १५.४
प्रस्नुतौ पाययामास क्री० ८१.३९
प्रस्नुतौ पाययामास क्री० १३४.४३
प्रस्रवन्नेत्रसलिलाः क्री० १२०.१७
प्रहर्षमतुलं लेभे श्रुत्वा उ० ४४.१९
प्रहस्य प्रत्युवाचेदं उ० ३२.२७
प्राकाम्यं चैव भतिश्च क्री० ६९.११
प्राक्षिपत्पुरतो बालं सा क्री० १३१.९
प्राच्यां प्रतीच्यां च क्री० २४.३९
प्राण वायुस्तु नेत्राभ्यां क्री० ८९.११
प्राणानामिन्द्रियाणां क्री० १४०.३३
प्राणानायम्य मूलेन उ० २८.६
प्राणायामं तु संरोधं क्री० १४१.२७
प्राणायामैर्द्वादशिभिरुत्तमै क्री० १४१.३४
प्राणिभि र्भुज्यते उ० ३१.२७
प्रागेऽपानं तथा प्राण क्री० १४०.३५
प्राणैक्यं न कृतं तस्माद् क्री० १२४.१९
प्रातःकाले कथं शेषे क्री० ९३.२
प्रातःकाले बटुं स्नाप्य क्री० ९६.१०
प्रातरुत्थाय यश्चैता क्री० १५४.२१
प्रातरेव वनं यातो क्री० २६.७
प्रातर्नमामि कमलापति उ० ३.८
प्रातर्नमामि गणनाथ उ० ३.७
प्रातर्नमामि गिरिजापति उ० ३.९
प्रातर्नमामि गिरिजां उ० ३.११
प्रातर्नमामि दिननाथ उ० ३.१०
प्रादुरान्नेनेकाश्च ततः क्री० ६७.३७
प्रादुरासन् वारिधारा उ० २२.२९
प्रादुरासीत्ततश्चाग्निः क्री० ६४.१७
प्रापतस्माद् गणेशात्तु उ० ७३.२४
प्रापंतुर भवत् कोपो क्री० १९.८
प्रापयत्येव नरकान् उ० ११.२६
प्रापयामास सहसा गणै क्री० ४५.९
प्राप वाराणसीं पुण्यां क्री० ४६.१२
प्राप सिन्धुर्महाचिंतां ११९.३
प्राप्तः कथं नु दुष्टाया उ० २८.२१
प्राप्तं स्थानं मुद्गलेन क्री० ५३.२५
प्राप्ता भुशुंडिना तेन उ० ५६.३४
प्राप्ते प्रोष्टपदे मासि उ० ५१.३१
प्रात्या विरचितं व्यूहं क्री० ६३.२८
प्राप्नुयात् सकलान् उ० ७४.४५
प्राप्नुयाभ्दजमानस्तु क्री० ४९.२४
प्राप्नुवन्ति महात्मानो क्री० ५२.२८
प्राप्नुवन्ति महाभागाः क्री० ५२.२१
प्राप्नोति मत्प्रसादेन क्री० ३५.२६
प्राप्यतेऽस्य जपात्सिद्धिः उ० ४६.२८
प्रायात्सभां महारभ्यां क्री० १११.१
प्रायोऽभाग्य महद्दृष्टं क्री० १०५.२०
प्रारीप्समानः संकष्ट उ० ७५.५
प्रार्थयन्सर्वं संहारकर क्री० १२.२५
प्रार्थयामास सर्वैस्तं क्री० ७.१०
प्रार्थयामासुरथ ते क्री० ४०.३५
प्रार्थयामासुरपरे स्व उ० ८३.४५
प्रार्थयामासुरव्यग्राः उ०६३.२४

प्रार्थितः कश्यपेनासौ क्री० १६.४३
प्रार्थितस्तव निष्ठाया उ० ८८.२४
प्रावारनिचया भान्ति क्री० १३.३१
प्राशत्सर्वेषु पश्यस्तु उ० ६४.८
प्राशयित्वा मधुघृतं क्री० ६.४०
प्रासादं कारयामास उ० २२.५६
प्रासादं कारयामास उ० २६.२४
प्रासादं कारयामास उ० ६०.३८
प्रासादं कारयामास उ० ६१.५२
प्रासादं कारयामास उ० ८२.४५
प्रासादं गणनाथस्व उ० ६२.२१
प्रासाद निचयांस्त्यक्त्वा क्री० २३.३२
प्रासादं निर्ममे कान्तं उ० ८९.९
प्रासादं परमं कृत्वा क्री० ५४.५८
प्रासादं परमं कृत्वा क्री० ७२.३१
प्रासादान्महतो भंक्त्वा क्री० ३९.३४
प्रासादा न्यपतन्केचिद् क्री० २०.२५
प्रासादाः सकलास्तेन क्री० १२९.८
प्रासादे कांचनं श्रेष्ठे उ० ९२.१७
प्रासादे निर्मिते उ० ६४.२७
प्रासादो येन भग्ने मे उ० २२.४८
प्रास्थापयत् सुबलिनो क्री० ४.११
प्राहतान्देव दूतान्स उ० ७६.६५
प्राह वैशम्पायनाय क्री० १५०.२२
प्राहसन्मुनिबालास्ते क्री० ९३.४९
प्राह सोऽपि मुनीन्सर्वा क्री० ५३.४१
प्राहाहं नृपते विप्रो क्री० १५१.३३
प्रियत्वं तस्य शम्यास्ते क्री० ३१.४९
प्रियव्रतो नाम राजा क्री० ३२.११
प्रियव्रतो महाबुद्धि क्री० ३२.२२
प्रियाप्रिये प्राप्य हर्षं क्री० १४१.१९
प्रीतां यथा शमीपत्रै क्री० ४८.४१
प्रेतभूतपिशाचानां लोकोऽयं क्री० ५२.१
प्रेतस्य शेषः कमठो क्री० १२४.३१
प्रेषयन् त्वखिला उ० ८५.१४
प्रेषयामास दूतं स क्री० ४७.३९
प्रेषयामास बलिनं ब्रह्म क्री० १९.२
प्रेषयामास सुहृदो दूता क्री० ७१.९
प्रेषयामास स्वगृहं क्री० १७.५
प्रेषितं भानुनां तस्मै क्री० १२.२७
प्रेषितश्चेन्द्रदूतराजो क्री० ११०.२०
प्रेषितो बालकैः सर्वै क्री० २१.३८
प्रेषितौ रणभूमिं तौ क्री० १२०.१८
प्रोक्तवान्न हि किंचिन् क्री० ६२.८
प्रोतोऽहं ते महाभागा उ० २०.५०
प्रोवाचार्यमणं सोऽथ क्री० ९५.४८
प्लवते सागरं मेरु क्री० १३५.३२

फ

फणिराजासनेत्येवं नाम क्री० १०.३२
फलतृष्णाविहायस्यात् क्री० १४०.२६
फलपुष्पाक्षतैर्युक्तं उ० ६९.४३
फलमूलानि चारूणि उ० ८०.१४
फलहीन मभूत्तस्य उ० ७९.३१
फलानि भक्षयामास क्री० ९१.२
फलैर्नाना विधैः पूग उ० ५९.२९
फुत्कारेणैव तस्यास्ते उ० ७९.७

ब

बज्री वबज्राहत इव क्री० १२४.३९
बटुं नेतु समायातो महा क्री० ११.१२
बटमानीय पितरं कथं क्री० १२.३५
बटुं जग्राह जननी शीघ्र क्री० ९६.२५
बद्ध्वा तान्स्वस्थलं क्री० १०८.१८
बद्धांजलि पुटा दीना क्री० ५.३८
बद्धांजलिपुटोऽतिष्ट उ० ८१.४
बद्धांजलिपुटो भूत्वा उ० ३८.२७
बद्धांजलिपुटो भूत्वा क्री० १०७.४४
बद्धांजलिपुटोऽवोचद् क्री० ७.३
बद्धांजलि रुवाचेदं उ० ९१.१२
बद्धान्यपि च सर्वाणि उ० ५७.१७
बद्धिनश्चारणा श्चापि उ० ४२.२३
बधिरः श्रुतिमाप्नोति क्री० १२६.४०
बध्वा पाशैर्याम्यदूतै क्री० २८.१९
बनानि सरितो दुर्गान् उ० ७७.२१
बबंध तु सुतं वृक्षे उ० २२.३०
बबन्धुर्गिरिजासूनुं क्री० १०६.२९
बभक्षुस्तानपि ततो क्री० १०३.१४
बभंज श्रीफल त्यक्त्वा उ० ५५.१८
बभण मृदु वाक्येन उ० १९.४६
बभाषे हास्यवदनः उ० ६३.४१
बभूव परमोद्विग्ना क्री० १३५.१६
बभूव बलवान्राजा उ० ५८.९
बभ्रमु खगणाः सर्वे उ० ४७.४३
बभ्रमुर्विहगा व्योम्नि क्री० १३२.२२
बभ्राम गगने दुष्टोऽजान क्री० ८३.२३
बभ्राम भूतले दैत्यो क्री० ५८.४१
बलं भर्तुर्मदीयस्य दैत्य क्री० ५८.६
बलहा न्यपतत् भूमौ उ० ४७.३०
बलाका भिश्चक्रै हंसै उ० १२.२७
बलाच्चकर्ष बालोऽपिः क्री० ८८.४०
बलाच्चिक्षेप भूमौ क्री० ६०.२६
बलात्करो न मेऽत्रास्ति क्री० १६.४७
बलात्कारो मयि कृतो उ० ७६.५४
बलात्कारेण योऽन्यस्य उ० २८.१०
बलादानयते भोक्तुं क्री० २८.२
बलादुन्मील्य नयने क्री० ६.२७
बलादगृहीत्वा प्राक्षि क्री० १५३.२९
बलाहृत्तं ब्रह्मणा मे क्री० ४७.३७
बलान्निष्काशयामा क्री० १२१.१७
बलिदानं चकाराशु क्री० ६६.२२
बलिस्तु हरिभक्तत्वान्न क्री० ३०.१

बल्लातशापात् कल्याण उ० २३.४
बध्यतां बध्यतामेतौ लोह क्री० २८.२१
बहर्यारूढं मयूरंशं क्री० १०१.९
बहवो वासरा जाता क्री० १२२.९
बहिरंत शरीरे मे संख्या उ० १३.३२
बहिर्निष्कासयामास उ० २१.२०
बहिर्दष्टया च समया क्री० १३८.४२
बहिर्याहि महाबाहो क्री० १९.११
बहिर्ययौ वरं दातुं उ० ४०.६
बहिश्चकार तान् सर्वान् क्री० २७.२७
बहिश्चकार दंडेन उ० ६२.३४
बहिश्चक्रु गृहात् उ० ८५.३६
बहिष्कृत्य दिवोदासं क्री० ४६.१०
बहिस्तत्सेवका याता क्री० ११७.६
बहुकालकृतं स्वामिं क्री० १३३.२६
बहुजन्मतपोभिर्यत्कटाक्षो क्री० १०५.२१
बहुधा बोधितो दैत्यो क्री० १११.३६
बहुमूलफले रम्ये उ० ८७.२९
बहुला च कृता कीर्तिः क्री० ७२.१०
बह्मादयो जिता येन क्री० १२९.३
बाण जाल चितां तां उ० ८०.४
बाणं निष्काश्य सुदृढ क्री० ६८.४०
बाणः स च ययौ शीघ्रं क्री० ६७.३६
बाणा चितां घ्नियुगुलो उ० ४६.९९
बाणास्त्रेण तु कृत्वैव उ० २८.४
बायुनाम भ्रमति स्मैत क्री० १५.४१
बाल उड्डीय तां गन्तुं क्री० ८.१९
बालकाः ऊचुः त्वमेव क्री० १०८.६
बालकानां हरस्याथ क्री० ९०.३
बालकाश्च ततः सर्वे उ० २२.२७
बालकाश्च सुसंपन्ना क्री० १२५.१०
बालकेन हतं श्रुत्वा क्री० १९.१
बालप्रभावान्ननृते बाल क्री० ९०.८
बालभावाद् भयाद् उ० ८१.२९
बालभावेऽपि धैर्याचे उ० ६०.२७
बालमुत्थाप्य तस्यास्तु क्री० २१.५८
बालमेकादशाब्दं क्री० १०४.२७
बालं संस्थापयामास क्री० ८९.३३
बालरूप धरस्तत्र शुण्डा क्री० ५०.५६
बालरूपधरोऽतिष्टत् उ० ६३.५१
बालः स ववृधे तत्र क्री० १३४.१
बालस्तदुदरगतो ववृधे क्री० ८९.१०
बालस्य तव वाक्येन क्री० १११.२५
बालानानीय तद्धस्ते क्री० १०८.३०
बालानां दण्डयुद्धेश्च उ० ८७.२०
बालाः स्कन्धान्दा क्री० ९९.८
बाले तु पतिते भूमौ क्री० १३२.२१
बालेन निहतौ शीघ्र क्री० ९६.२६
बालेऽपितं नृपं दृष्ट्वा क्री० ७०.२२
बालोऽपि बलवान्भासि क्री० १३६.२२
बालो भव क्रीडमानं क्री० १९.६
बालोऽयं मम सुभगे क्री० ८७.१५
बालोवदत् ततस्तां क्री० ८.२२
बालो विनायकस्तेऽयं क्री० २१.३२
बाल्यात् प्रभृति मे दुष्टा उ० ५७.१९
बाल्यात्प्रभृत्यद्भुतानि क्री० ७२.४५
बाहुभ्यां मारयन्नेव क्री० १२८.४९
बाहुरूपादतोऽन्यां स्त्रीन् उ० १६.९
बाहुले पौर्णमास्यां स उ० ४८.३
बाहूभ्यां कूर्पराभ्यां क्री० ४१.२६
बिना जलं वृथा वापी उ० ७६.१२
बिभुश्चैव चकम्पुश्च क्री० १३६.२०
बिभृयात्सोऽवतारं क्री० ४०.१०
बिभेदैरावतकटं रुधिरौ क्री० ७५.३२
बिभ्यतो रौद्रकेतुश्च क्री० ६२.४
बिभ्युर्भूतानि सहसा क्री० ८८.१७
बिभ्युः सुराः पक्षिसंघा क्री० ६१.१६
बिभ्रतीं मुकुटं रत्न क्री० ४०.३२
बिभ्रमन्दिक्षु सर्वासु उ० ५१.६१
बिभ्राणः शुशुभे वीर क्री० ६९.१५
बिम्बोष्ठी चन्द्रवदना क्री० ९७.६
बिरूदं बाहुदेशे स क्री० ९०.३२
बुद्धिमन्तं सुतं ज्ञात्वा क्री० ७५.१
बुद्धिमान्कुशलो युद्धे क्री० ३२.२१
बुद्धया निवेदिता सा तु क्री० ६५.२१
बुद्धया पराक्रमेणापि क्री० ३२.१५
बुद्धया बृहस्पति शक्तया उ० ८६.१९
बुद्धया बृहस्पतिसमो क्री० ११०.२२
बुद्ध्वा तज्ज्ञानदृष्टयैव क्री० ६८.२४
बुद्ध्वा पुत्रं नारदस्य उ० ८९.१६
बुद्ध्वैवमात्मना क्री० १३९.४३
बुध्या बृहस्पतिं जिग्ये उ० १.२६
बुभुजुस्तेऽपि विश्रान्ता उ० ६.३३
बृहत्तरो ब्रह्मपरो उ० ४६.१०
बृंहतैर्हेषितैर्व्योम कुर्वन्त क्री० ५६.४३
बृहस्पतिमतं राजन् क्री० ५७.१६
ब्रह्मक्षत्रियविटशुद्राः क्री० १४८.२७
ब्रह्मज्ञानं तथा ज्ञानं दे उ० ३७.२९
ब्रह्मणः सृटिसामर्थ्य उ० ४८.३८
ब्रह्मणस्पतिरित्येवं क्री० १०.२१
ब्रह्मणो कथितं पूर्वं उ० १.१६
ब्रह्मणो वरदानेन क्री० १३७.११
ब्रह्मघ्नो मद्यपः स्तेनो क्री० १४८.४५
ब्रह्मा कुबेरोऽथ उ० ४७.१
ब्रह्माणं चापरं तत्र उ० १३.३५
ब्रह्माणं शंकर मां च उ० १८.४४
ब्रह्माण्डदूर्ध्वमगमन् क्री० १३७.१५
ब्रह्माण्डं मस्तकेनासौ क्री० १२७.१२
ब्रह्मा ददर्श चांगुष्टं उ० ३३.६
ब्रह्मादयः सुराः स्वं क्री० १२६.६३

ब्रह्मादयोऽपि नो देवा उ० ३४.१५
ब्रह्मादिज्ञानविषया कुतः क्री० १३.३८
ब्रह्मादिभिः प्रार्थितास्ते उ० ३२.१५
ब्रह्मादिषु च देवेषु उ० ३७.३८
ब्रह्मादि स्थावरचर उ० ४४.३४
ब्रह्मादीनामगम्यो यो वरं क्री० १५०.७
ब्रह्मादीनां भवेन्मृत्युः क्री० १२०.२५
ब्रह्मा द्वादशवर्षाणि क्री० ३७.२५
ब्रह्मा डाना मनन्ताना उ० ३४.१२
ब्रह्मा ययौ नाभिपदं विष्णुः उ० ४०.२
ब्रह्मा विष्णूः शिवो रुद्र उ० ४६.१२२
ब्रवीषि शपथं यं यं तं क्री० ९.२६
ब्रह्मचर्यं च मे स्वीयं उ० ३०.८
ब्रह्मचर्यव्रते स्थित्वा उ० ५१.२६
ब्रह्मचारी गृहस्थां क्री० १४४.११
ब्रह्मणा कथितं पूर्व उ० ९.२०
ब्रह्मणा कथमादिष्टं उ० ६९.१
ब्रह्मणा सुप्रसन्नेन उ० ९२.५१
ब्रह्मणां वैधमुत्पन्नं क्री० १३९.१५
ब्रह्मन् कथं कृतं तेन उ० ७४.१
ब्रह्मन्दतर मया भूमिः क्री० ३१.३६
ब्रह्मन्नद्भुत मेतद्धि उ० १०.१०
ब्रह्मरूपं जगत्सर्वं क्री० १४१.३६
ब्रह्मलोकं गतोऽकस्मा क्री० १५५.२६
ब्रह्मलोकं जगामाशु उ० ५९.२
ब्रह्मविष्णुशिवेन्द्राद्यां क्री० १४३.१९
ब्रह्मा चिन्तां परां प्राप क्री० ३६.१६
ब्रह्माणं शरणं याता क्री० १७.३८
ब्रह्मांण्डं निर्ममे देवो क्री० १०४.३४
ब्रह्मांडकुंभश्चिवद्योमभाल उ० ४६.२१
ब्रह्मांडगोलके को नु उ० २५.२१
ब्रह्माण्डं चूर्णतां याति क्री० १०८.२३
ब्रह्माम्डव्याप्तरोमांकमे क्री० ११६.८
ब्रह्माण्डानामनन्तानां क्री० ३८.५१
ब्रह्मांडानामनेकानां उ० ८२.३७
ब्रह्मादय स्ततो याना उ० ७३.१६
ब्रह्मादयो देवगणाः क्री० ११६.४३
ब्रह्मादयो देवगणास्त क्री० ९७.१०
ब्रह्मादीनागम्योऽसौ क्री० ८९.२३
ब्रह्मादीनामगम्यस्त्वं क्री० १३४.३२
ब्रह्मादीनां न गम्या क्री० १०५.२२
ब्रह्मादीनां मुनीनां क्री० १५५.१२
ब्रह्मादीनां पदप्राप्ति क्री० ६.३०
ब्रह्माद्या मुनयो देवा क्री० १००.९
ब्रह्मापि सृष्टि कुरु क्री० ४८.६
ब्रह्मा बृहस्पती ऊचतुः उ० ८६.८
ब्रह्मालोऽथा ब्रवीद्देवं उ० २२.५१
ब्रह्मेशाना विन्द्र मुख्याश्च उ० २८.११
ब्राह्मणा वेदरहिताः क्री० १४९.१६
ब्राह्मणेश्वरयोरत्र क्री० १२.४०
ब्राह्मणेषु बलात्कारो क्री० १६.५१
ब्राह्मणं कमलाकान्त क्री० १८.२५
ब्राह्मणान्पूजयामास उ० ७५.१८
ब्रह्माणान् भोजयेत् पश्चा उ० ५१.४५
ब्राह्मणान् भोजयेद् उ० ८७.१६
ब्राह्मणान्भोजयेद्भक्तया क्री० १५५.२४
ब्राह्मणाः परमात्मानं क्री० १३.१९
ब्राह्मं कल्पं च वसति क्री० ४९.२९
ब्राह्मणा अग्निहोत्रेषु क्री० ४७.१४
ब्राह्मणानपि संत्यज्य क्री० ४७.१०
ब्राह्मणान्प्रार्थयामासु क्री० ६१.४३
ब्राह्मणाय प्रदातव्य उ० ८७.१८
ब्राह्मणेभ्यो ददौ पृथ्वीं उ० ८२.४८
ब्राह्मणं भास्करं शेषं क्री० ९२.४३
ब्रूहि ब्रह्मन्नशेषेण क्री० ३४.१

भ

भक्ततृषानिवृत्त्यर्थं क्री० १०५.३६
भक्तप्रियं निराकारं क्री० १३०.१७
भक्तप्रियाय देवाय उ० ८२.३३
भक्तानां कामपूरश्च क्री० १३०.३६
भक्तानां रक्षणं कर्तुमी क्री० १३३.२२
भक्तानांवरदं नित्यं क्र० ४१.२४
भक्तानां वरदं सिद्धि उ० ४९.२३
भक्ति ते देहि नो देव क्री० ६१.४२
भक्तिप्रिऽयोस्ति देवोऽयं क्री० २२.४७
भक्तिभावादिदं नाम क्री० १७.४५
भक्ति भावेन कृतया क्री० २६.२६
भक्तिमानिन्द्रियजयी क्री० १४०.४७
भक्तिश्चैवादरश्चात्र कारणं क्री० १४६.७
भक्तिहीनोऽश्रद्दधानः क्री० १४०.४८
भक्तेरतिशयात साक्षात् उ० २०.११
भक्तेः स्तवादनुष्ठानात् उ० ९१.१९
भक्त्या तान्पूजयामास क्री० ४५.३४
भक्त्या दत्तं स्वल्पमपि उ० ६६.९
भक्त्या निवेदितश्चायं क्री० ३८.१८
भक्त्यान्हतं पलाशं क्री० २५.२९
भक्त्या परमयाऽपूजन्नु क्री० १०५.४
भक्त्या शृणोमि देवेश क्री० १३५.४१
भक्त्या समर्पित उ० ६४.२२
भक्त्यैकचेतसा चैव क्री० १४४.८
भक्त्योपपादितं क्री० ५४.१५
भक्त्वां प्रासादमूर्तीश्च क्री० ७७.२७
भक्षयन्तं च लड्डूकान् क्री० १०५.६३
भक्षयन्ती बालमांसं क्री० १३१.११
भक्षयन्त्येव सर्वाणि क्री० ६६.९
भक्षयस्व महासेनां क्री० ५८.२१
भक्षयामास कूपस्तं क्री० १९.३३
भक्षयामास तान्दैत्यन्कां क्री० ६५.११
भक्षयामास तां सेनां क्री० ५९.८
भक्षयास तां सेनामुरगा उ० ४३.३४

भक्षयामास महिषाञ्छान क्री० ८७.२
भक्षयिष्ये मुने लोकान् उ० ९.१२
भक्षितं सर्वसैन्यं ते क्री० ५८.४९
भक्षिता निहता वाहा क्री० ५८.३४
भक्षिताः सर्वलोका मे उ० ५३.२१
भक्षितुं तं समायातौ क्री० १२.४४
भक्षेय द्वर्ष पर्यन्तं उ० ५९.३८
भक्ष्यं ययाचे स भृगुं क्री- १५२.३६
भक्ष्याण्यनेक रूपाणि क्री० ५५.२५
भगवत्याः क्वचित्प्रोक्ता क्री० १४९.१३
भगवद्रूपमास्थाय श्रीमुद्रां क्री० १०५.८
भगवन्नारदो मह्य क्री० १४५.१
भगवन् सर्व तत्वज्ञ उ० ५१.५३
भगवान्भक्तिसुलभो उ० ४६.१०१
भग्नवाम रदस्तु गास उ० ४६.३५
भगासुरोदगता नात्मानं क्री० ९९.५०
भगिनी तस्य वन्ध्यासी क्री० १५५.४२
भग्नवृक्षौ सनिनदौ क्री० ८.७
भग्नास्तेऽप्यपलन्सर्वे उ० ८०.२०
भग्नास्याभग्ननेत्रा क्री० १२.५८
भग्ने वायां तु संप्राह क्री० ११.१३
भजन्भक्तया विहीयो यः क्री० १४६.८
भणितं तस्य तच्छ्रुत्वा क्री० १३१.३
भद्रं भद्रकरं यस्य लोक क्री० ७३.११
भमन्ति पवनोद् भूताः क्री० ४४.८
भयं बभूव दैत्यानां क्री० ६.३९
भयानकमुखं दुष्टं क्री० ८९.१६
भर्ता तव जनें ख्यातो उ० ८८.१९
भर्ता रोदिति ते सुभ्रु क्री० १२०.१२
भर्तारं चित्रनामानं उ० ७४.१४
भर्तुदानेंन देवेश उ० ८८.१५
भर्तुः शुश्रुषणादन्योधर्मो उ० ३०.२०
भवतां गृहमागत्य नाना क्री० ५१.२३
भवतां दर्शनं चर्मचक्षुषां उ० ३२.१९
भवतां दर्शने नाहं परि क्री० ७९.९
भवतां सोऽकिंचनानां क्री० २२.४४
भवतीभ्यां विवेकेन क्री० ९६.५४
भवतू प्रसादातू सकला उ० ९.२६
भवत्कृत मिंद स्तोत्रमति उ० ४०.५५
भवत्स्नेहन शोचामि क्री० १५३.१९
भवदाज्ञां गृहीत्वैव क्री० ६६.५
भवदृशिः संप्रति हन्त्यथैनः उ० ६.२४
भव दैत्यो हतस्तेन धृत्वा क्री० ८८.२५
भवद्वाक्यानुरोधेन न क्री० ३५.२१
भव सौम्यं तरो देव उ० ३८.२८
भवादृशानां साधूनां उ० २९.२२
भवानि पूजयामास मुनि क्री० ८६.१२
भवानीताडनाद्भीताः क्री० ९१.२६
भवानी बालकैनाया क्री० १०४.५७
भवानीमपि तत्सूनु क्री० १०४.५६
भवान्तरेऽस्यजननी उ० २३.३४
भवास्माकं पतिरिह सर्व उ० ५३.२३
भविता ते सुतो राजन् उ० १९.२९
भविता न भयं क्वपि क्री० ११.४५
भविता परमा मुक्तिस्त्य क्री० ४७.३१
भविता मत्प्रसादेन उ० २७.२९
भविता मम भक्ति उ० ८२.४१
भविता सर्वमान्यश्च उ० ८९.२
भविष्यति कृतं सम्यग क्री० २२.४५
भविष्यति ततो लोका क्री० १३९.२४
भविष्यति तथा धर्मा उ० ४.३५
भविष्यति महारव्याति उ० ३७.४१
भविष्यति रसायां मे क्री० १५३.२३
भवेन्नालोकितोऽस्मा क्री० २४.४
भवेय सेवकश्चाहं क्री० १३०.१२
भस्मांगरांग सर्वत्र क्री० ९.१४
भस्मांगं शेषशिरसं उ० ८९.३०
भस्मीकर्तुं द्रुमान्सर्वान् क्री० ११.१५
भाजनं सर्वसिद्धिनां उ० ५१.१७
भातरं ताडयित्वाऽन्यो क्री० १००.५२
भाति बिम्बं खेः सम्य क्री० २०.५७
भाद्रपदशुल्कचतुर्थ्या ये उ० २२.५४
भाद्रशुक्लचतुर्थ्यां तु क्री० ८२.१४
भाद्रशुद्धप्रतिपदिस्नात्वा क्री० १२६.२३
भाद्रे भासे सिते पक्षे क्री० १४८.४१
भाद्रे शुक्लचतुर्थ्यां मः क्री० १५५.२०
भारतस्य च वेदस्य क्री० ७९.३०
भारतीमेवमाश्रुत्य चकम्पे क्री० ६०.२५
भारद्वाजमुने रेतः उ० ६०.१०
भारेण चूर्णयंस्त्वं क्री० १३४.३९
भारेणक्रम्य मे देवमुवाच क्री० ९३.४७
भालचन्द्र कोटि चन्द्रनिभं क्री० १३०.४
भालचन्द्र नमस्तुभ्यं उ० ६९.५०
भालचन्द्रं कोटिचन्द्रनिभं क्री० १३०.५
भालचंद्र लसद्दंत शोभा उ० २४.२५
भालचन्द्रेति तं देवा उ० ६४.१०
भालदेशे कुबेरं च हनौ क्री० ७७.३
भासयन्ती महातेजः क्री० १२९.३४
भासयन्प्रभया सर्वा दिशो क्री० ५३.४
भिण्डिपालहताः केचि क्री० ११४.१३
भिद्यन्ते बुद्धयस्तेषां क्री० ४७.१२
भिन्डीपालेन पाषाणं क्री० ७६.३०
भिषजोऽपि ददुस्तस्मा क्री० ३३.३३
भीतभीता महारौद्रे क्री० १४.२७
भीता लोकास्तथा क्री० १४५.१६
भीताः प्रोचुर्विना वायुं क्री० ८६.१८
भीम इत्येव नाम पत्नीयं उ० १९.३१
भीमकायं महादैत्यं उ० ३९.१२
भीमो नामाभवद् व्याघो क्री० २६.३
भीमः प्रमोद आमोदः उ० ४६.३

भीमं कायोऽपि बलवान् उ० ४०.१०
भीरुभीतिकरा वीरमहा क्री० ६४.२२
भीषयन्रोदयन्रावैः क्री० ६०.१५
भीषयन्तुग्ररूपेण समष्टि क्री० ९.३६
भुक्त भोगः स वैश्यस्य उ० ७६.५९
भुक्तं च भुक्तवन्तं क्री० ५४.४२
भुक्तं वन्तं च विश्रान्तं क्री० ७३.२८
भुक्तशेषमिदं चान्नं क्री० १६.१५
भुक्त्वा .दन्नं तद्गृहे क्री० ५३.४६
भुक्त्वागत्य ददर्शाथ क्री० ४२.२२
भुक्त्वा दत्वामोघलक्ष्मी क्री० ५०.७
भुक्त्वाऽन्न संपदः क्री० ५०.२७
भुक्त्वा भोगान्यथा क्री० १५५.३२
भुक्त्वा भोगान्यथा कामं उ० ५२.४१
भुक्त्वां भोगांश्च ते उ० ६७.५२
भुक्त्यर्थंभ्रममाणौ क्री० ५४.४०
भुक्त्वा यथेष्टं सुष्वाप क्री० ५४.२६
भुक्त्वा व्रजन्तु विश्राम क्री० ९.१०
भुक्त्वा शुक्रगृहे क्री० ५४.१
भुजगस्य पयो दत्तं क्री० १२७.३३
भुंजगा पक्षिणः सिंहा उ० ६.२०
भुंजते प्राणिनः स्वस्व क्री० ५२.१६
भुंजतौ नरकानेकविंशतिं क्री० २८.२९
भुंजन्तो निद्रिताः केचिन् क्री० ११२.१९
भुंज स्वं परिगृह्यैव क्री० १०५.५६
भुतभाविभवज्ज्ञानी उ० ३८.१२
भुंगी तु ताडयामास क्री० १२२.४८
भुवि जानुं विनिक्षिप्य क्री० ६६.३३
भुवि ते शतधा जातं क्री० ९९.१८
भुवोऽन्तरिक्षं स्वर्गांश्च क्री० १४५.१०
भुवो भारं हरिष्यामि क्री० १७.३९
भूगोल भारसदृशं मत्वा क्री० ८७.५०
भूतप्रेतपिशाचान्तं भजने क्री० १४९.२७
भूतप्रेतपिशाचानां लोकं क्री० ५१.३८
भूतभव्यभविष्यज्ञः क्री० ८५.२
भूतभव्यभविष्यज्ञ क्री० ७६.३६
भूतभावि विशेषज्ञै क्री० ७.३४
भूतं भव्यं विप्रकृष्टं क्री० ४७.३
भूतं भवद् भविष्यं च क्री० १८.११
भूतं भव्यं भविष्यं च उ० ५०.१३
भूतं भावि भवच्चैव उ० ११.२१
भूतं भाविभवच्चैव उ० २०.४३
भूतराजो जघानैनं क्री० १२२.४९
भूतलं छादयामास उ० ४२.१७
भूतशुद्धि प्रकुर्वीत उ० ४९.१९
भूतशुद्धि विधायादौ क्री० १४४.१४
भूभारं च हरिष्यामि क्री० १३०.१४
भूभारं हर्तुकामोऽयम क्री० १०१.३१
भूभारश्च हृतः सम्य क्री० ७२.३५
भूभारहरणार्थं त्वमवम् क्री० ११०.१३
भूभाहरणार्थं यो जातः क्री० ११.२६
भूमंडलं च पातालं उ० १७.८
भूर्जपत्रे लिखित्वेदं यः क्री० ८५.३४
भूषितां नागकन्याभि उ० ५३.१७
भृगुणा नोदितः स्नात्वा उ० ९.२२
भृगु प्रसादान्नीरक्तः उ० ९.२४
भेदतस्त्रिविधं कर्म क्री० १४८.१४
भेदयामास नेत्रैकम उ० १३.३४
भोजनं पतनं निद्रा क्री० ७१.१६
.ोजनाय समारम्भ क्री० ५४.२
भोजने शयने याने उ० २७.१४
भो जयेत्तादृशान्नेनं उ० ८७.११
भोजितः परमान्नेन उ० ८१.७
भोज्यं भक्ष्यं चलेह्य उ० ७१.९
भौमकायो वज्रदंष्ट्रो उ० ३९.१६
भौमासुरं च शिरसि क्री० ७६.३३
भ्रमता ददृशे तेन विदर्भे क्री० ३१.७
भ्रमतां क्रदतां तेषां उ० ६२.३७
भ्रमद् ब्रह्माण्डरोमांच क्री० ६१.३२
भ्रमन्ति पर्वता यस्याः क्री० ५२.५४
भ्रमन्मुनि ददर्शाग्रेवन उ० ३७.१
भ्रमन् वनानि बहुशो दैवे उ० १९.३३
भ्रमन्स तु वनं यातो क्री० १०८.११
भ्रममाणो ददर्शैकं उ० २९.२३
भ्रमरै रूपजुष्टानि उ० ६३.११
भ्रमित्वा व्योमनि भृशं क्री० ९०.२२
भ्रष्टस्थाना मुनिंसुराः उ० ८५.१०
भ्रान्ताऽहं पतति भूमौ क्री० ९२.५०
भ्रान्तोऽसि नृप सत्यं उ० ७९.२
भ्रामयन् पुष्पकरं उ० ३८.२४
भ्रामयामास बहुधा क्री० १४.१५
भ्रामयामासं बहुधा क्री० ११९.३४
भ्रामयित्वाऽक्षिपद्दूरे क्री० ७६.३१
भ्रामयित्वा ततश्चैक क्री० ३.३२
भ्रामयित्वा बहुतरं क्री० १२०.५
भ्रामयित्वा विनिक्षिप्त क्री० १३१.१२
भ्रामयित्वा स्फालयत्स क्री० ९६.२३
भ्रुमध्यसंस्थितकरो उ० ४६.२३
भ्रुंशुंडिमायया देवै उ० ७४.२९
भ्रुशुंडिरुवाच यदि उ० ५८.३१
भ्रुशुंडे पितरौ पुत्रौ उ० ५८.२३
भ्रुशुंडि प्रणिपत्याथ उ० ५६.३१
भ्रूक्षेपमात्रेण च मे क्री० ६०.७
भ्रूशुंडीति ततः ख्यात क्री० १६.१३

म

मग्नं निशम्य नृपतिं उ० ५३.३२
मग्नास्ते दैत्यकृतया क्री० १९.२७
मच्छ्वासात्सर्वातो क्री० ३.१९
मज्जारक्तवसागन्धो क्री० ११६.१६
मंचु भार्या महादुष्ट क्री० १२८.४८

मणिकर्णि भवानीं वा क्री० ४५.२०
मणिकर्णिविनायक क्री० १५४.१६
मणिमुक्तामयं दाम उ० १५.५
मडपस्थापनं चक्रे मातृ क्री० १०.५
मतः स्वयं समारेभे उ० १६.८
मतिरुत् पद्यते पुसां उ० ९.२८
मतोऽग्निरापो धरणी क्री० १३८.२५
मत्तकायो महानादो उ० ४६.२०
मत्कार्यं विविधां उ० ९१.६
मत्त एव महाबाहो क्री० १४०.७
मत्तेजसा भाति चन्द्रो उ० ९०.२३
मत्प्रसादेन दुष्टौ तौ उ० १७.३८
मर्त्यलोके तारकं स क्री० १४९.१२
मर्त्येषु न हि दृष्टोऽस्ति उ० ५४.४
मत्संगेन चिरं कालं यूयं क्री० ९४.१२
मत्सरात्र शितं सर्व उ० १०.२०
मत् स्नेहात् सर्ववेतृत्वा उ० ७५.४४
मत्स्यरूपं गुणेशोऽथ क्री० ९१.३९
मत्स्यान् बकान् सारस उ० ७.२५
मत्स्येन गिलितस्तत्र उ० ८९.१०
मत्स्वरूपं विना नान्यद् उ० ६५.१४
मत्स्वरूपस्त्वं किमर्थं उ० ५७.५४
मदन्यंदेव यो भक्तया क्री० १४४.१२
मदर्थ यानि कर्माणि क्री० १३९.९
मदीयं मन्यते सर्व दैव उ० ५४.७
मदनावत्याश्रितांघ्रि कृत उ० ४६.५०
मदनुग्रहतोऽदर्शि त्वया उ० ९०.५०
मद्भक्तो मत्परः सर्वं क्री० १४५.२६
मद्भक्तो मद्गतप्राणो उ० ३७.४२
मद्यपानेन मत्तोऽसौ क्री० ११४.३३
मद्वाक्य करणे तेऽपि उ० ७८.२१
मधु कैटभ नामानौ उ० १६.१३
मधु पीत्वा पुना रेमे उ० ७६.२२
मध्यदेशे भवद्राजा उ० ५६.६
मध्यान्हे जलमध्यस्था क्री० १९.१३
मध्यान्हे सह सैन्येन उ० ८०.१७
मध्ये गतान्नरान् क्री० ५७.२१
मध्ये विवेश च ततो क्री० १२६.१८
मनसा परितुष्टेन क्री० ११५.२
मनसा प्रार्थयामासुस्तदा क्री० ५९.१४
मनसा सकलं कर्म क्री० १४१.१२
मनसा स विनिर्धार्य उ० ४६.३
मनसा सृष्टिसंहार क्री० ५.३
मनसा सृष्टि संहारा उ० ७७.४
मनसा सृष्टि संहार उ० ७८.२७
मनुष्यकिन्नरलतांवृक्षं क्री० १०४.४१
मनुष्यगन्धन्हृष्टोऽसौ क्री० २६.९
मनुष्यश्वापदासी स क्री० २६.१०
मनोजवं हेषितेन क्री० ६६.२५
मनोमयी न शशाप क्री० १३५.१५
मनोमयी सुशीला सा क्री० १३५.९
मनो मे हि स्थितं क्री० २५.२७
मनोरथ फलैर्दिव्यै उ० ४६.१८९
मनोवेगं ततः पश्चाजिघांसु उ० ४२.२९
मंत्र गुप्तिः सदा कार्मा उ० ३.३७
मन्त्र मेकाक्षरं सांगं उ० ७२.४१
मन्त्रयन्ननलास्त्रेन शिव उ० ४३.३०
मंत्रराज जपेनाय यथा उ० १२.१२
मन्त्र संध्या मुपासीत उ० ११.१४
मन्त्रा नानाविधा देवि उ० ५०.२
मंत्राः सर्वागमे प्रोक्ता उ० १२.९
मन्त्रिणौ सर्व संस्कारा क्री० २७.१५
मन्त्रित्रास्ते कुषास्तेषां क्री० १०९.२९
मंत्रिमंत्रप्रयोगैस्तं उ०.२.१८
मन्त्रेण शतसंख्येन क्री० ६८.५४
मन्त्रैः पंचामृतम् उ० ६९.२३
मंत्रो मंत्रपतिर्भत्री मदमतो उ० ४६.१०२
मन्दारतां तु मन्दार क्री० ३४.३८
मन्दारमूर्ति ढुण्ढेः स क्री० ४९.१६
मन्दारमूलैर्मे मूर्ति कृत्वा क्री० ३५.१९
मन्दारस्यापि महिमा क्री० ३७.३०
मन्दाराय सुता दत्ता क्री० ३५.१३
मन्दारो यामि तं दुष्टुं क्री० ३४.३१
मन्दिराणि प्रभासन्ति क्री० ५२.४१
मन्नाम बीजेन निमंत्रयैकं उ० ४५.१६
मन्निष्टा मद्धियोऽत्यन्तं क्री० १४१.१६
मन्मूर्ति दर्शनादत्र उ० ५७.५६
मम खेदः समुत्पन्नो क्री० १२८.५
ममताऽहंकृती त्यक्तवा क्री० १३८.६८
मम तृप्ति र्भवे द्वाय उ० ६५.३०
ममदं जृम्भती जृम्भा क्री० १४.४२
मम ध्यानं नामजप क्री० ४८.५५
मम निद्रास्थलं यच्छ क्री० ५८.५०
मम नैवाभवत्प्राप्तिः क्री० १२.३०
मम प्रहारान्हि युवां उ० १८.३०
मम प्राणा गमिष्यन्ति क्री० ८३.२६
मम प्राणा गमिष्यन्ति क्री० ९१.३३
ममप्राणाधिकोऽसि त्वं क्री० १२८.६६
मम प्रियोऽसि राजेन्द्र उ० ७०.२३
मम भाग्यं तु फलितं क्री० १४.३२
मम भ्रूभंगमात्रेण कम्पते क्री० ६२.३६
मम माता पिताऽमात्यौ क्री० १५१.१६
मम मातुस्तु दासीत्वं क्री० ९७.१६
ममर्द सिन्दुरं तं स क्री० १३७.२२
मम वाक्यादिहायात क्री० १४.३३
मम वा मद्विधस्यापि क्री० १४९.४५
मम विक्षिप्त चितत्स्य उ० १०.३१
मम श्लाघा भवेल्लोके उ० ७७.४३
ममात्मज इति जनो नैनं क्री० ९४.२४
ममानु शासनं यद्दत्कृतं उ० ३.५०

ममापिं च मुने त्रासो क्री० ९४.२२
ममापि चिन्ता संप्राप्ता क्री० ९१.५७
ममापि दर्शने कांक्षा क्री० १६.१९
ममापि परितोषोऽस्ति उ० १.७
ममापि पौरुषं पश्य न क्री० ७६.३५
ममायं सुत इत्येव उ० ३.४९
ममूरेशः क्व चास्तीति क्री० १००.४०
ममेदं परमं रूपं उ० ३८.३०
ममैव प्रतिमां कृत्वा क्री० ७७.२६
ममैव मानसः पुत्र क्री० ५.१
ममैव यदि देयासा क्री० १८.४५
ममैव योग निद्रान्ते उ० २८.१५
ममैव विस्मयो ब्रह्मन् उ० ५२.२०
ममैवानुग्रहात्काम उ० ८८.४५
मया कथं तु विज्ञेयो उ० ३४.१७
मया कथं नरा वाच्या क्री० २२.१५
मयाऽकिंञ्चमयाऽस्मै क्री० ४८.३१
मया कृतं कर्म सुदुष्टरं उ० ३३.१८
मयाज्ञप्तः कश्यपोऽसौ क्रीं० २९.१
मया तवहितं प्रोक्त क्री० १८.३१
मया ध्माते मुदा शंखे उ० ७९.१३
मया निरन्तरमिद क्री० १५०.२५
मयाऽपि नानाविध उ० २.२३
मयाऽसि नारदायोक्तो क्री० ४९.२६
मयाऽपि सृष्टिकामेन उ० ७०.१६
मया वाणी नोक्तपूर्वा क्री० ७३.३२
मया संवाहितपदं क्री० ३०.२७
मयिक्रुद्धे जगन्नश्येत्तत्र क्री० १३६.३७
मयि क्षीराब्धि शयने उ० १७.३३
मयि चित्तं स्थिरं ते स्याद् उ० २२.५३
मयि तिष्ठति दुष्टानां क्री० १३४.१९
मयि भक्तिर्भवेत्तस्य क्री० १३०.३७
मयि भ्रान्तेऽथ स उ० ६१.६
मयि लोहितिमा कस्मा उ० ६०.९
मयूरध्वज इति च उ० ८७.५१
मयूरध्वज इत्येवं उ० ८७.४५
मयूरवाहनं कुर्यादथवा उ० ५१.३२
मयूरवाहनो देववृन्द क्री० १७.२८
मयूरवाहनो देवः शुण्डा क्री० ३१.१०
मयूरेश इति ख्यातो क्री० ८५.१४
मयूरेश कथायांते उ० १.२२
मयूरेशकरं शीघ्रं यथा क्री० ११५.४३
मयूरेशगणान्सर्वान्ना क्री० १०१.४१
मयूरशगले माले क्री० १२५.४४
मयूरेशः पुनर्बालैः क्री० १०३.३६
मयूरेशपुरं तस्य नाम क्री० १०३.३४
मयूरशप्रतापेन मुक्ति क्री० १२३.३६
मयूरेश मयूरेश जय क्री० ११४.५५
मयूरेशमयूरेश जय क्री० १५३.३१
मयूरेश मयूरेश मयूरे क्री० ९८.५१
मयूरेशमुभौ यातौ ततो क्री० ११३.१२
मयूरेशं गणांश्चाह क्री० १०६.४०
मयूरेशं च परमं क्री० १२५.५१
मयूरेशं ततः शेषो ययौ क्री० १००.२४
मयूरेशं नमस्कृत्य क्री० १२३.५५
मयूरेशं समायातौ वीर क्री० ११३.४०
मयूरेशश्च दैत्यश्च क्री० १०१.३३
मयूरेशस्ततः प्रायाद्यज्ञ क्री० १०७.२२
मयूरेशस्य चरितं क्री० १२६.६५
मयूरेशस्य सेनायां क्री० १०२.१८
मयूरेशो गतः क्वापि क्री० ९९.४६
मयूरेशोऽथ शीघ्रं तदा क्री० १०२.१५
मयूरेशो धराभारहरो क्री० १११.१४
मयूरेशोपदेशेन भवान्या क्री० १०५.३२
मयूरेशोऽब्रवीत्तत्र यदि क्री० १०५.१९
मयूरेशोऽब्रवीन्मां हि क्री० १०४.५४
मयूरेशो विघ्नहरो क्री० १२६.६२
मयूरेशो हरं प्राह क्री० १०१.१९
मयूरेश्वरनामा च द्वापरे क्री० ७८.४२
मयूरेश्वरनामाहं क्री० १३०.११
मयूरेश्वर नाम्ना यत्क्षेत्रं उ० ८३.२
मयूरेश्वरसंगेन नेदानीं क्री० ९९.६२
मयूरेश्वरसंज्ञा च कथं क्री० ७३.२
मय्या हसति बालः स उ० १५.८
मरिष्यमाणश्चक्रेऽसौ क्री० २७.१३
मरिष्ये मारयिष्ये वा क्री० ६३.२२
मरीचिरक्षणाञ्चापि क्री० ८८.४५
मरुद्गति विहीनं त उ० ४७.३६
मरुद्रविः शची चान्ये क्री० १२५.५
मर्दनं भूधराणां च क्री० १३०.३५
मर्मास्पृक्क प्रियं वाक्य क्री० १४८.२
मर्यादां जलधिर्वाऽपि उ० ४.२२
मर्यादा रक्ष तां ब्रह्मन्नु उ० ७८.३२
मल्लयुद्धं च चक्रुस्ते क्री० ५७.३५
मल्लयुद्धं च तत्रासीत् क्री० ११९.२५
मल्लयुद्धं च ते चक्रु क्री० ९०.२६
मल्लयुद्धं प्रचक्रुस्ते क्री० ११३.३५
मशके निहते कः क्री० ५५.३८
मस्तकं भस्तकेनैव क्री० ११३.३७
मस्तकं मस्तकेनैव वक्षसा क्री० ९३.९
मस्तके पृष्ठभागे च क्री० ६९.२०
महतोः पुत्रतां प्राप्य कथ क्री० ९४.१६
महत्तपोवृद्धिदीमे क्री० १३५.५
महत्पापं मयै वैत जन्म उ० ४.१५
महत्यरिष्टेऽतीतेऽस्मि क्री० १०.२२
महद् दुःखं सदा देव उ० ३७.१९
महद् भाग्यं मम विभो क्री० १४.३९
महद् भाग्यं ममविभो क्री० १३०.२०
महसा जितसूर्यः स क्री० १२१.५३
महाकायो महावीरं क्री० १११.४

महाकाये धृतश्चैव क्री० ११४.५०
महाकाव्यौ महा सारा उ० १६.१४
महाकालरूपं निमेषा क्री० १२३.४६
महाक्ष्वेडितशब्दं तु क्री० ५८.२३
महागणपतेः स्तोत्रं उ० ४६.१८८
महागति र्बुद्धिप्रियः उ० ४६.५
महाजलाशयं गत्वा उ० ५०.३३
महादेव जगन्नाथ क्री० ४५.४
महादेव जगन्नाथ जगदा उ० ४७.५
महादेवसूनुंमहादैत्य क्री० १२३.४२
महानदीतीरदेशे क्री० १४९.२०
महान् क्षुद्रस्य वाक्यं उ० ७८.२०
महान्खेदो न च सुखं क्री० २१.३७
महांतं कांचनं दिव्यं उ० ३९.३
महान्तं दंड मादाय उ० २२.२६
महान्तौ कालपुरुषौ क्री० १८.३९
महापापाद्धिनिर्मुक्त क्री० १५५.१७
महापापोप पापैश्च उ० ५१.१६
महापुण्यं च संकष्ट उ० ७६.७४
महाप्रयत्न मारंभ दैत्यराज उ० ४७.३९
महाप्रलयवेलायां तिष्ठत्ये क्री० ४९.३०
महाबल महावीर्यौ क्री० १३५.३७
महाबलो महावीर्यो उ० ४६.१०३
महाभाये जनानां मे क्री० १५.५०
महाभाग्येन दृष्टासि क्री० २१.२४
महामंद्रपिकामध्ये उ० ७१.२१
महामंडपिकां कृत्वा उ० ७५.९
महामात्रसमारूढाश्वां क्री० ७५.७
महामुकुट शोभाढ्यां क्री० १७.२७
महारण्यं गताः सर्वे यत्र क्री० ९८.१९
महारथी महामात्यो क्री० ५६.४८
महारुषा महेशेना उ० ९०.३६
महार्हवस्त्रा लंकारा उ० ७४.१३
महालक्ष्मी प्रियतमः उ० ४६.४७
महात्रने महांक्षेव बल क्री० ५७.४३
महावांता तपाद्धिस्तु उ० १५.३
महाविहङ्गरूपेण दूरे क्री० ५६.१९
महीवीरैः परिवृतं नाना क्री० १११.२
महाहिं जठरे बिभ्रदेकदवं उ० २०.३४
महिमा नैव चत्वारो क्री० ६४.५
महिमा कथितो यत्र उ० ८९.१८
महिमा ते मयूरेश मनो क्री० ११०.१२
महिमानं न जानीम उ० ३५.२४
महिमानं न जानीमो उ० ६७.२६
महिमानं न जानीवोऽनेक क्री० २५.५
महिमानं परिज्ञाय क्री० ५१.४
महिमानं महान्त उ० ३८.३६
महिमानं स्वरूपाणि क्री० १२२.७
महिमानं हि कस्तस्या क्री० ३३.५५
महिमा प्रथिमादाय क्री० ५३.९
महिमा लघिमा चापि क्री० ६३.१६
महिमा श्रुयते कर्णे क्री० १५१.२१
महि वराहवा मांगो रति उ० ४६.४८
महेशादिदेवैः सदा क्री० १२३.४७
महोत्कटेति नामास्य क्री० ६.४३
महोराशिं पुरो दृष्ट्वा क्री० ५.३२
मह्यं स प्राह कृपया क्री० ८५.४१
माघे कृष्णे भौमवारे उ० ७५.३
मा चिन्तां कुरुभद्रे त्वं क्री० ९७.४६
मा चिन्तां कुरू राजेन्द्र क्री० ७३.३१
मा चिन्तां कुरु सिन्धो क्री० ११३.२७
मा जहीति ब्रुवन्देवा उ० ८४.१३
मातमार्ततः क्व याम्यद्य उ० ८१.२३
मातरं प्रणिपत्याह क्री० ९८.५२
मातरुत्तिष्ठ मा शोकं कुरु उ० ५४.३
मातस्त्वया यतः सर्वं क्री० ६.२८
मातस्त्वां प्रणमाम उ० ८३.३४
मातस्त्वां सेवितुं क्री० ४१.३
माता पिता पालयिता क्री० ९९.१४
माता पितृभ्यां प्रददौ उ० ३५.४२
माता पितृवचः कार्यं उ० २३.२३
मातापित्रो र्बहिरगाद्राज्ञा क्री० १२.१८
मातापित्रोः समक्षं च उ० ७६.७
माता राक्षसभूरत्र यत्न क्री० ८४.१६
माता शुशोच तदा हृदि क्री० ६२.६
मातुर्मुकुन्दे मे देहि उ० २८.३
मातुस्तेऽपि तथावस्था क्री० १५२.२३
मातुः स्मृतं तु संप्राप्तो क्री० ९७.३२
मात्राभ्यक्तौ बुभुजतुस्त क्री० २.३६
माधवो गदया मूर्ध्नि क्री० ७७.८
मानवांरगगन्धर्वा क्री० २.२५
मानसानखिलान्का क्री० १३८.५३
मानसैरूप चारैरतं पूजयेतु उ० १२.१५
मानामपमान दानानि उ० ३१.१२
मानितास्तेन ते सम्यक् क्री० ८२.२५
मा निद्राभंगमस्याशु कुरु क्री० २१.५०
मानेऽपमाने दुःखे च क्री० १४२.५
मान्यतां सर्व देवेषु उ० ८८.५०
मान्योऽसि ब्रह्मपुत्र क्री० १२२.२२
माभयं कुरु देवेश उ० ३४.९
मामेवा निङ्गितुं क्री० १२८.१२
मां दृष्ट्वा मुमुचुः उ० ८८.१३
मायया मुनिपुत्रस्य क्री० २४.२४
मायया मोहितस्तेऽह क्री० १३७.४७
मायया मोहिताः सर्वे क्री० १००.५०
मायया मोहितो दैत्य उ० ४१.१७
मायातीताय भक्तानां क्री० ७८.२६
मायातीतोऽपि मायाया क्री० ५.१७
मायातीतोऽपि मायावी क्री० १३४.३१
मायाभिर्विविधाभिश्च क्री० ११८.२३

मायामास्थाय स गणो क्रौ० १९.१८
मायावतारो मोहाय क्रौ० ३८.१९
मायावत्या शिक्षिताभि उ० ८९.१३
मायाविकार मासाद्य उ० १२.१९
मायाविभेदकं देवं क्रौ० ११६.९
मायावी वेदवेदान्ता क्रौ० ८२.१३
मायाश्रयायामेयाय गुणा क्रौ० ३७.५
मायास्वरूपं पुभाग्यं क्रौ० १९.४८
मारयन्निर्म्मिश्रिता वीरा क्रौ० १२१.११
मारयामास कांश्चित्स क्रौ० १००.२२
मारयामासुरश्वांस्तान क्रौ० १२१.३२
मारुतास्त्रं शीघ्रजवं क्रौ० ४२.५
मारुतो मालतीगन्धो क्रौ० ८२.१९
मार्ग निरुध्य सहसा क्रौ० ९१.५२
मालवे विषये ख्यातं उ० ५३.२
मालाधरेति नामास्य क्रौ० १०.३१
मासे द्वितीये गौरी तं क्रौ० ८४.१
माहिष्मत्यां महापूर्णा क्रौ० १३१.५
मितां कर्तुं पर्णकुटीं क्रौ० ३१.३१
मित्रस्तु भूमिमगमद्दमन् क्रौ० ११३.४७

मित्राणि शत्रुतां यान्ति क्रौ० ६०.२२
मिथिलधिपतेः कीर्ती उ० ६६.५
मिथ्या त्वं भाषये क्रौ० ५५.१०
मिमानवत्पक्षिवच्च स क्रौ० ९३.५१
मिष्टान्नानि च लड्डूकान्द क्रौ० १०५.४३
मुकुटं मस्तके न्यस्य क्रौ० १२२.५२
मुकुटस्य तदा ध्वसो क्रौ० २९.३२
मुकुटांगदहारादि भूषणै क्रौ० १५१.१८
मुकुटी कुण्डली राजत् क्रौ० ५०.५७
मुकुटेन विराजतं मुक्ता उ० १४.२१
मुकुंदाचरितं तेन नैवं उ० ३६.१४
मुकुंदा मारुतेनैव उ० ३६.३५
मुकुंदे वदमे तात उ० ३६.३४
मुकुन्दोऽपि स्थितस्तत्र क्रौ० ३९.२४
मुक्तकेशाः खड्गहस्ता क्रौ० ५६.३८
मुक्तकेशामुहुर्वक्त क्रौ० १२४.१०
मुक्त निव्रण मव्यगं उ० २३.१२
मुक्तहारां सुवलयां क्रौ० ६९.२४
मुक्ता तु विनता वन्धा क्रौ० ९७.३४
मुक्ता दाम लसत् उ० १४.२२

मुक्तादेवीं च विख्यातां क्रौ० १२६.२२
मुक्ताप्रवाल मालभि उ० ८२.२८
मुक्ताफलमयीं मालां उ० ४८.२२
मुक्ताफलानि भरीणि उ० ४१.२६
मुक्तामणिगणैश्चित्राण्य क्रौ० ५५.२४
मुक्तामणि गणांपतं उ० ८७.३४
मुक्तामणिगणांपतं सरलं क्रौ० ५०.५८
मुक्तामणिमयौ हारौ क्रौ० ११९.१९
मुकता माला मुदिकाश्च उ० ४२.२०
मुक्तामालालसत्कण्ठो क्रौ० ७५.१०
मुक्तां देवीं समभ्यर्च्य क्रौ० १२६.२८
मुक्तास्ते सर्वे दुःखेभ्य उ० ५१.७०
मुक्ताहारधरं चारुकं क्रौ० १३०.३
मुक्ति याता मयूरेशं क्रौ० १०२.९
मुक्तिर्वा दीयतां देव उ० ६६.२१
मुक्तिः स्यादुभयोः पूर्व क्रौ० ७३.२०
मुक्तो दत्तैर्न हस्ताभ्यां उ० २२.३१
मुक्त्वा कीलात् उ० ७९.६
मुखपाणि विशुद्ध्यर्थं उ० ४९.५४
मुखमध्ये ददर्शास्य क्रौ० ९२.४२

मुखमाच्छाद्य वस्त्रेण क्रौ० ८९.२१
मुखशुद्धिं तेन चक्रे क्रौ० २३.४७
मुखहस्त खा आसन् क्रौ० १२.४८
मुखादुरू वमन् अग्नि उ० ९.७
मुञ्चन्ती मुखतो ज्वाला क्रौ० ३६.१०
मुंचति स्म शरैस्ते क्रौ० ५७.३०
मुंचन्न श्रूणि नेत्राभ्यां उ० २०.५६
मुंचन्नश्रूणि नेत्राभ्यां उ० ३७.२५
मुंच मुंच मम प्राणा क्रौ० ९२.५
मुंच मुंचेति जल्पन्ती क्रौ० ७.१८
मुंच मुंचेति तं प्राह क्रौ० २१.४७
मुद्गरासिधराः केचिद्धनु उ० ३९.२६
मुद्गलं मनसाध्यायन् उ० २१.८
मुद्गलेन च तत्प्रोक्त क्रौ० ५१.३५
मुद्गलं राजपुत्राय उ० २१.४९
मुद्रिकाघातमात्रेण कथं क्रौ० १८.५२
मुनयश्च तदा देवै क्रौ० ७०.१८
मुनयश्चैव देवाश्च क्रौ० १३.२७
मुनयस्तामथोचुस्तं क्रौ० ८६.२७
मुनयोऽग्रचगाः पनुर्भय क्रौ० १०१.१७

मुनयो न विदुः साक्षा क्रौ० १३३.२७
मुनयो मनवो भूपा क्रौ० ९०.७
मुनयो मानवाश्चापि क्रौ० ५९.३३
मुनयो मुनिपत्न्यश्च क्रौ० ९०.४५
मुनयो यक्षनागाश्च क्रौ० १०.३
मुनयोऽद्युर्गिरिगुहां क्रौ० ४.९
मुनयो ऽषिताः सर्वा क्रौ० ८६.३०
मुनयो लोकपालाश्च उ० ८७.५५
मुनिध्येयं मुनीनुतं क्रौ० १०४.१०
मुनिध्येयोऽखिलाधारो क्रौ० ८२.६
मुनिना पूर्वमुक्तं मे यो क्रौ० ९८.४३
मुनि पुरस्कृत्य गुरुक्र उ० ३३.२१
मुनिः प्रोचे यदा त्वं उ० ८१.२०
मुनिमानवगन्धर्व क्रौ० ३८.५७
मुनिं पप्रच्छ बलहा उ० ६३.७
मुनिरित्थं निरीक्ष्यैनं क्रौ० १५०.५
मुनिरुवाय एवमुक्तवा क्रौ० ५६.३३
मुनिरूपधरो देव क्रौ० १२८.७३
मुनिर्विश्म ततोऽपश्यन्न उ० ७८.५
मुनिश्रोत्रिविप्राणां तथा क्रौ० १४७.८

मुनीनामपि केषाचि क्री० ७९.८
मुने संदर्शनाद्बीत उ० ९.१६
मुने स्तोत्रं मया क्री० ५३.४०
मुमुचु पुष्पवर्षं न देवाः क्री० ७०.११
मुमुचु पुष्पवर्षाणि क्री० १३.२६
मुमुचुः पुष्पवर्षाणि क्री० ३१.४४
मुमुचुः स्व स्वगर्भं उ० ८५.३७
मुमुचु पुष्पवर्षाणि उ० ४७.४९
मुमोच स्नेहजं चाश्रु क्री० १३७.४४
मुमोचा श्रुणि नेत्राभ्यां उ० ६८.१५
मुमोह मायसा तस्म क्री० १३३.१८
मुष्टिघातेन शिरसि वज्र क्री० ९३.१७
मुष्टिघातैर्निजघ्नुस्ता क्री० ६४.१३
मुष्टिना नन्दिनं हत्वा क्री० १२२.५१
मुहुर्तमात्रेण ततः पूजये उ० ५९.२७
मुहूर्त द्वितये जाते क्री० १२.४६
मुहूर्तं वद संकष्ट उ० ७५.२
मुहूर्ताच्चेतनां लब्ध्वा क्री० ९१.२८
मुहूर्ताल्लब्धसंज्ञौ तौ क्री० २३.३०
मूकता पूतिगन्धित्वं जातं उ० २३.५
मूक्ष्मं च तंदुलान्न च उ० ४९.१५
मूर्छा प्राप्ता मया क्री० १३६.१८
मूर्छामवाप महतीमाखुः क्री० १३४.२४
मूर्छामवाप महतीं सर्प क्री० ७.१७
मूर्छा मपाव सहसा उ० ४३.१२
मूर्छितः प्रहरार्द्धः उ० ८९.३८
मूर्छितान्बिबुधान शर्वः उ० ४७.३८
मूर्छिताः पतिता भूमौ क्री० १२८.४४
मूर्छिता पतिता भूमौ उ० २८.१४
मूढभावेन संत्यक्तो क्री० १३७.४५
मूर्ति ढुण्ढेर्महाद्रेवः क्री० ४८.२१
मूर्ति महीमर्यी कृत्वा क्री० १०५.३८
मूर्तिरानय शीघ्रं त्वं क्री० ९.२५
मूर्तिश्च स्थापिता उ० २९.२१
मूर्तिश्चिन्तामणें स्ते ऽस्ति उ० ४२.५
मूत्रोत्सर्गैं क्षालयीत उ० ३.१८
मूर्द्धानं न्यस्य तत्पादे क्री० १५०.८
मूर्धजाघाततो यस्य क्री० ९९.४३
मूर्ध्ना सहस्रं श्रेष्ठयं उ० ७३.२५
मूर्ध्ना संछादयामास क्री० १०२.२३
मूर्ध्ना सहस्रं शेषस्य क्री० २१.८
मूर्ध्न्याक्रम्य स्वर्गलोक क्री० ३१.३९
मूर्ध्न्याघ्रायांक्रमारोप्य क्री० १.४४
मूल प्रकृति रूपं ता उ० ८३.३२
मूलप्रकृति रूपा सा ता क्री० ५.७
मूषकाविव संत्यक्तौ क्री० १०७.२१
मृगयां व्यचरन्वाचक्नवे उ० २९.४
मृगयासक्त चित्तोऽभूद्ध उ० ३६.३६
मृतप्रायं च चपलं क्री० ११६.२९
मृतं मदनंकान्तं तं वीर क्री० ११४.४७
मृत संस्कारकारी यः उ० २५.२४
मृतान्मत्स्यान्समादाय क्री० ९१.७
मृता मुमूर्षवः केचिद् क्री० ७६.१७
मृतानां जीवनं को नु क्री० १५.४९
मृतासृक्प्रवहा तत्र क्री० ११८.२५
मृते भर्तरि किं कुर्यां उ० ८०.२
मृतेऽस्मिन्नगरी सर्वा क्री० २७.१४
मृतौ धूम्राक्षतनयौ श्रुत्वा क्री० १२.४९
मृत्तिकां सुन्दरां स्निग्धां उ० ४९.९
मृत्युः कदापि नौ स्याचे क्री० २.२७
मृत्युलोके चिरं स्थाता क्री० १२०.२३
मृत्यु लोके स्थितं याता क्री० ४.१८
मृत्युस्तु सर्वजन्तूनां क्री० ६२.३२
मृत्यूलोके मयादृष्टो उ० ३०.३
मृदामूर्ति गणेशस्य उ० ५१.२५
मेघनामा महादैत्यो क्री० ५६.१६
मेघेष्विव तडित्पुञ्जः क्री० १३४.२२
मेदोजला दुःखतरा क्री० ११४.२८
मेधाप्रज्ञाधृति कांतिः उ० ४६.१७२
मेधां ब्रह्मधियं चैव उ० ३.२२
मेधावी तपसा श्रेष्ठो क्री० ३४.७
मेरूं याता ऋषिगणाः क्री० ७७.३२
मेरुश्चलेत् पतेत् उ० ६१.२४
मेरोः पांतो मूषकेन उ० ४२.१३
मैथिले दिषये राजा क्री० ७३.५
मोचमायामा सुरपरे उ० १४.११
मोचयामातू राजानं उ० ५५.२
मोचयिष्याम तान्देवां क्री० ११०.८
मोचिता चाणुरूपेण क्री० ९७.४३
मोचितो माययाऽनेन क्री० ५९.४२
मोदकप्रिय इत्येव क्री० १५४.११
मोदकापूपल डुक उ० ६९.३१
मोदकापूप शष्कुली उ० ५९.२८
मोदकैर्वणिकं कार्यं उ० ६९.५५
मोहयामास सहसामाय क्री० ६१.२४
मोहितुं शंकरं देवं उ० ८३.५१
मोहितो मन्जुलखैः क्री० ६८.५
मोहिनीं मोहनो उ० ४६.५२
मोहिनी सर्वदेवानां क्री० १२८.३५
म्मरन्ती तद्वरान्कीर्तेः क्री० ३३.२०
म्लेच्छप्रायाः सर्वलोकाः क्री० १४९.३०
म्लेच्छभूतांस्तथा लोका क्री० १४९.३९

य

य आश्रितास्ते जगदा क्री० ९५.११
य इदं पठते स्तोत्र क्री० २१.७२
य इदं वरमाख्यां शृणु क्री० ४२.३६
य इदं शृणुतान्मर्त्यो क्री० १२५.५२
य इदं शृणुयात्पुण्यमा क्री० ८६.३३
य इदं शृणुयाद् क्री० १५.५६
य इदं शृणुयाद् भक्तया क्री० ५८.५४

य इदं शृणुयाद्युद्धं क्री० ४१.३४
य इदं शृणुयान्मर्त्य क्री० १३३.३४
य इमं श्रावपेद्योगं क्री० १४८.४०
यः कर्ता सर्व लोकानां उ० ५२.३५
यक्षगन्धर्वविप्राणां गजा क्री० २१.६१
यक्ष्मासुरे तालजंघे क्री० ६४.११
यच्चण्डशब्दात्त्रैलोक्यं क्री० ५५.३१
यच्चत्तेन वृतं देवो दत्तवान् उ० ४७.३५
यच्चाग्रे कथयामास उ० १६.३
यच्छोभांपश्यतोर्नाथ क्री० १५२.४४
यच्छ्रुतं शिववाक्येन क्री० ९५.१७
यच्छ्रुत्वा सर्व पापेभ्यो उ० २२.५७
यज्जातं दर्शनं तेऽद्य क्री० ७३.२९
यज्वाऽति सुन्दरः उ० ५.३७
यज्वा दानप्रदो नित्यं क्री० १५५.३४
यज्ञदानव्रतैरन्यैस्तपो क्री० २६.१७
यज्ञदानस्वधास्वाहा क्री० ७७.३१
यज्ञं महासमारम्भं क्री० ३०.११
यज्ञवाटे चतुद्वारं सर्वेषा क्री० ३०.१७
यज्ञानां सांगजातानां क्री० १५५.४
यज्ञोऽहमौषधं मन्त्रो क्री० १४४.१८
यतः कृतान्ताद्वलवा क्री० ८७.५४
यतः यतः पुत्रसम्पद्यतो उ० ९१.४९
यतवान्कुत्र च भवान् उ० ५६.२५
यतयश्च त्रिषवणां व्रतिनो क्री० ४५.१४
यतश्चराचरगुरु क्री० ६.३३
यतः श्रेष्ठतरः शम्भु उ० ८९.३४
यतः श्रोता च वक्ता क्री० १२७.५
यतश्वाविरासिज्जगत् उ० ९१.४५
यतस्तस्य प्रिया दूर्वा उ० ६७.४५
यतस्ते रोमकूपेषु ब्रह्म क्री० ५९.१९
यतस्त्वं सर्वजननी सर्व क्री० ८७.९
यतोऽचितं सुरै सर्वै उ० ४८.४
यतोऽतेन हता दैत्या क्री० ५५.३३
यतो दानवाः किन्नरा उ० ९१.४७
यतोऽनन्तः शक्तिः स उ० ९१.५०
यतोऽनन्तशक्ते उ० ९१.४४
यतो नानावताराश्च क्री० १२९.१७
यतो बुद्धिरज्ञान नाशो उ० ९१.४८
यतो ब्रह्मादयो देवा क्री० १२९.१६
यतो यतः पलायन्तेऽसुरा क्री० १२१.६०
यतो यतो गच्छतः स्म क्री० ९६.१९
यतो यतो याति सेना क्री० १२१.४८
यतो राज्ञां पदान्याशु क्री० १३७.४२
यतो वन्हि भानू भवो उ० ९१.४६
यतो विनायको देवस्त्वां क्री० ५१.२४
यतो वेदवाचो विकुण्ठा उ० ९१.५१
यतोऽस्य मातरं षट् उ० ८६.१०
यतोऽस्य रक्तौ चरणौ क्री० ७.९
यत्कौडिन्यपुरे ऽकारि उ० २७.१३
यत्तेजो व्यानशे विश्वं क्री० ४०.३४
यत्र कन्दफलान्यासन्नुत क्री० १४९.५२
यत्र कुण्ठाश्चतुर्वेदा क्री० १३७.२९
यत्रपुष्पवनामोदः श्रमं क्री० ५२.६१
यत्र यंत्र गृहे यत्तौ क्री० २४.२८
यत्र यत्र पदन्यासं क्री० १.४१
यत्र यत्र प्रलीनोऽभूत्तत्र क्री० ६५.१५
यत्र योगीश्वरा केचि उ० ६२.२२
यत्र वायुः सुखस्पर्श उ० ५.१९
यत्र वैरं न चक्रुस्ते जाति उ० १९.२५
यत्र शस्त्राभि घातेन क्री० २८.२८
यत्र सिंहासनं दिव्यं उ० ३.२
यत्र स्थितानां जन्तूनां क्री० ३८.३०
यत्र हंसा बका श्येनाः उ० ५.२०
यत्रात्ते शंकरः क्री० ३९.२८
यत्राद्भुतानि कर्माणि क्री० १०.३९
यत्रासी त्सिन्दुरोदैत्यस्तं क्री० १२८.४७
यत्रास्य न्यपतद्रक्त क्री० १०३.८
यत्रेन्द्रभवनं रम्यं दर्शये क्री० ५२.१२
यत्रेन्द्रभवनाभानि गृह्णाणि क्री० ५२.३५
यत्वया याचितं पूर्वं उ० २१.५
यत्सत्तयाऽखिलं विश्वं क्री० ७९.२३
यत्संमताद्भुवत्येव भ्रमराः क्री० ५०.४६
यथा काष्ठं काष्ठगतं क्री० १२०.२७
यथा कृष्णः सभानीतां क्री० २३.२७
यथा गजाननो देवो उ० ५७.४६
यथा गन्धो धराजात क्री० ५८.५३
यथाऽग्निवायु वेगेन क्री० ७४.१८
यथा घननिपातेन क्रमुक क्री० ८६.२१
यथा चिन्तामणि क्री० ५४.३१
यथा चिरं योगनिष्ठो क्री० ७४.१०
यथा जगाद्द बल्लानः उ० २३.४५
यथा जलं जलं क्षिप्तं क्री० ५५.१५
यथा जलं जले क्षिप्तं क्री० १३७.६०
यथा जालं विदार्यैव क्री० ७.२०
यथा ज्ञानेन चाज्ञानं क्री० ४.५
यथा तत्पुरतः प्रादुरा क्री० १५०.२
यथा तव भवेच्चेतस्तथा क्री० ९५.५०
यथा तेन कृतं कर्म. क्री० ९७.३
यथा देवा विमुच्यंते क्री० ११०.२५
यथा धान्यपरो योगी क्री० १.३५
यथा न तृप्यते जन्तु क्री० १.२
यथा नयसि पुत्रं मे क्री० १२.२१
यथा निधिबला द्धातु उ० ७५.३७
यथा निशात मोपाये उ० २२.४२
यथा पतंगो दीपार्चि क्री० ६०.१६
यथा पाथोनिधिं सर्वा क्री० ७१.२१
यथापूर्वं पश्यति स्म क्री० १०४.३५
यथापूर्वं स्थितं रूपं उ० ६१.४६
यथाप्रतिज्ञं वीरास्ते क्री० १२१.१३

यथा भक्तः प्रियो नित्य क्री० १०५.३७
यथा भूमिगतं द्रव्यं क्री० ९७.५२
यथा मत्ताः पुष्प रसे उ० १४.६
यथाऽऽमयजितो मर्त्यो क्री० ३.१२
यथा मेघेषु गर्जत्सु क्री० ३.३७
यथा यथा जनोऽन्योऽपि क्री० १७.३६
यथा यथा धनानां क्री० ६७.२६
यथा यथा नरःकश्चित् क्री० १४१.३२
यथायथा समादिष्टं उ० ७१.१९
यथाऽयं कमठोऽङ्गानि क्री० १३८.५५
यथा रश्मौ जालगते क्री० ५१.४०
यथा वदसि कल्याण क्री० २२.१४७
यथा वा बालभाषाभिः उ० ३२.२३
यथा सिंह नागराजो क्री० १२३.४
यथा स्नेहं विना दीपो उ० २.२६
यथाऽहं वस्तथैवै तौ उ० १९.२१
यथे दानीं कंद मूल उ० ५.४४
यथेष्टं चेन्मया सार्ध उ० ७६.३९
यथेष्टं भजते नित्यं उ० ५७.९
यथेष्टं रमते तत्र उ० ८२.५२
यथोक्त विधिना मूर्ति उ० ५५.३४
यथोडु पतिना हीनं व्योम उ० ४.२३
यदंगतेजसा व्याप्तं क्री० २२.३८
यदंग वायुस्पर्शेन दिव्य उ० २१.२५
यद नादीन्द्रियैहीनं गुण क्री० १४६.२७
यदब्रवी च्छचीभर्त उ० ६४.३
यदर्च्यंते विष्णु शिवा क्री० ५३.२८
यदर्थ क्लेशितो यूयं उ० १३.१६
यदर्थमागता वीरास्त क्री० ५७.४५
यदश्रु सुहदामास्ये क्री० १२४.२६
यदाऽगृहीत शक्तिस्तु उ० १३.२९
यदाज्ञया कः सृजते उ० १.१६
यदा तं क्वाऽपि नापश्य क्री० १३२.३५
यदा ताली पंचशतं उ० ७७.१९
यदा ते गृहमागच्छेतदा क्री० ५०.८
यदा तेन तपस्ततप्तं क्री० ४०.६
यदा तौ राजप्रकृति क्री० २८.३७
यदा त्वं विजिताः पूर्वं क्री० ११९.१०
यदा द्रक्ष्यसि तं देवं उ० ११.१९
यदा द्रक्ष्यामि तं दैत्यं क्री० १२२.१९
यदा न दत्ता पित्रा मे उ० ८१.८
यदा यदा पश्यति कार्य. उ० ७०.२५
यदा यदाऽहं ध्यायामि क्री० १७.४३
यदा यद्रूपकृत्यं ते क्री० ६.३६
यदा शैलभिदो युद्धम् क्री० ११२.१७
यदा साकारतां याया क्री० ६.८
यदास्य शोभा संप्राप्तयै उ० ७७.८
यदा ह्यज्ञानकालुष्यं क्री० १३८.५१
यदि तिष्ठति देवोऽसौ क्री० १६.३६
यदि तुष्टोऽसि देवेश क्री० ५.४१
यदि तुष्टोऽसि देवेश क्री० ७७.११
यदि तुष्टोऽसि देवेश उ० १३.२०
यदि तुष्टोऽसि देवेश उ० ४०.५२
यदि तुष्टोऽसि देवेश उ० ६०.२९
यदिते तेजसो भागो क्री० ९५.४९
यदि ते निश्चयो वाक्ये क्री० १८.२६
यदि तेऽनुग्रहो मे स्याद् क्री० १०१.२०
यदि ते श्रवणे श्रद्धा उ० ९२.५२
यदि ते संजिहीर्षा उ० ८३.१९
यदि त्वं संमुखे युध्य क्री० ६२.१६
यदि त्वया वरा देया क्री० २.२४
यदि प्रसन्नो देवेश उ० १५.२८
यदि मे त्वं प्रसन्नोऽसि क्री० ९८.४७
यदि मे दर्शनं तस्य उ० ७६.१४
यदि मे भक्षिता देवास्त क्री० ९.२८
यदि लोका विजानीयु क्री० ५०.१८
यदि वो मयि भक्तिः क्री० ९७.१९
यदिष्टं वांछितं सर्व क्री० २.२९
यदि सर्वेऽपि कुर्वीरन् उ० ९.३५
यदीच्छाऽत्र वस त्यक्ष क्री० ७९.१६
यदुक्तं ब्रम्हणा पूर्व क्री० १.६
यदुत्थवायुना स्पृष्टा क्री० ९१.५
यदुपासनया दास्यं येषां उ० ११.६
यदेव प्राप्यते त्यागात्तदेव क्री० १४१.५
यदैकेन च बाणेन उ० ३८.४४
यदैवैकेन बाणेन कस्मि उ० ४१.१४
यद्गृहे भुक्तमत्यंतं उ० ८१.१६
यद्दर्शनं मृत्युलोके उ० ५६.२२
यद्दास्य करणे नार्हाः उ० ७४.११
यद्दुर्लभौ मया दृष्टौ क्री० ५१.२८
यद्गूहं प्रविशतस्तत्र क्री० ५४.४१
यद्धस्ते कन्दुकः सोऽथ क्री० ९३.४३
यद् ब्रवीमिन्र्हादिस्थस्य उ० ६६.२८
यद् ब्रह्म नित्यं विरजं उ० ५१.७२
यद्यज्ञाहं भेदपाम उ० १३.३९
यद्यतं परिपप्रच्छ क्री० ४६.३७
यद्यते ईप्सितं देव तत्र क्री० १००.६
यद्यते प्रार्थितं उ० ८९.१
यद्यते वांछितं ब्रह्मन क्री० १७.४७
यद्यदायाति विघ्नं ते क्री० ९१.४५
यद्यद्येन च संभुक्त क्री० ४६.२०
यद्यद्रूपं चकाराशु क्री० ६०.३३
यद्यन्नगरमुद्दिश्य क्री० ७५.११
यद्यप्यहं विसामग्रि उ० ८३.४८
यद्ययं जात मात्रोऽपि उ० ३८.१६
यद्यहं वरदः स्थांते उ० २०.५१
यद्रूप मवलोक्यैव उ० १.३२
य न जानन्ति वेदाग्ता उ० ८८.४२
यनेयं सकला पृथ्वी क्री० ७३.८
यन्नेत्र शोभा संप्राप्तयै उ० ७७.७

यन्मांक्षदं पदयुगं क्री० ४७.३६
यमलोके कुम्भिपाके उ० ५८.२७
यमवाक्यं समाकर्ण्य उ० ७६.५८
यमाहुः परमानंद उ० १०.२७
यमीश्वरोऽवति सदा तं क्री० ८६.२९
यमुस्ते शूरसेनं तं उ० ७४.४०
यमोऽपि तं नमस्कृत्य क्री० १०८.३७
यं कंचित्स्तनपानाय क्री० ९४.३०
यं दृष्ट्वा कम्पितः कालः क्री० २१.१०
यं दृष्ट्वा भयमभ्येति क्री० ९०.३१
यं ध्यायसि दिवारात्रा क्री० ८१.२४
यं ध्यायसि दिवारात्रो उ० ९०.२२
यं न देवा विदुः सम्यक् उ० २१.४६
यं पूजयन्ति सततं उ० १.१५
यं यं त्वमालिङ्गयसी क्री० १२८.१०
यं यं देवं स्मरन्भक्तया क्री० १४३.१७
यं यं पश्यति तं उ० २७.१६
यं यं पश्यति मार्गे उ० ७६.१५
यं यं स दैत्यं हन्ति क्री० १.२२
यं यं स भक्षति स्माजौ क्री० १२१.४७

यं वीक्ष्य न भयं याति क्री० १४६.१६
यः पठंत्प्रयतो नित्यं स क्री० १४८.४७
यः पठंत्स लभद्धाक्ति क्री० ५३.४२
यः पठेन्मानवो भक्तया उ० ९२.४३
यः पठेन्मासमत्रं उ० ९२.१०
यः पिना सर्व लोकानां उ० ६८.२२
यः पुष्कराक्षः पृथु उ० ३४.५
ययाचे देवदेवेशं सर्व उ० २१.३८
ययामे किति रतुलां उ० १८.१८
ययावश्वं पुरोधाय क्री० ११२.३१
यया शिवं तमभ्यत्य शिवं उ० ४९.२
यया ऽहं कष्टमगमं उ० २८.१७
ययीमयाया खिल बुद्धि उ० ६१.४३
ययुः केचिच्च तां दुष्टुं क्री० २१.५५
ययुः प्रसन्नमनसः उ० ६१.५५
ययुर्बहिर्मुद्रा युक्ता क्री० ९३.८
ययुश्च चक्रुशुबालो क्री० ८४.५४
ययुस्तत्पुरतांवीराः क्री० ११८.९
ययोः करप्रहाराभ्यां गतौ क्री० ११४.३
ययोश्चीत्कारशब्देन क्री० ८४.४

ययौ कैलाश शिखरं उ० ५५.४५
ययौ तद्दर्शनौत्सुक्या क्री० १५२.४९
ययौ दैत्यं महावेग क्री० १०२.११
ययौ निजालयं दैत्यो क्री० १०८.१५
ययौ वादित्रनिर्घोषैः क्री० ७१.१५
ययौ वेगेन महता देवान्त क्री० ६७.३
ययौ स नगरं पश्चात् क्री० १२४.५३
ययौ स बाला स्नात्वा क्री० ७.३३
यल्लब्धं तेन तुष्टोऽसौ क्री० २२.४१
यशः प्रथयितुं सर्वं कृत क्री० ६१.४१
यः शमीं प्रातरुत्थाय क्री० ३५.२५
यतः शमीमधिष्ठाय सर्व क्री० ३५.२०
यशस्करो योगगम्यो उ० ४६.१०४
यशस्ते ख्यापितुं लोके क्री० १०२.२९
यशस्ते भविता लोके उ० २३.२५
यः शुद्धचेता भजते ५३.३२
यष्टिभि र्लोह निचयैः उ० ७९.१५
यः सर्व जगतां नाथ उ० २१.४४
यस्तु दूर्वाभि रर्चेत्तं उ० ६७.५५
यस्तु वेत्यात्मनस्तत्वं क्री० १३९.२८

यः स्तौति मदगतमना उ० ४६.२०७
यस्मादिन्द्रादयो देवा उ ८२.३
यस्मादोंकार संभूति उ० ५१.७३
यस्मिन् प्रसन्ने उ० ९०.१०
यस्मिन्भस्मासुरो क्री० ३९.१७
यस्मिल्लक्ष्मी स्थिरा उ० ७७.१५
यस्मिश्चराचरं प्रोतं क्री० ६.३४
यस्य कंबुस्वनं श्रुत्वा उ० ७७.१८
यस्य क्ष्वेडितमात्रेण क्री० २१.९
यस्य गेहे गणेशस्य क्री० १५५.९
यस्य तत्त्वं न जानन्ति क्री० १०७.१९
यस्य ते दर्शनं कर्तुं उ० ५८.२६
यस्य ते दर्शनं स्यात्स उ० ५७.४७
यस्य ते दर्शनात्स्वा क्री० १३६.३२
यस्य दर्शनतः पाप उ० ७७.२५
यस्य दर्शनमात्रेण क्री० १३७.३७
यस्य निर्गमनें सैन्या उ० ७७.१७
यस्य नृत्ये धरा सर्वा क्री० ९३.३९
यस्य पत्नी पुण्यशीला उ० ५६.१०
यस्य पत्नी महाभागा क्री० २२.३५

यस्य पत्नी महाभागा क्री० १३१.६
यस्य पादप्रहारेण चूर्णतां क्री० ९९.९
यस्य प्रथमशब्देन कम्पितं क्री० ७४.७
यस्य प्रभावः संपूर्णो उ० ५२.४६
यस्य प्रभावान्मे शुंडा क्री० १६.४४
यस्य प्रसादा दिन्द्राद्या उ० ९०.९
यस्य भक्ति र्दृढा राजन् उ० ९.३४
यस्य मे क्रन्दितेनेयं क्री० १३४.२०
यस्य मे क्रोधदृष्टयैव क्री० १३७.६
यस्य यद्विहितं कर्म क्री० १३८.३६
यस्य यस्य यथा भावस्त क्री० १३.२१
यस्य यस्य यथा वांच्छा क्री० ५४.३०
यस्य लावण्यमीक्ष्यैवं क्री० १२८.८
यस्य शब्देन त्रैलोक्यं क्री० १२४.४१
यस्य शब्देन दीर्णास्ता क्री० ९८.१३
यस्य शब्देन महता उ० ४२.२१
यस्य संकीर्तनान्मर्त्यः उ० ६०.३६
यस्य स्मरण मात्रेण उ० १.१०
यस्य स्वभावो यादृक क्री० २२.१२
यस्य स्वरूपं न विद्रु उ० ९.३१

यस्या दर्शनमात्रेण क्री० १३५.१३
यस्यानुष्ठान मात्रेण उ० ५१.६९
यस्यानुष्ठान मात्रेण उ० ६९.७
यस्यामनोऽनुगत्यर्थ उ० २५.२२
यस्यामात्याः प्रबलिनः उ० १.२८
यस्यामात्यो महानासीत् उ० ५२.९
यस्या यस्या मवस्थायां उ० २.३
यस्या रुपेण सावित्री उ० ३.५
यस्याः श्रवणमात्रेण क्री० ३८.२२
यस्याः श्रवणमात्रेण क्री० ३८.२३
यस्यासीत् पत्न्यपि उ० ७७.५
यस्योपदेशेनः सहस्र उ० ३३.२२
यः स्वेच्छया संहरते उ० ८८.६
याचतस्तस्य वचसा क्री० १३४.४०
याचस्व दुर्लभतरं तत्ते उ० ४१.१९
याचे मातः किमन्नं क्री० २३.३७
या चोन्नतकुचा नारी क्री० २८.३
याजना ध्यापना द्यौनात् उ० ८.१७
या तत्रासीन्महामूर्ति क्री० ३७.२२
यातस्तन्मयतां भक्तया क्री० १०५.३०
याता गृहं कश्यपश्य क्री० ७.२
याता दश दिशो ब्रह्मन् उ० ४४.८
याते तस्मिन्महासैन्यं क्री० १२०.३२
यातोऽमरावतीं तत्र क्री० ३.७
यातौ बालकमुत्क्षिप्तुं क्री० ५६.९
यादौभिः पक्षिभिर्युक्तं क्री० ७९.१५
यानि कर्माणि च मया क्री० ७३.१९
यानि चान्यान्यरिष्टानि क्री० १५.९
या निरीक्ष्याभवद्धाष्ट क्री० ९९.३१
यान्तु सर्वे मया सार्धं उ० ३५.१४
याऽभवद् दुष्ट चांडाली उ० ७४.४
याभ्यां स्वभुजवीर्येण क्री० ३९.५
याममात्रा वशिष्टायां उ० ३.५
यामिमां पुष्पितां वाचं क्री० १३८.३३
यामि शीघ्रं महादेव क्री० ४६.९
यां दृष्ट्वा स्खलिता क्री० ९५.४२
यां नैव मनुते भर्ता क्री० ३२.२७
याम्यदूतै स्ताड्य उ० ५८.२४
यायाः प्रत्यक्षता तत्र उ० ९१.२१
या रात्रिः सर्वभूतानां क्री० १३८.६५
यावांद्वशेष विदपि उ० ९.३२
यावद्भूतस्य वृक्षोऽत्र क्री० १५२.३९
या वत्तिष्टते विष्णु उ० १७.१
यावत्ते नगराभ्याशे उ० ५६.३२
यावतौ चिन्तयाविष्टौ क्री० १२८.१६
यावत्पपात भूपृष्टे क्री० ७०.४
यावत्पश्यति वेश्यानां क्री० २३.२
यावत् प्रत्यक्षता मेति उ० ४०.३१
यावत्स पुरतो याति क्री० १२१.५
यावत्सिद्धं भवेदन्नं उ० ७७.४९
यावदावां हि जीवाव क्री० ११९.९
यावदुत्तिष्ठते सा तु क्री० २१.४६
यावदुद्धाटयत्येवं तावत् क्री० १०८.५
यावद्यावत् कथ्यते क्री० १.५
यावद्वयं प्राणवन्तो क्री० ११८.४
यावन्ति राजचिन्हानि क्री० २७.२३
यावन्न च्छेधि ते मूढ क्री० ११५.३३
यावः शुक्रगृहं कर्ता क्री० ५४.४४
यास्य इत्युक्त्वान्देवो क्री० ७२.२६
यास्यन्ति च गुणेशोऽपि क्री० ९७.४९
यास्येऽधुना निजं क्री० १३७.५३
यास्ये पुत्रत्व मित्यु क्री० ५.४७
याहि दुष्टं शिवं देवं क्री० १०६.२०
याहि याहीहि वस्त्रातुं क्री० ५८.३२
याहि शीघ्रं गृहं बाल क्री० १३७.२
युक्तं दूतैर्गणेशस्य क्री० १५३.५
युक्तस्तानि वशे क्री० १३८.५८
युगे दशभुजः पूर्वे क्री० ८५.१३
युगे युगे भिन्न नामा क्री० १.१७
युङ्क्ष्व योगं मयाख्यातं क्री० १४८.३६
युतं वादित्र निचयैः उ० ६२.४२
युद्धकाले पठेद्यस्तु क्री० ८५.३६
युद्धमासीन्महाघोरं भुज क्री० ९७.३१
युद्धमेव करिष्यामि ततो क्री० ११०.१५
युद्धं तद् वणितुं शक्ति उ० ८७.५४
युद्धाय गन्तुकामेन उ० ४४.१४
युद्धावेशदुराधर्ष उपविष्टो क्री० ११८.१
युद्धावेशारुणमुखाः क्री० १२२.३६
युद्धे तु शातयामास उ० ८२.४७
युद्ध्वा बहुदिनं ताभ्यां उ० १८.२९
युध्यतो मे रणे कर्णौ क्री० ११७.१०
युध्यन्तौ पतितौ घोरौ क्री० ८४.६
युध्यमानौ निपतितौ क्री० १४.१३
युध्यस्व शंकरेण क्री० १२८.५७
युयुधः संयुग घोरे उ० ४३.७
युयुधाते बहविधं क्री० ११९.३२
युयुधुः सर्वसैन्यानि क्री० ११४.२०
युयुधे पुष्पदन्तोऽपि उ० ४३.२
युवयो रोदनं श्रुत्वा क्री० १५२.८
युवयोः सदशौ नैव उ० १८.३१
युवयोः सुवरप्राप्तया क्री० २.३४
युवानं रमयन्तं स्वाः क्री० २४.३३
युवानो भुमुचुः शुक्रं उ० ७४.१२
युष्माकमस्या अस्माकं उ० ७४.३६
युष्माभि परिपृष्टं क्री० १५५.६५
यूयं कस्यात्मजास्तस्य क्री० १००.८
ये कुर्वन्ति गणेशस्य उ० ११.७
ये केचिद्भजनानुरक्त क्री० ९.४४
येन केनचिदाच्छिन्ना क्री० १३८.१७
ये चाशस्त्राः करान्स्थाप्य क्री० ३९.९

ये चैव नानुतिष्ठन्ति क्री० १३९.३२
ये तु तं शरणं याता क्री० ४.६
ये तु यद्धोद्यता भूप क्री० ४.७
से त्वामसंपूज्य गणेश उ० ६९.४१
ये त्वां प्रपन्ना न भयं क्री० ९५.९
येन ते कुलदेवत्वं उ० १९.३९
येन ते लालनं कुर्यां क्री० ८१.३२
येन तौ मिहतौ दैत्यो क्री० ५३.१६
येन द्रंष्ट्राग्रमात्रेण क्री० १३४.२६
येन नौ पुत्रतां यातः क्री० ६.३२
येन मे निहता सेना क्री० १२०.५३
येन मे सकला पृथ्वी उ० २.१०
येन येनवतारेण यं यं क्री० १.९
येन येन हि भावेन क्री० १४०.१५
येन येन हि रूपेण क्री० १४६.४०
येनर्पितं शमीपत्रं क्री० ३७.१३
येन विष्णुर्गृहं स्वीयं क्री० ७७.१६
येन वै बहुधा क्रूरा क्री० ३३.५१
येन शक्रो जितः संख्ये क्री० १२२.२
येन शक्रोऽन्तको देवा क्री० १०४.१४
येन संजीवितो बालो क्री० ३३.५०
येनामृतमयों भूत्वा क्री० १३८.३
येनास्य वांछितं उ० ३८.१७
येनाहं सर्वकामना उ० २६.२०
येनेदं मम विध्वस्तं उ० २२.३७
येनेदृशं मयाराज्यं उ० ५१.५४
येनोपदेशेन मुक्ति क्री० १३७.५५
येनोपायेन दुष्टानां क्री० ६.४
येनोपायेन सांगो उ० ७२.४०
येऽन्ये भजन्तः समवाप्य क्री० ५३.३३
ये भक्तास्ते निराहारा क्री० २४.१५
ये भक्षिता मृतास्ते मे क्री० ६५.१४
ये मां सम्यगुपासन्ते क्री० १४४.६
ये ये गच्छन्ति योद्धा क्री० १२१.४०
ये ये जनास्ते सुखसंग उ० ७.२१
ये ये वरास्त्वया प्रोक्ता क्री० ४८.५३
ये-ये वैरेण त्वां क्री० ५५.४३
येषां तु नायकः क्रूरो क्री० ५८.१९
येषां नासारन्ध्रगता न क्री० ५८.१७
येषां पक्षसमीरेण चकम्पे क्री० ९७.३०
येषां मदवहा नद्यः क्री० ६७.२५
येषां शब्दो महानासी क्री० ११४.४०
ये सर्वथा त्वानं भजन्ति उ० ४५.१४
योऽकर्तुमन्यथा कर्तुं उ० १०.२२
योगप्राप्तयौ महाबाहो क्री० १४२.२
योगभ्रष्टस्य को लोकः क्री० १४२.२४
योगमन्यं प्रवक्ष्यामि क्री० १३८.४१
योगं नानाविधं भूप क्री० १३८.१३
योगसिद्धि परां प्राप्य उ० ४६.१९४
योगहीनो नरः कर्म क्री० १४१.११
योगाभ्यास बलैर्नाना उ० २१.१०
योगिनः केचिदपरे क्री० १४०.३१
योगिहृच्छ्रुतिवाचो क्री० ३८.५४
यो गीतां सम्यगभ्यस्य क्री० १४८.४१
योगेन यो मामुपैति क्री० १४२.१६
योऽगोचरो वेदविदां क्री० १६.३४
योगो नेन्द्रपदस्यापि क्री० १३८.१०
योगो यः पितृमात्रादेर्न क्री० १३८.८
योजनावधि गण्डक्या क्री० ११०.३
यो जपंदष्टदिवसं उ० ९२.९
यो जपेद्भक्ति पूर्व उ० ११.२७
यो जपेत् पराया उ० ९२.१२
योजयस्व पुनर्मा त्वं उ० ४८.१५
योजयामास धनुषि क्री० ६७.३५
योजयित्वाऽक्षिपद् क्री० १२१.४२
यो देवः सर्वभूतेषु गूढ क्री० ७९.२७
यो देवो वृषवाहनो क्री० २९.२०
योऽनन्तशक्तिर्विश्वा क्री० ७९.२९
यो न पूजयते देव उ० ९२.३४
यो न वेदैर्न तपसा न उ० ८२.३९
योऽनार्दि निधनो देवो उ० १०.२१
यो निग्रहं दुग्रर्हस्य क्री० १४२.२०
यो निर्गुणो निराधींशो उ० ९१.१७
यो ब्रह्मशिव विष्णूनां उ० २१.४५
यो भां मूर्तिधरं मद्भक्तः क्री० १४६.३
यो मे तत्वं विजनाति क्री० १४३.१२
यो यथा ध्यात्वान्देवं उ० ९१.३८
यो यो देवो याति काशीं क्री० ४५.११
यो यो वीरो भवेत्स्फी क्री० ३९.७
योवऽतीर्णो भुवो क्री० १२५.२३
यो वेदानां सशास्त्राणां उ० १५.२६
यो व्योमं नीतवानेनं क्री० १५.६
योषितोऽथ दुराचाराः क्री० १४४.२२
यो ह्यन्यदेवतां मां क्री० १४४.१३
यौ तौ क्षितितले जेतुं क्री० २७.८
यौ दृष्टवा स बिभेति क्री० ११४.४
यौवनस्थां तु तां ज्ञात्वा क्री० ३४.१५

र

रक्तकेशजटाभारश्चक्र क्री० ७४.२
रक्तचन्द्रन कस्तूरी उ० ४०.३८
रक्तचन्दनमिश्रैश्च क्री० ७३.४३
रक्तचन्दन संमिस्त्रां उ० ४९.४२
रक्तपित्तवती जाता क्री० ३३.२१
रक्त माल्यांबर घरो उ० ६१.३७
रक्तमाल्याम्बरधरो क्री० १५०.३
रक्तवस्त्रण संछाद्य उ० ६९.५६
रक्तवस्त्रयुगं देवलोक उ० ४९.३८
रक्तांबर प्रभावात्तु उ० १२.३४
रक्ताम्बरं रक्तपुष्प उ० २३.१६
रक्तो रक्तांबरधरो उ० ४६.३८

रक्षणं पुण्यकर्तृणां क्री० ४७.२१
रक्ष रक्षेति कारुण्या क्री० १५२.३२
रक्षिता तद् विपरीतां उ० ७६.४५
रक्षिता बहवस्तस्मात्ति क्री० १२२.३
रक्षितो जगदीशेन क्वा क्री० ८.१२
रक्षितोऽसि पुरा पित्रा क्री० १२.३६
रघुनाथाघ्रि संस्पर्शाद्र उ० २१.२३
रंकं करोति राजानं राजानं क्री० २.१९
रचनां तस्य लोकस्यसं क्री० ५०.४४
रजशा व्योमनि तते क्री० १०१.११
रजशाच्छादिते सूर्ये उ० ७९.२२
रजसाऽव्यापि सकलं क्री० १४.२०
रजांसि विममेभ्दूमे क्री० ४१.५,
रजोंन्धकारे शस्त्रांणां क्री० १२२.४०
रजो योगतो ब्रह्मरूपं उ० १३.६
रणकंडूति शांत्यर्थ उ० १७.१०
रणस्तम्भं समानिन्यु क्री० १२२.४४
रणस्थलात्पुरीं यात क्री० ११५.५०
रणे निपतितान्देवान्वि क्री० ११६.१४
रणे मृतस्य स्वर्गोथ क्री० ११७.३२
रति कुठ मया सार्धं उ० ३५.९
रतिं निर्मित पक्वान्ने उ० ८९.८
रतिरित्येव लोकेषु उ० ७७.६
रत्नकांचनभूमौ स क्री० ५०.३२
रत्नकांचन मुक्तावनू उ० २०.३२
रत्नकांचनयुक्तानि क्री० ५२.२०
रत्नकांचनयोर्यद्वद्यथा क्री० १०९.१४
रत्नकांचनसंभिन्न क्री० ५२.५६
रत्नकांचन संयुक्त क्री० ११९.१८
रत्नभूत्वा कथं नीता क्री० १२८.३६
रत्नमालां ददौ चास्मै क्री० १०.२५
रत्नानं निचयैवप्रभोजनै क्री० ४३.९
रथं कुरुपं शशिसूर्य चक्रं उ० ४७.४०
रथादवततारासौ दृष्ट्वा क्री० ७१.२३
रथानाम गतो यान्त यान्ति उ० १९.७
रथास्ततोऽगमन्ना क्री० १२०.३८
रथिनो रथिभिः सार्ध उ० ४३.६
रथी खड्गी शरी चापी उ० ५२.३
रभसाऽऽलिंगया मास उ० २८.१३
रमन्तरते ययुर्दूर क्री० ९१.१९
रमन्तो विविधाः क्रीडा क्री० ९४.४
रमया मास परया मुदा उ० ८६.६
रमस्व बालकैर्नो चेन् क्री० १०२.२५
रमापतेरहं दासो न क्री० १०५.२५
रंभा गर्भेण नीराज्यं उ० १५.३७
रम्भाफलस्य पक्वस्य क्री० ९२.२५
रम्भेव वातनिहता क्री० १२०.१३
रम्यता तु रतेस्तस्या क्री १३५.७
रम्य नाना वृक्षयुतं उ० २४.३
रविचन्द्रप्रकाशानि क्री० ५२.४४
रविणा पूर्वमुक्तोऽहं क्री० १२३.२६
रवि विष्णुमयं ध्यान क्री० ९.१२
रसायां दिवि भूमौ वा उ० ८८.१२
रहस्ये परिपप्रच्छ प्रश्न क्री० ४६.३८
राक्षसासुरवेतालग्रह क्री० ८५.३१
राक्षसी तु जलं प्राश्य उ० ५३.३०
राक्षसीभय वित्रस्तः उ० ५३.२०
राक्षसोऽयं भवेत्प्रायः उ० ६५.३६
राजकार्य करा नित्यं उ० १.३०
राजतं ब्रह्मसूत्रं च काचनं उ० ४९.३९
राजत् पिंगटजटा भारं उ० १७.२६
राजदर्शनेवे लायां पठे क्री० ८५.३९
राजन्न पृष्ट्वा कव उ० २५.११
राजन्ब्रह्मापि त्रिविधमों क्री० १४८.२६
राजर्षयश्च सर्वेऽपि उ० ८२.३८
राजसदनमिति ते क्षेत्रं क्री० १३७.४१
राजसी सा तु त्रिज्ञेया क्री० १४७.२०
राजाऽथ ददृषे कूपं क्री० १९.९
राजाऽथ भोजनं त्यक्त्वा क्री० १७.४
राजानं राजपुत्रं वा तन् उ० ५१.१५
राजानः सेवका जाता उ० ३९.९
राजानुमति माज्ञाय उ० ७८.९
राजानो मुनयो लोकाः क्री० १३७.३४
राजाऽपि भद्रमगमदुवाच क्री० २२.४
राजामात्यकुमारौ च क्री० ५९.९
राजाऽयमिति बुद्ध्वा ते क्री० ५७.४०
राजा विनायकश्चापि क्री० १५.१४
राजा संभृत संभारः उ० ७५.४
राजिका धान्य संयुक्तं उ० ४९.४९
राज्यं ज्ञानं च देहश्च क्री० २३.५
राज्यं स्वं बुभुजे राजा उ० ५.३८
राज्य रक्षाकरो रत्नगर्भो उ० ४६.१०५
राज्ञः प्रसादादृष्टोऽसि क्री० २२.२५
राज्ञा यदुपदिष्टं नां उ० ७४.२८
राज्ञाहूता वसिष्ठात्रि उ० ३६.२७
राज्ञीमेव ब्रुवन्तीं तु क्री० २१.२५
राज्ञे निवेद्यंनां दूता उ० ६५.२३
राज्ञोऽथ महतो राज्ञ उ० ३.४५
राज्ञो राजकल त्रस्य राज उ० ४६.१७६
राज्ञो हस्तात् प्रगृह्याशु क्री० १८.४२
रात्राव पृष्ट्वा सर्वा उ० ५२.२३
गत्रिर्दुगसमा देव जायते क्री० ९१.१६
रात्रो जागरणं कृत्वा उ० ५१.४२
रामः प्रसन्नमनसा उ० ८२.४६
रामलक्ष्मण भरतः शत्रुघ्न क्री० २८.१५
रामश्चकार भक्तयैव उ० ८१.१८
रामस्तु राज्यं त्यक्तवैव उ० ४.३१
रामस्तु वपनं कृत्वा उ० ८१.१
रामस्य जननी चास्मै क्री० १०.२८
रामेण स्थापितं पूर्वं क्री० ३६.२८

रामोऽपि स्थापयामास उ० ८२.४४
रावणेन नौयमाना क्री० १२८.३०
रिगतं भक्षयन्तं च क्री० २४.३४
रिपौ मित्रेऽथ गहीयां क्री० १४६.१७
रुक्मांगदो महाभागे उ० २८.१५
रुक्मिणि प्रभृति उ० ८९.१५
रुण्डमालाधर सुप्तं क्री० १०६.२
रुदती शोक संविग्ना उ० २०.७
रुदती शोचती तस्थौ उ० ५४.१३
रुद्रकंताः शारदायाः पुत्र क्री० १.४९
रुधिरात्का महीं सर्वा क्री० ८८.४१
रुरुदुः सुस्वरं तत्र क्री० ६२.२४
रुरुधुस्ते शक्रपुरीं क्री० ७५.२२
रुरुहुः पृष्ठभागं ते स्कन्ध क्री० ९०.२८
रुरोद बालवद्धाज्ञो क्री० १३०.२३
रुरोह च स तत्पृष्ठे क्री० ९०.३६
रुषा निरीक्षत तां क्री० ३२.१८
रूष्टोऽसावनलः साक्षा क्री० ३४.२०
रुक्मकान्तिर्दिव्यदेहो क्री० ४६.१४
रूपवान्प्रथम स्तत्र उ० १.२९
रूरुदुः सुस्वरं उ० २५.६
रूरूदुः सुस्वरं सर्वे क्री० १५३.११
रेजाते दम्पती तत्र क्री० ३०.१४
रेणुका ताडिता बाणैः उ० ८२.१५
रेणुका तु गते तस्मिन् उ० ८०.१
रे धातर्न दया ते ऽस्ति उ० २५.१०
रेमाते परयप्रीत्या अमृता क्री० ५.४९
रेमे तया यथेष्टं स उ० ७६.५२
रेमे तया यथेष्टं स उ० ८५.८
रोगामौ चैव भोगामी क्री० १३८.४३
रोदसी कम्पयन्नुच्चैर्जग क्री० १२.५
रोध्दुं कृता दशभुजां क्री० २३.४६
रोमांचांचितगात्रः स क्री० ५५.१४
रोमांचांचितमात्रास्ते क्री० ७१.२७
रोमांचित शरीरोऽसौ क्री० १७.१२
रोषाविष्टो महाक्रूरो उ० ७६.४३
रौद्रकेतोस्तु या भार्या क्री० ६२.१
रौप्यस्वर्गगृहा यत्र रत्न क्री० २२.६

ल

लक्षविनायक इति नाम उ० ८७.४८
लक्षाधार प्रियाधारो उ० ४६.१६५
लक्ष्मया सहततः पूर्व क्री० ३.४६
लक्ष्यालक्ष्य स्वरूपाय उ० ६०.२५
लग्नं होरा कालचक्रं उ० ४६.१२०
लग्नें हृदि महाबाणे उ० ७९.३७
लघिमा गरिमा चाथ क्री० ६९.९
लघु शुण्कार्द स्थूलानि उ० ९.२९
लघोर्त वुतरोऽसि उ० १५.९
लज्जयाऽधोमुखः शाप उ० ३६.३९
लज्जा न मेऽत्रास्ति सुरेंद्र उ० १३.४२
लज्जितां तां निरीक्ष्यैव उ० ८३.३९
लज्जितोयन्मुखं वीक्ष्य क्री० ९५.३९
लता पुष्पमये स्थानें उ० ३६.४
लताभिः कदलीस्थम्भैः क्री० ७८.१८
लताभिश्च जघानाशु क्री० ११८.२८
लत्ताभ्यां चैव श्रंगाभ्यां उ० ६२.३१
लप्स्यथो लप्स्यते क्री० २.३०
लप्स्यसे भुजगश्रेष्ठ उ० ९०.४१
लब्धं दर्शनमत्रैव सर्वान् क्री० १०५.३३
लब्ध्वा स फलं उ० २३.३८
लभते मानवो भक्तया क्री० १५५.५८
लभन्ते स्वर्गन्ति यज्ञैस्यै क्री० १४७.१५
लम्बकर्णस्य कण्ठं क्री० ११५.१७
लम्बकर्णो लसद् गंडो क्री० ३६.३९
लंबोदर नमस्तुभ्यं उ० ६९.५९
लंबोदर नमस्तुभ्यं उ० ७१.७
लम्बोदर महाकाय उ० ६९.२९
लम्बोदरेति नाम्ना उ० ९२.२०
लंबोदरो धूम्रवर्णो उ० ४६.२
ललज्जिव्हो दीर्घदेहो क्री० ८९.५
ललाटं काश्यपः पातु क्री० ८५.२०
ललाटं निजघानोरो वारं क्री० ९१.३५
ललाटं सायकेनैव ततो क्री० ६७.१९
लवस्त्रुटिः कला काष्ठा उ० ४६.११८
लसच्छस्त्रधराः सर्वे क्री० ११८.१०
लसत्कांचन शिखरं उ० १८.२१
लसत्कुण्डसुश्रोत्रो क्री० ५६.४९
लाघवान्मचकारूढो क्री० ८४.२३
लांगलं योजयाम्यद्य क्री० १११.२७
लाजवर्षैः पुष्पवर्षैः क्री० १३.१८
लानप्रियो लास्यपरो उ० ४६.१०६
लालयन्रसनां घोरां उ० ४३.३३
लालयित्वा हृदि स्थाप्य क्री० ८२.७
लावण्यं च वृथा जातं उ० ८८.१४
लावण्यलहरी कान्ता क्री० ३४.८
लिखितं पुस्तके स्तोत्रं उ० ४६.१९८
लिख्यमानं वाचयति उ० ७.४
लिलिंगुश्च जहर्षुश्च क्री० ५९.४५
लीनोभूत्वा तदा उ० ३१.१८
लीलया रक्षितः सर्वे क्री० २०.५६
लीलया हस्ततो दैत्यः क्री० ८६.२६
लीलयैव तदा नक्रं क्री० ८.२५
लीलाविग्रहवानेष स्व क्री० ८२.५
लीलामायाश्च विविधा क्री० ९०.२१
लीलाविग्रहवान्मन्ये क्री० ८.३८
लुण्ठतः स्म धरण्यां तौ क्री० ६२.५
लुप्तविघ्नः सुभक्तानां उ० ४६.७४
लुलुंठ भूमौ प्रेम्णास क्री० १७.३०
लुलुपुः सर्वशो बाला क्री० १९.१९
लेभे ततः कुमारं स क्री० १५५.४१

लेभे पुत्रं महाशूरं क्री० १५५.४४
लोक द्वेषकृतोऽनेन क्री० १८.२७
लोकपालपदे स्थाप्य क्री० ३.४८
लोकस्यापि च यः क्री० ६२.२०
लोकेषु वर्षते मेघः उ० २९.२३
लोकैर्बहि दूरतरं उ० ५७.५
लोको गणेशस्य कथं क्री० २७.३
लोडयामास दुर्बुद्धिः क्री० ९१.४
लोभोऽशमः स्पृहारम्भः क्री० १४६.३२
लोमशाय गणेशस्य क्री० १५५.३०

व

वंशो धन्योजनुर्धन्यं क्री० १.३१
वक्तव्यं दूतवर्येण क्री० ५६.५
वक्ता बृहस्पतिसमः क्री० ४४.१४
वक्तारं बलिनं श्रेष्ठं क्री० ११०.११
वक्रतुण्डेति नामास्य क्री० ४०.४३
वक्रतुण्डो गतश्चिन्तां क्री० ४२.२६
वक्षसा चैव वक्षश्च क्री० ६०.३६
वचनं तत्समाकर्ण्य क्री० ७१.३७
वचोभिर्बहुभि दृष्टो उ० १६.१५
वज्रचैकाद्यमेद्यो यो क्री० १०३.२८
वज्र तारमयं येन च कंपे उ० १७.९
वज्रदंष्ट्र ततो जघ्ने उ० ४३.१५
वज्रं तच्छतधाभिन्न क्री० ३.२६
वज्रंपपात तद्धस्तात् उ० ३९.३८
वज्रं संचूर्णयन्सूर्य क्री० ६९.१८
वज्राघाताद्यथा पेतु क्री० १०.१४
वज्रात् सार तरं किं उ० ८.२
वात्सारतरं मेनें क्री० ६९.१७
वज्रात्सारतरं सूर्यवैरिद क्री० ११५.३८
वज्राद्यस्त्रपरीवार गण उ० ४६.५६
वज्रामुहि जयं शीघ्रं क्री० १०१.२२
वटकापूपलड्डुकू शाल्यन्न उ० ५१.३९
वटं तम् देवरूपेण ददृ क्री० २०.५२
वत्से धेनुमनो यद्वत्त क्री० ८३.६
वद तत्त्वेन कश्चाह उ० ५२.२१
वद तत्र प्रतिकारं सर्वज्ञो उ० १९.३६
वदतं क्वं निवासोऽस्य क्री० ६२.३५
वदतः स्म नृपं दूतौ क्री० ५२.५५
वदते स्खलितां वार्णी क्री० ८९.२२
वदतोरागतः क्रीडां क्री० २३.१३
वदत्येवं तु देवन्द्रे उ० ३९.४६
वद त्वं कृपया ब्रह्मन् उ० ५९.४२
वदन्ति भिन्नफलकौ क्री० १४१.४
वद ब्रह्मन्गुणेशस्य क्री० १३४.२
वद मे त्वं च कश्चापि क्री० ४७.२४
वद मे विस्तरा द्वत्स उ० ७६.२७
वद हेतुं मम भ्रान्ते उ० १०.१५
वदान्यः कुशलो धीमान उ० २२.९
वदाशीवचनं पूर्व उ० ६६.२९
वध्यतां वध्यतां कोऽयं क्री० ८२.४४
वनं प्राप्तं महादेव क्री० १२९.३९
वनमालामस्य कण्ठे क्री० १०४.१७
वनं स्थित स्त्वं बहुजन्तु उ० ७.२४
वन्दयेदर्चये द्वापि क्री० ३३.५८
वन्दिचारण दीनान्ध उ० ७२.२४
वन्दिते पादकमले शक्र उ० ७३.३४
वन्दे देवं देवदेवं गणेशं उ० १३.४१
वन्यं फलं वल्कलं क्री० २२.५२
वन्यमारुत भक्ष्याणां उ० ७८.२८
वन्हि च निकटे वीक्ष्य क्री० १५.३७
वन्हिमन्तश्च संघट्टत् क्री० ६८.३४
वन्हिरन्तर्हितस्त्वत्र क्री० १०७.३३
वन्हिर्दहति सर्वं हि क्री० ६७.८
वन्हिश्चण्डेन मुण्डेन क्री० ७६.१४
प्रवःसादेन भूगोलं विधा क्री० ११०.२८
वमन्तं रुधिरं वक्त्रा क्री० १०६.३७
वमन्नग्निकणान्दिक्षु क्री० ६८.४९
वमन्रक्तं निजं रूप क्री० ९५.६२
वमन्रक्तं बहु मुखाद्दश क्री० ८९.३२
वमं स्वस्वाधिकारेषु क्री० ७०.१६
वयमेनं हनिष्यामो क्री० २०.१७
वयमेव विजानीमो उ० ६३.३९
वयमेव हनिष्यामो क्री० १२२.५६
वयं च प्रयतिव्यामो मणि उ० १९.४९
वयं तदाज्ञया दूता स्तं उ० ७४.३३
वयं तद्दर्शनभ्रान्तां पलाय्य क्री० ६३.२
वयं ते बालकाः किं नत्वं क्री० ९३.५
वयं त्वदीया देवेश न क्री० ९१.४९
वयं दूता आज्ञयाऽस्य क्री० १५१.२४
वयं देशान्तरं यामो भीत्या क्री० ९४.८
वयं धन्य तमा लोके उ० १.३
वयं धन्यायतो दृष्टः क्री० १३७.३३
वयं धन्या वयं धन्या क्री० ४०.३८
वयं भ्रामितः सर्वथाऽज्ञान उ० १३.१४
वयं योत्स्यामहे सैन्ये क्री० ६३.२३
वयं रणे निपतिताः पुनः क्री० ११६.४६
वयं वादित्रनिर्घोषै क्री० ८२.४१
वयं वान्यत्र गच्छामो क्री० १०१.५
वयं शीघ्रतरं याताः क्री० १३६.२१७
वरदश्रेष्ठदिनेशः त्वं क्री० ७४.४०
वरदस्य प्रसादेन उ० ५५.४०
वरदानाद् गणेशस्य उ० ३८.३
वरदेति च तन्नाम उ० ३७.४६
वरदेन गणेशेन प्रभुणां उ० ४१.१
वरं तमेह शीघ्रं मे उ० ४८.१६
वरं ददामि ते सुभ्रु क्री० ३३.६
वरं दातुं समायात उ० ८२.३६
वरं दादुमिहावात उ० ६१.४०
वरं लब्ध्वा गणेशात्तु उ० ५१.७९

वरं वरय मत्तस्त्वं क्री० १२४.५१
वरं वृण्वीश मत्तस्त्वं उ० ८२.१३
वरयामास यान् उ० ९०.३२
वरस्यैव प्रभावेण न क्री० ६०.२३
वरानस्मै ददौ पश्चाभ् उ० ५७.४५
वरान्वृणु महादेव उ० ४४.३५
वरान्वृणु महाभाग क्री० २३.४८
वराश्च केन दत्ता नो उ० ४०.२४
वराहरूपो बलवान् क्री० १०६.५
वरेण्यपत्न्याः पुरतः क्री० १३१.२१
वर्णसंकरकारीणि क्री० १४९.२९
वर्णान्सृष्ट्वाऽवदं चाहं क्री० १३९.१०
वर्णाश्रमान्मुनीन्साधून् क्री० १४०.१२
वर्तमानाद्देवगणान्न मे क्री० ७४.४१
वर्षाकाले यथा नद्यः क्री० ६३.१८
वर्षाकाले यथा मेघा क्री० ९९.२१
वर्षास्वाकाशवासं यः क्री० १५५.५५
वल्गानाकुशलस्त्वं किं क्री० ११५.३१
वल्लभो नाम नीतिज्ञो उ० २१.१६
ववदुर्बदु वाद्यानि क्री० १०.४
ववदुर्वाद्य संघाश्च उ० २६.६
ववन्दे देवचरणौ पूर्वं उ० ८८.३८
ववर्षुः पुष्पवर्षाणि क्री० ८७.५६
ववषुं पुष्पवर्षाणि विमान क्री० १०.१७
ववृधाते ततस्तौ तु क्री० १.४०
ववृधे बालको नित्य उ० २७.२३
वशे तमण्डजं कृत्वा क्री० ९८.३८
वशो बलं परा कितीरव उ० २८.१९
वश्यस्ते भविता कान्तां क्री० ३३.७
वश्यः स्वर्गो ज़गत्तेषां क्री० १४१.१८
वश्या मम सदा सन्तु उ० ३८.३८
वर्ष्मापि देहिना तद्वत् उ० ५४.५
वसते देवदेवोऽसौ ब्रह्म क्री० १६.४१
वसन्तं प्रतिलभ्यैव उ० ८३.५०
वसवो मनवो गावो क्री० १३८.२६
वसानं चर्मणी हस्ति क्री० ९२.९
वसामस्त्वत्प्रसादेन क्री० ९१.६२
वसिष्ठ वामदेवाद्या क्री० ७.१
वसिष्ठाद्या मुनिगणाः क्री० १२६.५९
वसिष्ठाद्या मुनिगणा क्री० १३५.४
वसिष्ठो मुनिवर्यस्तं क्री० ११६.१५
वसुधारामदोन्नादो महा उ० ४६.५३
वसुरुद्रादित्यगणैः सिद्धैः क्री० १४५.१४
वसोर्धारां सुमहतीं क्री० ३०.२१
वस्त्र ताम्बूल दानेन उ० ५५.२८
वस्त्रयुग्मं च कलशान् उ० ७१.१३
वस्त्राणि च महार्हाणि उ० ४०.१७
वस्त्राणि माल्याणि च उ० २६.५
वस्त्रालंकार कुसुमैर्नाना क्री० १४.३०
वस्त्रालंकार रत्नानि उ० ६८.३३
वस्त्रताम्बूल दानेन उ० ५४.२१
वस्त्रयुग्मेन संवेष्ठय उ० ५१.३४
वाक्य माकर्ण्य तु मुनें उ० ७७.५०
वाक्ये बृहस्पति समः उ० ७७.१२
वाचामगोचरो योऽसौ उ० ४८.३८
वाचयित्वा स्वस्त्ययन उ० ३.४७
वाचा विस्पष्टया दुःखा क्री० ११३.५२
वाच्छितांल्लभते सोऽर्था क्री० ३३.१२
वाजिवारण संघाश्च उ० ७९.१८
वाञ्छासिद्धिरचापल्यं क्री० ३२.६
वांछितं तस्य लोकस्य क्री० १७.३७
वाञ्छितं पूरयिष्यामि क्री० ८०.१८
वांछितं वो विधास्येऽहं क्री० १००.७
वांछिते च करिष्यामि क्री० ८०.२८
वातपित्त कफद्वंद्वत्रि उ० ४६.१८५
वातेन घूर्णिता सेना उ० ४३.२७
वात्यागतं यथा पत्रं क्री० ९१.६०
वादयांमास वाद्यानि उ० ५४.२०
वाद्यघोषै ब्रह्मघोषै उ० ३५.४१
वाद्यत्सु सर्ववाद्येषु क्री० १२४.५४
वाद्यत्सु सर्ववाद्येषु क्री० १२६.४
वाद्यत्सु सर्ववाद्येषु क्री० १०९.१९
वाद्यत्सु सर्ववाद्येषु क्री० १११.३
वाद्यदुन्दुभिनिर्घोषैः क्री० ७७.१५
वाद्यध्वनिप्रतिध्वानै क्री० १२१.१२
वाद्यंदुंदुभि निर्घोषैः क्री० १३.१३
वाद्यशब्दैर्जयं रात्रौ क्री० ११४.३२
वाद्यस्तुसर्ववाद्येषु क्री० १२०.४१
वांछितार्थी कथं याचेत्य क्री० २२.२३
वापीकासारसहितं पुष्प क्री० २.४
वापीकूपतडागानां दृश्यन्ते क्री० ५२.२३
वामजनुं पुरः स्थाप्य क्री० ६८.२
वामनस्तं पुरो दृष्टवा क्री० ३१.१२
वामनाय वरान्दातुं क्री० २६.१४
वामहस्ते निधायैव क्री० ९२.२
वामे ब्रह्ममुखः शेषे क्री० ८०.७
वायनस्य प्रदानेन उ० ६९.५७
वायव्यमस्त्रं गिरिशो उ० ४३.२६
वायुभक्षो निराहारो उ० ७३.२
वायुभक्षौ शुष्कतनू उ० २०.३०
वायुमात्रा शनो नित्यं उ० ८८.३१
वायुभिः पर्वताभिन्नाः उ० १२.१३
वायुराकाशपृथिवी क्री० १३७.३१
वारंवार पश्यति स्म क्री० ५१.१०
वारं वारं ददौ जृम्भां क्री० ९२.४१
वारं वारं यदा तौ तं क० २७.२८
वाराणसीवियोगेन क्री० ४५.२२
वाराहेण हतः पूर्वो क्री० २९.३०
वारुणास्त्रं जहौ दैत्यो उ० ४३.२३
वाल्यात्यभृति दैत्यास्ते क्री० १०७.२०

वासनासहितादाद्यात् क्री० १४०.२१
वासांस्यनेक वर्णानि उ० १.३५
वासुकिर्विषमत्यन्तम क्री० ९७.३७
वासुकं रज्जूभूतान्मत् उ० ८९.३५
वाहतां मम याहि त्वं क्री० १३४.३८
विकटेति च नाम्ना उ० ९२.२१
विकटे भक्तिमान्नित्यं उ० ६२.६
विकराल महोरूपं मुप क्री० ११.३२
विकरालमुखा वीराः क्री० ५८.१५
विकरालं जटाभारं क्री० ५०.४८
विकर्ता विश्वतश्चक्षु उ० ४६.१०७
विकसत् पद्मवदना उ० १६.८
विकीर्ण भूषणा मूर्च्छा उ० २५.८
विक्रमेण रिपुंजित्वा क्री० १२४.४५
विक्षतौ कृमिभिस्तत्र क्री० २८.२७
विख्यातं त्रिषु लोकेषु क्री० २३.३१
विख्यातस्त्रिषु लोकेश क्री० १५५.३५
विख्यातः स्वर्गलोके क्री० १००.१५
विख्यातो मुनिपुत्रैस्तु क्री० ९९.३६
विख्यातोऽहं भविष्यामि क्री० १३०.१५
विघटं दन्तुरं रन्तुं समा क्री० १३.२३
विघातश्चैव पिंगाक्षो क्री० १०.१०
विघ्नकृन्निम्नचरणा उ० ४६.५१
विघ्नप्रशमनोपायम उ० ४६.४
विघ्नभीत्या परित्यक्तं क्री० १०७.३
विघ्नविध्वंस कर्त्रेति उ० ६९.४१
विघ्नहर्ता जगन्नाथो क्री० ३६.१८
विघ्ना नाना विधाभूप उ० १४.५
विघ्नान्युपशमं यान्ति उ० ११.९
विघ्नांधकार संहार उ० ६९.३०
विघ्नेश्वर महाबाहो क्री० १३८.५
विघ्नेश्वरं सर्व देवं उ० ६७.३३
विघ्नोऽयं किं महानद्य उ० ३४.७
विचारयत्सु तेष्येवं क्री० ५७.२०
विचार्यमाणे पंचानां क्री० ३२.३३
विचार्यमाणे तस्यापि क्री० १२४.२७
विचार्य सुदिने लग्नं क्री० ९६.४
विचित्र रत्न खचित उ० १४.२४
विचित्रैर्भवनैरव्यै उ० ४१.६
विचिन्वंतो ययुर्द्रष्टुं उ० १२.२५
विजयस्ते भवत्पुत्र उ० ८२.६
विजातोऽयं वर कुम्रो उ० ५.३३
विजितं तु गणेशेन दैत्यो क्री० ४३.१
विजेता सर्व शत्रूणां उ० ७३.१९
विज्ञानां नपुरं गन्तुं क्री० १०९.२३
विज्ञाय तन्महाभक्ति क्री० ५३.१८
विज्ञे यथा कार्य सक्ते उ० ४.३३
वितृष्णः सर्वसौख्येषु क्री० १३८.५४
विदर्भदेशे नगर मदिषा क्री० २६.२
विदर्भ देशे राजाऽभू उ० ११.५
विदर्भे नगरं ख्यातं उ० २९.११
विदार्यास्यं व्याघ्रतुण्डो क्री० ५६.१५
विदुर्न देवा न च शास्त्र उ० ८७.३९
विद्यमाने तु महत्ति दुःखे क्री० १२.१७
विद्याकामो लभेत् उ० ९२.११
विद्यानामधिपं देव उ० ९०.३०
विद्याप्रदो विभवदो उ० ४६.११५
विद्यारम्भे विवाहे उ० ९२.३८
विद्यार्थिनो लभेद्विद्या क्री० १४८.५२
विद्युज्जिव्हं करालास्यं क्री० १२१.४६
विद्युद्रूपं समास्थाय क्री० ५५.३४
विद्रुता मुनिबालास्ते क्री० १०७.१५
विद्वत्सु नैव कमला क्री० ७३.३६
विधातेति च नामास्य क्री० ९६.३६
विधिप्रयुक्ते दानादौ उ० ५७.२४
विधिं चैव निषेधं च उ० १०.१२
विधिलोपे च शपथं क्री० १४९.१९
विधिवाक्यप्रणामार्थ क्री० १४८.७
विधुरिन्दो पदिष्टं उ० ६१.३५
विधृतस्तेन सहसा सैन्यं क्री० ५९.२२
विध्नाशन इत्येवं उ० ९२.२३
विना ढुण्ढि माधवं च क्री० ४५.३९
विनतामानयिष्यष्यामि क्री० ९७.२४
विनता मे सपत्नी या क्री० ९७.१३
विनष्टे बहुधा सैन्ये क्री० १०२.१
विना तं कथमायामि उ० ३५.३३
विना त्वया क्षणो क्री० २१.४१
विना त्वां नोत्सहे गंतुं उ० ४.२८
विना दूर्वांकुरैः पूजा उ० ६४.२१
विना द्वेषं च रागं च क्री० १३८.६१
विना प्रयोजनं पुत्र क्री० ९७.१२
विना प्रसादं ते न क्री० ४८.१४
विना प्रसादं न क्री० १३८.६३
विना प्रसादं स्त्वप्नो उ० ६८.२४
विना भवन्तः नो जन्म क्री० ७३.२४
विना मां स कथं क्री० ५४.३८
विनायकः करतलं क्री० ५९.३०
विनायकः काशिराजं क्री० १५.३४
विनायक गणैर्जुष्ट उ० ३५.१९
विनायक नमस्तुभ्य उ० ६९.२५
विनायक प्रभावेण उ० २८.८
विनायकप्रसादेन सर्वं क्री० ७१.६
विनायकप्रियं तात व्रता उ० ५१.१३
विनायकप्रीतये स ददात् क्री० ५१.६
विनायकमचक्षाणः क्व क्री० ५५.२
विनायक मनर्च्येव गतो उ० १७.३६
विनायकमहं जाने उ० २६.२९
विनायकं निरीक्ष्यैव क्री० ६९.२५
विनायकं पंचमुखं उ० ४४.२८
विनायकं पूजयित्वा उ० ३५.१८

विनायकं बालरूपं स्तु क्री० ७०.२९
विनायकं रथस्थंतमाज्ञां क्री० १३.१
विनायकं विराड्रूपं क्री० ६१.३१
विनायक वचः श्रुत्वा क्री० २२.२४
विनायकः शिखां पातु क्री० ८५.१९
विनायकः शक्तिरूपः क्री० ३८.३८
विनायकस्तेन राज्ञा रथ क्री० १३.१२
विनायकस्य कृपया क्री० ५०.३४
विनायकस्य नमनं दर्शनं क्री० २८.३८
विनायकस्य नायाभिर्मा क्री० ५९.४०
विनायकस्य निकटं दैत्य क्री० ५८.४८
विनायकस्य माहात्म्यं क्री० १४९.२
विनायकस्य लोकः कः क्री० ५०.३
विनायकस्य सैन्येषु क्री० ६८.५०
विनायक स्वरूपं च क्री० २४.४०
विनायकस्वरूपेण क्री० ४०.४१
विनायकस्वरुपेण ब्रह्म क्री० ५९.३
विनायकं हन्तुकामो ययौ क्री० ६८.५३
विनायकानुग्रहान्नो न क्री० ५७.१०
विनायकेन देवेन पाषिता क्री० ३३.१५
विनायकेन देवेन पूजितो क्री० १४.३४
विनायकेन बालेन कृतः क्री० ५९.१
विनायकेश पुत्रेति उ० ६९.४८
विनायको गतश्छिन्न क्री० ४२.१२
विनायको बालरूपी क्री० २५.७
विनायको निरीक्ष्यैनां क्री० ६९.२८
विनायको मुनिं प्राह क्री० ७२.३४
विनायको मम गृहमागतो क्री० १६.१८
विनायकोऽपि तौ हन्तु क्री० ५०.५
विनायकोऽपि देवो वा क्री० ६१.२७
विनायकोऽपिसंक्लेशा क्री० ६०.४२
विना यज्ञै स्तथा दानै उ० ५१.१४
विना विनायकं यामि क्री० ५४.३५
विना स्मापतिं चास्य क्री० ७५.२६
विनास्मृतिं तेन लभेच्च उ० ४५.१०
विना स्वपितरौ बाला उ० ३३.१६
विनिग्रहं कथं साध्वो क्री० २७.३०
विनैनं किमहं ब्रूमाम क्री० १५.२९
विपरीतमिदं जातं प्रत्यक् क्री० ९७.४०
विपरीता मतिर्जाता क्री० १३७.१३
विपश्चिद्यततं भूप क्री० १३८.५७
विपश्चिद्वरदोन्नादो नाद उ० ४६.१७
विप्रप्रसादन इति पौरा क्री० ७४.१६
विबुधाश्चापि सन्नद्धा उ० ३९.२५
विभज्य देवालयमाशु उ० २२.३३
विभिन्नजानुजङ्घाश्च क्री० १०२.८
विभिन्नत्वमतिं क्री० १३९.२६
विभिन्नवलया छिन्न क्री० २१.५
विभिन्नेऽस्मि स्वदुदरा उ० ८९.११
विभ्रान्त इवकस्मान्मां क्री० १२७.१६
विमानगाः सुराः सर्वे क्री० ६१.२०
विमान प्रभया याति न क्री० ५२.४७
विमान तद्गणशस्य क्री० १५२.१०
विमानं यास्मते चोर्ध्वं उ० ७६.६२
विमानं वदतोरेवं क्री० १५१.१७
विमानं वन्हिसदृशं उ० ५६.१३
विमानं सर्वलोकेषु क्री० ३६.१७
विमानवर मारुढा उ० ६७.५०
विमान वरमारुढो उ० ५९.१५
विमानवर मारुहय उ० २९.१५
विमानवरमास्थाय क्री० ३९.३०
विमानवर मास्थाय उ० ५६.३०
विमान वायु संस्पर्शा उ० ७४.४२
विमानानि समारूढाः उ० ८४.११
विमूढा मोहजालेन क्री० १४७.१६
वियोगान्मनमभीमांऽपि उ० २९.९
वियोगेनास्य तप्तानां क्री० ७२.१६
वियोगो न च सर्वान्त क्री० ७२.२८
विरजां निहतां श्रुत्वा क्री० ८.१
विरजा राक्षसी घोरा हन्तु क्री० ११.३
विरज्य विन्दति ब्रह्म क्री० १३८.३१
विराटरूपं समास्थाय क्री० १००.२५
विरुद्धं कथमेतद्धि घटेते क्री० १५२.७
विरूपमिव तंदृष्टवा क्री० ३४.२२
विरूपाक्षादयः सर्वे क्री० ११५.२३
विरेजुरिन्द्रनिहता वज्रे क्री० ६७.३२
विरोचनः सूर्यभक्तो क्री० २९.३१
विरोचना ददौ कल्प्य उ० ६६.१४
विरोचना ददौ तस्मै उ० ६६.१२
विललाप तदा कान्ता उ० २५.९
विलीनं सर्वमधुना क्री० १५०.१७
विलीना निधनं प्राप्ताः क्री० ७७.३३
विलोकयामास सुतं नगरे उ० ७६.१०
विलोक्य सैन्यं तत्सर्वं उ० ४३.२५
विवदन्ते महावादैरेक्तो क्री० ३०.१८
विवर्धयसिकीर्तिं त्वं क्री० ११६.३६
विवस्वब्दंधनो विश्वा उ० ४६.१०८
विवाह चक्रतु स्तौतु उ० ७.१२
विवाहश्छिन्त्यतामस्य क्री० १०९.२
विवाहो व्रतबन्धो वा क्री० २२.२१
विविच्य नृप मे वाक्यं क्री० १८.२२
विविधान्यपि कर्माणि क्री० १४०.४५
विवेकेनात्मनो ज्ञानं क्री० १४१.१५
विवेक्यासिन् मान्यमानी उ० ६२.५
विवेश शयने रन्तु महल्या उ० ३०.२१
विह्वला परिचिक्षेप क्री० ८७.२२
विह्वलास्ते किं किमिति उ० ५६.१४
विशालगर्तनेत्राऽति क्री० ६८.१४
विशीर्णमोदनम् भुक्तवा क्री० ५६.२४
विशीर्णा गिरयः सर्वे क्री० १२७.११

विशीर्णाः पर्वतास्ताभिः क्री० १२३.११
विशेष विदुषां स्वामिन उ० ६७.३५
विशौर्णकबरीभारा श्रम क्री० ९२.१४
विश्रान्तं कुरु चेतो नः क्री० ९९.३५
विश्रांतं परिप्रप्रच्छु उ० ४०.२२
विश्रान्तिरभक्तस्य क्री० १३५.१०
विश्रान्तिस्थान मारभ्य उ० ८१.२
विश्राम्यतां क्षणं मार्तर्मम क्री० २१.३४
विश्वकर्ता विश्वपाता उ० २०.४२
विश्वकर्ता विश्वमुखो उ० ४६.९
विश्वकर्मा नमस्कृत्य क्री० ९५.५८
विश्वदेवश्च तं दृष्ट्वा क्री० १०५.४७
विश्वं चराचरं नाना क्री० १३७.७
विश्वरूप मनादिं च सर्व उ० ५१.८०
विश्वव्यापी च मायावी क्री० ४०.९
विश्वस्ताः सर्वसख्यास्ता क्री० ८७.१९
विश्वस्ता स्वामि रुपेण उ० ३०.२६
विश्वस्तेऽत्यंत विश्वासो उ० ३.३१
विश्वस्य बीजं परमस्य क्री० ३५.४
विश्वादिजननत्राण स्वाह उ० ४६.६२
विश्वान्तर्यामिणि परे क्री० ४४.५
विश्वामित्र मुखात्सर्वं उ० २६.२९
विश्वेश्वरं माधवं च क्री० ४५.१९
विश्वेश्वरस्याविमुक्त क्री० ३८.७
विश्वेश्वरे स्वनगरं क्री० ७२.३३
विश्वोत्तोर्णे परे पूर्णे उ० ४६.११५
विश्वोत्पत्तिस्थितिलय क्री० ५१.३०
विषं भवति यदत्तं दम्भे क्री० २३.३८
विषयैः क्रकचैरेतत्संसृष्टं क्री० १४२.२१
विषयोत्थानि सौख्यानि क्री० १४१.२२
विषवद् भासते पूर्व क्री० १४८.२२
विषाग्निमुत्सृजन्दग्धुं क्री० १००.१७
विष्टपे मे न साध्योऽस्ति क्री० १३९.२२
विष्णुना बौद्धरूपेण क्री० ४८.२३
विष्णु नेत्र गतां निंद्रा उ० १६.१८
विष्णुलोकं व्रजत्याशु क्री० ५२.४०
विष्णुस्ततोऽगमत् उ० ८३.२२
विष्णुस्त्वमसि तमसा क्री० ९८.४०
विष्णुनाऽप्रापि शक्तिश्च उ० ८७.२२
विष्णूनां कथितं यावत् उ० ९२.४९
विष्वभृच्चखिलव्यापि क्री० १४६.२८
विसर्जयामास तदा उ० ५४.१२
विससर्जाखिलान्राजा क्री० ४९.१४
विसृत्य ध्यानं किं क्री० ९४.१४
विसृज्य लोकांस्तान् क्री० ५९.३७
विसृज्य सुहृदः सर्वा क्री० ७१.१३
विस्तराद् गदितुं शेषां उ० ९२.३२
विस्तरेण मम ब्रुहि उ० ६९.१०
विस्तार्य पक्षान् वृष्टि क्री० २०.३८
विस्तीर्ण दशसाहस्र क्री० ५०.४९
विस्मयं चक्रिरे दैत्या क्री० १०१.३०
विस्मयं परमं प्राप्ता क्री० ९६.४१
विस्मयं परमं प्रापाः क्री० १२६.७
विस्मयं पौरुषे तस्य क्री० ८७.३१
विस्मितश्छाद्य नयने क्री० १०३.४
विस्मिता दुःखिता क्री० १३६.६
विस्मिता मूर्छिता भूमौ क्री० ९.२९
विस्मितो नगरे लोकः क्री० ४६.२१
विस्मृताहं तपं ध्यानं क्री० ५.३४
विस्मृतौ पूजनं कर्तुं क्री० ४८.३९
विस्रस्तवसनाः केचिद् क्री० ११२.२०
विस्रस्तवस्त्रा विकसद् क्री० १२०.१४
विघ्नानां प्रतये तुभ्यं उ० ८२.३२
विहरस्वामरैः सार्द्धं क्री० ७७.१८
विहाय मां कथं स्वर्ग क्री० ६२.२८
विहाय मृत्युलोके क्री० १२०.९
विहाय रणभूमिं तु उ० ४३.४०
वीथीरासिं चयामास उ० ५५.११
वीरकंकणशोभाढ्य क्री० १२०.४०
वीरधर्मः कृतः सम्यङ् क्री० ११७.१३
वीरभद्रस्तु विकलं क्री० ११८.३६
वीरभद्रादयो जध्नुर्ग क्री० १२१.१९
वीरभद्रादिभिर्वीरैः क्री० १२१.१
वीरभद्रेण मदनकान्तो क्री० ११४.१४
वीरश्रिया व्याप्ततनू क्री० ६२.७
वीरा अग्रे प्रयान्ति स्म क्री० ७५.५
वीरानानन्दयामास वासः उ० ४७.१०
वीरा मुमुहिरे दृष्ट्वा क्री० २१.२०
वीरा विनायकं जेतुं क्री० ५६.५२
वीरावेशेन स बभौ रोगी क्री० ५६.५१
वीरास्तवपुरीं याताः किं क्री० १२२.३०
वीरैस्तु सहितान्मत्तान क्री० १२१.२२
वीरो यथा धूलिलिप्त क्री० १७.२१
वृको नामांकृशाघाता क्री० ९५.६४
वृक्षस्कन्धालम्बिपादो - क्री० १२.२६
वृक्षाणां जीवतां छेदः क्री० ४७.७
वृक्षाणां सरितां पुंसां क्री० २१.६४
वृक्षा नाना लता जालै उ० ५.१८
वृक्षान्पक्षिगणांश्चैव क्री० ९.३२
वृणीतं तं वरं शीघ्रं उ० ६६.२०
वृणीश्वेति वरं तस्मात्स उ० ११.२०
वृणु यत्तोऽखिलान् उ० ८८.४६
वृणोति स्म वरं तस्मात् उ० ८८.४९
वृत्तं च परिपपृच्छ ततस्तं उ० २०.२०
वृत्तांतं हतसेनाया क्री० १२१.३९
वृत्ति च कल्पयिष्यामि क्री० १८.१५
वृत्ति च्छेदं प्रजोच्छेदं उ० ३.३८
वृत्रं च शम्बरं दैत्य उ० ८७.२४
वृत्रेण शतयज्वा च क्री० ७६.१३
वृथा मयेन दुष्टेन उ० २३.३१

वृथा मे जननी जन्म उ० १९.१२
वृथा सभासदः सर्वे क्री० १११.१०
वृथै वेश्वरतां नीतो क्री० ५४.६
वृषध्वजो वृषारूढः क्री० ३८.४६
वृष रासभ चांडाली उ० ६२.३६
वृषोत्सर्ग च कृत्वानेका उ० ८१.३०
वृषो भव कुबुद्धे उ० ६२.१३
वृष्टिमन्यां तथा चान्यां क्री० ६०.४१
वेगेन पतितो दैत्य क्री० १०३.१६
वेत्तांरमक्षर वेद्यं धर्म क्री० १४५.१५
वेदघोषैर्बहुविधैः साम क्री० ३०.२३
वेदवेदांगविद् ब्रह्मन् उ० ५२.१८
वेदवेदांगविद्विप्रः क्षत्रियो क्री० ३५.२९
वेदवेदांगशास्त्राणां क्री० ७३.२६
वेदव्यासाय मुनये उ० ९२.५४
वेद व्रतानि चत्वारि उ० ३६.१७
वेदशास्त्र निधिर्जातः उ० ३६.१८
वेदशास्त्राण्युपादिश्व उ० ६०.१५
वेदशास्त्रार्थतत्वज्ञा उ० २५.२९
वेदांश्च चतरः साङ्गध्या क्री० ३११
वेदाध्ययन निष्ठांश्च उ० ८३.१०
वेदान्तवेद्यं सज्जोतिर्ज्योतिक्री० ७०.२५
वेदांतागोचंरोऽगम्यो क्री० २.१७
वेदार्थज्ञान रहितान् उ० ९.३७
वेदिकायामन्तरा दुघृत्वा क्री० ९६.११
वेदेनाविहितं क्रूरं साहं क्री० १४७.२१
वेवान्तकश्चोदतिष्ठद्र क्री० ६२.४५
वेश्यागृहे ते तनयो उ० ७६.१७
वेष्टितुं तान्समायाता क्री० १०६.२५
वैकारिक स्वरूपाणि उ० ५२.३४
वैकुण्ठे सुखमासीन क्री० ७६.१
वैनायकं च वैप्रं च जन्म उ० २०.३८
वैनायक महास्थानं क्री० २८.१०
वैनायकस्य लोकस्य क्री० ५०.४
वैनायकीं शुभां दिव्यां उ० ३४.३८
वैवाहिको महोत्साहस्त क्री० ६२.३९
वैश्य शूद्रौ तथा श्यामां उ० ३.१४
वैश्यास्तं ददृशुः सर्वे क्री० १३.२०
वैश्वदेवं तथातिथ्यं उ० ३.२४
व्यंशकां व्यंशकां रेमे उ० ३६.९
व्यक्त्वा देहो दिव्यदेहौ क्री० २६.२१
व्यतीतपाते सोमवत्यां क्री० ८.१८
व्यलोकयंस्तं नगरे क्री० २४.१
व्यसृजत्पन्नगास्त्रं क्री० १२२.४५
व्यस्ताव्यस्तमयुध्यन्त क्री० १०१.३४
व्यस्मयन्त च रक्षांसि क्री० १०९.३१
व्याकुलीभूत चित्तोऽसौ उ० ८७.३६
व्याकुले न प्रहर्तव्य उ० ७९.३४
व्याख्याय कथितं सम्यक् उ० ७१.२०
व्याघ्रचर्मपरीधान क्री० १२८.२५
व्याघ्रास्य विवरं मत्वा क्री० १५.२५
व्याघ्रास्यः सुमहाकाय क्री० १५.१९
व्याघ्रास्यो भक्षितुं क्री० १५.१७
व्याचकु धर्म शास्त्राणि उ० २२.२०
व्यादाय भीषणं वक्त्रं क्री० ३.२९
व्यादाय वदनं दघ्रे क्री० ९१.२३
व्याधूनयद्भुभौ पक्षौ कम्प क्री० ९८.३२
व्यावर्तन्तेऽस्य विषया क्री० १३८.५६
व्यासं परशुरामं च क्री० १२०.२४
व्यासाया कथयच्चाग्रे उ० १५.१
व्योमस्था पर्यदेवत्सा क्री० ८८.११
व्योमस्पृक्त्स्तको दुष्टो क्री० ९३.२६
व्योमासुरस्य भगिनी क्री० ८७.१
व्योमासुरो व्योमकर्णो क्री० ८६.१४
व्रतदान तपोभिश्च क्री० ३३.५६
व्रतमेतकन्महाभागे शंकर उ० ५१.९६
व्रतं चकार विधिव उ० ८७.३०
व्रतं तु परमं तेऽहं उ० ५४.२४
व्रतं दानं तपो वापि उ० ४८.३१
व्रतं पुरा कृतं केन उ० ७०.१
व्रतवान् द्विगुणं कुर्यात् उ० ३.१९
व्रतस्यास्य प्रभावेण उ० ५१.९१
व्रतानि नियमांश्चैव उ० २४.१६
व्रते जाते कथमभ उ० ७२.१
व्रतै यँज्ञै स्तपोभिश्च उ० १.२०

श

शक्ते कर्तुमकर्तु उ० ४४.११
शक्तिपायोर्विनिर्गत्य क्री० ६७.१२
शक्तो यो मनसा सुष्टुं क्री० ३४.६
शक्योऽन्नं वीक्षितं क्री० १४५.२५
शक्रं सुरगणैर्युक्त क्री० ७५.२७
शक्रस्तं परिपूज्यैव क्री० ३४.४
शक्रस्य च मुखादग्निः क्री० ३.२२
शक्रादयो जिता येन क्री० ११५.२७
शक्रादयो लोकपाला क्री० १२०.८
शक्रादीनामजेयौ यौ क्री० १३.२८
शक्रे तु वलिनीं उ० ३२.१
शंकर किंकर मन्ये उ० ४१.२४
शंकरः क्षोभमापन्नो न क्री० १०५.१८
शंकरं च भवानीं ताम क्री० १०४.३६
शंकरस्य प्रसादेन उ० १८.४३
शंकरेणो पदिष्टोऽहं उ० १८.४०
शंकरोऽपि ददौ तस्मे उ० ४०.८
शंकरोऽपि रुषाविष्टो क्री० ९९.१३
शंखचक्रगदापद्म तुलसी क्री० ९.३
शंख चक्र गदा पद्म उ० १७.३१
शणु द्विज महाश्चर्यं क्री० २१.१
शणु पार्वति वक्ष्यामि उ० ४८.३३
शतधा चूर्णितौ तेन क्री० ६०.३२
शतधा देहखण्डानि क्री० १०७.१८

शतं सहस्रं वीराणां सेना क्री० ५७.३९
शतहृदेव तच्छब्दं क्री० ११५.४१
शतानीकः शतमखः उ० ४६.१६२
शंताशमेषां पुण्यस्य उ० ९२.४२
शताश्वमेघतो दृश्यो उ० ५६.२३
शनैर्जगाम गगनं जलं क्री० ७.१६
शपथा ननृताश्चकर्थ उ० ७.२२
शपथान्कुरुते मिथ्या उ० ५७.४
शपामि त्वां शचीभर्तृः उ० ३१.२१
शब्देनापूरयद् व्योम उ० ९०.४४
शमयामास तं वन्हि क्री० १०७.४२
शमीगर्भगतो दुःखादौखो क्री० ३५.३२
शमीति कीर्तनादेव क्री० ३२.४
शमीपत्रस्य महिमा क्री० ३२.२
शमीपत्रार्चनादेव तुष्टो क्री० २८.४२
शमीमन्त्रैश्च पूजा ते क्री० ४८.५०
शम्पाप्रकाशतो लोकाः क्री० २०.२४
शम्भवे वा निवेदिष्ये क्री० ९२.१७
शंभुतेजाः शिवाशोकहारी उ० ४६.१९
शम्भुवक्त्राच्च क्रोधाच्च क्री० १४९.६
शयानं शयने दिव्ये क्री० २४.२९
शरजाले वृथा याते उ० ७९.३३
शरणं याहि रे त्यक्त्वा क्री० ४१.१६
शरणागत गुप्ति च दीनानां उ० ५३.४१
शरणागतपालाय दैत्यं क्री० ३७.६
शरद्वीपेऽप्युत्पन्नः उ० ८६.९
शरधाराश्च घनवत्स्रवन्ती क्री० ६५.१८
शरपूर्णेषुधी खड्गी क्री० २६.५
शरवर्षैः परिच्छाद्य याता क्री० ११३.३०
शरवृष्टया बाणवृष्टि क्री० ६७.२२
शरवृष्टया सिन्धुहस्त क्री० ११५.१०
शरव्यः सर्व भूतानां क्री० ३२.४२
शराघातेन बलवान्नि क्री० १०२.१४
शरीरतेजसा यस्या नं क्री० १.२८
शरीरपाटवार्थ मे उ० २१.१९
शरीरं दृष्यते तस्य क्री० ८.२६
शरीरे चारुता उ० २६.१८
शरीरे ददृशे तेन मुनिनां क्री० ८.८
शशंसुर्दैत्यराजाय क्री० ११८.३८
शशाप मां नक्रवरो क्री० ८.३०
शशाप वनिनां स्वीयां उ० ३१.१३
शशिसूर्याग्निनयनं शिर क्री० ११.१९
शशिसूर्यानलोड्डूनि क्री० ९२.४४
शश्र सान्निध्य मगमद् उ० ३९.३७
शस्तोऽगुणो निजो क्री० १३९.३५
शस्त्र खड्गं च खेटं उ० ५७.७
शस्त्राणि च महास्त्राणि क्री० १४९.३८
शस्त्रास्त्रैः कवचैः शूलै क्री० ६६.२८
शस्त्राहता बभुर्योधा उ० ४७.१३
शस्त्रैर्नानाविधै र्बाणै उ० ४७.१२
शस्त्रैः शस्त्राणिं संवार्य क्री० ६०.३४
शस्त्राघातैः स्त्रवद्रक्ताः क्री० ११२.१५
शस्त्रैरस्त्रैरनेकैश्च ताभ्यां क्री० ११३.३३
शार्दूलसदृशं रूपं कृत्वा क्री० १०८.१०
शान्ते रजस्य युध्यन्त उ० ४२.२९
शान्तिकं कार्ययामास क्री० ७.३६
शान्तिहोमं विधायासौ क्री० २०.६०
शान्तो दान्तो हि क्री० ४८.५४
शमिका शमितां प्राप्ता क्री० ३४.२९
शारदायाः शुचंश्रुत्वा क्री० ६२.१४
शारदा रौद्रकेतुश्चरात्रौ क्री० ६६.१
शाल्यन्नं पायसान्नं उ० ६६.१३
शासनं परिजग्राह क्री० ४.१४
शास्ता शिखाग्रनिलयः उ० ४६.१०९
शास्त्रपाठन शीलांना उ० ७८.२९
शिक्षापयन्तौ पितरौ तस्य क्री० २७.२९
शिखण्डिनं समारुह्य क्री० १०९.१७
शिखण्डिनं समारुह्य क्री० ११२.१
शिखण्डिमस्तके हस्तं क्री० १००.२०
शिखामाक्रम्य देवोऽपि क्री० १०३.५
शिदस्यालिगनाद् उ० ८५.१
शिरसि स्थाप्य चरणं क्री० ३८.६०
शिरांसि च विनिघ्नंतः उ० २५.४
शिवपुष्टं समासाद्य उ० ४९.३५
शिवः प्रसादं चेत्कुर्यात्त क्री० १२१.५२
शिवप्राप्तवरात्सर्वं क्री० ४१.१७
शिवबालं शिवास्तन्य क्री० १२३.२१
शिवं तत्र समाचख्यु क्री० ९६.२०
शिवं शिवां च विज्ञाप्य क्री० १२५.४०
शिवं सस्मार मनसा क्री० ९२.४६
शिवं स्मृत्वा च मंत्र क्री० ४२.२
शिवशचात्र समायातः क्री० ९५.१८
शिवश्च ध्याननिष्ठो क्री० १२८.३४
शिवस्य वरदानेन क्री० ११६.१२
शिवस्यापि च तेनैवं उ० ४८.३६
शिवापि पुरतोऽपश्यन् क्री० ९९.६३
शिवाभ्यां कृपया उ० ४६.१९२
शिवार्भकेन तस्याद्य क्री० ११५.४
शिवेन मरुतः सर्वे मन् क्री० ४४.२२
शिवे विष्णौ च शक्तौ क्री० १३८.२१
शिवोऽपि तान्मुनीन्प्राह क्री० ८२.२६
शिवोऽपि प्रययौ तत्र क्री० १२३.५२
शीघ्र मानीयतां देव उ० ४२.७
शीघ्रमुत्थाय जग्राहगरु क्री० १२.२८
शीघ्रमेव करिष्यामि क्री० ७८.४४
शीतलं वृक्षवल्ली क्री० १५२.२४
शीतवातातपजलवृष्टीनां क्री० ७४.३०
शीतोष्ण क्षुम्पिपासाभिः उ० ५१.६६
शीववीर्यच तत्ताभि उ० ८५.३३
शुकरूप धरावेतौ क्री० ८.११

शुकाद्याः सनकाद्याश्च क्री० १४६.९
शुकाश्च शलभा नासन् क्री० ४५.१८
शुक्रमासवशान्नापुः क्री० ३३.२
शुक्रस्तत्र मृतान्दैत्या क्री० ६३.३७
शुक्लचन्द्र इव ब्रह्मन्ववृधे क्री० ८३.१
शुक्ल नाम्ना शुक्लवृत्तिः क्री० २२.३४
शुक्लः परावृत्तो दीन क्री० ५५.२०
शुक्लवासा गृहं गत्वा उ० ५४.२६
शुक्लस्य स गृहं क्री० ५४.४
शुक्लाम्बरधरं देवं उ० ९२.३९
शुचौ देशे गोमयेन उ० ६९.११
शुचौ मण्डपिकां कृत्वा उ० ८७.३
शुंडादंडमुखो लम्बकर्णः क्री० १७.२६
शुण्डाभ्यां मण्डपं तौ क्री० ९६.१८
शुण्डां दृष्ट्वा कृतं क्री० ३४.२६
शुद्धिः काके द्यूतकारे उ० ८.७
शुद्राणामपि सर्वेषां क्री० १२६.६८
शुद्रो वैश्यत्वमाप्नोति क्री० १५५.५१
शुभा शुभे वैदिक लौकिके उ० ४५.११
शभे मुहूर्ते चन्द्रे च उ० ५९.२२
शुभे मुहूर्ते लग्ने च क्री० १०.२
शुभे मुहूर्ते लग्ने च क्री० २७.१९
शुभे मुहूर्ते संलग्ने क्री० ४९.११
शुभ्रांगो लोक सारंग उ० ४६.४२
शुम्भो निशुम्भो वृत्र क्री० ७५.१४
शुम्भो वापि निशुम्भो क्री० १२३.५
शुशुभुः सादिनस्तत्र क्री० १२०.३५
शुशुभुः सादिनस्तत्र क्री० १२०.३६
शुशुभे बालकोऽतिव क्री० ५५.१७
शुशुभे मार्गमध्ये सा उ० ६.१८
शुशुभे शक्तिका उ० ४२.२२
शुशुभे सहरि स्तत्र उ० १७.५
शुशोच च कदा मे उ० १५.१३
शुशोच परमाल्पै भर्तः उ० ५३.३४
शुशोच मम मातेयं कथ क्री० ६९.२९
शुशोच विनता श्रुत्वा क्री० ९७.३९
शुश्राव तां गिरं देवी क्री० २३.१९
शुश्राव दैत्याभिगमं क्री० ७५.२४
शुष्कपर्णकृतां मालां क्री० १०५.४२
शष्कोदरी दीर्घकेशा उ० ७४.५
शूद्रोऽपि मध्ये संस्था क्री० १५५.१८
शूरसेन उवाचैता न्न उ० ७६.६४
शूरसेनो गतस्तत्र उ० ७४.३१
शूरसेनो दूतवाक्याज्जय उ० ७६.६९
शूरा न हि प्रजल्पन्ति क्री० ७६.३८
शूराः शौर्यं दर्शयन्ति क्री० ६०.११
शूर्प पायस संपूर्ण उ० ७१.१५
शृंखलाभ्यां निबद्धौ तौ क्री० २७.३१
शृंगाघातेन महता हय क्री० ११३.२२
शृंगी चेत्प्रेषितस्तत्र क्री० ११०.१९
शृणुध्वं योगिनः उ० ६३.१
शृंणु पार्वति वक्ष्यामि उ० ५१.६
शृणु प्रल्हाद येनास्य क्री० १३४.६
शृणु प्रिये प्रवक्ष्यामि क्री० ३२.१०
शृणु प्रिये प्रवक्ष्यामि उ० ६३.१६
शृणु पुत्र प्रवक्ष्यामि उ० ७०.७
शृणुष्वावहिता देवि क्री० ७९.२५
शृणुयाद्यो गणेशस्य उ० ९२.५५
शृणु राजन् प्रवक्ष्यामि क्री० १६.९
शृण राजन्प्रवक्ष्यामि क्री० ५१.२०
शृणु राजन् महाश्चर्य उ० २५.१
शृणु वक्ष्यामि ते सर्व क्री० २७.४
शृणुव्यास प्रवक्ष्यामि क्री० १६.१
शृणुश्वावहितो ब्रह्मन्नि क्री० ३२.१
शृणुष्वावहितो ब्रह्मन् क्री० १८.२
शृणुष्वावहितो ब्रह्म क्री० ८८.३
शृणुष्वावहितो ब्रह्मन् क्री० ४.२
शृणुष्वा वहितो भूत्वा उ० ९.२७
शृणू देवि प्रवक्ष्येऽह क्री० ३३.४५
शृणोति सत्कथां क्वापि क्री० ५४.२७
शृणोत्यन्योऽपि उ० ५१.४
शृण्वत्सु सर्वलोकेषु क्री० ५१.२६
शृण्वन्वेदनिनादांश्च उ० ७७.३३
शृण्वत्सु सर्वदेवेषु क्री० ११.३६
शृन्खलाभिक्षुर्दन्तं क्री० ९०.१४
शृण्वन्तु मे पुनर्वाक्यं क्री० ७८.३७
शेते स्म मूर्छयाः भृंगी क्री० ११६.३१
शेषनाभिं सर्पकण्ठं क्री० १०४.४३
शेष मुख्यान सर्वनागान् उ० ३९.१५
शेषं च वासुकिं चैव उ० ४०.१४
शेषं ददर्श तत्रासौ लड्डुका क्री० १६.४
शेषशायी महालक्ष्मया क्री० १०५.२९
शेषस्य मस्तके हस्त उ० ९०.४३
शेषेणाराधितो ढुण्ढि क्री० ३८.१२
शेषोऽपि तादृशीं मूर्ति उ० ९०.५३
शेषोऽपि मूकतां याति उ० ५२.४
शेषो मूकोऽभवत्तस्य क्री० १११.१५
शैलाः पक्षिगणाः सर्वे क्री० ८१.३०
शैवं पाशुपतं कालमुखं उ० ४६.१२६
शैवस्य योगो नो योगो क्री० १३८.११
शोकं कृत्वा तव पुर क्री० ६२.४४
शोकसंतप्तगात्राऽहं क्री० २१.२७
शोचते भृतमपरं स्वयं उ० ५४.६
शोचिष्केशेति नामास्य क्री० ९६.३४
शोणितेन विलिप्तांगे क्री० ८८.४२
शोभितं निर्झर जलैर्निजरै उ० ३७.२
शोषयन्तो निजं देहमन्त क्री० १४७.२२
शोषयिष्ये समुद्रांस्तु क्री० १३१.२
शौनकेये महासत्रे सक्ता उ० १.५
श्यामलस्थललाटं स क्री० ११५.१६

श्यामास्यः कृशतायुक्तो उ० २३.२०
श्रक्षमाला च कमलं क्री० ८०.६
श्रवणे तत्परा जाताः शब्द क्री० ९८.७
श्रवणौ पाशपाणिस्तु क्री० ८५.२२
श्रान्तास्त्वद्दर्शनार्थाय क्री० १०८.३१
श्रान्तोऽसि दैत्यहनना क्री० ११६.२३
श्रान्तोऽसि सहुकालं उ० ३४.११
श्रावणे बहुले पक्षे चतुर्थ्या उ० ५१.८२
श्रीमतां दर्शनं नोऽद्य क्री० १२.१०
श्रीमान्पराक्रमयुतोऽद् क्री० ८२.१५
श्री सिद्धि बुद्धि सहिताय उ० ४६.१
श्रुतमाख्यानकं ब्रह्मन् उ० ८८.१
श्रुतं गणेशं तीर्थस्य माहात्म्य उ० ३६.१
श्रुतं मया महाख्यानं उ० ४८.१
श्रुतं स्यादमरावत्या नाय क्री० ८७.१३
श्रुतस्ते तनयो ब्रह्मन् क्री० ७.५
श्रुतासीद्बुधा वार्ता क्री० १५१.२०
श्रुतिः स्वरा काल रात्रि उ० १६.२१
श्रुत्वा कथां गणेशस्य उ० १६.१
श्रुत्वां कथां गणेशस्य उ० ५२.४४
श्रुत्वा कथां दिव्य रूपां [illegible] ७३.३५
श्रुत्वाख्यान मिदं व्यासः उ० १९.१
श्रुत्वाऽऽख्यानं तु संकष्ट उ० ६८.२
श्रुत्वा गणेशवाक्यं तावू क्री० ३५.१२
श्रुत्वा च महिमानं क्री० ३७.३१
श्रुत्वा तत्पंडित मुखा उ० ६८ ७३२
श्रुत्वा तत्स्वामिना कार्य क्री० ५६.६
श्रुत्वा तदाऽमृतवचः उ० ४५.२३
श्रुत्वा तदीयनिनदं ययुः क्री० ६१.१३
श्रुत्वा तदीयं तं शब्दं क्री० ९०.४
श्रुत्वा तदुदितं भर्ता उ० १९.४५
श्रुत्वा तस्य वचो उ० ३४.१३
श्रुत्वातु वाक्यं द्विरदानन उ० ४५.२९
श्रुत्वा तु शांकरी वार्णी उ० ४२.१४
श्रुत्वा ते वारदोक्तं उ० ३२.४
श्रुत्वा तेषां वचः शंभु क्री० १२८.४५
श्रुत्वा दूतमुखाद्राजा क्री० ६३.३
श्रुत्वा दृष्टवा शूरसेनो उ० ७५.१
श्रुत्वा देवान्तकवच क्री० ६२.३७
श्रुत्वा नानाविधान् क्री० १.११
श्रुत्वा निनादं तस्याशु क्री० १३६.१६
श्रुत्वाऽन्ये जज्ञिरे यानं क्री० ५१.१६
श्रुत्वा हृष्टमना राजा उ० २.२७
श्रुत्वा बभाण सैत्यौ उ० १८.३३
श्रुत्वा बुद्धिवचो देवो हर्ष क्री० ६५.१
श्रुत्वा भीमः पप्रच्छतं उ० २३.१
श्रुत्वा मातुर्वचो बालः क्री० ९०.१७
श्रुत्वा मातृवचो बालो क्री० ८७.२५
श्रुत्वा मुनिमुखात्पुत्रं क्री० ८५.१
श्रुत्वा वाक्य ममात्यानां उ० ६८.१८
श्रुत्वा वाक्यमुभौ खिन्नौ क्री० ७२.३७
श्रुत्वा वाक्यं तदीयं उ० ७३.१०
श्रुत्वा वाक्यं पुनस्तस्य क्री० ६१.९
श्रुत्वा वाक्यानि तेषां तु क्री० ९३.७
श्रुत्वा वार्तां दूतमुखा क्री० १२४.९
श्रुत्वा विनायकव्रत उ० ५५.३१
श्रुत्वा वैनायकं वाक्यं क्री० ५५.११
श्रुत्वा शचीं हतामिन्द्र क्री० ८७.२८
श्रुत्वा शिववचः सर्वकर्तरि उ० ४४.९
श्रुत्वा सेनाजयं दैत्यौ क्री० ११५.१
श्रुत्वा हरिवचां विष्णु क्री० ७६.५
श्रुत्वेति वचनं तस्य उ० ६.२८
श्रुत्वेत्थं वचनं तस्य क्री० २३.२१
श्रुत्वेत्थं वचनं तस्य उ० ३१.४
श्रुत्वेत्थं वचनं तेषां उ० ७६.६३
श्रुत्वेथं देववचनं जहर्श उ० ३३.१७
श्रुत्वेत्यं वचनं सत्य उ० ३०.३०
श्रुत्वेदमाख्यानवरं क्री० ३७.३२
श्रुत्वैवं तु गते तस्मिन् उ० २२.२६
श्रुत्वैवं ते मयूरेशं क्री० १२५.३३
श्रुत्वैवं दुष्ट वचनं उ० २९.८
श्रुत्वोदन्तं शीतलानि क्री० २.३५
श्रूयता मृषयः सर्वे उ० २.१
श्रूयते जामदग्येन जननी उ० ४.३०
शृणु राजन्मयाऽश्रावि क्री० ५०.२९
श्रेणीमुख्यान्समाहूय क्री० ७५.३
श्रेयसी बुद्धिरावृतेस्ततो क्री० १४६.१४
श्रेयान्यत्कुरुते कर्म क्री० १३९.२१
श्रौतस्मातांनि कर्माणि क्री० १४२.१
श्रौतस्मार्तक्रियाहीना क्री० ५२.५
श्लाघन्तं बहुगर्जन्तं उ० ४७.३१
श्वमार्जारयोर्यौनौ क्री० २८.३३
श्वासचक्रेऽक्षिपत्तं तु क्री० १०६.३६
श्वास मारुतवेगेन उ० ७९.८
श्वासरोधात्पपातोर्व्या क्री० ९८.२३
श्वासरोधाद्गतासुः स क्री० ८३.३४
श्वासानिलाहताः केचित् क्री० ५८.३१
श्वेतः श्वेतांबरधर उ० ४६.३९
श्वेतसर्षप युक्तेन तिल उ० ५१.२३
श्वोभाविनं मृत्युमद्य क्री० ६७.१३

ष

षटकोणं लक्षणैर्युक्तं क्री० ६६.१९
षटचक्रभेदनरता योग क्री० ८५.१०
षट्विंशतत्व संभूति उ० ४६.१५७
षडक्षर प्रभावेन दृष्टोसि उ० ३४.२१
षडक्षरं काक्षरयोः उ० ११.४
षडक्षरं च मन्त्रं ते उ० ८७.२७
षडक्षरं महामन्त्रं उ० ३३.११
षडक्षरश्च भगवं स्तयोरेकं उ० १७.४०

षडक्षर स्तस्य मन्त्रो उ० ३२.३२
षडक्षरेण मन्त्रेण उ० ८९.२०
षडक्षरेण मन्त्रेण ध्यात्वा क्री० २९.३
षड्क्षरै काक्षरौ तौ उ० ४४.२१
षड्ंगध्वांगविध्वंसी उ० ४६.१३७
षडाननमथो रोषान्नि क्री० ११३.४८
षडाननादयो वीरा उ० ४३.३९
षडाननादयो वीरा नारदं क्री० १२२.१३
षडाननादिभिर्वीरैस्तै क्री० ११८.१५
षडाननेन विकलं हतं क्री० ११९.२
षड् गुणानां प्रयोगेण उ० ३.३२
षड्भिर्ध्यानादिकैः पंचा क्री० ८१.८
षड्भुजं चन्द्रसुभगं क्री० ८१.३३
षड्भुजोऽयं कथमभूदन क्री० ९९.२३
षड्वीराः पुनरायाताः क्री० १२१.३०
षड्वैरिवर्ग विध्वंसी उ० ४६.१३८
षण्मासा ज्ञायते विद्या क्री० ३५.११
षण्मुखो द्वादशभुजो उ० ८५.३८
षण्मुखो द्वादसभुजो उ० ८५.४४
षण्मूर्ति पूजया सृष्टि उ० ५०.१२
षाचयन्ति पुराणानि क्री० १०५.४०
षोडशाधार निलयः उ० ४६.१५२
षोडशारं कण्ठदेशे क्री० ५०.३९
षोडशार्ण च कस्मै उ० ९१.३२
षोडशैरुपचारैस्तमानर्चु क्री० १३७.२७
षोडशैरुपचारैस्तु क्री० १२६.३५

स

संयमाग्नो पर भूप क्री० १४०.३२
संवत्सर शतं पूर्ण उ० ८८.३०
संवत्सरान्ते वृक्षौऽसौ क्री० १५२.४१
सं वव्रे परमां भक्ति सा क्री० ९५.१५
संशय करुते यस्तु क्री० १४९.१४
संशीलयति यश्चैनमु क्री० १४६.१८
संश्रुत्य वाणीं नृपते क्री० १८.३०
संसार वैद्यः सर्वज्ञः उ० ४६.११०
संसृतीनां महाचक्रं क्री० १३९.१६
संस्कारं कुरु नौ तत्र उ० ८०.२५
संस्तुतो देवमुनिभि लोंके उ० ८३.४
संहर्ता मोहनश्चास्य क्री० १३७.३०
संहार रक्षणे सृष्टौ क्री० ८५.३
स आदच्छेषसामग्री क्री० १०७.२५
स आयुधानि गृह्याशु तं क्री० ९५.६१
स आरूढः शमीवृक्षं क्री० २८.४०
स आस्ते ढुण्ढिरित्येव क्री० ४३.६
स इदानीं दुःखमये उ० ५.४८
स उत्थाय ददर्शाथ क्री० ९४.१५
स उत्थाय नमस्कृत्य उ० ४१.३
स उवाच ततस्तां तु क्री० ७३.५७
स उवाच ततो बालो उ० ३८.३३
स उवाच ततो रामो उ० ८१.६
स ऊचे रक्तनयनः उ० ७९.३८
स ऊचे वचनं बालं क्री० ९२.२१
स ऊचे साम्प्रतं भक्तं क्री० २४.११
स एनं स्वगृहे नीत्वा क्री० २२.१०
स एव करुणायुक्तो क्री० १३४.९
स एव ज्ञान त्राता संहर्ता उ० २३.३०
स एव दृष्टः साक्षात्तुः क्री० ७८.३३
स एव निश्चयं कृत्वा उ० १९.१३
स एव पुरुषार्थः स्याद्य क्री० ११७.२०
स एवं महिमानं ते उ० ३४.१८
स एवं भ्रान्तहृदयो उ० २१.३
स एव शतधा जातो न क्री० ६४.३३
स एवायं रक्तवर्णश्च क्री० १३०.३०
स कदाचिन्नृपोऽमात्यैः उ० ५६.१२
स कथं कोमलांगेन क्री० ११६.४
स कथंचित् प्रबुद्धो क्री० ४१.३२
स कथं निहतः केन क्री० ६२.२७
स कथं प्राप तन्नाम किं क्री० १७.२
स कथं म्लानतां यातो क्री० ६२.११
स कथं मारुत स्पर्शात् उ० २०.१४
स कथं स्तवनीयोऽसौ क्री० ५४.५५
स्कन्धौ पातु गजस्कन्धः क्री० ८५.२३
सकाम दायिनीपीठ उ० ४६.३१
स कामदायिनीपीठे क्री० ५०.३१
सकामे गिरिजापुत्र क्री० १२४.१६
स कालपुरुषः केशे क्री० ५८.४३
स कालान्निधनं प्राप्तो उ० ७६.५७
सकाशिराजं तं बालं क्री० ५६.३२
सकिरीटेन शिरसा उ० २६.१५
सत्कैर्नानाविधैर्लोके क्री० २०.१७
सक्थानोश्च जानुद्यातांस्तौ क्री० ४१.२८
सक्षणं पतितो भूमौ उ० ३९.४०
सखाद्य लेह्य चोष्यादि उ० ७७.६१
सखीजने निद्रिते च सेव क्री० ८७.३६
सखीजने वदत्येव ताव क्री० ८३.३३
सखीनां सेवकानां च क्री० ८२.५२
सखीभिः पश्यती क्री० ८९.१९
सखीभिः सहिताऽरोदी क्री० ५८.४
सखीभ्यां वीजिता बाल क्री० ८८.८
सख्यश्च बालिकाः क्री० ८७.४८
स गच्छति स्यन्दनेन क्री० १२.५१
स गत्व भवनं राजा उ० २७.२०
सगदगदाभ्यां कठाभ्यां उ० ६८.४
स गीलयति पुरषो बाणा क्री० ५८.३७
स गृहीत्वा करे तां तु क्री० ३३.२४
संकटं वो यदा तु स्यात् क्री० ७१.३६
संकटहरमेतच्च स्तोत्रं क्री० ७८.३५
संकल्पजां स्त्यजेत्कामा क्री० १४२.१३
संकल्पं कारयेत् सम्यग् उ० ६९.८
संकल्पं लीलया चक्रं क्री० १०५.४४
संकटानि यथा यूयं उ० १३.२३
संक्षेपतो ब्रवीम्यते उ० १.११
संख्याता पर पापानां उ० ८.११
स चकम्पे करिशिशुः क्री० ११५.२४

स च कालेन महता उ० २२.१३
स च श्रवणमात्रेण उ० २७.२४
स चागतः शुक्रगृहं क्री० २४.५
स चांडालस्तु विज्ञेयो उ० ६७.५४
स चान्धो बधिरः कुब्जो उ० २२.३८
स चारुरोह तद्दिव्यं उ० २३.४३
सचेतनां च तां मूर्तिः क्री० १०५.४८
स चेत्प्रसन्नो भगवान उ० १०.२८
स चेद्विनायकं याचे क्री० ५७.१८
स जज्वाल दिशः क्री०११५.३७
सजीवान्न च निर्जवाद् क्री० १२७.२२
सज्जं चकार च धनुर्नाद क्री० ११५.६
सज्जीभवन्तु युद्धाय क्री० ५७.५
संजीवन्नुत्थित शीघ्रं क्री० ३३.५३
संज्ञां द्वादशभिर्हस्तै क्री० ११४.३५
संज्ञा नामेति नाम्ना मे क्री० ९५.३८
संज्ञाऽभूदूण्डकारण्ये क्री० १०९.११
सटाभिन्नघनो दुष्टो क्री० १०८.८
सटाभिन्नघनौ पुच्छा क्री० १०७.१२
स तज्ज्ञात्वा महाश्चर्य क्री० ६७.१
स ततोऽस्तमिते सूर्ये क्री० ९५.६३
स तदा शतधा जातो क्री० ८९.३१
स तं दृष्ट्वा पाशकण्ठो क्री० १३४.२९
स तया भिन्नहृदयो क्री० १८.४७
स तस्थो करुणाविष्टः क्री० ३३.४०
सतां निन्दां करिष्यन्ति क्री० १४९.२५
स तु गर्वादुवाचेत्थ उ० ६५.१३
स तु जानन्दुष्टभावं फलं क्री० ८८.३४
स तु तं शिबिकारुढं क्री० ५५.१६
स तु दीर्घो बिडालो क्री० ८४.३१
स तु दृष्टो जनैर्दैत्य क्री० ८८.२२
स तु द्वारिस्थितं चूतं क्री० ८६.१५
स तु ध्यानरत स्तत्र उ० ६३.१२
स तु मायामयो बालो क्री० २४.६
स तु यौवन मापन्नो उ० ७६.४
स तु राजा महाधीमान उ० ७१.२३
स तु विव्हलतां यातो क्री० ३३.३१
स तु श्वापदरूपेण क्री० ९८.१४
स तु संज्ञो समासाद्य क्री० ६५.२०
स तु हस्तपुंग बद्धवा क्री० १५२.३३
स ते मुक्तिपदं सद्यो क्री० १२३.२७
सतोऽसतो यापि परासि क्री० ९५.८
सत्त्वाधिकः सुखं ज्ञानं क्री० १४६.३३
सत्यमुक्तं त्वया दुष्ट क्री० १३७.५
सत्यमुक्तं त्वया ब्रह्मा उ० ४४.२०
सत्यमेव वदे ब्रह्मन्नाभिप्रायं उ० २१.१५
सत्यं ब्रवीमि ते सत्ये उ० ५४.३०
सत्यं भोजनकालोऽस्ति उ० ७७.४४
सत्यं वदसि गौरि त्वां क्री० ८३.५
सत्यलोकं ततोऽग्रे तौ क्री० ५२.३०
सत्यलोके सुखासीनं उ० ६९.२
सत्सुप्राणांस्त्यक्ष्यामहे क्री० १३६.३९
स त्वं मम कुमारत्वं क्री० ८१.३१
स त्वया क्षणमात्रेण क्री० १३४.४२
स त्वां हनिष्यति विभु क्री० ७४.४६
सत्संगतिश्चेत्सदनुग्रह क्री० ५३.३६
सत्संगाद्गुणसंभूति क्री० १४०.४२
सदक्षिणं समालोक्य क्री० ३.४
स दण्डय स्ताडनीयः उ० ८३.१४
स ददर्श समासीनं क्री० १२८.१
सदम्भैकर्मकर्तृत्वं स्पृहा क्री० १४७.९
सदसद्व्यक्तमव्यक्तं उ० ४६.१२०
सदसो निर्गत स्तस्माल् उ० ६३.२०
सदाचारान् सदा द्वेष्टि उ० ४०.१३
सदाचाराः शास्त्रविदः क्री० ३१
सदाभक्तानां त्वं प्रसभ क्री० १२३.४८
स दाताभोजनं पानं उ० २२.३२
सदाराः सपरीवाराः क्री० १०४.२५
सदा सत्व योगं मुद्रा उ० १३.७
सदृशी नैव काऽपिस्यान् उ० ३०.७
स दृष्टश्चक्रहस्तेन क्री० ३९.२०
स दैत्यो निर्वमन्नेत्रा क्री० ९९.१६
स दैत्यो रदनं चास्य क्री० ७०.३
सदैवं दिव्यदेहं तं उ० ५७.३८
सद्योजातः स्वर्णमुंज उ० ४६.१३
सद्योत्सुकान् सुरान्प्रेक्ष्य क्री० ३.१७
सद्यो दृष्टो मया उ० ३०.२६
स धर्मः सुकृतां भाति क्री० ५२.१५
सधैर्यं बालवाक्य क्री० १८.३५
स ध्यात मात्रो विप्रेशः उ० २२.५३
सध्वनावतिजीर्णे क्री०१४२.८
सनकादिभि रप्राप्यं उ० ३७.२१
सनकाद्या मुनिगणाः उ० ५०.१४
स नमस्कृत्य मां देव क्री० १२८.९
स निरीक्ष्य शिवा सुमां क्री० ८४.२२
स निषिद्धो वेत्रधरै उ० ७८.६
स नीलकण्ठो बलवान्नी क्री०९७.४८
संततिस्तव पुत्रस्य उ० ६८.१०
संतर्प्य देवान् मुनि उ० ४५.२०
संतुष्टानां स सर्वेषां उ० ७१.२५
संतोष्य तं मुनि उ० २६.३०
संतोष्य ब्राह्मणानन्यान्द क्री० ४९.१३
संतोष्य लोमशं द्रव्यै क्री० १५५.४७
संदुष्टो दास्यते कामा उ० ६०.१६
सन्नद्धाः सर्व शस्त्राद्या उ० ७९.१६
संनियम्येन्द्रियाण्याशु उ० ६०.१७
सन्यवो निर्मलपयः उ० २४.४
संन्यस्तिश्चैव योगश्च क्री० १४१.१
स पक्षौ स्फालयामास क्री० ८९.२७
सपत्न्या दुष्टभावेन क्री० ३३.४२
सपत्न्याऽमानिताया क्री० ३२.२६
सपत्न्याऽस्य विषं दत्तं क्री० ४८.४९
सपत्नीकः पूजयते क्री० ३७.२३
सपर्वत वनाकीर्णा क्री० ९.३१
सापेंडीकरणा दूर्ध्वं उ० ८१.२८

स पुण्य नियमैर्मेऽद्य उ० १५.२७
सप्तकोटिगणः क्रीडां क्री० १०९.१८
सप्तकोटिगणाः पश्चात् क्री० ११२.३
सप्तकोटि महामंत्र उ० ४६.१६७
सप्तकोटि महामंत्रा उ० ११.३
सप्तग्रासान् मौनयुक्तो उ० ६९.६२
सप्तताल प्रमाणोऽभूद् उ० ९.६
सप्तद्वीपवतीं पृथ्वीं पर्वत क्री० ५९.१०
सप्तपाताल चरणः सप्त क्री० ४६.१३९
सप्तमः पुरुष स्वत्तः पूर्वं उ० १९.४०
सप्तमूर्ति प्रकुर्वेति उ० ५०.१८
सप्तवर्षेण ते सर्वेनाशिता क्री० ६२.४२
सप्तवारं पठेद्यस्तु दिन क्री० ८५.३७
सप्तविंशतितारेशः उ० १४६.१५६
सप्तव्यूहान्पुरस्कृत्य क्री० ११४.१२
सप्तांगराज्यसुखदःसप्तर्षि उ० ४६.१४०
सप्ताब्धि केलिकासारः उ० ४६.१४१
सफलं स्वागमे हेतुं वद उ० ५२.१५
स बभूव तदासक्तो क्री० १३५.१४
सबवियद संपूर्णः सर्व उ० ४६.४०
स बाणोऽछेदयत्तस्य क्री० ६१.४
स बाल एव बलवान्वि क्री० ६२.४०
स बालः पतितो रेवा क्री० १३२.२३
स बाला सहशिष्यैः सा क्री० ८.२७
स बालो बालमध्ये क्री० २३.१
स ब्रह्मा निर्ममे पूर्व उ० १६.५
सभाग्यः कृतकृत्योसि उ० २१.४२
सभांगणगता लुण्ठद्ध क्री० १२०.१६
सभाद्वारगतं शक्रकारिणं क्री० ९६.१५
सभामध्ये नृपं दृष्ट्वा क्री० १३३.१४
सभांसवारयामास चक्र क्री० १२५.१
सभायां विविशुः उ० २६.१३
स भिन्नहदयोऽधावद्वहि क्री० ८४.२७
स भूमौ पतितो दुरान् क्री० ८८.२१
समकम्पत् त्रिभुवनं क्री० १४.१६
समदृष्टिर्दृढा भक्ति क्री० १४६.२५
समं तप्तं समं जप्तं क्व क्री० ६२.२६
समायार्थं महत्सैन्यं क्री० १३६.४०
स मरिष्यति मूर्ध्नि क्री० ३९.१८
समर्च्य परया भक्तया क्री० १.३६
समर्पयन्नभेदेन भक्तो क्री० ४९.२२
समर्पयसि कस्मात्वं उ० ६३.१५
समर्प्य पुपुजुर्देवं क्री० ३६.३५
समर्पयामास नृपो उ० ७५.१६
समष्टिव्यष्टिरूपाणि क्री० ११.२९
समष्टिव्याप्टिरूपेण क्री० ४७.२६
समः सर्वेषु भूतेषु क्री० ११७.२१
समः सर्वेषु भूतेषु कर्म क्री० ४३.४
समस्य सर्वभूतेषु उ० २९.२४
स महांजायते लोके क्री० ११०.२७
स महान्तं खं कृत्वा तम क्री० ९३.१४
समादध्युः प्ररुदतो क्री० १२४.४४
समानाय्य प्रपुज्यै क्री०१४९.४०
समाप्ति साधनं नैव उ० १०.३
समाप्ते कर्मणि मुनि उ० ८१.१९
समाप्ते तु व्रते तत्र सौभय उ० ५१.८४
समाप्य नियमं मूर्त्ति क्री० ३३.१८
स मां जनः प्रतिब्रूते उ० ७६.३८
समीपतां ययुः सर्वे क्री० १५३.३४
स मुक्तश्चितयामास उ० २४.१९
संमुखं तस्य ते सर्वे क्री० १०८.३४
संमुखो भव शक्र त्वं क्री० ३.३०
समुद्रमथनाद्यद् वद् उ० ९२.३१
संमूछितोऽपतद्भमौ प्रचंडो उ० ४३.११
समेधित समृद्ध श्री उ० ४६.४१
स मे मान्यश्च पूज्यश्च उ० ६२.४०
स मे विधत्तां शरणं उ० ८८.८
स मोच्यमानो गगनं क्री० १२३.३२
समो जितात्मा विज्ञानी क्री० १४२.६
समो मां वस्तुजातेषु क्री० १३८.४४
संपदः सर्वे लोकेषु उ० ४१.९
सम्पदोऽपि तथा दत्ता क्री० २५.२४
संपरीहत्य स्वार्थेभ्य क्री० १३८.४७
सम्पाति च जटायुं च क्री० १००.३३
संपादयन्ति ते भूयः क्री० १३८.३५
संपादयिष्ये साध्वस्य क्री० ९६.३
सम्पादिता त्वया पूर्वं उ० ३२.१४
सम्पादितैः सुपक्वैः उ० ४९.५०
संपूज्य च नमस्कृत्वा उ० ९२.१५
संपूज्य परिपप्रच्छ क्री० १२८.४
संपूज्य प्रणिपत्यापि क्री० १६.१७
संपूज्यब्राह्मणान्भक्त्या क्री० १.३३
संपूज्य भोजयामास क्री० १०५.१४
संपूज्य मातरे तां तु उ० २६.९
संपूज्यं ब्राह्मणान्भक्त्या क्री० ३.३
संपूज्य विधिवत्प्रादान्ना क्री० ९६.७
संपूज्य विधिवद्रभक्त्या क्री० १०५.७
संपूज्य सर्वान् द्विज उ० ७३.२७
संपूर्णां नगरीं दग्धु क्री० १५.१६
संपूर्णे नवमे मासे क्री० ६.२२
संपूर्णो महिमा वक्तुं क्री० १५५.६४
संप्राताः सर्वकामास्ते उ० ५१.९५
संप्राप्ता ब्रह्मणा लोका क्री० ४.२४
संप्रार्थयद् भोजनार्थ ततो क्री० १६.३
संप्रार्थ्य मूर्ति बहुधा क्री० १०५.४५
संभारा नुप कल्प्यैव उ० ३.४४
सम्भारा व्यर्थतां याता क्री० २४.१४
संभूतं मम: नाशाय क्री० ११७.३४
संभोज्य सुमुहूर्तेन क्री० ३४.१६
सम्मानिताः स्त्रियोऽपश्य क्री० ३०.१५
संमोहं प्रापिता देवा क्री० १२८.४२
सम्यक् कर्तुं शिशुं उ० ११.५०
सम्यक्पृष्टं त्वया क्री० १३५.२
सम्यक् पृष्टं त्वया उ० ८६.२३
सम्यक्पृष्टं त्वया उ० ८९.२३

सम्यक् पृष्टं त्वया राजन् उ० २२.७
सम्यक् पृष्टं त्वयाव्यास क्रीo २५.२६
सम्यक् पृष्टं महाभागा उ० ७.३
सम्यक्पृष्टं त्वया क्री० १३३.२
सम्यगदृष्टा तव क्री० ३८.४
सम्यगाख्यान माख्यातं क्री० १.१
सम्यगुक्तं गुरो वाक्ये क्री० ७८.१४
सम्यगुक्तं त्वया क्री० ३८.१
सम्यगुक्तं त्वया भद्रे क्री० ११७.२७
सम्यगुक्तः पुष्पदन्त क्री० ११०.१७
सम्यगुक्तं मयूरेशं क्री० ११०.९
सम्यगुक्तं मयूरेश क्री० ११०.२३
सम्यगुक्तं महादैत्यौ उ० १७.१३
सम्यगुक्तं महाराज क्री० ७१.५
सम्यगुक्तं महावीरा क्री० ६३.२४
सम्यगुक्तं महावीरा क्री० ११२.२८
सम्यगुक्तं मुने वाक्यं क्री० १०९.१५
सम्यगुक्तं रतिपते उ० ८८.४४
सम्यगुक्ते त्वया मह्यं क्री० ४७.२३
सम्यग्व्यवसिताराजन् क्री० १३८.६
स ययौ वन्हिवदनो क्री० १३४.२३
स ययौ वायुवेगेन क्री० ६१.१२
स याति नरकानेक क्री० ३८.४१
स येन तुष्यते देवः स क्री० ७८.४
सरस्तडा वृक्षाश्च क्री० ९१.५३
सरस्तीरं शीघ्रतारमागता क्री० ९१.३०
सरस्वत्प्राश्रयो गौरीनंदनः उ० ४६.६०
स राजकार्य कुरूते क्री० २८.१
सरितः सागरा यस्य क्री० ५०.४२
सरितां पतिमायान्ति क्री० १३८.६६
सरोनदी समायुक्तः क्री० २०.४३
सरोवराणि भूरीणि उ० ८४.३
सरोवापीयुतं सान्द्रत क्री० १२९.३७
सर्पकोरकटकः सर्प उ० ४६.३७
सर्पसैन्येरवेष्टयन्त देव क्री० १०२.४
सर्पाः पक्षिगणास्ताभ्य. उ० ९१.३०
सर्पोदरः कोटिसूर्य उ० ९१.९
सर्यशक्तिमयंदेवं सर्व क्री० १०४.८
सर्वकर्ता सर्वहर्ता उ० ३२.३१
सर्वकालं ममध्यान क्री० १६.१२
सर्व चराचरं विव्वं क्री०१०४.४९
सर्वज्ञं सर्वदर्शी च क्री०२५.२८
सर्वज्ञः सर्वलोकेष उ० ४९.४६
सर्वज्ञस्य मुनेर्वाक्या उ० ५४.१८
सर्वज्ञे सर्व विद्येशे उ० ४४.१०
सर्व तदीय मादाय निशि उ० ५९.११
सर्वतः पाणिचरणे सर्वतः क्री० ४४.६
सर्वतीर्थमयीं रम्यां क्री० ३८.३२
सर्वतीर्थान्हितं तोयं मया उ० ४९.३७
सर्व ते वांछितं मत्तो उ० ९१.२२
सर्वत कारणं त्वं हि क्री० १००.३२
सर्वत्र काशिराजेन क्री० ५७.२५
सर्वत्र गमसक्तं च क्री० ५१.३१
सर्वत्र जयमाप्नोतिश्रियं क्री० १२३.५७
सर्वत्र पर्वता जाताः क्री० ४२.७
सर्वत्र रक्षसे त्वं हि क्री०१०८.३६
सर्वत्र विजय पुष्टि क्री० ९५.१६
सर्वदर्शी कियर्थं त्वं क्री० ४६.७
सर्वदा मोहकं स्वस्य क्री०१४८.२५
सर्वदा षड्विकारेषु क्री० १३८.३०
सर्वदुःखं श्रमश्चैव क्री० ११६.२५
सर्वदेवाश्च लोकाश्च उ० ८७.५६
सर्वधर्मपरित्रातुर्दिवोदा क्री० ३८.६
सर्वपापक्षयकरं धर्मार्थ उ० ८६.२४
सर्वपाप क्षयात्तस्य उ० ५९.३४
सर्वपापक्षये जाते नाम उ० ७६.७१
सर्वपापहरं पुण्यं क्री० २५.२१
सर्व प्रकृतिसात्कृत्वा क्री०७३.२१
सर्वप्रियेति नामास्य क्री० १०.२६
सर्वप्रीतिकरं देव हिरण्य उ० ६९.३४
सर्वव्रततपोयज्ञान्मत्वा क्री० ७३.३९
सर्वभावेन् तं नत्वा स्तु क्री० १०५.६५
सर्वमंगल मांगल्य सर्व उ० ४६.४१
सर्वमाधुर्यताहेतुः स्वादुः उ० ४९.३५
सर्वमान्यो व्यास नामा क्री० १५०.१३
सर्वमायामयः सर्वमन्त्र क्री० ३२.४४
सर्व चराचरं विश्वं क्री० ९९.२८
सर्व चा कथयत् तस्मै उ० ६.१०
सर्व जानीहि सुभगे क्री० ५५.२७
सर्व तस्यै विवेद्यैव सद्यो क्री०९५.४४
सर्व त्यजावो नो सत्यं उ० १८.३६
सर्व देवेषु मान्यश्च उ० ८९.१४
सर्व पीडाप्रशमनं सर्व उ० ७६.७५
सर्वमेतन्ममाचक्ष्व यद्यस्ति उ० ५१.१९
सर्व रोगप्रपीडासु मूर्तीनां उ० ५०.२१
सर्वश्रेष्ठां सर्वगुणां क्री० ३८.३१
सर्व सिद्धिकरं देव उ० ८६.२१
सर्वलोकेषु श्रेष्ठं तं क्री०५२.३८
सर्व वंध्यत्व दोषघ्नं उ० ४६.१८१
सर्व वश्यकरो गर्भ उ० ४६.११६
सर्व विघ्न प्रशमनं उ०४६.५
सर्वविघ्नहरं देव उ० ९०.३१
सर्वविघ्नहरं देवं यं उ० ४४.३१
सर्व विघ्नहरो देवो उ० ४४.२२
सर्ववीरैनीगरिकैरिन्द्र क्री० १५३.२
सर्ववेत्ता सर्वविधिः क्री० ३२.४३
सर्वव्यापिन मीशानं उ० ९०.२८
सर्वव्यापिनमीशानं क्री०९५.२६
सर्वव्यापी पूर्णकामो क्री० ८.३४
सर्वव्यापी सर्वरूप क्री० ५४.४९
सर्वशत्रुहारो नक्रदृढांगो क्री० ९१.५१
सर्वशास्त्रर्थतत्वाज्ञो क्री० १.२३
सर्व शास्त्रप्रवक्ता च क्री० २७.५
सर्वश्रेष्ठतमस्त्वं च क्री०७९.२१
सर्वसंकटनाशः स्यात् उ० ५९.३५

सर्वसंकष्ट नाशार्थ उ० ६९.६
सर्वसद्गुरु संसेत्यः उ० ४६.५४
सर्वसिद्धिकरं तात व्रतं उ० ५१.२१
सर्वस्मिन्हन्यमाने तु क्री० ६६.४०
सर्वस्य जगतो हेतुर्नाम क्री० ३८.५
सर्वस्यात्मा सर्वगं सर्व उ० १८.१३
सर्वांगानि मयूरेशो क्री० ८५.२७
सर्वाङ्गसुन्दरो क्री० १२८.५५
सर्वाज्ञाननिहन्तारं सर्व क्री० १०४.११
सर्वाधारः सर्वसहः क्री० ३८.५२
सर्वान कामा नवाप्यैव उ० ८७.२१
सर्वानानय तां शीघ्रं उ० ६.११
सर्वान्कामानवाप्नोति क्री० ५४.६४
सर्वान्कुशल प्रश्नाद्यै उ० ५५.१५
सर्वान्कामानवाप्नोति क्री० ५४.६१
सर्वान्तर्यामिणं नित्यं क्री० १३०.१९
सर्वान्तर्यामिणः सर्व क्री० १०७.४५
सर्वान्तर्यामिणः सर्वचित्त क्री०२२.२६
सर्वान्तर्यामिणे मे वै क्री० ९६.४५
सर्वान्न क्रीडतो हित्वा क्री० ९१.२७
सर्वान् राज्ञो वशे कृत्वा उ० १.३८
सर्वान् राज्ञोऽथ नागांश्च उ० ८३.११
सर्वान् विधास्यते उ० ९०.१२
सर्वा पुरी हर्षयुता उ० ८९.१७
सर्वायुधधरः पौत्रान्म क्री० ८५.३३
सर्वारिष्टविनिर्मुक्तः क्री० ८७.५७
सर्वालंकारसंयुक्ता क्री० ११७.५
सर्वावयव संपूर्णा प्रणतां उ० ५३.३५
सर्वास्ता ददृशुर्देवं क्री० ३६.४०
सर्वे कामाः प्रसिध्यन्ति क्री० ३१.५
सर्वे च युयुधुस्तत्र क्री० ४२.१५
सर्वे तटस्थतां याताश्चि क्री० १११.६
सर्वे तदाश्रमे याता क्री० १५२.२६
सर्वे तं शरणं याता क्री० ४.४
सर्वे तु मुनयो जग्मुः क्री० १००.५४
सर्वे ते विव्हलाः प्रोचुः क्री० ९१.५४
सर्वे ते हृष्टमनसा पुरं क्री० २५.२०
सर्वे त्वदुदरं यातास्तव क्री० ५९.२४
सर्वे दिव्याम्बरा दिव्य उ०७५.३५
सर्वे देवगणास्तत्र नानो क्री० ८६.४
सर्वे देवा महाभाग क्री० ३८.५८
सर्वे नागरिका बाला क्री० ७२.२४
सर्वे निगृहिता देवाः क्री० ७८.१
सर्वे निशाचराः स्वामिन् क्री० १३.२
सर्वेन्द्रियाण्यधिष्ठाय क्री० १४६.३८
सर्वेऽपि पपलुर्देवा क्री० ३.३८
सर्वे वयं समानेनुमेकं क्री० १०६.३१
सर्वेभ्यं उत्कटो यस्मान् क्री० ६.४४
सर्वेभ्यो न भयं तेऽस्ति उ० ३८.४२
सर्वे महाबलां दैत्या क्री० ७६.२७
सर्वे मामब्रुवन ब्रह्म उ० ९१.५
सर्वे लोका ययुस्तत्र उ० ३५.४५
सर्वे वयं प्रार्थयामो क्री० ५६.७
सर्वेशानं सर्वविद्या क्री०११.३९
सर्वेषा जाठरोऽपि त्वं क्री० १०७.३२
सर्वेषामेव देवानां क्री० १०५.२३
सर्वेषामेव संद्रष्टुमिच्छा क्री० १५३.१८
सर्वेषां कारणानां त्वं क्री० २५.१
सर्वेषां गृहगं धान्य उ० ६५.४२
सर्वेषां च समक्षं वो क्री० ११.८
सर्वेषां भूप यज्ञानां क्री० १४०.३९
सर्वेषां मरणे प्राप्ते उ० ६३.३१
सर्वेषां रक्षणं कर्तुं पक्षि क्री० ९०.३७
सर्वेषां संमतं ज्ञाय क्री० ७८.२
सर्वेषु लोकेषु गतेषु क्री० १५.३५
सर्वेष्वारब्ध कार्येषु उ० ३७.३९
सर्वेः सुरगणैः सार्द्धं क्री० ४५.६
सर्वे सुरा गता हैमगिरि क्री० ३.३९
सर्वैर्जलाशयैरेका उ० ९२.२५
सर्वै देवा सगन्धर्वा उ० ६३.१७
सर्वैर्विषधरैरेका स्थापिता उ० ९२.२४
सर्वैषां सुरसङ्घाना क्री० १२३.५१
सर्वोत्तिमपदं प्राप्तं क्री० १५१.३८
सर्वोत्पातविघाताय नमो क्री० २१.६७
सर्वोत्पातविघाताय नमो क्री० २१.६८
स वज्रपाते रसुरांश्चूर्णया उ० ४७.१९
स वव्रे यदि तुष्टोऽसि उ० ४०.७
सवाहनां सायुधां च क्री० १४८.५०
सविघ्नाशिनीपीठ उ०४६.३२
स विघ्नैरभिभूतः क्री० ८२.३३
स विध्वस्तो गुणेशेन क्री० १०७.३०
स विव्याध मथूरेशं क्री० ११५.२२
संव्यदक्षिणहस्ताभ्यां क्री० ६०.४९
स शशाप च गन्धर्व क्री० १३४.८
स शुक्रमुपसंगम्य क्री० ३८.४२
ससर्ज दाधुं तं देवं क्री० १२३.८
ससर्ज परसैन्येषु शिव क्री० ६८.४८
ससर्ज तस्या गात्रेषु क्री० ६५.८
ससर्ज तेषु वज्रेषु क्री० १२३.१८
स सर्वा बाणवृष्ट्यैव क्री० ६१.१७
ससामुद्रं गृहाणेदं भोजनं उ० ४९.५२
स सायको बाणवर्ष क्री० ६९.४
स सिन्धुः क्रोधसंयुक्ता क्री० १२०.३१
ससैन्य सहसा प्रायान् क्री० ३९.११
सस्मार चाष्टसिद्धीः सा क्री० ६३.१५
सस्मार मनसा वाक्यं क्री० ४२.२३
सह तेन ययौ शीघ्रं रथे क्री० १२.२२
सुहतेनाभ्रमन् खेऽसौ क्री० २०.४७
स हन्तव्योऽथवा साधु क्री० ७७.२५
सहसा जघ्न तुर्विष्णुं उ० १८.२८
सहसा दहते सर्वं लघुरेव उ० १८.२६
सहस्त्रलोचनो लोकान् क्री० ११.१७
सहस्त्रवदनः स्तोतुं क्री० २.१८
सहस्त्रदित्य संकाश उ० ८२.३१
सहस्त्रकिरणप्रख्यं तस्यां क्री० ५३.२

सहस्रनयनः श्रीमानन्बभौ उ० ३३.१२
सहस्रनयन स्तावद् उ० ९१.४०
सहस्रपञ्चवर्षाणि कृत्वा क्री० ५०.६५
सहस्रपत्र संयुक्ता क्री० ५०.५२
सहस्रपादं व्याप्याशु क्री० १३७.१७
सहस्रपादं सहसा क्री० १२३.२४
सहस्र भगतां यातः उ० ३२.३
सहस्र योजनं शून्यमगम्यं क्री० ५०.४५
सहस्रशीर्षापुरुषः उ० ४६.१६३
सहस्रशीर्षे त्यावाहनम् उ० ६९.१८
सहस्रशो निहन्यन्ते क्री० ६८.४४
सहस्र वर्षाणिगतानि उ० ३४.२
सहस्रसूर्य संकाशां उ० ४३.४४
सहस्रसूर्यै सदृशो उ० ९०.१७
सहस्रावर्तनात्कारा क्री० १२३.५६
सहस्रास्योऽनन्तमूर्तिः क्री० ८३.१३
सहस्व जहि माभैस्त्वं क्री० ११४.१९
सहस्रं पंच गुणिव उ० १७.१८
सहिता युद्धमार्गशैर्वरैः क्री० ११३.९
सहैव तन दास्यामि क्री० ६२.४९
सहैव यातु पुत्रोऽय उ० ५.२
सहैव यान्तु सर्वेऽपि उ० ८३.३६
सहैव याम स्तीर्थानि उ० ४.२४
सह्याद्रिपर्वते देवो क्री० ३६.१
सहृदां रोदनाश्रूणि उ० २५.२०
सां शुष्कवदना दीना क्री० ७.२६
सा कथं पतिता भूमौ उ० ८०.१२
साकं तेन च वैर्भुक्तं क्री० २३.४४
साक्षात्कारं गुणेशस्ते क्री० ७९.४०
साक्षाद्दृष्टो गुणेशस्ते क्री० ८०.३१
साक्षात्करोति मां कश्चि क्री० १४३.८
साक्षाल्लक्ष्मी स्थिरा क्री० ७३.१०
साऽगता शिववाक्येन उ० ८८.२०
सागरान् यक्ष गंधर्वा उ० १३.३६
सांख्यं पातंजलं योगः उ० ४६.१२४
सांगा सदक्षिणामन्न. क्री० १५५.३६
सांगोपांगविवाहं तौ क्री० ७१.१२
सा तदैवाभवद्दृष्टा बालं क्री० ८१.१६
सा तु कन्या रूपवती क्री० ३४.११
सा तु तद्वचनस्यान्ते क्री० ३३.४७
सा तु भ्रान्त्यैव नाजान् क्री० ८८.२४
सात्विको लीयते देवे क्री० ४९.२३
साधयिष्ये तद्वारात्तां क्री० ७४.५१
साधयिष्ये भवत्कार्यं क्री० ३०.३४
साधुद्विजगवां चैव पालनं क्री० १.४
साधुनां रक्षणार्थाय क्री० १३४.३६
साधुं पृष्टं त्वया स्कन्द उ० ५१.१२
साधु पृष्टं महाभागा उ० १.६
साधु पृष्टं महाराज उ० ५२.१९
साधु पृष्टं त्वया व्यास क्री० १.१२
साधु पृष्ट त्वया व्यास क्री० २.२.
साधु प्रोक्तं महाभागे क्री० ५.१३
साधु साधु त्वया उ० १२.५
साधु साधु महाबाहो उ० ३७.३५
साधुसाधु श्रुतं वाक्या क्री० २.२१
साधु साध्विति ताः क्री० ८९.३४
साधु साध्विति सर्वेषु क्री० ७५.२०
साधूक्तमिति तत्रो क्री० ७१.८
साधूनां पालनं चैव क्री० १३६.४
साध्या विद्याधरभूता उउ० ४६.१२३
सानिध्यं शंकरस्यापि उ० ९०.३८
सा नाता नरके घोरे यम उ० ७४.२२
साऽपि गर्भवती जाता क्री० ३३.२६
सापि भक्तिस्त्रिधा क्री० १४७.१९
सापि भुक्तवा शिवातल्पे क्री० ८७.१८
साऽपि रुक्मांगदं तं तु उ० ३६.८
सापि वृक्षत्वमापन्ना क्री० १०९.१२
साऽपूजयत्ततो विप्रान् क्री० ८६.११
सा प्रबुद्धा ततः प्राह क्री० ७३.५६
सा प्रसार्य महद्वक्त्रं क्री० ६५.९
सामनाम्ना भवेत्पूर्व उ० ५९.९
सामर्थ्यं च महत्ते क्री० १२७.१९
सामुद्रलक्षणज्ञोऽसि क्री० १८.३४
सा मुमुर्षुश्चन्दनानि क्री० ७३.६२
सा मोहिनी सर्वकामान् क्री० ३९.२५
साम्नो दानविधेर्भेदा क्री० ३०.९
सांप्रतं चावतीर्णोऽसि क्री० १४०.५
सांप्रतम् तु त्वया सार्द्ध क्री० १३६.३०
साम्राज्य सुखदं सर्व उ० ४६.१७८
सायं गृहा वयं दैत्य उ० ४१.५
सायं प्रातर्छलं देहि उ० ५७.२९
सायं प्रातर्देव देवं उ० ६७.३८
सारं सारं प्रगृह्यैव उ० ९२.३०
सा राक्षसी राक्षसवर्य क्री० २१.१७
सा रामं भर्तृरूपेण उ० ७६.४७
सार्द्धकोटित्रयमितैः क्री० १०३.१०
सार्वकालं वस विभो क्री० ७७.१२
सावधानमना भूत्वा क्री० ६२.३४
सावधानमना भूत्वा क्री० ११७.९
सावित्री च तथा संध्या उ० १६.२२
सावित्रीं सर्वजननी क्री० ३६.१२
साष्टांग प्रणिपत्यैनं उ० ६५.२
साष्टांगं पतिता उ० ३१.५
सा सदैव शरीरं तत् उ० ३६.४३
सा सम्यकषोडशभिस्त क्री० ३२.३५
सा सैन्यं नाशयिष्यति क्री० ६८.२३
सन्निपातिव विकलं क्री० १११.३०
सिंहनादैर्बृंहितैश्च क्री० ६७.३०
सिहं शार्दूलकं वापि क्री० १४१.३०
सिहं शार्दूल जुष्टं च उ० ८४.२
सिंहस्कन्धो महाश्रीमाश्रमी उ०८८.३५
सिंह स्याग्रे किं शशकः क्री०११२.२४
सिंहान् व्याघ्रांश्च जंबूका उ० ७.२६
सिंहारूढ दशभुजं क्री० २४.४४
सिंहारुढं त्रिनेत्र उ० ९०.१५

सिंहारूढा दशभुजा क्री० ७८.१९
सिंहारुढो दशभुजः कृते क्री० १.१८
सिंहारुढो दशभुजस्ते क्री० ७८.४१
सिंहारुढो दशभुजो उ० ३७.१२
सिंहारूढो ययौ शीघ्रं क्री० ४१.९
सिंहासनस्थे देवेश क्री० १२२.१
सिंहो यथा नात्तितृणं क्री० १०.३७
सिक्त मात्रे जले तेन उ० ९.५
सिक्ता शीतल तोयेन उ० ५३.३३
सिञ्चन्तोऽज्जलिभिर्वारि क्री० ९१.२०
सिद्धक्षेत्रं ततस्ततु उ० १८.२३
सिद्धक्षेत्रस्य महात्म्यं उ० १६.४
सिद्धक्षेत्रस्य माहात्म्यं उ० १९.२
सिद्धचारणयक्षाणां गुह्य क्री० ५२.९
सिद्धय सर्ववीराश्च क्री० ६८.२८
सिद्धिक्षेत्र मितिव्यातं उ० १८.२
सिद्धिक्षेत्रमिदं सर्व क्री० १५०.२०
सिद्धिबुद्धी उभे कन्ये उ० ५१.७६
सिद्धि बुद्धिपतिं नाना क्री०९५.२७
सिद्धिबुद्धियुतः कंठे क्री० ६.२४
सिद्धिबुद्धि युतः श्रीमान उ० ३७.२३
सिद्धिबुद्धियुताः पार्श्वे क्री० ७८.२०
सिद्धि बुद्धियुतो भाति क्री० १४.५१
सिद्धिबुद्धी सदा तस्य क्री० ५०.५४
सिद्धिबुद्धिसमायुक्तं क्री० १०४.४४
सिद्धिबुद्धी सिद्धिहेतु क्री० ५३.७
सिद्धिस्ते नृपशार्दूल क्री० १५१.६
सिद्धे विवाहे च ततो क्री० १२६.१
सिद्धेषु पात्रेषु मुनिस्तदा उ० ७७.६२
सिन्दुस्तत्पगतश्चिन् क्री० ११७.१
सिन्दूरहेति नामास्य क्री० १३७.३९
सिन्दूरारुणदेहश्च सिन्दूर क्री० १२७.३५
सिन्दूरारुण शुंडास्यो उ० ८८.३४
सिंदूरितमहाकुंभः सदा उ० ४६.१११
सिन्दूरेण तु दुष्टेन क्री० १३६.२
सिन्दुरे निहते देवा क्री० १३७.२४
सिन्दूरो निर्मितः केन क्री० १२९.१८
सिन्दूरोऽपि मुमूर्च्छा क्री० १३६.१७
सिन्दूरो विश्वसंहार क्री० १३६.२१
सिंधु देशेऽति विख्याता उ० २२.८
सिन्धुना निहिताः कारा क्री० ११०.५
सिन्धुं स संनिहत्यैव क्री० ७८.१३
सिन्धुर्मुष्टिप्रहारेण क्री० ७७.२
सिन्धुरुदाकर्ण्य वचो क्री० ७४.३४
सिन्धोर्वधः सुर्वसुरैर क्री० १२३.५३
सिन्धो श्चैव गणेशस्य क्री० ११५.११
सिन्धुसैन्यसमुद्रोऽथ क्री० ११३.१५
सिषिचुर्बालिका वारि क्री० ८७.४०
सीमन्त भूषणं चूर्णं उ० ४९.५९
सुखं च त्रिविधं राजन् क्री० १४८.२१
सुखे दुःखे तरे द्वेषे क्री० १४२.१७
सुख्यः सर्वनेत्राधिवासो उ० ४६.१४
सुगन्धा नाम यस्यासी उ० ५८.१३
सुगन्धि नामक पुण्य उ० ४९.५८
सुगमं सुप्रसादं क्री० ३८.३
सुचारू जंघा गुल्फश्री उ० ६३.३६
सुतः करिष्यते सम्य उ० ५९.२०
सुदुस्तर तरं पुंसां उ० १२.२९
सुध्या तु विरक्तः क्री० १२७.२
सुधर्मासनगो धीरः उ० ३६.२४
सुधाकरेऽनुग्रहं ते उ० ६१.२०
सुनासं पद्मं नयन उ० ७२.४
सुन्दराः कामसदृशा क्री० १११.८
सुपर्णाविश्च केशाद्या उ० ९०.५
सुपुमुर्मुदु शय्यायां उ० ६.३४
सुप्तोत्थित इव प्रायो उ० २१.६
सुप्तोत्थिताश्च सन्नद्धा क्री० १०९.२२
सुप्रकाशं किरीटं च क्री० ५४.५०
सुप्रसन्नं सुखासीनं उ० ७२.३०
सुप्रसन्नाः प्रदास्यामि क्री० ४८.४०
सुप्रसन्नां सुबरदां उ० ६३.१३
सुबल ज्ञानगम्याध्याम् उ० ५.१२
सुबल ज्ञानगम्याध्यां उ० ५.४०
सुबलो ज्ञानगम्यश्च क्री० १५२.११
सुभगासंश्रीतपदो ललिता उ० ४६.५९
सुमंगलश्च मित्राख्य क्री० १५४.१७
सुमनसोऽपि पतिता उ० ३९.३३
सुमंतुना कृतं सर्वं उ० २५.२७
सुमन्तुः प्रकृतिस्तस्य उ० २५.१४
सुमं धनुर्मराला ज्येषुः उ० ८३.४९
सुमुखश्चैकंदन्तश्च उ० ९२.३६
सुमुहूर्ते ततोऽगृण्हात् उ० ६८.३४
समुरूनिश्चलं स्व क्री० ८६.२५
सुमेरुशिखरे रम्यः क्री० १३५.३
सुरभेः कामरूपाया क्री० १११.१३
सुरभिर्दर्भोजयामास क्री० १३.४८
सुरविद्याधरैर्यक्षैः किन्नरै क्री० १४५.१३
सुरांश्चानेन प्रीणध्वं क्री० १३९.११
सुवर्णकलशैः स्थाप्य क्री० ७३.४२
सुवर्णरत्नगोदानरथा क्री० ५२.११
सुवर्णरत्ननिचयैर्दक्षि क्री० ४८.३०
सुवर्णरत्नमुक्ताभिर्भूषिता क्री० ११३.७
सुवर्णानिचयैर्वापि क्री० २२.४८
सुविशीर्णाः सुराः सर्वे क्री० ३.३६
सुशीला राजपत्नी सा उ० ६.१६
सुश्विनः स्वत्वकार्येषु उ० ९२.२९
सुषमां परिपश्यन्तो क्री० १५३.३३
सुषुवे नवमे मासि उ० ३६.११
सुषूवे नवमे मासि क्री० ३०.३५
सुश्वापच क्षणं राजा उ० ५.२३
सुश्वाप परमपिता मातु क्री० ६५.२६
सुहृत् संबन्धि भृत्येभ्यो उ० ७२.२३
सुहृत्वे च रिपुत्वे क्री० १४२.४
सुहृदबन्धुयुतो मौनी उ० ५१.४७
सुहृदामश्रु पतितं क्री० २१.१४

सुहृदा वस्त्रदानं च चकार क्री० १०.६
सुन्हृदो नागराश्चैन उ० १९.२०
सूत सूत महाप्राज्ञ वेद शास्त्र उ० १.२
सूर्यवंशोभ्दवो राजा क्री० ४४.१३
सूर्यवंश्याः सोमवंश्या उ० २५.२३
सूर्यकोटिनिभं रत्नमालया क्री०१००.११
सूर्यकोटिप्रभं सृष्टि क्री० २४.४५
सूर्यमन्त्रं सपन्नित्यं क्री० ७३.५२
सूर्यदत्ताद्वराद्दुष्ट क्री० ११५.३०
सूर्या चन्द्रमसौ जिग्ये उ० १.२७
सूर्योऽभून्मन्दकिरणो क्री० २.९
सृगालतुल्यदैत्येन स क्री० ५८.५
सृगालाः पतगाः श्येना क्री० ११४.३१
सृजस्यदो विश्मनन्य उ० ४५.६
सृजन्तं पालयन्तं क्री० १०४.५
सृष्टिकर्ता भव ब्रह्मन् उ० १३.२४
सृष्टिपालनसंहाराना क्री० ७९.३२
सृष्टि नानाविधां कर्तुं उ० ९१.२०
सृष्टिसंहारकरणे ससर्था क्री० ७३.३५
सृष्टिस्थितिज्ञानहेतुं क्री० ११६.७
सृष्टुं पातुं च संहर्तुं क्री० १६.११
सेत्स्यन्ति सर्वकार्याणि क्री० ३१.२१
सेनानी स्तारकं उ० ८७.५३
सेनान्यां विद्यमाने उ० ८६.१७
सेनां च निहतां सिन्धोः क्री० ११९.३८
सेनायाः कदनं दृष्टवा क्री० ६७.२८
सेवकानां महानन्दः क्री० २०.२२
सेवतां सर्वलोकानां क्री० ४६.१८
सेवनं मोक्षदं यस्या क्री० १३२.२५
सेवनेऽहर्निशं भर्तुर्वचने उ० १.३६
सेवन्ते पादकमलं क्री० १२६.३९
सेवन्ते या सदा चाष्टना क्री० ५.६
सेवन्तौ स्वामिकार्यार्थे क्री० ७३.१२
सेवितं शीतलजलै सरो उ० ५२.२४
सेवेते सिद्धिबुद्धी तं क्री० ४९.३१
सेव्यमाना अप्सरोभिः उ० ५८.३४
सैनिकाश्च ततो भीता उ० ७९.१०
सैन्येन रजसा व्याप्ते उ० ५५.२६
सैन्यमादाय तस्याशु क्री० ११८.२१
सैन्येन रजसा सर्व क्री० २६.३६
सोऽकस्मान्निपपातो क्री० ९०.१९
सोऽजीवयज्जलचरा क्री० ९१.१२
सोऽतपत्तप उग्रं तु उ० ४४.२५
सोऽद्य दृष्टः स्वचक्षु क्री० १३४.३३
सोऽनन्तरूपस्तान्सर्वा क्री० ९९.२५
सोपस्करां ददौ राजा उ० ७५.२१
सोऽपि कमंडलुजलैरस्य क्री० १०.२३
सोऽपि कीर्ति जयं ज्ञान उ० ७७.२
सोऽपि चर्चयते स्वांगं क्री० ९३.४०
सोऽपि ज्ञात्वा स्मृतिं क्री० ९७.२९
सोऽपं तं पुरतो वीक्ष्य क्री० १२८.२
सोऽपि तं मुनि मानम्य उ० ५७.४१
सोऽपि तान्प्रणनामाथ क्री० ७२.२२
सोऽपि तान्प्रतिनन्द्यथ क्री० ३७.१८
सोऽपि ताभ्यां रणे क्री० १२०.४
सोऽपि तां न्यहनत्सेनां क्री० १२१.८
सोऽपि तां भक्षयामास क्री० ६१.१०
सोऽपि दैत्यं खड्गपाणि क्री० ६४.२९
सोऽपि बाणं समादाय क्री० ६८.४७
सोऽपि बुद्धवामहाविष्णु क्री० ४७.३४
सोऽपि भग्नो गृहं यातः उ० ८०.२१
सोऽपि मन्दाराजां क्री० ३७.२६
सोऽपि मामेत्य निर्देश्यं क्री० १४६.५
सोऽपि वन्ध्यं विनिश्चित्य क्री० ७३.५५
सोऽपि विद्या निधभूद् उ० २७.२५
सोऽपि स्ववचनात्सर्वा क्री० ४७.५
सोऽपिय्यनुज्ञां ततो गृह्य क्री० ८६.२
सोप्यानन्दसमायुक्तो क्री० ७४.४८
सोऽभवत्क्षधयाविष्ठाः क्री० १०७.३७
सोमकान्त न चाख्येम क्री० १५०.२४
सोमकान्त नृपश्रेष्ठ उ० २३.२
सोमकान्तेन पतिना उ० ६.१७
सोमकान्तो दिव्यकान्ति क्री० १५१.३
सोमं भौमं भ्रामयित्वा क्री० ७७.५
सोमवंश प्रसूतानां राज्ञां उ० ५३.२५
सोमसूर्याग्निनेत्रोऽसौ क्री० ५०.४१
सोऽलंकारैरलङ्कृत्य क्री० ८३.९
सोऽवदद्रक्ष रक्षेति क्री० १२८.१८
सोवाच मधुरां वाच क्री० १४.३७
सोऽसिः परशुघातेन क्री० ४१.२४
सोऽहं तव तपोबद्धो उ० ३८.३२
सोऽहं ते दर्शनं गतो उ० २१.२९
सोऽहं त्वं हिं मया उ० ८२.४०
सोऽहं पुत्रत्वमापन्नो क्री० १३७.५१
सोऽहं प्राप्तो वरं उ० ८७.३८
सौभाग्यकामा तं देवं उ० ८८.११
सौराष्ट्र देशे खलु उ० ६.२५
सौराष्ट्र देश विख्यातं उ० ५.३५
सौराष्ट्रे देवनगरे उ० १.२३
सौराष्ट्रे देशे विख्याते उ० ६.४
सौवर्ण राजतं ताम्रं उ० ५१.३३
सौवर्णी रजती ताम्री उ० ५०.२२
सौवर्णी राजतीर्वापि उ० ८७.१०
स्कंदं गणेश्वर देवीं उ० १७.३०
स्कन्दादयो महावीराः क्री० ११७.११
स्कन्धे गृहीत्वा भ्रमते क्री० १५.२७
स्कन्नं त्रिवारं रेतो उ० ८६.१२
स्कान्दे विधातुर्नेत्राच्च क्री० १४९.१०
स्वलन्ती निश्वसन्ती क्री० ९१.२९
स्वलन्तो निपतन्तश्च उ० ४९.३८
स्वलन् मूर्द्धन् पतन् उ० ६५.२२
स्तनपानं ददौ स्नेहा क्री० ९६.५५
स्तपपानं ददुः प्रीत्या क्री० ९९.६०
स्तबकाकार कुंभाग्रो उ० ४६.३६
स्तम्भेऽवतीर्ण न्यहन क्री० १३७.१२

स्तुतः संपूजितः सोऽथ उ० १८.४२
स्तुत्वाऽनयाशु संतुष्ट क्री० ३७.१०
स्तुत्वा नत्वा ययौ उ० ८७.५०
स्तुतिं कर्तुं न जानामि उ० ३८.३४
स्तुवंति देवाः स्वर्गस्थां उ० ५२.१६
स्तुवन्ति बंदिनस्तं च उ० ५२.१२
स्तुवत्सु तेषु मुनिषु उ० ८९.३३
स्तूयमानं क्वचिद् क्री० २४.३२
स्तोत्राण्यत्र च रुया क्री० १५५.२२
स्तोत्रेण तपसा चैव क्री० ३१.१७
स्तोत्रेण तपसा चैव क्री० ३८.५५
स्तोत्रेण तपसा चैव उ० ४०.५१
स्तोत्रेण प्रीतस्तं प्राह क्री० ५३.३१
स्तोत्रैर्नानान विधैः सूक्तैः उ० ४९.६७
स्त्रियः प्रवस्त्रकुत्राणि क्री० ९४.२३
स्त्रियो गणाश्च सर्वे ते क्री० ८६.१९
स्त्रीत्वास्य मशपो उ० ६२.१६
स्त्रीमांसमदिरासक्तो क्री० २७.२५
स्त्रीहिंसा गोवधातीनां क्री० १४८.४६
स्थाणुं तं स्थाणुभूतं उ० ८३.४०
स्थाणुः स्थाणुप्रियःस्थाता उ० ४६.९१

स्थाणोर्वरस्य गर्वेण क्री० ६७.१०
स्थाथानि नो गृहीतानि उ० ४०.१३
स्थानभ्रष्टा देवगणा क्री० १३६.३
स्थान भ्रष्टा वयं तेन उ० ४७.६
स्थानभ्रष्टास्तथा देवाः क्री० ६.३
स्थानं च स्वेच्छया क्री० १२८.११
स्थाने च वचने मौने उ० ५२.३८
स्थाने द्रुमलताकीर्णे क्री० ५.२४
स्थापना च कृताऽस्माक क्री० ४३.३
स्थापयत्येव बलिनं क्री० ३९.१५
स्थापयामासतुनमि क्री० ५४.५९
स्थापयामास वरद उ० ६१.५१
स्थापयामास विविल क्री० १२६.५८
स्थापयित्वा ददौ प्रेम्णा क्री० ७४.९
स्थापयित्वाऽप्सरोनृत्यं क्री० ८२.३७
स्थापयेत् कलशं उ०६९.१२
स्थापितं नाम तस्यापि क्री० ५४.६०
स्थापितं प्रार्थयित्वा क्री० १५५.३९
स्थापिता रामपित्रा क्री० २८.११
स्थावरैर्जङ्गमैरन्यैर्न क्री० २९.२४
स्थितां वाराणसीं त्रातुं क्री० ४३.१०

स्थिता वाराणसी वासि क्री० ४७.११
स्थितास्तत्रैव केचिच्च क्री० ९३.५२
स्थितोऽसि तावद्दैत्यानां क्री० १०१.४
स्थितौ तत्र मयूरेश क्री० १०३.३२
स्थित्वा मध्ये पश्यति उ० ७८.७
स्थिरचित्तो जपेन्मन्त्रं क्री० १४४.१६
स्थिरः स्थाप्य पादपद्मे क्री० २३.४
स्थिरा भव क्षणेन त्वं क्री० ८३.३२
स्थिरो भव विरिंचे त्वं क्री० १०४.२२
स्थिरोऽभूनाभि पद्मेऽपि उ० ९०.५५
स्थीयतां श्रूयतां वाक्यं क्री० २३.२३
स्थूलदन्तो द्वितीयस्तु क्री० १५४.१४
स्थूलोदरो बृहत्कायो क्री० ३४.२१
स्निग्धत्वात्तदभगस्याहं क्री० ६६.१०
स्नाता पवित्रवसना क्री० ५.२३
स्नाताय कृत जप्याय उ० ७.७
स्नाति यांवन्नागरिकैं उ० ५५.४
स्नातुं यावत्स शौचादि उ० ८५.३१
स्नात्वा गतः शुक्रगृहं क्री० २३.२६
स्नात्वा दूर्वांकुरान् उ० ६७.४८
स्नात्वा देव सम्भ्यर्च्य उ० ६७.३६

स्नात्वा देव समभ्यर्च्य उ० ६७.३७
स्नात्वा नित्यं समाप्याशु क्री० १०८.२
स्नात्वा नदीजले तात क्री० ६६.११
स्नात्वा विश्रम्य तत्तीरे उ० १२.२८
स्नात्वा शीतजलेनाशु क्री० ३०.३६
स्नात्वा सीनं जपन्तं क्री० १०४.२
स्नानं चक्र उषः काले क्री० ५१.८
स्नानवस्त्राद्यलंकार क्री० १४४.७
स्नापयित्वाऽप्यलचकु क्री० ५५.२२
स्पुर्ति नानाविधां तस्य क्री० १४९.३५
स्पृष्टमात्रा च सा उ० ८०.१९
स्पृष्टास्पृष्ट विचारोऽस्य क्री० २३.१७
स्पृशन्ति स्म तदांगानि क्री० ८४.३०
स्फुटितं मुखमस्याशु क्री० ४१.३१
स्फुरन् मरकतभ्राज उ० १४.२३
स्फोटयन्निव ब्रह्माण्डं क्री० १२३.३१
स्मरणं वा गणेशस्य उ० १०.२५
स्मरणंवा ततः स्तम्भो क्री० १५०.१६
स्मरणात्सर्वकार्याणां क्री० ४८.२०
स्मरणाद्दर्शनाद्ध्याना क्री० ३१.२३
स्मरतप्ताः स्त्रियः शान्ता क्री० ९८.१२

स्मरन्गुणगणं तस्य क्री० ७२.२३
स्मृत मात्रः सदा मे उ० १५.३०
स्मृतमात्र स्त्वया बाले उ० ८८.१७
स्मृतिलोपश्च मूकत्वं क्री० १४२.९
स्मृतिलोपश्च मूकत्वं क्री० १४२.१०
स्मृत्वा गजाननं उ० ८७.५२
स्मृत्वा विनायकं देवं क्री० ६४.२७
स्यामजनि रामोऽसौ उ० ७७.९
स्रवद्रक्तः पपातोर्व्यां क्री० ९६.१६
स्रवद्रक्तः शस्त्रहतो क्री० ११४.२३
स्रवंति कथ मंगानि उ० ५.३०
स्रवन्तो रुधिरं सर्वे न क्री० ५८.३८
स्रवन्तौ रुधिरं चोभौ क्री० ६०.३८
स्रष्टारं पालकं सृष्टे क्री० १०८.२८
स्त्रियश्च पुरुषा सर्वे क्री० ८४.५५
स्त्रीहत्यादोषसंभूतं क्री० १३५.२१
स्वयं निवेदने ऽदोषो उ० ३१.११
स्वकर्मपरिपाकेन उ० २५.२
स्वकीय द्रव्य सहितो उ० ६७.१९
स्वकीयं नायकं चिन्हं क्री० ७५.१२
स्वकीया साधितुं दैत्यं क्री० ६३.१२

स्वकीयो वा परो वापि क्रौ० ६१.२८
स्वगर्जितेन च तदा गर्जय क्रौ० ६७.२
स्वच्छशीताम्बुनीलानि क्रौ० ५२.५८
स्वतन्त्रः सत्यसंकल्पः उ० ४६.११२
स्वदार वर्जनं चैव कुर्या उ० ३.२७
स्वधास्वाहारहिता क्रौ० ६.६
स्वधास्वाहावषटकारै क्रौ० १२६.६४
स्वधास्वाहावषट्कारै क्रौ० १४९.३४
स्वनाम्नां मोक्षदं पुंसां क्रौ० ४७.४२
स्वनिवेशं जगामाशु क्रौ० १२१.६५
स्वप्रकाशेऽवतीर्णे ते क्रौ० ८३.३१
स्व बुद्धीहितं कृत्सर्वा उ० ३१.२४
स्वः मिन्ननुगृहीतस्ते उ० ५२.१४
स्वमतृप्राप्तयेऽपृच्छ उ० ५४.२२
स्वं च कश्यपपुत्रं च क्रौ० ५४.३१
स्वं ददर्श शरीरं स उ० २८.१९
स्वं स्वं च मन्दिर क्रौ० १५.५२
स्वं स्वं वाहनमारूढा क्रौ० १५.५१
स्वं स्वं वाहनमारुढा क्रौ० १२६.२
स्वं स्वं स्थानं ययुः उ० ७४.४३
स्वयमेव बुभुजिरे क्रौ० ४७.१६
स्वयमेवाभत्सोऽथ क्रौ० ४४.१८
स्वयं चक्रे मण्डपं स क्रौ० ६७.२१
स्वयं च द्वादशा ब्दानि उ० २०.३
स्वयं च सुमना राजा उ० ७२.२१
स्वयं जगाम शिबिर उ० ५५.१६
स्वयं तत्पुरतोभूत्वा क्रौ० ३.३१
स्वयं तदाज्ञया राजा क्रौ० १३.५१
स्वयं दत्तं बहुतरमल्पमेण क्रौ० ५५.२८
स्वयं परशुरामोऽभू उ० ८३.५
स्वयं शुशोच बहुधा क्रौ० ६९.३१
स्व यष्टि रोपयामास उ० ५७.२७
स्वराष्ट्रे परराष्ट्रे वा उ० ७८.३३
स्वरूपधारिर्भियुक्तं क्रौ० २६.१९
स्वरूपं किं न जानासि क्रौ० १२२.१६
स्वर्गं गत्वा दिव्यदेहा उ० ७६.४८
स्वर्गपातालोकानां क्रौ० २१.६३
स्वर्गे भूमौ तले वापि क्रौ० ८२.५१
स्वर्णपत्रैश्च दूर्वाभि क्रौ० ३७.२७
स्वर्णभारसहस्राणि उ० ९२.४१
स्वर्णसिंहासने दिव्यं उ०४९.२५
स्वशक्तया तु कृते क्रौ० ५५.३९
स्वशाखोक्तेन विधिना क्रौ० १.३९
स्वसंकष्ट विनाशाय उ० ४०.४१
स्वस्तिवाच्यं चकराशु क्रौ० १.३२
स्वस्तिहुंफटस्वधास्वाहा उ० ४६.१२८
स्वस्ती त्युक्तवाऽगम क्रौ० ६५.४१
स्वस्था भव घरे देवि क्रौ० ६.१९
स्वस्य वान्यस्य वा क्रौ० ६२.३३
स्वस्वकर्मरता एते क्रौ० १४८.३४
स्वस्वनाम्ना परिस्थाप्य क्रौ० ४५.३५
स्वस्वबुद्धया विधायाशु क्रौ० १०५.२
स्व स्व व्यापार रहिता उ० १७.२०
स्वाचारा परमोदारा उ० ७.३६
स्वाद्वन्नं भोजयामास क्रौ० १२.९
स्वाधिकारान्प्रपत्स्यन्ते क्रौ० ३७.१२
स्वाधीनानां च तुष्टानां क्रौ० ९५.३४
स्वाध्यायं देवपूजां उ० ३०.१९
स्वानन्दभवनं यातः क्रौ० ५०.१३
स्वानन्दभवनं भाति क्रौ० ५०.५०
स्वान्परानपि जघ्नुस्ते क्रौ० ११३.४४
स्वापमाने परिज्ञाते क्रौ० १०७.२८
स्वापं कुरू महाभाग क्रौ० ११८.५
स्वामिन्कृपानिधे तस्य क्रौ० १५२.४
स्वामिन् विज्ञमु क्रौ० ५.८
स्वामिन्नेताद्दशी शक्ति क्रौ० ५६.२६
स्वार्थ हि रोदते जन्तु क्रौ० १२४.३०
स्वासने तमुपाविश्य क्रौ० ९५.३०
स्वासने तं परिस्थाप्य क्रौ० ४६.३६
स्वाहा स्वधा रुपधरा उ० १६.२०
स्वाहास्वधावषटकाराः क्रौ० ४४.२५
स्वाहास्वधावषट्कार क्रौ० ४५.३
स्वाहास्वधावषट्कार क्रौ० ७९.२
स्वाहास्वधावषट्कारा क्रौ० १२६.४४
स्वाहास्वधावषट्कारा क्रौ० १२९.९
स्वीय भार्या वियुक्तः उ० ३२.९
स्वीयं देहं समास्थाय क्रौ० ९३.१९
स्वेच्छया रमण क्रौ० १९.१७
स्वेच्छावतार सामर्थ्य उ० ८७.२३
स्वेच्छोपात्ताकृतिं नाना क्रौ० ४०.२२

ह

हटाच्छोकं निगृह्यासा क्रौ० १२०.२९
हतनेत्रप्रभा गौरी क्रौ० ८१.१३
हतशिष्टाः केऽपि वीराः क्रौ० १२०.१
हता त्वया महाघोरा क्रौ० १३१.२४
हता नानाविधा दैत्याः क्रौ० ५०.११
हते तस्मिन्ननंदासौ वीर क्रौ० ११३.५०
हतेषुमुख्यवीरेषु क्रौ० १२१.३५
हतोनेऽन महोदेत्य क्रौ० ८८.२७
हतोऽयं विस्मिताः सर्वे क्रौ० ९३.२३
हत्पद्म कर्णिकाशाली उ० ४६.२७
हत्या त्वन्मस्तके क्रौ०१५३.१३
हत्वा नानाविधान् क्रौ० १.१५
हत्वा सिन्धुं च सबलं क्रौ० १११.४०
हनतः स्म मृगयुथानि क्रौ० २८.९
हनिष्यत्येव नूनं क्रौ० १३२.३३
हनिष्येऽद्यमयूरेश क्रौ० १२२.५३
हनिष्ये सिन्दुरं देवा क्रौ० १२९.२६
हनिष्ये सिन्धुदैत्यं क्रौ० १२२.२५
हनौ पाणितलं न्यस्य क्रौ० १२४.४
हन्त ते कथयिष्यामि उ० १०.१७
हन्त ते कथयिष्यामि उ० ५७.१
हन्त ते कथयिष्यामि उ० ६२.३
हन्त वः कथयिष्यामि उ० ५.११

हन्तु कामौ जयन्तं तं उ० ४३.१८
हन्मि त्वा जहि मह्यं क्री० १२२.३९
हयारूढः सिन्धुदैत्यः क्री० ११२.३०
हरवीर्यं मित्यपि उ० ८५.२९
हर संहर सर्वं त्वं उ० १३.२५
हरिणाः सिंहशार्दूला क्री० ९८.८
हरिष्यतस्ततो द्वौ च क्री० १४९.२१
हरिष्यति त्रिभुवनं पद क्री० ३१.३३
हरोऽपि च तपस्तेपे क्री० १०३.३५
हरो बालं विनिक्षिप्य क्री० ८२.१७
हर्तुं भूभारमतुलं ज्येष्ठ क्री० ३०.४२
हर्षगद्गदया वाचा क्री० २.२३
हर्षं च विपुलं लेभे उ० ३८.४६
हर्षस्य शोकदुःखस्य क्री० २१.६२
हर्षात्सेनान्तरं यातो क्री० ५७.३८
हर्षिता दुःखिता देव क्री० ४९.२
हलदन्ता कूपनेत्रा श्रोता क्री० ८७.३
हलदन्ती दरीनासा क्री० ७.१४
हव्यं हुतप्रियो हृष्टे उ० ४६.११३
हस्तपाद विहीनस्य उ० ७३.३
हस्तान्निस्तीर्य सहसा क्री० ११५.१८
हस्ताभ्यां तत्र पादाभ्यां क्री० ६०.५४
हस्ति हस्तोपमा भिस्तु उ० १२.१५
हस्ते धृतानि वस्तूनि क्री० ४६.२३
हस्ते नायाति चेत्सोऽपि क्री० ९३.४५
हस्तेनैकेन तं गृह्य क्री० १००.१४
हसन्तौ हासयन्तौ च क्री० ८४.५१
हस्त्यश्व नरयानानि उ० ७३.२०
हस्वं पृथुलम्धन् क्री० ३०.३८
हालाहालभिवान्ते क्री० १४८.२४
हाहाकारश्च लोकानां उ० २.१७
हाहाकारो महानासी क्री० ६४.४
हाहकारो महानासी क्री० ६८.३२
हाहाकारो महानासी उ० ७९.१२
हाहाभूतं जगत्सर्वं क्री० ६.१५
हाहाकारं प्राकुर्वन्तः क्री० ९१.२५
हाहाकारो महानासीत् क्री० ९१.९
हाहाहूहुतुम्बुरूणां क्री० ११.७
हितं च सर्वजन्तूनां क्री० ११७.१८
हितं चेत्कुरु मद्वाक्यं उ० ७६.४०
हितं ते परमं राजन् क्री० ४६.४३
हित्वा संपूचितो बालो क्री० १२५.२०
हित्वेन्द्रियार्थान सकलान् उ० ७६.८
हिमवत्सुदृशं भारं क्री० ९३.५३
हिरण्यकशिपुं विष्णु क्री० ६९.१४
हिरण्यकशिपुः सायं क्री० २९.२९
हिरण्यगर्भोऽनेकवीर क्री० १२१.२३
हुंकारेण च तान्बाणा क्री० ६७.१७
हुंकारेण च तान्सर्वान् क्री० १३२.१५
हुंकारेण च तान्सर्वा क्री० १३१.१५
हुतावशिष्ट भोक्तारो क्री० १३९.१३
हृदये वस देवेश प्रसन्न क्री० १५०.१२
हृदि प्रचण्डं पृष्ठे तु क्री० ७६.३२
हनिष्यति महादैत्यं क्री० ८०.३२
हेतुस्त्वमसि देवेश उ० ८५.१९
हेमकण्ठो मम सुतो क्री० १५२.३
हेमकण्ठो मम सुतो क्री० १५२.५
हेतुहीन मसत्यं च क्री० १४८.१३
हेमकंठ पुरं शीघ्र उ० ४.३२
हेमकंठ सुतं सर्वे बुद्धि उ० २.१३
हेमज्योति र्विदित क्री० १८.१०
हेमतारानिभान्केशान्द क्री० ८१.३५
हेमभारसहस्राणि क्री० १५५.३
हेषितै र्बृंहितैः क्ष्वेडै उ० ७९.२३
होमं चकार समिधं क्री० १४.२
होमं च तर्पणं विप्रभोजनं क्री० ६६.१४
होमान्ते पुनरानर्च क्री० १०.७

: : इति शुभम् : :